Neoconstitucionalismo e Neoprocessualismo

Neoconstitucionalismo e Neoprocessualismo

DIREITOS FUNDAMENTAIS, POLÍTICAS PÚBLICAS
E PROTAGONISMO JUDICIÁRIO

2018

Eduardo Cambi

ALMEDINA

NEOCONSTITUCIONALISMO E NEOPROCESSUALISMO
DIREITOS FUNDAMENTAIS, POLÍTICAS PÚBLICAS E PROTAGONISMO JUDICIÁRIO

AUTOR: Eduardo Cambi
DIAGRAMAÇÃO: Almedina
DESIGN DE CAPA: FBA
ISBN: Eduardo Cambi

Dados Internacionais de Catalogação na Publicação (CIP)
(Câmara Brasileira do Livro, SP, Brasil)

Cambi, Eduardo
Neoconstitucionalismo e neoprocessualismo:
direitos fundamentais, políticas públicas e
protagonismo judiciário / Eduardo Cambi. –
2. ed. -- São Paulo : Almedina, 2018.

Bibliografia.
ISBN 978-85-8493-279-5

1. Direito - Filosofia 2. Direito constitucional
3. Direito processual 4. Direitos fundamentais
I. Título.

18-15792 CDU-340.12

---

1. Neoconstitucionalismo : Filosofia do direito 340.12
2. Neoprocessualismo : Filosofia do direito 340.12

Cibele Maria Dias - Bibliotecária - CRB-8/9427

Este livro segue as regras do novo Acordo Ortográfico da Língua Portuguesa (1990).

Janeiro, 2018

EDITORA: Almedina Brasil
Rua José Maria Lisboa, 860, Conj.131 e 132, Jardim Paulista | 01423-001 São Paulo | Brasil
editora@almedina.com.br
www.almedina.com.br

A virtude das grandes almas é a justiça.
August Graf von Platen-Hallermund

AGRADECIMENTOS

Escrever exige dedicação. Tempo que se retira do convívio daqueles que mais amamos. Algumas páginas deste livro foram escritas depois de muitas das luzes da casa serem apagadas ou quando, distante do aconchego do lar, outro conforto não havia senão refletir ideias e digladiar com palavras.

Agradeço a Deus pela minha família, sem a qual este intenso trabalho não seria possível. Dedico esta obra à minha esposa, Maria Paula, pessoa admirável, com quem compartilho os melhores momentos de minha vida. Sou grato pela companhia, lealdade, companheirismo e, especialmente, pela incansável dedicação na educação e na formação de nossos filhos. Pedro e Davi: são uma benção em nosso lar, dão sentido às nossas vidas, além de serem fonte de orgulho e felicidade. Aos meus pais, que me ensinaram mais por exemplos que por palavras; ao meu irmão, pela amizade.

Ainda, aos meus colegas Professores e alunos, de modo especial aos dos programas de Mestrado em Direito da Universidade Estadual do Norte do Paraná e da Universidade Paranaense, onde a troca de ideias é sempre um permanente estímulo para o aperfeiçoamento jurídico e social. Do mesmo modo, agradeço aos amigos do Ministério Público, do Judiciário e da Advocacia, com quem aprendo constantemente.

NOTA DO AUTOR

Após o término da terceira edição de *Neconstitucionalismo e Neoprocessualismo. Direitos fundamentais, políticas públicas e protagonismo judiciário*, surgiu a necessidade de revisão integral de seu texto para adequar às mudanças doutrinárias, jurisprudenciais e legislativas ocorridas nos últimos anos, em especial a edição no Novo Código de Processo Civil.

Agradeço aos leitores da obra que cobraram a sua atualização e a Editora Almedina que acreditou na trajetória vitoriosa deste livro e permitiu que suas ideias continuassem vivas no debate acadêmico e profissional.

Sou grato, também, pela revisão do texto original, ao Professor Alencar Frederico Margraf.

Nesta última edição, foi realizada ampla atualização da jurisprudência, da doutrina e da legislação. Esse trabalho foi desenvolvido com a ajuda da Professora Camila Nicolau, a quem agradeço, de modo especial.

SUMÁRIO

Introdução

O tempo presente é marcado por muitas mudanças. A sociedade tecnológica e de consumo transforma tudo rapidamente. O direito vive uma *crise existencial*, tendo dificuldades de promover valores essenciais como a segurança e a justiça.[1]

[1] Luis Roberto Barroso (Neoconstitucionalismo e constitucionalização do Direito. O triunfo tardio do Direito Constitucional no Brasil), ao buscar sentido para os prefixos "neo" e "pós", bem sintetiza o tempo presente: "Vivemos a perplexidade e a angústia da aceleração da vida. Os tempos não andam propícios para doutrinas, mas para mensagens de consumo rápido. Para *jingles*, e não para sinfonias. O Direito vive uma grave crise existencial. Não consegue entregar os dois produtos que fizeram sua reputação ao longo dos séculos. De fato, a *injustiça* passeia pelas ruas com passos firmes e a *insegurança* é a característica da nossa era". Conclui, pois, o constitucionalista carioca: "Na aflição dessa hora, imerso nos acontecimentos, não pode o intérprete beneficiar-se do distanciamento crítico em relação ao fenômeno que lhe cabe analisar. Ao contrário, precisa operar em meio à fumaça e à espuma. Talvez esta seja uma boa explicação para o recurso recorrente aos prefixos *pós* e *neo*: pós-modernidade, pós-positivismo, neoliberalismo, neoconstitucionalismo. Sabe-se que veio depois e que tem a pretensão de ser novo. Mas ainda não se sabe bem o que é. Tudo é ainda incerto. Pode ser avanço. Pode ser uma volta ao passado. Pode ser apenas um movimento circular, uma dessas guinadas de 360 graus". Sobre o neconstitucionalismo, verificar, entre outros: Miguel Carbonell (coord.), *Neoconstitucionalismo(s)*; Miguel Carbonell (coord.), *Teoría de neoconstitucionalismo. Ensayos escogidos*; Paolo Comanducci. [http://www.acaderc.org.ar/doctrina/articulos/artconstitucionalizacionyteoriadelderecho]. Acesso em: 18.05.2009; Paolo Comanducci, [http://www.cervantesvirtual.com/servlet/SirveObras/90250622101470717765679/isonomia16/isonomia16_06.pdf], acesso em 18.05.2009; Gustavo Ferreira Santos. Neoconstitucionalismo e democracia, p. 45-55; Daniel Sarmento. O neoconstitucionalismo no Brasil: riscos e possibilidades, p. 9-49, Luis Prieto Sanchís. El constitucionalismo de los derechos, p. 23-60; Écio Oto Ramos Duarte

Surgem diversas teorias novas que, sob o rótulo dos prefixos *neo* e *pós*, pretendem renovar o estudo do direito. Não obstante o momento requeira cautelas, já que o direito está assentado na boa tradição e as novidades precisam ser bem refletidas, para que não se confundam com os modismos passageiros da estação, é certo que a Constituição, nas últimas décadas, foi colocada no ápice do ordenamento jurídico, adquirindo força normativa capaz de justificar a *releitura* de todos os ramos do direito.

Novas perspectivas foram abertas, não se podendo reproduzir, sem nenhum comprometimento social, as velhas teorias para as novas realidades.

Os direitos fundamentais, previstos na Constituição Federal de 1988, reclamam maior *efetividade*. Aliás, é importante, desde já, distinguir a *eficácia* da *efetividade* das normas.[2] A *eficácia* diz respeito à concretização do "programa condicional", isto é, do vínculo "se-então", abstrata e hipoteticamente previsto na norma legal. Já a *efetividade* concerne à implementação do "programa finalístico" que orientou a atividade legislativa ou a concretização do vínculo "meio-fim" que decorre, abstratamente, do texto legal. Por exemplo, uma lei, destinada a combater a inflação, será *efetiva*, quando a inflação for reduzida, relevantemente, por força da sua *eficácia* (observância, aplicação, execução, uso). A mesma lei pode ter *eficácia sem efetividade* (*v.g.*, a lei ser observada, mas não gerar nenhuma modificação significativa no aumento dos preços) ou ter *eficácia e ser antiefetiva* (*v.g.*, ser observada, mas provocar alta de preços). Com efeito, "eficácia" e "efetividade" são conceitos *relativos* e *graduais*: há falta de vigência social da lei ou de carência de normatividade do texto legal quando as expectativas normativas das pessoas e dos órgãos estatais, de forma generalizada, não se orientam pelos dispositivos legais.

A consolidação do Estado Social, em países da periferia do capitalismo, exige a concretização dos direitos fundamentais sociais e, para tanto, das políticas públicas indispensáveis à sua realização. Nesse sentido, é preciso revisar parcela significativa da doutrina e da jurisprudência que, baseadas no princípio da separação dos poderes e na discricionariedade administrativa, restringem o alcance do controle judicial de políticas públicas (*v.g.*, por intermédio da interposição de ação civil pública), impedindo a discussão sobre a destinação específica de recursos públicos, inclusive sob

e Susanna Pozzolo. *Neoconstitucionalismo e positivismo jurídico*; Lúcia Jales. Neoprocessualismo. Reflexos neoconstitucionais.

2 Cf. Marcelo Neves. *A constitucionalização simbólica*. p. 47-48.

o fundamento superado, agora pelo Novo Código de Processo Civil, da *impossibilidade jurídica* da demanda.[3-4]

As categorias da "impossibilidade jurídica do pedido" ou da falta de "interesse processual" não podem ser utilizadas para fortalecer o *formalismo processual*. Isto é, ao se conferir racionalidade extrema às formas processuais, acaba-se por cultuar excessivamente aspectos procedimentais, fazendo prevalecer regras processuais sobre o direito material. Com isto, elabora-se modelo processual que se desvirtua quanto ao seu fim precí-

[3] "É bastante frequente serem ajuizadas ações civis públicas em face de um ente estatal qualquer que signifiquem, na prática, a imposição de uma destinação específica dos recursos públicos. Assim, muitas vezes os autores dessas demandas coletivas, com pretextos dos mais variados, pretendem invadir o campo da discricionariedade administrativa. Nesses casos, a demanda será juridicamente impossível" (Pedro da Silva Dinamarco. *Ação civil pública*. p. 190).

[4] Nesse sentido, já decidiu o STJ: a) "Administrativo. Processo civil. Ação civil pública. (...). 2. Impossibilidade de o juiz substituir a Administração Pública determinando que obras de infraestrutura sejam realizadas em conjunto habitacional. Do mesmo modo, que desfaça construções já realizadas para atender projetos de proteção ao parcelamento do solo urbano. 3. Ao Poder Executivo cabe a conveniência e a oportunidade de realizar atos físicos da Administração (construção de conjuntos habitacionais etc.). O Judiciário não pode, sob o argumento de que está protegendo direitos coletivos, ordenar que tais realizações sejam consumadas. 4. As obrigações de fazer permitidas pela ação civil pública não têm força de quebrar a harmonia e independência dos Poderes. 5. O controle dos atos administrativos pelo Poder Judiciário está vinculado a perseguir a atuação do agente público em cabo de obediência aos princípios da legalidade, da moralidade, da eficiência, da impessoalidade, da finalidade e, em algumas situações, o controle de Mérito. 6. As atividades de realização dos fatos concretos pela administração depende de dotações orçamentárias prévias e do programa de prioridades estabelecidos pelo governante. Não cabe ao Poder Judiciário, portanto, determinar as obras que deve edificar, mesmo que seja para proteger o meio ambiente" (REsp 169.876-SP, 1.ª T., j. 16.06.1998, rel. Min. José Delgado, *DJU* 21.09.1998, p. 70); b) "Constitucional. Administrativo. Ação civil pública. Poder discricionário da Administração. Exercício do juiz. Impossibilidade. Princípio da harmonia entre os poderes. O juiz não pode substituir a Administração Pública no exercício do poder discricionário. Assim, fica a cargo do Executivo a verificação da conveniência e da oportunidade de serem realizados atos de administração, tais como, a compra de ambulâncias e de obras de reforma de hospital público. O princípio da harmonia e independência entre os Poderes há de ser observado, ainda que, em tese, em ação civil pública, possa o Município ser condenado à obrigação de fazer" (AGREsp 252.083-RJ, 2.ª T., j. 27.06.2000, rel. Min. Fátima Nancy Andrighi, *DJU* 26.03.2001, p. 415). Entretanto, tal posicionamento está superado pela jurisprudência mais recente dos Tribunais Superiores. Citam-se como exemplos: i) STJ, REsp 736.524/SP, Rel. Ministro Luiz Fux, Primeira Turma, julgado em 21/03/2006, DJ 03/04/2006, p. 256; ii)STF, ARE 639337 AgR, Relator(a): Min. Celso de Mello, Segunda Turma, julgado em 23/08/2011, DJe-177 Divulg 14-09-2011 Public 15-09-2011 Ement Vol-02587-01 PP-00125.

puo de instrumento destinado a efetivar direitos, tornando-se incapaz de tutelá-los.

Por força do art. 1.º, IV, da Lei 7.347/1985, que autoriza o ajuizamento de ações coletivas para a defesa judicial de interesses transindividuais, a categoria da *impossibilidade jurídica* da demanda, de há muito abandonada pelo seu criador[5] e moldada para direitos individuais, não pode impedir que o processo seja um instrumento para a efetivação dos direitos coletivos e difusos.[6] Felizmente, a referida condição da ação foi abolida pelo Novo Código de Processo Civil brasileiro.

A efetivação da Constituição exige a superação do positivismo jurídico e do formalismo processual. Em países de modernidade tardia, como o Brasil, é urgente o despertar do *sono dogmático*, para forjar o pensamento crítico indispensável para fazer avançar o estudo do direito.[7]

O neoconstitucionalismo, ao propor uma nova metodologia jurídica, e o neoprocessualismo, ao incorporar a necessidade de compreender e utilizar as técnicas processuais, a partir das bases constitucionais, trazem novas ideias que permitem revisar posições tradicionais, incapazes de transformar a realidade pela via jurídica.[8] Nesse sentido, a Lei 13.105, de 16 de março de 2015, procurou incorporar diversas novidades ao processo civil brasileiro, na tentativa de simplificar e racionalizar o uso das formas processuais para melhor assegurar a proteção do direito fundamental à tutela jurisdicional adequada, célere e efetiva.

Enfim, o objetivo deste livro é fomentar, com apoio no discurso filosófico,[9] o *diálogo crítico* entre os direitos constitucional e processual,

[5] Cf. Enrico Tullio Liebman. *Manual de direito processual civil*. vol. I, p. 155.

[6] Cf. Rodolfo de Camargo Mancuso, *Jurisdição coletiva e coisa julgada: teoria geral das ações coletivas*, p. 406-407; Hugo Nigro Mazzilli, *A defesa dos interesses difusos em juízo: meio ambiente, consumidor e outros interesses difusos e coletivos*, p. 121.

[7] "À literatura jurídica ainda falta, no Brasil, iluminar-se pelos ciclos da experiência, fazer seu o distrato com o dogmatismo sem sepultar a dogmática como expressão de necessária racionalidade sistematizadora, e apresentar os custos de liquidação da porosidade do ordenamento clássico. Enfim, tentar entender o que passa à volta, na realidade, e não apenas nas fontes escritas pelo conhecimento formal" (Luiz Edson Fachin. *Direito civil: sentidos, transformações e fim*, p. 87).

[8] Cf. Eduardo Cambi. Neoconstitucionalismo e neoprocessualismo. p. 662-683; Cândido Rangel Dinarmarco. *Nova era do processo civil*. p. 24-26.

[9] "O filósofo deve sempre estar atento ao diálogo, ouvir as outras filosofias que lhe enfrentam e se não for possível refutá-las, emendar e reorganizar a sua posição" (Ariani Bueno Sudatti. *Raciocínio jurídico e nova retórica*. p. 159).

a fim de buscar a reorganização ética de alguns pontos de vista que permeiam o pensamento jurídico contemporâneo, para poder enfrentar os problemas da hipercomplexa sociedade pós-moderna. Advirta-se, todavia, que a perspectiva pós-moderna não é inovadora, pois já remonta à década de cinquenta do século passado, quando o historiador Arnold Joseph Toybee, em seu livro *A Study of Story*, previu que as transformações da modernidade apontavam para a emergência de novas formas societais, denominadas *sociedades pós-modernas*.[10] Com décadas de atraso, o Direito Brasileiro, nos últimos anos, procura enfocar o tema da pós-modernidade na conjunção entre a Constituição e o processo.

[10] Cf. José Joaquim Gomes Canotilho. *Constituição dirigente e vinculação do legislador. Contributo para a compreensão das normas constitucionais programáticas*. p. 6-7.

1. Neoconstitucionalismo

Sumário: 1.1 Conceito moderno de Constituição – 1.2 Função da Constituição: caráter transformador – 1.3 Constituição e contrato social – 1.4 Aspectos históricos e dimensões, horizontal e vertical, dos direitos fundamentais – 1.5 Afirmação histórica dos direitos humanos fundamentais – 1.6 Direitos fundamentais e patrimoniais – 1.7. Constitucionalismo inclusivo e o direito fundamental à inclusão social.

1.1 Conceito moderno de Constituição

A Constituição deve ser concebida como um sistema de princípios e regras – formais e substanciais – que tem como destinatários os titulares do poder.

A Revolução Francesa, cuja deflagração ocorreu simbolicamente com a queda da Bastilha em 1789, foi o grande marco histórico do Estado Moderno. A Declaração dos Direitos do Homem e do Cidadão inaugurou a nova ideologia, fundada na Constituição, na separação dos poderes e nos direitos fundamentais.[11]

Segundo o art. 16 da Declaração dos Direitos do Homem e do Cidadão (1789), "toda sociedade em que a garantia dos direitos não está assegurada, nem a separação dos poderes está determinada, não tem Constituição".

[11] Cf. Luis Roberto Barroso. Eficácia e efetividade do direito à liberdade. p. 84.

Deste dispositivo, depreendem-se dois elementos essenciais, que estão no *núcleo* do conceito das Constituições Modernas: a separação de poderes (ou a limitação jurídica do poder estatal) e os direitos fundamentais.

Tal concepção de Constituição se amoldou a uma organização política liberal e garantista, sendo concebida como um limite ao poder político, a fim de assentar que os Estados Liberais seriam constitucionais, porque tinham Constituição, enquanto os Estados despóticos não seriam constitucionais, porque careciam de Constituição.[12]

Mesmo que esse modo de utilizar o termo "Constituição" esteja em desuso e ainda que se rejeite a concepção liberal do constitucionalismo, em favor de uma concepção mais democrática, é consenso reconhecer que a inexistência da observância, pelos Estados, da separação de poderes ou dos direitos fundamentais implica a não caracterização do Estado Constitucional ou a ausência de Constituição.[13]

1.2 Função da Constituição: caráter transformador

A Constituição é um *instrumento limitativo* do poder. Ao regular a organização e o modo de exercício do poder político, serve de *limite* e de *vínculo* da maioria.

O princípio da maioria não equivale à *prepotência* nem pode traduzir-se na *imunidade* do Poder Legislativo ou do Executivo perante as violações da Lei fundamental.[14] É preciso apreender com a história, a qual está repleta de exemplos de *maiorias totalitárias* (*v.g.*, o nazismo e o fascismo), a exigir a observância de direitos fundamentais de todos, façam eles ou não parte da maioria.

O princípio da maioria não está assentado no *absolutismo* da maioria ou na *opressão* das minorias. O conceito de democracia não pode ser reduzido ao *governo da maioria*. O direito da maioria deve respeitar o das minorias, pois, em uma democracia, uma minoria pode, ocasionalmente, tornar-se maioria.

As Constituições modernas preveem valores e opções políticas fundamentais com o escopo de se formar um *consenso mínimo* a ser observado

[12] Cf. Riccardo Guastini. *Estudios de teoría constitucional*. p. 24-25.

[13] Cf. Marcelo Neves. Op. cit., p. 61-62.

[14] Cf. Vital Moreira. Princípio da maioria e princípio da constitucionalidade: legitimidade e limites da justiça constitucional. Disponível em: [http://www.tribunalconstitucional.pt/tc/textos030102.html]. Acesso em: 11.09.2007.

pelas maiorias, pois a *democracia exige mais do que apenas a observância da regra majoritária*.[15] Isto retira a *discricionariedade da política ordinária*, vinculando o grupo político que detém o poder, a fim de garantir a realização dos direitos de todos.

Quanto mais Constituição, mais limitação (*deveres negativos*) ou mais imposição de tarefas (*deveres positivos*). Aliás, uma boa Constituição deve ser compreendida tanto como uma *ordem-quadro*, quanto uma *ordem-fundamental*.[16] Enquanto *ordem-quadro*, a Constituição deve impor limitações, em determinadas matérias, mediante *ordens* (isto é, o que resulta "ordenado" pela Constituição mostra-se, constitucionalmente, "necessário") e *proibições* (ou seja, o que resulta "proibido", pela Constituição, mostra-se "impossível"), à atuação do legislador (por isso, estabelece um "quadro"), confiando aos poderes públicos, em outras matérias, consideradas não essenciais, aberturas ou margens de ação (discricionariedade). O que a Constituição atribui à "discricionariedade" do legislador mostra-se apenas constitucionalmente "possível"; ou seja, não é nem "necessário", nem "impossível". Por outro lado, a Constituição deve ser também uma *ordem-fundamental*, impondo, para a sociedade, mediante mandatos e proibições, questões essenciais ou um sistema de valores (no qual se incluem os direitos fundamentais, além de outros princípios como o do Estado Democrático e Social de Direito) que servem não como limites, mas como fundamentos, fins ou tarefas que devem nortear a atividade estatal ou não,[17] por intermédio de *deveres de proteção*.

Neste último aspecto, a Constituição, como *ordem fundamental*, pode ser compreendida em sentido *quantitativo* ou *qualitativo*.[18] No sentido quantitativo, uma Constituição é uma ordem fundamental, quando não estabelece posições discricionárias (nada confia ao legislador); em outros termos, para tudo tem um mandato ou uma proibição. Percebe-se, destarte, que é impossível que a Constituição seja, ao mesmo tempo, uma ordem-quadro e uma ordem-fundamental, em sentido quantitativo. Já em sentido qualita-

[15] Cf. Ana Paula de Barcellos. Neoconstitucionalismo, direitos fundamentais e controle das políticas públicas. p. 5.

[16] Cf. Cristina Queiroz. *Direitos fundamentais sociais. Funções, âmbito, conteúdo, questões interpretativas e problemas de justiciabilidade*. p. 16 e 132-135.

[17] A propósito, verificar a discussão sobre a eficácia vertical e horizontal dos direitos fundamentais, no item 1.4 abaixo.

[18] Cf. Robert Alexy. *Tres escritos sobre los derechos fundamentales y la teoria de los princípios*. p. 55-56.

tivo, a fim de pensar em um modelo de Constituição capaz de conciliar-se com aquele que a estabelece como uma *ordem-quadro*, é uma ordem fundamental, quando resolve as perguntas fundamentais para a comunidade, embora deixe sem respostas outras perguntas (não ordena nem proíbe), para as quais serve apenas como uma *ordem-marco*, confiando na discricionariedade dos poderes públicos.

A relação entre o princípio da maioria e da constitucionalidade é *ambivalente*, na medida em que, de um lado, a Constituição limita o exercício do legislador ordinário e, de outro lado, é a expressão do princípio da maioria, fundante e constituinte da comunidade política.[19]

Os direitos fundamentais formam um *consenso mínimo* oponível a qualquer grupo político que ocupe o poder. Vinculam às maiorias, porque, além de constituírem *elementos valorativos essenciais* à existência do Estado Democrático de Direito, descrevem *exigências indispensáveis* ao funcionamento adequado de procedimentos de deliberação democrática.[20]

Logo, ter um direito fundamental, em um Estado Democrático de Direito, equivale a ter um *trunfo* em um jogo de cartas.[21] A carta de trunfo é aquela que prevalece sobre as demais, mesmo aquelas que tenham valor facial mais elevado. Ter um trunfo contra o governo democraticamente legitimado, baseado na regra da maioria, significa, ao final, que ter um direito fundamental é um trunfo contra a maioria.

Atualmente, não basta falar em Estado de Direito ou o "Estado sob o regime do Direito", conceito este desenvolvido a partir do século XIX, em oposição ao Estado Policial ou o "Estado sob o regime de Polícia", característico do século XVII, uma vez que, no Estado de Direito, era suficiente o respeito à lei, *sem se preocupar com o seu conteúdo*: a lei se impunha mesmo se redundasse em medidas pessoais, concretas e retroativas, que poderiam coincidir com a vontade de um ditador ou de um partido político.[22] No atual estágio de desenvolvimento jurídico, os direitos fundamentais representam os elementos definidores e legitimadores de todo o ordenamento jurídico positivo, proclamando um concreto e objetivo sistema de valores de aplicação imediata e de vinculação do poder público. Definem uma cultura jurídica e política, limitando o poder do Estado. Por isso, o moderno

19 Cf. Vital Moreira. Op. cit.

20 Cf. Ana Paula de Barcellos. Neoconstitucionalismo... cit., p. 9.

21 Cf. Jorge Reis Novais. *Direitos fundamentais. Trunfos contra a maioria*. p. 18-19.

22 Cf. Gustavo Zagrebelsky. *El derecho dúctil*. p. 21-23.

Estado de Direito democrático e constitucional deve ser denominado de *Estado de Direitos Fundamentais*. O Estado de Direito é uma categoria *interdependente* dos direitos fundamentais, porque somente são soberanas as leis que constituam manifestação externa das exigências de racionalidade e de liberdade, não da vontade arbitrária daqueles que detêm o poder.[23]

O conteúdo da lei e do direito deve ser protegido pelo Estado de Direito Constitucional. Pelo princípio da supremacia da Constituição, os direitos fundamentais tornam-se *posições jurídicas* tão importantes que a sua garantia não pode ser deixada ao alvitre das maiorias parlamentares, não retirando do cidadão, amparado por tais direitos, a sua *posição jurídico-prestacional*.[24] Enfim, a função básica da Constituição é suprimir certas decisões do processo político.

Quando a Constituição coloca direitos acima das decisões da maioria, faz do *sistema de direitos fundamentais* o critério último de validade de todo o ordenamento jurídico.[25] Com isso, não se limita o âmbito de *deliberação democrática*, mas, ao contrário, impõe-se a devida *atenção democrática* aos interesses humanos fundamentais, os quais poderiam restar negligenciados no processo político ordinário.[26]

Dessa forma, se as Constituições não são documentos sagrados nem um conjunto de políticas, devem continuar fornecendo as *exigências constitucionais mínimas*, prevendo direitos e liberdades definidores da cidadania, pessoal, política e econômica, os quais são intocáveis pelas maiorias governamentais. A Constituição traça a perspectiva mínima da legitimidade moral e material, servindo de garantia contra o desmoronamento ético dos direitos fundamentais, por intermédio de reformas legislativas, desregulações, flexibilidades e liberalizações.[27] Cabe à Constituição estabelecer os fundamentos da *teoria da justiça*, definindo as estruturas básicas da sociedade, incorporando um projeto emancipatório que não seja indiferente às condições particulares dos excluídos. Ao se criar condições jurídicas diferenciadas de promoção dos direitos daqueles que merecem

[23] Cf. Antonio E. Perez Luño. *Los derechos fundamentales*. p. 32.

[24] Cf. José Joaquim Gomes Canotilho. Tomemos a sério os direitos econômicos, sociais e culturais, p. 51-52.

[25] Cf. Cristina Queiroz. *Direitos fundamentais*... cit., p. 206.

[26] Cf. Cristina Queiroz. *O princípio da não reversibilidade dos direitos fundamentais sociais. Princípios dogmáticos e prática jurisprudencial*. p. 112.

[27] Cf. José Joaquim Gomes Canotilho. *Constituição dirigente*...cit., p.XXI.

proteção especial (crianças e adolescentes, idosos, deficientes, consumidores, trabalhadores etc.), permite-se a maior inclusão social, além de exprimir refrações morais no âmbito do contrato social constitucional.[28]

As Constituições modernas, ao instituírem direitos fundamentais, reconhecem a *supercomplexidade* da sociedade e assimilam o *pluralismo jurídico*. Fornecem categorias críticas para a compreensão da sociedade, o que evita a propagação de concepções totalitárias e, por isso, inadequadas à complexidade social contemporânea.[29] Com isso, é possível responder às exigências do livre desenvolvimento da pessoa humana, reduzir os *excluídos da justiça* e construir uma sociedade mais solidária.

Entretanto, essas Constituições preveem valores e expectativas muito altas, podendo ser consideradas até utópicas. São *utopias de Direito Positivo*, porque jamais se realizam de forma plena.[30] Malgrado não possam ser realizadas integralmente, trazem *metas* colocadas, pelo Direito, para a transformação da sociedade.[31]

Desse modo, se a Constituição Brasileira de 1988 prevê como objetivo fundamental a construção de uma sociedade *livre*, *justa* e *solidária* (art. 3.º, I), tal desiderato deve ser buscado, intensamente, pelo Estado e pela própria sociedade.

Tão importante quanto a realização plena destes objetivos são os constantes esforços para que essas metas sejam atingidas. Se a cada dia, a sociedade, pelo exercício da cidadania e pela atuação dos governantes, fica melhor, isto basta para que a *utopia de ontem* seja a *realidade de hoje* e a *transformação do amanhã*.[32]

[28] Idem, ibidem. A propósito da Constituição e do Contrato Social, verificar o próximo item.

[29] Cf. Marcelo Neves, Op. cit., p. 74-75.

[30] "Las constituciones son (...) utopias de derecho positivo, que aunque jamás serán realizables a la perfección establecen, sin embargo, en cuanto derecho sobre el derecho, las perspectivas de transformación del derecho mismo em la dirección de la igualdad en los derechos fundamentales" (Luigi Ferrajoli. Juspositivismo crítico y democracia constitucional. p. 14).

[31] Nas palavras de Luigi Ferrajoli, "los estados democráticos de derecho, que han incorporado a sua Constituciones valores y expectativas altas e incluso utópicas, nunca realizables del todo. Pero es precisamente esta conciencia la que debe asistir tanto a la legislación como a la cultura jurídica en la transformación y en la idealización del derecho" (*Derecho y razón. Teoría del garantismo penal*, p. 920).

[32] "Creer que todo está descubierto es un error profundo: Es confundir el horizonte con los limites del mundo" (Jeremy Bentham. *Tratado de las pruebas judiciales*, vol. II, p. 184).

A *política jurídica utópica*, também, é *direito*. Os *sonhos* dos filósofos do direito estão *latentes* no direito contemporâneo. Cada sonho pode ser o direito do futuro: o direito de hoje deve ser desafiado com as possibilidades de amanhã.[33]

Com efeito, há uma *relação de inclusão recíproca* entre o *ideal* e o *real*. O *ideal*, que a teoria do discurso concebe como a *forma das condições de argumentação racional*, funde suas raízes na realidade e não teria nenhuma força sem o real.[34] O *real*, por sua vez, não seria a forma de vida dos seres dotados de razão, se não incluísse o *ideal*.[35]

O direito, antes de ser regra e instituição, é *discurso*, cujo significado está em suspensão, pois se articula entre as coisas: entre a regra (que nunca é, inteiramente, normativa) e o fato (que jamais é, completamente, fático), entre a ordem e a desordem, entre a letra e o espírito, entre a força e a justiça.[36]

As Constituições modernas exercem um papel relevante na modificação da realidade, pois se caracterizam pela existência de *metarregras* (direito sobre direito),[37] isto é, são dotadas de normas superiores (*supremacia da Constituição*), justamente para vincular os poderes públicos (inclusive para impor limites aos interesses da maioria), a fim de transformar o direito na direção da realização dos direitos fundamentais de todos.

[33] Para Ronald Dworkin, "a política jurídica utópica continua sendo direito. Seus filósofos oferecem extensos programas que podem, caso seduzam a imaginação dos juristas, tornar seu progresso mais deliberado e reflexivo. São romancistas em cadeia com épicos em mente, imaginando o trabalho desenrolando-se através de volumes que podem levar gerações para serem escritos. Nesse sentido, cada um de seus sonhos já é latente no direito contemporâneo; cada sonho pode ser o direito do futuro. (...) os filósofos são parte da história do direito mesmo assim, mesmo quando discordam e nenhuma opinião obtém um apoio dominante por muito tempo, pois seus argumentos, mesmo assim, lembram à profissão a pressão do direito além do direito, que os imperativos da integridade sempre desafiam o direito de hoje com as possibilidades de amanhã, e que toda decisão em um caso difícil é um voto para um dos sonhos do direito" (*O império do direito*. p. 488).

[34] Cf. Robert Alexy. Entrevista con Manuel Atienza, p. 675.

[35] Idem, ibidem.

[36] Cf. François Ost. Júpter, Hércules, Hermes: tres modelos de juez. p. 187.

[37] "Tomado en serio, el constitucionalismo, como proyección jurídica del derecho – es decir: como derecho sobre el derecho, mediante el cual el derecho se proyecta a sí mismo, vinculandose a los princípios estabelecidos constitucionalmente – confiere, em otras palabras, um sentido nuevo, de tipo constuctivo y proyectual, a la ciencia jurídica" (Luigi Ferrajoli. Juspositivismo crítico... cit., p. 12).

O neoconstitucionalismo está voltado à realização do Estado Democrático de Direito, por intermédio da efetivação dos direitos fundamentais. Aposta no caráter *transformador* das Constituições modernas, pois, como *utopias de Direito Positivo*, servem como norte capaz de orientar as necessárias mudanças sociais. Neste sentido, não se pode ignorar a advertência de Macpherson: "Só sobreviverão as sociedades que melhor possam satisfazer as exigências do próprio povo no que concerne à igualdade de direitos humanos e à possibilidade de todos os seus membros lograrem uma vida plenamente humana".[38]

Todavia, as aspirações reformistas começam pela educação dos cidadãos, os quais precisam compreender, criticamente, a sociedade e os possíveis mecanismos para a sua transformação.

1.3 Constituição e contrato social

Constituição, no sentido clássico, era concebida, por Aristóteles, como sendo a *ordem na pólis* (*politeia*), podendo os conceitos de Constituição e Estado serem equiparados.[39]

Com as revoluções burguesas do final do século XVIII, houve uma significativa alteração semântica e normativa no conceito de *Constituição*, que passou a ser concebida como "carta de liberdade" ou "pacto de poder", para ressaltar a sua função "constituinte de poder".[40]

O Estado Moderno possui natureza contratual (Hobbes) e, por isto, não é um *fato natural*, mas um fenômeno *artificial* e *convencional*, construído pelas pessoas para tutelar as suas necessidades e direitos.

A noção de contrato social foi, inicialmente, identificada por John Locke, no Capítulo II de seu *Segundo Tratado sobre o Governo*, de 1690, em três direitos fundamentais – vida, liberdade e propriedade –, os quais justificariam o contrato social.[41]

Essa posição prevaleceu no art. 2.º da Declaração dos Direitos do Homem e do Cidadão, de 1789, ao prever: "O fim de toda associação polí-

[38] Cf. Cabral Pinto e Luzia Marques da Silva. *Os limites do poder constituinte e a legitimidade material da Constituição*. p. 218-219.

[39] Cf. Marcelo Neves, Op. cit., p. 56-57.

[40] Idem, p. 57.

[41] Cf. Luigi Ferrajoli. Diritti fondamentali. p. 11.

tica é a defesa dos direitos naturais e imprescindíveis do homem. Estes direitos são a liberdade, a propriedade e a resistência à opressão".

O contrato social serve para justificar, *moralmente*, o poder exercido na forma do Direito Positivo. Afinal, trata-se de um contrato em que cada indivíduo, autônomo, juntamente com os demais indivíduos autônomos e, portanto, com o assentimento não forçado de todos, regulam sobre algo que, razoavelmente, redunde no bem de cada um.[42]

Jürgen Habermas, baseando-se na ideia de *ética universalista* de Karl Otto Apel, afirma que as normas somente podem ser *justificadas* se forem observadas por todos.[43] O propósito da ética é a *eliminação dos conflitos por meios não coercitivos*; cabe à ética a tarefa de apresentar os princípios para eliminar os conflitos por intermédio do discurso.[44] Porém, como não se pode esperar que todos os sujeitos observem espontaneamente as normas jurídicas, tal observância somente é exigível quando há *obrigatoriedade jurídica*.[45]

As Constituições modernas, como expressão do contrato social, representam a *grande metáfora da democracia constitucional*, buscando conciliar a *democracia política ou formal* (a legitimidade do poder público se funda no *consenso* dos contratantes; ou seja, decorre do princípio da maioria, em vez de ser ditada de cima para baixo, pela vontade do soberano) com a *democracia substancial* (o consenso está condicionado à observância dos direitos fundamentais de *todos*; em outros termos, há limites e vínculos impostos à maioria).[46]

Assim, a democracia formal ou política disciplina as *formas de decisão que asseguram a expressão da vontade da maioria*.[47] Já a democracia substancial se preocupa com o conteúdo ou o significado e, portanto, com a validade e a legitimidade destas decisões, isto é, se elas correspondem aos direitos fundamentais ou aos princípios axiológicos neles estabelecidos. A democracia substancial não questiona *quem* decide ou *como* se decide, mas *o que* se decide. Impõe a quem decide a proibição de decidir contra os direitos fundamentais ou a não efetivação de tais direitos. Logo, quando se refere

[42] Cf. Jürgen Habermas. *Cómo es posible la legitimidad por via de legalidad?*. p. 29.

[43] Idem, p. 41.

[44] Cf. Robert Alexy. *Teoria da argumentação jurídica*. p. 120.

[45] Cf. Jürgen Habermas. *Cómo es posible*...cit., p. 41.

[46] Cf. Norberto Bobbio. *Dicionário de política*. vol. 1, p. 319-329.

[47] Cf. Luigi Ferrajoli. Diritti fondamentali...cit., p. 19-20.

a direitos *fundamentais,* se subtrai da maioria ou do mercado a liberdade de decidir.

Nenhum contrato pode dispor da vida; tampouco, nenhuma maioria política pode dispor dos direitos fundamentais, por exemplo, decidindo que uma pessoa pode ser condenada sem provas, ser privada arbitrariamente da sua liberdade pessoal ou de seus direitos civis ou políticos ou, ainda, ter que morrer sem assistência médica ou social, bem como viver sem condições mínimas de dignidade. Por isso, a democracia constitucional não é apenas uma forma de governo, fundada no poder do povo ou mesmo um método para a tomada de decisões coletivas, marcado por limitações substanciais ao exercício do poder, pela maioria. É também um ideal igualitário, não podendo a democracia, em sentido formal, ser separada da democracia substancial.

A Constituição não é só a explicação do contrato social, devendo realizar os valores emanados desse contrato social (a sua força normativa deve *constituir a ação* do Estado).[48] Ao constituir a ação, esta não é apenas algo que se interpõe entre o Estado e a Sociedade, mas é o *elo* entre o político e o jurídico da sociedade, não podendo significar a opção pelo cumprimento de dispositivos menos significativos e o descumprimento sistemático do que é mais importante, isto é, do *núcleo essencial-fundamental.*[49] O contrato social, enquanto *metáfora da democracia substancial,* não representa um *acordo vazio* de conteúdos, devendo tutelar os direitos fundamentais, pois a sua violação por parte dos soberanos legitima a ruptura deste pacto e o exercício do direito de resistência.[50]

Portanto, a justificação do Estado, pensado por Thomas Hobbes, criado para superar o *belum omnium* do Estado de Natureza e garantir a paz, está fundada na proteção dos direitos à vida, à liberdade pessoal, à dignidade humana, enfim, dos direitos fundamentais que são o significado concreto do pacto constituinte do Estado Moderno.

[48] Cf. Lênio Luiz Streck. La jurisdicción constitucional y las posibilidades de concretización de los derechos fundamentales-sociales. p. 21.

[49] Cf. Lênio Luiz Streck. Uma abordagem hermenêutica acerca do triângulo dialético de Canotilho ou de como ainda é válida a tese da Constituição dirigente (adequada a países de modernidade tardia). p. 55.

[50] Cf. Luigi Ferrajoli. Diritti fondamentali...cit., p. 21.

1.4 Aspectos históricos e dimensões, horizontal e vertical, dos direitos fundamentais

As Constituições Modernas, como contratos sociais na forma escrita e positiva, têm a finalidade de *limitar* e *vincular* os poderes que, de outro modo, seriam absolutos.

As Constituições, dignas desta concepção de contrato social (como a norte-americana e a francesa),[51] representaram uma *ruptura* com o passado, mostrando o *caminho* a ser construído no futuro (*dirigismo constitucional*). Também refundaram as bases da convivência civil e representaram o fim do absolutismo.

Consagraram conquistas sociais e democráticas, porque não foram concedidas de *maneira espontânea* pelo detentor do poder,[52] nem foram *elaboradas em uma mesa por juristas*. Em contexto caracterizado pela exclusão e marginalização sociais, pelo crescimento das diferenças entre ricos e pobres, pelo descumprimento reiterado dos direitos consagrados, pelo aumento da corrupção e pela ineficiência das políticas públicas, são as manifestações coletivas que representam uma das poucas ferramentas de participação política.[53]

A efetivação dos direitos humanos fundamentais é resultado de duras e difíceis conquistas sociais. Não traduzem uma história linear, nem a história de uma causa perdida, mas a história da luta dos direitos a partir da superação das graves diferenças entre os sujeitos de direitos, discriminados, indevidamente, como objetos (como na escravidão dos negros) ou seres de menor dignidade (como foram ou são as práticas do nazismo, do sexismo, do racismo, da homofobia, da xenofobia e de outras formas de intolerância).[54]

A afirmação dos direitos fundamentais, destarte, decorreu de muitas lutas, às vezes sanguinárias, e pela negação dos antigos regimes.[55] Vale

[51] Marcante diferença entre as revoluções francesa e norte-americana é que a primeira representou a *soberania das leis* (os direitos derivavam da lei), enquanto a segunda afirmou a *soberania dos direitos* (as leis decorreriam dos direitos). Cf. Gustavo Zagrebelsky. *El derecho*...cit., p. 55.

[52] De acordo com Celso Antônio Bandeira de Mello, "a História não registra gestos coletivos de generosidade das elites para com as camadas mais carentes (ainda que pródiga em exemplos dela no plano individual)" (A democracia e as dificuldades contemporâneas. p. 19).

[53] Cf. Christian Courtis. Los derechos sociales en perspectiva: la cara jurídica de la política social. p. 199.

[54] Cf. Flávia Piovesan. Igualdade, diferença e direitos humanos: perspectiva global e regional. p. 295-296.

[55] Cf. Luigi Ferrajoli. Juspositivismo crítico...cit., p. 16.

recordar, neste sentido, a célebre frase de Santayana, no museu do campo de concentração de Dachau, perto de Munique, na Alemanha: "Aqueles que não se recordarem do passado são condenados a revivê-lo".

Servem de ilustração: a Constituição Italiana (que nasceu da resistência e da guerra de liberação contra o regime fascista); a Lei Fundamental alemã (fruto do repúdio ao nazismo); as Constituições espanhola e portuguesa (ao romperem com os regimes de Franco e Salazar); a Declaração Universal dos Direitos Humanos da Organização das Nações Unidas (ONU), de 1948, ao colocar fim a anarquia das relações entre Estados, no plano internacional, antes baseada na guerra e na sua soberania selvagem; e, ainda, a Constituição Brasileira de 1988, como resposta democrática à ditadura militar. Aliás, no Brasil, os movimentos sociais, nas décadas de 70 e 80, do século XX, anteriores à Constituição Federal de 1988, impediram que o regime militar ampliasse a recessão democrática, imposta à sociedade civil, lutando pela redemocratização do país, pela construção das liberdades e do pluralismo, bem como reivindicavam a normatização e efetivação dos direitos sociais.[56]

Sob o aspecto histórico, as transformações mais importantes no Direito Constitucional contemporâneo se deram, a partir da Segunda Grande Guerra Mundial, na Europa, devendo ser salientadas a Lei Fundamental de Bonn, de 1949, e as Constituições italiana (1947), portuguesa (1976) e espanhola (1978).

Com a derrota dos regimes totalitários (nazifascistas), verificou-se a necessidade de criarem catálogos de direitos e garantias fundamentais para a *defesa do cidadão* frente aos abusos que poderiam vir a ser cometidos pelo Estado[57] ou por *quaisquer detentores do poder* em suas manifestações políticas, econômicas, intelectuais etc.

Nesse contexto, os direitos fundamentais são "princípios" que produzem efeitos sobre toda a ordem jurídica, sendo dotados de uma *eficácia expansiva* que inclui todos os âmbitos jurídicos.[58] Podem ser analisados na dimensão vertical (Estado-cidadão), mas também na horizontal (isto é,

[56] Cf. Cláudia Maria da Costa Gonçalves. *Direitos fundamentais sociais. Releitura de uma Constituição dirigente.* p. 162-163.

[57] "Em nossa sociedade, às vezes um homem tem o direito, no sentido forte, de desobedecer a lei. Tem esse direito toda vez que a lei erroneamente invade seus direitos contra o governo" (Ronald Dworkin. *Levando os direitos*...cit., p. 264).

[58] Cf. Cristina Queiroz. *Direitos fundamentais sociais*... cit., p. 126.

na esfera jurídica privada, entre pessoas e entidades não estatais, as quais se encontram em posição de igualdade formal), toda vez que houver *desequilíbrio de poderes* entre os particulares.[59] Afinal, os direitos fundamentais não têm como *inimigo* exclusivo o Estado, na medida em que a violação a tais direitos podem prover também, e às vezes como maior gravidade, dos poderes privados e dos outros particulares.[60]

Há, evidentemente, diferenças em ambas as perspectivas. A relação entre Estado e cidadão é uma relação entre um titular de um direito fundamental e um não titular de direito fundamental; por outro lado, a relação entre pessoas e entidades não estatais – presentes, por exemplo, na família, na empresa, no mercado e na sociedade civil – é uma relação entre titulares de direitos fundamentais.[61] Desta maneira, o Estado é *juridicamente limitado*, enquanto os indivíduos são, essencialmente, livres e a sua autonomia constitucionalmente protegida.[62]

Exemplo da eficácia horizontal dos direitos fundamentais é um caso concreto, analisado pelo Tribunal Constitucional alemão, no qual se discutia o direito à antena parabólica. Tratava-se de um cidadão português que ajuizou ação contra o locador de seu imóvel, para poder instalar, na residência, antena parabólica, destinada a captar notícias de seu país. A Corte

[59] Segundo José Carlos Vieira de Andrade, os "particulares poderão, assim, de acordo com a *natureza específica*, a *razão de ser* e a *intensidade* do poder exercido (na falta ou insuficiência da lei ou contra ela, se inconstitucional), invocar os direitos fundamentais que asseguram a sua liberdade, por um lado, e exigir, por outro, uma igualdade de tratamento em relação a outros indivíduos nas mesmas circunstâncias, arguindo a invalidade dos actos e negócios jurídicos que ofendam os princípios constitucionais ou reclamando indenização dos danos causados. (...) Afinal, bem vistas as coisas, trata-se apenas de assegurar, quando e na medida que isso se justifique, uma proteção *mais intensa* aos particulares vulneráveis nas relações com privados poderosos – garantia que corresponde, afinal, às preocupações evidenciadas pelas teorias moderadas do dever de protecção –, sem deixar de ter em conta a circunstância de essas entidades privadas poderosas também serem titulares de direitos fundamentais, embora, na maior parte dos casos, lembre-se, uma vez mais, se trate de pessoas colectivas que, afinal, gozam apenas desses direitos parcialmente e por analogia" (Os direitos, liberdades e garantias no âmbito das relações entre particulares, p. 286-288). Do mesmo modo, assevera Claus-Wilhelm Canaris que o "objectivo principal da função de imperativo de tutela no âmbito das relações entre particulares é, por conseguinte, o de proteger os bens jurídico-fundamentais perante intervenções fácticas por parte de outros sujeitos de direito privado, e de assegurar a sua efetiva capacidade funcional" (*Direitos fundamentais e direito privado*, p. 107).

[60] Cf. Jorge Reis Novais. Op. cit., p. 79-80.

[61] Cf. Robert Alexy. *Teoria de los derechos fundamentales*. p. 511.

[62] Cf. Daniel Sarmento. *Direitos fundamentais e relações privadas*. p. XXVII.

Constitucional deu-lhe razão, porque, nas relações jurídico-civis de locação, não deve ser aniquilado o direito fundamental à informação (art. 5.º, n. 1, da Lei Fundamental da República Federal da Alemanha).[63-64] Outros exemplos poderiam ser cogitados, sem aqui serem analisados, como: o da vedação de estatuto de um clube recreativo que proibisse a agremiação e negasse o direito de negros, judeus ou homossexuais de serem sócios; proibição de homossexuais de doarem sangue[65]; a expulsão de sócios de um clube ou de sociedade civil, sem fins lucrativos, sem respeitar previamente as garantias da ampla defesa, do contraditório e do devido processo legal;[66] a cláusula contratual que impedisse determinado artista, contratado por

[63] "1. Todos têm o direito de exprimir e Divulgar livremente a sua opinião pela palavra, por escrito e pela imagem, bem como o direito de se informar, sem impedimentos, por meio de fontes acessíveis a todos. São garantidas a liberdade de imprensa e a liberdade de informação por rádio, televisão e cinema. Não haverá censura".

[64] Cf. José Joaquim Gomes Canotilho. A "principialização" da jurisprudência através da Constituição, p. 88; Claus-Wilhelm *Canaris. Direitos fundamentais*...cit., p. 87-90.

[65] A ação direta de inconstitucionalidade n. 5543 questiona, no STF, a validade constitucional de normas do Ministério da Saúde e da Anvisa que "dispõem sobre a inaptidão temporária para indivíduos do sexo masculino que tiveram relações sexuais com outros indivíduos do mesmo sexo realizarem doação sanguínea nos 12 (doze) meses subsequentes a tal prática". Em seu voto, o relator, ministro Edson Fachin, entendeu que o estabelecimento de um grupo de risco com base em sua orientação sexual não é justificável. Isto é, os critérios para a seleção de doadores de sangue devem favorecer a apuração de condutas de risco, do contrário, estabelecem uma restrição desmedida com o pretexto de garantir a segurança dos bancos de sangue.).

[66] "(...) III. Sociedade civil sem fins lucrativos. Entidade que integra espaço público, ainda que não estatal. Atividade de caráter público. Exclusão de sócio sem garantia do devido processo legal. Aplicação direta dos direitos fundamentais à ampla defesa e ao contraditório. As associações privadas que exercem função predominante em determinado âmbito econômico e/ou social, mantendo seus associados em relações de dependência econômica e/ou social, integram o que se pode denominar de espaço público, ainda que não estatal. A União Brasileira de Compositores – UBC, sociedade civil sem fins lucrativos, integra a estrutura do ECAD e, portanto, assume posição privilegiada para determinar a extensão do gozo e fruição dos direitos autorais de seus associados. A exclusão de sócio do quadro social da UBC, sem qualquer garantia de ampla defesa, do contraditório, ou do devido processo constitucional, onera consideravelmente o recorrido, o qual fica impossibilitado de perceber os direitos autorais relativos à execução de suas obras. A vedação das garantias constitucionais do devido processo legal acaba por restringir a própria liberdade de exercício profissional do sócio. O caráter público da atividade exercida pela sociedade e a dependência do vínculo associativo para o exercício profissional de seus sócios legitimam, no caso concreto, a aplicação direta dos direitos fundamentais concernentes ao devido processo legal, ao contraditório e à ampla defesa (art. 5.º, LIV e LV, CF/1988)" (STF, RE 201.819-RJ, 2.ª T., j. 11.10.2005, rel. Min. Gilmar Mendes, *DJU* 27.10.2006, p. 64).

uma emissora de televisão, de participar em programas da emissora concorrente ou a previsão estatutária que impedisse que um jogador de futebol viesse a ser transferido para clube em outro país;[67] a cláusula em Estatuto de Empresa multinacional que concedesse mais direitos aos funcionários estrangeiros do que para os nacionais;[68] a determinação de regulamento de condomínio que proibisse os empregados de utilizar o elevador social; a cláusula contratual que impedisse que os compradores brancos de terreno em condomínio fechado os revendessem para pessoas negras;[69] a não contratação discriminatória de mulheres grávidas, deficientes físicos, portadores do vírus HIV etc. Prevalece, pois, a ideia da hierarquia normativa da Constituição Federal, a qual por ser a *lex superior*, submete o direito privado, que é direito infraconstitucional, à estrutura da ordem constitucional, ficando vinculado à observância dos direitos fundamentais.[70]

[67] A Corte Europeia de Justiça decidiu, em 1995, o caso *Bosman v. UEFA*, no qual se discutia os estatutos da União Europeia de Futebol (UEFA) que continha regras de limitação da circulação de jogadores de futebol, exigindo o pagamento de "taxa de transferência" para que um jogador pudesse se transferir para clube em outro país, mesmo que seu contrato já tivesse encerrado, além de impedir que mais de três jogadores estrangeiros jogassem no mesmo time. A Corte Europeia, com fundamento no art. 48 do Tratado de Roma, pelo qual "a livre circulação de trabalhadores deve ficar assegurada", afirmou que tal vedação não valeria apenas para o Poder Público, não podendo clubes de futebol, mesmo sendo pessoas de direito privado, basear-se na autonomia privada, para colocar obstáculos à livre circulação de trabalhadores. Cf. Virgílio Afonso da Silva. *A constitucionalização do direito. Os direitos fundamentais nas relações entre particulares*. p. 95-96.

[68] O STF já decidiu, por exemplo: "(...) I. Ao recorrente, por não ser francês, não obstante trabalhar para a empresa francesa, no Brasil, não foi aplicado o Estatuto do Pessoal da Empresa, que concede vantagens aos empregados, cuja aplicabilidade seria restrita ao empregado de nacionalidade francesa. Ofensa ao princípio da igualdade: CF/1967, art. 153, § 1.º; CF/1988, art. 5.º, *caput*). II. A discriminação que se baseia em atributo, qualidade, nota intrínseca ou extrínseca do indivíduo, como o sexo, a raça, o credo religioso etc., é inconstitucional (...)" (STF, RE 161.243-DF, 2.ª T., j. 29.10.1996, rel. Min. Carlos Velloso, *DJU* 19.12.1997, p. 57).

[69] O caso que inaugurou o debate sobre a irradiação dos efeitos dos direitos fundamentais ao direito privado, nos Estados Unidos, foi *Shelley v. Kraemer*, decidido pela Suprema Corte norte-americana em 1948. Loteamento da cidade de Saint Louis estipulou cláusula contratual pela qual os compradores de lotes não poderiam aliená-los em favor de indivíduos não brancos. Um dos proprietários resolveu vendê-lo para um casal de negros. Tal venda foi questionada judicialmente, pelos outros proprietários, em razão da existência da cláusula contratual restritiva. A Suprema Corte, revogando a decisão do Tribunal Estadual do Missouri, considerou que a cláusula contratual feria o princípio da igualdade previsto na Emenda XIV da Constituição americana. Cf. Virgílio Afonso da Silva. *A constitucionalização....* cit., p. 19.

[70] Cf. Claus-Wilhelm Canaris. *Direitos fundamentais*...cit., p. 27-28.

As dimensões vertical e horizontal são as duas faces dos direitos fundamentais.[71] Os direitos fundamentais não podem ser compreendidos somente como um *sistema de normas*; são, também, um *sistema de posições e de relações jurídicas*. A relação entre Estado e cidadão, como já ressaltado, é uma relação entre um titular de direito fundamental e um não titular do direito fundamental, enquanto a relação entre cidadãos é uma relação entre titulares de direitos fundamentais, isto é, é um problema de colisão. Há diferença entre o desequilíbrio jurídico de poderes, entre o Estado e os indivíduos, e fático de poderes, entre os particulares. Aquele desequilíbrio é presumido, porque o Estado é uma ameaça potencial aos direitos dos indivíduos, devendo ser compensado pela existência dos direitos fundamentais que protegem os cidadãos. Já o desequilíbrio fático de poderes entre os particulares, embora também possa ser presumível (*v.g.*, a vulnerabilidade do consumidor no mercado de consumo, conforme se depreende do art. 4.º, I, da Lei 8.078/1990), nem sempre é evidente, podendo exigir prova da desigualdade, para não comprometer os princípios da isonomia e da boa-fé.[72]

Nas relações privadas, a diferença entre *poderes sociais* pode representar grande ameaça ao exercício dos direitos fundamentais. Isto não significa que a eficácia horizontal dos direitos fundamentais somente se coloca quando há manifesta desigualdade entre as partes nas relações jurídicas privadas (*v.g.*, quando uma das partes é uma grande empresa multinacional). Mesmo nas relações paritárias, entre cidadãos comuns, há de se respeitar os direitos fundamentais. A diferença está na *ponderação* entre a autonomia privada e os direitos fundamentais dos entes envolvidos. Quanto maior for a desigualdade fática entre eles, mais intensa deve ser a proteção do direito fundamental e menor a tutela da autonomia privada; ao contrário, nas relações paritárias, a autonomia da vontade vai receber proteção mais intensa e o direito fundamental, que colidir com ela, poderá ser mais profundamente restringido.[73]

[71] Cf. Robert Alexy, *Teoría de los derechos fundamentales*, p. 506.

[72] A propósito, Virgílio Afonso da Silva menciona a teoria de Suzette Sandoz, para quem tratar *sempre* o empregador, o vendedor e o locador, como fortes, e o empregado, o comprador e o locatário como fracos altera gravemente a maleabilidade indispensável ao direito privado, distorcendo o conceito de boa-fé e politizando as relações privadas. Cf. *A constitucionalização...* cit., p. 74.

[73] Cf. Daniel Sarmento. *Direitos fundamentais...* cit., p. 245 e 261.

A derrota dos regimes totalitários também evidenciou a necessidade de criação de mecanismos efetivos de *controle da Constituição*, por intermédio do aperfeiçoamento do exercício da cidadania, pela resolução extrajudicial dos conflitos, pela atuação resolutiva do Ministério Público e da Defensoria Pública ou, no limite, pela jurisdição constitucional.

Em um contexto mais amplo, o estudo concreto dos institutos processuais, a partir da Constituição, inaugura uma nova disciplina, denominada de *Direito Processual Constitucional*. Está preocupada, de um lado, com a *tutela constitucional do processo*, a qual inclui o direito de acesso à justiça (ou de ação e de defesa) e o direito ao processo (ou as garantias do devido processo legal), e, de outro lado, com a jurisdição constitucional.[74] O Novo Código de Processo Civil, já no seu artigo 1º, deixa clara essa dimensão constitucional, ao determinar que o "processo civil será ordenado, disciplinado e interpretado conforme os valores e normas fundamentais estabelecidos na Constituição da República Federativa do Brasil, observando-se as disposições deste Código".

É por isso que, nas relações onde há maior desigualdade fática (*v.g.*, direito do trabalho ou do consumidor), a proteção dos direitos fundamentais deve ser mais acentuada e a tutela da autonomia da vontade mais reduzida, ao passo que, em relações paritárias (*v.g.*, contrato de prestação de serviços entre duas grandes empresas), a autonomia da vontade deve ser maior e a preocupação em proteger direitos fundamentais, menor.

O neoconstitucionalismo se propõe a superar o paradigma da *validade meramente formal* do direito, no qual bastava ao Estado cumprir o processo legislativo para que a lei viesse a ser a expressão jurídica. Com isso, o direito deve ser entendido dentro das respectivas *relações de poder*,[75] sendo intolerável que, em nome da "vontade do legislador", tudo que o Estado faça seja considerado legítimo. Estreitam-se, pois, os vínculos entre Direito e Polí-

[74] Cf. Antonio Carlos de Araújo Cintra, Ada Pellegrini Grinover e Cândido Rangel Dinamarco. *Teoria geral do processo*. p. 78-80.

[75] Arnaldo Sampaio de Moraes Godoy, por intermédio de Nietzche, bem explica: "Nietzsche percebe que o Estado nasceu da violência, do poder, da força. Está contra o fundacionismo de Locke, Rousseau e Kant. O estado da natureza seria o resultado e não a falta do direito. Insiste-se na volatibilidade dos fundamentos do direito, dado que nossos conceitos de legalidade e justiça estariam em mudança permanente, porque são determinados por relações de poder" (*O pós-modernismo jurídico*. p. 142).

tica, na medida em que conceitos como os de razoabilidade, senso comum, interesse público etc. são informados por relações de poder.

Porém, qualquer relevante concepção constitucional pressupõe uma determinada *percepção do homem*. A igual dignidade de todos os homens encontra respaldo na concepção universalista cristã, pela qual há participação da "humanidade" na divindade ("Não há judeus nem gregos; não há escravo nem livre; não há homem nem mulher; porque todos sois um em Cristo Jesus" – Gálatas 3:28).[76]

Neste sentido, os campos de concentração de Auschwitz-Birkenau, no sul da Polônia, construídos pelo governo alemão, comandado por Adolf Hitler, representam o símbolo do Holocausto, onde foram exterminados mais de seis milhões de judeus. Auschwitz-Birkenau não é apenas um simples fato histórico, mas um acontecimento que impõe reflexões sobre a autoconsciência da condição humana. Mostra que tais fatos jamais poderiam acontecer, de acordo com a consciência de que temos de nós mesmos, mas também revela que isto ocorreu devido à vontade dos próprios homens. Se na natureza humana está o horror por Auschwitz-Birkenau, ali também estão as causas que o produziram.[77] Negar o Holocasto é não somente ignorar as evidências históricas, mas cometer "crime" contra a humanidade, porque retira dela a possibilidade de extrair lições humanistas do genocídio, evitando que os erros do passado sejam repetidos no presente e no futuro.

A Constituição, antes de qualquer medida protetiva, deve preocupar-se com os seres humanos. A *dignidade da pessoa humana* tem de ser o *núcleo axiológico* da tutela constitucional. A ela, há de se atribuir a concepção mais ampla possível, a fim de se extrair a *máxima efetividade e aplicabilidade* dos casos concretos. Não se restringe ao vínculo entre governantes e governados, estendendo-se para toda e qualquer relação, mesmo entre dois sujeitos privados, em que, pela manifestação do poder, uma destas pessoas tivesse seus direitos violados ou ameaçados de lesão.

Os reflexos das alterações constitucionais ocorridas na Europa foram sentidas, significativamente, no Brasil, com o advento da Constituição Federal de 1988, que marca, historicamente, a *transição* para o Estado Democrático de Direito. Após a promulgação da Constituição de 1988,

[76] Cf. Gustavo Zagrebelsky. *El derecho*...cit., p. 105.
[77] Idem, p. 105-106.

sem embargo das constantes reformas constitucionais operadas no texto original, foi possível construir, paulatina e progressivamente, uma importante *cultura jurídica* de valorização do *sentimento constitucional.*

As sérias crises institucionais surgidas no país, após 1988, como o *impeachment* de um presidente diante dos gravíssimos indícios de corrupção, o processo do mensalão que atingiu inclusive Ministros de Estado e o escândalo na maior empresa estatal brasileira – a Petrobrás - investigado pela Operação Lava Jato, encontraram na Constituição e na jurisdição constitucional as soluções políticas e jurídicas – criticáveis ou não – para a manutenção da estabilidade democrática.

1.5 Afirmação histórica dos direitos humanos fundamentais

Inicialmente, é preciso compreender o sentido dos direitos humanos e sua diferenciação em relação aos direitos fundamentais.

Os direitos humanos podem ser absolutos e relativos. São absolutos os direitos que todos têm frente a todos (*v.g.*, o direito à vida). São relativos os direitos que todos os membros de toda comunidade jurídica têm na sua comunidade legal (*v.g.*, o direito ao voto). Tanto os direitos humanos absolutos ou relativos são considerados *suprapositivos* ou *morais*. Neste sentido, é possível afirmar que os direitos humanos, mesmo antes de serem positivados, constituem uma *ordem jurídica superior*, objetiva, capaz de servir de fundamento universal para todo o sistema jurídico. Por isso, é possível sustentar, como exemplos de violações dos direitos humanos, os crimes praticados na Alemanha Nazista, o *apartheid* da África do Sul, a negação das liberdades políticas e sindicais no Chile de Pinochet, apesar de nenhum desses ordenamentos jurídicos positivos reconhecerem tais direitos.[78] Estão presentes na Declaração dos Direitos Humanos da Organização das Nações Unidas (ONU) e nos Tratados Internacionais que versam sobre a matéria.

Os direitos humanos (absolutos e relativos) se positivam, nas Constituições, como *direitos fundamentais*. Assim, os direitos fundamentais possuem um sentido mais preciso e estrito, na medida em que descrevem o conjunto de direitos e liberdades jurídica e institucionalmente reconhecido e garantido pelo Direito Positivo.[79] O catálogo de direitos

[78] Cf. Antonio E. Perez Luño. Op. cit.,p. 47-48.

[79] Idem, p. 47; Jorge Reis Novais. Op. cit., p. 82.

constitucionais pode conter, junto dos direitos humanos, outros direitos considerados fundamentais.[80]

Lembre-se que a história do constitucionalismo é a de uma *progressiva expansão das esferas dos direitos*: a) Constituições do século XIX: previam direitos de liberdade; b) Constituições do século XX: direitos sociais, econômicos, ao meio ambiente, à paz etc.; c) reformas constitucionais do século XXI: biodireito, direito às informações, respeito ao meio ambiente e à diversidade cultural, proteção dos direitos das gerações futuras etc.

A *nova era de direitos* é marcada pelas seguintes características:[81] a) aumentaram os *bens* merecedores de tutela (as meras *liberdades negativas*, de religião, opinião, imprensa etc. deram lugar aos direitos *sociais* e *econômicos*, a exigir uma *intervenção positiva* do Estado); b) surgiram outros *sujeitos de direitos*, além do indivíduo (singular), como a família, as minorias étnicas e religiosas e toda a humanidade em seu conjunto; c) o próprio homem deixou de ser considerado *em abstrato*, para ser visto na *concretude* das relações sociais, com base em diferentes critérios de diferenciação (sexo, idade, condições físicas etc.), passando a ser tratado especificamente como homem, mulher, homossexual, criança, idoso, deficiente físico, consumidor etc.

Os direitos fundamentais são *históricos*, porque nascem e se desenvolvem, gradualmente, em certas circunstâncias de *lutas sociais e políticas* pela defesa de novas liberdades contra velhos poderes (*v.g.*, movimentos liberais, socialistas, feministas, antirracistas, ecológicos, pacifistas etc.).

Por isso, a tutela dos direitos fundamentais não deve ser buscada, exclusivamente, no texto da Constituição, mas no *contexto histórico-social* em que se movem.[82] Logo, não é correto limitar a carga protetiva às gerações ou dimensões de direitos fundamentais. Não importa, por exemplo, saber se a tutela contra a biopirataria ou o terrorismo é de quarta ou quinta geração/dimensão. Não há um *numerus clausus* de dimensões de tutela, porque não há um elenco limitado de perigos a serem combatidos. A *compreensão alargada* dos direitos fundamentais decorre da sua *proteção dinâmica*, a que corresponde uma *tutela aberta, flexível* e *móvel*.[83] Para fins metodológicos, a

[80] Cf. Robert Alexy, *Teoría del discurso y derechos humanos*, p. 63, nota 48.

[81] Cf. Norberto Bobbio, *A era dos direitos*.

[82] Cf. Cristina Queiroz. *Interpretação constitucional e poder judicial. Sobre a epistemologia da construção constitucional*. p. 252.

[83] Idem, ibidem.

interpretação do ordenamento jurídico deve ser marcada pela *força expansiva* dos direitos fundamentais.

Alguns exemplos históricos, no campo da evolução dos direitos das mulheres, servem para fundamentar a perspectiva da *historicidade* da proteção dos direitos fundamentais:[84] a) mesmo na Grécia, berço da civilização Ocidental, entendia-se que os pais deveriam criar um filho homem, o que fazia com que meninas recém-nascidas fossem abandonadas dentro de uma espécie de vaso à beira da estrada; quando não morriam ou eram devoradas por algum animal, acabavam sendo recolhidas por traficantes de escravos que as criavam para se tornarem prostitutas; b) na Roma antiga, a posição da mulher recém-nascida também não diferia daquela presente na Grécia, pois, segundo a Lei das XII Tábuas, o pai tinha o direito de vida e de morte sobre os filhos, podendo matá-los (IV.1 e IV.2)[85] e vendê-los (III.3);[86] c) na cultura oriental, a situação não era muito diferente; na Índia, pelo art. 542 do Código de Manu (século II a.C.), o pai deveria ter um filho homem; se tivesse apenas filhas, isto seria motivo de vergonha e de discriminação, permitindo o referido Código que, se uma de suas filhas tivesse filho homem, este se tornava o primogênito, passando a ser o responsável pela divisão da herança, quando da morte do avô; d) ainda, na Índia, mesmo nos dias de hoje, apesar da proibição por uma lei britânica em 1829, existe a prática religiosa do Sati, isto é, quando o marido morre antes da esposa, esta era obrigada a imolar-se com ele: se fosse enterrado, ela era sepultada com ele, apesar de estar viva; se fosse cremado, o mesmo acontecia com ela;[87] e) na China, era muito comum as mulheres campone-

[84] Cf. Reinéro Antônio Lérias, Ética, moral, ciência e direitos humanos, p. 120-121.

[85] A Tábua IV.1 conferia ao pai o poder de "matar o filho que nasceu disforme mediante o julgamento de cinco vizinhos". A lei não disciplinava o grau de disformidade, sendo aplicada aos seres sem forma humana ou de configuração anormal. Não lhes reconhecia a possibilidade de contrair direitos e obrigações (capacidade jurídica). A iniciativa era do *paterfamilias*, mas a decisão deveria ser compartilhada com cinco vizinhos. Já a Tábua IV.2 permitia ao pai matar seus filhos, se considerasse oportuno. Na prática, tal prática era limitada pelo sentimento religioso e pela consciência social. Foi somente com a ascensão do cristianismo que tal conduta passou a ser punida com o crime de homicídio.

[86] O *paterfamilias* poderia vender seus filhos. Tal prática era, apenas, limitada pela Tábua III.3, pela qual se extinguia o poder familiar após o pai ter vendido o filho, por três vezes, e ele ter sido libertado pelo comprador. Depois da terceira libertação, o filho se emancipava.

[87] "Na era moderna, os costumes tradicionais tendem a perder importância perante o direito emanado das instâncias de poder no Estado, mas nem sempre a lei consegue abolir usos e costumes de fundo religioso. Assim, por exemplo, na Índia, com a prática do *sati*, ou seja, a

sas não terem nome, contando-se, inclusive, que a mãe de Mao Tse-tung era conhecida como a *sétima filha* do clã Wen; f) no mundo islâmico, além da utilização do véu e da burca dos talibãs, existe a prática monstruosa da *excisão*, constante em extirpar o clitóris da mulher (*clitoridectomia*);[88] g) com a Revolução Francesa (26.08.1789), iniciou a evolução dos direitos das mulheres no Ocidente, embora isto tenha sido posto em prática muitos anos depois, bastando lembrar que, na França, elas somente adquiriram o direito ao voto nos anos quarenta do século vinte,[89] depois das brasileiras, que podem votar desde 1933, e, na Suíça, país considerado politicamente evoluído, em um dos Cantões, tal direito somente foi conseguido na década de 70.

A verdadeira ascensão da mulher, enquanto sujeito de direitos, ocorreu no final dos anos 60 com os movimentos feministas, conquanto mesmo no século XXI tenha havido avanços e recuos, a depender da cultura e do lugar envolvidos,[90] não estando completa a reivindicação de uma *sexualidade independente* das funções reprodutoras e da maternidade, já que a mídia ainda procura transformá-la em *mercadoria de consumo* (o mito da *sex-symbol*).

Aliás, segundo Reinéro Antônio Lérias,[91] a visão da mulher como um dos bens que compõem a propriedade do homem (mercadoria) tem suas raízes no texto bíblico. No livro do Gênesis, que Deus cria Eva a partir da

obrigação de toda viúva se imolar sobre o túmulo de seu marido. Muito embora proibida por uma lei britânica de 1829, proibição mantida até hoje pela legislação indiana, com a cominação de pena severa a todo aquele que faz do local da imolação um lugar de culto, essa velhíssima tradição, ainda não desapareceu de todo, sobretudo nas regiões mais pobres do país" (Fábio Konder Comparato. *Ética, direito, moral e religião no mundo moderno*. p. 22).

[88] Segundo dados da Agência das Nações Unidas para a Infância – Unicef, a ablação ritual do clitóris, largamente aplicada na África subsaariana, no Oriente Próximo e no sudeste asiático, atinge cerca de 100 a 140 milhões de mulheres no mundo, sendo dois milhões de meninas por ano, causando 15% de mortes, provocando graves infecções, além de permanentes traumas psicológicos. Cf. Fábio Konder Comparato. *Afirmação histórica dos direitos humanos*. p. 292. Sobre o assunto, ver o item 2.3, abaixo.

[89] O primeiro país que reconheceu o direito ao voto, para as mulheres, foi a Nova Zelândia, em 1893. Cf. Fábio Konder Comparato. *Afirmação histórica*... cit., p. 290.

[90] Casos como o estupro da menina de 15 anos, presa na mesma cela com vinte homens, na Delegacia de Abaetuba, no Estado do Pará, no final de 2007, demonstram que o desrespeito aos direitos humanos no Brasil é uma constante e triste realidade, apesar de todos os avanços políticos e econômicos conseguidos nas últimas décadas.

[91] Cf. Ética, moral, ciência e direitos humanos cit., p. 119.

costela de Adão. Leonardo Boff[92] explica que a tradução do texto bíblico se mostra equivocada, pois, em hebraico, a palavra *zela* significa *lado* e não costela. Logo, Eva não teria sido tirada da cabeça de Adão, para ser a sua senhora, nem dos seus pés para ser sua escrava, mas de seu lado, do lado do *coração*, para ser sua companheira. Malgrado se possa fugir de traduções equivocadas, não se pode desconsiderar que, no Gênesis, a mulher fora colocada em outro plano que o homem. Não fosse assim, a mulher não seria considerada como propriedade do homem no Décimo Mandamento ("Não cobiçarás a mulher do próximo").

O art. 1.º da Convenção sobre a Eliminação de Todas as Formas de Discriminação contra as Mulheres, de 18.12.1979, afirma que "a expressão 'discriminação contra a mulher' significará toda distinção, exclusão ou restrição baseada no sexo que tenha como objeto ou como resultado comprometer ou destruir o reconhecimento, o gozo ou o exercício pela mulher, seja qual for o seu estado civil, com base na igualdade do homem e da mulher, dos direitos do homem e das liberdades fundamentais nos domínios político, econômico, social, cultural e civil ou em qualquer outro domínio".

A teoria feminista fez algumas das críticas mais radicais e consistentes à concepção estreita de racionalidade, que subjaz ao paradigma da modernidade, podendo ser associdada ao pós-modernismo.[93] Afinal, é certo que o direito não é masculino por estrutura e vocação, mas sim por ser, historicamente, elaborado por homens. A reflexão feminista do direito não se resume, pois, apenas à afirmação da igualdade entre homens e mulheres, mas, ao contrário, impõe a rejeição à lógica que obriga que elas tenham que *competir nos mesmos moldes e valores masculinos*.[94] Não se deve criar um sujeito feminino abstrato, mas valorizar as especificidades das características femininas, ressaltando suas diferenças, para se promover o princípio da igualdade em sentido *substancial*. Isto ocorreu no Brasil, a partir da Lei 11.340/2006, destinada a criar mecanismo para coibir a violência doméstica e familiar contra a mulher, com base no art. 226, § 8.º, da CF/1988, bem como na Convenção sobre a Eliminação de Todas as Formas de Discriminação contra as Mulheres e na Convenção Interamericana para Prevenir,

[92] Cf. *A águia e a galinha: uma metáfora da condição humana*, p. 39-40.

[93] Cf. Boaventura de Souza Santos. *Introdução a uma ciência pós-moderna*. p. 119.

[94] Cf. Carla Faralli. *A filosofia contemporânea do direito. Temas e desafios*. p. 37-41.

Punir e Erradicar a Violência contra a Mulher.[95] A discriminação antifeminina não está, apenas, no *tratamento desigual* dado à mulher, considerada como ser inferior ao homem (*v.g.*, nas relações de trabalho), mas também na negação do *direito à diferença*, isto é, ao desrespeito aos dados biológicos e aos valores culturais que compõem o universo feminino.[96] As desigualdades devem ser combatidas, porque representam a negação do *valor ético* do respeito entre todos os membros da comunidade humana; contudo, as diferenças, quando não forem contrárias à dignidade humana, devem ser

[95] Neste sentido, vale ressaltar os seguintes julgados: a) "(...) 4. O princípio da isonomia garante que as normas não devem ser simplesmente elaboradas e aplicadas indistintamente a todos os indivíduos; ele vai além, considera a existência de grupos ditos minoritários e hipossuficientes, que necessitam de uma proteção especial para que alcancem a igualdade processual. 5. A Lei Maria da Penha é um exemplo de implementação para a tutela do gênero feminino, justificando-se pela situação de vulnerabilidade e hipossuficiência em que se encontram as mulheres vítimas da violência doméstica e familiar" (STJ, HC 92.875-RS, 6.ª T., j. 30.10.2008, rel. Min. Conv. Jane Silva, *DJe* 17.11.2008); b) "Apelação. Lei Maria da Penha. Inconstitucionalidade. Inocorrência. Busca da igualdade substantiva. Coerência com o princípio da isonomia. A ação afirmativa do Estado que busque a igualdade substantiva, após a identificação dos desníveis socioculturais que gere a distinção entre iguais/desiguais, não se pode tomar como inconstitucional, já que não lesa o princípio da isonomia, pelo contrário: busca torná-lo concreto, efetivo. As ações políticas destinadas ao enfrentamento da violência de gênero – deságuem ou não em Leis – buscam a efetivação da igualdade substantiva entre homem e mulher enquanto sujeitos passivos da violência doméstica. O tratamento diferenciado que existe – e isto é fato – na Lei 11.340/2006 entre homens e mulheres não é revelador de uma faceta discriminatória de determinada política pública, pelo contrário: revela conhecimento de que a violência tem diversidade de manifestações e, em algumas de suas formas, é subproduto de uma concepção cultural em que a submissão da mulher ao homem é um valor histórico, moral ou religioso – a origem é múltipla. Arguição de inconstitucionalidade rejeitada" (TJMG, Arguição de Inconstitucionalidade 10.672.07, j. 06.11.2007, rel. Alexandre Victor de Carvalho). ; c) "Para aplicação da Lei nº 11.340/2006 necessária (1) existência de relação íntima de afeto entre agressor e vítima; (2) existência de violência de gênero, direcionada à prática delitiva contra mulher e (3) situação de vulnerabilidade da vítima em relação ao agressor. Caso concreto em que indiscutível a existência de relação íntima de afeto (vítima e agressor são irmãos), além da vulnerabilidade da vítima, haja vista que o objeto de tutela da Lei nº 11.340/06 é a mulher em situação de vulnerabilidade, não só em relação ao cônjuge ou companheiro, mas também qualquer outro familiar ou pessoa que conviva com a vítima, independentemente, inclusive, do gênero do agressor". (TJ/RS, Conflito de Jurisdição Nº 70073082612, Segunda Câmara Criminal, Tribunal de Justiça do RS, Relator: Luiz Mello Guimarães, Julgado em 31/03/2017). Cf. Eduardo Cambi e Emmanuela Magro Denora. Lei Maria da Penha: tutela diferenciada dos direitos das mulheres em situação de violência doméstica e familiar. *Revista brasileira de ciências criminais*, vol. 133, jul. 2017, p. 219-255

[96] Cf. Fábio Konder Comparato. *Afirmação histórica*...cit., p. 290.

estimuladas e apoiadas, pois, sem a existência de sexos, raças ou culturas diferentes, a humanidade perderia a sua capacidade criativa e evolutiva.[97]

A *igualdade*, a *democracia*, a *paz* e a *tutela dos mais fracos* constituem os *pressupostos axiológicos* dos direitos fundamentais.[98]

A isonomia jurídica está baseada na igualdade perante a lei, que é um corolário do "governo de leis", em vez do "governo de homens": todos são iguais, com base na lei, sendo titulares de liberdades, poderes, obrigações e proibições dispostos de forma universal.[99] Assim, a igualdade possui duas dimensões: a *igualdade nos direitos* e a *igualdade nos deveres*.[100] A igualdade nos direitos está prevista no art. 1.º da Declaração dos Direitos do Homem e dos Cidadãos, de 1789, a qual preceitua: "Os homens nascem e são livres e iguais em direitos. As distinções sociais só podem fundar-se na utilidade comum". Tal definição também consta do art. 1.º da Declaração Universal dos Direitos Humanos, da Organização Mundial das Nações Unidas (1948), a qual dispõe: "Todas as pessoas nascem livres e iguais em dignidade e direitos. São dotadas de razão e consciência e devem agir em relação umas às outras com espírito de fraternidade". A igualdade nos deveres impõe as mesmas proibições previstas nas leis (penais, tributárias etc.).

O papel dos direitos fundamentais como *direitos dos mais fracos* visa proteger o indivíduo contra seu ambiente cultural, social ou mesmo familiar (*v.g.*, a mulher contra o pai, o padrasto ou o marido; as crianças e adolescentes contra seus pais ou responsáveis; qualquer pessoa contra as práticas opressivas impostas pela sua cultura, como a prática da *clitoridectomia*[101] pelos Talibãs ou a justificação do homicídio "por causa da honra ferida" etc.). Com efeito, nenhuma grave lesão aos direitos fundamentais dos seres humanos mais vulneráveis pode ser justificada pela cultura dominante.[102]

Outros tantos exemplos poderiam ser mencionados para contextualizar a afirmação histórica dos direitos humanos e fundamentais. Fiquemos apenas com mais um: a *discriminação racial*.

De acordo com a Síntese dos Indicadores Sociais 2007 – Uma análise das condições de vida da população brasileira, divulgada com base nos

[97] Idem, p. 291.

[98] Cf. Luigi Ferrajoli. I fondamenti dei diritti fondamentali. p. 309-345.

[99] Idem, p. 309-310.

[100] Idem, p. 310.

[101] Sobre a clitoridectomia, ver o item 2.3, abaixo.

[102] Cf. Luigi Ferrajoli. I fondamenti...cit., p. 344.

dados da pesquisa Nacional por Amostra de Domicílios (PNAD), realizada em 2006, pelo Instituto Brasileiro de Geografia e Estatística (IBGE), o número de negros ou pardos que estão entre os 14,4 milhões de analfabetos é de 10 milhões, o que representa 69,5% do total. Os dados revelam, ainda, que os brancos ganham, em média, 40% a mais que os negros ou pardos, com a mesma faixa de escolaridade. O levantamento apontou também que os negros ou pardos são a maioria entre os pobres, sendo que entre os 10% mais pobres da população contam com 73% deles, enquanto, entre o 1% mais rico, são somente 12%. Por outro lado, em 2006, os brancos eram 26,1% dos mais pobres e 86% na classe mais favorecida.

O Censo de 2010 destacou a persistência de diferenças na distribuição de renda dos grupos raciais. O IBGE apontou que os rendimentos médios dos brancos (R$ 1.538) e amarelos (R$ 1.574) se aproximaram do dobro do valor relativo aos grupos de pretos (R$ 834), pardos (R$ 845) ou indígenas (R$ 735).

A exclusão social é escancarada no fenômeno do *genocídio da juventude negra*. No período de 2002 a 2011, a participação de jovens negros no total de homicídios no Brasil saltou de 63% para 76,9%, enquanto que a participação de jovens brancos diminuiu de 36,7% para 22,8%. Os números mostram, ainda, que a vitimização dos jovens negros, no mesmo período, subiu de 79,9 para 168,6. Portanto, para cada jovem branco assassinado, há 2,7 jovens negros vítimas de homicídio.

A marginalização de negros e pardos começa pelo *acesso à educação*. Conquanto muito ainda deva ser feito, os mesmos dados revelam que, em 2006, na faixa etária entre 18 e 24 anos, 56% dos estudantes eram brancos, contra 22% de negros, o que, apesar do enorme déficit, já representa um avanço em relação à última década analisada (1996), quando, nesse mesmo grupo, 78% eram de cor branca, 3,3% de cor preta, e 16,5% pardos.

A discriminação racial contra os negros é injusta, não porque as pessoas não podem escolher a sua raça, mas porque essa discriminação expressa *preconceito*.[103]

Por isso, o Preâmbulo da Convenção sobre a Eliminação de Todas as Formas de Discriminação Racial assevera que qualquer "doutrina de superioridade baseada em diferenças raciais é científicamente falsa, moralmente condenável, socialmente injusta e perigosa, inexistindo justificativa para a

[103] Cf. Ronald Dworkin. *O império*...cit., p. 471.

discriminação racial, em teoria ou prática, em lugar nenhum". Já o referido art. 1.º desta Convenção conceitua a discriminação racial como "qualquer distinção, exclusão, restrição ou preferência baseada em raça, cor, descendência ou origem nacional ou étnica, que tenha o propósito ou o efeito de anular ou prejudicar o reconhecimento, gozo ou exercício em pé de igualdade dos direitos humanos e liberdades fundamentais".

A neutralidade estatal se mostrou um fracasso ao longo dos anos, a exigir intervenções na realidade, mediante *ações afirmativas (ou positivas)*. Saliente-se que o art. 1.º, § 4.º, da Convenção Internacional sobre a Eliminação de Todas as Formas de Discriminação Racial, ratificada sem reservas pelo Brasil, prevê: "Não serão consideradas discriminação racial as medidas especiais tomadas com o único objetivo de assegurar progresso adequado de certos grupos raciais e étnicos ou de indivíduos que necessitem de proteção que possa ser necessária para proporcionar a tais grupos ou indivíduos igual gozo ou exercício de direitos humanos e liberdades fundamentais, contanto que tais medidas não conduzam, em consequência, à manutenção de direitos separados para diferentes grupos raciais e não prossigam após terem sido alcançados os seus objetivos".

Vale destacar, ainda, alguns exemplos de ações afirmativas no Brasil: a) o art. 68 do ADCT da Constituição Brasileira assegura a propriedade definitiva das terras ocupadas pelas comunidades remanescentes dos quilombos; b) o Ministério das Relações Exteriores, em 14.05.2002, apresentou do "Termo de Ajuste ao Protocolo de Cooperação sobre a Ação Afirmativa no Instituto Rio Branco", estabelecendo "bolsas-prêmio de vocação para diplomacia", inicialmente fixadas em 20 bolsas por ano, que visam oferecer auxílio financeiro para indivíduos afrodescendentes custearem as despesas com a preparação para o exame de ingresso na carreira diplomática; c) a Constituição da Bahia (art. 189) prevê a inclusão obrigatória de 50% de artistas negros em publicidade oficial; a Lei 2.325/1995, do Município do Rio de Janeiro, a inclusão de, "no mínimo, 40% de artistas e modelos negros na idealização e realização do comercial e do anúncio" (art. 1.º); a Lei 12.353/1997, do Município de São Paulo, a participação de pessoas negras em eventos publicitários promovidos pela Prefeitura, mas sem estabelecer determinado percentual; a Prefeitura de Vitória assegura a "pluralidade étnica" na idealização de peças publicitárias oficiais, sem fixar um percentual específico (Lei 4.193/1995); o PL 258/1997, no Município de São Paulo, previa uma cota mínima de 25%, mas esta foi vetada pelo então Prefeito Celso Pitta, com base nos arts. 5.º, IV e IX, e 220 da CF/1988; o PL da Câmara 4.370/1998, de autoria do então Deputado Paulo Paim, dispõe sobre a representação racial e étnica nos filmes e peças publicitárias veiculadas pelas emissoras de televisão; d) o Programa Nacional de Direitos Humanos, do Presidente Fernando Henrique Cardoso (Anexo ao Dec. 1.904/1996), estabelecia, entre outras propostas de ações governamentais, com relação à população negra, "desenvolver ações afirmativas para o acesso dos negros aos cursos profissionalizantes, à universidade e às áreas de tecnologia de ponta", "apoiar as ações da iniciativa privada que realizem discriminação positiva" e "formular políticas compensatórias que promovam social e economicamente a comunidade negra"; e) o STF, na Concorrência 3/2001, reservou, para indivíduos negros, 20% das vagas abertas para a contratação de profissionais que atuam na área de jornalismo; g) há iniciativas também no âmbito privado, como a da montadora Ford, em Camaçari, Estado da Bahia, que desenvolveu um projeto de contratação de mão de obra local que reflete os dados estatísticos (raciais e de gênero) pertinentes à região; f) o Estatuto da Igualdade Racial (Lei nº 12.288/2010) prevê diversas formas de ação afirmativa, como a implementação de programas de ação destinados ao enfrentamento das desigualdades étnicas no tocante à educação, cultura, esporte e lazer, saúde, segurança, trabalho, moradia, meios de comunicação de massa, financiamentos públicos, acesso à terra, à Justiça, e outros (art. 4º, inc. VII) .

É importante frisar que o Brasil possui um cenário histórico de desigualdade de acesso ao ensino superior. A Constituição Federal assegura o acesso aos níveis mais elevados de ensino (art. 208, inc. V). Para tanto, três importantes políticas públicas têm alterado esse cenário: a ampliação do número de vagas em universidades públicas, as ações afirmativas e o financiamento de cursos de graduação em universidades privadas. O aumento de cursos noturnos e a interiorização da universidade pública, em conjunto com sistemas de avaliação e classificação mais democráticos e acessíveis, como o ENEM e o SISU, também permitiram que muitas pessoas que até então estavam excluídas tivessem acesso à universidade pública. O Programa Universidade para Todos (Prouni) oferece bolsas de estudo integrais ou parciais para estudantes de baixa renda em faculdades privadas, em cursos de graduação e sequenciais de formação específica. Já ações afirmativas (em especial, cotas raciais e sociais) preveem a reserva de vagas em instituições estaduais e federais para grupos historicamente excluídos. Essas três iniciativas já mudaram bastante o ensino superior brasileiro, possibilitando um número maior de acesso para universitários negros, indígenas e de todas as faixas de renda. A Lei nº 12.711/2012 prevê que 50% (cinquenta por cento) das vagas nas universidades federais devem ser reservadas para estudantes que tenham cursado integralmente o ensino médio em escolas públicas. Desse percentual, metade das vagas deve ser destinada a estudantes oriundos de famílias com renda igual ou inferior a 1,5 salário mínimo per capta. Em cada instituição federal de ensino superior, tais vagas devem ser preenchidas, por curso e turno, por autodeclarados pretos, pardos e indígenas, em proporção no mínimo igual à de pretos, pardos e indígenas na população da unidade da Federação, onde está instalada a instituição, conforme o último censo do Instituto Brasileiro de Geografia e Estatística (IBGE). Os resultados obtidos pelos estudantes no Exame Nacional do Ensino Médio (ENEM) podem ser usados como critério de seleção de ingresso nas instituições federais vinculadas ao Ministério da Educação que ofertam vagas de educação superior (art. 1º, par. ún., Decreto nº 7.824/2012). Ademais, a Lei nº 11.096/2005 estabelece os critérios para participar do Prouni. A seleção é feita com base nas notas do Exame Nacional do Ensino Médio (ENEM). Podem se inscrever os candidatos que não possuam diploma de curso superior, que tenham participado do ENEM e obtido no mínimo 450 pontos na média das notas do Exame e nota superior a zero na redação. As bolsas podem ser *integral*, para o estudante com renda bruta familiar de até 1,5 salário mínimo por pessoa, ou *parcial* (de 50%), para o estudante com renda bruta familiar de até 3 salários mínimos por pessoa. Além da condição econômica, o candidato deve satisfazer, pelo menos, uma das duas condições: a) ter cursado o ensino médio completo em escola da rede pública ou em escola da rede privada como bolsista; b) ser pessoa com deficiência[104]. Também pode ser beneficiado com bolsas o professor da rede pública de ensino, no efetivo

[104] Pelo art. 2º da Lei Brasileira de Inclusão (Lei 13.146/2015), considera-se pessoa com deficiência aquela que tem impedimento de longo prazo de natureza física, mental, intelectual ou sensorial, o qual, em interação com uma ou mais barreiras, pode obstruir sua participação plena e efetiva na sociedade em igualdade de condições com as demais pessoas. A avaliação da deficiência, quando necessária, será biopsicossocial, realizada por equipe multiprofissional e interdisciplinar e considerará: a) os impedimentos nas funções e nas estruturas do corpo; b) os fatores socioambientais, psicológicos e pessoais; c) a limitação no desempenho de atividades; d) a restrição de participação.

exercício do magistério da educação básica e integrante do quadro de pessoal permanente da instituição, e concorrer a bolsas de estudo em cursos de licenciatura. No caso do professor, não se exige a comprovação da renda.

No entanto, a vedação das discriminações contra os negros não obtiveram ainda a força suficiente para romper os preconceitos, com o apoio de setores mais conservadores do Poder Judiciário que, a pretexto de fulminarem as ações afirmativas, valem-se do conceito ambíguo e impreciso da *discriminação reversa* para a manutenção do *status quo.*[105] Argumenta-se, ainda, que as ações afirmativas envolvem *questões políticas*, que devem ser decididas pelos meios de democráticos tradicionais, não devendo ser levadas ao Judiciário, porque teriam as Cortes maiores dificuldades que outros poderes para executar tais decisões, além de ser o Poder Legislativo quem melhor poderia concretizar a garantia constitucional do devido processo legal.[106] A propósito, no Brasil, o Ministério Público de São Paulo, no final de 2003, ajuizou ação civil pública a fim de que a Faculdade de Medicina de Marília (Famema) fixasse a cota de 30% das vagas dos cursos de medicina e enfermagem a candidatos carentes egressos do ensino público, nos vestibulares dos anos de 2004 a 2010. A liminar foi deferida pela 5.ª Vara Cível da Comarca de Marília e confirmada pelo Tribunal de Justiça de São Paulo, em sede de agravo de instrumento, pedido de suspensão de liminar e em agravo regimental. Porém, o então Presidente do STF, Min. Nelson Jobim, em 10.02.2005, em um pedido de suspensão de execução de liminar, com base no art. 4.º da Lei 8.437/1992, suspendeu a liminar, sob o argumento de causar grave lesão à ordem jurídico-constitucional e jurídico-administrativa, na medida em que o Judiciário, por não poder atuar como legislador positivo, viola os princípios constitucionais da legalidade e da independência dos poderes, quando interfere na condução das políticas públicas para a educação. Tais argumentos serão refutados ao longo do texto. Por ora, vale rejeitar a noção de que as ações afirmativas estão proibidas no ordenamento jurídico brasileiro, não inviabilizando as ações

[105] "A vedação de discriminações, e refiro-me agora a preconceitos de cor, não atingem consenso. A beleza e o esforço de tentativas de implemento de ações afirmativas esbarram em movimentos conservadores. Alguns setores do Judiciário já se valem do mesmo preceito proibitivo de discriminação para denunciar ações afirmativas como discriminações reversas, determinando o congelamento desse tipo de movimento" (Arnaldo Sampaio de Moraes Godoy. *O pós-modernismo*...cit., p. 133).

[106] Cf. Cass R. Sustein. *The partial Constitution*, p. 149-153.

coletivas, sob o argumento da ausência de condição da ação (impossibilidade jurídica do pedido).[107]

Felizmente, o STF, em 03 de maio de 2012, reverteu tal posicionamento, ao declarar a constitucionalidade do Programa Universidade para Todos (Prouni), na ADIn 3.330-DF. Esta ação foi ajuizada pela Confederação Nacional dos Estabelecimentos de Ensino (Confenen), pelo Partido Democratas (DEM) e pela Federação Nacional dos Auditores Fiscais da Previdência Social (Fenafisp), pedindo a inconstitucionalidade da MedProv 213/2004, convertida na Lei 11.096/2005, que instituiu o Prouni. Tal Programa se destina à concessão de bolsas de estudo integrais e bolsas de estudo parciais de 50% ou de 25% para estudantes de cursos de graduação e sequenciais de formação específica, em instituições privadas de ensino superior, com ou sem fins lucrativos.[108] O relator, Min. Carlos Britto, considerou que o art. 2.º, I, da Lei 11.096/2005, pelo qual a bolsa será destinada a estudante que tenha cursado o ensino médio completo em escola da rede pública ou em instituições privadas na condição de bolsista integral, não viola os arts. 5.º, I e LIV, da CF/1988. Salientou não haver violação do princípio da isonomia, por considerar que a desigualação em favor dos estudantes que cursaram o ensino médio em escolas públicas, ou que tiveram bolsa integral para frequentarem as escolas privadas, constituiria justo *discrímen* de compensação.[109] O voto do Ministro Ayres Britto foi acompanhado pela maioria dos Ministros do STF.

Ademais, o Plenário do Supremo Tribunal Federal, em 08 de junho de 2017, ao julgar a Ação Declaratória de Constitucionalidade n. 41, reconhe-

[107] Neste sentido, vale destacar a lição de Teresa Arruda Alvim Wambier: "A Constituição Brasileira, portanto, segundo pensamos, não apenas não proíbe, como estimula a ação afirmativa. Estas metas nela contidas têm como destinatários os órgãos públicos em geral, e aqueles que lhes fazem as vezes. As cotas, raciais ou não, levam a efeito o desejo de não exclusão e de inclusão, simultaneamente. Não ofendem, mas dão concretização ao princípio da isonomia, com seu perfil contemporâneo" (*Recurso especial, recurso extraordinário e ação rescisória*, p. 131).

[108] A bolsa de estudo integral será concedida a brasileiros não portadores de diploma de curso superior, cuja renda familiar mensal per capita não exceda o valor de até um salário mínimo e meio (art. 1.º, § 1.º). As bolsas de estudo parciais de 50% ou de 25%, cujos critérios de distribuição serão definidos em regulamento pelo Ministério da Educação, serão concedidas a brasileiros não portadores de diploma de curso superior, cuja renda familiar mensal per capita não exceda o valor de até três salários mínimos, mediante critérios definidos pelo Ministério da Educação (art. 1.º, § 2.º).

[109] Cf. *Informativo STF*, n. 500, de 31.03 a 04.04.2008.

ceu a validade da Lei n. 12.990 de 2014, que reserva ao negros 20% das vagas oferecidas em concursos públicos para provimento de cargos efetivos e empregos públicos no âmbito da Administração Pública federal, direta e indireta, na esfera dos Três Poderes. Com isso, o STF reconheceu que a referida lei é motivada por um dever de reparação histórica decorrente da escravidão e do racismo estrutural existente na sociedade brasileira.

É de se ressaltar, também, o julgamento pelo STF da Pet 3.388-RO, relativo à apreciação de ação popular ajuizada por Senador da República contra a União, em que impugnava o modelo contínuo de demarcação da Terra Indígena Raposa/Serra do Sol, situada no Estado de Roraima, e pleiteia a declaração de nulidade da Portaria 534/2005, do Ministro de Estado da Justiça, e do Decreto homologatório de 15.04.2005, do Presidente da República. O relator, Min. Carlos Britto, julgou improcedente o pedido formulado, para assentar a condição indígena da área demarcada como Raposa/Serra do Sol, em sua totalidade, revogando a liminar concedida na ação cautelar de 2009, para que fossem retirados das terras, em causa, todos os indivíduos não índios. O relator, para afastar o antagonismo entre a questão indígena e o desenvolvimento, sustentou que os arts. 231 e 232 da CF/1988 têm finalidade fraternal ou solidária, argumentando que se está diante de um novo tipo de igualdade, qual seja, a igualdade civil-moral de minorias que têm experimentado, historicamente e por preconceito, desvantagens comparativas com outros segmentos sociais, e que, portanto, trata-se de uma era constitucional compensatória dessas desvantagens, a se viabilizar por mecanismos de ações afirmativas.[110] Em 19.03.2009, o STF, por dez votos a um, manteve decisão favorável à demarcação contínua da reserva indígena Raposa/Serra do Sol, em Roraima, beneficiando os índios e determinando a saída dos fazendeiros da região.

Portanto, os direitos fundamentais não são fruto da *concessão espontânea* do detentor do poder. São as mudanças sociais que fazem surgir outras demandas e necessidades que reclamam novos direitos.

Historicamente, os *direitos fundamentais se afirmam como leis dos mais fracos em oposição às leis dos mais fortes*. Neste sentido, são célebres as palavras do Reverendo Martin Luther King Jr., no famoso discurso proferido em 28.08.1963, em Washington: "(...) viemos para a capital do país para descontar um cheque. Quando os arquitetos de nossa república escreveram

[110] Cf. *Informativo STF*, n. 517, de 25 a 29.08.2008.

aquelas palavras magníficas na Constituição e da Declaração de Independência, estavam assinando uma nota promissória à qual todos os cidadãos norte-americanos viriam a ter direito. Essa nota era a promessa de que todos os homens teriam garantidos os inalienáveis direitos à vida, à liberdade e à busca da felicidade. Hoje, é óbvio que os Estados Unidos não cumpriram com os termos dessa nota, no que tange aos cidadãos de cor. Em vez de honrar essa obrigação sagrada, os Estados Unidos entregaram aos negros um cheque sem valor: ele voltou com um carimbo dizendo 'sem fundos'. Recusamo-nos, porém, a acreditar que o banco da justiça esteja falido. Recusamo-nos, porém, a acreditar que o sejam insuficientes os fundos nos grandes cofres de oportunidades deste país. Viemos, então, descontar esse cheque – um cheque que nos dará sempre que solicitarmos a riqueza da liberdade e a segurança da justiça. Também viemos a este lugar santificado para relembrarmos os Estados Unidos da imperiosa urgência de *agora*. Não é hora de permitir o luxo do arrefecimento ou de se tomar o tranquilizante do gradualismo. *Agora* é hora de realizar as promessas da democracia. *Agora* é hora de emergir do escuro e desolado vale da segregação rumo ao caminho ensolarado da justiça racial. *Agora* é hora de retirar nosso país do lodaçal da injustiça racial e colocá-lo sobre a sólida rocha da fraternidade. Seria fatal para o país negligenciar a urgência do momento e subestimar a determinação dos negros. Este sufocante verão de legítimo descontentamento dos negros não passará até que sobrevenha o revigorante outono de liberdade e igualdade. 1963 não é um fim, mas sim, um começo. Aqueles que esperam que os negros estejam satisfeitos agora, depois de terem aliviado a pressão, terão um difícil despertar se o país voltar ao que era antes. Não haverá descanso nem tranquilidade nos Estados Unidos até que os negros desfrutem de seus direitos de cidadania. A tormenta da revolta continuará abalando os alicerces de nosso país até que surja o belo dia da justiça".

Dessa maneira, os direitos fundamentais se revelam como os *direitos dos mais fracos* contra os que tinham mais força no estado de natureza hobbesiano (liberdade selvagem, presente no Estado de Natureza), contra o *absolutismo* dos poderes públicos (*v.g.*, dos poderes políticos, até a sua separação, a representação popular, a responsabilidade política e o princípio da legalidade; do Poder Judiciário, até a sua sujeição à lei e o desenvolvimento das garantias penais e processuais; dos poderes administrativos e policiais, até a afirmação do princípio da legalidade no seu exercício e do seu controle jurisdicional), contra quem é mais forte economicamente no mercado capitalista (afirmando-se, *v.g.*, os direitos trabalhistas, as regras que protegem a livre concorrência, a transparência nos negócios jurídicos e a defesa dos direitos dos consumidores), contra o absolutismo do poder doméstico (pela reforma do direito de família, com a promoção da igualdade entre seus membros e a adoção de regras que protegem as pessoas mais vulneráveis no meio familiar), contra quem é militarmente mais forte na comunidade internacional, acabando com o velho absolutismo da soberania externa dos Estados, bem como limitando (ou tentando limitar) o *neoabsolutismo* dos grandes poderes econômicos e financeiros transnacionais.[111]

A afirmação histórica dos direitos humanos-fundamentais deve vir acompanhada de uma educação voltada à cidadania plena. A propósito disso, é relevante destacar a meta 7.25, contida no Plano Nacional de Educação (Lei nº 13.005/2014), no contexto do fomento da qualidade da educação básica, voltada a *"garantir nos currículos escolares conteúdos sobre a história e as culturas afro-brasileira e indígenas e implementar ações educacionais, nos termos das Leis nºs 10.639, de 9 de janeiro de 2003 e 11.645, de 10 de março de 2008, assegurando-se a implementação das respectivas diretrizes curriculares nacionais, por meio de ações colaborativas com fóruns de educação para a diversidade étnico-racial, conselhos escolares, equipes pedagógicas e a sociedade civil"*. Ainda o Plano Nacional de Direitos Humanos, estabelecido pelo Decreto n° 7.037/2009, incentiva a inclusão da educação transversal e permanente nos temas ligados aos Direitos Humanos, mais especificamente o estudo da temática de gênero e orientação sexual, das culturas indígena e afro-brasileira entre as disciplinas do ensino básico e médio. Além das minorias indígena e afro-brasileiras conhecerem melhor a sua própria história, as demais raças e etnias, ao conhecerem o diferente, desde a mais tenra idade, podem perder o medo do desconhecido, formar opinião respeitosa, combater o preconceito e auxiliar na luta da defesa dos direitos fundamentais das pessoas e dos grupos sociais mais vulneráveis.

1.6 Direitos fundamentais e patrimoniais

[111] Cf. Luigi Ferrajoli. Juspositivismo crítico...cit., p. 17; I fondamenti... cit., p. 347.

No contexto da afirmação dos direitos essenciais aos seres humanos (tópico anterior), é importante distinguir os direitos fundamentais dos direitos patrimoniais.

Uma primeira diferença é a de que aqueles (como o direito à vida, os direitos civis, incluindo o direito de adquirir e dispor de bens, os direitos políticos e sociais) são *universais*, sendo capazes de satisfazer a dignidade humana e realizar a igualdade, enquanto os direitos patrimoniais são *singulares*, no sentido de que há um titular determinado (ou mais de um titular), instaurando-se relações de domínio e de exclusão entre sujeitos postos em condições jurídicas desiguais. Aqueles são *inclusivos* (*v.g.*, direito à educação ou à saúde), enquanto estes são *exclusivos* (*v.g.*, direito à propriedade de um imóvel ou de um veículo).

Os direitos fundamentais são *universais*, uma vez que atingem *todos os seres humanos*, abrangendo *todos* aqueles dotados do *status* de pessoa (isto é, aqueles sujeitos a atos ou situações jurídicas), ou de cidadãos (entendidos como pessoas que pertencem a determinada coletividade política), ou de pessoas capazes de agir (isto é, aqueles que podem ser autores de atos jurídicos). A partir da titularidade subjetiva, Luigi Ferrajoli identifica quatro classes de direitos fundamentais: a) *direitos humanos*: que incluem todas as pessoas, enquanto tais, mesmo que não sejam cidadãos nem capazes de agir; b) *direitos civis*: que correspondem às pessoas capazes de agir, independentemente da cidadania; c) *direitos públicos*: relativos aos cidadãos, sendo irrelevante a capacidade de agir; d) *direitos políticos*: que cabem somente àqueles que sejam cidadãos e capazes de agir.[112]

Uma segunda diferença entre os direitos fundamentais e os patrimoniais é que aqueles são *indisponíveis*, inalienáveis, invioláveis, intransmissíveis e personalíssimos, ao passo que os últimos são, pela sua própria natureza, *disponíveis* (como a propriedade privada de direitos de crédito), negociáveis e alienáveis.[113] Logo, os direitos patrimoniais são *acumuláveis* (quanto mais se acumula, mais rico se fica), enquanto os direitos fundamentais são *invariáveis* (*v.g.*, ninguém pode se tornar, juridicamente, mais livre). A não submissão dos direitos fundamentais às decisões políticas ou do mercado decorre da sua *indisponibilidade*, que pode ser: *ativa* (o titular do

[112] Cf. Diritti fondamentali...cit., p. 5 e 13-14; I fondamenti...cit., p. 283-284; I diritti fondamentali nella teoria del diritto. p. 145.

[113] Cf. Luigi Ferrajoli. Diritti fondamentali...cit., p. 15-16.

direito não pode dela dispor, *v.g.*, não se pode vender a liberdade pessoal,[114] o direito de voto[115] ou mesmo a autonomia contratual) ou *passiva* (os direitos fundamentais não podem ser expropriados ou limitados por outros sujeitos, a começar pelo próprio Estado – nenhuma maioria pode privar a pessoa da sua vida, liberdade ou autonomia), salvo quando as restrições forem iguais, universais e se justifiquem na supremacia do interesse comum sobre os individuais. Essa ideia de *indisponibilidade* dos direitos fundamentais, por parte da maioria, permite que a Constituição seja levada a sério. Por exemplo, se a Lei Fundamental proíbe a pena de morte ou a tortura, mesmo que a maior parte da população apoie ou reclame essas soluções, a noção de indisponibilidade dos direitos fundamentais impede que sejam realizados os desígnios da maioria. Por isso, os direitos fundamentais são *trunfos* que dispõem contra a vontade, a opinião ou a decisão da maioria.[116]

Aliás, é possível afirmar que os direitos fundamentais correspondem a todos os indivíduos pelo mero fato de terem nascido, isto é, não podem ser restringidos a membros de uma classe ou de um país, justamente por serem absolutos, universais, invioláveis e imprescritíveis.[117] Situação diversa da dos direitos patrimoniais, que são disponíveis, na esfera do mercado, ou mesmo pelo poder público (*v.g.*, para fins de desapropriação, por necessidade ou utilidade pública, ou por interesse social, mediante justa e prévia indenização em dinheiro, conforme dispõe o art. 5.º, XXIV, da CF/1988).

A *disponibilidade* se refere não a qualquer renúncia de fato ou não exercício de um direito, mas a uma *decisão que disponha dos direitos com efeitos*

[114] Assim, nenhuma pessoa pode ser reduzida a um estado de escravidão, mesmo com o seu próprio consentimento.

[115] Ao dispor sobre a *captação ilícita de sufrágio*, a legislação brasileira prevê a vedação civil e criminal para a compra e venda de votos, valendo-se destacar, dentre outros: a) o art. 41-A da Lei 9.504/1997, *in verbis*: "Ressalvado o disposto no art. 26 e seus incisos, constitui captação de sufrágio, vedada por esta Lei, o candidato doar, oferecer, prometer, ou entregar, ao eleitor, com o fim de obter-lhe o voto, bem ou vantagem pessoal de qualquer natureza, inclusive emprego ou função pública, desde o registro da candidatura até o dia da eleição, inclusive, sob pena de multa de mil a cinquenta mil UFIR, e cassação do registro ou do diploma, observado o procedimento previsto no art. 22 da LC 64, de 18.05.1990"; b) o art. 299 do Código Eleitoral: "Dar, oferecer, prometer, solicitar ou receber, para si ou para outrem, dinheiro, dádiva, ou qualquer outra vantagem, para obter ou dar voto e para conseguir ou prometer abstenção, ainda que a oferta não seja aceita: Pena – reclusão até quatro anos e pagamento de cinco a quinze dias-multa".

[116] Cf. Jorge Reis Novais. Op. cit., p. 36.

[117] Cf. Antonio E. Perez Luño. Op. cit., p. 35.

obrigatórios (*v.g.*, alguém pode recusar-se a receber cuidados médicos, mas ninguém pode ser obrigado a abrir mão do direito à saúde).[118]

Ademais, a irrenunciabilidade e a inegociabilidade não atingem, igualmente, todos os direitos fundamentais. Prevê o art. 11 do CC/2002 que, com exceção dos casos previstos em lei, os direitos da personalidade são intransmissíveis e irrenunciáveis, não podendo o seu exercício sofrer limitação voluntária. Exemplo de limitação voluntária dos direitos de personalidade, prevista em lei, é a comercialização dos direitos autorais,[119] que podem ser negociados livremente e, inclusive, transmitidos por herança. Contudo, os direitos de personalidade podem sofrer limitações, ainda que não especificamente previstas em lei, desde que não sejam exercidos com abuso de direito de seu titular, contrariamente à boa-fé objetiva e aos bons costumes.[120] Por exemplo, alguém pode ceder, voluntariamente, seu direito à imagem para participar de um *reality show* ou revelar fatos de sua intimidade, em obra autobiográfica.

Do mesmo modo, pode-se afirmar que o *exercício* dos direitos de personalidade pode sofrer limitações voluntárias, desde que não sejam permanentes nem gerais.[121] Por exemplo, o direito aos alimentos, por ser

[118] Cf. Luigi Ferrajoli. I diritti...cit., p. 348-349.

[119] O art. 27 da Lei 9.610/1998 afirma que os direitos morais do autor (previstos no art. 24: "I – o de reivindicar, a qualquer tempo, a autoria da obra; II – o de ter seu nome, pseudônimo ou sinal convencional indicado ou anunciado, como sendo o do autor, na utilização de sua obra; III – o de conservar a obra inédita; IV – o de assegurar a integridade da obra, opondo-se a quaisquer modificações ou à prática de atos que, de qualquer forma, possam prejudicá-la ou atingi-lo, como autor, em sua reputação ou honra; V – o de modificar a obra, antes ou depois de utilizada; VI – o de retirar de circulação a obra ou de suspender qualquer forma de utilização já autorizada, quando a circulação ou utilização implicarem afronta à sua reputação e imagem; VII – o de ter acesso a exemplar único e raro da obra, quando se encontre legitimamente em poder de outrem, para o fim de, por meio de processo fotográfico ou assemelhado, ou audiovisual, preservar sua memória, de forma que cause o menor inconveniente possível a seu detentor, que, em todo caso, será indenizado de qualquer dano ou prejuízo que lhe seja causado") são inalienáveis e irrenunciáveis. Contudo, os direitos patrimoniais do autor, como o direito de reprodução da obra (art. 30), poderá ser disponibilizado ao público, pelo autor, no local e pelo tempo que desejar, a título oneroso ou gratuito.

[120] Cf. Enunciado 139, emitido na III Jornada de Direito Civil, promovida pelo Centro de Estudos Judiciários do Conselho da Justiça Federal, no período de 1.º a 03.12.2004.

[121] Cf. Enunciado 4, emitido na I Jornada de Direito Civil, promovida pelo Centro de Estudos Judiciários do Conselho da Justiça Federal, no período de 11 a 13.09.2002. Virgílio Afonso da Silva, embora critique a distinção entre a renúncia a um direito e a renúncia ao *exercício* desse direito, pondera: "Quando aqui se faz menção a renúncia a direitos fundamentais ou qual-

decorrência do direito fundamental à vida, é irrenunciável, mas seus efeitos patrimoniais (como, *v.g.*, o valor da pensão alimentícia) podem sofrer limitações voluntárias.[122]

Afinal, caso determinados direitos fundamentais, em certas condições, especialmente nas relações horizontais entre particulares, não pudessem ser negociados e renunciados, estar-se-ia suprimindo a esfera da autonomia privada.[123] Em outros termos, o exercício ou o não exercício dos direitos fundamentais de liberdade dos cidadãos decorre do próprio direito geral de liberdade, o qual permite que o seu titular deles possa dispor ou renunciar.[124] Caso contrário, estar-se-ia negando o próprio direito à liberdade.

A irrenunciabilidade dos direitos à liberdade engessaria a autonomia da vontade, tornando-se um obstáculo à realização dos direitos fundamentais. Por exemplo, o locador de dois imóveis, cujos aluguéis estão em atraso, pode cobrar um dos inquilinos e deixar de cobrar outro, porque, neste caso, a autonomia da vontade (liberdade) prevalece sobre o princípio da

quer tipo de transação que os envolva, não se quer sustentar, obviamente, que seja possível, via declaração de vontade, abdicar ao direito em si e a toda e qualquer possibilidade futura de exercitá-lo, mas tão somente à possibilidade de renunciar, em uma dada relação, a um determinado direito ou, ainda, negociá-lo, em uma determinada situação. Os efeitos dessa renúncia são válidos para essa determinada situação" (*A constitucionalização...* cit., p. 64-65).

[122] Cf. Luiz Edson Fachin. Fundamentos, limites e trasmissibilidade: anotações para uma leitura crítica, construtiva e de índole constitucional da disciplina dos direitos da personalidade no Código Civil brasileiro, p. 198. Porém, a reiterada jurisprudência do STJ (Cf. AgRg no Ag 1.044.922-SP, 4ª T., j. 22.06.2010, rel. Min. Raúl Araújo, *DJe* 08.10.2010; REsp 701.902-SP, 3.ª T., j. 15.09.2005, rel. Min. Fátima Andrighi, *DJU* 03.10.2005, p. 249 e REsp 254.392-MT, 4.ª T., j. 13.02.2001, rel. Min. Cesar Asfor Rocha, *DJU* 28.05.2001, p. 163) AgRg no REsp 881.085/SP, Rel. Ministra Maria Thereza de Assis Moura, Sexta Turma, julgado em 04/05/2010, DJe 24/05/2010; AgRg no Ag 1420559/PE, Rel. Ministro Herman Benjamin, Segunda Turma, julgado em 04/10/2011, DJe 17/10/2011; REsp 1178233/RJ, Rel. Ministro Raúl Araújo, Quarta Turma, julgado em 06/11/2014, DJe 09/12/2014; AgRg no AREsp 473.792/PE, Rel. Ministro Sérgio Kukina, Primeira Turma, julgado em 13/05/2014, DJe 19/05/2014; tem afirmado que a cláusula de **renúncia a alimentos,** sem qualquer ressalva, constante em acordo de separação devidamente homologado, é válida e eficaz, não permitindo ao ex-cônjuge que renunciou, por possuir meios próprios de sustento, a pretensão de ser pensionado ou voltar a pleitear o encargo. Com efeito, tem-se reconhecido a carência da ação, por ilegitimidade ativa do ex-cônjuge para postular em juízo o que anteriormente renunciara expressamente, já que cessada a relação jurídica entre os cônjuges e, consequentemente, o dever recíproco de mútua assistência (art. 1.566, III, do CC/2002).

[123] Sobre a renúncia a direitos fundamentais, Cf. Jorge Reis Novais, Op. cit., p. 211-281.

[124] Cf. Virgílio Afonso da Silva. *A constitucionalização...* cit., p. 128-129.

igualdade,[125] uma vez que o Estado não pode suprimir a utilidade privada do bem para o seu titular (*núcleo essencial* do direito de propriedade);[126] além do que, o direito fundamental à propriedade (art. 5.º, XXII, da CF/1988) não obriga a que o proprietário trate, igualmente, ambos os locatários.

No entanto, direitos como a vida, a liberdade pessoal ou o voto são direitos fundamentais, não somente porque correspondem a valores ou interesses vitais, mas porque são universais e indisponíveis. Por isso, tais direitos fundamentais constituem limites aos poderes públicos e privados, mas também à própria autonomia de seus titulares. Se fosse admitida a alienação da liberdade, da vida ou do voto, tais direitos fundamentais seriam reduzidos a direitos patrimoniais. Ninguém pode alienar direitos como a liberdade, a vida ou o voto, porque, se isto fosse possível, os direitos fundamentais deixariam de ser universais, isto é, de todos e de cada um, na mesma forma e medida. Também a liberdade de alienar os próprios direitos corresponderia ao triunfo da *lei dos mais fortes*, com a negação dos direitos fundamentais e a regressão ao Estado de Natureza. Entretanto, mesmo o direito à vida, ainda que não possa ser alienado, pode ser restringido pela vontade do seu titular (*v.g.*, o paciente com câncer, mesmo precisando, por recomendação médica, submeter-se a determinado tratamento quimioterápico, não pode ser constrangido a fazê-lo; ou uma pessoa plenamente capaz[127] e consciente, testemunha de Jeová, que precisa submeter-se à transfusão de sangue, para não morrer, não pode ser obrigada a fazê-lo; ou alguém que fuma, compulsivamente, mesmo sabendo que a nicotina faz mal à sua saúde, não pode ser compelido a parar de fumar; ou alguém que possui dependência química, por uso de álcool ou de subs-

[125] Cf. José Carlos Vieira de Andrade. *Os direitos fundamentais na Constituição Portuguesa de 1976*. p. 297-298.

[126] Cf. Gilmar Ferreira Mendes, *Direitos fundamentais e controle de constitucionalidade. Estudos de Direito Constitucional*, p. 152.

[127] Caso se tratasse de uma criança, que precisasse de transfusão de sangue, poder-se-ia protegê-la com fundamento no art. 98 do Estatuto da Criança e do Adolescente, o que autorizaria o Ministério Público a ajuizar medida protetiva, para resguardar o seu direito à vida. Ademais, os ébrios habituais e os viciados em tóxicos, por serem relativamente incapazes (art. 4.º, II, do CC/2002), precisam ser interditados (art. 1.767, III, do CC/2002) para, então, serem obrigados a se submeterem a determinado tratamento de recuperação química. Neste último caso, o Ministério Público somente tem legitimidade ativa para requerer a curatela se a pessoa é incapaz ou, sendo capaz, não houver requerimento dos pais, tutores, cônjuge ou qualquer parente (arts. 1.768 e 1.769 do CC/2002).

tância entorpecente, desde que seja absolutamente capaz, não pode ser constrangido, inclusive judicialmente, a ser internado ou a submeter-se a algum tratamento; ou, ainda, quem tenta o suicídio não pode ser punido, caso a morte não se consume etc.).

Uma terceira diferença entre direitos fundamentais e patrimoniais é que aqueles decorrem, implícita ou explicitamente, da Constituição, consistindo sempre em meros comportamentos, ao passo que estes estão predispostos na lei, ficando seu exercício condicionado a atos negociais ou a provimentos singulares (contratos, doações, testamentos, sentenças, atos administrativos que os produzem, modificam ou extinguem).[128]

Os direitos fundamentais emanam da Constituição, podendo ser explícitos ou implícitos (art. 5.º, § 2.º, da CF/1988). Por exemplo, a proibição do uso abusivo de algemas não decorre explicitamente da Constituição, sendo um direito fundamental implícito ao sistema constitucional. A propósito, o STF, em 13.08.2008, editou a Súmula Vinculante 11 ("Só é lícito o uso de algemas em casos de resistência e de fundado receio de fuga ou de perigo à integridade física própria ou alheia, por parte do preso ou de terceiros, justificada a excepcionalidade por escrito, sob pena de responsabilidade disciplinar, civil e penal do agente ou da autoridade e de nulidade da prisão ou do ato processual a que se refere, sem prejuízo da responsabilidade civil do Estado"),[129] baseando-se nas seguintes referências normativas: arts. 1.º, III, e 5.º, III, X e XLIX, da CF/1988; art. 350 do CP; art. 234, § 1.º, do CPPM e o art. 4.º, *a*, da Lei 4.898/1965. Atente-se, contudo, que o uso da algema, por si só, não caracteriza a nulidade dos atos processuais, quando fundamentada, em razão da necessidade de proporcionar segurança aos agentes públicos, testemunhas, informantes e à própria sociedade, sendo vedada a sua utilização abusiva, exagerada e humilhante.[130]

[128] Cf. Luigi Ferrajoli. Diritti fondamentali...cit., p. 16-17.

[129] Cf. STF, Tribunal Pleno, j. 13.08.2008, *DJe* 157/2008, p. 1, em 22.08.2008.

[130] Neste sentido, vale mencionar os seguintes julgados: a) **"Não há que se falar em nulidade do feito, em razão de ter sido o paciente interrogado algemado, porquanto a manutenção das algemas resultou de prudente e fundamentada decisão do magistrado *a quo*"** (TJGO, HC 33116-3/217, rel. Des. Amélia N. Martins de Araújo, *DJGO* 30.10.2008, p. 428); b) **"Não está configurada qualquer ilegalidade no uso de algemas, conforme o que estatui a Súmula Vinculante 11 do egrégio STF, se a autoridade judicial justifica por escrito o seu uso. Os precedentes que originaram a edição da Súmula Vinculante estavam a tratar de hipóteses em que não havia uma justificativa socialmente aceitável para a utilização das algemas, o que não se adequa à hipótese *sub judice*"** (TRF-4.ª Reg., HC

Uma quarta e última diferenciação entre direitos fundamentais e patrimoniais é que estes decorrem de relações intersubjetivas do tipo civilístico (contratual, sucessório ou similar), enquanto aqueles se estabelecem em relações de Direito Público, colocando os indivíduos em confronto com o Estado.[131] Os direitos patrimoniais correspondem ao dever genérico de abstenção, no caso dos direitos reais, ou obrigações do devedor, nos direitos pessoais ou de crédito. Já os direitos fundamentais, expressos em normas constitucionais, implicam deveres e proibições a cargo do Estado, cuja violação é causa da invalidação das leis, dos atos administrativos e das decisões judiciais, sendo que a sua observância é condição de legitimidade dos poderes públicos.

Enfim, a afirmação histórica dos direitos humanos fundamentais impõe a compreensão destes direitos nas *relações de poder,* sendo indispensável a distinção entre tais direitos e os de caráter patrimonial. Afinal, foi o desenvolvimento do modo de produção de antagonismos, a luta de classes e a transformação do valor de uso pelo valor de troca que possibilitou a *superação da mera democracia formal* pela sua conjugação com a *democracia material,* implicando a passagem da *simples declaração* de direitos fundamentais para a *indispensável política de efetivação* destes direitos.[132]

1.7 Constitucionalismo inclusivo e o direito fundamental à inclusão social

O discurso inclusivo está fundado na efetivação dos direitos fundamentais como instrumento de realização da justiça. O que se nota, contudo,

2008.04.00.032698-6-PR, 8.ª T., j. 01.10.2008, rel. Des. Fed. Paulo Afonso Brum Vaz, *DEJF* 08.10.2008, p. 732); c) "*... o uso de algemas durante a audiência de instrução e julgamento não acarreta, por si só, a nulidade do processo, especialmente quando necessário para a tranquila e segura realização do ato, tendo em vista, por exemplo, o grande número de réus, a presença de inúmeros familiares destes e o pequeno contingente da escolta; aliás, a Súmula 11 do STF não tem, à evidência, o absurdo propósito de tornar inviável o uso de algemas, mas sim o de evitar que estas sejam empregadas de forma espalhafatosa, humilhante ou teatral. De outro lado, não se verifica, até agora, qualquer excesso de prazo a justificar a soltura do agente. Ordem denegada*" (TJRJ, HC 2008.059.06872, 1.ª Câm. Crim., j. 09.10.2008, rel. Des. Moacir Pessoa de Araújo). De igual modo, consultar: STF, Rcl 9470 AgR/RJ, 1ª T.,j. 28.10.2014, rel. Min. Roberto Barroso, pub. *DJe* 222, Divulg. 11.11.2014. STJ, HC 160.230/PR, Rel. Ministro Vasco Della Giustina (Desembargador Convocado do TJ/RS), Sexta Turma, julgado em 20/10/2011, DJe 14/12/2011.

131 Cf. Luigi Ferrajoli. Diritti fondamentali...cit., p. 17.

132 Cf. Cláudia Derani. Direitos fundamentais e democracia. p. 66.

é a ausência de uma investigação teórica mais aprofundada a respeito desse fenômeno[133].

A rede protetiva proporcionada pelos direitos fundamentais não permite, ainda mais em tempos de constitucionalismo avançado (*constitucionalismo inclusivo*), que se mantenha a realidade social imune aos ditames humanizadores que tais direitos carregam consigo. Essa omissão se torna mais grave quando se está diante de países em que a justiça social esteve longe de se tornar real e efetiva. Em razão disso, a abertura material proporcionada pela Constituição Federal de 1988 alberga a possibilidade de se recolher do tecido social suas necessidades mais prementes com o objetivo de albergá-las por meio de uma posição jurídica de vantagem consubstanciada no direito fundamental à inclusão social.

Assim, pretende-se que a marginalização, a pobreza e as desigualdades possam ser combatidas de forma mais efetiva para ampliar o exercício pleno da cidadania e promover a vida digna de milhões de brasileiros em situação de vulnerabilidade[134].

O reconhecimento do direito à inclusão social deve ser problematizado sob o viés jurídico para que adquira a densidade normativa suficiente a fim de receber o *status* de direito fundamental[135].

A Constituição Federal de 1988 possibilita a abertura para o reconhecimento de novos direitos fundamentais com base no artigo 5°, § 2°, da Constituição afirma que *"Os direitos e garantias expressos nesta Constituição não excluem outros decorrentes do regime e dos princípios por ela adotados, ou dos tratados internacionais em que a República Federativa do Brasil seja parte"*.

[133] CAMBI, Eduardo; LIMA, Jairo Néia. Constitucionalismo inclusivo: o reconhecimento do direito fundamental à inclusão social. *Revista de direito privado*, vol. 60, out./2014, p. 11 e seg.

[134] *"En la medida en que los bienes que protegen tienen que ver con la supervivência y con el disfrute de las condiciones materiales que posibilitan el ejercicio real de la libertad o de la autonomia, la reivindicación de derechos sociales interesa potencialmente a todas las personas. Pero incumbe, de manera especial, a los membros más desaventajados de la sociedade, cuyo aceso a los recursos en juego suele ser residual y, no pocas veces, inexistente. Esta caracterización de los derechos sociais como derechos de los más necessitados explica que sua reclamo y su consagración jurídica suelan reclutar partidários entre quienes poseen uma sensibilidad igualitária"* (PISARELLO, Gerardo. *Los derechos sociales y sus garantias. Elementos para uma reconstrucción*. Madrid: Editorial Trotta, 2007. p. 11-12).

[135] CAMBI, Eduardo; LIMA, Jairo Néia. Direito fundamental à inclusão social (e sua eficácia nas relações entre particulares). *Revista de direito privado*, vol. 44, out./2010, p. 44 e seg.

O conteúdo desse texto não é inovador, pois já fazia parte dos textos constitucionais brasileiros desde a Constituição de 1891[136]. Essa regra demonstra que o rol dos direitos fundamentais, em que se pese ser extenso, não é exaustivo. Consagrou-se o *princípio da não-tipicidade constitucional*, pelo qual os direitos fundamentais são enumerados exemplificativamente e não de forma taxativa[137].

Dessa maneira, no Brasil, não há como deixar de reconhecer a importância de a inclusão social emergir como um direito fundamental, fundado no artigo 5°, § 2°, da Constituição Federal, a exemplo do artigo 16, nº 1, da Constituição de Portugal, que aponta para um conceito material de direitos fundamentais, apostando em uma *perspectiva aberta* desses direitos, a qual não os limita ao texto expresso da Constituição[138].

Com efeito, pode-se afirmar que, em razão da abertura proporcionada pelo artigo 5°, § 2°, da Constituição Federal de 1988, bem como pelo reconhecimento dos direitos fundamentais materiais, há a possibilidade no

[136] Constituição de 1891: Art. 78: *"A especificação das garantias e direitos expressos na Constituição não exclui outras garantias e direitos não enumerados, mas resultantes da forma de governo que ela estabelece e dos princípios que consigna"*; Constituição de 1934: Art. 114: *"A especificação dos direitos e garantias expressos nesta Constituição não exclui outros, resultantes do regime e dos princípios que ela adota"*; Constituição de 1937: Art. 123: *"A especificação das garantias e direitos acima enumerados não exclui outras garantias e direitos, resultantes da forma de governo e dos princípios consignados na Constituição. O uso desses direitos e garantias terá por limite o bem público, as necessidades da defesa, do bem-estar, da paz e da ordem coletiva, bem como as exigências da segurança da Nação e do Estado em nome dela constituído e organizado nesta Constituição"*; Constituição de 1946: Art. 144: *"A especificação, dos direitos e garantias expressas nesta Constituição não exclui outros direitos e garantias decorrentes do regime e dos princípios que ela adota"*; Constituição de 1967: Art. 150, § 35: *"A especificação dos direitos e garantias expressas nesta Constituição não exclui outros direitos e garantias decorrentes do regime e dos princípios que ela adota"*. A Emenda Constitucional n° 01 de 1969 manteve o texto da Constituição de 1967 no artigo 153, § 36.

[137] BULOS, Uadi Lammêgo. *Constituição Federal anotada*. 9ª ed. São Paulo: Saraiva, 2009. p. 149.

[138] CANOTILHO, José Joaquim Gomes; MOREIRA, Vital. *Constituição da República Portuguesa Anotada*. Vol. 1. 1ª ed. São Paulo: Revista dos Tribunais, 2007.p. 365. Analisando o caráter aberto e incompleto da Constituição, Konrad Hesse ensina: *"A Constituição, portanto, não é uma ordem da totalidade da colaboração sócio-territorial e essa atividade não é, de forma alguma, mera "execução da Constituição". Tampouco ela é uma unidade já concluída – lógico-axiomática ou hierárquica de valores – sistemática. (...) deve a Constituição, enfim, ficar imperfeita e incompleta, porque a vida, que ela quer ordenar, é vida histórica, e por causa disso, está sujeita a alterações históricas. (...) Se a Constituição deve possibilitar o vencimento da multiplicidade de situações problemáticas que se transformam, então seu conteúdo deve ficar necessariamente "aberto para dentro do tempo"* (*Elementos de Direito Constitucional da República Federal da Alemanha*. Tradução de Luís Afonso Heck. Porto Alegre: Sergio Antonio Fabris, 1998. p. 38-40).

ordenamento jurídico brasileiro de se identificar novos direitos fundamentais que até então não se apresentavam como uma necessidade social de proteção. Tal proclamação pode se dar por derivarem do *regime* ou dos *princípios adotados na Constituição* e serem extraídos de valores, princípios, regras e, inclusive, fatos que venham a permear os casos concretos, conferindo a *máxima proteção* dos direitos fundamentais.

O artigo 5º, § 2º, da Constituição ainda propicia a *oxigenação do ordenamento jurídico* a fim de acompanhar a evolução histórica da humanidade que, de tempos em tempos, reclama novas tutelas anteriormente não postas como indispensáveis para uma vida minimamente digna. A *historicidade* dos direitos fundamentais, verdadeiro processo de luta e conquista por novas liberdades, revela seu nascimento gradual, e, no dizer de Norberto Bobbio, *"não todos de uma vez e nem de uma vez por todas"*[139].

A efetivação dos direitos humanos fundamentais é resultado de duras e difíceis conquistas sociais. É a história da luta dos direitos a partir da superação das graves diferenças sociais. O art. 5º, § 2º, da Constituição Federal é uma porta de entrada para novos direitos fundamentais não previstos de forma expressa pelo constituinte originário. Tanto para direitos que estão dispersos no corpo da Constituição quanto para aqueles que decorrem do regime e princípios adotados[140]. Tal porta, contudo, não estará sempre aberta, pois o sistema de abertura proporcionado pelo artigo 5°, § 2,° da Constituição alcança, conforme a própria disposição textual, apenas aqueles direitos que decorram do regime (Republicado e Federativo), dos princípios constitucionais e dos tratados internacionais em que o Brasil seja parte. Além disso, não há elasticidade absoluta no âmbito dos direitos, uma vez que a sua emergência deve coexistir com aqueles já dispostos, sem quebra da unidade constitucional.

Assim, o artigo 5º, § 2º, da CF/88 propicia o ingresso, no ordenamento jurídico, de *normas materialmente constitucionais*[141], servindo serve de instrumento para que a dignidade da pessoa humana possa ser efetivada em escala de máxima progressividade a fim de acompanhar as necessidades

[139] Op. Cit. p. 05.

[140] *"A abertura a novos direitos é sempre dentro do sistema constitucional, por mais aberto que este seja perante as transformações sociais, culturais, científicas e técnicas do nosso tempo"* (MIRANDA, Jorge; MEDEIROS, Rui. *Constituição Portuguesa Anotada*. Tomo I. Coimbra: Coimbra Editora, 2005.p. 140).

[141] BULOS, Uadi Lammêgo. Op. Cit. p. 419.

sociais. Afinal, não se pode falar em direitos fundamentais sem relacioná-los com a dignidade humana (art. 1º, inc. III, CF/88), por ser ela o *tronco ontológico* de todos os princípios e, por isso, o fundamento ético do direito e da concepção jurídica de direitos humanos fundamentais[142].

A proposta de um direito fundamental à inclusão social precisa ser recortada diante da grande possibilidade que o fenômeno da exclusão social proporciona. A delimitação envolve a exclusão social sob o ponto de vista da negação de ações sociais transformadoras do sujeito, diversamente das políticas assistencialistas que, como já foi apontado, são necessárias diante da urgência, mas detêm baixa potencialidade de constituição de sujeitos de história própria, não mais massa de manobra. Tal reconhecimento pretende ir ao encontro das necessidades sociais, fontes permanentes de novos direitos, com o objetivo de proporcionar um salto qualitativo no que diz respeito ao trato da inclusão social.

Conforme Robert Alexy, *"a razão de ser dos direitos fundamentais é exatamente a de que aquilo que é especialmente importante para o indivíduo, e que pode ser juridicamente protegido, deve ser juridicamente garantido"*[143]. Para tanto, não se nega o caráter inclusivo das políticas de assistência social, todavia, pretende-se ir além delas, focalizando a potencialidade transformadora que é inerente ao ser humano e possibilita a emancipação e autonomia que lhe é negada quando da concessão de políticas públicas paternalistas e alienantes.

A alienação social impede que o ser humano seja um formador de opiniões e um agente político de transformação da sociedade. Ele aceita tudo, como algo natural, divino ou racional. O efeito desse processo histórico de afastamento forçado da população mais carente dos instrumentos de participação política e social acarreta o enfraquecimento do Estado Democrático brasileiro (art. 1° da Constituição Federal), pois o excluído deve mais atenção à sua sobrevivência do que à participação nas decisões políticas que vão lhe afetar.

Com isso, os pobres atribuem a sua pobreza a fatores externos, eventuais ou fortuitos, sem compreender que a pobreza é um *processo histórico* e que, para sair da pobreza, é indispensável saber que ela é uma injustiça e uma imposição social, uma tática de manutenção da ordem vigente e que

[142] COELHO, Luiz Fernando. *Helênia & Devília. Civilização e barbárie na saga dos direitos humanos.* Curitiba: Bonijuris, 2014. p. 163.

[143] ALEXY, Robert. *Teoria dos direitos fundamentais.* Cit. p. 506.

faz dos pobres verdadeira massa de manobras[144]. Para se alcançar autonomia e consciência necessárias para romper com a *ignorância produzida socialmente*[145], posições jurídicas de vantagem precisam ser concretizadas anteriormente e tais posições que merecem o *status* de direito fundamental à inclusão social.

Não bastasse a sua intensidade própria, a tutela inclusiva já é ordenada pela Constituição Brasileira de 1988. Trata-se do disposto no artigo 3° que prevê os objetivos fundamentais da República[146].

O artigo 3º da Constituição Federal segue o modelo da Constituição Portuguesa, cujo artigo 9°[147] também consagra objetivos, tarefas e metas a serem observadas pelos poderes públicos e também pela sociedade em suas ações. Trata-se de disposição com alto teor valorativo e ideológico. Sua importância é visualizada tanto pela análise material como formal, já que o artigo 3° faz parte do *Título I – "Dos Princípios Fundamentais"* da Constituição Federal. Traz em seu bojo, ainda, um conteúdo essencialmente comprometido com a transformação da realidade brasileira.

O constituinte originário ao vincular os poderes constituídos para *"erradicar a pobreza e a marginalização e reduzir as desigualdades sociais e regionais"*[148]

[144] DEMO, Pedro. Direitos humanos e educação. Pobreza política como desafio central. http://www.dhnet.org.br/educar/textos/demo_direitos_humanos_e_educacao.pdf. p. 02-03. Acesso em 30.09.2014.

[145] Idem. ibidem.

[146] *"Art. 3° Constituem objetivos fundamentais da República Federativa do Brasil: I – construir uma sociedade livre, justa e solidária; II – garantir o desenvolvimento nacional; III – erradicar a pobreza e a marginalização e reduzir as desigualdades sociais e regionais; IV – promover o bem de todos, sem preconceitos de origem, sexo, cor, idade e quaisquer outras formas de discriminação".*

[147] *"Artigo 9.º (Tarefas fundamentais do Estado) - São tarefas fundamentais do Estado: a) Garantir a independência nacional e criar as condições políticas, económicas, sociais e culturais que a promovam; b) Garantir os direitos e liberdades fundamentais e o respeito pelos princípios do Estado de direito democrático; c) Defender a democracia política, assegurar e incentivar a participação democrática dos cidadãos na resolução dos problemas nacionais; d) Promover o bem-estar e a qualidade de vida do povo e a igualdade real entre os portugueses, bem como a efectivação dos direitos económicos, sociais, culturais e ambientais, mediante a transformação e modernização das estruturas económicas e sociais; e) Proteger e valorizar o património cultural do povo português, defender a natureza e o ambiente, preservar os recursos naturais e assegurar um correcto ordenamento do território; f) Assegurar o ensino e a valorização permanente, defender o uso e promover a difusão internacional da língua portuguesa; g) Promover o desenvolvimento harmonioso de todo o território nacional, tendo em conta, designadamente, o carácter ultraperiférico dos arquipélagos dos Açores e da Madeira; h) Promover a igualdade entre homens e mulheres".*

[148] Demonstrando a pobreza como uma violação dos direitos humanos, Pierre Sané afirma: *"Das cinco famílias de direitos humanos – cívicos, políticos, culturais, econômicos e sociais – proclamados*

assume, expressamente, o fato da exclusão social no Brasil se encontrar em patamares incompatíveis com a riqueza que aqui é produzida e atribui aos poderes estatais, bem como à sociedade a tarefa de efetivação dos objetivos fundamentais da República Federativa do Brasil.

O direito fundamental à inclusão social é um *direito não-expresso*[149], embora possa ser deduzido tanto do artigo 5º, § 2º, quanto dos artigos 1º, inc. III, e 3º da Constituição Federal. Porém, ainda não se avançou substancialmente na transformação da realidade social brasileira, restando milhões de brasileiros sem aptidão para exercer a cidadania plena, influir ativamente no espaço democrático e alterar as suas condições de vida.

O direito fundamental à inclusão social confere à pessoa humana posição jurídica de vantagem de acesso a um espaço político e social de oportunidades e proteção. No entanto, não se confunde com assistência social pura e simples, pois tal direito deve ir além para proporcionar condições para o desenvolvimento consciente e pleno da cidadania e das potencialidades humanas. Objetiva que o ser humano seja sujeito da sua própria história, liberto das dependências que sequer supunha sofrer e de poder interferir democraticamente nas decisões que afetam a sua vida e a coletividade, por meio de direitos específicos como a educação, saúde e cultura, entre outros direitos fundamentais, que detêm essa capacidade emancipadora[150].

pela Declaração Universal dos Direitos do Homem como inerentes à pessoa humana, a pobreza consiste numa violação do quinto, sempre; do quarto, em geral; muitas vezes do terceiro e, às vezes, até mesmo do segundo e do primeiro" (Pobreza, a próxima fronteira na luta pelos direitos humanos. In: *Pobreza e desigualdade no Brasil: traçando caminhos para a inclusão social.* Org. Marlova Jovchelovitch; Noleto e Jorge Wertehin. Brasília: UNESCO, 2003. p. 29).

149 É possível distinguir, entre os novos direitos fundamentais, os que são implícitos e os que são decorrentes de outros direitos fundamentais. Os implícitos são frutos de uma extensão interpretativa do âmbito de proteção de determinado direito fundamental já expressamente positivado. Já os direitos fundamentais decorrentes são deduzidos com base no regime e nos princípios da Constituição. Por sua vez, a denominação *direitos não-expressos* abrange as duas categorias anteriores. Cfr. SARLET, Ingo Wolfgang. *A Eficácia dos Direitos Fundamentais.* 2ª ed. Porto Alegre: Livraria do Advogado, 2001. p. 94.

150 *"A cidadania incompleta ou a negação de direitos civis (liberdade de expressão, estado de direito, direito à justiça), de direitos políticos (direito e meios para participar do exercício do poder político) de direitos socioeconômicos (segurança econômica igualdade de oportunidades) são dimensões fundamentais de vidas socialmente empobrecidas"* (ZONINSEIN, Jonas. O caso econômico para combater a exclusão racial e étnica. In: *Inclusão social e desenvolvimento econômico na América Latina.* Org.

Trata-se de um direito fundamental de caráter geral, assim como é o direito fundamental à liberdade que se especifica entre tantos outros (liberdade religiosa, liberdade de associação etc.). A inclusão social é imposição do constituinte originário para a maior realização da dignidade da pessoa humana. Deve-se ressalvar, ainda, que o reconhecimento do direito fundamental à inclusão social, não-expresso na Constituição de 1988, não tem o condão de banalizar ou, até mesmo, enfraquecer o rol dos direitos fundamentais já expressos. Ao contrário, seu objetivo maior é *expandir* os meios de tutela da dignidade da pessoa humana, posto que os direitos fundamentais são, em maior ou menor grau, concretizações desse valor fundamental. Dessa maneira, não se trata de uma *panjusfundamentalização* dos direitos fundamentais[151], mas apenas mais uma forma de reforçar o conteúdo dos artigos 1°, inc. III, 3º e 5º, § 2º, da Constituição Federal.

A ordem jurídica brasileira, portanto, reconhece a possibilidade do surgimento de novos direitos fundamentais com alta carga valorativa decorrentes de princípios e do regime dispostos constitucionalmente.

Além disso, as necessidades coletivas são fontes impulsionadoras para o reconhecimento de novos direitos e isso se dá de forma urgente com a exclusão social. Em razão dessa situação, não há obstáculo jurídico para que a inclusão social (disposta no artigo 3° da Constituição Federal, ou seja, no Título *"Dos Princípios Fundamentais"*) não seja alçada ao patamar de um direito fundamental, concedendo à parcela expressiva da população brasileira, em estado de vulnerabilidade, uma situação jurídica de vantagem capaz de tutelar a vida digna e a cidadania plena.

Mayra Buvinic, Jacqueline Mazza e Ruthane Deutsch. Tradução de Hilda Maria L. P. Coelho. Rio de Janeiro: Elsevier: Washington: BID, 2004. p. 42).

151 NABAIS, José Casalta. *Por uma Liberdade com responsabilidade: Estudos sobre direitos e deveres fundamentais*. Coimbra: Ed. Coimbra, 2007. p. 103).

2. Direito e Constituição

Sumário: 2.1 Constitucionalização dos direitos infraconstitucionais – 2.2 Globalização e Constituição – 2.3 Constitucionalismo mundial e multiculturalismo emancipatório.

2.1 Constitucionalização dos direitos infraconstitucionais

A Constituição, a partir da segunda metade do século XX, passou a ocupar o centro do ordenamento jurídico, iniciando um *novo método de compreensão do direito.*

A sociedade do século XVIII era definida como "o mundo da segurança", uma *segurança objetiva* que nascia da estrutura da sociedade, na qual os Códigos, captando e fixando os valores dominantes, forneciam um quadro de referência certo e seguro, com base no qual cada indivíduo sabia o que deveria esperar dos outros indivíduos e dos poderes públicos.[152]

Por outro lado, na sociedade moderna, em contínua transformação, sempre mais dividida em grupos e categorias que não possuem valores comuns, mas, ao contrário, são portadoras de interesses diversos, muitas vezes contrastantes e profundamente modificáveis. É caracterizada pela *insegurança e instabilidade*, não podendo, portanto, exprimir um direito uniforme e seguro.[153]

Aliás, a ciência moderna está inserida em *crise epistemológica*, marcada pela *complexidade*, enquanto conceito transversal a diferentes disciplinas e áreas científicas, bem como pela velocidade com que se processam as informações, o conhecimento e os avanços tecnológicos. As consequências do uso e da aplicação das ciências, assim como dos diferentes tipos de tecnologia, nem sempre são previstas ou desejadas, e muitas vezes irreversíveis, inserindo-nos na "sociedade de riscos" (Ulrich Beck).[154] O uso descontrolado da energia nuclear, por exemplo, foi capaz de produzir a bomba

[152] Cf. Carla Faralli. La certezza del diritto nell'età della decodificazione.

[153] Idem, p. 10.

[154] Cf. Boaventura de Souza Santos, Maria Paula G. Menezes e João Arriscado Nunes. Conhecimento e transformação social: por uma ecologia de saberes. p. 14.

atômica, usada em Hiroshima, em 06.08.1945, e o acidente na Usina de Chernobyl, em 26.04.1986. As consequências indeterminadas dos alimentos transgênicos e da engenharia genética são outros temas que preocupam a comunidade científica mundial.

O projeto científico-positivista (ordem, progresso, desenvolvimento, tecnologia, conforto etc.), concebido no século XIX, para a humanidade, mostrou-se, no século XX, frustrante.[155] A *promessa de dominação da natureza* e seu uso para benefício comum levou à exploração excessiva e despreocupada do meio ambiente[156], à catástrofe ecológica, à ameaça nuclear, à destruição da camada de ozônio, da engenharia genética e da consequente conversão do corpo humano em mercadoria; a *promessa de paz perpétua*, baseada no comércio e na racionalização científica das instituições e dos processos de decisão, conduziu ao desenvolvimento tecnológico da guerra e ao aumento do poder destrutivo; a *promessa de uma sociedade mais justa e livre*, resultante da riqueza produzida pela força produtiva gerada pela ciência, implicou a espoliação dos países mais pobres, ampliando as desigualdades sociais e os índices de miserabilidade.[157]

Nas últimas décadas, houve a globalização do *Homo consumidor*: a ânsia pelo consumo em escala mercadológica planetária é caracterizado pela vontade ilimitada de consumir, com produtos sendo substituídos rapidamente, o que acarreta depredação dos recursos da natureza, destrói cultura e desperdiça o tempo de cada ser humano (gasto em trabalhos desnecessários, engarrafamentos paralisantes e endividamentos permanentes).[158] Se o avanço técnico alongou o tempo de vida das pessoas, permitiu a conquista do espaço e integrou o mundo pelas redes sociais, também separou grupos sociais, ampliou as desigualdades e acelerou a destruição ecológica, agravando problemas fundamentais do homem.

Desse modo, a revolução científica, por si só, não foi capaz de promover o progresso e a justiça sociais, não podendo a ciência ou o conhecimento por ela produzido ser utilizado para produzir o desenvolvimento econômico e cultural de poucos, em detrimento da exploração de muitos.

155 Cf. Eduardo Carlos Bianca Bittar. *O direito na pós-modernidade*. p. 362.

156 Papa Francisco. *Carta Encíclica Laudato Si'. Sobre o cuidado da casa comum*. São Paulo: Paulinas, 2015.

157 Cf. Boaventura de Souza Santos. *A crítica da razão indolente: contra o desperdício da experiência*. p. 56.

158 Cf. Cristovam Buarque. *O erro do sucesso*. p. 40.

Enquanto não se eliminar a exclusão e a desigualdade dentro da sociedade e entre os povos, será impossível combater as causas sociais da violência.[159] O consumismo desenfreado, juntamente com a desigualdade social, divide cada vez mais a humanidade. A economia da exclusão e da desigualdade social mata. A globalização da indiferença faz com que os excluídos percam a sua dignidade, sejam tratados como resíduos ou apenas como seres "invisíveis" e, portanto, "descartáveis". Afinal, os pobres precisam de recursos necessários para responder às seduções dos mercados de consumo para se tornarem úteis conforme a concepção capitalista.[160] Ao se rebaixar às pessoas à condição de consumidores, fere-se o próprio pertencimento à sociedade. Tanto a economia quanto o direito precisam resgatar uma ética mais propícia ao ser humano, que promova a melhor distribuição de renda e ofereça oportunidades concretas aos menos favorecidos se desenvolverem e prosperarem.

Não se pode ignorar que o direito é produto da cultura. O novo perfil do direito, na sociedade moderna, decorre das profundas mudanças culturais no mundo globalizado, caracterizado pela intensificação das relações de troca, de comunicação e de trânsito, para além das fronteiras nacionais.[161]

Na *perspectiva pós-moderna*, a cultura não pode ser compreendida como um conjunto coerente, fechado e imóvel de conteúdos dados uma vez para valerem sempre.[162] Trata-se de uma *rede móvel, variável e aberta*, em contínua transformação, na qual muitos valores e diferentes conteúdos, não coerentes e até em conflito, podem combinar-se ou fundir-se em um complexo processo de mudança.[163] A condição política pós-moderna está fundada na *aceitação da pluralidade* de culturas e de discursos.[164]

O direito, também, pode ser inserido no contexto da *epistemologia da complexidade*,[165] por não haver sempre uma relação mecânica entre o ser humano e o mundo. Na pós-modernidade, as soluções dos problemas não resultam apenas do racionalismo, do determinismo e do cientificismo. A ciência não consegue explicar todos os fenômenos, a começar pelo pró-

159 Cf. Papa Francisco. *Exortação apostólica Evangelii gaudium*. p. 52.

160 Cf. Zygmunt Bauman. *Capitalismo parasitário*. p. 32.

161 Cf. Jürgen Habermas, *A constelação pós-nacional*, p. 84.

162 Cf. Michele Taruffo. Aspetti fondamentali del processo civile di *civil* e di *common law*. p. 45.

163 Idem, ibidem.

164 Cf. Agnes Heller e Ferenc Fehér, *A condição política pós-moderna*, p. 16.

165 Cf. Edgar Morin. *Epistemologia da complexidade*.

prio ser humano e as suas complexas relações com o universo, exigindo a sua reaproximação com a filosofia.

Porém, há certo ceticismo e relativismo, o que faz com que qualquer pessoa, na pós-modernidade, tenha dificuldade de julgar com fundamento em padrões morais clássicos do bom e do mal, do certo ou do errado, ou de avaliar as melhores ou piores opções.[166] O mundo é um grande ecossistema, cuja compreensão vai além do estudo de suas partes. As inter-relações entre as partes e o todo exigem o desenvolvimento de um *pensamento complexo*, para analisar essas relações aparentemente sistêmicas, a que Edgar Morin denomina de "ordem dentro da desordem" e "certeza da incerteza".[167]

Zygmunt Bauman, por sua vez, prefere associar a modernidade à fluidez como uma metáfora capaz de explicar a era moderna[168]. Os líquidos, diferentes dos sólidos, não mantém sua forma com facilidade, não fixam o espaço nem prendem o tempo. Não se atém muito a qualquer forma e estão constantemente prontos a mudá-la. O que conta mais é o tempo do que o espaço, que lhes toca ocupar "por um momento". Descrições de líquidos são fotos instantâneas que precisam ser datadas. Já os sólidos têm dimensões espaciais claras, diminuem a significação do tempo, ao resistirem ao seu fluxo ou o tornarem irrelevante.

Os avanços tecnológicos e as informações circulam com impressionante velocidade, condenando-nos à *superficialidade*. Neste diapasão epistemológico, o operador do direito tem de conviver com incertezas, imprevisões e desordem.

A complexidade pós-moderna está ligada ao fenômeno que Natalino Irti denomina de a *Era da Descodificação*.[169] São tempos de progressiva importância atribuída aos princípios jurídicos. Época de proliferação de microssistemas normativos logicamente autônomos. Inflação legislativa agravada pela multiplicação de outras espécies normativas (provimentos, circulares, resoluções etc.), raramente coordenadas entre si. Este fenômeno é somado à utilização de técnicas legislativas com o emprego de formulações vagas, equívocas e ambíguas.

166 Cf. Ana Paula de Barcellos. Constitucionalização de políticas públicas em matéria de direitos fundamentais: o controle político-social e o controle jurídico no espaço democrático. p. 123.

167 Cf. *A ciência com consciência*.

168 Cf. *Modernidade líquida*. p. 8.

169 Cf. Natalino Irti, *L 'età della decodificazione*. Verificar ainda: Ricardo Luis Lorenzetti, *Teoria da decisão judicial. Fundamentos de direito*, p. 39-69.

Disso tudo, resulta um *paradigma normativo aberto*, sem as mesmas certezas dos tempos da codificação,[170] podendo-se afirmar que o direito, na pós-modernidade, não é caracterizado por uma estrutura piramidal, construída a partir dos códigos, podendo ser concebida como uma *rede*, como um banco de dados, que se traduz em infinitas informações disponíveis instantaneamente e, ao mesmo tempo, dificilmente matizadas.[171]

A partir da Segunda Guerra Mundial, é inegável que a Constituição tomou o lugar dos Códigos, devendo os direitos infraconstitucionais ser compreendidos a partir da Lei Fundamental e sua inserção no contexto internacional.

O alargamento do espaço constitucional se deu a partir da *constitucionalização dos direitos infraconstitucionais* que, por sua vez, ampliou a *extensão* e a *intensidade* da vinculação constitucional do legislador ordinário.[172]

O grau de vinculação constitucional do legislador ordinário depende do modelo de Constituição adotado. Quanto à extensão, as Constituições podem ser classificadas como *sintéticas* ou *analíticas*.[173] As primeiras regulamentam apenas temas materialmente constitucionais (separação dos poderes e direitos fundamentais). Já as analíticas dispõem sobre temas materialmente e formalmente constitucionais (*v.g.*, meio ambiente, uniões estáveis, direito de filiação etc.), além de normas programáticas. Nesta última classificação, dá-se menor margem de atuação ao legislador ordinário. É o caso da Constituição Brasileira de 1988, que, ao regulamentar diversas matérias, impõe um alto grau de vinculação ao legislador ordinário.

Desse modo, a progressiva *constitucionalização* dos direitos infraconstitucionais é responsável pelo alargamento do espaço constitucional e restrição do âmbito de liberdade do legislador.

[170] Apesar desta tendência, no âmbito do processo civil individual, foram contínuas as reformas no Código de Processo Civil de 1973, a ponto de se amadurecer a necessidade de um Novo Código de Processo Civil, advindo com a promulgação da Lei Federal nº 13.105, de 16 de março de 2015. Do mesmo modo, no plano do direito processual civil coletivo, os debates giram em torno da necessidade de um Código de Processos Coletivos, que tem como molde o Código Modelo de Processos Coletivos para Ibero-América. Sobre a necessidade e a forma da codificação do direito processual coletivo brasileiro, conferir, dentre outros: Gregório Assagra de Almeida, *Codificação do direito processual coletivo brasileiro.*

[171] Cf. François Ost, Júpter, Hércules, Hermes. Op. cit., p. 172.

[172] Cf. Vital Moreira. Op. cit.

[173] Cf. Alexandre de Moraes. *Direito Constitucional.* p. 38.

Em razão de se colocar em um nível normativo hierarquicamente superior à legislação ordinária (princípio da supremacia da Constituição), acaba por prever um conjunto de direitos (fundamentais) que as leis não podem derrogar.[174]

Além de limitar o âmbito legislativo, como os direitos fundamentais se dirigem tanto na relação entre Estado-cidadão quanto na entre os cidadãos, quanto mais *onipresente* é a Constituição, também menor é a área reservada aos particulares e à autonomia privada.[175]

Os direitos fundamentais configuram o *epicentro axiológico* da ordem jurídica, condicionando o exercício da hermenêutica e da produção da norma (*eficácia irradiante dos direitos fundamentais*).[176]

Pode-se, pois, apontar como característica marcante do neoconstitucionalismo a *onipresença da Constituição*. Por detrás de uma regra legal, há uma norma constitucional que a confirme ou a contradiga. Isso porque as Constituições contemporâneas contêm *denso conteúdo material*, composto por valores, princípios, direitos fundamentais e diretrizes aos poderes públicos e aos entes particulares, sendo difícil conceber um problema jurídico que não encontre alguma resposta no texto constitucional e, em certas situações, até diferentes orientações (como, por exemplo, a proteção da propriedade individual e da função social da propriedade).[177]

Porém, o quanto a Constituição pode intervir na limitação dos poderes públicos (autonomia do legislador, do administrador e do juiz) e dos cidadãos (autonomia privada) pode variar. Duas teorias podem ser adotadas. Pode-se adotar a posição da *Constituição-fundamento* (pela qual todas as ações humanas seriam reguladas pelas normas constitucionais) ou da *Constituição-moldura* (pela qual cabe às normas constitucionais definirem limitações aos poderes públicos ou particulares, mas sem judicializar, totalmente, a política, dando espaço, por exemplo, para que o legislador ou a socie-

174 Sobre as dimensões subjetiva e objetiva dos direitos fundamentais, conferir item 3.3.6, *infra*.

175 Cf. Virgílio Afonso da Silva. *A constitucionalização*... cit., p. 111.

176 Cf. Daniel Sarmento. A dimensão objetiva dos direitos fundamentais: fragmentos de uma teoria. p. 81. Quando Amartya Sen trata da relação entre a ética e a lei, explica: "Enquanto Bentham vê os direitos como 'filhos da lei', a concepção de Hart consiste em ver os direitos humanos, na verdade, como *pais da lei*: eles motivam legislações específicas. Hart está visivelmente certo – não há dúvida de que a ideia de direitos morais pode servir, e na prática tem servido com grande frequência, como base para as novas legislações" (*A ideia de justiça*. p. 398).

177 Cf. Hernán Alejandro Olano García. *Interpretación y neoconstitucionalismo*. p. 33.

dade civil organizada preencham o conteúdo no interior da moldura).[178] A adoção de uma ou de outra teoria, todavia, não é uma solução destituída de complexidade.

A escolha da teoria não deve ser categórica e vai depender do conteúdo do Direito Constitucional a ser protegido. Há de se fazer a *adequação* entre a escolha e o direito fundamental que se pretende tutelar. A opção pela *Constituição-fundamento* é mais adequada à tutela dos direitos fundamentais de proteção (*v.g.*, os direitos fundamentais sociais), a exigir uma maior vinculação dos poderes públicos e privados a normas constitucionais que permitem a transformação social, especialmente em países de modernidade tardia, como o Brasil. Por outro lado, escolher a teoria da *Constituição-moldura* é mais adequado para a proteção dos direitos fundamentais de defesa (*v.g.*, os direitos fundamentais de primeira dimensão), em que a liberdade do cidadão deve preponderar sobre a imposição estatal.[179]

2.2 Globalização e Constituição

A marginalização dos Códigos é acentuada, de um lado, pela entrada em vigor da Constituição e, de outro, pelo nascimento de instituições internacionais, como a União Europeia.[180] O direito antigo somente se concebia na escala familiar e local; o progresso da modernidade fez com que ele tivesse que se adaptar à escala nacional e, por fim, a época atual exige que o direito seja pensado em escala global.[181]

A globalização internacional dos problemas (*v.g.*, direitos humanos, meio ambiente, consumo etc.) fez surgir a necessidade de formação de *instituições internacionais*, dotadas de órgãos de produção de direitos comu-

[178] Cf. Virgílio Afonso da Silva. *A constitucionalização*...cit., p. 112-122.

[179] Virgílio Afonso da Silva sustenta: "Somente a ideia de Constituição-moldura, em que nem tudo está predefinido, que não pretende ser o estatuto total da vida em sociedade ou o fundamento material de todo e qualquer ato estatal ou privado, pode garantir o espaço vital, o espaço aberto em que as relações interprivadas podem se desenvolver, com base, sobretudo, na autonomia privada. Ao mesmo tempo, somente a ideia de direitos fundamentais que sejam, em sua grande maioria, princípios e, nesse sentido, mandamentos de otimização, pode fazer com que eles, sem a necessidade de constituir uma ordem de valores totalizante, sejam capazes de constituir uma força contrária à autonomia privada para a garantia dos participantes nas relações entre particulares. É no equilíbrio dessas duas forças, que sempre terá que ser medido com base nas variáveis do caso concreto, que se encontra o ponto de partida para um modelo adequado" (*A constitucionalização*... cit., p. 126).

[180] Cf. Carla Faralli. La certezza... cit., p. 12.

[181] Cf. François Ost, Júpter, Hércules, Hermes. Op. cit., p. 193.

nitários que, minimizando as Constituições nacionais, podem derrogar normas internas que contrastem com o direito comunitário.[182] Questões como a utilização da energia nuclear e o combate a grandes epidemias (*v.g.*, AIDS, gripe suína etc.) obrigam a pensar o direito em uma *macroesfera*, exigindo normas intersubjetivamente válidas e de responsabilidade universal.[183] Assim, é paradigmática a experiência europeia na tentativa de criar as condições necessárias para a positivação de uma Constituição a ser respeitada por todos os países integrantes da União Europeia.[184]

Alguns reflexos da globalização também são sentidos em países como o Brasil, apesar da inexistência de um direito comunitário efetivo. A arbitragem, por exemplo, há algum tempo permite que decisões tomadas por árbitros, em âmbito internacional, imponham-se sobre as decisões de juízes nacionais, fragmentando o direito nacional, como forma de responder às exigências da globalização dos mercados, uma vez que os custos, a morosidade e o surgimento de litígios altamente complexos tornaram a via judicial menos atrativa.[185] Além disso, o processo de decisões políticas foi transferido para organizações fora do Estado, por organismos inter-

[182] "A globalização internacional dos problemas ('direitos humanos', 'proteção de recursos', 'ambiente') aí está a demonstrar que, se a 'constituição jurídica do centro estadual', territorialmente delimitado, continua a ser uma carta de identidade política e cultural de uma mediação normativa necessária de estruturas básicas de justiça de um Estado-Nação, cada vez mais ela se deve articular com outros direitos, mais ou menos vinculantes e preceptivos (*hard law*), ou mais ou menos flexíveis (*soft law*), progressivamente forjados por novas 'unidades políticas' ('cidade mundo', 'Europa comunitária', 'casa europeia', 'unidade africana')" (José Joaquim Gomes Canotilho. *Direito Constitucional*. p. 18).

[183] Cf. François Ost, Júpiter, Hércules, Hermes. Op. cit., p. 193.

[184] Cf. Eduardo Cambi. Constituição Europeia: notas introdutórias, p. 225-244.

[185] Esclareça-se que os poderes de decisão são distintos na adjudicação, na arbitragem, na conciliação e na mediação. Nesta, a terceira parte não decide, nem sequer propõe uma decisão, limitando-se a aproximar, progressivamente, as posições das partes em litígio, até reduzir a contradição ou a diferença entre elas. O mediador deve ajudar as partes a compreender as questões e os interesses em conflito, de modo que elas possam, pelo reestabelecimento da comunicação, identificar, por si próprios, soluções consensuais que gerem benefícios mútuos (art. 165, § 3º, NCPC). Na conciliação, uma terceira pessoa imparcial procura apontar para as pessoas em conflito os benefícios de se chegar a um acordo que seja favorável (ou menos prejudicial) para ambas as partes. Na arbitragem, a terceira parte é escolhida pelas partes para proferir uma decisão vinculativa sobre as suas pretensões. Por último, na adjudicação, a decisão não deriva de terceiro escolhido pelas partes, mas da ordem jurídica a que estão sujeitas. Cf. Boaventura de Souza Santos, Maria Manuel Leitão Marques e João Pedroso. Os tribunais nas sociedades contemporâneas. p. 17.

nacionais que controlam o endividamento dos Estados (*v.g.*, a concessão de empréstimos pode depender da aprovação do Banco Mundial ou do Fundo Monetário Internacional), o que também diminuiu a autonomia política dos Estados para resolver os problemas internos, bem como provocou a erosão do protagonismo do poder judicial na garantia do controle da legalidade.[186] Há, por isso, comprometimento dos mecanismos tradicionais de gestão pública e de metas políticas governamentais, porque os Estados nacionais ficam sujeitos a políticas externas estrangeiras que acabam por definir metas, investimentos, indicadores, finalidades, quantificadores, resultados, que acabam por reduzir a liberdade de elaboração de políticas públicas.[187]

No plano constitucional, a globalização também é sentida. A EC 45/2004, por exemplo, submeteu o Brasil à jurisdição do Tribunal Penal Internacional (art. 5.º, § 4.º, da CF/1988) e equiparou tratados e convenções internacionais, sobre direitos humanos, às emendas constitucionais, desde que aprovadas em cada Casa do Congresso Nacional por três quintos dos votos dos respectivos membros (art. 5.º, § 3.º, da CF/1988).

Reflexo direto dessas ondas renovatórias resultou é a modificação da antiga posição do STF no sentido de que os tratados teriam mera força de lei ordinária,[188] devendo outros direitos e garantias fundamentais ser

[186] Cf. Boaventura de Souza Santos, Maria Manuel Leitão Marques e João Pedroso. Os tribunais...cit., p. 7.

[187] Cf. Eduardo Carlos Bianca Bittar. Op. cit., p. 345.

[188] Neste sentido, vale ressaltar dois julgados: a) "Paridade normativa entre leis ordinárias brasileiras e Tratados internacionais. Tratados e convenções internacionais – tendo-se presente o sistema jurídico existente no Brasil (*RTJ* 83/809) – guardam estrita relação de paridade normativa com as leis ordinárias editadas pelo Estado brasileiro. A normatividade emergente dos tratados internacionais, dentro do sistema jurídico brasileiro, permite situar esses atos de direito internacional público, no que concerne à hierarquia das fontes, no mesmo plano e no mesmo grau de eficácia em que se posicionam as leis internas do Brasil. A eventual precedência dos atos internacionais sobre as normas infraconstitucionais de direito interno brasileiro somente ocorrerá – presente o contexto de eventual situação de antinomia com o ordenamento doméstico – não em virtude de uma inexistente primazia hierárquica, mas, sempre, em face da aplicação do critério cronológico (*lex posterior derogat priori*) ou, quando cabível, do critério da especialidade. Precedentes. (...)" (Ext 662/PU, Tribunal Pleno, j. 28.11.1996, rel. Min. Celso de Mello, *DJU* 30.05.1997, p. 23.176); b) "(...) A Convenção Americana sobre Direitos Humanos, além de subordinar-se, no plano hierárquico-normativo, à autoridade da Constituição da República, não podendo, por isso mesmo, contrariar o que dispõe o art. 5.º, LXVII, da Carta Política, também não derrogou – por tratar-se de norma infraconstitucional de caráter geral (*lex generalis*) – a legislação doméstica de natureza especial (*lex specialis*), que,

incorporados à Constituição em razão dos tratados internacionais de que a República Federativa do Brasil seja parte (art. 5.º, § 2.º, da CF/1988).

O *status* normativo dos Tratados Internacionais sobre Direitos Humanos vem sendo objeto de discussões no STF. A partir do RE 466.343-SP,[189] o STF considerou inconstitucional a prisão civil do depositário infiel, nos casos de alienação fiduciária em garantia (art. 4.º do Dec.-lei 911/1969),[190] pois, desde a ratificação, pelo Brasil, do Pacto Internacional dos Direitos Civis e Políticos (art. 11)[191] e da Convenção Americana sobre Direitos Humanos – Pacto de San José da Costa Rica (art. 7.º, 7),[192] não haveria mais base legal para a referida prisão civil. A prisão civil do devedor-fiduciante também viola o *postulado* da proporcionalidade,[193] porque o ordenamento jurídico prevê outros meios processuais-executórios, colocados à disposição do credor-fiduciário, para a garantia do crédito, além do que seria uma ficção jurídica equiparar o devedor-fiduciante ao depositário, ofendendo o princípio da reserva legal proporcional.[194]

Entretanto, não há consenso sobre o *status* normativo dos Tratados Internacionais sobre Direitos Humanos. Dois posicionamentos devem ser ressaltados.[195]

no plano interno, disciplina a prisão civil do depositário infiel" (RHC 80.035-SC, 2.ª T., j. 21.11.2000, rel. Min. Celso de Mello, *DJU* 17.08.2001, p. 53). Verificar, ainda: STF, HC 96772, Relator(a): Min. Celso de Mello, Segunda Turma, julgado em 09/06/2009, DJe-157 Divulg 20-08-2009 Public 21-08-2009 Ement Vol-02370-04 PP-00811 RTJ Vol-00218-01 PP-00327 RT v. 98, n. 889, 2009, p. 173-183).

189 Rel. Min. Cezar Peluso – início do julgamento em 22.11.2006.

190 "Art. 4.º Se o bem alienado fiduciariamente não for encontrado ou não se achar na posse do devedor, o credor poderá requerer a conversão do pedido de busca e apreensão, nos mesmos autos, em ação de depósito, na forma prevista no Capítulo II, do Título I, do Livro IV, do Código de Processo Civil."

191 "Ninguém poderá ser preso apenas por não poder cumprir com uma obrigação contratual".

192 "Art. 7.º – Direito à liberdade pessoal. (...) 7. Ninguém deve ser detido por dívidas. Este princípio não limita os mandados de autoridade judiciária competente expedidos em virtude de inadimplemento de obrigação alimentar".

193 As razões pelas quais prefere valer-se do conceito "postulado" em vez de "princípio" da proporcionalidade estão explicadas no item 3.3.7, abaixo.

194 Cf. *Informativo STF*, vol. 449, de 20 a 24.11.2006.

195 Cf. Luiz Flávio Gomes. Valor constitucional dos tratados de direitos humanos; Luiz Flávio Gomes. Conflito entre a Constituição Brasileira e os tratados de direitos humanos; Luiz Flávio Gomes. Prisão civil do depositário infiel: impossibilidade; Luiz Flávio Gomes. Depositário infiel. TST confirma prisão extinta no século V antes de Cristo; Kiyoshi Harada. Tratados que versam sobre direitos humanos.

Para o Min. Gilmar Mendes, os Tratados Internacionais sobre Direitos Humanos, subscritos pelo Brasil, constituem *direito supralegal*, inferiores à Constituição, mas superiores às leis ordinárias, o que torna inaplicável a legislação infraconstitucional com eles conflitante, seja ela anterior ou posterior ao ato de ratificação. Nas palavras de Gilmar Mendes: "Entendo que, desde que a ratificação pelo Brasil, sem qualquer reserva, do Pacto Internacional dos Direitos Civis e Políticos (art. 11) e da Convenção Americana sobre Direitos Humanos – Pacto de São José da Costa Rica (art. 7.º, 7), ambos no ano de 1992, não há mais base legal para prisão do depositário infiel, pois o caráter especial desses diplomas internacionais sobre direitos humanos lhes reserva lugar específico no ordenamento jurídico, estando abaixo da Constituição, porém acima da legislação interna. O status normativo supralegal dos tratados internacionais de direitos humanos subscritos pelo Brasil, dessa forma, torna inaplicável a legislação infraconstitucional com ele conflitante, seja ela anterior ou posterior ao ato de ratificação. Assim ocorreu com o art. 1.287 do CC/1916 e com o Dec.-lei 911/1969, assim como em relação ao art. 652 do CC/2002 (Lei 10.406/2002). A prisão civil do devedor-fiduciante no âmbito do contrato de alienação fiduciária em garantia viola o princípio da proporcionalidade, visto que: a) o ordenamento jurídico prevê outros meios processuais-executórios postos à disposição do credor-fiduciário para a garantia do crédito, de forma que a prisão civil, como medida extrema de coerção do devedor inadimplente, não passa no exame da proporcionalidade como proibição de excesso (*Übermassverbot*), em sua tríplice configuração: adequação (*Geeingnetheit*), necessidade (*Erfoderlichkeit*) e proporcionalidade em sentido estrito; e b) o Dec.-lei 911/1969, ao instituir uma ficção jurídica, equiparando o devedor-fiduciante ao depositário, para todos os efeitos previstos nas leis civis e penais, criou uma figura atípica de depósito, transbordando os limites do conteúdo semântico da expressão 'depositário infiel' insculpida no art. 5.º, LXVII, da CF/1988 e, dessa forma, desfigurando o instituto do depósito em sua configuração constitucional, o que perfaz a violação do princípio da reserva legal proporcional (*Vorbehalt des verhältnismässigen Gesetzes*). Lembro, mais uma vez, que o Dec.-lei 911/1969 foi editado sob a égide do regime ditatorial instituído pelo Ato Institucional 5, de 1968. Assinaram o decreto as três autoridades militares que estavam no comando do país na época. Certamente – e nesse ponto não tenho qualquer dúvida –, tal ato normativo não passaria sob o crivo do Congresso Nacional no contexto atual do Estado constitucional, em que são assegurados direitos e garantias fundamentais a todos os cidadãos. Deixo acentuado, também, que a evolução jurisprudencial sempre foi uma marca de qualquer jurisdição de perfil constitucional. A afirmação da mutação constitucional não implica o reconhecimento por parte desta Corte, de erro ou equívoco interpretativo do texto constitucional em julgados pretéritos. Ela reconhece e reafirma, ao contrário, a necessidade da contínua e paulatina adaptação dos sentidos possíveis da letra da Constituição aos câmbios observados numa sociedade que, como a atual, está marcada pela complexidade e pelo pluralismo. A prisão civil do depositário infiel não mais se compatibiliza com os valores supremos assegurados pelo Estado Constitucional, que não está mais voltado apenas para si mesmo, mas compartilha com as demais entidades soberanas, em contextos internacionais e supranacionais, o dever de efetiva proteção dos direitos humanos".[196]

O Min. Celso de Mello, por sua vez, divergiu, por entender que os Tratados Internacionais sobre Direitos Humanos têm hierarquia constitucional, destacando a existência de três situações distintas: a) os tratados celebrados pelo Brasil (ou aos quais ele aderiu), e regularmente incorporados à ordem interna, em momento anterior ao da promulgação da Constituição Federal de 1988, possuem índole constitucional, porque foram formalmente recebidos nessa condição pelo art. 5.º, § 2.º, da CF/1988; b) os que vierem a ser

[196] O acórdão ficou assim Ementado: "*Habeas corpus*. 1. No caso concreto foi ajuizada ação de execução sob o n. 612/2000 perante a 3.ª Vara Cível de Santa Bárbara D'Oeste/SP em face do paciente. A credora requereu a entrega total dos bens sob pena de prisão. 2. A defesa alega a existência de constrangimento ilegal em face da iminência de expedição de mandado de prisão em desfavor do paciente. Ademais, a inicial sustenta a ilegitimidade constitucional da prisão civil por dívida. 3. Reiterados alguns dos argumentos expendidos em meu voto, proferido em sessão do Plenário de 22.11.2006, no RE 466.343/SP: a legitimidade da prisão civil do depositário infiel, ressalvada a hipótese excepcional do devedor de alimentos, está em plena discussão no Plenário deste STF. No julgamento do RE 466.343/SP, rel. Min. Cezar Peluso, que se iniciou na sessão de 22.11.2006, esta Corte, por maioria que já conta com sete votos, acenou para a possibilidade do reconhecimento da inconstitucionalidade da prisão civil do alienante fiduciário e do depositário infiel. 4. Superação da Súmula 691/STF em face da configuração de patente constrangimento ilegal, com deferimento do pedido de medida liminar, em ordem a assegurar, ao paciente, o direito de permanecer em liberdade até a apreciação do Mérito do HC 68.584/SP pelo STJ. 5. Considerada a plausibilidade da orientação que está a se firmar perante o Plenário deste STF – a qual já conta com 7 votos –, ordem deferida para que sejam mantidos os efeitos da medida liminar" (HC 90.172-SP, 2.ª T., j. 05.06.2007, rel. Min. Gilmar Mendes, *DJe* 82, 16.08.2007).

celebrados por nosso país (ou aos quais ele venha a aderir), em data posterior à da promulgação da EC 45/2004, para terem natureza constitucional, deverão observar o *iter* procedimental do art. 5.º, § 3.º, da CF/1988; c) por fim, os celebrados pelo Brasil (ou aos quais nosso país aderiu) entre a promulgação da Constituição de 1988 e a superveniência da EC 45/2004 assumiriam caráter *materialmente* constitucional, porque essa hierarquia jurídica teria sido transmitida por efeito de sua inclusão no bloco de constitucionalidade.[197] Porém, o Min. Celso de Mello reconheceu a supremacia da Constituição Federal sobre todos os tratados internacionais celebrados pelo Estado brasileiro, inclusive os que versam o tema dos direitos humanos, desde que, neste último caso, as convenções internacionais que o Brasil tenha celebrado (ou a que tenha aderido) impliquem supressão, modificação gravosa ou restrição a prerrogativas essenciais ou a liberdades fundamentais reconhecidas e asseguradas pela própria Constituição.

Ademais, a emergência de ordens jurídicas internacionais, transnacionais e supranacionais relativiza o princípio da soberania estatal.[198] Temas como os direitos humanos, o meio ambiente, o comércio e a política de segurança mundial fazem com que a Constituição estatal seja colocada em segundo plano. No plano global, o surgimento e o desenvolvimento de ordens jurídicas independentes, mas que também vinculam o Estado (*v.g.*, as regulações do comércio internacional no âmbito da Organização Mundial do Comércio), apontam como um constitucionalismo internacional ou supranacional.

Como um mesmo problema de direitos fundamentais pode apresentar-se perante uma ordem estatal, local, internacional, supranacional e transnacional, é indispensável o aprendizado recíproco entre as ordens jurídicas ou um *diálogo/conversação transconstitucional*. Por exemplo, a colisão entre os direitos fundamentais à identidade cultural e a liberdade sexual/proteção da criança e do adolescente.[199] No Peru, a jurisprudência tem aplicado o art. 15 do Código Penal("Quem , por sua cultura ou costume, comete um fato punível, sem poder compreender o caráter delituoso do seu ato ou determinar-se de acordo com essa compreensão, será eximido de responsabilidade. Quando, por igual razão, dita possibilidade se encontra diminuída, a pena será atenuada"), bem como o art. 2º, inc. 19, da Cons-

[197] Cf. *Informativo STF*, n. 498, de 10 a 14.03.2008.

[198] Cf. Marcelo Neves. *Transconstitucionalismo*. p. 83.

[199] Idem. p. 219-220.

tituição Peruana, que estabelece o direito de toda a pessoa à identidade étnica e cultural, para admitir o *erro de compreensão culturalmente condicionado* aos adultos que, nas comunidades indígenas, mantém relações sexuais com menores de 14 (quatorze) anos. Uma solução absoluta, especialmente quando se trata de violação sexual (estupro de vulnerável) de menor de 14 (quatorze) anos que não é membro da comunidade indígena, para qualquer um dos lados (direito fundamental à identidade cultural e a liberdade sexual) era conflitos graves entre a comunidade nativa e as pessoas (não-nativas) que vivem em sua proximidade.

2.3 Constitucionalismo mundial e multiculturalismo emancipatório

Os direitos humanos são *supranacionais*, devendo ser reconhecidos independentemente da nacionalidade ou dos direitos que compõem a cidadania.

A partir de Convenções internacionais de direitos humanos, incorporadas às Constituições nacionais, ou, simplesmente, pela adesão dos Estados a tais Convenções, criou-se limites externos (ou de sujeição) aos poderes públicos, além de se lançar as bases de uma *democracia internacional* ou de um *constitucionalismo mundial*, ainda bem longe de serem alcançados, mas que possuem as bases normativas pré-configuradas.[200]

A instituição da Organização das Nações Unidas, em 1945, a Declaração dos Direitos Humanos, em 1948, e as sucessivas convenções internacionais produzidas marcam a falência da soberania absoluta dos Estados, baseada na paz de Westfália, que deu origem à tragédia das duas guerras mundiais.[201]

As convenções internacionais de direitos humanos fazem com que os direitos fundamentais existam não somente no interior dos Estados, nas Constituições onde são positivados. Tornam-se direitos supranacionais, vinculando e subordinando Estados em nível internacional, a fim de que os direitos das pessoas prevaleçam, independentemente da nacionalidade ou da cidadania.

A construção de uma *cidadania mundial* está fundada nos valores da *solidariedade* e da *harmonização éticas* da humanidade. Caso contrário, a concentração do gênero humano sobre si mesmo, acelerada pela evolução

[200] Cf. Luigi Ferrajoli. Diritti fondamentali...cit., p. 10.
[201] Idem, p. 22.

tecnológica, levaria à *desagregação social*, em que os mais fortes prevaleceriam sobre os mais fracos.[202]

Com efeito, a adesão de um número significativo de Estados aos grandes pactos internacionais de direitos humanos se enquadra no que pode se denominar de *constitucionalismo global*.[203]

Nesse panorama, é indispensável o desenvolvimento de órgãos internacionais capazes de promover o *controle jurisdicional da supranacionalidade* dos direitos humanos. Isso impediria que os Estados violem tais direitos ou, mais amplamente, que o processo de globalização imponha novas formas de opressão, o que faria aumentar o domínio de um pequeno número de nações sobre o resto do mundo.

A globalização, com viés meramente neoliberal, exacerba a hegemonia econômica por parte dos líderes do mercado, aprofundando a lógica liberal, individualista e capitalista imposta ao mundo moderno.[204]

Ainda, a fim de se promover a democracia internacional, deve ser ressaltado o valor da *solidariedade internacional*, com a imposição e a regulamentação de ajudas econômicas e intervenções humanitárias capazes de assegurar os direitos humanos, especialmente às populações mais pobres do planeta.[205] Portanto, elevar a democracia à dimensão de uma *cidadania mundial*, cuidando dos destinos das futuras gerações, é um dos caminhos a serem seguidos pelo direito pós-moderno.[206]

No entanto, a construção de um *constitucionalismo mundial* (*universalismo*) vai além da existência de instituições internacionais adequadas, pois depende de uma *sociedade civil global*, que esbarra nas profundas diferenças culturais (*multiculturalismo*) entre os povos (diferentes tradições, línguas, religiões, condições e estruturas jurídicas, econômicas e sociais), agravadas em um contexto econômico transnacional.[207]

Por exemplo, como é possível estruturar o constitucionalismo mundial, em países islâmicos que adotam a prática monstruosa da *excisão*, pela qual

[202] Cf. Fábio Konder Comparato. *Afirmação histórica* ...cit., p. 39.

[203] Cf. José Joaquim Gomes Canotilho. O tom e o dom na teoria jurídico-constitucional dos direitos fundamentais. p. 134.

[204] Cf. Eduardo Carlos Bianca Bittar. Op. cit., p. 334.

[205] Cf. Luigi Ferrajoli. Diritti fondamentali...cit., p. 32.

[206] Cf. François Ost, Júpter, Hércules, Hermes. Op. cit., p. 193.

[207] Cf. Boaventura de Souza Santos. *Reconhecer para libertar: os caminhos do cosmopolitismo multicultural*. p. 26.

se deve extirpar o clitóris da mulher (*clitoridectomia*)? Trata-se de um *ritual de passagem*, praticado na África, no Oriente Médio e no sudeste asiático há 2.000 anos.[208] A operação, que consiste na retirada desde uma parte do clitóris até os pequenos lábios da vagina, é realizada nas meninas entre uma semana e quatorze anos. Acredita-se que ajuda a manter a virgindade das solteiras, além de ser elemento que reforça a identidade do grupo. A Organização Mundial de Saúde calcula que entre 80 a 114 milhões de mulheres foram vítimas da *clitoridectomia*. As cirurgias, além das dores e do sangramento, são realizadas em condições precárias de higiene, com tesouras, facas e navalhas, sendo responsáveis por inúmeras infecções, esterilidade e até mortes. Também está provado que esse ritual macabro não traz nenhum benefício para o organismo feminino. Não obstante seja uma prática cruel e altamente condenável para o Ocidente, tendo sido criadas pelos colonizadores cristãos leis, como no Quênia, proibindo o ritual, a legislação continua sendo desobedecida, prevalecendo os costumes das tribos. Apesar dos tratados de direitos humanos e dos riscos nocivos à saúde das mulheres, a prática continua sendo observada, em razão do baixo nível de educação, da pressão social e, mesmo, do temor de não se conseguir um marido.

Ainda como ilustração, vale mencionar as diferenças culturais na França, país que abriga a maior população muçulmana da Europa (cerca de cinco milhões de habitantes, isto é, cerca de 7,5% dos habitantes do país é identificada como muçulmana, provenientes da Argélia, Marrocos, Tunísia e outras ex-colônias francesas de língua árabe do Norte de África, além de outras antigas colônias de França na África negra e da Turquia). Em 10.09.2004, o governo francês propôs a Lei da Laicidade, para reforçar o caráter laico da sua educação pública e para conter o radicalismo islâmico nas salas de aula, proibindo o uso de símbolos religiosos ostensivos (como véus islâmicos, quipás, solidéus judaicos e grandes crucifixos) nas escolas, hospitais e edifícios da administração pública. A Assembleia Nacional de França aprovou a lei, com ampla maioria, com 494 votos a favor e apenas 36 contra, e mais 31 abstenções.

Com base nesta lei, duas estudantes, de 12 e 13 anos, que se recusavam a retirar seus véus, foram expulsas de uma escola pública francesa, em outubro de 2004, além de outras tantas mulheres serem rejeitadas em vagas de

[208] Cf. [http://super.abril.com.br/superarquivo/1997/conteudo_116133.shtml]. Acesso em 26.05.2009.

emprego. A proibição é reflexo do fracasso de integrar os imigrantes muçulmanos ao resto da população, não se conseguindo dar-lhes uma identidade cultural puramente francesa. A Lei da Laicidade abriu intenso debate sobre a liberdade de as mulheres usarem o que quisessem, a defesa da liberdade de expressão e opinião, além da liberdade de religião. Por outro lado, os defensores da lei, dentre os quais o então presidente francês Jacques Chirac, afirmam que ela representa o fim do Estado Religioso e evolução no direito das mulheres. O uso obrigatório do véu seria um *símbolo medieval* de submissão religiosa e de escravização das mulheres. A Lei da Laicidade serviria para garantir a unidade da França e assegurar a harmonia social.

A referida lei, contudo, deve ser interpretada além do pretendido *relativismo cultural*, em um contexto político mais amplo de restrição dos direitos humanos, em que países imperialistas, como a França, após os atentados terroristas de 11.09.2001, no World Trade Center, negam direitos aos imigrantes, principalmente de origem muçulmana. As minorias religiosas e étnicas representam um obstáculo à unidade da nação francesa e isto contraria os interesses nacionais. A divisão do mundo entre países opressores e oprimidos é um dos argumentos "antiglobalização" que permeiam as discussões sobre a imposição de leis que visam suprimir identidades culturais. Isto pela óbvia razão de que a imposição se dá em relação à "cultura dominada", advinda de países economicamente menos desenvolvidos, cujos povos imigram para os países mais ricos e, com isto, representam obstáculo à unidade nacional, suprimindo, indevidamente, outras identidades culturais e a própria liberdade religiosa.

Logo, por detrás do laicismo, há o interesse ideológico de reprimir as camadas mais baixas da população. Afinal, seria impensável a aprovação, na França ou em qualquer outro país do mundo, de leis que, baseadas no laicismo, proibissem Madonna de cantar com enormes crucifixos ou, ainda, leis que, demonstrando os efeitos nocivos à saúde dos sanduíches McDonald's ou do refrigerante Coca-Cola, banissem a sua comercialização, pois afetariam símbolos da cultura norte-americana, economicamente dominante. O discurso do "comunitarismo" e do "multiculturalismo" não pode ser um *rolo compressor* das diferenças culturais, impondo globalmente a cultura, ideologicamente, dominante.

Basta ver que a religião católica, dominante, não encontra os mesmos obstáculos para se propagar livremente pela Europa, sendo inclusive incentivada pelos Tribunais. Assim, o Tribunal Constitucional português, no TSC

1993021793174P, julgado em 17.02.1993 (*DJ* 01.06.1993), considerou constitucional a inclusão da disciplina de Religião e Moral Católicas, nas Escolas Públicas. Vale destacar os seguintes pontos da decisão: "(...) VIII – Da garantia constitucional da liberdade de religião decorre que o Estado deve assumir-se, em matéria religiosa, como um Estado neutral (princípio da separação entre as igrejas e o Estado – art. 41, n. 4, da Constituição). Aquele não pode arvorar-se em Estado doutrinal, nem se atribuir o direito de programar a educação e a cultura de acordo com directrizes religiosas (art. 43, n. 2, da Lei Fundamental) ou de organizar e manter um ensino público confessional (principio da não confessionalidade do ensino público – art. 43, n. 3, da Constituição). Com efeito, qualquer forma de dirigismo cultural fere o bem comum e mina os alicerces do Estado de direito. O Estado não pode, pois, impor aos cidadãos quaisquer formas de concepção do homem, do mundo e da vida. IX – O facto de o Estado dever observar quanto às igrejas uma regra de separação e, quanto ao ensino público, uma postura de aconfessionalidade não significa que ele não possa – e deva – colaborar com as igrejas na ministração de ensino religioso nas escolas públicas. A circunstância de o Estado ser um Estado não confessional (principio da laicidade) não implica que este, sob pena de vestir a roupagem de um Estado doutrinal, haja de ser um Estado agnóstico ou de professar o ateísmo ou o laicismo. X – A liberdade religiosa, enquanto dimensão da liberdade de consciência (art. 41, n. 1, da Constituição), assume também, um valor positivo, requerendo do Estado não uma pura atitude omissiva, uma abstenção, um *non facere*, mas um *facere*, traduzido num dever de assegurar ou propiciar o exercício da religião. XI – Do Direito Constitucionalmente reconhecido aos pais de educarem os seus filhos (art. 36, 4 e 5) e do direito que têm os pais de contar com a cooperação do Estado (art. 67, n. 2, alínea *c*, da Constituição da República Portuguesa), resulta que, embora o ensino público deva ser não confessional, ao Estado 'incumbe o dever' não apenas de deixar as igrejas ministrarem o ensino da religião nas escolas públicas, mas também de propiciar às diversas confissões religiosas o ensino das respectivas religiões, nas escolas públicas, aos alunos que expressamente manifestem a vontade de o receber. XII – A não confessionalidade do ensino público proíbe que o ensino público seja ministrado em obediência a uma determinada orientação religiosa (esse ensino não poderá, também, de resto, ser ministrado de acordo com directrizes filosóficas, que façam do ateísmo, do agnosticismo ou do laicisismo profissão de fé (art. 43, n. 2, da Constituição). E proíbe, bem assim, que as escolas públicas possam funcionar como agentes do ensino religioso, que este seja uma tarefa da própria escola, ou seja, do Estado. O ensino religioso na escola pública não pode ser uma tarefa pública, uma tarefa do Estado, da própria escola, há-de ser, antes, da exclusiva responsabilidade da Igreja. XIII – Os princípios constitucionais da separação entre as igrejas e o Estado e da não confessionalidade do ensino público não podem ser entendidos de forma tão rígida que obstaculizem a colaboração do Estado com as igrejas e outras comunidades religiosas. A colaboração do Estado com as igrejas constitui mesmo uma obrigação do Estado, a qual tem o seu fundamento na liberdade religiosa, na sua dimensão positiva, e no dever do Estado de cooperação com os pais na educação dos filhos e o seu limite nos princípios da laicidade do Estado e da confessionalidade do ensino público. XIV – No desempenho da sua incumbência de proporcionar às diversas confissões o ensino das respectivas religiões, nas escolas públicas, aos alunos que expressamente manifestarem a vontade de o receber, está o Estado vinculado à observância do princípio constitucional da igualdade, não podendo estabelecer desigualdades de tratamento arbitrárias, materialmente infundadas, sem qualquer fundamento razoável ou sem qualquer justificação objectiva e racional. XV – A norma do n. 1 da Portaria 333/1986 não infringe os princípios constitucionais da separação entre as igrejas e o Estado e da não confessionalidade do ensino público, porque a acentuação predominante e verdadeiramente caracterizadora do ensino nela previsto aponta para a sua natureza não confessional, isto é, trata-se de um ensino ministrado na escola por uma confissão religiosa, e não de um ensino na escola e da escola. Ou seja, não institui um ensino religioso que possa haver-se como tarefa pública, como tarefa do Estado, como função da própria escola. Institui, sim, um ensino religioso ministrado pela Igreja e da sua exclusiva responsabilidade. A esta razão, de cariz negativo, pode acrescentar-se um certo fundamento de índole positiva e que respeita ao facto de o Estado não poder fechar os olhos à dimensão social do fenômeno religioso. XVI – Neste contexto, incumbe ao Estado o dever de proporcionar à Igreja Católica o ensino da disciplina de Religião e Moral Católicas, nas escolas primárias, aos alunos cujos pais, ou quem as suas vezes fizer, manifestarem expressamente a vontade de o receber. Esse dever tem o seu fundamento constitucional, desde logo, no princípio da liberdade religiosa, na sua vertente positiva. Mas é sobretudo na obrigação que sobre o Estado recai de cooperar com os pais na educação dos filhos (art.

67, n. 2, alínea *c*, da Constituição) que aquele dever do Estado e o correlativo direito dos pais – encontra a sua base de legitimação constitucional (...)".[209]

Igualmente, na Espanha, o Tribunal Constitucional, no STC 177/1996, decidiu, apesar do princípio da laicidade do Estado, não se impede as Forças Armadas de celebrar festividades religiosas ou de participarem em cerimônias dessa natureza[210].

Do mesmo modo, no Brasil, devido à sua tradição católica, em 26.08.2009, o Plenário da Câmara dos Deputados aprovou o texto do Projeto de Decreto Legislativo sobre o acordo entre Brasil e Vaticano, que cria o Estatuto Jurídico da Igreja Católica no país. Tal projeto foi, em 07.09.2009, também aprovado pelo Senado Federal, tendo, no contexto da educação religiosa, o art. 11 ressaltado o princípio da liberdade religiosa, da diversidade cultural e da pluralidade confessional no Brasil, exercidas mediante o ensino religioso como elemento da formação integral da pessoa. Também enuncia, no art. 11, § 1.º, que o ensino religioso – não apenas o católico, mas também o de outras confissões religiosas – terá parte nos horários das escolas públicas de ensino fundamental, asseverando, contudo, o "respeito à diversidade cultural religiosa do Brasil, em conformidade com a Constituição e as outras leis vigentes, sem qualquer forma de discriminação."

Enfim, em um Estado Democrático de Direito, baseado no valor da dignidade da pessoa humana, a opinião de cada um e a possibilidade de exprimi-la, de lutar por ela e de viver segundo os seus próprios padrões é tão valiosa quanto a opinião do outro.[211] Cada pessoa possui uma esfera de liberdade e de autonomia individuais que deve ser assegurada pelo Estado de Direito, não podendo ser hostilizada ou comprimida pela maioria pelo fato desse modo de vida ser diferente do expressado majoritariamente. O devido respeito estatal, pelo valor da dignidade humana, dá ao interesse individual *especial força de resistência*, não podendo a decisão democrática da maioria quebrar o direito fundamental dos integrantes da minoria. O Estado Democrático de Direito deve proteger a situação mais ameaçada para garantir ao indivíduo ou à minoria isolada o mesmo direito que todos têm de escolher, livre e autonomamente, os seus planos de vida, de expor e de divulgar as suas posições junto dos demais concidadãos, além

[209] Cf. [http://www.dgsi.pt/atco1.nsf/0/d31f8358ea131e4a8025682d0064495f?OpenDocument]. Acesso em 25.10.2008.

[210] Cf. Luis Prieto Sanchís. *El constitucionalismo de los derechos*. p. 268.

[211] Cf. Jorge Reis Novais. Op. cit., p. 31.

do direito de possuir as mesmas chances e oportunidades de apresentar as suas concepções, opiniões ou projetos, bem como de competir, com igualdade de armas, no *livre mercado das ideias*.[212]

Especificamente a favor da liberdade de expressão religiosa, contra qualquer prática discriminatória, prevê o art. 18 do Pacto Internacional de Direitos Civis e Políticos, de 16.12.1966: "§ 1.º Toda pessoa terá direito à liberdade de pensamento, de consciência e de religião. Esse direito implicará a liberdade de ter ou adotar uma religião ou crença de sua escolha e a *liberdade de professar* sua religião ou crença, individual ou coletivamente, *tanto pública como privadamente*, por meio do culto, da celebração de ritos, de práticas e do ensino. § 2.º Ninguém poderá ser submetido a medidas coercitivas que possam restringir sua liberdade de ter ou de adotar uma religião ou crença de sua escolha. § 3.º *A liberdade de manifestar a própria religião ou crença estará sujeita apenas às limitações previstas em lei e que se façam necessárias para proteger a segurança, a ordem, a saúde ou a moral públicas ou os direitos e as liberdades das demais pessoas.* § 4.º Os Estados-partes no presente Pacto comprometem-se a respeitar a liberdade dos pais – e, quando for o caso, dos tutores legais de assegurar aos filhos a educação religiosa e moral que esteja de acordo com suas próprias convicções". Em 25.11.1981, foi aprovada, pela Assembleia Geral das Nações Unidas, Declaração sobre a Eliminação de Todas as Formas de Intolerância e Discriminação baseadas em Religião ou Crença, e, em 1992, a Declaração Sobre os Direitos das Pessoas Pertencentes a Minorias Nacionais ou Étnicas, Religiosas e Linguísticas.

Em sentido mais amplo, o art. 5.º da Declaração de Viena, de 1993, assevera: "Todos os direitos humanos são universais, indivisíveis, interdependentes e inter-relacionados. A comunidade internacional deve tratar os direitos humanos globalmente de maneira justa e equitativa, em pé de igualdade e com a mesma ênfase. Levando em conta a importância das particularidades nacionais e regionais, bem como os diferentes elementos históricos, culturais e religiosos, é dever dos Estados, independentemente de seus sistemas políticos, econômicos e culturais, promover e proteger todos os direitos humanos e as liberdades fundamentais".

Com efeito, há de se respeitar o princípio da *complementariedade solidária* dos direitos humanos, pelo qual a essência dos seres humanos é uma só, apesar da multiplicidade de diferenças individuais e sociais, biológicas,

[212] Idem, p. 35.

religiosas e culturais, que existem na humanidade; deste modo, todos os seres humanos merecem igual respeito e proteção a todo o tempo e onde estiverem.[213] Desde que as diferenças culturais não comprometam o exercício da liberdade (*v.g.*, a prática do terrorismo), devem ser respeitadas, sendo condenáveis a intolerância e a discriminação baseadas em religião ou crença, bem como a perseguição das minorias nacionais ou étnicas, religiosas e linguísticas.

A questão, todavia, não pode ser simplificada, variando de acordo com os direitos ou os bens jurídicos em colisão. Neste sentido, deve ser lembrado que, no início de 2006, o jornal dinarmarquês *Jyllands-Posten* publicou caricaturas que sugeriam que o profeta islâmico Maomé seria um terrorista. O governo da Dinamarca não censurou a liberdade de imprensa, apesar das caricaturas terem sido ofensivas aos sentimentos religiosos, bem como o Islã proibir qualquer representação física, tanto de Maomé como de Alá. Aos olhos da maioria dos dinamarqueses, as caricaturas não passariam de um episódio cômico, sem qualquer ofensa à liberdade de religião, ao contrário do sentimento religioso predominante na maioria dos países muçulmanos que repudiaram o ato, tendo alguns deles, inclusive, fechado suas embaixadas na Dinamarca.

Tal questão voltou a tona em janeiro de 2015 quando dois atiradores franco-argelinos invadiram o prédio da revista francesa Chalie Hebdo, em Paris, matando 12 pessoas, sendo 8 jornalistas. O periódico divulgava caricaturas ofensivas de Maomé. A revista havia sido processada, por associações islâmicas na França, mas o Judiciário francês isentou a publicação de sanções.

De qualquer modo, não há dúvida que a Declaração Universal dos Direitos Humanos, de 1948, e dos Pactos Internacionais sobre Direitos Civis e Políticos, bem como sobre Direitos Econômicos, Sociais e Culturais, de 1966, além dos diversos tratados internacionais que o sucederam, foram passos significativos para a construção da *era da cidadania mundial*.[214]

Porém, ainda não há instâncias de poder que possam regulamentar, globalmente, a economia, a política, o exército e a biosfera. A Organização das Nações Unidas, na discussão sobre a Guerra do Iraque, mostrou-se uma instituição frágil para conter os ímpetos imperialistas norte-americanos, mos-

[213] Cf. Fábio Konder Comparato. *Afirmação histórica*...cit., p. 68.

[214] Idem, p. 69.

trando necessitar de ajustes, especialmente, na composição e na atuação do Conselho de Segurança. A ONU também tem se revelado incapaz de reproduzir as reais necessidades da comunidade internacional, sendo utilizada como escudo para o protecionismo, para o arbítrio e para práticas ilícitas de Estados que se apresentam, diplomática ou economicamente, superiores à própria ordem normativa internacional.[215] Ainda, a crise nas bolsas de valores, em setembro-outubro de 2008, evidenciou a instabilidade dos controles internacionais da economia. O Protocolo de Kyoto, por sua vez, não se mostrou uma instância global de proteção das biosferas. Não existe um exército ou uma polícia internacional capaz de salvaguardar os direitos humanos. Portanto, o mundo não dispõe de *superestruturas* adequadas para a instituição de uma *sociedade civil mundial*.[216]

Além disso, a pré-condição de qualquer Constituição ou Carta de Direitos Fundamentais é um *mínimo de homogeneidade cultural*, de *coesão pré-política* e de *identidade coletiva*.[217] O *constitucionalismo mundial* impõe a adoção de um *multiculturalismo progressista* capaz de reconhecer as diferenças culturais e de conhecimento,[218] para se estabelecer uma *globalização plural*.

Logo, deve-se lutar contra o *monoculturalismo autoritário* que não reconhece a existência de outras culturas senão a dos povos colonizadores, ignorando ou colocando em um lugar de inferioridade a cultura dos povos colonizados (*v.g.*, o conhecimento indígena e afrodescendente na América Latina e o camponês da África). Este modelo revela a dimensão da dominação, separando o conhecimento entre científico e não científico, desenvolvido e subdesenvolvido, avançado e atrasado etc. Impõe-se, universalmente, o conhecimento hegemônico, desqualificando o outro conhe-

215 Cf. Eduardo Carlos Bianca Bittar. Op. cit., p. 353.

216 "O planeta não dispõe de organização, de direito, de instâncias de poder e de regulamentação econômica, política, policial e da biosfera. A ONU não pode constituir-se em autoridade supranacional, e seu sistema de veto a paralisa. Não existem as instâncias que permitiriam a uma sociedade-mundo controlar sua economia. A conferência de Kyoto não conseguiu instituir uma instância de salvaguarda da biosfera. Uma sociedade-mundo não poderia emergir se não fosse dotada de um exército e uma polícia internacionais. Ainda não existe sociedade civil mundial, e a consciência de que somos cidadãos da Terra-Pátria é dispersa, embrionária. Ou seja, temos as infraestruturas, mas não as superestruturas" (Edgar Morin. Por uma globalização plural).

217 Cf. Luigi Ferrajoli. I fondamenti... cit., p. 316-317.

218 Cf. Boaventura de Souza Santos. Maria Paula G. Menezes e João Arriscado Nunes. Conhecimento e transformação social. p. 15.

cimento, que, por considerá-lo inferior, torna-se disponível para ser usado e apropriado. Os países capitalistas, por intermédio das empresas multinacionais da indústria farmacêutica e da biotecnologia, por exemplo, transformam a *diversidade em mercadoria*, apropriando-se dos recursos naturais dos povos "inferiores", pela *biopirataria* (também denominada de *imperialismo ecológico* ou *bioimperialismo*), legitimando tal apropriação pelos direitos de propriedade intelectual.

À guisa de ilustração, a indústria farmacêutica multinacional produz mais da metade dos medicamentos a partir de matérias-primas originariamente descobertas nas regiões de floresta tropical. Como a das propriedades anticancerígenas da *Catharanthus reseus*, vulgarmente chamada de "beijo de mulata", planta existente nas Filipinas e na Jamaica, cujo composto foi patenteado, já rendeu lucros milionários às empresas farmacêuticas, apesar dos habitantes destes países não disporem de meios para adquirirem tais medicamentos. A proteção da propriedade intelectual exigiu intervenção do Brasil, na Organização Mundial do Comércio, para permitir a venda para países africanos de produtos genéricos, utilizados no combate ao HIV-AIDS. Isto por causa da oposição de empresas farmacêuticas multinacionais que pretendiam vender seus produtos de marca, a preços mais elevados, apesar daqueles países não disporem de recursos nem mesmo para adquirirem os genéricos, a preços inferiores.[219] Ainda, a apropriação, pelas indústrias agroquímicas multinacionais, de variedades de sementes cultivadas, por longa história de cruzamentos e de experimentação no terreno, pelos indígenas, com a produção de novas sementes. Estas passam a ser vendidas, a preços bastante elevados, a camponeses dos países subdesenvolvidos, com enormes margens de lucros, protegidos pelas patentes. Com isso, tais camponeses deixam de ser produtores para se tor-

[219] Os Estados, principalmente os de modernidade tardia, devem intervir no setor de produção de distribuição de medicamentos, para diminuir os efeitos nocivos provocados pelo perverso sistema capitalista. Macroempresas multinacionais controlam a produção e distribuição, em todo o mundo, dos remédios específicos, para o tratamento das principais doenças. Essas empresas, muitas vezes com recursos públicos, centralizam a pesquisa e o desenvolvimento de novos produtos farmacêuticos, monopolizando a sua produção com base em patentes e a sua distribuição, por meio de marcas registradas. No entanto, a pesquisa farmacêutica é orientada para os mercados consumidores dos países desenvolvidos, abandonando as multidões miseráveis nos países subdesenvolvidos. Cf. Fábio Konder Comparato. *Afirmação histórica* ... cit., p. 357-358.

nar consumidores, sem que nada tenha sido pago pelos recursos genéticos fornecidos pelos países pobres e devolvidos como mercadorias.[220]

Nesse contexto, é possível compreender a globalização como um fenômeno hegemônico ou contra-hegemônico.[221] A posição hegemônica é marcada por uma atuação social decorrente de normas culturais dominantes, constituída por relações de poder desiguais – sejam elas econômicas, sociais, sexuais, políticas, culturais e epistemológicas – fundadas em três estruturas principais de poder e de dominação: capitalismo, colonialismo e sexismo. Por outro lado, a posição contra-hegemônica é caracterizada pela atuação social produzida em lutas, movimentos ou iniciativas baseadas na transformação de relações desiguais de poder.

A globalização hegemônica é a nova fase do capitalismo global, centrada na primazia do princípio do mercado, na liberalização do comércio, na privatização da economia, na desregulamentação do capital financeiro, na precariedade das relações de trabalho, na degradação da proteção social, na exploração irresponsável dos recursos naturais, na mercantilização global da vida social e política[222]. É potencializada por instituições poderosas que vão desde os Estados centrais à União Européia, do Banco Mundial ao Fundo Monetário Internacional, das grandes empresas multinacionais à Organização Mundial do Comércio.

Por outro lado, a globalização contra-hegemônica é construída pelos movimentos e organizações sociais, mediante articulações locais, nacionais e globais. Lutam contra a opressão capitalista e colonialista, a desigualdade e a discriminação racial e sexual, a destruição dos modos de vida de populações empobrecidas, a catástrofe ecológica, a expulsão de camponeses e de povos indígenas de seus territórios ancestrais em razão de megaprojetos hidroelétricos, a violência urbana e rural, a imposição de normas culturais ocidentais e a destruição das não-ocidentais, o endividamento das famílias, dos micro e pequenos empresários e dos Estados em desenvolvimento como forma de controle social e político, a criminalização dos protestos sociais[223]. Resulta da atuação de movimentos sociais e ONG's, articuladas no Fórum Social Mundial, na Assembleia Geral dos

[220] Cf. Boaventura de Souza Santos, Maria Paula G. Menezes e João Arriscado Nunes. Conhecimento e transformação... cit., p. 57-60.

[221] Cf. Boaventura de Souza Santos. *Se Deus fosse um ativista em direitos humanos*, p. 29-32.

[222] Idem, ibidem.

[223] Idem, ibidem.

Movimentos Sociais, na Cúpula dos Povos, na Via Campesina, na Marcha Mundial das Mulheres, no Movimento Indígena Mundial.

A construção de um *modelo multicultural emancipatório* requer a *descolonização da ciência*, passando-se da *epistemologia da cegueira* (i.e., do não reconhecimento ou da subalternidade dos saberes não coloniais) para a *epistemologia da visão*, pelo reconhecimento de uma pluralidade de conhecimentos e concepções sobre a dignidade humana e sobre o mundo, incluindo práticas ecológicas de diferentes comunidades (*ecologia de saberes*).[224]

O conceito de *desenvolvimento humano* não pode estar apenas baseado em termos quantitativos, calcados no *sociocentrismo ocidental*, que separa os países em desenvolvidos ou subdesenvolvidos, com fundamento em critérios eminentemente econômicos, como o Produto Interno Bruto.[225] Os critérios meramente quantitativos, como da produção, da produtividade e da receita monetária, ignoram as atividades benéficas gratuitas, isto é, tudo o que não é calculável ou mensurável como as qualidades de existência, de vida e de solidariedade, não medindo o sofrimento, a alegria e o amor.[226] O conceito ocidental de desenvolvimento não leva em consideração que o crescimento tecnoeconômico produz subdesenvolvimento moral e psíquico, contribuindo para a compartimentalização dos saberes, para a hiperespecialização, para o consumismo, o hiperindividualismo e a cultura do lucro a qualquer preço.[227]

Por exemplo, a restrição do direito à livre circulação de trabalhadores em territórios estrangeiros está sujeita a razões de ordem econômica, não na ética da solidariedade. Os imigrantes estrangeiros e suas famílias somente podem permanecer em outro país se estiverem em situação regular. Dessa forma, verifica-se que a globalização econômica foi capaz de promover a livre circulação de mercadorias e de capitais no mundo inteiro, mas, no sistema de produção mundial, os trabalhadores ainda continuam a ter menos proteção jurídica que os bens materiais,[228] mostrando-se insuficientes regras como a contida no art. 12 do Pacto Internacional de Direitos

[224] Cf. Boaventura de Souza Santos, Maria Paula G. Menezes e João Arriscado Nunes. Conhecimento e transformação... cit., p. 62, 69 e 79.

[225] Cf. Edgar Morin. Por uma globalização plural.

[226] Idem.

[227] Idem.

[228] Cf. Fábio Konder Comparato. *Afirmação histórica* ... cit, p. 307.

Civis e Políticos.[229] Os trabalhadores estrangeiros, nos períodos de maior prosperidade econômica, são recrutados para trabalhar, mas, durante as épocas de crise, são discriminados, como se fossem *estoques humanos inaproveitáveis*, sendo as piores vítimas do *desemprego estrutural*.[230]

Com efeito, a noção de desenvolvimento deve levar em consideração *problemas multidimensionais*, orientados pela *política da humanidade* (antropolítica) e pela *política da civilização*, ou seja, a missão urgente de *solidarizar o planeta*.[231]

As normas de direitos humanos devem ser entendidas não apenas como *pactos de não agressão*, limitando e vinculando os Estados, para que sejam tutelados os direitos essenciais de todos e seja possível assegurar a convivência pacífica entre povos diversos e, virtualmente, com interesses conflitantes.

A *globalização plural* exige a organização de fundos e instituições multinacionais capazes de promover ajuda às regiões mais pobres do planeta, combatendo, com programas eficientes de distribuição de comida e de medicamentos, a desnutrição e as doenças infectocontagiosas que assolam grande parte da população mundial, para quem os benefícios tecnológicos do mundo capitalista ocidental não asseguram nem o mínimo indispensável para a sua sobrevivência digna.

Também é devida a proteção de *bens planetários comuns*, indispensável à permanência das pessoas no planeta Terra.[232] É, para tanto, preciso controlar riquezas, como a água e o petróleo, impedindo que sejam apropriadas pelos países mais ricos em detrimento da ampliação das injustiças contra os mais pobres. Os poderes da ciência, da técnica e da indústria devem ser submetidos aos controles éticos e políticos, a fim de que a economia seja globalizada para atender especialmente às necessidades das populações

[229] "Art. 12, § 1.º Toda pessoa que se encontre legalmente no território de um Estado terá direito de nele livremente circular e escolher sua residência. § 2.º Toda pessoa terá o direito de sair livremente de qualquer país, inclusive de seu próprio país. § 3.º Os direitos supracitados não poderão constituir objeto de restrições, a menos que estejam previstas em lei e no intuito de proteger a segurança nacional e a ordem, saúde ou moral públicas, bem como os direitos e liberdades das demais pessoas, e que sejam compatíveis com os outros direitos reconhecidos no presente Pacto. § 4.º Ninguém poderá ser privado arbitrariamente do direito de entrar em seu próprio país".

[230] Cf. Fábio Konder Comparato. *Afirmação histórica*... cit., p. 345.

[231] Cf. Edgar Morin. Por uma globalização plural.

[232] Idem.

mais carentes. Isto, porém, não pode ser alcançado sem que sejam aperfeiçoados os mecanismos de *democracia mundial*.

As instituições internacionais encarregadas de promover o bem-estar no plano global não têm conseguido diminuir, expressivamente, as disparidades extremas de desenvolvimento econômico e social, bem como os níveis de exclusão, atinentes à maioria da população mundial. As Nações Unidas devem funcionar como fórum democrático, do diálogo e do pluralismo, capaz de obter consensos e impor as melhores soluções para os problemas e perigos globais (*v.g.*, fome, doenças, ecologia, ameaças terroristas e nucleares).

A Constituição Mundial somente terá sentido a partir da superação dos obstáculos para a construção de uma sociedade mundial, fundada no *multiculturalismo emancipatório* e na *globalização plural*. Caso contrário, a mera edição de uma Constituição Mundial seria apenas uma *legislação simbólica*, isto é, haveria uma hipertrofia do significado simbólico do texto constitucional, em detrimento da sua normatividade.[233] Na sociedade mundial pós-moderna, a população é dividida entre *sobrecidadãos* e *subcidadãos*, tendo a Constituição significado diferente para cada uma destas categorias: os primeiros usam, desusam ou abusam da Constituição, conforme as relações concretas de poder; os últimos não têm assegurados os direitos e garantias constitucionais.[234]

Contudo, a tendência da unificação sociedade-mundo encontrará resistências nacionais, étnicas e religiosas, as quais precisam ser transpostas para a preservação do planeta Terra e para o bem da própria humanidade. Afinal, a ausência de esforços no sentido de promover a globalização plural, com a radicalização do modelo neoliberal de globalização econômica, implicará a maior segmentação da sociedade mundial, intensificando-se os níveis de exclusão/inclusão no plano global.[235] O expansionismo imperialista do modelo de desenvolvimento econômico capitalista tem impacto destrutivo sobre a sociedade mundial, reduzindo a efetividade dos diplomas que proclamam direitos humanos e reduzindo as instituições internacionais, voltadas à inclusão e à promoção do bem-estar social, ao desempenho de um papel hipertroficamente político-simbólico.[236]

[233] Cf. Marcelo Neves. Op. cit., p. 198-199.

[234] Idem, p. 198.

[235] Idem, p. 200.

[236] Idem, ibidem.

O ideal de um direito cosmopolita é uma alternativa razoável e autêntica para a transformação da espécie humana em seu conjunto. Mas essa utopia não pode ser compreendida como um *ingênuo otimismo antropológico*, muito embora toda experiência histórica confirme que não se consegue o possível se, por vezes, não se tiver recorrido ao impossível.[237]

Está-se distante da construção dessa sociedade mundial. Todavia, se a opção dos povos for a de uma maior *harmonização mundial*, com respeito integral aos direitos humanos, o primeiro passo deve ser uma *reforma radical da civilização ocidental*,[238] a qual deve ser iniciada por uma *educação* capaz de ressaltar o espírito humano e a solidariedade.

O direito, como expressão cultural, não deve estar alheio às transformações sociais, cabendo refletir os valores e princípios éticos indispensáveis à promoção da civilização mundial.

[237] Cf. Geraldo Pisarello. Globalización, constitucionalismo y derechos. p. 184.
[238] Cf. Edgar Morin. Por uma globalização plural.

3. Neopositivismo

3.1 Introdução

O *neopositivismo* é uma das consequências filosóficas do neoconstitucionalismo.[239] Trata-se de um novo modelo, na medida em que marca a superação dos modelos jusnaturalistas e positivistas.[240]

Vários fatores contribuíram para que, na segunda metade do século XX, a Constituição passasse a ocupar o *marco filosófico* da compreensão do direito. Dentre eles, destacam-se: a) o *declínio da Escola da Exegese* e a *nova hermenêutica jurídica* (filtragem constitucional); b) a *força normativa da Constituição*, que deixa de ser mera carta de intenções políticas, passando a vincular juridicamente os detentores do poder; c) a *natureza contratual do Estado*, que, desde o Iluminismo, não pode ser considerado um fato natural, o que implica a noção de que o Direito é produto da razão e, consequentemente, não emana de Deus (separação entre o Estado da Igreja).

Para entender o neopositivismo, como *novo método de compreensão jurídica*, é indispensável retroceder à análise das características mais marcantes do positivismo jurídico e das razões que exigem a sua superação.

3.2 Características do positivismo jurídico

O positivismo filosófico propugnava:[241] a) ser a *ciência* o *único conhecimento verdadeiro*, depurado de indagações teológicas ou metafísicas; b) que o *conhecimento científico* deveria ser *objetivo*: por isso, *separava o sujeito do objeto* e sustentava o *método descritivo*, a fim de que fossem desconsideradas opiniões, preferências ou preconceitos; c) que o método científico empregado nas *ciências naturais*, baseado na *observação e na experimentação*, deveria ser estendido a todos os campos do conhecimento, inclusive às ciências sociais.

O positivismo jurídico, incorporando o positivismo filosófico, procurou criar uma ciência jurídica com características análogas às *ciências exatas e naturais*.

[239] Cf. Luís Roberto Barroso. Neoconstitucionalismo e constitucionalização do Direito.

[240] Nas palavras de Luis Pietro Sanchís, o melhor qualificativo do*"neoconstitucionalismo es el de una filosofía del Derecho, del mismo tipo que el iusnaturalismo y el positivismo; una filosofia del Derecho tan totalizadora y pluralista como puedan ser estas dos últimas, o incluso más por cuanto combina elementos de ambas procedências"* (*El constitucionalismo de los derechos*.p. 58).

[241] Cf. Luís Roberto Barroso. Fundamentos teóricos e filosóficos do novo Direito Constitucional brasileiro (pós-modernidade, teoria crítica e pós-positivismo.p. 21.

Sete características merecem ser salientadas: a) a *identificação plena do direito com a lei*; b) a completude do ordenamento jurídico (*não admissão de lacunas*); c) o *não reconhecimento dos princípios como normas*; d) a dificuldade para explicar os *conceitos indeterminados*; e) a *identificação entre vigência e validade* da lei; f) o *formalismo jurídico*; g) o não tratamento da questão da *legitimidade* do direito.

3.2.1 Identificação plena do direito com a lei

A simbiose (identificação) plena do direito com a lei foi perseguida por grande parte dos países integrantes da Europa Continental, por intermédio da *codificação*.

O modelo da *codificação* ressalta o *monismo jurídico* (e, consequentemente, a sistematicidade e a autoridade), a *soberania estatal*, a *racionalidade dedutiva* (as soluções particulares são deduzidas de regras gerais, seguindo inferências lineares e hierarquizadas) e, por fim, a crença no *controle do futuro* (a lei anteciparia um estado de coisas possível e considerado preferível, para se chegar a um porvir melhor).[242]

Acreditava-se em um *legislador onisciente* e *onipotente*, capaz de unificar todo o direito, a partir do *racionalismo fundacionista*, radicado na tradição europeia, sedimentada em Códigos – primeiramente, na Áustria e na Prússia e, posteriormente, na França – planejados e estáveis.[243]

Os ideais racionalizadores do Iluminismo encontraram seu ápice no Código Civil de Napoleão, de 1804, que buscava assentar o direito em bases seguras e unitárias.[244] Procurou distanciar-se do *caos normativo* do *Ancien Régime*. Fundada em uma hipotética *razão universal*, consagrou o princípio da igualdade, abolindo privilégios estamentais. Para tanto, exigiu-se a construção de um direito único, válido para todas as pessoas, que deveria ser *geral* e *abstrato*, para garantir a segurança jurídica e moldar-se a economia capitalista em processo de expansão.

A codificação foi o *germe do positivismo jurídico*, baseado no princípio que o Código deveria ser *o mais completo possível*, para que fosse deixada ao

[242] Cf. François Ost, Júpter, Hércules, Hermes. Op. cit., p. 174-175.

[243] Cf. Arnaldo Sampaio de Moraes Godoy. O realismo jurídico norte-americano, a tese de Charles Beard e a experiência constitucional internacional contemporânea.

[244] Cf. Daniel Sarmento. *Direitos fundamentais*...cit., p. 67-68.

intérprete a *menor liberdade possível*.[245] Buscava-se elaborar um direito que fosse *à prova de juízes*. Por isso, os Códigos pretendiam regular, ao máximo, as situações fáticas, a fim de que nada sobrasse para os magistrados interpretarem. O Código Napoleônico continha 2.281 artigos e, pasmem, o Código Prussiano, mais de dezessete mil artigos.

Os revolucionários franceses criaram o Tribunal de Cassação, destinado a cassar toda e qualquer pronúncia judicial que não se limitasse a reproduzir o texto exato da lei. Os artigos 10 e 11, tít. II, do Decreto 16-29 de agosto de 1790 expressamente proibiam o juiz de interpretar a lei. A Lei Revolucionária de agosto de 1790, resultante da Revolução Francesa, chegou a afirmar que *"os tribunais judiciários não tomarão parte, direta ou indiretamente, no exercício do poder legislativo, nem impedirão ou suspenderão a execução das decisões do poder legislativo"* (Título II, art. 10), mas ainda que os tribunais *"reportar-se-ão ao corpo legislativo sempre que assim considerarem necessário, a fim de interpretar ou editar uma nova lei"* (Título II, art. 11).[246] Portanto, proibia-se o juiz de interpretar a lei e, caso tivesse dúvidas na sua exegese, deveria recorrer a uma comissão legislativa existente para tal fim.[247] Aliás, pelo *référé législatif* facultativo, presente no art. 12, Tít. II, do Decreto de agosto de 1790, em caso de dificuldade interpretativa, caberia ao juiz pedir a um corpo legislativo a interpretação da norma, o que acabava por anular o poder de interpretação do Judiciário, transferindo-a ao Poder Legislativo.[248]

Os códigos deveriam atender aos interesses do capitalismo, protegendo a propriedade privada e a autonomia da vontade. Prevalecia o ser sobre o ter, contido no modelo do *individualismo possessivo*, marcado pelo protagonismo do burguês proprietário, do sujeito de direitos e do pai de família.[249]

3.2.2 *A completude do ordenamento jurídico* **(não admissão de lacunas)**

Para o positivismo jurídico, o direito objetivo é completo, sem lacunas, sem antinomias, sem ambiguidades e coerente.

[245] Cf. Carla Faralli. La certezza...cit.,p. 1.

[246] Cf. Luiz Guilherme Marinoni. *O STJ enquanto corte de procedentes*. p. 30-31.

[247] Cf. Luiz Guilherme Marinoni. Aproximação crítica entre as jurisprudências de *civil law* e de *common law* e a necessidade de respeito aos precedentes no Brasil, item 11.

[248] Cf. Luiz Guilherme Marinoni. *O STJ enquanto corte de procedentes*. p. 32-33.

[249] Cf. Daniel Sarmento. *Direitos fundamentais*...cit., p. 68-69; Pietro Barcelona. *El individualismo proprietário*.

A completude do ordenamento jurídico (não admissão de lacunas) decorre da característica anterior, centrada na noção de *segurança jurídica* e na crença na centralidade da produção legislativa como forma de manifestação do direito. Acreditava-se na rígida separação entre as funções estatais, não cabendo aos juízes ir além da mera declaração do texto da lei.

O dogma da completude do ordenamento jurídico, como se analisará adiante (item 3.3.2, *infra*), é insustentável na sociedade moderna, caracterizada por rápidas transformações socioeconômicas e por uma multiplicidade de ideias, informações e opiniões.[250] Em verdade, a soberania do legislador (*princeps legibes solutus*) se revelou como a *laicização* da *suprema potestas* divina,[251] sendo a lei apenas uma das manifestações jurídicas.

3.2.3 Não reconhecimento dos princípios como normas

Na mesma percepção da segurança jurídica, não se admitia os princípios como se fossem normas.

Sua utilização se resumia à *função menor e acessória* de preencher eventual lacuna jurídica, caso esta antes não pudesse ser colmatada pela analogia e pelos costumes.

Tal compreensão está presente, no ordenamento jurídico brasileiro, nos art. 4.º da LICC (atual Lei de Introdução às Normas do Direito Brasileiro) ("Quando a lei for omissa, o juiz decidirá o caso de acordo com a analogia, os costumes e os princípios gerais de direito") e 126 do CPC-1973 ("O juiz não se exime de sentenciar ou despachar alegando lacuna ou obscuridade da lei. No julgamento da lide caber-lhe-á aplicar as normas legais; não as havendo, recorrerá à analogia, aos costumes e aos princípios gerais de direito").[252]

Aliás, a primeira parte do art. 126 do CPC-1973 brasileiro é uma reprodução do art. 4.º do Código Civil Napoleônico, o qual previa que o juiz não poderia se eximir de decidir a pretexto de que a lei era obscura e insuficiente.

Os processos de integração de lacunas, adotados nos dispositivos citados, são *intrassistemáticos* e referidos em *ordem hierárquica*. Caberia ao juiz

[250] Cf. Carla Faralli. La certezza...cit., p. 3.

[251] Cf. François Ost, Júpter, Hércules, Hermes. Op. cit., p. 173.

[252] O art. 126 do CPC-1973 foi reformulado pelo Novo Código de Processo Civil: "Art. 140. O juiz não se exime de decidir sob a alegação de lacuna ou obscuridade do ordenamento jurídico. Parágrafo único. O juiz só decidirá por equidade nos casos previstos em lei".

buscar, em primeiro lugar, a analogia, depois os costumes e, por último, os princípios gerais de direito.

Assim sendo, os princípios não eram reconhecidos como *fonte autônoma do direito.*[253]

3.2.4 *Dificuldade para explicar os conceitos indeterminados*

O positivismo jurídico não consegue resolver satisfatoriamente os casos em que a decisão judicial não pode ser submetida a uma regra jurídica clara e predefinida. Nestes casos, denominados de *difíceis* (ou *hard cases*), a tese positivista prega que o juiz, na ausência de um padrão normativo prévio e determinado, teria o *poder discricionário* para decidir do melhor modo que lhe parecesse.

Deste modo, os conceitos jurídicos indeterminados foram confundidos com *atos discricionários.*

Com isso, o conceito de discricionariedade administrativa foi deturpado e ensejou a consagração equívoca da *discricionariedade judicial.*[254]

Tal confusão contribuiu para o arbítrio do administrador público e do próprio Judiciário (*decisionismo voluntarista*),[255] na medida em que representou a negação da força normativa dos princípios e da capacidade da técnica de ponderação (*balancing*)[256] para resolver os casos difíceis.

3.2.5 *A identificação entre vigência e validade da lei*

A identificação entre vigência (isto é, a existência jurídica da norma) e validade (ou seja, a conformidade com as normas superiores) da lei era resultado da ausência de um *controle adequado da constitucionalidade,* que partia da visão de que a Constituição era uma mera carta de intenções políticas que *não vinculava o legislador ordinário.*

[253] Cf. José de Oliveira Ascensão. *O direito. Introdução e teoria geral. Uma perspectiva luso-brasileira.* p. 251.

[254] Teresa Arruda Alvim Wambier rejeita, veementemente, a noção de discricionariedade judicial quando o magistrado preenche os conceitos vagos previstos na legislação. Cf. *Recurso especial, recurso extraordinário*...cit., p. 181 e 186-193.

[255] Vide item 4.3.6, infra.

[256] Conferir item 5.7.11, infra.

3.2.6 Formalismo jurídico

Pelo formalismo jurídico, a validade da norma decorre do *procedimento anterior* à sua elaboração e *independe do seu conteúdo.*

Está assentado no *método dedutivo* e na crença de que ele é capaz de oferecer soluções *determinadas* para problemas *variáveis.*

Identifica-se com um método de *justificação legal* que permita simplificar os complexos conflitos sociais.

É justificado em um sistema jurídico sem lacunas, consistindo em instrumento voltado a construir políticas e princípios supostamente *impessoais.*[257]

3.2.7 Identificação da legalidade com a legitimidade

Por fim, como consequência ulterior do formalismo jurídico, o positivismo jurídico identificava legalidade com legitimidade, considerando legítima toda lei que, previamente, tivesse observado o procedimento legislativo.

O positivismo jurídico clássico estava assentado no princípio da *legalidade formal* ou da *mera legalidade.*[258] A norma jurídica era considerada válida somente em razão das formas de sua produção, *independentemente de seu conteúdo.* A juridicidade da norma dependia apenas da sua positivação, bastando que fosse elaborada por uma autoridade competente e que seguisse as formas previstas para a sua produção. A separação rígida entre o direito e a moral, ou entre a validade e a justiça, não permitia a submissão da lei a vínculos substanciais, impostos por princípios ou por direitos fundamentais expressos na Constituição.

Cabia aos códigos disciplinar, exaustivamente, todas as condutas humanas juridicamente relevantes e as respectivas sanções, a fim de que o trabalho do intérprete se resumisse a enquadrar o fato concreto na regra jurídica, geral, abstrata e universal.

Prevalecia a superioridade do legislador frente aos juízes. A visão do princípio da separação dos poderes era simplificada pela *onipotência* (soberania) *do legislador* frente ao *servilismo dos juízes.* O raciocínio judicial se limitava à constatação das condições para a imposição da regra jurídica. A

[257] Cf. Arnaldo Sampaio de Moraes Godoy. O realismo jurídico...cit.

[258] Cf. Luigi Ferrajoli. Diritti fondamentali...cit., p. 33-34.

sentença era resultado de mero silogismo judiciário, reduzindo o Direito a um *cálculo matemático.*

3.3 Características do neopositivismo

3.3.1 Introdução

O neopositivismo, como consequência filosófica do neoconstitucionalismo, apresenta-se como uma nova forma de interpretação e de aplicação do direito. Parte das bases do positivismo jurídico, procurando mostrar uma outra forma de compreensão do fenômeno jurídico.

As características do positivismo jurídico, analisadas no item anterior (3.2), procuram ser superadas pelo neopositivismo, ao trazer uma nova compreensão do direito, calcada na Constituição, como se pode perceber a partir da análise de suas características.

3.3.2 Superação do legalismo

A norma jurídica não se confunde com o texto da lei, ao contrário do que propugnava a Escola da Exegese. Em torno do *Code Napoléon*, formou-se a Escola da Exegese, que erigiu este Código como sendo a única fonte do Direito Civil, reduzindo o trabalho exegético à explicação literal dos textos legais (*dura lex sed lex*).[259]

O direito se apoiaria somente na disposição legal, dependendo apenas do auxílio de um *processo puramente lógico*, recorrendo o intérprete à *subsunção* como meio para a obtenção da conclusão silogística. Porém, a norma não pode ser identificada com o seu texto literal, pois, mesmo na interpretação meramente gramatical, é indispensável distinguir os *diferentes sentidos da palavra*, os quais devem ser esclarecidos tanto a partir de dados materiais como pela língua, a exigir a diferenciação e a avaliação normativo-jurídica dos campos associativos que lhe são conexos.[260]

Houve, com efeito, uma tentativa de manipular ideologicamente o Direito, com o fundamento de que a lei seria a tradução da vontade geral e do bem comum. Essa manipulação ideológica partiu da burguesia que, pretendendo a manutenção do *status quo*, visou ocultar o conflito de classes e de interesses, difundindo a ideia de paz e harmonia, ordem e progresso, consenso e felicidade geral. A preocupação com a ideologia está inserida

[259] Cf. Caio Mário da Silva Pereira. Código Napoleão. p. 13.
[260] Cf. Friedrich Müller. *Teoria estruturante do direito*. p. 198.

na própria noção de Direito, uma vez que, etimologicamente, a palavra "Direito" traduz, no senso comum, a ideia daquilo que se dirige para o caminho do bem, como algo essencialmente bom e justo; assim sendo, a imagem ideológica do Direito exclui os privilégios, o direito injusto e as leis titânicas que, quando ocorrem, constituem algo excepcional, que não compromete a essência ética universal da juridicidade.[261]

Tratava-se, também, de uma reação ao *Ancien Régime*, pois a codificação visava prevenir o arbítrio estatal contra possíveis inovações judiciais. O juiz, portanto, deveria ser neutro aos interesses em jogo e aos valores plasmados no Código, sendo considerado simplesmente como sendo *la bouche de la loi* (a boca da lei). A sentença deveria subsumir-se, direta e automaticamente, à lei para que, desta forma, ficasse mais fácil controlar a atividade jurisdicional.

Tal percepção norteou a concepção clássica de jurisdição proposta por Giuseppe Chiovenda, para quem jurisdição é "a função do Estado que tem por escopo a atuação da *vontade concreta da lei por meio de substituição*, pela atividade de órgãos públicos, da atividade de particulares ou de outros órgãos públicos, já no afirmar a existência da vontade concreta da lei, já no torná-la, praticamente efetiva".[262]

O positivismo não pode ser superado por meio da *renúncia* ao Direito Positivo ou à positividade do direito. Porém, a positividade do direito não se confunde com o *legalismo*.[263]

As Constituições modernas, ao ocuparem o lugar dos Códigos, acabam por superar a identificação plena do direito com a lei (*legalismo*), fruto da concepção liberal do direito. O princípio da supremacia da lei não mais prevalece, pois a lei não é mais vista como produto perfeito e acabado, submetendo-se à Constituição e devendo ser conformada pelos princípios constitucionais de justiça e pelos direitos fundamentais.[264]

A norma não se confunde com o texto. Interpretar é determinar o *significado objetivo* de um texto: antes da interpretação, não há norma, apenas um texto.[265] Não há um significado interno ou intrínseco ao texto, que pres-

[261] Cf. Luiz Fernando Coelho. *Uma teoria crítica do Direito. Estudo em homenagem a Luiz Legaz y Lacambra*. p. 18-19.

[262] Cf. Giuseppe Chiovenda. *Instituições de direito processual civil*. p. 11.

[263] Cf. Friedrich Müller. Op. cit. p. 209.

[264] Cf. Luiz Guilherme Marinoni. *Teoria geral do processo*. p. 93.

[265] Cf. Cristina Queiroz. *Interpretação constitucional*... cit., p. 107-108.

cinda da interpretação; por isso, interpretar não é declarar algo já existente (latente e pronto a ser descoberto) no texto, mas resultante da decisão do intérprete que, com o uso da linguagem, constrói *versões de significado.*[266]

A norma resulta do conteúdo de interpretação dos textos e das inúmeras relações que mantêm entre si.[267] Para tanto, basta verificar que:[268] a) há *textos normativos* (dispositivos ou prescrições) *que contêm mais de uma norma* (*v.g.*, o art. 150, I, da CF/1988, ao dispor sobre a legalidade tributária, prevê uma permissão para a regulação de matéria tributária, uma proibição para que outras fontes regulem essa matéria e, ainda, outra proibição de delegação normativa); b) há *textos cujo conteúdo é equívoco, dependendo de mais de um dispositivo para terem significado* (*v.g.*, o art. 41 da Lei 11.340/2006 afirma que, nos casos de violência doméstica, não se aplica a Lei 9.099/1995; logo, o crime de lesões corporais nesses casos – art. 129, § 9.º, do CP –, mesmo que leves ou culposas, não estão sujeitas à representação, tal como exige o art. 88 da Lei 9.099/1995, o que faz com que a ação penal pública seja incondicionada)[269]; c) há *textos dos quais não pode resultar nenhuma norma* (*v.g.*, o preâmbulo da Constituição Federal prevê a expressão "sob a proteção de Deus"); d) há *normas que não resultam de nenhum dispositivo específico, estando implícitos no sistema jurídico* (*v.g.*, os postulados da proporcionalidade e da concordância, os princípios da confiança e da previsibilidade) *ou dependendo de algum mecanismo de integração normativa* (*v.g.*, a analogia); v) há *normas que são constituídas a partir de vários textos* (*v.g.*, o princípio da segurança jurídica resulta de outros que garantem a legalidade, a irretroatividade e a anterioriedade).

O texto, ainda que constitucional, é apenas o *ponto de partida* do processo de interpretação-concretização normativa. Isso significa que o *texto* ou a *letra* da Constituição ou da lei não contém, antecipada e automaticamente, a *decisão do problema* a ser resolvido concretamente.

A obtenção do *conteúdo semântico* do texto é tarefa da hermenêutica jurídica, baseada em três postulados metodológicos que refutam a metodolo-

[266] Cf. Humberto Ávila. *Teoria dos princípios. Da definição à aplicação dos princípios jurídicos*, p. 31-32.

[267] Cf. Humberto Ávila. A distinção entre princípios e regras e a redefinição do dever de proporcionalidade, p. 26.

[268] Idem, p. 26-27; Humberto Ávila. *Teoria dos princípios...* cit., p. 30-31.

[269] Nesse sentido, é a orientação do STF, na ADI 4424-DF, Tribunal Pleno, j. 09.02.2012, rel. Min. Marco Aurélio, *DJe* 148, Divulg. 31.07.2014.

gia dedutivo-positivista: a) a letra da lei ou da Constituição não dispensa a *averiguação* de seu conteúdo semântico; b) a norma *não se identifica* com o texto; c) o *âmbito normativo* da norma está relacionado com elementos de concretização relacionados com o problema dependente de decisão.[270]

A norma, conforme a *metódica estruturante* desenvolvida por Friedrich Müller, é composta do *programa* e do *domínio normativos*.[271] O programa normativo é integrado pelos *dados linguísticos* e o domínio normativo, pelos dados da realidade recortados pela norma.[272] Por isso, o caso concreto não é absolutamente separável do *dever ser* incidente da norma (isto é, de seu programa normativo).[273]

A realidade é considerada pelo texto, no momento em que foi positivado, mas também condiciona a sua interpretação (contexto), quando da sua aplicação. Por isso, a norma é resultado da *dupla articulação* entre o abstrato e o real, não sendo uma *qualidade estática* do texto, mas o resultado de um *processo estrutural e dinâmico* entre o programa e o domínio normativos.[274] Em outras palavras, *normatividade* significa a *propriedade dinâmica* da norma jurídica capaz de exercer influência sobre a realidade a ela relacionada (*normatividade concreta*) e, simultaneamente, ser influenciada e estruturada por essa realidade (*normatividade materialmente determinada*).[275]

A interpretação jurídica possui *caráter bipolar*, posto que a construção da norma adequada depende tanto da análise do ordenamento jurídico quanto do exame das circunstâncias do caso concreto. Assim, a palavra "interpretação" é precedida pela preposição *inter*, que significa atividade intermediadora ou mediadora entre o caso real e a regra ou o princípio

[270] Cf. José Joaquim Gomes Canotilho. *Direito Constitucional e teoria da Constituição*. p. 1.216.

[271] Cf. Friedrich Müller. Op. cit., p. 9 e ss.

[272] Cf. José Joaquim Gomes Canotilho. *Direito Constitucional e teoria*...cit., p. 1.216.

[273] Segundo Friedrich Müller, "os problemas nunca se apresentam sem referência prévia a um 'dever ser' e, com isso, ao mesmo tempo, a um âmbito material coformador desse dever ser. 'Dever-ser' e 'dado real' constituem, sob o ponto de vista da teoria da norma, os dois aspectos principais da normatividade concreta em si, bem como o programa normativo e do âmbito normativo. Somente dentro dessas possibilidades estruturantes, determinadas questões apresentam-se como questões jurídicas; somente dentro de seu poder de validade, o que significa, porém, na ligação fundamental com a norma a ser concretizada, as questões jurídicas podem ser solucionadas" (Op. cit., p. 206-207). Cf., ainda: Rodrigo Meyer Bornholdt. *Métodos para resolução do conflito entre direitos fundamentais*, p. 50.

[274] Cf. José Joaquim Gomes Canotilho. *Direito Constitucional e teoria*... cit., p. 1.216.

[275] Cf. Marcelo Neves, Op. cit., p. 84.

que devem regulá-lo, vinculando a realidade ao direito.[276] O direito, antes de ser uma regra ou instituição, é uma *obra hermenêutica*, um discurso, que se articula entre a letra e o espírito, a ordem e a desordem, a força e a justiça, a regra e o fato.[277]

A *letra* da Constituição ou da lei pode ter uma influência maior ou menor, dependo da força do texto normativo. Quando o imperativo linguístico do texto é *forte* (*v.g.*, prazos, definições e normas de organização e de competência), a sua influência na definição do caso concreto é maior. Em contrapartida, quando o texto da norma contém conceitos vagos ou prevê elementos valorativos (*v.g.*, dignidade humana, boa-fé, erradicação da pobreza, promoção do bem comum, diminuição das desigualdades regionais etc.), menor é sua capacidade de influir na decisão dos casos concretos.

De qualquer modo, o direito nunca está concluído nos textos legislativos. Não é obra exclusiva ou monopólio do autor da regra jurídica, porque o *processo de produção jurídica* não está todo contido na sua elaboração Somente se inicia com os legisladores, mas vai terminar apenas quando devidamente efetivado, o que pode ocorrer por força de decisão administrativa ou judicial.[278]

3.3.3 Constituição, normatividade, valores e sistema jurídico ideal

As Constituições atuais não apenas constituem limites para o legislador, mas também preveem um *programa positivo de valores* que devem ser por eles concretizados.[279]

Diferentemente da concepção incorporada no modelo positivista de direito (arts. 4.º da LICC [atual Lei de Introdução às Normas do Direito Brasileiro] e 126 do CPC-1973) [280], que conferia caráter secundário e sub-

[276] Cf. Gustavo Zagrebelsky. *El derecho*...cit., p. 133.

[277] Cf. François Ost, Júpter, Hércules, Hermes. Op. cit., p. 187.

[278] Cf. Luiz Fernando Coelho. *Direito Constitucional e Filosofia da Constituição*. p. 170.

[279] Cf. Antônio Cavalcanti Maia. As transformações dos sistemas jurídicos contemporâneos: apontamentos acerca do neoconstitucionalismo. p. 2.

[280] Ao perceber o descompasso dessa regra com a Constituição Federal, o Novo Código de Processo Civil (Lei nº 13.105/2015) revogou a parte final do art. 126, *caput*, do CPC-1973 ao editar em seu lugar o art. 140, com a seguinte redação: "O juiz não se exime de decidir sob a alegação de lacuna ou obscuridade do ordenamento jurídico".

sidiário aos princípios jurídicos, a Constituição se firma como uma *ordem objetiva de valores* ou um *sistema aberto de princípios e de regras.*

Os princípios são reconhecidos como pilares axiológicos do sistema jurídico e, consequentemente, possuem força normativa imediata. Não exercem apenas a função secundária de preenchimento das lacunas na lei. São fontes primárias do direito, *subjacentes* às regras, expressando juridicamente os valores e os fins de uma sociedade.

Os valores não se confundem com os princípios ou com as regras.[281] Aqueles possuem caráter somente *axiológico*, enquanto estes têm sentido *deontológico-teleológico*. Os valores não determinam *o que deve ser*, mas *o que é melhor*. Por isso, dependem de apreciação subjetiva (*problema de gosto*), o que não impede a sua aplicação racional. Na colisão entre dois valores, não se questiona o que é devido, apenas o que é melhor.

Já os princípios, por conterem normas imediatamente finalísticas (sendo que apenas, mediatamente, preocupam-se com as condutas), estabelecem fins a serem atingidos pela promoção de bens jurídicos (estados de coisa), que impõem condutas necessárias para a sua preservação ou realização. Logo, possuem caráter *deontológico* (porque estipulam razões para a existência de obrigações, permissões ou proibições) e *teleológico* (porque a obrigações, permissões e proibições decorrem dos efeitos advindos de determinado comportamento que preservam ou promovem determinado bem jurídico). Os princípios não se dissociam dos valores, porque representam o seu aspecto deontológico, posto que, além de demonstrarem que algo é bom e vale a pena ser buscado (caráter axiológico das normas), como fazem os valores jurídicos, também determinam que esse estado de coisas deve ser preservado ou promovido.

Por sua vez, as regras, por serem normas imediatamente descritivas de comportamento (e estabelecendo apenas indiretamente fins), possuem caráter *deôntico* (na medida em que estipulam razões para a existência de obrigações, permissões ou proibições) e *deontológico* (porque tais obrigações, permissões e proibições decorrem de uma norma que estabelece "o que" deve ser feito).

Os direitos fundamentais, entendidos como princípios, compreendem tanto direitos subjetivos quanto expressam uma ordem objetiva de

[281] Cf. Humberto Ávila. A distinção... cit., p. 18; Humberto Ávila, *Teoria dos princípios...* cit., p. 64, 72-73 e 144.

valores. Nesta medida, os princípios são alçados ao centro do sistema jurídico, porque se *irradiam* ou se *expandem* por todo o ordenamento, influenciando a interpretação e a aplicação das normas e permitindo a leitura moral do direito.[282]

Regras e princípios se complementam, já que ambas as espécies normativas envolvem, mediata ou imediatamente, comportamentos e fins. Aquelas se preocupam em descrever condutas para atingir certas finalidades, enquanto estes preveem fins, cuja realização ou preservação depende de determinados comportamentos.

Em razão dessa complementariedade, pode-se afirmar, a título de esquema geral, que a estrutura das regras facilita a realização do valor da *segurança jurídica*, enquanto a dos princípios favorece a *justiça* das decisões.[283] Trata-se de esquema geral que considera a *estrutura das normas*, pois há princípios, como o da legalidade, voltados à realização da segurança, e regras, como a do art. 5.º do Dec.-lei 4.657/1942 (atual Lei de Introdução às Normas do Direito Brasileiro),[284] e do art. 8º do Novo Código de Processo Civil (Lei 13.105/2015),[285] cujo alcance primordial é a realização da justiça.

Quanto mais regras houver no sistema jurídico, mais previsível, estável e seguro ele será, ao passo que, quanto mais princípios existirem, maior será o grau de flexibilidade e a sua capacidade de acomodar situações imprevistas, apesar de fazerem crescer os níveis de insegurança.[286]

A construção de sistema jurídico *ideal* decorre do equilíbrio entre os valores da segurança jurídica e da justiça. Consequentemente, requer a compatibilização entre regras e princípios.

Um ordenamento constituído, exclusivamente, por regras seria inconveniente, pelas seguintes razões:[287] a) conduziria a um sistema jurídico de limitada *racionalidade prática*; b) imporia a identificação entre o direito e a lei (*legalismo*), exigindo disciplina normativa exaustiva e completa do mundo

[282] Cf. Luis Roberto Barroso. Diferentes, mais iguais: o reconhecimento jurídico das relações homoafetivas no Brasil. p. 11.

[283] Cf. Ana Paula de Barcellos. *Ponderação, racionalidade e atividade jurisdicional.* p. 187 e 241.

[284] "Art. 5.º Na aplicação da lei, o juiz atenderá aos fins sociais a que ela se dirige e às exigências do bem comum".

[285] "Art. 8.º Ao aplicar o ordenamento jurídico, o juiz atenderá aos fins sociais e às exigências do bem comum, resguardando e promovendo a dignidade da pessoa humana e observando a proporcionalidade, a razoabilidade, a legalidade, a Publicidade e a eficiência".

[286] Cf. Ana Paula de Barcellos. *Ponderação*...cit., p. 187 e 241.

[287] Cf. José Joaquim Gomes Canotilho. *Direito Constitucional e teoria*...cit, p. 1.088.

e da vida; tal visão tornaria o processo de aplicação do direito automático, sendo mais barato e menos falível substituir os juízes por programas de computador;[288] c) daria mais segurança jurídica porém inviabilizaria os espaços livres para a complementação e o desenvolvimento do sistema jurídico, especialmente o constitucional, caracterizado pela existência de normas abertas. O sistema jurídico não seria capaz de assimilar as modificações de uma sociedade mutante, fechando-se ao universo axiológico e à realidade vivida.

Por outro lado, um sistema baseado, exclusivamente, por princípios também seria inaceitável, porque, em razão da estrutura aberta dos princípios, da sua aplicabilidade dentro das possibilidades fáticas e jurídicas, além das demais dificuldades da resolução das colisões principiológicas, levaria à construção de um ordenamento jurídico incapaz de reduzir as complexidades do próprio sistema e, portanto, extremamente inseguro.[289]

O neoconstitucionalismo reclama uma *nova teoria da norma*, que possibilite a conjugação de regras e de princípios, bem como uma *nova teoria da interpretação jurídica* que não seja nem puramente mecanicista nem, tampouco, absolutamente discricionária, em que os riscos que comportam a exegese da Constituição sejam suportados por um esquema plausível de *argumentação jurídica*.[290]

A Constituição deve ser concebida não como um conjunto fechado e estático de normas jurídicas, mas como um *processo público aberto e evolutivo*. Tal abertura do sistema constitucional, provocada pelos valores e princípios jurídicos, exige um *novo raciocínio jurídico*, de maior justificação, não sendo suficiente argumentar com a autoridade do órgão que emana a regra nem com a observância formal do procedimento legal, sendo imprescindível examinar e valorar os *conteúdos substanciais* que suportam as normas jurídicas.

Portanto, a nova hermenêutica jurídica depende da compreensão tanto das regras quanto dos princípios.

[288] Cf. Gustavo Zagrebelsky, *Il diritto mite. Legge, diritti, giustizia*, p. 149-150.
[289] Cf. José Joaquim Gomes Canotilho. *Direito Constitucional e teoria*... cit., p. 1.088.
[290] Cf. Hernán Alejandro Olano García. Op. cit., p. 36 e 43.

3.3.4 *Diferenças entre regras e princípios*

Na construção de uma *nova interpretação constitucional*, é importante frisar a diferença entre princípios e regras.[291]

As regras se esgotam em si mesmas, não tendo nenhuma força constitutiva fora do que elas mesmas significam.[292] Isto é, proporcionam o critério das ações, dizendo *como* se deve ou não se deve agir, em situações específicas, previstas pelas próprias regras. Em contrapartida, os princípios não dizem, diretamente, como se deve agir, podendo ser aplicados, tão somente, diante de situações concretas. Diferentemente das regras, não possuem *suporte fático*, tendo significado operativo apenas frente a determinado caso concreto, vale dizer, não podem ser concebidos em abstrato e seu alcance somente pode ser entendido em razão dos casos concretos. Por isso, possuem uma *autônoma razão* frente à realidade, que, ao colocar-se diante dos princípios, adquire qualidades jurídicas próprias, diversamente das regras, cuja aplicação condiciona o enquadramento do caso concreto ao suporte fático normativo nelas previsto.[293]

[291] Cf. Robert Alexy. *Teoria de los derechos...* cit., p. 81-138; Robert Alexy, *Concetto e validità del diritto*, p. XXXIII-IV e 73-4; Robert Alexy, Colisão de direitos fundamentais e realização de direitos fundamentais no Estado de Direito Democrático, p. 74-75; Robert Alexy. *Tres escritos...* cit., p. 93-137; Ronald Dworkin. *Levando os direitos...*cit., p. 35-46; José Joaquim Gomes Canotilho. *Direito Constitucional* ...cit., p. 166-167; Eros Roberto Grau, *La doble desestructuración y la interpretación del derecho*, p. 100-104; Manuel Atienza. *As razões do direito. Teorias da argumentação jurídica*. p. 222; Claus-Wilhelm Canaris. *Pensamento sistemático e conceito de sistema na ciência do direito*. p. 88 e 205-206; Karl Engisch. *Introdução ao pensamento jurídico*, p. 318-325; Eduardo Cambi. *Jurisdição no processo civil. Compreensão crítica*, item 8.3.8.

[292] Cf. Gustavo Zagrebelsky. *El derecho...*cit., p. 110-111.

[293] "Los principios – ya se ha dicho – no imponen una acción conforme con el supuesto normativo, como ocurre con las reglas, sino una 'toma de posición', conforme con su *ethos* en todas las no precisadas o predecibles eventualidades concretas de la vida en las que se puede plantear, precisamente, una 'cuestión de principio'. Los principios, por ellos, no agotan en absoluto su eficácia como apoyo de las reglas jurídicas, sino que poseen uma autónoma razón de ser frente a la realidad. La realidad, al ponerse en contato con el principio, se vivifica, por así decirlo, y adquiere valor. En lugar de presentarse como matéria inerte, objeto meramente passivo de la aplicación de reglas, caso concreto a encuadrar em el supuesto de hecho normativo previsto en la regla – como razona el positivismo jurídico –, la realidad iluminada por los princípios aparece revestida de cualidades jurídicas próprias" (Gustavo Zagrebelsky. *El derecho...*cit., p. 118).

As normas possuem uma relação condicional "se-então".[294] Os princípios se estruturam mediante uma relação elástica entre o "se" (antecedente) e o "então" (consequente). Possuem uma postura mais flexível e aberta em face da incorporação de valores. Já as regras se estruturam, em uma relação menos elástica, entre o "se" e o "então", o que implica uma atitude menos aberta para a incorporação de valores.

Os princípios são *mandamentos* (ou comandos) *de otimização*. Jamais podem ser realizados completamente (*v.g.*, não há como promover a integralidade da dignidade da pessoa humana, ou da boa-fé, ou da liberdade, ou da igualdade etc.) e, mais, podem ser concretizados de modos diferentes, dependendo das diferentes ações concretas a serem adotadas.

Em outras palavras, os princípios são constituídos por um conjunto aberto de condutas, tendo um componente representacional altamente complexo. Não preveem, diretamente, a conduta a ser seguida, estabelecendo apenas *fins normativamente relevantes*.[295] Contêm *comandos prima facie*, porque a esfera de aplicabilidade dos princípios é *relativamente indeterminada*.[296]

Um direito, jurídica e estruturalmente, considerado *prima facie* não pode ser considerado como definitivo, posto que seu conteúdo somente se revelará após a ponderação ou o balanceamento, exigidos pela proteção de outros bens com ele coincidentes, momento em que, pelas circunstâncias concretas, atribuir-se-á *pesos* a cada um dos direitos contrapostos.[297]

Por conterem comandos *prima facie*, somente no caso concreto será possível dimensionar as *possibilidades jurídicas* e *fáticas* para a aplicação dos prin-

[294] Cf. Marcelo Neves. *Entre Hidra e Hércules*. p. 41.

[295] Cf. Humberto Ávila. A distinção... cit., p. 17.

[296] Na explicação de Carla Faralli, "o enunciado de um princípio não implica a obrigação de que os destinatários se adequem totalmente a ele, realizando uma atividade específica, mas equivale a estabelecer uma razão que, *prima facie*, suporta qualquer comportamento que contribui com a efetivação daquele princípio. Isso significa que a esfera de aplicabilidade dos princípios é relativamente indeterminada. Além disso, os princípios são suscetíveis de expansão e de compressão: para saber qual o alcance efetivo do princípio é preciso não apenas observar seu teor literal, mas também o conteúdo dos outros princípios concordantes potencialmente aplicáveis, se existentes, bem como as circunstâncias do caso concreto" (*A filosofia*... cit., p. 17).

[297] Conforme José Joaquim Gomes Canotilho, o "conteúdo, *prima facie*, de um direito pode não ser o seu conteúdo definitivo, quando, em virtude de um juízo de ponderação concreto, houver necessidade de o restringir conferindo maior peso a outros bens ou direitos" (Dogmática de direitos fundamentais e direito privado. p. 205).

cípios. Com efeito, os princípios devem ser realizados na *melhor medida possível*, respeitando-se os limites fáticos e jurídicos.

Como o princípio pode abarcar um conjunto potencialmente infinito de condutas, o comando normativo deve ser visto de forma *flexível*, o que permite a *coexistência* de normas, em um mesmo ordenamento jurídico, sem que haja a exclusão ou a eliminação de uma delas, quando surgem conflitos (*postulado da concordância prática*).

Pela ponderação ou balanceamento, busca-se a melhor solução para a colisão entre dois ou mais princípios jurídicos. Porém, não existe, *a priori*, uma relação absoluta de precedência entre os princípios.

As relações entre os princípios somente se estabelecem sob as condições do caso concreto ou de um conjunto determinado de casos, isto é, diante da verificação concreta das possibilidades fáticas e jurídicas. Afinal, se já houvesse uma predefinição *a priori* e absoluta de qual princípio deveria prevalecer, não haveria ponderação, mas mera *sobreposição* (triunfo prévio) de um princípio sobre o outro. Por isso, não há *pretensão de preferência absoluta*, não se podendo afirmar que um princípio há de triunfar sobre o outro, mas que a prevalência de um dos princípios em colisão está circunscrita aos limites – fáticos e jurídicos – do caso concreto.

Conclui-se que *a melhor medida possível* (ou seja, o que vem a ser um comando de *otimização*) depende da *argumentação jurídica* a ser desenvolvida nos casos concretos. Está-se diante de uma *dimensão de peso* (isto é, qual o argumento que, estando em conflito, deve prevalecer)[298] e, por isto, as possibilidades (fáticas e jurídicas) de aplicação do princípio podem ser desenvolvidas a partir das *máximas da proporcionalidade* (adequação, exigibilidade e proporcionalidade em sentido estrito).

[298] "Os princípios têm uma dimensão que as regras não têm – a dimensão do peso ou importância. Quando os princípios se intercruzam (por exemplo, a política de proteção aos compradores de automóveis se opõe aos princípios de liberdade de contrato), aquele que vai resolver o conflito tem de levar em conta a força relativa de cada um. Esta não pode ser, por certo, uma mensuração exata e o julgamento que determina que um princípio ou uma política particular é mais importante que outra frequentemente será objeto de controvérsia. Não obstante, essa dimensão é uma parte integrante do conceito de um princípio, de modo que faz sentido perguntar que peso ele tem ou quão importante ele é" (Ronald Dworkin, *Levando os direitos*...cit., p. 43). Também Robert Alexy ensina que "los princípios no son razones definitivas sino *prima facie*. Pueden ser desplazados por princípios opuestos" (*Teoria de los derechos*... cit., p. 409).

A *ponderação*, com auxílio das máximas da proporcionalidade, destina-se a estabelecer *critérios de correção* da decisão judicial, servindo-se como um procedimento para a sua fundamentação ou justificação. Considerando que os princípios em colisão ostentam o mesmo valor e igual hierarquia jurídica, o *núcleo central* do juízo de ponderação consiste em dar preferência à solução que importe a menor lesão ao princípio restringido, e a mais urgente e vigorosa tutela ao princípio protegido.

Princípios e ponderação são dois lados – um *teórico-normativo* e o outro *metodológico* – do mesmo objeto: quem efetua ponderações se vale de normas com estrutura de princípios.[299] Porém, Humberto Ávila critica a ideia de que somente os princípios possuem dimensão de peso, pois a dimensão axiológica é elemento que integra qualquer norma jurídica. Por exemplo, quando se pensa na interpretação, extensiva ou restritiva, de uma regra jurídica também se pode dar a ela diferentes dimensões de peso.[300] Nesse sentido, pode se dar a interpretação das regras dos arts. 11, § 1.º, e 27 da Lei 9.868/1999, ao afirmar que, na ação direta de inconstitucionalidade, a medida cautelar será concedida com efeito *ex nunc*, salvo se o Tribunal entender que deva conceder-lhe eficácia retroativa, ou a decisão final que terá eficácia *ex tunc*, exceto se o STF, por maioria de dois terços de seus membros, tendo em vista razões de segurança jurídica ou de excepcional interesse social, restringir os efeitos daquela declaração ou decidir que ela só tenha eficácia, a partir de seu trânsito em julgado ou em outro momento que venha a ser fixado.

Diferente dos princípios, que são *mandamentos* (ou comandos) *de otimização*, as regras possuem *mandamentos* ou *comandos definitivos*, na medida em que descrevem comportamentos a serem cumpridos e predeterminam os efeitos desejados, sem se preocuparem com os fins que as condutas descritas procuram realizar.[301] Assim, podem ser definidas como normas que estabelecem com maior exatidão o comportamento devido (maior grau de determinação da ordem e maior especificação dos destinatários), prevendo indiretamente os fins e, por isso, dependem menos intensamente da sua relação com outras normas ou de atos institucionais de interpretação para que seja determinada a conduta devida.[302]

[299] Cf. Ana Paula de Barcellos. *Ponderação*...cit., p. 25, nota 39.

[300] Cf. *Teoria dos princípios*... cit., p. 59.

[301] Cf. Ana Paula de Barcellos. *Ponderação*...cit., p. 169 e 180-181.

[302] Cf. Humberto Ávila. A distinção... cit., p. 21.

Já os princípios, ao contrário, como já asseverado, estabelecem estados ideais, objetivos mais ou menos amplos a serem alcançados, mas não mencionam, necessariamente, as ações ou condutas estritas que devem ser praticadas para a obtenção desses fins,[303] somente adquirindo sentido diante dos casos concretos.[304] São normas *imediatamente finalísticas* e *mediatamente de conduta*, uma vez que estabelecem, diretamente, as finalidades e, com menor exatidão, o comportamento devido (menor grau de determinação da ordem e maior generalidade dos destinatários) e, destarte, requerem, mais intensamente, de sua relação com outras normas e de atos institucionais de interpretação para a determinação da conduta devida.[305]

Em síntese, as regras instituem *deveres definitivos*, não dependendo das possibilidades fáticas e normativas, ao contrário dos princípios, que instituem *deveres preliminares*, dependentes das possibilidades fáticas e normativas.[306]

Com efeito, para se saber se uma norma é regra ou princípio, não é tão relevante a denominação dada pelo legislador, mas sim a análise da prescrição normativa entre a conduta e os fins. Afinal, há normas positivamente intituladas de direitos que também expressam princípios (*v.g.*, os direitos fundamentais) e outras denominadas de princípios, mas que são regras ou metarregras de aplicação de outras normas (*v.g.*, legalidade, irretroatividade e anterioridade).[307]

Ainda, outra possível diferença entre regras e princípios está no *modo de aplicação*. As regras são aplicadas por *subsunção*, enquanto os princípios, por *ponderação*.

303 Cf. Ana Paula de Barcellos. *Ponderação*...cit., p. 169-170 e 180-181.

304 "La distinzione essenziale – per ciò che qui interessa – sembra dunque essere questa. Le regole ci danno il criterio delle nostre azioni, ci dicono como e dobbiamo, non dobbiamo, possiamo agire in determinate, specifiche situazione previste dalle regole stesse. I principi non dicono nulla, diretamente, a questo proposito, ma ci danno criteri per prendere posizione di fronte a situazioni a priori indeterminate, quando vengano a determinarsi concretamente. I principi determinano atteggiamenti favorevoli o contrari, di adesione e sostegno o di dissenso e ripulsa rispetto a tutto ciò che può coinvolgere la loro salvaguardia in concreto. Poichè non hanno 'fattispecie', ai principi, a differenza che alle regole, non può darsi alcun significato operative se non facendoli 'reagire'con qualche caso particolare. Il loro significato non è determinabile in astratto, ma solo in concreto e solo in concreto se ne può intendere la portata" (Gustavo Zagrebelsky, *Il diritto mite* cit., p. 149).

305 Cf. Humberto Ávila. A distinção... cit., p. 21 e 23.

306 Cf. Humberto Ávila. *Teoria dos princípios*... cit., p. 26.

307 Cf. Humberto Ávila. A distinção... cit., p. 22.

Assim, as regras, ao contrário dos princípios, por exigirem a realização de comandos determinados, têm *pretensão de exclusividade*, isto é, ou são consideradas cumpridas, ou são consideradas descumpridas: *tudo ou nada*.[308] Se uma regra é válida, está ordenando exatamente o que ela exige, nem mais nem menos. Logo, não há como harmonizar a aplicação de duas regras contraditórias, senão excluindo uma delas para que a outra prevaleça.[309] Isto se dá mediante a aplicação dos tradicionais critérios normativos ou metarregras de resolução de antinomia jurídica: *lex superior derrogat inferior* (lei superior derroga a inferior), *lex specialis derrogat generalis* (lei especial derroga a geral) e *lex posterior derrogat priori* (lei posterior derroga a anterior). Por exemplo, há uma regra geral, em determinada escola, afirmando que todos os alunos devem se submeter aos exames, conforme o calendário escolar, e outra regra (especial) de que, em casos excepcionais e devidamente justificados, o discente poderá fazer provas em outras datas, haverá um conflito parcial entre ambas as regras. Somente uma delas poderá ser aplicada. Assim, o conflito se resolverá pela máxima da *lex specialis derrogat generalis*, para permitir que certo aluno se submeta às provas em horários especiais, se comprovar documentalmente que está no período de licença-maternidade ou paternidade, que estava doente, que casou, que perdeu um parente ou outra situação considerada justificável. Isto se dá porque duas regras, com conteúdos contrapostos, não podem ser aplicadas simultaneamente.

Por outro lado, os princípios, como foi acima mencionado, por serem mandamentos de otimização, devem ser aplicados na *maior medida possível*, isto é, dentro das possibilidades fáticas e jurídicas. As colisões de princípios não se resolvem no *plano da validade*, não tendo os princípios, diferente-

[308] "As regras são aplicáveis à maneira tudo ou nada. Dados os fatos que uma regra estipula, então ou a regra é válida, e neste caso a resposta que ela fornece deve ser aceita, ou não é válida, e neste caso em nada contribui para a decisão" (Ronald Dworkin. *Levando os direitos...* cit., p. 39). Do mesmo modo, ensina Robert Alexy: "A teoria dos princípios é capaz não só de estruturar racionalmente a solução de colisões de direitos fundamentais. (...) Ela possibilita um meio-termo entre vinculação e flexibilidade. A teoria das regras conhece somente a alternativa: validez ou não validez" (Colisão de direitos fundamentais no Estado de Direito Democrático cit., p. 79).

[309] "Se duas regras entram em conflito, uma delas não pode ser válida. A decisão de saber qual delas é válida e qual deve ser abandonada ou reformulada deve ser tomada recorrendo-se a considerações que estão além das próprias regras" (Ronald Dworkin. *Levando os direitos...* cit., p. 43).

mente das regras, a *pretensão de exclusividade*. Havendo colisões principiológicas, não há como definir que sempre um princípio prevalecerá sobre o outro; tudo vai depender das circunstâncias apresentadas no caso concreto (*v.g.*, não há como afirmar, abstratamente, que o direito de informação sempre prevalecerá sobre os direitos à intimidade e à vida privada).[310] A colisão entre princípios depende da instituição de *critérios de prevalência* entre os princípios envolvidos, a serem estabelecidos de acordo com as circunstâncias do fato concreto e em função do peso relativo de cada princípio, instituindo uma *hierarquia móvel* entre os princípios, a qual pode ser modificada se alterado o contexto fático e normativo.[311]

Os *casos difíceis* exigem uma *hermenêutica específica*,[312] baseada na ponderação ou no balanceamento de princípios, os quais, por apresentarem soluções diversas e contraditórias, não são reconduzíveis a soluções subsuntivas ou à aplicação mecânica de precedentes jurisprudenciais.[313] Por isso, quando não é possível reduzir o conflito à aplicação de uma única premissa maior, a ponderação é, do ponto de vista metodológico, uma alternativa à subsunção.[314]

No entanto, a diferenciação das regras e princípios pelo *modo de aplicação* (*subsunção* para as regras e *ponderação* para os princípios) não é despida de críticas.

Humberto Ávila,[315] por exemplo, evita distinguir princípios e regras, com base no método *tudo ou nada*, pois afirma que as regras, a exemplo dos princípios, também precisam de um *processo prévio* de interpretação, a fim de demonstrar quais as consequências que serão implementadas. E, ainda, somente a aplicação diante dos casos concretos é que irá corroborar as consequências predeterminadas. Assim sendo, a ponderação, como método

[310] Verificar, a propósito da colisão entre direito de informação e da intimidade e vida privada, os casos concretos e as soluções apresentadas no item 5.7.12, infra.

[311] Cf. Humberto Ávila. Repensando o "princípio da supremacia do interesse público sobre o particular", p. 7.

[312] Cf. José Joaquim Gomes Canotilho. A "principialização" da jurisprudência... cit., p. 89. Sobre a técnica da ponderação, verificar o item 5.7.11, infra.

[313] Ronald Dworkin conceitua casos difíceis como aqueles em que os "juristas competentes se dividem quanto a qual decisão se exige, porque as únicas leis ou precedentes pertinentes são ambíguos ou não há nenhuma opinião formada com pertinência direta, ou porque o direito, por alguma razão, não está assente" (*Uma questão de princípio*, p. 109).

[314] Cf. Ana Paula de Barcellos. *Ponderação*...cit., p. 31-32.

[315] Cf. *Teoria dos princípios*... cit., p. 44-58.

de sopesamento de razões e contrarrazões que resulta na decisão de interpretação, não é um método privativo de aplicação dos princípios, podendo envolver também as regras, *seja quando, diante de um caso concreto, couber ao intérprete/julgador atribuir um peso maior a uma ou mais regras em conflito* (*v.g.*, responder se é possível a concessão de tutela antecipada, para evitar perigo de dano irreparável à saúde de paciente terminal e juridicamente hipossuficiente, com base no art. 300, do NCPC, em face da regra do art. 300, § 3.º, do NCPC, que veda a antecipação de tutela quando houver *perigo de irreversibilidade* do provimento antecipado; ou, ainda, saber quem pode adotar, considerando que a ordem dos candidatos à adoção, prevista no art. 50 da Lei 8.069/1990, não assegura que a criança, bem adaptada ao convívio familiar, seja retirada da família que se encontra, porque os adotantes não estão inscritos na lista ou não se encontram nas primeiras posições; hão de prevalecer os critérios interpretativos do art. 6.º do mesmo ECA, pelo qual, na interpretação do Estatuto da Criança e do Adolescente, devem ser levados em conta os seus fins sociais, as exigências do bem comum, os direitos e deveres individuais e coletivos, e a condição peculiar da criança e do adolescente como pessoas em desenvolvimento[316]), *seja quando tiver*

[316] Nesse sentido, vale destacar decisões do STJ: i) "Civil. Família. Guarda provisória. Comércio de menor. Inexistente. Família afetiva. Interesse superior do menor. Observância da lista de adoção. Mesmo em havendo aparente quebra na lista de adoção, é desaconselhável remover criança que se encontra, desde os primeiros dias de vida e por mais de dois anos, sob a guarda de pais afetivos. A autoridade da lista cede, em tal circunstância, ao superior interesse da criança (art. 6.º do ECA)" (STJ, REsp 837.324-RS, 3.ª T., j. 18.10.2007, rel. Min. Humberto Gomes de Barros, *DJ* 31.10.2007, p. 325); "7. Não se descura que a higidez do processo de adoção é um dos objetivos primordiais a ser perseguido pelo Estado, no que toca à sua responsabilidade com o bem-estar de menores desamparados, tampouco que, na busca desse desiderato, a adoção deve respeitar rígido procedimento de controle e fiscalização estatal, com a observância, *v.g.*, do Cadastro Único Informatizado de Adoções e Abrigos (CUIDA), o qual, aliás, pelos indícios probatórios disponíveis, teria sido vulnerado na busca de uma adoção intuito personae. 8. Contudo, o fim legítimo não justifica o meio ilegítimo para sancionar aqueles que burlam as regras relativas à adoção, principalmente quando a decisão judicial implica evidente prejuízo psicológico para o objeto primário da proteção estatal para a hipótese: a própria criança" (HC 298.009/SP, Rel. Ministra Nancy Andrighi, Terceira Turma, julgado em 19/08/2014, DJe 04/09/2014) ; iii) "Civil. Adoção. Retratação da genitora. Consentimento para adoção posterior à Publicação da sentença. Validade. Longo convívio da criança adotanda com os adotantes. Preponderância do melhor interesse da criança. 1. A criança adotanda é o objeto de proteção legal primário em um processo de adoção, devendo a ela ser assegurada condições básicas para o seu bem-estar e desenvolvimento sociopsicológico. 2. À luz desse comando principiológico, a retratação ao consentimento de entrega de filho para adoção,

que ponderar as razões internas de uma mesma norma (*v.g.*, decidir se prevalece a multa a um taxista que passa a mais de 60 km, velocidade essa registrada por um radar eletrônico, após o mesmo taxista alegar e demonstrar que estava transportando pessoa baleada, que corria risco de vida), *seja quando concretiza cláusulas jurídicas abertas e conceitos indeterminados* (*v.g.*, dizer se um erro sobre a ilicitude do fato é *evitável* ou *inevitável*, para fins de aplicação do art. 21 do CP, depende do exame das possibilidades jurídicas e fáticas).

Portanto, a distinção entre regras e princípios assumiria *caráter pluridimensional*, devendo-se considerar três critérios:[317] a) *natureza da prescrição normativa*: as regras descrevem objetos *determináveis* (como sujeitos, condutas, matérias, fontes, efeitos jurídicos e conteúdos), enquanto os princípios, um estado ideal de coisas a serem promovidas (como a moralidade, a lealdade, a cooperação e a boa-fé); b) *natureza da justificação*: na aplicação das regras, exige-se exame de correspondência entre a descrição normativa e os atos praticados ou os fatos ocorridos, enquanto os princípios dependem da avaliação da correlação entre os efeitos da conduta adotada e o estado de coisas a ser promovido; c) *natureza da contribuição*: as regras têm pretensão de *decidibilidade* (estão voltadas a proporcionar uma solução provisória para um problema conhecido), ao passo que os princípios, pretensão de *complementariedade*, na medida em que se servem de razões a serem conjugadas com outras para a solução de um problema.

3.3.5 Direitos fundamentais são sempre princípios?

Conforme salientado no tópico anterior, direitos fundamentais devem ser identificados com comandos *prima facie*, pois, a exemplo dos princípios, somente no caso concreto será possível dimensionar as suas *possibilidades*

mesmo que feito antes da Publicação da sentença constitutiva da adoção, não gera direito potestativo aos pais biológicos de recuperarem o infante, mas será sopesado com outros elementos para se definir o melhor interesse do menor. 3. Apontando as circunstâncias fáticas para o significativo lapso temporal de quase 04 (quatro) anos de convívio do adotado com sua nova família, e ainda, que não houve contato anterior do infante com sua mãe biológica, tendo em vista que foi entregue para doação após o nascimento, deve-se manter íntegro o núcleo familiar. 4. Recurso especial não provido" (STJ, REsp 1578913/MG, Rel. Ministra Nancy Andrighi, Terceira Turma, julgado em 16/02/2017, DJe 24/02/2017).

317 Cf. Humberto Ávila. *Teoria dos princípios*... cit., p. 78-83.

jurídicas e *fáticas*. Realizam-se na *melhor medida possível*, respeitando-se os limites fáticos e jurídicos.

No entanto, pode-se criticar a ideia de que todos os direitos fundamentais são sempre mandamentos de otimização, isto é, podem ser denominados de princípios. Há direitos fundamentais que deveriam ser tratados como sendo regras, por possuírem *comandos definitivos*.[318] Por exemplo, a vedação da utilização de provas ilícitas (art. 5.º, LVI, da CF/1988), bem como a da prisão civil, salvo em casos excepcionais (art. 5.º, LXVII, da CF/1988), ou, ainda, a impossibilidade de se relativizar a coisa julgada (art. 5.º, XXXVI, da CF/1988), embora consagrem valores constitucionais, devem ser tratados como regras, por serem constituídas pela *descrição de condutas linguísticas específicas*.[319]

No entanto, tal assertiva é passível de críticas, pois mesmos os direitos fundamentais mencionados poderiam se sujeitar *postulado da proporcionalidade*. Somente a interpretação literal do conteúdo textual do art. 5.º, XXXVI, LVI e LXVII, permitiria considerar tais direitos fundamentais como regras. Para a melhor compreensão, há de se interpretar, sistematicamente, cada um dos incisos mencionados.

A começar pelo art. 5.º, LVI, da CF/1988, pode-se inferir que, mesmo ele afirmando que a prova ilícita é proibida, isso não inviabiliza a *reserva imanente de ponderação com os demais direitos fundamentais*.[320] A grande dificuldade de se admitir a prova ilícita decorre de um problema semântico, pois uma prova não pode ser ilícita e lícita ao mesmo tempo. A expressão *prova ilícita lícita* é uma contradição em termos.[321] Contudo, o art. 5.º, LVI, da CF/1988 apenas afirma que são inadmissíveis as provas ilícitas, mas não define quais provas são ilícitas. Saber se uma prova é lícita ou ilícita é uma questão de interpretação sistemática do ordenamento jurídico. Logo, o problema não é definir se as provas ilícitas são, ou não, aceitáveis, mas definir o que é lícito e o que é ilícito, no sistema jurídico. No processo civil, o uso da prova *prima facie* ilícita pode ser admitida, segundo a lógica da regra da *proporcionalidade em sentido estrito*, conforme as circunstâncias do caso con-

[318] Sobre a distinção entre regras e princípios, verificar o item 3.3.4, supra.

[319] Cf. Marcelo Lima Guerra. Notas sobre o dever constitucional de fundamentar as decisões judiciais, p. 537 e nota 38.

[320] Cf. Luiz Guilherme Marinoni. *Teoria geral*...cit., p. 348-349; Eduardo Cambi. *Curso de direito probatório*. p. 98-102.

[321] Idem, p. 350, nota 70.

creto.[322] A propósito, as circunstâncias do caso concreto podem ensejar a ilicitude da prova para que determinada repercussão jurídica seja impedida, mas outra seja viabilizada. Por exemplo, o STJ[323] concedeu mandado de segurança para desentranhar dos autos fita magnética, em que o marido traído interceptou conversa telefônica entre sua mulher e o amante dela, na qual falavam que, enquanto ele viajasse, ministrariam "Lexotan" para as duas filhas menores, a fim de facilitar o relacionamento espúrio. Neste caso, a prova ilícita poderia estar ligada: a) à pretensão punitiva do Estado de punir, penalmente, o crime de tráfico de entorpecente; b) à pretensão do marido de se separar da mulher; c) à pretensão do pai de ficar com a guarda das crianças. Caso fosse admitida a interpretação literal do art. 5.º LVI, da CF/1988, por considerar que o constituinte *prima facie* vedou a utilização da prova ilícita – na hipótese da interceptação telefônica, contrariando o que dispõem os arts. 2.º da Lei 9.296/1996 e 5.º, XII, da CF/1988 – estar-se-ia impedido de analisar cada uma das situações concretas. Porém, ao se considerar a situação das crianças, negar a utilização da prova ilícita seria desconsiderar o direito fundamental à integridade física e psicológica dos menores, colocando outros direitos protegidos pela prova ilícita (*v.g.*, intimidade e privacidade da esposa e do amante), acima, inclusive, do valor constitucional da dignidade da pessoa humana.[324] Portanto, aplicando o postulado da proporcionalidade, a ponderação deverá ocorrer entre o direito fundamental objeto de tutela (*v.g.*, a integridade física das crianças) e o direito fundamental violado com a obtenção da prova (*v.g.*, a intimidade e a vida privada da mãe e seu amante),[325] devendo-se, previamente, levar em consideração a inexistência de outro meio probatório mais idôneo e menos restritivo aos direitos do investigado. Também, no processo penal, tem sido admitida a prova ilícita quando for o único meio de prova capaz de demonstrar a absolvição do acusado (Súmula 50 das Mesas de Processo Penal da USP).[326] O mesmo raciocínio, reitera-se, deve ser estendido ao processo civil, quando, pelo postulado da proporcionalidade, a tutela dos

322 Idem, p. 351.

323 Cf. RMS 5.352-GO, 6.ª T., rel. Min. Luiz Vicente Cernichiaro, *DJU* 25.11.1996 e *RSTJ*, vol 90, p. 359.

324 Cf. Luiz Guilherme Marinoni. *Teoria geral*...cit., p. 351.

325 Idem, ibidem.

326 Cf. Ada Pellegrini Grinover, Antonio Scarance Fernandes e Antonio Magalhães Gomes Filho. *As nulidades em processo penal.* p. 135.

interesses de pessoas mais vulneráveis (*v.g.*, crianças, deficientes ou idosos) ou dos interesses da sociedade (*v.g.*, defesa do patrimônio público) revelar-se, pelas circunstâncias do caso concreto, mais relevante que a proteção do direito contraposto (*v.g.*, intimidade, privacidade, honra etc.).[327]

Já o art. 5.º, XXXVI, da CF/1988, para parcela significativa da doutrina,[328] admite a relativização da coisa julgada material, sempre que não houver mais possibilidade de rescisão da decisão transitada em julgado. Deve ocorrer, em casos excepcionais, a fim de, por exemplo, admitir o exame do DNA, em ação investigatória posterior à julgada improcedente sem a realização desta prova técnica; ou impedir o pagamento de indenizações fraudulentas, em ações de desapropriação transitadas em julgado; ou, ainda, reconhecer ilícito ambiental e, eventualmente, danos por ele produzido, depois de ação coletiva ter sido julgada improcedente (após a análise da prova, considerada "suficiente", à época do julgamento). Por outro lado, sustenta-se que o art. 5.º, XXXVI, da CF/1988 seria uma regra que impede que a coisa julgada seja considerada inconstitucional, quando ponderada com outro direito ou garantia fundamental. Destarte, se o art. 5.º, XXXVI, da CF/1988 fosse tratado como um princípio, ele deveria ser aplicado dentro das possibilidades fáticas e jurídicas, devido ao seu caráter *prima facie*: colidindo com outro direito fundamental, entendido como princípio, ambos não se anulam, devendo ser harmonizados no caso concreto. Tratada como regra, a coisa julgada, quando conflitar com outra garantia ou direito fundamental, também considerado como regra, não seria passível de harmonização, posto que um anularia o outro. Por isto, Luiz Guilherme Marinoni, contrário à tese da relativização da coisa julgada material, entende que a coisa julgada, por não fazer parte do conteúdo material do discurso jurídico, é uma regra formal e imprescindível deste discurso ou o próprio processo. Deve, contudo, ser considerada uma "super-regra", que não pode ser objeto de balanceamento (*v.g.*, não pode se contrapor ao direito à descoberta da paternidade, a justificar a rediscussão da causa com base no exame de DNA).[329]

[327] Cf. Eduardo Cambi. *A prova civil. Admissibilidade e relevância*. p. 70-83.

[328] Cf. José Augusto Delgado. Efeitos da coisa julgada e os princípios constitucionais; Cândido Rangel Dinamarco. Relativizar a coisa julgada material. p. 9-38.

[329] Nas palavras de Marinoni, "não há como opor um direito, seja ele qual for, à coisa julgada, uma vez que esta expressa o fim ou o término do discurso sobre o próprio direito, estando,

O STF, na Arguição de Preceito Fundamental 144,[330] não impediu o balanceamento da garantia constitucional da coisa julgada com os valores constitucionais da probidade administrativa e da moralidade para o exercício do mandado eletivo. Ao definir que o art. 14, § 9.º, da CF/1988 não é autoaplicável, apenas determinou que o Judiciário não pode substituir-se ao legislador para definir os casos em que a *vida pregressa* do candidato possa implicar *inelegibilidade*. Entendeu que a Justiça Eleitoral não poderia usurpar poderes constitucionalmente reconhecidos ao Legislativo, para, de maneira abusiva, transgredir os postulados da não culpabilidade, da divisão funcional dos poderes e da proporcionalidade. Com efeito, concluiu que somente se tornariam inelegíveis os candidatos cujas ações civis de improbidade administrativa ou penais já tivessem sentença transitada em julgado. Portanto, afirmou, restritivamente, que a garantia constitucional da coisa julgada não poderia ser desprezada pela Corte, não a transformando em "super-regra", o que não impede, em tese, que o legislador aprove lei tornando inelegíveis cidadãos condenados em primeira instância.

A propósito, em 08.07.2008, a Comissão de Constituição e Justiça do Senado aprovou proposta que altera a LC 64/1990, para tornar inelegível: a) os condenados, por crime eleitoral, com sentença transitada em julgado, pelo prazo de três anos, após o cumprimento da pena; b) os que forem condenados criminalmente, em primeira instância, pela prática de crimes contra a economia popular, a fé pública, a administração pública, o patrimônio público, o sistema financeiro, tráfico de drogas e de lavagem de dinheiro, pelo prazo de cinco anos, salvo se obtiver pronunciamento judicial suspensivo dos efeitos da decisão. Ao defender o projeto, o Senador Tasso Jereissati asseverou a necessidade de *sopesar* a necessidade de trânsito em julgado de sentença penal condenatória (garantia de presunção de inocência; art. 5.º, LVII, da CF/1988), com o art. 14, § 9.º, da CF/1988, que estabeleceu casos de inelegibilidade, para proteger a probidade administrativa, a moralidade para o exercício do mandato, considerada a *vida pregressa* do candidato. A condenação, em primeira instância, por crimes específicos (contra a economia popular, a fé pública, a administração pública, o patrimônio público, o sistema financeiro, tráfico de drogas e de lavagem de dinheiro), os quais se mostram absolutamente incompatíveis com o exercício parla-

por isto mesmo, em um plano distinto e superior ao de qualquer direito em estado de litigiosidade" (*Coisa julgada inconstitucional*, p. 179 e 190-191).

[330] Cf. rel. Min. Celso de Mello, j. 06.08.2008, *Informativo STF*, vol. 514.

mentar ou executivo, desde que negada decisão de suspensão dos efeitos da decisão, seria *indicação objetiva* da inexistência de vida pregressa ilibada do candidato e motivo suficiente para estabelecer a sua inelegibilidade.[331]

A LC 135, de 04.06.2010, denominada "Lei da Ficha Limpa", por sua vez, alterou a LC 64/1990 e não mais exigiu o trânsito em julgado da sentença condenatória para tornar os candidatos inelegíveis. Além disso, o Supremo Tribunal Federal, ao julgar a ADC 29/DF, aplicou o "princípio" da proporcionalidade para afirmar a constitucionalidade da Lei Complementar 135/2010.[332] Assim, afastou o argumento de que a referida lei contrariava o artigo 5º, inc. LVII, da Constituição Federal, que assegura a presunção de inocência, reduzindo o seus efeitos à condenação penal, mas não à inelegibilidade, por considerar que o artigo 14, § 9º, da Constituição Federal exige a *moralidade* para o exercício do mandato. O Ministro Relator, Luiz Fux, afirmou que o princípio da proporcionalidade restou prestigiado pela Lei Complementar nº 135/10, na medida em que: i) atende aos fins moralizadores a que se destina; ii) estabelece requisitos qualificados de inelegibilidade e iii) impõe sacrifício à liberdade individual de candidatar-se a cargo público eletivo que não supera os benefícios socialmente desejados em termos de moralidade e probidade para o exercício de referido *munus publico*.

Por fim, mesmo o disposto no art. 5.º, LXVII, da CF/1988 pode ser compreendido como um princípio, e não como uma regra. Se interpretado literalmente, como se fosse uma regra que possui *mandamento* ou *comando definitivo*, o exegeta somente poderia extrair uma conclusão, isto é, de que o meio coercitivo da prisão civil não pode ser aplicado em nenhuma outra situação senão para o responsável pelo inadimplemento voluntário e inescusável de obrigação alimentícia e a do depositário infiel.[333] Diversamente, se o art. 5.º, LXVII, da CF/1988 for considerado um princípio, seria possível dimensionar, no caso concreto, as suas *possibilidades jurídicas* e *fáticas*. Assim, poderia ser considerada a sua interpretação sistemática com o art. 5.º, XXXV, da CF/1988, que contempla o direito fundamental à tutela jurisdicional célere, adequada e efetiva.[334] A Constituição não apenas assegura o direito de acesso à justiça, mas também garante todos os meios adequa-

[331] Cf. Marcos Mendes. A lei de inelegibilidade e a redução da corrupção.

[332] STF, ADC 29/DF, Tribunal Pleno, j. 16.02.2012, rel. Min. Luiz Fux, pub. *DJe* 127, div. 28.06.2012.

[333] Sobre a inconstitucionalidade da prisão civil do depositário infiel, conferir o item 2.2, supra.

[334] Sobre o alcance do art. 5.º, XXXV, da CF/1988, conferir o item 4.3.4, infra.

dos para promover a proteção do direito material. Logo, para se obter a *tutela específica* de direito não patrimonial (*v.g.*, a tutela inibitória específica de direito fundamental à higidez do meio ambiente, previsto no art. 225, *caput*, da CF/1988), hão de ser assegurados todos os meios executivos capazes de efetivá-lo (arts. 461, § 5.º, do CPC-1973 ou 497 do NCPC e 84, § 5.º, do CDC). Somente as circunstâncias do caso concreto que permitirão ao juiz definir qual é o meio executivo mais idôneo à proteção do direito do demandante e menos restritivo possível à esfera jurídica do demandado. Assim, não deve ser excluída *prima facie* a reserva imanente de ponderação entre o direito fundamental objeto de tutela (*v.g.*, meio ambiente)[335] e o direito fundamental violado com a utilização da prisão civil (*v.g.*, integridade física do obrigado). O meio executivo de coerção indireta ou psicológica é adequado quando, para o cumprimento específico da obrigação, é imprescindível atuar sobre a vontade do obrigado. A multa diária, embora seja o meio executivo indireto mais utilizado, não é o único e pode não ser suficiente para efetivar a prestação da tutela jurisdicional, quando o demandado não possui patrimônio ou quando não se importa com os efeitos da multa. O art. 5.º, LXVII, da CF/1988 refere-se à ausência de "prisão *por dívida*",[336] inviabilizando uma espécie de prisão, e não toda e qualquer prisão civil.[337] Portanto, o art. 5.º, XXXV, da CF/1988, aliado aos arts. 461, § 5.º, do CPC-1973 ou 497 do NCPC e 84, § 5.º, do CDC, permitem que o juiz identifique o *meio executivo* mais necessário e efetivo, justificando a sua escolha diante das peculiaridades do caso concreto e da insuficiência das demais modalidades de execução para dar efetividade à decisão.[338]

[335] "(...) soará absolutamente falsa e demagógica a afirmação da Constituição Federal, no sentido de que 'todos têm direito ao meio ambiente ecologicamente equilibrado, bem de uso comum do povo e essencial à sadia qualidade de vida, impondo-se ao Poder Público e à coletividade o dever de defendê-lo e preservá-lo para as presentes e futuras gerações' (art. 225, *caput*), se não for viável a utilização da prisão como meio de coerção indireta. Seria o mesmo que interpretar esta norma constitucional como se ela dissesse que o meio ambiente, embora fundamental para a sadia qualidade de vida e para as futuras gerações, infelizmente não pode ser efetivamente tutelado em face de um réu que não se importa com os efeitos da multa. Ora, esta interpretação seria, para dizer o mínimo, incoerente" (Luiz Guilherme Marinoni e Sérgio Cruz Arenhart. *Execução*. p. 85).

[336] "LXVII – não haverá prisão civil por dívida, salvo a do responsável pelo inadimplemento voluntário e inescusável de obrigação alimentícia e a do depositário infiel".

[337] Cf. Luiz Guilherme Marinoni e Sérgio Cruz Arenhart. *Execução*. p. 85.

[338] Cf. Luiz Guilherme Marinoni. Controle do poder executivo do juiz. p. 54-74.

3.3.6. As dimensões subjetiva e objetiva dos direitos fundamentais

Genericamente, pode-se separar a visão subjetiva e objetiva dos direitos.[339] A primeira considera que os direitos são *pretensões de vontade,* sendo instrumentos para a realização de interesses individuais, que integram a autonomia pessoal, o que permite que cada um decida se pretende exercitar ou renunciar aos seus direitos. Pela segunda visão, o direito não serve para liberar a vontade do homem, já que esta, por si só, pode conduzir ao arbítrio e à desordem. Cabe aos direitos reconduzir a autonomia da vontade a uma *justa dimensão,* voltada à adoção de medidas políticas orientadas à justiça, compreendida como bem comum. Assim, a dimensão objetiva trata os direitos como *consequência ou reflexo de um direito justo,* como tarefa a ser realizada pelos governantes e como dever de promoção dos direitos dos mais fracos.

As Constituições Modernas, ao preverem um rol de direitos fundamentais, traçaram *conteúdos mínimos* a serem observados na elaboração e na aplicação do direito. Como já salientado no item 2 (supra), possuem *eficácia irradiante* por todo o ordenamento jurídico.

Os direitos fundamentais, por terem *caráter geralmente principiológico,* informam os atos do Estado e dos cidadãos, impondo a cada decisão de agir um processo racional de *ponderação,* cujo resultado não é único nem absoluto.[340] Não há direitos fundamentais absolutos, na medida em que são dotados por imanente *reserva geral de ponderação,*[341] vale dizer, independentemente da forma e da força constitucionais que lhe são atribuídas, podem ter de ceder diante da maior força ou peso que apresentar, no caso concreto, os direitos, os bens, os princípios ou os interesses de sentido contrário.[342]

Trata-se da dimensão *objetiva* dos direitos fundamentais, em oposição à *subjetiva.* Nesta, ressaltam-se os direitos dos cidadãos frente ao Estado ou frente a outros cidadãos, os quais representam expectativas positivas (ou de prestação) ou negativas (de não lesão), atribuídas a um sujeito por uma norma jurídica e os deveres correspondentes àqueles que estão obrigados a fazer ou deixar de fazer o que a norma permite ou determina.[343]

[339] Cf. Gustavo Zagrebelsky. *El derecho*...cit., p. 85-86.

[340] Cf. Cláudia Derani. Op. cit., p. 60.

[341] Verificar o item 5.7.11, abaixo.

[342] Cf. Jorge Reis Novais. Op. cit., p. 49-50.

[343] Cf. Luigi Ferrajoli. Diritti fondamentali...cit., p. 27.

O direito subjetivo é sempre uma pretensão imposta a outrem. Dado um direito, ou uma expectativa jurídica positiva ou negativa, nasce para o outro sujeito uma obrigação ou um dever correspondente. Se for atribuída uma permissão positiva, o comportamento tolerado não é proibido; por outro lado, se for prevista uma obrigação, quanto a este comportamento obrigatório não é permitida a omissão.[344] O direito subjetivo pode ser *negativo*, quando impõe uma expectativa negativa ou *proibição de lesão*, ou *positivo*, o qual corresponde a uma *obrigação de prestação*.[345] Por exemplo, constituiu Direito Público subjetivo *negativo* o dever do Estado de respeitar a liberdade de consciência e de crença (art. 5.º, VI, da CF/1988), enquanto o direito ao acesso ao ensino obrigatório e gratuito é Direito Público subjetivo *positivo* (art. 208, § 1.º, da CF/1988).[346] Também é direito subjetivo, não mera expectativa de direitos, a nomeação e a posse de candidato aprovado em concurso público, dentro das vagas ofertadas no Edital, cuja omissão pelo Poder Público é ato ilegal, ensejando violação a direito líquido e certo[347], bem como ao candidato aprovado fora do número de vagas pre-

[344] Idem, ibidem.

[345] Cf. Luigi Ferrajoli. I diritti...cit., p. 161.

[346] O art. 208, I e IV, da CF/1988, a partir das redações dadas pelas Emendas Constitucionais 53/2006 e 59/2009, dispõe ser dever do Estado assegurar a educação básica obrigatória e gratuita dos 4 (quatro) aos 17 (dezessete) anos de idade, garantida inclusive sua oferta gratuita para todos os que a ela não tiveram acesso na idade própria, bem como a educação infantil, em creche e pré-escola, às crianças até cinco anos de idade. A Lei 11.700/2008 acrescentou o inc. X ao art. 4.º da Lei 9.394/1996, impondo o dever do Estado em assegurar "vaga na escola de educação infantil ou ensino fundamental mais próxima de sua residência a toda criança a partir do dia em que completar quatro anos de idade". Já a Lei 12.796/2013 alterou os artigos 4º, incisos I, II e IV da Lei 9.394/1996, para garantir: Inc. I: educação básica obrigatória e gratuita dos 4 (quatro) aos 17 (dezessete) anos de idade, organizada da seguinte forma: a) pré-escola; b) ensino fundamental; c) ensino médio; Inc. II: educação infantil gratuita até 5 (cinco) anos de idade; Inc. IV – acesso público e gratuito aos ensinos fundamental e médio para todos os que não concluíram na idade própria. Por sua vez, a Lei 13.257/2016 dispõe sobre as políticas públicas para a primeira infância (que abrange os primeiros 06 anos de vida).

[347] "Recurso ordinário em mandado de segurança. Administrativo. Concurso público. Candidato. Nomeação. Número certo de vagas. Previsão. Edital. Necessidade de preenchimento. Direito líquido e certo. Caracterização. Recurso provido. 1. (...) o candidato aprovado em concurso público, dentro do número de vagas previstas em edital, possui direito líquido e certo à nomeação, e não mera expectativa de direito. 2. (...) a partir da veiculação, pelo instrumento convocatório, da necessidade de a Administração prover determinado número de vagas, a nomeação e posse, que seriam, a princípio, atos discricionários, de acordo com a necessidade do serviço público, tornam-se vinculados, gerando, em contrapartida, direito

vistas no edital, mas que passe a figurar entre as vagas criadas no prazo de validade do concurso.[348]

O direito subjetivo, caso não seja espontaneamente observado, permite o exercício do direito de ação judicial. É, pois, dotado de *coercibilidade judicial*. Logo, no exemplo acima, não sendo observado o direito de acesso ao ensino obrigatório e gratuito, abre-se a possibilidade dele ser exigido judicialmente,[349] admitindo-se, inclusive, a *tutela específica* do dever imposto ao poder público (*v.g.*, determinação de matrícula em escola pública ou, na sua ausência, em escola particular). Afinal, os direitos fundamentais sociais, como o mencionado (educação básica), não são meros *lembretes* ao Estado, mas *imperativos constitucionais*, verdadeiras *partes essenciais* do contrato, na medida em que se apresentam como *deveres positivos, de proteção e de ação.*

Com efeito, a ausência ou a insuficiência de garantias jurídicas, para a concretização dos direitos fundamentais, não implica reduzi-los a meras exortações ao poder público. Os direitos econômicos, sociais e culturais dependem, para realizarem-se, em grande medida, de ações governamentais e de políticas públicas. Todavia, a omissão ou a ação deficiente do Estado não retira a juridicidade nem a dimensão subjetiva dos direitos fundamentais. A *essência* dos direitos subjetivos não é, pois, a sua realiza-

subjetivo para o candidato aprovado dentro do número de vagas previstas em edital. 4. Recurso ordinário conhecido e provido, para conceder a ordem apenas para determinar ao Estado de Minas Gerais que preencha o número de vagas previstas no Edital" (RMS 22597-MG, 6.ª T., j. 12.06.2008, rel. Jane Silva, *DJe* 25.08.2008). Vale destacar, ainda, a interpretação extensiva atribuída pelo STF para admitir a nomeação de quem passou fora do número de vagas previstas no Edital, em razão da desistência de outros candidatos: "O Plenário desta Corte, no julgamento do RE 598.099/MS, Rel. Min. Gilmar Mendes, firmou jurisprudência no sentido do direito subjetivo à nomeação de candidato aprovado dentro do número de vagas previstas no edital de concurso público. Tal direito também se estende ao candidato aprovado fora do número de vagas previstas no edital, mas que passe a figurar entre as vagas em decorrência da desistência de candidatos classificados em colocação superior" (ARE 675202 AgR, Relator(a): Min. Ricardo Lewandowski, Segunda Turma, julgado em 06/08/2013, Acórdão Eletrônico DJe-164 Divulg 21-08-2013 Public 22-08-2013). Verificar, entre outros: STJ, RMS 26507-RJ, 5.ª T., j. 18.09.2008, rel. Min. Napoleão Nunes Maia Filho, *DJe* 20.10.2008; STF, ARE 675.202 AgR/PB, 2ª T., rel. Min. Ricardo Lewandowski, j. 06.08.2013, pub. *DJe* 164, Divulg. 21.08.2013; ARE 711.925 AgR-AgR/PB, 1ª T., j. 16.04.2013, rel. Min. Luiz Fux, pub. *DJe* 83, Divulg. 03.05.2013 ; RMS 35.211/SP, Rel. Ministro Mauro Campbell Marques, Segunda Turma, julgado em 09/05/2017, DJe 12/05/2017.

[348] STF, ARE 816.481 AgR/PB, 2ª T., j. 12.08.2014, rel. Min. Ricardo Lewandowski, pub. *DJe* 161, Divulg. 20.08.2014.

[349] Cf. José Afonso da Silva. *Curso de Direito Constitucional positivo*. p. 312.

ção forçada, mas a devida atribuição a cada pessoa dos bens da vida que lhe pertencem: a todos os seres humanos devem ser atribuídas condições sociais de vida digna.[350] As garantias para a concreta e coativa efetivação desses direitos são extremamente relevantes, mas a sua inexistência não nega os direitos subjetivos, transformando-os em meros lembretes. Não obstante, o grande desafio do tempo presente é a construção de técnicas jurídicas capazes de promover a realização desses direitos fundamentais.

Na dimensão objetiva, os valores constitucionais (da liberdade, da igualdade e da dignidade), que suportam os direitos fundamentais, penetram pelo sistema jurídico, condicionando a interpretação das regras e dos princípios, além de servirem de diretrizes para a atuação do legislador, do administrador e do Judiciário.[351]

Em outras palavras, as normas de direito fundamental têm caráter objetivo, porque são *decisões de valor* válidas para toda a ordem jurídica, não influenciando somente as situações subjetivas, mas *irradiando-se* na totalidade do ordenamento jurídico e *vinculando* todos os poderes públicos, incluindo o legislador.

A *filtragem constitucional* ou *interpretação conforme a Constituição* permite, destarte, a *constitucionalização do direito infraconstitucional*, dando novo sentido e alcance a ramos tradicionais e autônomos do Direito, como o Civil, Penal e o Processual.

A busca de uma resposta constitucionalmente adequada possibilita, por exemplo, interpretar dispositivos de caráter individualista do Código Civil, a partir do valor da *solidariedade* – de inspiração humanitária – contido na Constituição. O *centro de gravidade* do sistema jurídico deixou de ser o Código Civil e passou a ser a Constituição, o que possibilitou que a dignidade da pessoa humana – *o ser* – irradiasse por todo o ordenamento jurídico, em detrimento da concepção jurídica tradicional, norteada pelo patrimônio (*o ter*). A função social da propriedade, da posse, dos contra-

[350] Cf. Fábio Konder Comparato. *Afirmação histórica*...cit., p. 340-341.

[351] O Tribunal Constitucional Federal alemão, adotando a tese da irradiação, decidiu: "De acuerdo con la jurisprudencia permanente del Tribunal Constitucional Federal, las normas iusfundamentales contienen no sólo derechos subjetivos de defensa del indivíduo frente al Estado, sino que representan, al mismo tiempo, un orden valorativo objetivo que, en tanto decisión básica jurídico-constitucional, vale para todos los ámbitos del derecho y proporcionan directrizes e impulsos para la legislación, la administración y la justicia" (Robert Alexy. *Teoría de los derechos fundamentales*. p. 507). Verificar, ainda, Daniel Sarmento. A dimensão objetiva... cit., p. 80.

tos e da empresa são corolários dessa releitura constitucional, centrada na dignidade humana, sobre institutos caros ao ideário burguês.

Do mesmo modo, a leitura constitucional do direito penal infraconstitucional permite que se deixe de considerar contravenção penal a vadiagem (art. 59 do Dec.-lei 3.688/1941),[352] por afronta a tutela constitucional da intimidade e da vida privada[353] e, especialmente, por ferir a finalidade de proteção subsidiária a que se deve pautar o Direito Penal.[354] Do mesmo modo, permite que seja considerado atípico o furto de coisa de pequeno valor econômico (*v.g.*, cinco barras de chocolate), por ausência de violação ao bem jurídico (ausência de tipicidade material), aplicando-se o *princípio da insignificância*, quando houver: a) *mínima ofensividade* da conduta do agente; b) *nenhuma periculosidade social* da ação; c) *reduzidíssimo grau de reprovabilidade* do comportamento; e d) *inexpressividade da lesão jurídica provocada*, apoiando-se no caráter subsidiário do sistema penal e impondo-se, em função dos próprios objetivos por ele visados, a intervenção mínima do Poder Público.[355]

No entanto, a percepção da força normativa dos princípios integra um *processo cultural lento* que ainda não foi assimilado, integralmente, pelo Judiciário. Por exemplo, há de ser criticada a posição positivista adotada pela jurisprudência do STF, ao admitir o cabimento do recurso extraordinário quando houver violação *direta* à Constituição (art. 102, III, *a*, CF/1988), excluindo a admissibilidade do recurso quando a ofensa for *reflexa*. Esta interpretação

[352] "Entregar-se alguém habitualmente à ociosidade, sendo válido para o trabalho, sem ter renda que lhe assegure meios bastantes de subsistência, ou prover a própria subsistência mediante ocupação ilícita: Pena – prisão simples, de 15 dias a 3 meses (...)".

[353] Cf. Daniel Sarmento. A dimensão objetiva... cit., p. 81-83.

[354] Segundo Claus Roxin, a "finalidade do direito penal, de garantir a convivência pacífica da sociedade está condicionada a um processo limitador: a pena só pode ser cominada quando for impossível obter esse fim através de outras medidas menos gravosas. O direito penal é desnecessário quando se pode garantir a segurança e a paz jurídica através do direito civil, de uma proibição de direito administrativo ou de medidas preventivas extrajurídicas" (*Estudos de direito penal*. p. 33).

[355] Cf. STF, HC 98.152-MG, 2.ª T., j. 19.05.2009, rel. Min. Celso de Mello; HC 122.537-RJ, 2ª T., j. 02.09.2014, rel. Min. Teori Zavascki, pub. *DJe* 212, Divulg. 28.10.2014; HC 122.547-MG, 1ª T., rel. Min. Luiz Fux, j. 19.08.2014, pub. *DJe* 176, Divulg. 10.09.2014 ; HC 138697, Relator(a): Min. Ricardo Lewandowski, Segunda Turma, julgado em 16/05/2017, Processo Eletrônico DJe-113 Divulg 29-05-2017 Public 30-05-2017; HC 139393, Relator(a): Min. Ricardo Lewandowski, Segunda Turma, julgado em 18/04/2017, Processo Eletrônico DJe-089 Divulg 28-04-2017 Public 02-05-2017.

reduz o alcance da *filtragem constitucional* e da *dimensão objetiva* ou da *eficácia irradiante dos direitos fundamentais*, uma vez que não permite a interposição de recurso extraordinário quando uma decisão judicial deixa de levar em consideração *princípios constitucionais* para proceder à exegese de uma lei infraconstitucional.[356]

Ademais, era de ser criticada a posição de Tribunais que, ainda presos às molduras positivistas do art. 126 do CPC-1973, negavam, ao menos até 29.08.2008, quando foi editada a Súmula Vinculante 13 do STF,[357] força normativa aos princípios constitucionais, por exemplo, o da moralidade administrativa (art. 37 da CF/1988), condicionando o combate ao nepotismo, nos Poderes Executivo e Legislativo, à prévia existência de lei.[358]

[356] "Ofensa a princípios constitucionais. Alegação a ser aferida a partir da interpretação de normas infraconstitucionais. Impossibilidade. A alegação de vulneração a preceito constitucional capaz de viabilizar a instância extraordinária há de ser direta e frontal, e não aquela que demandaria interpretação de disposições de normas ordinárias" (STF, AgRg 180.710, 2.ª T., rel. Min. Maurício Corrêa, *DJU* 02.08.1996). Nesse sentido, vale mencionar a Súmula 636 do STF: "Não cabe recurso extraordinário por contrariedade ao princípio constitucional da legalidade, quando a sua verificação pressuponha rever a interpretação dada a normas infraconstitucionais pela decisão recorrida". Cf., ainda: Daniel Sarmento. A dimensão objetiva... cit., p. 86. Na defesa do cabimento de recurso especial e/ou extraordinário, quando a decisão recorrida for contrária a um princípio jurídico e não a um dispositivo consignado, expressamente, em lei federal ou na CF, conferir: José Miguel Garcia Medina e Teresa Arruda Alvim Wambier. *Recursos e ações autônomas de impugnação*. p. 226.

[357] "A nomeação de cônjuge, companheiro ou parente em linha reta, colateral ou por afinidade, até o terceiro grau, inclusive, da autoridade nomeante ou de servidor da mesma pessoa jurídica investido em cargo de direção, chefia ou assessoramento, para o exercício de cargo em comissão ou de confiança ou, ainda, de função gratificada na administração pública direta e indireta em qualquer dos Poderes da União, dos Estados, do Distrito Federal e dos Municípios, compreendido o ajuste mediante designações recíprocas, viola a CF".

[358] À guisa de ilustração, decidiu o Tribunal de Justiça do Estado do Paraná (ApCiv 0426343-8, 5.ª Câm. Cív., Ac 19.210, j. 20.11.2007, *DJ* 7507): "Apelação cível. Administrativo e constitucional. Ação civil pública. Prefeito e vereadores. 'Nepotismo'. Pretensão de proibição da nomeação de parentes até o 3.º grau para cargos de confiança. Todavia, inexistência de lei municipal regulando a matéria. Invocação abstrata de princípios constitucionais insuficiente. Não comprovação da nomeação de pessoas desqualificadas, ou que não estejam desempenhando as funções a contento. Sentença correta ao julgar improcedente a demanda. Decisão mantida. Recurso desprovido. 1. A Constituição Federal prevê, no art. 37 e incisos, a existência de cargos de livre nomeação e exoneração, estabelecendo ainda que 'os cargos, empregos e funções públicas são acessíveis aos brasileiros que preencham os requisitos estabelecidos em lei'. 2. De tal sorte, nos Poderes Executivo e Legislativo, a restrição de acesso a tais cargos depende de Lei regulamentadora, a exemplo do que ocorre no Judiciário com a edição da Res. CNJ 7/2005, validada pelo STF. 3. No caso, inexistindo Lei Municipal restringindo o

Ademais, inclusive para evitar o descumprimento desse posicionamento, vale destacar o julgamento do Recurso Extraordinário com Agravo (ARE), em 23.04.2015, pelo qual o Plenário do STF decidiu, por unanimidade, que é legítima a publicação, inclusive em sítio eletrônico mantido pela Administração Pública, do nome de servidores e dos valores dos correspondentes vencimentos e vantagens pecuniárias.

No entanto, o *constitucionalismo democrático* não é apenas uma conquista do século XX, mas um *programa para o futuro,*[359] possuindo um *sentido dúplice*: a) os direitos fundamentais, previstos nas Constituições modernas e nos Tratados internacionais de Direitos Humanos, devem ser garantidos e concretamente realizados; b) o paradigma da democracia constitucional é ainda *embrionário*, podendo ser alargado em três direções: b1) assegurar a realização de todos os direitos, não somente os de liberdade, mas também os sociais (construção de um *constitucionalismo social*); b2) fazer respeitar os direitos fundamentais não somente no confronto com os poderes públicos, mas também dos poderes privados, sejam eles nacionais ou transnacionais (construção de um *constitucionalismo privado*) [360]; b3) ampliar os direitos humanos fundamentais, no âmbito internacional, respeitando-os não apenas no interior de cada Estado (construção de um *constitucionalismo internacional*).

3.3.7 Método concretista da norma jurídica

Para o neopositivismo, a norma não é a mera descrição da lei ou da Constituição, mas é resultado da interpretação. A norma jurídica somente adquire normatividade quando se transforma em *norma de decisão* aplicável aos casos concretos.[361] Ou melhor, *concretização* da norma é *construção* da norma.[362]

O direito é um conjunto de princípios e de regras expressas por conteúdos linguísticos, os quais podem estar em contradição. Tais contradições

acesso aos cargos de confiança, não cabe invocar abstratamente princípios constitucionais para proibir o acesso de parentes de autoridades a esses cargos, sob pena de discriminação, máxime não comprovado nos autos que os cidadãos nomeados sejam desqualificados ou não desempenhem a contento as funções".

[359] Cf. Luigi Ferrajoli. I fondamenti...cit., p. 348-349.

[360] Cf. Luigi Ferrajoli. *Democracia y garantismo*, p. 293-302.

[361] Cf. José Joaquim Gomes Canotilho. *Direito Constitucional e teoria*...cit, p. 1.221.

[362] Cf. Friedrich Müller. Op. cit. p. 231.

são inconcebíveis na realidade feita objeto nas ciências naturais, mas, em grande medida, inevitáveis em relação à ciência jurídica.[363]

Em razão da *imprecisão da linguagem*, a norma não é dada, mas *construída* no caso concreto. O direito é a *correspondência* ou a *ponte de ligação* entre o dever (decorrente de comandos gerais e abstratos, presentes nas regras e nos princípios) e o ser (consistente nas situações fáticas que compõem o caso concreto).[364] Trata-se, pois, de fenômeno *relacional*, no qual o *ato hermenêutico* implica a compreensão (jurídica e fática) do dever e do ser. Enfim, ser e dever-ser representam, respectivamente, os juízos fáticos e de valor, utilizados pelo sujeito cognoscente para a compreensão da realidade.[365]

A *concretização da norma* somente pode ser realizada no caso concreto. Âmbito normativo e programa normativo, na terminologia de Friedrich Müller, precisam ser averiguados com todos os dados possíveis.[366] A *norma concreta de decisão*, como fator de justiça material, é elaborada somente no caso particular e por meio de sua ligação com ele.[367]

Em outros termos, os produtos normativos, resultantes dos procedimentos legislativos, não resolvem todos os problemas. Não determinam, totalmente, a tomada de decisão jurídica, em razão: a) da incerteza da linguagem; b) da possibilidade de conflitos entre normas; c) do fato de que pode haver casos que exigem resolução jurídica, mas cuja solução não é providenciada por nenhuma norma válida; d) da possibilidade, em casos especiais, de tomar uma decisão que vai contra a letra da lei.[368]

A rigorosa separação entre a decisão programadora e a programada, pelo isolamento entre legislação e o processo legal de decisão, ou entre a promulgação de leis e a sua aplicação não é possível. Como explica Niklas Luhmann, o trabalho decisório dos juristas não pode ser concebido unicamente como uma elaboração de casos individuais de acordo com progra-

363 Cf. Luigi Ferrajoli. I diritti...cit., p. 169.

364 Cf. Arthur Kaufmann. *Filosofia do direito*. p. 203 e 215.

365 "A rigor, ser e dever-ser são categorias lógicas que traduzem duas posições distintas do sujeito cognoscente perante a realidade, dando lugar, respectivamente, a juízos de realidade e juízos de valor, porquanto pelo primeiro se enuncia algo que o real é, enquanto o segundo nos apresenta o real como ele deve ou deveria ser. É por isso que afirmo que 'ser' e 'dever ser' são como que o olho esquerdo e o olho direito com que focalizamos a realidade" (Miguel Reale. *Verdade e conjetura*. p. 95).

366 Op. cit. p. 263.

367 Idem, Ibidem.

368 Cf. Robert Alexy. *Teoria da argumentação*...cit., p. 268.

mas firmemente estabelecidos, especialmente em se tratando de decisões problemáticas, que exigem a própria elaboração do programa.[369]

Ao se afirmar que o direito não se resume ao texto da lei ou da Constituição, pode-se inferir também que o direito não emana única e exclusivamente do Estado-legislador.

Destaca-se, neste contexto, o método concretista da "Constituição Aberta" de Peter Häberle,[370] porque reconhece a existência de um processo simultâneo de *complexização* e de *articulação* do Estado com a sociedade: *um Estado policêntrico, uma sociedade plural.*[371] Toda a sociedade se estruturou em organizações de natureza diversa (econômicas, profissionais, feministas, ambientais etc.), tornando-se centros de imputação e de agregação de interesses setoriais ou corporativos, constitucionalmente protegidos, para promover os seus interesses em face aos da maioria.[372] Assim, a Constituição deixou de ser apenas a Constituição do Estado, para ser a Constituição do Estado e da sociedade (a *ordem jurídica fundamental da comunidade*).[373]

Portanto, o direito não se esgota em um catálogo de regras ou princípios que recaem sobre diferentes esferas do comportamento.[374] O *império do direito* é definido pela *atitude interpretativa* e *autorreflexiva* dirigida à política, em sentido amplo.[375] Depende da atitude *contestadora* de todo cidadão responsável, que deverá imaginar quais os compromissos públicos da sociedade com os princípios e o que tais compromissos exigem a cada nova circunstância.[376] O caráter contestador do direito decorre da ideia de que os juízes têm a última palavra, mas não é, só por isto, que devam ter a razão.[377]

[369] Cf. *Sociología política*, p. 182.

[370] Segundo Peter Häberle, "no processo de interpretação constitucional estão potencialmente vinculados todos os órgãos estatais, todas as potências públicas, todos os cidadãos e grupos, não sendo possível estabelecer-se um elenco cerrado ou fixado com *numerus clausus* de intérpretes da Constituição" (*Hermenêutica constitucional. A sociedade aberta dos intérpretes da Constituição: contribuição para a interpretação pluralista e procedimental da Constituição*, p. 13).

[371] Cf. Vital Moreira. Op. cit.

[372] Idem.

[373] Cf. Cristina Queiroz. *Interpretação constitucional...* cit., p. 250.

[374] Cf. Ronald Dworkin. *O império...* cit., p. 492.

[375] Idem, ibidem.

[376] Idem, ibidem.

[377] Idem, ibidem.

A *concretização* ou a *realização constitucional* envolvem tanto os participantes diretos do procedimento de interpretação-aplicação da Constituição quanto o *público*.[378]

Todos os participantes do processo de concretização normativo exercem um papel importante, na medida em que colocam a norma em contato com a realidade. O método concretista está fundado no *pluralismo jurídico*. Marca a superação da concepção monista, segundo a qual somente o grupo político detém o poder de criar e ditar normas jurídicas. Isso permite visualizar não apenas fontes formais do direito, mas atribuir juridicidade a manifestação de grupos menores, excluídos ou marginais, dentro do Estado (fontes materiais).[379]

O direito deve se compreendido como *circulação de sentido*, sendo que ninguém, nem o legislador nem o juiz, tem o *privilégio* de estabelecer *o seu* único sentido.[380] Essa *circulação de sentido* opera no espaço público e ninguém pode pretender exercer o seu monopólio, porque há direito mesmo sem os juristas, que, embora sejam os intérpretes mais autorizados, não são os únicos.[381]

O método concretista exerce um papel ainda mais relevante na concretização normativo-constitucional, uma vez que a Constituição está repleta de normas de caráter aberto, indeterminado e polissêmico, podendo existir diferentes níveis de realização ou de concretização – legislativo, administrativo e judicial – para que a norma constitucional se aproxime da realidade.[382]

[378] "Interpretação constitucional tem sido, até agora, conscientemente, coisa de uma sociedade fechada. Dela tomam parte apenas os intérpretes jurídicos 'vinculados às corporações' (*Zünftamässige Interpreten*) e aqueles participantes formais do processo constitucional. A interpretação constitucional é, em realidade, mais um elemento da sociedade aberta. Todas as potências públicas, participantes materiais do processo social, estão nela envolvidas, sendo ela, a um só tempo, elemento resultante da sociedade aberta e um elemento formador ou constituinte dessa sociedade (*weil Verfassungsinterpretation diese offene Gesellschaft immer von neuem mitkonstituiert und von ihr konstituiert wird*). Os critérios de interpretação constitucional hão de ser tanto mais abertos quanto mais pluralista for a sociedade" (Peter Häberle. Op. cit. p. 13). Cf., ainda: Marcelo Neves. Op. cit. p. 91.

[379] Cf. Luiz Fernando Coelho. *Direito Constitucional*... cit., p. 286.

[380] Cf. François Ost, Júpter, Hércules, Hermes. Op. cit., p. 181.

[381] Idem, ibidem.

[382] Cf. José Joaquim Gomes Canotilho. *Direito Constitucional e teoria*...cit., p. 1.222.

Por exemplo, o valor constitucional da dignidade da pessoa humana (art. 1.º, III, da CF/1988), em razão de sua *vagueza semântica*, deve ser integrada pelos influxos sociais e pelas circunstâncias do caso concreto. Por isso, há uma *superposição operativa* entre o momento interpretativo e o aplicativo. A concretização deste que é o mais importante valor constitucional depende de um *processo aberto* de integração da norma constitucional.[383]

O método concretista aposta na *teoria da argumentação* como forma de concretização da norma jurídica. Tal teoria evita, de um lado, que se confunda o texto legislativo com a norma (resultado da interpretação). De outro, inibe o *subjetivismo* e o *decisionismo*, pois não resulta na possibilidade de o intérprete "dizer qualquer coisa sobre qualquer coisa".[384] Não sendo admissível que as decisões judiciais sejam tomadas a partir de impulsos ou fatores puramente emotivos. Tampouco deve ser considerada adequada a motivação calcada em citação vaga de princípios jurídicos (como ocorre, usualmente, com a dignidade da pessoa humana ou a razoabilidade), desacompanhada da criteriosa análise do caso concreto e de argumentação jurídica sólida. O neopositivismo não deve dar margem para o subjetivismo dos intérpretes, fazendo imperar a desordem e a descrença na Constituição ("oba-oba constitucional").[385]

A criatividade (sem limites) do intérprete representaria o retorno da Jurisprudência dos Valores; em outras palavras, seria uma forma de substituir o positivismo *exegético* pelo *normativista*. Por isso, não se pode cair no *panprincipiologismo*, isto é, a elocubração de princípios que, em verdade, não são *standards jurídicos*, mas meros álibis teóricos que, ao fim e ao cabo, constituem fatores de fragilização da autonomia do direito.[386]

[383] Cf. Emerson Garcia. Princípio da separação dos poderes: os órgãos jurisdicionais e a concreção dos direitos sociais. p. 78, nota 93.

[384] Cf. Lênio Luiz Streck. *Hermenêutica jurídica e(m) crise: uma exploração hermenêutica da construção do direito.* p. 310.

[385] Cf. Daniel Sarmento, O neoconstitucionalismo no Brasil: riscos e possibilidades cit., p. 41-44.

[386] Cf. Lenio Luiz Streck. *O que é isto – decido conforme minha consciência?*; Lenio Luiz Streck. A "bolha especulativa dos princípios" ("panprincipiologismo) e a (inexorável) fragilização da autonomia do direito. In: *Anais do II Congresso Internacional. Homenagem ao Prof. Dr. Ovídio Araújo Baptista da Silva. Jurisdição, Constituição & Democracia. Direito Fundamental ao Processo Constitucional na América Latina: Entre o Neoliberalismo e a Democratização.* Orgs. Jânia Maria Lopes Saldanha e Ângela Araújo da Silveira Espínola. Casa Leria: São Leopoldo, 2010; Lenio Luiz Streck. *Jurisdição constitucional e decisão jurídica.* 3ª ed. São Paulo: RT, 2013.

Pela teoria da argumentação, permite-se que, no processo judicial, sejam discutidos os limites hermenêuticos, contidos na própria Constituição, para a atuação legítima da jurisdição constitucional, exigindo que as partes e o órgão judicial se desincumbam de seus *ônus argumentativos*, os quais devem ser tanto mais intensos quanto mais forem vagas as normas a serem aplicadas.

Isso possibilita que, no campo processual, prevaleça o *melhor argumento*,[387] evitando a aplicação generalizada do modelo subsuntivo, próprio do positivismo jurídico.

Os direitos fundamentais, enquanto normas, geralmente têm estrutura de *mandamentos de otimização* (princípios).[388] Logo, é possível colocar o postulado da proporcionalidade no *centro da dogmática* dos direitos fundamentais, com a consequência prática de que, em muitos casos, o seu *conteúdo definitivo* decorra da *ponderação*.[389]

Aliás, não obstante se repita – sem maiores reflexões – que a proporcionalidade é um princípio, mais exato é qualificá-la com um *postulado normativo aplicativo*, porque deve ser aplicado de forma constante, sem variações, não tendo como produzir efeitos em diferentes medidas. Ao contrário dos princípios, o postulado da proporcionalidade possui *conteúdo normativo neutro*, não permitindo uma aplicação gradual, uma vez que a sua estrutura formal contém uma única possibilidade de aplicação, que independe das possibilidades fáticas e jurídicas: o meio escolhido deve ser adequado, necessário e não excessivo.[390] A proporcionalidade também não é uma

[387] Jürgen Habermas, ao defender a ideia de um *direito procedimentalizado*, sustenta a ideia de *igualdade entre os participantes* da prática argumentativa, na tentativa de se buscar, sem coerções, o exercício dos bons argumentos: "Todo participante en una práctica argumentativa tiene que suponer pragmáticamente que en principio todos cuantos pudieran verse afectados podrían participar como iguales y libres en una búsqueda cooperativa de la verdad en la que la única coerción que puede hacerse es la coercion sin coerciones que ejercen los buenos argumentos" (Cómo es posible... cit., p. 39).

[388] Cf. Robert Alexy. Entrevista com... cit., p. 675.

[389] Idem, ibidem.

[390] "O dever de proporcionalidade não é um princípio ou norma-princípio. Senão, vejamos: sua descrição abstrata não permite uma concretização em princípio gradual, pois a sua estrutura trifásica consiste na única possibilidade de sua aplicação; a aplicação dessa estrutura independe das possibilidades fáticas e normativas, já que seu conteúdo normativo é neutro relativamente ao contexto fático; sua abstrata explicação exclui, em princípio, a sua aptidão e necessidade de ponderação, pois o seu conteúdo não irá ser modificado no entrechoque com outros princípios. Não bastasse, a proporcionalidade não determina razões às quais a

regra jurídica, porque não estabelece um conteúdo relativamente à conduta humana nem disciplina à aplicação de outras normas.[391] A proporcionalidade é um *postulado normativo de aplicação do direito*, posto que apenas impõe *condição formal ou estrutural* de conhecimento concreto (aplicação) de outras normas (*dimensão metódica*). Trata-se de *metanorma* que, por não estar no mesmo *nível* de princípios e regras, orienta a sua aplicação. Desse modo, é dirigida, frontalmente, aos intérpretes e aplicadores do direito, diferentemente das regras e princípios que se destinam, primariamente, aos destinatários públicos e/ou privados.[392]

O postulado normativo da proporcionalidade, como já salientado, ainda que não esteja expresso, decorre, *logicamente*, da estrutura dos direitos fundamentais como princípios jurídicos. É empregado, especialmente, para solucionar colisões entre direitos fundamentais, evitando, pelos exames (testes) da adequação, necessidade e proporcionalidade em sentido estrito, que nenhuma restrição tome dimensões desproporcionais.[393]

3.3.8 Superação do formalismo jurídico (e processual)

O positivismo jurídico, incorporando o positivismo filosófico, procurou criar uma ciência jurídica com características análogas às ciências exatas e naturais.

São consequências dessa assertiva:[394] a) o direito distanciou-se da moral (vale dizer, não precisa haver conexão necessária entre o que ele é e o que ele deve ser),[395] por estar fundado na realidade objetiva e distanciado de

sua aplicação atribuirá um peso, mas apenas uma estrutura formal de aplicação de outros princípios. (...) O dever de proporcionalidade, então, estabelece uma estrutura formal dos princípios envolvidos: o meio escolhido deve ser adequado, necessário e não excessivo" (Humberto Ávila. A distinção... cit., p. 23-24).

391 Idem, p. 25.

392 Idem, ibidem.

393 Paulo Bonavides sustenta que a proporcionalidade é um *princípio de interpretação*, na medida em que, havendo duas exegeses possíveis, o juiz deve escolher aquela que melhor exprima a opção de valores da Constituição. Cf. *Curso de Direito Constitucional*. p. 386-389. De modo semelhante, não obstante considere a proporcionalidade uma regra, Cf. Virgílio Afonso da Silva. O proporcional e o razoável. p. 24. Verificar, ainda, o item 5.7.13, infra.

394 Cf. Luís Roberto Barroso. Fundamentos teóricos...cit., p. 21-23.

395 Cf. Antônio Cavalcanti Maia. Direitos humanos e a teoria do discurso e da democracia. p. 12, nota 15.

especulações filosóficas;[396] b) deveria ser fundado em *juízos de fato*, baseados no conhecimento da realidade, e não em *juízos de valor*, que pudessem representar uma tomada de posição quanto à realidade; c) o sujeito deveria ser *neutro*, porque o direito seria um *dado objetivo* (não uma *criação*), uma vez que era concebido com um conjunto de conceitos que deveriam existir independentemente dos casos concretos ou de quem tivesse de julgá-los, possuindo o valor intrínseco sem necessitar de correspondência com a realidade.[397]

Tais premissas conduziram a compreensão positivista do direito ao *formalismo jurídico*. A norma tinha validade em razão da observância dos critérios formais prévios à sua elaboração, independentemente de seu conteúdo. Impunha-se a subsunção dos fatos processualmente conhecidos às normas gerais e abstratas.

Esse raciocínio conduz a um *sistema fechado*, no qual as decisões legais corretas seriam deduzidas por meio de procedimentos lógicos, a partir de regras jurídicas predeterminadas, sem referência a fins sociais, políticas e *standards* morais.[398] Logo, o formalismo acaba por conceber o direito como um sistema de *relações entre ideias*, não como uma *prática social*.[399]

[396] Na perspectiva positivista, os juízos morais são percebidos como preferências subjetivas, decisões de vontade ou desejos arbitrários que, portanto, não podem ser justificados racionalmente.

[397] "Quantos juristas e, sobretudo, não juristas acreditam ainda que o direito é como uma rede de regras válidas em si e por si, na sua própria esfera de existência objectiva: regras que apenas se podem desvelar por aquilo que são ou então, em alternativa, trair por aquilo que não são, sendo contudo independentes dos casos da vida a regular? Segundo Gottfried W. Leibniz, por exemplo, o direito deveria consistir em definições racionalmente estabelecidas, desenvolvidas umas a partir das outras, como no raciocínio matemático, produzindo proposições válidas e verdadeiras em si mesmas, como acontece com a lei objectiva dos números que está acima de todos (incluindo Deus: também para Ele dois e dois são quatro) e vale independentemente da circunstância concreta de haver alguém saiba contar e de haver algo para contar. Do mesmo modo, o direito possui a sua verdade e o seu valor independentemente do facto de haver ou não algo ou alguém para julgar" (Gustavo Zagrebelsky, *A Lei, o Direito e a Constituição* cit.).

[398] Cf. Antônio Cavalcanti Maia. Direitos humanos... cit., p. 12, nota 15.

[399] Richard A. Posner rejeita o formalismo em razão da sua dissociação com as práticas sociais, embora não descarte a sua importância, afirmando: "A essência do formalismo está em conceber o direito como um sistema de relações entre ideias, e não como uma prática social. Não rejeito o formalismo *tout court*; não só existem sistemas formais imensamente importantes, como a lógica, a matemática e a arte, como também a lógica tem um importante papel a desempenhar na tomada de decisões judiciais. Rejeito o formalismo jurídico exagerado que considera as relações entre as ideias jurídicas como a essência do direito e do pensamento

A ciência jurídica não pode ser concebida como *simples descrição* do seu objeto, mas incluir a *crítica do direito vigente* inválido (porque em contraste com a Constituição), a *reinterpretação* das normas à luz dos valores e dos princípios que constituem a base axiológica do ordenamento jurídico, a *análise* das antinomias e das lacunas, além da elaboração e da projeção das garantias ausentes e inadequadas que impendem a efetivação dos direitos constitucionais.[400]

Portanto, o direito pós-moderno combate a negação de direitos por critérios meramente formais, privilegiando o conteúdo em detrimento do apego excessivo à forma. Critica os métodos de coerção e restrição de acesso a direitos, baseados no império do rito, do procedimento, do acesso condicionado pela burocracia, que fazem com que o direito seja acessível tão somente àqueles que sobrevivem as armadilhas e artimanhas criadas pelo sistema jurídico.[401] Por exemplo, entende-se haver preclusão consumativa, quando o preparo da apelação não se dá no ato da interposição do recurso, ainda que não tenha fluído todo o prazo, conforme exegese do art. 511, *caput*, do CPC-1973.[402] Felizmente, tal problema foi superado pelo Novo Código de Processo Civil ao prever, no art. 1.007, § 4º, que o recorrente que não comprovar, no ato de interposição do recurso, o recolhimento do preparo,

jurídico. Nesse sentido, o formalismo é às vezes visto como uma posição desacreditada no direito" (*Problemas de filosofia do direito*. p. 608).

400 Cf. Luigi Ferrajoli. Diritti fondamentali...cit., p. 36.

401 Cf. Eduardo Carlos Bianca Bittar. Op. cit., p. 432.

402 "Art. 511. No ato de interposição do recurso, o recorrente comprovará, quando exigido pela legislação pertinente, o respectivo preparo, inclusive porte de remessa e de retorno, sob pena de deserção". Neste sentido, é a orientação do STJ: "Processual civil. Apelação interposta no curso das férias forenses. Preparo realizado no mesmo período, porém no dia subsequente. Impossibilidade. Art. 511 do CPC. Exegese. Preclusão consumativa do ato. Deserção. I. O princípio da preclusão consumativa impede que o preparo seja efetuado no dia subsequente ao da interposição da apelação, ainda que em ambas as datas estivessem em curso as férias forenses. II. Importa para a aferição da deserção a concomitância da protocolização do recurso e a data do recolhimento das custas respectivas, porquanto se não se admite pagamento *a posteriori*, ainda que sobejasse prazo para apelação. Tal orientação não sofre modificação pela circunstância de as férias forenses interromperem o prazo. Em ambas as situações incide a preclusão consumativa, que tem a ver exclusivamente com a prática do ato recursal, não com o não esgotamento do que era originariamente disponibilizado à parte. III. Precedentes do STJ. IV. Recurso especial não conhecido" (REsp 659.045-ES, 4.ª T., j. 07.03.2006, rel. Aldir Passarinho Junior, *DJ* 17.04.2006, p. 201).

inclusive porte de remessa e de retorno, será intimado, na pessoa de seu advogado, para realizar o recolhimento em dobro, sob pena de deserção.

O *neoprocessualismo* procura construir técnicas processuais voltadas à promoção do direito fundamental à adequada, efetiva e célere tutela jurisdicional.[403] Para tanto, é indispensável enfrentar o problema do *fetichismo das formas*. O apego exagerado à forma cria obstáculos não razoáveis à utilização do processo como mecanismo de promoção de direitos fundamentais.

Nessa perspectiva, há de se encontrar *pontos de equilíbrio* entre a garantia do devido processo legal, em sentido formal, e a aplicação racional das formas, como meios de efetivação da tutela jurisdicional. Trata-se, enfim, de uma *nova fase metodológica* do Direito Processual, a que se tem chamado de *formalismo-valorativo*.[404]

Tal denominação nos parece equívoca, pois o *formalismo*, em si mesmo, já é uma *deformação*.[405] Não obstante preferir conceituar a nova fase metodológica do Direito Processual Civil como *neoprocessualismo*, a percepção epistemológica do problema está, contudo, correta, não devendo os estudiosos se perderem no nome dado ao fenômeno. Mais importante que a denominação atribuída, é o método criado para romper a aplicação formalista do direito processual.

Para a construção de uma sociedade onde se sobressaiam os valores éticos e emancipatórios contidos no texto constitucional, o processo deve ser pensado sob o enfoque da *cidadania ativa e solidária*.[406] Assim, o Novo Código de Processo Civil afirma no art. 6º que todos os sujeitos do processo devem cooperar entre si para que se obtenha, em tempo razoável, decisão de mérito justa e efetiva.

A existência de um *processo cooperativo* depende de um juiz *isonômico* na condução do *diálogo processual*, isto é, que observe rigorosamente o contraditório antes de tomar qualquer decisão (mesmo as que envolvam questões de ofício)[407], mas *assimétrico* quanto às decisões, a fim de fazer respeitar

[403] Conferir o item 4.3.4, abaixo.

[404] Cf. Carlos Alberto Alvaro de Oliveira. *Do formalismo no processo civil*; Daniel Mitidiero. *Elementos para uma teoria contemporânea do processo civil brasileiro.*

[405] Conforme assevera Enrico Tullio Liebman, "as formas são necessárias, mas o formalismo é uma deformação" (Op. cit., vol. I, p. 258).

[406] A propósito, consultar o item 5.7.1, infra.

[407] O Novo Código de Processo Civil, no art. 10, assimilou a garantia do contraditório, vinculando inclusive o juiz, e, portanto, mitigando o princípio do *iura novit curia*, ao estabelecer: "O juiz não pode decidir, em grau algum de jurisdição, com base em fundamento a respeito

a autoridade do Estado na resolução dos conflitos, além das necessárias garantias judiciais da independência e da imparcialidade, sem as quais não há processo tampouco decisões justas.[408]

Com efeito, embora as formas sejam necessárias (para a segurança dos atos jurídicos, das partes no processo e do correto exercício da jurisdição), o *fetichismo* à forma ou o seu apego obcecado e irracional não assegura a realização dos direitos, mas, ao contrário, constitui fator de empobrecimento do processo, já que não permite a visualização de seus fins.[409]

Ao conduzir o diálogo processual, tendo como escopo final à promoção dos direitos fundamentais e à justiça da decisão, impõe-se ao juiz os deveres de esclarecimento, prevenção, consulta e auxílio dos litigantes.

Assim, o magistrado, antes do órgão judicial indeferir a petição inicial e extinguir o processo sem resolução de mérito (arts. 330, I, e 485, inc. I, NCPC), deve permitir que o demandante emende a petição inicial (art. 321 do NCPC). Ao proceder à organização do processo, quando verificar a existência de irregularidades ou de vícios sanáveis, o juiz deve determinar a sua correção em prazo nunca inferior a 30 (trinta) dias (art. 352 do NCPC). Durante o saneamento do processo, quando a causa apresentar complexidade em matéria de fato ou de direito, o juiz deverá designar audiência para que a organização do processo seja feita em cooperação com as partes, oportunidade em que o juiz, se for o caso, convidará as partes a integrar ou esclarecer suas alegações (art. 357, § 3º, NCPC). Antes de decidir, o órgão judicial deve promover a máxima efetivação da garantia processual do contraditório, para que não gere *decisões surpresas*, embora sem prolongar demasiadamente o debate, com o deferimento de atos inúteis ou não razoáveis, a fim de inibir o abuso do direito processual, pelo controle da conduta das partes e de seus procuradores, à luz do princípio da boa-fé objetiva (*v.g.*, art. 187 do CC/2002 e arts. 5º e 10 do NCPC), além de proceder à distribuição adequada dos ônus do tempo do processo (*v.g.*, art. 294 do NCPC). O juiz deve, ainda, determinar, a qualquer tempo, o suprimento de pressupostos processuais e o saneamento de outros vícios processuais (art. 139, inc. IX, NCPC), mas também o relator, antes de con-

do qual não se tenha dado às partes oportunidade de se manifestar, ainda que se trate de matéria sobre a qual deva decidir de ofício".

[408] Cf. Daniel Mitidiero. *Colaboração no processo civil. Pressupostos sociais, lógicos e éticos*. p. 72-73.

[409] Cf. Cândido Rangel Dinamarco. Nasce um novo processo civil. p. 8 e *A instrumentalidade do processo*, p. 128.

siderar inadmissível o recurso, concederá prazo de 5 (cinco) dias ao recorrente para que seja sanado o vício ou complementada a documentação exigida (art. 932, par. ún., NCPC).

A decisão, enfim, deve ser adequadamente motivada,[410] assegurando pela completude da motivação, que os argumentos dos demandantes sejam, devidamente, apreciados, como manifestação final da dinâmica do contraditório, conforme está expresso no art. 489, inc. IV, do NCPC, sob pena de nulidade do ato judicial. Constatado a omissão na apreciação judicial, são cabíveis embargos de declaração, os quais devem primar pela qualidade da argumentação (e não pela mera repetição enfadonha de argumentos já devidamente analisados), como bem estabelece o art. 1.022, par. ún., inc. II, do NCPC, para inibir as hipóteses de ausência de fundamentação descritas no art. 489, § 1º, do NCPC, merecendo serem acolhidos como meio capaz de aperfeiçoar a prestação jurisdicional, não como um rito burocrático para que outros recursos sejam ajuizados Além disso, bom exemplo de combate ao formalismo processual, previsto no Novo Código de Processo Civil, é a regra contida no art. 1.013, § 3º, inc. IV, pela qual ao invés de simplesmente se promover a anulação da sentença por falta de fundamentação, pode o tribunal, em sede de apelação, uma vez constatado que o processo esteja em condições de imediato julgamento (isto é, se não for necessário a dilação probatória além daquelas que constam dos autos para examinar o mérito ou se a questão de mérito controvertida for unicamente de direito)[411], decidir desde já o mérito[412]. Por sua vez, o juízo de admissibilidade dos recursos não pode ser marcado pela inflexível submissão às formas (*v.g.*, o preparo insuficiente não pode impede a análise do mérito recursal, como bem determina o art. 1.007, § 2º, do NCPC, que oportuniza ao advogado da parte prévia intimação para suprir a insuficiência do valor do preparo).

É preciso acrescentar que o art. 5º do NCPC exige de todos aqueles que participam do processo comportamento de acordo com a boa-fé subjetiva

[410] Verificar o item 5.6, abaixo.

[411] STJ, REsp 1459222/RJ, Rel. Ministro Luis Felipe Salomão, Quarta Turma, julgado em 24/03/2015, DJe 30/03/2015; AgRg no REsp 1494273/MG, Rel. Ministro Mauro Campbell Marques, Segunda Turma, julgado em 05/02/2015, DJe 12/02/2015.]

[412] Nesse sentido, ressalte-se o Enunciado nº 307 do Fórum Permanente de Processualistas Civis: "*Reconhecida a insuficiência da sua fundamentação, o tribunal decretará a nulidade da sentença e, preenchidos os pressupostos do §3º do art. 1.013, decidirá desde logo o Mérito da causa*"

e objetiva. A boa-fé subjetiva decorre de um estado de consciência ou de convencimento individual, interno e psicológico de cada sujeito em agir conforme o direito. O NCPC, contudo, vai além da proteção da honestidade psicológica dos sujeitos processuais. Pretende que juízes, partes, terceiros, advogados, membros do Ministério Público, enfim, todos os que participam do processo adotem a boa-fé como *regra de conduta*, baseada na honestidade, na retidão, na lealdade e na consideração dos interesses e das legítimas expectativas dos outros, geradas pelo comportamento processual. Com isso, o NCPC também protege a *honestidade de comportamento* que é exterior ao agente. O art. 5º do NCPC, ao tutelar tanto a boa-fé subjetiva quanto a objetiva, valoriza a confiança como uma garantia de segurança, para assegurar o reflexo de condutas individuais nas esferas de terceiros, o que aumenta a estabilidade e a previsibilidade das relações jurídicas.

O princípio da boa-fé processual se destina a mitigar os efeitos do individualismo, para que as condutas dos sujeitos processuais se insiram no contexto processual contemporâneo. Isto é, o processo, disciplinado pelo Direito Público, é uma conquista civilizatória, destinada a pacificação social, mediante a valorização da argumentação e do diálogo jurídico, pautada pela ética e pela razão.

Dentre os desdobramentos do princípio da boa-fé processual, destaca-se a figura do *venire contra factum proprium*, segundo o qual a ninguém é lícito fazer valer um direito em contradição com a sua conduta interpretada objetivamente.[413] Desse modo, pretende-se proteger a confiança do sujeito processual que acreditou e não poderia ser lesado pelo comportamento contraditório do outro sujeito processual. Nesse sentido, contraria o princípio da boa-fé objetiva[414] o livre oferecimento de imóvel, bem de família, como garantia hipotecária. Tal imóvel deve se sujeitar à penhora para a satisfação

413 Cf. Judith Martins-Costa. *A boa-fé no direito privado*. p. 137; Luciano de Camargo Penteado e Isabele Maria Lopes Bolotti. *Venire contra factum proprium*: uma análise comparativa da utilização da figura pela jurisprudência brasileira e italiana. p. 145-172.

414 Sobre o principio da boa-fe objetiva, vale destacar o seguinte julgado: "Recurso especial. Busca e apreensão de bem objeto de alienação fiduciária em garantia. Mora *ex re*. Notifica-ção. Necessária apenas à comprovação para ajuizamento da ação e deferimento da liminar. Domicílio Atualização, em caso de mudança. Dever do devedor. Boa fé-objetiva. Envio de notificação para o endereço constante do contrato. Frustração, em vista da devolução do aviso de recebimento, com anotação de mudança do notificado. Documento, emitido pelo tabelião, dando conta do fato. Cumprimento pelo credor da providência prévia ao ajui-zamento da ação de busca e apreensão, que poderia ser-lhe exigível.

da dívida afiançada, em razão da renúncia à impenhorabilidade por comportamento anterior dos próprios devedores.[415] Outro exemplo, foi a conduta do Ministro da Justiça, analisada no MS 13.948, pelo STJ, ao exigir que um policial federal desistisse de todas as ações antes de analisar pedido de apostilamento. Entretanto, o Ministro, após a desistência das ações, indeferiu a pretensão sob o fundamento de inexistência de provimento judicial

1. A boa-fé objetiva tem por escopo resguardar as expectativas legítimas de ambas as partes na relação contratual, por intermédio do cumprimento de um dever genérico de lealdade e crença, aplicando-se a aos os contratantes. Destarte, o ordenamento jurídico prevê deveres de conduta a serem observados por ambas as partes da relação obrigacional, os quais se traduzem na ordem genérica de cooperação, proteção e informação mútuos, tutelando-se a dignidade do devedor e o crédito do titular ativo, sem prejuízo da solidariedade que deve existir entre eles.
2. A moderna doutrina, ao adotar a concepção do vínculo obrigacional como relação dinâmica, revela o reconhecimento de deveres secundários, ou anexos, que incidem de forma direta nas relações obrigacionais, prescindindo da manifestação de vontade dos participantes e impondo ao devedor, até que ocorra a extinção da obrigação do contrato garantido por alienação fiduciária, o dever de manter seu endereço atualizado.
3. Por um lado, embora, em linha de princípio, não se deva descartar que o réu possa, após integrar a demanda, demonstrar ter comunicado ao autor a mudança de endereço, não cabe ao Juízo invocar a questão de ofício. Por outro lado, não há necessidade de que a notificação extrajudicial, remetida ao devedor fiduciante para comprovação da mora, em contrato garantido por alienação fiduciária, seja recebida pessoalmente por ele.
4. A mora decorre do simples vencimento, devendo, por formalidade legal, para o ajuizamento da ação de busca e apreensão, ser apenas comprovada pelo credor mediante envio de notificação, por via postal, com aviso de recebimento, no endereço do devedor indicado no contrato. Tendo o recorrente optado por se valer do Cartório de Títulos e Documentos, deve instruir a ação de busca e apreensão com o documento que lhe é entregue pela serventia, após o cumprimento das formalidades legais.
5. Recurso especial provido"(REsp 1592422/RJ, Rel. Ministro Luis Felipe Salomão, Quarta Turma, julgado em 17/05/2016, DJe 22/06/2016).

[415] "A boa-fé do devedor é determinante para que possa se socorrer do favor legal, reprimindo-se quaisquer atos praticados no intuito de fraudar credores ou retardar o trâmite dos processos de cobrança. O fato de o imóvel dado em garantia ser o único bem da família certamente é sopesado ao oferecê-lo em hipoteca, ciente de que o ato implica renúncia à impenhorabilidade. Assim, não se mostra razoável que depois, ante à sua inadimplência, o devedor use esse fato como subterfúgio para livrar o imóvel da penhora. A atitude contraria a boa-fé ínsita às relações negociais, pois equivaleria à entrega de uma garantia que o devedor, desde o início, sabia ser inexequível, esvaziando-a por completo" (REsp 1141732/SP, Rel. Ministra Nancy Andrighi, Terceira Turma, julgado em 09/11/2010, DJe 22/11/2010). No mesmo sentido, verificar, entre outros: AgRg no AREsp 604.407/RJ, Rel. Ministro Marco Auréli Bellizze, Terceira Turma, julgado em 10/03/2015, DJe 19/03/2015; AgRg no AREsp 421.116/PR, Rel. Ministro Marco Auréli Bellizze, Terceira Turma, julgado em 24/02/2015, DJe 10/03/2015.

que amparasse à nomeação. A conduta do Ministro da Justiça acarretou a extinção de processos, com resolução do mérito, em relação a demandas que o impetrante tinha a expectativa de julgamento favorável com a possibilidade de nomeação ao cargo. Portanto, o STJ considerou que o comportamento do Ministro da Justiça violou a confiança, agindo *contra factum proprium*, e, portanto, contrariando o princípio da boa-fé processual.[416]

Outros importantes exemplos também podem ser evidenciados no âmbito do processo penal. A vedação do comportamento contraditório, expressa na figura do *venire contra factum proprium*, impede o reconhecimento da ocorrência de nulidade decorrente da utilização de prova emprestada, quando a própria defesa do réu concordou com o seu aproveitamento em momento anterior.[417]De igual modo, é contraditório o comportamento do acusado que solicita um encontro com o juiz e, após ser atendido, no Gabinete do Procurador Geral de Justiça, alegou suspeição do magistrado em razão dessa reunião.[418] Ainda, vale destacar o com-

[416] "4. O Ministro da Justiça - ao Publicar o Despacho Ministerial n. 312, que permitia aos policiais que se encontravam sub judice tivessem sua situação resolvida administrativamente, com o apostilamento, condicionados à desistência das ações judiciais e à renúncia do direito objeto das demandas - gerou expectativa legítima no servidor quanto ao deferimento de seu pleito, mas que foi frustrada com a negativa ocorrida justamente em razão do atendimento a um dos requisitos exigidos. 5. A conduta da Administração ofende os princípios da confiança e da boa-fé objetiva, corolários do princípio da moralidade, porquanto exigir a desistência de todas as ações antes de analisar os pedidos de apostilamento e indeferir a pretensão ao fundamento de inexistência de provimento judicial que amparasse a nomeação, no presente caso, impôs um prejuízo irrecuperável ao servidor, pois, apesar da incerteza quanto ao resultado dos requerimentos, o pedido de desistência acarretou a extinção dos processos, com resolução do Mérito, inclusive da demanda que lhe garantia a nomeação ao cargo, ceifando qualquer possibilidade de o impetrante ter um julgamento favorável, pois a apelação não havia, ainda, sido julgada"(MS 13.948/DF, Rel. Ministro Sebastião Reis Júnior, TERCEIRA SEÇÃO, julgado em 26/09/2012, DJe 07/11/2012).

[417] "Não há falar em reconhecimento de nulidade, decorrente da utilização de prova emprestada para a condenação penal, quando a própria defesa técnica com o seu emprego concordou. A relação processual é pautada pelo princípio da boa-fé objetiva, da qual deriva o subprincípio da vedação do venire contra factum proprium (proibição de comportamentos contraditórios). Assim, diante de um tal comportamento sinuoso, não dado é reconhecer-se a nulidade" (HC 143.414/MS, Rel. Ministra Maria Thereza de Assis Moura, Sexta Turma, julgado em 06/12/2012, DJe 13/12/2012). No mesmo sentido, conferir, dentre outros: STJ, HC 334.626/SP, Rel. Ministro Joel Ilan Paciornik, Quinta Turma, julgado em 05/05/2016, DJe 16/05/2016.

[418] Nesse sentido, interessante julgado do STJ: "Habeas Corpus. Peculato e Formação de Quadrilha. Arguição de Suspeição de Magistrado. Improcedência. 1. Improcede a alegação de suspeição do Juiz de primeiro grau pelo fato de haver se reunido com o acusado, atendendo a

portamento do sentenciado e da Defensoria Pública que não informam corretamente o endereço do condenado a prestar serviços à comunidade. Tendo sido intimado no endereço, fornecido no boletim de ocorrência, não compareceu para dar início ao cumprimento da pena alternativa. Apesar do juízo de execuções buscar a intimação de endereço constante na Receita Federal e na Justiça Eleitoral, o sentenciado não foi encontrado e a pena foi convertida em privativa de liberdade. Com isso, o STJ negou o HC 137.549, por considerar que houve violação do princípio da boa-fé objetiva (em especial, o dever de mitigar o próprio dano: *duty to mitigate the loss*, que impõe o encargo da parte a quem a perda aproveita não se manter inerte diante da possibilidade de agravamento desnecessário do próprio dano, na expectativa de se beneficiar da própria inércia, contrariando os deveres de cooperação e de eticidade inerentes ao princípio da boa-fé objetiva) [419] pelo paciente e sua defesa que tinham o dever de atua-

pedido deste, fora das dependências do fórum, em gabinete do Procurador-Geral de Justiça do Estado. 2. A Lei Orgânica da Magistratura Nacional estabelece, como um dos deveres do juiz, "tratar com urbanidade as partes, os membros do Ministério Público, os advogados, as testemunhas, os funcionários e auxiliares da Justiça, e atender aos que o procurarem, a qualquer momento, quanto se trate de providência que reclame e possibilite solução de urgência." (art. 35, IV, da Lei Complementar nº 35/75). Mesmo no gozo de suas férias, nada mais fez o Juiz que atender a pedido da parte para que fosse atendida e ouvida. 3. Da dita reunião não se extraiu, pelos elementos de cognição contidos neste habeas corpus, aconselhamento jurídico levado a efeito pelo magistrado. 4. O fato de o encontro ter ocorrido fora das dependências do fórum, por si só, não acarreta a suspeição do magistrado, visto que o conteúdo e o alcance da conversação, presenciada, inclusive, pelo Procurador-Geral de Justiça, ficou bem delineada nos autos, e, de seu conteúdo, não se constata a existência de palavra ou atitude comprometedora de isenção do juiz. 5. Em direito processual, é vedado às partes a adoção de comportamentos contraditórios (nemo venire contra factum proprium). Na espécie, foi o réu quem solicitou, com insistência, o encontro com o juiz. Inadmissível que, agora, pretenda acoimar o ato de suspeito. 6. Ordem denegada" (HC 206.706/RR, Rel. Ministro Og Fernandes, Sexta Turma, julgado em 27/09/2011, DJe 21/03/2012).

[419] A teoria do *duty to mitigate loss* foi aplicada em um outro caso cível interessante, julgado pelo STJ. Trata-se de um Procurador do Estado que ajuizou ação de reparação de danos em face de serventuária da justiça que emitiu certidão equivocada de ter sido o Estado condenado a multa por litigância de má-fé. O recorrente, depois da Publicação errônea, opôs embargos de declaração, sem mencionar o erro. Posteriormente, interpôs recurso de apelação e seguiu sem impugnar o equívoco nem, tampouco, requereu administrativamente a correção da Publicação. Ao contrário, preferiu manter-se inerte, diante da possibilidade de agravamento desnecessário dos prejuízos, na esperança de ser ressarcido posteriormente com uma ação indenizatória. Cf. REsp 1325862/PR, Rel. Ministro Luis Felipe Salomão, Quarta Turma, julgado em 05/09/2013, DJe 10/12/2013. De igual modo, vale destacar o seguinte julgado:

lizar o endereço, para que a execução pudesse ter o andamento regular, sem diligências inúteis para a sua localização.[420]

Ademais, a proibição de *venire contra factum proprium* também se aplica aos órgãos judiciais. Assim, por exemplo, o juiz não pode resolver o processo sem julgamento de mérito, após dar oportunidade e a parte regularizar suprir a falta de pressuposto ou de vício processual (arts. 139, IX, e 352, 485, IV, NCPC). Nesse sentido, o STJ, no REsp. 1.116.574, afirmou que o juiz não poderia ter extinto os embargos à execução, com fundamento no art. 267, IV, CPC-1973, após ter determinado a intimação para a comprovação do recolhimento de preparo e a parte ter cumprido a determinação judicial dentro do prazo estabelecido pelo magistrado.[421]

"Direito civil. Contratos. Boa-fé objetiva. Standard ético-jurídico. Observância pelas partes contratantes. Deveres anexos. Duty to mitigate the loss. Dever de mitigar o próprio prejuízo. Inércia do credor. Agravamento do dano. Inadimplemento contratual. Recurso improvido 1. Boa-fé objetiva. Standard ético-jurídico. Observância pelos contratantes em todas as fases. Condutas pautadas pela probidade, cooperação e lealdade. 2. Relações obrigacionais. Atuação das partes. Preservação dos direitos dos contratantes na consecução dos fins. Impossibilidade de violação aos preceitos éticos insertos no ordenamento jurídico. 3. Preceito decorrente da boa-fé objetiva. Duty to mitigate the loss: o dever de mitigar o próprio prejuízo. Os contratantes devem tomar as medidas necessárias e possíveis para que o dano não seja agravado. A parte a que a perda aproveita não pode permanecer deliberadamente inerte diante do dano. Agravamento do prejuízo, em razão da inércia do credor. Infringência aos deveres de cooperação e lealdade. 4. Lição da doutrinadora Véra Maria Jacob de Fradera. Descuido com o dever de mitigar o prejuízo sofrido. O fato de ter deixado o devedor na posse do imóvel por quase 7 (sete) anos, sem que este cumprisse com o seu dever contratual (pagamento das prestações relativas ao contrato de compra e venda), evidencia a ausência de zelo com o patrimônio do credor, com o consequente agravamento significativo das perdas, uma vez que a realização mais célere dos atos de defesa possessória diminuiriam a extensão do dano. 5. Violação ao princípio da boa-fé objetiva. Caracterização de inadimplemento contratual a justificar a penalidade imposta pela Corte originária, (exclusão de um ano de ressarcimento). 6. Recurso improvido" (REsp 758.518/PR, Rel. Ministro Vasco Della Giustina (Desembargador Convocado do TJ/RS), Terceira Turma, julgado em 17/06/2010, REPDJe 01/07/2010, DJe 28/06/2010).

[420] "O princípio da boa-fé objetiva ecoa por todo o ordenamento jurídico, não se esgotando no campo do Direito Privado, no qual, originariamente, deita raízes. Dentre os seus subprincípios, destaca-se o duty to mitigate the loss. A bem do dever anexo de colaboração, que deve empolgar a lealdade entre as partes no processo, cumpriria ao paciente e sua Defesa informar ao juízo o endereço atualizado, para que a execução pudesse ter o andamento regular, não se perdendo em inúteis diligências para a sua localização."(HC 137.549/RJ, Rel. Ministra Maria Thereza de Assis Moura, Sexta Turma, julgado em 07/02/2013, DJe 20/02/2013).

[421] Cf. STJ. REsp 1116574/ES, Rel. Ministro Massami Uyeda, Terceira Turma, julgado em 14/04/2011, DJe 27/04/2011.

Nesse contexto, também deve ser destacado a previsão, no NCPC (art. 6º), do princípio da colaboração processual.[422]

O neoprocessualismo, destarte, implica coragem para romper com as amarras do positivismo e do formalismo jurídicos, concebendo o processo como um veículo de tutela dos direitos materiais. Para tanto, é preciso ter percepção aguçada para, na medida do possível, assimilar os avanços trazidos pelo Novo Código de Processo Civil e, por meio da doutrina e da jurisprudência, ampliar o alcance dos princípios da instrumentalidade das formas, da fungibilidade dos atos processuais, da colaboração e da boa-fé processuais.

O processo colaborativo deve culminar com uma fase executiva marcada pela tutela específica das obrigações, guiada pelas tutelas diferenciadas e implementada pela correta utilização dos poderes-deveres do magistrado na satisfação do resultado útil do processo (*v.g.*, arts. 497, 536, § 1º e 537 do NCPC).[423]

Por fim, em casos excepcionais (*v.g.*, envolvendo investigação de paternidade),[424] não se pode ignorar a utilização ampliada da ação rescisória (*v.g.*, considerar documento novo exame de DNA não realizado ou

[422] Cf. Daniel Mitidiero. Colaboração no Processo Civil: Pressupostos sociais, lógicos e éticos. 3ª ed. São Paulo: RT, 2015], cujo objetivo é o de ampliar o debate entre os sujeitos processuais, reconhecer a igualdade de posição dos litigantes e concretizar a efetivação do contraditório. Assim, os juízes devem cooperar com as partes na busca de um processo justo, célere e efetivo, produzindo amplo debate, fornecendo esclarecimentos e auxílio, e removendo eventuais obstáculos que surgirem durante a tramitação processual.

[423] Nesse sentido, o STJ possui julgados que permitem, apesar do contido no art. 1.º, parágrafo único, da Lei 8.009/1990, a penhora de parte do bem de família, quando possível o desmembramento do imóvel, sem descaracterizá-lo, levando em consideração, com razoabilidade, as circunstâncias e peculiaridades do caso. Cf. AgRg no AREsp 439.292-PR, 3ª T., j. 11.02.2014, rel. Min. Sidnei Beneti, *DJe* 13.03.2014; REsp 326.171-GO, 4.ª T., j. 28.08.2001, rel. Min. Sálvio de Figueiredo Teixeira, *DJ* 22.10.2001, p. 331; REsp 188.706-MG, 4.ª T., j. 05.08.1999, rel. Min. Sálvio de Figueiredo Teixeira, *DJ* 13.09.1999, p. 70. ; AgInt no AREsp 573.226/SP, Rel. Min. Raúl Araújo, 4ª T., julgado em 02/02/2017, DJe 10/02/2017; AgInt no REsp 1456845/PR, Rel. Min. Gurgel de Faria, 1ª T., julgado em 13/09/2016, DJe 19/10/2016. Tal posicionamento foi acolhido pelo art. 872, § 1º, do NCPC, ao afirmar que, quando o imóvel for suscetível de cômoda divisão, a avalição, tendo em conta o crédito reclamado, será realizada em partes, sugerindo-se, com a apresentação de memorial descritivo, os possíveis desmembramentos para alienação. Ademais, o art. 975, § 2º, do NCPC, afirma que, na hipótese do art. 966, inc. VII, o termo inicial do prazo será a data da descoberta da prova nova, observado o prazo máximo de 5 (cinco) anos, contado do trânsito em julgado da última decisão proferida no processo.

[424] Cf. Rolf Madaleno. A coisa julgada na investigação de paternidade. p. 301.

juntado em tempo oportuno)[425] ou mesmo a hipótese de relativização da coisa julgada material,[426] com o intuito de superar obstáculos formais à realização tardia do direito fundamental violado.

3.3.9 Rejeição do império do silogismo judicial

O silogismo científico, para chegar a uma conclusão verdadeira, precisa obedecer a um conjunto complexo de regras.[427] As premissas devem ser verdadeiras (não podem ser possíveis, prováveis ou falsas). Também devem ser indemonstráveis, para se evitar a regressão indefinida, que impede a demonstração. A verdade da conclusão depende da absoluta clareza das premissas. As premissas, ainda, devem ser causa da conclusão.

O Iluminismo, ao pretender transformar o direito em uma ciência exata, com os mesmos padrões epistemológicos das matemáticas, fez com que

[425] Cf. STJ, REsp 653.942-MG, 4.ª T., j. 15.09.2009, rel. Min. Honildo Amaral de Mello Castro (Des. Conv. do TJAP), *DJe* 28.09.2009; STJ, REsp 300.084-GO, 2.ª Seção, j. 28.04.2004, rel. Min. Humberto Gomes de Barros, *DJ* 06.09.2004, p. 161. ; AgInt no REsp 886.089/RS, Rel. Ministro Raúl Araújo, 4ª T., julgado em 06/10/2016, DJe 24/10/2016. O NCPC assimila essa perspectiva ao permitir, no art. 966, inc. VII, o cabimento de ação rescisória em que o autor obtém, posteriormente ao trânsito em julgado, prova nova cuja existência ignorava ou de que não pôde fazer uso, capaz, por si só, de lhe assegurar pronunciamento favorável. Ademais, o art. 975, § 2º, do NCPC, afirma que, na hipótese do art. 966, inc. VII, o termo inicial do prazo será a data da descoberta da prova nova, observado o prazo máximo de 5 (cinco) anos, contado do trânsito em julgado da última decisão proferida no processo.

[426] Cf. STJ, REsp 427.117-MS, 3.ª T., j. 04.11.2003, rel. Min. Castro Filho, *DJ* 16.02.2004, p. 241; STJ, REsp 226436-PR, 4.ª T., j. 28.06.2001, rel. Min. Sálvio de Figueiredo Teixeira, *DJ* 04.02.2002, p. 370. Ademais, não obstante tenha sido vetado, pelo Presidente da República, o § 3.º do art. 649, e o parágrafo único do art. 650 do CPC-1973, que previam a penhora de valores dos supersalários e de bem de família cujo valor fosse extraordinário, é possível, pela aplicação do direito fundamental à tutela jurisdicional adequada e efetiva (art. 5.º, XXXV, da CF/1988), admiti-las, como meio de concretização do valor constitucional da construção de uma sociedade livre, justa e solidária (art. 3.º, I, da CF/1988), além da promoção do bem de todos, sem discriminações indevidas (arts. 3.º, IV, e 5.º, *caput*, da CF/1988). O NCPC, contudo, inova nessa questão, pois o artigo 833, § 3.º, possibilita a penhora de vencimentos, subsídios, soldos, salários, remunerações, proventos de aposentadoria, pensões, pecúlios, montepios, quantias recebidas por liberalidade de terceiro e destinadas ao sustento do devedor e de sua família, bem como ganhos de trabalhadores autônomos e honorários de profissionais liberais, além de quantias depositadas em caderneta de poupança, para pagamento de pensão alimentícia e importâncias excedentes a 50 (cinquenta) salários-mínimos mensais. Sobre este tema, consultar ainda o item 4.3.4, infra.

[427] Cf. Marilena Chaui. *Convite à filosofia*. p. 187-190.

o processo se tornasse uma *ciência rigorosamente formal*. O processo se tornou abstrato, com fórmulas puras e normas vazias (despidas de conteúdo e neutras quanto a valores, como as equações matemáticas). O processo não teria compromissos com a história, com a transformação das condições culturais da comunidade humana, e menos ainda com o controle e a fiscalização do poder. Teria sido moldado para a uma jurisdição que deveria apenas verbalizar a "vontade" do legislador, atuando como uma espécie de *oráculo da lei*.[428]

O *formalismo jurídico*, no campo processual, concebeu a decisão judicial como um *silogismo judicial*. Definiu como premissa maior a hipótese normativa, onde estão descritos o fato-tipo e as consequências jurídicas, caso os fatos descritos ocorram (*Tatbesstand*); premissa menor, os fatos que se subsumem a tal enunciado linguístico (*Sachverhalt*); e, por fim, a conclusão, resultante da aplicação destes fatos àquelas normas.[429]

A partir da diferenciação entre regras e princípios (referida no item 3.3.4, supra), é possível romper com o *império do modelo subsuntivo*, marcado pela separação entre sujeito-objeto e por raciocínios causal-explicativos, caracterizadores do *positivismo da causalidade*.

O princípio positivista da separação entre sujeito e objeto, no processo de conhecimento, esbarra em uma *impossibilidade epistêmica*, porque os intérpretes da sociedade, ao mesmo tempo que a descrevem, por dela serem partícipes, acabam igualmente por modificá-la.[430]

A *reflexão hermenêutica* permite destruir o *círculo vicioso* objeto-sujeito--objeto, ampliando o campo da compreensão e da intersubjetividade,[431] pela via dialética do processo judicial, de modo a promover o diálogo e a superar a relação mecânica entre sujeitos e objetos.

O problema da justificação das decisões judiciais não se resume à aplicação *lógica* das normas abstratamente formuladas. A lógica dedutiva somente oferece critérios de correção formais, não se preocupando com o conteúdo das normas jurídicas e o resultado de sua aplicação social. Do ponto de

[428] Cf. Ovídio A. Baptista da Silva. Da função à estrutura. p. 13-4.

[429] "Tutto il lavoro del giudice si riduce pertanto a trovare la coincidenza tra un caso concreto e un caso astrattamente ipotizzato dalla norma: cioè, secondo la risaputa terminologia scolastica, la coincidenza tra 'fattispecie reale' e la 'fattispecie legale'" (Piero Calamandrei. *Processo e democrazia*. p. 56).

[430] Cf. Luiz Fernando Coelho. *Direito Constitucional*... cit., p. 279.

[431] Cf. Boaventura de Souza Santos. *Introdução a uma ciência pós-moderna*. p. 16.

vista exclusivamente lógico, mesmo partindo-se de premissas falsas, é possível chegar a argumentos corretos.[432]

As questões materiais não são satisfeitas pelo silogismo jurídico, porque a linguagem do direito é imprecisa, podendo haver conflitos entre as normas, casos em que a norma a ser aplicada não seja válida por ferir a Constituição ou, ainda, não existir nenhuma norma suscetível de aplicação no caso concreto.[433]

Ademais, os fatos e as regras jurídicas interagem no processo de decisão, não podendo ser considerados como entes *independentes* e *isolados* para fins silogísticos.

A *luta por direito* é marcada pela oposição entre a lei e o fato: a lei está, o fato move-se; a lei é um estado, o fato, um desenvolvimento; a lei está fora do tempo; o fato está dentro; a lei busca deter o fato e o fato fugir da lei.[434] Cabe ao intérprete *unir*, servir de ponte entre a regra universal, abstrata e impessoal, de um lado, e os fatos concretos, de outro.

Logo, não há como o órgão julgador separar suas conclusões sobre os fatos de suas conclusões sobre o direito.[435] A regra jurídica serve apenas como uma *formulação provisória*, um *guia*, com função *meramente indicativa* e, portanto, incapaz de assegurar, *plenamente*, pela simples abstração e gene-

[432] Cf. Manuel Atienza. *As razões do direito*... cit., p. 33-34.
[433] Cf. Robert Alexy. *Teoria da argumentação*... cit., p. 17. Nas palavras de Luis Recaséns Siches, "el meollo de la función jurisdiccional, y la grave responsabilidad que ésta estraña, no radica en la sencillíssima operación de sacar una conclusión de dos premisas. Sentada la supuesta premisa mayor (la norma) y la supuesta premisa menor (hechos comprobados y juridicamente calificados) la operación de extrare la consecuencia puede realizarla correctamente un niño o incluso una sirvienta analfabeta. En todo o caso, tiene uno que darse cuenta de que la auténtica miga de la función judicial y la pesada carga de la misma no consisten en deducir la conclusión de dos premisas, sino en la tarea, muchas veces dificilísima, de sentar las dos premisas correctas. Los jueces y los abogados tienen abundante experiencia del hecho de que muchas veces se encuentran con respecto a un litigio o proceso, con dos o más normas (de igual rango formal) del Derecho vigente, cada una de las cuales aparentemente podría parecer la adecuada para decidir la controversia, las más de las veces com dos artículos de un mismo Código. Entonces, el juzgador tiene que elegir entre esas varias normas, lo cual puede hacer sólo mediante un juicio de valor. Para resolver tal problema la lógica formal no le da ninguna ayuda" (*Experiencia jurídica, naturaleza de la cosa y lógica "razonable"*, p. 420).
[434] Cf. Francesco Carnelutti. *Arte do direito*. p. 40.
[435] Cf. Carla Faralli. La certezza...cit., p. 5.

ralidade, normas seguras. Isso porque a *juridicidade* se revela apenas e tão somente no modo por que for histórica e concretamente assumida.[436]

Porém, para fins processuais, os fatos não são acontecimentos ocorridos entre as partes, mas aquilo que o órgão judicial considerou que ocorreu a partir das alegações e das provas que cada uma delas traz ao processo.

O silogismo judiciário, exercício de lógica formal, é uma ficção, porque, no raciocínio do juiz, a "norma" não fica, forçosamente, *antes* (premissa maior) e o fato vem *depois* (premissa menor). O juiz, na formação de sua convicção, não parte, necessariamente, da "norma" ao fato, mas, frequentemente, vai do fato a "norma". Dessa maneira, não se pode separar os fatos das escolhas, das "normas" e dos problemas de interpretação. O raciocínio jurídico é *pendular*, faz-se no pensar entre o ir e vir dos princípios e regras com os fatos concretos, envolvendo três momentos distintos: a) a busca de significação da norma; b) a análise dos fatos concretos; c) o ajuste final ou o encaixe (ou não encaixe) do fato à norma.[437]

Tão importante quanto abandonar o império do modelo subsuntivo pelo *aspecto interno* da insuficiência da lógica formal é refutar as consequências da sua utilização acrítica. Há de se superar o pensamento clássico, refletido nas ideias de Calamandrei,[438] segundo o qual o ordenamento jurídico seria um arquivo do qual os aspectos sociais não têm relevância por estarem fora deste compartimento.[439] A atividade interpretativa do juiz, pois, não deve

[436] Cf. Antonio Castanheira Neves. *Questão-de-facto-Questão-de-direito*, p. 307.

[437] Cf. Teresa Arruda Alvim Wambier, *Recurso especial, recurso extraordinário e ação rescisória* cit., p. 201. No mesmo sentido, Karl Larenz, citado por Teresa Arruda Alvim Wambier, sintetiza: "O ir e vir da perspectiva entre a situação de facto e a proposição jurídica não deve conceber-se como se o observador mudasse apenas a direção do seu olhar, mas trata-se antes de um processo de pensamento em cujo decurso a situação de facto em bruto será conformada enquanto situação de facto acabada (como enunciado) e o texto da norma (como que a norma em estado bruto), na norma suficientemente concretizada para a apreciação desta situação de facto" (*Metodologia da ciência do direito*. p. 336-337).

[438] Piero Calamandrei chegou a comparar o ordenamento jurídico com um arquivo: cada artigo dos códigos seria um compartimento, feito para um determinado modelo de comportamento humano. Todas as ações humanas, socialmente relevantes, seriam classificadas em tipos e fichados nesse arquivo. Tudo o que não estivesse previsto dentro desse arquivo não teria relevância social e, por isso, seria indiferente ao ordenamento jurídico, o qual, por definição, não poderia ter lacunas. Cf. *Processo e democrazia*. p. 55-56.

[439] Da observação de Adrián Rentería Díaz se apreende: "Quando il giudice studia il caso sicuramente non trova i fatti, la scelta della norma e i problemi interpretativi nettamente separati, quasi come se stessero in casseti diversi. Al contrario, i tre elementi sono indubbia-

se prender a um sistema hermenêutico fechado, devendo ser levado em consideração o contexto histórico social e interdisciplinar.[440] Abandonar o império do modelo teórico lógico-dedutivo do silogismo judiciário, sob este *aspecto externo*, significa aproximar o magistrado das questões políticas, imprescindíveis a uma interpretação axiológica do direito, desconstruindo o mito da neutralidade do juiz e, principalmente, transformando o processo em um instrumento democrático.[441]

Além disso, não se pode ignorar que a norma não é produto apenas de uma *interpretação cognitiva*, mas também de *ato volitivo* do aplicador do texto jurídico.[442] Aliás, mesmo que fosse produto apenas de interpretação cognitiva, a tarefa do juiz não seria, necessariamente, menos complexa. Afinal, ao interpretar a regra, o julgador pode deparar-se com *áreas claras* ou *zonas de certeza positiva*, nas quais o julgador enquadra, de maneira evidente, os fatos na expressão do tipo legal (sabe-se, com certeza, o que *é*) ou de *áreas escuras*, onde o aplicador da lei verifica, sem maiores dificuldades, que os fatos não podem ser encaixados na hipótese normativa – *zonas de certeza*

mente connessi, in un rapporto talmente stretto che diviene estrettamente dificile separare l'individuazione dei fatti dalla scelta dalla norma da applicare, tenendo soprattutto sullo sfondo il problema centrale della interpretazione" (Discrizionalità del giudice o risposta correta?, p. 135). Cf. também Miguel Reale. *Lições preliminares de direito*. p. 297; Sidnei Agostinho Beneti. *Da conduta do juiz*. p. 108-111. Já para Francisco Cavalcanti Pontes de Miranda, não há apenas a aplicação do direito preexistente, mas também o direito que se revela diante do caso concreto. Cf. *Comentários ao Código de Processo Civil*. p. XXVIII.

[440] Sobre a importância de uma relação interdisciplinar entre várias ciências no campo do direito, sustenta Elio Fazzalari: "Sociologia, storia, giurisprudenza, alle quale si accompagna la comparazione nei suoi vari livelli, sono, infatti, scienze diverse, le quali però cospirano in uno *sforzo interdisciplinare*; si collocano cioè in un rapporto che costituisce il piú maturo prodotto della vocazione verso l'unità delle scienze, e per il quale *il possesso dei risultati di ciascuna è indispensabile per la elaborazione delle altre*" (L'esperienza del processo nella cultura contemporanea. p. 20 – grifos nossos). Verificar, também: Augusto Mario Morello. Proceso y realidad. p. 71; José Renato Nalini. *O juiz e o acesso à justiça*. p. 52-55.

[441] Na lição de Cândido Rangel Dinamarco: "Hoje, que o Direito Público é conscientemente voltado à organização social e não à distribuição de bens, é mister ver o processo, ramo do Direito Público, alguma destinação que vai além da aspiração individual à satisfação de interesses e (...) além da realização fragmentária de cada preceito jurídico concreto. O próprio direito tem inegavelmente um 'fim político', ou fins políticos, e é imprescindível encarar o processo, que é instrumento estatal, como algo de que o Estado se serve para a consecução dos objetivos políticos que situam por detrás da própria lei" (*A instrumentalidade*...cit., p. 169).

[442] Cf. Andreas. J. Krell. A recepção das teorias alemãs sobre "conceitos jurídicos indeterminados" e o controle da discricionariedade no Brasil. p. 38-39.

negativa (sabe-se, com certeza, o que *não é*). Nestas situações, os conceitos jurídicos são *determinados* e podem ser, facilmente, concretizados e controlados judicialmente. Por outro lado, pode haver *áreas cinzentas* ou *zonas de incerteza*, dentro das quais podem existir várias opiniões, se a hipótese da norma foi preenchida pelos fatos do caso concreto.

Por exemplo, para se escolher um ministro do STF, pela regra do art. 101 da CF/1988, o Presidente da República deve nomear um brasileiro nato (art. 12, § 3.º, IV, da CF/1988), com mais 35 e menos de 65 anos, de notável saber jurídico e de reputação ilibada. Quanto à *zona de certeza positiva*, na interpretação dessas regras constitucionais, sabe-se que o Presidente deve escolher um *brasileiro nato*, isto é, não pode ser naturalizado ou estrangeiro, com idade entre 35 e 65 anos. Quanto à *zona de certeza negativa*, não pode o Presidente nomear alguém (p. ex., um médico ou um engenheiro), porque o cargo deve ser ocupado, privativamente, por bacharéis em direito. Por fim, as expressões "notável" saber jurídico e "reputação ilibada" estão dentro da *zona de incerteza*, podendo o Senado Federal questionar, antes de aprovar a escolha feita pelo Presidente da República (art. 101, parágrafo único, da CF/1988): ter formação acadêmica (*v.g.*, ter escrito artigos ou livros científicos; ser professor universitário; possuir cursos de especialização, mestrado, doutorado ou pós-doutorado na área jurídica) é condição para que o saber jurídico seja "notável"? Ser processado criminalmente ou por improbidade administrativa, bem como ter registros negativos em ficha funcional, macula a "reputação" do escolhido?

Percebe-se, nesse processo de aplicação da regra constitucional, que a norma é resultado de um *discurso racional* de convencimento e vontade. Com efeito, as decisões judiciais não resultam, pura e simplesmente, dos conceitos legais, por intermédio de silogismo lógico-formal.[443]

A norma, enquanto resultado da interpretação, é revestida de caráter *subjetivo* e *objetivo*. A sentença, que vem do verbo *sentir*, é produto da cognição resultante do processo judicial, mas também – e antes disso – uma expressão humana.[444]

443 Idem. p. 39.

444 Segundo já afirmamos alhures, com base nas lições de Eduardo Couture, a "sentença é uma operação humana, uma criação de inteligência e de vontade; isto é, uma criatura do espírito do homem. Assim, a sorte da justiça depende dos homens que fazem a justiça, daí justificar a preocupação de Couture com a figura do juiz, enquanto ser humano. O juiz é elemento indispensável na criação e na produção do direito. Chega a afirmar que o direito vale quanto

Por isso, não se pode reduzir a sentença a um mero silogismo jurídico.[445] A sentença não é produto mecânico resultante de atos prévios puramente lógicos. Caso se pudesse suprimir os aspectos subjetivos da decisão, bastaria, com melhores resultados e menores custos, substituir os juízes por computadores.

Há diferentes motivos, não exclusivamente racionais, que influem no convencimento judicial (*v.g.*, repercussão social dos fatos, reputação das partes envolvidas, credibilidade das testemunhas, comportamento ético das partes e dos advogados etc.). Isso não significa que a metodologia racionalista não é adequada. Não se pode negar que ela trouxe um avanço irreversível ao aprofundamento da consciência científica moderna. Quando se critica essa metodologia não se está se opondo a ela por ser racionalista, mas tão só demonstrando que, tal como ficou evidenciado pela experiência positivista, é insuficiente para dar conta do fenômeno jurídico.[446]

A vigilância democrática dos juízes, aliada à independência do Judiciário, é requisito indispensável à promoção dos direitos humanos fundamentais. Sem um Judiciário forte, a sociedade sucumbiria à tirania do poder. Prevaleceria a opressão estatal e ficariam sem cumprimento os pactos internacionais e os direitos constitucionais que protegem a integridade dos direitos essenciais de todas as pessoas, não conferindo prevalência ao valor ético-jurídico da dignidade da pessoa humana.

Os juízes contemporâneos, ao sentenciarem, não podem ser equiparados às máquinas automáticas, capazes de resolverem mecânica e matematica-

valem os homens que aplicam o direito. O magistrado é uma partícula humana que vive e se move dentro do processo. Se o juiz tem dignidade e hierarquia espiritual, o direito terá dignidade e hierarquia espiritual, mas se o magistrado, enquanto homem, cede ante as suas debilidades, o direito cederá em sua última e definitiva revelação. Portanto, a dignidade do direito depende da dignidade do juiz. O direito, repita-se, valerá o que valham os juízes como homens e, se um dia os juízes tiverem medo, nenhum cidadão poderá dormir tranquilo. Com efeito, o exercício da jurisdição é, segundo Couture, a mais excelsa das missões humanas" (Eduardo Cambi. *Jurisdição no processo civil...* cit., p. 83-84).

445 Nesse sentido, Ricardo Luis Lorenzetti esquematiza o raciocínio judicial da seguinte forma: i) os *casos fáceis* podem ser resolvidos mediante a aplicação da lei e do método dedutivo; ii) os *casos difíceis*, em razão da sua indeterminação, causaram a crise do método dedutivo e exigiram um outro método de resolução judicial, a exigir um nova argumentação jurídica. Cf. *Teoria da decisão judicial*. p. 158-159.

446 Cf. Boaventura de Souza Santos. *Introdução a uma ciência* ...cit., p. 75.

mente os conflitos de interesses em série, porque, sem sensibilidade, humanidade e solidariedade, haverá apenas barbárie, não *justiça constitucional*.[447]

Por isso, o controle da produtividade do juiz não deve levar em consideração apenas a *taxa de descongestionamento* (isto é, o número de processos julgados), mas principalmente o grau de complexidade dos julgamentos, a qualidade do trabalho desenvolvido e os resultados produzidos na sociedade. Por exemplo, a pacificação de um casal, em um processo de divórcio, envolvendo partilha de bens, guarda de filhos e pensão alimentícia, pode envolver várias audiências de conciliação, para que uma solução negociada e consensual possa satisfazer as partes e recompor, com um mínimo de dignidade, os vínculos esfacelados pelo rompimento da entidade familiar.

3.3.10 Interpretação e argumentação: pretensão de verdade ou de correção

Interpretação é *argumentação*. Por isso, podem ser estabelecidos três *círculos hermenêuticos* a serem considerados na interpretação jurídica:[448] a) a *relação entre a pré-compreensão e o texto*: as peculiaridades cosmovitais e a experiência profissional do intérprete influenciam na interpretação; isto permite que, mediante a argumentação jurídica, o intérprete dê uma contribuição produtiva e crítica à aplicação jurídica, tendo como parâmetro o texto da norma e as regras de metodologia jurídica; b) a *relação entre a parte e o todo*: o intérprete, fundado na *argumentação sistemática*, deve procurar

[447] Escreveu Bertolt Brecht, em *O juiz democrático*: "Em Los Angeles, diante do juiz que submete a exame os que buscam tornar-se cidadãos dos Estados Unidos apresentou-se um taverneiro italiano. Após séria preparação, prejudicado no entanto por seu desconhecimento da nova língua, respondeu no exame à pergunta: Que significa a Emenda 8? Com hesitação: 1492. Visto que a lei exige que os candidatos conheçam a língua ele não foi aceito. Retornando, após mais três meses gastos em estudo, mas ainda prejudicado com o desconhecimento da língua, foi-lhe colocada a seguinte pergunta: Quem foi o general vencedor da Guerra Civil? Sua resposta foi: 1492 (Dita agora em voz alta e com ar alegre). Novamente mandado embora. Retornando uma terceira vez, respondeu ele a uma terceira pergunta: De quantos anos é o mandato do Presidente? Novamente com: 1492. Então, o juiz, que simpatizava com o homem, percebeu que ele não podia aprender a nova língua. Informou-se como ele ganhava a vida, e soube: trabalhando duro. Assim, na quarta audiência colocou-lhe o juiz a seguinte pergunta: Quando foi o descobrimento da América? E baseado na sua resposta correta 1492, concedeu-lhe a cidadania". Cf. Jacinto Nelson de Miranda Coutinho. O papel da jurisdição constitucional na realização do Estado Social, Conferência proferida no IV Simpósio Nacional de Direito Constitucional. Curitiba, 16.10.2002.

[448] Cf. Robert Alexy, *Teoría del discurso y derechos humanos* cit., p. 40-43.

solução hermenêutica em conformidade com a *unidade* e a *coerência* do sistema jurídico;[449] c) a *relação entre a norma e os fatos*, pois a norma é geral e abstrata, enquanto os fatos são concretos e individuais.

Regras e princípios não têm nenhum significado senão quando *contextualizados* em situações históricas concretas, marcadas pelo jogo de interesses e pelas forças de poder que atuam sobre o sujeito que realiza a interpretação.

A exegese não está dissociada do cenário no qual o intérprete está inserido, tampouco do modo como ele o vivencia, experimenta ou, simplesmente, capta elementos que fazem parte, ainda que inconscientemente, do modo de raciocinar (pré-juízos) do julgador.

Além de a pré-compreensão influenciar no conhecimento das regras e dos princípios, implica a possibilidade de se conhecer de forma diferenciada os próprios fatos. Por exemplo, a maior ou menor simpatia (ou antipatia) do juiz por uma testemunha pode, mesmo que inconscientemente (*v.g.*, em razão da sua maior preferência pelos ricos em detrimento dos pobres, pelos cultos em relação aos semiletrados, pelas mulheres aos homens, da forma como o advogado faz a pergunta, da dificuldade de se retirar informações de uma criança etc.), influenciar na sua determinação dos fatos.

A decisão judicial reflete características pessoais do juiz (a sua personalidade, o seu temperamento, as suas experiências passadas, as suas frustrações, as suas expectativas etc.)[450] ou dos jurados (*v.g.*, devido à maior ou menor familiaridade com a linguagem jurídica, as normas, os precedentes jurisprudenciais, a influência ou a atuação do promotor de justiça ou do advogado de defesa, as percepções subjetivas quanto ao comportamento do réu, da vítima ou de seus familiares, ou da opinião pública, a cobertura dada pela mídia ao caso, a sua repercussão na comunidade etc.).

Ao se evidenciar o caráter subjetivo das decisões, não se está pregando a possibilidade de os juízes serem *super* ou *sobre-humanos*. Quer-se apenas

[449] O ordenamento jurídico deve expressar *coerência interna*, isto é, não pode ser a mera soma de regras, decisões e medidas dispersas e ocasionais, mas expressar uma *coerência intrínseca*, vale dizer, referir-se a princípios e valores substanciais unitários. Caso contrário, provocaria uma espécie de "guerra civil" no direito vigente, o que seria o primeiro passo para gerar anarquia na vida social. Cf. Gustavo Zagrebelsky, *El derecho*...cit, p. 30-31.

[450] Por exemplo, em ação de compensação por danos morais por discriminação racial, seria, sob esta ótica, compreensível que um juiz da raça negra fixasse, ainda que inconscientemente, o valor do sofrimento ou da dor em valor superior àquele que pudesse vir a ser estipulado por outro juiz.

salientar que, no exercício do poder jurisdicional, há de se ter a maior consciência possível de como a sua personalidade, a sua forma de percepção ou de raciocínio podem influenciar na decisão judicial e, na medida do razoável, evitar que estes fatores causem efeitos deletérios.[451]

Tais fatores subjetivos, intrínsecos às decisões judiciais, inviabilizam os *ideais de objetividade e neutralidade* propostos pelo positivismo jurídico.[452] Juízes são pessoas e, portanto, são falíveis. Dos juízes não se pode exigir capacidades intelectuais com o poder de eliminar todos os possíveis erros.

O Juiz-Hércules ou o juiz-filósofo, pensado por Ronald Dworkin, é o magistrado ideal que, ao interpretar o complexo sistema jurídico, pode dar decisões únicas e infalíveis. Seria um juiz capaz de resolver todas as complexas questões contemporâneas, como se fosse um verdadeiro *engenheiro social*.[453] Por exemplo, dizer sem margem de erro como se deve concretizar o desenvolvimento sustentável, equilibrando princípios econômicos com ambientais; lidar com o direito fundamental à saúde e o acesso aos medicamentos, frente ao direito de propriedade industrial das grandes empresas multinacionais; resolver o conflito entre o direito dos índios em viver em áreas demarcadas pelo governo e dos agricultores que há anos exploram, economicamente, a terra; decidir se em nome da liberdade de expressão pode se negar o holocausto ou de pregar o antissemitismo[454]

[451] Cf. Carla Faralli. La certezza... cit., p. 8.

[452] "Conceitualmente, jamais foi possível a transposição totalmente satisfatória dos métodos das ciências naturais para a área de humanidades. O Direito, ao contrário de outros domínios, não tem nem pode ter uma postura meramente descritiva da realidade, voltada para relatar o que existe. Cabe-lhe prescrever um *dever ser* e fazê-lo valer nas situações concretas. O Direito tem a pretensão de atuar sobre a realidade, conformando-a e transformando-a. Ele não é um *dado*, mas uma *criação*. A relação entre o sujeito do conhecimento e seu objeto de estudo – isto é, entre o intérprete, a norma e a realidade – é tensa e intensa. O ideal positivista de objetividade e neutralidade é insuscetível de realizar-se" (Luís Roberto Barroso. Fundamentos teóricos... cit., p. 22).

[453] Cf. François Ost, Júpter, Hércules, Hermes. Op. cit., p. 176-182.

[454] Tal questão foi objeto de polêmica decisão do STF, que restringiu a liberdade de expressão, para considerar crime de racismo a edição e a Publicação de obras com conteúdo antissemita: "10. A edição e Publicação de obras escritas veiculando ideias antissemitas, que buscam resgatar e dar credibilidade à concepção racial definida pelo regime nazista, negadoras e subversoras de fatos históricos incontroversos como o holocausto, consubstanciadas na pretensa inferioridade e desqualificação do povo judeu, equivalem à incitação ao discrímen com acentuado conteúdo racista, reforçadas pelas consequências históricas dos atos em que se baseiam. (...) 12. Discriminação que, no caso, se evidencia como deliberada e dirigida especificamente aos judeus, que configura ato ilícito de prática de racismo, com as consequências

etc. Quanto mais complexa é a situação, mais difícil é exigir dos juízes decisões, tecnicamente, perfeitas. Conclui-se que o Juiz-Hércules é uma *ficção*, um artifício retórico e distante da realidade. Os juízes de carne e osso erram e vão continuar errando, por melhor que seja o desenvolvimento das teorias jurídicas.

A possibilidade de erro é inerente à interpretação do direito por pessoas (homens e mulheres). O importante é o desenvolvimento de técnicas de decisões judiciais capazes de reduzir, ao máximo possível, as margens de erros. Tal teoria deve partir da constatação da *capacidade intelectual relativa* do Juiz-Ser Humano (Juiz-José, Juíza-Maria etc.) de bem compreender as possibilidades jurídicas e fáticas presentes na hermenêutica jurídica e na aplicação do direito aos casos concretos.[455]

gravosas que o acompanham. 13. Liberdade de expressão. Garantia constitucional que não se tem como absoluta. Limites morais e jurídicos. O direito à livre expressão não pode abrigar, em sua abrangência, manifestações de conteúdo imoral que implicam ilicitude penal. 14. As liberdades públicas não são incondicionais, por isso devem ser exercidas de maneira harmônica, observados os limites definidos na própria Constituição Federal (art. 5.º, § 2.º, 1.ª parte, da CF/1988). O preceito fundamental de liberdade de expressão não consagra o 'direito à incitação ao racismo', dado que um direito individual não pode constituir-se em salvaguarda de condutas ilícitas, como sucede com os delitos contra a honra. Prevalência dos princípios da dignidade da pessoa humana e da igualdade jurídica" (HC 82.424-RS, Tribunal Pleno, j. 17.09.2003, rel. Min. Maurício Corrêa, *DJ* 19.03.2004, p. 17).

[455] Ronald Dworkin não desconsidera a falibilidade judicial como fator de fragilidade da argumentação moral-jurídica; porém, afirma que isto não impede que os juízes levem os direitos a sério, recomendando, pois, humildade: "Sem dúvida, a opinião de qualquer juiz sobre os direitos das partes nos casos difíceis pode estar equivocada, e a objeção de tentar, em um derradeiro esforço, capitalizar este fato. Poderia admitir, *arguendo*, que a técnica de Hércules é apropriada para Hércules, que, por hipótese, tem grande percepção moral. Negaria, porém, que a mesma técnica fosse apropriada aos juízes em geral, que não a possuem. Ao avaliar este desafio, contudo, não devemos perder de vista o exame das alternativas. Os juízes são injustos quando comentem erros sobre direitos jurídicos, sejam tais erros em favor do demandante ou do acusado. A objeção chama atenção para o fato de que eles cometerão tais erros em algumas ocasiões, pois são falíveis e, de qualquer modo, divergem entre si. É certo, porém, que embora nós, enquanto críticos sociais, saibamos que erros são cometidos, não sabemos quando, pois também nós não somos Hércules. Devemos confiar nas técnicas de decisão judicial que, a nosso juízo, possam reduzir o número de erros, com base em algum juízo a respeito das capacidades relativas dos homens e das mulheres que podem desempenhar diferentes papéis" (*Levando os direitos*...cit., p. 202-203).

Nem o ultrarracionalismo, segundo o qual há sempre uma única resposta certa, nem, tampouco, o extremo oposto do irracionalismo, pelo qual não há resposta certa, prestam-se à obtenção de decisões justas.[456]

Desse modo, a moderna ciência do direito não está tão preocupada com as "normas" (como estava a Escola da Exegese) nem tanto com o "comportamento" dos juízes, mas com o *discurso* e o *raciocínio jurídicos*.[457]

Pela teoria do discurso, é possível distinguir as *asserções* de outros atos do intérprete como as *meras reações emocionais* ou as *simples opiniões*. Para fins de fundamentação das regras do discurso, as asserções assumem um papel central, porque envolve somente aqueles atos do intérprete baseados em uma pretensão de verdade ou de correção.[458]

Visando evitar *subjetivismos voluntaristas*, a teoria do discurso sustenta:[459] a) que quem afirma algo deve ter uma pretensão de verdade ou de correção; b) a pretensão de verdade ou de correção implica uma pretensão de *fundamentação*; c) a pretensão de fundamentação exige um dever *prima facie* de fundamentar o afirmado: quem afirma que sua assertiva é verdadeira ou correta, também sustenta que os demais argumentos considerados não são capazes de infirmar a referida assertiva (afinal, a boa interpretação não deve apenas adaptar-se, mas também justificar [fundamentar] a prática que interpreta[460]); d) as pretensões de igualdade de direitos, não violência e universalidade se formulam com fundamentações.

No entanto, poder-se-ia criticar a teoria do discurso pela circunstância de que nem todos os participantes do processo judicial deduzem pretensões de verdade, de correção ou de justiça. Nesse ponto, é relevante a distinção entre o *agir estratégico* e o *agir comunicativo*, sugerida pelo modelo habermasiano:[461] *ações estratégicas* são, egocentricamente, orientadas para a obtenção de êxito frente ao adversário, não pressupondo a sinceridade da

[456] "A razão *sozinha* não pode determinar totalmente o que deveríamos fazer. É, porém, essencial não se deixar elevar pelo extremo oposto, pelo total irracionalismo afirmado por pensadores como Alf Ross. A ideia de que o debate sobre a justiça não é mais do que uma expressão de emoções, equivalente a bater com o punho na mesa, é no mínimo tão aberrante quanto o ultrarracionalismo contra o qual ela se apresenta como reação" (Neil MacCormick. *Argumentação jurídica e teoria do direito*. p. 345-346).

[457] Cf. Cristina Queiroz. *Interpretação constitucional*... cit., p. 84, nota 131.

[458] Cf. Robert Alexy. *Teoría del discurso*... cit., p. 76.

[459] Idem, p. 77-81.

[460] Cf. Ronald Dworkin. *Law's empire*. p. 285.

[461] Cf. Marcelo Neves. Op. cit., p. 118.

manifestação linguística do agente; o *agir comunicativo* depende da sinceridade dos participantes, exige que eles se expressem, na interação subjetiva, de modo transparente as suas posições, desejos e sentimentos.

É certo que as partes e os seus advogados defendem os seus interesses em juízo. Contudo, procuram defendê-los com o objetivo de convencer o órgão judicial.

Os advogados não são sujeitos imparciais na busca da verdade ou da correção. Isto não significa, todavia, não possuam a *pretensão de verdade.*[462] Quando um advogado alega fatos, implícita ou explicitamente, afirma que estes fatos são verdadeiros. Não haveria sentido para um advogado alegar um fato como fundamento de sua demanda (causa de pedir) ou de sua defesa e, simultaneamente, dizer ou sugerir que tais enunciados são falsos. Porém, a *pretensão da verdade* não é equivalente à *verdade* de um enunciado.[463] O que o advogado narra, em relação a um fato da causa ou da defesa, é uma história *hipotética* (*asserção*) em torno daquele fato. Tal hipótese é apresentada como verdadeira, mas não passa de uma hipótese: se é verdadeira ou falsa, isso somente será definido no curso do processo e na decisão final.[464] O advogado não narra a sua versão hipotética dos fatos com a finalidade de informar o juiz, mas de convencê-lo de que tal asserção é verdadeira, assumindo, pois, o ônus de prová-la (*onus probandi incumbit ei qui dicit*). As versões fáticas apresentadas pelos advogados são sempre hipotéticas, porque não incumbe a eles dizer se tais fatos são verdadeiros ou falsos. Apenas propõem *hipóteses de decisão*, indicando quais elementos que o juiz deve considerar para decidir qual das narrações se apresenta como verdadeira.[465]

Portanto, a circunstância de os advogados serem livres para contar o que seja mais vantajoso para o seu cliente não retira o caráter discursivo do processo judicial. As partes não visam obter o convencimento uma da outra, mas pretendem persuadir o órgão judicial, devendo, para isso, procurar argumentar de modo que *toda pessoa racional pudesse concordar com o seu ponto de vista*.

Pretendem, ao apresentar os melhores argumentos, ao menos, a obtenção da concordância em condições ideais. Logo, a teoria do discurso revela-

[462] Cf. Michele Taruffo. Narrazioni processuali. p. 92-4.

[463] Idem, p. 92.

[464] Idem, p. 93.

[465] Idem, p. 94.

-se como um meio adequado e necessário para a compreensão teórica da argumentação jurídica.[466]

Deve, ainda, ser acrescida a circunstância de que, ainda que os advogados defendam os interesses de seus clientes, também buscam convencer o órgão judicial da decisão *mais correta*. Isto reflete na decisão dos juízes que, ao buscarem na argumentação das partes os argumentos mais corretos, preocupam-se em alcançar o resultado mais justo.[467]

E, *a fortiori*, a fundamentação da decisão cabe ao juiz, que deve ser um sujeito processual *imparcial*.

Ser um juiz imparcial, em uma sociedade pluralista e democrática, não significa guiar a decisão pelas próprias convicções pessoais, mas buscar[468]: i) compreender os consensos básicos da sociedade para que a vida em comum seja possível; ii) não substituir as decisões da maioria, reforçando os procedimentos para a sua expressão, salvo quando a vontade majoritária afrontar direitos fundamentais, convertendo-se em decisões injustas, totalitárias ou moralmente censuráveis; iii) harmonizar os posicionamentos concorrentes, examinando os benefícios-prejuízos de cada um deles; iv) realizar a condição de possibilidade da vida em comum, não estabelecer um projeto de vida determinado; v) primar pela pacificação social, ao invés de conceitos normativos precisos; vi) elementos de consenso, para concretizar um conceito de justiça aceito por pessoas livres, iguais, racionais, razoáveis e que possam estabelecer uma convivência baseada na cooperação.

O juiz, por ser um sujeito processual imparcial, deve se valer de todos os argumentos possíveis para buscar a reconstrução verdadeira dos fatos controvertidos,[469] bem como a solução jurídica correta para a controvérsia.[470]

466 Cf. Robert Alexy. *Teoria da argumentação*...cit., p. 216-217.

467 Idem, ibidem.

468 Cf. Ricardo Luis Lorenzetti. *Teoria da decisão judicial*. p. 184-185.

469 Cf. Michele Taruffo. *Involvement and detachment in the presentation of evidence*. p. 267 e ss.

470 "Parece que as limitações específicas, que atingem o agir forense das partes ante o tribunal, não permitem que o evento do processo seja medido pelo discurso racional. As partes não estão obrigadas à busca cooperativa da verdade, uma vez que também podem perseguir seu interesse numa solução favorável do processo 'introduzindo estrategicamente argumentos capazes de consenso'. Contra isto é possível objetar, com grande plausibilidade, que todos os participantes do processo, por mais diferentes que sejam seus motivos, fornecem contribuições para um discurso, o qual serve, *na perspectiva do juiz*, para a formação imparcial do juízo. Somente essa perspectiva é construtivista para a fundamentação da decisão" (Jürgen Habermas. *Direito e democracia: entre facticidade e validade*. p. 287-288).

A função principal do juiz é estabelecer qual das diferentes narrativas dos fatos (versões fáticas hipotéticas) é a melhor ou, não sendo nenhuma delas a que mais lhe convença, construir uma outra (terceira) versão para poder pronunciar a decisão mais justa para o caso concreto. Dessa maneira, deve esforçar-se para que todos os elementos necessários venham aos autos, fazendo-se que o processo, na medida do possível, corresponda à realidade.[471] O juiz, por ser imparcial, isto é, por não ter que satisfazer os interesses de nenhuma das partes (sair-se vitorioso), não age com a pretensão da verdade, mas o que pronuncia é a verdade processualmente objetivável, resultante das provas produzidas e valoradas. Para fins processuais, verdadeiro equivale ao que foi provado,[472] e falso, ao que não foi provado.

Nesse sentido, já explicava Piero Calamandrei, comparando o processo a um quadro do pintor Champaigne: "Numa galeria de Londres há um famoso quadro do pintor Champaigne, em que o cardeau Richelieu é retradado em três poses diferentes: no centro da tela é visto de frente, nos dois lados é retratado de perfil, olhando para a figura central. O modelo é um só, mas na tela parecem conversar três pessoas diferentes, a tal ponto é diferente a expressão cortante das duas meias faces laterais e, mais ainda, o caráter tranquilo que resulta, no retrato do centro, da síntese dos dois perfis. Assim é no processo. Os advogados indagam a verdade de perfil, cada um aguçando o olhar por seu lado; somente o juiz, que está sentado no centro, a encara, sereno, de frente".[473]

Do mesmo modo, Jeremy Bentham pontuou: "os fatos se formulam em pro e em contra, a acusação e a defesa se confiam a profissionais exercita-

[471] Nesse sentido, afirma Robert Alexy: "Suponhamos que as partes de um processo civil se limitem a apresentar seus interesses momentâneos. Elas não afirmam que têm direito a determinada decisão que lhes seja favorável. Elas tentam, por todos os meios possíveis, fazer o juiz julgar a seu favor, menos com os argumentos que visem que essa decisão seja correta ou justa. Quando o juiz participa do jogo e dá uma sentença como: 'Dou uma vantagem ao Sr. N, porque ele me deixou mais bem disposto a seu favor', o jogo que foi feito não é coisa de uma negociação jurídica, mesmo que aconteça no contexto de um sistema jurídico. Quando o juiz deixa as partes falar, porém não participa da brincadeira, na medida em que no final decide de forma a fazer valer o direito como ele o entende, ele trata as partes como pessoas que não entenderam o que é um processo jurídico, e que, portanto, não podem participar dele. Isso mostra que a argumentação em juízo não só deve ser interpretada no sentido de uma teoria do discurso, mas também precisa ser interpretada dessa maneira" (*Teoria da argumentação...* cit., p. 324). Verificar, ainda: Leonardo Greco. Publicismo e privatismo no processo civil. p. 35.

[472] Cf. Michele Taruffo. Narrazioni processuali...cit., p. 98.

[473] Cf. *Eles, os juízes vistos por um advogado.* p. 122.

dos em esse gênero de esgrima; se vê os adversários avançar e retroceder em um campo estreito, na medida em que um fato se prova ou se desvirtua. Enfim, a sentença é confiada a pessoas a quem se quer crer tão superiores em sabedoria como em dignidade, dedicados por sua profissão a valorar imparcialmente os fatos e a não se deixar levar pelas ilusões".[474]

Portanto, o que determinará a verdade ou a falsidade de um enunciado linguístico não será a sua essência, mas o *processo argumentativo* utilizado para chegar até ele. Assim, a responsabilidade dos juízes se transforma, cada vez mais, na responsabilidade de *fundamentar* as suas decisões, sendo que elas não dependem tanto da linguagem empregada pelo texto (textualismo), tampouco da virtude do juiz (realismo), mas principalmente dos limites do *raciocínio judicial*.[475]

3.3.11 Normatividade e solução de casos concretos

Em uma sociedade em constante transformação, as leis, com suas características de *generalidade* e *abstração*, perdem, progressivamente, a sua centralidade, na medida em que o juiz não mais se limita a recorrer a procedimentos puramente lógico-formais na interpretação do ordenamento jurídico.

As novas e constantes alterações econômicas e sociais fazem surgir, continuamente, a necessidade de reinventar, revisar ou criar novos institutos e novas relações jurídicas. Cabe ao juiz, ao interpretar a Constituição e as leis, *submergir* nas profundas exigências – econômicas, sociais e éticas – da sociedade, para, inclusive, colmatar as lacunas – *primárias* ou *secundárias* – que no direito existem e não poderiam deixar de existir.[476]

[474] Cf. *Tratado de las pruebas judiciales*. Vol. I, p. 23.

[475] Cf. Cristina Queiroz. *Interpretação constitucional*... cit., p. 91 e 343.

[476] Cf. Carla Faralli. La certezza...cit., p. 3. Cândido Rangel Dinamarco critica os modelos lógico-formais e silogísticos, os quais somente funcionariam "se o legislador não fosse um ser humano e tivesse a capacidade de prever rigorosamente tudo quanto na vida comum pode acontecer. Mas, como a vida é muito mais rica do que a imaginação do legislador, na experiência comum surgem situações que, contrariando as expectativas, não comportam as soluções postas nos textos do Direito Positivo. Às vezes, porque não foram previstas, não se acham incluídas nas *fattispecie* legais e para elas nada está disposto; temos aí as lacunas da lei, para as quais a teoria jurídica oferece soluções aceitáveis. Outras vezes, o caso concreto apresenta conotações específicas tão discrepantes dos *standards* presentes na mente do legislador, que, não obstante um juízo puramente dedutivo, pudesse conduzir a reputá-lo disciplinado segundo certos cânones, uma valoração acurada desaconselha que isso seja feito. Daí pela

A noção de lacunas (primárias e secundárias) está ligada ao próprio conceito de direitos subjetivos, os quais podem ser:[477] a) *garantias primárias*: quando as normas preveem expectativas positivas (ou de prestação) ou negativas (de não lesão) a determinados sujeitos com a respectiva obrigação ou dever, correlatos, a outros sujeitos; b) *garantias secundárias*: é a previsão de sanções ou declarações de nulidades correspondentes às violações das garantias primárias. A esta dúplice estrutura correspondem as *lacunas primárias* e *secundárias*: às primeiras corresponde a ausência de estipulação de obrigações ou de deveres que decorrem dos direitos subjetivos; as secundárias decorrem da falta de estabelecimento das sanções ou da instituição de órgãos capazes de impor tais sanções ou invalidar as violações dos direitos subjetivos.

Exemplo de interpretação que deixa se influenciar pela realidade social é a exegese conferida ao art. 15 da Lei de Desarmamento (Lei 10.826/2003)[478] para não considerar crime o disparo de arma de fogo, por campesino, que se vale de espingarda velha para afugentar pássaros que invadiam a sua plantação.[479] Trata-se da análise do direito penal à luz da Constituição, que permite que o intérprete vá além da verificação da tipicidade puramente formal, ontológica ou objetiva, passando a verificar também a dimensão axiológica ou material, a fim de se saber se a conduta humana produziu um *resultado jurídico significativo*, não havendo crime (conforme a exegese constitucional do art. 13 do CP) sem lesão ou perigo concreto de lesão a um bem jurídico (*nullum crimen sine iniuria*).[480]

Exemplo de colmatação de lacuna se dá quando, pela via judicial, se determina a inclusão, na tabela SIH-SUS, de procedimentos médicos antes não determinados, como já ocorreu em relação à cirurgia de transgenitalização.[481]

atuação inteligente e ativa do juiz empenhado em fazer com que prevaleçam os verdadeiros princípios da ordem jurídica sobre o que aparentemente poderia resultar dos textos" (*Nova era*...cit., p. 30).

[477] Cf. Luigi Ferrajoli. Diritti fondamentali...cit., p. 27 e 29.

[478] "Disparar arma de fogo ou acionar munição em lugar habitado ou em suas adjacências, em via pública ou em direção a ela, desde que essa conduta não tenha como finalidade a prática de outro crime: Pena – reclusão, de dois a quatro anos, e multa (...)".

[479] Cf. Lênio Luiz Streck. *Verdade e consenso. Constituição, hermenêutica e teorias discursivas*. p. 237-239.

[480] Cf. Luiz Flávio Gomes, Teoria constitucionalista do delito.

[481] Cf. TRF-4.ª Reg., 3.ª T., j. 14.08.2007, rel. Roger Raupp Rios, *DJU* 22.08.2007.

Na esteira dessa questão, surge também a possibilidade de alteração do nome para os transsexuais submetidos à cirurgia. O Superior Tribunal de Justiça, ao apreciar tais casos, permite a alteração do nome e do sexo/gênero no registro civil.[482] É impossível, em uma sociedade em constante transformação, prever todas as combinações futuras dos eventos sociais. Sempre são verificadas situações novas não previstas, ignoradas ou mal refletidas, originariamente, no momento em que a lei foi elaborada. Pensar que a lei geral e abstrata é sinônimo de segurança jurídica é desconsiderar que as relações humanas se transformam cotidianamente e, por isso, as relações jurídicas não podem ser concebidas em estruturas rígidas e inflexíveis.

A certeza jurídica, que pode ser concebida na sociedade contemporânea, é caracterizada por um direito que se apresenta como *entidade dinâmica*.

A busca de soluções jurídicas para os casos concretos deriva de um *processo dialético argumentativo* que deve revelar não uma decisão única, contida na "vontade" do legislador, mas uma que possa ser reconhecida como legítima e não arbitrária. A solução deve ser aquela que esteja mais bem

[482] STJ, REsp 1.008.398/SP, Rel. Ministra Nancy Andrighi, Terceira Turma, julgado em 15.10.2009, DJe 18.11.2009; e REsp 737.993/MG, Rel. Ministro João Otávio de Noronha, Quarta Turma, julgado em 10.11.2009, DJe 18.12.2009]. Essa orientação jurisprudencial a partir do julgamento do REsp 1626739/RS (Rel. Ministro Luis Felipe Salomão, 4ª T., julgado em 09/05/2017, DJe 01/08/2017.) evoluiu para alcançar também os transexuais não operados, a fim de conferir a máxima efetividade ao princípio constitucional da promoção da dignidade da pessoa humana, a cláusula geral de tutela dos direitos existenciais inerentes à personalidade, ao princípio da igualidade. Logo, tal posicionamento assegurou, pela via judicial, os direitos fundamentais das pessoas transexuais não operadas à identidade (tratamento social de acordo com sua identidade de gênero), à liberdade de desenvolvimento e de expressão da personalidade humana (sem indevida intromissão estatal), ao reconhecimento perante a lei (independentemente da realização de procedimentos médicos), à intimidade e à privacidade (proteção das escolhas de vida), à igualdade e à não discriminação (eliminando desigualdades fáticas que os colocariam em situação de inferioridade), à saúde (garantia do bem-estar biopsicofísico) e à felicidade (bem-estar geral). Portanto, foi reconhecido não apenas o direito do transsexual a realizar à cirurgia de mudança de sexo, como também a alteração de seu nome, ou, tão somente, o direito dos transexuais à retificação do sexo no registro civil, independentemente da realização da cirurgia de transgenitalização, já que isto seria inatingível ou mesmo inviável do ponto de vista médico para muitos transsexuais. Desse modo, o STJ, no REsp 1626739/RS, concluiu que o chamado sexo jurídico (isto é, aquele constante no registro civil de nascimento, atribuído, na primeira infância, com base no aspecto morfológico, gonádico ou cromossômico) não pode se sobrepor ao aspecto psicossocial, decorrente da identidade de gênero autodefinido por cada indivíduo, para não se comprometer as relações da pessoa perante a sociedade.

fundamentada, sob a luz e a coerência de princípios ou *standards* valorativos como a justiça, a ética etc., nos quais o direito está assentado.[483]

Compreender o direito como *obra hermenêutica*, em vez de mero produto da autoridade da lei e da sistematicidade dos códigos (*monismo jurídico*), é um fenômeno *pós-moderno*. O mito da supremacia do legislador se revelou uma utopia romântica do Iluminismo. O direito pós-moderno não está todo contido nas previsões legislativas, traduzindo-se em uma rede complexa de infinitas informações disponíveis instantaneamente e ao mesmo tempo.[484] Trata-se de um sintoma de um mundo em profundas transformações.

O pluralismo ideológico e político, acompanhado de diferentes opções valorativas (sobre questões pessoais, como a identidade sexual, ou epistêmico-sistemáticas, como devem ser compreendidos valores como a segurança jurídica ou a justiça) tornam cada vez mais complexa a obtenção de consensos. O triunfo do capitalismo sobre o socialismo trouxe incertezas ideológicas que exigem não o fim da história, como pretendia Francis Fukuyama,[485] mas a sua *reinvenção*. A existência de dois centros produtores de ideologias, antes da implosão da União Soviética, gerava condições *objetivas* para um debate sobre modelos democráticos. O fim desta *bipolaridade mundial*, com o triunfo do modelo capitalista, especialmente para países em desenvolvimento, constituiu um dos piores dramas do final do século XX, para a construção, nestes países, de regimes democráticos.[486]

A pós-modernidade representou o fim do *racionalismo*, trazendo certo grau de relativismo e de gradualismo que se transmuta, por vezes, no ceticismo.[487] É gerado, destarte, um estado de *instabilidade*, uma vez que se rompe com *pensamentos únicos* ou *herméticos*. Porém, não se deve cair na anarquia, no caos ou na desordem. O novo modelo tem a virtude de abrir espaço para a *argumentação* e a *razão críticas*, as quais são capazes de refletir os conflitos sociais, econômicos, culturais e políticos para, em na melhor medida possível, promoverem a igualdade, a cidadania, a justiça e a democracia.

Portanto, a pós-modernidade abandona as *fórmulas abstratas* e o *paradigma jurídico* transfere-se da lei para o caso concreto, confiando no pro-

483 Cf. Carla Faralli. La certezza... cit., p. 13-14.

484 Cf. François Ost, Júpter, Hércules, Hermes. Op. cit., p. 172.

485 Cf. *O fim da história e o último homem.*

486 Cf. A democracia...cit., p. 19-20.

487 Cf. François Ost, Júpter, Hércules, Hermes. Op. cit., p. 181.

cesso argumentativo dialético e, ao final, ao julgador, a melhor solução, singular, à questão a ser resolvida.[488]

[488] Cf. Luís Roberto Barroso. Fundamentos teóricos... cit., p. 8.

3.3.12 Fim da rígida separação entre o direito e a moral

O positivismo jurídico separava o direito da moral, porque pregava a ideia de um direito *neutro*, isto é, incapaz de impor uma moral que pudesse ser justificada de maneira universal.

A decadência do positivismo jurídico está associada, historicamente, à derrocada dos regimes autoritários (fascismo e nazismo), para os quais o ordenamento jurídico deveria ser *indiferente* aos valores éticos, bastando a aplicação da lei em sentido formal, sem qualquer consideração pelo seu *conteúdo*.

O problema de se acreditar que a norma tem validade independentemente de seu conteúdo é permitir que qualquer Estado, mesmo aqueles onde a democracia não seja observada, transformem-se em Estado de Direito. Isso aconteceu com o nazismo e o fascismo que se apoderaram da lei para justificar as suas ações criminosas. O princípio da *legalidade formal* ou da *mera legalidade* é insuficiente para garantir mecanismos eficientes de controle dos abusos dos órgãos decisórios, não inibindo o uso totalitário e antidemocrático do poder.

Gustavo Zagrebelsky ilustra como Hitler se apoderou da lei para tornar legítima sua conduta criminosa: "A 30.06.1934, dia fatídico para o nazismo, destacamentos especiais das SS e da *Goring-Polizei*, com a participação directa de Hitler, procederam à eliminação do comandante e dos quadros da SA, as *Sturmabtellungen* de Ernst Rohm, que se tinham tornado perigosos concorrentes na condução da 'revolução nacional-socialista'. Foi um massacre terrível, uma autêntica chacina, e Hitler reivindicou o respectivo mérito perante um *Reichstag* agradecido e comovido, a 13 de julho, autoproclamando-se juiz supremo (*oherster Gerichtsherr*) do povo alemão: 'Se alguém me censurar e me perguntar por que é que não recorri aos tribunais regulares, posso dizer apenas isto: nessa hora era responsável pelo destino do povo alemão e era portanto o seu juiz supremo'. Por seu lado, o Gabinete do Reich, a 3 de julho, com um decreto de uma só frase retirou a essa acção qualquer carácter ilegal, confundindo direito e lei, legitimidade e legalidade: 'As medidas adoptadas a 30 de junho (...) a fim de truncar os ataques dos traidores são acções legítimas de autodefesa do Estado'. Vemos aqui um caso de paroxismo legislativo que transforma o delito em direito supremo".[489]

[489] Cf. A Lei, o Direito e a Constituição.

Nesse sentido, também vale destacar o posicionamento de Gustav Radbruch, para quem o direito deveria estar fundamentado no justo e não na mera adequação como o que diz a lei: 'Direito quer dizer o mesmo que vontade e desejo de justiça. Justiça, porém, significa: julgar sem consideração de pessoas; medir a todos pelo mesmo metro. Quando se aprova o assasínio de adversários políticos e se ordena o de pessoas de outra raça, ao mesmo tempo que ato idêntico é punido com as penas mais cruéis e afrontosas se praticado contra coreliginários, isso é a negação do direito e da justiça. Quando as leis conscientemente desmentem essa vontade e desejo de justiça, como quando arbitrariamente concedem ou negam a certos homens os direitos naturais da pessoa humana, então carecerão tais leis de qualquer validade, o povo não lhes deverá obediência, e os juristas deverão ser os primeiros a recusar-lhes o caráter de jurídicas.[490]

A preocupação com o *conteúdo* dos direitos está expresso nas Constituições modernas. Ao preverem direitos fundamentais como limites e vínculos aos detentores do poder, estabelecem instrumentos capazes de determinar critérios de legitimação do direito. A afirmação histórica dos direitos humanos fundamentais deve servir para inibir novas práticas e experiências totalitárias negativas, como foram o nazismo e o fascismo.

O Estado Constitucional Democrático tenta resolver a tensão entre o direito e a moral. Estabelece, de um lado, que o sistema jurídico contém postulados morais fundamentais que adotam a forma dos *direitos fundamentais*.[491] De outro lado, afirma que as liberdades garantidas pelos direitos fundamentais impedem que se possa ir muito além da identificação do direito com convicções morais não compartilhadas por todos e cuja aceitação não pode ser pretendida universalmente.[492]

A previsão de direitos constitucionais impôs uma nova relação entre o direito e a moral. Os princípios e valores, contidos na Constituição (especialmente a dignidade da pessoa humana, a solidariedade social, a liberdade e a igualdade), abriram uma via de penetração moral no Direito Positivo.[493] Isso é possível quando se considera os direitos fundamentais como sendo princípios. Logo, direitos fundamentais, concebidos como

490 *Filosofia do Direito*. Tradução de L. Cabral de Moncada. Coimbra: Antonio Amado, 1979. p. 415-418).

491 Cf. Robert Alexy. Entrevista com... cit., p. 673.

492 Idem, ibidem.

493 Cf. Antônio Cavalcanti Maia. As transformações... cit., p. 2.

princípios, são válidos enquanto corresponderem às *exigências morais* sentidas em um período específico, não podendo ser meramente abolidos (são cláusulas pétreas, conforme o art. 60, § 4.º, IV, da CF/1988). De modo semelhante, o art. 19 da Constituição alemã preceitua: "1. Quando, segundo esta Lei Fundamental, um direito fundamental for restringido por lei ou em virtude de lei, essa lei será aplicada de maneira geral e não para um caso particular. Além disso, a lei deverá especificar o direito fundamental afetado e o artigo que o prevê. 2. Em nenhuma hipótese um direito fundamental poderá ser afetado em sua essência (...)". Com efeito, os direitos fundamentais são princípios que, diferentes das regras jurídicas válidas, não podem ser mudados somente por força de uma *simples deliberação*.[494]

Os direitos fundamentais, por não se aplicarem por simples *subsunção* (ou seja, por não se reconduzirem o caso concreto a um fato jurídico abstrato previamente delimitado), podem ser utilizados pelo Judiciário para resolverem *casos difíceis*.[495] Também se destinam a fixar parâmetros capazes de proceder ao controle da constitucionalidade das leis, evitando a aplicação de regras injustas.

Exigem juízos de ponderação ou *balancing*. A *ponderação* é uma *técnica de decisão jurídica empregada para solucionar conflitos normativos que envolvam valores ou opções políticas em tensão, insuperáveis pelas formas tradicionais de hermenêutica*.[496] Por exemplo, em *Riggs vs Palmer* (ou caso *Elmer*), julgado pelo Tribunal do Estado de Nova Yok, era necessário decidir se Elmer poderia usufruir da herança que o avô lhe deixara em testamento, mesmo o tendo assassinado, já que as leis do Estado de Nova York não previam o homicídio como causa de exclusão do quadro dos herdeiros. O Tribunal, indo além do que previam as leis estaduais, decidiu negar a Elmer a herança, com fundamento no princípio de que *não se pode obter vantagem de um ilícito*.[497]

Porém, o juízo de ponderação não se limita a uma técnica de aplicação de princípios.[498] Não obstante a maioria dos casos de ponderação envolva princípios, a noção sugerida é mais ampla, com o intuito de incluir conflitos normativos que, excepcionalmente, não podem ser resolvidos pela

[494] Cf. Carla Faralli. *A filosofia*...cit., p. 4.

[495] Sobre a distinção entre casos fáceis (*easy cases*) e difíceis (*hard cases*), conferir item 5.1.3, infra.

[496] Cf. Ana Paula de Barcellos. *Ponderação*...cit., p. 19 e 23.

[497] Exemplo citado por Carla Faralli, a partir da leitura de Ronald Dworkin (Cf. *A filosofia*... cit., p. 4, nota 7).

[498] Cf. Ana Paula de Barcellos. *Ponderação*...cit., p. 35-36.

técnica da subsunção, além de excluir colisões de princípios que não recomendam a ponderação (em razão de o princípio ter natureza de regra ou ter estrutura ou funcionamento diversos).

Percebe-se, destarte, que a ponderação não impõe o fim da técnica da subsunção, mas constitui uma alternativa, quando não for possível reduzir o conflito normativo à incidência de uma única premissa maior (*v.g.*, despejo por falta de pagamento: art. 9.º, III, da Lei 8.245/1991).[499] Deve ser aplicada quando há discussão sobre o *padrão referencial normativo* que deve incidir sobre o caso concreto. É útil quando existem diversas premissas maiores, igualmente válidas e vigentes, de mesma hierarquia, que indicam solução diversa e contraditória (*v.g.*, liberdade de expressão contra direito à honra e à intimidade;[500] propriedade privada contra função social da propriedade; proteção ao meio ambiente contra direito à moradia etc.). Nestes casos, a técnica da ponderação tentará isolar uma única premissa maior para o caso concreto.[501]

Pode-se afirmar que a ponderação é um *modelo de verificação e tipicização da ordenação dos bens em concreto*.[502] Não se trata de um modelo de abertura para uma *justiça casuística, impressionística* ou de *sentimentos*, mas um método que não dispensa uma criteriosa *topografia* do conflito nem uma *justificação* racional da solução adotada.[503]

A *topografia de conflitos* é a descrição de quais normas que regulam um determinado direito ou interesse em um caso específico, além do âmbito normativo de colisão, devendo-se esclarecer: a) se e em que medida o âmbito normativo de um direito se sobrepõe à esfera de um outro direito também protegido; b) qual é o espaço que "resta" entre os bens em conflito para além da zona de sobreposição.[504]

Na definição do âmbito normativo de proteção de normas garantidoras de direitos e bens constitucionais, devem ser excluídas certas dimensões

[499] "Na situação mais simples, em que todas as partes estão de acordo quanto à nítida aplicabilidade de uma norma clara, o único problema diz respeito à prova dos fatos; e uma vez que se chegue a uma conclusão sob esse aspecto, a decisão é justificada por uma simples argumentação dedutiva" (Neil MacCormick, *Argumentação jurídica*... cit., p. 326).

[500] Cf. Luiz Edson Fachin. STJ e liberdade de expressão: desafios e possibilidades no século XXI. p. 228-236.

[501] Cf. Ana Paula de Barcellos. *Ponderação*...cit., p. 31-32.

[502] Cf. José Joaquim Gomes Canotilho. *Direito Constitucional e teoria*...cit., p. 1238.

[503] Idem, p. 1238-1239.

[504] Idem, p. 1239.

não incluídas nessa esfera (*v.g.*, não entra na área de proteção da liberdade de manifestação do pensamento o envio de "cartas-bomba", o sequestro de aviões, os telefonemas ameaçadores e toda e qualquer prática terrorista, atemorizadora e penalmente desvalorada; não se inclui na liberdade de circulação o direito de conduzir o veículo embriagado, em velocidade não compatível com a via pública, na contramão, sem cinto de segurança etc.).

Já na ponderação dos bens, para a solução dos conflitos devem ser seguidos pressupostos metodológicos básicos:[505] a) a impossibilidade de "realização" de todas as potencialidades das normas jurídicas em conflito; b) a inexistência de regras abstratas de prevalência (relações de preferência *prima facie*); c) a justificação e motivação da regra de prevalência *parcial* resultante da ponderação, após levar-se em conta, sobretudo, os princípios constitucionais da igualdade, justiça e segurança jurídica, bem como outros esquemas hermenêuticos, como o da *concordância prática*[506] e o da *ponderação em sentido estrito*.[507]

Além de os direitos fundamentais se colocarem na interseção entre o direito e a moral,[508] são responsáveis pela superação do paradigma que rege a dialética entre positivismo e jusnaturalismo. Aliás, os direitos fundamentais, ao incorporarem aspectos morais, servem para reabilitar, parcialmente, o direito natural.[509] Em uma sociedade moralmente heterogênea, pluralista e científica, o direito natural não é capaz de servir como um sistema de pensamento capaz de dar respostas objetivas para as complexas questões morais e jurídicas. Não serve para sancionar o Direito Positivo. Entretanto, ainda pode ser considerado uma importante fonte de argumentos éticos e políticos que os juízes podem usar para criticar, questionar, aperfeiçoar, modificar ou, em outras palavras, produzir um novo Direito Positivo.

O neoconstitucionalismo promove a reaproximação do direito com a moral, buscando a concretização dos valores compartilhados por toda a comunidade, em um certo momento e lugar, a fim de legitimar o exercício do direito enquanto instrumento de poder.[510]

505 Idem, p. 1240-1241.

506 Cf. item 5.7.12, infra.

507 Verificar itens 5.7.13 e 5.7.14, infra.

508 Cf. Antônio Cavalcanti Maia. Direitos humanos... cit., p. 50.

509 Cf. Richard A. Posner. Op. cit., p. 610-611.

510 Conforme Luigi Ferrajoli, "el constitucionalismo jurídico condiciona la validez de las leyes también a la *substancia* de las decisiones, o sea, a la coherencia de sus contenidos con

Rompe-se, portanto, a separação entre direito e moral, em favor de um *gradualismo* entre ambos, a ser buscado por intermédio de *consensos a serem elaborados discursivamente*,[511] com o escopo de tornar possível a tese do *construtivismo ético*, a partir de parâmetros constitucionais.[512]

Evidentemente que tal posicionamento não significa que existe uma relação de *subordinação* do direito à moral, mas sim de uma *relação de complementação* entre eles. O direito e a moral se referem aos mesmos problemas, tendo pontos de vista em comum, mas se distinguem *prima facie*, pois a moral é apenas uma forma do saber cultural, enquanto o direito adquire obrigatoriedade em nível institucional, não se esgotando simplesmente em normas de comportamento.[513] O direito serve à organização e à orientação do poder do Estado, mediante regras constitutivas que não apenas asseguram a autonomia pública e privada dos cidadãos, mas também produzem instituições políticas, procedimentos e competências.[514]

A relação de complementação entre o direito e a moral pode ser analisada com auxílio do *princípio do discurso* que, ao se referir às normas de ação em geral, com o intuito de *fundamentar imparcialmente* tais normas, afirma que *são válidas as normas de ação às quais todos os possíveis atingidos poderiam dar o seu assentimento, na qualidade de participantes de discursos racionais*.[515]

los princípios de justicia establecidos por las constituciones" (*Juspositivismo crítico*...cit., p. 7).

511 Conforme Robert Alexy, "sólo toma seriamente parte en discursos morales quien desea resolver conflictos sociales a través de consensos discursivamente elaborados y controlados. Un consenso elaborado discursivamente es un consenso que nace sobre la base de un discurso. Un discurso se mantiene controlado, cuando en todo momento puede ser cuestionado de nuevo" (*Teoria del discurso* ...cit., p. 103).

512 Segundo Alfonso García Figueroa (La incidencia de la derrotabilidad de los principios iusfundamentales sobre el concepto de derecho), "os direitos fundamentais reforçam assim um fenômeno mais amplo: o imbricamento do raciocínio jurídico e raciocínio moral, que apresenta relevância justeórica no sentido de que exige a superação do paradigma que rege a dialética positivismo-jusnaturalismo em favor de um modelo neoconstitucionalista. As consequências no plano justeórico deste posicionamento são: o rechaço ao dualismo direito--moral em favor de um gradualismo entre ambos os termos e o rechaço ao objetivismo em favor da tese da disposição a correção alternativa, tanto da tese da separação positivista como da tese da vinculação jusnaturalista; tudo isto com a introdução do construtivismo ético e do constitucionalismo dentro do acervo teórico do direito" (*apud* Antônio Cavalcanti Maia. As transformações... cit., p. 2, nota 4).

513 Cf. Jürgen Habermas, *Direito e democracia...cit.*, p. 141 e 183.

514 Idem, ibidem.

515 Idem, p. 141-143.

Jürgen Habermas explica: a) o predicado "válidas" se refere a normas de ação sem um sentido específico de validade normativa, ainda indiferente à distinção entre moralidade e legitimidade; b) "normas de ação" são *expectativas de comportamento generalizadas temporal, social* e *objetivamente*; c) "atingido" é todo aquele cujos interesses serão afetados pelas prováveis consequências provocadas pela regulamentação da prática geral por intermédio de normas; d) "discursos racionais" são todas as tentativas de entendimento das pretensões de validade problemáticas, na medida em que eles se realizam sob condições da comunicação que permitem o movimento livre de temas e contribuições, informações e argumentos no interior de um *espaço público* constituído por obrigações ilocucionárias.[516]

Pelo *princípio do discurso*, quer-se estabelecer condições que os direitos devem satisfazer para se adequarem à constituição de uma comunidade jurídica e possam servir como *medium* da auto-organização desta comunidade.[517] A vontade política de uma comunidade jurídica é a expressão de uma forma de vida compartilhada intersubjetivamente e os questionamentos políticos fazem com que a regulamentação dos modos de comportamento se abram, no *medium* do direito, a finalidades coletivas.[518]

Por outro lado, a aproximação do direito e da moral, a partir dos direitos constitucionais com elevada carga axiológica, requer temperamentos. Há de se evitar a *excessiva constitucionalização*. A *hipertrofia constitucional* não pode representar a *tirania de valores*, sob pena de a Constituição se converter em um instrumento totalitário, asfixiando as forças sociais e constrangendo a autonomia política e privada do povo.[519] Tal perspectiva, no limite, possibilitaria a implantação de uma sociedade *orwelliana*, colocando a perder toda a espontaneidade das relações humanas[520] e as peculiaridades da

[516] Idem, p. 142.

[517] Idem, p. 146.

[518] Idem, p. 191-192.

[519] "Uma coisa é sustentar a força expansiva ou irradiante dos direitos fundamentais e da Constituição a partir, respectivamente, da sua dimensão objectiva e da sua natureza sobredeterminante e impregnante de toda a ordem jurídica, e, nesse sentido, sustentar a existência de modalidades contidas e controláveis de relevância jurídica de direitos fundamentais e da Constituição nas relações entre particulares; outra coisa é, numa visão maximalista, procurar transformar os particulares em destinatários dos direitos fundamentais e da Constituição, mas com consequências negativas para os particulares, os direitos fundamentais e a Constituição" (Jorge Reis Novais. Op. cit., p. 114).

[520] Cf. Daniel Sarmento. A dimensão objetiva... cit., p. 98-100.

própria vida de cada indivíduo dentro da sociedade.[521] É preciso destacar que os direitos fundamentais, como expressão jurídica do contrato social, protegem determinadas posições dos cidadãos contra a atuação ilegítima do Estado. Impõe-se, pois, a tese da *fundamentalidade sem fundamentalismo*.[522]

Por exemplo, não cabe à Constituição conceituar *família*, fenômeno eminentemente sociológico, de modo taxativo, prevendo noções fechadas (como aquela contida no art. 226, § 3.º, da CF/1988, ao considerar *entidade familiar* a união estável entre o homem e a mulher), sob pena de comprometer a autonomia privada dos cidadãos. Deve-se entender que a Constituição não prevê um conceito taxativo (*numerus clausus*) de entidades familiares,[523] não podendo ficar à margem das definições constitucionais a noção de *pluralismo familiar*, a qual abrange toda *comunhão de vida*, instituída com a finalidade de convivência familiar, independentemente da origem sexual (*v.g.*, a união homoafetiva entre dois homens ou duas mulheres e seus filhos biológicos e/ou adotivos; a convivência, sem prejuízo para a criança, inclusive para fins de inclusão no registro civil, da paternidade biológica e socioafetiva[524] etc.). A propósito, dispõe o art. 5.º, II e parágrafo único, da Lei 11.340/2006 (Lei Maria da Penha) ser família a *comunidade formada por indivíduos que, independentemente de orientação sexual, são ou se consideram aparentados, unidos por laços naturais, por afinidade ou por vontade expressa*. Prevê, ainda, o PL 2.286/2007 (Estatuto da Família), em tramitação no Congresso Nacional, em seu art. 3.º: "É protegida como família toda comunhão de vida instituída com a finalidade de convivência familiar, em qualquer de suas modalidades".

[521] Cf. Antonio E. Perez Luño. Op. cit., p. 204-205.

[522] Daniel Sarmento defende a tese dos *direitos fundamentais sem fundamentalismo*, explicando que a "conquanto carregue *valores substanciais* e transporte *programas*, a Lei Fundamental deve ser dotada de plasticidade material suficiente para abrigar ideologias e cosmovisões diferentes, sem optar de modo definitivo por nenhuma delas. Sob este prisma, os direitos fundamentais não devem significar o engessamento da sociedade, cabendo-lhes, ao inverso, catalisar o debate entre ideias e projetos divergentes, convertendo com isto em instrumentos de promoção do pluralismo. Fundamentalidade sem fundamentalismo, eis a receita" (A dimensão objetiva... cit., p. 99).

[523] Cf. Paulo Luiz Netto Lôbo. Entidades familiares constitucionalizadas: para além do *numerus clausus*.

[524] Cf. Eduardo Cambi. Preenchimento judicial de lacuna jurídica: a hipótese de alteração do registro civil de crianças e de adolescentes para a inclusão do sobrenome (patronímico) dos pais de criação (socioafetivos) independentemente de adoção. p. 112-124.

Caso contrário, a *ditadura constitucional* seria mecanismo de opressão e de arbítrio, representando o sepultamento da legitimidade democrática a ser buscada na Constituição.[525]

Ronald Dworkin cita Jeremy Bentham para afirmar que *toda a lei é uma violação da liberdade*. Contudo, o povo somente tem o direito de se proteger contra as violações graves ou fundamentais. Afirma, por exemplo, que é lícito que o Estado defina se determinada rua terá mão dupla ou mão única, não podendo o motorista entrar na contramão. Entretanto, considera contrário à liberdade o governo definir aonde uma pessoa deve estudar, criticando a prática do *busing*, adotada nos Estados Unidos, nas décadas de 1960 e 1970, pelo qual se impunha o transporte escolar compulsório de crianças de bairros brancos e economicamente favorecidos para escolas de negros e economicamente desfavorecidos e vice-versa, com o objetivo de proporcionar oportunidades de educação mais igualitária e promover a integração racial nas escolas e na sociedade em geral. Do mesmo modo, o Estado não levaria a sério os direitos fundamentais do cidadão se obrigasse alguém a testemunhar contra si próprio ou proibi-lo de falar, produzindo lesão ao seu direito ao silêncio (direito contra autoincriminação) e ao direito à liberdade de expressão. Conclui, pois, Ronald Dworkin: "Faz sentido dizer que um homem tem um direito fundamental contra o governo, no sentido forte, como a liberdade de expressão, se esse direito for necessário para proteger sua dignidade ou sua posição enquanto detentor da mesma consideração e do mesmo respeito, ou de qualquer outro valor pessoal da mesma importância".[526] Ainda assevera: "O governo deve tratar aqueles a quem governa com consideração, isto é, como seres humanos capazes de sofrimento e de frustração, e com respeito, isto é, como seres humanos capazes de formar concepções inteligentes sobre o modo como suas vidas devem ser vividas, e de agir de acordo com elas".[527]

[525] Segundo Paulo Bonavides, "a ditadura constitucional é criação inaceitável, é antinormaticidade incrustrada no ordenamento, é quinta-essência do arbítrio, é poder matriculado no absolutismo encoberto, a que se afizeram, por derradeiro, os genocidas das Cartas Magnas, os deflagradores de crises, os perpetuadores de golpes de Estado, os usufrutuários dos quadros e das quadras de exceção; enfim, toda aquela casta de liberticidas já identificados, os quais, no sumo, na essência, na substância, fazem a ditadura constitucional significar a inconstitucionalidade entronizada nas instituições" (O direito à paz... cit., p. 16).

[526] Cf. *Levando os direitos*...cit., p. 305.

[527] Idem, p. 419.

Do mesmo modo, Jorge Reis Novais, seguindo Dworkin, afirma que os direitos fundamentais são *trunfos contra a maioria*.[528] Servem para que o Estado não possa impor restrições às liberdades pessoais, em nome de concepções de vida que entenda como sendo merecedoras de superior consideração.

O crescente desenvolvimento cultural demonstra a rejeição da intervenção indevida do Estado nas relações privadas. O Estado Totalitário é inimigo das minorias, protagoniza a repressão e impõe a moral dominante.[529] Por exemplo, na Alemanha Nazista, pela Lei para a Proteção do Sangue Alemão e da Honra Alemã, de 15.09.1935, era proibido o casamento entre judeus e alemães (pertencentes à raça ariana), devendo os Promotores de Justiça anular estes casamentos e ser cominada a pena de trabalhos forçados para aqueles que desobedecessem tal norma. Outro exemplo: na África do Sul do *apartheid*, pelo *Prohibition Act*, de 1949, era proibido o casamento inter-racial (entre brancos e não brancos).[530] O mesmo ocorria em vários Estados norte-americanos (como Alabama, Arizona, Geórgia, Montana, Oklahoma, Texas e Virgínia), tendo a Suprema Corte, em 1967, declarado inconstitucional a lei da Virgínia (*Loving v. Virginia*).[531] Ainda, mais recentemente (2003), a Suprema Corte norte-americana considerou inconstitucional lei estadual que criminalizava a *sodomia* (*Lawrence et. Al. v. Texas*).[532]

O Estado Democrático é solidário, promove a tolerância e a inclusão social.[533] Não deve colocar obstáculos à realização dos direitos das minorias. Ao contrário, deve pautar-se pelo *pluralismo jurídico*, respeitando a diversidade e contribuindo para superar preconceitos e discriminações. Em outras palavras, o Estado Democrático de Direito pressupõe a tolerância, isto é, o respeito recíproco às diferenças.[534] Nesse sentido, são importantes diplomas como a Convenção sobre a Eliminação de Todas as Formas

[528] Cf. Jorge Reis Novais. Op. cit., p. 28.

[529] Cf. Luis Roberto Barroso. Diferentes, mas iguais... cit., p. 7.

[530] Idem, ibidem.

[531] *Loving v. Virginia* (1967) foi um julgado paradigmático julgado pela Suprema Corte norte-americana, que invalidou leis que proibiam o casamento interracial. O caso foi trazido por Mildred Loving, uma mulher negra, que se casou com Richard Loving, homem branco, e, por terem violado a *Racial Integrity Act* de 1924 do Estado da Virgínia, foram sentenciados a um ano de prisão, em julho de 1958. Tal história é narrada em diversos filmes, dentre os quais *Loving - Uma História de Amor*, lançado no Brasil em 2017, dirigido por Jeff Nichols.

[532] Idem, p. 6.

[533] Idem, p. 7.

[534] Cf. Marcelo Neves. *Entre Têmis e o Leviatã...*, p. 222.

de Discriminação Racial, de 1965, promulgada no Brasil pelo Dec. 65.810, de 08.12.1969, e o Pacto Internacional de Direitos Civis e Políticos, de 16.12.1966.[535]

Em uma sociedade aberta, em que se valorize o pluralismo de concepções de vida, respeitar a dignidade da pessoa humana significa a *insuscetibilidade* de tratamento da pessoa como *mero objeto do poder estatal*, evitando a instrumentalização ou a *coisificação* da pessoa nas mãos do Estado.[536] Assim sendo, cada pessoa possui uma margem de autonomia e de liberdade que o poder do Estado tem de observar.

Com efeito, deve o Estado respeitar o pluralismo na formação das entidades familiares, promovendo a proteção da dignidade humana, dos direitos à igualdade, à liberdade, à intimidade, à orientação sexual e à identidade, e respeitando as *comunidades de afeto*[537] sem intervir para impor valores ideológicos, religiosos e morais que, a pretexto de majoritários, são incapazes de tutelar a dimensão substancial da democracia que é a promoção dos direitos fundamentais.

No entanto, há de se encontrar equilíbrio entre a preservação das liberdades individuais com a efetivação de direitos sociais. Afinal, se a nivelação e a unificação devem ser criticadas para poder assegurar as opções individuais de cada um (já que, segundo Ronald Dworkin, o governo deve tratar os governados como *seres humanos capazes de sofrer e de se decepcionarem*, ou seja, como seres humanos que têm condições de se constituírem, segundo concepções inteligentes próprias, a respeito do como devem levar a sua vida, e de agirem correspondentemente),[538] a consagração de direitos sociais exige certa nivelação e unificação, com a finalidade de se promover a igualdade e a justiça.[539]

[535] O art. 26, por exemplo, deste Pacto, afirma: "Todas as pessoas são iguais perante a lei e têm direito, sem discriminação alguma, a igual proteção da lei. A este respeito, a lei deverá proibir qualquer forma de discriminação e garantir a todas as pessoas proteção igual e eficaz contra qualquer discriminação por motivo de raça, cor, sexo, língua, religião, opinião política ou de outra natureza, origem nacional ou social, situação econômica, nascimento ou qualquer outra situação".

[536] Cf. Jorge Reis Novais. Op. cit., p. 30.

[537] Cf. Luiz Edson Fachin, *Direitos de família. Elementos críticos à luz do novo Código Civil brasileiro*, p. 317-318.

[538] Apud Klaus Günther. *Teoria da argumentação no Direito e na Moral: justificação e aplicação*. p. 413.

[539] Cf. Antonio E. Perez Luño. Op. cit., p. 204-205.

Portanto, melhor que criar uma antítese entre liberdades individuais e direitos sociais é buscar a compatibilidade entre ambos os modelos, porque liberdade sem igualdade não possibilita a construção de uma sociedade livre e pluralista, senão oligárquica, enquanto a igualdade sem liberdade conduz ao despotismo, não à democracia, submetendo a maioria às vontades de quem detém o poder.[540]

3.3.13 Conteúdo da norma e legitimidade do direito

A grande novidade do constitucionalismo foi se preocupar com o *conteúdo* da norma como condição de sua própria validade jurídica.[541]

O neopositivismo trata da questão da legitimidade do direito, como exigência da organização da sociedade civil e da imprensa. Na medida em que cresce a fiscalização e os controles sociais, maior é a necessidade de o poder público demonstrar que seus atos são legítimos.

Inicialmente, não é possível identificar legalidade com legitimidade, posto que isto poderia sujeitar o direito ao *fetiche do legalismo vazio.*[542]

Em *nome da lei*, o fascismo se instalou na Itália, o nazismo na Alemanha e as ditaduras na América Latina.[543] Critica-se a ideia de que a legalidade se identificaria com a legitimidade, porque esta simbiose contribui para o agir burocrático do Estado.[544]

Atrelar o conceito de lei ao de legitimidade também implica em um *círculo vicioso*, na medida em que, quando a lei não acompanha as exigências sociais, a solução é legislar novamente. Com isso, não só se deixa de alcançar a legitimidade do direito, mas também resulta em prejuízo da

[540] Idem, p. 214-215.

[541] Cf. Luigi Ferrajoli. *Juspositivismo crítico...* cit., p. 10.

[542] Cf. Luis Roberto Barroso. Eficácia e efetividade...cit., p. 91.

[543] Idem, ibidem.

[544] Na explicação de Gustavo Zagrebelsky, a "*legalidade*, como correspondência à lei, ficou a ser apenas unidade de medida jurídica e desautorizou a *legitimidade*, como correspondência ao direito. Aliás, apoderou-se desta, como previra Max Weber no início do século, ao falar de *legalidade como forma exclusiva da legitimidade* na época moderna, uma época de comportamentos políticos, económicos e sociais tendentes à racionalização, à padronização, à planificação, à homologação, perante os quais o Estado, por sua vez, assume cada vez mais o carácter de uma empresa tecnicizada, funcionalizada e burocratizada para a qual a lei é o equivalente do fluxo de energia num organismo vivo, que de outro modo seria inerte" (*A Lei, o Direito e a Constituição*).

própria lei que, não alcançando os seus objetivos, passa a ser desrespeitada, perdendo o seu sentido e, o que é pior, gerando mais insegurança (*quanto mais lei, mais ilegalidade*).[545]

O neopostivismo busca a legitimação do exercício do poder, pois aposta no caráter crítico e transformador da realidade. Compreende que o direito é capaz de interferir na sociedade para possibilitar que a soberania popular integre o processo racional de conformação jurídica, a fim de promover as conquistas éticas, políticas e sociais que integram o patrimônio da humanidade.

[545] "Quando o sistema legislativo claudica – o que significa que não acompanha as exigências sociais – reconhecendo só leis, a única solução é legiferar novamente. E deste modo acabamos por pretender enfrentar a debilidade da lei com outras leis. Não se trata apenas de um círculo vicioso que acaba por deixar as coisas na mesma; é uma espiral que conduz ao rebaixamento, ao desgaste da lei, a uma erosão progressiva do sentido de legalidade. Pode-se até estabelecer uma proporção perversa: quanto mais leis, mais ilegalidade" (Gustavo Zagrebelsky, *A Lei, o Direito e a Constituição* cit.).

3.3.14 O problema da racionalidade da jurisprudência e dos precedentes

3.3.14.1 As reformas constitucionais e processuais

Consequência inevitável da globalização, no plano cultural, é a *circulação dos modelos jurídicos* de *civil law* e de *common law*.[546] Nesse sentido, o ordenamento constitucional-processual brasileiro, mediante reformas recentes, vem adotando mecanismos que privilegiam o uso da jurisprudência e dos precedentes judiciais como técnica de agilização processual.

Em primeiro lugar, é preciso distinguir os precedentes da jurisprudência. Os precedentes não são um mero conjunto de decisões dos Tribunais para determinadas questões jurídicas, mas definem o sentido do direito mediante as melhores razões (razões determinantes ou *ratio decidendi*) necessárias para servirem de orientação para os juízes e tribunais ordinários, bem como para a sociedade. Os precedentes possuem *caráter universalizante*, isto é, capacidade de servir à generalidade dos casos similares para evitar decisões distintas para casos iguais. Também, possuem caráter eminentemente *prospectivo* (isto é, não retrospectivo, de corrigir a interpretação dos tribunais ordinários), por estarem voltados para o futuro, com a função de assegurar a igualdade e a segurança no tratamento de uma mesma questão jurídica, para orientar os jurisdicionados e servir de *standards* para as decisões judiciais vindouras.

Vale ressaltar que a EC 45/2004, visando aperfeiçoar o sistema judiciário, estabeleceu: a) *efeito vinculante* às decisões de mérito, proferidas pelo STF, nas ações diretas de inconstitucionalidade e nas ações declaratórias de constitucionalidade, relativamente aos demais órgãos do Poder Judiciário e à administração pública direta e indireta, nas esferas federal, estadual e municipal (art. 102, § 2.º, da CF/1988);[547] b) as *súmulas vinculantes*, podendo o STF, de ofício ou por provocação, mediante decisão de dois terços dos seus membros, depois de reiteradas decisões sobre matéria constitucional, aprová-las, vinculando-as aos demais órgãos do Poder Judiciário e à administração pública direta e indireta, nas esferas federal, estadual e municipal (art. 103-A da CF/1988);[548] c) a *repercussão geral* das

[546] Cf. Michele Taruffo. Aspetti fondamentali...cit., p. 42.

[547] Cf. Clèmerson Merlin Clève. *A fiscalização abstrata da constitucionalidade das leis no Direito Brasileiro.*

[548] Cf. Rodolfo de Carmago Mancuso, *Divergência jurisprudencial e súmula vinculante*; Eduardo Cambi e Jaime Domingues Brito. Súmulas vinculantes.

questões constitucionais discutidas no caso concreto, como ônus a ser demonstrado pelo recorrente, a fim de satisfazer requisito de admissibilidade do recurso extraordinário (art. 102, § 3.º, da CF/1988).[549]

Paralelamente, o Código de Processo Civil-1973 foi alterado para disciplinar o uso dos precedentes jurisprudenciais nos seguintes dispositivos: a) o art. 285-A, introduzido pela Lei 11.277/2006, prevê, quando a matéria for unicamente de direito e no juízo já houver sido proferida sentença de total improcedência em outros casos idênticos, poderá ser dispensada a citação e proferida sentença, reproduzindo-se o teor da anteriormente prolatada;[550] b) o art. 518, § 1.º, do CPC, incorporado pela Lei 11.276/2006, o qual possibilita que o magistrado não receberá o recurso de apelação, quando a sentença estiver em conformidade com súmula do STJ ou do STF; c) os arts. 543-A e 543-B, inseridos pela Lei 11.418/2006, permitiram a regulamentação da repercussão geral como requisito de admissibilidade do recurso extraordinário;[551] d) o art. 543-C, introduzido pela Lei 11.672/2008, permite que o STJ julgue os recursos especiais por "amostragem", isto é, quando houver multiplicidade de recursos com fundamento em idêntica questão de direito, no Tribunal de origem, aqueles com idêntico fundamento serão *suspensos* até que o STJ se pronuncie sobre o mérito, devendo ser denegados se o acórdão recorrido coincidir com a orientação do Tribunal Superior ou, caso contrário, ter seu conhecimento analisado no juízo *a quo*;[552] e) o art. 557, *caput* e § 1.º-A, com redação dada pela Lei 9.756/1998, aumentou os poderes do relator, possibilitando que, em decisão monocrática, negue seguimento a recurso manifestamente inadmis-

[549] O instituto da Repercussão Geral tem sido responsável pela *descompressão* do STF. Segundo informações veiculadas no site do STF, em 2003, foram distribuídos 109.965 processos; após a EC 45/2004, o volumem processual caiu drasticamente, tendo sido distribuídos, em 2014, 57.799 processos. Até 24 de abril de 2015, 818 temas constitucionais foram reconhecidos como de Repercussão Geral, o que lhe tem possibilitado ao STF firmar a sua posição de Corte Constitucional, ao permitir que um maior número de questões constitucionais seja analisado pela Suprema Corte. Sobre o assunto, conferir: Luiz Guilherme Marinoni e Daniel Mitidiero. *Repercussão Geral no recurso extraordinário*.

[550] Cf. Eduardo Cambi. Julgamento *prima facie* (imediato) pela técnica do art. 285-A do CPC. p. 52-76.

[551] Cf. Teresa Arruda Alvim Wambier. *Recurso especial, recurso extraordinário...* cit., p. 304-309.

[552] Cf. José Miguel Garcia Medina e Teresa Arruda Alvim Wambier. Sobre o novo art. 543-C do CPC: sobrestamento de recursos especiais "com fundamento em idêntica questão de direito". p. 215-221.

sível, improcedente, prejudicado ou em confronto com súmula ou com jurisprudência dominante do respectivo tribunal, do STF ou de Tribunal Superior, bem como dar provimento ao recurso quando a decisão recorrida estiver em manifesto confronto com súmula ou com jurisprudência dominante do STF, ou de Tribunal Superior.

Já o Novo Código de Processo Civil ampliou significativamente a força dos precedentes judiciais como genuína fonte do direito, podendo-se salientar, dentre outras, as seguintes regras: i) Art. 489, § 1º, inc. V: é nula a decisão que se limitar a invocar precedente sem identificar seus fundamentos determinantes nem demonstrar que o caso sob julgamento se ajusta àqueles fundamentos; ii) Art. 489, § 1º, inc. VI: é nula a decisão que deixar de seguir precedente invocado pela parte, sem demonstrar a existência de distinção no caso em julgamento ou a superação do entendimento; iii) Art. 926, caput: os Tribunais devem uniformizar sua jurisprudência e mantê-la estável, íntegra e coerente; iv) Art. 926, § 2º: ao editarem os enunciados de súmula, os tribunais devem ater-se às circunstâncias fáticas dos precedentes que motivaram sua criação; v) Art. 927, § 5º: os tribunais darão publicidade a seus precedentes, organizando-os por questão jurídica decidida e divulgando-os, preferencialmente, na rede mundial de computadores; vi) Art. 988, inc. IV: caberá reclamação da parte interessada ou do Ministério Público para garantir a observância de enunciado de precedente proferido em julgamento de casos repetitivos ou de incidente de assunção de competência; vii) Art. 1.042, § 1º, inc. II: cabe ao agravante demonstrar, de forma expressa, sob pena de não conhecimento do agravo, a existência de *distinção entre o caso em análise e o precedente invocado*, quando a inadmissão do recurso especial ou extraordinário fundar-se em entendimento firmado em julgamento de recurso repetitivo por tribunal superior ou de recurso extraordinário fundar-se em decisão anterior do STF de inexistência de repercussão geral da questão constitucional discutida; viii) Art. 925, § 3º: nas hipóteses de alteração da jurisprudência dominante do STF e dos tribunais superiores ou daquela oriunda de julgamento de casos repetitivos, pode haver modulação dos efeitos da alteração no interesse social e no da segurança jurídica.

As reformas processuais intensificaram a tendência anterior de estabilização do direito. Mesmo antes dessas referidas reformas, o ordenamento jurídico brasileiro já se preocupava com a previsão de mecanismos de uniformização das decisões judiciais, tais como: a) o recurso especial, com fundamento na divergência jurisprudencial (art. 105, III, *c*, da CF/1988); b) o instituto da uniformização da jurisprudência (art. 476 do CPC-1973); c) os embargos infringentes (art. 530 do CPC-1973); d) os embargos de divergência em recurso especial e extraordinário (art. 546 do CPC-1973); e) o pedido de uniformização da interpretação de lei federal, nos Juizados Especiais Federais (art. 14 da Lei 10.259/2001).

3.3.14.2 A uniformização judicial do direito

Todas essas reformas têm em comum ressaltar o papel dos precedentes como técnicas de agilização processual. Sem pretender analisar pontualmente cada uma das reformas, é possível traçar algumas considerações críticas sobre o seu escopo geral.

Em primeiro lugar, deve-se rejeitar a rígida separação entre questões de fato e questões de direito. O processo judicial recai sobre o julgamento de *condutas humanas concretas*. A decisão se impõe sobre "determinado" direito e não sobre uma prescrição geral e abstrata, a não ser quando se trate do controle concentrado da constitucionalidade de leis ou de atos normativos.[553] O critério distintivo entre a *quaestio iuris* e a *quaestio facti* não é *qualitativo*, mas *quantitativo*, vale dizer, há graus de predominância de um aspecto sobre o outro, devendo-se pesar qual é o

[553] A discussão sobre as questões de fato e de direito recaem sobre a natureza do direito de ação e, consequentemente, sobre a tutela jurisdicional, pois cabe ao autor ser protegido contra uma determinada conduta que lhe tenha ofendido ou gerado ameaça de ofensa a uma exigência concreta (pretensão) que o órgão judicial venha a considerar legítima: "O julgador jamais terá resposta à indagação sobre a aplicação de um dado preceito de lei antes que se lhe dê a mais completa indicação dos fatos e de suas circunstâncias, a respeito dos quais se questiona a incidência da norma invocada. Daí a importância de ter-se presente que a 'ação' processual, enquanto *forma*, terá de ser preenchida por um conteúdo material, consistente numa 'determinada exigência alegada pelo autor'; uma exigência ou, como a doutrina pretende indicar, como um direito subjetivo 'concreto', um 'determinado direito', formado, na relação processual, pelo 'direito' e pelos 'fatos'. Neste sentido, será sempre um 'direito concreto'; um direito misturado com fatos. Um direito – este é o ponto – incapaz de ser *normatizado* pela lei. A lei, enquanto norma, portanto, enquanto prescrição geral e abstrata, não pode conter 'fatos'. Este é o drama do direito moderno: a separação entre 'direito' e 'fato'. A estrutura elementar de qualquer julgamento, seja jurídico ou moral, pressupõe juízos sobre condutas humanas, portanto nunca decisões sobre puras normas. Descobre-se o direito a partir do fato. Sem fato contextualizado, o direito, que é uma espécie de conhecimento prático, não pode ser descoberto" (Ovídio A. Baptista da Silva. A jurisdição romana e a jurisdição moderna. p. 24).

fator, jurídico ou fático, predominante da questão,[554] para então se aplicar a técnica processual relacionada à agilização da prestação jurisdicional. A distinção entre fato e direito é incerta e problemática, podendo assumir diversos significados em diferentes contextos, sendo usada particularmente para definir os limites dos poderes das Cortes Superiores.[555]

Contudo, é certo dizer que os precedentes versam sobre *questões de direito*, não sobre questões de fato.[556] Entretanto, os precedentes somente podem ser compreendidos à luz dos fatos. Respeitar o precedente significa verificar se os mesmos fatos que deram suporte para as decisões pretéritas estão presentes no caso a ser julgado.

A questão da racionalidade da jurisprudência, pela aplicação reiterada de precedentes, envolve a forma de *uniformização do direito*, em uma sociedade cada vez mais complexa, sem retirar o seu caráter dinâmico. O problema recai sobre o que se deve conceber por segurança ou certeza jurídicas.

No sistema da *civil law*, em razão dos desdobramentos da Revolução Francesa, que procurou abolir privilégios da nobreza e do clero, o conceito de segurança ou de certeza jurídica se confundia com a lei. Acreditava-se que a lei refletia a vontade do povo e, por isso, deveria ser aplicada literalmente pelos juízes. Não se admitia que o Judiciário interpretasse livremente as leis, porque não se confiava na magistratura. Os juízes do *Ancien Régime* constituíam uma classe aristocrática, sendo o cargo de magistrado comprado ou herdado, como se fosse propriedade particular. O Judiciário não possuía independência, estando vinculado à manutenção dos privilégios da aristocracia. Também se imaginava que a lei era clara e completa, cabendo ao juiz simplesmente declarar o seu sentido. O poder de julgar era nulo. O magistrado não detinha nenhum poder

554 "No plano ontológico, devem-se admitir (tanto quanto no plano técnico-processual) *graus* de predominância do aspecto jurídico da questão. Ter-se-á, por exemplo, uma questão quase que exclusivamente jurídica, se o *foco do raciocínio do juiz* estiver situado em *como* deve ser entendido o texto normativo, já que estariam 'resolvidos' os aspectos fáticos (= que fatos ocorreram e *como* ocorreram) e o mecanismo da subsunção. Estas primeiras etapas do raciocínio do aplicador da lei terão sido superadas e, agora, sua atenção se centra *na exata compreensão do mandamento legal*" (Teresa Arruda Alvim Wambier. Questões de fato, conceito vago e a sua controlabilidade através de recurso especial. p. 449-450).

555 Cf. Michele Taruffo. Narrazioni processuali. p. 85.

556 Cf. Teresa Arruda Alvim Wambier. Estabilidade e adaptabilidade como objetivos do direito – *civil law* e *common law*, item 3.1.

criativo, havendo rígida separação entre o poder de julgar e de legislar, além de servil subordinação do juiz às leis.[557] Com efeito, no sistema de *civil law*, a segurança jurídica dependia da vinculação estrita dos juízes às leis, negando aos órgãos jurisdicionais o poder de ir além da revelação da vontade concreta da lei. Em sentido oposto, no sistema da *common law*, a segurança jurídica estava baseada no *stare decisis*, isto é, na vinculação ou no respeito obrigatório aos precedentes.

O conceito de direito, herdado dos positivistas (como foi analisado no item 3.3.2, supra), está em crise. De um lado, a produção legislativa cada vez mais abundante, caótica, continuamente modificada, repleta de fórmulas indeterminadas, obscuras e compromissórias, abre margens mais amplas de "criatividade" por parte dos juízes.[558] De outro lado, a inflação legislativa e a opacidade do direito minam o conceito de certeza jurídica. Hoje, a maior parte dos cidadãos, e às vezes os próprios especialistas, não estão em condições de conhecer todo o direito em vigor e, consequentemente, de prever valorações jurídicas de seus comportamentos.[559]

Porém, a crise do direito, sob a forma da lei, pode ser superada modificando a relação entre o juiz e a lei, pela aplicação da Constituição. Não há segurança jurídica se o direito for regido por convicções pessoais dos juízes, uma vez que isto daria ensejo a decisões imprevistas e incontroláveis, produzindo o *caos* no sistema jurídico. Mesmo quando é aplicado racionalmente, o direito pode gerar decisões diferentes sobre idênticas questões jurídicas.[560] Por isso, é indispensável que existam Tribunais Superiores que uniformizem a aplicação da Constituição e da legislação infraconstitucional, esclarecendo como os princípios e regras jurídicas devem ser interpretados.[561]

Nesse contexto, surge a necessidade e a importância das Cortes Constitucionais. Entretanto, a mera previsão destas Cortes não assegura a segurança jurídica.[562] Primeiro, porque as Cortes Constitucionais decidem

[557] Cf. Charles-Louis de Secondat (Barão de Montesquieu). *Do espírito das leis*. p. 157-158.

[558] Cf. Carla Faralli. La certezza...cit., p. 11.

[559] Cf. Carlos Maria Cárcova. *La opacidad del derecho*; Carla Faralli. La certezza... cit., p. 11.

[560] Cf. Eduardo Cambi. Jurisprudência lotérica. p. 108-128.

[561] Cf. Eduardo Cambi e Vinícius Gonçalves Almeida. Segurança jurídica e isonomia como vetores argumentativos para a aplicação dos precedentes. Revista de processo, vol. 260, out./2016, p. 277-304.

[562] Cf. Carla Faralli. La certezza... cit., p. 11.

com base em técnicas e argumentos que não são apenas jurídicos, mas também políticos. Segundo, as normas constitucionais são amplas e ambíguas. Traduzem a imagem de um Estado e de uma sociedade que não são uniformes, prevendo normas compromissórias, o que faz com que as normas constitucionais nem sempre representem critérios adequados para o controle da atividade interpretativa. Terceiro, o sistema jurídico reflete a incerteza da individualização, pela via legislativa ou judicial, dos princípios, que são *fattispecies abertas*, porque não determinam as condições necessárias para a sua aplicação. Por serem *preceitos de otimização*, cuja realização é suscetível de gradações, limitam-se a prescrever que algo deve ser realizado, em um certo grau ou em certa medida, em relação às compatibilidades jurídicas (a tensão com outros princípios) e fáticas (as características concretas dos casos).

Em países ligados ao sistema da *civil law*, ao direito codificado, como o é o Brasil, os precedentes judiciários, como regra, não são vinculantes (interpretação *a contrario sensu* do art. 103-A da CF/1988), assumindo apenas *eficácia persuasiva*. Contudo, ainda assim, os precedentes assumem grande valor prático, prevalecendo as interpretações dadas pelos Tribunais Superiores à Constituição e às leis.

A razão fundamental para seguir um precedente e torná-lo obrigatório decorre do princípio da *universabilidade*, ou seja, a exigência, imposta pela justiça como qualidade formal, de se *tratar casos iguais de modo semelhante*.[563] Na estrutura da argumentação jurídica, o precedente é sempre uma *decisão relativa a um caso particular*, não podendo produzir efeitos nos *casos sucessivos*, salvo quando dele possa resultar interpretação que pode ser estendida (*universalizada*) a outras situações concretas.[564] Ocorre que dois casos não são totalmente idênticos, sendo sempre possível encontrar uma diferença. Por conseguinte, resta saber quais diferenças são relevantes e quais não são.

O valor persuasivo do precedente deve decorrer da comparação entre o caso em julgamento e os casos já julgados. O precedente tem importância *analógica* ao caso a ser julgado, servindo como um estímulo ao pensamento e como um *método de justificação*.[565] Assim, não basta que o juiz conheça a

[563] Cf. Robert Alexy. *Teoria da argumentação*...cit., p. 259.

[564] Cf. Michele Taruffo. Precedente e giurisprudenza. p. 710-711.

[565] Quem faz tal advertência é Richard A. Posner, referindo-se justamente ao sistema norte-americano, onde o precedente vincula os juízes: "Os precedentes de evidente relevância têm

ementa do(s) julgado(s), mas esteja em condições de compreender a *ratio decidendi*, isto é, a inteira argumentação, fática e jurídica, a que o precedente está baseado.[566]

A *ratio decidendi* refere-se às razões de decidir, isto é, aos motivos que levaram os julgadores a tomar referida decisão. Trata-se da essência do pronunciamento, não se limitando ao dispositivo da decisão, uma vez que constituem todos os fundamentos essenciais para a correta compreensão da solução apontada ao caso precedente. A *ratio decidendi* é a regra de direito que foi utilizada como fundamento direto da decisão sobre os fatos específicos do caso, em que se fixou a decisão-paradigma.[567]

A *ratio decidendi* faz menção aos fundamentos determinantes da decisão, sem os quais não se teria deliberado da seguinte maneira como resposta ao caso em exame. Pode ser entendida, também, como o conteúdo essencial para a decisão judicial ser considerada como precedente. Pelo Enunciado nº 173 do Fórum Permanente dos Processualistas Civis, fundamento determinante é aquele, presente na decisão paradigma, capaz de resolver de forma eficaz a questão jurídica futura. Em decorrência, tem-se que os fundamentos que servem para solucionar satisfatoriamente o caso precedente podem ser adotados na solução dos processos futuros. Por exemplo, o Supremo Tribunal Federal, na Ação Direta de Inconstitucionalidade nª 3.460, considerou constitucional a Emenda Constitucional nº 45/2004 que exigiu que o triênio de atividade jurídica privativa de bacharel em Direito, para ingresso na carreira da magistratura (art. 93, inc. I, CF), deve ser comprovado no momento da inscrição definitiva (e não na posse). Mantidas as premissas fáticas e normativas da ADI 3.460, reafirma-se as conclusões

de fato, autoridade num tribunal de justiça, mas sua autoridade é de caráter político – ou seja, tem suas raízes basicamente na força – e não epistêmico. Os juízes seguem as decisões anteriores de seu tribunal quando estão de acordo com elas, ou quando consideram a estabilidade jurídica mais importante, naquelas circunstâncias, do que a compreensão correta do direito. Contudo, a importância *analógica* do precedente significa simplesmente que o precedente contém informações relevantes para a decisão do caso em pauta" (Op. cit., p. 609).

[566] Cf. Luigi Paolo Comoglio e Valentina Carnevale, Il ruolo della giurisprudenza e i metodi di uniformazione del diritto in Italia. p. 1.052.

[567] Cf. Eduardo Cambi e Alencar Frederico Margraf. Casuísmos judiciários e precedentes judiciais. *Revista de processo*, vol. 248, out./2015, p. 316.]

da Corte (*ratio decidendi*) nos demais processos que versam sobre a mesma questão jurídica.[568]

Por outro lado, compreende-se por *obiter dictum* os argumentos da decisão que não influenciam significativamente na solução encontrada. São os elementos úteis para assimilar o raciocínio apresentado na construção do precedente, embora não façam parte de seu fundamento jurídico. Portanto, integra o conceito de *obiter dictum* as afirmações que não têm o condão de interferir diretamente no dispositivo da decisão proferida e, por isso, não podem ser arguidos como fundamentos determinantes na apreciação fática de casos futuros a fim de demonstrar a presença de identidade entre eles.[569]

A *ratio decidendi* expressa os fundamentos relacionados aos fatos relevantes do caso e que tenham contado com voto da maioria dos membros do colegiado. Já a *obiter dictum* se constitui no argumento que, apesar de constante na fundamentação do acórdão, afigura-se prescindível ao alcance do resultado fixado em seu dispositivo ou que não contou com o voto da maioria dos membros do órgão colegiado. Por exemplo, a 2ª Turma do STJ não conheceu do recurso especial nº 1.554.594/MG, fundado no art. 105, inc. III, alínea "a", da CF, em razão de não ter havido comprovação da divergência entre o acórdão recorrido e o paradigma, fazendo incidir os arts. 541, par. ún., do CPC-1973 (equivalente ao art. 1.029, § 1o, do NCPC) e 255 do Regimento Interno do STJ, bem como o Súmula 284 do STF.[570] Apesar disso, o Ministro Relator Herman Benjamin acrescentou, em *obiter dictum*, que a responsabilidade civil do Estado pela morte de detento em delegacia, presídio ou cadeia, é objetiva, pois é dever do estado prestar vigilância e segurança aos presos sob sua custódia [nota de rodapé: STJ, REsp 1554594/MG, Rel. Ministro HERMAN BENJAMIN, SEGUNDA TURMA, julgado em 20/09/2016, DJe 29/09/2016.]. Em virtude disso, a eficácia obrigatória dos precedentes é, a rigor, a eficácia obrigatória da *ratio decidendi*[571], possuindo a *obiter dictum* condão para meramente persuadir o

[568] STF, RE 655265, Relator(a): Min. Luiz Fux, Relator(a) p/ Acórdão: Min. Edson Fachin, Tribunal Pleno, julgado em 13/04/2016, Acórdão Eletrônico Repercussão Geral - Mérito DJe-164 Divulg 04-08-2016 Public 05-08-2016.

[569] Cf. Eduardo Cambi e Renê Francisco Hellman. Precedentes e dever de motivação das decisões judiciais no Novo Código de Processo Civil. Cit. p. 423.

[570] "É inadmissível o recurso extraordinário, quando a deficiência de fundamentação na sua fundamentação não permitir a exata compreensão da controvérsia".

[571] Cf. Luiz Guilherme Marinoni. Eficácia vinculante - a ênfase à *ratio decidendi* e à força obrigatória dos precedentes. Revista de processo, vol. 184, jun. 2010, p. 26.

seu aplicador. Nesse sentido, dispõe também o Enunciado nº 318 Fórum de Processualistas Civis: "os fundamentos prescindíveis para o alcance do resultado fixado no dispositivo da decisão (*obiter dicta*), ainda que nela presentes, não possuem efeito de precedente vinculante".

Por outro lado, compreende-se por *obiter dictum* os argumentos da decisão que não influenciam significativamente na solução encontrada. São os elementos úteis para assimilar o raciocínio apresentado na construção do precedente, embora não façam parte de seu fundamento jurídico. Portanto, integra o conceito de *obiter dictum* as afirmações que não têm o condão de interferir diretamente no dispositivo da decisão proferida e, por isso, não podem ser arguidos como fundamentos determinantes na apreciação fática de casos futuros a fim de demonstrar a presença de identidade entre eles.[572]

A *ratio decidendi* expressa os fundamentos relacionados aos fatos relevantes do caso e que tenham contado com voto da maioria dos membros do colegiado. Já a *obiter dictum* se constitui no argumento que, apesar de constante na fundamentação do acórdão, afigura-se prescindível ao alcance do resultado fixado em seu dispositivo ou que não contou com o voto da maioria dos membros do órgão colegiado. Por exemplo, a 2ª Turma do STJ não conheceu do recurso especial nº 1.554.594/MG, fundado no art. 105, inc. III, alínea "a", da CF, em razão de não ter havido comprovação da divergência entre o acórdão recorrido e o paradigma, fazendo incidir os arts. 541, par. ún., do CPC-1973 (equivalente ao art. 1.029, § 1o, do NCPC) e 255 do Regimento Interno do STJ, bem como o Súmula 284 do STF.[573] Apesar disso, o Ministro Relator Herman Benjamin acrescentou, em *obiter dictum*, que a responsabilidade civil do Estado pela morte de detento em delegacia, presídio ou cadeia, é objetiva, pois é dever do estado prestar vigilância e segurança aos presos sob sua custódia.[574] Em virtude disso, a eficácia obrigatória dos precedentes é, a rigor, a eficácia obrigatória da *ratio decidendi*[575], possuindo a *obiter dictum* condão para meramente persuadir o

[572] CAMBI, Eduardo; Hellman, Renê Francisco. Precedentes e dever de motivação das decisões judiciais no Novo Código de Processo Civil. Cit. p. 423.

[573] "É inadmissível o recurso extraordinário, quando a deficiência de fundamentação na sua fundamentação não permitir a exata compreensão da controvérsia".

[574] STJ, REsp 1554594/MG, Rel. Ministro Herman Benjamin, Segunda Turma, julgado em 20/09/2016, DJe 29/09/2016.

[575] Cf. Luiz Guilherme Marinoni. Eficácia vinculante - a ênfase à *ratio decidendi* e à força obrigatória dos precedentes. Revista de processo, vol. 184, jun. 2010, p. 26.

seu aplicador. Nesse sentido, dispõe também o Enunciado nº 318 Fórum de Processualistas Civis: "os fundamentos prescindíveis para o alcance do resultado fixado no dispositivo da decisão (*obiter dicta*), ainda que nela presentes, não possuem efeito de precedente vinculante".

A universalização do precedente, aos casos sucessivos, depende da *analogia* entre os fatos analisados no julgamento-paradigma e aqueles em que o julgado anterior pretende servir como *critério de decisão*. A analogia entre as duas *fattispecie* concretas não é automática,[576] dada *in re ipsa*: o juiz do caso sucessivo é quem deve comparar os julgados para determinar se o precedente é eficaz e se sua *ratio decidendi* pode determinar a solução, ou não, da causa a ser julgada.[577] O problema é que isto nem sempre ocorre, gerando decisões incoerentes e inconsequentes. Para exemplificar, vale mencionar a seguinte situação concreta, julgada pelo Tribunal de Justiça do Estado do Rio Grande do Sul (ApCrim 70012342515), na qual a juíza de primeiro grau, aplicando o princípio da insignificância, rejeitou a denúncia, por considerar ser delito de bagatela o furto de alguns objetos avaliados em R$ 100,00.[578] A decisão foi considerada nula, por ausência de fundamentação, pois, para tanto, a magistrada limitou-se a fazer referência a ementa de julgado sobre o princípio da insignificância, sem fazer qualquer relação com o caso concreto. As situações, contudo, não eram análogas. O precedente, mencionado na decisão, versava sobre um furto qualificado, com abuso de confiança, praticado por empregada doméstica que, na residência onde trabalhava, subtraiu uma oração de Santo Expedito e dois porta-retratos, avaliados em R$ 56,00. No entanto, o caso sucessivo dizia respeito ao furto de objetos em uma residência, manifestamente pobre, onde objetos avaliados em R$ 100,00 não eram insignificantes. A juíza não se preocupou em analisar os fatos presentes em ambas as situações, para, no mínimo, comparar o patrimônio das vítimas e concluir se o prejuízo era ou não relevante. Portanto, não basta identificar a semelhança das questões jurídicas decididas, não podendo o precedente ser universalizado, sob pena de nulidade da decisão por carência de fundamentação,

[576] Cf. Edward D. Re. Stare decisis. p. 38-39.

[577] Cf. Michele Taruffo. Precedente e giurisprudenza...cit., p. 712.

[578] Cf. Lênio Luiz Streck. *Verdade e consenso*... cit., p. 172-174.

se não houver *analogia concreta*, vale dizer, *efetiva similitude* entre as questões fáticas analisadas entre o julgamento-paradigma e o caso sucessivo.[579]

Sem haver *analogia concreta* entre os casos a serem julgados, a jurisprudência não consegue ser *fonte do direito*. Afinal, a jurisprudência é a *forma concordante* em que os órgãos judiciários se pronunciam para resolver casos similares.[580] É o conjunto de decisões, atinentes ao mesmo problema jurídico, que termina por fixar critérios ou regras gerais que justificam o *caráter objetivo* da jurisprudência como fonte do direito. Em outros termos, são as decisões concordantes que criam *critérios objetivos* de julgamento.

A falta de análise exaustiva dos fatos que ensejaram as soluções jurídicas anteriores compromete a segurança jurídica, porque cada caso con-

[579] Sobre os parâmetros para a aplicação do princípio da insignificância, destaca-se, dentre outros julgados do STF: "Princípio da insignificância. Identificação dos vetores cuja presença legitima o reconhecimento desse postulado de política criminal. Consequente descaracterização da tipicidade penal em seu aspecto material. Delito de furto simples, em sua modalidade tentada. *Res furtiva* no valor (ínfimo) de R$ 20,00 (equivalente a 5,26% do salário mínimo atualmente em vigor). (...) O princípio da insignificância qualifica-se como fato de descaracterização material da tipicidade penal. O princípio da insignificância – que deve ser analisado em conexão com os postulados da fragmentariedade e da intervenção mínima do Estado em matéria penal – tem o sentido de excluir ou de afastar a própria tipicidade penal, examinada na perspectiva de seu caráter material. Doutrina. Tal postulado – que considera necessária, na aferição do relevo material da tipicidade penal, a presença de certos vetores, tais como (a) a mínima ofensividade da conduta do agente, (b) a nenhuma periculosidade social da ação, (c) o reduzidíssimo grau de reprovabilidade do comportamento e (d) a inexpressividade da lesão jurídica provocada – apoiou-se, em seu processo de formulação teórica, no reconhecimento de que o caráter subsidiário do sistema penal reclama e impõe, em função dos próprios objetivos por ele visados, a intervenção mínima do Poder Público. O postulado da insignificância e a função do direito penal: *De minis, non curat praetor*. O sistema jurídico há de considerar a relevantíssima circunstância de que a privação da liberdade e a restrição de direitos do indivíduo somente se justificam quando estritamente necessárias à própria proteção das pessoas, da sociedade e de outros bens jurídicos que lhes sejam essenciais, notadamente naqueles casos em que os valores penalmente tutelados se exponham a dano, efetivo ou potencial, impregnado de significativa lesividade. O direito penal não se deve ocupar de condutas que produzam resultado, cujo desvalor – por não importar em lesão significativa a bens jurídicos relevantes – não represente, por isso mesmo, prejuízo importante, seja ao titular do bem jurídico tutelado, seja à integridade da própria ordem social" (STF, HC 92.463-RS, 2.ª T., j. 16.10.2007, rel. Min. Celso de Mello, *DJe* 134, div. 30.10.2007). Sobre o princípio da insignificância, verificar ainda: HC 137422, Relator(a): Min. Ricardo Lewandowski, Segunda Turma, julgado em 28/03/2017, Processo Eletrônico DJe-069 Divulg 05-04-2017 Public 06-04-2017; HC 137749 AgR, Relator(a): Min. Roberto Barroso, Primeira Turma, julgado em 02/05/2017, Processo Eletrônico DJe-102 Divulg 16-05-2017 Public 17-05-2017 .

[580] Cf. Lino Palácio. *Derecho procesal civil*. p. 193.

creto tem a sua singularidade. A não consideração dos fatos anteriores à solução jurisprudencial ou a sua consideração descontextualizada conduz à reprodução de critérios idênticos para resolver casos distintos, comprometendo a justiça das decisões.

No entanto, a deficiência não é só do Judiciário. Reflete-se nele, mas resulta de uma análise mais abrangente que, necessariamente, deve passar pelo ensino jurídico brasileiro. A repetição das aulas expositivas, nos cursos de direito, sem estimular o raciocínio crítico dos estudantes, não abre espaço para os *estudos de casos concretos*. Com isso, distancia-se o aluno da prática forense. Os discentes se tornam ótimos conhecedores das regras contidas na Constituição e nos Códigos, mas deficientes na análise das situações concretas em que aquelas normas devem ser aplicadas. Quando se tornam juízes, reproduzem o método dedutivo apreendido nas faculdades de direito, não sabendo comparar julgados nem distinguir os elementos essenciais de um precedente para os casos sucessivos. Criticar o mau uso dos precedentes pelo juiz é enxergar apenas uma pequena parte do problema que atinge todos os profissionais do direito, em sua maioria despreparados para o exercício da argumentação jurídica. Portanto, não basta importar modelos de vinculação de precedentes da *common law*, sem se preocupar com a formação dos operadores jurídicos. É preciso prepará-los para o uso dos precedentes. Por exemplo, nos Estados Unidos, as faculdades de direito aplicam o *case method* ou *case-system*, pelo qual se permite a formulação de princípios jurídicos, a partir da jurisprudência, promovendo a dialética entre a norma e os casos concretos, em oposição ao *book-system* e *lecture system*, que tendem a separar essas duas fontes do direito em polos opostos.[581]

[581] "Em 1871, o Prof. Langdell, da escola de Direito de Harvard, começou a aplicar, em contraprodução aos velhos métodos usados nos Estados Unidos, do *book-system* e do *lecture-system*, sistema do compêndio e da lição dogmática, um novo método denominado *case-system*, cuja ideia fundamental consiste em formular os princípios jurídicos sobre a análise de casos de jurisprudência. Aplicado por Langdell, em matéria de contratos, foi depois ampliado por ele e pelos seus colegas de Harvard às outras universidades, sendo já hoje seguido, em maior ou menor grau, num grande número de escolas americanas, tendo-se generalizado às ciências políticas e sociais, como o Direito Público, a diplomacia e tendendo assim a constituir o método fundamental da educação jurídica, na escola americana. (...) Foi tal método recebido com desdém pelos legalistas que haviam estudado segundo os métodos antigos, mas, bem depressa, os fatos vieram demonstrar a superioridade da educação dos juristas por ele instruídos, e da sua eficácia resultou a sua generalização" (João Mendes de Almeida Júnior,

Ademais, a força do precedente se coloca não somente nos casos em que os órgãos judiciais aplicam, *reiteradamente*, uma posição sedimentada jurisprudencialmente, mas também quando *estendem* tal posicionamento para *casos novos*, com outras características, *ou não levam a cabo tal extensão*, por não se amoldar às novas exigências.[582] Por outro lado, é possível que um caso seja exatamente como um caso anterior e, ainda assim, pretenda-se buscar uma decisão diferente, em razão das alterações nas circunstâncias que determinaram a decisão.[583]

Por isso, é preciso fazer referência às possibilidades de *overruling* e de *distinguishing*.[584] *Overruling* se dá quando o procedente anterior é superado por outra decisão, enquanto, pelo *distinguinshing*, o antigo precedente não desaparece, formulando o Tribunal uma nova interpretação, diferente, em razão das peculiaridades do caso concreto que não se enquadram no modelo anterior. Por exemplo, o precedente determina que os contratos devem ser cumpridos (*pacta sunt servanda*), mas o caso concreto revela que o descumprimento se deu por circunstâncias imprevistas e imprevisíveis, ao tempo da formação do contrato, onerando excessivamente uma das partes e causando enriquecimento inesperado e injusto para a outra, a exigir o restabelecimento do equilíbrio negocial (pela aplicação da teoria da imprevisão ou da onerosidade excessiva, não do princípio do *pacta sunt servanda*).

Deve-se verificar se os casos sucessivos apresentam novas características que podem ser utilizadas como razões para diferenciação. Para tanto, é preciso discernir a *ratio decidendi*, isto é, a *razão jurídica da decisão* ou a regra de direito que serve de fundamento da decisão sobre os fatos específicos do caso, e a *obiter dictum*, ou seja, todas as afirmações e argumentações que estão na motivação das sentenças, mas que não constituem a parte integrante do fundamento jurídico da decisão.[585]

A *ratio decidendi* abarca a argumentação judicial considerada absolutamente básica, necessária e indispensável para servir de suporte direto para a resolução da questão jurídica.[586] Por isso, possui caráter vinculante. Em

O ensino do direito, p. 133). Verificar, ainda: Maria Christina de Almeida. Ensinando direito com arte: o estudo de casos no Direito Civil Contemporâneo, p. 479-485.

582 Cf. Robert Alexy. *Teoría de los derechos*... cit., p. 538-539.

583 Cf. Robert Alexy. *Teoria da argumentação*...cit., p. 259.

584 Cf. Teresa Arruda Alvim Wambier, Estabilidade e adaptabilidade... cit., item 3.3.

585 Cf. Michele Taruffo. Precedente e giurisprudenza...cit., p. 715-716.

586 Cf. Hernán Alejandro Olano García. Op. cit., p. 218-219.

contrapartida, o *obiter dictum* (ou "aquilo que é dito para morrer") versa sobre simples reflexão utilizada para motivar o caso concreto, mas que não é indispensável para a decisão da questão jurídica. Serve, destarte, de *mero critério auxiliar* de interpretação, com força meramente persuasiva, a depender do prestígio e da hierarquia do Tribunal, sem possuir poder vinculante sobre os demais juízes ou Tribunais.

Tal distinção, na prática, nem sempre é fácil, mas é fundamental para a universalização do precedente,[587] uma vez que o *obiter dictum* não pode ser invocado como precedente na decisão dos casos sucessivos. Como salientado, podem os juízes se valer de sofisticadas técnicas argumentativas, dentre as quais a do *distinguishing* e a do *overruling*, com a finalidade de não aplicarem o precedente aos demais casos, a fim de encontrar a solução mais justa para a hipótese concreta. Logo, os precedentes se aplicam a todos os casos idênticos (i.e., que versem sobre as mesmas questões fáticas e jurídicas) e possuem uma força vinculativa *prima facie* (é o que se denomina, no sistema da *common law*, de *stare decisis*),[588] devendo-se rejeitar a aplicação do precedente quando surgirem motivos que demonstrem que o direito foi mal compreendido ou aplicado incorretamente. Pode-se afirmar, portanto, que o precedente deve ser aplicado aos casos semelhantes, desde que surjam razões suficientes que não justifiquem tal reprodução.

De qualquer modo, tanto a distinção quanto o prevalecimento do precedente requerem *justificação*. Quem desejar manter o precedente em um caso novo deve justificar as razões que os assemelham e, por outro lado, romper com um precedente implica assumir o ônus de deduzir as razões

[587] "(...) *ratio decidendi* y *obiter dictum*. El juez del nuevo caso en el derecho angloamericano deverá valorar el caso antecedente y encontrar en él aquellas nociones que le permitan calificar los hechos, individualizar los argumentos jurídicos transcendentes para la decisión y la inteligencia dada a la ley. Al emplear un razonamiento analítico frente a una decisión anterior puede tener dificuldades para definir con claridad cuales fueron las partes del fallo consideradas esenciales para el juez que decidió el caso antecedente o las que solamente son principios generales o especiales de los cuales hubiera sido posible prescribir. La tendencia a la abstracción, así como la dispersión y contradicción en la tarea hermeneutica, debería ser materia de atención por parte de jueces y juristas latinoamericanos. En ciertas situaciones la movilidad y adaptabilidad al cambio pueden ser ventajosas para una sociedad; en otras la falta de regras y principios contribuye a la anomia" (Eduardo Oteiza. El problema de la uniformidad de la jurisprudencia en América Latina. p. 180-181). Verificar, ainda: Luiz Guilherme Marinoni. *Precedentes obrigatórios*; Lucas Buril de Macêdo. *Precedentes judiciais e o direito processual civil*. p. 309-342.

[588] Cf. Sérgio Gilberto Porto. *Common law, civil law* e precedente judicial. p. 766.

contrárias a sua observância. Dessa maneira, os precedentes devem ser respeitados, exceto se surgir séria razão para serem rejeitados, cabendo ao dissidente o ônus da argumentação.

Consequentemente, se um precedente pode ser mencionado, a favor ou contra uma decisão, deve ser citado.[589] O precedente garante a estabilidade ao direito, contribuindo para assegurar, ao mesmo tempo, a certeza jurídica e a proteção da confiança nas decisões judiciais.[590] Isto ocorre porque o precedente é ora uma forma de manter a tradição jurídica, consolidada no passado pela sua utilização racional e reiterada, ora como um modo de olhar o futuro, quando serve para moldar os julgamentos referentes às questões jurídicas diferentes ou novas, antecipando a formação de outra corrente jurisprudencial.

3.3.14.3 A vinculação do juiz aos precedentes

Tanto o Supremo Tribunal Federal quanto o Superior Tribunal de Justiça devem ser compreendidos como Cortes de Precedentes, porque são responsáveis por outorgar o sentido da Constituição e das leis infraconstitucionais, e, com isso, reduzir a equivocidade dos enunciados linguísticos em que o Direito comumente é permeado[591].

A democracia possui requisitos morais que não podem ser alcançados por meio de simples procedimento majoritário, mas pela *resposta certa* sobre direitos fundamentais, sendo menos relevante saber qual foi o procedimento utilizado[592].

A resposta correta se dá a partir da igualdade de consideração e respeito de cada pessoa para com a comunidade política. Portanto, o funcionamento

[589] Cf. Robert Alexy. *Teoria da argumentação*...cit., p. 261.

[590] Idem, ibidem.

[591] MARINONI, Luiz Guilherme. *O STJ como Corte de Precedentes*. São Paulo: RT, 2013. p. 113-118; MITIDIERO, Daniel. *Cortes superiores e cortes supremas: do controle à interpretação da jurisprudência ao precedente*. São Paulo: Editora Revista dos Tribunais, 2013. p. 78.

[592] *"Se concordarmos que as variáveis de legitimidade da democracia não se esgotam no procedimento, mas abrangem também os resultados, passa a ser aceitável que a substância subordine, em algumas circunstâncias, o procedimento, ou seja, que a instituição que tenha alcançado a resposta mais compatível com um critério substantivo de legitimidade tenha boas razões para prevalecer independentemente de seu pedigree (subvertendo a estrutura formal)"* (Conrado Hübner. Direitos Fundamentais, separação de poderes e deliberação. *Tese apresentada no Departamento de ciência política da Faculdade de Filosofia, Letras e Ciências Humanas da Universidade de São Paulo*. São Paulo. 2008. p. 219).

e o sucesso da democracia dependem da efetivação dos direitos fundamentais; é uma questão de *output* substantivo, não de *input* procedimental[593].

O controle judicial de constitucionalidade, no Brasil, pode superestimar o papel e a responsabilidade do Judiciário na efetivação dos direitos fundamentais, com o consequente atrofiamento dos demais poderes. Quando a Constituição passa a ter apenas o Judiciário como guardião, os demais poderes deixam de ser responsabilizados pelas suas decisões políticas ordinárias, na medida em que transferem às Cortes Supremas o seu poder de deliberação.

Com efeito, saber quem deve decidir não é mera questão de hermenêutica constitucional, mas de *desenho institucional*[594].

A hermenêutica constitucional deve resolver a questão de como decidir. Limitar a hermenêutica aos intérpretes corporativos ou autorizados jurídica ou funcionalmente pelo Estado significaria um empobrecimento da democracia[595]. Logo, sustentar que as Cortes Superiores estariam legitimadas a fazer o que as instituições representativas não têm feito, seria a negação da cidadania, além de poder conduzir ao Estado-Judicial sem controles nem limites.

Interpretar é atribuir significado a um texto. O significado não está implícito no texto. É o intérprete que atribui um ou mais significados. Por isso, interpretar é uma atividade de *reconstrução*, em que se individualizam as possibilidades. As escolhas agregam valores. A *norma* é a decisão de uma das possíveis variáveis em que se juntam valores individualizados sobre o texto.

Sendo necessária a participação de um intérprete para que o texto se torne norma, é indispensável a fundamentação adequada das decisões a fim de que prevaleça a *intersubjetividade racional* ou a razão hermenêutica, não a vontade pessoal ou a discricionariedade dos órgãos julgadores (*voluntarismos/decisionismos*). Assim, é preciso levar a sério o dever dos juízes respeitarem a integridade do Direito e aplicá-lo corretamente.

O dever fundamental de justificar/motivar as decisões judiciais (art. 93, inc. IX, CF), corresponde ao direito fundamental a obtenção de respostas corretas/adequadas à Constituição.

593 Idem. p. 2.
594 Idem. p. 6.
595 HÄBERLE, Peter. *Hermenêutica constitucional: a sociedade aberta dos intérpretes da constituição: contribuição para a interpretação pluralista e procedimental da constituição.* Cit. p. 34.

A obtenção de respostas adequadas à Constituição implica respeito à democracia e constitui um Direito Constitucional dos cidadãos a uma *accontability* hermenêutica[596].

Além disso, na correta motivação das decisões judicias, está a essência da atividade das Cortes Superiores e a razão de ser dos precedentes judiciais.

A conexão entre dever de fundamentação das decisões e precedentes judiciais, estabelecida no Novo Código de Processo Civil, é direta e imediata. Por isso, são nulas as decisões que se limitarem a invocar precedentes sem identificar, positivamente, seus *fundamentos determinantes (ratio decidendi)* nem demonstrar que o caso sob julgamento se ajusta àqueles fundamentos (art. 489, par. 1o, inc. V) ou, negativamente, deixarem de seguir precedente invocado pela parte sem comprovar a existência de distinção no caso em julgamento ou a superação do entendimento (art. 489, par. 1o, inc. VI).

Independentemente de o caso ser fácil ou difícil, o resultado da interpretação depende da escolha realizada. Aliás, o artigo 489, §2º, do NCPC também de preocupou com a motivação nos casos difíceis, ao assentar que, na colisão entre normas, o juiz deve justificar o objeto e os critérios gerais da ponderação efetuada, enunciando as razões que autorizam a interferência na norma afastada e as premissas fáticas que fundamentam a conclusão.

De qualquer modo, o juiz decide *reconstruindo sentidos* normativos mediante justificação. É a necessidade de justificação para a tomada de decisões que distingui a legislação da jurisdição, bem como deve caracterizar a fixação e a observância dos precedentes judiciais que, diferente da lei – geral e abstrata – produzida pelo legislador, resulta da sua correta aplicação aos casos concretos. Uma decisão judicial adequada à Constituição ou uma resposta hermeneuticamente correta depende da reconstrução histórica do Direito, com respeito à coerência e à integridade legislativa e dos precedentes judiciais.

A correta fundamentação das decisões judiciais é condição de legitimidade da jurisdição. É, portanto, indispensável que o Poder Judiciário motive o que está sendo decidido.

596 Streck, Lênio Luiz. O direito de obter respostas constitucionalmente adequadas em tempos de crise do direito: a necessária concretização dos direitos humanos. Disponível em: http://periodicos.ufpa.br/index.php/hendu/article/viewFile/374/601. Acesso em 09 de junho de 2015. p. 105.

A motivação completa exige a *justificação interna* (vale dizer, a correta subsunção entre o fato e a norma; ou melhor, a correspondência lógica entre as premissas de direito e a de fato), bem como a *justificação externa* (isto é, o juiz deve fornecer argumentos racionais a respeito de como valorou as provas ou como usou de inferências lógicas para chegar às conclusões concernentes à causa).

A justificação *interna* deve fazer com que a escolha seja coerente com os fundamentos jurídicos aplicados; por isso, os motivos não podem ser contraditórios, vagos e nem imprecisos.

Na justificação *externa*, deve haver a adequação da justificação interna com os fatos a serem valorados. É preciso ter o devido cuidado com as aberturas semânticas dos textos normativos e, quanto maior for tal abertura (principalmente quando se aplicam princípios), maior deve ser o rigor da fundamentação.

Por isso, o artigo 489, §1º, inc. I e II, do NCPC afirma serem nulas as decisões judiciais que se limitam à indicação, à reprodução ou à paráfrase de ato normativo, sem explicar sua relação com a causa ou a questão decidida, assim como é nula a decisão que emprega conceitos jurídicos indeterminados, sem explicar o motivo concreto de sua incidência no caso concreto. A motivação deve ter condições de ser replicável para os casos futuros idênticos ou semelhantes, isto é, tem de ser idônea para servir como precedente judicial[597].

É pelo dever de motivação das decisões judiciais que elas se tornam universalizáveis e institucionalizadas, ou seja, passíveis de serem considerados precedentes a serem aplicados pelas demais instâncias judiciais nos casos sucessivos.

Tanto o Supremo Tribunal Federal quanto o Superior Tribunal de Justiça não podem ser compreendidos como Cortes de correção. Não constituem terceira ou quarta instância. Por isso, a atuação desses Tribunais não deve se basear na tutela dos direitos subjetivos nem estar centrada no interesse particular ou com a justiça do caso concreto, mas se preocupar com a unidade do direito objetivo federal ou constitucional.

Cabe ao Supremo Tribunal Federal e ao Superior Tribunal de Justiça a função de unificar a interpretação da Constituição e do Direito Federal.

[597] Mitidieiro, Daniel. *Cortes superiores e cortes supremas: do controle à interpretação da jurisprudência ao precedente*. Cit. p. 85.

Por isso, são consideradas Cortes de Precedentes, não Cortes de correção, o que significa que não têm a função precípua de dizer a última palavra sobre a legalidade e a legitimidade dos casos concretos, mas a de *governar a orientação jurídica do Poder Judiciário*[598].

As funções das demais instâncias judiciais precisam ser compreendidas no contexto do sistema de justiça que integram e a desobediência aos precedentes fixados pelas Cortes Superiores não deve ser vista como normal ou sem maior importância. Ao contrário, a não observância dos precedentes fixados pelas Cortes Superiores caracteriza a *jurisimprudência*[599], isto é, uma insubordinação institucional da mais alta gravidade no Estado Democrático de Direito. O desrespeito aos precedentes judiciais, salvo nos casos em que se assume o ônus argumentativo de demonstrar que eles não se aplicam ao caso sob julgamento (*distinguishing*) ou que já se encontram superados (*overruling*), é hipótese de arbítrio judicial.

A não obediência aos precedentes judiciais representa negação ao próprio Direito. Os precedentes são obrigatórios, porque se assentam na unidade do Direito, resultante da interpretação que é dada à Constituição e à legislação federal pelas Cortes Supremas.

Pela fidelidade ao precedente judicial a ordem jurídica ganha coerência, torna-se mais segura e capaz de promover o respeito à igualdade de todos perante o Direito, predicados sem os quais nenhum sistema jurídico pode ser reconhecido como legítimo.

Seguir um precedente pressupõe a existência de juízes sensíveis e atentos às particularidades de cada processo, além de capazes de empreender sofisticados processos de apreensão e universalização das razões jurídicas determinantes, ao comparar os diferentes casos concretos submetidos a julgamento[600].

Jurisprudência e precedentes judiciais não são expressões sinônimas[601]. A jurisprudência resulta da uniformização do posicionamento reiterado

[598] Taruffo, Michele. *Cinco lecciones mexicanas: memoria del taller de drecho processual. Cidade do México*: Escuela Judicial Electoral, 2003. p. 40.

[599] Cambi, Eduardo; Hellman, Renê. Jurisimprudência – a independência do juiz ante os precedentes judiciais como obstáculo à igualdade e à segurança jurídica. Cit. p. 349-366.

[600] Mitidiero, Daniel. Idem. p. 104.

[601] Taruffo, Michele. Precedente jurisprudência. Tradução de Arruda Alvim, Teresa Arruda Alvim Wambier e André Luis Monteiro. *Revista de processo*, vol. 199, set./2011, p. 139-155; Mancuso, Rodolfo de Camargo. *Sistema brasileiro de precedentes. Natureza, eficácia e operacionalidade.* São Paulo: RT, 2015. p. 413-439.

dos Tribunais, em relação a vários e diversos casos concretos, e tem caráter retrospectivo. Já o precedente judicial é formado a partir de uma decisão relativa a um caso particular, a uma *fattispecie* concreta, decidida pelas Cortes Superiores, responsáveis por unificar o Direito Constitucional e o Direito Federal, que extraem um critério de decisão com caráter prospectivo para ser universalizado por todos os órgãos judiciais em relação a decisões de casos sucessivos similares.

É o juiz do caso sucessivo que estabelece se existe ou não o precedente, a partir da análise comparada dos fatos. Sendo os fatos semelhantes, o juiz aplicará ao caso em julgamento a *ratio decidendi* fixada pela Corte Superior na decisão-paradigma. Por outro lado, na jurisprudência, via de regra, não se faz a análise comparativa dos fatos, mas apenas a subsunção da *fattispecie* sucessiva em uma regra geral, cuja interpretação foi consolidada pelo órgão judiciário responsável pela uniformização da exegese do enunciado jurídico.

A eficácia de um verdadeiro sistema de precedentes no Brasil depende da adequada distinção das causas que vinculam os juízes nos casos sucessivos. A interpretação do que deva ser considerado precedente exige a correta distinção da *ratio decidendi* e da *obter dictum*[602]. A *ratio decidendi* é a regra de Direito que foi utilizada como fundamento direto da decisão sobre os fatos específicos do caso, em que se fixou a decisão-paradigma. Já os *obiter dictum* são todas as afirmações e argumentações contidas na motivação da decisão que, embora sendo úteis para a compreensão dos seus motivos, não integram o fundamento jurídico do precedente. Somente a *ratio decidendi* pode ter eficácia de precedente, enquanto os *obiter dictum* não condicionam a decisão anterior e, portanto, não podem ser invocados como precedentes nos casos sucessivos.

O Poder Judiciário brasileiro possui estrutura hierarquizada, o que facilita a observância dos precedentes judiciais, os quais possuem eficácia horizontal e vertical. Primeiramente, tais precedentes devem ser respeitados pelas próprias Cortes Superiores (eficácia horizontal), para em seguida serem obedecidos pelas demais instâncias judiciárias (eficácia vertical).

É evidente que as Cortes Superiores podem alterar sua compreensão sobre o Direito e até mesmo modificarem seus precedentes. O que não

602 Idem. ibidem; Macêdo, Luca Buril de. Precedentes judiciais e o direito processual civil. Cit. p. 307-342.

se admite é que tais Cortes variem seus posicionamentos a todo tempo, sem maior rigor hermenêutico, de forma casuística ou mesmo de modo arbitrário. É isso que gera instabilidade e pode tornar o sistema de precedentes, em países de tradição da *civil law*, semelhante ao da jurisprudência majoritária, ou seja, desacreditado por não proporcionar a devida e adequada segurança jurídica.

Ao se comprometerem com a *unidade* do Direito, as Cortes Supremas devem estar vinculadas aos seus precedentes, até mesmo para que cumpram a sua função prospectiva, de nortear os cidadãos e os demais órgãos do Poder Judiciário quanto a aplicação dos enunciados normativos.

O desrespeito às interpretações contidas nos precedentes judiciais ignora a estrutura constitucional hierarquizada do Poder Judiciário e coloca todos os tribunais e os juízes na mesma posição de órgãos julgadores, sem distinção entre aqueles a quem a Constituição atribui a competência de fixar precedentes e os que cumprem assegurar que eles sejam rigorosamente obedecidos.

A dimensão vertical dos precedentes judiciais está baseada no *princípio da autoridade:* Juízes e Cortes de Correção estão submetidos à estrutura hierárquica do Poder Judiciário. Logo, não podem usar suas razões dissidentes para julgar o caso concreto, embora possam apresentar os argumentos dissidentes com a finalidade de indicar a necessidade de revogação do precedente.

Como os precedentes judiciais são vinculantes, quando não são observados em todos os níveis hierárquicos da estrutura do Poder Judiciário, a unidade dos Direitos Constitucional e Federal deixa de se impor, em desfavor da isonomia e segurança jurídicas.

3.3.14.4 A vinculação do juiz aos precedentes

Os juízes e Tribunais, como regra, devem seguir, em todos os casos semelhantes ou análogos, os precedentes dos Tribunais Superiores, exceto quando eles estiverem equivocados e se mostrarem contrários ao melhor direito ou à razão. Assim, assegura-se a *estabilidade* e a *segurança* jurídicas, além de se afirmar a noção de justiça como *regularidade*, o que permite tratar isonomicamente os casos essencialmente iguais e, assim, promover o princípio da *igualdade perante a lei*, evitando surpresas e arbitrariedades.[603]

[603] Cf. Cristina Queiroz. *Interpretação constitucional*... cit., p. 212.

Os precedentes devem assegurar a previsibilidade na aplicação das normas jurídicas. Afinal, quando o Direito é incerto, o governo é dos homens e não das leis.[604] A ausência de estabilidade na interpretação e na aplicação do Direito compromete a credibilidade do sistema jurídico e do Poder Judiciário.

Por isso, é preciso alterar a cultura judiciária para que os precedentes sejam observados. Sem mudar a forma de argumentação jurídica e a fundamentação das decisões judiciais o sistema de precedentes não funciona na prática.

Logo, tem que se refletir sobre a citação mecânica de ementas de julgados em petições e em decisões, sem maior aprofundamento das questões fáticas e jurídicas objeto dos julgados. Esse fenômeno é favorecido pelos meios tecnológicos modernos. Encontrar, recortar e colar uma ementa pode ser questão de segundos. Não raro são citados inúmeros e longos julgados, com o intuito de persuadir o leitor. Ocorre que tais citações são feitas, em grande parte, sem nenhum critério, envolvendo julgados sobre questões não relevantes ou omissas para o caso concreto, decisões contraditórias ou até mesmo inexistentes. A eficácia persuasiva dos precedentes fica reduzida ao *aspecto quantitativo*, sem maiores preocupações com o conteúdo de cada julgado referido e a sua força persuasiva para os casos sucessivos. Trata-se de verdadeiro *abuso de citações*, com o propósito de convencer o juiz e a parte contrária, na esperança de que, também eles, não verifiquem os julgados mencionados.[605]

Esse fenômeno contribui para o *caos da jurisprudência* que, misturando situações bem diferentes, sem critérios racionais universais, promove a instabilidade e a insegurança jurídicas.

Isso também favorece a jurisprudência dita *precedencialista*, decorrente da aplicação do precedente sem uma comparação rígida entre o *leading case* e o caso concreto que está em julgamento. Nesses termos, o uso do precedente, na formação da jurisprudência, deve ser duramente criticado, porque reconduz a um *positivismo jurisprudencial judicial.*

[604] Teresa Arruda Alvim Wambier mencionada a frase de R. C. Van Caenegem, para explicar que as regras do jogo devem ser sabidas antes do começo da partida, porque as *"pessoas não devem ser tratadas como animais, que descobrem que algo é proibido quando o bastão alcança o seu nariz"* (Precedentes e evolução do direito. 32).

[605] Cf. Michele Taruffo. Precedente e giurisprudenza...cit., p. 717 e nota 16.

A crítica à jurisprudência precedentalista revela o uso do precedente como forma de resolver a *inflação processual*. Recai em um *pragmatismo* baseado em um *método juridicamente fechado* que conduz à morte da própria jurisprudência, enquanto fonte do direito, pois retira dela o seu caráter científico.[606] A mera repetição do precedente, sem profunda análise do julgamento anterior, reproduz o método dedutivo, inerente ao formalismo processual e ao modelo silogístico, subtraindo do operador jurídico a capacidade de pensar criticamente o direito.[607]

Muitos fatores contribuem para a manutenção da visão acrítica da jurisprudência, a começar pelo ensino jurídico, que, voltado ao ensino de regras e princípios abstratos, não estimula o raciocínio jurídico presente

[606] Nas palavras de José Joaquim Gomes Canotilho: "Jurisprudência precedentalista é aquela que recorre sistematicamente a remissões e reenvios para sentenças anteriores onde foram discutidas as mesmas questões ou questões semelhantes. Este tipo de jurisprudência merece sérias reticências à doutrina. (...) Ter-se-ia instalado um *positivismo jurisprudencial jurisdicional* ancorado num precedentalismo metódico judicialmente fechado. Mas de que precedentalismo se trata? De reenvio para *leading cases* que se transformaram em casos de arte jurisprudencial? Não! De 'assentos' ou de uniformizações de jurisprudência, tendencialmente inevitáveis e desejáveis? Não! O que se passa é um pragmatismo do caso baseado noutros 'casos'. A remissão de 'sentença para sentenças', o 'reenvio de acórdãos para acórdãos' poderá ser um meio de 'descarga' da inflação processual, mas pode transformar-se também na morte da própria jurisprudência. Se o teoreticismo jurisprudencial corre o risco de uma *scientia sem prudentia*, o positivismo precedentista coloca-nos perante os perigos de uma *prudentia sem scientia*" *(Tribunal constitucional, jurisprudências e políticas públicas)*.

[607] A propósito da jurisprudência *precedentalista*, Andrei Zenkner Schmidt contextualiza a questão no Direito Brasileiro a partir da irônica expressão *teletubismo jurídico*, cunhada pelo Des. Amílton Bueno de Carvalho, a qual considera uma doença crônica que atinge parcela dos operadores jurídicos brasileiros, explicando: "Trata-se de um transtorno de personalidade argumentativa neutra que, em termos semelhantes àqueles ETs gordinhos do programa infantil, leva o doente ao método de novo dedutivo. Normalmente verifica-se em sentenças e acórdãos *ponto-doc*, ou seja, modelos gravados no HD de um computador e que normalmente são adaptados aos casos concretos por estagiários e assessores (aliás, futuras vítimas em potencial do mesmo transtorno), sujeitos, claros, à posterior conferência pela autoridade julgadora. Existem estudos ressaltando que tal doença pode ser causada por um vírus, já encontrado em bancas de concursos públicos e exames da OAB. Nesta modalidade virulenta, conta com um hospedeiro, normalmente um professor universitário ou de cursinhos que ministra sua aula munido do atual entendimento majoritário deste ou daquele tribunal. A doença pode conjugar-se com traços obsessivos-compulsivos, muito comuns na cultura manualística, resultando na Publicação de livros que se limitam a fazer coleção de jurisprudência. Em seu estágio terminal, leva à petrificação dos neurônios e à incapacidade do uso do 'por quê'" (Violência simbólica e precedentes jurisprudenciais, p. 16-17).

no estudo de casos. Não raro se despreza a reflexão mais aprofundada pela busca das razões preponderantes para a solução dos problemas jurídicos. Cabe ao aluno reproduzir, em suas provas e peças processuais, a jurisprudência e a doutrina dominantes. Também os concursos públicos e provas da Ordem dos Advogados do Brasil cobram dos candidatos o conhecimento dos últimos julgados e as súmulas dos Tribunais. Por isso, não é de se espantar que advogados sejam fiéis seguidores da jurisprudência dominante e, em grande parte, despreparados para debater teses jurídicas que, eventualmente, contrariam o posicionamento dos Tribunais.

Prevalece o *princípio da inércia da argumentação jurídica*, em que nada deve ser mudado sem razão: reproduzir o *status quo* é mais fácil que alterá-lo; argumentar a favor da opinião pública é muito mais cômodo que enfrentá-la.[608] Desse modo, os operadores jurídicos acabam não exercendo o raciocínio crítico, para adotar passivamente a jurisprudência majoritária, que propaga nas relações sociais a ideologia dominante, com exceção da atuação dos *verdadeiros advogados, membros do Ministério Público* e *juízes de direito* capazes de distinguir o alcance de cada precedente e, no limite, alterar os pontos de vista dos Tribunais.[609]

A maior vocação para o *normativismo abstrato* constrói uma jurisdição *pasteurizada,*[610] vale dizer, sem compromisso com os casos concretos. Tal prática estimula o arbítrio, pois os juízes ficam dispensados de fundamentar adequadamente suas decisões.

Há que se refutar a *abordagem pedigree* da decisão judicial, segundo a qual o juiz é um mero agente dos legisladores, dos criadores da Constituição ou dos juízes anteriores, isto é, de que, ao decidir, deva ser sempre se referir, imparcialmente, ao comando de uma autoridade superior.[611]

[608] Cf. Ariani Bueno Sudatti. Op. cit., p. 155.

[609] "Há advogados, cuja sabedoria consiste em fazer fichas de decisões dos tribunais, para seguirem *pari passu* e passivamente tudo aquilo que no foro se dite ou se declare como sendo de direito. Muitas vezes, entretanto, a grandeza de um advogado consiste exatamente em descobrir uma falha na jurisprudência tradicional, abrindo caminhos novos na interpretação e aplicação do direito. O verdadeiro advogado é aquele que, convencido do valor jurídico de uma tese, leva-a a debate perante o pretório e a sustenta contra a torrente das sentenças e dos acórdãos, procurando fazer prevalecer o seu ponto de vista, pela clareza do raciocínio e a dedicação à causa que aceitou. É nesse momento que se revela advogado por excelência, que se revela jurisconsulto" (Miguel Reale. *Lições preliminares...* cit., p. 174).

[610] Cf. Ovídio A. Baptista da Silva. Da função... cit., p. 14.

[611] Cf. Richard A. Posner. Op cit., p. 181.

Tal posicionamento inibe qualquer criatividade do juiz, reduz o direito ao legalismo ou a observância do que antes fora interpretado e acaba por fazer com que a hermenêutica jurídica seja reduzida à mera aplicação da lei ou dos precedentes.

É certo que o juiz deve estar limitado pela Constituição e pelas leis que estão de acordo com ela. Porém, por mais bem elaboradas que sejam as regras jurídicas, é natural que existam margens de liberdade para a sua interpretação e aplicação.[612] Isso fica muito evidente no Direito Penal. Se não houvesse essas margens de liberdade, não precisaria o legislador afirmar, por exemplo, que a pena, em abstrato, para o homicídio simples (art. 121, *caput*, do CP) é de 6 a 20 anos. Sabe-se que somente no caso concreto, a partir da análise das circunstâncias demonstradas (art. 68 do CP), é que será possível encontrar a pena justa e adequada. Não se trata, pois, somente de uma operação lógico-dedutiva, posto que, se assim fosse, não seria necessária uma margem de pena tão ampla, além de não haver sentido em regras como a do art. 66 do CP, ao permitir que o magistrado atenue a pena em razão de circunstância relevante, mesmo não prevista em lei (*atenuante genérica*).

Por outro lado, a Constituição, por ser *compromissória*, abrange interesses políticos diferentes, nem sempre oferecendo uma única resposta objetiva e clara. Por exemplo, em tese, todos estão de acordo com um princípio ou com um valor (*v.g.*, a dignidade humana), até que o mesmo deva ser aplicado nos casos concretos (*v.g.*, a dignidade humana pode integrar tanto a argumentação dos que são a favor do aborto na hipótese de anencefalia, em nome do direito à saúde da gestante, quanto dos que defendem que o

[612] Mesmo Hans Kelsen admite tal margem de liberdade, aduzindo: "Se por 'interpretação jurídica' se entende a fixação por via cognoscitiva do sentido do objecto a interpretar, o resultado de uma interpretação jurídica somente pode ser a fixação da moldura que representa o Direito a interpretar e, consequentemente, o conhecimento de várias possibilidades que dentro desta moldura existem. Sendo assim, a interpretação de uma lei não deve necessariamente conduzir a uma única solução como sendo a única correcta, mas possivelmente a várias soluções que – na medida em que apenas sejam aferidas pela lei a aplicar – têm igual valor, se bem que apenas uma delas se torne Direito Positivo no acto do órgão aplicador do Direito – no acto do tribunal, especialmente. Dizer que uma sentença judicial é fundada na lei, não significa, na verdade, senão que ela é *a* norma individual, mas apenas que é *uma* das normas individuais que podem ser produzidas dentro da moldura da norma geral" (*Teoria pura do direito*. p. 467).

direito à vida do feto).[613] Aliás, o STF, sobre o aborto de anencéfalo, considerou inconstitucional interpretação de a interrupção da gravidez de feto anencéfalo ser conduta tipificada nos artigos 124, 126 e 128, incisos I e II, do Código Penal, em razão do Brasil ser uma república laica, surgindo absolutamente neutro quanto às religiões, devendo prevalecer a liberdade sexual e reprodutiva, a saúde, a dignidade e a autodeterminação da gestante.[614]

Outro exemplo, ainda no campo do biodireito, envolveu as discussões sobre a constitucionalidade do art. 5.º da Lei 11.105/2005 (Lei da Biossegurança), que permite, para fins de pesquisa e terapia, a utilização de células-tronco embrionárias obtidas de embriões humanos produzidos por fertilização *in vitro* e não usados no respectivo procedimento. Em tese, todos são favoráveis ao direito à vida, mas, no caso concreto,[615] surgiram divergências quanto a sua proteção. Em apertada votação (seis a cinco), no STF, a posição minoritária afirmou que não se poderia estimular pesquisas para combater doenças degenerativas (como Mal de Alzheimer e de Parkinson), retirando a vida de outras. De outro lado, prevaleceu a corrente que asseverava que a Igreja não poderia impor sua vontade em um Estado Democrático de Direito, que pesquisas com células-tronco embrionárias têm grande potencial na cura das doenças regenerativas e que não implicariam a morte de outros seres humanos, mas na utilização de embriões excedentários que são congelados, após a fertilização *in vitro*.

Sem ter de entrar no mérito de quem tenha razão, esses casos difíceis (*hard cases*)[616] revelam a ideia de não haver uma única solução possível para o caso concreto, havendo margem de discussão a ser objeto da argumentação jurídica, na busca da solução que melhor resolva o caso concreto.

Nos *casos difíceis*, o problema existe não em nível principiológico (o princípio, por ser genérico, não gera controvérsia), mas quando da sua aplicação nas situações concretas.

A *iuris prudentia* deve ser guiada não por critérios de racionalidade meramente formais, marcado por oposições qualitativas (verdadeiro ou

613 Cf. Arthur Kaufmann. Op. cit. p. 267-272; Eduardo Cambi. O caráter universal do direito moderno e os desafios fundamentais impostos pelo biodireito. p. 67-74.

614 ADPF 54, Relator(a): Min. Marco Aurélio, Tribunal Pleno, julgado em 12/04/2012, Acórdão Eletrônico DJe-080 Divulg 29-04-2013 Public 30-04-2013 RTJ Vol-00226-01 PP-00011.

615 Cf. STF, ADIn 3.510-DF, Tribunal Pleno, j. 29.05.2008, rel. Min. Carlos Britto, *Informativos* 497 e 508.

616 Sobre a distinção entre casos fáceis (*easy cases*) e difíceis (*hard cases*), conferir item 5.1.3, infra.

falso; tudo ou nada etc.), preocupando-se com os conteúdos das decisões, mediante critérios de *progressões qualitativas*, que considere do menos ao mais apropriado, do menos ao mais oportuno, do menos ao mais adequado e produtivo.[617]

Logo, tornar o juiz um mero porta-voz do legislador ou do constituinte seria consagrar a existência do positivismo jurídico,[618] além de representar a negação da *independência* do Poder Judiciário, entendido como requisito indispensável à neutralização de condutas abusivas e, consequentemente, à promoção dos direitos essenciais da pessoa humana. As disposições legais e constitucionais sempre deixam uma *margem de liberdade*, verdadeiras válvulas de abertura do sistema jurídico, para que os magistrados possam, no caso concreto, preenchê-las, com a introdução de preferências relativas a políticas públicas, valores éticos, além da própria interpretação das regras jurídicas e dos fatos controvertidos. Cabe ao órgão jurisdicional dar razão ao litigante que a tiver, sem nenhuma *idolatria*, tanto aos textos normativos quanto aos precedentes judiciais.

A obediência às regras, aos princípios e aos julgados é uma *virtude relativa*. Deve lhes dar o peso devido, após considerar o seu conteúdo ético e jurídico, qual é a interpretação mais adequada e, ainda, qual é a melhor forma de compreender os fatos e valorar a prova judicial.

Portanto, o direito não é um conjunto de regras dadas ou uma série de soluções pré-fabricadas, compreendendo atividades a serem desenvolvidas pelos intérpretes (juízes, advogados, membros do Ministério Público etc.), destinadas a resolver casos reais e a encontrar soluções efetivas aos problemas jurídicos concretos.[619] Não podem estar os juízes estritamente obrigados a julgar em conformidade com as leis ou com os precedentes, tendo liberdade para julgar de maneira nova cada vez que, após analisar

[617] Cf. Gustavo Zagrebelsky. *El derecho*...cit, p. 123.

[618] "O formalista irá enfatizar, por exemplo, que os juízes põem em risco seu prestígio, sua suposta imparcialidade e, talvez, sua efetividade a longo prazo, se se deixarem arrastar para áreas politicamente controversas. Isso é verdade, mas é preciso perguntar para que os juízes estão reservando o seu prestígio e sua capacidade de fazer o bem, e quais os custos de tal reserva. O juiz que acredita que não pode falar com autoridade, a não ser como agente ou porta-voz do soberano, será provavelmente um 'forte' positivista jurídico, isto é, alguém que acredita que as considerações éticas (...) não são fontes apropriadas de obrigação jurídica, a menos que estejam incorporadas a uma lei ou Constituição" (Richard A. Posner. Op. cit., p. 186).

[619] Cf. Carla Faralli. *A filosofia*... cit., p. 37.

os custos e os benefícios, fique evidente que uma decisão traga maiores vantagens éticas, sociais, econômicas ou políticas[620].

Por outro lado, os juízes e os Tribunais ordinários integram o *sistema de justiça* e não podem usurpar ou se sobrepor as Cortes Supremas, a quem cabem atribuir sentido e unidade ao Direito. Tal questão é fundamental e será melhor analisada no próximo tópico.

3.3.14.5 A importância dos precedentes jurisprudenciais como fonte do Direito

As críticas formuladas no tópico anterior são de caráter metodológico. Não retiram, ao contrário, reforçam, ainda mais, a importância da utilização dos precedentes jurisprudenciais como fonte do Direito.

A *força dos precedentes* não se exprime de forma geral, dependendo da *direção*, vertical ou horizontal, em que são aplicados.[621] Na direção *vertical*, quanto mais elevado é o Tribunal do qual emana o precedente, maior autoridade possui a decisão. Devem os juízes sucessivos, das instâncias inferiores, observarem tal precedente, desde que tragam critérios racionais de justiça para o caso concreto. Na dimensão *horizontal*, o precedente é aplicado pelo mesmo órgão judicial do qual emanou o julgado anterior, ao decidir o caso sucessivo.

A eficácia horizontal dos precedentes, nas Cortes Supremas, é tão importante quanto a observância das teses firmadas pelo Supremo Tribunal Federal e pelo Superior Tribunal de Justiça em relação aos juízes e Tribunais ordinários. Em ambos os casos, a questão é a mesma: assegurar segurança jurídica pela aplicação isonômica da Constituição e das leis federais. Ora, se cada órgão fracionado do STF ou do STJ tem uma posição diferente sobre idêntica questão jurídica, nem os juízes e Tribunais ordinários nem, tampouco, as pessoas destinatárias das normas saberão se comportar conforme o Direito.

O precedente adquire maior valor com o passar do tempo, com o acréscimo de vários julgados sobre o mesmo tema, o que se traduz na formação

620 Com o intuito de buscar um perfil mais crítico ao juiz, o Conselho Nacional de Justiça editou a Res. 75, em 12.05.2009, passando a exigir, nos concursos públicos para ingresso na magistratura, nas provas escrita e na oral, o conhecimento das disciplinas de sociologia do direito, psicologia judiciária, ética e Estatuto Jurídico da Magistratura Nacional, filosofia do direito e teoria geral do direito e da política.

621 Cf. Michele Taruffo. Precedente e giurisprudenza...cit., p. 718-719.

da *jurisprudência consolidada*.[622] Sucessivas decisões, no mesmo sentido, fortalecem a jurisprudência, tornando, mesmo nos sistemas jurídicos que não atribuem eficácia vinculativa aos precedentes jurisprudenciais, fonte do Direito capaz de influir no julgamento de futuros casos análogos. Demonstração disso, no Brasil, é a proteção dada à concubina (*rectius:* companheira), por criação jurisprudencial, muito antes de o legislador consagrar a figura da união estável.[623] Assim, o *resultado do processo* é capaz de atingir todos aqueles que estão na mesma situação apreciada, anteriormente, pelos juízes.

Várias razões positivas podem ser levantadas a favor de uma mesma interpretação de uma regra ou de um mesmo princípio jurídicos, compelindo o respeito pelos precedentes: a) torna as decisões judiciais mais *céleres*, melhorando a *eficácia da atividade decisória*; b) dá maior *credibilidade* aos juízos de instâncias inferiores e, com isso, diminui o risco de que suas decisões sejam reformadas; c) permite que os jurisdicionados saibam como a regra ou o princípio deve ser interpretado, assegurando a certeza e a uniformidade na aplicação do Direito; isso promove os princípios da igualdade e da segurança jurídica (incluída, nesta, o *princípio da confiança*, isto é, a exigência de *certeza* e *calculabilidade*, por parte dos cidadãos, em relação aos efeitos jurídicos dos atos normativos); d) observar o precedente é uma *garantia de racionalidade*, concebendo o Direito como *integridade* (ou seja, proporciona, aos jurisdicionados, uma concepção coerente e racional do direito aplicado) e a justiça como *regularidade* (*tratamento igual aos casos essencialmente iguais*; afinal, não seria razoável nem justo que casos iguais fossem resolvidos de maneira diferente por um mesmo juiz).[624]

No Brasil, o respeito aos precedentes não está incorporado na *cultura jurídica*. Como regra, os juízes e os Tribunais não têm a cultura de se vincular obrigatoriamente aos precedentes dos Tribunais Superiores. Aliás, mesmo dentro dos próprios Tribunais Superiores, não raro, a mesma questão de direito é julgada de maneira diferente por cada um dos órgãos fracionários. Os precedentes do STJ e do STF, com exceção das decisões proferidas pelo STF nas ações diretas de inconstitucionalidade e nas ações declaratórias de constitucionalidade (art. 102, § 2.º, da CF/1988) e as súmulas vinculantes oriundas de reiteradas decisões sobre

[622] Cf. Luigi Paolo Comoglio e Valentina Carnevale, Il ruolo della... cit., p. 1.056.
[623] Cf. José Carlos Barbosa Moreira. O neoprivatismo no processo civil. p. 17.
[624] Cf. Eduardo Cambi e Renê Francisco Hellman. Jurisimprudência – A independência do juiz ante os precedentes judiciais como obstáculo à igualdade e à segurança jurídicas. p. 349 e seg.

matéria constitucional (art. 103-A, *caput*, da CF/1988), não vinculam os demais juízes e Tribunais.

Esse problema cultural se torna ainda mais complexo no Brasil, pois todo e qualquer juiz pode realizar o controle difuso da constitucionalidade, deixando de aplicar a lei ao caso concreto. Logo, a lei que, na tradição da *civil law*, foi concebida pela Revolução Francesa para ser sinônimo de segurança jurídica, deixa de assegurar a estabilidade ao Direito. Se cada juiz interpreta a lei como quiser, as pessoas não sabem como se comportar diante do sistema jurídico. As regras deixam de ser compreensíveis. Cada um pode fazer o que bem entender. Se a conduta for questionada, a questão se resolve na sorte, ou no azar, de encontrar juízes ou Tribunais que interpretem a lei da mesma maneira. Por exemplo, tome-se a questão da incidência da pensão alimentícia sobre o décimo terceiro salário e o terço constitucional de férias.

Para melhor assegurar os direitos fundamentais à tutela jurisdicional efetiva (art. 5.º, XXXV, da CF/1988) e à razoável duração do processo (art. 5.º, LXXVIII, da CF/1988), o Novo Código de Processo Civil intensificou a adoção dos precedentes no sistema judicial brasileiro, mesmo antes da formação da relação jurídica processual. Pelo art. 332 do NCPC, nas causas que dispensem a fase instrutória, o juiz, independentemente da citação do réu, julgará liminarmente improcedente o pedido que contrariar: I – enunciado de súmula do STF ou do STJ; II – acórdão proferido pelo STF ou pelo STJ em julgamento de recursos repetitivos; III – entendimento firmado em incidente de resolução de demandas repetitivas ou de assunção de competência; IV – enunciado de súmula de tribunal de justiça sobre direito local. Com efeito, o NCPC não permite que prevaleça o entendimento pessoal do magistrado para, por exemplo, deixar de aplicar o art. 332, para determinar a citação do demandado, ao invés de julgar improcedente o pedido de não incidência da pensão alimentícia sobre o décimo terceiro salário e o terço constitucional de férias, contrariando o julgamento do STJ em recursos repetitivos.[625] Nesta hipótese, o magistrado estaria negando a própria razão da existência do art. 332 do NCPC, criado para *racionalizar* o julgamento de *processos repetitivos*, pois, ao divergir do precedente ou da orientação jurisprudencial sumulada, *inevitavelmente*, dará ensejo ao recurso de apelação, tornando mais morosa a prestação judicial.[626]

[625] Cf. REsp 1.106.654-RJ, 2.ª Seção, j. 16.12.2009, rel. Min. Paulo Furtado (Des. Convocado TJ/BA), *DJe* 16.12.2009.

[626] Cf. Teresa Arruda Alvim Wambier. Estabilidade e adaptabilidade... cit., item 7.

Respeitar os precedentes firmados pelos Tribunais Superiores não é retirar do juiz ou dos Tribunais ordinários o livre convencimento nem a sua independência. Sabendo-se que cabe aos Tribunais Superiores dar a última palavra (i.e., unificar a interpretação e a aplicação da Constituição e do Direito Federal), a decisão que contraria a orientação do STF ou do STJ revela desprezo pelo sistema de justiça, desenhado de forma hierárquica para que as Cortes Supremas possam fixar os precedentes, e, especialmente, total desconsideração pelos usuários do serviço jurisdicional, que, pela vaidade pessoal do magistrado, são compelidos a recorrer para, só então, terem seus direitos tutelados.[627]

Caso se pretenda que as normas jurídicas governem a conduta dos seres humanos, deve-se dotá-las de significado estável, e as decisões judiciais que venham a aplicá-las devem ser razoavelmente previsíveis.[628] O *monismo normativo*, pregado pela Revolução Francesa e pelo positivismo jurídico, não pode ser substituído pela proliferação de decisões judiciais pessoais. A generalidade e a abstração das leis não podem dar lugar ao *singularismo* e ao *casuísmo* presente a cada julgamento dos litígios pelo Poder Judiciário.

A *previsibilidade* é marca insuprimível do Estado de Direito. A jurisprudência instável compromete à compreensão das leis e da Constituição. A imprecisão e as contradições das decisões dos Tribunais contribuem para a *desconstrução normativa* da Constituição, isto é, para que ela perca a sua função unificadora que lhe confere legitimidade para evitar a desagregação social e a desorganização política[629].

A segurança jurídica também serve para proteger a liberdade e promover o desenvolvimento econômico. A variação desmensurada dos critérios de interpretação coloca em risco a liberdade individual, a estabilidade dos contratos e as transações econômicas, porque as pessoas não podem ser programadas automaticamente, de acordo com cambiantes decisões judiciais, como se fossem relógios de pulso sujeitos ao novo horário de verão. Tal estabilidade também serve de critério de controle da atividade judicial, uma vez que o respeito aos precedentes exige uma justificação mínima e razoável, evitando decisões arbitrárias e em total falta de sintonia com julgados pretéritos.

627 Cf. Luiz Guilherme Marinoni. Aproximação crítica... cit.,item 12.

628 Cf. Sentença SU-047, de 1999, da Corte Constitucional da Colômbia.

629 Cf. Gustavo Zagrevelsky. *La ley y su justicia*. p. 246 e 250.

Não obstante seja relativamente comum a mudança da jurisprudência e até o cancelamento de súmulas, um Tribunal que, sobre a mesma questão, alterasse frequentemente a sua opinião perderia a *autoridade* e violaria o *princípio da igualdade* dos cidadãos perante a lei.[630] Também estaria se distanciado da submissão moral de respeito à sabedoria acumulada pela experiência.[631]

O conjunto reiterado de decisões pode dar origem as *súmulas*, que derivam do vocábulo latino *summula*, significando compêndio ou sumário que contém os *princípios elementares da lógica*.[632] A súmula é a consagração, pela jurisprudência, de uma *tese jurídica* vencedora. Decorre da identificação de "problemas de penumbra", concernentes a dúvidas na aplicação da lei ou de lacunas no ordenamento jurídico, solucionados de modo uniforme pelo Tribunal que edita a súmula, com o estabelecimento de critérios jurisprudenciais que devem iluminar tais "zonas concretas de penumbra", norteando o julgamento dos casos futuros.

As súmulas devem esclarecer, de forma clara, objetiva e suficiente, a tese jurídica a ser aplicada nos casos futuros. O enunciado da súmula não deve trazer conceitos vagos, indeterminados, dúbios ou contraditórios, ou cláusulas gerais, posto que tais súmulas não proporcionariam critérios seguros para a uniformização da aplicação do Direito, frustrando o objetivo da segurança-previsibilidade pretendida.

As súmulas podem ser persuasivas (ou não obrigatórias) e vinculantes (ou obrigatórias). A jurisprudência dominante, normalmente, enseja a elaboração de *súmulas persuasivas*, que representam a síntese linguística do conjunto das decisões judiciais. Até final de abril de 2015, o STF já havia editado 736 e o STJ, 522 súmulas persuasivas. As súmulas persuasivas não obrigam os demais órgãos do Poder Judiciário ou da Administração Pública, muito embora a legislação processual tenha, por intermédio destas súmulas, alterado a *sistemática recursal* para que o relator pudesse negar provimento a recurso com base nesses procedentes (*v.g.*, art. 932, § 4.º, letra "a", do NCPC). As súmulas persuasivas, ao restringirem o direito de recorrer, modificam as garantias fundamentais do devido processo legal (art. 5.º, LIV, da CF/1988) e da ampla defesa (art. 5.º, LV, da CF/1988), possuindo eficácia idêntica à lei. Logo, a constitucionalidade das regras que

630 Cf. Michele Taruffo. Precedente e giurisprudenza...cit., p. 719.

631 Cf. Teresa Arruda Alvim Wambier. *Recurso especial, recurso extraordinário*...cit., p. 210-211.

632 Cf. Eduardo Oteiza. El problema... cit., p. 176.

atribuem às súmulas meramente persuasivas a função de *súmulas impeditivas de recursos* é duvidosa, porque retiram garantias fundamentais, sem previsão na Constituição.[633] Para melhor vincular os juízes às súmulas persuasivas não basta denominá-las de súmulas impeditivas de recursos, impondo-se alteração constitucional, a exemplo do que sugere o Projeto de Emenda Constitucional 358/2005, que se propõe a introduzir os arts. 105-A[634] e 111-B[635] à Constituição Federal.[636]

As súmulas *vinculantes*, por sua vez, estão restritas às decisões reiteradas do STF sobre matérias constitucionais, bem como vinculam os demais órgãos do Poder Judiciário e à administração pública, direta e indireta, nas esferas federal, estadual e municipal (arts. 103-A, *caput*, da CF/1988 e 2.º, *caput*, da Lei 11.417/2006). Têm como *objeto*[637] a validade, a interpretação e a eficácia de determinadas normas, sobre as quais exista controvérsia atual, entre órgãos judiciários ou entre esses e a administração pública, que acarrete grave insegurança jurídica e relevante multiplicação de processos sobre questões idênticas (arts. 103-A, § 1.º, da CF/1988 e 2.º, § 1.º, da Lei 11.417/2006). Até ao final de abril de 2015, o STF já editara 46 súmulas vinculantes. É possível que as súmulas, meramente persuasivas, passem a ter efeito vinculante, mas, para isso, é indispensável que seja observado o procedimento legal, devendo ser confirmadas por dois terços dos Ministros do STF e publicadas na imprensa oficial (art. 8.º da EC 45/2004).[638]

Para preservar a jurisprudência consolidada *lato sensu*, evitando que as decisões judiciais sejam, deliberadamente, descumpridas faz crescer a importância de instrumentos da jurisdição constitucional, como a *reclamação*. O art. 102, I, *l*, da CF/1988, afirma que a reclamação constitucional serve para a preservação da competência do STF e para garantir a

[633] Cf. José Manoel de Arruda Alvim Netto. Súmula e súmula vinculante. p. 1.153.

[634] "O STJ poderá, de ofício ou por provocação, aprovar súmula que, a partir de sua Publicação, constituir-se-á impedimento à interposição de recursos contra a decisão que a houver aplicado".

[635] "Ao TST é estabelecida competência análoga à do STJ, para aprovar súmula, nas mesms condições e com idênticos efeitos".

[636] Cf. José Manoel de Arruda Alvim Netto. Op. cit. p. 1.153.

[637] Há evidente erro na redação do art. 103-A, § 1.º, da CF/1988 que se refere a "objetivo", quando deveria mencionar "objeto" das súmulas vinculantes. Tal equívoco foi consertado no § 1.º do art. 2.º da Lei 11.417/2006.

[638] "As atuais súmulas do STF somente produzirão efeito vinculante após sua confirmação por dois terços de seus integrantes e Publicação na imprensa oficial".

autoridade de suas decisões.[639] No tocante às súmulas vinculantes, o art. 103-A, § 3.º, da CF/1988 é ainda mais enfático, preceituando que do ato administrativo ou da decisão judicial que contrariar a súmula aplicável, ou que indevidamente a aplicar, caberá reclamação ao Supremo Tribunal. O STF, se julgar a reclamação procedente, anulará o ato administrativo ou cassará a decisão judicial reclamada, e determinará que outra seja proferida com ou sem a aplicação da súmula, conforme o caso. Por exemplo, verificado que um Prefeito Municipal emprega parentes, em cargos em comissão ou em confiança, contrariamente ao que dispõe a Súmula Vinculante 13 do STF,[640] vindo a praticar *nepotismo*, o STF pode anular o ato administrativo que determinou a nomeação irregular. Contudo, a reclamação será cabível até o trânsito em julgado, pois, estando findo o processo, faltará interesse jurídico no seu julgamento, restando apenas o caminho da ação rescisória.[641]

Além disso, a proteção da tese jurídica consolidada na súmula vinculante não se limita ao ajuizamento da reclamação constitucional. Dependendo do caso em análise, também são cabíveis outras medidas judiciais para que a matéria constitucional seja, efetivamente, assegurada, como bem esclarece a regra contida no art. 7.º da Lei 11.417/2006, que regula-

[639] "A jurisprudência do Supremo Tribunal, no tocante à utilização do instituto da reclamação em sede de controle concentrado de normas, também deu sinal de grande evolução no julgamento da questão de ordem em agravo regimental na STF-Rcl 1.880, em 23.05.2002, quando no Tribunal restou assente o cabimento da reclamação para todos aqueles que comprovarem prejuízo resultante de decisões contrárias às teses do STF, em reconhecimento à eficácia vinculante *erga omnes* das decisões de Mérito proferidas em sede de controle concentrado. (...) A tendência hodierna, portanto, é de que a reclamação assuma cada vez mais o papel de ação constitucional voltada à proteção da ordem constitucional brasileira como um todo. Os vários óbices à aceitação da reclamação em sede de controle concentrado já foram superado, estando agora o STF em condições de ampliar o uso desse importante e singular instrumento da jurisdição constitucional brasileira" (STF, Rcl 4.987 MC/PE, j. 07.03.2007, rel. Min. Gilmar Mendes, *DJU* 13.03.2007).

[640] "A nomeação de cônjuge, companheiro ou parente em linha reta, colateral ou por afinidade até 3.º grau, inclusive, da autoridade nomeante ou de servidor da mesma pessoa jurídica investido em cargo de direção, chefia ou assessoramento, para o exercício de cargo em comissão ou de confiança ou, ainda, de função gratificada na administração pública direta ou indireta, em qualquer dos Poderes da União, dos Estados, do Distrito Federal e dos Municípios, compreendido o ajuste mediante designações recíprocas, viola a CF".

[641] Cf. Teresa Arruda Alvim Wambier. *Recurso especial, recurso extraordinário*...cit., p. 236.

mentou o art. 103-A, § 3.º, da CF/1988.[642] Este dispositivo constitucional somente se refere à anulação do ato administrativo contrário à súmula vinculante, nada mencionando sobre a hipótese de omissão administrativa. Explicita o art. 7.º, *caput*, da referida lei que a proteção do enunciado contido na súmula vinculante não se limita à reclamação constitucional, possibilitando outros meios e recursos admissíveis de impugnação. O § 1.º do mesmo art. 7.º define, ainda, que o uso da reclamação somente é possível, contra a omissão ou o ato administrativos, depois de esgotadas as vias administrativas. Assim, no exemplo supra, diante da omissão no cumprimento da Súmula Vinculante 13 do STF, quando a contratação de parentes foi anterior a sua edição, ou o ato administrativo que decreta a nomeação, posterior a 22.08.2008, exige, por parte do Ministério Público ou de qualquer dos legitimados previstos no art. 5.º da Lei 7.347/1985, requerimento administrativo contra a autoridade pública recalcitrante, o qual deverá ser respondido no prazo máximo de cinco dias, salvo motivo de força maior, ou no máximo de 10 dias, mediante comprovada justificação (aplicação análoga da regra geral contida no art. 24 da Lei 9.784/1999, ressalvada a existência de regra específica de conteúdo diverso). Mantida a nomeação, pode ser ajuizada reclamação constitucional e/ou ação civil pública, por improbidade administrativa, para que o Prefeito seja condenado a ressarcir os valores correspondentes aos vencimentos percebidos pelos servidores, além da aplicação das demais sanções previstas no art. 37, § 4.º, da CF/1988 (como a suspensão dos direitos políticos, a perda da função pública e a indisponibilidade de bens), sem prejuízo da ação penal cabível.

A teoria da argumentação jurídica, como acima asseverado, delineia dois critérios valiosos para o uso dos precedentes: a) se é possível citar um precedente a favor ou contra uma decisão, deve ser mencionado; b) quem quiser se afastar de um precedente, terá o ônus de argumentar, asseverando por que ele não há de prevalecer.[643]

[642] "Art. 7.º Da decisão judicial ou do ato administrativo que contrariar enunciado de súmula vinculante, negar-lhe vigência ou aplicá-lo indevidamente caberá reclamação ao STF, sem prejuízo dos recursos ou outros meios admissíveis de impugnação. § 1.º Contra omissão ou ato da administração pública, o uso da reclamação só será admitido após esgotamento das vias administrativas. § 2.º Ao julgar procedente a reclamação, o STF anulará o ato administrativo ou cassará a decisão judicial impugnada, determinando que outra seja proferida com ou sem aplicação da súmula, conforme o caso".

[643] Cf. Robert Alexy. *Teoría de los derechos...* cit., p. 537.

Com efeito, a *jurisprudência*, mesmo a *consolidada*, não tem um valor absoluto. De nada adianta encontrar inúmeras decisões idênticas se a sua *ratio decidendi* não se aplica ao caso concreto ou se não é possível estender os critérios antigos para resolver problemas jurídicos novos. A segurança jurídica passa pela consideração de se a jurisprudência consolidada abrange o caso concreto. Demonstrado que os fatos jurídicos são idênticos, a solução deve ser a mesma, salvo se os critérios anteriores se mostrarem equivocados ou não extensíveis à resolução dos casos novos, bem como se as condições econômicas, políticas ou sociais forem diversas, a depender, nestes casos, do ônus da argumentação.

Isso também ocorre nos sistemas de *common law*, onde, historicamente, a força do precedente sempre foi maior.[644] A propósito, a House of Lords, a partir do famoso *Practise Statement*, de 1966, afirmou que, daquele momento em diante, não estaria mais vinculada aos próprios precedentes. Não obstante tenha continuado, nas décadas seguintes, a seguir seus próprios precedentes, abriu um *espaço de discricionariedade* idôneo para possibilitar que a jurisprudência se adequasse às mudanças da realidade. Do mesmo modo, a Suprema Corte norte-americana procede, constantemente, ao *overruling* dos casos que não mais consideram válidos, além de criar novos precedentes. Por exemplo, entre 1946 e 1990, pesquisa realizada pelos norte-americanos Brenner e Spaeth apontou que, durante este período, a Suprema Corte modificou seus posicionamentos em 115 oportunidades, o que levou tais autores a identificar o fenômeno como sendo o do *stare indecisis*, paráfrase irônica da expressão *stare decisis et quieta non movere* (do latim: ater-se ao decidido sem alterá-lo), que é o princípio da vinculatividade dos precedentes.[645]

Do mesmo modo, o Direito Brasileiro, mesmo adotando as súmulas vinculantes, abriu espaço para a constante revisão e cancelamento dos precedentes (*v.g.*, arts. 103-A, § 2.º, da CF/1988 e 2.º, § 3.º, e 3.º, 4.º, 5.º e 10 da Lei 11.417/2006, bem como arts. 102 e 103 do RISTF). A *revisão* envolve uma modificação de entendimento do STF e o *cancelamento* e a edição de normas constitucionais ou infraconstitucionais incompatíveis com a precedente súmula vinculante.[646] Pode ser feita pelos próprios integrantes

[644] Cf. Michele Taruffo. Precedente e giurisprudenza...cit., p. 719.

[645] Cf. José Carlos Barbosa Moreira. O poder da Suprema Corte norte-americana e suas limitações. p. 224, nota 3.

[646] Cf. José Manoel de Arruda Alvim Netto. Op. cit., p. 1.151.

do STF ou pelos legitimados para a ação direta de inconstitucionalidade (arts. 103, § 2.º, da CF/1988, 2.º da Lei 9.868/1999 e 3.º da Lei 11.417/2006).

Cabe, contudo, criticar a impossibilidade da própria parte poder revisar ou cancelar, e até propor, as súmulas vinculantes. Tal legitimidade ativa daria maior legitimidade às súmulas vinculantes. Ao contrário dessa tendência, o STF, em 13.08.2008, durante a aprovação da 11.ª súmula vinculante, que limitou o uso de algemas a casos excepcionais, decidiu conferir a todas as súmulas vinculantes caráter impeditivo de recursos. Com isso, podem os Tribunais negar admissibilidade a recursos extraordinários e agravos de instrumento que versem sobre os temas estabelecidos nas súmulas vinculantes, evitando que tais recursos cheguem ao Supremo Tribunal. Cabe aos Tribunais não admitir, já na origem, os agravos contrários às decisões que negarem a subida dos recursos extraordinários. Com isso, as partes não podem, pela via recursal, revisar ou cancelar súmulas vinculantes.

Deve ser acrescentado que emendas constitucionais ou leis posteriores à edição da súmula vinculante podem determinar o seu *cancelamento*. Isto porque a parte inicial do § 2.º do art. 103-A, da CF/1988, resguardou a supremacia do Legislativo na definição das normas gerais, abstratas e impessoais ("Sem prejuízo do que vier a ser estabelecido em lei...").[647] Revogada ou modificada a lei em que fundou o enunciado da súmula vinculante, o STF, de ofício ou por provocação dos legitimados do art. 3.º da Lei 11.417/2006,[648] deve proceder ao seu cancelamento, *conforme o caso* (art. 5.º da Lei 11.417/2006). Desse modo, não é toda lei que provocará o cancelamento da súmula vinculante, dependendo da análise, pelo próprio STF, da colisão entre a nova lei e a antiga súmula.

Entretanto, para além do que dispõe o art. 5.º da Lei 11.417/2006, é possível que o Judiciário edite súmula vinculante sem lei anterior ou na

[647] Cf. Luiz Rodrigues Wambier, Teresa Arruda Alvim Wambier e José Miguel Garcia Medina. *Breves comentários à nova sistemática processual civil*. p. 275.

[648] "Art. 3.º São legitimados a propor a edição, a revisão ou o cancelamento de enunciado de súmula vinculante: I – o Presidente da República; II – a Mesa do Senado Federal; III – a Mesa da Câmara dos Deputados; IV – o Procurador-Geral da República; V – o Conselho Federal da Ordem dos Advogados do Brasil; VI – o Defensor Público-Geral da União; VII – partido político com representação no Congresso Nacional; VIII – confederação sindical ou entidade de classe de âmbito nacional; IX – a Mesa de Assembleia Legislativa ou da Câmara Legislativa do Distrito Federal; X – o Governador de Estado ou do Distrito Federal; XI – os Tribunais Superiores, os Tribunais de Justiça de Estados ou do Distrito Federal e Territórios, os Tribunais Regionais Federais, os Tribunais Regionais do Trabalho, os Tribunais Regionais Eleitorais e os Tribunais Militares (...)".

ausência de regras expressas sobre a matéria constitucional. Por exemplo, a questão da restrição do uso de algemas, que ensejou a polêmica Súmula Vinculante 11 do STF, editada em 13.08.2008 e publicada em 22.08.2008.[649] Esta súmula não está fundada em preceito legal ou constitucional explícito, estando baseada no princípio da dignidade humana (art. 1.º, III, da CF/1988), além de direitos fundamentais, como a vedação de tratamentos desumanos ou degradantes (art. 5.º, III, da CF/1988), a inviolabilidade da honra e da imagem (art. 5.º, X, da CF/1988) e o respeito à integridade física e moral dos presos (art. 5.º, XLIX, da CF/1988), bem como na vedação criminal ao exercício arbitrário ou abusivo do poder (art. 350 do CP). No entanto, tal súmula veio a preencher a ausência de regras sobre o assunto (*anomia*).

Nenhuma súmula vinculante pode se impor retroativamente à sua edição, sob pena de promover insegurança jurídica.[650] Também, para evitar instabilidade no meio jurídico, o art. 4.º da Lei 11.417/2006, em moldes similares aos do art. 27 da Lei 9.868/1999, permite que o STF, por maioria de dois terços de seus membros, restrinja os efeitos vinculantes da súmula, para que tenha eficácia temporal (*v.g.*, caso o STF viesse a considerar inconstitucional a política de cotas raciais, em diversos recursos extraordinários, e viesse a sumular a questão, poderia se respeitar aqueles que já estão cursando a Universidade Pública ou que já estivessem inscritos no concurso vestibular) ou espacial limitadas (*v.g.*, restringir o seu alcance para determinados entes federativos ou aplicá-la em razão do número de habitantes dos municípios),[651] desde que existam razões de segurança jurídica ou de excepcional interesse público.

Além disso, o Poder Legislativo não está impedido de editar lei em sentido diferente ou oposto às súmulas vinculantes (art. 103, § 2.º, 1.ª parte, da CF/1988). Por exemplo, diante da Súmula Vinculante 11, nada impede que o Congresso Nacional elabore lei, mais ou menos restritiva, sobre o uso de algemas (*v.g.*, abolindo a necessidade de justificação por escrito, possibi-

[649] A súmula possui a seguinte redação: "Só é lícito o uso de algemas em casos de resistência e de fundado receio de fuga ou perigo à integridade física própria ou alheia, por parte do preso ou de terceiros, justificada a excepcionalidade por escrito, sob pena de responsabilidade disciplinar, civil e penal do agente ou da autoridade e de nulidade da prisão ou do ato processual a que se refere, sem prejuízo da responsabilidade civil do Estado".

[650] STF, MC na Rcl 5.600-SP, j. 29.10.2007, rel. Min. César Peluso, *DJU* 07.11.2007, p. 36.

[651] Cf. Teresa Arruda Alvim Wambier. *Recurso especial, recurso extraordinário...* cit., p. 232-233.

litando o seu uso nas prisões em flagrante ou quando o efetivo policial é reduzido, e que possa comprometer a segurança das partes, dos advogados, juízes e membros do Ministério Público). Tal lei será revestida da *presunção de constitucionalidade* e, por isso, deve ensejar automática e imediata não aplicação da súmula vinculante naquilo que contrariar a nova legislação.

Evidentemente que, depois de elaborada, a constitucionalidade da legislação poderá ser questionada no STF e se este Tribunal vier a considerar a lei inconstitucional poderá atribuir *efeito repristinatório* à súmula vinculante. Portanto, terá o STF o *monopólio da última palavra,*[652] o que não impede que o Poder Legislativo, mediante a promoção do debate público e democrático, legisle em sentido contrário ao que fora sumulado. Não fosse assim, a súmula deveria vincular também o legislador, *a contrario sensu* do que prevê o disposto no art. 103-A, *caput*, da CF/1988, ao asseverar que o efeito vinculante atinge apenas os demais órgãos do Poder Judiciário e a Administração Pública, direta e indireta.

Ademais, o precedente deve ser *revisto* toda vez que se tornar obsoleto, em razão das mudanças das condições históricas, econômicas ou sociais que possam influenciar na decisão do caso sucessivo.[653] Também não deverá ser aplicado quando as circunstâncias presentes nos casos posteriores são peculiares e não se enquadrem no julgado anterior, fazendo surgir novos precedentes.

Enfim, os precedentes podem ser colocados em discussão toda vez que surjam novos argumentos capazes de alterar o posicionamento anterior. Afinal, um consenso elaborado discursivamente somente se mantém controlado, isto é, capaz de evitar erros, quando é capaz de ser, *permanentemente*, questionado.[654]

Logo, o uso do precedente deve ser balizado por duas extremidades. De um lado, deve-se evitar o *passivismo judiciário*, caracterizado pela *jurisprudência precedentalista*, que faz com que os juízes sigam os precedentes

[652] "Entre duas possíveis extrapolações racionais de nossa tradição jurídica e política, uma escolha tem de ser feita, e não são só as partes que serão forçadas a acatar a decisão específica, mas os juízes e todos nós que vivemos na sociedade teremos de conviver (temporariamente, pelo menos) com a deliberação e seus múltiplos efeitos práticos sobre a vida social e comercial" (Neil MacCormick. *Argumentação jurídica* ...cit., p. 331).

[653] Cf. Michele Taruffo. Precedente e giurisprudenza...cit., p. 719.

[654] Cf. Robert Alexy. *Teoría del discurso y derechos humanos* cit., p. 103-105.

sem critérios racionais. De outro lado, é nocivo admitir que os Tribunais, especialmente os Superiores, mudem a todo instante as suas opiniões.

O respeito aos precedentes é essencial ao Estado de Democrático de Direito, embora tal postulado não seja rígido a ponto de se impor a sua observância automática e a todo custo, sem qualquer senso crítico. Nesse sentido, deve ser interpretada, com cautela, a regra contida no art. 932, § 4.º, letra "a", do NCPC, pelo qual o juiz não deve receber recurso de apelação, quando a sentença estiver em conformidade com súmula do STJ ou do STF. Isto porque pode acontecer de as súmulas estarem desatualizadas, contrariando a posição mais recente da Corte, ou violarem normas constitucionais ou leis federais supervenientes ou, simplesmente, terem sido mal aplicadas pela sentença recorrida.[655] Assim, não basta rejeitar o recurso pela não observância à súmula; deve-se verificar os argumentos do apelante, para se saber se questionam a aplicação da súmula ao caso concreto, sob pena de a decisão que aplica o art. 932, § 4.º, letra "a", do NCPC violar o dever constitucional de motivação (art. 93, IX, da CF/1988).

A aplicação mecânica dos precedentes contribui para a *petrificação* do ordenamento jurídico e provoca *inaceitáveis injustiças* na resolução dos casos concretos. Interpretações pretéritas equivocadas não podem ser, irresponsavelmente, reiteradas para casos presentes e futuros. Ademais, uma determinada interpretação pode se justificar, em certo contexto histórico, mas mostrar-se não razoável em face de novos eventos modificadores. A *interpretação viva* da Constituição exige a manutenção da permanente tensão entre a busca da segurança jurídica – que requer a observância dos precedentes pelos juízes – e a realização da justiça material do caso concreto, que exige a capacidade dos juízes de atualizar as normas às situações novas.

Modificar os precedentes, não estendê-los a casos sucessivos e criar novos paradigmas judiciais são fatores que compõem a dinâmica da jurisprudência como fonte do direito. O problema reside nas variações jurisprudenciais arbitrárias, constantes, instáveis e privadas de justificação.

A função dos precedentes não deve se limitar à *uniformização* da aplicação do direito, mas deve explicitar *regras de julgamento*, *razões de decidir* e *cânones de interpretação* que possam servir para a resolução dos casos sucessivos.[656]

[655] Cf. Teresa Arruda Alvim Wambier. Estabilidade e adaptabilidade... cit., item 7.

[656] Cf. Eduardo Cambi, Adriane Haas e Nicole Naiara Schmitz. Uniformização da jurisprudência e precedentes judiciais. Revista dos tribunais, vol. 978, abr./2017, p. 227-264.

Portanto, a questão da *racionalidade dos precedentes* é saber como a aplicação do direito pode assegurar, simultaneamente, a *correção* das decisões e a *segurança jurídica.*[657] Afinal, não se pode admitir que a *jurisprudência seletiva*[658] dos Tribunais Superiores se transforme em um mecanismo autoritário, capaz de agravar a crise de credibilidade no Poder Judiciário. Obstruir, deliberadamente, o acesso à justiça seria negar mecanismos de pacificação social das controvérsias e a eficácia concreta dos direitos fundamentais, o que dificultaria a convivência harmônica e solidária, violentando-se o Estado Democrático de Direito.

Portanto, para se preservar tanto a eficácia vertical dos precedentes, mas também a racionalidade do sistema de distribuição de justiça, quando os casos forem desiguais, basta ao juiz ou ao tribunal inferior adotar o *distinguishing*, evidenciando que o caso sob julgamento não pode ser solucionado mediante a aplicação do precedente. A técnica do *distinguishing* consiste na distinção ou na diferenciação do caso sob julgamento em face daquele que deu origem ao precedente. Os precedentes podem deixar de ser cumpridos tão somente quando não existir precedente firmado pela Corte Suprema ou quando tal precedente, em razão das técnicas de divergência (*distinguishing*), não se amoldarem ao caso concreto. Assim, tal técnica serve, a um só tempo, para dar estabilidade e desenvolvimento do direito.

Ademais, além de outros órgãos jurisdicionais poderem deixar de seguir o precedente a partir da técnica da distinção, é possível que haja também a sua revisão/superação pelo próprio órgão que o formou ou por outro, com competência subsidiária, a partir das técnicas do *overruling* (quando o precedente é substituído por outro) e do *overriding* (quando se dá a reforma parcial do precedente).

Desse modo, há hipóteses em que o tribunal que criou o precedente, ou outro a ele superior, pode concluir pela sua revogação, seja em razão de terem ocorrido mudanças sociais, seja pela alteração do quadro fático-normativo, dentre outros motivos. A isso se dá o nome de *overruling*[659].

[657] Cf. Jürgen Habermas. *Direito e democracia: entre a facticidade*...cit., p. 247.

[658] Cf. Leonardo Greco. Op. cit., p. 54-55.

[659] *"O overruling é uma espécie do gênero das denominadas judicial departures, ou seja, dos casos de afastamento de uma regra jurisprudencial. Uma hipótese de afastamento se dá quando o tribunal resolve um problema jurídico solucionável por um precedente judicial, mas de forma diferente"* (BUSTAMANTE, Thomas da Rosa. *Teoria do precedente judicial: a justificação e a aplicação de regras jurisprudenciais.* p. 387). No mesmo sentido, explica Luiz Henrique Volpe Camargo: *"Overruling, portanto, é*

Os §§ 2º[660], 3º[661] e 4º[662], do artigo 927, do NCPC apresentam as providências a serem observadas pelos tribunais quando se entender necessário o exercício do *overruling*, como a realização de audiências públicas, a participação de *amicus curiae*, a modulação dos efeitos da alteração do precedente, bem como a necessidade de fundamentação adequada e específica, tudo para garantir respeito aos princípios da segurança jurídica, da proteção da confiança e da isonomia.

Por fim, deve-se admitir o acesso aos Tribunais Superiores quando o recorrente, por meio de recurso especial e/ou extraordinário, evidenciar que o precedente, aplicado no acórdão recorrido, está desgastado por decisões reiteradas do próprio STF ou do STJ, bem como pela transformação da realidade, dos valores sociais ou da concepção geral acerca do Direito (concepção geral não significa concepção individual ou minoritária; é preciso evidenciar no recurso que a doutrina e a jurisprudência possuem uma nova concepção geral acerca do direito). O acesso às Cortes Supremas também deve ser franqueado ao recorrente que demonstrar equívoco na formação do precedente, isto é, ser o precedente fruto de um erro na compreensão ou na interpretação da questão de direito.

o método de trabalho de juízes de tribunais onde, depois da reavaliação dos fundamentos que levaram à formação de um precedente que ordinariamente se aplicaria ao caso em julgamento, decide-se por cancelar a fórmula anterior e atribuir uma interpretação, total ou parcialmente, diferente da antecedente" (A força dos precedentes no moderno processo civil brasileiro. p. 569).

660 Art. 927, § 2º. *"A alteração de tese jurídica adotada em enunciado de súmula ou em julgamento de casos repetitivos poderá ser precedida de audiências públicas e da participação de pessoas, órgãos ou entidades que possam contribuir para a rediscussão da tese".*

661 Art. 927, § 3º. *"Na hipótese de alteração de jurisprudência dominante do Supremo Tribunal Federal e dos tribunais superiores ou daquela oriunda de julgamento de casos repetitivos, pode haver modulação dos efeitos da alteração no interesse social e no da segurança jurídica".*

662 Art. 927, § 4º. *"A modificação de enunciado de súmula, de jurisprudência pacificada ou da tese adotada em julgamento de casos repetitivos observará a necessidade de fundamentação adequada e específica, considerando os princípios da segurança jurídica, da proteção da confiança e da isonomia".*

4. Expansão da jurisdição constitucional

Sumário: 4.1 Revisão do princípio da separação dos poderes no Estado Contemporâneo: 4.1.1 O princípio da separação dos poderes no Estado Liberal; 4.1.2 O princípio da separação dos poderes a partir do Estado do Bem-Estar Social e de seus desdobramentos contemporâneos (Estado Pós-Social); 4.1.3 A crise da democracia representativa; 4.1.4 Crise da democracia representativa, revitalização dos partidos políticos e desenvolvimento da democracia brasileira; 4.1.5 Democracia e direitos fundamentais; 4.1.6 Desneutralização política do Judiciário; 4.1.7 Judiciário e democracia – 4.2 Princípio da supremacia da Constituição e controle de constitucionalidade – 4.3 Direito fundamental à tutela jurisdicional: 4.3.1 Introdução; 4.3.2 Judicialização da política; 4.3.3 Efetivação judicial dos direitos fundamentais sociais; 4.3.4 Direito fundamental à tutela jurisdicional célere, adequada e efetiva; 4.3.5 Devido processo legal substancial e a cláusula de proibição de retrocesso social; 4.3.6 Controle jurisdicional da discricionariedade administrativa; 4.3.7 Protagonismo judiciário; 4.3.8 Proteção jurisdicional das omissões inconstitucionais.

Outra consequência relevante do neoconstitucionalismo é a expansão da jurisdição constitucional,[663] da qual decorre a necessidade de revisão do princípio da separação dos poderes, a compreensão das repercussões do princípio da supremacia da Constituição e, ainda, o alcance do direito fundamental à tutela jurisdicional.

4.1 Revisão do princípio da separação dos poderes no Estado Contemporâneo

4.1.1 O princípio da separação dos poderes no Estado Liberal

[663] Cf. Luís Roberto Barroso. Neoconstitucionalismo... cit.

O princípio da separação dos poderes (ou melhor, das *funções*)[664] foi engendrado durante o Estado Liberal (séculos XVIII e XIX), visando combater o arbítrio judicial, como uma arma necessária da liberdade e para a afirmação da personalidade jurídica.[665]

Para isso, foi concebido, pelo Estado Liberal, da seguinte maneira: a) *atividade legislativa*: estava voltada ao estabelecimento de normas gerais e abstratas de conduta; b) *atividade administrativa*: era primária e espontânea; o Direito deveria ser aplicado por iniciativa própria, tendo em vista os interesses da própria administração (administrar é aplicar a lei de ofício); c) *atividade jurisdicional*: estava voltada à *atuação da vontade concreta da lei*.[666]

Nessa concepção, os juizes deveriam se sujeitar somente à lei, *não podendo criar novos Direitos*. A propósito, o art. 4.º da Declaração Universal dos Direitos do Homem e do Cidadão, de agosto de 1789, prevê que "a liberdade consiste em fazer tudo o que não seja nocivo a outrem; assim o exercício dos direitos naturais de cada homem não tem outros limites do que aqueles que garantam aos outros membros da sociedade o gozo dos mesmos direitos. Estes limites *só podem ser determinados pela lei*".

Ainda, pelo art. 6.º da mesma Declaração dos Direitos do Homem e do Cidadão: "*A lei é a expressão da vontade geral*. Todos têm direito de concorrer, pessoalmente ou através de seus representantes, para a sua formação. Ela deve ser a mesma para todos, quer se destine a proteger quer a punir.

[664] Tecnicamente, é melhor, contudo, falar em princípio da separação das *funções*, uma vez que o poder estatal é um so, como bem dispõe a Consituição Federal, no parágrafo único do art. 1.º, ao mencionar que *todo o poder emana do povo*.

[665] Cf. Paulo Bonavides. *Do estado liberal...cit.*, p. 86; Eduardo Cambi. Revisando o princípio da separação dos poderes para tutelar os direitos fundamentais sociais. p. 89-101.

[666] Da lição de Giuseppe Chiovenda extrai-se: "não pode haver sujeição à jurisdição senão onde pode haver sujeição à lei" (Op. cit. vol. 2, p. 55).

Todos os cidadãos são iguais a seus olhos, são igualmente admissíveis a todos a dignidade, lugares e empregos públicos, segundo a sua capacidade, e sem outra distinção que não seja a das suas virtudes e dos seus talentos".

A ideia de *direitos subjetivos* desempenhou um papel central na compreensão liberal de Direito, estabelecendo limites dentro dos quais o indivíduo poderia empregar, livremente, a sua vontade. Pelo modelo liberal, a liberdade implica a ausência de obstáculos, impostos pelo Estado, para que as pessoas exerçam suas escolhas e possam decidir quais os caminhos pretendem trilhar.[667]

A Declaração Universal dos Direitos Humanos está baseada no princípio kantiano segundo o qual toda a ação é equitativa, quando permite a convivência entre a *liberdade de arbítrio* de cada um e a de todos, conforme uma lei geral. Na formulação kantiana, a "lei geral" legitima o Direito; é a forma da lei geral que legitima a distribuição das liberdades de ação subjetivas.[668] Caberia, pois, às leis – gerais e abstratas – explicitar a igualdade de tratamento entre as pessoas, pois todos seriam iguais perante a lei.

A lei, no Estado Liberal, visava à defesa do cidadão contra eventuais agressões da autoridade estatal, tendo como principal finalidade eliminar os abusos cometidos no *Ancien Régime*.

O Estado Liberal limitava os direitos subjetivos às clássicas liberdades públicas. Assim, os direitos subjetivos eram meros *direitos negativos*, capazes de proteger espaços da *autonomia privada* contra intervenções ilícitas na liberdade, na vida e na propriedade.

Esclareça-se que *liberdade negativa* ou *liberdade-imunidade* é um *predicado da ação.*[669] É a área dentro da qual uma pessoa pode agir sem ser impedida, constrangida ou obstacularizada por outras pessoas. É o direito de fazer tudo que a lei lhe permite. Abrange todo impedimento natural ou social ao exercício do direito. Por outro lado, existe a *liberdade positiva* ou *liberdade-faculdade* que é um *predicado da vontade.* Representa o livre-arbítrio, a autonomia ou a autodeterminação da pessoa, consistente em ser "patrão de si mesmo". É a obediência às leis que nos são prescritas. Não há refe-

[667] Cf. Ronald Dworkin. *Levando os direito a sério*...cit., p. 411.

[668] Cf. Jürgen Habermas, *Direito e democracia*... cit., vol. 1, p. 157. A filosofia moral de Kant considera a pessoa como um *fim em si mesmo*, jamais como um meio para o alcance de outros objetivos. Isto permite vislumbrar a pessoa como um ser humano autônomo e digno de tutela jurídica, destacando – como valor jurídico – a dignidade da pessoa humana.

[669] Cf. Luigi Ferrajoli. I fondamenti...cit., p. 289-290.

rência ao exercício do Direito. Por exemplo, a liberdade negativa de comer quantos alimentos calóricos quiser, independentemente das recomendações médicas para não ingeri-los em demasia, e a liberdade positiva de fazer ou não restrições na minha dieta ou de fazer exercícios, para prevenir danos à minha saúde.

Os direitos a ações negativas (ou direitos de defesa) subdividem-se em três categorias: a) *direitos ao não embaraço de ações*: composto por direitos a que o Estado não impeça ou não dificulte determinadas *ações* do titular do direito (*v.g.*, a locomoção, a manifestação da crença, a expressão da opinião, a criação de uma obra de arte, a educação dos filhos, a reunião em uma rua e a escolha de uma profissão); b) *direitos à não afetação de características e situações*: são aqueles direitos em que o Estado não deve afetar determinadas *características* ou *situações* dos titulares dos direitos (*v.g.*, a inviolabilidade do domicílio); c) *direitos à não eliminação de situações jurídicas*: por exemplo, o direito de propriedade exige, por parte do Estado, a não eliminação de posições abstratas relacionadas à criação, ao desfazimento e às consequências jurídicas da posição de proprietário (*v.g.*, a possibilidade jurídica de adquirir ou transferir à propriedade; o direito do proprietário de um imóvel locado de aumentar o valor do aluguel).[670]

No Estado Liberal, os direitos fundamentais se restringiam aos direitos de defesa ou de abstenção, exigindo dos agentes públicos somente condutas negativas (obrigações de não fazer), omitindo-se na prática de atos materiais ou jurídicos. Aliás, o liberalismo não foi completamente cego à dimensão prestacional da relação Estado-cidadão, nem a ideologia liberal estava alheia às aspirações de cuidado de promoção do bem estar social.[671] Ocorre que o liberalismo compreendia tais aspirações como meras *obrigações morais*, que deveriam ser assumidas pela sociedade, sem vinculação jurídica geral. Tanto é que o art. 2.º da Declaração dos Direitos do Homem e do Cidadão, de 26.08.1789, proclamava que a "finalidade de toda associação política é a conservação dos direitos naturais e imprescritíveis do homem. Esses direitos são a liberdade, a prosperidade, a segurança e a resistência à opressão". Portanto, o liberalismo não considerava a realização de direitos fundamentais sociais como *obrigação jurídica positiva* do Estado ou como *deveres públicos-estatais*.

[670] Cf. Robert Alexy. *Teoría de los derechos...* cit., p. 186-194.

[671] Cf. Cristina Queiroz. *O princípio...* cit., p. 100-101.

O modelo liberal influenciou, diretamente, a Constituição Brasileira, onde grande parte dos direitos fundamentais pode ser incluída na categoria dos direitos de abstenção, tais como as liberdades clássicas (pensamento, crença, expressão, culto, locomoção, reunião, associação etc.) e mesmo as novas liberdades (tais como a liberdade sindical e o direito de greve), as inviolabilidades (intimidade, vida privada, honra, imagem, domicílio, sigilo da correspondência, das comunicações telegráficas, telefônicas e de dados, integridade física e psíquica, proibição de extradição, direito adquirido, coisa julgada e ato jurídico perfeito), o direito político de sufrágio (de votar e ser votado) e, em certa medida, até o direito à vida e à igualdade de tratamento (na diversidade de sexo, cor, raça, religião e classe social).[672]

Os direitos fundamentais negativos se amoldam ao *positivismo jurídico*, na medida em que reduzem o direito à lei e a atividade dos operadores do Direito à busca da *vontade do legislador*. O modelo liberal, nesse sentido, contenta-se com o esquema clássico da divisão de poderes. Cabia ao administrador controlar os problemas da atualidade, ao legislador tomar as decisões voltadas para o futuro e aos juízes decidir voltados para o passado, baseados nas decisões políticas tomadas pelo legislador e diluídas no Direito vigente.[673] Os direitos de defesa protegiam os cidadãos contra o Estado, a partir da "reserva da lei", a favor do legislador, a que correspondia a uma autodelimitação (*judicial self-restraint*) por parte do Poder Judiciário.[674]

Isso acarretou a *neutralização política* da atividade judicial. O lugar privilegiado da lei como fonte do Direito – somente a lei, votada e aprovada pelos seus representantes, obriga – neutralizava o papel do juiz que, ao aplicar o Direito, somente deveria fazer a subsunção do fato à norma. Os órgãos judiciais deveriam se mover em um quadro jurídico-político pré-constituído, não podendo julgar *contra legem*, valendo-se apenas da racionalidade formal (subsunção de fatos a normas), desprovida de referências sociais, éticas ou políticas.[675] Com isso, mantinha-se o juiz neutro ao jogo de interesses concretos na formação legislativa do Direito e, se tais interesses não fossem atendidos, isso não era problema do magistrado que,

[672] Cf. João dos Passos Martins Neto. *Direitos fundamentais. Conceito, função e tipos*. p. 150.

[673] Cf. Jürgen Habermas, *Direito e democracia*... cit., vol. 1, p. 305.

[674] Cf. Cristina Queiroz. *Interpretação constitucional*... cit., p. 247-248.

[675] Cf. Boaventura de Souza Santos, Maria Manuel Leitão Marques e João Pedroso. Os tribunais nas sociedades...cit., p. 3.

simplesmente, aplicava a lei.[676] O importante é que a lei fosse aplicada, independentemente do seu conteúdo.[677]

4.1.2 O princípio da separação dos poderes a partir do Estado do Bem-Estar Social e de seus desdobramentos contemporâneos (Estado Pós-Social)

O princípio da separação dos poderes, tal como concebido pelo Estado Liberal, é um princípio decadente na técnica do constitucionalismo, em razão da dilatação dos fins reconhecidos pelo Estado, a partir do século XX, e da posição que deve ocupar para proteger, eficazmente, os direitos fundamentais.[678]

Como advento do Estado Social, os direitos subjetivos (individuais) precisaram ser completados pelos direitos sociais. Considerou-se que tão importante quanto reconhecer a esfera de direitos necessários a assegurar a autonomia da vontade dos indivíduos é tomar a pessoa membro de uma sociedade.[679] Os indivíduos não são atomizados ou alienados, nem precisam ser colocados uns contra os outros. A categoria dos direitos sociais reconhece os indivíduos como seres que precisam um dos outros, que devem se reconhecer reciprocamente e colaborarem para assegurar o convívio democrático de liberdades e direitos em uma sociedade capaz de respeitar as diferenças e promover a justiça.

No Estado Liberal, todos eram iguais perante a lei. Consagrava-se a isonomia em *sentido formal*, pois a lei não se preocupava com as diferentes necessidades sociais.[680] A lei, por ser geral e abstrata, não levava em consi-

676 Cf. Tércio Sampaio Ferraz Jr. *Direito Constitucional*. p. 401.

677 "Sentenza giusta, in questo sistema, non vuol dire sentenza conforme al sentimento sociale, ma vuol dire semplicimente sentenza *conforme la legge*: e se poi, per avventura, la legge non corrisponde (o non corrisponde più) al sentimento sociale, questo non è affare del giudice: *dura lex sed lex*" (Piero Calamandrei. *Processo e democrazia*. p. 57).

678 Cf. Paulo Bonavides. *Do Estado liberal*... cit., p. 86.

679 "Os direitos liberais clássicos à dignidade do homem, à liberdade, à vida e integridade física da pessoa, à liberdade, à escolha da profissão, à propriedade, à inviolabilidade da residência etc. constituem interpretações e configurações do direito geral à liberdade no sentido de um direito a iguais liberdades subjetivas. De modo semelhante, a proibição de extradição, o direito de asilo e, em geral, o *status* material de deveres, o *status* de prestações, a cidadania etc. significam uma concretização do status geral de um membro numa associação livre de parceiros do direito" (Jürgen Habermas. *Direito e democracia*... cit., vol. 1, p. 162-163).

680 Cf. Luiz Guilherme Marinoni. *Teoria geral*...cit., p. 27.

deração *alguém em específico* nem era feita para uma determinada hipótese, cabendo ao Judiciário simplesmente atuar a vontade concreta da lei, pois qualquer tratamento diferenciado comprometeria a sua imparcialidade e era visto como violador da igualdade.

Entretanto, é uma ilusão pensar que a *generalidade* e a *abstração* da lei asseguram, por si só, a certeza jurídica. Para que isso ocorra, é indispensável a existência de certos *pressupostos materiais*, tais como o conhecimento das leis por parte dos destinatários, a uniformidade de interpretação dos órgãos judicantes, a eficácia do ordenamento jurídico etc., todos os quais dependem da estabilidade e da coesão social.[681]

Além disso, a igualdade a que a concepção liberal de lei protegia era meramente *formal*, o que acabava por tutelar a posição das classes economicamente mais favorecidas e, via de consequência, impedia que o Estado interviesse na sociedade para proteger os mais pobres. Se todos são tratados de igual maneira, sem considerar estarem em uma mesma situação fática e jurídica, não se promove a isonomia. Igualdade *de fato* depende da aceitação de *desigualdades jurídicas*; por isso, é necessário haver *ações positivas* por parte do Estado. Uma legislação somente tutela a igualdade em sentido material quando, ao valorar concretamente determinada situação fática e jurídica, identifica *critérios* capazes de gerar tratamentos isonômicos ou não arbitrários,[682] vale dizer, que permitam concluir se tratar de uma lei correta, razoável e justa. Em outras palavras, um tratamento desigual deve estar fundamentado em razões – fáticas e jurídicas – plausíveis para a sua permissão e, destarte, não será arbitrário.

O Estado deve se *omitir* em tratar desigualmente os desiguais quando não há critérios razoáveis que justifiquem tais discriminações. Por outro lado, deve *atuar positivamente* para promover a igualdade fática quando, para tanto, é indispensável desigualar juridicamente. Portanto, a avaliação judicial da razoabilidade dos fundamentos da lei (omissão ou ação),

[681] Cf. Carla Faralli. La certezza...cit.

[682] "La jurisprudencia sobre la igualdad del Tribunal Constitucional Federal tiene como hilo conductor la frase: 'La máxima de la igualdad es violada cuando para la diferenciación legal o para el tratamiento legal igual no es posible encontrar uma razón razonable, que surja de la naturaleza de la cosa o que, de alguna otra forma, sea concretamente comprensible, es decir, cuando la disposición tiene que ser calificada de arbitraria'" (Robert Alexy. *Teoría de los derechos...* cit., p. 391).

permite concluir que a solução adotada (discriminação ou não discriminação normativa) não é arbitrária e, portanto, é a melhor e a mais justa.

Do mesmo modo, a concepção liberal sustenta que a liberdade individual de ação e de decisão requer a ausência de intervenção estatal. Assim, o único bem a ser protegido pelos direitos fundamentais é a *liberdade negativa* frente ao Estado. Em contrapartida, o Estado Social afirma que a liberdade, a que se refere à proteção de direitos fundamentais, implica assegurar a criação de estruturas sociais que garantam a maior oportunidade possível de desenvolvimento da personalidade.

Os direitos fundamentais devem criar reais oportunidades de vida e de liberdade fáticas.[683] Com efeito, a liberdade não pode levar em consideração um indivíduo isolado e dono de si mesmo, mas como uma pessoa referida e vinculada a uma comunidade.[684] Logo, o direito fundamental à liberdade não se restringe à proteção do indivíduo contra atos arbitrários do Estado (liberdades negativas), mas depende de condições materiais para que a pessoa, autodeterminada, consiga exercer a cidadania de modo responsável (liberdades positivas).

Esclareça-se que o *direito a ações positivas* que o cidadão tem contra o Estado divide-se em dois grupos: aquele cujo objeto é uma *ação fática* (*v.g.*, o direito de um proprietário de escola privada a um auxílio estatal por meio de subvenções, o direito social fundamentado no "mínimo existencial" ou a pretensão individual do cidadão à criação de vagas nas universidades) e aquele cujo objeto é uma *ação normativa*, isto é, a atos estatais de criação de normas (*v.g.*, o direito do nascituro à proteção de normas de direito penal).[685]

Assim, a partir do *Welfare State*, o Estado deixa de ser visto apenas como um *inimigo* dos direitos fundamentais, não ficando as suas atividades limitadas ao mínimo possível (Estado mínimo), mas uma instituição indispensável para assegurar os direitos fundamentais na sociedade civil.[686]

683 Cf. Robert Alexy. *Teoría de los derechos...* cit., p. 542-543.

684 Segundo Robert Alexy, os *direitos à proteção* são direitos que os indivíduos têm perante o Estado, a fim de que este os proteja contra a intervenção de terceiros; o que corresponde à famosa formulação de Kant: "O direito é, pois, o conceito propriamente dito das condições sobre as quais é possível conciliar a arbitrariedade de um com a arbitrariedade do outro, de acordo com uma lei universal" (Idem, p. 435-436).

685 Idem, p. 194-197.

686 Cf. Daniel Sarmento. A dimensão objetiva... cit., p. 81.

Se no Estado Liberal o Judiciário era caracterizado pela sua *neutralização política*, no Estado de Bem-Estar Social a explosão de litigiosidade, marcada pela busca de efetivação dos direitos fundamentais sociais, ampliou a visibilidade social e política da magistratura. Passou a ser cobrada pela concretização dos direitos constitucionais. A luta por saúde, educação, moradia, segurança social, entre outros direitos, instrumentalizada em demandas individuais e sobretudo coletivas, promoveu a *juridificação da justiça distributiva*.[687] O Judiciário foi chamado a enfrentar a gestão das contradições entre igualdade formal e justiça social. O desempenho judicial adquiriu maior relevância social, mas também começou a ser mais questionado pelos meios de controle social (especialmente, pela imprensa), tornando-se objeto de controvérsia pública e política.

No entanto, a partir do final dos anos setenta do século XX, iniciou-se uma prolongada crise do Estado de Bem-Estar Social. Tem sido marcada, dentre outros fatores: pela explosão de demandas reprimidas; pelo gigantismo da máquina burocrática; pela incapacidade financeira (escassez de recursos) do Poder Público para atender às crescentes despesas da providência estatal; pela impossibilidade de elevar, ainda mais, a carga tributária; pela má gestão e desperdício do dinheiro público, aliadas à corrupção e a ineficiência dos controles estatais e sociais; e, ainda, pela insuficiência e má qualidade das prestações estatais oferecidas.

A queda do muro de Berlim revelou o triunfo do regime capitalista sobre o socialista, colocando fim à Guerra Fria e inaugurando a era neoliberal. O controle absoluto da economia pelo Estado deu espaço à sua desvinculação como agente econômico regulador e, consequentemente, à *deslegalização* e à *desregulamentação*. A globalização econômica influenciou a emergência de um novo direito transnacional, reduzindo a soberania dos Estados e, consequentemente, provocando a erosão do protagonismo do poder judicial na garantia do controle da legalidade.[688] Os arranjos orçamentários indispensáveis à proteção dos direitos fundamentais foram transferidos para organismos internacionais que controlam o endividamento dos Estados (*v.g.*, a concessão de empréstimos pode depender da aprovação do Banco Mundial ou do Fundo Monetário Internacional). Também foi fomentada a organização de blocos econômicos, com a estruturação de institui-

[687] Cf. Boaventura de Souza Santos, Maria Manuel Leitão Marques e João Pedroso. Os tribunais nas sociedades...cit., p. 4.
[688] Idem, p. 7.

ções capazes de impor uma nova ordem jurídica comunitária.[689] Ganharam força as ideias econômicas neoliberais que, na comunidade financeira internacional, passaram a ser rotuladas como o *Consenso de Washington*, a exigir das economias emergentes, como forma de obtenção de crédito, a abertura dos mercados internos, a desregulamentação da economia, privatizações, reformas tributária e previdenciária, redução de gastos sociais, flexibilização das relações de trabalho e maior responsabilidade fiscal. Os países que não amoldam seus direitos internos aos referidos padrões econômicos não recebem investimentos, mesmo porque o capital não tem pátria, permanecendo nos lugares onde o ordenamento jurídico mais lhe favoreça.

A nova ordem mundial é marcada pela *heterotopia* (isto é, pela pulverização e multiplicidade dos centros de decisão política e empresarial, que não mais se limitam as fronteiras geopolíticas dos Estados nacionais, estando espalhados em diversos lugares do mundo) e pela *poliarchia* (existência de múltiplos centros de poder), facilitando a *dominação* não mais de Estados sobre Estados, de povos sobre povos, mas de empresas sobre povos e nações, de alguns sobre todos.[690]

Tal perspectiva acentuou a crise da lei, pois o Estado deixou de possuir o monopólio da produção normativa (entidades privadas nacionais ou supranacionais também passaram a regulamentar os comportamentos), multiplicando as instâncias normativas, no mesmo espaço territorial. Isso vem caracterizando o que se denominou de "neofeudalismo jurídico". Por "neofeudalismo" não se deve entender o retorno à organização política e econômica medieval. Trata-se de organização complexa, sofisticada, com enorme capacidade econômica e de preocupante caráter antidemocrático.[691]

Todo esse contexto político e econômico torna maior a dificuldade do Poder Judiciário para assegurar a concretização dos direitos fundamentais sociais, que demandam à implementação de políticas públicas.

[689] Cf. Daniel Sarmento. *Direitos fundamentais*...cit., p. 26-35.

[690] Cf. Luiz Fernando Coelho. *Direito Constitucional*... cit., p. 291-292.

[691] Segundo José Eduardo Faria, o neofeudalismo está "nos interesses e na vontade dos atores políticos e econômicos – as 'organizações complexas' – com maior poder de articulação, mobilização, confronto, veto, barganha, decisão de investimento e capacidade de geração tanto de emprego quanto de receitas", não estando mais fundado "no nascimento, na etnia, na nobreza, na religião, no credo político ou na ocupação dos sujeitos" (*O direito na economia globalizada*, p. 325).

O neoliberalismo aposta na *desconstitucionalização*, preferindo o modelo procedimentalista,[692] isto é, sem pretensões substanciais emancipatórias.

A Constituição deveria ser mínima, sintética, sem normas programáticas e sem muito espaço para os direitos sociais. Deveria retornar à função que exerceu no Estado Liberal, isto é, preocupar-se apenas com a organização política e as liberdades individuais. Procura-se reduzir o poder de intervenção do Estado, para que o mercado fique mais livre, o que afeta a ordem econômica e social, reduzindo ou extinguindo os mecanismos de tutela dos mais fracos. Acabar com a ideia de justiça social é o principal objetivo do neoliberalismo.[693]

No Brasil, a partir de 1995, houve várias mudanças constitucionais, visando redefinir o papel do Estado na economia. As Emendas Constitucionais 6 e 7 diminuíram as restrições ao capital estrangeiro. As Emendas Constitucionais 5, 8 e 9 flexibilizaram os monopólios estatais sobre o gás canalizado, petróleo e telecomunicações. Promoveu-se amplo programa de privatizações, culminando com a venda de empresas estratégicas como a Telebrás e a Vale do Rio Doce. A Emenda 19 acabou com o regime único para os trabalhadores, diminuindo a estabilidade, consagrou o princípio da eficiência e procurou diminuir a burocracia estatal. Editou-se a Lei de Responsabilidade Fiscal e discute-se a flexibilização das leis trabalhistas, além do papel das agências reguladoras. A Lei 9.637/1998 permite que organizações sociais realizem, mediante contratos de gestão, parcerias com o Estado, que lhes transfere recursos financeiros públicos ou competências de execução, a fim de que possam desenvolver amplos serviços públicos (como ensino, pesquisa, desenvolvimento tecnológico, meio ambiente, cultura e saúde).

Vale destacar que o Supremo Tribunal Federal, no dia 16 de abril de 2015, julgou parcialmente procedente a Ação Direta de Inconstitucionalidade (ADI) 1923, dando interpretação conforme a Constituição às normas que dispensam licitação em celebração de contratos de gestão firmados entre o Poder Público e as organizações sociais para a prestação de serviços públicos de ensino, pesquisa científica, desenvolvimento tecnológico, proteção e preservação ao meio ambiente, cultura e saúde. Na ação, o Partido dos Trabalhadores (PT) e o Partido Democrático Trabalhista (PDT) ques-

[692] Verificar o item 5.2, abaixo.

[693] Cf. Paulo Luiz Netto Lôbo. Direito do Estado federado ante a globalização econômica, item 7.

tionavam a Lei 9.637/1998, e o inciso XXIV do artigo 24 da Lei 8.666/1993 (Lei das Licitações). O Plenário do STF decidiu, por maioria de votos, pela validade da prestação de serviços públicos não exclusivos por organizações sociais em parceria com o poder público. Contudo, a celebração de convênio com tais entidades deve ser conduzida de forma pública, objetiva e impessoal, com observância dos princípios constitucionais que regem a Administração Pública (artigo 37, *caput*, CF), e nos termos de regulamento próprio a ser editado por cada entidade. Ademais, o voto condutor do Ministro Luiz Fux afastou qualquer interpretação que restrinja o controle da aplicação de verbas públicas pelo Ministério Público e pelo Tribunal de Contas. Ao contrário dos serviços públicos privativos, o particular pode exercer tais atividades independentemente de qualquer ato negocial de delegação pelo poder público de que seriam exemplos os instrumentos da concessão e da permissão mencionados no artigo 175, caput, da Constituição Federal. Portanto, o STF concluiu que a atuação das entidades contempladas na Lei 9.637/1998 não afronta a Constituição Federal. Todavia, a contratação direta, com dispensa de licitação, deve observar critérios objetivos e impessoais de forma a permitir o acesso a todos os interessados. Ademais, o contrato de gestão é hipótese de convênio, por conjugar esforços visando a um objetivo comum aos interessados, e, por isso, se encontra fora do âmbito de incidência do artigo 37, inciso XXI, da Constituição Federal, que prevê a obrigatoriedade de realização de licitação.

De qualquer modo, mesmo países que seguiram à risca o *Consenso de Washington*, como México e Taiwan, vivem período de retração econômica. A crise da economia mundial, evidenciada a partir do fim do governo George W. Bush, com a desaceleração da economia norte-americana, enseja nova reflexão sobre o papel regulamentador do Estado. O livre mercado se mostrou incapaz de promover o desenvolvimento econômico. O aporte de recursos públicos para salvar instituições financeiras e grandes empresas automobilísticas, a partir do final do governo Bush, evidenciou a necessidade de maiores controles estatais nos mercados financeiros. Atente-se que a questão não é eliminar o mercado, substituindo-o pelos Estados Nacionais. Tal experiência, vivenciada pelos países socialistas, mostrou-se incapaz de promover o desenvolvimento humano e comunitário. O problema reside nos limites da atuação do mercado. Afinal, ele pode ser altamente eficiente para produzir bens de consumo baratos e para ampliar a qualidade dos serviços, mas não é capaz de produzir, constantemente, as condições de autodeterminação dos povos. Compete aos Estados atuarem como o *poder de contrapeso* (*countervailing power*), necessário para compensar as distorções do debate público, atribuído ao mercado, e preservar as condições essenciais da democracia.[694] Recorre-se ao Estado porque se trata de uma instituição pública e, ainda, porque tem poder para resistir às pressões do mercado. Porém, como muitos Estados, por si só, não conseguem fazer frente ao mercado globalizado, a organização de instituições internacionais, reunindo interesses de diversos Estados, possibilita a melhor contenção dos poderes do mercado.

A crescente automatização exigiu a maior flexibilização das relações laborais aumentando os índices de desemprego, com o alijamento da mão de obra menos qualificada, o que gerou maiores taxas de exclusão social. Por outro lado, ampliou-se a concentração de renda, especialmente entre as empresas multinacionais, elevou-se o individualismo e exasperou-se o patrimonialismo, em detrimento da dignidade e da solidariedade humanas. A rede mundial de computadores (*internet*) permite a realização de atos jurídicos, como a compra e venda de produtos, sem considerar as divergências entre as legislações dos países envolvidos. A tributação da circulação de mercadorias e da prestação de serviços se torna um problema desafiador aos Estados contemporâneos.

As inovações tecnológicas e a desigual disponibilidade dos recursos econômicos aumentaram o fosso que divide os poucos que exercem o domínio ativo e os muitos que estão na posição passiva. A autonomia e a liberdade privadas dos primeiros não estão em equilíbrio com as dos segundos, fazendo com que a *mão invisível do mercado* ou a existência de uma *ordem espontânea* (marcada pelo livre desenvolvimento dos interesses/vontades individuais) tenham contribuído para a elevação das desigualdades sociais.[695]

Se as Constituições modernas reconhecem o mercado e garantem os direitos dos operadores econômicos (como a propriedade privada, a livre iniciativa econômica, a liberdade contratual etc.), igualmente revelam que a dimensão econômica não é o único horizonte a ser protegido.[696] Afinal, o mercado, especialmente nos últimos tempos (de crise econômica mundial) tem se mostrado incapaz de uma autoregulação total; além do que,

[694] Cf. Owen Fiss. Por qué el Estado?, p. 113.

[695] Cf. Gustavo Zagrebelsky. *El derecho*...cit, p. 98-99.

[696] Idem, p. 102.

o seu desenvolvimento não traz, automaticamente, a realização de outros valores (não econômicos) necessários à melhoria da qualidade de vida das pessoas e à promoção de justiça social.

Em países de modernidade tardia, como o Brasil, onde os direitos fundamentais sociais não foram minimamente concretizados, o papel do Estado, como instituição capaz de promover a efetivação desses direitos, indispensáveis à transformação social, depende da observância rigorosa da Constituição. A expressiva desigualdade social, incapaz de sequer promover eficientemente os direitos fundamentais de primeira geração, exige firmeza das instituições que compõem o sistema de justiça, em especial do Poder Judiciário no cumprimento das disposições democráticas contidas na Constituição Federal de 1988. Nos países periféricos, o Judiciário deve ser corresponsável pela afirmação dos direitos fundamentais sociais. Caso contrário, a prevalecer as posições mais conservadoras pela não interferência judicial, menores são as perspectivas de efetivação desses direitos e, consequentemente, mais distantes ficam esses países da promoção de critérios de desenvolvimento humano e de justiça social.

Por outro lado, o custo cada vez mais crescente para cumprir decisões judiciais, relativas à efetivação de direitos fundamentais sociais, além de atender às prestações e às demandas sociais reprimidas, exige que não somente o Estado seja chamado a sanar as desigualdades sociais causadas pela globalização da economia. Os poderes econômicos privados – como as grandes empresas privadas transnacionais – também devem ter responsabilidades jurídicas na melhor distribuição de renda e na redução das injustiças sociais.

4.1.3 A crise da democracia representativa

A lei geral e abstrata não foi capaz de promover a igualdade entre todos os sujeitos de direitos.

Na concepção liberal, a lei traduzia a "vontade geral", corporificada na representação parlamentar composta por deputados livres de qualquer mandato imperativo ou de outra dependência, ficando o Executivo subordinado à lei como vontade heterônoma.[697] Ocorre que houve uma alteração no próprio entendimento da lei como produto da vontade da maioria.

[697] Cf. Vital Moreira. Op. cit.

A lei não representa a vontade da maioria. Na prática, o poder não emana do todo, como bem asseverou o *realismo jurídico* norte-americano,[698] ao buscar desmistificar os *founding fathers* da Constituição dos Estados Unidos,[699] raciocínio que também se estende ao Direito Brasileiro.[700]

A lei resulta de grupos de pressões (representantes de empresários, ruralistas, religiosos, sindicalistas, servidores públicos etc.) e de mecanismos de votação ilegítimos (*v.g.*, voto das lideranças). A lei não traduz a vontade geral, sendo contraditória, ocasional, fragmentária, numerosa e cambiante. Não é expressão pacífica de uma sociedade política internamente coerente, tampouco um ato impessoal, geral e abstrato, que traduza interesses objetivos, coerentes, racionalmente justificáveis e generalizáveis, mas um ato personalizado – proveniente de grupos identificáveis de pessoas e dirigidos a outros grupos igualmente identificáveis – que persegue interesses particulares.[701] Consequentemente, o produto legislativo adquire caráter compromissório. As leis são pactuadas e, para se conseguir o acordo político e social a que

[698] O realismo jurídico norte-americano procura desconstruir as bases teóricas do positivismo, propugnando que o direito "se faz" (como mandato de vontade) e não "se descobre" (mediante a razão, a história ou o direito natural). Assim, o significado jurídico dos conceitos, defendidos pelos positivistas, não tinha por base um raciocínio jurídico estruturado, mas os gostos e as inclinações políticas de seus intérpretes-aplicadores. Cf. Cristina Queiroz. *Interpretação constitucional*... cit., p. 140.

[699] "Os fundadores da Constituição original eram extraordinariamente pouco representativos do povo como um todo. Não foram escolhidos de algum modo sancionado por um direito nacional anterior, e uma parcela majoritária da população, inclusive mulheres, escravos e pobres, foi excluída do processo que escolheu e ratificou a Constituição. Tampouco a democracia era suficientemente avançada, mesmo na época das emendas posteriores à Guerra Civil, para oferecer um argumento democrático de equidade que nos permita considerar as opiniões concretas dos legisladores como bons indícios de qual era a opinião pública na época" (Ronald Dworkin. *O império*... cit., p. 436).

[700] "Somente os mais cândidos e bisonhos acreditam que todo o poder emana do povo. Nesse sentido, é seminal o trabalho de Charles Beard, que em 1913 concebeu uma leitura econômica da Constituição dos Estados Unidos da América, com base na premissa de que o poder segue a propriedade. O historiador norte-americano desmistificou os *founding fathers*, os pais da pátria; os autores da Constituição norte-americana não eram visionários desinteressados que se preocupavam em realizar uma utopia. Eram proprietários de terras e de escravos, interessado na manutenção de privilégios. Embora sem base empírica para tal afirmação, assimilo o conceito e afirmo que o constituinte de 1988 não era ingênuo nem filantropo. Bancadas ruralistas, evangélicas, ambientalistas, sindicalistas, comerciantes, industriais já existiam..." (Arnaldo Sampaio de Moraes Godoy. Notas introdutórias para uma tentativa de análise econômica da Constituição Brasileira. p. 15).

[701] Cf. Gustavo Zagrebelsky. *El derecho*...cit, p. 38.

aspiram, acabam por serem contraditórias, caóticas, obscuras e, o que é pior, revelam que, para que tal acordo seja conseguido, tudo é suscetível de transação pelas partes, mesmos os valores mais altos e os direitos mais intangíveis.[702] Por isso, em vez de promoverem estabilidade e segurança jurídica, convertem-se em instrumentos causadores de instabilidades.

A *crise da lei*, sob o ângulo *estrutural*, confunde-se com a crise da representação (isto é, a crise de legitimidade dos parlamentos) e, sob o ângulo *funcional*, é a mitigação do princípio da legalidade como o mais importante instrumento regulativo da vida social, justamente por não ser mais a lei expressão da vontade geral.[703]

Os postulados clássicos da separação das funções entre Legislativo e Executivo também deixaram de ter correspondência na realidade. Atualmente, a lei resulta da vontade do partido ou da coligação majoritária, cabendo ao governo ditar a maioria parlamentar, o programa legislativo e o conteúdo das leis.[704]

A separação hoje relevante se estabelece entre a *maioria governamental* e a *oposição*, sendo que a questão constitucional mais importante deixou de ser o da supremacia do Legislativo sobre o Executivo, mas sim as garantias da oposição em face do poder da maioria existente no governo e no parlamento.[705] Há um deslocamento do foco de análise do plano institucional para o partidário, com a inevitável cisão da unidade institucional e o aparecimento de estruturas paralelas que influem, diretamente, nas relações de poder.[706] Tão ou mais importante quanto a defesa das prerrogativas do parlamento contra as invasões do Executivo é a garantia dos direitos constitucionais da oposição contra os abusos ou prepotências da maioria, com o intuito de evitar que a minoria intervenha nas decisões parlamentares contrárias ao governo.

O Parlamento passa a gerenciar os embates políticos necessários à governabilidade do país. Isso contribui, de um lado, para a baixa produtividade legislativa do Parlamento e, por outro lado, pelo excesso de atividade legislativa do Poder Executivo (*v.g.*, edição abusiva de medidas provisórias).

No Brasil, o Poder Executivo, responsável por gerir o orçamento público, impõe a troca de favores para exercer a governabilidade, ao bus-

[702] Idem, ibidem.

[703] Cf. Gustavo Binenbojm. *Uma teoria do direito administrativo: direitos fundamentais, democracia e constitucionalização*. p. 125.

[704] Cf. Vital Moreira. Op. cit.

[705] Idem.

[706] Cf. Emerson Garcia. Princípio da separação dos poderes... cit., p. 53.

car a maioria no Parlamento pela composição partidária de seus aliados.[707] Essa forma de gestão pública, no âmbito federal, é denominada de *presidencialismo de coalizão*[708].

Em troca do apoio para a formação do governo, os partidos aliados conquistam o direito de comandar algum setor do Executivo, havendo o loteamento de Ministérios e Secretarias estratégicas. O resultado dessa prática é o *aparelhamento do Estado* e a reunião de diversos partidos, embora com ideologias e programas distintos, concentrados na busca de um ideal comum, isto é, a manutenção do poder[709].

Nesse contexto, formam-se fragmentos de identidades e a coligação de ideias, não raro, conflitantes. Isso agrava a dificuldade de governabilidade do Poder Executivo, quando surgem interesses colidentes, cuja superação depende a aprovação de leis no Parlamento[710].

Com isso, o Estado é governado para atender os interesses de um grupo determinado, cuja motivação é a manutenção no poder. Essa maioria pode facilitar ou dificultar as alterações normativas ou as decisões do Poder Executivo que precisam ser aprovadas pelo Parlamento (*v.g.*, como a escolha de Ministros do Supremo Tribunal Federal ou do Tribunal de Contas da União), o que influi diretamente na atuação do Poder Executivo[711].

A depender das exigências das maiorias parlamentares, o risco da ingovernabilidade do Estado é grande, pois, com bases e ideologias diferentes, é inevitável o conflito entre grupos organizados de Deputados Federais e/ou Senadores (*v.g.*, a bancada ruralista em oposição à ambientalista, a evangélica em detrimento de avanços em direitos humanos, a dos sindicatos de trabalhadores em contraste com a de representantes de empresas, etc.), circunstâncias que dificultam o exercício das tarefas essenciais a serem

[707] Cf. Eduardo Cambi e Victor Eduardo Bertoldi Boff. Controle preventivo de constitucionalidade sob a óptica das minorias parlamentares. p. 123-140.

[708] Cf. Sérgio Henrique Hudson de Abranches. Presidencialismo de coalizão, p. 5-34.

[709] *"A lógica do jogo da política é a lógica do jogo do poder. Enganam-se aqueles que pensam que o fim da política é a produção do bem comum. O objetivo da política é o poder – e os atos políticos dirigidos à produção do bem comum são meios para atingir esse fim, a manutenção dos poderosos no poder. Um ato que levasse o bem comum, mas que, ao mesmo tempo, diminuísse o poder dos que lá estão ou aumentasse o poder dos adversários políticos, seria, do ponto de vista político, uma ato suicida; não deveria jamais ser executado. Na hierarquia dos valores políticos, o bem do povo é inferior ao exercício do poder. Essa é a razão por que, com frequência, políticos tratam de eliminar as coisas boas que seus antecessores, adversários, realizaram"* (Rubem Alves. *Conversas sobre política*. p. 132-133).

[710] Cf. Edison Nunes. *Fragmentação de interesses e morosidade no parlamento brasileiro*. p. 33.

[711] Cf. Sérgio Henrique Hudson de Abranches. Op. Cit. p. 22.

realizadas pelo Poder Executivo, como a aprovação das leis orçamentárias, de medidas provisórias, de reajustes fiscais ou previdenciários etc.

Para que o processo decisório não seja bloqueado e desestabilize a coalizão no futuro, são necessários esforços para a construção institucional de acordos setoriais, à medida que os conflitos surgem[712]. Tais acontecimentos aparecem como *testes constantes para a estabilidade* do governo, que pode ficar comprometida quando emergem divergências quanto a interesses, posicionamentos e orientações.

O presidencialismo de coalizão está sujeito à instabilidade permanente entre os Poderes Executivo e Legislativo, o que pode desestabilizar qualquer regime democrático. Ademais, os grupos políticos que não se alinham aos interesses hegemônicos acabam renegados.

O sistema político brasileiro, marcado pela pluralidade de partidos, se caracteriza pela busca incessante por parte do Poder Executivo de alianças para compor a base do governo. Porém, isso aumenta o custo da máquina estatal, porque, em troca de apoios, o Executivo precisa negociar, inclusive com a distribuição de recursos públicos, cargos, Secretarias e Ministérios, muitas vezes desnecessários ou ineficientes, para conseguir manter a base aliada.

Com efeito, os resultados desse modelo podem aproximar o Poder Executivo do Legislativo ou causar a paralisia do governo. Quando há a coincidência entre o Presidente da República e a maioria do Congresso Nacional tal situação contribui para a governabilidade. Porém, quando isto não acontece, o Executivo não consegue aprovar, no Parlamento, as medidas necessárias para governar o país[713].

A história brasileira recente demonstra a trágica situação do presidencialismo de coalizão e a ineficiência do sistema político vigente. A Ação Penal 470- MG[714], da qual resultou o processo conhecido como o do Mensalão, evidenciou a compra da base aliada do governo, no Congresso Nacional, pelo aporte financeiro, visando as articulações necessárias para aprovação e deliberação de matérias de interesse governamental.

Além disso, o presidencialismo de coalizão estimula a cultura de alinhamento político de que a melhor estratégia para a obtenção de recursos orçamentários, controlados pelo Executivo, visando retornos nas suas

712 Idem. p. 29.

713 NUNES, Edison. Op. Cit. p. 31-33.

714 STF, AP 470-MG, rel. Min. Joaquim Barbosa, DJE 22.04.2013. Disponível em: http://www.stf.jus.br/portal/jurisprudencia/listarJurisprudencia.asp?s1=%28ap+470+mensal%E3o%29&base=baseAcordaos&url=http://tinyurl.com/lfde4cr. Acessado em 02/10/2014.

bases eleitorais, é votar disciplinadamente com a base governista[715], o que pode causar distorções desnecessárias na aplicação dos escassos recursos públicos frente aos desafios, em áreas como educação ou saúde públicas, para o desenvolvimento nacional.

As novas fronteiras entre o Executivo e o Legislativo, aliadas às falhas no processo eleitoral, às críticas ao sistema majoritário e proporcional, à ausência de fidelidade partidária (cuja inexistência redundou na Res. TSE 22.610/2007,[716] considerada constitucional pelo STF,[717] apesar de

[715] Cf. Argelina Chelbub Figueiredo e Fernando Limongi. *Executivo e Legislativo na nova ordem constitucional*. p. 23.

[716] O TSE respondeu afirmativamente à Consulta 1.398-DF, formulada pelo Partido da Frente Liberal (hoje, Democratas), sobre o direito de os partidos políticos e coligações preservarem as vagas obtidas mediante o sistema eleitoral proporcional, quando o candidato eleito se desliga da agremiação ou se junta a outra legenda. Editou a Resolução 22.610/2007, onde restou ressaltado: a) a filiação partidária é *condição de elegibilidade*, constitucionalmente prevista; b) a filiação do candidato ao partido político é o *único elemento* da sua *identidade política*; c) o *sistema proporcional* está ligado ao partido político, pois é, com base nos votos obtidos pela agremiação, que se calcula o número de cadeiras ocupadas na casa legislativa; em outros termos, o candidato se elege com o "patrimônio partidário de votos"; d) a obtenção e exercício do mandato, como patrimônio *particular* do eleito, fere o *princípio da moralidade*; e) a detenção do mandato pelo partido não é uma sanção ao candidato migrante, mas a manutenção da *representação partidária* daquela agremiação; f) o entendimento, até então vigente, de que o mandato pertencia ao candidato, firmado no âmbito do STF, era do tempo em que não se reconhecia a *força normativa* aos princípios, estando hoje superado; g) a interpretação de que a vaga é do partido não é *inovação interpretativa*, extraindo-se das normas constitucionais (art. 14, § 3.º, V e art. 17, § 1.º) e infraconstitucionais (arts. 2.º, 108, 175, § 4.º, 176 do Código Eleitoral; art. 26 da Lei 9.096/1995 e art. 11, II, da Lei 9.504/1997); e, finalmente, admitiu-se que existem casos em que se justifica a manutenção do mandato pelo parlamentar, quais sejam: a existência de *mudança significativa de orientação programática do partido* ou de *prática odiosa de perseguição*. Nestas hipóteses, tem o parlamentar a prerrogativa de fazer instaurar, perante a Justiça Eleitoral, procedimento em cujo âmbito possa demonstrar a ocorrência de uma destas exceções justificadoras à perda do mandato.

[717] O STF ratificou o posicionamento do TSE nos MS 26.602, 26.603 e 26.604, reconhecendo o direito do partido político e das coligações ao mandato eletivo e da possibilidade de reivindicação dos cargos após a edição da Res. TSE 22.610/2007. Ao relatar o MS 26.603-1, o Min. Celso de Mello asseverou: "O reconhecimento de que a organização partidária extrai a sua primazia, enquanto centro do sistema político, do regime representativo proporcional, cuja matriz constitucional encontra o seu próprio fundamento no art. 45 da Constituição da República. O tema suscitado na presente causa, portanto, deve ser examinado sob uma dupla perspectiva – (a) a da fidelidade do representante eleito ao partido político sob cuja legenda se elegeu e (b) a da fidelidade daquele que se elegeu aos cidadãos integrantes do corpo eleitoral –, de modo a se reconhecer que o ato de infidelidade, quer à agremiação partidária, quer,

argumentos contrários[718]), ao voto obrigatório, à corrupção[719] e à impunidade dos governantes[720] contribuem para a *crise da democracia representativa*, com desinteresse da população pela política e o enorme descrédito das instituições.

Ademais, a *cidadania social* não se conquista pela *estabilização da socialidade*, mas da *civilização da política*.[721] A corrupção e o *clientelismo* (i.e., práticas eleitoreiras, utilizadas por certos políticos, visando troca de favores entre o detentor do poder e o eleitor) trouxeram para a arena político-social a "crise de representação" da "política" e dos "políticos". Com efeito, o direito ao voto, a liberdade partidária, o mandato livre, o direito de acesso

sobretudo, aos eleitores, traduz um gesto de intolerável desrespeito à vontade soberana do povo, fraudado em suas justas expectativas e frustrado pela conduta desviante daquele que, pelo sufrágio popular e por intermédio da filiação a determinado partido, foi investido no alto desempenho do mandato eletivo".

[718] Malgrado tenha havido avanços, é possível também fazer críticas ao posicionamento adotado, pelos Tribunais Superiores, na questão da fidelidade partidária, uma vez que alterou as regras sem dar oportunidade para que os atingidos pudessem evitar a cassação dos mandatos, ferindo, destarte, a garantia da segurança jurídica, que protege a previsibilidade das condutas, a estabilidade das relações jurídicas e tutela a confiança no ordenamento jurídico. No entanto, as Res. TSE 22.610/2007 e 22.733/2008 foram declaradas constitucionais, pelo STF, asseverando que tais resoluções surgiram em contexto excepcional e transitório, para salvaguardar a observância da fidelidade partidária, enquanto o Poder Legislativo, a quem cabe resolver as tensões típicas da matéria, não se pronunciar. Cf. STF, ADIn 3.999-DF, Tribunal Pleno, rel. Min. Joaquim Barbosa, j. 12.11.2008, *DJe* 071, div. 16.04.2009, pub. 17.04.2009.

[719] A ampliação dos serviços públicos, a partir do Estado de Bem-Estar Social, decorrente da concessão de direitos fundamentais sociais, econômicos e culturais, exigiu maiores quantias de dinheiro público, para a contratação de funcionários públicos, empresas e serviços terceirizados. A realização de concursos públicos, licitações e contratações criou maiores condições para a promiscuidade entre o poder econômico e o poder político. Tal promiscuidade foi pontecializada pelo afrouxamento das referências éticas no exercício do poder político, aliadado com as deficiências do controle do poder, por parte dos cidadãos. Cf. Boaventura de Souza Santos, Maria Manuel Leitão Marques e João Pedroso. *Os Tribunais*...cit, p. 8.

[720] O STF, na Arguição de Preceito Fundamental 144 (rel. Min. Celso de Mello), julgada em 06.08.2008, considerou que o art. 14, § 9.º, da CF/1988 não é autoaplicável, não podendo o Judiciário substituir-se ao legislador para definir os casos em que a *vida pregressa* do candidato possa implicar *inelegibilidade*. Afirmou que a Justiça Eleitoral não pode usurpar poderes constitucionalmente reconhecidos ao Legislativo, para, de maneira abusiva, transgredir os postulados da não culpabilidade, da divisão funcional dos poderes e da proporcionalidade. Concluiu que somente se tornariam inelegíveis os candidatos cujas ações civis de improbidade administrativa ou penais estivessem transitadas em julgado. Cf. *Informativo STF*, vol. 514, 1.º a 08.08.2008.

[721] Cf. José Joaquim Gomes Canotilho. O tom e o dom...cit., p. 122.

aos cargos políticos, a igualdade de tratamento tributário pouco significam em uma sociedade marcada pelo tráfego de influências, pelo clientelismo e pela corrupção.[722]

4.1.4 Crise da democracia representativa, revitalização dos partidos políticos e desenvolvimento da democracia brasileira

A democracia brasileira não pode prescindir da atuação dos partidos políticos como instâncias de representação do pensamento social, sob pena de cair na crença de que indivíduos possam, isolados, resolver as questões de interesse público. [723]Nenhum político consegue sozinho solucionar os problemas sociais, jurídicos, políticos, culturais e/ou econômicos existentes no Brasil.

Nesse contexto, quatro aspectos precisam ser ressaltados[724]. Em primeiro lugar, cabem aos partidos políticos, ao congregar pessoas com diferentes experiências, preparo e atuação, identificar os anseios sociais e promover a sua defesa. Outra importante função dos partidos políticos é desenvolver políticas e programas governamentais para solucionar os problemas enfrentados pela atividade política (que envolvem aspectos econômicos, culturais, estruturais etc., em diversas áreas como a da saúde, educação, segurança pública, previdência social, moradia, dentre outras). Assim, um candidato a um cargo público deve trazer ao debate eleitoral as soluções, pensadas pelos integrantes de seu partido politico, para as diversas demandas sociais. Também é atribuição dos partidos políticos selecionar as pessoas mais preparadas para defender os interesses públicos e buscar solucioná-los conforme as políticas e programas governamentais elaborados por essas agremiações. Isso porque o Direito Brasileiro não admite *candidaturas avulsas*, isto é, que o candidato não esteja filiado a um partido (art. 14, § 3º, inc. V, CF), com exceção dos militares, enquanto em serviço ativo (arts. 14, § 8º e 142, § 3º, CF). Além disso, devem os partidos políticos, em especial os que fazem oposição, fiscalizar, fazer críticas e apresentar alternativas aos posicionamentos sustentados pelo governo.

[722] Idem, ibidem.

[723] Cf. Eduardo Cambi e Priscila Sutil de Oliveira. Crise da democracia representativa e revitalização dos partidos políticos no Brasil. p. 39-67.

[724] Cf. Márlon Reis. *O gigante acordado*. p. 118-120.

Porém, tem-se que destacar que a sociedade brasileira não possui uma cultura de reconhecimento da importância dos partidos políticos. A explicação para esse fenômeno decorre da própria experiência democrática brasileira, em que a grande maioria dessas agremiações não cumpre, adequadamente, com as suas funções. O funcionamento dos partidos políticos, no Brasil, é marcada pelo caciquismo, pelo individualismo e pelo clientelismo.[725]

Os partidos políticos brasileiros, em regra, não são, internamente, democráticos. Muitos são tratados como verdadeiras propriedades privadas de seus dirigentes que fazem prevalecer os seus próprios interesses, de cima para baixo, ao invés de disseminar os programas partidários.[726] Em razão dessa característica, predomina o individualismo, que faz com que pessoas ou grupos acabem por buscar satisfazer os seus próprios anseios, ao invés do partido político funcionar para buscar soluções consensuais para as demandas sociais.

Outra falha dos partidos políticos é o clientelismo, isto é, a atuação política é pautada pelos interesses daqueles que os financiam e deles cobram a proteção de seus interesses. Tal prática torna a ação dessas agremiações um negócio, não instituições vinculadas a seus programas e, por isso, enfraquecidas, em razão da pouca identificação com propostas para alterar os problemas das cidades, Estados ou país, nem, tampouco, a promoção dos interesses da sociedade.

O atual modelo de financiamento de campanhas eleitorais estabelece uma relação mercantil entre as empresas que financiam e os políticos que recebem o dinheiro para suas campanhas.[727] Como a maior parte dessas campanhas é financiada por empreiteiras, bancos e a indústria da minera-

725 Idem, p. 120-125.

726 *"A realidade crua é que nenhuma liderança vai dar sua benção a nenhum candidato porque está alinhado com suas propostas ou sua ideologia. Isso é teatrinho para aparecer nos jornais e – no caso de alguns partidos – satisfazer o baixo clero da militância voluntária que ainda possuem. No passado, já houve uma parte significativa da classe política que chegava ao mandato em virtude do seu prestígio e de outros valores mais nobres. Mas, hoje em dia, o número de políticos que têm uma liderança real é irrelevante. Hoje a liderança é a força do dinheiro. Para que a campanha seja vitoriosa, é preciso barganhar com várias lideranças de acordo com a sua influência como o real fator de transmissão de votos. É necessário reservar verbas menores ou maiores, calcular sabiamente a partilha dos recursos angariados. O negócio é matemática. Política é matemática, lembra?"* (Márlon Reis. *O nobre deputado....* p. 80-81).

727 Cf. Diogo Castro de Mattos e Eduardo Cambi. As influências políticas do financiamento privado nas campanhas eleitorais. p. 81-101.

ção, a tendência é que os políticos eleitos trabalhem para manter o *status quo* ou para ajudar que seus doadores obtenham benefícios com o poder público (na forma de licitações, contratos ou financiamentos)[728], não para fazer as reformas que o país precisa.

Os custos com as campanhas eleitorais no Brasil têm aumentado a cada eleição. Para as eleições presidenciáveis de 2014, Dilma Rousseff e Aécio Neves estimam gastar R$ 588 milhões. Junto com os demais candidatos à presidência da República, o custo sobe para R$ 870 milhões. Em 2010, para a eleição em todos os cargos eletivos, gastou-se R$ 3,23 bilhões, o que representou um percentual onze vezes superior ao das eleições anteriores. Caso seja mantida essa proporção, os custos com a eleição de 2014 serão de R$ 9,7 bilhões, o que equivale ao pagamento do piso salarial de 100 mil professores por quatro anos.[729] Não há regime democrático quando o voto custa tão caro, os professores valem tão pouco e os candidatos precisam ser ricos ou se comprometerem com financiadores poderosos para se elegerem.[730] Nesse modelo, os eleitores têm menor importância para os partidos políticos e os candidatos eleitos que os doadores de campanha.[731]

Portanto, é indispensável uma reforma política para proibir o financiamento privado das campanhas políticas – situação que se desenha com o julgamento da ADI 4650 pelo STF – ou para limitar o valor das doações seja por pessoas físicas ou jurídicas ou, ainda, estabelecer um teto máximo para que cada candidato pudesse gastar (o que poderia ser facilitado, ainda mais, caso fosse adotado o sistema do voto distrital misto). Ainda, a prestação de contas deve ser simultânea aos gastos (*on line*) e os pagamentos feitos somente com cartões de crédito (para permitir o seu rastreamento). Tudo isso aliado a um rigoroso sancionamento dos valores não declarados (o chamado caixa dois), que, se descobertos, devem conduzir inclusive à inelegibilidade dos candidatos beneficiados.

Ademais, a ausência de maior valorização dos partidos políticos se dá, em parte, pela ignorância, de grande parcela da população, quanto à forma

[728] O Instituto Kelloggs, ligado à Universidade do Texas, apurou que no Brasil para cada real doado para campanha eleitoral o doador recebe um retorno de R$ 8,50 em contratos públicos, isto é, 850% do investimento. Com efeito, o financiamento privado é compensado com lucros vultuosos provenientes de recursos públicos. Cfr. REIS, Márlon. *O gigante acordado*. Cit., p. 161.

[729] Cf. Cristovam Buarque. Custo da bagunça. 02.

[730] Idem. Ibidem.

[731] REIS, Márlon. *O gigante acordado*. Cit., p. 153.

de eleição de seus representantes. Quando se desconhece os sistemas majoritário e proporcional, pouca atenção o eleitor dá aos partidos políticos ou às coligações. Nem sempre o candidato mais votado é o eleito, daí a razão de se entender porque os partidos se coligam e quais são as suas vantagens, como alcançar maior tempo no horário gratuito de propaganda e recursos dos fundos partidários.

O eleitor precisa saber que o sistema majoritário quem tem mais votos é o eleito. Esse sistema vale para a escolha dos chefes do Poder Executivo – que precisam, em geral, de 50% dos votos mais um, para se elegerem (com exceção dos prefeitos municipais com menos de 200 mil eleitores que, mesmo não atingindo esse montante de votos, não se sujeitam ao segundo turno), mas também os Senadores, os quais também se elegem ainda que não obtenham a maioria absoluta dos votos (50% mais um).

Por outro lado, o sistema proporcional é bem diferente do modelo majoritário, pois o candidato mais votado nem sempre é o eleito. A eleição para os cargos de vereadores, deputados estaduais e deputados federais segue a regra deste sistema. Assim, ao votar no candidato, o eleitor também vota no partido político ou na coligação. Ou seja, o voto conta para ambos. Isso significa que cada partido obtém o número de cadeiras proporcional à soma do número de votos obtidos na legenda e por todos os seus candidatos. Para se saber quantas vagas cada partido ou coligação tem direito, são necessários dois cálculos: quociente eleitoral (art. 106 do Código Eleitoral) e quociente partidário (art. 107 do Código Eleitoral). O primeiro é o resultado do total de votos válidos (excluídos os brancos e nulos), dividido pelo número de lugares a serem preenchidos na Casa Legislativa. Já o segundo consiste na divisão do número de votos válidos (por partido ou coligação) pelo quociente eleitoral. Assim, se o partido ou coligação "Y" conseguir três vezes o número de votos necessários para um cargo, por exemplo, poderá eleger três representantes para esse cargo.

O sistema proporcional também produz um fenômeno chamado de "puxador de candidatos" na representação política brasileira. Por exemplo, o candidato Tiririca disputou as eleições de 2010 para deputado federal pelo Estado de São Paulo. Ele era um artista popularmente conhecido e obteve a maior votação daquela eleição, sendo chamado de "supercandidato". Naquela eleição de 2010, foram contabilizados 21.315.000 votos válidos para deputado federal. Os candidatos de São Paulo disputavam 70 cadeiras legislativas. Pelo cálculo do quociente eleitoral, para conquistar uma cadeira, o partido precisava de 304.500 votos. O Tiririca obteve, sozinho, 1.353.820 votos. Com essa expressiva votação, ele conseguiu 4 cadeiras na Câmara dos Deputados, puxando outros candidatos do seu partido para a lista dos eleitos.

Com efeito, a compreensão dos sistemas majoritário e proporcional serve para ilustrar como o eleitor deve ser esclarecido e estar atento aos partidos políticos e as suas coligações.

No entanto, essas explicações não são acessíveis a grande parte do eleitorado. Além disso, esse sistema eleitoral é complexo, de difícil entendimento pelos eleitores (mesmo os com maiores níveis de educação), permite que se vote em um candidato e outro seja o eleito e, o que é pior, empobrece o nível das campanhas eleitorais, porque os candidatos dão pouca importância aos programas de seu partido.

Ao apresentarem propostas pessoais, sem maior rigor na difusão dos programas partidários, os candidatos ajudam a fortalecer o culto ao individualismo/personalismo político. Tal fenômeno diminui a relevância dos partidos políticos e reforça os políticos clientelistas, que compram votos, negociam e vinculam a sua atuação aos financiadores de suas campanhas, e deixam de representar os interesses públicos.

O projeto de iniciativa popular Eleições Limpas[732] - coordenado por diversas instituições, entre as quais o Movimento Contra a Corrupção Eleitoral, o mesmo que ajudou a reunir assinaturas para a Lei da Ficha Limpa (Lei Complementar nº 135/2010) – foi construído para aumentar a relevância dos partidos políticos nas eleições e sugere, como parte da Reforma Política, a adoção do *voto transparente*.[733] Todavia, antes de serem reunidas as assinaturas necessárias para o projeto ser apresentado como sendo de iniciativa popular, tal iniciativa legislativa foi apresentada, por alguns Deputados Federais, e tramita na Câmara dos Deputados como Projeto de Lei 6.114/2013.

Nesse modelo inovador, as eleições para a escolha dos representantes do Poder Legislativo serão em dois turnos. No primeiro turno, o eleitor votará, tão somente, no partido político ou na coligação de sua preferência. A escolha do eleitor deverá ser baseada nos programas partidários, isto é, no conjunto de propostas para transformação da realidade social.

[732] Para conhecer melhor o projeto de inciativa popular, bem como participar da campanha, visite o sítio: www.eleicoeslimpas.org.br.

[733] Cf. Márlon Reis. *O gigante acordado*. p. 107-109.

Assim, ficarão definidas quantas vagas cada partido ou coligação terá no Parlamento. Concorrem ao segundo turno, os candidatos escolhidos, nas convenções partidárias, pelo voto de todos os filiados, em eleições primárias, em número correspondente ao dobro das cadeiras conseguidas pelo partido/coligação no primeiro turno.

O voto transparente fortalece os partidos políticos que são obrigados a se distinguirem pelos seus programas e evita o chamado "efeito Tiririca", porque os votos atribuídos a um candidato não poderão servir, como ocorre no modelo atual, para eleger nenhum outro.

Portanto, não deve ser minimizada a relevância dos partidos políticos para a evolução da democracia nacional. Entretanto, eles precisam ser revitalizados/democratizados para que seu papel seja reforçado tanto no âmbito interno – para dar voz e vez a que seus integrantes dialoguem, encontrem as melhores soluções para os problemas sociais ou possam estar mais bem preparados para o desempenho de um mandato – quanto na competição eleitoral.

Para que os partidos se tornem legítimas instituições democráticas capazes de captar, potencializar e defender os interesses sociais, devem atuar mais próximo das comunidades, auscultando os diversos movimentos populares e construir programas políticos de baixo para cima, a começar por buscar resolver os problemas mais frequentes dos Municípios, depois dos Estados até chegar na União. Assim, no Congresso Nacional, o partido poderia melhor representar seus eleitores, ao tentar fazer valer o programa partidário construído em todas as esferas federativas.

Consequentemente, os partidos políticos devem deixar mais claro quais são as suas propostas para melhorar a gestão pública, qual é o compromisso dos seus integrantes com tais propostas, quais são as melhores soluções para melhorar a qualidade dos gastos, dos serviços e das políticas públicas.[734]

[734] *"O quadro partidário também se exauriu. Os partidos políticos pouco significam do ponto de vista político-ideológico. Não representam, na prática, o que seus estatutos, programas e as próprias siglas pretendem expressar, gerando, assim, uma grande confusão a respeito da identidade dos diferentes partidos que, ideológica e politicamente, não mais se diferenciam (...). Quanto aos partidos, o problema não é, como se alega, o seu grande número. Mas, sim, a falta de uma definição clara de compromissos ideológicos e de projetos políticos que justifiquem a existência de cada um deles e que os diferenciem entre si"* (Luiza Erundina. É indispensável ampliar a democracia representativa. Idem. p. 109-110).

Como o eleitor não tem clareza sobre os programas partidários, acaba por escolher seus candidatos sem dar a devida ênfase à ideologia e aos compromissos políticos que deveriam vincular os pretendentes aos cargos públicos e suas agremiações políticas. Aliás, a falta de programas partidários enfáticos e coerentes explica porque quase 70% população brasileira não se vê representada por nenhum partido político. Outra pesquisa também revelou que a preferência partidária diminuiu no país, tendo ocorrido uma redução de 15% (de 48% em 2002, caiu para 33% em 2006) em relação à preferência dos eleitores aos partidos políticos[735].

Consequência disso é a diminuição da importância social dos partidos e a maior ênfase ao individualismo/personalismo político. Por exemplo, a associação entre Lula e Partido dos Trabalhadores é quase praticamente inseparável, sendo que, segundo pesquisas, parcela significativa do eleitorado vota no PT em razão do Lula. Tal fato ficou evidenciado na eleição de 2010, momento em que Dilma Rousseff, apoiada por Luiz Inácio Lula da Silva, venceu com facilidade as eleições, o que caracteriza o denominado "efeito lulismo".[736] Logo, embora parcela da popularidade do PT ainda esteja associada a um partido de massa, tal imagem foi construída no passado e está baseada nos movimentos sindicais e sociais do final dos anos 80, e depois no *impeachment* do Presidente Collor no início nos anos 90, que o colocaram como um partido de esquerda e de oposição, que buscava combater à corrupção e mais ética na política.[737] Porém, o crescimento do PT e o desgaste administrativo, em razão de estar no governo federal desde 2002 e terem surgido inúmeros escândalos de corrupção, em especial os Casos do Mensalão e do Petrolão (tendo como referência uma das maiores empresas de petróleo do mundo, a Petrobrás), fizeram com que, mesmo o partido com maior apelo social, caísse na desconfiança popular, o que, de novo, reforça o individualismo/personalismo político.

Enquanto não houver reformas políticas, inclusive para diminuir o número de partidos políticos existentes – já que muitos funcionam como siglas de aluguel - e os partidos não se democratizam internamente, é pre-

[735] Cf. Denise Paiva, Maria do Socorro S. Braga e Jairo T. Pires Pimentel Jr. Eleitorado e partidos políticos no Brasil. p. 388.

[736] Cf. Lúcio Rennó e Andrea Cabello. As bases do Lulismo: a volta do personalismo, realinhamento ideológico ou não alinhamento? p. 39- 60.

[737] Cf. Maria do Socorro S. Braga e Jairo T. Pires Pimentel Júnior. Os partidos políticos brasileiros realmente não importam?. p. 271-303.

ciso explicar que os partidos políticos e as coligações têm força na definição dos representantes, devendo o eleitor ficar atento a ideologia e aos projetos políticos dessas agremiações. Isso ajudará a distinguir as coligações vazias, preocupadas em simplesmente alcançar ou permanecer no poder, daquelas que têm maior compromisso com as mudanças sociais. O estado atual da legislação eleitoral reforça ainda a tese de que, mesmo nas eleições para o Executivo, como não se admitem candidaturas avulsas, o partido ou a coligação do vencedor precisará governar com os seus quadros políticos e ter projetos consistentes, para mudar a realidade social.

Portanto, evidenciar a crise da lei, como não-expressão da vontade geral, e da democracia representativa, enquanto ausência de identificação do eleitor com os partidos políticos e os representantes eleitos pelo povo, deve servir para aperfeiçoar tais mecanismos, a fim de que possam ser, efetivamente, democráticos. Dizer que a lei não é expressão de todo direito e que, não raro, não traduz a vontade geral não significa desprezá-la. A lei pode e deve ser importante instrumento de promoção dos direitos fundamentais. Lembre-se que, em Atenas, a lei escrita foi o grande antídoto contra o arbítrio governamental, tendo Eurípedes escrito na peça *Os Suplicantes* (versos 434-437): "Uma vez escritas as leis, o fraco e o rico gozam de um direito igual; o fraco pode responder ao insulto do forte, e o pequeno, caso esteja com a razão, vencer o grande".[738] Logo, o problema não está na lei, mas na manipulação ideológica do conceito de lei, quando utilizado para promover totalitarismos e suprimir ou reduzir direitos fundamentais.

Do mesmo modo, não se ignora que os Parlamentos são espaços públicos institucionais para expressão dos interesses da maioria e da minoria. Não se quer suprimir a democracia representativa, mas aperfeiçoá-la, pela conjugação com outros mecanismos de democracia participativa.

4.1.5 *Democracia e direitos fundamentais*

A qualidade racional da legislação não está apenas ligada à atividade do Parlamento. Depende da maneira como se exerce a cidadania, do grau de informação e de compreensão das questões políticas e, especialmente, da participação

[738] Cf. Fábio Konder Comparato. *Afirmação histórica*...cit., p. 13.

efetiva na vida pública, onde se destaca o papel das organizações sociais e da imprensa.[739]

O funcionamento do regime democrático tem relação imediata com o grau de informação do povo. A liberdade de expressão e de manifestação, especialmente pela atuação independente dos meios de comunicação, contribui para a formação da opinião pública, evitando demagogias e a manipulação dos governados. A imprensa livre e independente assegura as condições para o exercício da liberdade de expressão e para o controle social das ações do poder público.

Vale destacar que o STF, em 30.04.2009, julgou procedente pedido formulado na Arguição de Preceito Fundamental (ADPF) 130, para o efeito de declarar não recepcionada pela Constituição Federal de 1988 a Lei Federal 5.250/1967, denominada Lei de Imprensa. A ação fora ajuizada pelo Partido Democrático Brasileiro (PDT), sustentando que a lei seria incompatível com a Constituição Federal, especialmente com o art. 220, § 1.º ("Nenhuma lei conterá dispositivo que possa constituir embaraço à plena liberdade de informação jornalística em qualquer veículo de comunicação social, observado o disposto no art. 5.º, IV, V, X, XIII e XIV"). O argumento foi acolhido por maioria (7 dos 11 ministros). Os Min. Joaquim Barbosa, Ellen Gracie e Gilmar Mendes se procunciaram pela procedência parcial da ação, mantendo alguns dos dispositivos da Lei de Imprensa, notadamente aqueles concernentes ao direito de resposta e aos crimes. O Min. Marco Aurélio votou pelo não conhecimento da ADPF, considerando que não se comprovou o descumprimento de preceito fundamental. Prevaleceu o voto do Min. Carlos Britto, que entendeu que a liberdade de pensamento e a de expressão *lato sensu* não poderiam sofrer controle antecipado pela lei. A imprensa livre contribui para a realização dos princípios constitucionais da soberania e da cidadania, sendo fator de vitalização da Constituição, e devendo ser visualizada como "irmã siamesa" da democracia.[740]

[739] "La calidad racional de la legislación política no sólo depende de como trabajan en el Parlamento las mayorías elegidas y las minorías protegidas. Depende también del nível de participación y del nível de formación de los participantes, del grado de información y de la claridad con que en el seno de la opinión pública viene en general determinada por oportunidades efectivas que abra el espacio político con sus médios de comunicación y sus instituciones" (Jügen Habermas. *Cómo es posible*...cit., p. 44).

[740] Conforme extrato do voto do Min. Carlos Britto (publicado nos *Informativos* 541 e 544 do STF, Publicados entre os meses de março e maio de 2009), "a imprensa possibilitaria, por modo crítico incomparável, a revelação e o controle de praticamente todas as coisas respeitantes à

O povo, suficiente e corretamente informado, tem melhores condições de exercer seu papel de cidadão.

Também é importante destacar polêmica decisão do Superior Tribunal de Justiça.[741]

vida do Estado e da sociedade, ou seja, seria ela alternativa à explicação ou versão estatal de tudo que possa repercutir no seio da sociedade, o que significaria visualizá-la como garantido espaço de irrupção do pensamento crítico em qualquer situação ou contingência (...) a imprensa livre contribuiria para a realização dos mais elevados princípios constitucionais, como o da soberania e da cidadania, e que, pelo seu reconhecido condão de vitalizar por muitos modos a Constituição, manteria com a democracia a mais arraigada relação de mútua dependência ou retroalimentação. Por ser visualizada como verdadeira 'irmã siamesa' da democracia, a imprensa passaria a desfrutar de uma liberdade de atuação ainda maior que a liberdade de pensamento e de expressão dos indivíduos em si mesmos considerados, até porque essas duas categorias de liberdade individual também seriam tanto mais intensamente usufruídas quanto veiculadas pela própria imprensa. (...) § 1.º do art. 220 da CF/1988 iria mais longe ainda no seu decidido objetivo de prestigiar a cronologia posta como de compulsória observância, pois interditaria a própria opção estatal por dispositivo de lei que viesse a constituir embaraço à plena liberdade de informação jornalística em qualquer veículo de comunicação social. (...) a Lei de Imprensa foi concebida e promulgada num longo período autoritário, o qual compreendido entre 31.03.1964 e o início do ano de 1985 e conhecido como 'anos de chumbo' ou 'regime de exceção', regime esse patentemente inconciliável com os ares da democracia resgatada e proclamada na atual Carta Magna. Essa impossibilidade de conciliação, sobre ser do tipo material ou de substância, contaminaria grande parte, senão a totalidade, da Lei de Imprensa, quanto ao seu ardiloso ou subliminar entrelace de comandos, a serviço da lógica matreira de que para cada regra geral afirmativa da liberdade é aberto um leque de exceções que praticamente tudo desfaz".

741 REsp 1388994/SP, Rel. Ministra Nancy Andrighi, 3ª T., julgado em 19/09/2013, DJe 29/11/2013.] que afirmou que a concessão de tutela inibitória, em face de jornalista, para que cesse a postagem de matérias consideradas ofensivas, se mostra impossível, pois a crítica jornalística, pela sua relação de inerência com o interesse público, não pode ser aprioristicamente censurada. Logo, sopesados o risco de lesão ao patrimônio subjetivo individual do autor e a ameaça de censura à imprensa, o fiel da balança deve pender para o lado do direito à informação e à opinião. E, ainda que a repressão posterior não se mostre ideal para casos de ofensa moral, por ser incapaz de restabelecer por completo o status quo ante daquele que teve sua honra ou sua imagem violada, deve prevalecer a livre e plena circulação de ideias e notícias, assegurando-se, em contrapartida, o direito de resposta e todo um regime de responsabilidades civis e penais que, mesmo atuando após o fato consumado, têm condição de inibir abusos no exercício da liberdade de imprensa e de manifestação do pensamento. Portanto, ainda que existam evidências quanto a seguidos excessos no uso da liberdade de imprensa - a mitigação da regra que veda a censura prévia não se justifica. Nessas situações, cumpre ao Poder Judiciário agir com austeridade, assegurando o amplo direito de resposta e intensificando as indenizações caso a conduta se reitere, inclusive para desmotivar comportamentos futuros iguais ou semelhantes.

De qualquer forma, a informação é um direito humano, reconhecido por importantes organismos da comunidade internacional. Está previsto na Declaração Universal dos Direitos Humanos: *"Todo ser humano tem direito à liberdade de opinião e de expressão; este direito inclui a liberdade de, sem interferência, ter opiniões e de procurar, receber e transmitir informações e ideias por quaisquer meios e independentemente de fronteiras"* (art. 19). A Convenção das Nações Unidas contra a Corrupção também estabelece, nos artigos 10 e 13: *"Cada Estado-parte deverá (...) tomar as medidas necessárias para aumentar a transparência em sua administração pública (...) procedimentos ou regulamentos que permitam aos membros do público em geral obter (...) informações sobre a organização, funcionamento e processos decisórios de sua administração pública (...)"*. Por sua vez, a Declaração Interamericana de Princípios de Liberdade de Expressão também afirma: *"O acesso à informação mantida pelo Estado constitui um direito fundamental de todo indivíduo. Os Estados têm obrigações de garantir o pleno exercício desse direito"* (item 4). Além disso, o Pacto Internacional dos Direitos Civis e Políticos assevera: *"Toda pessoa terá direito à liberdade de expressão; esse direito incluirá a liberdade de procurar, receber e difundir informações e ideias de qualquer natureza (...)"* (art. 19).

No Brasil, o artigo 5º, inc. XXXIII, da Constituição Federal expressa, entre os direitos fundamentais, que *"todos têm direito a receber dos órgãos públicos informações de seu interesse particular, ou de interesse coletivo ou geral, que serão prestadas no prazo da lei, sob pena de responsabilidade, ressalvadas aquelas cujo sigilo seja imprescindível à segurança da sociedade e do Estado"*. O artigo 37, § 3º, inc. II, da Constituição Federal também afirma que *"a lei disciplinará as formas de participação do usuário na administração pública direta e indireta, regulando especificamente (...) II – o acesso dos usuários a registros administrativos e a informações sobre atos de governo, observado o disposto no art. 5º, X e XXXIII"*. Ademais, o artigo 216, § 2º, da Constituição Federal atribui *"à administração pública, na forma da lei, a gestão da documentação governamental e as providências para franquear sua consulta a quantos dela necessitem"*. Os artigos 5º, inc. XXXIII, 37, § 3º, inc. II, e 216, § 2º, da Constituição Federal foram regulamentados pela Lei 12.257/2012, que ficou conhecida como Lei de Acesso à Informação. Tal lei regulamenta tanto a transparência ativa quanto a passiva. Aliás, o princípio da publicidade e o dever de transparência impõe que a Administração Pública assegure o direito de acesso à informação pública de forma ampla: tanto por iniciativa própria e de forma espontânea, ou independentemente de solicitação (*transparência ativa*), quanto pela divulgação das informações sob demanda em atendimento às solicitações da sociedade (*transparência passiva*).

A partir da cultura da transparência e do amplo acesso às informações, é possível o desenvolvimento de uma cidadania ativa e solidária, que torna possível o controle social do exercício do poder público. Nesse aspecto, pode-se ir além para afirmar que a *democracia representativa* não pode sobreviver sem a *democracia participativa*. Para Jürgen Habermas, a legitimidade das leis pressupõe a decisão racional sobre questões práticas; a democracia deve servir à orientação da produção do Direito e somente pode ser institucionalizada se assegurar a cada um igual participação no processo de normatização jurídica, mediante a garantia de pressupostos comunicativos (formação política racional da opinião e da vontade).[742]

O *status* de cidadão está determinado nos direitos de cidadania, de participação e de comunicação política. O modelo republicano pressupõe a formação política da opinião e da vontade.[743]

No modelo habermasiano, a legitimidade do sistema político não está, pois, baseado na decisão da maioria, mas nos argumentos fundados em consensos construídos mediante um diálogo ativo e mediante um diálogo/debate ativo no espaço público.[744]

A autonomia política, apoiada na teoria do discurso, defende que a produção de um direito legítimo implica a mobilização das *liberdades comunicativas* dos cidadãos, a qual teria aspectos *cognitivos* e *motivacionais*. As liberdades comunicativas, sob o aspecto cognitivo, permitem a formação racional da opinião e da vontade: o fluxo livre de temas e contribuições, informações e argumentos devem fundamentar a suposição de racionalidade para resultados obtidos conforme o procedimento correto.[745]

Os procedimentos não somente servem para a produção da decisão, mas para possibilitarem a participação democrática. Os procedimentos absorvem os protestos, legitimando o sistema político e o direito por ele pro-

[742] Cf. Jürgen Habermas, *Direito e democracia*... cit., vol. 1, p. 146.

[743] Cf. Marcos César Botelho. *A legitimidade da jurisdição constitucional no pensamento de Jürgen Habermas*. p. 158.

[744] Idem. p. 159.

[745] Cf. Jürgen Habermas, *Direito e democracia*..., p. 185-186.

duzido.[746] Cumprem o objetivo de *redução intersubjetiva da complexidade*,[747] constituindo uma manifestação da racionalidade das formas de exercício do poder.[748]

As convicções produzidas pelo discurso e compartilhadas intersubjetivamente possuem, também, uma *força motivadora*, isto é, o uso público de liberdades comunicativas, presente nos bons argumentos, é um *gerador de potenciais de poder*.[749] Nesse sentido, conforme o ensinamento de Hannah Arendt, o poder nasce da capacidade humana de agir ou de fazer algo, de se associar com outros e de agir em afinação com eles.[750]

Em outras palavras, o princípio do discurso teria, inicialmente, o sentido *cognitivo* de filtrar contribuições e temas, argumentos e informações, de tal modo que os resultados obtidos por este caminho, por pressuporem a aceitabilidade racional, implicariam um procedimento democrático capaz de fundamentar a legitimidade do direito.[751]

Além disso, o princípio do discurso teria o *sentido prático* de produzir relações de entendimento, desencadeando a força produtiva da liberdade comunicativa, nas esferas púbicas políticas e nos parlamentos, culminando com a *normatização discursiva do direito* e com a *formação comunicativa do poder*.[752]

[746] Cf. Cristina Queiroz. *Interpretação constitucional...* cit., p. 290.

[747] Cf. Niklas Luhmann. *Legitimação pelo procedimento*. p. 27.

[748] Cf. Vittorio Denti. *La giustizia civile. Lezione introduttive*, p. 151; Eduardo Cambi. *Direito Constitucional à prova no processo civil*. p. 29-32.

[749] Cf. Jürgen Habermas. *Direito e democracia...* cit., vol. 1, p. 186-187.

[750] *Apud* Jürgen Habermas. Idem, p. 187.

[751] Idem. p. 191.

[752] Nas palavras de Jürgen Habermas, "a organização do Estado de direito deve servir, em última instância, à auto-organização política autônoma de uma comunidade, a qual se constituiu, com o auxílio do sistema de direitos, como uma associação de membros livres e iguais do direito. As instituições do Estado de direito devem garantir um exercício efetivo da autonomia política de cidadãos socialmente autônomos para que o poder comunicativo de uma vontade formada racionalmente possa surgir, encontrar expressão em programas legais, circular em toda a sociedade através da aplicação racional, da implementação administrativa de programas legais e desenvolver sua força de integração social – através da estabilização de expectativas e da realização de fins coletivos. Ao organizar o Estado de direito, o sistema de direitos se diferencia numa ordem constitucional, na qual o *medium* do direito pode tornar-se eficiente como transformador e amplificador dos fracos impulsos sociais e integradores da corrente de um mundo de vida estruturado comunicativamente" (Idem, p. 220).

Para isso, deve ser destacada a iniciativa popular na produção legislativa. A descrença na democracia representativa deve ser sanada com o incentivo à maior participação popular a começar pela possibilidade do cidadão poder reformar à Constituição. Nesse sentido, é sugestiva a proposta de introdução do § 4.º ao art. 60 da CF/1988, permitindo que a Lei Fundamental seja emendada mediante proposta "de 1,5% do eleitorado nacional, distribuído por cinco Estados, com 0,3% dos eleitores de cada um deles".[753] Trata-se de consagrar o princípio da soberania popular, em país de modernidade tardia, tornando realidade, e não mera abstração, o poder do povo. A democracia direta e participativa é complementar à representativa, constituindo uma forma legítima de aperfeiçoamento das instituições, tendo como consequência o *reencontro* da nação como os representantes do povo, da sociedade com o Estado, da democracia com o governo e do cidadão com o administrador.[754]

Ademais, os direitos fundamentais sociais, para serem efetivados, dependem de *políticas públicas*.[755] No campo desses direitos, a *efetividade* não se apresenta como *condição ulterior* do direito, mas antes como *condição de existência do próprio* direito.[756] Não basta, pois, o reconhecimento formal dos direitos fundamentais; imprescindível existir meios para concretizá-los.[757] Os direitos fundamentais (sociais) são realizados a partir de um *conjunto de atividades* – denominado de *políticas públicas* – que devem ser realizados pela Administração Pública, para que os fins previstos na Constituição sejam cumpridos.[758] Em sentido amplo, o termo *políticas públicas* abrange a *coordenação* dos meios à disposição do Estado, para a harmonização das atividades estatais e privadas, nas quais se incluem a prestação de serviços e a atuação normativa, reguladora e de fomento, para a realização de objetivos politicamente determinados e socialmente relevantes.[759] Enfim, políticas públicas são *metas políticas conscientes* ou *programas de ação governamental*, voltados à coordenação dos meios à disposição do Estado e

[753] Cf. Paulo Bonavides. Emenda à Constituição por iniciativa popular. p. 16.
[754] Idem, p. 16-17.
[755] Cf. José Joaquim Gomes Canotilho. *Tribunal constitucional... cit.*
[756] Cf. Cristina Queiroz. *O princípio...* cit., p. 66.
[757] Cf. Américo Bedê Freire Junior. *Controle judicial de políticas públicas*. p. 48.
[758] Cf. Ana Paula de Barcellos. Neoconstitucionalismo... cit., p. 11.
[759] Cf. Ana Paula de Barcellos. Constitucionalização... cit., p. 112.

das atividades privadas, com a finalidade de realizar objetivos socialmente relevantes e politicamente determinados.[760]

A democracia participativa pode ser exercida na formulação de políticas públicas. A propósito, ganham importância os *órgãos legislativos anômalos*, como os Conselhos Municipais dos Direitos da Criança e do Adolescente (art. 88, II, da Lei 8.069/1990) e o Conselho Nacional dos Direitos da Criança e do Adolescente (Lei 8.242/1991), o Conselho Nacional dos Direitos do Idoso (art. 2.º, VII, do Dec. 5.109/2004), o Conselho Nacional de Assistência Social (arts. 17 e 18 da Lei 8.742/1993), o Conselho Nacional de Educação (art. 1.º da Lei 9.131/1995) e de Saúde (art. 1.º, § 2.º, da Lei 8.142/1990).[761]

Por exemplo, pela Res. 119, de 11.12.2006, o Conselho Nacional dos Direitos da Criança e do Adolescente aprovou o SINASE (Sistema de Atendimento Socioeducativo), conjunto de políticas públicas e sociais destinadas à inclusão do adolescente em conflito com a lei. Nesse sentido, dentre as deliberações da VII Conferência Nacional dos Direitos da Criança e do Adolescente, realizada em Brasília, entre os dias 03 e 06.12.2007, encontra-se a de "garantir recursos para a implementação e reordenamento físico e pedagógico do atendimento socioeducativo em regime de semiliberdade com base nos princípios e diretrizes do SINASE, garantindo equipes multidisciplinares". Em 2012, foi aprovada a Lei 12.594 que instituiu o SINASE e regulamentou a execução de medidas destinadas a adolescentes que pratiquem atos infracionais. Aliás, essa lei previu os entes responsáveis pelos programas de atendimento e prazos para o seu funcionamento, sob pena de interdição do programa e caracterização de ato de improbidade administrativa do agente responsável (art. 85).

Compete aos Conselhos Gestores, com o apoio do Ministério Público[762] e da sociedade civil, deliberar sobre os programas e ações a serem observados, fazendo incluir proposta orçamentária para a execução das políticas públicas.[763] Na medida do possível, é desejável que as leis orçamentárias

[760] Cf. Maria Paula Dallari Bucci. *Direito administrativo e políticas públicas*. p. 241.

[761] Cf. Márcio Soares Berclaz. *A dimensão político-jurídica dos Conselhos Sociais no Brasil*.

[762] Verificar o item 5.7.16, *infra*.

[763] Neste contexto, são elogiáveis a IN 36/2009 e a Res. 14/2009 do Tribunal de Contas do Estado do Paraná, que dispõem sobre a adoção de mecanismos na elaboração e execução orçamentária da Administração Municipal, para atendimento do princípio da absoluta prioridade à criança e ao adolescente (art. 227 da CF/1988).

indiquem de forma clara e objetiva os recursos a serem utilizados no cumprimento das políticas públicas, evitando a previsão de rubricas genéricas que tornam a realização dos programas e das ações inerentes a tais políticas mais difícil de ser realizada, inclusive pelo remanejamento de verbas orçamentárias. Após formuladas as políticas públicas, devem os Conselhos acompanhar a sua execução e a sua avaliação.

Frustrada a efetivação dos direitos fundamentais, deve buscar o Ministério Público a concretização de tais políticas pelos mecanismos extraprocessuais informais (solicitações mediante ofícios) ou formais (a recomendação e o termo de ajustamento de conduta), bem como pelo ajuizamento de ações judiciais.

O Estatuto da Cidade (Lei 10.257/2001) também regulamentou, exaustivamente, a questão da democracia participativa, prevendo já em seu art. 2.º, II, entre as diretrizes gerais da política urbana, a *gestão democrática* por meio da participação da população e de associações representativas dos vários segmentos da comunidade na formulação, execução e acompanhamento de planos, programas e projetos de desenvolvimento urbano. Na gestão democrática da cidade, podem ser utilizados, dentre outros, os seguintes instrumentos (art. 43): a) órgãos colegiados de política urbana, nos níveis nacional, estadual e municipal; b) debates, audiências e consultas públicas; c) conferências sobre assuntos de interesse urbano, nos níveis nacional, estadual e municipal; d) iniciativa popular de projeto de lei e de planos, programas e projetos de desenvolvimento urbano. Quanto à *gestão orçamentária participativa* (arts. 4.º, III, *f*, e 44), devem ser incluídas a realização de debates, audiências e consultas públicas sobre as propostas do plano plurianual, da lei de diretrizes orçamentárias e do orçamento anual, como condição obrigatória para sua aprovação pela Câmara Municipal. Ainda, prevê o art. 45 que os organismos gestores das regiões metropolitanas e aglomerações urbanas incluirão obrigatória e significativa participação da população e de associações representativas dos vários segmentos da comunidade, de modo a garantir o controle direto de suas atividades e o pleno exercício da cidadania.

Também é importante destacar a necessidade de *transparência da gestão fiscal*. Deve se dar ampla divulgação, inclusive em meios eletrônicos de acesso ao público, de todos os instrumentos da gestão fiscal: aos planos, orçamentos e leis de diretrizes orçamentárias; às prestações de contas e ao respectivo parecer prévio; ao Relatório Resumido da Execução Orçamentária e ao Relatório de Gestão Fiscal; e às versões simplificadas desses documentos (art. 48 da LC 101/2000, com redação dada pela LC 131/2009). Essa transparência deve ser realizada: a) pelo incentivo à participação popular e realização de audiências públicas, durante os processos de elaboração e discussão dos planos, lei de diretrizes orçamentárias e orçamentos; b) pela liberação ao pleno conhecimento e acompanhamento da sociedade, em tempo real, de informações pormenorizadas sobre a execução orçamentária e financeira, em meios eletrônicos de acesso público; c) pela adoção de sistema integrado de administração financeira e controle, que atenda a padrão mínimo de qualidade estabelecido pelo Poder Executivo da União. Vale ressaltar, ainda, que qualquer cidadão, partido político, associação ou sindicato é parte legítima para denunciar ao respectivo Tribunal de Contas e ao órgão competente do Ministério Público o descumprimento das prescrições estabelecidas na Lei de Responsabilidade Fiscal (art. 73-A da LC 101/2000).

As decisões dos Conselhos, aliadas a outros mecanismos de democratização (como a *gestão orçamentária participativa*, a transparência na gestão fiscal e as audiências públicas), vinculam a Administração Pública, sendo importante mecanismo de *descentralização administrativa*, obrigando o Poder Executivo a incluir na lei orçamentária anual as verbas necessárias ao atendimento do programa proposto, com a indicação de receita.[764]

Portanto, a atuação destes Conselhos na formulação de políticas públicas permite, na recusa de cumprimento das suas deliberações, o controle judicial das atividades administrativas. Por isso, é importante que a atuação do Conselho se dê de maneira independente do Poder Executivo.

Ademais, em respostas às manifestações populares de junho de 2013, durante a realização da Copa das Confederações da FIFA, o Governo Federal editou o Decreto nº 8.243, de 23 de maio de 2014, que institui a política nacional de participação social, para articular os mecanismos e as instâncias democráticas de diálogo e atuação conjunta entre a Administração Pública Federal e a sociedade civil. O artigo 6º desse Decreto estabelece nove instâncias e mecanismos de participação social, sem prejuízo da criação e do reconhecimento de outras formas de diálogo, a saber: i) conselho de políticas públicas; ii) comissão de políticas públicas; iii) conferência

[764] Cf. STJ, REsp 493.811-SP, 2.ª T., j. 11.11.2003, rel. Min. Eliana Calmon, *DJU* 15.03.2004, p. 236.

nacional; iv) ouvidoria pública federal; v) mesa de diálogo; vi) fórum interconselhos; vii) audiência pública; viii) consulta pública; ix) ambiente virtual de participação social.

Assim, como a democracia representativa é incompleta, e os representantes não raro não defendem os interesses públicos, para o aperfeiçoamento da democracia brasileira, é indispensável incentivar outros mecanismos e as instâncias democráticas de diálogo e atuação conjunta entre a Administração Pública e a sociedade civil.

Todavia, não se pode criar a ilusão de que a democracia participativa é a panaceia para todos os males da democracia. A opinião pública pode ser manipulada pelos detentores do poder e, a pretexto de maior democracia, tem-se a supressão de outros importantes *espaços públicos institucionais*, como o Parlamento, onde se expressam e se chocam os interesses da maioria e da minoria. Os mecanismos de democracia participativa devem servir para aperfeiçoar a democracia representativa, e vice-versa.

O Estado, para ser considerado Democrático de Direito, deve não só cumprir as formalidades de representação popular na escolha do administrador público ou na formação do Poder Legislativo, como criar conselhos comunitários que não tenham voz ativa ou sejam manipulados pelos detentores do poder (democracia em sentido formal), sendo fundamental, para a existência da democracia, saber se o exercício do poder respeita e efetiva os direitos fundamentais (democracia em sentido substancial).[765]

Não é suficiente identificar quem exerce o poder (ou a função estatal), mais importante é como tal poder deve ser exercido em prol da efetivação dos direitos fundamentais. Se assim não fosse, o detentor do mandato, por ter sido escolhido pelo povo, poderia fazer o que bem entendesse, estando a força política acima da Constituição.

Por outro lado, o conceito de cidadania não se resume ao exercício do direito ao voto, não podendo o grau de desenvolvimento democrático de um país ser medido pelo número de pessoas que votam, mas com relação ao efetivo respeito aos direitos fundamentais de todas as pessoas, mesmo aquelas que não exercem o direito ao voto.

Consequentemente, não há efetiva democracia sem a observância e a concretização dos direitos fundamentais, não podendo a atuação parlamentar ou do governante estar em desacordo com a Lei Fundamental.

[765] Cf. Norberto Bobbio. *Dicionário de*...cit., vol. 1, p. 319-329; Cláudia Derani. Op. cit., p. 62.

4.1.6 Desneutralização política do Judiciário

O princípio da separação dos poderes não é um fim em si mesmo. Somente tem sentido se funcionar como instrumento de proteção dos direitos fundamentais e, destarte, não pode ser invocado contra o objetivo de tutela desses direitos.[766]

Se a Constituição está acima de todas as funções estatais e cabe ao Judiciário assegurar a realização dos direitos fundamentais, ainda que possam surgir zonas de tensões, não se pode reservar aos juízes o papel de *mero carimbador* das decisões políticas tomadas pelo Legislativo e/ou pelo Executivo.[767]

A *mudança de significado* na concepção dos direitos fundamentais abriu um novo *processo de diálogo e cooperação*, entre os três poderes do governo, quanto à determinação do significado objetivo do texto constitucional.

O Estado Liberal tinha como objetivo *neutralizar* o Poder Judiciário frente aos demais poderes. Fundado na teoria clássica da separação dos poderes, o Legislativo exercia o protagonismo na atuação política, procurando-se separar a Política do Direito. Essa neutralização política do Judiciário decorria do princípio da legalidade, da impossibilidade de se julgar *contra legem* e da aplicação do Direito mediante a subsunção lógica dos fatos às normas, em um quadro jurídico-político pré-constituído e desprovido de referências sociais, éticas ou políticas.[768]

A *desneutralização política* do Judiciário é uma consequência das alterações resultantes do advento do Estado Social e da complexa sociedade tecnológica, surgida a partir de meados do século XX. A consagração de direitos fundamentais sociais, econômicos e culturais, nas Constituições contemporâneas, gerou, nas últimas décadas, uma *explosão de litigiosidade*, trazendo ao Judiciário ações individuais e coletivas voltadas a efetivação desses direitos constitucionais. O desempenho judiciário passou a ter maior relevância social e suas decisões se tornaram objeto de controvérsias públicas e políticas. O Poder Judiciário está constitucionalmente vinculado à efetivação dos direitos fundamentais e, por isso, à política estatal.

[766] Cf. Cláudio Ari Mello. Os direitos fundamentais e a teoria discursiva do direito. p. 274.

[767] Cf. Américo Bedê Freire Júnior. Op. cit., p. 42.

[768] Cf. Boaventura de Souza Santos, Maria Manuel Leitão Marques e João Pedroso. Os Tribunais...cit, p. 3.

Na sociedade tecnológica, modificaram-se os sentidos dos controles políticos e sociais, os quais deixaram de voltar-se, primordialmente, para o passado, para ocupar-se, basicamente, do futuro. Na civilização tecnológica, impera os valores da eficiência dos resultados e da probabilidade de sua consecução, fazendo com que o Judiciário passe a fazer *avaliações prospectivas* no sentido de viabilizar o direito para o futuro.[769]

Nesse sentido, o Estado Social alterou profundamente a relação entre Estado e sociedade. Enquanto o Estado Liberal apenas protegia as liberdades negativas, de cunho eminentemente individual, o que era coerente com a neutralização política do Judiciário, o Estado Social trabalha com as liberdades positivas. Com isso, passa-se a exigir do poder público condutas positivas (obrigações de fazer), no sentido de prestar *ações materiais* voltadas à efetivação de direitos de proteção ou de prestação.

Cabe ao Estado não apenas impedir, mas, principalmente, empenhar-se em promover a justiça constitucional. Os princípios de justiça, previstos na Constituição, são objetivos que devem ser perseguidos pelo poder público, formando não um quadro estático, voltado ao passado, mas dinâmico e aberto ao futuro.[770]

A tutela dos direitos fundamentais sociais não se contenta com o reconhecimento apenas normativo, formal, dependendo de ações positivas, visando a sua implementação.[771]

Sempre que os demais poderes comprometerem a integridade e a eficácia dos fins do Estado, impedindo a concretização de direitos fundamentais, o Judiciário tem a função de controlá-los.[772]

769 Cf. Tércio Sampaio Ferraz Júnior. Op. cit., p. 404-5; David Ordónez Solís. *Juízes, derecho y política. Los poderes del juez en uma sociedad democrática.*

770 Cf. Gustavo Zagrebelsky. *El derecho*...cit, p. 93.

771 Cf. Leonardo A. Gonçalves. *Direitos sociais: cidadania, política e justiça.*

772 Cf. Ada Pellegrini Grinover. O controle de políticas públicas pelo Poder Judiciário. p. 13. Tal orientação também é adotada pelos Tribunais Superiores, valendo-se destacar no STF (*v.g.*, ADPF 45, AI 708.667 e RE 595.595) e no STJ (*v.g.*, REsp. 575.995-MG, REsp. 429.570-GO, REsp. 1.367.549-MG, AgRg no REsp. 1.107.511-RS, ROMS 27.686-ES e REsp. 1.488.639-SE). A propósito disso, salienta-se ainda o seguinte julgado: "Não podem os direitos sociais ficar condicionados à boa vontade do Administrador, sendo de suma importância que o Judiciário atue como órgão controlador da atividade administrativa. Seria uma distorção pensar que o princípio da separação dos poderes, originalmente concebido com o escopo de garantia dos direitos fundamentais, pudesse ser utilizado justamente como óbice à realização dos direitos sociais, igualmente importantes" (AgRg no REsp 1107511/RS, Rel. Ministro Herman Benjamin, Segunda Turma, julgado em 21/11/2013, DJe 06/12/2013).

Com isso, é alterada a função do Poder Judiciário, que não apenas se restringe a tarefa de subsunção do fato à letra da lei, ou seja, não basta dizer o que é certo ou errado com base na lei (responsabilidade condicional do juiz politicamente neutralizado), mas, principalmente, examinar se o exercício discricionário do poder de legislar e de administrar conduzem à efetivação dos resultados objetivados (responsabilidade finalística do juiz).[773]

O Poder Judiciário é chamado a exercer uma *função socioterapêutica*, corrigindo desvios na consecução das finalidades a serem atingidas para a proteção dos direitos fundamentais,[774] além de assumir a gestão da tensão entre a igualdade formal e a justiça social.[775] O conceito de *juiz social* é consectário de uma *teoria material da Constituição* e da *legitimidade do Estado Social*, fundadas em postulados de justiça, inspirados na universalidade, eficácia e aplicabilidade imediata dos direitos fundamentais.[776]

O exercício da jurisdição contemporânea depende da sensível pré-compreensão social das questões envolvendo a efetivação dos direitos fundamentais.[777] Não está o magistrado, para isso, mais condicionado à estrita legalidade (*dura lex sed lex*), assumindo, ao lado do Poder Executivo e do Legislativo, a responsabilidade pelo sucesso político das exigências do Estado Social.[778] Neste sentido, Charles Warren, famoso juiz

[773] Cf. Tércio Sampaio Ferraz Júnior. Op. cit., p. 405.

[774] Idem, p. 406.

[775] Cf. Boaventura de Souza Santos, Maria Manuel Leitão Marques e João Pedroso. Os Tribunais...cit., p. 4.

[776] Cf. Paulo Bonavides. *Curso de direito...cit.*,p. 539-540.

[777] Nesse sentido, vale ressaltar o seguinte julgado do Tribunal de Justiça de São Paulo: "Tutela antecipada. Paciente infectado com o vírus da AIDS. Provimento judicial determinando a realização de exame de genotipagem e o tratamento dele decorrente pela rede municipal de saúde. Admissibilidade. Direito subjetivo à saúde reconhecido constitucionalmente. Presentes os pressupostos legais autorizadores da medida. Ofensa ao princípio da separação dos poderes. Inocorrência. Necessidade, todavia, de comprovação, por parte dos pacientes, de que os exames e os medicamentos foram prescritos por médica do SUS. Agravo improvido" (AgIn 200.037-5/5-00, 9.ª Câm. Dir. Priv., j. 14.03.2001, rel. Des. Ricardo Levandowski).

[778] "A mecânica da separação dos poderes atinge seu ápice em um modelo cujos representantes eleitos e os não eleitos se relacionam institucionalmente de modo sinérgico, com a finalidade de projetar os direitos fundamentais no âmbito da sociedade" (Jean Carlos Dias, *O controle judicial de políticas públicas*, p. 128). Em sentido contrário, afirmando que os direitos fundamentais sociais são *pretensões legalmente reguladas*, posição altamente criticável se estendida aos países de modernidade tardia, já que representaria verdadeiro retrocesso na afirmação dos direitos básicos dos cidadãos, escreve José Joaquim Gomes Canotilho: "A viragem condensada na conhecida fórmula 'não são os direitos fundamentais que se movem no âmbito da lei, mas

da Suprema Corte dos Estados Unidos, já disse que "os juízes da Corte Suprema do país devem ser não somente grandes juristas, senão também estadistas construtivos".[779]

No entanto, há de se evitar os riscos de transformar a *desneutralização política* do Judiciário no indesejável *governo dos juízes*. Isso seria lamentável não somente pelo fato de os juízes não terem sido eleitos, ao contrário dos membros do Poder Executivo ou Legislativo, mas também por não terem os magistrados *mandatos fixos* e, mais, por gozarem das garantias da vitaliciedade e da inamovibilidade, somente poderiam ser retirados de seus cargos por medidas extremas e excepcionais.[780]

Além disso, com maior razão, não haveria qualquer garantia de que um governo dos juízes seria moralmente melhor que ao de representantes eleitos, uma vez que os valores e princípios constitucionais são maleáveis, por conta de sua tessitura aberta. Isso poderia levar a uma interpretação arbitrária de seu conteúdo e, consequentemente, conduzir à prevalência dos interesses do Poder Judiciário[781] enquanto grupo político, frente aos interesses reais dos cidadãos.[782]

A *politização* do Judiciário traz, também, o problema da legitimação de suas decisões. Os detentores de mandato político submetem suas decisões políticas à opinião pública, estando vinculados à vontade popular, a qual precede as escolhas dos governantes. A decisão política do legislador ou do administrador se legitima, pois, mais pela vontade popular que, pura e simplesmente, pela lei ou pelo ato administrativo praticado. Trata-se de uma enorme diferença em relação à atuação do Poder Judiciário, cujas decisões se legitimam pela mera aplicação do Direito aos casos concretos.

a lei que se move no âmbito dos direitos fundamentais' não pode, ao nosso ver, transferir-se, de plano, para o domínio dos direitos econômicos, sociais e culturais, pois isso traduzir-se-ia em admitir sem reticências a aplicabilidade imediata destes direitos, tese que nem o *approach* mais 'absolutista' ousará defender. No entanto, os resultados desta dependência legal dos direitos sociais não deixarão de ser desconsoladores. Os direitos sociais mais não são do que pretensões legalmente reguladas. O legislador determina o que é um direito social, mas ele não está vinculado a direitos sociais" (Metodologia *fuzzy* e "camaleões normativos" na problemática actual dos direitos econômicos, sociais e culturais, p. 105).

779 Cf. Hernán Alejandro Olano García. Op. cit., p. 120.

780 Cf. Eduardo Appio. *Controle judicial das políticas públicas no Brasil*, p. 158, nota 284.

781 Cf. Ronald Dworkin. *O império*... cit., p. 449.

782 Cf. Eduardo Appio. *Controle judicial*...cit., p. 158, nota 284.

A *desneutralização política* do Judiciário, pela admissibilidade de ponderação de princípios, concretização de direitos fundamentais e controle de políticas públicas indispensáveis à sua realização, permite que os juízes passem a serem cobrados não apenas pelas decisões (jurídicas/políticas) tomadas, segundo a hermenêutica constitucional que adotarem, mas também que suas decisões encontrem amparo na vontade popular. Caso contrário, na ausência de fiscalização judicial das políticas públicas, a sua gestão, no ambiente das deliberações majoritárias, tende a ser marcada pela corrupção, pela ineficiência e pelo *clientelismo*.[783]

Sendo as políticas públicas promotoras de direitos fundamentais, o controle judicial pode recair sobre cinco objetos distintos:[784] a) a fixação de metas e prioridades, por parte do Poder Público, em matéria de direitos fundamentais; b) o resultado final esperado das políticas públicas; c) a quantidade de recursos a serem investidos na consecução das políticas públicas (seja quando a Constituição impõe, especificamente, quais sejam os percentuais mínimos, como ocorre com saúde e educação, nos arts. 198, § 2.º, e 212, seja quando o Poder Público aplica mal o dinheiro público, em detrimento do mínimo essencial, promovendo gastos abusivos, como, por exemplo, em propaganda ou em eventos culturais); d) a concretização das metas traçadas pelo Poder Público (*v.g.*, arts. 74, I, e 84, XI e XXIV, da CF/1988), por intermédio das políticas públicas; e) a *eficiência* mínima (isto é, a economicidade ou a relação custo-benefício), decorrente da aplicação do princípio constitucional da eficiência (art. 37, *caput*, da CF/1988), na aplicação dos recursos públicos, o que impõe ao administrador público otimizar o emprego dos recursos públicos disponíveis para obter os melhores e mais relevantes resultados possíveis para promover o interesse público (*v.g.*, seria inconcebível que o poder público construísse uma escola pelo dobro do preço que a mesma construção teria se realizada pelo particular).[785]

O Judiciário poderá formular política pública, quando inexistente, implementar aquela que já existe mas não foi cumprida ou, ainda, corrigir aquelas que estejam porventura equivocadas.

[783] Cf. Ana Paula de Barcellos. Constitucionalização... cit., p. 121.

[784] Idem, p. 128-142 e 146.

[785] De modo, igualmente, amplo, Victor Abramovich e Christian Courtis afirmam que há três espécies de interferência judicial em relação às políticas sociais: a) dar exigibilidade a políticas já definidas; b) controlar a idoneidade de políticas definidas; c) escolher a política a adotar. Cf. Op. cit., p. 249.

O controle judicial de políticas públicas é decorrência natural da organização da sociedade civil e da imprensa, as quais, aumentando os mecanismos de controle social, submetem o Judiciário às críticas inerentes ao exercício do poder político e, consequentemente, fazem crescer a necessidade de os juízes convencerem a opinião pública de que seus atos são *legítimos*.

A *judicialização da política* e a *politização do Judiciário* são dois temas conexos. As decisões judiciais têm influência no funcionamento da economia, na tomada de decisões políticas e no comportamento social. Logo, os julgamentos devem ser norteados pelos princípios da publicidade, da impessoalidade e da transparência. Mais do que isso, as decisões judiciais têm de ser compreendidas pela sociedade para que possam legitimar o exercício do Poder Judiciário. A divulgação dos julgamentos que causam maior transformação social é, pois, dever do Judiciário. Para isso, é necessário que os Tribunais possuam *assessores de comunicação* capazes de traduzir, para os leigos, a linguagem jurídica. A imagem do Judiciário está ligada ao *diálogo* com a sociedade. Isso evita a divulgação de notícias mal compreendidas pela imprensa, passando-se muitas vezes para a população ideias equivocadas da compreensão jurídica (*v.g.*, a polícia prende e os juízes soltam, sem explicar as razões da prisão, da liberdade provisória ou, simplesmente, das garantias constitucionais dos acusados). O erro por parte da imprensa pode ser evitado pela intermediação de órgãos especializados (*v.g.*, assessorias de imprensa) dos Tribunais, o que inibe a desinformação e, sobretudo, a formação da opinião pública com fundamentos equivocados ou mal compreendidos. O Judiciário, ao se aproximar da imprensa, está se dirigindo à sociedade.[786]

Porém, é preciso evitar que o Judiciário politizado se renda ao *marketing* das opiniões, passando a justificar suas ações com apoio na opinião pública e no consenso popular. Não se pode confundir o juiz "progressista" com aquele que decide conforme a vontade do povo.

Não deve o Judiciário julgar sob a pressão popular. Manipulada por setores organizados da sociedade, influenciadas pela imprensa, as massas, no calor das emoções, podem perder o sentido da razão. O julgamento de Jesus é o melhor exemplo de que o julgador não pode deixar-se levar pelas

[786] Disponível em: [http://www.stj.gov.br/portal_stj/publicacao/engine.wsp?tmp.area=398&tmp.texto=86920&tmp.area_anterior=44&tmp.argumento_pesquisa=imprensa]. Acesso em 15.07.2008.

pressões populares. Pilatos, ao conclamar o povo a decidir entre Jesus e Barrabás, sucumbiu à opinião pública e cometeu a mais propalada decisão injusta da história. O Poder Judiciário deve se submeter ao que dispõe a Constituição e as leis que formam o ordenamento jurídico. Não pode condenar ou absolver sem respeitar a garantia fundamental do *devido processo legal*, sendo, por exemplo, condenáveis as prisões provisórias arbitrárias, destinadas a satisfazer a vontade popular, sob a vazia argumentação de que se destinam a preservar a *ordem pública*.[787]

O Direito não pode ser transformado em um *objeto de consumo*, onde tudo passaria a ser regido pela relação meio e fim, deixando o Judiciário de ser o *guardião ético* dos objetos jurídicos.[788] Entretanto, as dificuldades decorrentes da falta de informações e de dados, da ausência de assessoria especializada, do desconhecimento quanto às dificuldades na implementação de políticas públicas e dos entraves orçamentários, além da multiplicidade de ações individuais que incidem sobre políticas públicas tornam a atividade judicial complexa a exigir a instituição de um processo especial para o controle e intervenção em políticas públicas pelo Poder Judiciário. Para evitar que o juiz simplesmente se substitua o administrador público, é necessário a formulação de regras adequadas ao controle de constitucionalidade e a intervenção judicial em políticas públicas.

[787] O STF tem asseverado que a garantia da ordem pública não se confunde com o clamor social, sendo arbitrária a prisão baseada na mera alegação do art. 312 do CPP, desprovida de base empírica. Neste sentido, vale ressaltar os seguintes julgados: a) "1. O clamor social e a credibilidade das instituições, por si sós, não autorizam a conclusão de que a garantia da ordem pública está ameaçada, a ponto de legitimar a manutenção da prisão cautelar do paciente enquanto aguarda novo julgamento pelo Tribunal do Júri. 2. A prisão processual, pela excepcionalidade que a caracteriza, pressupõe inequívoca demonstração da base empírica que justifique a sua necessidade, não bastando apenas aludir-se a qualquer das previsões do art. 312 do CPP" (HC 84.662-BA, 1.ª T., j. 31.08.2004, rel. Min. Eros Grau, *DJU* 22.10.2004, p. 17); "É ilegal o decreto de prisão preventiva baseado em suposta exigência do clamor público e da credibilidade da Justiça, para restabelecimento da ordem social abalada pela gravidade do fato" (HC 93.315-BA, 2.ª T., j. 27.05.2008, rel. Min. Cezar Peluso, *DJe* 117, Divulg. 26.06.2008). Sobre a relação entre a mídia e a decisão judicial, conferir: Alexandre Morais da Rosa, *Decisão penal: a* bricolage *de significantes*, p. 236-239.

[788] Como sustenta Tércio Sampaio Ferraz Júnior, "politizada, a experiência jurisdicional torna-se presa de um jogo de estímulos e respostas que exige mais cálculo do que sabedoria. Segue-se daí uma relação tornada meramente pragmática do juiz com o mundo. Pois, vendo ele o mundo como um problema político, sente e transforma sua ação decisória em pura opção técnica, que deve modificar-se de acordo com os resultados e cuja validade repousa no bom funcionamento" (Op. cit., p. 409).

Atento a isso, a Câmara dos Deputados discute o Projeto de Lei nº 8.058/2014, de autoria do Deputado Federal Paulo Teixeira (PT-SP). Tal projeto se destaca ao propor um processo especial para o controle judicial de políticas públicas, fundado na efetivação de direitos fundamentais sociais. Propõe que, dentre os princípios aplicáveis a essa fiscalização jurisdicional de políticas públicas, se incluam os da garantia do mínimo existencial, da justiça social, do atendimento ao bem comum, da universalidade de políticas públicas e do equilíbrio orçamentário. Também sugere que o processo especial possua, entre suas características, a facilitação do diálogo institucional entre os Poderes, a ampliação do contraditório entre o Poder Público e a sociedade, a cognição ampla e aprofundada com o assessoramento necessário ao juiz para o pleno conhecimento da realidade fática e jurídica, a previsão de regras flexíveis que possibilitem o procedimento ser consensualmente adaptado ao caso concreto, bem como a flexibilização no cumprimento de decisões. Neste sentido, o Projeto de Lei inova ao facultar ao juiz a possibilidade de nomear *comissário*, pertencente ou não ao Poder Judiciário, que também poderá ser instituição ou pessoa jurídica, para a implementação e acompanhamento das medidas necessárias à satisfação das obrigações, informando ao juiz, que poderá lhe solicitar quaisquer providências.

De qualquer forma, a legitimidade da atuação jurisdicional deve estar vinculada a sua *racionalidade* e a sua *capacidade de justificação.*[789]

Nesse sentido, a revisão judicial pode ser um mecanismo propulsor de melhores deliberações, inclusive para que o regime democrático não seja apenas uma forma de separar maiorias de minorias, mas também de discernir entre os melhores argumentos.[790]

4.1.7 Judiciário e democracia

A democracia não se resume à vontade da maioria. Se fosse realizada consulta popular para se saber se o povo estaria disposto a não mais pagar impostos ou, especialmente em períodos posteriores a crimes de grande comoção social, se é a favor da pena de morte, certamente a maioria diria

[789] Verificar item 5.6, infra.

[790] Cf. Conrado Hübner Mendes. *Direitos fundamentais, separação de poderes e deliberação.* p. 214.

que "sim", embora tais propostas firam diretamente a Constituição e as leis vigentes no país.

O governo constitucional visa a proteção do conjunto da sociedade, impedindo que a vontade da maioria se sobreponha aos ditames legais ou que oprimam as minorias. Em outras palavras, a função básica da Constituição é retirar certas decisões do processo político, colocando os direitos acima das decisões da maioria, por intermédio de um *sistema de direitos fundamentais* que serve como *critério último* de validade de toda a ordem jurídica.[791]

A principal questão que se coloca no contexto atual de revisão do princípio da separação dos poderes não é retornar ao passado (modelo liberal), impedindo que o juiz controlasse o conteúdo material (legitimidade) da lei, para evitar os riscos da politização do Judiciário. Isso não é necessário, nem seria possível, porque os direitos fundamentais não podem mais ser compreendidos apenas como direitos de defesa (direitos de abstenção, ou seja, aqueles que impõem aos seus destinatários não fazer, proíbem destruir, afetar negativamente etc.),[792] obrigando à atuação positiva do Poder Público e dos particulares (direitos de proteção, que são aqueles que impõem aos seus destinatários fazer ou mandatos de proteger ou promover algo).[793-794] O desafio atual é o desenvolvimento de técnicas que evitem a manipulação dos juízes pela expansão tecnológica e por todas as formas de poder que ela alimenta.[795]

Não se pode abrir mão de um Judiciário independente, pois não há como concretizar os direitos fundamentais[796] sem desvincular-se das pressões da maioria, dos detentores do poder, daqueles que financiam a imprensa ou

[791] Cf. Cristina Queiroz. *Interpretação constitucional...* cit., p. 331-332.

[792] Sobre o conceito e a classificação dos direitos a ações negativas (ou direitos de defesa), consultar o item 4.1.1, acima.

[793] Cf. Jürgen Habermas. *Direito e democracia...* cit., vol. 1, p. 325; Robert Alexy. *Teoría de los derechos...* cit., p. 446.

[794] Sobre os direitos à ações positivas, verificar o item 4.1.2, supra.

[795] Cf. Tércio Sampaio Ferraz Júnior. Op. cit., p. 409.

[796] "A importância do Poder Judiciário na estrutura institucional em que se organiza o aparelho de Estado assume significativo relevo político, histórico e social, pois não há, na história das sociedades políticas, qualquer registro de um Povo, que, despojado de um Judiciário independente, tenha conseguido preservar os seus direitos e conservar a sua própria liberdade" (Celso de Mello, discurso proferido, em 23.04.2008, na solenidade de posse do Min. Gilmar Mendes na presidência do STF. Disponívcel em> [www.stf.gov.br]. Acesso em 23.04.2008, p. 18).

de quem quer que seja. Afinal, sem um Judiciário independente não há como se promover a democracia. O Poder Judiciário é um *defensor objetivo e independente* da ordem constitucional (*higher Law*), servindo como uma *contraestrutura* instituída ou um *contrapoder*[797] que deve ser capaz de contrariar qualquer ato ou manobra violadoras da Constituição.

Por outro lado, há de se impedir a criação de um "superpoder", suscetível de abusos e de desvios. A concentração de *plenos poderes* no Judiciário redundaria no *monismo do poder*, comprometendo o princípio da separação dos poderes que, ao lado dos direitos fundamentais, também compõem o núcleo essencial da Constituição Brasileira (art. 60, § 4.º, III e IV). O indesejável *governo dos juízes* somente pode ser combatido com a *diferenciação funcional* (legislação, execução e jurisdição), a *delimitação institucional de competências* e o *controle* e a *interdependência recíprocos* entre os diversos órgãos que exercem parcela do poder estatal.[798]

A tripartição do poder, pelo sistema conhecido como *checks and balances* (freios ou controles e contrapesos), visa evitar que os diferentes órgãos do Estado abusem das competências que lhes foram conferidas. Para tanto, é necessário que cada "poder" seja separado e corresponda igualmente a outro, capaz de condicioná-lo e freá-lo. O princípio da separação dos poderes está, pois, baseado na ideia simples de Montesquieu, segundo a qual *somente o poder freia o poder*. Portanto, no governo constitucional, o *poder último* não pode ser deixado a cargo exclusivo de nenhum dos poderes (Legislativo, Executivo ou Judiciário).[799] O poder último é detido, conjuntamente, pelos três poderes do governo, em uma *relação imperfeitamente especificada*, na qual cada um desses poderes se revela responsável, perante os cidadãos, conforme os processos estabelecidos na Constituição.[800]

As normas constitucionais, que disciplinam os direitos fundamentais sociais, devem ter como primeiro destinatário o legislador. Cabe a ele regulamentar tais direitos para que venham a ser aplicados pelo Executivo, sujeito ao princípio da legalidade, e, havendo conflitos de interesses, pelo Judiciário. Isso, contudo, não significa que os direitos fundamentais sociais não possam ser aplicados imediatamente ou que sempre dependam

[797] Cf. Cristina Queiroz. *Interpretação constitucional...* cit., p. 327.

[798] Cf. José Joaquim Gomes Canotilho. *Direito Constitucional e teoria...*cit., p. 555-560.

[799] Cf. Riccardo Guastini. Op. cit., p. 60.

[800] Cf. Cristina Queiroz. *Interpretação constitucional...* cit., p. 322.

da atuação legislativa. Caso a aplicação fosse indireta, não haveria como remediar a inércia do legislador.

A implementação judicial dos direitos fundamentais sociais e, para tanto, o controle judicial de políticas públicas deve respeitar o *princípio da subsidiariedade*. Compete ao Judiciário atuar somente como órgão de controle do Legislativo ou do Executivo, quando restar caracterizada a *atuação ou a omissão inconstitucionais*, vale dizer, quando estes poderes frustrarem a missão constitucional de implementação dos direitos fundamentais.[801]

Caso contrário, estaria-se depositando no Poder Judiciário uma expectativa que, fatalmente, frustaria, pois a jurisdição constitucional deve ser exercida, tão somente, como uma ferramenta capaz de potencializar o Estado Democrático de Direito. Seus poderes devem cingir a supressão da omissão inconstitucional, orientada pelo *princípio da subsidiariedade*. Com isso, não se pode amesquinhar ou deixar de assegurar e aperfeiçoar os demais instrumentos democráticos, a começar pelo direito ao voto e a

[801] Vide item 4.3.8, 5.4 e 5.6, infra. Esta é a posição que foi adotada pelo STF, na ADPC 45 – MC/DF (j. 29.04.2004, *DJU* 04.05.2004), cujo relator, Min. Celso de Mello, sustentou: "É certo que não se inclui, ordinariamente, no âmbito das funções institucionais do Poder Judiciário – e nas desta Suprema Corte, em especial – a atribuição de formular e de implementar políticas públicas (José Carlos Vieira de Andrade, *Os direitos fundamentais*...cit., p. 207, item n. 5, 1987, Almedina, Coimbra), pois, nesse domínio, o encargo reside, primariamente, nos Poderes Legislativo e Executivo. Tal incumbência, no entanto, embora em bases excepcionais, poderá atribuir-se ao Poder Judiciário, se e quando os órgãos estatais competentes, por descumprirem os encargos político-jurídicos que sobre eles incidem, vierem a comprometer, com tal comportamento, a eficácia e a integridade de direitos individuais e/ou coletivos impregnados de estatura constitucional, ainda que derivados de cláusulas revestidas de conteúdo programático". Neste sentido, ensina Cristina Queiroz: "É certo que na concretização dos direitos fundamentais sociais o legislador detém a precedência, ainda que sob controle dos tribunais de justiça constitucional. De contrário, ao negar a participação dos tribunais e do poder judicial, os direitos quedariam como 'normas programáticas', simples 'programas políticos', 'apelos ao legislador', sem qualquer grau de vinculatividade jurídica. O que se afirma não é que os tribunais devam 'concretizar' direitos, mas apenas que esses direitos devem ser reconhecidos um determinado nível de justiciabilidade, e não apenas em situações mínimas de extrema necessidade. Ao mesmo tempo ao órgão de controle exige-se-lhe que respeite as 'decisões razoáveis' tomadas pelos órgãos politicamente conformadores. Assim o exige o princípio do 'Estado de Direito' e o princípio da 'separação dos poderes'" (*Direitos fundamentais*... cit., p. 153). Do mesmo modo, assevera Jean Carlos Dias: "É certo que não se pretende que o Judiciário assuma a função de protagonista absoluto, representando uma tirania de juízes, mas sim que seja um efetivo contrapeso à função desempenhada pelos demais poderes, considerando os direitos fundamentais que os cidadãos possuem" (*O controle judicial*... cit., p. 135).

participação ativa dos cidadãos na gestão da coisa pública. Afinal, confiar, cegamente, na interpretação dos princípios constitucionais pelo STF seria perigoso para a democracia, na medida em que não elevaria a *consciência constitucional* da população, restringindo o discurso jurídico a onze "sábios superpoderosos", em prejuízo das mudanças sociais, da cidadania e da promoção dos próprios valores contidos na Lei Fundamental. Tal risco seria agravado se, a pretexto de intensificar os poderes da jurisdição constitucional, adicionasse as alegações de que o povo não sabe votar ou de que a política não é importante, porque aí estariam presentes os ingredientes necessários para a concentração de poderes, própria de regimes não democráticos.[802]

Além disso, as ações judiciais voltadas ao controle de políticas públicas encontrarão, não raro, um Judiciário mal estruturado para lidar com a avaliação adequada dos gastos públicos. Processos de maior complexidade tendem a ficar paralisados por tempo superior ao normal. Dessa forma, incumbir o Judiciário de controlar políticas públicas, se isso não for acompanhado de estrutura técnica capaz de auxiliar o órgão julgador a decidir, poderá redundar na previsão de mecanismos de controle meramente simbólicos, sem qualquer eficácia, aumentando o descrédito da população em relação ao sistema judiciário. Assim, o acesso ao Judiciário deve ser subsidiário, também no sentido de se aprimorar as demais formas de controle existentes, a começar pelos Tribunais de Contas. Estes Tribunais, normalmente, contam com estrutura técnica capaz de conduzir investigações adequadas, mas que, em razão da escolha de seus conselheiros, por critérios meramente políticos, acabam por desvirtuar a sua atuação, a fim de deliberar a favor ou contra determinados governos ou de fazer prolongar as investigações para além do mandato dos agentes públicos examinados, frustrando as expectativas dos governados.[803] A maior independência do Tribunal de Contas começa pela revisão das nomeações, meramente políticas, podendo-se sugerir, inclusive, que tal órgão passe a funcionar, mais direta ou indiretamente, ligado ao Ministério Público, a quem incumbe, constitucionalmente, a defesa do patrimônio público (art. 127 e 129, III, da CF/1988).

[802] Cf. Daniel Sarmento. O neoconstitucionalismo no Brasil... cit., p. 40.
[803] Cf. Ana Paula de Barcellos. Constitucionalização... cit., p. 128-142 e 141.

Por fim, devem ser superados os obstáculos que vêm impedindo que o Judiciário assuma mais efetiva corresponsabilidade política na efetivação dos direitos fundamentais, podendo ser mencionados os seguintes fatores: a) o *conservadorismo* dos operadores jurídicos (incluindo-se os magistrados), decorrente especialmente da formação universitária dominada por concepções retrógradas da relação entre ireito e sociedade; b) o *cinismo* de uma *cultura jurídica* que não leva a sério os direitos constitucionais, transformando-os em meras declarações programáticas, mais ou menos utópicas;[804] c) o desempenho *rotinizado* na aplicação da justiça retributiva, positivamente hostil à justiça distributiva e despreparado para ela; d) uma organização judiciária deficiente, precária e com enormes carências tanto em recursos humanos quanto em recursos técnicos e materiais; e) o elevado custo, de um lado, e a ausência de previsão orçamentária adequada, de outro, para promover a eficiência dos serviços judiciários; f) a falta de administração judiciária profissionalizada, capaz de gerir e planejar as complexidades do Poder Judiciário; g) a ausência de opinião pública forte e de movimentos sociais organizados para a defesa dos direitos humanos-fundamentais; h) a propagação de um direito processual formalista, não voltado à realização, célere, adequada e efetiva, da tutela dos direitos materiais.[805]

4.2 Princípio da supremacia da Constituição e controle da constitucionalidade

A Constituição, tanto sob o critério cronológico quanto hierárquico, é o primeiro documento da vida jurídica do Estado.[806] As Constituições são atos de delegação do poder do povo soberano para os seus governantes.

A Constituição é hierarquicamente superior às demais normas jurídicas. Essa *supremacia constitucional* significa que nenhuma lei ou ato normativo pode ser considerado válido se for incompatível com a Constituição. O controle de constitucionalidade das leis serve para relativizar o mito positivista da *supremacia do legislador.*[807]

[804] Cf. Odoné Serrano Júnior. *Introdução à contemporânea teoria dos direitos fundamentais.* p. 83-110.

[805] Cf. Boaventura de Souza Santos, Maria Manuel Leitão Marques e João Pedroso. Os Tribunais...cit., p. 11-12.

[806] Cf. Luis Roberto Barroso. Eficácia e efetividade...cit., p. 84.

[807] Cf. François Ost, Júpter, Hércules, Hermes. Op. cit., p. 177.

Negar o princípio da supremacia da Constituição seria permitir que o ato delegado, pelo povo soberano, aos seus governantes, poderia ir além dos termos do mandato a estes outorgado. Seria o mesmo que sustentar que o mandatário é superior ao mandante, que os empregados (servidores) são superiores aos empregadores, que os representantes do povo estão acima do próprio povo, além de se admitir que as pessoas que possuem determinados poderes (competências/atribuições) podem fazer não apenas o que eles não permitem, como também o que proíbem.[808]

A Constituição não é apenas a norma de maior estrutura hierárquica do ordenamento jurídico (*lex superior*). É, sobretudo, o conjunto de normas que regula o *processo formal* de criação das demais normas jurídicas, e, mais importante, prevê os valores, os princípios e as limitações para o *conteúdo* da legislação infraconstitucional.[809]

Sendo o Direito Constitucional um *direito sobre os direitos*, a preocupação do neoconstitucionalismo com o conteúdo da norma jurídica faz com que a maioria governamental tenha que se subordinar à Lei Fundamental. Assim sendo, a *soberania do legislador* cedeu passo à supremacia da Constituição, posto que há de se respeitar não somente as *formas de produção* da norma (racionalidade formal), mas sobretudo os *conteúdos* constitucionais impostos.[810] Com efeito, o respeito pela separação de poderes e pela submissão dos juízes à lei foi suplantado pela prevalência dos direitos dos cidadãos em face do Estado, conquistada pelos direitos fundamentais. É a *supremacia* da Constituição, não o princípio da separação de poderes, que determina a *relação de inferioridade* da lei, o *status* limitado do legislador, sob a Constituição.[811]

A limitação da vontade da maioria ordinária decorre da supremacia de uma maioria mais forte. O poder constituído, por natureza derivado, deve respeitar o poder constituinte, por definição originário.[812] A ideia base é a de que a vontade política da *maioria governante* de cada momento não pode prevalecer contra a vontade da *maioria constituinte* incorporada na Lei Fundamental. Exemplos disso são as frequentes tentativas de desarticulação e de desmoralização do Ministério Público, toda vez que membros do Poder

[808] Cf. Gustavo Zagrebelsky. *El derecho*...cit., p. 55.

[809] Cf. Cristina Queiroz. *Interpretação constitucional*... cit., p. 29.

[810] Cf. Luigi Ferrajoli. Juspositivismo crítico...cit., p. 10-11.

[811] Cf. Cristina Queiroz. *Interpretação constitucional*... cit., p. 328.

[812] Cf. Vital Moreira. Op. cit.

Executivo ou Legislativo se sentem intimidados, como o Projeto de lei da mordaça (PL nº 265/2007, para impedir a divulgação de informações sobre processos e inquéritos em andamento), a Proposta de Emenda Constitucional 37/2011, para tornar privativa da polícia as investigações criminais,[813] ou a Proposta de Emenda Constitucional 75/2011, que pretendia retirar a garantia de vitaliciedade dos membros do Ministério Público, para possibilitar a exoneração pela via administrativa, sem decisão judicial[814]

É pelo princípio da supremacia da Constituição que se pode tornar indisponíveis os elementos estruturais da convivência política e social contra a vontade política ocasional e esporádica dos governantes.

Em uma sociedade justa e bem ordenada, as leis não podem comprometer a realização dos direitos fundamentais. Sendo tais direitos fundamentais *trunfos contra a maioria*, não poderia essa maioria, mas um órgão independente e especializado ter a competência para verificar a existência de ações ou omissões contrárias à Constituição.[815]

A jurisdição constitucional representa a *grande invenção contramajoritária*, na medida em que serve de garantia dos direitos fundamentais e da própria democracia.[816] Caso contrário, se a jurisdição constitucional não existisse ou não detivesse os poderes que tem, ficando a maioria democrática na incumbência de afirmar a prevalência concreta de direitos em colisão, ter-se-ia que negar a ideia de que os direitos fundamentais são trunfos contra a maioria e questionar a própria razão de ser dos mesmos direitos fundamentais. A restrição a tais direitos não é um efeito necessário da proteção do interesse público ou do argumento maioritário, mas se funda unicamente em argumentos de *razão pública*.

No Estado Democrático de Direito, há a *garantia de contestabilidade*, inerente à noção de contrato social, que permite que o Judiciário, por inter-

[813] Cf. Eduardo Cambi e Henrique Bolzani. O poder investigatório do Ministério Público. p. 21-52; Eduardo Cambi e Taís Caroline Pinto Teixeira Antunes. A proibição de retrocesso como salvaguarda da atuação do Ministério Público. p. 187-222.

[814] Mostrando a tentativa de submissão do Ministério Público ao Poder Executivo, o que contraria a Constituição da República, que assegurou a independência aos seus membros, para bem poder defender a ordem jurídica (art. 127, *caput*, da CF/1988), pronunciou-se um governador: "Desde quando o MP é poder da República? De onde vem esta pretensão? Procuradores e promotores estão, sim, vinculados ao Poder Executivo e submetidos à fiscalização do povo e do governo" (Jornal *A Tribunal do Povo*, edição de 12.09.2007, p. 4, Caderno Estadual).

[815] Cf. Jorge Reis Novais. Op. cit., p. 48.

[816] Cf. Lênio Luiz Streck. Uma abordagem hermenêutica...cit., p. 77.

médio dessa *razão pública*,[817] evite que a lei seja corroída pela legislação das maiorias transitórias ou por interesses estreitos, organizados e bem posicionados, hábeis na obtenção de resultados que não se coadunam com o bem-estar comum da sociedade.[818] Cabe à justiça constitucional verificar se, em determinado caso concreto, deve ser restringido um direito fundamental, em face da prevalência de outro que apresente peso específico maior, cuja limitação deve se dar por razões de justiça compartilháveis por qualquer pessoa razoável, não apenas pela concepção particular do *bem* ou da *vida virtuosa* dos titulares do poder.[819]

A jurisdição, no Estado Contemporâneo, ao contrário do que pregava Giuseppe Chiovenda, não é mais simplesmente a sujeição dos juízes às leis, mas é também análise crítica do seu significado em conformidade com os padrões de legitimidade constitucionais.[820]

A violação da Constituição, pela força política majoritária, atingindo direitos da minoria, é o perigo totalitário da concepção hiperdemocrática de Estado e o que torna o controle judicial de constitucionalidade dos atos legislativos e governamentais imprescindível à sobrevivência do Estado de Direito.[821]

Justamente para assegurar a supremacia da Constituição, o ordenamento jurídico prevê um conjunto de mecanismos conhecidos por *controle da constitucionalidade*, a fim de considerar nulas as regras infraconstitucionais contrárias aos princípios e regras constitucionais.[822] Por isso, a tarefa dos juízes não se limita à aplicação das leis, mas a de *fazer justiça de acordo com o Direito*.[823]

[817] Jean Carlos Dias, esclarecendo o conceito de *razão pública* de John Rawls, explica: "A razão pública permite que uma sociedade justa fixe os meios de manutenção da contestação e, por isto, do debate necessário à validação das decisões políticas" (*O controle judicial*...cit., p. 86).

[818] Cf. John Rawls. *O liberalismo político*. p. 275 e 284.

[819] Cf. Jorge Reis Novais. Op. cit., p. 62-63.

[820] Cf. Luigi Ferrajoli. Diritti fondamentali...cit., p. 36.

[821] Cf. Marcelo Neves. *Entre Têmis e o Leviatã*..., p. 235.

[822] Cf. Ricardo Guastini. *Teoría e ideologia de la interpretación constitucional*. p. 45-46.

[823] *"La tarea de los jueces y los tribunales no es sólo aplicar las reglas aprobadas por la legislatura sino que, más generalmente, 'hacer justicia de acuerdo con el derecho'. Este deber de los jueces de actuar justamente puede estar en tensión con su deber constitucional de respetar las leyes aprobadas por la legislatura, pues las leys que se han estabelecido pueden expressar una concepción de la justicia que al juez le resulta repugnante, o puede que, de hecho, no expresse concepción de la justicia alguna, siendo en el caso malas leyes más o menos integralmente"* (*Instituciones del dercho*. p. 341).

O controle da constitucionalidade nasceu na célebre decisão em *Marbury vs. Madison* (1803).[824] No final de 1801, antes do término de seu mandato, o Presidente norte-americano John Adams apontou Willian Marbury para um cargo no Judiciário federal norte-americano. O novo Presidente, Thomas Jefferson, do partido rival, assumiu antes que Willian Marbury tomasse posse e recusou a sua nomeação ao cargo de juiz federal. Inconformado, Marbury demandou James Madison, secretário de Estado de Thomas Jefferson, na Suprema Corte, a fim de que o Judiciário ordenasse Jefferson a nomeá-lo magistrado federal. James Madison simplesmente não contestou o pedido, ignorando que a matéria estivesse pendente no Judiciário. O Presidente da Suprema Corte, John Marshall, que havia sido secretário de Estado de John Adams, foi colocado em situação difícil, pois, se determinasse que Marbury fosse empossado, não teria como implementar o comando e a Suprema Corte ficaria desmoralizada. Por outro lado, o mesmo Tribunal ficaria desmoralizado se desse razão a Jefferson, que tinha ignorado a demanda. Diante deste impasse, John Marshall, após criticar Jefferson e a política de seu partido, considerou inconstitucional (nulo) o Ato Judiciário de 1799, que fundamentava a pretensão de Marbury. Em outras palavras, Marshall deu razão a Marbury, mas considerou que seu pedido estava calcado em regra inconstitucional. Com isto, não enfrentou o Presidente Thomas Jefferson, salvou a Suprema Corte do descrédito e deu início ao controle de constitucionalidade nos Estados Unidos, depois estendido a outros países do mundo.

Dessa maneira, surgiu, nos Estados Unidos, o controle da constitucionalidade das leis e dos atos normativos. Tal controle, contudo, é feito *incidenter tantum*, isto é, decorre do julgamento de determinada causa. Apesar de a tese jurídica ser pronunciada para um determinado caso concreto, sem qualquer formalidade específica, possui eficácia vinculativa *erga omnes*, devendo ser aplicada a outros casos futuros para cuja tese jurídica se mostre relevante.[825]

O Brasil, por sua vez, apresenta um dos mais complexos e completos sistemas de fiscalização jurisdicional de constitucionalidade das leis e dos atos do Poder Público. Ao lado do controle difuso (incidental), originário da experiência norte-americana, inclui mecanismos de controle concentrado

[824] Cf. Arnaldo Sampaio de Morais Godoy. *Direito nos Estados Unidos*. p. 64-66.

[825] Cf. José Carlos Barbosa Moreira. O poder da Suprema Corte...cit., p. 224.

ou abstrato da constitucionalidade, utilizados pelas Cortes Constitucionais europeias.[826] Nesse aspecto, o Direito Brasileiro possui instrumentos avançados, como a ação direta de inconstitucionalidade (por ação ou por omissão), a declaratória de constitucionalidade e a arguição de preceito fundamental, bem como desenvolveu as técnicas, previstas no art. 28, parágrafo único, da Lei 9.868/1999, da interpretação conforme (pela qual o STF define qual deve ser a interpretação da norma infraconstitucional, excluindo outras possíveis exegeses da mesma regra jurídica) e nulidade parcial sem redução de texto (quando o STF, mantendo íntegro o texto impugnado, declara a inconstitucionalidade de determinado sentido ou alcance que poderia ser dele extraído). Em outras palavras, na declaração parcial de nulidade, os demais órgãos do Poder Judiciário e a Administração Pública não podem se valer das interpretações declaradas inconstitucionais; na interpretação conforme, por sua vez, o Judiciário e a Administração não podem realizar outra exegese que não aquela que foi declarada como a única constitucional pelo STF.[827]

Em termos numéricos, os dados também impressionam:[828] a) entre outubro de 1988 e março de 2011, foram distribuídas 4.524 ações diretas de inconstitucionalidade, sendo que 2.994 delas, isto é, 66,2%, foram julgadas definitivamente, 431 ou 9,5% obtiveram decisão liminar e outras 1.099 (24,3%) aguardam julgamento; b) entre 2008 e março de 2011, foram distribuídas 12 ações diretas de inconstitucionalidade por omissão, sendo que apenas três (25%) foram julgadas definitivamente, nenhuma obteve

[826] Não há, no Brasil, uma verdadeira Corte Constitucional, pois para tanto seria necessário: a) que os ministros tivessem *mandato*; b) que a escolha fosse por representação ampla da sociedade; c) os indicados deveriam ter reputação ilibada e os antecedentes irretocáveis; d) os indicados deveriam ter ampla experiência profissional, que não se confunde com amizades políticas; e) os indicados vindos de outros poderes, deveriam passar por amplo período de espera; f) quando se aposentarem, deveriam esperar, pelo menos, cinco anos para advogar. Cf. Jacinto Nelson de Miranda Coutinho, O papel da jurisdição constitucional na realização do Estado Social. Na Europa, o controle da constitucionalidade é reservado a órgãos *ad hoc*, separados da jurisdição ordinária, constituídos por Tribunais Constitucionais que, geralmente, estão à margem ou por cima do princípio da separação dos poderes. Cf. Gustavo Zagrebelsky. *El derecho*.. cit., p. 62-64.

[827] Cf. Luiz Guilherme Marinoni. *Teoria geral*... cit., p. 58; Ingo Wolfgang Sarlet, Luiz Guilherme Marinoni e Daniel Mitidiero. *Curso de Direito Constitucional*. p. 1.056-1.058; Eduardo Appio. *Interpretação conforme a Constituição*. p. 78-79.

[828] Cf. Disponível em: [http://www.stf.gov.br/portal/cms/verTexto.asp?servico=estatistica]. Acesso em 11.04.2011.

decisão liminar e outras nove (75%) esperam julgamento; c) entre 1993 a março de 2011, distribuíram-se 28 ações declaratórias de constitucionalidade; destas, 17 (60,7%) obtiveram decisões definitivas, seis (21,4%) liminares e as restantes (5 ou 17,9%) estão aguardando para serem julgadas; d) no mesmo período, foram distribuídas 222 arguições de descumprimento de preceito fundamental, sendo 57,2% (127) com decisão final, 6,3% (14) com liminar e outras 81 (36,5%) aguardando julgamento; e) no ano de 2008, foram distribuídos 21.531 recursos extraordinários, 37.783 agravos de instrumento e 355 *habeas corpus.*

Ademais, a maior parte das ADIns é ajuizada por partidos de oposição ou que possuem representação parlamentar insignificante: assim, o papel do STF foi expandido para abranger a *arbitragem de conflitos políticos*, sendo o Judiciário buscado para fazer prevalecer à Constituição quando os agentes ficam vencidos na arena estritamente política.[829]

O controle judicial da constitucionalidade das leis exerce *função dupla*, porque, de um lado, permite que todo e qualquer cidadão, no controle difuso da constitucionalidade, defenda os seus direitos fundamentais subjetivos e, de outro lado, possibilita, pelos meios de controle concentrado da constitucionalidade, a proteção, a interpretação e o desenvolvimento dos direitos fundamentais objetivos.

A *jurisdição constitucional* é elemento indispensável da definição do Estado de Direito Democrático. Nenhum órgão público ou privado está acima da Constituição.[830] Ninguém está imune ao império da lei e à força hierárquico-normativa da Constituição. Nenhum Poder da República tem legitimidade para desrespeitar a Constituição ou para violar direitos públicos ou privados dos cidadãos.[831] Todos os desvios jurídico-constitucionais, mesmo quando surgem no contexto de processos políticos, não ficam isentos da fiscalização judicial.

É função do Poder Judiciário fazer respeitar os valores constitucionais consagrados no sistema jurídico, para viabilizar os direitos reconhecidos aos cidadãos, dentre os quais é considerada uma prerrogativa insuprimí-

[829] Cf. Flavio Dino de Castro e Costa. A função realizadora do Poder Judiciário e as Políticas Públicas no Brasil. p. 163.

[830] "Para que a posição suprema da Constituição seja mantida na prática, os tribunais devem recusar a confirmação de atos do Legislativo ou do Executivo que entrem em conflito com os dispositivos constitucionais" (Bernard Schwartz. *Direito Constitucional americano*. p. 27).

[831] Cf. Celso de Mello. Op. Cit. p. 16.

vel da cidadania o *direito ao governo honesto*, ou seja, o direito de se exigir judicialmente que o Estado seja dirigido por administradores íntegros, por legisladores probos e por juízes incorruptíveis.[832] Aliás, o reconhecimento de que o governo deve estar a serviço dos governados e não para benefício pessoal dos governantes é o *pressuposto decisivo* para reconhecer a existência de direitos fundamentais, inerentes à condição humana, os quais devem ser reconhecidos a todos e não são havidos como mera concessão dos detentores eventuais do poder.[833]

Por outro lado, não se pode ignorar que as leis e os atos normativos do Poder Público se *presumem* constitucionais. Logo, não se pode banalizar o controle judicial de constitucionalidade. Uma lei somente deve ser declarada nula quando não puder ser interpretada, razoavelmente, de acordo com a Constituição. A declaração de inconstitucionalidade, a fim de preservar o Estado Democrático de Direito e a dinâmica relação decorrente do princípio da separação dos poderes, é medida excepcional (*ultima ratio*), a qual não se presta a afirmação das convicções pessoais do intérprete, estando sujeita à rigorosa imposição do dever de fundamentação das decisões judiciais (art. 93, IX, da CF/1988) e à *reserva da consistência*.[834]

Mais de dois séculos após *Marbury vs. Madison*, é questão pacífica[835-836] e cada vez mais aperfeiçoada a noção que o Judiciário pode exercer o controle da constitucionalidade da lei e dos atos normativos.

832 Idem, p. 17.

833 Cf. Fábio Konder Comparato. *Afirmação histórica*...cit., p. 41; Neil MacCormick. *Instituciones del derecho*. p. 237-258.

834 Estes temas foram abordados nos itens 5.4, 5.5 e 5.6, infra.

835 Ainda controvertido, contudo, é saber se o art. 52, X, da CF/1988 ainda deve ser aplicado, exigindo que o Senado Federal suspenda a execução, no todo ou em parte, da lei declarada inconstitucional pelo STF ou se houve uma *mutação constitucional*, podendo o próprio Tribunal atribuir efeitos *erga omnes* a sua decisão. Tal situação está sendo decidida pelo STF, na Rcl 4335-AC (rel. Min. Eros Grau), cujo julgamemento foi iniciado em 19.04.2007, mas ainda não concluído, tendo o Min. Ricardo Lewandowski pedido vista dos autos, após o relator ter asseverado a ocorrência da mutação constitucional, o Min. Sepúlveda Pertence negado a mutação e o Min. Joaquim Barbosa não conhecido da reclamação.

836 Em oposição à tese da mutação constitucional, Nelson Nery Jr. asseverou: a) ser da tradição do Direito Constitucional brasileiro o poder de o Senado suspender a execução da lei; b) não ter a Constituição Federal dado poderes ao STF para aniquilar a lei, em sede de controle concreto; c) o *judicial review*, conforme a orientação norte-americana, autoriza apenas a Suprema Corte a deixar de aplicar a lei que declarou inconstitucional; d) a questão prejudicial da inconstitucionalidade não faz coisa julgada material (art. 469, III, do CPC); e) tal questão

Portanto, reafirmada a superioridade da Constituição sobre todos os atos do Poder Público e sobre todas as instituições do Estado, bem como reconhecida a legitimidade do Poder Judiciário para restaurar a ordem constitucional lesada, o problema passa a ser quais são os fundamentos e os limites da expansão progressiva da jurisdição no Estado Contemporâneo.[837]

4.3 Direito fundamental à tutela jurisdicional

4.3.1 Introdução

O art. 5.º, XXXV, da CF/1988 prevê que toda lesão ou ameaça de lesão a direitos pode ser levada ao Poder Judiciário.

Neste tópico, cabe analisar o alcance desta previsão constitucional, a fim de se buscar os conteúdos do direito fundamental à tutela jurisdicional.[838]

4.3.2 Judicialização da política

A Constituição é o *estatuto jurídico do político,*[839] podendo-se afirmar que Direito Constitucional é Direito Político.[840]

não faz coisa julgada nem para as partes do processo, já que analisada apenas *incidenter tantum*, tampouco pode ser eficaz para terceiros alheios à relação processual subjetiva; f) transforma o regime jurídico do controle concreto de constitucionalidade em abstrato, o que resultaria na violação do direito fundamental do cidadão ao exercício do controle difuso, além de aumentar o risco de arbítrio judicial, uma vez que nenhum outro órgão do Estado poderia exercer o controle da decisão do STF; g) a inércia do Senado em suspender a execução da lei declarada inconstitucional poderia ser mitigada pelo envio de cópia da decisão ao Procurador-Geral da República ou qualquer outro colegitimado pelo art. 103 da CF/1988, a fim de proceder ao controle abstrato da constitucionalidade. Cf. Anotações sobre mutação constitucional – Alteração da Constituição sem modificação de texto, decisionismo e *Verfassugsstaat*, p. 101-105.

837 "A questão crucial agora não é saber que poder tem a Corte Suprema, mas como deve ser exercido o seu vasto poder. Deveria ela empenhar-se em fazer cumprir toda a Constituição, inclusive as cláusulas que, para serem interpretadas, exigem um julgamento quase que exclusivamente político?" (Ronald Dworkin. *O império*...cit., p. 427).

838 Cf. Luiz Guilherme Marinoni. *Técnica processual e tutela dos direitos*. p. 165-248.

839 Cf. José Joaquim Gomes Canotilho. *Constituição dirigente*..., p. XVIII; *Direito Constitucional e teoria da Constituição* cit., p. 1.207.

840 Cf. Friedrich Müller. Op. cit. vol. 1, p. 45.

Na perspectiva luhmaniana, a Constituição é fator e produto de diferenciação funcional entre o direito e a política.[841] É mecanismo de interpenetração ou de "acoplamento estrutural" entre os dois sistemas sociais autônomos, da política e do direito, possibilitando, simultaneamente, soluções jurídicas para os problemas políticos e soluções políticas para os problemas jurídicos. A Constituição permite a coexistência de relações recíprocas, de dependência e de independência, de cada um destes sistemas autônomos, aumentando a capacidade cognitiva (de aprendizagem) e de influências recíprocas entre eles.

Os direitos encontram sua base na Constituição, que não é simples reflexo da ordem natural, mas é a maior de todas as criações políticas.[842]

O Direito Constitucional *judicializou a política*, uma vez que a política, representada pelos conflitos sociais e pelos direitos fundamentais, historicamente sonegados, passaram a ser temas de Direito Público. Pode-se dizer que há uma *relação de complementaridade* entre o Direito Constitucional e a política.

Ressalte-se que o Direito Constitucional constitui o poder político e vice-versa. O Estado de Direito exige uma organização do poder político que, constituído conforme o Direito Constitucional, obriga o poder político a se legitimar.

A interpretação dos direitos fundamentais é exemplo disto, uma vez que, sendo a Constituição um *documento político*, é expressão de soberania, decisão política de um povo de se governar de determinada forma.[843]

Os direitos fundamentais são posições tão importantes que a sua tutela não pode ficar nas mãos da simples maioria parlamentar. Vinculam o legislador, estabelecendo o que devem e o que não podem fazer.[844] A Constituição, a fim de legitimar o exercício do poder, fixa proibições e mandatos que limitam a liberdade parlamentar.

A jurisdição constitucional exerce um importante papel no controle jurídico da legitimidade do poder político. Como já afirmado no tópico 4.2 supra, nenhum dos Poderes da República está acima da Constituição. Todo e qualquer desvio jurídico-constitucional, praticado por qualquer instância de poder, está sujeito à fiscalização judicial. Os usos judiciais da Cons-

[841] Cf. Marcelo Neves. *A Constituição simbólica*. p. 65-67.

[842] Cf. Gustavo Zagrebelsky. *El derecho*...cit., p. 114.

[843] Cf. Cristina Queiroz. *Interpretação constitucional*... cit., p. 137.

[844] Cf. Robert Alexy. *Teoría de los derechos*... cit., p. 432.

tituição são denominados de *interpretação* e *aplicação*, pois um direito sem juízes não seria direito, nem, tampouco, um juiz sem direito seria juiz.[845]

É difícil conceber um problema jurídico em que não se encontre ao menos uma resposta na Constituição. Como a lei maior oferece orientações heterogêneas aos múltiplos tipos de conflito, não prevê um rol taxativo de direitos, mas, ao contrário, oferece denso conteúdo material (mediante valores, princípios, diretrizes, *standards* etc). Também não restringe o acesso à justiça (art. 5.º, XXXV, da CF/1988), possibilitando que qualquer interesse jurídico contrariado seja valorado pelo Judiciário à luz da Constituição.

Assim, não pode o juiz constitucional se autolimitar no exercício dos seus poderes (teoria do chamado *self-restraint*), a pretexto de se tratar de *questões políticas*, inerentes ao exercício parlamentar ou executivo, ou por se tratar de juízos de conveniência ou de oportunidade.[846]

Cabe ao juiz constitucional fiscalizar tanto o legislador ordinário quanto o administrador público quando violem a Constituição, independentemente do mérito dos atos legislativos, executivos ou administrativos.

Portanto, o juiz constitucional pode censurar o legislador ordinário *na medida em que este está vinculado à Constituição*, independentemente do mérito ou demérito das soluções legislativas ou administrativas em causa. Uma vez verificado que o legislador ou o administrator violou a Constituição, não resta ao juiz constitucional senão tirar a consequência da inconstitucionalidade, independentemente da natureza, "política" ou não, das questões envolvidas.[847]

Nesse sentido, vale destacar as hipóteses em que o STF tem efetivado o controle da constitucionalidade, superando a teoria dos atos eminentemente políticos, em relação: a) aos desvios jurídico-constitucionais cometidos por Comissões Parlamentares de Inquéritos;[848] b) aos requisi-

[845] Cf. Gustavo Zagrebelsky. *La ley y su justicia*. p. 137.

[846] Cf. Vital Moreira. Op cit; Celso de Mello. Op. Cit. p. 16.

[847] Gilmar Mendes assevera que "a discricionariedade das medidas políticas não impede o seu controle judicial, desde que haja violação a direitos assegurados na Constituição. Apesar de que, muitas vezes, é tarefa demasiado complicada precisar os limites que separam uma questão política de outra de natureza jurídica ou não política, tal fato não deve servir de subterfúgio para que o Poder Judiciário se abstenha do cumprimento de seu dever constitucional na defesa dos direitos fundamentais" (Proteção judicial dos direitos fundamentais, p. 388-389).

[848] A propósito, vale destacar precedente do STF: "O controle dos atos parlamentares. Possibilidade, desde que haja alegação de desrespeito a direitos e/ou garantias de índole constitucional. O Poder Judiciário, quando intervém para assegurar as franquias constitucionais

tos constitucionais (arts. 73, § 1.º, e 235, III, da CF/1988), para invalidar a escolha discricionária do Governador do Estado de Tocantins de Conselheiro do Tribunal de Contas que não preenchia o requisito do "notório saber";[849] c) a constitucionalidade de regra do Regimento Interno do Senado que, impondo sessão secreta, feria o princípio constitucional da publicidade, na media que impedia que deputados federais tivessem livre acesso ao Plenário do Senado Federal para assistir a deliberação de cassação do mandato de senador que ocupava a função de Presidente do Senado;[850] d) aos requisitos constitucionais da relevância e da urgência para a edição das medidas provisórias, quando flagrantemente inconstitucionais, excedendo o poder de legislar,[851] como ocorreu com as MedProvs 1.703/1998

e para garantir a integridade e a supremacia da Constituição, desempenha, de maneira plenamente legítima, as atribuições que lhe conferiu a própria Carta da República, ainda que essa atuação institucional se projete na esfera orgânica do Poder Legislativo. Não obstante o caráter político dos atos parlamentares, revela-se legítima a intervenção jurisdicional, sempre que os corpos legislativos ultrapassem os limites delineados pela Constituição ou exerçam as suas atribuições institucionais com ofensa a direitos públicos subjetivos impregnados de qualificação constitucional e titularizados, ou não, por membros do Congresso Nacional. Questões políticas. Doutrina. Precedentes. A ocorrência de desvios jurídico-constitucionais nos quais incida uma Comissão Parlamentar de Inquérito justifica, plenamente, o exercício, pelo Judiciário, da atividade de controle jurisdicional sobre eventuais abusos legislativos (*RTJ* 173/805-810, 806), sem que isso caracterize situação de ilegítima interferência na esfera orgânica de outro Poder da República" (MS 24.831-DF, Tribunal Pleno, j. 22.06.2005, rel. Min. Celso de Mello, *DJU* 04.08.2006, p. 26).

[849] "Tribunal de Contas. Nomeação de seus membros em Estado recém-criado. Natureza do ato administrativo. Parâmetros a serem observados. Ação popular desconstitutiva do ato. Tribunal de Contas de Tocantins. Provimento de Cargo de Conselheiros. A nomeação dos membros do Tribunal de Contas do Estado recém-criado não é ato discricionário, mas vinculado a determinados critérios, não só estabelecidos pelo art. 235, III, das Disposições Gerais, mas também, naquilo que couber, pelo art. 73, § 1.º, da CF/1988. Notório saber. Incs. III do art. 235 e III do § 1.º do art. 73 da CF/1988. Necessidade de um mínimo de pertinência entre as qualidades intelectuais dos nomeados e o ofício a desempenhar. Precedente histórico: parecer de Barbalho e a decisão do Senado. Ação popular. A não observância dos requisitos que vinculam a nomeação enseja a qualquer do povo sujeitá-la a correção judicial, com a finalidade de desconstituir o ato lesivo à moralidade administrativa. Recurso extraordinário conhecido e provido para julgar procedente a ação" (STF, RE 167137, 2.ª T., j. 18.10.1994, rel. Min. Paulo Brossard, *DJ* 25.11.1994, p. 32.312).

[850] O STF, no MS 26900-MC (Tribunal Pleno, j. 12.09.2007, rel. Min. Eros Grau, *DJe* 60, div. 03.04.2008), possibilitou que treze deputados federais assistissem à sessão que deliberava sobre a cassação do então Presidente do Senado, Renan Calheiros.

[851] Cf. STF, ADIn 162-MC, Tribunal Pleno, j. 14.12.1989, rel. Min. Moreira Alves, *DJ* 19.09.1997, p. 45.525; STF, ADIn 1753-MC, Tribunal Pleno, j. 16.04.1998, rel. Min. Sepúlveda Pertence, *DJ*

e 1.798-3/1999, que pretendiam alterar o prazo decadencial para ação rescisória, de dois para cinco anos, quando proposta pela União, os Estados, o Distrito Federal ou os Municípios e suas respectivas autarquias e fundações públicas, a fim de relativizar a coisa julgada, além de trazer nova hipótese de rescindibilidade para as decisões – incluindo indenizações, expropriatórias ou similares flagrantemente superiores ao preço de mercado – estabelecendo manifesto privilégio processual aos entes públicos.[852]

4.3.3 Efetivação judicial dos direitos fundamentais sociais

Os direitos fundamentais possuem dimensões subjetivas e objetivas.[853] O Estado Liberal limitava os direitos fundamentais no conceito de direitos

12.06.1998, p. 51; STF, RE 217162, 2.ª T., j. 14.12.1998, rel. Min. Carlos Velloso, *DJ* 26.02.1999, p. 17; STF, ADIn 2213-MC, Tribunal Pleno, rel. Min. Celso de Mello, j. 04.04.2002, *DJ* 23.04.2004, p. 7. Verificar, ainda, o seguinte julgado sobre o direito de ficar calado em CPI: STJ - HC 129.698-DF (http://www.stf.jus.br/portal/diarioJustica/verDiarioProcesso.asp?numDj=159&dataPublicacaoDj=14/08/2015&incidente=4821179&codCapitulo=6&numMateria=109&codMateria=2).

[852] "Raia, no entanto, pela irrisão a afirmação de urgência para as alterações questionadas à disciplina legal da ação rescisória, quando, segundo a doutrina e a jurisprudência, sua aplicação à rescisão de sentenças já transitadas em julgado, quanto a uma delas – a criação de novo caso de rescindibilidade – é pacificamente inadmissível, e, quanto à outra – a ampliação do prazo de decadência –, é pelo menos duvidosa: razões da medida cautelar na ADIn 1753, que persistem na presente. 2. Plausibilidade, ademais, da impugnação da utilização de medidas provisórias para alterar a disciplina legal do processo, à vista da definitividade dos atos nele praticados, em particular, de sentença coberta pela coisa julgada. 3. A igualdade das partes é imanente ao *procedural due process of law*; quando uma das partes é o Estado, a jurisprudência tem transigido com alguns favores legais que, além da vetustez, têm sido reputados não arbitrários por visarem a compensar dificuldades da defesa em juízo das entidades públicas; se, ao contrário, desafiam a medida da razoabilidade ou da proporcionalidade, caracterizam privilégios inconstitucionais: parece ser esse o caso na parte em que a nova medida provisória insiste, quanto ao prazo de decadência da ação rescisória, no favorecimento unilateral das entidades estatais, aparentemente não explicável por diferenças reais entre as partes e que, somadas a outras vantagens processuais da Fazenda Pública, agravam a consequência perversa de retardar sem limites a satisfação do direito do particular já reconhecido em juízo. 4. No caminho da efetivação do *due process of law* – que tem particular relevo na construção sempre inacabada do Estado de direito democrático – a tendência há de ser a da gradativa superação dos privilégios processuais do Estado, à custa da melhoria de suas instituições de defesa em juízo, e nunca a da ampliação deles ou a da criação de outros, como – é preciso dizê-lo – se tem observado neste decênio no Brasil" (STF, ADIn 1910-MC, Tribunal Pleno, rel. Min. Sepúlveda Pertence, j. 22.04.2004, *DJ* 27.02.2004, p. 19).

[853] Vide item 3.3.6, supra.

subjetivos às liberdades clássicas (negativas) de ação. Tais direitos subjetivos devem continuar sendo garantidos para assegurar a autoafirmação dos indivíduos, mas, a partir do Estado Social, foram *completados* pelos direitos fundamentais de proteção.

Os direitos subjetivos não podem ser referidos a indivíduos atomizados e alienados, os quais se colocam uns contra os outros. O ordenamento jurídico, sob a perspectiva dos direitos fundamentais sociais, resulta da compreensão de que as pessoas são membros da sociedade, isto é, são sujeitos que devem se respeitar, que possuem direitos e deveres recíprocos, e, como integrantes do mesmo meio social constituídos por membros livres e iguais, devem colaborar entre si.[854]

Não basta ter liberdade em relação ao Estado, devendo-se desfrutar essa liberdade, mediante a atuação do Estado, que deve proteger os indivíduos contra as investidas do Poder Público e também contra a agressão propiciada por particulares. Para isso, o Estado deve colocar à disposição das pessoas os meios materiais, bem como implementar as condições fáticas que possibilitem o efetivo exercício das liberdades fundamentais.[855]

Os direitos fundamentais sociais, previstos no art. 6.º da CF/1988 (educação, saúde, trabalho, moradia, lazer, segurança, previdência social, proteção à maternidade e à infância e assistência aos desamparados), impõem *obrigações de fazer* ao Estado.[856] Tais direitos abriram a possibilidade de transformação da sociedade a partir do Direito.

No entanto, é preciso ressaltar que o discurso acerca do Estado, ao longo do século XX, atravessou três fases distintas: a) a *pré-modernidade* (ou Estado Liberal); b) a *modernidade* (ou Estado Social); e c) a *pós-modernidade* (ou Estado Neoliberal).

O Brasil chega à pós-modernidade sem ter conseguido ser *liberal* nem *moderno*. Não obteve êxito em resolver a gravíssima desigualdade social,

[854] Cf. Jürgen Habermas. *Direito e democracia*... cit., vol. 1, p. 119-121.

[855] Cf. Gilmar Ferreira Mendes. Os direitos fundamentais e seus múltiplos significados na ordem constitucional. p. 5-6 e 10.

[856] A respeito do conceito de direitos fundamentais sociais, explica Paulo Gilberto Cogo Leivas: "Eles são, em sentido material, direitos a ações positivas fáticas, que, se o indivíduo tivesse condições financeiras e encontrasse no mercado oferta suficiente, poderia obtê-las de particulares, porém, na ausência destas condições e, considerando a importância destas prestações, cuja outorga ou não outorga não pode permanecer nas mãos da simples maioria parlamentar, podem ser dirigidas contra o Estado por força de disposição constitucional" (*Teoria dos direitos fundamentais sociais*. p. 89).

resultante da péssima distribuição de renda, e do modo como trata, pela via jurídica, incluídos e excluídos.[857]

Problemas como a efetivação dos direitos fundamentais sociais são próprios de países, como o Brasil, onde o Estado não assegura o *mínimo essencial* ao desenvolvimento das pessoas. Tal questão, por outro lado, não é tão problematizada para as condições vividas na Europa ou nos Estados Unidos, onde, havendo maior respeito ao mínimo social contido nas necessidades básicas dos bens constitucionais fundamentais, o Direito procura muito mais assegurar a liberdade do que promover a igualdade.[858]

O modelo neocapitalista impõe ao Estado justificar suas políticas pelos critérios econômicos.[859] O estado atual do capitalismo globalizado se revela perverso, porque, como meio de incrementar a produção competitiva, gera aumento das desigualdades sociais. Impõe, pela *exclusão do trabalho*, uma espécie de *darwinismo social*, colocando à margem da sociedade capitalista o hipossuficiente, o débil, o enfermo, o imigrante, o pobre, que sucumbem na luta com os mais fortes, desenvolvendo uma ética *aética*, voltada ao lucro a qualquer preço.[860]

Apesar disso, e na contramão de uma possível "globalização" de moldes constitucionais, no Brasil, onde os direitos sociais ainda não foram integralmente promovidos, cabe a defesa de uma *teoria adequada a países de moderni-*

[857] "A constatação inevitável, desconcertante, é que o Brasil chega à pós-modernidade sem ter conseguido ser liberal nem moderno. Herdeiros de uma tradição autoritária e populista, elitizada e excludente, seletiva entre amigos e inimigos – e não entre certo e errado, justo ou injusto –, mansa com os ricos e dura com os pobres, chegando ao terceiro milênio atrasados e com pressa" (Luís Roberto Barroso. Fundamentos teóricos... cit., p. 8).

[858] "Tão logo fracassa o comunismo, renascem, de imediato, com vigor máximo as ideias liberais, agora 'recauchutadas' com o rótulo 'neo', propondo liminarmente a eliminação ou sangramento das conquistas trabalhistas e direitos sociais, do mesmo passo em que revive o imperialismo pleno e incontestado, sob a designação aparentemente técnica de 'globalização'. Não há nisto, como é óbvio, coincidência alguma. O que há é disseminação de *ideias políticas*, de interesses dos países dominantes e das camadas sociais mais favorecidas" (Celso Antônio Bandeira de Mello. A democracia e suas dificuldades...cit., p. 19).

[859] "O Estado é tomado definitivamente pelas injunções econômicas. Não se dá mais o trabalho de justificar a política. Aceita-se como fato consumado o triunfo do capital. A pressa da vida contemporânea despreza qualquer tentativa de justificação conceitual. O direito sempre foi política e essa última foi determinada pela economia" (Arnaldo Sampaio de Moraes Godoy. Notas introdutórias... cit., p. 12).

[860] Cf. Luiz Fernando Coelho. *Direito Constitucional...* cit., p. 301.

dade tardia.[861] O intuito é fazer prevalecer valores como o da solidariedade e da igualdade substancial, frente ao individualismo e ao capitalismo selvagem. Em síntese, em países periféricos, em termos de legitimidade e democracia, o Estado de Direito não irá prosperar sem o Estado Social.[862]

Vale ressaltar que o modelo de Estado Social, defendido no transcurso deste trabalho, é aquele que satisfaz as necessidades básicas da população (*mínimo existencial*), promovendo as políticas públicas indispensáveis para assegurar a tutela dos interesses dos seres humanos mais vulneráveis da sociedade. Com isso, refuta-se o modelo de Estado Assistencialista, pelo qual todos ou quase todos os encargos seriam arcados pelo poder público, o que contribuiria para o agigantamento do aparato e da burocracia estatais sem trazer a eficiência buscada e conseguida pelas livres iniciativa e concorrência. Em contrapartida, também deve ser rejeitada a noção do Estado Mínimo, em que todos ou quase todos os encargos deveriam ser atribuídos aos indivíduos ou aos grupos privados, assumindo o poder público, tão somente, o dever de realizar o mínimo (*v.g.*, educação fundamental, saúde básica, assistência aos desamparados e administração da justiça), bem como a obrigação de não interferir na esfera particular (*desregulamentação da economia*: pelo afastamento do Estado do mercado, pela remoção de todos os obstáculos à competição e à livre concorrência, além de estimular ao máximo as iniciativas empresariais).[863]

Tampouco se justifica afirmar que a norma contida no art. 6.º da CF/1988 é meramente *programática* e, por isto, não apresenta nenhuma eficácia positiva senão a de ser observada pelo legislador, quando da positivação do

[861] Cf. Lenio Streck. A inefetividade dos direitos sociais e a necessidade da construção de uma teoria da Constituição dirigente adequada a países de modernidade tardia. p. 27-64.

[862] "A meu parecer, em termos de legitimidade e democracia, jamais há de prosperar, em países periféricos, Estado de Direito sem Estado social. Mas os neoliberais da democracia negativa não têm a esse respeito o mesmo entendimento. Forcejam por passar certidão de óbito à intangibilidade da garantia que protege os direitos sociais na Constituição. Enquanto não logram esse desiderato, buscam mantê-los instáveis debaixo da ameaça de revogação, ou, como se isto já fora possível, fazê-los retroceder vazios às esferas pragmáticas da Constituição, isto é, ao tempo em que permaneceram relegados ao esquecimento e abandono na época clássica do constitucionalismo liberal" (Paulo Bonavides. O direito à paz... cit., p. 18). Com isto, pode-se afirmar que o problema não está no modelo capitalista, mas nas distorções sociais que tal sistema produz. Para tanto, são indispensáveis políticas públicas que combatam tais desigualdades, a começar pelo investimento maciço em educação.

[863] Cf. Luiz Fernando Coelho. *Direito Constitucional*... cit., p. 302.

direito social. Mesmo tais normas têm força jurídica e vinculam os poderes públicos. A não realização, pelo legislador ou pelo administrador público, dos direitos sociais implica a caracterização da *inconstitucionalidade por omissão*, sendo vedado o *non facere*.[864]

A inércia estatal em tornar efetivos os direitos fundamentais sociais, especialmente em países de modernidade tardia, revela o desprezo dos governantes pela Constituição.[865] O Estado, quando se omite na efetivação destes direitos, ofende gravemente a Lei Fundamental, compelindo as instituições integrantes do sistema de justiça a buscar a defesa e, de preferência, a observância desses direitos sem a intervenção judicial. Contudo, se forem frustrados os mecanismos extrajudiciais de solução de conflitos, cabe ao Judiciário atuar para restaurar o respeito e a autoridade da Constituição.

4.3.4 Direito fundamental à tutela jurisdicional célere, adequada e efetiva

Entre os direitos a ações positivas do Estado ou a prestações em sentido amplo, estão abrangidos *direitos à organização e procedimentos*.

O aspecto jurídico-processual dos direitos fundamentais ou o *due process iusfundamental* assegura a existência de *meios* – organizações e procedimentos – capazes de produzir resultados de acordo com os direitos fundamentais.[866]

A perspectiva constitucional dos direitos fundamentais garante o *direito ao "justo" processo*, isto é, não mais um processo apenas estruturado formalmente (estático), mas entendido como *garantia mínima de meios e resultados*,

[864] Cf. José Carlos Vieira Andrade, *Os direitos fundamentais na Constituição Portuguesa de 1976* cit., p. 206.

[865] Ao contrário, buscando conferir sentido moderado à tutela dos direitos fundamentais sociais, José Joaquim Gomes Canotilho elenca as seguintes possibilidades de positivação jurídico-constitucional dos direitos sociais: a) *normas programáticas*: ao definirem tarefas e fins ao Estado, surtem efeitos no momento da concretização dos direitos fundamentais sociais; b) *normas de organização*: atribuem competência ao legislador para a emanação de medidas relevantes no plano social, gerando sanções políticas para o seu descumprimento; c) *garantias institucionais*: impõem ao legislador o dever de proteger certas instituições (como a família, a administração local, a saúde pública etc.), adotando medidas relacionadas com o *valor social eminente* dessas instituições; d) *direitos subjetivos*: impõem o dever de o Estado criar pressupostos materiais indispensáveis ao exercício dos direitos sociais e, em contrapartida, a faculdade de o cidadão exigir, de forma imediata, as prestações constitutivas desses direitos. Cf. Tomemos a sério...cit., p. 37-38.

[866] Cf. Robert Alexy. *Teoría de los derechos...* cit., p. 455.

uma vez que deve ser concretizada não apenas a suficiência quantitativa mínima dos meios processuais, mas também um resultado modal (ou qualitativo) constante.[867]

O *garantismo* representa a outra face do neoconstitucionalismo. Para além da proclamação formal, direitos não garantidos não são, de fato, direitos.[868] Compreende o conjunto de garantias de caráter social e institucional (políticas e jurisdicionais) voltadas à concretização do Estado Constitucional de Direito. Depende de instrumentos para que se realize o postulado da máxima efetividade dos direitos fundamentais, reduzindo a distância entre *normatividade* e *efetividade*. Afinal, a experiência histórica demonstra que a efetividade de um direito não pode ser confiada somente à boa vontade dos governantes.[869]

Propõe que, para os direitos serem garantidos e satisfeitos concretamente, é necessário formular *técnicas idôneas* para garantir o máximo grau de efetividade dos direitos fundamentais. Isso implica concluir que, no plano da jurisdição constitucional, os juízes não estão apenas sujeitos às leis, mas também a análise crítica de seu significado, como meio de controle da legitimidade constitucional.[870]

Na formulação de técnicas idôneas, é indispensável compreender, no contexto dos direitos fundamentais, aqueles de organização e de procedimentos. Tais direitos podem ser entendidos tanto como direitos ao estabelecimento de determinados institutos processuais ou a certos procedimentos quanto a uma determinada interpretação ou aplicação concreta das regras e dos princípios processuais.[871] Com efeito, vinculam, simultaneamente, os legisladores e os juízes.

O art. 5.º, XXXV, da CF/1988 não assegura apenas o direito de acesso à justiça. De nada adiantaria possibilitar o ingresso à justiça se o processo judicial não garantisse *meios* e *resultados*. Por isso, especialmente após o acréscimo, pela EC 45/2004, do inc. LXXVIII ao art. 5.º da CF/1988, a

[867] Cf. Luigi Paolo Comoglio, Corrado Ferri e Michele Taruffo. *Lezioni sul processo civile*. vol. 1, p. 63.

[868] Cf. Luigi Ferrajoli. Diritti fondamentali...cit., p. 26.

[869] Cf. Christian Courtis. Op. cit., p. 193-194; Luiz Flávio Gomes, Direitos humanos e regra interpretativa *pro homine*. p. 200-202.

[870] Cf. Hernán Alejandro Olano García. Op. cit., p. 38.

[871] Cf. Robert Alexy. *Teoría de los derechos*... cit., p. 458.

exemplo da interpretação do art. 6.º, n. 1,[872] da Convenção Europeia dos Direitos do Homem e do Cidadão,[873] o inc. XXXV do art. 5.º da CF/1988 deve ser interpretado como um direito fundamental à tutela jurisdicional adequada, célere e efetiva. Por exemplo, o *excesso de prazo* da prisão cautelar, quando não atribuível à defesa, sendo exclusivamente imputável ao aparelho judiciário, e mesmo tratando-se de crimes hediondos, afronta o valor constitucional da dignidade da pessoa humana (art. 1.º, III, da CF/1988), a garantia constitucional do devido processo legal (art. 5.º, LIV, da CF/1988) e da presunção de inocência (art. 5.º, LVII, da CF/1988), além do direito fundamental à razoável duração do processo (art. 5.º, LXXVIII, da CF/1988).[874]

[872] Dispõe o referido dispositivo: "1. Qualquer pessoa tem direito a que a sua causa seja examinada, equitativa e Publicamente, num prazo razoável por um tribunal independente e imparcial, estabelecido pela lei, o qual decidirá, quer sobre a determinação dos seus direitos e obrigações de carácter civil, quer sobre o fundamento de qualquer acusação em matéria penal dirigida contra ela. O julgamento deve ser público, mas o acesso à sala de audiências pode ser proibido à imprensa ou ao público durante a totalidade ou parte do processo. Quando, a bem da moralidade, da ordem pública ou da segurança nacional numa sociedade democrática, quando os interesses de menores ou a protecção da vida privada das partes no processo o exigirem, ou, na medida julgada estritamente necessária pelo tribunal, quando, em circunstâncias especiais, a Publicidade pudesse ser prejudicial para os interesses da justiça".

[873] Cf. Nicolò Trocker. Dal giusto processo all'efettività dei rimedi: l' "azione" nell'elaborazione della Corte europeia dei diritti dell'uomo. Parte Prima. p. 51-53.

[874] "Nada justifica a permanência de uma pessoa na prisão, sem culpa formada, quando configurado excesso irrazoável no tempo de sua segregação cautelar (...), considerada a excepcionalidade de que se reveste, em nosso sistema jurídico, a prisão meramente processual do indiciado ou do réu, mesmo que se trate de crime hediondo ou de delito a este equiparado. O excesso de prazo, quando exclusivamente imputável ao aparelho judiciário – não derivando, portanto, de qualquer fato procrastinatório causalmente atribuível ao réu – traduz situação anômala que compromete a efetividade do processo, pois, além de tornar evidente o desprezo estatal pela liberdade do cidadão, frustra um direito básico que assiste a qualquer pessoa: o direito à resolução do litígio sem dilações indevidas (art. 5.º, LXXVIII, da CF/1988) e com todas as garantias reconhecidas pelo ordenamento constitucional, inclusive a de não sofrer o arbítrio da coerção estatal representado pela privação cautelar da liberdade por tempo irrazoável ou superior àquele estabelecido em lei. A duração prolongada, abusiva e irrazoável da prisão cautelar de alguém ofende, de modo frontal, o postulado da dignidade da pessoa humana, que representa – considerada a centralidade desse princípio essencial (art. 1.º, III, da CF/1988) – significativo vetor interpretativo, verdadeiro valor-fonte que conforma e inspira todo o ordenamento constitucional vigente em nosso País e que traduz, de modo expressivo, um dos fundamentos em que se assenta, entre nós, a ordem republicana e democrática consagrada pelo sistema de Direito Constitucional positivo (...). Constituição Federal (art. 5.º, LIV e LXXVIII). EC 45/2004. Convenção Americana sobre Direitos Humanos (art. 7.º, ns. 5 e 6). Doutrina. Jurisprudência. A prisão cautelar – qualquer que seja a modalidade que

Por outro lado, o direito fundamental à tutela jurisdicional efetiva, adequada e eficiente vincula o legislador, seja para obrigá-lo a regulamentar dispositivos constitucionais para melhor assegurar a proteção judiciária (*v.g.*, art. 5.º, LXVII, da CF/1988), seja para limitar a atuação legislativa (*v.g.*, vedando a criação de taxas judiciárias não razoáveis).[875] Desse modo, o art. 5.º, XXXV, da CF/1988 não tem teor somente técnico-processual, assumindo aspectos extrajudiciais e substanciais.

Com isso, relativiza-se a tradicional distinção entre *substance* e *procedure*. Direito processual e direito material não se diferem por critérios absolutos. Mesmo os direitos formais devem ser, igualmente, limitados por dados materiais da realidade, pelos substratos dos princípios jurídicos e pelas estruturas existentes, podendo-se afirmar que há conteúdos substanciais nas disposições processuais.[876] Assim, evita-se a compreensão de que o direito processual é uma ciência rigorosamente formal, abstrata, com fórmulas puras e regras vazias, destituídas de conteúdo e neutras quanto a valores.

Torna-se, destarte, possível o desenvolvimento da técnica processual com o intuito de promover a tutela do direito material. Afinal, de nada adiantaria alguém ser titular de um direito material se não houvesse tam-

ostente no ordenamento positivo brasileiro (prisão em flagrante, prisão temporária, prisão preventiva, prisão decorrente de sentença de pronúncia ou prisão motivada por condenação penal recorrível) – não pode transmudar-se, mediante subversão dos fins que a autorizam, em meio de inconstitucional antecipação executória da própria sanção penal, pois tal instrumento de tutela cautelar penal somente se legitima se se comprovar, com apoio em base empírica idônea, a real necessidade da adoção, pelo Estado, dessa extraordinária medida de constrição do *status libertatis* do indiciado ou do réu. Precedentes" (STF, HC 88.025-ES, 2.ª T., j. 13.06.2006, rel. Min. Celso de Mello, *DJU* 16.02.2007, p. 86). Verificar, ainda, dentre outros: HC 94.294-SP, 2.ª T., j. 05.08.2008, rel. Min. Cezar Peluso, *DJe* 211, div. 06.11.2008. HC 139372, Relator(a): Min. Ricardo Lewandowski, Segunda Turma, julgado em 30/05/2017, Processo Eletrônico DJe-124 Divulg 09-06-2017 Public 12-06-2017; HC 140215 AgR, Relator(a): Min. Dias Toffoli, Segunda Turma, julgado em 31/03/2017, Processo Eletrônico DJe-087 Divulg 26-04-2017 Public 27-04-2017.

875 O STF (na Rp 1.077, j. 28.03.1984, rel. Min. Moreira Alves) considerou inconstitucional o art. 118 da Lei Estadual 383 do Rio de Janeiro, que fixava a taxa judiciária, genericamente, em 2% sobre o valor da causa. Concluiu que não haveria equivalência razoável entre o custo real dos serviços e o montante que o usuário deveria pagar. A alíquota invariável tornaria, nas causas acima de determinado valor, a atuação do Estado desproporcional ao benefício obtido pelo usuário.

876 Cf. Friedrich Müller. Op. cit. vol. 1, p. 275-276.

bém um direito ao procedimento ou ao processo indispensável para assegurar a sua eficácia.[877]

Incorpora-se, pois, a noção de *efetividade* do mecanismo processual, antes reservada à sociologia, passando a ser estudada pela dogmática jurídica. O direito processual jamais poderá impedir a realização do direito substancial, sendo que todo e qualquer obstáculo, presente na lei processual, deve ser analisado à luz do art. 5.º, XXXV, da CF/1988. Aqueles considerados desproporcionais e não razoáveis devem ser declarados inconstitucionais, para não se prejudicar a tutela do direito material.

No caso *Kutic v. Croácia*, julgado em 01.03.2002, a Corte Europeia dos Direitos Humanos, ao interpretar o art. 6.º, n. 1, da Convenção Europeia, asseverou que o direito de acesso ao juiz *não é um fim em si mesmo* ("does not only include the right to institute proceedings, but also the right to obtain a determination of the dispute by a court"). Não se resume à constituição de uma relação processual, compreendendo, também, o direito a um provimento jurisdicional *idôneo* à resolução do direito material.[878]

A *adequação* da tutela jurisdicional resulta da sua aptidão para realizar a eficácia prometida pelo direito material, sendo, para tanto, indispensável conjugar, da melhor maneira possível, os valores da efetividade e da segurança.[879]

O direito fundamental à tutela jurisdicional faz com que o direito ao processo não seja caracterizado por um objeto formal ou abstrato (processo *tout court*), assumindo um *conteúdo modal qualificado* (*direito ao processo*

[877] Conforme Goerich, "qualquer direito material postula uma dimensão procedimental/processual e, por isto, reconhecer um direito material constitucional implica necessariamente reconhecer um direito subjetivo ao procedimento/processo indispensável para garantir a eficácia do direito material" (Apud Cristina Queiroz. *Direitos fundamentais...* cit., p. 51).

[878] "Con la disposizione dell'art. 6, par. 1, la convenzione non ha semplicemente inteso assicurare il rapporto tra la parte ed il giudice, vietando l'introduzione di qualsiasi ostacolo capace di impedire o rendere eccessivamente difficile tale rapporto, ma vuole anche – e più incisivamente – garantire al cittadino un certo tipo di risultato ogni qual volta egli si rivolge ad un organo giurisdizionale per la tutela di una posizione giuridica sostanziale, un risultato che rifletta il *proprium* della giurisdizione: definire le controversie attraverso l'accertamento autoritativo della fondatezza di una pretesa giuridica" (Nicolò Trocker. Dal giusto processo all'efettività dei rimedi: l' "azione" nell'elaborazione della Corte europeia dei diritti dell'uomo. Parte Seconda. p. 441).

[879] Cf. Carlos Alberto Alvaro de Oliveira. Os direitos fundamentais à efetividade e à segurança em perspectiva dinâmica. p. 24.

justo), que é a face dinâmica do devido processo legal.[880] Com efeito, não se garante uma perspectiva meramente formal ao fenômeno jurídico, possibilitando que os institutos processuais sejam *filtrados* pela Constituição, sendo substancialmente conformados pelos direitos fundamentais.

A dimensão objetiva do art. 5.º, XXXV, da CF/1988 e, consequentemente, a sua *eficácia irradiante* sobre as leis (processuais) infraconstitucionais permite a construção de técnicas processuais adequadas, céleres e efetivas à realização dos direitos fundamentais. A *ausência* de regras processuais não é, pois, capaz de inviabilizar a realização do direito fundamental à tutela jurisdicional efetiva, cabendo, na ausência de lei expressa, ao juiz suprir a omissão obstacularizadora à proteção dos direitos materiais.[881]

O controle da omissão inconstitucional, pelo modelo difuso, é possível quando a falta da lei impossibilitar a tutela do direito fundamental no caso concreto. [882] O controle da omissão constitucional, por qualquer juiz ou Tribunal, convive com os mecanismos de controle concentrado de constitucionalidade ou mesmo com ações próprias, como o mandado de injunção.

Por exemplo, apesar de não haver previsão para que a tutela antecipada, em caso de *alimentos indenizativos* (obrigação de pagamento de soma em dinheiro), seja concedida mediante de desconto em folha de pagamento ou de rendas periódicas, bem como de multa diária e até prisão civil, tais meios executivos podem ser utilizados, pelo juiz, para dar maior efetividade à proteção do direito de alimentos.[883] Outro exemplo: embora aos embargos de declaração a lei não confira *efeitos infringentes*, a jurisprudência dos Tribunais Superiores,[884] suprindo a omissão na legislação proces-

[880] Idem, p. 22.

[881] Segundo Luiz Guilherme Marinoni, "as necessidades do caso concreto podem reclamar técnica processual não prevista em lei, quando o juiz poderá suprir omissão obstacularizadora da realização do direito fundamental à tutela jurisdicional mediante o que se pode denominar de técnica de controle da inconstitucionalidade por omissão" (*Teoria geral*...cit., p. 116). Verificar, ainda: Luiz Guilherme Marinoni. O direito à tutela jurisdicional efetiva na perspectiva da teoria dos direitos fundamentais.

[882] Cf. Luiz Guilherme Marinoni. Do controle da insuficiência de tutela normativa aos direitos fundamentais processuais. p. 239.

[883] Cf. Luiz Guilherme Marinoni. *Teoria geral*...cit., p. 212.

[884] "Recurso extraordinário. Embargos de declaração. Servidor público estadual não estável. Demissão por conveniência administrativa. Contraditório e ampla defesa. Necessidade. 1. Os embargos de declaração não constituem meio processual cabível para reforma do julgado, não sendo possível atribuir-lhes efeitos infringentes, salvo em situações excepcionais. 2. Supostas omissão e contrariedade que dissimulam nítida pretensão de rejulgamento da causa. 3.

sual, vem permitindo a modificação substancial da decisão, em nome dos direitos fundamentais de ação e de defesa.[885] Ainda, não obstante não exista a previsão legal da multa diária para a efetivação das decisões que determinam o pagamento de quantia em dinheiro, pelo postulado da proporcionalidade, no qual está vedada a proibição de insuficiência, pode o juiz preencher a lacuna legal e determinar, se necessário, o seu emprego no caso concreto.[886]

De igual modo, a força irradiante presente no art. 5.º, XXXV, da CF/1988 permite advogar a tese da penhora dos supersalários e de bem de família de valor extraordinário, apesar da ausência de legislação específica (afinal, o Presidente da República, sem apresentar justificação razoável, vetou o art. 649, § 3.º, e o art. 650, parágrafo único, do CPC-1973), resguardando o mínimo indispensável à promoção da dignidade do devedor e de sua família. Logo, nestes termos, é possível a penhora de salário, vencimento, subsídio, soldo, remuneração, proventos de aposentadoria, pensões, pecúlios, montepios, quantias recebidas por liberalidade ou ganhos do trabalhador autônomo (art. 649, IV, do CPC-1973), além do bem de família, acima de determinado valor, considerado exorbitante para os *padrões médios de vida* (por aplicação análoga do art. 649, II, do CPC-1973). Trata-se de solução compromissória que encontra fundamento no valor constitucional da dignidade humana e nos limites ético-jurídicos do processo executivo (art. 620 do CPC-1973), sem deixar de efetivar os legítimos direitos do credor, bem como dando real concretização ao direito ao processo justo, capaz de contribuir para a construção de uma sociedade livre, justa e solidária (art. 3.º, I, da CF/1988) e promover o bem de todos, sem discriminações indevidas (arts. 3.º, IV, e 5.º, *caput*, da CF/1988), que possam dar proteção à fortuna de poucos às custas do sofrimento de muitos.

O Novo Código de Processo Civil, no art. 833, § 2º, atendo a essa realidade, permitiu a penhora de vencimentos, os subsídios, os soldos, os salários, as remunerações, os proventos de aposentadoria, as pensões,

Não se prestam os embargos declaratórios à uniformização de jurisprudência. 4. Embargos de declaração rejeitados" (RE-ED 223.904-MG, 2.ª T., j. 14.12.2004, rel. Min. Ellen Gracie, *DJU* 18.02.2005, p. 45). À guisa de ilustração, verificar, ainda: STJ, EDcl nos EDcl no RMS 21.719-DF, 1.ª T., j. 04.12.2008, rel. Min. Benedito Gonçalves, *DJe* 15.12.2008; TJSC, Agravo de Instrumento n. 2015.046967-1, de Lages, rel. Des. Newton Trisotto, j. 03-12-2015).

885 Cf. Luiz Guilherme Marinoni. *Teoria geral*... cit., p. 343.

886 Cf. Carlos Alberto Alvaro de Oliveira. Os direitos fundamentais... cit., p. 21.

os pecúlios e os montepios, bem como as quantias recebidas por liberalidade de terceiro, os ganhos de trabalhador autônomo e os honorários de profissional liberal para pagamento de prestação alimentícia, independentemente de sua origem, bem como às importâncias excedentes a 50 (cinquenta) salários-mínimos mensais.

Por força da exegese do art. 5.º, XXXV, da CF/1988, pode-se afirmar que tanto na tutela coletiva (por força expressa do art. 83 do CDC c/c o art. 21 da Lei 7.347/1985) quanto na exclusivamente individual vigora o *postulado da atipicidade da tutela*, pelo qual são admissíveis todas as espécies de ações,[887] nele incluídos os meios e instrumentos processuais capazes de propiciar a adequada e efetiva proteção de qualquer direito ou interesse.

Ademais, os arts. 84 do CDC, 297, 497 e 536, § 1º, do NCPC contemplam *cláusulas processuais abertas* que conferem ao jurisdicionado e ao juiz a possibilidade de construírem a ação e o procedimento adequados ao caso concreto.[888] Por exemplo, a leitura constitucional dos arts. 297 e 497 do NCPC, a fim de atender o direito social à saúde, permite, em casos urgentes, o bloqueio de dinheiro público para fornecimento de medicamentos. Com efeito, não deve o Poder Judiciário apelar para a expedição de precatórios, posto que isto seria o mesmo que tornar sem efetividade os direitos fundamentais, relegando a concretização desses direitos aos efeitos deletérios e irreversíveis que o tempo causaria.[889]

Enfim, a concretização do direito fundamental à efetiva tutela jurisdicional depende da conjugação de vários elementos necessários (como a dimensão dos poderes das partes e dos poderes/deveres do órgão judicial,

[887] Cf. Ada Pellegrini Grinover. O controle...cit., p. 26.

[888] Cf. Luiz Guilherme Marinoni. *Teoria geral*...cit., p. 221.

[889] Neste sentido, vale ressaltar o seguinte julgado do STJ: "Em se tratando da Fazenda Pública, qualquer obrigação de pagar quantia, ainda que decorrente da conversão de obrigação de fazer ou de entregar coisa, está sujeita a rito próprio (art. 730 do CPC e art. 100 da CF/1988), que não prevê, salvo excepcionalmente (*v.g.*, desrespeito à ordem de pagamento dos precatórios judiciários), a possibilidade de execução direta por expropriação mediante sequestro de **dinheiro** ou de qualquer outro bem **público,** que são impenhoráveis. 4. Todavia, em situações de inconciliável conflito entre o direito fundamental à saúde e o regime de impenhorabilidade dos bens **públicos,** prevalece o primeiro sobre o segundo. Sendo urgente e impostergável a aquisição do **medicamento,** sob pena de grave comprometimento da saúde do demandante, não se pode ter por ilegítima, ante a omissão do agente estatal responsável, a determinação judicial do **bloqueio** de verbas públicas como meio de efetivação do direito prevalente" (REsp. 851.760-RS, 1.ª T., j. 22.08.2006, rel. Min. Teori Albino Zavascki, *DJU* 11.09.2006, p. 238).

da conformação e da adequação do procedimento, de formas mais apropriadas de tutela jurisdicional)[890] à construção da melhor técnica processual capaz de realizar, mais efetivamente, os direitos materiais.

Para fins argumentativos, com o intuito de limitar o direito fundamental à tutela efetiva, célere e adequada, poderia opô-lo ao princípio da separação de poderes. Poder-se-ia afirmar que aquele está inserido neste e, por isto, a separação dos poderes teria *superioridade hierárquica* ou estar em um *escalão superior*, em caso de colisão.[891] No entanto, não há que se falar em superioridade hierárquica, porque tanto os direitos fundamentais quanto a separação dos poderes estão no *núcleo essencial* da Constituição Federal de 1988 (art. 60, § 4.º, III e IV, da CF/1988), sendo, ambos, igualmente, *cláusulas pétreas* (limitações expressas ao poder constituinte reformador). Evidentemente, o Judiciário integra o princípio da separação dos poderes, mas isso em nada se confunde com o direito fundamental à tutela jurisdicional efetiva, célere e adequada. Da mera existência do Judiciário não decorre tal direito fundamental. Se este existe é para servir de garantia de implementação judicial de todos os direitos fundamentais. Portanto, o princípio da separação de poderes não pode, jamais, ser um obstáculo abstrato e genérico à realização do direito fundamental à tutela jurisdicional.

No entanto, se o legislador tem – entre as proibições de insuficiência e de excesso – ampla margem de liberdade para definir a providência ou o meio para a proteção do direito fundamento, o juiz deve apenas assegurar que o dever de proteção satisfaça as mínimas exigências para a sua eficiência.[892] Cabe ao órgão judicial verificar, em primeiro lugar, se há dever de proteção do direito fundamental para, depois disso, controlar a insuficiência e impor o meio mínimo para a satisfação do dever de proteção no âmbito do caso concreto.

4.3.5 Devido processo legal substancial e a cláusula de proibição de retrocesso social

Além do aspecto instrumental ressaltado no item anterior, para a maior efetividade de direitos fundamentais, a fiscalização judicial dos atos do

[890] Cf. Carlos Alberto Alvaro de Oliveira. Os direitos fundamentais... cit., p. 19.

[891] Cf. Emerson Garcia. Princípio da separação... cit., p. 79-80.

[892] Cf. Luiz Guilherme Marinoni. Do controle da insuficiência de tutela normativa aos direitos fundamentais processuais. p. 243-244.

Poder Público depende do desenvolvimento doutrinário e jurisprudencial da garantia do devido processo legal, em sentido substancial.

Tal garantia, incorporada no art. 5.º, LIV, da CF/1988,[893] foi construída pelo sistema da *common law*. Apareceu, pela primeira vez, no art. 39 da Magna Carta, em 1215, pelo qual "nenhum homem livre será molestado, ou aprisionado, ou despojado, ou colocado fora da lei, ou exilado, ou de qualquer modo aniquilado, nem nós iremos contra ele, nem permitiremos que alguém o faça, exceto pelo julgamento legal de seus pares ou pelo Direito da terra".[894] Depois, constou no capítulo 3.º, parágrafo 3.º, do Estatuto de Eduardo III, o qual determinou que "nenhum homem de qualquer estado ou condição que seja possa ser posto fora da terra ou da posse, ou molestado, ou aprisionado, ou deserdado, ou condenado à morte, sem ser antes levado a responder a um devido processo legal". Por sua vez, foi prevista, em 1789, na Constituição dos Estados Unidos, nas Emendas V,[895] dirigida ao governo nacional, e XIV,[896] voltada aos Estados-membros.

[893] Cf. Paulo Henrique dos Santos Lucon. Devido processo legal substancial. p. 15-30.

[894] A Magna Carta de João Sem Terra, de 1215, limitou os poderes do rei e estabeleceu garantias aos cidadãos, como a instauração do devido processo legal. Porém, naquela época, não eram todo o povo que tinham direitos, já que apenas os nobres podiam reclamar os direitos previstos na Magna Carta (Cf. Albert Noblet. *A democracia inglesa*. Coimbra: Coimbra editora, 1963. p. 28). Foi a partir do século XVII, com a decadência do *Ancien Régime* e a consagração de diversos diplomas legislativos (***Petition of Rights***, 1968; Lei do *Habeas Corpus*, 1679; e o *Bill of Rights*, de 1689), que começa a vigorar a ideia que o poder provem do próprio povo, não do monarca. Foi pela Revolução Francesa (1791) que o poder do monarca foi substituído pela lei como expressão da vontade geral e pela atribuição de funções/competências a serem desenvolvidas por pessoas distintas (Legislativo, Executivo e Judiciário). Cf. Rafael de Lazari e Hugo Pires. Estado de coisas inconstitucional: um dilema judiciário da contemporaneidade. *Revista de direito constitucional e internacional*, vol. 100, março/abril 2017, p. 105-106.

[895] "Ninguém deve ser detido para responder por qualquer capital, ou de outra forma infame crime, salvo se em uma apresentação ou indiciamento de um Grande Júri, exceto em situações em que, na terra ou forças navais, ou na milícia, quando em serviço em tempo real de guerra ou de perigo público, nem qualquer pessoa deve ser assunto para o mesmo crime duas vezes para ser posta em perigo de vida ou de parte, nem é obrigada, em qualquer processo penal, a ser testemunha contra si mesma, nem ser privada da vida, da liberdade ou propriedade sem o devido processo da lei, nem a propriedade privada deve ser tomada para uso público, sem justa compensação".

[896] A seção 1 da referida Emenda, na sua segunda parte, dispõe: "Nenhum Estado-membro poderá fazer ou aplicar nenhuma lei tendente a abolir os privilégios ou as imunidades dos cidadãos dos Estados Unidos; nem poderá privá-los da vida, liberdade ou propriedade, sem devido processo legal; nem poderá denegar a nenhuma pessoa sob sua jurisdição igual proteção das leis".

O devido processo legal visa a assegurar os cidadãos contra o exercício arbitrário e irrestrito dos poderes pelo governo. A garantia do devido processo legal foi desenvolvida pela Suprema Corte norte-americana, em 1856, em *Murray's Lesse v. Hoboken Land & Improvement Co.* A Corte decidiu que tal garantia estava voltada para restringir os Poderes Legislativo, Executivo e Judiciário, não podendo considerar que qualquer processo atendesse o "devido processo legal", tão somente, porque o Legislativo assim quis. Permitiu, assim, que o Judiciário declarasse inconstitucional a regra que violasse a *regra da razão* (*rule of reason*) ou o *standard* da razoabilidade.[897] Conforme John Locke, o Parlamento, ainda que soberano, não pode adotar decisões não razoáveis. E se as adota, a minoria tem direito de desatendê-lo, podendo se insurgir, legitimamente, contra elas.[898]

O controle da constitucionalidade das leis e dos atos normativos evita o *positivismo causalista*, baseado na mera subsunção da regra ao caso concreto, sem qualquer análise normativa ou cognitiva crítica.

Para evitar resultados equivocados, porque em Direito não basta a *solução ôntica*, sendo imprescindível a análise do caso concreto, todo órgão judicial, valendo-se da garantia do devido processo legal em sentido substantivo ou do postulado normativo aplicativo da proporcionalidade,[899] deve proceder ao controle *incidental* da constitucionalidade.

Nesse contexto, pode considerar inconstitucional uma lei com fundamento na *proibição de excesso*,[900] quando um direito fundamental estiver sendo *excessivamente restringido*, vale dizer, qualquer restrição ou limitação em um direito fundamental somente pode ser considerada constitucional se ficar demonstrado que é apta a realizar um fim legítimo e de peso superior ao direito fundamental em questão, sendo indispensável (ou não desproporcional, não razoável, e não indeterminado) à realização desse

[897] Cf. João Gualberto Garcez Ramos. *Curso de processo penal norte-americano*. p. 156-176.

[898] Cf. Francesco Galgano. Il legittimo e Il giusto, p. 5.

[899] A diferenciação entre proporcionalidade e razoabilidade é abordada no item 5.7.13, *infra*.

[900] Humberto Ávila, contudo, afirma que o postulado da proibição de excesso deve ser analisado separadamente do da proporcionalidade, pois, naquele, não se pressupõe a existência de uma relação de causalidade entre um meio e um fim, apenas de se saber se um direito fundamental está sendo excessivamente restingido. Cf. *Teoria dos princípios...* cit., p. 146.

fim[901] (*v.g.*, não considerar porte de arma a situação de alguém carregar uma arma desmuniciada, não estando a munição disponível).[902]

Também é possível considerar uma lei inconstitucional quando violar a *proibição de insuficiência* e isso se dá quando um direito fundamental for *insuficientemente protegido* (*v.g.*, o art. 107, VII, do CP, antes da Lei 11.106/2005, permitia a extinção de punibilidade dos crimes sexuais quando o agente se casava com a vítima).[903]

Além disso, o direito fundamental pode ser protegido com fundamento na *cláusula de proibição de retrocesso social.*

Há dois princípios estruturais dos direitos humanos fundamentais: a *irrevocabilidade* e a *complementariedade solidária.*[904] Pelo primeiro, a consciência ética coletiva deve ampliar-se na histórica, para que aumentem a

[901] Cf. Jorge Reis Novais. Op. cit., p. 101.

[902] Neste sentido, decidiu o STF no RHC 81.057-SP, 1.ª T., j. 25.05.2004, rel. Min. Sepúlveda Pertence, *DJU* 29.04.2005, p. 30. Todavia, em sentido contrário, consolidou-se a jurisprudência, mais recente, do STF e do STJ: a) "II – Para a configuração do crime de porte de arma de fogo não importa se a arma está ou não municiada ou, ainda, se apresenta regular funcionamento. (...). V – Mostra-se, pois, despicienda a ausência ou nulidade do laudo pericial da arma por ter sido realizado por peritos sem conhecimento técnico especializado" (STF, HC 93.188-RS, 1.ª T., j. 03.02.2009, rel. Min. Ricardo Lewandowski, *DJe* 43, div. 05.03.2009); b) "(...) 2. A objetividade jurídica dos crimes tipificados na Lei de Porte de Armas não se restringe à incolumidade pessoal, alcançando, por certo, também, a liberdade pessoal, protegidas mediatamente pela tutela primária dos níveis da segurança coletiva, o que determina a irrelevância da eficácia da arma para a configuração do tipo penal. 3. O laudo pericial da arma, apto a atestar a sua eficiência lesiva, seja nulo, seja ausente, não desconfigura o crime de porte ilegal de arma previsto no art. 16 da Lei 10.826/2003, que revogou a Lei 9.437/1997, uma vez que não prejudica a verificação da materialidade delitiva" (STJ, CC 93.275-MG, 5.ª T., j. 16.09.2008, rel. Arnaldo Esteves Lima, *DJe* 03.11.2008). Ver, ainda, entre outros: STJ, HC 58.594-RJ, 5.ª T., j. 11.12.2007, rel. Min. Laurita Vaz, *DJ* 11.02.2008, p. 1) ; HC 95861, Relator(a): Min. Cezar Peluso, Relator(a) p/ Acórdão: Min. Dias Toffoli, Segunda Turma, julgado em 02/06/2015, Acórdão Eletrônico DJe-128 Divulg 30-06-2015 Public 01-07-2015.

[903] Claus-Wilhelm Canaris cita o seguinte exemplo de proibição de excesso e de insuficiência em relação à autonomia privada: se o legislador concedesse às pessoas plena capacidade negocial somente aos 25 anos de idade, a vedação seria inconstitucional, por violação da proibição de excesso, porque infringiria o art. 2.º, n. 1, da Lei Fundamental alemã, referente à tutela dos direitos de liberdade pessoal ("1. Todos têm direito ao livre desenvolvimento da sua personalidade, desde que não violem os direitos de outrem e não atentem contra a ordem constitucional ou a lei moral"); por outro lado, caso o legislador atribuísse as pessoas com 14 (quatorze) anos a plena capacidade negocial, o legislador violaria a proibição de insuficiência. Cf. *Direitos fundamentais*... cit., p. 35-36.

[904] Cf. Fábio Konder Comparato. *Afirmação histórica*...cit., p. 66-67.

exigência de condições sociais necessárias a propiciar a maior realização possível das virtudes dos seres humanos, o que se traduz na necessária formulação de novos direitos. Pelo segundo, os direitos já consolidados não podem ser suprimidos, por via de novas Constituições ou Convenções Internacionais. Em outras palavras, tendo a Constituição Brasileira de 1988 abolido a pena de morte, ressalvando a sua possibilidade exclusivamente em caso de guerra declarada, nos termos dos arts. 5.º, XLVII, e 84, XIX, da CF/1988, mesmo o advento de nova Constituição não poderia a reestabelecer.[905]

Os Pactos Internacionais de Direitos Humanos de 1966 contemplaram, expressamente, a *cláusula da proibição de retrocesso,* nos respectivos artigos: a) Pacto Internacional sobre Direitos Civis e Políticos, art. 5.º: "§ 1.º Nenhuma disposição do presente Pacto poderá ser interpretada no sentido de reconhecer a um Estado, grupo ou indivíduo qualquer direito de dedicar-se a quaisquer atividades ou de praticar quaisquer atos que tenham por objetivo destruir os direitos ou liberdades reconhecidos no presente Pacto por ou impor-lhes limitações mais amplas do que aquelas nele previstas. § 2.º Não se admitirá qualquer restrição ou suspensão dos direitos humanos fundamentais reconhecidos ou vigentes em qualquer Estado-parte no presente Pacto em virtude de leis, convenções, regulamentos ou costumes, sob pretexto de que o presente Pacto não os reconheça ou os reconheça em menor grau"; b) Pacto Internacional sobre Direitos Econômicos, Sociais e Culturais, art. 5.º: "§ 1.º Nenhuma disposição do presente Pacto poderá ser interpretada no sentido de reconhecer qualquer direito a um Estado, grupo ou indivíduo para empreender actividades ou realizar actos que levem à destruição de qualquer dos direitos ou liberdades reconhecidos no Pacto, ou a maiores limitações do que nele previsto. § 2.º Não poderá admitir-se restrição ou prejuízo de nenhum dos direitos humanos fundamentais reconhecidos ou vigentes num país em virtude de leis, convenções, regulamentos ou costumes, a pretexto de que o presente Pacto não os reconhece ou os reconhece em menor grau".

A Constituição Portuguesa prevê regra expressa sobre a proibição de retrocesso (art. 18.3): "As leis restritivas de direitos, liberdades e garantias têm de revestir caráter geral e abstracto e não podem ter efeito retroac-

[905] Idem, p. 293.

tivo nem diminuir a extensão e o alcance do conteúdo essencial dos preceitos constitucionais".

Inicialmente, há de se considerar que a expressão *proibição de retrocesso social* não é muito feliz, podendo ser substituída por outros conceitos derivados dos princípios da segurança jurídica ou da proteção da confiança, ambos emanados da noção de Estado de Direito Democrático e Constitucional, que, quando violados, acarretariam um *retrocesso social constitucionalmente ilegítimo*.[906] Nesse sentido, o Tribunal Constitucional Português, interpretando o referido art. 18.3 da Constituição lusitana, já decidiu que somente poderá ocorrer *retrocesso social constitucionalmente ilegítimo* quando violados os princípios da proteção da confiança e da segurança dos cidadãos, no âmbito dos direitos econômicos, sociais e culturais.[907]

Com efeito, a cláusula de proibição de retrocesso social está ligada à proteção dos direitos fundamentais econômicos, sociais e culturais. Serve para limitar a liberdade de conformação e a possibilidade de arbítrio do legislador, a fim de que se evite a destruição do mínimo de garantias necessárias à realização desses direitos fundamentais.[908] Porém, isso não significa que a Constituição é um *quadro normativo aberto*, que imprime e exprime uma *unidade de sentido cultural*, não podendo transformar-se em um *programa de governo*, regulando de forma *exaustiva* as situações e os fatos políticos.[909] Por isso, os direitos fundamentais sociais não podem ser vistos como *critérios rígidos*, não retirando os espaços para escolhas entre alternativas democráticas.

O princípio da *proibição de retrocesso*, no Direito Brasileiro, além de poder ser retirada da garantia fundamental do devido processo legal em sentido substancial, também encontra fundamentação na noção de Estado Demo-

[906] Cf. Cristina Queiroz. *O princípio*... cit., p. 71.

[907] Cf. Acórdão 509/2002, com maiores explicações abaixo.

[908] Na explicação de José Carlos Vieira de Andrade, "os preceitos constitucionais relativos aos direitos económicos, sociais e culturais hão-de implicar uma certa garantia de estabilidade das situações ou posições jurídicas criadas pelo legislador ao concretizar as normas respectivas. Esta garantia abrange um mínimo, que reside na proibição de pura e simplesmente destruir essas situações ou posições, aliada à circunstância de se tornarem mais visíveis eventuais violações dos preceitos constitucionais (incluindo o princípio da igualdade), diminuindo assim a liberdade de conformação e a possibilidade de arbítrio legislativo. E poderá atingir um máximo, quando essas concretizações legais devam ser consideradas materialmente constitucionais" (*Os direitos fundamentais*...cit., p. 308).

[909] Cf. José Carlos Vieira de Andrade. *Os direitos fundamentais*... cit., p. 310-311.

crático de Direito (art. 1.º, *caput*, da CF/1988) e no princípio da segurança jurídica (art. 5.º, *caput*, da CF/1988). Também pode ser extraída da cláusula pétrea contida no art. 60, § 4.º, IV, da CF/1988, pela qual não pode ser objeto de emenda constitucional proposta tendente a abolir os direitos e garantias individuais. Tal proibição de retrocesso não é absoluta, não servindo para engessar a argumentação e os espaços democráticos, mas apenas para assegurar *condições materiais básicas* para o exercício democrático de todos. Logo, conquistas sociais – como o Sistema Único de Saúde, a bolsa-escola, a erradicação do trabalho infantil, o fundo de garantia por tempo de serviço e os benefícios de prestação continuada para pessoas idosas, pessoas com deficiência, que não possam manter seu sustento de forma autônoma e com auxílio de sua família, bem como a assistência judiciária gratuita – podem ser alteradas, mas não revogadas, sem que, em seu lugar, sejam promulgados novos dispositivos legais e programas de políticas públicas que preservem os direitos fundamentais sociais já assegurados e efetivados.[910] Ademais, conforme já determinou o Comitê de Direitos Econômicos, Sociais e Culturais da Organização das Nações Unidas (ONU), qualquer medida regressiva deve ser minuciosamente justificada, em relação aos demais direitos previstos no Pacto Internacional dos Direitos Econômicos, Sociais e Culturais, de que o Brasil é signatário, e no contexto da utilização dos *máximos recursos disponíveis*.[911]

O princípio da *proibição de retrocesso social* teve formulação marcadamente ideológica, voltada à vedação da *evolução reacionária*, pressupondo uma direção e uma meta emancipatória, unilateralmente definida: o aumento contínuo de prestações sociais.[912] A crise do Estado do Bem-Estar Social impôs novos contornos ao princípio da proibição de retrocesso social, já que o custeamento ilimitado das prestações sociais contribui para a bancarrota do sistema de previdência social, para o desemprego duradouro etc.[913]

Portanto, a cláusula de proibição de retrocesso social não pode destruir a *autonomia legislativa* ou *administrativa*. Mas o legislador não pode, após consagrar legalmente as prestações sociais (*v.g.*, de assistência social), eliminá-las, revogá-las, aniquilá-las ou anulá-las, sem alternativas ou compen-

[910] Cf. Cláudia Maria da Costa Gonçalves. *Direitos fundamentais*...cit., p. 200-201.

[911] Cf. Alessandra Gotti Bontempo. *Direitos sociais. Eficácia e acionabilidade à luz da Constituição de 1988*. p. 205.

[912] Cf. José Joaquim Gomes Canotilho. Metodologia *fuzzy*... cit., p. 110.

[913] Idem, p. 111.

sações. Assim agindo, haveria violação ao núcleo essencial da dignidade da pessoa humana (*direito a um mínimo de existência condigna*), ao princípio da igualdade ou, ainda, ao nível mínimo de proteção dos direitos fundamentais sociais, já garantidos e consolidados.

Por exemplo, o Tribunal Constitucional português, no Ac 509/2002, sobre o "rendimento social de inserção", ao considerar inconstitucional o decreto da Assembleia da República, que havia aumentado de 18 para 25 anos a idade mínima para a concessão do benefício, afirmou que a "proibição de retrocesso" valeria tão somente: a) quando atingir "o núcleo essencial da existência mínima inerente ao respeito pela dignidade da pessoa humana", isto é, "quando 'sem a criação de outros esquemas alternativos ou compensatórios'"; b) ou quando "a alteração redutora do conteúdo do direito social se faça com violação do princípio da igualdade ou do princípio da proteção da confiança"; c) ou, ainda, quando atingir "o conteúdo de um direito social cujos contornos se hajam iniludivelmente enraizado ou sedimentado no seio da sociedade".

A questão da *não reversibilidade dos direitos fundamentais sociais* é complexa, porque envolve, de um lado, a *autonomia da função legislativa* e, de outro, a *vinculação do legislador à Constituição,*[914] especialmente porque tais direitos têm aplicação imediata (art. 5.º, § 1.º, da CF/1988) e vinculam entidades públicas e privadas (art. 18, n. 1, da Constituição Portuguesa).[915] Em outras palavras, reconhecida a dimensão objetiva dos direitos fundamentais, entendidos como princípios ou valores básicos da ordem constitucional e democrática do Estado de Direito, adquirem significado jurídico-objetivo, transformando-se em *preceitos negativos de competência.*[916]

Nesse diapasão, o legislador deve observar o *postulado da proporcionalidade*, já que a violação da cláusula da proibição de retrocesso tornaria a lei ou o ato normativo inconstitucionais. Tal atuação infringiria a *proibição de insuficiência*, e, especialmente, a *proibição de retrocesso social*, porque estaria reduzindo ou eliminando um padrão de proteção já alcançado.[917] Conse-

[914] Cf. Cristina Queiroz. *O princípio*... cit., p. 78-79.

[915] Tal dispositivo constitucional dispõe que "os preceitos constitucionais respeitantes aos direitos, liberdades e garantias são diretamente aplicáveis e vinculam entidades públicas e privadas".

[916] Cf. Cristina Queiroz. *O princípio*...cit., p. 88-89.

[917] Segundo Claus-Wilhelm Canaris, "o legislador dispõe, em princípio, de amplas possibilidades para conformar o direito infraconstitucional, e, em especial, também para reduzir,

quentemente, caso o legislador suprimisse direitos sociais, sem qualquer alternância ou compensação, resultaria uma *lacuna de proteção*, de modo que não restaria satisfeita a realização eficiente do dever de proteção dos direitos fundamentais, decorrente da cláusula do Estado de Direito Democrático e Constitucional (art. 1.º, *caput*, da CF/1988).[918]

Assim, na medida em que a nova ação (legislativa, administrativa ou judicial) implicar algum retrocesso, deve ser *motivada* pela comprovação da existência de alternativas ou compensações,[919] bem como de que todos

ou eventualmente, até mesmo eliminar um padrão de protecção já alcançado, sem, com isto, descer aquém do mínimo de protecção constitucionalmente imposto, e, portanto, ofender a proibição de insuficiência" (*Direitos fundamentais*... cit., p. 118). Neste sentido, também sustenta Cristina Queiroz: "O legislador dispõe, em princípio, de amplas possibilidades de conformação do direito infraconstitucional, e, em especial, para reduzir, ou eventualmente eliminar, um padrão de proteção já alcançado, sem com isso descer aquém do 'nível mínimo' de proteção constitucionalmente requerido, e, portanto, sem ofender o princípio da 'proibição de insuficiência' (*untermassverbot*)" (*Direitos fundamentais*... cit., p. 122). Do mesmo modo, José Joaquim Gomes Canotilho e Vital Moreira, ao interpretarem o art. 18, n. 3, da Constituição Portuguesa optam por uma teoria *mista*, a fim de evitar, ao mesmo tempo, não suprimir a atuação legislativa nem aniquilar direitos fundamentais: "A garantia do conteúdo essencial é uma baliza última de defesa dos direitos, liberdades e garantias, delimitando um núcleo que em nenhum caso será invadido. Em termos práticos, pode dizer-se que o requisito da proporcionalidade é uma primeira aproximação, dado que a existência de uma restrição 'arbitrária', 'desproporcionada', é um índice relativamente seguro da ofensa do núcleo essencial. Mais, independentemente de haver ou não 'excesso de restrições', há que salvaguardar sempre a extensão do núcleo essencial. Haverá de recorrer-se, porventura, a uma teoria mista, a um tempo absoluta e relativa: relativa, porque a própria delimitação do núcleo essencial dos direitos, liberdades e garantias tem de articular-se com a necessidade de protecção de outros bens ou direitos constitucionalmente garantidos; absoluta, porque, em última análise, para não existir aniquilação do núcleo essencial, é necessário que haja sempre um resto substancial de direito, liberdade e garantia, que assegure a sua utilidade constitucional" (*Constituição da República Portuguesa anotada*, vol. 1, p. 395).

[918] Cf. Cristina Queiroz. *O princípio*... cit., p. 104-105.

[919] A cláusula da proibição de retrocesso, embora seja primariamente vinculadora do legislador, também se estende a todos os agentes públicos responsáveis pela aplicação efetiva das prestações sociais legalmente consagradas. Neste sentido, ensina Cristina Queiroz que "a 'proibição do retrocesso social' determina, de um lado, que, uma vez consagradas legalmente as 'prestações sociais', o legislador não pode depois eliminá-las sem 'alternativas' ou 'compensações'. Uma vez dimanada pelo Estado a legislação concretizadora do direito fundamental social, que se apresenta face a esse direito como uma 'lei de proteção' (*Schutzgesetz*), a ação do Estado, que se consubstanciava num 'dever de legislar', transforma-se num dever mais abrangente: o de não *eliminar* ou *revogar* essa lei. Do outro, a garantia de uma proteção efetiva do direito jusfundamental não resulta criada a partir da legislação, antes esse âmbito de

os recursos públicos disponíveis foram aplicados. Em outros termos, deve restar evidenciado que a não implementação de determinados direitos está justificada pelo emprego do dinheiro público na realização de outros direitos considerados prioritários, diante da prova das necessidades concretas. Constatado que a norma ou a política pública é *regressiva*, deve-se impor uma *presunção de inconstitucionalidade*, transferindo-se ao poder público o ônus de provar a razoabilidade-proporcionalidade da decisão e expor as justificativas da medida tomada.[920]

Todavia, a proibição de retrocesso não incide somente na dimensão vertical dos direitos fundamentais, quando se discute a sua incidência na relação entre Estado e cidadãos. Também nas relações privadas tal questão se coloca, para invalidar leis ou até atos normativos particulares que restrinjam direito social no espaço privado, sem prever outro modelo alternativo (*v.g.*, o cancelamento do instituto da usucapião coletiva, prevista no art. 10 da Lei 10.257/2001, conhecida por Estatuto da Cidade,[921] em detrimento do direito fundamental à moradia, contido no art. 6.º da CF/1988; a resolução normativa de escolas privadas ao determinar a revogação da matrícula de alunos inadimplentes, durante o período escolar, sem que sejam oportunizados mecanismos menos restritivos de cobrança das mensalidades atrasadas ou a aplicação de penalidades pedagógicas (como a suspensão

proteção vem garantido através da *atuação dessa legislação*. Nisto consiste o 'dever de proteção' jurídico-constitucional, que deve ser pressuposto quer pela administração pública quer pelo poder judicial" (*Direitos fundamentais...* cit., p. 103-104).

[920] Cf. Alessandra Gotti Bontempo, *Direitos sociais...* cit., p. 229.

[921] "Art. 10. As áreas urbanas com mais de duzentos e cinquenta metros quadrados, ocupadas por população de baixa renda para sua moradia, por cinco anos, ininterruptamente e sem oposição, onde não for possível identificar os terrenos ocupados por cada possuidor, são susceptíveis de serem usucapidas coletivamente, desde que os possuidores não sejam proprietários de outro imóvel urbano ou rural. § 1.º O possuidor pode, para o fim de contar o prazo exigido por este artigo, acrescentar sua posse à de seu antecessor, contanto que ambas sejam contínuas. § 2.º A usucapião especial coletiva de imóvel urbano será declarada pelo juiz, mediante sentença, a qual servirá de título para registro no cartório de registro de imóveis. § 3.º Na sentença, o juiz atribuirá igual fração ideal de terreno a cada possuidor, independentemente da dimensão do terreno que cada um ocupe, salvo hipótese de acordo escrito entre os condôminos, estabelecendo frações ideais diferenciadas. § 4.º O condomínio especial constituído é indivisível, não sendo passível de extinção, salvo deliberação favorável tomada por, no mínimo, dois terços dos condôminos, no caso de execução de urbanização posterior à constituição do condomínio. § 5.º As deliberações relativas à administração do condomínio especial serão tomadas por maioria de votos dos condôminos presentes, obrigando também os demais, discordantes ou ausentes".

de provas ou a retenção de documentos escolares, inclusive para efeitos de transferência para outra instituição de ensino, em manifesta infringência ao direito fundamental à educação, segundo exegese dos arts. 5.º e 6.º da Lei 9.870/1999).[922]

Em síntese, nenhuma decisão do poder público ou dos particulares pode violar, deliberadamente, o núcleo essencial dos direitos fundamentais ou o nível mínimo de proteção constitucional, sob pena de ser declarada inconstitucional. Por exemplo, embora seja inquestionável que o legislador tenha discricionariedade política para alterar o regime de previdência e de pensões, a liberdade legislativa não pode afetar, de modo desproporcional e retroativo, os direitos subjetivos radicados (*v.g.*, montantes previsíveis de pensões, tempo de cálculo ou a reforma *in pejus* do grau de invalidez dos trabalhadores).[923]

Nesse sentido, é altamente criticável a decisão proferida pelo STF, nas ADIns 3.105 e 3.128, ajuizadas pela Associação Nacional dos Membros do Ministério Público – Conamp e pela Associação Nacional dos Procuradores da República – ANPR contra o art. 4.º da EC 41/2003, que impõe aos servidores públicos aposentados e aos pensionistas, em gozo de benefícios na data de publicação da referida Emenda, bem como aos alcançados pelo disposto no seu art. 3.º, a obrigação tributária de pagar contribuição previdenciária com percentual igual ao estabelecido para os servidores titulares de cargos efetivos.[924] O STF, por maioria de votos, guiados pelo voto

[922] Cf. STJ, REsp 837.580-MG, 1.ª T., j. 15.05.2007, rel. Min. Luiz Fux, *DJ* 31.05.2007, p. 372. Cf., ainda: Daniel Sarmento, *Direitos fundamentais e relações privadas* cit., p. 298-299.

[923] Cf. José Joaquim Gomes Canotilho. Metodologia *fuzzy*... cit., p. 111.

[924] "Art. 3.º É assegurada a concessão, a qualquer tempo, de aposentadoria aos servidores públicos, bem como pensão aos seus dependentes, que, até a data de Publicação desta Emenda, tenham cumprido todos os requisitos para obtenção desses benefícios, com base nos critérios da legislação então vigente. § 1.º O servidor de que trata este artigo que opte por permanecer em atividade tendo completado as exigências para aposentadoria voluntária e que conte com, no mínimo, vinte e cinco anos de contribuição, se mulher, ou trinta anos de contribuição, se homem, fará jus a um abono de permanência equivalente ao valor da sua contribuição previdenciária até completar as exigências para aposentadoria compulsória contidas no art. 40, § 1.º, II, da CF/1988. § 2.º Os proventos da aposentadoria a ser concedida aos servidores públicos referidos no *caput*, em termos integrais ou proporcionais ao tempo de contribuição já exercido até a data de Publicação desta Emenda, bem como as pensões de seus dependentes, serão calculados de acordo com a legislação em vigor à época em que foram atendidos os requisitos nela estabelecidos para a concessão desses benefícios ou nas condições da legislação vigente. Art. 4.º Os servidores inativos e os pensionistas da União, dos Estados, do Distrito

vencedor do Min. Cezar Peluso, julgou constitucional o referido art. 4.º da EC 41/2003 pelos seguintes fundamentos:[925] a) por serem as contribuições espécie de tributo, não há como opor-lhes a garantia constitucional ao direito adquirido: a.1) a norma que institui ou majora tributos incide sobre fatos posteriores à sua entrada em vigor; a.2) não consta do rol dos direitos subjetivos inerentes à situação de servidor inativo o de imunidade tributária absoluta dos proventos correlatos; não se poderia conferir ao servidor inativo nem ao pensionista verdadeira imunidade tributária absoluta, sem previsão constitucional, quanto aos fatos geradores ocorridos após a edição da EC 41/2003, observados os princípios constitucionais da irretroatividade e da anterioridade (art. 150, III, *a* e art. 195, § 6.º, da CF/1988)[926]; b) o princípio constitucional de irredutibilidade da remuneração dos servidores públicos não se estende aos tributos porque não implica imunidade tributária; c) a utilização da percepção de proventos como fato gerador da contribuição previdenciária não configura *bis in idem* de imposto sobre a renda: as contribuições previdenciárias não constituem imposto; d) a contribuição instituída não se faz sem causa, razão por que não se há de falar em confisco ou discriminação sob o fundamento de que não atende aos princípios da generalidade e da universalidade, já que recai só sobre uma categoria de pessoas: d.1) a EC 41/2003 transmudou a natureza do regime previdencial que, de solidário e distributivo, passou a ser meramente con-

Federal e dos Municípios, incluídas suas autarquias e fundações, em gozo de benefícios na data de Publicação desta Emenda, bem como os alcançados pelo disposto no seu art. 3.º, contribuirão para o custeio do regime de que trata o art. 40 da CF/1988 com percentual igual ao estabelecido para os servidores titulares de cargos efetivos. Parágrafo único. A contribuição previdenciária a que se refere o *caput* incidirá apenas sobre a parcela dos proventos e das pensões que supere: I – 50% do limite máximo estabelecido para os benefícios do regime geral de previdência social de que trata o art. 201 da CF/1988, para os servidores inativos e os pensionistas dos Estados, do Distrito Federal e dos Municípios; II – 60% do limite máximo estabelecido para os benefícios do regime geral de previdência social de que trata o art. 201 da CF/1988, para os servidores inativos e os pensionistas da União".

[925] Cf. *Informativo STF*, vol. 357, de 16 a 20.08.2004.

[926] Cristina Queiroz, citando Valério Onida (Eguaglianza e diritti sociali, In: *Corte costituzionale e principio di egualianza*, p. 111-122), sustenta que, "mesmo reconhecendo que o legislador goza de discricionariedade política para alterar o regime de previdência e de pensões, 'é de questionar a sua liberdade de conformação quando as soluções legislativas representarem uma desproporcionada e retroativa afetação de direitos subjetivamente radicados' (montantes previsíveis de pensões, tempo para a reforma, modos de cálculos etc.)" (*Direitos fundamentais*... cit., p. 120).

tributivo e, depois, solidário e contributivo, por meio da previsão explícita de tributação dos inativos, "observados critérios que preservem o equilíbrio financeiro e atuarial", em face da necessidade de se resolver o colapso havido no sistema, em decorrência, dentre outros fatores, da queda da natalidade, do acesso aos quadros funcionais públicos, do aumento da expectativa de vida do brasileiro e, por conseguinte, do período de percepção do benefício; d.2) o sistema previdenciário, objeto do art. 40 da CF/1988, nunca foi de natureza jurídico-contratual, regido por normas de direito privado: o valor pago pelo servidor a título de contribuição previdenciária nunca foi nem é prestação sinalagmática, mas tributo destinado ao custeio da atuação do Estado na área da previdência social; d.3) o regime previdenciário público visa garantir condições de subsistência, independência e dignidade pessoais ao servidor idoso por meio do pagamento de proventos da aposentadoria durante a velhice e, nos termos do art. 195 da CF/1988, deve ser custeado por toda a sociedade, de forma direta e indireta, o que se poderia denominar princípio estrutural da solidariedade; d.4) o regime previdenciário assumiu caráter contributivo para efeito de custeio equitativo e equilibrado dos benefícios, sem prejuízo da observância dos princípios do parágrafo único do art. 194 da CF/1988: universalidade, uniformidade, seletividade e distributividade, irredutibilidade, equidade no custeio e diversidade da base de financiamento; logo, os elementos sistêmicos figurados no "tempo de contribuição", no "equilíbrio financeiro e atuarial" e na "regra de contrapartida" devem ser interpretados em conjunto com os princípios supracitados; e) a cobrança, em si, da contribuição dos inativos não ofende o princípio da isonomia: e.1) o advento da EC 41/2003 estabeleceu, em tese, a existência de três grupos de sujeitos passivos distintos: os aposentados até a data da publicação da Emenda (que se aposentaram com vencimentos integrais); os que se aposentarão após a data de sua edição, mas que ingressaram no serviço público antes dela (que, numa fase de transição, poderão aposentar-se com proventos integrais, observadas as regras do art. 6.º da EC 41/2003); os que ingressaram e se aposentarão após a publicação da Emenda (que poderão, no caso do § 14 do art. 40 da CF/1988, sujeitar-se ao limite atribuído ao regime geral da previdência – art. 201 da CF/1988 – e equivalente a dez salários mínimos); e.2) o fato de já estarem aposentados à data da publicação da Emenda não pode retirar a responsabilidade social pelo custeio, já que seu tratamento previdenciário é diverso do reservado aos servidores da ativa; e.3) o caráter contributivo e solidário da previdência social impede essa distorção, que implicaria ofensa ao princípio da "equidade na forma de participação de custeio" (art. 194, parágrafo único, V, da CF/1988).

Sob o enfoque do princípio da proibição do retrocesso social, mais acertada foi a posição vencida, sustentada pelos Mins. Ellen Gracie, Carlos Britto, Marco Aurélio e Celso de Mello, que consideravam que a norma impugnada ofendia dispositivos constitucionais que estariam a salvo da atividade reformadora (art. 60, § 4.º, IV, da CF/1988).

Por fim, atente-se que a cláusula da proibição de retrocesso tem como correlato o postulado do *progressivo desenvolvimento* dos direitos fundamentais, previsto no art. 2.º-1 do Pacto Internacional dos Direitos Econômicos, Sociais e Culturais, nos princípios 25 e 26 do Pacto Internacional dos Direitos Econômicos, Sociais e Culturais, e no art. 26 da Convenção Americana dos Direitos Humanos (Pacto de São José da Costa Rica).[927]

4.3.6 Controle jurisdicional da discricionariedade administrativa

O controle jurisdicional da discricionariedade administrativa encontra obstáculos em posturas tradicionais, presas à ideia de que a cognição dos juízes se limita aos aspectos da legalidade do ato administrativo (competência, forma e finalidade), tornando-se impossível o controle de seu mérito (motivo e objeto), isto é, a conveniência e a oportunidade de sua prática.

Porém, a discricionariedade administrativa é *relativa*, porque a liberdade outorgada ao administrador somente pode ser exercida, na extensão, medidas ou modalidades, necessárias a busca das finalidades constitucionais. Não se pode decidir com base em motivos particulares, de favorecimento ou perseguição, já que isso caracterizaria *desvio de finalidade* e, consequentemente, implicaria a nulidade do ato administrativo pelo Poder Judiciário.

Ainda que a lei se valha de expressões vagas, fluidas ou imprecisas (*v.g.*, "notável saber", "situação urgente", "pobreza", "reputação ilibada", "comportamento indecoroso" etc.), o agente público está sempre vinculado aos campos de certeza positiva e negativa, não podendo atribuir significado *desarrazoado, arbitrário, dissonante do senso comum* ou *desligado do contexto fático, temporal* ou *espacial*.[928] A fluidez dos conceitos jurídicos nada tem a ver com

[927] Sobre tal postulado, verificar o item 5.7.7, infra.

[928] Cf. Celso Antonio Bandeira de Mello. "Relatividade" da competência discricionária. p. 3-4.

a discricionariedade administrativa, porque não se pode confundir a *indeterminação de um enunciado* com a *interpretação indeterminada dos mesmos.*[929]

A liberdade atribuída pelo legislador ao administrador não se confunde com a *autonomia da vontade* própria do direito privado, pela qual o sujeito age se quiser e como quiser, desde que não viole a lei. No exercício da autonomia privada, pode o sujeito do direito retirar-se do espaço público (*liberdade negativa*) e, inclusive, deixar de prestar contas ou apresentar argumentos públicos aceitáveis dos seus planos de ação.[930]

Por outro lado, o exercício de uma *função administrativa* decorre de um *dever-poder*, tem caráter instrumental; com isso, a discricionariedade administrativa é um meio para se concretizar o interesse público.[931] Assim, o que deve mover o administrador não é a vontade, como ocorre no Direito Privado, mas sim o fim previsto no ordenamento jurídico. A liberdade conferida ao agente existe para que ele, no caso concreto, encontre a *solução mais adequada* para *implementar o interesse público.*

[929] Neste sentido, decidiu o STF (RMS 24.699, 1.ª T., rel. Min. Eros Grau, *Lex-STF*, vol. 27, n. 322, 2005, p. 167-183), como se depreende do voto do relator: "a discricionariedade, bem ao contrário do que sustenta a doutrina mais antiga, não é consequência da utilização, nos textos normativos, de 'conceitos indeterminados'. Só há efetivamente discricionariedade quando expressamente atribuída, pela norma jurídica válida, à autoridade administrativa, essa margem de decisão à margem da lei. Em outros termos: a autoridade administrativa está autorizada a atuar discricionariamente apenas, única e exclusivamente, quando norma jurídica válida expressamente a ela atribuir essa livre atuação. Insisto em que a discricionariedade resulta de expressa atribuição normativa à autoridade administrativa, e não da circunstância de serem ambíguos, equívocos ou suscetíveis de receberem especificações diversas os vocábulos usados nos textos normativos, dos quais resultam, por obra da interpretação, as normas jurídicas. Comete erro quem confunde discricionariedade e interpretação do direito". Verificar, ainda: STJ – MS 9944 – DF – REL. MIN. TEORI ZAVASCKI - Primeira Seção, julgado em 25/05/2005, DJ 13/06/2005, p. 157.

[930] Segundo explica Jürgen Habermas, "a autonomia privada de um sujeito do direito pode ser entendida essencialmente como a liberdade negativa de retirar-se do espaço público das obrigações ilocucionárias recíprocas para uma posição de observação e de influenciação recíproca. A autonomia privada vai tão longe, que o sujeito do direito *não* precisa prestar contas, nem apresentar argumentos Publicamente aceitáveis para os seus planos de ação. Liberdades de ação subjetivas justificam a *saída* do agir comunicativo e a recusa de obrigações ilocucionárias; elas fundamentam uma privacidade que libera o peso da liberdade comunicativa atribuída e imputada reciprocamente" (*Direito e democracia...* cit., vol. 1, p. 156).

[931] Cf. Celso Antonio Bandeira de Mello, "Relatividade" da competência discricionária cit., p. 8-9.

Dessa forma, o controle judicial da Administração Pública não deve cingir ao cumprimento de formalidades legais, sujeitando-se à verificação dos aspectos substanciais exigidos pela Constituição (art. 37, *caput*, da CF/1988). Em outras palavras, a atuação administrativa não está atrelada apenas a legalidade em *sentido formal*, mas também em *sentido substancial*.

Aliás, a Lei 4.717/1965 abriu o caminho para que o Judiciário controlasse o mérito do ato administrativo discricionário. Permite (*v.g.*, nas hipóteses do art. 4.º, III, *c*, e V, *b*), a anulação do ato administrativo, sem considerá-lo ilegal.[932] Essa possibilidade foi ampliada com o art. 5.º, LXXIII, da CF/1988, que dá ensejo, por intermédio da ação popular, à anulação de ato lesivo à moralidade administrativa, sem o requisito da ilegalidade.[933]

Com efeito, na atual fase pós-positivista, em que houve a ampla positivação, por obra da Constituição, dos princípios gerais do direito, os atos administrativos discricionários não podem ser controlados somente pela *legalidade (em sentido formal)*, mas também por sua *justicialidade*.[934]

Essa noção amplificada dos poderes judiciais é tributária da ideia de Estado Democrático de Direito, no qual não basta a observância dos princípios da legalidade e da publicidade dos atos administrativos, legislativos e judiciais, sendo indispensável o respeito aos direitos fundamentais.

Os governos autoritários costumam fortalecer os Poderes do Poder Executivo, reduzindo os do Judiciário. Após a Revolução de 1964, no Brasil, pelo Ato Institucional 1, de 9 de abril daquele ano, autorizou o "Comando Supremo da Revolução" e, em seguida, o Presidente da República a demitir ou dispensar, "mediante investigação sumária", os titulares de garantias de vitaliciedade e de estabilidade, limitando o controle judicial "ao exame de formalidades extrínsecas, vedada a apreciação dos fatos que o motivaram, bem como da sua conveniência ou oportunidade" (art. 7.º e § 4.º).[935] Ainda mais radical foi o art. 6.º do Ato Institucional 3, de 05.02.1966, que

[932] "Art. 4.º São também nulos os seguintes atos ou contratos, praticados ou celebrados por quaisquer das pessoas ou entidades referidas no art. 1.º: (...) III – a empreitada, a tarefa e a concessão do serviço público, quando: (...) *c*) a concorrência administrativa for processada em condições que impliquem na limitação das possibilidades normais de competição; (...) V – a compra e venda de bens móveis ou imóveis, nos casos em que não cabível concorrência pública ou administrativa, quando: (...) *b*) o preço de compra dos bens for superior ao corrente no mercado, na época da operação; (...)".

[933] Cf. Ada Pellegrini Grinover. O controle...cit., p. 10-11.

[934] Cf Andreas. J. Krell. A recepção... cit., p. 46.

[935] Cf. José Carlos Barbosa Moreira. O neoprivatismo...cit., p. 12.

proibiu a apreciação judicial dos atos praticados com fundamento nele próprio e nos respectivos atos complementares.[936] Com efeito, limitar os poderes dos juízes, restringindo a independência do Poder Judiciário e submetendo-o à mera posição de instrumento do Poder Executivo, é uma tendência ligada aos regimes totalitários (*v.g.*, pela transferência de certas áreas de atuação do âmbito do Judiciário para órgãos administrativos ou tribunais especiais, sob o controle do Poder Executivo, pelo controle sobre a formação, o recrutamento e a promoção dos magistrados, ou, ainda, pela gestão da dependência financeira do Judiciário).[937]

Nos Estados Democráticos de Direito, é indispensável a *principialização da jurisprudência, por intermédio da Constituição*, para possibilitar *controle jurisdicional* da atuação do Legislativo e do Executivo.[938]

Os princípios gerais do direito, positivados constitucionalmente, aumentaram a margem de *vinculação* dos atos discricionários (proibição da arbitrariedade, razoabilidade, proporcionalidade, igualdade, proteção da confiança legítima etc.).[939] Em síntese, o juízo de conveniência e de oportunidade, inerente ao mérito dos atos administrativos discricionários, deve ser formulado dentro dos princípios constitucionais da Administração Pública[940] e com estrita observância dos direitos fundamentais.

Assim, a margem de liberdade de escolha da conveniência e da oportunidade, conferida à Administração para a prática dos atos administrativos discricionários, não pode excluir o dever de motivação, inerente aos princípios constitucionais da legalidade, impessoalidade e publicidade (art. 37, *caput*, da CF/1988). O ato administrativo deve ser motivado, quando negar, limitar ou afetar direitos ou interesses; impuser ou agravar deveres, encargos ou sanções; decidir processos administrativos de concurso ou seleção pública; dispensar ou declarar a inexigibilidade de processo lici-

936 Idem, ibidem.

937 Cf. Boaventura de Souza Santos, Maria Manuel Leitão Marques e João Pedroso. Os Tribunais...cit., p. 13.

938 Cf. Celso Fernandes Campilongo. *Política, sistema jurídico e decisão judicial*. p. 42.

939 Conforme José Joaquim Gomes Canotilho, "hoje, a subordinação à lei e ao direito por parte dos juízes reclama, de forma incontornável, a principialização da jurisprudência, ou seja, a mediação judicativo-decisória dos princípios jurídicos relevantes para a solução materialmente justa dos feitos submetidos a decisão judicial" (A "principialização" da jurisprudência...cit., p. 83).

940 Cf. Alexandre de Moraes. O princípio da eficiência e a evolução do controle jurisdicional dos atos administrativos discricionários. p. 421.

tatório; decidir recursos administrativos; decorrer de reexame de ofício; deixar de aplicar jurisprudência firmada sobre a questão ou discrepar de pareceres, laudos, propostas e relatórios oficiais; além de importar anulação revogação, suspensão ou convalidação de ato administrativo (art. 50, *caput*, da Lei 9.784/1999).

O ato administrativo discricionário deve indicar, de modo explícito, claro e congruente, os motivos de fato e de direito em que está fundado (art. 50, § 1.º, da Lei 9.784/1999). A mera invocação da cláusula do interesse público ou a indicação genérica da causa do ato administrativo não atende o dever de motivação, dando ensejo à sua anulação judicial.[941] Por exemplo, os candidatos aprovados em concurso público têm direito de serem nomeados para os cargos existentes ou vagos, no prazo de validade do certame; por isso, a recusa da Administração Pública em prover tais cargos, quando há candidatos aprovados, deve ser motivada, ficando tal motivação sujeita ao controle judicial (art. 37, II e IV, da CF/1988).[942] Outro exemplo: o candidato reprovado na fase oral ou no exame psicotécnico[943] tem direito de saber as razões pelas quais não logrou êxito no concurso público, pois, caso contrário, se fosse possível avaliar candidatos com base em critérios meramente subjetivos (sem grau mínimo de objetividade) ou não revelados, restaria violado o direito fundamental de acesso à justiça, impossibilitando que o Judiciário verificasse eventual lesão aos direitos individuais.[944]

Nesse contexto constitucional, pode-se desenvolver a *teoria dos vícios de discricionariedade*, que pode levar à anulação dos atos administrativos quando:[945] a) há *transgressão dos limites do poder discricionário*, ou seja, quando a autoridade escolhe uma consequência jurídica não prevista ou pressupõe equivocadamente a existência de fatos que poderiam ensejar o exercício da discricionariedade; b) há o *não exercício do poder discricionário*, ou seja, quando a autoridade promove investigação deficiente dos fatos e se julga

941 Cf. STJ, MS 9.944/DF, 1.ª Seção, j. 25.05.2005, rel. Min. Teori Albino Zavascki, *DJ* 13.06.2005, p. 157. Verificar, ainda: os seguintes julgados: STJ, MS 22.245/DF, Rel. Min. Benito Gonçalves, 1ª Seção, julgado em 10/05/2017, DJe 29/05/2017; AgInt no RMS 52.794/PE, Rel. Min. Regina Helena Costa, 1ª T., julgado em 16/05/2017, DJe 22/05/2017.

942 Cf. STF, RE 227.480, 1.ª T., j. 16.09.2008, rel. Min. Carmén Lúcia, *DJe* 157, div. 20.08.2009.

943 Cf. STJ, RMS 19.880-SC, 5.ª T., j. 15.09.2005, rel. Min. José Arnaldo da Fonseca, *DJ* 17.10.2005, p. 321.

944 Cf. STF, AgIn 457.944-AgRg-DF, 1.ª T., j. 21.09.2004, rel. Min. Cezar Peluso, *DJ* 15.10.2004, p. 7.

945 Cf. Andreas. J. Krell. A recepção... cit., p. 46.

vinculada pela lei, quando, na verdade, há liberdade de decisão; c) há *abuso do poder discricionário*, que é o vício mais comum, vale dizer, quando a autoridade deixa de se dirigir pela finalidade prevista em lei ou viola direitos fundamentais ou princípios administrativos constitucionais; d) se trata de *redução da discricionariedade a zero* ou quando as circunstâncias normativas e fáticas do caso concreto eliminam a possibilidade de escolha entre diversas opções, tornando-se juridicamente possível somente uma delas.

Paralelamente, os atos administrativos discricionários podem ser controlados pelo Poder Judiciário, valendo-se das teorias do desvio do poder ou de finalidade e dos motivos determinantes.[946] Pela primeira, o Judiciário deve anular o ato administrativo discricionário, quando o administrador, valendo-se dos critérios da conveniência e da oportunidade, atinge fim diverso do fixado no ordenamento jurídico, não perseguindo o interesse público (*v.g.*, quando a sanção administrativa aplicada ultrapassa, em espécie ou quantidade, a culpabilidade do autor do fato).[947] Pela segunda teoria, os atos administrativos discricionários somente são válidos se os motivos expostos, pelo administrador, forem verdadeiros, de modo que a inexistência ou a falsidade dos pressupostos fáticos ou normativos afetam a sua validade (*v.g.*, demissão, por Ministro de Estado, de servidor ocupante de função de assessoramento superior, ocupante de cargo sem estabilidade e que poderia ser exonerado *ad nutum*, em razão da revogação da anistia que o beneficiava; todavia, considerada válida a anistia, isto é, anulado o motivo, tornou-se nula a demissão, apesar disso não importar no reconhecimento de estabilidade constitucional).[948]

[946] Cf. Alexandre de Moraes. O princípio da eficiência... cit., p. 422. A propósito, vale mencionar o seguinte julgado do STJ: "Administrativo. Exoneração por prática de nepotismo. Inexistência. Motivação. Teoria dos motivos determinantes. Inexistência. 1. A Administração, ao justificar o ato administrativo, fica vinculada às razões ali expostas, para todos os efeitos jurídicos, de acordo com o preceituado na teoria dos motivos determinantes. A motivação é que legitima e confere validade ao ato administrativo discricionário. Enunciadas pelo agente as causas em que se pautou, mesmo que a lei não haja imposto tal dever, o ato só será legítimo se elas realmente tiverem ocorrido. 2. Constatada a inexistência da razão ensejadora da demissão do agravado pela Administração (prática de nepotismo) e considerando a vinculação aos motivos que determinaram o ato impugnado, este deve ser anulado, com a conseqüente reintegração do impetrante. Precedentes do STJ. 3. Agravo Regimental não provido. (AgRg no RMS 32.437/MG, Rel. Ministro Herman Benjamin, Segunda Turma, julgado em 22/02/2011, DJe 16/03/2011).

[947] Cf. STJ, RMS 13.617-MG, 2.ª T., j. 12.03.2002, rel. Min. Laurita Vaz, p. 183.

[948] Cf. STJ, MS 8.958-DF, 3.ª Seção, j. 14.12.2005, rel. Min. Paulo Medina, *DJ* 20.02.2006, p. 200.

A atuação administrativa, destarte, mais que cumprir cegamente a lei, previamente elaborada segundo processo legislativo regular, deve respeitar os *padrões de razoabilidade e de proporcionalidade*. Tais restrições podem ser justificadas a partir da *garantia constitucional do devido processo legal em sentido substancial*, que é instrumento necessário ao Estado Democrático de Direito, na medida em que pretende impedir a restrição indevida aos direitos fundamentais.

Cabe, pois, ao Judiciário verificar se a atuação administrativa se manteve, ou não, dentro do razoável, considerando ilegal aqueles atos que ferem o *postulado normativo da proprocionalidade*, por não encontrem *respaldo fático* no caso concreto, por se fundarem em *motivos impróprios* em face da Constituição e das leis, por procederem a uma *exegese abusiva dos textos normativos* ou, ainda, por lhes atribuírem uma *extensão desproprocional.*

Por exemplo, o STF[949] considerou inconstitucional ato normativo municipal, pelo qual a Câmara Municipal de Blumenau (SC) criava cargos comissionados de assessoramento parlamentar. Entendeu não haver adequação entre o motivo gerador do ato e o ato praticado. Asseverou, com base no parecer da Procuradoria-Geral da República, que os cargos em comissão criados não se enquadravam naqueles de absoluta confiança, devendo ser de provimento efetivo e, destarte, preenchidos pela via do concurso público. Argumentou que a exigência do certame, para a investidura de cargo público, deve ser interpretada com o máximo rigor (art. 37, II, da CF/1988). Concluiu que os cargos em comissão, para cujo ingresso não exige o concurso público, deveriam constituir exceção, ponderando que, no caso concreto, a Câmara de Vereadores de Blumenau contava com 25 cargos de provimento efetivo e 42 de livre nomeação, o que caracterizava a falta de proporcionalidade entre os meios e os fins a serem atingidos (entre os sacrifícios impostos à coletividade e os benefícios que poderiam ser auferidos por ela), culminando com a declaração de inconstitucionalidade material do ato normativo municipal.

Enfim, toda vez que for possível demonstrar que o ato administrativo não é idôneo para concretizar o interesse público, previsto em abstrato pelo legislador ou pelo constituinte, caberá controle judicial. Em sentido

[949] Cf. RE 365368-AgRg, 1.ª T., j. 22.05.2007, rel. Min. Ricardo Lewandowski, *DJe* 47, div. 28.06.2007.

amplo, pode-se afirmar que cabe ao Poder Judiciário controlar os atos estatais, a partir dos objetivos fundamentais previstos no art. 3.º da CF/1988.[950]

A exemplo do art. 41 da Carta de Direitos Fundamentais da União Europeia,[951] também no Brasil é possível extrair dos arts. 5.º, § 2.º, e 37, *caput*, da CF/1988, o *direito à boa administração*, do qual resulta que a discricionariedade administrativa jamais poderá ser exercida como forma de negação dos direitos fundamentais.[952]

Portanto, a constitucionalização dos princípios constitucionais, aliada à garantia de uma plena proteção judicial aos direitos fundamentais (art. 5.º, XXXV, da CF/1988: "a lei não excluirá da apreciação do Poder Judiciário lesão ou ameaça a direito"),[953] disseminaram, de um lado, uma certa desconfiança em relação à Administração e, de outro lado, um controle mais amplo dos atos administrativos pelo Poder Judiciário,[954] permitindo

[950] Cf. Ada Pellegrini Grinover. O controle...cit., p. 12 e 27.

[951] Tal dispositivo prevê o direito a uma boa administração, estabelecendo, em seu item 1, que "todas as pessoas têm direito a que seus assuntos sejam tratados pelas instituições e órgãos da União de forma imparcial, equitativa e num prazo razoável".

[952] Cf. Juarez Freitas. *Discricionariedade administrativa e direito fundamental à boa administração pública*, p. 22.

[953] Nesse sentido, vale destacar julgado do STJ: "Administrativo e processo civil. Ação civil pública. Ato administrativo discricionário: nova visão. 1. Na atualidade, o império da lei e o seu controle, a cargo do Poder Judiciário, autoriza que se examinem, inclusive, as razões de conveniência e oportunidade do administrador. (...)" (REsp 493.811-SP, 2.ª T., j. 11.11.2003, rel. Min. Eliana Calmon, *DJU* 15.03.2004, p. 236).

[954] Tratando da evolução do controle judicial da discricionariedade dos atos administrativos na Alemanha, Andreas. J. Krell, em lição que também pode ser assimilada no Direito Brasileiro, explica: "Após a criação da República Federal da Alemanha, o poder discricionário da Administração foi consideravelmente reduzido por parte da doutrina e da jurisprudência. A amarga experiência do regime nazista, que erradicou o controle judicial dos atos do Governo e da Administração do regime totalitário, contribuiu para um aumento expressivo do controle judicial em várias áreas da Administração Pública no período pós-guerra. A partir da promulgação da Lei Fundamental de Bonn, de 1949, o reforço do princípio da reserva da lei e a garantia constitucional de uma plena proteção judicial contribuíram para que a doutrina e a jurisprudência, num primeiro momento, adotassem amplamente a linha de que o emprego de 'conceitos indeterminados' numa hipótese legal não atribuía qualquer discricionariedade. Fator decisivo nesse desenvolvimento na Alemanha foi também um sentimento enraizado (porém pouco refletido) de desconfiança em relação à Administração e, por outro lado, uma confiança sólida no trabalho dos juízes. Acreditava-se também na plena viabilidade da 'decifração' das decisões administrativas pelos tribunais através dos meios modernos de hermenêutica, como a 'jurisprudência dos interesses', a interpretação teleológica, a interpretação conforme a Constituição etc." (A recepção... cit., p. 30-31).

o controle, a execução e, no limite, até a *formulação* de políticas públicas, indispensáveis à proteção dos direitos fundamentais.[955]

4.3.7 Protagonismo judiciário

O Poder Judiciário, ao buscar a efetivação dos direitos fundamentais (especialmente os sociais), não está violando o princípio da harmonia e interdependência dos poderes entre si (art. 2.º, da CF/1988).

Nessas hipóteses, o Judiciário apenas verificará se o ato administrativo está *correto*. A conveniência e a oportunidade da Administração não serão substituídas pela conveniência e a oportunidade do Judiciário, posto que o controle judicial recairá apenas sobre os motivos fáticos e jurídicos do ato administrativo frente aos postulados da razoabilidade e da proporcionalidade, os quais são, em última *ratio, critérios de aplicação do direito*. Por exemplo, no ato disciplinar punitivo, a conduta reprovável do servidor público

[955] A propósito, são conhecidos os seguintes julgados do STF: a) Fornecimento de medicamento a paciente com HIV/AIDS: "O direito à saúde – além de qualificar-se como direito fundamental que assiste a todas as pessoas – representa consequência constitucional indissociável do direito à vida. O Poder Público, qualquer que seja a esfera institucional de sua atuação no plano da organização federativa brasileira, não pode mostrar-se indiferente ao problema da saúde da população, sob pena de incidir, ainda que por censurável omissão, em grave comportamento inconstitucional" (AgRgRE 271.286-RS, 2.ª T., j. 12.09.2000, rel. Min. Celso de Mello, *DJU* 24.11.2000, vol. 101); b) Criação de vagas em creches: "Os Municípios – que atuarão, prioritariamente, no ensino fundamental e na educação infantil (art. 211, § 2.º, da CF/1988) – não poderão demitir-se do mandato constitucional, juridicamente vinculante, que lhes foi outorgado pelo art. 208, IV, da Lei Fundamental da República, e que representa fator de limitação da discricionariedade político-administrativa dos entes municipais, cujas opões, tratando-se do atendimento de crianças em creche (art. 208, IV, da CF/1988), não podem ser exercidas de modo a comprometer, com apoio em juízo de simples conveniência ou de mera oportunidade, a eficácia desse direito básico de índole social. Embora inquestionável que resida, primariamente, nos Poderes Legislativo e Executivo, a prerrogativa de formular e executar políticas públicas, revela-se possível, no entanto, no Poder Judiciário, ainda que em bases excepcionais, determinar, especificamente nas hipóteses de políticas públicas definidas pela própria Constituição, sejam estas implementadas, sempre que os órgãos estatais competentes, por descumprirem os encargos político-jurídicos que sobre eles incidem em caráter mandatório, vierem a comprometer, com a sua omissão a eficácia e a integridade de direitos sociais e culturais impregnados de estrutura constitucional" (RE 467.255-SP, j. 22.02.2006, rel. Min. Celso de Mello, *DJU* 14.03.2006, p. 53).

é o pressuposto de fato e a lei que definiu tal comportamento, o pressuposto de direito.[956]

Note-se que o Novo Código de Processo Civil chancela esse modelo de atuação judicial, ao explicitar, no seu art. 1º, que o processo civil deve ser ordenado, disciplinado e interpretado conforme os valores e as normas fundamentais estabelecidos na Constituição. Tal regra é completada pela

[956] "10. Os atos administrativos que envolvem a aplicação de 'conceitos indeterminados' estão sujeitos ao exame e controle do Poder Judiciário. 'Indeterminado' o termo do conceito – e mesmo e especialmente porque ele é contingente, variando no tempo e no espaço, eis que em verdade não é conceito, mas noção, e a sua interpretação [interpretação = aplicação] reclama a escolha de uma, entre várias interpretações possíveis, em cada caso, de modo que essa escolha seja apresentada como adequada. 11. Como a atividade da Administração é infralegal – administrar é aplicar a lei de ofício, dizia Seabra Fagundes –, a autoridade administrativa está vinculada pelo dever de motivar os seus atos. Assim, a análise e ponderação da motivação do ato administrativo informam o controle, pelo Poder Judiciário, da sua correção. 12. O Poder Judiciário verifica, então, se o ato é *correto*. Não, note-se bem – e desejo deixar isso bem vincado –, qual o ato correto. 13. E isso porque, repito-o, sempre, em cada caso, na interpretação, sobretudo de textos normativos que veiculem 'conceitos indeterminados' [vale dizer, noções], inexiste uma interpretação verdadeira [única correta]; a única interpretação correta – que haveria, então, de ser exata – é objetivamente incognoscível (é, *in concreto*, incognoscível). Ademais, é óbvio, o Poder Judiciário não pode substituir-se à Administração, enquanto personificada no Poder Executivo. Logo, o Poder Judiciário verifica se o ato é correto; apenas isso. 14. Nesse sentido, o Poder Judiciário vai à análise do Mérito do ato administrativo, inclusive fazendo atuar as pautas da proporcionalidade e da razoabilidade, que não são princípios, mas sim critérios de aplicação do direito, ponderados no momento das normas de decisão. Não voltarei ao tema, até para não maçar demasiadamente esta Corte. O fato porém é que, nesse exame do Mérito do ato, entre outros parâmetros de análise de que para tanto se vale, o Judiciário não apenas examina a proporção que marca a relação entre meios e fins do ato, mas também aquela que se manifesta na relação entre o ato e seus motivos, tal e qual declarados na motivação. 15. O motivo, um dos elementos do ato administrativo, contém os pressupostos de fato e de direito que fundamentam sua prática pela Administração. No caso do ato disciplinar punitivo, a conduta reprovável do servidor é o pressuposto de fato, ao passo que a lei que definiu o comportamento como infração funcional configura o pressuposto de direito. Qualquer ato administrativo deve estar necessariamente assentado em motivos capazes de justificar a sua emanação, de modo que a sua falta ou falsidade conduzem à nulidade do ato. 16. Esse exame evidentemente não afronta o princípio da harmonia e interdependência dos poderes entre si [CB, art. 2.º]. Juízos de oportunidade não são sindicáveis pelo Poder Judiciário; mas juízos de legalidade, sim. A conveniência e oportunidade da Administração não podem ser substituídas pela conveniência e oportunidade do juiz. Mas é certo que o controle jurisdicional pode e *deve* incidir sobre os elementos do ato, à luz dos princípios que regem a atuação da Administração" (STF, RMS 24.699, 1.ª T., rel. Min. Eros Grau, *Lex-STF*, vol. 27, n. 322, 2005, p. 167-183).

contida no art. 8º do NCPC, pela qual, ao aplicar o ordenamento jurídico, o juiz atenderá os fins sociais e as exigências do bem comum, resguardando e promovendo a dignidade da pessoa humana e observando a proporcionalidade, a razoabilidade, a legalidade, a publicidade e a eficiência.

Acresce, ainda, que o controle judicial dos atos do poder público permite a maior fiscalização e cumprimento da Constituição Federal. Visa combater a corrupção e promover a maior moralização da gestão pública. Por exemplo, o nepotismo (i.e., a contratação de parentes para ocupar cargos em comissão) é prática que, em controle judicial, foi considerada ofensiva ao princípio da moralidade administrativa,[957] podendo o Judiciário recorrer aos princípios constitucionais na ausência de leis ou atos normativos que possibilitem o cumprimento integral da Constituição.[958] Aliás, o controle judicial de atos administrativos discricionários encontra, em matéria de nepotismo, também respaldo na teoria francesa do *desvio do poder (détournement de pouvouir)*.[959] O *desvio da finalidade dos atos administrativos* permite a anulação de atos com fins estranhos ao interesse público ou empregados para alcançar fins diversos dos previstos em lei. Tal posicionamento veio a ser confirmado com a já mencionada Súmula Vinculante 13, editada pelo STF, em 21.08.2008, ao afirmar: "A nomeação de cônjuge, companheiro ou parente em linha reta, colateral ou por afinidade, até o terceiro grau, inclusive, da autoridade nomeante ou de servidor da mesma pessoa jurídica investido em cargo de direção, chefia ou assessoramento, para o exercício de cargo em comissão ou de confiança ou, ainda, de função gratificada na administração pública direta e indireta, em qualquer

957 "Mandado de segurança. Nepotismo. Cargo em comissão. Impossibilidade. Princípio da moralidade administrativa. Servidora pública da Secretaria de Educação nomeada para cargo em comissão no Tribunal Regional do Trabalho da 16.ª Região à época em que o vice-presidente do Tribunal era parente seu. Impossibilidade. A proibição do preenchimento de cargos em comissão por cônjuges e parentes de servidores públicos é medida que homenageia e concretiza o princípio da moralidade administrativa, o qual deve nortear toda a Administração Pública, em qualquer esfera do poder. Mandado de segurança denegado" (STF, MS 23.780-MA, Tribunal Pleno, j. 28.09.2005, rel. Min. Joaquim Barbosa, *DJU* 03.03.2006, p. 71).

958 A propósito, o Tribunal Constitucional alemão, na BVerGE 34, 269, p. 304, decidiu: "O direito não se identifica com a totalidade das leis escritas. Em certas circunstâncias, pode haver um 'mais' de direito em relação aos estatutos positivos do poder do Estado, que tem a sua fonte na ordem jurídica constitucional como uma totalidade de sentido e que pode servir de corretivo para a lei escrita; é a tarefa da jurisdição encontrá-lo e realizá-lo em suas decisões" (Jürgen Habermas. *Direito e democracia*...cit., vol. 1, p. 303).

959 Cf. Andreas. J. Krell. A recepção... cit., p. 28.

dos poderes da União, dos Estados, do Distrito Federal e dos Municípios, compreendido o ajuste mediante designações recíprocas, viola a Constituição Federal".[960]

Por outro lado, conforme orientação do STJ, não incorre em desvio de poder a remoção de servidor público realizada pela Administração, com motivo razoável, suficiente e revestido de interesse público, dentro de critérios de conveniência e oportunidade e com a finalidade precípua de resguardar o bom e regular andamento dos serviços administrativos, desde que o funcionário seja removido para o desempenho de atividades condizentes com as do cargo no qual foi investido, por concurso público (*v.g.*, a remoção motivada e de ofício de servidor do Ministério das Relações Exteriores, lotado em Xangai, exercendo a função de Cônsul Adjunto para Secretaria de Estado, no Brasil).[961]

Além disso, se não é correto afirmar que o juiz não deve impor ao administrador público o que considera ser a aplicação mais oportuna ou conveniente do dinheiro público, mais perverso ainda é manter situações de flagrante descumprimento dos direitos fundamentais (*v.g.*, a da superlotação dos presídios, em manifesta desconsideração da dignidade da pessoa humana;[962] a da não aplicação de recursos mínimos em saúde e educação, retirando da imensa população condições básicas de sobrevivência; o não repasse das verbas orçamentárias para a manutenção de rodovias precárias, gerando elevadíssimos índices de mortalidade etc.).

Confiar, unicamente, na concretização do interesse público, por parte dos administradores públicos, eleitos para isto, é fechar os olhos para a realidade brasileira, marcada por inúmeros políticos despreparados, oportunistas, corruptos ou que fazem uso inadequado do dinheiro público.

O Direito pós-moderno, ao contrário do Direito moderno, não se contenta *passividade jurisdicional*, apostando na vontade transformadora guiada

[960] Cf. STF, ADC 12-MC, Tribunal Pleno, j. 16.02.2006, rel. Min. Carlos Britto, *DJ* 01.09.2006, p. 15.

[961] STJ, MS 21.807/DF, Rel. Ministra Assusete Magalhães, Primeira Seção, julgado em 24/02/2016, DJe 15/03/2016, AgRg no RMS 37.675/SE, Rel. Ministro Benedito Gonçalves, Primeira Turma, DJe de 06/10/2014; RMS 25.512/RR, Rel. Ministra Laurita Vaz, Quinta Turma, DJe de 19/12/2011.

[962] O STF, no RE 580.252-RG/MS, em 17.02.2011, reconheceu Repercussão Geral ao recurso extraordinário que discute a pretensão de obtenção de indenização por dano moral decorrente da excessiva população carcerária.

pela atividade intersocial de produção responsável de projetos de justiça social inclusiva (*pró-atividade* na tutela dos interesses sociais relevantes).[963]

Porém, não há como medir se a transferência de determinadas decisões políticas para o Judiciário representa maior promoção da cidadania e da democracia.[964] Em nenhum regime democrático o poder está, na prática, somente nas mãos do povo. Ainda, em nenhum lugar, a democracia proporciona a igualdade do poder político. A transferência de poder político ao Judiciário, certamente, fará com que a maioria dos cidadãos ganhe mais do que perca

Isso porque a maioria do povo, mesmo que organizado, não goza do poder econômico dos grandes empresários e, por isto, tem influência menor nas esferas de decisão políticas. Mesmo as minorias organizadas possuem menos poder que determinados indivíduos, mais poderosos. São conhecidas e, aparentemente, irremediáveis as distorções do caráter igualitário da democracia. A pretensão dos excluídos pode não encontrar espaço nos Parlamentos, quase sempre sem tempo ou vontade de protegê-los. No entanto, uma demanda judicial pode ser objeto de julgamento específico acerca do direito lesado ou ameaçado.

O direito fundamental ao acesso à justiça (art. 5.º, XXXV, da CF/1988) está assentado no direito do cidadão ter seus direitos analisados por um órgão judicial (*right to day in court*). Persiste, contudo, a pergunta se a maioria dos cidadãos ganha mais com a transferência de poderes políticos para o Judiciário.

O acesso desigual à justiça, em razão dos seus custos e da demora na prestação jurisdicional, favorece mais os ricos que os pobres. Como também os ricos exercem um poder maior sobre os governantes que os pobres, transferir determinadas decisões políticas do Legislativo ou do Executivo para o Judiciário é melhor para os menos afortunados. Apesar das imperfeições do sistema judiciário, especialmente em razão da proteção insuficiente do direito fundamental à assistência judiciária integral e gratuita (art. 5.º, LXXIV, da CF/1988), para as minorias mesmo organizadas e os excluídos de modo geral, é vantajosa a interferência do Judiciário na efetivação dos direitos fundamentais. Há mais probabilidade de que seus direitos sejam ignorados no Parlamento do que pelo Judiciário, pois o *princípio da maio-*

963 Cf. Eduardo Carlos Bianca Bittar. Op. cit., p. 434.

964 Cf. Ronald Dworkin *Uma questão de princípio*...cit., p. 30-32.

ria funciona mais severamente contra as minorias e os excluídos.[965] A pretensão de proteção de seus direitos, levada ao Judiciário, será, pelo menos, analisada e terá uma decisão fundamentada, ainda que contrária à tutela pretendida. No mínimo, o órgão judicial examinará se houve infringência a direitos fundamentais, o que, por si só, é uma garantia contra a indiferença, a omissão e o descaso do Legislativo ou do Executivo.

Portanto, a simples possibilidade de a minoria acessar o Poder Judiciário, para que seus interesses jurídicos venham a ser protegidos, constitui um instrumento adequado para impedir a *ditadura da maioria*, isto é, que a maioria viole, de modo inconstitucional, os direitos da minoria.[966] Assim, a justiça constitucional é capaz de estabelecer um *compromisso constante* entre a maioria e a minoria, em favor da paz social.

A jurisdição no Estado Contemporâneo não se limita a uma exegese puramente formal dos textos jurídicos. Cabe ao Judiciário justificar e fundamentar o significado da norma jurídica, colocando-a em harmonia com a nova realidade social. É função judicial promover a paz social, pela mediação entre grupos e interesses, entre o direito e a justiça.[967]

Por isso, a alternativa ao *passivismo judiciário* não é o *ativismo tosco*,[968] pelo qual o juiz estaria livre para julgar conforme o seu senso de justiça.[969] Defender que o juiz pode ignorar a Constituição ou as leis, os precedentes judiciais que buscaram interpretá-las e os ensinamentos doutrinários que os aclararam, para permitir que o magistrado impusesse o seu próprio ponto de vista, abriria um enorme espaço para a *tirania*.

A intervenção jurisdicional não é ampla e incondicionada. Depende da prévia verificação da violação dos direitos fundamentais. Nessas hipóteses, o Judiciário não pode se eximir de tutelar esses direitos. Dentro dos parâmetros estabelecidos pela argumentação jurídica, sempre mediante decisões motivadas e voltadas à legitimação do exercício do poder jurisdicional, o *protagonismo judiciário*, assim compreendido, justifica-se.

[965] Idem, p. 31-32.

[966] Cf. Cristina Queiroz. *Interpretação constitucional...* cit., p. 133.

[967] Idem, p. 155.

[968] Cf. Ronald Dworkin. *O império...* cit., p. 451-452.

[969] John Hart Ely é um opositor do ativismo judiciário, ao defender: "Numa democracia representativa, as determinações de valor devem ser feitas pelos representantes eleitos e, se a maioria realmente desaprová-los, poderá destituí-los através do voto" (*Democracia e desconfiança*. p. 137).

Aliás, nas situações extremas de violação dos direitos fundamentais (preservação do *mínimo existencial*), sobretudo quando demonstrado que a conduta do agente público é incompatível com a Constituição (*reserva da consistência*) e exista respaldo orçamentário (*reserva do possível*), a intervenção judicial deve ser implacável.[970]

Portanto, o Judiciário, quando procede a interpretação de valores, princípios e regras jurídicas, concretiza o direito, isto é, opera a sua inserção na realidade. A transformação do texto em norma, ou o afastamento da regra por não estar em conformidade com a Constituição ou com os princípios gerais, não se dá de modo arbitrário.[971] A atividade judicial é controlada pelos direitos e garantias fundamentais que compõem o *direito ao justo processo* (*v.g.*, juiz natural, contraditório, ampla defesa, devido processo legal, vedação de provas ilícitas, dever de motivação das decisões etc.). Ainda, a decisão deve ser proferida dentro do discurso jurídico, com linguagem apropriada, e, para legitimar-se, depende da sua força intrínseca de persuasão, ou seja, ser capaz de, mediante seus juízos de valor, convencer a comunidade jurídica e a sociedade.

No âmbito dos direitos fundamentais sociais, o poder discricionário da Administração Pública deve ser analisado com maiores cautelas. A elaboração de instrumentos de execução de programas políticos de intervenção estatal na sociedade (políticas públicas) e os atos administrativos necessários à efetiva implementação dessas políticas são de *ordem pública*. As políticas públicas constitucionais vinculam a Administração Pública.[972]

Porém, a teorização dos limites e possibilidades do *protagonismo judiciário* – por mais equilibrada que seja – não resolve a crise jurídica, instalada especialmente no Poder Legislativo, nem supre a necessidade de reformas políticas, como bem sintetizou Luís Roberto Barroso: "o ativismo judicial, até aqui, tem sido parte da solução, e não do problema. Mas ele é um antibiótico poderoso, cujo uso deve ser eventual e controlado. Em dose excessiva, há risco de se morrer da cura. A expansão do Judiciário não deve desviar a atenção da real disfunção que aflige a democracia brasileira: a crise de representatividade, legitimidade e funcionalidade do

[970] Cf. item 5.6, infra.

[971] Cf. Carlos Alberto Alvaro de Oliveira. Os direitos fundamentais... cit., p. 25.

[972] Cf. Leonardo Augusto Gonçalves, O Ministério Público e a tutela dos direitos sociais, p. 3.

Poder Legislativo. Precisamos de reforma política. E essa não pode ser feita por juízes".[973]

Em conclusão, compete ao Judiciário velar pela *integridade* dos direitos fundamentais, repelir condutas governamentais abusivas, conferir prevalência à dignidade da pessoa humana, fazer cumprir as normas que protegem os grupos mais vulneráveis e neutralizar todo e qualquer ensaio de opressão estatal.[974] A prática da jurisdição, para a efetivação da Constituição, não é interferência indevida do Judiciário na esfera orgânica dos demais poderes da República. Não é censurável o *protagonismo judiciário responsável* quando, diante da inércia e da omissão estatais, a sociedade exige posicionamento jurisprudencial criativo e positivo, para que se faça prevalecer a primazia da Constituição.[975]

4.3.8 Proteção jurisdicional das omissões inconstitucionais

A Revolução Francesa proibiu o juiz de interpretar a lei; caberia a ele, tão somente, aplicar as leis existentes. Havia rígida separação entre as funções judicial e legislativa. Imaginava-se a legislação clara e completa, mas, se excepcionalmente, fosse apresentada hipótese de conflito, obscuridade ou falta de lei, deveria o magistrado, obrigatoriamente, apresentar a questão ao Legislativo para que procedesse à "interpretação autorizada".[976] Nesse sentido, a Lei Revolucionária, de Agosto de 1790, afirmava que "os tribunais judiciários não tomarão parte, direta ou indiretamente, no exercício do Poder Legislativo, nem impedirão ou suspenderão a execução das decisões do Poder Legislativo" (Título II, art. 10) e, ainda, "reportar-se-ão ao corpo legislativo sempre que assim considerarem necessário, a fim de interpretar ou editar uma nova lei" (Título II, art. 12).

No Estado Democrático de Direito contemporâneo, nenhum Poder da República está acima da Constituição e das leis, cabendo ao Judiciário resguardar a supremacia da Lei Fundamental para garantir a ordem jurídica lesada ou ameaçada de lesão. O controle da constitucionalidade, operado

[973] Cf. Judicialização, ativismo judiciário e legitimidade democrática. Disponível em: [http://www.oab.org.br/oabeditora/users/revista/1235066670174218181901.pdf.] Acesso em 11.04.2011.

[974] Cf. Celso de Mello, Op. Cit., p. 8-9.

[975] Idem, p. 17.

[976] Cf. Luiz Guilherme Marinoni. Aproximação crítica... cit., item 10.

pela jurisdição constitucional, serve para relativizar o mito da supremacia do legislador.

Quando um direito está estabelecido na Constituição, o seu conteúdo mínimo essencial não pode ser violado pelo legislador nem pelas autoridades políticas. Implica o dever de respeito, não se admitindo, diretamente, pelo legislador e, indiretamente, pela Administração Pública, a violação, por ação ou omissão, desse conteúdo mínimo essencial.[977]

Nesse contexto, a inércia estatal em tornar efetiva as imposições constitucionais implica desprezar a Constituição.[978] A omissão do Estado impede a aplicabilidade das regras e princípios constitucionais.

Estima-se que no Brasil, passados mais de 20 anos da publicação da Constituição Federal, 142 artigos da Constituição ainda não foram regulamentados.[979] Exemplos de situações previstas na Constituição Federal que ainda dependem de disciplina legal: o art. 37, VII, afirma que os servidores públicos têm direito de greve, *nos termos e nos limites definidos em lei específica*; o art. 81, § 1.º prevê que, vagando os cargos de Presidente e Vice-Presidente da República, nos dois últimos anos do período eleitoral, cabe ao Congresso, *na forma da lei*, proceder à eleição, nos trinta dias após a última vaga; o art. 245 afirma que os herdeiros e os dependentes carentes de pessoas vitimadas por crime doloso têm direito a assistência, pelo Poder Público, *nas hipóteses e nas condições previstas em lei.*

Haverá omissão inconstitucional sempre que o legislador permanecer inativo, isto é, não tenha agido quando existir um *dever de proteção* constitucional ou quando o legislador, mesmo tendo atuado, tenha permanecido, de modo inequívoco, *aquém* (*proibição de insuficiência*) ou *além* (*proibição de excesso*) dos limites impostos, constitucionalmente, à sua competência legislativa de conformação.[980] Enfim, o dever de legislação pode ser violado:[981] a) quando o legislador deixa de executar, de qualquer modo, as imposições

[977] Cf. Christian Courtis. Op. cit., p. 199.

[978] "Nada mais nocivo, perigoso e ilegítimo do que elaborar uma Constituição, sem a vontade de fazê-la cumprir integralmente ou, então, de apenas executá-la com o propósito subalterno de torná-la aplicável somente nos pontos que se mostrarem convenientes aos desígnios dos governantes, em detrimento dos interesses maiores dos cidadãos" (Celso de Mello. Op. Cit., p. 13).

[979] Cf. [http://portal.rpc.com.br/gazetadopovo/vidapublica/conteudo.phtml?tl=1&id=893982&tit=Lacunas-estimulam-judicializacao]. Acessso em 07.06.2009.

[980] Cf. Cristina Queiroz. *Direitos fundamentais*... cit., p. 190; *O princípio*... cit., p. 109-110.

[981] Cf. José Joaquim Gomes Canotilho. Cf. *Constituição dirigente*...cit., p. 333-334.

constitucionais; b) quando as leis de cumprimento das imposições favorecem certos grupos, esquecendo outros; c) quando os atos normativos, que se propõem a realizar certas imposições constitucionais, excluem alguns cidadãos, total ou parcialmente, de forma expressa, das vantagens reconhecidas nas leis de execução.

Compete ao Judiciário verificar se a omissão do Poder Público é inconstitucional para, então, poder preservar a *intangibilidade* da Constituição. A jurisdição constitucional pode ser provocada mediante o ajuizamento de ação direta de inconstitucionalidade por omissão (arts. 102, I, *a*, e 103, § 2.º, da CF/1988), na qual o controle da constitucionalidade é abstrato, dando-se ciência ao Poder competente para a adoção das medidas necessárias ou, em se tratando de órgão administrativo, para que o faça no prazo de 30 dias, além da arguição de preceito fundamental (arts. 102, § 1.º, da CF/1988, e 1.º, parágrafo único, I, da Lei 9.882/1999). Além disso, existe o controle concreto da omissão constitucional, seja pelo ajuizamento do mandado de injunção (art. 5.º, LXXI, da CF/1988), seja por qualquer outra ação (*v.g.*, a ação civil pública, o mandado de segurança e a ação popular), na qual o Judiciário pode, pelo controle difuso da constitucionalidade, declarar a omissão inconstitucional e determinar a proteção concreta do direito fundamental violado.

O cenário é, pois, o da ampliação da atuação judicial, que pode ser explicada por diversos fatores. De um lado, a evolução tecnológica, ocorrida nas últimas décadas do século XX, propiciou, em escala macroscópica, a devastação do meio ambiente (*v.g.*, poluição ambiental, adensamento populacional etc.) e, consequentemente, uma maior ação reguladora e fiscalizadora do Estado.[982] Com isso, houve o *agigantamento estatal*, exigido pela maior, mais extensa e intensa intervenção da Administração Pública, acompanhada pelo aumento exponencial do número de regras, seja no plano legal ou infralegal, gerando verdadeira *inflação legislativa*. Quanto maior é o volume normativo, mais problemas surgem relacionados a antinomias, o que acaba por ensejar a maior necessidade de intervenção do Poder Judiciário. De outro lado, a inércia do legislador faz com que apareçam lacunas no ordenamento jurídico, que devem ser preenchidas pelo administrador ou pelo juiz. A omissão do legislador em regulamentar a

[982] Cf. Celso Antônio Bandeira de Mello. A democracia... cit., p. 10.

Constituição Federal de 1988 estimula a judicialização (*v.g.*, como sucede com o art. 37, VII, da CF/1988, a seguir analisado).

Esse fenômeno, conforme salientado no item 4.3.6 supra, está também ligado à existência de *margens de abertura* no tecido legislativo. As leis estão repletas de termos contraditórios, cláusulas gerais, conceitos vagos e indeterminados que exigem do administrador e do juiz a necessária adequação ao caso concreto,[983] favorecendo uma certa aderência à realidade histórica. Tais técnicas legislativas, em síntese, desempenham três funções:[984] a) permitem a inclusão de situações não pensadas pelo legislador; b) tornam a regra mais duradora, pois o conceito vago ou indeterminável é mais adaptável; c) possibilitam que a mesma norma seja aplicada de forma mais justa, em um mesmo tempo, em lugares diferentes. Com efeito, por essas técnicas, permite-se o intercâmbio entre o sistema jurídico e os demais sistemas (político, econômico, social, cultural etc.) em que está inserido. As cláusulas gerais e os conceitos vagos, ao lado dos princípios jurídicos, são os três *poros* que fazem com que o sistema jurídico respire, se oxigene, possibilitando que o Judiciário adapte o direito às mudanças e às peculiaridades dos casos concretos.[985]

O esquema clássico da separação de poderes não encontra mais respaldo na realidade.[986] As cláusulas gerais e os conceitos jurídicos indeterminados abrem à Administração uma ampla margem de atuação. Logo, uma Administração planejadora, executora e configuradora não pode mais se restringir à implementação de técnicas de normas gerais e suficientemente determinadas, sem levar em conta as questões normativas.[987] Nesse panorama, ganham espaço as agências reguladoras independentes, encarregadas da gestão setorial (*v.g.*, a Aneel – Agência Nacional de Energia Elétrica; a Anatel – Agência Nacional de Telecomunicações e a ANP – Agência Nacional do Petróleo). Com isso, surge um Estado *policêntrico*, que conduz à fragmentação das competências normativas e decisórias estatais.[988]

983 Segundo Richard A. Posner, "o direito não é um texto sagrado, mas uma prática social monótona, vagamente ligada por convicções éticas e políticas. A solidez das interpretações jurídicas e de outras proposições jurídicas é bem mais dimensionada, portanto, através do exame de suas consequências para o universo dos fatos" (Op. cit., p. 624).

984 Cf. Teresa Arruda Alvim Wambier. *Recurso especial, recurso extraordinário*...cit., p. 185.

985 Cf. Teresa Arruda Alvim Wambier. Estabilidade e adaptabilidade... cit., item 5.

986 A propósito, consultar o item 4.1., acima.

987 Cf. Jürgen Habermas. *Direito e democracia*... cit., vol. 1, p. 236-237.

988 Cf. Marçal Justen Filho. *Curso de direito administrativo*. p. 464.

Tais agências reguladoras podem editar normas abstratas infralegais, adotar decisões discricionárias e compor conflitos em um setor econômico. Suas decisões vinculam setores estatais e não estatais, ressalvada a revisão jurisdicional.[989]

Desse modo, é possível enfocar a existência de um direito administrativo *pós-moderno*, isto é, que leve em consideração as alterações sociais, econômicas e políticas contemporâneas.[990] A regulação da economia, pelo Estado de Bem-Estar Social, a intervenção do Estado na criação de infraestrutura (*v.g.*, estradas, saneamento básico, eletrificação e transportes públicos) e a concessão de direitos sociais, econômicos e culturais promoveram enorme expansão da administração pública e do orçamento (social e econômico) do Estado.[991] Envolveram a criação de gigantescos serviços públicos, a contratação de um crescente número de funcionários públicos, empresas e serviços terceirizados, que exigiram quantias cada vez maiores de dinheiro.

Coube à Administração Pública dar efetividade à Constituição, implementando os princípios e valores constitucionais (*compreensão pragmática-concretizadora*).[992] A função administrativa pode ser definida como o conjunto de poderes jurídicos destinados a promover a satisfação de interesses essenciais, *relacionados com a promoção de direitos fundamentais*, cujo desempenho exige uma organização estável e permanente, que se faz sob o regime jurídico infralegal e submetido ao controle jurisdicional.[993]

Todavia, é necessário questionar o que fazer quando a Administração Pública não concretiza, inclusive no exercício de seu poder normativo, os direitos fundamentais. As margens de abertura do tecido normativo, resul-

[989] Idem, p. 467.

[990] Idem, p. 17.

[991] Cf. Boaventura de Souza Santos, Maria Manuel Leitão Marques e João Pedroso. Os Tribunais...cit., p. 8.

[992] Ao tratar da constitucionalização do Direito Administrativo, Marçal Justen Filho ensina: "Trata-se de impregnar a atividade administrativa com o espírito da Constituição, de modo a propiciar a realização efetiva dos princípios e valores ali consagrados. É fundamental dotar o País de uma Constituição, mas isto não basta para produzir um Estado democrático ou a realização dos valores desejados. A transformação concreta da realidade social e sua adequação ao modelo constitucional dependem primordialmente do desenvolvimento de atividades administrativas efetivas. O enfoque constitucionalizante preconizado consiste em submeter a interpretação jurídica de todas as instituições do direito administrativo a uma compreensão fundada concreta e pragmaticamente nos valores constitucionais" (Op. cit., p. 14).

[993] Idem. p. 29.

tante de técnicas legislativas que abusam do uso de cláusulas gerais e de conceitos vagos ou indeterminados, acabam por *delegar* ao juiz as escolhas que o legislador não pôde ou não quis fazer.[994] Assim, transferem parte da valoração jurídica do legislador para o intérprete. Logo, permitem que o Judiciário atue quando a Administração se omite ou exorbita o seu poder normativo. Portanto, a *interpretação criativa* do direito pelo juiz é insuprimível; é um fenômeno *in re ipsa*.[995]

A omissão do Poder Público em agir (*v.g.*, como ocorre, frequentemente, em relação aos órgãos de vigilância sanitária),[996] no plano administrativo, faz com que tais questões sejam trazidas ao Poder Judiciário. Isso contribuiu para com o aumento de demandas judiciais e, portanto, com a maior intervenção dos órgãos judiciais sobre problemas que, em tese, deveriam e poderiam ser resolvidos sem a necessidade de um processo judicial. Ademais, a inércia do Poder Público torna mais complexa a atividade judicial, já que, pelo art. 93, IX, da CF/1988, os juízes têm o dever de motivar suas

[994] Cf. Nicola Picardi. La vocazione del nostro tempo per la giurisdizione. p. 47.

[995] "Non sembra peraltro sopprimibile *tout court* – con um intervento legislativo – un'interpretazione del diritto, enunciata dei giudici, che non sia, al meno in parte, creativa. Il fenomeno, a ben vedere, *est in re ipsa*. Tale interpretazione 'creativa' è certamente dovuta ai difetti consolidati di una legislazione promulgada e prodotta: quanto più un texto legislativo è incompleto, mal formulato, difficilmente inseribile nel sistema normativo di quella determinata materia (magari anche soltanto per incongruenze lingistiche), tanto più esso darà luogo ad interpretazioni discordanti e spunto all'attività 'creatrice' (o, se si preferisce, 'integratrice') della giurisprudenza. Quest'ultima, infatti, svolge il ruolo fondamentale di colmatare le lacune e di risolvere le antinomie della legge per mezzo dell'interpretazione, si da rendenre le norme concretamente applicabili. L'interpretazione 'creatrice' della giurizprudenza sarebbe comunque inevitabile anche se, per assurdo, la qualità della legislazione fosse ineccepibile. Vi sarebero, infatti, pur sempre clausole generali (le c.d. *Generalklauseln* della tradizione tedesca), concetti-valvola, concetti indeterminati e principi generali, da riempire di volta in volta di contenuto e da 'concretizzzare' opportunamente, nella variabilità delle controversie da dirimere" (Luigi Paolo Comoglio e Valentina Carnevale, Il ruolo della giurisprudenza... cit., p. 1069).

[996] A *discricionariedade administrativa* resulta de uma *abertura normativa* que se dá quando a própria lei confere ao administrador uma *margem de liberdade* para constituir o direito no caso concreto. Nestes casos, o legislador transfere ao administrador uma parte de sua *liberdade de conformação legislativa*. Sob este aspecto, a discricionariedade é uma ferramenta necessária para que a *gestão dos interesses sociais se realize* correspondendo *às necessidades de cada momento*. Pela *teoria da essencialidade orientadora*, há uma *restrição parcial da reserva da lei*, cabendo ao Governo e à Administração a regulação do *núcleo central* da reserva da lei, quando a *essência de uma questão administrativa a justifique ou a exija*. Cf. Andreas. J. Krell. A recepção... cit., p. 23-25

decisões, tendo que, inclusive, explicar os motivos concretos para a aplicação de cláusulas gerais, conceitos jurídicos vagos ou indeterminados. Afinal, invocar tais normas abertas, sem justificação, implica na ausência de motivação da decisão judicial. Atento a isso, o Novo Código de Processo Civil afirma, no art. 489, § 1.º, inc. II, que não se considera fundamentada a decisão judicial, seja ela interlocutória, sentença ou acórdão, que empregar conceitos jurídicos indeterminados, sem explicar o motivo concreto de sua incidência no caso.

De qualquer forma, o direito fundamental não pode ficar desprotegido, devendo-se evitar que a supremacia da Constituição seja mero elemento retórico. Para isso, devem ser evitados os enfoques tradicionais que – a pretexto de preservar a discricionariedade administrativa, o mérito do ato administrativo ou o interesse público – inviabilizam o controle concreto e real da atividade administrativa.[997] Por exemplo, se a competência de exercer o controle do risco cabia ao Executivo e este não a realizou, competirá ao Judiciário suprir a *omissão do poder público*, inclusive mediante a concessão de tutela inibitória, evitando o perecimento do direito.[998]

[997] Cf. Carlos Mário da Silva Velloso. O Poder Judiciário como poder político no Brasil do século XXI, p. 14-15; Marçal Justen Filho. Op. cit., p. 14.

[998] Dois exemplos de intervenção judicial: a) "Administrativo e processo civil. Ação civil pública. Obras de recuperação em prol do meio ambiente. Ato administrativo discricionário. 1. Na atualidade, a Administração Pública está submetida ao império da lei, inclusive quanto à conveniência e oportunidade do ato administrativo. 2. Comprovado tecnicamente ser imprescindível, para o meio ambiente, a realização de obras de recuperação do solo, tem o Ministério Público legitimidade para exigi-la. 3. O Poder Judiciário não mais se limita a examinar os aspectos extrínsecos da Administração, pois pode analisar, ainda, as razões de conveniência e oportunidade, uma vez que essas razões devem observar critérios de moralidade e razoabilidade. 4. Outorga de tutela específica para que a Administração destine do orçamento verba própria para cumpri-la. 5. Recurso especial provido" (STJ, REsp 429570-GO, 2.ª T., rel. Min. Eliana Calmon, *RSTJ*, vol. 187, p. 219); b) Despejo *in natura* de esgoto no Rio Parnaíba do Sul. Companhia Estadual de Águas e Esgotos (Cedae) e do Estado do Rio de Janeiro condenados a realizar o detalhamento do Projeto de Estação de Tratamento para a despoluição do Rio Paraíba do Sul, no prazo de 90 dias, sob pena de multa diária de R$ 10.000,00. Após o término deste prazo, a obra deveria ser iniciada imediatamente, sob pena da multa diária acima cominada, respeitando-se o prazo final apurado para a entrega da obra, sob a mesma pena. Fundamento constitucional: art. 225 da CF/1988: "Padece de fragilidade o argumento de que o Governo Estadual do Rio de Janeiro encontra-se em má situação financeira, eis que tal não constitui argumento juridicamente relevante, pois, se assim fosse, não haveria processo de execução, uma vez que todos os executados alegariam insuficiência de recursos" (TRF 2.ª Reg., ApCiv 208.168, 1.ª T., rel. Regina Colei M. C. Pei-

Nesses casos, não há *invasão de competência*, mas apenas *suprimento da prestação do dever de proteção do Estado* (das medidas de controle necessárias), em razão da omissão do órgão que, inicialmente, deveria tê-lo feito. Não há violação ao princípio da separação dos poderes, posto que não se está transferindo a competência do exercício do poder de polícia do Executivo ao Judiciário. No entanto, a atuação do Judiciário no exercício do controle do risco só se justifica quando comprovada a *omissão inconstitucional*, plena ou parcial. Sem o controle prévio da inconstitucionalidade ou da ilegalidade da conduta, o juiz não tem como prestar a tutela jurisdicional.

É possível concluir que o dever de proteção de direito fundamental concerne a todo o Estado, e não apenas ao Executivo ou ao Legislativo. Como um direito fundamental não pode restar desprotegido, sob pena de não vir a ser reconhecido como direito,[999] o Judiciário não pode deixar de exercer o controle da *lesão* ou do *risco de lesão*, para não ser omisso na concretização da Lei Fundamental. A propósito, o art. 1.º, 3, da Lei Fundamental da

xoto, j. 24.02.2003). Cf. Luciane Gonçalves Tessler. O papel do Judiciário na concretização dos direitos fundamentais. p. 163; *Tutelas jurisdicionais do meio ambiente. Tutela inibitória, tutela de remoção do ilícito, tutela do ressarcimento na forma específica*, p. 253-257.

999 "Em princípio, o Poder Judiciário não deve intervir em esfera reservada a outro Poder para substituí-lo em juízos de conveniência e oportunidade, querendo controlar as opções legislativas de organização e prestação, a não ser, excepcionalmente, quando haja uma violação evidente e arbitrária, pelo legislador, da incumbência constitucional. No entanto, parece-nos cada vez mais necessária a revisão do vetusto dogma da Separação dos Poderes em relação ao controle dos gastos públicos e da prestação dos serviços básicos no Estado Social, visto que os Poderes Legislativo e Executivo no Brasil se mostraram incapazes de garantir um cumprimento racional dos respectivos preceitos constitucionais. A eficácia dos Direitos Fundamentais Sociais a prestações materiais depende, naturalmente, dos recursos públicos disponíveis; normalmente, há uma delegação constitucional para o legislador concretizar o conteúdo desses direitos. Muitos autores entendem que seria ilegítima a conformação desse conteúdo pelo Poder Judiciário, por atentar contra o princípio da Separação dos Poderes (...). Muitos autores e juízes não aceitam, até hoje, uma obrigação do Estado de prover diretamente uma prestação a cada pessoa necessitada de alguma atividade de atendimento médico, ensino, de moradia ou alimentação. Nem a doutrina nem a jurisprudência têm percebido o alcance das normas constitucionais programáticas sobre direitos sociais, nem lhes dado aplicação adequada como princípios-condição da justiça social. A negação de qualquer tipo de obrigação a ser cumprida na base dos Direitos Fundamentais Sociais tem como consequência a renúncia de reconhecê-los como verdadeiros direitos. (...) Em geral, está crescendo o grupo daqueles que consideram os princípios constitucionais e as normas sobre direitos sociais como fonte de direitos e obrigações e admitem a intervenção do Judiciário em caso de omissões inconstitucionais" (Andreas Joaquim Krell. *Direitos sociais e controle judicial no Brasil e na Alemanha*. p. 22-23).

República Federal da Alemanha assevera que os "direitos fundamentais que se seguem vinculam a legislação, o Poder Executivo e a jurisdição como direito imediatamente vigente". Caso o Judiciário não estivesse vinculado aos direitos fundamentais, chegar-se-ia à situação imprópria de que a efetivação da Constituição dependeria exclusivamente do legislador, sendo mais intensa quando a regra fosse mais clara e precisa, e menos intensa na hipótese de uma cláusula geral.[1000] A inércia do Estado-Juiz, na tutela dos direitos fundamentais, além de caracterizar uma omissão inconstitucional (art. 5.º, XXXV, da CF/1988), qualifica-se como um verdadeiro *processo informal* de mudança da Constituição.[1001]

Assim, a adoção de medidas judiciais (*v.g.*, fornecimento de medicamentos, ainda que não tenham registro da ANVISA[1002], adoção de práticas antipoluição ou da implementação de programas de segurança e a oferta de vagas em creches e pré-escolas ou em clínicas para tratamentos de toxicômacos) não consiste na usurpação das atividades do Poder Executivo ou

[1000] Claus-Wilhelm Canaris, ao interpretar o referido art. 1.º, n. 3, da Lei Fundamental alemã assevera que, "independentemente de todas as controvérsias em torno da questão da natureza normativa do 'direito dos juízes', pelo menos sob o ponto de vista fático, é, em grande medida, apenas a jurisprudência que confere às leis pleno conteúdo, criando, portanto, *law in action* em contraposição a *law in bools*, e que, assim, influencia decisivamente as consequências práticas da legislação para as posições jurídicas fundamentais dos cidadãos. Acresce que, a não ser assim, chegaríamos à consequência absurda de a protecção dos direitos fundamentais ficar dependente dos acasos da técnica legislativa, sendo, por exemplo, bem mais intensa no caso de uma norma precisa na sua hipótese do que no caso de uma cláusula geral" (*Direitos fundamentais...* cit., p. 40-41).

[1001] Neste sentido, já decidiu o STF: "Se o Estado deixar de adotar as medidas necessárias à realização concreta dos preceitos da Constituição, em ordem a torná-los efetivos, operantes e exequíveis, abstendo-se, em consequência, de cumprir o dever de prestação que a Constituição lhes impôs, incidirá em violação negativa do texto constitucional. Desse *non facere* ou *non praestare*, resultará a inconstitucionalidade por omissão, que pode ser total, quando nenhuma providência for adotada, ou parcial, quando é insuficiente a medida efetivada pelo Poder Público (...). As situações configuradas de omissão inconstitucional – ainda que se cuide de omissão parcial, derivada da insuficiente concretização pelo Poder Público, do conteúdo material da norma impositiva fundada na Carta Política, de que é destinatário – refletem comportamento estatal que deve ser repelido, pois a inércia do Estado qualifica-se, perigosamente, como um dos processos informais de mudança da Constituição, expondo-se, por isso mesmo, à censura do Poder Judiciário" (ADIn 1458, Tribunal Pleno, j. 23.05.1996, rel. Min. Celso de Mello, *DJU* 20.09.1996, p. 3.531).

[1002] STF, STA 761 AgR, Relator(a): Min. Ricardo Lewandowski (Presidente), Tribunal Pleno, julgado em 07/05/2015, Processo Eletrônico DJe-101 Divulg 28-05-2015 Public 29-05-2015.

do Legislativo, mas apenas um *complemento* da atuação deficiente, com o objetivo de evitar lesões ou ameaças de lesões a direitos fundamentais.[1003] Caso contrário, os direitos fundamentais se tornariam *fórmulas vazias*, em virtude de o legislador ou o administrador não ter vontade ou ser incapaz de realizar os direitos fundamentais (individuais e sociais).[1004] Portanto, verificada a *omissão inconstitucional*, total ou parcial, cabe ao Judiciário atuar para efetivar o direito fundamental e, destarte, evitar a violação da Constituição.[1005] Por exemplo, em ação civil pública ajuizada para a criação, implantação e estruturação da Defensoria Pública da Comarca de Apucarana, no Estado do Paraná, o STF reconheceu omissão estatal (falta de Defensoria Pública na Comarca) capaz de comprometer e frustrar direi-

1003 Nas palavras de Ronald Dworkin, "Hércules não é um tirano usurpador que tenta enganar o povo, privando-o do poder democrático. Quando intervém no processo de governo para declarar inconstitucional alguma lei ou outro ato do governo, ele o faz a serviço de seu julgamento mais consciencioso sobre o que é, de fato, a democracia e sobre o que a Constituição, mãe e guarda da democracia, realmente quer dizer" (*O império*...cit., p. 476).

1004 Cf. José Joaquim Gomes Canotilho. *Constituição dirigente*... cit., p. 377.

1005 Outros dois exemplos: a) O STF, em relação ao fornecimento de medicamentos a hipossuficientes, vem decidindo: "Pacientes com esquizofrenia paranoide e doença maníaco-depressiva crônica, com episódios de tentativa de suicídio. Pessoas destituídas de recursos financeiros. Direito à vida e à saúde. Necessidade imperiosa de se preservar, por razões de caráter ético-jurídico, a integridade desse direito essencial. Fornecimento gratuito de medicamentos indispensáveis em favor de pessoas carentes. Dever constitucional do Estado (arts. 5.º, *caput*, e 196 da CF/1988). Precedentes (STF). (...) O Poder Público, qualquer que seja a esfera institucional de sua atuação no plano da organização federativa brasileira, não pode mostrar-se indiferente ao problema da saúde da população, sob pena de incidir, ainda que por censurável omissão, em grave comportamento inconstitucional" (RE-AgRg 393.175-RS, 2.ª T., j. 12.12.2006, rel. Min. Celso de Mello, *DJU* 02.02.2007, p. 140); b) Buscando a implementação do Estatuto da Criança e do Adolescente, o TJRS asseverou ser cabível ação civil pública para implantação de programas de internação e de semiliberdade, não podendo o Estado alegar insuficiência de recursos, sob pena de violação do art. 227 da CF/1988: "A CF, em seu art. 227, define como prioridade absoluta as questões de interesse da criança e do adolescente; assim, não pode o Estado-membro, alegando insuficiência orçamentária, desobrigar-se da implantação de programa de internação e semiliberdade para adolescentes infratores, podendo o Ministério Público ajuizar ação civil pública para que a Administração Estadual cumpra tal previsão legal, não se tratando, na hipótese, de afronta ao poder discricionário do administrador público, mas de exigir-lhe a observância do mandamento constitucional" (7.ª Câm. Civ., j. 12.03.1997, rel. Des. Sérgio Gischkow Pereira, *RT* 743/132). No mesmo sentido, verificar também: TJSC, Agravo de Instrumento n. 0130304-25.2015.8.24.0000, de Campo Erê, rel. Des. Francisco Oliveira Neto, j. 06-06-2017. Atente-se, ainda, que a Lei 13.257/2016 dispõe sobre as políticas públicas para a primeira infância (que abrange os primeiros 06 anos completos de vida da criança).

tos fundamentais de pessoas necessitadas, tendo autorizado o controle jurisdicional para determinar a implementação, pelo Estado, de políticas públicas destinadas a viabilizar o acesso dos necessitados à orientação jurídica integral e à assistência judiciária gratuitas (CF , art. 5º, LXXIV, e art. 134), sem que isso configurasse ofensa ao postulado da divisão funcional do Poder.[1006]

No controle abstrato da constitucionalidade, pelo art. 103, § 2.º, da CF/1988, declarada a inconstitucionalidade, por omissão legislativa, de medida para tornar efetiva norma constitucional, o Judiciário dará ciência ao poder competente para a adoção das providências necessárias e, em se tratando de órgão administrativo, para fazê-lo em 30 dias. Percebe-se, de início, que há injustificável tratamento diferenciado entre a omissão do Poder Executivo e do Legislativo. Aquele, quando deixa de editar a norma indispensável para a efetivação dos direitos constitucionais, deve fazê-lo no prazo de 30 dias. Já o Legislativo, mesmo reconhecida a omissão inconstitucional, não tem prazo para fazê-lo. Essa diferenciação, como afirmado, é injustificável, porque, em ambas as situações, há *omissão inconstitucional*, não havendo razão para tratar a autonomia legislativa de modo diverso da executiva. Por isso, quanto à omissão do legislador, deve o STF cientificá-lo para que supra a lacuna jurídica no prazo de quarenta e cinco dias, aplicando o regime de urgência previsto no art. 64, § 2.º, da CF/1988.[1007] Passados os prazos de 30 dias, para o Poder Executivo, e de 45 dias, para o Legislativo, sem que a omissão declarada inconstitucional seja suprida, deverá o STF proferir decisão normativa, geral e abstrata, de caráter provisório, impedindo que a inefetividade constitucional se perpetue.[1008]

[1006] AI 598212 ED, Relator(a): Min. Celso de Mello, Segunda Turma, julgado em 25/03/2014, Acórdão Eletrônico DJe-077 Divulg 23-04-2014 Public 24-04-2014.

[1007] Cf. Flávia Piovesan. *Proteção judicial contra omissões legislativas: ação direta de inconstitucionalidade por omissão e mandado de injunção.* p. 121-122.

[1008] Conforme Eros Roberto Grau, "o Poder Judiciário é o aplicador último do direito. Isso significa que, se a Administração Pública ou um particular – ou mesmo o Legislativo – de quem se reclama a correta aplicação do direito, nega-se a fazê-lo, o Poder Judiciário poderá ser acionado para o fim de aplicá-lo. (...). Não se pretende, nisso, atribuir ao Judiciário o desempenho de funções que são próprias do Legislativo – ou seja, a de produção do ato legislativo – ou mesmo do Executivo – ou seja, a produção de ato administrativo. O que se sustenta – e, no caso sob o manto do princípio da supremacia da Constituição – é, meramente, cumprir ao Poder Judiciário assegurar a pronta exequibilidade de direito ou garantia constitucional imediatamente, aplicável, dever que se lhe impõe e mercê do qual lhe é atribuído o poder, na

Nesse sentido, embora com a fixação de prazos mais dilatados, o STF vem interpretando o art. 18, § 4.º, da CF/1988,[1009] que prevê a necessidade de lei complementar para regulamentar a criação, a incorporação, a fusão e o desmembramento de Municípios, para reconhecer a omissão legislativa.[1010] Depois de mais de dez anos sem a edição da Lei Complementar Federal, o STF foi além da mera declaração da inércia legislativa do Congresso Nacional, para assegurar a criação excepcional de Municípios, fundado nos princípios da segurança jurídica e da continuidade do Estado.[1011] Tal

autorização que para tanto recebe, de, em cada decisão que a esse respeito tomar, produzir direito" (*A ordem econômica na Constituição de 1988*. p. 335-337).

[1009] "§ 4.º A criação, a incorporação, a fusão e o desmembramento de Municípios, far-se-ão por lei estadual, dentro do período determinado por Lei Complementar Federal, e dependerão de consulta prévia, mediante plebiscito, às populações dos Municípios envolvidos, após Divulgação dos Estudos de Viabilidade Municipal, apresentados e Publicados na forma da lei".

[1010] "(...) 3. A omissão legislativa em relação à regulamentação do art. 18, § 4.º, da Constituição, acabou dando ensejo à conformação e à consolidação de estados de inconstitucionalidade que não podem ser ignorados pelo legislador na elaboração da lei complementar federal. 4. Ação julgada procedente para declarar o estado de mora em que se encontra o Congresso Nacional, a fim de que, em prazo razoável de 18 meses, adote ele todas as providências legislativas necessárias ao cumprimento do dever constitucional imposto pelo art. 18, § 4.º, da Constituição, devendo ser contempladas as situações imperfeitas decorrentes do estado de inconstitucionalidade gerado pela omissão. Não se trata de impor um prazo para a atuação legislativa do Congresso Nacional, mas apenas da fixação de um parâmetro temporal razoável, tendo em vista o prazo de 24 meses determinado pelo Tribunal nas ADIn 2.240, 3.316, 3.489 e 3.689 para que as leis estaduais que criam municípios ou alteram seus limites territoriais continuem vigendo, até que a lei complementar federal seja promulgada contemplando as realidades desses municípios" (ADIn 3682-MT, Tribunal Pleno, j. 09.05.2007, rel. Min. Gilmar Mendes, *DJU* 06.09.2007, p. 37).

[1011] "6. A criação do Município de Luís Eduardo Magalhães importa, tal como se deu, uma situação excepcional não prevista pelo Direito Positivo. 7. O estado de exceção é uma zona de indiferença entre o caos e o estado da normalidade. Não é a exceção que se subtrai à norma, mas a norma que, suspendendo-se, dá lugar à exceção – apenas desse modo ela se constitui como regra, mantendo-se em relação com a exceção. 8. Ao STF incumbe decidir regulando também essas situações de exceção. Não se afasta do ordenamento, ao fazê-lo, eis que aplica a norma à exceção desaplicando-a, isto é, retirando-a da exceção. 9. Cumpre verificar o que menos compromete a força normativa futura da Constituição e sua função de estabilização. No aparente conflito de inconstitucionalidades impor-se-ia o reconhecimento da existência válida do Município, a fim de que se afaste a agressão à federação. 10. O princípio da segurança jurídica prospera em benefício da preservação do Município. 11. Princípio da continuidade do Estado. 12. Julgamento no qual foi considerada a decisão desta Corte no MI 725, quando determinado que o Congresso Nacional, no prazo de dezoito meses, ao editar a lei complementar federal referida no § 4.º do art. 18 da Constituição do Brasil, considere,

orientação melhor se ajusta à efetivação dos direitos constitucionais, não obstante fuja do verdadeiro escopo das ações declaratórias, cuja natureza não permite a constituição de outra norma, para suprir a ausência daquela cuja omissão normativa foi declarada pelo STF. Porém, para contornar a omissão legislativa e manter a criação de Municípios sem previsão legal, foi editada a EC 57, de 18.12.2008, que acrescentou ao art. 96 ao ADCT a seguinte regra: "Ficam convalidados os atos de criação, fusão, incorporação e desmembramento de Municípios, cuja lei tenha sido publicada até 31.12.2006, atendidos os requisitos estabelecidos na legislação do respectivo Estado à época de sua criação."

A tese que advoga que o STF, provisoriamente, profira decisão normativa de caráter geral e abstrato, e não apenas se limite a científicar o órgão público omisso desconsidera, por completo, a natureza jurídica da ação declaratória de inconstitucionalidade por omissão ("*Declarada* a inconstitucionalidade..." – art. 103, § 2.º, da CF/1988).

Por isso, a solução técnica mais adequada para o combate a omissões violadoras de preceitos fundamentais, não adequadamente reprimidas pela ação declaratória de inconstitucionalidade por omissão, é a ação de *arguição de descumprimento de preceito fundamental* (exegese dos arts. 102, § 1º, da CF/1988 e 4º, § 1º, da Lei 9.882/1999).[1012] Não obstante tenha alcance mais reduzido, pois somente atinge *preceitos fundamentais* (expressão não definida pela Constituição nem pela Lei 9.882/1999, mas que deve incluir, pelo menos, os princípios, direitos e garantias fundamentais, previstos nos arts. 1.º a 17 da CF/1988), tal ação constitucional visa, inequivocamente,

reconhecendo-a, a existência consolidada do Município de Luís Eduardo Magalhães. Declaração de inconstitucionalidade da lei estadual sem pronúncia de sua nulidade. 13. Ação direta julgada procedente para declarar a inconstitucionalidade, mas não pronunciar a nulidade" (ADIn 2240-BA, Tribunal Pleno, j. 09.05.2007, rel. Min. Eros Grau, *DJU* 03.08.2007, p. 29).

[1012] Dentre as principais hipóteses de cabimento da arguição de descumprimento de preceito fundamental, encontram-se: a) o controle abstrato preventivo (isto é, da norma, ainda em seu processo de elaboração; p. ex., durante o processo legislativo); b) o controle abstrato da lei ou do ato normativo municipal, em face da CF; c) a declaração de constitucionalidade de leis ou atos normativos estaduais que versem, evidentemente, sobre preceitos fundamentais; d) a mera interpretação das normas constitucionais; e) o mencionado combate às omissões inconstitucionais não adequadamente reprimidas pela ação declaratória de inconstitucionalidade por omissão ou pelo mandado de injunção; f) o controle de atos normativos infralegais (i.e., regulamentos "não autônomos"; g) o controle de atos concretos, apenas formalmente legais ou que possam assumir relevância institucional. Cf. Eduardo Talamini, Arguição de preceito fundamental: função e estrutura, p. 26-28.

evitar ou reparar lesão a preceito fundamental (arts. 102, § 1.º, da CF/1988 e 1.º da Lei 9.882/1999). A decisão judicial proferida na ação de descumprimento de preceito fundamental não se limita a declarar a omissão inconstitucional, como se depreende do art. 10, *caput*, da Lei 9.882/1999, pelo qual cabe ao STF comunicar às autoridades responsáveis pela prática dos atos questionados, *fixando-se as condições e o modo de interpretação e aplicação do preceito fundamental*. Tal preceito é complementado pela regra do § 3.º do referido art. 10, pelo qual se acrescenta que a decisão proferida pelo STF terá eficácia *erga omnes* e *efeito vinculante*, relativamente aos demais órgãos do Poder Público. Com efeito, não se precisa dar ciência ao Poder Executivo ou Legislativo para colmatar lacuna no ordenamento jurídico que torne inviável a realização do preceito fundamental. O próprio STF faz cumprir o preceito fundamental. Por exemplo, na ADPF 54, que versa sobre a questão do aborto de feto com anencefalia, foi conferida aos arts. 124, 126 e 128, I e II, do CP, interpretação conforme a Constituição, para que tal conduta fosse considerada criminosa. Outro exemplo: na ADIn 3.168-DF,[1013] o STF interpretou conforme a Constituição o art. 10 da Lei 10.259/2001, que não obriga a presença de advogados nos Juizados Especiais Federais. Fez, neste caso, a distinção entre Juizados Especiais Cíveis e Criminais, para excluir do âmbito de incidência da regra contida no art. 10 da Lei 10.259/2001 somente os processos de competência dos Juizados Especiais Criminais, prestigiando o princípio constitucional da ampla defesa, a fim de que o acusado não fique privado de defesa técnica de qualidade. Em contrapartida, nos Juizados Especiais Cíveis, as partes podem comparecer pessoalmente em juízo ou designar representante, advogado ou não, desde que a causa não seja superior a sessenta salários mínimos (art. 3.º da Lei 10.259/2001).

Outro exemplo de utilização da ação de descumprimento de preceito fundamental tem sido utilizada pelo STF em relação à questão da superpolulação carcerária.

Na ADPF 347 MC[1014], foi admitida a arguição de descumprimento de preceito fundamental considerada a situação degradante das penitenciárias no Brasil. Nessa oportunidade, o STF se valeu do conceito de estado de coisas inconstitucional. Este estado de coisa inconstitucional foi reco-

[1013] Cf. STF, Tribunal Pleno, j. 08.06.2006, rel. Min. Joaquim Barbosa, *DJe* 72, div. 02.08.2007.

[1014] STF, Relator(a): Min. Marco Aurélio, Tribunal Pleno, julgado em 09/09/2015, Processo Eletrônico DJe-031, Divulg 18-02-2016, Public 19-02-2016

nhecido pela primeira vez na Corte Constitucional da Colômbia em 1997, na sentencia de unificación nº 559/1997, referente a aplicação de direitos previdenciários de professores.[1015]

São requisitos para a caracterização do estado de coisas inconstitucional: i) a existência de litígio estrutural (não mera proteção ineficiente), envolvendo questão submetida à apreciação judicial; ii) a massiva (não pontuais afrontas) violação a direitos fundamentais; iii) a deliberada omissão do Poder Público para fazer cessar a massiva violação de direitos fundamentais.[1016]

Na ADPF 347 MC[1017], foi admitida a arguição de descumprimento de preceito fundamental considerada a situação degradante das penitenciárias no Brasil. Nessa oportunidade, o STF se valeu do conceito de estado de coisas inconstitucional, que foi reconhecido pela primeira vez na Corte Constitucional da Colômbia em 1997, na sentencia de unificación nº 559/1997, referente a aplicação de direitos previdenciários de professores.[1018]

São requisitos para a caracterização do estado de coisas inconstitucional: i) a existência de litígio estrutural (não mera proteção ineficiente), envolvendo questão submetida à apreciação judicial; ii) a massiva (não pontuais afrontas) violação a direitos fundamentais; iii) a deliberada omissão do Poder Público para fazer cessar a massiva violação de direitos fundamentais.[1019]

Com efeito, não basta a declaração (reconhecimento) do estado de coisas inconstitucional para impedir a massiva violação de direitos fundamentais (supremacia judicial pura e simples), sendo necessário a cooperação e o envolvimento de todos os Poderes da República, bem como o acompanhamento de políticas públicas capazes de modificar o quadro inconstitucional. Por exemplo, na Arguição de Preceito Fundamental nº 347, sobre a falência da política penitenciária brasileira, o STF, por exemplo, proibiu

[1015] LAZARI, Rafael de; PIRES, Hugo. Estado de coisas inconstitucional: um dilema judiciário da contemporaneidade. Revista de direito constitucional e internacional, vol. 100, março/abril 2017, p. 105-106.

[1016] Idem. Ibidem.

[1017] STF, Relator(a): Min. Marco Aurélio, Tribunal Pleno, julgado em 09/09/2015, Processo Eletrônico DJe-031 Divulg 18-02-2016 Public 19-02-2016.

[1018] LAZARI, Rafael de; PIRES, Hugo. Estado de coisas inconstitucional: um dilema judiciário da contemporaneidade. *Revista de direito constitucional e internacional*, vol. 100, março/abril 2017, p. 105-106.

[1019] Idem. Ibidem.

o contingenciamento de recursos do Fundo Penitenciário Nacional, bem como estimulou a realização de audiências de custódia por todo o país (para que o juiz deliberasse, em até vinte e quatro horas, sobre a necessidade da manutenção da prisão em flagrante, sua conversão em prisão preventiva, a soltura condicionada ou incondicionada do preso, a presença ou a ausência do estado de flagrância, bem como zelar pela integridade física e moral daquele que teve a liberdade de ir e vir restringida), com fundamento nos arts. 9.3 do Pacto dos Direitos Civis e Políticos e 7.5 da Convenção Interamericana de Direitos Humanos.[1020]

Por isso, a finalidade do reconhecimento do estado de coisas inconstitucional é dar efetividade aos direitos e as garantias fundamentais, ante a grave omissão do Poder Público na concretização das políticas públicas voltadas a sua concretização.[1021]

Portanto, o reconhecimento do estado de coisas inconstitucional deve ser excepcional, a exemplo da intervenção federal, a deflagração dos Estados de Defesa ou de Sítio e o uso das Forças Armadas. Por isso, tal poder não pode ser banalizado, o que o tornaria uma espécie de ativismo judicial estrutural, devendo ser reconhecido apenas pela Corte Constitucional e desde que assuma uma concepção dialógica de buscar a cooperação de todos os Poderes da República para a solução da massiva violação dos direitos fundamentais.[1022]

Ademais, como a legitimidade, para a propositura da ação direta de inconstitucionalidade por omissão e para a arguição de preceito fundamental, está restrita aos nominados no rol do art. 103 da CF/1988 (e do art. 2.º, I, da Lei 9.882/1999), o controle da omissão inconstitucional, por parte de qualquer pessoa lesada ou ameaçada de lesão, pela ausência de norma reguladora do exercício de direitos e liberdades constitucionais, além das prerrogativas inerentes à nacionalidade, à soberania e à cidadania, se dará pelo mandado de injunção (art. 5.º, LXXI, da CF/1988). Nessa hipótese, diversamente dos efeitos da decisão que reconhece a omissão inconstitucional, no controle abstrato (art. 103, § 2.º, da CF/1988), não caberá ao STF dar ciência ao órgão administrativo ou legislativo competente para que supra a lacuna nos prazos de 30 ou 45 dias, respectivamente, nem fixar multa diária, para compelir o órgão omisso a colmatar a lacuna, em razão

[1020] Idem, p. 109-111.
[1021] Idem, p. 114.
[1022] Idem, p. 114.

da natureza constitutiva do mandado de injunção.[1023] Tampouco, na persistência da omissão, deverá o órgão de cúpula do Poder Judiciário elaborar norma geral e abstrata, colmatando o vazio no ordenamento jurídico, mas, tão somente, mediante norma concreta e individual, assegurar a efetividade do direito fundamental lesado ou ameaçado de lesão, *removendo* os óbices para o exercício desse direito. São exemplos de decisões em mandados de injunção: a) na ausência de lei específica definindo o direito de greve dos servidores públicos (art. 37, VII, da CF/1988), o STF decidiu que deveria ser aplicada a Lei 7.783/1989, que rege o direito de greve na iniciativa privada, até que sobrevenha lei regulamentadora;[1024] b) não havendo lei complementar, disciplinando o regime especial de aposentadoria dos servidores públicos (art. 40, § 4.º, da CF/1988), deve ser aplicada a regra própria dos trabalhadores em geral (art. 57, § 1.º, da Lei 8.213/1991);[1025] c) a falta da lei, prevista no art. 8.º, § 3.º, do ADCT, que deveria ser editada um ano após a entrada em vigor da Constituição Federal, permite que os cidadãos beneficiados pela norma tenham como certos os fatos constitutivos de seu direito, podendo ajuizar ações de liquidação do *quantum* devido, sem prejuízo de poderem usufruir do que venha a ser previsto na norma regulamentadora, desde que lhes sejam mais favorável.[1026] Porém, o mandado de injunção visa a tutelar a dimensão *subjetiva* dos direitos fundamentais, exigindo que o autor da ação possa vir a ser diretamente beneficiado, não se pretendendo tutelar a dimensão objetiva daqueles direitos. Repita-se: a referida ação não visa colmatar quaisquer lacunas no ordenamento jurídico, mas somente aquelas vinculadas aos direitos subjetivos do(s) demandante(s) (*v.g.*, não tipificação de crime de responsabilidade dos magistrados).[1027] Além disso,

[1023] "O mandado de injunção é ação constitutiva; não é ação condenatória, não se presta a condenar o Congresso ao cumprimento de obrigação de fazer. Não cabe a cominação de pena pecuniária pela continuidade da omissão legislativa" (STF, MI 689-PB, Tribunal Pleno, j. 06.07.2006, rel. Min. Eros Grau, *DJU* 18.08.2006, p. 19).

[1024] STF, MI 689-PB, Tribunal Pleno, j. 06.07.2006, rel. Min. Eros Grau, *DJU* 18.08.2006, p. 19.

[1025] STF, MI 721-DF, Tribunal Pleno, j. 30.08.2007, rel. Min. Marco Aurélio, *DJe* 152, div. em 29.11.2007.

[1026] STF, MI 562-RS, Tribunal Pleno, j. 20.02.2003, rel. Min. Ellen Gracie, *DJU* 20.06.2003, p. 58.

[1027] "Mandado de injunção. Falta de norma tipificando crime de responsabilidade dos Magistrados. Inadequação da via eleita. 1. O mandado de injunção exige para sua impetração a falta de norma regulamentadora que torne inviável o exercício de direito subjetivo do impetrante. 2. Mandado de injunção não conhecido" (STF, MI 624-MA, Tribunal Pleno, j. 21.11.2007, rel. Min. Menezes Direito, *DJe* 55, 27.03.2008).

o mandado de injunção depende da ausência de norma infralegal regulamentadora das prerrogativas inerentes à nacionalidade, à soberania e à cidadania (art. 5.º, LXXI, da CF/1988), não sendo admissível quando existe a lei, mas o impetrante a considera insatisfatória.[1028]

Em contrapartida, quando restar inviabilizados, pela ausência de normas regulamentadoras, direitos fundamentais *sociais* (arts. 6.º a 11 da CF/1988), caberão às entidades de classes ou associativas ou aos sindicatos, na qualidade de substitutos processuais de seus filiados, nos mesmos moldes do mandado de segurança coletivo (art. 5.º, LXX, da CF/1988), ajuizar mandado de injunção *coletivo*.[1029] Por exemplo, o STF julgou três mandados de injunção,[1030] impetrados por sindicatos de servidores públicos (respectivamente, pelo Sindicato dos Servidores da Polícia Civil no Estado do Espírito Santo – Sindipol, pelo Sindicato dos Trabalhadores em Educação do Município de João Pessoa – Sintem e pelo Sindicato dos Trabalhadores do Poder Judiciário do Estado do Pará – Sinjep), que pretendiam fosse garantido aos seus associados o direito de greve, previsto no art. 37, VII, da CF/1988, tendo sido declarada a omissão legislativa, mas também determinada, como já referido, a aplicação, no que coubesse, da Lei 7.783/1989, que trata do exercício do direito de greve na iniciativa privada.

[1028] "Direito constitucional. Mandado de injunção, impetrado por ex-oficiais temporários da reserva não remunerada do exército, para que lhes sejam assegurados os direitos previstos no art. 142, § 3.º, I a IV, da CF/1988, com a redação dada pela EC 18/1998. 1. Como demonstraram as informações presidenciais e o parecer da Procuradoria-Geral da República, a Constituição Federal não outorga aos impetrantes, Oficiais Temporários da Reserva não Remunerada do Exército Brasileiro, os direitos que sustentam, e cujo exercício esteja dependendo de norma regulamentadora, a ser elaborada pela Presidência da República ou por sua iniciativa. 2. A legislação, que lhes diz respeito, existe, está em vigor. E se lhes parece injusta ou inconstitucional, não é o mandado de injunção o instrumento adequado à obtenção de tratamento mais justo, nem pode ter por objeto principal a declaração de inconstitucionalidade de leis ou atos normativos. 3. Mandado de injunção não conhecido, por impossibilidade jurídica do pedido" (STF, MI 582-RJ, Tribunal Pleno, j. 28.08.2002, rel. Min. Sydney Sanches, *DJU* 28.02.2003, p. 9). Verificar, entre outros, ainda: STF, MI-AgRg 600-BA, Tribunal Pleno, j. 26.03.2003, rel. Min. Carlos Velloso, *DJU* 09.05.2003, p. 45.

[1029] "O acesso de entidades de classe à via do mandado de injunção coletivo é processualmente admissível, desde que legalmente constituídas e em funcionamento há pelo menos um ano" (STF, MI 689-PB, Tribunal Pleno, j. 06.07.2006, rel. Min. Eros Grau, *DJU* 18.08.2006, p. 19). Conferir, ainda: Luís Roberto Barroso. *O Direito Constitucional e a efetividade de suas normas. Limites e possibilidades da Constituição Brasileira*, p. 256.

[1030] Cf. STF, MI 670-ES, rel. Min. Gilmar Mendes; MI 708-DF, rel. Min. Gilmar Mendes; MI 712-PA, rel. Min. Eros Grau, todos julgados em 25.10.2007.

Do mesmo modo, a inefetividade dos direitos fundamentais sociais possibilita o ajuizamento de quaisquer ações coletivas (*v.g.*, mandado de segurança coletivo, ação civil pública ou ação popular), as quais permitem que o Judiciário, *incidentalmente*[1031] (isto é, quando a controvérsia constitucional não figure como pedido, mas como causa de pedir), declare a omissão inconstitucional e torne viável, no caso concreto, o exercício do Direito Constitucional obstruído pela ausência da norma reguladora.

Afinal, mesmo no controle difuso, o reconhecimento da omissão inconstitucional não se restringe aos direitos individuais. De modo mais abrangente, como não há democracia sem respeito e realização dos direitos fundamentais sociais, a fiscalização judicial de políticas públicas indispensáveis à realização daqueles direitos também pode resultar da caracterização de *inconstitucionalidades por omissão*, as quais justificam, por intermédio das demandas coletivas, que o Judiciário atue mesmo contra as maiorias.[1032]

Por fim, o instituto da inconstitucionalidade por omissão deve ser operacionalizado ativamente, não tanto para deslegitimar governos e assembleias inertes, mas para garantir técnicas de publicidade crítica e processual contra a Constituição não cumprida.[1033]

[1031] "Nas ações coletivas, não se nega, à evidência, também, a possibilidade da declaração de inconstitucionalidade, *incidenter tantum*, de lei ou ato normativo federal ou local" (STF, Rcl 600-SP, Tribunal Pleno, j. 03.09.1997, rel. Min. Néri da Silveira, *DJU* 05.12.2003, p. 19). Verificar, ainda: Gilmar Ferreira Mendes, *Direitos fundamentais e controle de constitucionalidade...* cit., p. 286-292; Luiz Manoel Gomes Jr., *Curso de direito processual civil coletivo*, p. 175-179.

[1032] "El carácter existencial del Estado Democrático de Derecho pasa a ser la condición de posibilidad del actuar legítimo de una instancia encargada, incluso – en su limite – de viabilizar políticas públicas resultantes de inconstitucionalidades por omisión, constituyéndose en remédio, a veces amargo, pero necesario, contra la actuación de mayorías (eventuales o no)" (Lênio Luiz Streck. La jurisdicción...cit., p. 6).

[1033] Cf. José Joaquim Gomes Canotilho. *Constituição dirigente...* cit., p. XVII.

5. Críticas à expansão da jurisdição constitucional

Sumário: 5.1 Legitimidade democrática dos juízes: 5.1.1 Introdução; 5.1.2 Direito e política; 5.1.3 Liberdade judicial e controle de políticas públicas pelo Poder Judiciário – 5.2 Procedimentalismo versus substancialismo – 5.3 Judiciário como legislador positivo ou negativo – 5.4 Decisões judiciais, baseadas em princípios, com conteúdos morais – 5.5 Reserva da consistência – 5.6 Dever de motivação das decisões judiciais e teoria da argumentação jurídica: 5.6.1 Motivação judicial como exigência racional do Estado Democrático de Direito: 5.6.2 Decisão correta ou suficientemente motivada; 5.6.3 Racionalidade e correção das decisões judiciais: 5.6.4 Direitos fundamentais e dever de motivação: 5.6.5 Provas estatísticas; 5.6.6 Teoria da distribuição dinâmica do ônus da prova – 5.7 Reserva do possível e mínimo existencial: 5.7.1 Processo e cidadania; 5.7.2 Os custos da realização dos direitos; 5.7.3 Aspectos orçamentários; 5.7.4 Direito fundamental à liberdade e mínimo existencial; 5.7.5 Conceito de mínimo existencial; 5.7.6 Mínimo existencial versus reserva do possível; 5.7.7 Vetores hermenêuticos para invalidar decisões políticas inconstitucionais; 5.7.8 Políticas públicas minimamente eficientes: direito às informações adequadas e conhecimento multidisciplinar; 5.7.9 Controle judicial do orçamento público; 5.7.10 Universalização das políticas públicas, conteúdo dos direitos fundamentais sociais e argumentação jurídica; 5.7.11 Técnica da ponderação; 5.7.12 Postulado da concordância prática: 5.7.13 Proporcionalidade e razoabilidade; 5.7.14 A fórmula do peso de Robert Alexy; 5.7.15 Alcance da reserva do possível em países de modernidade tardia; 5.7.16 Legitimação e criatividade judiciais; 5.7.17 Consequências jurídicas do controle judicial das políticas públicas; 6. Estratégia nacional de prevenção e de redução de litígios; 7. Métodos de solução consensual de conflitos no Novo Código de Processo Civil; 8. Ministério Público Social e proteção dos direitos fundamentais sociais; 9. Exclusão social, cidadania, combate à corrupção e efetividade dos direitos fundamentais sociais; 9.1. Os fascismos e a exclusão social; 9.2. Cidadania ativa e solidária; 9.3. Política cidadã; 9.4. Repressão da corrupção sistêmica no Brasil para a melhor efetivação dos direitos fundamentais sociais.

5.1 Legitimidade democrática dos juízes

5.1.1 Introdução

Para concluir que o Judiciário deve realizar o controle da atuação do Poder Público, inclusive em relação à formulação de políticas públicas, é preciso verificar quais são as críticas que são desenvolvidas contra essa assertiva. Os argumentos contrários fortalecem a tese do controle, malgrado o tema seja complexo e longe de ser pacificado.

5.1.2 Direito e política

Deve-se começar pela questão da legitimidade democrática dos juízes.[1034] Por mais que se possa considerar adequado o sistema de ingresso dos magistrados, mediante a realização de concursos públicos, os juízes não são escolhidos diretamente pelo povo, não estando sujeito às eleições.

Os detentores de cargos políticos, por sua vez, conduzem as suas decisões visando, periodicamente, às próximas eleições. Estão sujeitos à fiscalização e à exoneração da representação popular. Ao contrário, o controle dos gastos públicos pelo Judiciário faria com que houvesse a suplantação, pelos juízes, dos órgãos que exercem a responsabilidade política (governo e congresso) por tais despesas, o que findaria com a instituição de um *Estado Judicial*[1035] ou para a era do *jurisprudencialismo*.[1036]

[1034] Cf. Ronald Dworkin. *Levando os direitos a sério*, p. 132-5.

[1035] Cf. Rodolfo Arango. Direitos fundamentais sociais, justiça constitucional e democracia, p. 90.

[1036] Expressão utilizada por Ovídio A. Baptista da Silva para referir-se ao risco de politização do Poder Judiciário, ao promover as ações que os outros poderes se omitiram a fazer (*v.g.*,

Critica-se, pois, a efetivação judicial dos direitos fundamentais sociais, porque tais decisões vão além da dogmática jurídica. A inexistência de dinheiro para satisfazer a implementação de todas as necessidades sociais exige escolhas alocativas de recursos, que são típicas opções políticas, pautadas por critérios de *macrojustiça* (o quanto disponibilizar e a quem atender). Não estaria o Judiciário vocacionado para isso, devendo resolver apenas os problemas da *microjustiça* (ou da justiça do caso concreto), uma vez que não teria como levar em consideração fatores como o número de cidadãos atingidos pela política eleita, a efetividade e a eficácia do serviço público a ser prestado, a maximização dos resultados etc. Com efeito, não poderia examinar pretensões à prestação de um direito fundamental social, porque não teria como analisar as consequências globais da destinação de recursos públicos em benefício da parte, com invariável prejuízo para o todo.[1037]

Entretanto, não deve haver rígida separação entre Direito, política e economia.[1038] A vontade política de uma comunidade jurídica deve ser capaz de buscar a construção de um direito que se legitime pela consagração de fins coletivos. A Constituição como promessa e a Constituição efetiva, do mesmo modo que o poder constituinte, a democracia e o constitucionalismo experimentam uma tensão constante; por isso, não basta constitucionalizar as diversas relações que se estabelecem na sociedade (políticas, econômicas, ambientais, laborais, familiares etc.), posto que as normas não se cumprem por si só: o tempo da Constituição é o presente, a sua concretização exige a intervenção permanente de seus destinatários, o que implica em lutar e reivindicar direitos, bem como reinventá-los, a todo momento, para que se proceda o encontro do constitucionalismo com a democracia, a promessa do constituinte com a real efetivação da

concessão de medicamentos para pessoas carentes, internação de enfermos em hospitais, dizer qual é a última palavra sobre a realização de obras públicas, ainda que para isto não existam recursos etc.). Cf. Da função à estrutura, p. 16.

1037 Tais argumentos são, criteriosamente, refutados pelo Min. Gilmar Mendes, na Suspensão de Liminar 228-7-CE, ao determinar, em 14.10.2008, a manutenção de decisão interlocutória, em ação civil pública, que determinava a transferência de todos os pacientes necessitados de atendimento em Unidades de Tratamento Intensivo (UTIs) para hospitais públicos ou particulares que dispusessem de tais unidades.

1038 Cf. item 4.3.2 supra. Sobre os limites de diferenciação dinâmica da política, cf. Niklas Luhmann. *Sociología política*. p. 269-283.

Constituição.[1039] Com isso, o direito não se reduz ao direito positivado, incluindo as lutas culturais e sociais, as quais têm influenciado a afirmação histórica dos direitos humanos. O direito é produto da política, podendo o seu conteúdo progredir ou regredir, com a perda de velhos direitos e a incorporação de novas conquistas jurídicas, o que reafirma a ideia de que o direito – já positivado ou a ser conquistado – é resultado de lutas culturais e sociais.[1040] O âmbito normativo do legislador resulta dos espaços abertos pela Constituição.

Porém, com isso, não se está a dizer que a política deve ser diluída no direito. Como se asseverou no item 4.3.5 supra, a cláusula da *proibição de retrocesso*, presente no Direito Constitucional Brasileiro, na noção de Estado Democrático de Direito (art. 1.º, *caput*, CF/1988), no princípio da segurança jurídica (art. 5.º, *caput*, CF/1988) ou extraída da garantia do devido processo legal em sentido substancial (art. 5.º, LIV, CF/1988), não é absoluta, não se destinando a engessar a argumentação e os espaços democráticos. Visa somente garantir *condições materiais básicas* para o exercício democrático de todos. Por isso, conquistas sociais (*v.g.*, o Sistema Único de Saúde, o Fundo de Financiamento Estudantil – FIES e o Programa Universidade para Todos - PROUNI, o fundo de garantia por tempo de serviço e os benefícios de prestação continuada para pessoas idosas ou pessoas com deficiência) podem ser alteradas, mas não suprimidas, sob pena de violarem direitos fundamentais sociais já assegurados e efetivados.

Portanto, mesmo as Constituições *dirigentes* não são capazes de resolver todos os problemas sociais, com a mera previsão de regras e princípios jurídicos. Não é possível ignorar o espaço da política como campo de mobilização popular e mecanismo de transformação social. Isso tampouco significa sepultar o conceito de Constituições *dirigentes*, como a Brasileira de 1988, as quais não estão ultrapassadas, destinando-se a *criar condições e possibilidades jurídico-políticas* capazes de assegurar a satisfação de *necessidades materiais básicas*.[1041] As Constituições *dirigentes*, ao preverem direitos fundamentais sociais, revelam-se importantes instrumentos para que países de modernidade tardia promovam a justiça social, mediante a efetivação de políticas

1039 CHUEIRI, Vera Karam de. Constituição radical: uma ideia e uma prática. *Revista da Faculdade de Direito* UFPR, n. 58, 2013, p. 25-36).

1040 Cf. Luigi Ferrajoli. I diritti fondamentali nella teoria del diritto, p. 149.

1041 Cf. Cláudia Maria da Costa Gonçalves. *Direitos fundamentais sociais. Releitura de uma Constituição dirigente*, p. 254-255.

públicas indispensáveis à concretização da dignidade da pessoa humana, da erradicação das misérias e da exclusão socioeconômico-cultural. Dessa forma, afasta-se um modelo constitucional *autossuficiente* capaz de gerar *determinismos*, para que continuem existindo espaços para as lutas políticas e para as transformações sociais.

Direito e política têm, cada um, função própria cabendo ao direito a *estabilização de expectativas de comportamento* e à política, a *realização de fins coletivos*.[1042]

Em contrapartida, há *funções recíprocas* entre o Direito e a política, cabendo-lhes institucionalizar o Direito, por parte do Estado, e assegurar os meios de organização política. No Estado Constitucional de Direito, o Direito é subordinado à política, na medida em que constitui o seu produto e instrumento, mas também a política, por sua vez, está submetida ao Direito, posto que as escolhas dos governantes estão sob o império das leis e vinculadas às normas constitucionais, devendo-se observar os direitos fundamentais.[1043]

No entanto, Direito e a política não se confundem. Caso contrário, a questão da legitimidade do Direito se resumiria à positivação das normas jurídicas. O Direito está na política, mas não se circunscreve a ela. O Direito é capaz de questionar a validade e a legitimidade das normas produzidas no processo político.

Ademais, é necessário distinguir princípios de políticas: a) *política*: é um tipo de padrão que estabelece um *objetivo comum* a ser alcançado, em geral uma melhoria em algum aspecto econômico, político ou social da comunidade; b) *princípio*: é um padrão a ser observado, não porque vai promover ou garantir uma situação econômica, política ou social considerada desejável, mas porque é uma *exigência de justiça*, de *equidade*[1044] ou uma *dimensão da moralidade*.[1045] Assim, por exemplo, a redução do número de pessoas abaixo

[1042] Cf. Jürgen Habermas. *Direito e democracia: entre facticidade e validade*, vol. 1, p. 182 e 192.

[1043] Cf. Luigi Ferrajoli. I diritti fondamentali... cit., p. 149.

[1044] Segundo Ronald Dworkin, justiça e equidade são conceitos distintos, embora conexos: a) *justiça* se refere ao *resultado correto* do sistema político: a *distribuição correta* de bens, oportunidades e outros recursos; b) *equidade* diz respeito a *estrutura correta* para esse sistema, a estrutura que distribui a influência sobre as decisões políticas de maneira adequada. Cf. *O império do direito*, p. 483.

[1045] Cf. Ronald Dworkin. *Levando os direitos a sério* cit., p. 36.

da linha de pobreza é uma política, enquanto a circunstância de que ninguém deve deixar de responder pelos danos a outrem é um princípio.[1046]

Todavia, tal diferenciação pode ruir quando um princípio é expressão de um objetivo social (*v.g.*, o escopo de uma sociedade na qual nenhum homem pode se beneficiar de seu próprio delito), quando a política é expressão de um princípio (*v.g.*, o princípio da acessibilidade aos cargos públicos decorre do objetivo de selecionar servidores públicos pelo caráter meritório) ou, ainda, quando os princípios são declarações disfarçadas de objetivos (*v.g.*, assegurar a maior felicidade ou evitar a infelicidade para o maior número).[1047] Os princípios jurídicos são também políticos, porque dizem respeito ao *bom governo da sociedade organizada*, apesar de não serem políticos, no sentido estrito e específico, daquele que é o foco de controvérsias partidárias.[1048]

Os direitos fundamentais culturais, econômicos e sociais, para serem concretizados, trazem acopladas *políticas públicas*.[1049] Afinal, de pouco valeria o reconhecimento formal dos direitos fundamentais se não houvesse instrumentos para efetivá-los.[1050] Em outros termos, os direitos fundamentais se realizam por intermédio de um *conjunto de atividades* – denominado de *políticas públicas* – que competem à Administração Pública implementar para poder cumprir os fins previstos na Constituição.[1051] Para que o Estado seja chamado de democrático e esteja comprometido com a promoção da

1046 "Nós 'devemos' seguir mandamentos morais porque os temos como certos e não porque esperamos obter, através deles, a realização de certos fins – mesmo que esses fins visem à felicidade pessoal suprema ou o bem-estar coletivo" (Jürgen Habermas. *Direito e democracia*... cit., p. 193).

1047 Cf. Ronald Dworkin. *Levando os direitos a sério* cit., p.36-37.

1048 Cf. Neil MacCormick. *Argumentação jurídica e teoria do direito*, p. 311.

1049 Cf. José Joaquim Gomes Canotilho. *Tribunal constitucional, jurisprudências e políticas públicas.*

1050 Cf. Américo Bedê Freire Junior. *Controle judicial de políticas públicas*, p. 48.

1051 Conforme Ana Paula de Barcellos, "compete à Administração Pública efetivar os comandos gerais contidos na ordem jurídica e, para isso, cabe-lhe implementar ações e programas dos mais diferentes tipos, garantir a prestação de determinados serviços etc. Esse conjunto de atividades pode ser identificado como 'políticas públicas'. É fácil perceber que apenas por meio de políticas públicas o Estado poderá, de forma sistemática e abrangente, realizar os fins previstos na Constituição (e muitas vezes detalhados pelo legislador), sobretudo no que diz respeito aos direitos fundamentais que dependam de ações para sua promoção" (Neoconstitucionalismo, direitos fundamentais e controle das políticas públicas, p. 11).

justiça social, é indispensável que os textos constitucionais estabeleçam as premissas materiais fundantes das políticas públicas.[1052]

Nesse contexto, quando se questiona se determinada política é desejável, isto é, se uma meta geral deve ser garantida, está-se diante de uma questão de princípio. Logo, as esferas do princípio e da política são complementares,[1053] não se podendo separar, rigidamente, direitos fundamentais de políticas públicas, posto que a efetivação daqueles depende da implementação destas.

5.1.3 Liberdade judicial e controle de políticas públicas pelo Poder Judiciário

O controle judicial de políticas públicas não se refere, a rigor, à criação destas políticas (*make public choices*), isto é, à definição de que objetivos ou interesses devam ou possam ser eficazmente alcançados, mas da conformação, modelação e efetivação dos direitos fundamentais consagrados no Estado Democrático de Direito.[1054]

[1052] Cf. José Joaquim Gomes Canotilho. *Constituição dirigente e vinculação do legislador. Contributo para a compreensão das normas constitucionais programáticas*, p. 30.

[1053] Neil MacCormick faz severas críticas à rígida separação entre princípio e política, asseverando que, "quando no direito ou em qualquer outra esfera de atuação levantamos a questão de saber se uma determinada política é desejável ou não, estamos levantando uma questão de princípio. Para qualquer meta *m*, afirmar que se trata de uma meta que *deveria* ser garantida corresponde a enunciar um princípio ou um julgamento dependente de algum princípio pressuposto ou não enunciado. Por esse motivo, as esferas do princípio e da política não são distintas e mutuamente opostas, mas irremediavelmente entrelaçadas (...). Expressar a conveniência de alguma meta geral de política é enunciar um princípio. Enunciar um princípio é estruturar uma possível meta política" (*Argumentação jurídica*... cit., p. 343).

[1054] Esta é a posição que foi adotada pelo STF, na ADPC 45 – MC/DF (j. 29.04.2004, *DJU* 04.05.2004), cujo relator, Min. Celso de Mello, sustentou: "É certo que não se inclui, ordinariamente, no âmbito das funções institucionais do Poder Judiciário – e nas desta Suprema Corte, em especial – a atribuição de formular e de implementar políticas públicas (José Carlos Vieira de Andrade. *Os direitos fundamentais na Constituição Portuguesa de 1976*, p. 207, item n. 5, 1987, Almedina, Coimbra), pois, nesse domínio, o encargo reside, primariamente, nos Poderes Legislativo e Executivo. Tal incumbência, no entanto, embora em bases excepcionais, poderá atribuir-se ao Poder Judiciário, se e quando os órgãos estatais competentes, por descumprirem os encargos político-jurídicos que sobre eles incidem, vierem a comprometer, com tal comportamento, a eficácia e a integridade de direitos individuais e/ou coletivos impregnados de estatura constitucional, ainda que derivados de cláusulas revestidas de conteúdo programático'. Verificar, ainda: Rogério Gesta Leal. O controle jurisdicional de políticas públicas

Ronald Dworkin, a propósito, posiciona-se: "Se queremos a revisão judicial – se não queremos anular *Marbury contra Madison* – devemos então aceitar que o Supremo Tribunal deve tomar decisões políticas importantes. A questão é que motivos, nas suas mãos, são bons motivos. Minha visão é que o Tribunal deve tomar decisões de princípio e não de política – decisões sobre que direitos as pessoas têm sob nosso sistema constitucional, não sobre como se promove o bem-estar geral –, e que deve tomar essas decisões elaborando e aplicando a teoria substantiva da representação, extraída do princípio básico de que o governo deve tratar as pessoas como iguais".[1055]

A Constituição traça parâmetros normativos para a concretização dos direitos fundamentais, predeterminando a necessidade de políticas públicas inerentes à realização desses direitos. Cabe aos juízes apenas dar força normativa à Constituição, sem, com isso, absorver o espaço político reservado à deliberação majoritária acerca das políticas públicas.[1056]

A tarefa do juiz, ao preencher uma lacuna jurídica, ao considerar uma regra inconstitucional, ao concretizar um princípio jurídico ou mesmo ao formular uma política pública, para dar efetividade à Constituição, não se compara à atividade do legislador.

Aliás, o artigo I(2) do Código Suíço de 1807 determinava que "se nenhuma regra puder derivar da lei, o juiz decidirá de acordo com a regra que promulgaria caso fosse legislador". Mesmo que tomada tal disposição em sentido literal, o que evidentemente não foi o propósito do Código Suíço, o juiz jamais poderia ser identificado como legislador, porque, para isso, ele deveria se inserir no universo das pesquisas de opinião, do comér-

no Brasil: possibilidades materiais, p. 173-174; Jean Carlos Dias. *O controle judicial de políticas públicas*, p. 136.

[1055] Cf. Ronald Dworkin. *Uma questão de princípio*, p. 101. Por outro lado, Jürgen Habermas lança opinião restritiva ao papel normativo da jurisdição constitucional, afirmando que o Tribunal Constitucional "não pode assumir o papel de um regente que entra no lugar de um sucessor menor de idade. Sob os olhares críticos de uma esfera pública jurídica politizada – da cidadania que se transformou na 'comunidade dos intérpretes da constituição' –, o tribunal constitucional pode assumir, no melhor dos casos, o papel de um tutor" (*Direito e democracia*... cit., vol. 1, p. 347).

[1056] "Se a Constituição contém normas nas quais estabeleceu fins públicos prioritários, e se tais disposições são normas jurídicas, dotadas de superioridade hierárquica e de centralidade no sistema, não haveria sentido em concluir que a atividade de definição das políticas públicas – que irá, ou não, realizar esses fins – deve estar totalmente infensa ao controle jurídico. Em suma: não se trata da absorção do político pelo jurídico, mas apenas da limitação do primeiro pelo segundo" (Ana Paula de Barcellos. Neoconstitucionalismo... cit., p. 14).

cio de votos, da política ostensiva de interesses de grupo e de outras práticas comuns aos parlamentares.[1057]

Os fundamentos políticos que o juiz usa para decidir não se confundem com os de política partidária ou mesmo de movimentos sociais organizados (*v.g.*, não se pode julgar a favor de uma pretensão sustentada por um sindicato, porque o magistrado foi membro do partido dos trabalhadores nem, tampouco, acolher a pretensão de reforma agrária por mera simpatia ao Movimento dos Trabalhadores Sem Terra - MST), apesar de os princípios políticos que o julgador acredita (*v.g.*, de que a igualdade é um objetivo político fundamental ou de que grupos hipossuficientes ou mais vulneráveis precisem de uma proteção diferenciada do Estado) possam ser característicos de um determinado partido político ou de um movimento social.[1058]

Os juízes não desenvolvem atividade política *stricto sensu*. Não decidem com fundamentos de política partidária nem de política social, mas apenas concretizam a Constituição. Julgam com base em fundamentos de políticas constitucionais, devendo, as decisões serem pautadas por valores, princípios e regras contidos no ordenamento jurídico.

Por outro lado, negar a legitimidade democrática do Judiciário para aplicar, imediatamente, direitos fundamentais seria ignorar a submissão do legislador à Constituição e o papel da jurisdição constitucional na efetivação do Estado Democrático de Direito. O Judiciário deve zelar pelo respeito aos direitos fundamentais que são as bases substanciais para a realização da democracia. [1059] Sem a permanente vigilância na observância dos direitos fundamentais, não há democracia.

Assim sendo, cabe aos órgãos judiciais intervir na formação, controle ou execução das políticas públicas. Todavia, tal intervenção não pode ser irrestrita nem irresponsável, devendo ocorrer somente quando há um dever

[1057] Cf. Richard A. Posner. *Problemas de filosofia do direito*, p.175.

[1058] Cf. Ronald Dworkin. *Uma questão de princípio* cit., p. 3-4. Apesar disso, a posição de Ronald Dworkin, baseada na diferenciação entre princípios e políticas, desenvolvida no item anterior 5.1.2, é mais restritiva que adotamos no desenvolvimento deste trabalho. Dworkin possui um posicionamento mais restritivo que a visão norte-americana progressista e menos restritiva que a britância oficial, pois distingue *argumentos de princípio político* (isto é, aqueles que recorrem aos direitos políticos de cidadãos individuais) e *argumentos de procedimento político*, os quais exigem que uma determinada decisão particular promova alguma concepção do bem-estar geral ou do interesse público (idem, p. 6).

[1059] Cf. Eduardo Cambi. Processo constitucional e democracia. p. 569-590.

legal ou constitucional violados. Trata-se, pois, de intervenção *derivada*[1060] ou *subsidiária*. Logo, a liberdade do juiz não é absoluta, estando limitada pelas potencialidades da interpretação sistemática da Constituição ou das leis e a solução da situação fática emoldurada no caso concreto.

A hermenêutica jurídica se submete a *postulados normativos*, os quais não fornecem argumentos substanciais para fundamentar a decisão judicial, explicando *como* (mediante quais condições) pode ser obtido o conhecimento do Direito.[1061] Três são os postulados normativos, ou as condições de possibilidade de conhecimento jurídico:[1062] a) *postulado da coerência*: somente é possível conhecer a norma com a análise simultânea dos fatos e, ao contrário, apenas é possível descrever os fatos com auxílio dos textos normativos; b) *postulado da integridade*: só se pode conhecer uma norma a partir da pré-compreensão do sujeito cognoscente, definida como expectativa quanto à solução concreta; c) *postulado da reflexão*: o texto sem a hipótese não é problemático; a hipótese, por sua vez, só surge com o texto.

Se a Constituição não proíbe ou não ordena algo, ou seja, não traz uma *única resposta correta* (objetiva) para determinado problema, é porque confiou na *discricionariedade* dos operadores jurídicos; ou melhor, deixou *margens de ação* abertas aos legisladores ordinários e aos juízes.[1063]

As *margens de ação* podem ser do tipo *estrutural* ou *epistêmica*.[1064] A *estrutural* se forma a partir dos limites que a Constituição ordena ou proíbe, que podem ser de três espécies: margens para a *fixação dos fins* (*v.g.*, direito à liberdade religiosa), para a *eleição dos meios* (*v.g.*, garantia da ampla defesa) ou para a *ponderação* (na hipótese de inexistir uma única premissa normativa para o caso concreto) [*v.g.*, proteção do consumidor vs. liberdade de exercício profissional]. Já a margens de ação *epistêmica* se dividem em duas espécies: empíricas e normativas (possibilidades fáticas e jurídicas).

As atividades do juiz e do legislador não se confundem, porque os juízes: a) não se pronunciam por intermédio de normas gerais, sendo chamados a resolver casos concretos definidos pelas partes envolvidas no processo

[1060] Cf. Jean Carlos Dias. *O controle judicial...* cit., p. 44.

[1061] Cf. Humberto Ávila. A distinção entre princípios e regras e a redefinição do dever de proporcionalidade, p. 19.

[1062] Idem.

[1063] Cf. Robert Alexy. *Tres escritos sobre los derechos fundamentales y la teoria de los principios*, p. 72, nota 88.

[1064] Idem, p. 89-92.

judicial; b) devem decidir mesmo na ausência ou na insuficiência das regras gerais; c) têm o dever de fundamentar a decisão obtida; d) não estão presos estritamente ao texto legal, podendo se valer de outras fontes do Direito para obter a melhor interpretação, isto é, aquela capaz de produzir a decisão judicial mais adequada possível ao caso concreto.[1065]

Malgrado as funções do juiz e do legislador não se confundam, em *casos difíceis*, o órgão judicial – dentro de sua esfera "discricionariedade" – pode ter tanta liberdade quanto à do legislador.

É necessário, contudo, fazer a distinção entre os *easy* dos *hard cases*. O caso difícil é aquele em que não pode ser estabelecido, previamente, uma regra ou um princípio claro, a ser aplicada, por subsunção, a um caso concreto.[1066] Em contraposição, os casos fáceis são aqueles em que não há discussão quanto ao *padrão referencial normativo* (regra ou princípio) que deve incidir (*v.g.*, despejo por falta de pagamento; art. 59 da Lei 8.245/1991).[1067] As partes envolvidas no conflito não divergem quanto à norma a ser aplicada, podendo haver discussão apenas quanto à prova dos fatos e, superado tal aspecto, a decisão é justificada por simples argumentação dedutiva.[1068] Nessas hipóteses, por não haver dúvidas, não há necessidade de se proceder a interpretação, isto é, compreender o significado ou o alcance de uma disposição jurídica.[1069] O texto da lei é claro e evidente quando, aplicado a uma situação determinada, todas as interpretações possíveis que dele se possam extrair não dão margem a *mais nenhuma dúvida razoável*.[1070] A sua aplicação é automática, porque não exige outro juízo de valor, complementar ao contido na lei, bastando ao juiz julgar com base no *método silogísti-*

[1065] Cf. Cristina Queiroz. *Interpretação constitucional e poder judicial. Sobre a epistemologia da construção constitucional*, p. 54.

[1066] Cf. Ronald Dworkin. *Levando os direitos a sério* cit., p. 127.

[1067] "Quando as pessoas envolvidas não discordam acerca da regra de direito aplicável ou mesmo em relação ao modo como um princípio deve ser desdobrado não há o tipo de conflito de base que configura os casos difíceis (*hard cases*)" (Jean Carlos Dias. Há uma resposta certa em casos difíceis? Elementos para análise dos direitos humanos em juízo, p. 65).

[1068] Cf. Neil MacCormick. *Argumentação jurídica...* cit., p. 326.

[1069] "Interpretar uma lei significa transmitir e compreende o significado e alcance de uma disposição jurídica. Os textos jurídicos interpretam-se quando, pragmaticamente, não são suficientemente claros para os fins de comunicação face a determinados contextos. Se não existem dúvidas, não há necessidade de se proceder a interpretação. Se o operador entende que a lei é clara, a sua aplicação é automática, sem mais juízo de valor do que o da lei e nenhum da parte" (Cristina Queiroz, *Interpretação constitucional...* cit., p. 103).

[1070] Idem, p. 104-105.

co.[1071] Enfim, a mediação entre o texto e a norma depende apenas de uma operação puramente lógica; a concretização da norma não decorre de um processo "interpretativo", mas simplesmente "aplicativo".[1072]

De modo sistematizado, um caso pode ser considerado difícil:[1073] a) quando não há uma única resposta correta, de constatação direta e objetiva; b) as formulações normativas são ambíguas e/ou os conceitos que expressam são vagos, indeterminados ou abertos, bem como contém cláusulas gerais; c) o Direito é incompleto ou inconsistente; d) não há consenso na comunidade jurídica sobre a melhor solução para o caso; e) o caso não é rotineiro ou de aplicação mecânica da lei, exigindo criatividade do intérprete; f) requer raciocínio jurídico baseado em juízos de ponderação, não sendo suficientes meros argumentos dedutivos (*v.g.*, saber se os servidores públicos têm direito à indenização, pela perda aquisitiva da moeda, em razão da inflação, em decorrência da omissão e da mora legislativas do Poder Executivo, em propor lei que produza a revisão geral anual de seus vencimentos, determinada pelo art. 37, X, da CF/1988);[1074] g) a solução envolve juízos éticos ou morais ainda não deliberados pelo Poder Legislativo ou, ainda que tenham sido positivados, possam vir a causar violação de direitos fundamentais. Por exemplo, pode um casal de homossexuais adotar, conjuntamente, uma criança? Ou, em razão de inseminação artificial em uma mulher homossexual, pode constar do registro de nascimento o nome da mãe biológica e de sua parceira?

1071 Cf. Teresa Arruda Alvim Wambier. *Recurso especial, recurso extraordinário e ação rescisória*, p. 42.

1072 Segundo Friedrich Müller, "a distinção fundamental entre texto normativo e norma impede o intérprete de limitar-se à 'interpretação', assim como ao desdobramento puramente filológico do texto. A ilusão de poder mediar de forma satisfatória a realidade e a norma por meio de um processo de interpretação filosófico ou em tese puramente lógico só pôde ser nutrida em relação a disposições altamente especializadas e cuja concretização aproxima-se de uma 'aplicação' (...)" (*Teoria estruturante do direito*, vol. 1. p. 201).

1073 Cf. Hernán Alejandro Olano García. *Interpretación y neoconstitucionalismo*, p. 121.

1074 Apesar de Tribunais de Justiça e Tribunais Regionais Federais terem assegurado o direito à reparação dos danos materiais (cf. TJPR, AC 0156268-3, 4.ª Câm. Civ., j. 22.09.2004, rel. Des Sérgio Arenhart; TRF 4.ª Reg., 3.ª T., rel. Silvia Maria Gonçalves Goraieb, *DJ* 28.04.2004), o STF considera que o reconhecimento do direito à indenização, na prática, implica na própria concessão do reajuste (cf. RE 424.580-9-MG, rel. Min. Ellen Gracie, *DJ* 20.09.2005; AI 591.411-ES, j. 08.06.2006, rel. Min. Eros Grau), o que fez com que aqueles Tribunais alterassem a sua primitiva jurisprudência (cf. TJPR, AC 04601189-2, 5.ª Câm. Cív., rel. Des. Luiz Mateus de Lima, *DJPR* 07.03.2008; TRF 4.ª Reg., EIAC 2005.71.02.004671-8, 2.ª Seção, rel. Des. Valdemar Capeletti, *DE* 27.02.2008).

O positivismo jurídico e o formalismo processual têm dificuldade de resolver os *casos difíceis*, porque, não havendo uma regra clara, estabelecida de antemão, o juiz teria o *poder discricionário*[1075] de decidir do melhor modo que lhe parecesse.[1076] Tal situação não se colocaria nos *casos fáceis*, pois a subsunção da regra aos fatos, mediante mero silogismo, representa o contraponto da discricionariedade judicial.[1077] Nos *casos fáceis*, a decisão judicial é juridicamente vinculada, decorre da aplicação subsuntiva de uma regra legal, enquanto nos casos difíceis a decisão juridicamente válida não é deduzida, direta ou indiretamente, de uma regra legal. Com isso, o juiz não estaria adstrito a um padrão normativo prévio e, consequentemente, não estaria vinculado a um critério de decisão pré-determinado na lei.

A *tese positivista* da discricionariedade judicial deve ser rejeitada, porque nega a força normativa aos princípios jurídicos e sua aplicabilidade aos casos difíceis. Nessas situações, justamente para evitar o arbítrio judicial, o art. 489, § 2.º, do NCPC assevera que, no caso de colisão entre normas, o juiz deve justificar o objeto e os critérios gerais da ponderação efetuada,

[1075] Teresa Arruda Alvim Wambier rejeita o conceito de "discricionariedade" judicial, nos moldes da discricionariedade administrativa, ensinando que "o que se pode eleger como diferenciador da discricionariedade no campo administrativo e no judicial (que, como vimos, não é, via de regra, discricionariedade, propriamente) é que, naquele, há várias soluções válidas e a pluralidade de possibilidade é desejada e instituída pela norma, como única maneira de proporcionar condições para uma boa administração, enquanto neste, a norma é vocacionada a que haja uma só solução, embora possa ocorrer que, faticamente, haja diversas soluções, diferentes uma das outras, e que todas elas subsistam, sendo não desejadas (uma só é a desejada), mas 'toleradas' pelo sistema" (Limites à chamada "discricionariedade" judicial, p. 98). Em texto mais recente, Teresa Arruda Alvim Wambier elucida a sua posição, ensinando que "há casos (ou pode haver casos) para os quais não há uma resposta correta. Não se pode, entretanto, saber de antemão que casos seriam estes. Assim, na busca da solução correta, por exigências de razão prática, há que se partir da premissa de que esta solução correta existe, sob pena de se pensar numa renúncia a priori desta busca, o que equivale à renúncia ao direito, à renúncia a nossa natureza de seres humanos" (*Recurso especial...* cit., p. 78, nota 157). Ronald Dworkin, por sua vez, diferencia o *poder discricionário* sob duas intensidades (fraco e forte). O sentido *fraco* permitiria que a autoridade pública fizesse uso da *capacidade de julgar*, não aplicando mecanicamente a regra predeterminada, além de poder tomar decisões, em última instância, as quais não poderiam ser canceladas ou revistas por nenhum outro funcionário. O sentido *forte* permite que o funcionário público ou o juiz decida sem estar vinculado a padrões normativos anteriores fixados por outra autoridade. Cf. *Levando os direitos a sério* cit., p. 51-52.

[1076] Cf. Ronald Dworkin. *Levando os direitos a sério* cit., p. 127.

[1077] Cf. Antonio Castanheira Neves. *Questão-de-facto-Questão-de-direito*. p. 354-355.

enunciando as razões que autorizam a interferência da norma afastada e as premissas fáticas que fundamentam a conclusão.

Para a resolução de colisões entre princípios, assume importância a técnica de ponderação (*balancing*), como mecanismo de solução dos casos difíceis. Afinal, o silogismo judicial, baseado na lógica dedutiva, é útil para resolver os casos em que a justificação da decisão depende apenas de uma dedução da norma (geral e abstrata) aos fatos, ou seja, quando não há discordância sobre o padrão normativo aplicável ao caso concreto (*easy cases*). Já nos casos difíceis (*hard cases*) a racionalidade lógico-formal não é um critério de justificação suficiente, porque a ação judicial não pode ser submetida a uma regra de direito clara e preestabelecida.

Nesse contexto, torna-se necessário recorrer à *racionalidade dialética*, com a possibilidade de chegar a um consenso no grupo social onde ocorrem as transformações. Isso ocorre porque, em virtude do caráter pluralista e complexo das sociedades ocidentais, uma mesma disposição normativa pode receber interpretações diferentes, sem se poder considerar legitimamente mais correta uma delas, sob o ponto de vista substancial.[1078]

A convivência de princípios e valores muitas vezes contraditórios que precisam harmonizar-se diante do caso concreto, evitando concepções absolutas, é uma característica espiritual do tempo presente. A pós-modernidade exige a construção de uma *dogmática jurídica* "líquida" ou "fluída" capaz de lidar com elementos heterogêneos,[1079] presentes em Constituições compromissórias como a Brasileira. Logo, os conceitos devem manter a sua autonomia e conviver sem choques destrutivos, mesmo que existam certos movimentos de oscilação, a fim de que um componente não elimine os demais,[1080] porque uma dogmática rígida não atende aos objetivos da ciência e da política constitucionais. Portanto, o único conteúdo *sólido* das Constituições atuais e que precisa ser, intransigentemente, defendido é a *pluralidade de valores e de princípios*.[1081]

A existência de uma *única resposta correta* é uma impossibilidade hermenêutica, porque não existe sem uma análise do caso concreto. Somente pode ocorrer se levados em consideração o conteúdo das normas e dos fatos (possibilidades jurídicas e fáticas envolvidas). Afinal, mesmo a resolução

1078 Cf. Carla Faralli. *A filosofia contemporânea do direito. Temas e desafios*, p. 48-52.

1079 Cf. Gustavo Zagrebelsky. *El derecho dúctil*, p. 17.

1080 Idem, ibidem.

1081 Idem, ibidem.

de um caso simples exige um prévio exame da adequação constitucional, isto é, um *ato de filtragem hermenêutico constitucional*. Por exemplo, o disparo de uma arma de fogo, por um campesino, para espantar as aves que tentam destruir a sua plantação, não pode ser considerado crime (art. 15 da Lei 10.826/2003), porque, nessa conduta, não há lesão ao bem jurídico a ser protegido pela norma incriminadora (ausência de tipo material).[1082]

A decisão judicial, baseada em critérios racionais, como a *consistência* e a *coerência*, deve fazer sentido ou produzir consequências aceitáveis, mesmo que não decorra da aplicação dedutiva de normas gerais.[1083] Com efeito, não é a existência de uma *única resposta correta* que determina a correção da interpretação[1084] mas sim, a possibilidade de justificá-la racionalmente que inibe decisões arbitrárias. Ou seja, a *correção* da decisão judicial depende de sua *aceitabilidade racional*, porque *só o razoável é constitucional*, isto é, as soluções razoáveis são constitucionalmente válidas, já que objetivamente não arbitrárias.[1085]

É necessário, contudo, distinguir entre os *easy* dos *hard cases*. O silogismo judicial, baseado na lógica dedutiva, pode ser útil para resolver os casos em que a justificação da decisão depende apenas de uma dedução da norma (geral e abstrata) aos fatos. Já nos *hard cases* a racionalidade lógico-formal não é um critério de justificação suficiente, tornando-se necessário recorrer à *racionalidade dialética*, com a possibilidade de chegar a um con-

[1082] Cf. Lênio Luiz Streck. *Verdade e consenso. Constituição, hermenêutica e teorias discursivas*, p. 197-245. Em sentido contrário, insistindo na teoria da existência de uma resposta única, mesmo quando existentes conflitos principiológicos, conferir: Ronald Dworkin, *Levando os direitos a sério* cit., p. 429-446.

[1083] Cf. Carla Faralli. *A filosofia...* cit., p. 47.

[1084] "A aceitação de uma única resposta correta independente de procedimentos para cada pergunta prática é uma tese ontológica, contra a qual há poucos pontos a favor e bastante pontos contra. As respostas às questões práticas não se baseiam apenas, porém essencialmente, nas interpretações de interesses e nas avaliações dos mesmos. Não podemos aceitar, nessa base, que só uma única resposta possível para cada pergunta prática. O fato de que não se pode justificar essa tese da exigência de uma única resposta correta para cada pergunta prática, não significa que o conceito de correção não tenha um caráter absoluto em nenhuma visão. Ele tem caráter absoluto como ideia reguladora. (...) A resposta correta única tem muito mais o caráter de um objetivo a ser perseguido. Os participantes de um discurso prático precisam fazer a exigência, independentemente de haver uma única resposta correta, de que a sua seja a única resposta correta. Caso contrário, suas afirmações e justificações não teriam sentido (...)" (Robert Alexy. *Teoria da argumentação jurídica*, p. 311).

[1085] Cf. Cristina Queiroz. *Interpretação constitucional...* cit., p. 171 e 195-196.

senso no grupo social onde ocorrem as transformações. Assim, a decisão, baseada em critérios racionais como a *consistência* e a *coerência*, deve fazer sentido ou produzir consequências aceitáveis, mesmo que não decorram da aplicação dedutiva de normas gerais.[1086]

Porém, como já salientado, nem sempre é fácil distinguir o *easy* do *hard case*. Melhor que essa distinção é a afirmação de que a existência de uma *única resposta correta* é uma impossibilidade hermenêutica, não existe sem a análise prévia do caso concreto, somente pode ocorrer se levado em consideração o conteúdo das normas e dos fatos (possibilidades jurídicas e fáticas envolvidas). Como foi referido, por exemplo, o disparo de uma arma de fogo, por um campesino, para espantar as aves que tentam destruir a sua plantação, não pode ser considerado crime (art. 15 da Lei 10.826/2003), porque, pelo exame da adequação constitucional (*ato de filtragem hermenêutico constitucional*), não se concebe nessa conduta uma lesão a bem jurídico a ser protegido pela norma incriminadora (ausência de tipo material).

Nos casos difíceis, não se pode afirmar que os legisladores sejam melhores formuladores de políticas públicas que os juízes[1087] ou que as decisões legislativas sobre direitos tenham maior probabilidade de serem corretas que as decisões judiciais.[1088] Se é certo que os magistrados não detêm mandato popular, a jurisdição é inerte, o que não permite que os juízes ajam de ofício, inclusive para que possam se colocar entre e acima das partes litigantes (garantia da imparcialidade), estando vinculados ao que foi deduzido na demanda e ao *dever de motivar* suas decisões,[1089] constrições a que não estão sujeitos os parlamentares.

Além disso, os juízes, quando exercem o controle da constitucionalidade, não atuam como os representantes do povo, mas como o seu guardião para prevenir e coibir, em seu nome, os abusos cometidos pela *política ordinária* (*normal politics*), contrária à vontade constitucionalizada da maioria.[1090] Não é o juiz ou o tribunal, individualmente considerado, que é "representante" do povo, mas é a função jurisdicional que exerce que faz com que atue "em representação" do povo, pois a justiça deve ser aplicada "em nome

1086 Cf. Carla Faralli. *A filosofia...* cit., p. 47-52.

1087 Cf. Richard A. Posner, op. cit., p. 177.

1088 Cf. Ronald Dworkin. *Uma questão de princípio* cit., p. 26.

1089 Cf. item 5.5 infra.

1090 Cf. Cristina Queiroz. *Interpretação constitucional...* cit., p. 47.

do povo".[1091] A propósito, o artigo II da Declaração dos Direitos do Bom Povo da Virgínia, de 16.06.1776, já previa: "Que todo poder é inerente ao povo e, consequentemente, dele procede; que os magistrados são seus mandatários e seus servidores e, em qualquer momento, perante ele responsáveis". De igual modo, os artigos 202, n. 1, da Constituição da República Portuguesa ("1. Os tribunais são os órgãos de soberania com competência para administrar a justiça em nome do povo") e 101 da Constituição Italiana ("La giustizia è amministrata in nome del popolo"). Assim sendo, tanto o Parlamento quanto os detentores da jurisdição constitucional representam o povo. A diferença é que o Legislativo representa o cidadão politicamente, enquanto o Judiciário, argumentativamente.[1092]

Contudo, pode-se distinguir as funções jurisdicional e legislativa. A jurisdição constitucional é uma função da *república*, não da democracia; a função legislativa decorre daquilo sobre o que "se vota", enquanto a jurisdição constitucional é função daquilo sobre o que "não se vota", porque é *res publica*.[1093]

A jurisdição constitucional pode, em nome do povo, corrigir os atos inconstitucionais praticados pelos seus representantes políticos. Quando assim age, não se volta contra o povo, mas para protegê-lo contra as ações e as omissões inconstitucionais dos seus governantes.

Diferentemente dos órgãos judiciais, os legisladores estão sujeitos a pressões de grupos de interesses e ao crivo da opinião pública que podem constrangê-los e, preocupados com os horizontes políticos da próxima eleição, levarem a se omitir na formulação de políticas públicas, mais do que os juízes

[1091] Segundo Cristina Queiroz, é "certo que o juiz e o poder judicial não podem agir *ex officio* em razão do princípio do pedido. Sob este ponto de vista, os tribunais são 'passivos' no que concerne ao poder de 'inovação' (mas não já de 'criação') na ordem jurídica democrática. Agem não como 'representantes' (políticos) do Povo, que não o são, mas 'em representação' da sua vontade. Não é o juiz individualmente considerado, mas o tribunal, a função específica que exerce, que é considerado soberano, e, nesse sentido, actuando 'em representação' do Povo, posto que 'torna presente' a sua vontade soberana. A justiça é aplicada 'em nome do Povo'. Não se trata de simples alegoria. Esta possui um simbolismo próprio, uma representação específica e insofismável" (*Direitos fundamentais sociais. Funções, âmbito, conteúdo, questões interpretativas e problemas de justiciabilidade*, p. 157).

[1092] Cf. Robert Alexy. Direitos fundamentais no Estado Constitucional Democrático, para a relação entre direitos do homem, direitos fundamentais, democracia e jurisdição, p. 59.

[1093] Cf. Gustavo Zagrebelsky. Jueces constitucionales, p. 113.

vinculados por limitações processuais.[1094] Dificilmente, os políticos tomam decisões que venham a influenciar algum setor da comunidade a ponto de ofender a ordem política. Se a opinião pública entender que os governantes erraram, o processo democrático permite que, nas próximas eleições, eles sejam substituídos pela vontade popular. Já os tribunais não devem ter o mesmo temor de decidir, baseados na insatisfação popular, nem devem pautar suas decisões pela opinião pública ou pela influência da mídia.

Ademais, os legisladores são eleitos e precisam ser reeleitos pela *maioria política*. A tendência é que defendam os interesses dessa maioria, sendo contrários aos direitos da minoria. Se lutam, com excessiva firmeza, pelos direitos destas, indo contra os da maioria, correm o risco de não serem reeleitos na próxima eleição. Destarte, os legisladores estão mais vulneráveis a tomar decisões bem fundamentadas sobre o direito das minorias do que os juízes.[1095]

Portanto, é incorreto sustentar que os legisladores são melhores formuladores de políticas públicas que os juízes, baseado na comparação entre juízes verdadeiros e legisladores ideais, sob pena de recair na *falácia de Nirvana*, que consiste em referir-se à gravidade de um problema sem apresentar uma solução capaz de resolvê-lo ou em acreditar que uma determinada esfera institucional (p. ex., o governo ou o Legislativo) seja capaz de resolver todas as dificuldades.[1096]

Poder-se-ia, também, argumentar que um juiz não pode elaborar uma norma ou formular uma política pública, porque ele estaria criando um novo dever, após a ocorrência do fato, punindo a parte perdedora que seria *surpreendida* pela sua aplicação retroativa.[1097]

Ocorre que, quando se trata da aplicação de direitos fundamentais, tal objeção não se impõe, uma vez que o órgão judicial deve proteger tais direi-

[1094] Como salienta Ronald Dworkin, "um juiz que não é pressionado pelas demandas da maioria política, que gostaria de ver seus interesses protegidos pelo direito, encontra-se, portanto, em uma melhor posição para avaliar um argumento" (*Levando os direitos a sério* cit., p. 134).

[1095] Cf. Ronald Dworkin. *O império do direito* cit., p. 448-449.

[1096] Segundo Richard A. Posner, "como se sabe se os legisladores são, de fato, melhores formuladores de políticas públicas do que os juízes? Sem dúvida, *poderiam* sê-lo – desde que pudessem livrar-se do jugo das pressões dos grupos de interesse e das reformas dos procedimentos do poder legislativo, e ampliar seus próprios horizontes políticos para além da próxima eleição. Se não puderem fazer essas coisas, suas vantagens institucionais comparativas podem não passar de uma fantasia. Comparar juízes verdadeiros com legisladores ideais equivale a cair na falácia do Nirvana" (op. cit., p. 191-192 e Nota do Tradutor).

[1097] Cf. Ronald Dworkin. *Levando os direitos a sério* cit., p. 132.

tos, ainda que não estejam positivados. Afinal, se tal proteção for pacífica e como antes de decidir o juiz precisa observar o contraditório (art. 10º. do NCPC), não caberá ao sujeito processual alegar que foi surpreendido. E, ainda que não esteja de acordo com a deliberação, o sistema processual prevê juízos de revisão, para que outros contra-argumentos sejam trazidos aos autos e sopesados, seja pelo próprio juiz, seja por órgãos colegiados de controle da decisão judicial.

Nesse sentido, expõe Ronald Dworkin: "Se o demandante tem um direito contra o réu, então este tem um dever correspondente, e é este dever, e não algum novo dever criado pelo tribunal, que justifica a sentença contrária a ele. Mesmo que o dever não lhe tenha sido imposto por uma legislação específica anterior, não há, exceto por um ponto, mais injustiça em se exigir o cumprimento desse dever do que haveria se esse dever tivesse sido imposto por legislação. O ponto está, certamente, no fato de que se o dever tivesse sido criado por lei, o réu teria tomado conhecimento desse dever de maneira muito mais explícita, e seria razoável esperar que organizasse seus negócios de forma a precaver-se contra as consequências do cumprimento do dever. Mas um argumento de princípio nos leva a considerar, sob uma nova luz, a reivindicação do réu de que é injusto surpreendê-lo com a decisão. Se o demandante tem de fato o direito a uma decisão judicial em seu favor, ele tem a prerrogativa de poder contar com tal direito. Se for óbvio e incontroverso que ele tem o direito, o réu não poderá alegar ter sido injustamente surpreendido pela decisão, simplesmente porque o direito não foi criado por meio da publicação em uma lei. Por outro lado, se a reivindicação de o demandante for duvidosa, o tribunal deverá, até certo ponto, surpreender qualquer uma das partes com sua decisão. Se o tribunal decidir que, pesadas as razões de ambas as partes, o argumento do demandante é o mais forte, também terá decidido que, comparadas com a da parte contrária, as expectativas do demandante eram mais justificadas. O tribunal pode, sem dúvida, equivocar-se ao extrair essa conclusão; mas essa possibilidade não é uma consequência da originalidade de seu argumento, pois não há nenhuma razão para supormos que um tribunal tolhido pela exigência de que suas decisões não sejam originais venha a cometer menos erros de princípio do que um tribunal que não seja submetido a semelhante embaraço".[1098]

[1098] Cf. *Levando os direitos a sério* cit., p. 134-135.

A legitimidade do Judiciário, ao tutelar os direitos fundamentais, e, inclusive, ao formular, controlar ou ao executar políticas públicas, está fundada no caráter democrático da Constituição, não na vontade da maioria. Não decorre das urnas, mas está baseada na noção de democracia em sentido substancial cabendo, aos juízes, a tutela constitucional dos direitos fundamentais.[1099]

Em outras palavras, duas são as fontes de legitimação da jurisdição:[1100] a *formal*, que decorre do princípio da legalidade e da sujeição do juiz à lei, e a *substancial*, pela qual cabe ao Judiciário assegurar os direitos fundamentais dos cidadãos, o que lhe permite questionar a validade da lei, diante da Constituição, e até declará-la inconstitucional.

Para além do princípio da maioria, que estrutura formalmente a democracia, os direitos fundamentais representam o conteúdo material do Estado Democrático de Direito. Precisam ser assegurados para todas as pessoas, independentemente de fazerem, ou não, parte da maioria. Estão acima dos interesses políticos hegemônicos em determinado momento histórico. Não fosse assim, seria legítimo a ditadura da maioria e, por conseguinte, a restrição da participação e dos direitos da minoria. Por isso, devem ser tutelados por um órgão independente e capaz de subordinar os demais órgãos estatais, além dos entes privados, à autoridade jurídica e moral de suas decisões. Desse modo, a legitimidade democrática do Poder Judiciário se convalida independentemente do sistema eleitoral.

Ao preservar os valores constitucionais, o Judiciário assegura que o Estado seja dirigido por administradores íntegros, legisladores probos e juízes incorruptíveis, protegendo o *direito ao governo honesto* que é uma prerrogativa insuprimível da cidadania.[1101]

1099 Cf. David Ordónez Sólis. Juízes, derecho y política. Los poderes del juez en una sociedad democrática, p. 297.

1100 Cf. Luigi Ferrajoli. *Derecho y razón. Teoría del garantismo penal*, p. 918-920.

1101 "Constitui função do Poder Judiciário preservar e fazer respeitar os valores consagrados em nosso sistema jurídico, especialmente aqueles proclamados em nossa Constituição, em ordem a viabilizar os direitos reconhecidos aos cidadãos, tais como o direito a exigir que o Estado seja dirigido por administradores íntegros, por legisladores probos e por juízes incorruptíveis, pois o direito ao governo honesto traduz uma prerrogativa insuprimível da cidadania" (Cf. Celso de Mello. Discurso proferido, em 23.04.2008, na solenidade de posse do Min. Gilmar Mendes na presidência do STF, p. 17).

No entanto, como já asseverado,[1102] a atuação judicial é *derivada* e *subsidiária*, não ocupando, o Judiciário, a função de distribuição de bens sociais por si próprio, mas servindo como garantidor dos meios empregados pelas políticas públicas,[1103] desde que acionado para garantir direitos fundamentais carentes de eficácia jurídica e social. Em outros termos, a atuação judicial está relacionada e limitada aos casos concretos, marcados pela ausência de realização do direito fundamental, decorrente da carência de políticas públicas.

5.2 Procedimentalismo *versus* substancialismo

A extensão da jurisdição constitucional pode ser marcada por duas correntes filosóficas distintas: procedimentalismo *versus* substancialismo.

Os procedimentalistas separam os *discursos de fundamentação* dos de *aplicação*. Segundo essa dicotomia, desenvolvida por Klaus Günther, os critérios utilizados para afirmar a validez de uma norma não coincidem com os utilizados para indicar a adequação de uma norma válida a uma determinada situação concreta.[1104] Com efeito, o raciocínio prático apresenta duas modalidades: a fundamentação da validez de uma norma geral e a justificação da pertinência da aplicação de uma norma geral a um caso particular.[1105] O discurso de fundamentação ou de justificação das normas está ligado ao princípio da universalidade, enquanto o discurso de aplicação é produto de uma argumentação dirigida à aplicação das normas. Com isso, pretende-se afirmar que uma norma somente pode ser aplicada legitimamente, em uma situação concreta, se antes forem levadas em consideração todas as características relevantes dessa situação, a fim de assegurar uma interpretação coerente de todas as normas aplicáveis. Os discursos de fundamentação e de aplicação são, pois, critérios de validez que se impõem tanto aos juízos morais quanto aos jurídicos, permitindo à construção de um discurso judicial de aplicação imparcial de normas que são consideradas válidas. Portanto, uma norma jurídica particular somente é correta quando se apoia em normas válidas e sua aplicação é adequada, vale

[1102] Consultar item 4.1.6 supra.

[1103] Cf. Jean Carlos Dias. *O controle judicial*... cit., p. 134.

[1104] Cf. Klaus Günther. Un concepto normativo de coherencia para una teoría de la argumentación jurídica, p. 273.

[1105] Idem, ibidem.

dizer, quando a norma aplicada foi fundamentada em um processo discursivo anterior, em que tenham participado todos os possíveis afetados e tenham sido levadas em conta todas as circunstâncias do caso.[1106] Isso permite garantir a coerência de todas as normas válidas do sistema jurídico.

A propósito da diferenciação dos discursos de fundamentação e de aplicação, assinala Jürgen Habermas que a "legalidad sólo puede engendrar legitimidad en la medida en que el orden jurídico reacccione reflexivamente a la necesidad de fundamentación surgida con la positivación del Derecho, y ello de surte que se institucionalicen procedimientos jurídicos de fundamentación que sean permeables a los discursos morales".[1107]

Assim, o procedimentalismo de Günther e Habermas, preocupado com a busca de soluções imparciais, não pretende oferecer *critérios conteudísticos objetivos*, mas apenas procedimentos para a resolução de conflitos morais.[1108]

O procedimentalismo nega que a legitimidade da jurisdição constitucional esteja na tutela do conteúdo material dos direitos fundamentais.[1109] Caberia, à jurisdição, apenas corrigir eventuais desvios no processo de *representação* popular, para assegurar a efetiva participação do povo no poder e a participação política das minorias. Nega que a legitimidade da jurisdição esteja na análise dos conteúdos substanciais das normas infraconstitucionais, pretensamente subjacentes à Constituição.[1110]

O procedimentalismo, também, critica o que denomina de *gigantismo* ou *politização* do Poder Judiciário. A invasão da sociedade pelo Judiciário, ou a não resistência à tentação de interpretar o Direito mediante a introdução de juízos morais, comprometeria a sua imparcialidade, além de debilitar a *democracia representativa*.[1111] Por isso, a jurisdição constitucional deveria se

[1106] Ao tratar dos discursos de fundamentação, Klaus Günther explica: "Cualquier situación individual, en la que el interés de un individuo pudiera verse afectado por el seguimiento general de una norma concreta, habría sido ya considerada en el discurso de fundamentación. Los participantes en el discurso tendrían la certeza de que no habría ninguna situación en la que el seguimiento de la norma lesionara un interés generalizable" (Un concepto normativo... cit., p. 279).

[1107] Cf. Jürgen Habermas. Cómo es posible la legitimidad por via de legalidad?, p. 39.

[1108] Cf. Antônio Cavalcanti Maia. Direitos humanos e a teoria do discurso e da democracia, p. 30.

[1109] Cf. Luiz Guilherme Marinoni. *Teoria geral do processo*, p. 440.

[1110] Cf. John Hart Ely. *Democracy and distrust*, p. 89 e ss.

[1111] Cf. Jürgen Habermas. *Direito e democracia*... cit., vol. 1, p. 45 e ss.

limitar à tarefa de *compreensão procedimental* da Constituição.[1112] Seu papel ficaria restrito à proteção do processo de criação democrática do direito,[1113] assegurando as garantias para que os cidadãos dispusessem dos meios para estabelecer um entendimento sobre a natureza de seus problemas e a forma de uma solução.[1114]

Rejeita-se a constitucionalização de um direito à cidadania social, não se admitindo que o Judiciário, por não ser eleito, exerça o controle das políticas públicas.[1115] Entende-se que o debate sobre os significados e obrigações jurídico-constitucionais não deve ser resolvido pelo Poder Judiciário, devendo ser relegado ao espaço político – com a atuação viva dos partidos políticos e dos movimentos sociais.

Jürgen Habermas critica a concepção da Constituição como uma *ordem jurídica global e concreta*, destinada a impor, *a priori*, uma determinada forma de vida sobre a sociedade.[1116] Por isso, a Constituição deveria apenas determinar *procedimentos políticos* para que os cidadãos,

[1112] Para Jürgen Habermas, "a jurisdição constitucional que parte do caso concreto está limitada à aplicação de normas (constitucionais) pressupostas como válidas; por isto, a distinção entre discursos de aplicação de normas e de fundamentação de normas oferece, mesmo assim, um critério lógico-argumentativo de delimitação de tarefas legitimadoras da justiça e da legislação" (*Direito e democracia...* cit., vol. 1, p. 324).

[1113] "Somente as condições processuais da gênese democrática das leis asseguram a legitimidade do direito. Partindo dessa compreensão democrática, é possível encontrar um sentido para as competências do tribunal constitucional, que corresponde à intenção da divisão de poderes no interior do Estado: o tribunal constitucional deve proteger o sistema de direitos que possibilita a autonomia privada e pública dos cidadãos" (idem, ibidem).

[1114] Segundo Jürgen Habermas, ao "estabelecer suas políticas, o legislador interpreta e estrutura direitos, ao passo que a *justiça* só pode mobilizar as razões que lhe são dadas, segundo o 'direito e a lei', a fim de chegar a decisões coerentes num caso concreto. Isso vale também (...) para as interpretações constitutivas de um tribunal constitucional, cujo papel é alvo de restrições por parte de uma compreensão procedimentalista do direito. O paradigma procedimentalista do direito procura proteger, antes de tudo, as condições do procedimento demorático. (...) Na medida em que os programas legais dependem de uma concretização que contribui para desenvolver o direito – a tal ponto que a justiça, apesar de todas as cautelas, é obrigada a tomar decisões nas zonas cinzentas que surgem entre a legislação e a aplicação do direito –, os discursos acerca da aplicação do direito têm que ser complementados, de modo claro, por elementos dos discursos de fundamentação" (*Direito e democracia...* cit., vol. 2, p. 183). Cf., ainda, Lênio Luiz Streck. La jurisdicción constitucional y las posibilidades de concretización de los derechos fundamentales-sociales, p. 9-10.

[1115] Cf. Mark Tushnet. *Taking the Constitution away from the Courts*; Frank I. Michelman. A Constituição, os direitos sociais e a justificativa política liberal, p. 271-272.

[1116] Cf. Jürgen Habermas. *Direito e democracia...* cit., vol. 1, p. 326.

assumindo seu direito de autodeterminação, pudessem perseguir, cooperativamente, o projeto de produzir condições justas de vida.[1117]

O Direito é um *universo simbólico*, constituído por signos e significados, cujo funcionamento e efetividade depende do "senso cívico".[1118] Isso vale para qualquer sistema normativo: quando alguém vê uma fila de atendimento e se coloca atrás da pessoa que chegou por último, ela entende e divide o mesmo senso normativo.[1119] O mesmo funciona com os direitos fundamentais e, em geral, com a democracia, que, por serem construções sociais, dependem, além das garantias jurídicas, de um grau de consenso entorno dos valores subjacentes.

A teoria do consenso de Habermas está fundamentada na *concordância potencial de todos* como *condição da verdade*. A verdade jurídica diferencia-se da religiosa e da científica, uma vez que não é *revelada*, já que não vem de Deus nem do legislador, nem *descoberta*, porque não está no objeto observado.[1120] Caso contrário, o intérprete se tornaria um *profeta*, um *ser iluminado*, capaz de reproduzir a vontade de Deus ou do legislador.[1121] A verdade de uma proposição empírica ou decorrente de uma argumentação não pode ser absoluta, mas contingente ou não definitiva, porque resultante dos conhecimentos e experiências levados a cabo na ordem das coisas de que se fala, isto é, no conjunto de conhecimentos confirmados que dela possuímos.[1122] Tudo o que os sujeitos processuais falam pode ser discutido, especialmente quando a justificativa apresentada é inexistente, incompleta, incorreta, ineficaz, ilógica ou incoerente. A verdade jurídica, destarte, é *construída*, em um processo do qual participa o intérprete, não sendo *demonstrada*, mas legitimada mediante um *processo de justificação*.[1123]

No entanto, a concordância de todos é *inatingível* e, ainda que fosse possível que todas as pessoas pudessem expressar a sua opinião, o acordo ocasional obtido não serviria como critério de verdade, porque também poderia fundar-se sobre um erro ou uma imposição.[1124]

[1117] Ibidem.
[1118] Cf. Luigi Ferrajoli. I fondamenti dei diritti fondamentali, p. 342.
[1119] Idem, ibidem.
[1120] Cf. Teresa Arruda Alvim Wambier. *Recurso especial*... cit., p. 40-41.
[1121] Cf. Ariani Bueno Sudatti. *Raciocínio jurídico e nova retórica*, p. 67-68.
[1122] Cf. Luigi Ferrajoli. *Direito e razão: teoria do garantismo penal*, p. 53.
[1123] Cf. Teresa Arruda Alvim Wambier. *Recurso especial*... cit., p. 41.
[1124] Cf. Robert Alexy. *Teoria da argumentação jurídica* cit., p. 98.

Também é perigoso simplificar o discurso da verdade processual na obtenção do consenso. A obtenção do consenso da comunidade, depuradas todas as complexas imperfeições (como, por exemplo, a alienação, o despreparo ou a ausência de raciocínio lógico e crítico de grande parte das pessoas, o desinteresse ou a descrença nos mecanismos de democracia participativa, a manipulação da opinião pública pela imprensa ou por setores sociais interessados etc.), jamais poderia ser um critério suficiente para justificar a decisão judicial. Em um Estado Democrático de Direito, não se poderia aceitar que uma amplíssima maioria ou até a totalidade dos cidadãos pudesse justificar que se admitisse como pressuposto de uma decisão uma tese não provada ou não submetida à prova.[1125] Por exemplo, no Direito Criminal, não se poderia condenar alguém, sem que tivesse se verificado a sua responsabilidade penal, justificando-se a decisão na proteção do interesse da vontade da maioria ou de todos, não se valendo como argumentos racionais a mera garantia da ordem pública, o clamor social ou o desejo de punição da comunidade. Em síntese, a verdade consensual é insuficiente para impor a responsabilidade civil ou criminal a alguém, pois a única justificação aceitável é aquela resultante da verdade representada pela *correspondência* entre os fatos e as normas aplicados.

Com efeito, a verdade não está no consenso obtido, mas, antes disso, nas *condições* para que o *consenso* seja *bem fundamentado*, e um *consenso bem fundamentado* está baseado na *força do melhor argumento*.[1126]

Habermas funda sua teoria no *princípio da universalização*, apoiando-se na *situação ideal do discurso*, onde todos os participantes têm iguais direitos e não há nenhum elemento de coerção na busca de normas que possam ser aceitas por todos, respeitando às necessidades de cada indivíduo.[1127] Caberia aos juízes constitucionais apenas assegurar as condições do *processo democrático de legislação*.

Por isso, o procedimentalismo de Habermas é criticável. Pressupõe um conceito *idealizado* de democracia, calcado na existência de direitos à autonomia e à participação política, mas que não se preocupa em assegurar que as *condições materiais necessárias* para a autonomia e para a participação política sejam efetivamente exercidas por todos os indivíduos.[1128]

[1125] Cf. Luigi Ferrajoli. *Direito e razão*... cit., p. 69-70.

[1126] Cf. Robert Alexy. *Teoria da argumentação jurídica* cit., p. 99.

[1127] Idem, p. 101-102.

[1128] Cf. Rodolfo Arango, op. cit., p. 97.

Não pode haver efetiva democracia se grande parte do eleitorado é analfabeto ou semiletrado, não tendo instrução necessária para compreender as principais questões colocadas no debate político, ou estão doentes e sem adequado atendimento médico-hospitalar, ou se estão passando fome ou, ainda, se estão desempregadas ou trabalhando em condições opressivas. Não basta assegurar direitos sem que seus titulares possuam condições mínimas de, efetivamente, desfrutá-los. Quem é analfabeto, tem dor e fome, não é livre: não há liberdade, onde existem miséria e exclusão social em níveis eticamente inaceitáveis.[1129] Desse modo, a democracia de Habermas é *procedimental* e não pressupõe a efetivação dos direitos fundamentais (especialmente, os sociais).[1130]

O modelo procedimental defende que a Constituição não deve conter nenhum dever ou proibição substancial que restrinja a competência do legislador.[1131] O Legislativo não está vinculado a nenhuma limitação quanto ao conteúdo das leis infraconstitucionais, sendo a discricionariedade do legislador, substancialmente, ilimitada. Em razão disso, o modelo puramente procedimental é incompatível com a vinculação jurídica do legislador aos direitos fundamentais.[1132]

Ademais, a situação ideal de discurso, ou seja, a comunicação livre de restrições somente é possível quando há *distribuição simétrica* de oportunidades entre todos os participantes do debate. Porém, tais condições são *irrealizáveis*, especialmente nas sociedades mais desiguais, que carecem de medidas institucionais básicas de efetivação dos direitos fundamentais.

Consequentemente, os direitos fundamentais são mantidos na esfera meramente discursiva (retórica), em prejuízo da própria autonomia privada, quando não se assegura o mínimo de meios materiais, educacionais e culturais. Assim, não há efetiva democracia quando as normas constitucionais não são concretizadas por falta de avanços sociais.[1133] Somente garan-

1129 Cf. Daniel Sarmento. *Direitos fundamentais e relações privadas*, p. 149-154.

1130 Rodolfo Arango, op. cit., p. 97.

1131 Cf. Robert Alexy. *Teoria dos direitos fundamentais*, p. 580.

1132 Idem, p. 581.

1133 "Através da experiência dos países periféricos, demonstra-se, muito claramente, em que ampla proporção, por falta de pressupostos sociais, as normas constitucionais sobre procedimento eleitoral são deformadas em seu processo de concretização, como ocorre tipicamente no caso brasileiro" (Marcelo Neves. *A constitucionalização simbólica*, p. 80).

tindo as condições mínimas do exercício da cidadania, presente na tutela dos direitos fundamentais, é que se permite o exercício democrático.[1134]

Além disso, não há separação entre *discursos de fundamentação* e de *aplicação*. Hermenêutica é *aplicação*; está situada a partir de um *círculo hemenêutico*, onde há uma *antecipação de sentido*.[1135] *Círculo hermenêutico* é um método interpretativo que significa que não se pode compreender o todo sem as partes, e vice-versa, pois a parte é tão determinada pelo todo como o todo pelas suas partes.[1136] A compreensão, como condição de possibilidade para a interpretação, ao pressupor uma antecipação de sentido, faz a integração de uma parte que deve ser compreendida em um *contexto* já preconcebido.[1137]

Deve ser acrescentado que a interpretação é uma operação de caráter *linguístico*, realizada em um *contexto histórico-social*. Refere-se a enunciados linguísticos, não a qualquer vontade da lei (*mens/voluntas legis*) ou do legislador (*mens/voluntas legislatoris*). Está condicionada pelo *contexto*, conquanto se efetua em condições sociais historicamente caracterizadas, as quais determinam *usos* linguísticos, decisivamente operantes na *atribuição do significado*.[1138] A *mediação semântica*, realizada pelo intérprete, na atribuição do significado, não depende da descoberta de "vontades" predeterminadas. Tais "vontades" somente podem ser levadas em consideração em um processo de interpretação, limitado pelo espaço linguístico dos conceitos ou das palavras, suscetíveis de alteração do próprio contexto.[1139]

1134 Segundo Cláudia Derani, "é condição da Democracia a garantia da ação pública do cidadão (tal como o voto, a crítica, a aceitação e a contestação livre e independente). (...) Em síntese, a Democracia depende da efetivação de normas de direitos fundamentais; e as normas de direitos fundamentais dependem da existência de uma efetiva Democracia" (*Direitos fundamentais e democracia*, p. 62). Ainda, afirma a autora: "não basta a forma democrática sem a efetiva presença de uma ação democrática. Isto é, as construções formais para a participação democrática só resultarão na democracia, existindo o esteio material (condições de vida e de instrução) que permita a inserção de toda sociedade na prática institucionalizada de distribuição de poder, participação e decisão" (p. 67).

1135 "O sentido do texto se dá a partir do modo de ser-no-mundo no qual está inserido o intérprete. Não se percebe o texto primeiramente enquanto 'ser-objeto'. Há um mundo circundante onde acontece essa manifestação. Ao vislumbrar o texto, já há um ter-prévio, um ver-prévio e um pré-conceito acerca da Constituição" (Lênio Luiz Streck. *Verdade e consenso*... cit., p. 175).

1136 Cf. Boaventura de Souza Santos. *Introdução a uma ciência pós-moderna*, p. 11-12.

1137 Cf. Lênio Luiz Streck. La jurisdicción constitucional... cit., p. 13.

1138 Cf. José Joaquim Gomes Canotilho. *Direito Constitucional e teoria da Constituição*, p. 1209.

1139 Idem, ibidem.

A *ratio essendi* dos direitos fundamentais é a *justiça* que, por sua vez, é o resultado da concretização dos valores elementares (igualdade, liberdade e dignidade).[1140] Por conseguinte, não se pode afirmar que a regra é, por si só, expressão da justiça, ou que a tarefa de justiça é cumprida pelo legislador (ou que os discursos de fundamentação asseguram a realização democrática), porque:[1141] a) em verdade, a lei pode atender mais a interesses políticos e, portanto, econômicos; logo, não se pode afirmar que sempre esteja compromissada com a justiça social; b) a norma é *abstrata*, tendo, necessariamente, que ser concretizada na *experiência vital* do caso concreto; pressupõe uma complexa tarefa hermenêutica; não possui uma *vontade constante*, sendo dependente da hermenêutica para deixar de ser um enunciado vazio, capaz de múltiplas e contraditórias alternativas de solução.

O Direito é composto por três elementos: a) a *legalidade*, em conformidade com o ordenamento jurídico (elemento *institucional*); b) a *eficácia social* (*faticidade*) e c) a *correção* em relação ao conteúdo (*moralidade*).[1142] Os três elementos devem se relacionar reciprocamente, pois *eficácia sem legalidade* supõe *imutabilidade*, a *legalidade sem eficácia carece de força* (*legislação simbólica*)[1143] e, ambas, não são direito se não tiverem a *pretensão de correção*. Esta inclui, necessariamente, uma *pretensão de justiça*, estabelecendo, destarte, a conexão necessária entre o Direito e a moral.

A questão de como se determina o que é correto tem como resposta a *razão*, a qual, por se tratar de uma correção normativa, deve ser a *razão prática*.[1144] Já os discursos práticos racionais são possíveis pela *argumentação jurídica*. A conexão entre o Direito e a razão é um problema que envolve a fundamentação judicial dos direitos fundamentais e tal questão, embora não leve à obtenção de decisões com conteúdos determinados, abre espaço para a *ponderação* como forma de aplicação dos direitos fundamentais.

1140 Cf. Cláudia Derani, op. cit., p. 60 e 66.

1141 Cf. Ovídio A. Baptista da Silva. A jurisdição romana e a jurisdição moderna, p. 26.

1142 Cf. Robert Alexy. Entrevista con Manuel Atienza, p. 684-685.

1143 Quando o legislador se restringe a formular normas, sem se preocupar em criar os pressupostos para a sua eficácia, tendo as condições para criá-los, a legislação é meramente *simbólica*. Cf. Marcelo Neves, op. cit., p. 31.

1144 O objetivo das *ciências teoréticas* é o conhecimento, objetivando colocar a razão em contato com a verdade, enquanto as *ciências práticas* visam a ação, ligando a razão ao modo de atuar. A *razão prática* procura determinar as condições racionais do uso da vontade, a fim de orientar a ação. A vontade e ação devem ser movidas sob o *domínio da razão*. Cf. Gustavo Zagrebelsky. *El derecho dúctil* cit., p. 110-111.

Por outro lado, a corrente substancialista da jurisdição entende que o Poder Judiciário é o intérprete da vontade geral ou dos valores substanciais implícitos no Direito Positivo. Acredita que o Judiciário deve concretizar, mesmo contra as maiorias eventuais, o conteúdo democrático da Constituição, enquanto explicitação do contrato social. Afinal, não é exato sustentar que o Direito ou a democracia se contentam em estabelecer uma regra de jogo puramente formal, compatível com qualquer conteúdo material.[1145]

Com isso, quer-se resgatar o *caráter transformador* da Constituição, para que se possa assegurar a devida força normativa aos princípios e regras constitucionais, capazes de realizar o núcleo axiológico das promessas emancipatórias não cumpridas. Portanto, fazer com que a Constituição realize o contrato social.[1146]

Entretanto, não se deve rechaçar o modelo puramente procedimentalista da Constituição, passando-se, para o extremo oposto, adotando-se um modelo puramente material. Afirmar que o Judiciário deve tutelar direitos fundamentais é diferente de sustentar a ideia de que a Constituição, tal como criticada por Ernest Forsthoff, seja um *genoma jurídico*, do qual tudo deriva, desde o Código Penal até a lei sobre a fabricação de termômetros.[1147] A Constituição deve vincular o legislador aos direitos fundamentais, impedindo que se crie uma discricionariedade substancialmente ilimitada. Porém, isso não significa que toda e qualquer liberdade legislativa esteja eliminada.

O modelo de Constituição deve ser adequado à realização dos direitos fundamentais, servindo ora como uma *ordem-fundamento*, quando impede que determinadas questões, por serem fundamentais à comunidade, sejam decididas (*v.g.*, para suprimir qualquer tentativa de abolição de direitos e garantias fundamentais, a exemplo do art. 60,§ 4.º, IV, da CF/1988), ora como uma *moldura*, prevendo discricionariedades *estrutural* (o que é obrigatório ou proibido é a moldura; o que é facultado, isto é, não é obrigatório, nem proibido, é o que se encontra no interior da moldura e que permite a discricionariedade do legislador)[1148] e *epistêmica* ou *cognitiva* (decorre não

[1145] Cf. François Ost. Júpter, Hércules, Hermes: tres modelos de juez, p. 191-192.

[1146] Consultar item 1.3 supra.

[1147] Cf. Robert Alexy. *Teoria dos direitos fundamentais* cit., p. 577-578.

[1148] A discricionariedade estrutural envolve: a) a discricionariedade para *definir objetivos* (quando a Constituição autoriza a intervenção legislativa, deixa em aberto as razões para essa intervenção ou, ainda, mesmo sem mencionar essas razões, apenas permita, mas não obrigue

dos limites daquilo que a Constituição obriga ou proíbe, mas dos *limites de possibilidade* de reconhecer o que a Constituição obriga e proíbe ou, não obriga nem proíbe, e, dessa maneira, faculta).

Desse modo, deve ser salientada a acertada lição de Robert Alexy: "Uma constituição pode decidir questões fundamentais, e, nesse sentido, ser uma ordem-fundamento, e, mesmo assim, deixar muitas questões em aberto, e, nesse sentido, ser uma ordem-moldura. De acordo com a teoria dos princípios, uma boa constituição deve conciliar as duas coisas. Ela tem que ser tanto uma ordem-fundamento quanto uma ordem-moldura. Isso é possível se ela, em primeiro lugar, obriga e proíbe algumas coisas, ou seja, estabelece uma moldura; em segundo, faculta outras coisas, ou seja, aceita discricionariedades; e, em terceiro, se por meio de seus deveres e proibições forem decididas aquelas questões fundamentais para a comunidade, que podem e devem ser decididas por uma constituição".[1149]

5.3 Judiciário como legislador positivo ou negativo

Para as correntes tradicionalistas, o Judiciário, ao proceder ao controle da constitucionalidade de uma lei ou de um ato normativo, para não comprometer o princípio da separação dos poderes, deve apenas *legislar negativamente*.[1150] Pode apenas considerar a lei inconstitucional e, com isso, deixar

a intervenção, se essas razões estiverem presentes); b) a discricionariedade para *escolher meios* (envolvem direitos fundamentais que, para serem protegidos, não exigem apenas proibições, mas ações positivas); c) a discricionariedade para *sopesar* (envolve a colisão de direitos fundamentais ou de princípios como mandamentos de otimização, os quais se aplicam dentro das possibilidades fáticas e jurídicas existentes, mediante a aplicação do postulado da proporcionalidade, a qual envolve às máximas de adequação, necessidade e proporcionalidade em sentido estrito). Cf. Robert Alexy. *Teoria dos direitos fundamentais* cit., p. 586-588. Tais temas serão objeto dos itens 5.7.13 e 5.7.14 infra.

1149 Cf. Robert Alexy. *Teoria dos direitos fundamentais* cit., p. 584.

1150 Nesse sentido, vale ressaltar o posicionamento do STF: "Não só a Corte está restrita a examinar os dispositivos ou expressões cuja inconstitucionalidade for arguida, mas também não pode declarar a inconstitucionalidade parcial que mude o sentido e o alcance da norma impugnada (quando isto ocorre, a declaração de inconstitucionalidade tem que alcançar todo o dispositivo), porquanto, se assim não fosse, a Corte se transformaria em legislador positivo, uma vez que, com a supressão da expressão atacada, estaria modificando o sentido e o alcance da norma impugnada. E o controle dos atos normativos só lhe permite agir como legislador negativo" (Tribunal Pleno, ADIn 896-MC-DF, j. 03.11.1993, rel. Min. Moreira Alves, *DJ* 16.02.1996, p. 2997). Cfr., ainda: STF, RE 264.367-AgR-SP, 1.ª T., j. 21.02.2006, rel. Min.

de aplicá-la no caso concreto (controle difuso) ou considerá-la inválida com eficácia *erga omnes*.

Partilhando dessa posição, o STF equiparou, quanto aos efeitos, o mandado de injunção (art. 5.º, LXXI, da CF/1988) à ação direita de inconstitucionalidade por omissão (arts. 102, I, *a*, e 103, § 3.º, da CF/1988).[1151]

Tal posicionamento é criticável, porque, como verificado no item 3.3.2 supra, o dispositivo não se identifica com a norma. Sendo assim, a função dos intérpretes em geral e do Poder Judiciário, em especial, não é, tão somente, *descrever significados*, mas *reconstruir sentidos*, para aplicar o ordenamento jurídico ao caso concreto.[1152]

Além disso, a dependência do texto normativo inviabiliza a concretização da Constituição. Afinal, é, no campo dos direitos fundamentais (especialmente os direitos fundamentais sociais), onde se registram os principais precedentes de omissão legislativa. Ora, se o direito fundamental não pode ser efetivado porque o sistema jurídico é omisso, cabe ao Judiciário "dizer" o direito no caso concreto para viabilizar a aplicabilidade *imediata* aos direitos fundamentais, independentemente de lei (art. 5.º, § 1.º, da CF/1988).

Nesse contexto, também é possível trabalhar com a *teoria do pensamento de possibilidades*, desenvolvida por Peter Haberle, como limite para a interpretação constitucional, pela qual, diante de hipóteses de incompletude constitucional, o intérprete deve questionar se há outra solução viável para uma determinada situação, considerando tanto a perspectiva da realidade (futura) que permite separar o impossível do possível quanto as possibilidades que já foram, por qualquer motivo, desconsideradas no passado[1153]. Tal teoria é útil, na medida em que as Constituições não têm a pretensão de completude, devendo ser, por meio da hermenêutica, adaptadas às circunstâncias do momento atual, que são diferente da realidade social e histórica da ocasião em que foram elaboradas. Assim, as normas constitucionais não podem ser concebidas como padrões normativos rígidos e estáticos, mas serem confrontados com os acontecimentos imprevisíveis

Carlos Britto, *DJ* 23.06.2006, p. 47; Ives Gandra da Silva Martins. Poder Legislativo e Poder Judiciário?, p. 49-52.

[1151] Cf. Tribunal Pleno, MI-QO 107-DF, j. 23.11.1989, rel. Min. Moreira Alves, *DJU* 21.09.1990, p. 9782. Verificar, ainda: Gregório Assagra de Almeida, *Manual das ações constitucionais*, p. 624.

[1152] Cf. Humberto Ávila. *Teoria dos princípios. Da definição à aplicação dos princípios jurídicos*, p. 34.

[1153] Cf. Gilmar Ferreira Mendes. Interpretação constitucional e "pensamento de possibilidades". Cit. p. 137-163.

que possam vir no futuro. A teoria do pensamento de possibilidades foi utilizada pelo Supremo Tribunal Federal em diversas situações, por exemplo: i) diante da ausência de membros do Ministério Público, com mais de 10 (dez) anos, para formar lista sêxtupla para concorrer ao quinto constitucional, permitiu-se que integrantes, com menos um decênio, pleitear o ingresso na magistratura[1154]; ii) reconhecimento da legitimidade ao Ministério Público para ajuizar ação para o ressarcimento do dano decorrente de crime (art. 68/CPP), até que fosse estruturada a Defensoria Pública[1155]; iii) Promotora de Justiça que passou em concurso no Ministério Público Federal, logo após a entrada em vigor da Emenda Constitucional nº 45/2004 (art. 129, § 3º, da CF), que passou a exigir três anos de atividade jurídica para o ingresso na carreira, teve inscrição definitiva indeferida, por não ter três anos de atividade jurídica; porém, o STF ponderou que uma Promotora de Justiça, que já havia tomado posse antes da Emenda Constitucional nº 45/2004, não poderia, excepcionalmente, deixar de ser Procuradora da República, em razão do Ministério Público ser uno (art. 127, § 1º, CF) e não haver, para a espécie, regra de transição.[1156]

[1154] "1 - Somente quando não houver, entre os Membros do Ministério Público do Trabalho, candidato com mais de dez anos de carreira, será lícita a inclusão em lista, para a investidura no cargo de Juiz de Tribunal Regional do Trabalho, de quem não preencha aquele requisito temporal. Inconstitucionalidade, perante o art. 115, parágrafo único, inciso II, combinado com o art. 94, ambos da Carta de 1988, de ato normativo do Conselho Superior do Ministério Público do Trabalho, que autorizara a complementação da lista com figurantes destituidos daquela antigüidade. Decisão majoritária do Supremo Tribunal" (ADI 1289, Relator(a): Min. Octavio Gallotti, Tribunal Pleno, julgado em 18/12/1996, DJ 29-05-1998 PP-00002 EmentVOL-01912-01 PP-00046 RTJ VOL-00167-01 PP-00035).

[1155] "Ministério Público: legitimação para promoção, no juízo cível, do ressarcimento do dano resultante de crime, pobre o titular do direito à reparação: C. Pr. Pen., art. 68, ainda constitucional (...). No contexto da Constituição de 1988, a atribuição anteriormente dada ao Ministério Público pelo art. 68 C. Pr. Penal - constituindo modalidade de assistência judiciária - deve reputar-se transferida para a Defensoria Pública: essa, porém, para esse fim, só se pode considerar existente, onde e quando organizada, de direito e de fato, nos moldes do art. 134 da própria Constituição e da lei complementar por ela ordenada: até que - na União ou em cada Estado considerado -, se implemente essa condição de viabilização da cogitada transferência constitucional de atribuições, o art. 68 C. Pr. Pen. será considerado ainda vigente: é o caso do Estado de São Paulo, como decidiu o plenário no RE 135328" (STF, RE 147776, Relator(a): Min. Sepúlveda Pertence, Primeira Turma, julgado em 19/05/1998, DJ 19-06-1998 PP-00009 Ement Vol-01915-01 PP-00136).

[1156] É possível distinguir os conceitos de *lacuna constitucional, omissão legislativa e silêncio eloquente*: a) Lacuna constitucional: a Constituição não contém uma regra para determinado

Para chegar a tal conclusão, de início, deve-se rejeitar a noção de que o art. 5.º, § 1º, da CF/1988 não se aplica aos direitos sociais (art. 6.º da CF/1988). A circunstância da imediatidade dos direitos fundamentais estar prevista em regra ligada ao art. 5.º não significa que tal dispositivo somente alcança os direitos individuais e coletivos. A mera interpretação literal é capaz de evitar tal equívoco, uma vez que se refere, textualmente, a direitos e garantias fundamentais, expressão que abarca os direitos individuais e coletivos, os direitos sociais, além dos direitos políticos e de nacionalidade (arts. 6.º a 17 da CF/1988).[1157] Sendo o Poder Judiciário acionado para em uma situação concreta assegurar a realização dos direitos fundamentais, não pode deixar de se reconhecer uma *eficácia em grau mínimo*, sob o argumento de que, para a aplicabilidade dos direitos fundamentais, é indispensável a intervenção legislativa.[1158]

O *drama jurídico* das Constituições contemporâneas está em como estabelecer e inaugurar novas técnicas e instrumentos capazes de efetivar os direitos fundamentais e promover o desenvolvimento social.[1159] Em especial, ressalta-se a dificuldade em converter a enunciação de princípios em direitos reais, sobretudo em relação aos direitos sociais relativos à educação, à saúde, à assistência social, à cultura e à previdência.

Nessa perspectiva, não se pode negar efetividade aos direitos fundamentais sociais com a afirmação de que estão previstos em *normas programáticas*. Tais normas possuem o mesmo *status* constitucional das demais normas, sendo dotadas da mesma hierarquia e imperatividade. A diferença é que elas estabelecem um princípio, um fim ou uma tarefa, sem escolher os meios para a sua efetivação, o que não significa a não imposição de um

caso; b) Omissão legislativa: outorga ao legislador infraconstitucional de preenchimento de normas não-executáveis; c) Silêncio eloquente: omissão intencional feita pelo constituinte. O constituinte opta por não regular determinado espaço social. Com isso, fica vedado ou proibido ao legislador infraconstitucional fazê-lo. Por exemplo, o STF afirmou que não cabe a aferição da constitucionalidade das leis municipais, na via direta, perante um Tribunal Estadual. Cf. Gilmar Mendes. Interpretação constitucional e "pensamento de possibilidades". *Revista jurídica do Ministério Público do Paraná*, vol. 3, dez./2015, p. 142-148.

[1157] Cf. Ingo Wolfgang Sarlet. *A eficácia dos direitos fundamentais*, p. 240-241; Os direitos sociais como direitos fundamentais: seu conteúdo, eficácia e efetividade no atual marco jurídico-constitucional brasileiro, p. 224-226.

[1158] Cf. Ingo Wolfgang Sarlet. *A eficácia dos direitos*... cit., p. 250.

[1159] Cf. Luiz Fernando Coelho. *Direito Constitucional e filosofia da Constituição*, p. 307.

comportamento a ser exigido do poder público.[1160] Qualquer norma constitucional, inclusive as programáticas, são *comandos jurídicos*, gerando direitos subjetivos para as pessoas e deveres – de fazer ou não fazer – para o Estado. Assim sendo, as normas programáticas permitem que os cidadãos se beneficiem de duas formas: a) opondo-se, inclusive judicialmente, aos atos do poder público, manifestamente contrários às previsões constitucionais; b) buscando, mediante demanda judicial, obter decisões judiciais que deem a máxima efetividade aos direitos constitucionais previstos nas referidas normas.[1161] Essa interpretação se justifica na medida em que as leis ou atos normativos anteriores e contrários às normas programáticas não são recepcionados, bem como os posteriores e colidentes devem ser declarados inconstitucionais.

Na aplicação judicial imediata dos direitos fundamentais, também é preciso entender o significado da *integração constitucional* e os *métodos de complementação constitucional*. Primeiro, é preciso distinguir *interpretação* de *integração*. Pela interpretação, busca-se indagar o *conteúdo semântico* do texto constitucional, que pode ser *deduzido* do âmbito normativo da norma constitucional interpretada, mediante a utilização dos *métodos de interpretação*, os quais segundo José Joaquim Gomes Canotilho podem ser de cinco espécies:[1162] a) *método jurídico*: baseado em cinco *elementos interpretativos*: 1) *filológico* (ou literal, gramatical ou textual);[1163] 2) *lógico* (ou sistemático); 3) *histórico*; 4) *teleológico* (ou racional); 5) *genético*; b) *método tópico problemático*: parte do caráter *pragmático* (a qual procura resolver problemas concretos) e *aberto* (devido a natureza fragmentária ou indeterminada da Constituição) da interpretação constitucional, dando-se preferência à *discussão do*

[1160] Cf. Regina Macedo Nery Ferrari. *Normas constitucionais programáticas. Normatividade, operatividade e efetividade*, p. 218.

[1161] Prevê o art. 1.º, n. 3, da Lei Fundamental da República Federal da Alemanha, que os "direitos fundamentais que se seguem vinculam a legislação, o poder executivo e a jurisdição como direito imediatamente vigente". Segundo Claus-Wilhem Canaris, tal preceito constitucional, do ponto de vista histórico, pretendeu afastar a tese predominante, na Constituição de Weimar, pela qual os direitos fundamentais seriam meras "asserções programáticas", enquanto, na Lei Fundamental, deveriam ser elevados ao nível de 'direito imediatamente vigente'". Cf. *Direitos fundamentais e direito privado*, p. 22.

[1162] Cf. José Joaquim Gomes Canotilho. *Direito Constitucional*, p. 212-215.

[1163] Segundo Friedrich Müller, "mesmo quando o sentido da palavra é claro, é apenas em casos-limite muito raros e concretamente estabelecidos que o texto literal é suficiente para regulamentar normativamente casos específicos" (op. cit., p. 208).

problema que abre espaço para um *processo aberto de argumentação*, envolvendo vários intérpretes na busca da melhor solução para o problema concreto (tal método não deve ser utilizado isoladamente, para não conduzir a *casuísmos sem* limites, ignorando a ideia de que a interpretação é uma *atividade normativamente vinculada*); c) *método hermenêutico concretizador*: baseado na noção de que interpretação é uma *compreensão de sentido*, tal método explicita que o intérprete, em razão da sua *pré-compreensão*, desempenha um papel criador na tarefa de obtenção do sentido do texto constitucional (pressuposto subjetivo); também esclarece os pressupostos objetivos, ou seja, o *contexto* em que a norma está inserida; destarte, faz com que o intérprete seja um mediador entre a norma que interpreta e a situação concreta em que ela se aplica, exercendo atividade criadora o que transforma a interpretação jurídica em uma atividade dinâmica ("movimento de ir e vir"), denominado de "círculo hermenêutico", porque considera que a parte é determinada pelo todo e o todo por suas partes[1164] (a diferença deste método para o anterior reside na ideia de que o tópico problemático pressupõe o primado do problema sobre a norma, enquanto o ora analisado se assenta na primazia do texto constitucional sobre o problema); d) *método científico-espiritual* (valorativo ou sociológico): toma em consideração as bases de valores (*sistema ou ordem de valores*) subjacentes ao texto constitucional, as quais servem para dar sentido e realidade à Constituição; e) *métodica jurídica normativo-estruturante*: distingue a norma do texto normativo: este representa apenas a ordem ou o comando jurídico; aquela abrange o texto e o *domínio normativo*, ou seja, uma parte da realidade social que o programa normativo somente contempla parcialmente; a *concretização normativa* depende tanto da interpretação do texto quanto da investigação do domínio ou da região normativa.[1165]

Já a *integração* decorre da premissa de que determinada situação deveria ser constitucionalmente regulada, mas não está prevista, e tampouco

[1164] Cf. Boaventura de Souza Santos. *Introdução a uma ciência pós-moderna* cit., p. 11-12.

[1165] Nas palavras de Friedrich Müller, "Âmbito normativo e programa normativo não são meios para encontrar, à maneira do direito natural, verdadeiros enunciados ônticos de validade geral; tampouco ajudam a averiguar o 'verdadeiro sentido' dos textos normativos em termos do tipo definido e juridicamente 'correto' do uso da língua no respectivo contexto normativo. A função de escolha e de delimitação do programa normativo ligada a isso faz com que a análise do âmbito normativo, como parte integrante da concretização jurídica, fortaleça a normatividade da disposição legal como uma normatividade marcada pelos dados reais (...)" (op. cit., vol. 1, p. 245).

pode ser coberta pela interpretação, mesmo extensiva, dos preceitos constitucionais (considerada a sua *letra* e a sua *ratio*).[1166]

Não obstante a *interpretação* e a *integração* se distingam, são momentos *conexos*, ou melhor, *etapas graduais* da obtenção do Direito Constitucional.[1167] Em razão do caráter aberto e fragmentário da Constituição, cabe ao intérprete a *dupla tarefa*:[1168] a) primeiro, fixar o âmbito e o conteúdo da norma a ser aplicada; b) depois, se a situação concreta não estiver regulamentada no complexo normativo-constitucional, deve preencher ou colmatar suas lacunas.

As lacunas podem ser *autônomas* ou *heterônomas*. As primeiras decorrem da constatação da ausência de uma disciplina jurídica no ordenamento normativo-constitucional, mas podem ser preenchidas a partir do plano regulativo da Constituição e da teleologia da regulamentação constitucional. As lacunas *heterônomas* decorrem do não cumprimento, pelo legislador, das ordens constitucionais de legislar, sendo, destarte, *omissões inconstitucionais*.

Lacunas representam a *ausência de regulamentação*, são intencionais, não se confundindo com os *espaços jurídicos livres*, denominados como *silêncios eloquentes*, que são situações que o constituinte deixou, intencionalmente, de regular, a fim de permitir a luta política, a liberdade de conformação legislativa ou a adaptação da disciplina normativa à evolução da vida (realidade) constitucional. O texto constitucional é incompleto e inacabado, exigindo um *processo de complementação* a fim de realizar e, inclusive, permitir a atualização da Constituição.

Em síntese, a colmatação das lacunas autônomas depende da *analogia* que é um *método de complementação constitucional*, pelo qual se transfere a regulamentação de certas situações para outros casos que merecem *igual tratamento jurídico* e apresentam significativa *coincidência axiológica*. Por sua vez, o preenchimento das lacunas heterônomas depende do reconhecimento judicial da *omissão inconstitucional*. Por fim, os espaços jurídicos livres ou os silêncios eloquentes não seriam considerados lacunas ofensivas, no plano da ordenação constitucional, não podendo ser integrados por nenhum agente público.[1169]

1166 Cf. José Joaquim Gomes Canotilho. *Direito Constitucional* cit., p. 237.

1167 Idem, ibidem.

1168 Idem, p. 238.

1169 Adotando a posição de José Joaquim Gomes Canotilho, esclarecendo quais seriam as lacunas colmatáveis, resume Clèmerson Merlin Clève: "(i) lacunas não ofensivas ao plano de

Porém, Marcelo Neves critica a constitucionalização meramente simbólica, afirmando que a institucionalização de "regras de silêncio" (*gag rules*) funciona como forma de exclusão da discussão jurídico-política de determinados temas nos sistemas constitucionais democráticos.[1170] O desgaste da constitucionalização simbólica leva a consequências incertas que variam, de um lado, com o aumento da desconfiança no Estado, o descrédito das autoridades, o cinismo das elites e a apatia das massas, e, em sentido oposto, a fortificação dos movimentos sociais e políticos, os quais intensificariam suas lutas por um sistema constitucional mais efetivo, ampliando-se o exercício da cidadania e tornando possível a construção de uma esfera pública pluralista.[1171]

Em sentido mais amplo, Luigi Ferrajoli, ao defender o *garantismo*, aqui entendido como *efetividade dos direitos fundamentais*,[1172] afirma que *lacuna* é a ausência do *Direito Positivo*, ou melhor, a *carência de garantias*[1173] que obstaculizam a realização dos direitos fundamentais. Logo, pode haver lacunas na lei, mas não no Direito: a inexistência de regras de Direito Positivo, não impede que situação juridicamente relevante encontre solução dentro do sistema jurídico.[1174]

Nessas situações, a jurisdição constitucional não deve simplesmente descrever a inexistência de normas, mas analisar as lacunas existentes, elaborando e projetando as garantias faltantes ou inadequadas, a fim de

ordenação constitucional, desejadas pelo Constituinte (normas de eficácia limitada, basicamente) e que, sendo, em princípio, colmatáveis exclusivamente pelo Legislador, implicam dever de legislar; (ii) lacunas não ofencivas ao plano de ordenação constitucional que, embora desejadas pelo Constituinte, não podem sofrer processo de integração nem por obra do Legislador (trata-se do que a doutrina convencionou chamar de 'silêncio eloquente'); e, por fim, (iii) lacunas ofensivas ao plano de ordenação constituciona*l* que, não desejadas, podem sofrer processo de integração por meio de mecanismos convencionais de colmatação conhecidos pela doutrina. (...). Pois bem; apenas o primeiro tipo de lacuna é capaz de dar lugar, caso não cumprido pelo Legislador o dever constitucional de legislar, à inconstitucionalidade por omissão" (*A fiscalização abstrata da constitucionalidade das leis no Direito Brasileiro*, p. 53).

1170 Cf. Marcelo Neves, op. cit., p. 124-125.

1171 Idem, p. 126 e 188-189.

1172 Segundo Robert Alexy, "a razão de ser dos direitos fundamentais é exatamente a de que aquilo que é especialmente importante para o indivíduo, e que pode ser juridicamente protegido, deve ser juridicamente garantido" (*Teoria dos direitos fundamentais* cit., p. 506).

1173 Cf. Luigi Ferrajoli. I diritti fondamentali... cit., p. 121.

1174 Cf. Luis Roberto Barroso. Diferentes, mas iguais: o reconhecimento jurídico das relações homoafetivas no Brasil, p. 27.

que se possa aplicar a Constituição.[1175] Percebe-se, pois, que o conceito de Ferrajoli é mais abrangente que o de Canotilho. Abarca toda e qualquer *situação obstativa* ou *impeditiva* da realização dos direitos fundamentais, incluindo lacunas (autônomas ou heterônomas) e espaços jurídicos livres.

Nesse contexto, também é possível trabalhar com a *teoria do pensamento de possibilidades*, desenvolvida por Peter Haberle, como limite para a interpretação constitucional, pela qual, diante de hipóteses de incompletude constitucional, o intérprete deve questionar se há outra solução viável para uma determinada situação, considerando tanto a perspectiva da realidade (futura) que permite separar o impossível do possível quanto as possibilidades que já foram, por qualquer motivo, desconsideradas no passado. Tal teoria é útil, na medida em que as Constituições não têm a pretensão de completude, devendo ser, por meio da hermenêutica, adaptadas às circunstâncias do momento atual, que são diferente da realidade social e histórica da ocasião em que foram elaboradas. Assim, as normas constitucionais não podem ser concebidas como padrões normativos rígidos e estáticos, mas serem confrontados com os acontecimentos imprevisíveis que possam vir no futuro. A teoria do pensamento de possibilidades foi utilizada pelo Supremo Tribunal Federal em diversas situações, por exemplo: i) diante da ausência de membros do Ministério Público, com mais de 10 (dez) anos, para formar lista sêxtupla para concorrer ao quinto constitucional, permitiu-se que integrantes, com menos um decênio, pleitear o ingresso na magistratura[1176]; ii) reconhecimento da legitimidade ao Ministério Público para ajuizar ação para o ressarcimento do dano decorrente de crime (art. 68/CPP), até que fosse estruturada a Defensoria Pública[1177] iii)

[1175] Cf. Luigi Ferrajoli. Diritti fondamentali, p. 36.

[1176] "1 - Somente quando não houver, entre os Membros do Ministério Público do Trabalho, candidato com mais de dez anos de carreira, será lícita a inclusão em lista, para a investidura no cargo de Juiz de Tribunal Regional do Trabalho, de quem não preencha aquele requisito temporal. Inconstitucionalidade, perante o art. 115, parágrafo único, inciso II, combinado com o art. 94, ambos da Carta de 1988, de ato normativo do Conselho Superior do Ministério Público do Trabalho, que autorizara a complementação da lista com figurantes destituídos daquela antigüidade. Decisão majoritária do Supremo Tribunal" (ADI 1289, Relator(a): Min. Octavio Gallotti, Tribunal Pleno, julgado em 18/12/1996, DJ 29-05-1998 PP-00002 Ement Vol-01912-01 PP-00046 RTJ Vol-00167-01 PP-00035).

[1177] "Ministério Público: legitimação para promoção, no juízo cível, do ressarcimento do dano resultante de crime, pobre o titular do direito à reparação: C. Pr. Pen., art. 68, ainda constitucional (...). No contexto da Constituição de 1988, a atribuição anteriormente dada ao

Promotora de Justiça que passou em concurso no Ministério Público Federal, logo após a entrada em vigor da Emenda Constitucional nº 45/2004 (art. 129, § 3º, da CF), que passou a exigir três anos de atividade jurídica para o ingresso na carreira, teve inscrição definitiva indeferida, por não ter três anos de atividade jurídica; porém, o STF ponderou que uma Promotora de Justiça, que já havia tomado posse antes da Emenda Constitucional nº 45/2004, não poderia, excepcionalmente, deixar de ser Procuradora da República, em razão do Ministério Público ser uno (art. 127, § 1º, CF) e não haver, para a espécie, regra de transição[1178]

Ministério Público pelo art. 68 C. Pr. Penal - constituindo modalidade de assistência judiciária - deve reputar-se transferida para a Defensoria Pública: essa, porém, para esse fim, só se pode considerar existente, onde e quando organizada, de direito e de fato, nos moldes do art. 134 da própria Constituição e da lei complementar por ela ordenada: até que - na União ou em cada Estado considerado -, se implemente essa condição de viabilização da cogitada transferência constitucional de atribuições, o art. 68 C. Pr. Pen. será considerado ainda vigente: é o caso do Estado de São Paulo, como decidiu o plenário no RE 135328" (STF, RE 147776, Relator(a): Min. Sepúlveda Pertence, Primeira Turma, julgado em 19/05/1998, DJ 19-06-1998 PP-00009 Ement Vol-01915-01 PP-00136).

1178 "Mandado de segurança. Constitucional. Emenda constitucional n. 45/04. Ausência de regras de transição destinadas a solucionar situações limítrofes não abrangidas pelos novos preceitos constitucionais. Ministério público federal. Ingresso na carreira. Inscrição definitiva no concurso público. Candidata que, embora não possuísse os três anos de atividade jurídica exigidos pelo art. 129, § 3º, da constituição, era promotora de justiça de ministério público estadual. Situação de exceção. Princípio da unidade do ministério público [art. 128, i e ii, da cb/88]. Princípio da igualdade [art. 5º da cb/88]. A igualdade consiste em tratar-se desigualmente os desiguais. Ordem deferida. 1. A ausência de regras de transição para disciplinar situações fáticas não abrangidas pelo novo regime jurídico instituído por emenda constitucional demanda a análise de cada caso concreto à luz do direito enquanto totalidade. 2. O Ministério Público nacional é uno [art. 128, I e II, da Constituição do Brasil], compondo-se do Ministério Público da União e dos Ministérios Públicos dos Estados. 3. No exercício das atribuições previstas nos artigos 109, § 3º da Constituição e 78 e 79 da LC n. 75/93, o Ministério Público estadual cumpre papel do Ministério Público Federal. 4. A circunstância de a impetrante, Promotora de Justiça no Estado do Paraná, exercer funções delegadas do Ministério Público Federal e concomitantemente ser tida como inapta para habilitar-se em concurso público para o provimento de cargos de Procurador da República é expressiva de contradição injustificável. Trata-se, no caso, de situação de exceção, típica de transição de um regime jurídico a outro, em razão de alteração no texto da Constituição. 5. A igualdade, desde Platão e Aristóteles, consiste em tratar-se de modo desigual os desiguais. Prestigia-se a igualdade, no sentido mencionado quando, no exame de prévia atividade jurídica em concurso público para ingresso no Ministério Público Federal, dá-se tratamento distinto àqueles que já integram o Ministério Público. Segurança concedida"(STF, MS 26690, Relator(a): Min. Eros

De qualquer modo, não basta que o Judiciário reconheça a ausência da norma. Para fazer cumprir a Constituição, deve assegurar a efetivação dos direitos fundamentais aos casos concretos, impendido qualquer lesão ou ameaça de lesão a tais direitos (art. 5.º, XXXV, da CF/1988). Em outras palavras, em um Estado Constitucional de Direito, os conflitos insuperáveis devem ser resolvidos, pela via interpretativa, mediante a ab-rogação ou a anulação das normas inválidas ou, em caso de lacuna, pela introdução da norma faltante.[1179] Afinal, na ausência de leis, excluir a possibilidade da integração judicial do ordenamento jurídico teria como consequência o *esvaziamento* dos direitos reconhecidos na Constituição.[1180] Logo, o dogma de que o Judiciário deve atuar apenas como legislador negativo pode ser rompido toda vez que, reconhecendo a inefetividade de um direito fundamental, seja assegurada a sua realização concreta.

Ainda, é possível se referir ao conceito de *lacuna axiológica*, quando não se está diante da ausência de uma regra qualquer, mas de uma regra "justa", vale dizer, de uma regra que não está presente no ordenamento jurídico, mas que "deveria" estar porque assim estabelece o sentido de justiça previsto nas normas constitucionais. Pelo postulado da razoabilidade,[1181] a jurisdição constitucional pode, fundada no princípio da isonomia, identificar lacunas axiológicas. Desse modo, quando o legislador distingue sem razão, o Judiciário dirá que falta uma regra igualadora ou, ao contrário, quando o legislador tratar de maneira igual casos que são diferentes (não diferenciando onde deveria ter feito), a jurisdição constitucional dirá que falta uma norma diferenciadora. Nesse contexto, o princípio da isonomia é fonte de lagunas axiológicas, tendo Riccardo Guastini o considerado como uma *máquina de produzir lacunas.*[1182]

As *lacunas axiológicas* dão margem às *decisões interpretativas*,[1183] as quais permitem que os juízes adotem as interpretações que melhor contribuam

Grau, Tribunal Pleno, julgado em 03/09/2008, DJe-241 Divulg 18-12-2008 Public 19-12-2008 Ement Vol-02346-03 PP-00666 RTJ Vol-00209-02 PP-00594).].

[1179] Cf. Luigi Ferrajoli. I diritti fondamentali... cit., p. 171.

[1180] Cf. Gustavo Zagrebelsky. *El derecho dúctil* cit., p.153.

[1181] Verificar o item 5.7.13 abaixo.

[1182] Cf. Riccardo Guastini. *Estudios de teoría constitucional*, p. 48.

[1183] Cf. Américo Bedê Freire Junior, op. cit., p. 86-88.

para a realização dos direitos fundamentais. Podem ser de duas espécies: *aditivas* e *substitutivas*.[1184]

As decisões *aditivas* são aquelas em que o Judiciário adiciona elementos, originariamente, não explícitos na regra jurídica, com o objetivo de alcançar situações não previstas, a fim de permitir a constitucionalidade de uma norma. Por exemplo, uma lei prevê uma certa consequência jurídica para determinada hipótese fática, mas se omite em disciplinar a mesma consequência a outra circunstância que, segundo a jurisdição constitucional, é similar e deveria ser prevista, para estar conforme a Constituição. Destarte, o Judiciário declara constitucionalmente ilegítima a lacuna e introduz, no ordenamento jurídico, a regra faltante, que o legislador deveria ter formulado, para que, desta forma, a lacuna seja colmatada. Pode-se, contudo, dizer que se está diante de um fenômeno medianamente paradoxal. Afinal, em vez de o Judiciário simplesmente declarar a inconstitucionalidade da norma, ressalta a ilegitimidade constitucional da ausência de uma norma diversa. Assim não agrega, ao ordenamento jurídico, uma nova norma. Em outras palavras, é a declaração da inexistência de norma diversa que gera a nova norma, isto é, a jurisdição constitucional apenas afirma que a norma reputada inconstitucional somente pode ser considerada constitucional se estiver acompanhada de outra norma, que estenda, à circunstância fática não regulada, a mesma consequência jurídica prevista para a hipótese fática já positivada.

Por sua vez, são decisões *substitutivas* aquelas em que se declara a lei inconstitucional, mas, *incontinente*, substitui a parte declarada inválida por critério existente no sistema, a fim de possibilitar a aplicação integral da lei. Com efeito, anula uma disposição que prevê "X" em vez de "Y", e , simultaneamente, preenche a lacuna aberta pela declaração de inconstitucionalidade. Portanto, tal procedimento inclui quatro conclusões: a) a norma é constitucionalmente ilegítima; b) sua anulação, pura e simples, produziria uma lacuna no ordenamento jurídico; c) tal lacuna se converteria em uma violação à Constituição; d) para evitar isto, a jurisdição constitucional, ao mesmo tempo que anula a norma inconstitucional, colmata a lacuna que tal anulação provocaria.

[1184] Cf. Riccardo Guastini, op. cit., p. 270-272. Sobre a tipologia das decisões de inconstitucionalidade, verificar, dentre outros: Georges Abboud. *Jurisdição constitucional e direitos fundamentais*. p. 165-303.

Nesse contexto, podem ser mencionadas as técnicas previstas no art. 28, parágrafo único, da Lei 9.868/1999: a) a da *interpretação conforme*, pela qual o órgão no exercício da jurisdição constitucional define qual deve ser a interpretação da norma infraconstitucional, excluindo outras possíveis exegeses da mesma regra jurídica;[1185] b) a da *nulidade parcial sem redução de texto*, quando o Judiciário, mantendo íntegro o texto impugnado, declara a inconstitucionalidade de determinado sentido ou alcance que poderia ser dele extraído, apelando para que o legislador discipline adequadamente a matéria (apresentando-se como *decisões prescritivas*).[1186] Exemplos de interpretação conforme: a) o STF considerou constitucional a MP 2.180-35, de 24.08.2001, a partir de interpretação conforme, para reduzir a sua aplicação à hipótese de execução, por quantia certa, contra a Fazenda Pública (art. 730 do CPC-1973), excluindo-se, pois, os casos de pagamento de obrigação definidos em lei como de pequeno valor (art. 100, §3.º, da CF/1988);[1187] b) o STF conferiu interpretação conforme à Constituição ao art. 364, *caput* e

[1185] A interpretação conforme, como expressão ampla da *filtragem constitucional*, não é prerrogativa exclusiva do STF, no controle abstrato da constitucionalidade. Em todos os processos, devem os juízes e demais operadores jurídicos buscar a exegese das regras jurídicas que melhor efetivem à Constituição.

[1186] Cristina Queiroz explica que "as decisões que declaram a norma 'não ainda inconstitucional', isto é, 'ainda tolerável', em ordem a evitar a declaração de nulidade (total) da norma, que não pode ser interpretada 'em conformidade' com a Constituição, 'completando' o dispositivo com um 'apelo' ao legislador, deferindo para este a modificação da 'situação normativa', com base nas indicações contidas na própria decisão, apresentam-se como sentenças prescritivas na plena acepção do termo. O Tribunal Constitucional 'informa' o legislador, por via de 'apelo', dos defeitos da situação normativa. Estas 'sentenças de apelo' não têm um efeito directo sobre a norma, antes acenam com uma futura declaração de nulidade, por vezes fixando um termo (Fristsetzung), no espaço do qual o legislador é chamado a dimanar uma norma 'de reparação', limitando-se o Tribunal Constitucional, unicamente, a indicar a 'desformidade' sem declarar a 'nulidade'. Este tipo de decisões cria um verdadeiro 'vazio legislativo'. A norma declarada incompatível com a Constituição permanece formalmente em vigor e, nos termos do par. 2 do artigo 31.º da Lei alemã federal sobre o Tribunal Constitucional, essa declaração de incompatibilidade assume força constitutiva, *erga omnes* e *ex nunc*, a partir do momento em que se constata a colisão entre a norma legislativa e a norma constitucional. Isto significa que durante um 'período transitório', entre a decisão do Tribunal e a nova disciplina, se cria uma 'suspensão de aplicação' nos termos em que esta se encontra fixada no dispositivo da decisão" (*Interpretação constitucional e poder judicial...* cit., p. 174-175).

[1187] Cf. STF, AgIn-AgRg 615.415-RS, 1.ª T., j. 20.11.2007, rel. Min. Ricardo Levandowski, *DJe* 165, 18.12.2007; STF, RE-AgRg 514.387-PR, 2.ª T., j. 01.04.2008, rel. Min. Eros Grau, *DJe* 83, 08.05.2008.

parágrafo único, da Constituição Estadual do Rio de Janeiro, que vedava a alienação de ações ordinárias de sociedades de economia mista estaduais (entre as quais as do Banco do Estado do Rio de Janeiro), no sentido de serem admitidas tal venda, desde que condicionada à prévia autorização legislativa e, tão somente, se não importassem em perda do controle acionário por parte do Estado[1188]; c) o Plenário do STF conferiu interpretação conforme ao art. 28 do Código de Processo Penal, para o fim de assentar que é coerente com a Constituição o início da execução criminal, quando houver condenação confirmada em segundo grau, salvo atribuição expressa de efeito suspensivo ao recurso cabível, uma vez que a execução provisória de acórdão penal condenatório proferido em grau de apelação, ainda que sujeito a recurso especial ou extraordinário, não compromete o princípio constitucional da presunção de inocência, previsto no art. 5º, inc. LVII da Constituição Federal. NOTA DE RODAPE: STF, HC 135644 AgR, Relator(a): Min. EDSON FACHIN, Primeira Turma, julgado em 28/10/2016, PROCESSO ELETRÔNICO DJe-243 DIVULG 16-11-2016 PUBLIC 17-11-2016.

Exemplos de declaração de inconstitucionalidade sem redução do texto: a) o STF declarou a inconstitucionalidade do art. 1.º da Lei 9.536/1997,[1189] para afirmar que a transferência de militar e seus dependentes somente seja permitida entre instituições da mesma espécie, isto é, se ingressou em instituição privada deve ser admitida a transferência em estabelecimento privado, não em escola pública, e vice-versa, a fim de se assegurar o princípio da isonomia;[1190] b) o STF declarou inconstitucional, sem redução de

[1188] STF, ADIn 1.348-RJ, Tribunal Pleno, j. 21.02.2008, rel. Min. Carmén Lúcia, *DJe* 41, 06.03.2008.

[1189] "Art. 1.º A transferência *ex officio* a que se refere o parágrafo único do art. 49 da Lei n. 9.394, de 20 de dezembro de 1996, será efetivada, entre instituições vinculadas a qualquer sistema de ensino, em qualquer época do ano e independente da existência de vaga, quando se tratar de servidor público *federal* civil ou militar estudante, ou seu dependente estudante, se requerida em razão de comprovada remoção ou transferência de ofício, que acarrete mudança de domicílio para o município onde se situe a instituição recebedora, ou para localidade mais próxima desta". Por sua vez, o art. 49, parágrafo único, da Lei 9.394/1996 tem a seguinte redação: "Art. 49. As instituições de educação superior aceitarão a transferência de alunos regulares, para cursos afins, na hipótese de existência de vagas, e mediante processo seletivo. Parágrafo único. As transferências *ex officio* dar-se-ão na forma da lei".

[1190] STF, AgIn-EDcl 541.533-PR, 2.ª T., j. 13.03.2007, rel. Min. Joaquim Barbosa, *DJe* 47, 28.06.2007.

texto, o art. 336, inc. V, do Regimento Interno do TJSP ("para pagamentos complementares serão utilizados os mesmos precatórios satisfeitos parcialmente até o seu integral cumprimento"), assentando o termo "pagamentos complementares", para se compatibilizar com o art. 100 da CF/1988, deveria compreender apenas os pagamentos decorrentes de erro material e inexatidão aritmética, contidos no precatório original ou pela substituição, por força de lei, do índice aplicado; c) o Plenário do STF acolheu, parcialmente, ação direta de inconstitucionalidade, para fins de declarar a nulidade do dispositivo, sem redução de texto, de toda e qualquer interpretação do item 02 da Tabela VI da Lei Complementar 156/97, do Estado de Santa Catarina, a qual previa no seu âmbito de incidência taxa para a extração e fornecimento de certidões administrativas para defesa de direitos e esclarecimento de situações de interesse pessoal, o que viola o direito de petição previsto no art. 5º, inc. XXXIV, "b", da Constituição Federal.[1191]

Desse modo, é possível afirmar que as *mutações constitucionais* não dependem, exclusivamente, de alterações no texto constitucional. É possível modificar o sentido, sem mudar o texto. Por exemplo, o STF alterou a sua jurisprudência, para determinar a competência absoluta dos Tribunais de Justiça para o julgamento de *habeas corpus* contra atos de Turmas Recursais dos Juizados Especiais Criminais, não sendo cabível o seu ajuizamento direto no STF.[1192]

Há, também, *decisões integrativas* que preenchem as lacunas jurídicas para permitir a efetivação dos direitos fundamentais. Tome-se, como exemplo, a decisão judicial que permitiu que procedimentos médicos de transgeni-

[1191] Nota de rodapé: STF, ADI 3278, Relator(a): Min. Edson Fachin, Tribunal Pleno, julgado em 03/03/2016, Acórdão Eletrônico DJe-049 Divulg 15-03-2016 Public 16-03-2016.

[1192] Neste sentido, vale destacar julgado do STF: "Questão de ordem. *Habeas corpus* contra ato de Turma Recursal de Juizado Especial. Incompetência do STF. Alteração de Jurisprudência. Julgamento já iniciado. Insubsistência dos votos proferidos. Tendo em vista que o STF, modificando sua jurisprudência, assentou a competência dos Tribunais de Justiça estaduais para julgar *habeas corpus* contra ato de Turmas Recursais dos Juizados Especiais, impõe-se a imediata remessa dos autos à respectiva Corte local para reinício do julgamento da causa, ficando sem efeito os votos já proferidos. Mesmo tratando-se de alteração de competência por efeito de mutação constitucional (nova interpretação à Constituição Federal), e não propriamente de alteração no texto da Lei Fundamental, o fato é que se tem, na espécie, hipótese de competência absoluta (em razão do grau de jurisdição), que não se prorroga. Questão de ordem que se resolve pela remessa dos autos ao Tribunal de Justiça do Distrito Federal e dos Territórios, para reinício do julgamento do feito" (HC-QO 86.009-DF, 2.ª T., j. 29.08.2006, rel. Min. Carlos Britto, *DJe* 26.04.2007).

talização fossem incluídos na tabela do SIH-SUS. Trata-se de julgado da 3.ª Turma do Tribunal Regional Federal (TRF) da 4.ª Região que deu provimento à apelação do Ministério Público Federal. A ação civil pública havia sido extinta por carência de ação (impossibilidade jurídica do pedido). Nela, pedia-se para que o Sistema Único de Saúde (SUS) incluísse, na sua lista de procedimentos cirúrgicos, a cirurgia de transgenitalização ou de mudança de sexo. A causa de pedir da demanda, movida pelo Ministério Público Federal, em face da União, era de que possibilitar a cirurgia, para transexuais, pelo SUS, seria Direito Constitucional, decorrente dos princípios do respeito à dignidade humana, da igualdade, da intimidade, da vida privada e da saúde. A União, por sua vez, contestou o pedido, argumentando que a cirurgia teria caráter experimental, sendo realizada apenas em hospitais universitários ou públicos adequados à pesquisa. Alegou, ainda, que a questão é polêmica pelo questionamento da legalidade de tal procedimento e que não existe discriminação sexual, mas impossibilidade de recursos orçamentários a demandas individualizadas. Em primeira instância, como já asseverado, o processo foi extinto por carência de ação (art. 267, inc. VI, do CPC-1973).

O Ministério Público Federal apelou da sentença e o TRF da 4.ª Reg. deu provimento ao recurso, argumentando que "a partir de uma perspectiva biomédica, a transexualidade pode ser descrita como um distúrbio de identidade sexual, no qual o indivíduo necessita alterar a designação sexual, sob pena de graves consequências para sua vida, dentre as quais se destacam o intenso sofrimento, a possibilidade de automutilação e de suicídio".

Extrai-se, ainda, do acórdão: "Sendo assim, cumpre concretizar o direito à inclusão dos procedimentos a partir de uma compreensão da Constituição e dos direitos fundamentais que tenha seu ponto de partida nos direitos de liberdade e de igualdade (na sua dimensão proibitiva de discriminação), cuja relação com o direito fundamental à saúde reforça e fortalece".

Concluiu, pois, o TRF da 4.ª Reg. que "a prestação de saúde requerida é de vital importância para a garantia da sobrevivência e de padrões mínimos de bem-estar dos indivíduos que dela necessitam e se relaciona diretamente ao respeito da dignidade humana".[1193] Posteriormente, em outro

[1193] "Direito constitucional. Transexualismo. Inclusão na tabela SIH-SUS de procedimentos médicos de transgenitalização. Princípio da igualdade e proibição de discriminação por motivo de gênero. Direitos fundamentais de liberdade, livre desenvolvimento da personalidade, privacidade e respeito à dignidade da pessoa humana. Força normativa da Constituição (...)"

caso concreto, o Superior Tribunal de Justiça asseverou que a interpretação sistemática dos arts. 55 e 58 da Lei n. 6.015/73 permite que transexual operado obtenha autorização judicial para a alteração de seu prenome, substituindo-o por apelido público e notório pelo qual é conhecido no meio em que vive. Afinal, entendimento contrário significaria postergar o exercício do direito à identidade pessoal e subtrair do indivíduo a prerrogativa de adequar o registro do sexo à sua nova condição física, impedindo, assim, a sua integração na sociedade. Portanto, no livro cartorário, deve ficar averbado, à margem do registro de prenome e de sexo, que as modificações procedidas decorreram de decisão judicial.[1194]

Tais decisões confirmam a possibilidade do Judiciário, a partir de direitos fundamentais e de princípios, reconhecer e efetivar a existência de direitos, ainda não positivados. O exemplo mencionado permite concluir que os direitos da personalidade não estão regulados de modo exaustivo no Código Civil. Podem ser extraídos da cláusula geral de tutela da pessoa humana, contida no art. 1.º, III, da CF/1988.[1195]

Dessa maneira, o art. 13, *caput*, do CC/2002, ao vedar atos de disposição do próprio corpo, quando importarem diminuição permanente da integridade física ou contrariarem os bons costumes, não impede a realização de cirurgias de transgenitalização, realizadas conforme os padrões estabelecidos pelo Conselho Federal de Medicina e, fundado na proteção integral do direito fundamental à identidade pessoal, permite a consequente modificação do prenome no Registro Civil. Nesse sentido, destaca-se o Enunciado 276, emitido na IV Jornada de Direito Civil, promovida pelo

(TRF 4.ª Reg., ApCiv 2001.71.00.026279-9, 3.ª T., j. 14.08.2007, *DJU* 22.08.2007). Tal acórdão, contudo, teve a sua execução suspensa, pela Min. Ellen Gracie, em 10.12.2007, na Suspensão de Tutela Antecipada 185-2-DF, em que a então Presidente do STF alegou que a decisão causaria lesão à ordem pública, na medida em que repercutiria na programação orçamentária federal, tendo impacto nas finanças públicas, especialmente porque depende da realocação de verbas, originalmente, destinadas a outras políticas públicas de saúde, causando o remanejamento de recursos públicos indispensáveis aos financiamentos do SUS em âmbito nacional.

1194 REsp 737.993/MG, Rel. Ministro João Otávio de Noronha, Quarta Turma, julgado em 10/11/2009, DJe 18/12/2009.

1195 Conforme o Enunciado 274, emitido na IV Jornada de Direito Civil, promovida pelo Centro de Estudos Judiciários do Conselho da Justiça Federal, no período de 25 a 27.10.2006:"Os direitos da personalidade, regulados de maneira não exaustiva pelo Código Civil, são expressões da cláusula geral de tutela da pessoa humana contida no art. 1.º, III, da CF/1988 (princípio da dignidade da pessoa humana). Em caso de colisão entre eles, como nenhum pode sobrelevar os demais, deve-se aplicar a técnica da ponderação".

Centro de Estudos Judiciários do Conselho da Justiça Federal, no período de 25 a 27 de outubro de 2006: "O art. 13 do Código Civil, ao permitir a disposição do próprio corpo por exigência médica, autoriza as cirurgias de transgenitalização em conformidade com os procedimentos estabelecidos pelo Conselho Federal de Medicina, e a consequente alteração do prenome e do sexo no Registro Civil". Ademais, o Enunciado 13, emitido na I Jornada de Direito Civil, promovida pelo Centro de Estudos Judiciários do Conselho da Justiça Federal, no período de 11 a 13 de setembro de 2002, já havia assentado que a "expressão 'exigência médica', contida no art. 13, refere-se tanto ao bem-estar físico quanto ao bem-estar psíquico do disponente". Por fim, o STJ assegurou para transexual o direito de alterar seu prenome e gênero, obtendo nova certidão civil, sem que dela constasse nenhuma anotação sobre a decisão judicial, a qual fica restrita aos livros cartorários, a fim de evitar a exposição da pessoa a situações constrangedoras e discriminatórias.[1196]

O Estado não pode negar o direito personalíssimo à orientação sexual, pois deixar de reconhecê-lo, inclusive, formalmente, é suprimir liberdades individuais que, por si só, não prejudicam direitos da maioria. O Estado Democrático de Direito não deve criar obstáculos ao desenvolvimento dos direitos da personalidade, fazendo com que pessoas se abstenham de sua orientação sexual ou que vivam clandestinamente.

Na esteira da possibilidade de realização da cirurgia de transgenitalização pelo Sistema Único de Saúde aparece a possibilidade de alteração do nome para os transsexuais submetidos a tal cirurgia. O Superior Tribunal de Justiça, ao apreciar esses casos, possibilita a modificação do nome e do sexo/gênero no registro civil[1197]. No entanto, essa orientação jurisprudencial, a partir do julgamento do REsp 1626739/RS[1198], evoluiu para alcançar também os transexuais não operados, a fim de conferir a máxima efetividade ao princípio constitucional da promoção da dignidade da pessoa humana, a cláusula geral de tutela dos direitos existenciais inerentes à personalidade, ao princípio da igualidade. Logo, tal posicionamento assegu-

[1196] Notícia veiculada no *site* do STJ, em 15.10.2009, sem fazer menção ao número do processo, julgado pela 3.ª T., cuja relatora foi a Min. Nancy Andrighi.

[1197] STJ, REsp 1.008.398/SP, Rel. Ministra Nancy Andrighi, Terceira Turma, julgado em 15.10.2009, DJe 18.11.2009; e REsp 737.993/MG, Rel. Ministro João Otávio de Noronha, Quarta Turma, julgado em 10.11.2009, DJe 18.12.2009

[1198] Rel. Ministro Luis Felipe Salomão, Quarta Turma, julgado em 09/05/2017, DJe 01/08/2017.

rou, pela via judicial, os direitos fundamentais das pessoas transexuais não operadas à identidade (tratamento social de acordo com sua identidade de gênero), à liberdade de desenvolvimento e de expressão da personalidade humana (sem indevida intromissão estatal), ao reconhecimento perante a lei (independentemente da realização de procedimentos médicos), à intimidade e à privacidade (proteção das escolhas de vida), à igualdade e à não discriminação (eliminando desigualdades fáticas que os colocariam em situação de inferioridade), à saúde (garantia do bem-estar biopsicofísico) e à felicidade (bem-estar geral). Portanto, foi reconhecido não apenas o direito do transsexual a realizar à cirurgia de mudança de sexo, como também a alteração de seu nome, ou, tão somente, o direito dos transexuais à retificação do sexo no registro civil, independentemente da realização da cirurgia de transgenitalização, já que isto seria inatingível ou mesmo inviável do ponto de vista médico para muitos transsexuais. Desse modo, o STJ, no REsp 1626739/RS, concluiu que o chamado *sexo jurídico* (isto é, aquele constante no registro civil de nascimento, atribuído, na primeira infância, com base no aspecto morfológico, gonádico ou cromossômico) não pode se sobrepor ao aspecto psicossocial, decorrente da identidade de gênero autodefinido por cada indivíduo, para não se comprometer as relações da pessoa perante a sociedade.

Percebe-se, pois, que não há como sujeitar a jurisdição ao mero controle negativo da lei. A realização da justiça, dentro do caso concreto, é a tarefa do juiz no processo, não algo já dado no preceito legal.[1199] A ideia da plenitude do ordenamento jurídico não passa de uma concepção filosófica de inspiração positivista, predominante no século XIX, mas hoje superada pelos modernos postulados da Filosofia do Direito.[1200] Daí ressaltar a importância da hermenêutica jurídica que, enquanto trabalho de descoberta, é uma *atividade criativa* que consiste na aplicação do conjunto sistemático de princípios e regras jurídicas ao caso concreto sempre tendo em vista, como resultado, a justiça da decisão.

1199 Segundo Plauto Faraco de Azevedo, "a retificação do justo legal é, em nosso tempo, um poder inseparável da função judicante, face à mutação dos fatos e suas nuanças, ao surgimento de novas necessidades, à consciência progressiva maior dos valores imanentes à vida humana" (*Justiça distributiva e aplicação do direito*, p. 133).

1200 Cf. Ovídio Baptista da Silva. *Curso de processo civil*, vol. 1, p. 20.

5.4 Decisões judiciais, baseadas em princípios, com conteúdos morais

Quando o Judiciário aplica na solução dos casos concretos princípios, os quais são dotados de *sentido deontológico*, a decisão judicial acaba se revestindo de conteúdos morais.

Compete ao juiz motivar, racionalmente, o seu convencimento, assumindo uma das duas ideologias contrapostas:[1201] a) o *liberalismo* que defende que cada um deve ser livre para escolher os próprios valores e fins, compatíveis com uma igual liberdade do mesmo tipo para todos, salvo nos casos em que tais escolhas possam vir a causar danos aos outros; b) o *moralismo jurídico* ou o *perfeccionismo jurídico*, pelo qual a conservação da moralidade da sociedade é um valor digno de ser defendido pelo instrumento coercitivo do Direito, o qual pode ser contextualizado pelo *pensamento comunitário*, segundo o qual a opinião predominante, por motivos históricos e culturais, é a que determina a moralidade ou a imoralidade de algumas práticas específicas de uma dada comunidade, examinada isoladamente.

À guisa de ilustração desta última ideologia, cabe lembrar a sentença proferida, no dia -05.07.2007, pelo juiz da 9.ª Vara Criminal de São Paulo, nos Autos 936-07, no qual o então jogador do São Paulo Futebol Clube, Richarlyson, ingressou com queixa-crime contra o diretor administrativo do Palmeiras, José Cyrillo Júnior, por ter insinuado que o jogador seria homossexual. O juiz Manoel Maximiano Junqueira Filho rejeitou a queixa-crime, sustentando que os gramados não seriam lugar de homossexual: "Futebol é jogo viril, varonil, não homossexual" e completou "Não que um homossexual não possa jogar bola. Pois que jogue, querendo. Mas, forme o seu time e inicie uma Federação. Agende jogos com quem prefira pelejar contra si". Considerou que o querelado não apontou o querelante como homossexual e, mesmo que tivesse feito, este "poderia optar pelos seguintes caminhos: 3. A – Não sendo homossexual, a imputação não o atingiria e bastaria que, também ele, o querelante, comparecesse no mesmo programa televisivo e declarasse ser heterossexual e ponto final; 3. B – se fosse homossexual, poderia admiti-lo, ou até omitir, ou silenciar a respeito. Nesta hipótese, porém, melhor seria que abandonasse os gramados... Quem é, ou foi boleiro, sabe muito bem que estas infelizes colocações exigem réplica imediata, instantânea, mas diretamente entre o ofensor e

[1201] Cf. Carla Faralli. *A filosofia...* cit., p. 21-23.

o ofendido, num 'tête-à-tête'. Trazer o episódio à Justiça, outra coisa não é senão dar dimensão exagerada a um fato insignificante, se comparado à grandeza do futebol brasileiro". Evidentemente que tal motivação, como será abaixo analisada, deve ser criticada pela sua intolerância, desrespeito ao direito fundamental à identidade sexual, ao pluralismo jurídico e a própria noção de Estado Democrático de Direito. Essa sentença não legitima socialmente o exercício do poder jurisdicional.

Discussão semelhante travou-se no caso Romer *versus* Evans, decidido pela Suprema Corte Americana, em 20.05.1996.[1202] Em maio de 1992, um grupo de cidadãos eleitores do Estado do Colorado, organizados na associação "Colorado Family Values", conseguiu realizar referendo tendente a acrescentar ao artigo II da Constituição do Estado do Colorado expressa proibição de qualquer "estatuto protegido com fundamento na orientação homossexual, lésbica ou bissexual". O referendo foi aprovado pela maioria dos votantes (53,4%) e deveria entrar em vigor em 15.01.1993. Em 12 de dezembro do ano anterior, Richard Evans e outros protocolaram ação judicial, no Tribunal Superior do Colorado, visando evitar a entrada em vigor do preceito, acrescentado à Constituição Estadual. Argumentaram que o dispositivo feria a 14.ª Emenda da Constituição Federal (*equal protection clause*), além de uma série de direitos previstos na 1.ª Emenda da mesma Constituição. O Tribunal Estadual considerou o dispositivo inconstitucional e a Suprema Corte confirmou à decisão, por maioria de votos, sob o fundamento da *constitucionalização da proibição de proteção* perante leis gerais antidiscriminatórias. A minoria da Corte entendeu que a justiça constitucional deveria autolimitar-se no exercício dos seus poderes (teoria do chamado *selfrestraint*), porque não há impedimento constitucional à criminalização de comportamentos homossexuais e que o Tribunal não poderia colocar-se, ao lado de uma elite minoritária, favorável à causa cultural e social da homossexualidade, em vez de respeitar a vontade da maioria. No entanto, prevaleceu a tese de que a lei era inconstitucional, por violação à *equal protection clause*, porque o Estado-membro não poderia impor uma lei que viesse a *dificultar a proteção* de determinado grupo.

[1202] Cf. José Joaquim Gomes Canotilho. A "principialização" da jurisprudência através da Constituição, p. 87-88.

Mais recentemente (2003), a Suprema Corte norte-americana considerou inconstitucional lei estadual que criminalizava a *sodomia* (*Lawrence et. Al. v. Texas*).[1203]

Com efeito, para fins argumentativos, deve-se concluir que: a) a *orientação sexual* é influenciada por fatores genéticos e sociais, não sendo apenas uma opção, mas um fato da vida; b) a homossexualidade, por si só, não viola nenhuma norma jurídica nem afeta a vida de terceiros, integrando a esfera privada de cada um; c) concepções pessoais, sejam de caráter religioso, político ou moral, não podem se sobrepor às *razões públicas* capazes de legitimar a interpretação e a aplicação jurídicas; d) é papel do Estado Democrático, respeitar a diversidade, fomentar a tolerância e contribuir para a superação do preconceito e da discriminação.[1204]

No contexto das decisões judiciais, baseadas em princípios, com conteúdos morais, vale destacar decisão do STF que concluiu que tatuagem(ns) no corpo de candidato não pode ser impedimento para o provimento de cargo, emprego ou função pública, salvo em situações excepcionais, quando exteriorizarem valores excessivamente ofensivos à dignidade dos seres humanos, ao desempenho da função pública pretendida, incitarem à violência iminente, ameaças reais ou representarem obscenidades que, sem prejuízo do inafastável controle judicial, impeçam o acesso a uma função pública[1205] Isso porque não se pode afirmar que uma pessoa com tatuagens é desprovida de capacidade e idoneidade para o desempenho das atividades de um cargo público. Portanto, as restrições estatais para o exercício de funções públicas originadas do uso de tatuagens devem ser excepcionais, na medida em que implicam uma interferência incisiva do Poder Público em direitos fundamentais diretamente relacionados ao modo como o ser humano desenvolve a sua personalidade. Assim, a cláusula contida em Edital de Concurso Público que cria condição ou requisito capaz de restringir o acesso a cargo, emprego ou função pública por candidatos possuidores de tatuagens, pinturas ou marcas, quaisquer que sejam suas extensões e localizações, visíveis ou não, desde que não representem símbolos ou inscrições alusivas a ideologias que exteriorizem valores excessivamente ofensivos à dignidade dos seres humanos, ao desempenho da função pública

1203 Cf. Luis Roberto Barroso. Diferentes, mas iguais... cit., p. 5-7.

1204 Idem, p. 6.

1205 RE 898450, Relator(a): Min. Luiz Fux, Tribunal Pleno, julgado em 17/08/2016, Processo Eletrônico Repercussão Geral - Mérito DJe-114 Divulg 30-05-2017 Public 31-05-2017.

pretendida, incitação à violência iminente, ameaças reais ou representem obscenidades, é inconstitucional. Ademais, o STF acentuou que a tatuagem, para ser considerada obscena, deve submeter-se ao Miller-Test, que, por seu turno, reclama três requisitos, a saber: i) o homem médio, seguindo padrões contemporâneos da comunidade, considere que a obra, tida como um todo, atrai o interesse lascivo; ii) quando a obra retrata ou descreve, de modo ofensivo, conduta sexual, nos termos do que definido na legislação estadual aplicável, iii) quando a obra, como um todo, não possua um sério valor literário, artístico, político ou científico.

Portanto, como fora discutido no item 5.2 supra, as regras não conseguem solucionar, em abstrato, todos os problemas jurídicos. Igualmente, o papel do juiz não se restringe a identificar a regra aplicável para resolver o caso concreto. Quando a regra não prevê como solucionar o problema, quando ela se contrapõe a dispositivos constitucionais ou, ainda, quando a resposta depende da análise do conteúdo de princípios jurídicos ou do preenchimento judicial de cláusulas constitucionais abertas, o papel do magistrado não se restringirá a encontrar a resposta pronta no ordenamento jurídico. Nesses casos, o juiz se torna *coparticipante* do processo de criação do Direito, ao lado do legislador, fazendo valorações próprias, realizando escolhas e atribuindo sentido às cláusulas abertas.[1206]

Porém, a concretização judicial dos princípios jurídicos não deve ser destituída de critérios racionais e objetivos. Não deve dar ensejo ao *voluntarismo judicial*, pelo qual qualquer valoração imposta pelo Judiciário deve ser considerada válida. Se o neopositivismo propugna a não identificação do texto com a norma,[1207] a maior valorização dos princípios constitucionais, nas decisões judiciais, não deve resultar no mais intenso *subjetivismo* ou *decisionismo*. No Estado Democrático de Direito, não se admite que as decisões judiciais sejam tomadas por critérios puramente emotivos ou pela citação vaga de princípios, sem a criteriosa análise do caso concreto e desacompanhada de argumentação jurídica sólida. Quanto mais vaga é a norma, maiores devem ser os *ônus argumentativos* do intérprete.

Bem por isso o art. 489, § 1.º, do NCPC, não considera fundamentada e, portanto, nula qualquer decisão judicial que se limita a indicar, reproduzir ou parafrasear ato normativo sem explicar a sua relação com

1206 Cf. Luis Roberto Barroso. *Temas de Direito Constitucional*, 2. ed., t. III, p. 515-516.
1207 Verificar o item 3.3.7 supra.

a causa ou a questão decidida (Inc. I). Ou empregue conceitos jurídicos indeterminados, sem explicar o motivo concreto de sua incidência no caso (inc. II). Ou invoque motivos que se prestariam a justificar qualquer outra decisão (Inc. III). Ou não enfrente todos os argumentos deduzidos no processo capazes de, em tese, infirmar a conclusão adotada pelo julgador (Inc. IV). Ou, ainda, se limite a invocar precedente ou enunciado de súmula, sem identificar seus fundamentos determinantes nem demonstre que o caso sob julgamento se ajusta àqueles fundamentos (Inc. V).

Todavia, deve ser esclarecido que o artigo 489, § 1º, do NCPC é uma *pseudonovidade normativas*[1208], isto é, é uma mera consagração do dever constitucional de motivação das decisões judiciais, previsto no artigo 93, inc. IX, da Constituição Federal. Com efeito, mesmo antes do advento do Novo Código de Processo Civil, deveria o juiz motivar, rigorosamente, as decisões judiciais, evitando o emprego de conceitos vagos ou indeterminados e de cláusulas gerais sem a devida correspondência com as questões de fatos discutidas no processo judicial.

1208 DIDIER JR., Fredie. Eficácia do novo CPC antes do término do período de vacância da lei. *Revista de Processo*, São Paulo, RT, 2014, n. 236. Disponível em: http://www.frediedidier.com.br/artigos/eficacia-do-novo-cpc-antes-do-termino-do-periodo-de-vacancia-da-lei/. Acessado em: 13/09/2015.

Portanto, o juiz deve buscar as soluções axiológicas, que sejam coerentes[1209] e coesas, no próprio sistema jurídico,[1210] porque não é todo juízo de valoração que legitima o exercício da jurisdição.[1211]

[1209] Klaus Günther aproxima o conceito de coerência jurídica com o de *integridade*, desenvolvido por Ronald Dworkin. A comunidade política (onde estão incluídas a legislação e a jurisprudência) deve agir de modo íntegro, a fim de se evitar decisões arbitrárias. Deve, assim, justificar, coerentemente, as suas decisões *de modo a não agir, em casos iguais, segundo princípios diferentes*. Isto porque todas as pessoas de uma comunidade política devem ser tratadas como portadoras de direitos iguais, isto é, com a mesma consideração e respeito. Uma legislação que prevê determinado direito sem examinar a coerência com outros direitos ou que persiga determinados objetivos políticos de modo a fazer acordos arbitrários, que conduzam ao privilégio de uma posição jurídica, não trata todos com igual consideração e respeito. Do mesmo modo, casos iguais devem ser julgados da mesma forma, sob pena das decisões não serem consideradas corretas e justas. O postulado da integridade, por fim, exigiria que os juízes, na medida do possível, tratem o direito como um conjunto coerente de princípios que, em última análise, se compatibilizam com a *moral pública* da comunidade. Isto faz com que as decisões judiciais possam ser justificadas por princípios aceitos por todos, tratando todos os membros da comunidade política com igual respeito e consideração. Afinal, as pessoas são membros de uma genuína comunidade política, quando aceitam que os seus destinos estão fortemente vinculados, no sentido de serem governadas por *princípios comuns*, não por regras forjadas em um acordo político. Cf. *Teoria da argumentação no direito e na moral*: justificação e aplicação, p. 407-414.

[1210] Neil MacCormick critica o *irracionalismo*, defendendo a existência de um sistema jurídico e de uma moralidade coerente e coesa: "A razão impõe uma ordem e estrutura ao mundo fenomenal de nossa experiência – a questão de existir nele uma verdadeira ordem em sintonia com aquela que nosso raciocínio cria para nós no mundo fenomenal é, na natureza do caso, uma questão de fé, não de conhecimento. É, entretanto, igualmente possível que organizemos o mundo de nossas atividades: que o moldemos em conformidade com normas e princípios de ação e que nos certifiquemos de que as normas e princípios de ação de nossa ação são mutuamente compatíveis e formam um todo coerente. Após muita ponderação resolvemos questões de coesão e coerência no direito (...). Na medida em que tenhamos numa nação um sistema jurídico ordenado, e na realidade na medida em que qualquer um de nós tenha um sistema de moralidade individual e ordenado, deveremos isso à nossa capacidade de raciocínio, nosso dom para impor uma ordem de universais a um mundo de particulares. A tudo isto, o irracionalista é cego. O irracionalista não conseguiu ver o que o raciocínio não é uma mera atividade que nos permite deduzir consequências de normas às quais aderimos; ele também nos permite verificar se as normas a partir das quais raciocinamos pertencem a uma ordem coerente e coesa. A razão pode não determinar, mas sem dúvida impõe limites rigorosos aos sistemas de normas que todos podemos ter em conjunto – quer com isso estejamos nos referindo ao sistema que todos podemos ter juntos, todos nós reunidos num Estado; quer estejamos nos referindo ao sistema que cada um de nós pode ter reunido como posicionamento moral de um indivíduo, que pode diferir do posicionamento moral igualmente racional de algum outro indivíduo" (*Argumentação jurídica...* cit., p. 348).

[1211] Contudo, assevera Michele Taruffo que buscar a *coerência sistemática* das decisões judiciais, por intermédio da motivação, é uma *metáfora deformante* e *ilusória*. Isto porque ela reconduz

Na sociedade moderna, altamente complexa e contingente, não há um conteúdo moral compartilhado válido e universal para todas as esferas sociais, sendo indispensável buscar, na Constituição, a positividade do Direito. Devem ser consideradas válidas somente as soluções que podem ser mediatizadas por critérios intrassistêmicos. A aceitação de qualquer conteúdo moral conduziria a manipulação política arbitrária do Direito, impedindo, consequentemente, a sua positivação.[1212] Assim sendo, seria, por exemplo, inconcebível não aplicar a Lei Maria da Penha, porque o magistrado entende que a "mulher gosta de apanhar" ou deixar de reconhecer direitos de família para homossexuais, baseados em argumentos homofóbicos e incapazes de aceitarem e de apreciarem a diversidade.

Sobre a criatividade judicial, nos *casos difíceis*, assevera Teresa Arruda Alvim Wambier: "essa criatividade há de se dar na busca de elementos dentro do sistema, principalmente o norte fornecido pelos princípios constitucionais, em que se encampam valores tidos pela sociedade e jamais fundamentos que se liguem à convicção ou (pior!) aos interesses pessoais daquele(s) que deve(m) decidir. (...) exercendo o juiz a sua criatividade, há de fazê-lo de modo neutro, ou seja, valendo-se dos valores encampados pelo direito vigente, sob a forma de princípios fundamentais, em sua grande maioria constantes do texto constitucional, e não de acordo com as suas concepções pessoais a respeito do que deva ser a decisão acertada para o caso".[1213]

A compreensão do caso concreto pressupõe que se entenda o "seu" sentido e que se confira o "seu" devido valor, mas cabe ao intérprete dar esse sentido e valor. Para tanto, deve estabelecer a conexão entre a decisão e o seu resultado social. Com efeito, o sentido e o valor, juridicamente relevantes, do ponto de vista da aplicação do Direito, adquirem significado objetivo, não subjetivo. Por isso, o Direito se distingue da Psicologia e da Sociologia (especialmente da denominada sociologia compreensiva), onde, ao contrário, é essencial identificar-se com o ponto de vista do agente para poder indagar as estruturas reais do comportamento social.[1214]

a valores e cânones dominantes em uma determinada situação histórica, política e social, os quais são assumidos pelos Tribunais Superiores como aqueles que devem estar na base da interpretação do ordenamento jurídico. Cf. *La motivazione della sentenza civile*, p. 595.

[1212] Cf. Marcelo Neves, op. cit., p. 69-70.

[1213] Cf. Teresa Arruda Alvim Wambier. *Recurso especial*... cit., p. 135 e 151, respectivamente.

[1214] Cf. Gustavo Zagrebelsky. *El derecho dúctil* cit., p. 136-137.

A institucionalização de direitos fundamentais e do Estado Democrático e Social de Direito pressupõe o reconhecimento de uma sociedade pluralista, não subordinada a uma *moral socialmente totalizante e hierárquica*, fundamentadora do poder, bem como está voltada ao maior acesso ou à melhor participação de todos os grupos sociais na política e no Direito.[1215] Isso é imprescindível para o êxito do direito em sua *função de congruente generalização das expectativas normativas* na sociedade moderna.

A razão, capaz de impor regras gerais de conduta, impede que posicionamentos morais isolados se legitimem quando se mostrem incompatíveis com *padrões éticos* consagrados no sistema jurídico.[1216]

A defesa de "códigos morais" não suprime a autonomia dos indivíduos. Os julgamentos e as decisões de cada agente moral autônomo envolvem testes, modificações e extrapolações, a partir de uma posição moral já estabelecida.[1217] Mesmos os grandes reformadores da moral, como Jesus e Sócrates, não pretenderam destruir regras universais de conduta, mas defender suas posições a partir de testes capazes de provocar a coesão, a coerência e a aceitabilidade dos elementos de moralidade aceitos na época.[1218] Em sociedade, restrito é o espaço da originalidade moral. Viver em comunidade requer "códigos morais", porque as pessoas possuem atitudes e expectativas morais uma em relação às outras. Somente os *psicopatas*, em razão da grande insensibilidade moral (ausência total de juízo e consciência morais, bem como noção de ética), ignorariam a existência de "códigos morais", tornando-se os únicos existencialistas de verdade. As normas de conduta, morais e jurídicas, devem ser, necessariamente, contextualizadas no âmbito social, o qual fornece a base de princípios a serem observados. Cada nova situação deve ser testada a partir da reflexão sobre a ordem moral e legal objetivamente válida.

A autonomia deve ser preservada, mas, para ser exercida de forma responsável, pressupõe a consideração da *heteronomia*.[1219] Aliás, o conceito de

1215 Cf. Marcelo Neves, op. cit., p. 159-160.

1216 Neil MacCormick acrescenta que "não haveria para nós absolutamente nenhuma necessidade de normas sobre a conduta, se não nos *importássemos* com o modo como convivemos com os outros, ou como o modo como outras pessoas convivem conosco. Transformar essas atitudes de *importar-se* em regras – normas e princípios de ação – envolve o exercício da razão no esboço da formulação 'universal' de um guia para a ação" (*Argumentação jurídica*... cit., p. 351).

1217 Cf. Neil MacCormick. *Argumentação jurídica*... cit., p. 356.

1218 Idem, ibidem.

1219 Idem, p. 357.

heteronomia está intrinsecamente relacionado ao de Estado Democrático de Direito. Deriva do grego *heteros* (diversos) e *nomos* (regras). A sobrevivência do Estado Democrático de Direito exige *heteronomia*, vale dizer, sujeição do indivíduo à vontade de terceiros ou de uma comunidade. Caso contrário, as normas não poderiam ser impostas contra a vontade dos destinatários.

A interpretação é produto de uma época, de um momento histórico, e envolve à pré-compreensão do intérprete em relação aos fatos e ao imaginário social.[1220] O juiz, ao decidir, forma seu convencimento impelido por vários motivos, nem sempre racionais ou lógicos e que não ficam explícitos na decisão. Por exemplo, mesmo antes de se chegar a proferir a sentença penal, o magistrado, muitas vezes, já decidiu se irá absolver ou condenar o acusado. É movido por vários motivos nem sempre lógicos, racionais ou resultantes da lei. Há forte tendência a absolvê-lo (*v.g.*, quando o fato não tem maior relevância social, o imputado está totalmente reintegrado à sociedade, o crime praticado foi um episódio ocasional e isolado, o réu é pessoa trabalhadora e sustenta sua família) ou a condená-lo (*v.g.*, em razão da extensa folha de antecedentes criminais, pela repugnância do fato praticado, pela pressão exercida em razão do clamor social, pela opinião pública ou pela imprensa). Todavia, isso ocorre sem que tais motivações fiquem expressas na decisão, porque, se absolvesse dizendo que o réu é trabalhador ou se condenasse afirmando que ele possui péssimos antecedentes criminais, tal decisão não seria aceita e fatalmente seria modificada pelos órgãos judiciários superiores ou, no mínimo, criticada por ausência de fundamentação jurídica.[1221]

[1220] Cf. Luis Roberto Barroso. Diferentes, mas iguais... cit., p. 6.

[1221] Segundo Nilo de Bairros de Brum, a decisão é anterior ao momento da sentença, pois "geralmente chegado o momento de prolatar a sentença penal, o juiz já decidiu se condenará ou absolverá o réu. Chegou a essa decisão (ou tendência a decidir) por vários motivos, nem sempre lógicos ou derivados da lei. Muitas vezes, a tendência a condenar está fortemente influenciada pela extensão da folha de antecedentes do réu, ou ainda, pela repugnância que determinado delito (em si) provoca no espírito do juiz. Por outro lado, o fiel da balança por ter pendido para a absolvição em razão de grande prole do réu ou em virtude do fato de estar ele perfeitamente integrado na comunidade ou, ainda, pelo fato de que o delito cometido nenhuma repugnância causa ao juiz, o que o faz visualizar tal figura penal como uma excrescência legislativa ou um anacronismo jurídico. Sabe o julgador, entretanto, que essas motivações não seriam aceitas pela comunidade jurídica sem uma roupagem racional e tecnicamente legítima. Se declarar francamente que condena o réu em razão dos seus péssimos antecedentes ou o absolve porque é trabalhador e tem muitos filhos, sua sentença fatalmente será reformada

Com efeito, o exame da pré-compreensão do intérprete aumenta os pontos de vista que necessitam de fundamentação, permitindo distinguir de modo mais preciso quais razões da solução foram desenvolvidas de modo racional e quais foram obtidas a partir da avaliação mais imprecisa.[1222] O exame dos conteúdos da pré-compreensão contribui para uma visão voltada para os *dados reais em si*, capaz de testar a validade da norma jurídica objetivamente aplicada.[1223] Reduz as possibilidades de uma mistura velada de conhecimento jurídico objetivo e convicção particular, além de proteger os intérpretes de pensamentos obscuros, mas também de modelos de sentido e de significados válidos apenas de modo subjetivo.[1224] Por exemplo, aplicar o direito penal para coibir o autor, não tanto a conduta humana por ele praticada (*v.g.*, punir – em razão dos antecedentes criminais – mais o "ser ladrão" que analisar e valorar, adequadamente, as provas do furto praticado; condenar o estupro em razão do ser delinquente sexual, não valorando precisamente a palavra da vítima e todas as circunstâncias que envolvem a imputação quanto ao ato supostamente praticado pelo acusado etc.).[1225] O apelo à fundamentação racional visa combater estereótipos capazes de generalizar comportamentos específicos, para fugir da necessidade de motivação, negando a realidade concreta e contrariando a distribuição racional da justiça (*v.g.*, identificar o "negro" com o ladrão sem buscar saber se o acusado realmente cometeu o crime; condenar árabes como terroristas, sem nenhum respaldo empírico; afirmar, de modo amplo e irrestrito, que todos os políticos são corruptos etc.).

De qualquer modo, não se pode criticar, pura e simplesmente, o método decisório de, primeiro, decidir e, depois, buscar a motivação técnica. Não importa como e onde o juiz se convenceu. O que é relevante e dele devem

por falta de base jurídica" (*Requisitos retóricos da sentença penal*, p. 72-3). Cf., ainda, Frederico Mendes Júnior. *Valoração da prova*, p. 90-96.

1222 Cf. Friedrich Müller, op. cit., vol. 1, p. 267.

1223 Idem, ibidem.

1224 Idem, ibidem.

1225 Eugenio Raúl Zaffaroni e Jose Henrique Pierangeli, ao contrapor o direito penal do autor ao direito penal do ato, chegam a afirmar que aquele é uma *corrupção* do direito penal, em que não se proíbe o ato em si, mas a ação como manifestação de uma "forma de ser" do autor, esta sim considerada, verdadeiramente, delitiva. Cf. *Manual de direito penal. Parte geral*, p. 119.

ser exigidas são as razões pelas quais está julgando a causa (art. 93, IX, da CF/1988).[1226]

Nesse contexto, o intérprete da Constituição e das leis deve ser movido por argumentos de *razão pública*, não por concepções particulares, religiosas, políticas ou morais.[1227] Isso implica reconhecer a necessária humildade de saber quando e como se deve julgar. É do juiz que deve partir o necessário autoconhecimento e autocrítica para saber se suas concepções pessoais, religiosas, políticas ou morais poderão prejudicar o julgamento *imparcial* da causa.

Por exemplo, diante de um pedido judicial para a interrupção de uma gravidez de um feto com anencefalia, seria pedir muito a um juiz católico fervoroso que se despisse de toda a sua crença religiosa para, então, julgar de forma imparcial o pedido. Nesses casos, pensando-se na obtenção de decisões imparciais e justas, é melhor que o magistrado se dê por suspeito, bastando alegar *motivo íntimo* (arts. 145, § 1.º, do NCPC e/ou 97 do CPP), sem ter nenhum constrangimento em justificar as reais razões da sua parcialidade. Deve, pois, ter a consciência de que a sua pré-compreensão sobre o assunto é tão arraigada que o impede de visualizar, racionalmente, os argumentos favoráveis ou contrários a questão jurídica discutida nos autos. Por outro lado, exigir que o juiz tivesse que julgar esses casos seria violentar a sua consciência, atentando contra a sua essência (dignidade) humana e abrindo margem para decisões injustas que dificilmente se legitimariam no plano social. Desse modo, quando o juiz se dá por suspeito e se permite que outro magistrado julgue a causa é possível preservar tanto a garantia da imparcialidade do juiz quanto o princípio do Estado Laico. [1228] Aliás, o princípio do Estado Laico não implica a adoção de uma pers-

[1226] Segundo Charles Perelman, "é comum e não necessariamente lamentável que o magistrado, conhecedor da lei, formule o seu juízo em duas etapas: primeiramente, chega à decisão inspirado pelo seu sentimento de justiça; depois, junta-lhe a motivação técnica. Devemos concluir que, neste caso, a decisão foi tomada sem deliberação prévia? De modo nenhum, pois, pelo contrário, os pós e contras podem ter sido sopesados com o máximo cuidado ainda que não no quadro de considerações e técnicas jurídicas. As razões estritamente legais são aduzidas apenas como o propósito de justificar a decisão perante o auditório" (*The new rhetoric. A treatise on argumentation*, p. 43).

[1227] Cf. Luis Roberto Barroso. Diferentes, mas iguais... cit, p. 6.

[1228] O Brasil, desde o Decreto 119-A, de 07 de Janeiro de 1890, é um Estado Laico. O art. 11, § 1º, da Constituição de 1981 adotou o princípio da laicidade do Estado, que foi reproduzido em todos os textos constitucionais até ser consagrado no art. 19, I, da CF/88, que veda a todas

pectiva ateísta ou refratária à religiosidade, mas impõe que o Estado se mantenha *neutro* em relação às diferentes concepções religiosas, não tome partido em questões de fé ou busque favorecer ou dificultar o exercício de qualquer crença.[1229] Consequentemente, o princípio do Estado Laico se relaciona com dois valores fundamentais: *liberdade de religião*, que serve de garantia institucional para que as pessoas possam livremente escolherem e professarem a sua religião, sem nenhuma espécie de coerção, e *igualdade*, ao permitir o tratamento plural, com o mesmo respeito e consideração, das mais variadas crenças e afiliações religiosas, bem como daquelas pessoas que não professam nenhum credo. Não é, pois, função do direito nem do Estado interferir na liberdade de consciência, pensamento e de culto dos cidadãos.[1230] Sendo o Brasil uma República laica e, absolutamente, neutra quanto às religiões, a partir do precedente firmado pelo STF na ADPF 54/DF,[1231] todos os juízes e Tribunais inferiores estão vinculados a orientação da Corte Suprema, devendo-se respeitar a autodeterminação da mulher em interromper a gravidez do feto anencéfalo, a fim de se preservar, inclusive, a sua dignidade humana, a sua liberdade sexual e reprodutiva, bem como a sua saúde, o que impede ao Estado Juiz considerar a sua conduta como crime de aborto tipificado nos arts. 124, 126 e 128, I e II, do Código Penal. Tal vinculação ao precedente não exime o juiz de, para preservar as suas crenças religiosas, dar-se por suspeito, com fundamento nos arts. 145, § 1.º, do NCPC e/ou 97 do CPP.

A Constituição Federal de 1988, ao consagrar o pluralismo presente na sociedade brasileira, alberga valores e direitos fundamentais, o que abre espaço para conteúdos morais. Assim, há de se construir uma adequada *metodologia* para as decisões judiciais, calcada na racionalidade prática, preocupada em inibir subjetivismos, inseguranças e injustiças. Mediante a motivação objetiva, clara e transparente, como exige o art.

as entidades da federação estabelecer cultos religiosos ou subvenciona-los, embaraçar-lhes o funcionamento ou manter com eles ou seus representantes relações de dependência ou aliança, ressalvada, na forma da lei, a colaboração de interesse público.

1229 Cf. Daniel Sarmento. O crucifixo nos Tribunais e a Laicidade do Estado. Disponível em: www.prpe.mpf.mp.br/index.php/.../file/RE_%20DanielSarmento2.pdf. Acesso em 04.05.2015.

1230 Cf. Neil MacCormick. *Instituciones del derecho*. p. 354.

1231 Cf. ADPF 54, Relator(a): Min. Marco Aurélio, Tribunal Pleno, julgado em 12/04/2012, Acórdão Eletrônico DJe-080 Divulg 29-04-2013 Public 30-04-2013.

489 do NCPC, é possível o controle da legitimidade democrática da jurisdição constitucional.[1232]

As Constituições modernas desempenham *função descarregante* para o Direito Positivo, como subsistema da *supercomplexa* sociedade moderna, possibilitando o *pluralismo jurídico*. Porém, não admitem qualquer solução a ser imposta pelo Estado-juiz, porque, mediante critérios intrassistêmicos, excluem decisões particulares não identificadas com as concepções democráticas – razões públicas – contidas na Lei Fundamental. Caso contrário, a identificação da Constituição com concepções abrangentes (totais) de caráter religioso, moral, filosófico ou ideológico bloquearia o sistema jurídico, gerando exclusões, na medida em que produziria uma complexidade interna inadequada para lidar com a sociedade contemporânea, altamente complexa e contingente.

Conforme Marcelo Neves, "a Constituição desempenha uma função descarregante para o Direito Positivo como subsistema da sociedade moderna, caracterizada pela supercomplexidade. Impede que o sistema jurídico seja bloqueado pelas mais diversas e incompatíveis expectativas de comportamento que se desenvolvem no seu ambiente. Essa função é possível apenas mediante a adoção do 'princípio da não identificação'. Para a Constituição ele significa a não identificação com concepções abrangentes (totais) de caráter religioso, moral, filosófico ou ideológico. A identificação da Constituição com uma dessas concepções bloquearia o sistema jurídico, de tal maneira que ele não poderia produzir uma complexidade interna adequada ao seu ambiente hipercomplexo. Uma Constituição identificada com 'visões de mundo' totalizadoras (e, portanto, excludentes) só sob as condições de uma sociedade pré-moderna poderia funcionar de forma adequada ao seu ambiente. Nesse caso, o domínio de representações morais com validade imediata para todos os âmbitos sociais pressupõe uma sociedade simples, pobre em possibilidades, na qual ainda não há, portanto, os elementos estruturais para a diferenciação (positivação) do sistema jurídico. Uma 'Constituição que se identifica' produz, nas condições contemporâneas de alta complexidade e contingência da sociedade, efeitos disfuncionais desdiferenciantes para o direito, na medida em que falta sintonização entre sistema jurídico subcomplexo e ambiente supercomplexo. Nessa perspectiva, pode-se até mesmo acrescentar que

[1232] Cf. Daniel Sarmento. *Direitos fundamentais*... cit., p. 123.

uma 'Constituição que se identifica' com concepções totalizadoras não se apresenta como Constituição no sentido estritamente moderno, uma vez que, em virtude da 'identificação', não é Constituição juridicamente diferenciada, mas sim um conjunto de princípios constitutivos supremos, que tem a pretensão de valer diretamente para todos os domínios ou mecanismos sociais".[1233]

No Estado Democrático de Direito, o juiz deve ter *autoconhecimento* de suas neuroses e frustrações, e *autocrítica*, para não projetar, narcisicamente, os seus desejos ocultos, as suas neuroses e frustrações ao decidir os conflitos de interesses.[1234] Isso visa inibir *transtornos de personalidade narcisista*, evitando a propagação de juízes que se julguem grandiosos e carreguem a necessidade, permanente e excessiva, de admiração e de aprovação da comunidade. A ciência do Direito se torna *reflexiva* sempre que se suspende a relação mecânica entre o sujeito e o objeto, para que o juiz analise a relação consigo, como sujeito empírico, com os instrumentos científicos que se serve, com a comunidade científica que integra e, em última instância, com a sociedade que é membro.[1235]

A ciência jurídica *reflexiva* parte do pressuposto de que o sujeito e o objeto são, mutuamente, construídos. A verdade não está no objeto – na lei – a ser revelada pelo Judiciário. A ciência jurídica *reflexiva* permite: a) verificar que o Direito é um fenômeno cultural, não sendo possível aplicá-lo com *neutralidade*, devendo seus operadores, diante da existência de mais de uma opção de valor, tomar posições e estarem conscientes da opção tomada; b) construir novas práticas transformadoras dos aplicadores do Direito; c) aprofundar o conhecimento dos sujeitos processuais e de todos os partícipes do processo de concretização das normas jurídicas, buscando saber qual o papel social que podem desempenhar em um dado momento histórico; d) ampliar a capacidade do Direito, como instrumento de poder, de produzir conhecimento válido e socialmente legítimo.

Enfim, afirmar que a motivação das decisões deve ser guiada pelo uso das *razões públicas* significa afastar os juízes de dogmas religiosos ou ideológicos, próprios de determinados segmentos da sociedade, bem como de opiniões particulares, para que a decisão se imponha a todos, legiti-

1233 Cf. Marcelo Neves, op. cit., p. 72-74.

1234 Cf. Luis Roberto Barroso. Fundamentos teóricos e filosóficos do novo Direito Constitucional brasileiro: pós-modernidade, teoria crítica e pós-positivismo, p. 10.

1235 Cf. Boaventura de Souza Santos. *Introdução a uma ciência pós-moderna* cit., p. 78.

mando socialmente o exercício da jurisdição.[1236] Caso contrário, estar-se-ia negando o caráter democrático do Poder Judiciário e o pluralismo como fundamento da República Federativa do Brasil (art. 1.º, V, da CF/1988).[1237]

Portanto, haveria violação dos limites funcionais da jurisdição constitucional se a decisão judicial fosse fundada nas opiniões políticas, religiosas, morais ou filosóficas particulares de cada um dos juízes. Não se ignora que os magistrados não são neutros e que como seres humanos integrantes da sociedade possuam suas *pré-compreensões* ou mesmo arraigadas concepções morais, filosóficas, religiosas ou políticas. Porém, o que se exige da jurisdição constitucional é que as decisões judiciais sejam tomadas, fundamentadas e justificadas segundo critérios jurídicos intersubjetivamente compreensíveis e criticáveis, de acordo com a ideia rawlsiana da *razão pública*. Para tanto, deve o órgão judicial recorrer a uma argumentação objetiva e razoavelmente suscetível de ser compartilhada por todas as concepções ou mundividências integrantes do *pluralismo razoável* presente nas sociedades democráticas abertas.[1238]

5.5 Reserva da consistência

Os órgãos judiciais, quando efetivam direitos fundamentais ou controlam políticas públicas, atuam como agentes políticos, devendo aplicar a Constituição e as leis dentro da *reserva da consistência*, a fim de não se eximirem da responsabilidade política e social de suas decisões.

A propósito, Theodore Roosevelt, em Mensagem enviada ao Congresso americano em 08.12.1908, já profetizava: "Os principais criadores do direito (...) podem ser, e frequentemente são, os juízes, pois representam a voz final da autoridade. Toda vez que interpretam um contrato, uma relação real (...) ou as garantias do processo e da liberdade, emitem necessariamente no ordenamento jurídico partículas dum sistema de filosofia social; com essas interpretações, de fundamental importância, emprestam direção a toda atividade de criação do direito. As decisões dos tribunais sobre ques-

[1236] Cf. Luis Roberto Barroso. Diferentes, mas iguais... cit., p. 6.

[1237] Em sentido contrário, afirmando que o julgamento de questões morais, incorporadas à Constituição, pelos poucos juízes que integram as Cortes Constitucionais, como sendo uma prática nociva à cidadania e à evolução dos direitos fundamentais, verificar: Cass R. Sustein. *The partial Constitucion*, p. 145-146.

[1238] Cf. Jorge Reis Novais. *Direitos fundamentais. Trunfos contra a maioria*, p. 59.

tões econômicas e sociais dependem da sua filosofia econômica e social, motivo pelo qual o progresso pacífico do nosso povo, no curso do século XX, dependerá em larga medida de que os juízes saibam fazer-se portadores duma moderna filosofia econômica e social".[1239]

Por *reserva da consistência*, entende-se que o Judiciário, ao proceder a interpretação judicial, deve apresentar argumentos *substanciais* de que o ato ou a omissão do agente público é incompatível com a Constituição.[1240]

O Judiciário deve buscar dimensionar os resultados que a decisão pode vir a ter na sociedade. A célebre decisão da Suprema Corte Norte-Americana, *Brown v. Board of Education of Topeka*, em 1954, serve para ilustrar esse argumento. Tratava-se, sucintamente, da seguinte questão: Oliver Brown, cidadão afrodescendente, pretendia matricular sua filha, Linda, em uma escola reservada para pessoas da raça branca. Vigorava, à época, precedente da Suprema Corte norte-americana, construído em 1896, no caso Plessy *versus* Ferguson, que havia instituído a doutrina dos "separados mais iguais". Homer Plessy, no final do século XIX, contrariou a lei do Estado da Louisiana, segundo a qual os trens deveriam manter vagões distintos para passageiros brancos e negros. Plessy, homem de ascendência africana, pretendeu viajar em lugar reservado a brancos e de lá foi expulso. A Suprema Corte rejeitou a alegação de inconstitucionalidade da lei da Louisiana, entendendo que não havia violação da 4.ª Emenda à Constituição norte-americana que assegura a todos os cidadãos igual proteção das leis. Mais de meio século após a Suprema Corte firmar tal precedente, foi compelida a confrontá-lo com o problema da separação entre alunos brancos e negros, nas escolas públicas. Oliver Brown teve a matrícula de sua filha recusada pela Justiça Estadual. Em 1954, a Suprema Corte, revendo o precedente firmado em Plessy *versus* Ferguson, considerou inconstitucional a segregação racial nas escolas públicas.

Tal decisão apresentou grande repercussão nacional, especialmente nos Estados do Sul dos Estados Unidos, onde o preconceito racial era maior. A implementação do precedente firmado pela Suprema Corte encontrou grande resistência social. Em 1957, o governador do Estado de Arkansas, Orval Faubus, resolveu, com auxílio militar, bloquear o acesso de estudantes negros a uma escola, em Little Rock, até então ocupada

1239 Apud Mauro Cappelletti. *Juízes legisladores?*, preâmbulo.

1240 Cf. Sérgio Fernando Moro. *Jurisdição constitucional como democracia*, p. 221-227.

somente por brancos.[1241] Nessa luta pelo fim da segregação nas escolas públicas, foi de fundamental importância a participação da *National Association of the Advancemente of Colored People* (conhecida por NAACP) que, constantemente, pleiteava junto à Suprema Corte o imediato cumprimento da decisão firmada em *Brown* versus *Board of Education of Topeka*, a qual não vinha sendo cumprida em muitos Estados que alegavam precisar de prazos maiores para atender a determinação judicial. A sua implementação foi lenta e 10 anos após a sua imposição somente 2,25% das crianças negras estavam estudando junto com as brancas. A questão somente foi alterada, significativamente, a partir do *Civil Rights Act*, de 1964, o qual permitiu a retenção de ajuda financeira federal às instituições que se recusassem a cumprir a decisão judicial. Entre os anos de 1966 a 1973, a percentagem de integração entre estudantes negros e brancos, nas escolas públicas, passou para 91,3%.[1242]

O problema da efetivação das decisões judiciais é um tema complexo, tendo preocupado juristas e legisladores. Se é certo que muitas decisões judiciais ainda encontram grandes obstáculos para a sua efetivação, não é incorreto concluir que a Suprema Corte norte-americana teve a iniciativa e a coragem para iniciar processo de alteração profunda no quadro social norte-americano. Ao tutelar direitos fundamentais das minorias, *Brown* versus *Board of Education of Topeka* foi um importante passo para o fim da segregação racial nas escolas públicas. É um bom exemplo de como uma decisão judicial mudou os rumos sociais, promovendo a justiça e legitimando a atuação positiva do Poder Judiciário. Tal precedente demonstra, ainda, que, se a Suprema Corte tivesse adotado, irrestritamente, o *passivismo judicial*, as escolas do sul dos Estados Unidos ainda poderiam estar segregadas.[1243] De qualquer modo, desde *Brown* versus *Board of Education*,

[1241] Cf. José Carlos Barbosa Moreira. O poder da Suprema Corte norte-americana e suas limitações, p. 226.

[1242] Idem, p. 227.

[1243] Cf. Ronald Dworkin. *O império do direito* cit., p. 449 e 461-468. Em sentido contrário, afirma Cass R. Sustein: "In fact, however, Brown confirms the weak institional position of the judiciary. Ten years after the decision, no more then about 1,2 percent of black children in the South attended desegregated schools. It was not until 1964, after the involvement of Congress and the executive branch, that the was widespread desegregation. Of course it is possible that the legislative and executive actions would not have occurred without the spur of Brown. But even this is highly uncertain. There is little evidence, *direct* or indirect, that Brown provided an impetus for political action" (*The partial Constitution* cit., p. 146-147).

pode-se afirmar que o exercício do poder do Estado pode impulsionar comportamentos exemplares,[1244] servindo para fortificar a proteção dos direitos fundamentais.

Ainda, a *força expansiva* dos direitos fundamentais impõe o dever do Estado-juiz de interpretar as normas jurídicas no sentido de lhes conferir maior efetividade.[1245]

No entanto, há de se evitar o voluntarismo ou o subjetivismo judicial, já que isso acabaria por fomentar o arbítrio das decisões emanadas do Poder Judiciário.

Mais importante de se saber *quem* comanda, é *como se controla quem comanda*. Ou, em outras palavras, mais relevante que saber *quem* exerce o poder, é *como se controla o exercício do poder.* Consequentemente, não é tão significativo saber se o poder será exercido pelo Legislativo, pelo Executivo ou pelo Judiciário, nem como se dará a forma de seu exercício; indispensável é o *controle do exercício desse poder.*[1246]

O controle do exercício do poder constitui uma exigência essencial à sobrevivência do regime democrático. No Estado Democrático de Direito, não há lugar para o exercício absoluto do poder. Nenhum órgão estatal pode, legitimamente, pretender-se superior ou supor-se fora do alcance da autoridade suprema da Constituição.[1247]

Se, no plano da aplicação dos direitos fundamentais, é incorreto afirmar que a jurisprudência não pode emitir *juízos de valor* (isto é, não estaria orientada para julgamentos de valor moralmente corretos), também é equivocado concluir que as normas deixam *espaços livres* para que triunfem as próprias convicções morais do aplicador do direito. Tal conclusão somente seria válida se não houvesse a possibilidade de avaliar *racional e objetivamente* a decisão judicial.[1248]

Por mais que se dê liberdade ao órgão judicial, haverá sempre limites (processuais ou substanciais) que devem pesar sobre a escolha do magistrado. Deve-se começar pelo vínculo de imparcialidade do juiz, pela observância das garantias processuais fundamentais (devido processo legal,

[1244] Cf. Owen Fiss. Por qué el Estado?, p. 114.
[1245] Cf. José Afonso da Silva. Interpretação da Constituição, p. 3.
[1246] Cf. Nicola Picardi. La vocazione del nostro tempo per la giurisdizione, p. 42.
[1247] Cf. Celso de Mello. Discurso proferido, em 23.04.2008, na solenidade de posse do Min. Gilmar Mendes na presidência do STF, p. 15.
[1248] Cf. Robert Alexy. *Teoria da argumentação jurídica* cit., p. 22.

contraditório e ampla defesa) e pela exigência de razoabilidade das decisões judiciais. Importante considerar, contudo, que a garantia processual do *processo justo*[1249] não é capaz de servir de parâmetro necessário e cogente para todos os tipos de processo, porque, se assim fosse, poderia haver um resultado uniforme na aplicação das garantias, mas insuficiente quanto à efetividade da tutela. Portanto, a garantia constitucional do justo processo deve ser correlacionada com o *princípio da adequação do procedimento à causa*, a fim de que se possa concluir que "justo" deve ser o processo e "justos", do mesmo modo, devem ser os procedimentos.[1250]

Tais limitações estão presentes na lei, nos precedentes ou mesmo em conceitos mais vagos como os de tradição, costumes ou mesmo nas "técnicas imemoráveis".[1251] Os limites, contudo, não são apenas técnicos, mas também lógicos e éticos, todos recaindo sobre a argumentação, a fundamentação e a imperiosa publicidade das decisões judiciais. Enfim, o juiz deve buscar, no quadro fático-normativo e axiológico, a melhor decisão para o caso concreto.

Portanto, pela reserva da consistência quer-se evitar que o órgão judicial, ao aplicar princípios, tome decisões políticas irresponsáveis. Impede que o Judiciário imponha decisões isoladas que não se legitimariam no contexto de uma teoria mais abrangente de princípios e políticas gerais, posto que se revelariam *incoerentes* se incompatíveis com outras decisões anteriores (precedentes judiciais).[1252]

[1249] A Constituição Italiana denomina de justo processo o conjunto de garantias processuais indispensáveis ao desenvolvimento processual. Segundo dispõe o art. 111 da referida Constituição: "La giurisdizione si attua mediante il giusto processo regolato dalla legge. Ogni processo si svolge nel contraddittorio tra lê parti, in condizioni di parità, davanti a giudice terzo e imparziale. La legge ne assicura la ragionevole durata".

[1250] Cf. Sergio La China. Giusto processo, laboriosa utopia, p. 1125. Vale salientar que o princípio da adequação do procedimento à causa foi, ainda que timidamente, admitido pelo art. 190 do NCPC, o qual permite nos processos que versem sobre direitos que admitam autocomposição as partes plenamente capazes possam estipular mudanças no procedimento para ajustá-lo às especificidades da causa e convencionar sobre os seus ônus, poderes, faculdades e deveres processuais, antes ou durante o processo, embora sujeitos ao controle judicial. Cabe ao juiz recusar as mudanças no procedimento somente em casos de nulidade, de inserção de cláusulas abusivas em contrato de adesão ou em que alguma parte se encontre em manifesta situação de vulnerabilidade.

[1251] Cf. Nicola Picardi, op. cit., p. 58-59.

[1252] "Os juízes, como qualquer autoridade política, estão sujeitos à doutrina da responsabilidade política. Em sua forma mais geral, essa doutrina afirma que as autoridades políticas

Por exemplo, se o Judiciário considera justificável a realização de aborto, em razão de um estupro, porque a saúde psíquica da vítima seria superior ao direito à vida (aplicando o art. 128, II, do CP), posto que humilhante e constrangedor obrigar a mulher a conviver e cuidar do "produto" da gravidez criminosa, é inconsistente negar autorização a um pedido de interrupção de uma gravidez de feto anencéfalo, colocando o direito à vida acima do direito à saúde[1253] da gestante. Nesse sentido, explicita Alberto Silva Franco: "A legislação penal brasileira contém, por sua vez, no art. 128 do Código Penal, as indicações autorizadoras do aborto que se resumem no aborto necessário, quando não há outro meio de salvar a vida da gestante, e no aborto, no caso de gravidez resultante de estupro. Nessas duas situações fáticas, a conduta abortiva não se configura tipicamente e não será, por via de consequência, punível. É evidente que a hipótese de anacefalica não se acomoda a nenhuma das suas indicações. No caso, embora a gestante possa vir a sofrer agravos na sua saúde física, psíquica e social, sua vida não está em jogo. Já, na segunda hipótese, fica exposta, à plena luz, ao farisaísmo como se lida com a questão do aborto. Aqui, coloca-se em cena a liberdade de autodeterminação da mulher, mesmo que isto signifique a morte de um feto com plena e total viabilidade. No conflito de interesses entre a vida intraulterina do feto, dotado de todas as potencialidades humanas, e o agravo sofrido pela mãe na sua honra e na sua liberdade, dá-se preferência à mulher grávida em detrimento do filho resultante do estupro. O balanceamento dos bens jurídicos em jogo não é, contudo,

devem tomar somente as decisões políticas que possam justificar no âmbito de uma teoria política que também justifique outras decisões que eles se propõem a tomar. (...) Coerência aqui significa, por certo, coerência na aplicação do princípio que se tomou por base, e não apenas na aplicação da regra específica anunciada em nome desse princípio. Se, por exemplo, o princípio segundo o qual ninguém tem o dever de indenizar as perdas remotas ou inesperadas que decorram de sua negligência for usado como base para justificar uma decisão favorável ao réu no caso da *Spartan Steel*, deve-se então mostrar que a regra formulada em outros casos, que permite a indenização nos casos de declarações falsas e negligentes, é consistente com esse princípio; e não apenas que a regra sobre as declarações falsas e negligentes é uma regra diferente daquela que foi aplicada no caso da *Spartan Stell*" (Ronald Dworkin. *Levando os direitos a sério* cit., p. 137 e 139).

1253 A Organização Mundial de Saúde ressalta que o direito à saúde envolve o seguinte tripé: bem-estar físico, mental e social. Ademais, a I Conferência Internacional sobre Promoção da Saúde, de 1986, editou a Carta de Ottawa, pela qual o direito à saúde inclui várias *necessidades básicas*, dentre as quais a paz, a educação, a habitação, a alimentação, a renda e a preservação do ecossistema. Cf. Cláudia Maria da Costa Gonçalves, op. cit., p. 230.

o mesmo, quando, de um lado, está um embrião ou feto condenado irreversivelmente à morte e, de outro, uma gestante seriamente agravada em sua saúde física, psíquica e social. É manifesto o tratamento desigual e hipócrita que se dá à mulher grávida no caso de anencefalia. Sendo a anencefalia, em âmbito jurídico-penal, um flagrante caso de atipicidade, não tem o menor sentido exigir-se autorização judicial para que se proceda à interrupção do processo gestacional ou o adiantamento do parto".[1254] Para esse entendimento, o ser humano somente começa a existir como ente biológico distinto de sua genitora a partir do nascimento com vida. Isso, todavia, não significa que falte ao embrião humano dignidade. Não pode ser tratado como uma *coisa* (*res*), mas como uma pessoa em potencial (cf. a Declaração Universal sobre o Genoma Humano e os Direitos Humanos da Unesco).[1255] Por isso, os óvulos humanos fecundados artificialmente, enquanto conservados *in vitro*, não devem ser tratados como coisas, nem como pessoas. Mas, como *pessoas em potencial*. Assim, o embrião humano deve ser protegido juridicamente quando tem condições biológicas de vida extrauterina, o que significa dizer que os embriões anencéfalos, porque não possuem todos os órgãos essenciais para sobreviver duradouramente após o parto, não merecem tutela jurídica.[1256]

No entanto, tal forma de interpretação revela uma das possíveis linhas de argumentação que poderiam ser desenvolvidas para a solução dessa complexa questão jurídica. Por outro lado, se poderia sustentar que o art. 2.º do CC/2002, quando protege o nascituro, não faz distinção em relação aos anencéfalos. Também não é toda mãe que, sabendo estar grávida de feto com anencefalia, que terá a sua saúde psicológica perturbada, podendo inclusive querer gestá-lo, mesmo consciente que a sua sobrevida é pequena. Ou, ainda, a tese de que o direito à vida do nascituro prevalece sobre o

[1254] Cf. Alberto Silva Franco. Anencefalia. Breves considerações médicas, biomédicas, jurídicas e jurídico-penais, p. 13.

[1255] Em seu art. 1.º, preceitua que "o genoma humano está na base da unidade fundamental de todos os membros da família humana, assim como do reconhecimento de sua dignidade intrínseca e de sua diversidade. (...) Num sentido simbólico, (...) ele é patrimônio da humanidade". Em seu art. 2.º, assevera que "essa dignidade impõe a não redução dos indivíduos às suas características genéticas e o respeito do caráter único de cada um, bem como de sua diversidade". Cf. Fábio Konder Comparato. *Afirmação histórica dos direitos humanos*, p. 35.

[1256] Idem, ibidem.

da saúde da mãe, como já decidiu o STF, ao afastar a *glosa penal* ao art. 128 do CP.[1257]

A controvérsia e grau de complexidade das questões envolvidas permite concluir que a permissão do aborto na hipótese de anencefalia (como também é saber se aqueles que ajudam enfermos terminais a pôr fim a sua vida cometem homicídio ou merecem ser considerados benfeitores dignos de reconhecimento de seus semelhantes; ou, ainda, se a gestação de embrião em mulher distinta da mãe deve ser vista como uma forma de satisfazer o desejo natural da maternidade e da paternidade ou como uma violação à mais sagrada lei de transmissão da vida) se enquadra na moldura dos *casos difíceis* ou *casos críticos,*[1258] em que não há consenso sobre qual o sentido ou o valor a ser atribuído a cada um dos interesses jurídicos contrapostos.

Dessa maneira, o que se consegue com a *reserva do possível* é apenas um critério formal e relativo para evitar o arbítrio judicial. Portanto, não é capaz de sinalizar quais das opções contrapostas devem ser assumidas pelo intérprete. Não tem a pretensão de influir sobre o conteúdo da decisão a ser tomada. Pretende, simplesmente, afirmar que a decisão a ser tomada não pode ser arbitrária, vale dizer, destituída de sólidos e concretos argumentos capazes de convencer o *auditório* da correção da decisão.

É temerário que o Judiciário, ao pretender concretizar normas constitucionais abertas, produza decisões inconsistentes, cujos reflexos, desmedidos, podem vir a causar graves consequências à ordem, à economia, às finanças ou à saúde pública, bem como gerar desarmonia institucional. Nesse sentido, é criticável a noção de que o Judiciário pode, com fundamento no art. 7.º, IV, da CF/1988, fixar o valor do salário mínimo, após considerar que o previsto em lei não é capaz de atender às necessidades vitais básicas do trabalhador e às de sua família, com moradia, alimentação, educação, saúde, lazer, vestuário, higiene, transporte e previdência social. Isso porque tal permissão estaria a ferir a *reserva da consistência*, na medida em que a fixação do valor do salário mínimo, pela via judicial, deve partir de avaliações econômicas e estatísticas, nem sempre de fácil disponibilidade no processo judicial, bem como de negociações políticas entre as classes envolvidas. Além disso, essa decisão implicaria, necessária e inevitavelmente, a revisão, na mesma proporção, de pensões, aposentadorias

[1257] Cf. STF, ADPF-54-DF, Tribunal Pleno, j. 12.04.2012, rel. Min. Marco Aurélio, *DJe*, 80, pub. 30.04.2013.

[1258] Cf. Gustavo Zagrebelsky. *El derecho dúctil* cit., p. 139.

e benefícios vinculados ao salário mínimo. Ao final, poderia gerar graves reflexos como a elevação dos preços de produtos e de serviços, alteração no consumo, eventual diminuição na produção, desemprego etc.[1259] No entanto, há de se considerar que o salário mínimo integra a esfera das *necessidades humanas básicas*, podendo-se cogitar a intervenção parcial do Judiciário que poderia declarar que o valor fixado pelo legislador não atende o previsto no art. 7.º, IV, da CF/1988, científicando-o para majorá-lo, a fim de que seja atendido o dispositivo constitucional, o que também abriria espaço para a luta política pelos movimentos populares.[1260]

Portanto, o Judiciário somente deve intervir para a concretização de políticas públicas, voltadas à tutela de direitos fundamentais, se puder formular um juízo consistente, fundado em razões técnico-científicas e morais, quanto a correta decisão a ser tomada pelo poder público.[1261] Caso contrário, não estaria preservada a *regra de prudência* da qual deriva a palavra *jurisprudência* (*jurisprudentia*).[1262] Melhor seria se, na dúvida, os juízes simplesmente pudessem se abster de decidir. Todavia, se assim não é (art. 140 do NCPC), cabe ao Judiciário julgar com responsabilidades. Deve o órgão judicial realizar juízo de ponderação entre os direitos em colisão, para concretizar direitos fundamentais (sociais), quando for possível associar o *facere* estatal à proteção do valor da dignidade da pessoa humana ou de outro direito fundamental que se mostre, manifestamente, prioritário.[1263] Por exemplo, a intervenção judicial nos casos de não oferecimento ou de oferecimento irregular de atendimento em creche às crianças de zero a três anos de idade, com fundamento na garantia da *absoluta prioridade*, contida nos arts. 227, *caput*, da CF/1988 e 208 da Lei 8.069/1990, após ficar demonstrado que o poder público não gasta os recursos mínimos em educação ou que, a despeito disso, vem aplicando mal o dinheiro

[1259] Neste sentido, conferir: Ingo Wolfgang Sarlet, *A eficácia dos direitos...* cit., p. 293. Em sentido contrário, verificar: Luis Roberto Barroso. *O Direito Constitucional e a efetividade de suas normas: limites e possibilidades da Constituição Brasileira*, p. 152.

[1260] Cf. Cláudia Maria da Costa Gonçalves, op. cit., p. 218-220.

[1261] Cf. Ana Paula de Barcellos. Constitucionalização de políticas públicas em matéria de direitos fundamentais: o controle político-social e o controle jurídico no espaço democrático, p. 126.

[1262] Cf. François Ost, op. cit., p. 192-193.

[1263] Cf. Emerson Garcia. Princípio da separação dos poderes: os órgãos jurisdicionais e a concreção dos direitos sociais, p. 81.

público, em detrimento da proteção do *mínimo existencial*.[1264] Caso contrário, não havendo fundamento claro, que confira legitimidade democrática à atuação judicial, deve prevalecer a deliberação majoritária, para que não se imponha uma mera opinião.[1265]

Em última análise, a *reserva da consistência* está vinculada à justificação da decisão judicial. É mais um critério para buscar decisões corretas, evitando o arbítrio judicial.[1266]

5.6 Dever de motivação das decisões judiciais e teoria da argumentação jurídica

5.6.1 Motivação judicial como exigência racional do Estado Democrático de Direito

O Estado Democrático de Direito exige que o juiz motive racionalmente as suas decisões, combatendo toda e qualquer decisão baseada na *intime conviction* do magistrado (art. 93, IX, da CF/1988).[1267] Quando a motivação é constituída por argumentos racionais, a própria motivação justificará, racionalmente, a decisão, não tendo o órgão judicial que convencer as partes ou a opinião pública do seu "acerto".

Conforme Edward Coke, a razão é a alma e a vida do direito; nada que seja contra a razão é direito.[1268]

Para evitar o arbítrio judicial, o órgão judicial não pode perder a dimensão da *verdade processual objetivamente realizável*.[1269] O conhecimento humano

[1264] A propósito, verificar o item 5.7 infra.

[1265] Cf. Ana Paula de Barcellos. Constitucionalização... cit., p. 127.

[1266] Nas palavras de Ronald Dworkin, "qualquer conjunto de leis e decisões pode ser explicado histórica, psicológica ou sociologicamente, mas a consistência exige uma justificação, e não uma explicação, e a justificação deve ser plausível, e não postiça. Se a justificação que Hércules concebe estabelece distinções que são arbitrárias, e se vale de princípios que não são convincentes, então ela não pode, de modo algum, contar como uma justificação" (*Levando os direitos a sério* cit., p. 186).

[1267] "O Estado de Direito efetivamente caracteriza-se por ser o Estado que *se justifica*, tendo como pauta ordem jurídica a que ele próprio se submete. Assim, quando o Estado intervém na vida das pessoas, deve justificar a intromissão *materialmente*, pois a intromissão tem fundamento, e *formalmente*, pois o fundamento é *declarado, exposto, demonstrado*" (Teresa Arruda Alvim Wambier. *Nulidades do processo e da sentença*, p. 314).

[1268] Cf. Francesco Galgano. Il legittimo e il giusto, p. 5.

[1269] Cf. Eduardo Cambi. Verdade processual objetivável, p. 234-249.

da verdade é imperfeito e incompleto, mas nem por isso os ordenamentos jurídicos devem afastar a sua cogitação, nem renunciar a sua busca, na medida do possível. A impossibilidade de vencer, por inteiro, as dúvidas não tornam menos importantes as tentativas voltadas a superá-las ("nossa impossibilidade de vencer por inteiro a escuridão da noite não torna menos importante o ato de acender uma lâmpada para iluminar o texto que desejamos ler").[1270] Caso contrário, os ordenamentos jurídicos não deveriam cuidar de disciplinar as provas, mas adotariam formas mais simples e rápidas de decidir litígios (*v.g.*, mediante duelos, sorteios ou jogos de azar).[1271]

Entretanto, a questão da busca da verdade é objeto de crítica pela *teoria narrativista do Direito.*[1272] Tal teoria tem como ponto de partida a dúvida quanto a noção de *realidade dos fatos.* Afirma que os fatos nunca falam por si mesmo. O processo, destarte, se ocupa de uma realidade já vivida, tendo por objeto fatos pretéritos (que ficaram definitivamente no passado) que, além da sua existência, fizeram desaparecer a sua verdade fática.

Ao contrário, se os fatos falassem por si mesmos, bastaria reproduzi-los ou "ouví-los" em juízo. Ocorre que os fatos são *mudos* e, para serem "ouvidos" processualmente, dependem de uma reconstrução baseada em uma narração[1273].

Como a verdade ficou no passado, somente é possível revelá-la a partir dos *fatos contados* pelas partes. Seu conhecimento depende dos *argumentos,* enquanto artifícios narrativos dos relatos, e, portanto, das diversas versões narradas pelos litigantes. Sendo as alegações construções narrativas, o convencimento judicial dependerá do modo como as versões são narradas por cada uma das partes.

A verdade histórica deixa, pois, de ser aquilo que aconteceu e passa a ser aquilo que se julga que ocorreu. A verdade judicial é aquilo que o órgão judicial julgar que, por verossimilhança, deve ter acontecido; está baseada na verossimilhança das várias narrações sobre os fatos contadas pelas partes.

[1270] Cf. Adrian A. S. Zuckerman. Justice in crisis: comparative dimensions of civil procedure, p. 5.

[1271] Cf. José Carlos Barbosa Moreira. O neoprivatismo no processo civil, p. 17.

[1272] Cf. Eduardo Cambi. *Curso de direito probatório.* p. 367-372; Eduardo Cambi e Alencar Frederico Margraf. Verdade real e narrativismo processual. p. 137-160.

[1273] Cf. José Calvo González. La verdade de la verdade judicial... p. 7-38. p. 7-38.

Logo, a teoria narrativista admite que o conhecimento da "realidade" se expressa em enunciados sobre fatos. Concebe a possibilidade de discernir e aumentar o conhecimento dos fatos brutos, mediante o conhecimento das palavras que integram os enunciados fáticos[1274].

A prova não assegura a verdade dos enunciados fáticos, mas apenas aporta razões para aceitar tais enunciados como verdadeiros. O juiz e as partes, no processo, não apreendem a realidade dos fatos, como algo independente da forma linguística que os transpõem. Os litigantes apresentam "os fatos" como palavras. Estas se entrelaçam formando discursos, vários discursos, que são as alegações. Com efeito, "os fatos" expostos pelas partes são alegações fáticas que integram a controvérsia do discurso dos direitos.

Os fatos alegados e provados pelas partes devem ser submetidos ao *teste de coerência narrativa*, que serve como um critério de verdade. Entretanto, esse critério é polêmico, porque podem existir narrações de fatos que sejam coerentes, mas sejam falsos. Também pode-se objetar que a coerência narrativa é uma concepção retórica da prova, presumindo que a renúncia à correspondência entre o resultado probatório e a realidade dos fatos a declaração de um fato como provado é seguido da plausibilidade ou da força persuasiva de uma entre as várias possíveis narrações dos fatos.

No entanto, a coerência narrativa como critério da *quaestio facti* aplicável pode ser utilizada, antes do exame da verdade da narração dos fatos, para examinar a estrutura das narrações. Isto é, sobre o que e como conhecemos os fatos litigiosos, recaindo sobre as afirmações sobre a ocorrência histórica de um fato. Em outras palavras, a ideia de *coerência narrativa* é de todo alheia ao problema da determinação dos fatos no processo judicial, sendo propriamente um pré-requisito – a unidade narrativa coerente – de sua concepção integralista do Direito, explicada pela metáfora da *chain novel* de Ronald Dorkin[1275]. A *coerência narrativa* é um instrumento de controle racional (*teste*) como que se pode operar diante de possíveis casos difíceis, que são aqueles aos quais falta prova direta para a fixação da ocorrência histórica dos fatos; isto é, a *coerência narrativa* pode ser assemelhada a um *critério de verdade*, na falta de prova direta[1276]. Aproxima-se um critério de um critério de verdade na medida em que serve como *mecanismo construtivo do sentido.*

[1274] Cf. José Calvo González. La controvérsia fáctica. p. 10-17.

[1275] Cf. *Law's Empire*. p. 232 e s.

[1276] Cf. José Calvo González. *Direito curvo*. p. 49.

A teoria narrativista do Direito concebe a *coerência narrativa* como um constructo discursivo capaz de atribuir sentido[1277]. Serve como um tipo de raciocínio acerca do material probatório, que recai sobre a alegação dos fatos, e proporcional a um critério "de verdade" que reside no modelo discursivo de uma história sobre a *ação dos fatos* (resultância) e dos *fatos em ação* (ocorrência), com *valor de sentido* dentro do artifício narrativo (relato) em que discorrem e que os contam (narração).

A *coerência narrativa*, na teoria narrativista, pressupõe[1278]: i) a *atribuição de sentido* a um enunciado fático, como narrativamente coerente, decorre da *construção do sentido*, sendo que o sentido do relato dos fatos não se localiza em um *topos* prévio ou de partida, nem em um lugar ulterior ou de chegada, mas é a própria fábrica narrativa do sentido, a construção da promessa de sentido; ii) seu objeto principal e mais preciso consiste no estudo das estruturas que, a partir do material fático e normativo, constroem narrações, as quais constituem hipóteses de sentido, que no tempo e no espaço processual revelam a autoridade decisória definitiva; iii) ao negociar narrativamente a *atribuição de sentido* e a *construção da promessa de sentido*, a teoria narrativista do Direito, como teoria crítica, não esquece que, na prestação de consentimento ao *contrato de sentido* e seu aperfeiçoamento e autorização como coerente, além de unidades estruturais (história-relato-narração), atuam também elementos extracontratuais que o precedem e que podem constituir seu referencial. Logo, um enunciado fático acaba sendo discursivamente coerente como resultado também do influxo de *subsistemas de sentido* como são a memória individual ou os imaginários sociais, os quais são situações que não afloram, contudo, no teste de coerência narrativa, mas no de consistência narrativa.

Com efeito, a concepção narrativista de *coerência narrativa* implica[1279]: i) que a atribuição de sentido, desde a resultância à ocorrência histórica a um acontecer, requer a apresentação de uma versão capaz de *explicar e compreender* verossimilmente o ocorrido; ii) que isso sucede quando premissas fáticas e conclusão interagem globalmente de modo narrativamente coerente; iii) que os enunciados relativos a elementos factuais, proporcionados pelas partes, são coerentes como resultados de formarem uma cadeia argumentativa por vínculos lógico-formais de dedutibilidade; iv) que, por-

[1277] *Idem*, p. 51.
[1278] *Idem*, p. 52-54.
[1279] *Idem*. p. 51-52.

tanto, a atribuição de sentido à "ação dos fatos" (resultância) e aos "fatos em ação" (ocorrência) diz respeito ao que pela ordem e colocação – cronológica e funcionalmente na história – não é apenas discursivamente consistente, mas também congruente com a disposição no relato (mecanismo de relação, proporção e equilíbrio, e inclusive compostura ou esquema) dos restantes argumentos da narração.

Parte-se da pré-compreensão fundante de que a narração não pretende traduzir o fato mediante representação perfeita do acontecimento real ou histórico, nem, tampouco, mediante imitação (representação imperfeita), uma vez que o fato possui apenas realidade linguística. O fato não é um dado; é um discurso que não deve ser entendido como coisa (*re*), mas como *dictio*; ou seja, a sucessão de acontecimentos, reais ou fictícios, que são objeto do discurso ou do relato.

Desse modo, os fatos são a *inventio* discursiva (*ars inventa disponiendi*) da sua história na narração de seu relato. Portanto, a resposta sobre o que e como conhecemos os fatos litigiosos deve ser buscada no decurso do relato (ou *diégesis*).

A *coerência narrativa* se relaciona com a dinâmica narrativa que o relato gera em seu decurso. Os fatos que importam ganham sentido, adquirem significado e constroem sua coerência no decorrer da narração que é seu relato.

O que produz *coerência narrativa* são as concretas relações de continuidade e causalidade que, em cada caso, organizam o relato dos fatos, sendo capazes de encaixarem-se em uma articulação narrativa abstrata. Esta ligação e ajuste consistem na correlação entre a experiência concretamente narrada com a narrativa abstrata da experiência sobre os fatos normalmente vivida e apreciada, conforme os critérios coletivos vigentes.

Como contar os fatos é narrar a afirmação de sua ocorrência, tal afirmação é narrativamente experiencial, culturalmente condicionada de uma determinada sociedade e de uma época.

A presença ou a ausência de *coerência narrativa* é o encontro ou o desencontro com o espaço do imaginário social que, em cada tempo e lugar, outorga sentido a história de nossa experiência dos fatos.

A verdade dos fatos é produto interpretativo da facticidade, determinado por uma atividade discursiva de estrutura narrativa (*ars narrandi*) inventiva que remete a uma técnica de prudência racional (a *deliberativo*). É a razão deliberativa – compreendida como razoabilidade das circunstâncias que envolvem o discurso (contexto) – que constitui e dá conta (ou melhor, *justifica*) a melhor resposta tanto para com os fatos quanto para com as normas[1280].

O *teste da coerência narrativa* ao fim traz o *argumento mestre* da fundamentação jurídica consistente no cálculo da irredutível desordem entre a experiência do mundo dos fatos naturais e do mundo cultural dos fatos jurídicos[1281].

Além disso, para a teoria narrativista, como o fato jurídico não é um *datum* apriorístico ao texto jurídico, este é uma narrativa de ficção. A verdade, a ser buscada no processo, também tem uma estrutura de ficção, sendo que as ficções são aparatos linguísticos que expõem indiretamente a verdade[1282].

Por outro lado, a teoria *realista* critica o narrativismo, afirmando que os narrativistas ignoram os fatos, considerando apenas as narrações[1283]. Com isto, premia a história narrativamente melhor. Entretanto, não há decisões justas se as regras e os princípios jurídicos são aplicados a fatos equivocados ou não devidamente apurados. Assim, para a teoria *realista*, somente interessam as narrações boas quando forem verdadeiras. Não se pode fingir que um fato não prova seja verdadeiro somente porque a narração é coerente. O processo deve terminar, com a decisão final, quando uma hipótese factual (boa ou ruim, na perspectiva narrativista) pode ser reconduzida dentro de uma interpretação válida das normas aplicadas aos casos concretos.

Logo, o problema da verdade processual, para fins de motivação da decisão judicial, deve considerar a divergência a respeito das funções demonstrativa e persuasiva da prova.[1284] A primeira acredita, com fundamento no conceito de verdade processualmente objetivável, na mais perfeita reconstrução dos fatos no processo, enquanto a segunda, desacreditada da verdade, afirma que a prova é um argumento de que dispõem as partes para, cada uma narrando a sua versão dos fatos, buscar o convencimento do juiz. A *demonstração* é um raciocínio formal que pode ser correto ou incorreto e tem por finalidade descobrir se determinada proposição é verda-

[1280] *Idem*. p. 52.

[1281] Cf. José Calvo Gonzáles. Modelo narrativo del juicio de hecho: inventio y ratiocinatio. p. 102.

[1282] Cf. José Calvo Gonçales. *Direito curvo*, p. 55-56.

[1283] Cf. Michele Taruffo. Il fato e l'interpretazione. p. 37-39.

[1284] Cf. Michele Taruffo. Funzione della prova: la funzione dimonstrativa, p. 305-328; La prova scientifica nel processo civile, p. 1080, nota 3; Eduardo Cambi. *Curso de direito probatório*. p. 31-36.

deira ou falsa, enquanto a *argumentação* carece do rigor da demonstração (não é correta ou incorreta); é a arte de justificar uma opinião, tendo por finalidade *convencer* ou *persuadir* alguém, em certo momento, motivando ou justificando uma decisão.[1285] A função demonstrativa está calcada na lógica puramente silogística, partindo de premissas verdadeiras, as quais devem ser reveladas, ao passo que a função argumentativa está assentada na *dialética*, voltada a sopesar argumentos, confrontar opiniões e decidir com equilíbrio.[1286]

Ambas as perspectivas, demonstrativa e persuasiva, não são, necessariamente, antagônicas.[1287] É possível defender que a prova contempla ambas as funções a depender da posição exercida pelo sujeito na dialética processual. Esclareça-se que a palavra *dialética* exprime a *arte do diálogo* e que a *retórica* é parte racional da dialética, estando esta voltada à formação do convencimento, porque constitui apelo à razão e respalda a existência de uma racionalidade propriamente argumentativa.[1288] Logo, o uso retórico da prova é aquele realizado pelos advogados que usam das provas, impulsionados não por um interesse *imparcial* de buscar a verdade, mas movidos pelos interesses da parte, sendo, portanto, orientados a induzir o juiz sobre a existência da versão fática que apresentam. Por outro lado, diferente é a posição imparcial do juiz, para quem as provas são dados informativos, destinados a obter a mais justa reconstrução possível dos fatos no processo, independente da sua ligação aos argumentos, interesses e fatos alegados por cada um dos sujeitos processuais.

A existência e a eficácia dos fatos depende da argumentação jurídica. Eles não são encontrados prontos (*ready-made*), devendo o intérprete decidir quais são os acontecimentos pertinentes e relevantes para a solução de uma controvérsia. Para isso, precisa-se pautar sua atividade pelos parâmetros axiológicos oferecidos pelos princípios e regras jurídicas, selecionando

1285 Cf. Teresa Arruda Alvim Wambier. *Recurso especial*... cit., p. 51, nota 87.

1286 Idem, p. 50.

1287 Teresa Arruda Alvim Wambier assevera que "o raciocínio jurídico é predominantemente retórico-argumentativo, embora não exclusivamente. É argumentativo, na medida em que, através dele, se busca convencer ou persuadir um auditório. Mas não se reduz a uma mera técnica ou arte de conquistar o assentimento de um auditório, mas é, também, um meio de se demonstrar que a tese que se sustenta é verdadeira, e, sob este aspecto, se pode dizer que é demonstrativo. E interessante é que a aprovação deste auditório é, justamente, o principal critério de verdade" (*Recurso especial*... cit., p. 51).

1288 Cf. Ariani Bueno Sucatti, op. cit., p. 95-98.

todos os eventos que se encontrem nas esferas de interesses protegidos pelo ordenamento jurídico.[1289]

Advirta-se que a retórica foi marginalizada, a partir de Descartes, em *O Discurso do método*, por considerar, como regra desse novo método, falso tudo o que é apenas provável.[1290] Os modelos processuais, inspirados pelas filosofias liberais do Iluminismo, priorizaram o valor da segurança, renunciando a busca da efetividade e tornando o processo moroso e, destarte, incapaz de atender às solicitações da apressada civilização pós-moderna.[1291]

A retórica foi retomada por Charles Perelman, na obra *La nouvelle rhetorique: Traité de l'argumentation*, publicado em 1958, onde, retomando Aristóteles, procura converter a retórica em arte ou técnica de argumentar e persuadir. A *nova retórica* está fundada em premissas prováveis, designadas de *topoi* (isto é, pontos de vista ou lugares-comuns), para a obtenção de conclusões prováveis. Trabalha com *entinemas* ou *silogismos retóricos*, que são *parassilogismos*, porque têm bases convincentes, mas não irrefutáveis, como ocorre com os silogismos propriamente ditos da lógica apodítica.[1292]

Pode-se afirmar que um mesmo fato pode ser objeto de muitas descrições verdadeiras e falsas. Aliás, entre a verdade e a opinião existe apenas uma *diferença de grau*, sendo que a verdade se coloca como a *opinião mais testada* e *a mais validada no contexto cultural*.[1293] Com efeito, a verdade não deriva de uma *descrição ontológica* do mundo, sendo um fenômeno cultural que resulta da interação entre subjetividade e vida social.[1294]

A verdade *processualmente objetivável*, e que interessa para fins de controle dos fundamentos da decisão judicial, decorre das provas constantes dos autos. Em outros termos, um fato pode ser considerado verdadeiro se foi, racionalmente, confirmado pelas provas produzidas no processo.[1295] Assim, o que determinará a verdade ou a falsidade de um enunciado linguístico não é a descoberta da sua essência, mas o processo de argumentação jurídica utilizado para chegar até ele.

[1289] Cf. Humberto Ávila. *Teoria dos princípios*... cit., p. 100.

[1290] Cf. Boaventura de Souza Santos. *Introdução a uma ciência pós-moderna* cit., p. 98.

[1291] Cf. Ovídio A. Baptista da Silva. Da função à estrutura cit., p. 11.

[1292] Cf. Boaventura de Souza Santos. *Introdução a uma ciência pós-moderna* cit., p. 99.

[1293] Cf. Ariani Bueno Sudatti, op. cit., p. 159.

[1294] Idem, ibidem.

[1295] Cf. Michele Taruffo. Narrazioni processuali, p. 111.

Assim, deve-se privilegiar a *concepção pragmática* da verdade, considerando-a como um produto do discurso jurídico, produzido intersubjetivamente. É obtida no decurso do conflito entre vários discursos, em um auditório de participantes competentes e razoáveis.[1296] A obtenção dessa verdade tem componentes subjetivos e objetivos, sendo obtida no curso do processo onde se asseguram, às partes, plenas condições de participação (garantias constitucionais do devido processo legal, do contraditório e da ampla defesa), para poderem deduzir os melhores argumentos para convencer o órgão judicial de que têm razão e merecem a tutela jurisdicional. Compete, ao final, aos juízes dizer quais são os melhores argumentos para decidir quem deve obter a tutela jurisdicional. Isso não significa que, no curso do processo, não possa ser relativizado o valor da segurança jurídica, para se promover a efetividade do direito material. É possível a construção de técnicas processuais, fundadas em diferentes *modulações da cognição* (classificando-a em superficial, sumária e exauriente), para conceder tutelas provisórias (antecipatórias ou cautelares), com base em juízos de verossimilhança ou de probabilidade.[1297]

De qualquer forma, a verdade é um valor político que não pode ser renunciado nas sociedades democráticas. Está ligada à ideia de motivação judicial como forma de controle das decisões emanadas do Poder Judiciário. Se é certo que os juízes não estão sujeitos ao temor direto da insatisfação popular, uma vez que não são eleitos, não podendo ser substituídos em eleições periódicas, as decisões judiciais devem se legitimar socialmente. As decisões judiciais politicamente ultrajantes não acarretam a substitui-

[1296] Boaventura de Souza Santos explica a *concepção pragmática* da verdade: "a verdade é a retórica da verdade. Se a verdade é o resultado, provisório e momentâneo, da negociação de sentido que tem lugar na comunidade científica, a verdade é intersubjetiva e, uma vez que essa intersubjetividade é discursiva, o discurso retórico é o campo privilegiado da negociação de sentido. A verdade é, pois, o efeito de convencimento de vários discursos de verdade em presença. A verdade de um discurso de verdade não é algo que lhe pertença inerentemente, acontece-lhe no decurso do discurso em luta com outros discursos num auditório de participantes competentes e razoáveis. Quando tal acontece, o discurso, de subjetivo, passa a objetivo. Durante demasiado tempo concebemos subjetividade como propriedade de algo que corresponde à realidade. Ao lado ou por baixo desse conceito de objetividade tem persistido marginalmente um outro que concebe objetividade como propriedade de algo que obtém o consenso numa discussão argumentativa. É este o conceito a privilegiar numa concepção pragmática da verdade" (*Introdução a uma ciência pós-moderna* cit., p. 96-97).

[1297] Cf. Eduardo Cambi. *Direito Constitucional à prova no processo civil*, p. 58-68; Kazuo Watanabe. *Da cognição no processo civil*, p. 83-95.

ção do julgador, mas prejudicam a credibilidade das instituições jurídicas e dos processos de aplicação do direito, o que, ao final, é nocivo para a comunidade que fica menos coesa e estável.[1298]

O dever de motivação é levado a sério quando o magistrado se debruça sobre a motivação tanto das questões jurídicas quanto, principalmente, das questões fáticas. A concepção racional da decisão reflete diretamente a natureza e a função da motivação judicial e, consequentemente, pressupõe uma concepção racional do juízo fático e da valoração das provas.

Por isso, de um lado, deve ser combatido o fenômeno da *motivação fictícia*; ou seja, com o intuito de não prejudicar a autoridade das decisões, confecciona-se um discurso que não contém nenhuma justificação racional ou, simplesmente, omite-se a justificação da decisão sobre as questões fáticas, ao tentar suprir esta omissão com uma abundante motivação das questões jurídicas.[1299] Isso, aliás, é muito comum em decisões que se valem de expressões que, sem qualquer nexo com o caso concreto, nada explicam (*v.g.*, "prova para condenar tem que ser robusta"; "a palavra da vítima assume especial relevância nos crimes sexuais"; "a boa-fé do litigante sempre se presume" etc.).[1300] Nesse contexto, o STF, para que se cumpra o dever constitucional de motivação suficiente e idônea (art. 93, IX, da CF/1988), tem asseverado que, para a decretação ou a manutenção da prisão preventiva, não basta a mera *explicitação textual* dos requisitos e fundamentos contidos no art. 312 do CPP, sendo indispensável a indicação de *elementos concretos* que justifiquem a necessidade da segregação provisória, bem como a individualização dos seus requisitos para cada uma da pessoas investigadas.[1301]

Portanto, combater o arbítrio judicial é evitar os discursos jurídicos assentados na *intime conviction*, a qual se manifesta tanto nas decisões sem qualquer motivação como naquelas em que a motivação é fictícia.

Importante também é destacar que o risco da *onipotência judicial* não fica afastado com o emprego do princípio da persuasão racional do juiz e do respeito aos princípios e as garantias constitucionais.[1302] O órgão judicial, ao justificar determinada visão dos fatos, com base em critérios vagos

[1298] Cf. Ronald Dworkin. *Uma questão de princípio* cit., p. 28.

[1299] Cf. Michele Taruffo. Considerazioni su prova e motivazione.

[1300] Cf. Lênio Luiz Streck. *Verdade e consenso...* cit., p. 218, nota 24.

[1301] Cf. STF, HC 91.534-BA, 2.ª T., j. 18.03.2008, rel. Min. Gilmar Mendes, *DJe* 74, 24.04.2008.

[1302] Cf. Carlos Alberto Álvaro de Oliveira. Livre apreciação da prova: aspectos atuais.

e indefinidos, não pode se valer de fórmulas puramente retóricas, destituídas de conteúdo, ao aludir, por exemplo, a "verdade material", a "prova moral", a "certeza moral", a "prudente apreciação" ou a "íntima convicção". Tais expressões, como outras similares, dão margem ao subjetivismo e a manipulação semântica, por não assegurarem nenhuma racionalidade na valorização da prova, assim como implicam *falsa motivação* da decisão e, ainda, impedem o efetivo controle da atividade judicial por parte da sociedade, do jurisdicionado e da instância superior.

Para evitar o "subjetivismo" e o arbítrio das decisões judiciais, justifica-se a necessidade de um controle do próprio *raciocínio desenvolvido pelo órgão judicial*, ao apreciar tanto a prova quanto os elementos de fato relevantes para a decisão, como bem reconhece o art. 489 do NCPC.

A propósito, vale lembrar que o princípio do livre convencimento do juiz possui origem não democrática.[1303] Foi concebido pelo Tribunal Revolucionário Francês, criado em 10.03.1793, para processar e condenar à morte os adversários políticos da Revolução Francesa. Ocorre que o processo era demorado e levava dias para que todas as provas, exigidas pelo sistema da prova legal, fossem produzidas. Tal princípio foi introduzido não por razões de justiça ou de proteção da liberdade ou da defesa do acusado, mas para buscar a mais rápida condenação dos adversários da Revolução. O processo era guiado pelos princípios da busca da verdade material e do livre convencimento do juiz, mas os réus eram privados da defesa técnica e a prova testemunhal era proibida, exceto se fosse requerida pela acusação pública ou servisse para denunciar outras pessoas. Por não observar as garantias do contraditório e da ampla defesa, o processo se destinava apenas a legitimar formalmente uma decisão que já havia sido tomada. O Tribunal Revolucionário, tendo funcionado entre 10.03.1793 a 27.06.1794, condenou a pena de morte 2.625 pessoas, número muito superior ao do regime pretérito, quando vigorava a *Ordonnnace Criminelle* de 1670, de Luiz XIV. Esse número excessivo de condenações somente foi possível em razão do princípio do livre convencimento do juiz, já que no sistema anterior da prova legal faltaria prova suficiente para tantas mortes, tendo, portanto, o sistema da prova legal impedido um maior número de condenações abusivas.

[1303] Cf. Girolano Monteleone. Alle origini del principio del libero convincimento del giudice, p. 126-130.

Assim, o princípio do livre convencimento do juiz deve ser aperfeiçoado com a adoção do *princípio da completude da motivação*,[1304] pelo qual se exige que o juiz justifique, racionalmente, todo o seu convencimento, seja quando interpreta as leis seja quando valora as provas.

O art. 489, § 1.º, IV, do NCPC adotou o princípio da completude da motivação *mitigado*, ao prever que não considera fundamentada qualquer decisão que não enfrente todos os argumentos deduzidos no processo capazes de, em tese, infirmar a conclusão adotada pelo julgador.

Tal princípio possui duas implicações. A motivação completa exige a *justificação interna* (vale dizer, a correta subsunção entre o fato e a norma; ou melhor, a correspondência lógica entre as premissas de direito e a de fato), bem como a *justificação externa* (isto é, o juiz deve fornecer argumentos racionais a respeito de como valorou as provas ou como usou de inferências lógicas para chegar às conclusões concernentes à causa). Assim, deve, por exemplo, explicar porque determinada testemunha é passível de credibilidade (*v.g.*, se a testemunha é direta ou indireta, também denominada de ouvir dizer; se revela, em seu depoimento, interesse direto ou indireto na solução da causa etc.) ou dizer por que determinado indício[1305] gerou a conclusão por ele extraída.

Quanto a este último aspecto, considera-se mais adequada, para a valoração da prova indiciária, a teoria da *múltipla conformidade*, pela qual os indícios devem ser precisos, graves e concordantes, porque está em melhor sintonia com o sistema a persuasão racional do juiz (arts. 371 do NCPC e 157 do CPP). Considera-se *preciso* o indício se está provada a existência do fato secundário (*v.g.*, se restou evidenciado que o suposto homicida foi visto, por testemunhas, próximo ao local do crime). Entende-se que o indício é *grave* se da circunstância indiciante, pelas regras da experiência comum, lógica ou científica (art. 375 do NCPC), pode-se extrair um número restrito de consequências, isto é, não se obter resultados excessivamente vagos (*v.g.*, que o pretenso assassino foi visto portando arma de fogo, ou que deixou algum objeto pessoal no local do crime; ou que foram encontradas manchas de sangue em seu vestuário; ou que os projéteis de arma de fogo encontradas no cadáver são da mesma arma apreendida com o acusado;

[1304] Cf. Michele Taruffo. La motivazione della sentenza, p. 171-174.

[1305] Segundo definição posta no art. 239 do CPP, "considera-se indício a circunstância conhecida e provada, que, tendo relação com o fato, autorize, por indução, concluir-se pela existência de outra ou de outras circunstâncias".

ou, ainda, que se evadiu do lugar, logo após o ocorrido etc.). Por fim, *concordantes* são os indícios que, analisados conjuntamente e com as demais provas constantes dos autos (*v.g.*, prova testemunhal, auto de local de morte, laudo de necropsia, auto de apreensão de arma de fogo etc.), permitem que presuma a existência do fato desconhecido.[1306] A força probatória dos indícios é suficiente, por si só, inclusive para a condenação criminal, desde que não sejam contrariados por contraindícios ou por provas diretas.[1307]

O órgão judicial deve evitar a valoração meramente *positiva* das provas. Além de mencionar os argumentos que serviram para o seu convencimento, há de explicar porque as demais provas não foram suficientes para lhe persuadir (valoração *negativa* das provas). Caso contrário, incorre o magistrado no risco do denominado *confirmation bias*, típico dos órgãos judiciários que, pretendendo confirmar uma valoração, selecionam apenas as informações disponíveis dentre aquelas favoráveis e descartam *a priori* as contrárias.[1308] Com isso, acabam por introduzir uma *distorção sistemática* no próprio raciocínio.[1309]

[1306] Cf. Danilo Knijnik. *A prova nos juízos cível, penal e tributário*, p. 50-52.

[1307] A propósito, vale destacar a orientação do STF: "3. A força instrutória dos indícios é bastante para a elucidação de fatos, podendo, inclusive, por si própria, o que não é apenas o caso dos autos, conduzir à prolação de decreto de índole condenatória, quando não contrariados por contraindícios ou por prova direta. Doutrina: MALATESTA, Nicola Framarino dei. A lógica das provas em matéria criminal. Trad. J. Alves de Sá. Campinas: Servanda Editora, 2009, p. 236; LEONE, Giovanni. Trattato di Diritto Processuale Penale. v. II. Napoli: Casa Editrice Dott. Eugenio Jovene, 1961. p. 161-162; PEDROSO, Fernando de Almeida. Prova penal: doutrina e jurisprudência. São Paulo: Editora Revista dos Tribunais, 2005, p. 90-91. Precedentes: AP 481, Relator: Min. Dias Toffoli, Tribunal Pleno, julgado em 08/09/2011; HC nº 111.666, Relator: Min. Luiz Fux, Primeira Turma, julgado em 08/05/2012; HC 96062, Relator: Min. Marco Aurélio, Primeira Turma, julgado em 06/10/2009" (HC 97781, Relator(a): Min. Marco Aurélio, Relator(a) p/ Acórdão: Min. Luiz Fux, Primeira Turma, julgado em 26/11/2013, Acórdão Eletrônico DJe-051 Divulg 14-03-2014 Public 17-03-2014).

[1308] Cf. Eduardo Cambi. *Direito Constitucional*... cit., p. 180-181; Teresa Arruda Alvim Wambier. *Omissão judicial e embargos de declaração*, p. 291-349. Pelo viés do "direito" ao contraditório, escreveu Ovídio A. Baptista da Silva: "o direito ao contraditório não se esgota na faculdade de ser ouvido e de produzir alegações e provas, perante o tribunal, mas compreende, antes de mais nada, o direito de ver as alegações e as provas produzidas também pelo sucumbente examinadas e, além disso, rejeitadas com os argumentos racionalmente convincentes" (Fundamentação das sentenças como garantia constitucional, p. 750).

[1309] Cf. Michele Taruffo. Considerazioni su prova e motivazione cit.

A propósito, o Tribunal Constitucional espanhol decidiu que "quando se omite o raciocínio em relação a alguma das pretensões (...) não pode defender-se que se ditou uma resolução fundada no Direito, produzindo--se a vulneração de um direito fundamental".[1310]

No entanto, o princípio da completude da motivação, não obstante exija a valoração positiva e negativa das provas, não exige que o juiz enfrente todos os *fundamentos de direito* trazidos pelas partes.[1311] Afinal, quando um dos fundamentos é suficiente para o acolhimento do pedido, não há sentido que o magistrado se debruce sobre os demais fundamentos jurídicos deduzidos. Do mesmo modo, se basta um fundamento para julgar o pedido improcedente, não há porque impor, ao juiz, o ônus de analisar os demais. Nessas hipóteses, não há prejuízo para a parte vencida, pois a apelação tem *efeito devolutivo*, o que permite, ao Tribunal, apreciar os outros fundamentos (art. 1.013, § 1.º, do NCPC), mesmo que a parte vencedora não interponha recurso.[1312]

Em síntese, o dever de motivação judicial das decisões:[1313] a) é uma garantia contra o arbítrio; b) serve como garantia contra a influência de pontos de vista pessoais (*subjetivismo*); c) possibilita às partes conhecerem os fundamentos da decisão e, com isso, é um meio de impugnação e um modo de controle do raciocínio do magistrado; d) contribui para o maior grau de previsibilidade e segurança das normas jurídicas.

5.6.2 Decisão correta ou suficientemente motivada

O dever judicial de motivação da decisão judicial é ainda mais complexo, quando se problematiza o que é uma decisão *correta* ou *suficientemente motivada*.

Não é possível afirmar qual seja a decisão correta sem colocar o *problema do regresso ao infinito*, isto é, saber quais os critérios de correção que sustentam a decisão. Fundamentar é uma atividade que pode ser desenvolvida *indefinidamente*, porque todo argumento pode ser questionado, abrindo-se uma série ilimitada de argumentos.

1310 Cf. Cristina Queiroz. *Interpretação constitucional...* cit., p. 133.

1311 Cf. Luiz Guilherme Marinoni e Sérgio Cruz Arenhart. *Curso de direito processual civil*, p. 489.

1312 "Quando o pedido ou a defesa tiver mais de um fundamento e o juiz acolher apenas um deles, a apelação devolverá ao tribunal o conhecimento dos demais."

1313 Cf. Teresa Arruda Alvim Wambier. *Recurso especial...* cit., p. 29-30.

É impossível conceber uma situação que seja bem fundamentada em todos os seus aspectos. Isso, contudo, não exclui a possibilidade de fundamentação das decisões judiciais. Não retira a necessidade de buscar, racionalmente, os melhores argumentos. Também permite definir que o art. 93, IX, da CF/1988 é um *mandamento de otimização* ou um *princípio* que deve ser cumprido *na melhor extensão possível*. Tal constatação, ao menos, evita que os juízes profiram decisões *equivocadamente fundamentadas*.[1314]

Considerar o art. 93, IX, da CF/1988 um princípio significa dizer que deve ser obedecido, no caso concreto, de acordo com a *ponderação de outros valores em conflito* (limites jurídicos) e das *possibilidades fáticas disponíveis* (limites fáticos).

Essa estruturação, quanto aos limites jurídicos, permite a convivência do art. 93, IX, da CF/1988 com outras normas consagradoras de valores constitucionais. Por exemplo, não podendo o juiz deixar de julgar (art. 140 do NCPC), mesmo estando em *dúvida* sobre qual é a decisão correta, pode se colocar no *dilema* entre conceder ou não uma *tutela urgente*, em face do problema da fundamentação: se não concede a medida, preserva o dever de fundamentação correta, mas, ao contrário, não deferindo a medida, viola outras normas incorporadoras de valores constitucionais (como o direito à tutela jurisdicional célere, efetiva e adequada; art. 5.º, XXXV e LXXVIII, da CF/1988).

A convivência do art. 93, IX, da CF/1988, considerado como um *mandamento de otimização*, com outros valores constitucionais permite sustentar que, para a concessão da medida de urgência, incluindo aqui a interpretação do art. 298 do NCPC (que exige que o juiz indique, de modo *claro e preciso*, as razões de seu convencimento), basta um *juízo de probabilidade*, não definitivo, como bem ressaltou o art. 300 do NCPC. Desse modo, foi superado o posicionamento do art. 273, *caput*, do CPC-1973, o qual afirmava que para a concessão da tutela antecipada deveria existir *prova inequívoca* da verossimilhança da alegação.[1315]

1314 Cf. Marcelo Lima Guerra, Notas sobre o dever constitucional de fundamentar as decisões judiciais (art. 93, IX, da CF/1988), p. 537 e nota 38.

1315 "Decidir com base na verossimilhança preponderante, quando da tutela antecipatória, significa sacrificar o improvável em benefício do provável. E nem poderia ser diferente, mesmo que não houvesse tal expressa autorização, pois não há racionalidade em negar tutela a um direito que corre o risco de ser lesado sob o argumento de que não há convicção de verdade" (Luiz Guilherme Marinoni. Prova, convicção e justificativa diante da tutela antecipatória).

Quanto aos limites fáticos, a fundamentação das decisões judiciais passa, necessariamente, pelo conjunto dos fatos jurídicos pertinentes e relevantes para a solução do caso concreto.

É juridicamente *pertinente* o fato controvertido, quando a pretensão é de direito disponível, ou o acontecimento alegado e não contestado (versando sobre direitos indisponíveis; arts. 341 e 345, II, do NCPC), guardam alguma relação com o mérito da causa (*res in iudicium deducta*), o qual abrange o fato constitutivo ou os fatos representativos da defesa de mérito indireta (impeditivo, extintivo e modificativo). Por sua vez, é juridicamente *relevante* o fato jurídico que corresponde a um acontecimento abstratamente previsto na norma (princípio ou regra) a ser aplicável ao caso concreto (*fattispecie*).[1316]

Desse modo, o juiz, ao analisar os fatos pertinentes e relevantes, cumpre *dupla função*: a) há de considerar provados os fatos que correspondem à história fática narrada no processo; b) deve valorar os fatos à luz do ordenamento jurídico, no momento em que os enquadra aos princípios e às regras jurídicas.

Todavia, nem sempre é fácil saber se o fato é juridicamente relevante. Por exemplo, o caso de determinada atriz que pleiteou indenização por danos morais porque um jornal popular, sem autorização específica, publicou foto na qual posava nua. O Tribunal de Justiça do Rio de Janeiro considerou ser o fato irrelevante para fins de caracterização de danos morais, justificando que, por ser a moça especialmente bonita, o acontecimento não teria lhe causado nenhum sofrimento.[1317] O acórdão foi reformado, por maioria de votos, pela 3.ª T. do STJ, que afirmou que a opinião que a pessoa tem de si próprio (isto é, a sua honra subjetiva) é relevante para fins

[1316] Ao tratar da prova relevante, a regra 401 do *Federal Rules of Evidence* norte-americana assevera: "'Relevant evidence' means evidence having any tendency to make the existence of any fact that is of consequence to the determination of the action more probable or less probable than it would be without the evidence". Cf., ainda, Enrico Tullio Liebman. *Manuale di diritto processuale civile*, p. 99.

[1317] Do acórdão proferido nos EI 250/99 (rel. Des. Wilson Marques, *DORJ* 04.10.1999) depreende-se: "Só mulher feia pode se sentir humilhada, constrangida, vexada em ver seu corpo desnudo estampado em jornais ou em revistas. As bonitas, não. Fosse a autora uma mulher feia, gorda, cheia de estrias, de celulite, de culote e de pelancas, a Publicação de sua fotografia desnuda – ou quase – em jornal de grande circulação, certamente lhe acarretaria um grande vexame, muita humilhação, constrangimento enorme, sofrimento sem conta, a justificar – aí sim – o seu pedido de indenização de dano moral, a lhe servir de lenitivo para o mal sofrido".

de aplicação do art. 5.º, X, da CF/1988. A sua violação dá ensejo à compensação por danos morais, independentemente da conotação média de moral, uma vez que a honra subjetiva tem *avaliação própria* inerente a cada indivíduo (sentimento de autoestima), não se podendo negar esta dor de acordo com sentimentos alheios.[1318]

Entretanto, não basta saber se o fato jurídico é pertinente e relevante. O órgão judicial deve dizer por que considerou determinado fato pertinente ou relevante.

O juiz não pode valer de seus *conhecimentos privados* para julgar a causa, salvo quando expressamente permitido pelo ordenamento processual (arts. 374, I, e 375 do NCPC). Caso contrário, não haveria sentido o impedimento de o juiz vir a julgar causa em que fosse testemunha (art. 144, I, do NCPC). Logo, para se manter o princípio da imparcialidade judicial, exige-se que o juiz não tenha conhecimento prévio dos fatos jurídicos controvertidos.[1319]

1318 "É possível a concretização do dano moral independentemente da conotação média de moral, posto que a honra subjetiva tem termômetro próprio inerente a cada indivíduo. É o decoro, é o sentimento de auto-estima, de avaliação própria que possuem valoração individual, não se podendo negar esta dor de acordo com sentimentos alheios. Tem o condão de violar o decoro, a exibição de imagem nua em Publicação diversa daquela com quem se contratou, acarretando alcance também diverso, quando a vontade da pessoa que teve sua imagem exposta era a de exibí-la em ensaio fotográfico Publicado em revista especializada, destinada a público seleto. (...)" (REsp 270.730-R, 3.ª T., j. 19.12.2000, rel. p/ o acórdão Min. Nancy Andrighi, *DJU* 07.05.2001, p. 139). No entanto, tal posicionamento não é seguro na jurisprudência do STJ. Em outro precedente: (EREsp 230.268-S, 2.ª S., j. 11.12.2002, rel. Min. Sálvio de Figueiredo Teixeira, *DJU* 04.08.2003, p. 216), o Tribunal Superior, em caso análogo, afirmou, também por maioria, que o dano moral independe da prova de qualquer prejuízo ou dano, tendo assentado: "Em se tratando de direito à imagem, a obrigação da reparação decorre do próprio uso indevido do direito personalíssimo, não havendo de cogitar-se da prova da existência de prejuízo ou dano, nem a consequência do uso, se ofensivo ou não". Vale mencionar, ainda, acórdão mais recente da 3.ª T., que, mais uma vez por maioria, diversamente do conteúdo do último julgado, distingue a violação do direito à imagem (para fins de danos materiais) e da honra subjetiva (para danos morais), exigindo-se para esta compensação a prova do intuito de depreciar a vítima: "aquele que usa a imagem de terceiro sem autorização, com intuito de auferir lucros e depreciar a vítima, está sujeito à reparação, bastando ao autor provar tão somente o fato gerador da violação do direito à sua imagem. O uso indevido autoriza, por si só, a reparação em danos materiais (...). Se ao uso indevido da imagem soma-se o intuito de depreciar a vítima, deve a reparação abranger não apenas os danos materiais, mas também os morais. (...)" (REsp 436.070-CE, 3.ª T., j. 04.11.2004, rel. Min. Nancy Andrighi, *DJU* 04.04.2005, p. 298).

1319 "Il giudice, rispetto al nodo di interessi che si trata di sciogliere, all'azione che si trata di giudicare, è, più che un terzo, un assente. È estraneo a quegli interessi, non ha certo assistito

Porém, a percepção do juiz não incide sobre o fato a ser provado, mas sobre as pessoas ou as coisas que *representam* o fato a ser demonstrado.[1320] A prova é uma *sub-rogação da percepção*, servindo para provocar, mediante um *equivalente sensível* (documento ou declaração de ciência), a ideia de que viria, primariamente, determinada pela percepção direta do fato. Por exemplo, quando alguém enxerga outrem, através de um espelho, não vê o outro indivíduo; sua convicção que é outra pessoa não é fruto da percepção, mas da *dedução*, resultante da experiência que ensina que não existiria a imagem se não fosse o homem refletido.[1321]

Além disso, na fundamentação de uma decisão judicial, não basta a representação do fato (*v.g.*, a fotografia falsa, fruto de uma montagem, causa o mesmo conjunto de estímulos visuais que a fotografia verdadeira), sendo necessário que o juiz qualifique como sendo *correta* a representação fática. A razão ou o critério de correção, portanto, não decorre da representação

a quell'azione su cui deve *giudicare. Non sa nulla; è una pagina bianca: deve anzi non saper nulla*" (Giuseppe Capograssi. Giudizio processo scienza verità, p. 5).

1320 Francesco Carnelutti tem razão, ao sustentar que tanto "le prove critiche quanto le prove storiche sono sottospecie delle prove indirette. Ciò non vien posto in dubbio da alcuno per le prime; mai poichè la dottrina non ha fermato bene questo concetto per le seconde, è prezzo dell'opera insistere su questo punto. Anche la prova storica è prova indiretta perchè così il testimonio come il documento, che servono a verificare un'affermazione, sono un oggetto diverso dal fatto da provare; chi confonde la fotografia con l'oggetto fotografato? (...) chi vede l'immagine di un uomo riflessa in uno specchio, non vede l'uomo medesimo e la sua convinzione che l'uomo ci sia non è frutto della percezione, ma della deduzione, ch'egli ottiene alla stregua dell'esperienza, la quale gl'insegna che l'imagine non ci sarebbe se non vi fosse l'uomo che vi si riflette. Pertanto il risultato della prova storica è in tutto identico a quello della prova critica" (*Sistema di diritto processuale civile*, p. 683-684). Por outro lado, Enrico Tullio Liebman afirma que a prova direta tem por objeto o fato imediatamente relevante para o processo (fato principal); logo, a prova é direta quando oferece à percepção do juiz o fato mesmo que pretende ser provado (*v.g.*, o corpo do empregado, para a demonstração do acidente de trabalho) ou uma idônea representação do próprio fato (*v.g.*, uma fotografia da parte do corpo lesado ou uma testemunha que tenha presenciado a lesão). Cf. *Manuale di diritto...* cit., p. 90. Verificar, ainda: Luigi Paolo Comoglio. *Le prove civile*, p. 9.

1321 "La rappresentazione è un surrogato della percezione: serve a risvegliare mediante un *equivalente sensibile* l'idea che verrebbe, primariamente, determinata dalla *percezione* di un fatto. L'obbietto della rappresentazione è dunque l'obbietto medesimo della percezione: un *fatto*, cioè un *attegiamento concreto (determinato nello spazio e nel tempo) del mondo esteriore*. Ciò che non è un fatto, cioè che non ha esistenza concreta, non si reppresenta" (Francesco Carnelutti. *La prova civile*. Parte generale. Il concetto giuridico della prova, p. 94-95).

do fato, mas da declaração (uso) dessa representação (meio de prova), por ser considerada *confiável*, pelo juiz.[1322]

A *correspondência* entre o fato e a decisão depende, de um lado, da *linguagem* (porque os fatos não são como os *objetos* que existem no mundo; são, essencialmente, em razão da linguagem) e, de outro lado, como os fatos jurídicos não se limitam à linguagem (caso contrário, teria razão quem melhor narrasse os fatos, sem qualquer preocupação com a realidade; logo,o processo judicial poderia se tornar uma mera peça de literatura ficcional), a decisão judicial deve buscar a *verdade* presente nos fatos.[1323]

A *narrativa processual* é a reconstrução dos fatos juridicamente relevantes e pertinentes para o julgamento do caso concreto, a ser buscada pelo juiz; deve ser, necessariamente, *verdadeira*, ainda que não seja boa.[1324] As narrativas, ou a forma com que os acontecimentos são contados, podem ser: boa e falsa; má e falsa; boa e verdadeira; má e verdadeira. Um bom escritor de romance de ficção pode produzir uma boa narrativa, com elementos falsos, e ganhar prêmios literários. No processo, "o papel dos contadores de história" se passa de forma diferente. Como o advogado não tem o dever de buscar a verdade,[1325] posto que é contratado para defender os interesses de seu cliente, deve apresentar a narrativa *mais persuasiva*. Para tanto, precisa ser boa, ainda que não seja verdadeira. Isso pode ser suficiente para se vencer a causa (especialmente, quando se trata de julgamento pelo Tribunal do Júri, onde os jurados, escolhidos para compor o Conselho de Sentença, não têm o dever de motivar a sua decisão). Por outro lado, o juiz, em razão da sua imparcialidade, tem a função primordial de procurar a narrativa verdadeira, isto é, que reconstrua adequadamente os fatos, ainda que não a transcreva de forma boa. Narrações boas, que incluíssem enunciados falsos e fatos privados de suporte probatório, conduziram a decisões equivocadas, viciadas e injustas. O ideal é que o juiz produza narrações boas e verdadeiras, mas, se não conseguir narrativas boas, deve, pelo menos, esforçar-se para que sejam verdadeiras.

Assim deve ocorrer porque é a declaração do juiz afirmando a existência, ou não, da representação fática que deverá estar sujeita à crítica das

[1322] Cf. Marcelo Lima Guerra. Notas sobre o dever constitucional... cit., p. 529-530.

[1323] Cf. Robert Alexy. *Teoria da argumentação jurídica* cit., p. 92-3.

[1324] Cf. Michele Taruffo. Narrazioni processuali cit., p. 111-115.

[1325] Cf. item 3.3.10 supra.

partes, ao buscarem a correta fundamentação da decisão judicial, à luz do art. 93, IX, da CF/1988.

No momento em que o juiz decide a causa, aplicando o direito aos casos concretos, deve levar em consideração regras, princípios, valores e fatos.[1326] Os princípios e as regras são pensadas de forma abstrata, genérica e impessoal. Já os fatos são acontecimentos concretos, específicos e pessoais. Conhecido é o brocardo latino *ex facto oriutur ius*.

A interpretação jurídica estabelece o permanente intercâmbio entre fatos e normas. Há um verdadeiro *círculo hermenêutico* que os conecta em um mesmo processo interpretativo. Explica-se: quando se estabelece uma regra jurídica, especialmente as marcadas por conceitos polissemânticos, porosos,[1327] vagos e indeterminados, ou um princípio jurídico, não se pode prever todas as possíveis situações em que serão aplicados. Se as experiências futuras não podem ser antecipadas, a norma jurídica apenas obtém a sua validade obrigatória na situação concreta de interpretação. Por isso, a relação entre regras e princípios jurídicos, de um lado, e realidade factual, de outro, é, pois, marcada pelo *círculo hermenêutico*, posto que a norma abstrata e indeterminada somente será definida pela realidade factual, e a realidade factual, pela norma nos seus sinais característicos relevantes.[1328]

A norma não pode ser concebida sem os fatos, e vice-versa, porque, se somente os fatos fossem levados em consideração, abrir-se-ia margem para a *casuística*, que é incompatível com a noção de sistema jurídico. Ao contrário, caso somente as normas fossem levadas a sério, produzir-se-ia uma ciência meramente teorética, vale dizer, excessivamente abstrata e dissociada da finalidade do direito,[1329] que é disciplinar racionalmente a vontade e a ação, bem como pacificar conflitos de interesses.

Em outras palavras, como um texto normativo é suscetível de comportar vários significados (*plurisignificatividade*), o juiz, ao interpretá-lo ou determinar o *significado objetivo* desse texto, no contexto dos fatos constantes no caso concreto, exerce uma *liberdade de opção* ou, em termos pragmáticos, opera uma *decisão*, construindo e aplicando a norma particular ("regra de decisão").[1330] O produto da interpretação é a norma jurídica. Para chegar a

[1326] Cf. William Twining. *Rethinking evidence. Exploratory essays*, p. 311-318.

[1327] Sobre as margens de abertura do tecido legislativo, consultar os itens 4.3.6 e 4.3.8 supra.

[1328] Cf. Klaus Günther. *Teoria da argumentação no direito e na moral*... cit., p. 397-398.

[1329] Cf. Gustavo Zagrebelsky. *El derecho dúctil* cit., p. 132.

[1330] Cf. Cristina Queiroz. *Interpretação constitucional*... cit., p. 121-122.

ela, o juiz parte de um problema que foi colocado pelas partes, no processo judicial, mas que também encontra, no julgador, uma "pré-compreensão", tanto da realidade existencial quanto do texto a ser interpretado. É este *pensar conjuntamente* a realidade e o texto, propondo-se a precisar o sentido da "norma-produto" ("regra de decisão"), que constitui o *círculo hermenêutico.*

As regras e os princípios estão fundados em valores, como a dignidade humana, a liberdade, a igualdade etc., os quais dão sentido *teleológico* e expressão às aspirações éticas do direito. Revelam *preferências intersubjetivamente compartidas* e o *caráter preferencial* de bens pelos quais se considera, em coletividades específicas, que vale a pena lutar.[1331] Os valores não se confundem com as regras, as quais têm um *maior grau de concretização*, possuindo início de previsão e de consequência jurídicas, obrigando os seus destinatários a cumprir as expectativas generalizadas de comportamento.

A importância de bem se compreender o que são valores, princípios e regras, bem como a devida conexão com os fatos, visa combater o *casuísmo judiciário*. Se o positivismo jurídico não se legitima, no Estado Contemporâneo, porque é insensível às peculiaridades do caso concreto, do mesmo modo seria ilegítimo defender a tese de que cabe aos juízes simplesmente dar a melhor solução, de acordo com a casuística do momento, ao sabor dos casos concretos. Cair-se-ia no que se denomina de *jurisprudência ad hoc*, concebida como sendo aquela que não está preocupada em estabelecer critérios gerais, objetivos e seguros de decisão. Mas estaria baseada na "superexcepcionalidade" do caso concreto, desconsiderando a fixação de base racional, para o julgamento de casos futuros e similares.[1332]

Por fim, fatos e valores, embora interligados no raciocínio necessário para o julgamento da causa, também podem ser diferenciados. Os fatos são enunciados *apofânticos*, isto é, podem ser *verdadeiros* ou *falsos*, enquanto os juízos de valores são *não apofânticos*, ou seja, não podem ser considerados verdadeiros ou falsos, mas elogiados ou criticados, aceitos ou não aceitos e justificados ou não justificados.[1333] Somente os fatos podem ser objeto de prova. Isso é relevante, na medida em que, ao se produzir a prova, deve-se procurar reconstruir os acontecimentos relevantes e pertinentes, não a valoração puramente subjetiva desses fatos. Por exemplo, quando se ouve

[1331] Cf. Claus Wilhelm Canaris. *Pensamento sistemático e conceito de sistema na ciência do direito*, p. 31 e 87; Eros Roberto Grau. *La doble desestructuración y la interpretación del derecho*, p. 27-28 e 106.

[1332] Cf. Cristina Queiroz. *Interpretação constitucional*... cit., p. 178, nota 72.

[1333] Cf. Michele Taruffo. Narrazioni processuali cit., p. 100-101.

uma testemunha em juízo, deve-se perguntar sobre as questões de fato objeto da atividade probatória (art. 459 do NCPC), não sobre as *apreciações ou impressões pessoais* que a pessoa ouvida tem desses acontecimentos, salvo quando estritamente inseparáveis da narrativa do fato (art. 213 do CPP). À guisa de ilustração, interessa perguntar a uma testemunha que esteve no local do crime (estabelecimento comercial), minutos antes do acontecimento, embora não o tenha presenciado, se o acusado de latrocínio estava usando um casaco, em um dia de extremo calor, enquanto ela e os outros consumidores estavam de calção e sem camisa, ou se viu algum volume estranho na roupa do imputado, não se ela *acreditava* que o réu trazia, em baixo da pesada vestimenta, a arma do crime. O objeto da prova recai exclusivamente sobre fatos, não sobre valores ou, também, sobre normas (art. 376 do NCPC). Cabem aos litigantes e aos seus advogados, bem como ao juiz, valorar os fatos a serem provados.

Para se saber se os fatos foram provados, é indispensável recorrer, novamente, à dinâmica fundamental do *círculo hermenêutico*, para descobrir a passagem dialética contínua entre as partes e o todo, a fim de se interpretar as narrações jurídicas e, de modo particular, as narrações processuais. O significado das partes de uma história somente pode ser determinado com referimento à sua integralidade, assim como a compreensão de toda a história só é possível com referência a cada uma de suas partes.[1334]

Compõe a esfera de formação do convencimento judicial a valoração dos fatos provados; ou a conclusão de que os fatos alegados, ou que precisariam ser demonstrados, não o foram; ou, ao menos, não o foram de forma satisfatória; ou, ainda, se provados, não resultaram as consequências jurídicas pretendidas pelo litigante. Por isso, valoração da prova é a atividade voltada a interpretar as normas e os valores jurídicos relevantes para o julgamento do caso concreto.

A atividade judicial de valoração da prova é marcada pela *liberdade*. Salvo em casos excepcionalíssimos (*v.g.*, arts. 186, parágrafo único, do CPP e 227 do CC/2002), o ordenamento jurídico não afirma como o magistrado deve valorar a prova. Porém, o *convencimento judicial* não é livre a ponto de se admitir qualquer valoração, devendo ser sempre motivado (arts. 371 do

[1334] "Usando ancora la metafora del mosaico, si può dire che il significato dei singoli pezzi di vetro è determinato dalla loro posizione nel disegno complessivo, ma va anche detto che il significato del mosaico nel suo insieme è determinato daí colori e dalla posizione delle singole tessere" (Michele Taruffo. Narrazioni processuali cit., p. 108).

NCPC e 157 do CPP), estando sujeito a critérios lógicos e racionais de controle decisional (*standards jurídicos* ou *modelos de constatação*). Esses modelos visam eliminar ou reduzir critérios pessoais ou íntimos do julgador, propondo *standards*, pautas ou diretrizes de caráter objetivo para a apreciação lógica e racional da prova.

Sinteticamente, podem ser mencionados três modelos de constatação: a) no processo civil tradicional (no qual são discutidas questões meramente patrimoniais): a *preponderância da prova*; b) nos processos civis especiais (nos quais os valores transcendem à dimensão meramente patrimonial; *v.g.*, improbidade administrativa, sujeita as sanções do art. 37, § 4.º, da CF/1988): a prova deve ser *clara* e *convincente*; c) nos processos penais: a prova acima da dúvida razoável.[1335]

Tais *standards jurídicos* ou *modelos de constatação* devem, pois, levar em consideração as *especificidades* do direito material. É isso que justifica, por exemplo, a exigência de um modelo de constatação mais rígido à improbidade administrativa (em razão de suas rígidas sanções: art. 37, § 4.º, da CF/1988) ou ao processo penal (marcado pela preservação do valor constitucional da liberdade, o qual justifica o critério do *in dubio pro reo*, uma vez que é melhor absolver um culpado do que condenar um inocente). Trata-se de um postulado político fundamental do liberalismo penal, pelo qual não se pode sacrificar a liberdade de uma pessoa, de quem não se tenha verificado a responsabilidade penal, no interesse da vontade de todos.[1336]

Tais modelos de constatação visam criar parâmetros objetivos para aproximar as técnicas processuais das peculiaridades dos direitos materiais, bem como evitar decisões judiciais, que, a pretexto de serem livres (arts. 371 do NCPC e 157 do CPP), acabam sendo *arbitrárias*, porque destituídas de fundamentos lógicos e racionais. Porém, esses *standards jurídicos* não retiram, completamente, a dificuldade de valoração da prova, não suprimindo a necessidade de o juiz aprofundar-se na análise criteriosa dos fatos controvertidos e nos argumentos deduzidos pelas partes. Veja-se, por exemplo, a dificuldade na valoração da prova testemunhal em um acidente de trânsito, ocorrido em um cruzamento, onde alguém morre atropelado. Imagine-se o depoimento do condutor de um veículo que passava pelo local no momento do acidente. Essa pessoa não estava no local como um mero

1335 Cf. Danilo Knijnik, op. cit., p. 39.

1336 Cf. Luigi Ferrajoli. *Direito e razão...* cit., p. 69-70.

observador, nem poderia intuir que um acidente estava por acontecer. Não prestava atenção em todos os possíveis detalhes. Conduzia o seu veículo, observando os sinais de trânsito, ouvindo música, conversando com outras pessoas no interior do seu automóvel etc. Logo, não obstante a sua proximidade física com o acontecimento, não tinha condições de historiar o fato, podendo apenas construir mentalmente o que acredita ter ocorrido.

Além da *qualidade informativa* dos dados transmitidos, consistente na adequação à realidade empírica, várias outras questões tornam complexa a valoração da prova testemunhal. A primeira é a *credibilidade* da testemunha, devendo-se saber se esta realmente conhece os fatos, como obteve tal conhecimento e se a relação que possui com alguma das partes ou pessoas envolvidas no processo compromete a transmissão correta dos fatos. Outro problema é como a testemunha vai narrar tal fato em juízo (com gestos, calmo ou nervoso, dando mais ou menos detalhes, contando pausada ou rapidamente, transpirando, gaguejando etc.) e, ainda, quanto tempo se passará entre o acontecimento e o depoimento (com o passar do tempo, a lembrança de detalhes secundários tende a desaparecer e a imaginação pode querer preencher as lacunas deixadas pelo tempo, o que torna, para o intérprete, muito difícil distinguir o que realmente é verdadeiro e o que é apenas fictício). É, por isso, que a conduta processual das testemunhas, além de ser objeto direto de valoração, também pode ser considerada espécie do gênero prova indiciária, servindo como fato secundário do qual pode ser extraída presunção simples (ou jurisprudencial).[1337] E, além disso, será importante verificar como as partes vão explorar o depoimento das testemunhas e, por fim, quais *bons argumentos* poderá retirar o magistrado para decidir, com imparcialidade, a causa.

Portanto, sustentar que o art. 93, IX, da CF/1988 deva ser entendido como um princípio é possibilitar a sua aplicação *na medida do possível*. Tal concepção permite contornar o problema do *regresso ao infinito*, na medida em que não há um fim natural no encadeamento de possíveis argumentos,

[1337] A propósito, Santiago Sentís Melendo sustenta que há *"una tendencia a prescindir de la conducta procesal como argumento de prueba"* (*La prueba - Los grandes temas del derecho probatorio*. p. 292). No mesmo sentido, verificar: Gian Antonio Micheli. *Curso de derecho procesal civil. El proceso contencioso de cognicion*. Vol. II. p. 92. Já Mauro Cappelletti aduz que do comportamento processual pode-se extrair ou argumento de prova ou indício (*La oralidad y las pruebas en el proceso civil*. p. 154-155). No direito processual civil brasileiro, verificar, entre outros: Eduardo Cambi e Eduado Hoffmann. Caráter probatório da conduta (processual) das partes. p. 59-100.

já que não se pode excluir a possibilidade de novas informações e melhores argumentos a serem aduzidos.[1338]

Porém, para evitar um *processo interminável* de argumentação, com a impossibilidade de se obter uma "única decisão correta", é necessário traçar uma linha-limite, não ideal. Por isso, o conceito de argumento tem de ter *natureza pragmática*. Para se saber o que é um "bom argumento", faz-se preciso descobrir o papel que ele desempenha no interior de um jogo de argumentação, vale dizer, saber até que ponto pode contribuir para solucionar o problema da aceitabilidade ou não aceitabilidade de uma pretensão de validade controversa.[1339]

A motivação adequada e efetiva é aquela que contém justificações suficientes sobre as questões de fato e de direito, sendo, por isso, fundadas em "bons argumentos". Estes devem ser considerados "bons" não somente para o juiz que profere a decisão, mas também por todos aqueles que possam valorar, posteriormente, as razões que formaram o convencimento judicial.[1340] O bom juiz seria aquele capaz de *persuadir* a comunidade jurídica ("auditório ideal"),[1341] atribuindo "bons" fundamentos, após considerar todos os pontos de vista relevantes para a decisão do caso concreto, bem como subscrevendo a mesma solução para casos semelhantes ou aná-

[1338] Cf. Jürgen Habermas. *Direito e democracia...* cit., vol. 1, p. 283.

[1339] Idem, p. 282.

[1340] Michele Taruffo, explicando Jürgen Habermas, ensina: "la razionalità della decisione giudiziaria non va semplicemente presupposta, ma deve costantemente essere oggetto di possibile controllo. Quindi la sentenza deve essere motivata e la motivazione deve essere adeguata ed effettiva. Essa deve dunque contenere argomentazioni giustificative sufficienti a far ritenere che la decisione in fatto e in diritto sia fondata su buone ragioni. La Richtigkeit della decisione, sottolinea infatti Habermas, significa accettabilità razionale, fondata su buone ragioni. t ovvio che tali ragioni debbono essere 'buone' non solo agli occhi del giudice che pronuncia la decisione, ma anche a quelli di chi si trovi a valutarne *ex post* il fondamento" (Il controllo di razionalità della decisione fra logica, retorica e dialettica, p. 11).

[1341] O conceito de *auditório* é central à teoria da argumentação jurídica, representando o conjunto de pessoas que o argumentante pretende influenciar com a sua argumentação. Cf. Boaventura de Souza Santos. *Introdução a uma ciência pós-moderna* cit., p. 99.

logos[1342]. Dessa forma, pode-se afirmar que os *argumentos* são a *expressão pública da reflexão.*[1343]

O processo judicial é um *espaço polifônico*, no qual diversas vozes se entrechocam e onde emergem vários pontos de vista sobre as questões em litígio. As testemunhas, os depoimentos pessoais das partes, além dos peritos e das demais pessoas que participam do processo judicial fornecem vários "modos de ver" os fatos, assim como diversos subsídios para que o órgão julgador resolva a controvérsia.[1344] Compete ao juiz organizar tais "falas" e transmitir, no momento da decisão, um *discurso aceitável*, capaz de se amparar nas "palavras da lei".

Tal discurso, ainda, deve ser admitido pelo seu *auditório*, composto por aqueles que participaram do processo, pelos juízes e pelos tribunais superiores e, por fim, por toda a comunidade em que está inserido.[1345] A construção desse *auditório universal* é pressuposto para a elaboração de uma *ética da argumentação*, promovendo o exercício dialético e a manifestação concreta da imparcialidade e da independência do juiz. Com efeito, o órgão judicial decide, nesses casos, sem adular uma ou outra posição, um ou outro auditório particular.

Aliás, tal imparcialidade não é uma qualidade de um espectador apático, que não participa do debate, mas de alguém que, não sendo parte do processo, não está comprometido com nenhum dos interesses em causa. Tem, por isso, condições de participar ativamente do debate, sem ter que defender os pontos de vista de nenhum dos litigantes. Com isso, é capaz de esclarecer os diversos "modos de ver" os fatos e pontos de vista, a fim de formar livremente a convicção necessária para o julgamento racional do conflito.

O Direito pós-moderno rompe com o *monopólio da interpretação*, abrindo espaço para o risco de uma cultura jurídica que permita a multiplicidade de raciocínios, acabando por criar uma racionalidade incontrolável (regresso ao infinito).[1346] Ao se abandonar a *monofonia* pela *polifonia*, há de se cui-

[1342] Cf. Cristina Queiroz. *Interpretação constitucional*... cit., p. 170. De modo semelhante, escreve Luiz Guilherme Marinoni: "O controle judicial de constitucionalidade da lei se justifica quando os juízes demonstram Publicamente que seus julgamentos são amparados em argumentos que são reconhecidos como bons argumentos, ou, ao menos, como argumentos plausíveis, por todas aquelas pessoas racionais que aceitam a Constituição" (*Teoria geral do processo* cit., p. 449).

[1343] Cf. Robert Alexy. Direitos fundamentais, balanceamento e racionalidade, p. 140.

[1344] Cf. Ariani Bueno Sudatti, op. cit., p. 160.

[1345] Idem, ibidem.

[1346] Cf. François Ost, op. cit., p. 182.

dar para não cair na *cacofonia*, caracterizada pela ruidosa combinação de sentidos, fazendo com que o Direito se transforme em um conhecimento enigmático, impenetrável ou até esotérico (isto é, ficando reservado a um círculo restrito e fechado de pessoas com elevada inteligência ou valor moral).[1347] Entretanto, o *sentido* produzido, no complexo sistema jurídico, não é totalmente imprevisível, em especial porque há textos a serem interpretados e fatos delimitados, pela causa de pedir, pela defesa e pelo objeto da prova (*thema probandum* e *thema decidendum*), que reclamam a interpretação. O Direito é uma *obra hermenêutica*, a ser constantemente interpretado e reinterpretado. Para não se transformar em um instrumento arbitrário, devem os juízes motivar, adequadamente, as decisões, a fim de que os destinatários do serviço jurisdicional tenham a real dimensão de o sentido atribuído, pelo Judiciário, aos direitos discutidos no processo judicial.

O dever de motivação exerce, pois, uma função *endoprocessual*, consistente em buscar convencer as partes das razões que culminaram no convencimento judicial, inclusive para facilitar a impugnação da decisão por intermédio dos recursos. O direito de recorrer está assegurado pela garantia constitucional da ampla defesa (art. 5.º, LV, da CF/1988), sendo fundamental à plena eficácia da tutela jurisdicional efetiva, na medida em que serve de meio de controle do arbítrio judicial.[1348] O dever de motivação também possui uma função *extraprocessual*, qual seja, servir de mecanismo de controle democrático do exercício do poder. Em outros termos, a motivação interessa mais ao perdedor que ao vencedor, não somente porque apenas ele, como sucumbente, pode recorrer, mas também porque quem perde precisa buscar conforto e explicação na justificação judicial.[1349] Além disso, a motivação também se dirige a terceiros, ou seja, ao público em geral,[1350] que tem o direito de conhecer as razões do julgamento, para poder exercer a cidadania, controlando o exercício do poder jurisdicional.

Concluindo, não é qualquer decisão que deve ser aceita socialmente como forma de exercício do poder. Deve-se, pois, buscar a legitimação social da decisão judicial, não podendo o juiz se esconder atrás da suposta

[1347] Idem, p. 183.

[1348] Cf. Leonardo Greco. Publicismo e privatismo no processo civil, p. 54.

[1349] Cf. Luiz Guilherme Marinoni e Sérgio Cruz Arenhart. *Curso de direito processual civil*, p. 476.

[1350] Idem, ibidem.

neutralidade da norma.[1351] Concretizar os direitos fundamentais não é o mesmo que transformar juízes em legisladores. Por isso, para além de princípios e regras, deve haver uma *teoria da argumentação jurídica*, na qual seja possível buscar uma *decisão racionalmente fundamentada*.[1352]

5.6.3 Racionalidade e correção das decisões judiciais

No plano da teoria da argumentação jurídica, pode-se afirmar que os discursos jurídicos se relacionam com a *justificação interna* (*internal justification*), a qual implica o controle lógico da decisão, e com a *justificação externa* (*external justification*), preocupada com a dimensão social dessa decisão.[1353]

A exigência de justificação interna não se preocupa em saber o curso das deliberações acontecidas na mente de quem toma a decisão. É possível distinguir, pois, dois processos (ou contextos): o de *descoberta* e o de *justificação*. Não obstante ambos tenham influências recíprocas, porque é natural que as pré-compreensões do intérprete interfiram na aplicação concreta dos princípios e das regras gerais e abstratos, na justificação interna, preocupa-se em saber se a decisão observou as *formas* predeterminadas. Isso não significa superestimar ou subestimar a importância das formas, na medida em que a lógica interna da decisão procura evidenciar as premissas que devem ser, externamente, justificadas. Evita-se que fiquem ocultas as razões que sustentam a decisão e que podem ser objeto de críticas e de impugnação pelas partes interessadas. O mais importante é que a justificação interna exige que o intérprete recorra às regras gerais (universais), contribuindo para a uniformização da exegese e, consequentemente, para a segurança jurídica e a justiça da decisão.

Já a *justificação externa* está assentada na *argumentação empírica* (uma vez que os argumentos jurídicos incluem afirmações empíricas; não obstante

1351 Como sustenta Mauro Cappelletti, o juiz, ao interpretar a lei, não exerce *atividade meramente passiva* de pronunciar, como pretendia Montesquieu, a letra da lei, não mais podendo "se ocultar, tão facilmente, detrás da frágil defesa da concepção do direito como norma preestabelecida, clara e objetiva, na qual pode basear sua decisão de forma 'neutra'. É envolvida sua responsabilidade pessoal, moral e política"(op. cit., p. 32-33).

1352 "Los niveles de la regla y de los princípios deben ciertamente complementarse con un tercero, a saber, con una teoria de la argumentación jurídica, que dice como, sobre la base de ambos niveles, es posible una decisión racionalmente fundamentada" (Robert Alexy. Sistema jurídico, princípios jurídicos y razón práctica, p. 149).

1353 Cf. Robert Alexy. *Teoria da argumentação jurídica* cit., p. 218-291.

o discurso jurídico não seja reduzido ao discurso empírico, as formas de argumento práticas gerais e jurídicas se relacionam), nos *cânones da interpretação* (1. *Semântico*: calcado na análise linguística; 2. *Genético*: quando se busca a intenção do constituinte ou do legislador, apesar desta intenção nem sempre estar clara e, por vezes, ser mesmo impossível saber o conteúdo desta intenção;[1354] 3. *Histórico*: quando a solução do problema jurídico já foi implementada no passado, levando às consequências positivas ou negativas; por essas razões, deve-se apreender com a história; 4. *Comparativo*: quando se busca saber o estado legal das coisas em outra sociedade; 5. *Sistemático*: refere-se a posição de uma determinada norma no conjunto normativo, aferindo as suas relações lógicas e teleológicas com outras normas – regras ou princípios – e com outros objetivos; 6. *Teleológico*: pressupõe uma análise racional detalhada dos conceitos de fins e meios, bem como de conceitos correspondentes a objetivos, intenção e necessidade prática), na *dogmática jurídica* (que define os conceitos jurídicos e os difere de conceitos não jurídicos, além de formular princípios), no *uso dos precedentes judiciais* e na *argumentação geral prática*.

Em síntese, na argumentação jurídica, pode-se fazer distinção entre a *justificação interna* e *externa* [1355] A primeira se preocupa com a *disciplina das regras* e a *autoridade* (competência) da autoridade interpretativa. A *dedução* corresponde, basicamente, à justificação interna, remontando os postulados tradicionais da *teoria do silogismo jurídico*. A justificação externa, por sua vez, não diz respeito aos princípios lógico-dedutivos, preocupando-se com a *aceitabilidade racional*, que é a *aceitabilidade das premissas da justificação interna*. Logo, está voltada ao problema da *correção* ou da *justeza* da decisão, a

1354 A busca da intenção do constituinte ou do legislador é bastante criticada por Ronald Dworkin, que considera um erro comum e sério, pois quem a procura termina descobrindo que não há intenções coletivas relevantes em questões de interpretação controvertidas ou, quando existem, são poucas ou mais indeterminadas que decisivas, ou, ainda, contrárias às concepções contemporâneas de justiça que, no fim, devem ser rejeitadas. Cf. *Uma questão de princípio* cit., p. 50-51. Em outra obra, Ronald Dworkin reforça o ceticismo de sua posição, alertando que a intenção original, mesmo que descoberta e relevante, ignora as mudanças posteriores ao momento em que a lei foi positivada, tornando-se anacrônica: "É bastante difícil descobrir as intenções de amigos e colegas, de adversários e amantes. De que modo ele pode ter esperanças de descobrir as intenções de estranhos pertencentes a uma outra época, que podem estar mortos? Como pode ter certeza de que havia quaisquer intenções proveitosas a serem descobertas?" (*O império do direito* cit., p. 382).

1355 Cf. Cristina Queiroz. *Interpretação constitucional*... cit., p. 331.

partir de pontos de vista teleológicos, morais, políticos ou outros, os quais compõem a *aceitabilidade racional* do ato decisório.

Nas sociedades primitivas, a garantia da aplicação do Direito era a *força das armas*.[1356] Na sociedade moderna, tal segurança resulta de recursos puramente verbais, isto é, os argumentos jurídicos são instrumentos de persuasão,[1357] meios para convencer o órgão judicial para a obtenção da decisão favorável.

Importa acrescentar que assegurar o valor da certeza do Direito somente é possível nos casos em que a interpretação pode ser justificada ou considerada correta.[1358] A certeza ou a segurança jurídica é um valor irrenunciável das sociedades contemporâneas. Duas são as ideias nucleares da segurança jurídica: a) *estabilidade* ou eficácia *ex post*: as decisões não podem ser arbitrariamente modificadas; b) *previsibilidade* ou *eficácia ex ante*: exigência de certeza e de calculabilidade, por parte dos cidadãos, em relação aos efeitos jurídicos dos atos normativos (*tutela da confiança* no ordenamento jurídico).[1359]

A segurança jurídica é um instrumento de realização dos valores da liberdade, da igualdade e da dignidade[1360]: i) da liberdade, pois quanto maior é o acesso material e intelectual do cidadão às normas que deve obedecer, maior serão as condições para que possa conceber o seu presente e planejar o seu futuro; ii) de igualdade, pois quanto mais gerais e abstratas forem as normas, e mais uniformemente forem aplicadas, tanto maior será o tratamento isonômico entre os cidadãos; iii) de dignidade, porque quanto mais acessíveis e estáveis forem as normas, bem como mais justificadamente forem aplicadas, melhor será o tratamento do cidadão como ser capaz de definir-se autonomamente. A insegurança jurídica gerada pela instabilidade nas decisões judiciais é um estímulo às aventuras processuais e até mesmo ao abuso do direito processual, além de significar

[1356] Cf. José Carlos Barbosa Moreira. Duelo e processo, p. 180.

[1357] Cf. Carla Faralli. La certezza del diritto nell'età della decodificazione, p. 5.

[1358] Cf. Carla Faralli. *A filosofia*... cit., p. 46-47.

[1359] Cf. José Joaquim Gomes Canotilho. *Direito Constitucional* cit., p. 380.

[1360] Cf. Humberto Ávila. *Segurança jurídica. Entre permanência, mudança e realização no Direito Tributário*. p. 674-675.

um fator que inibe à observância do cumprimento espontâneo das obrigações no plano do direito material.[1361]

Por isso, assegurar certeza ou segurança jurídica, mediante a emissão de juízos racionais de *correção* sobre as decisões interpretativas, torna-se uma precondição da própria legitimidade do exercício do poder. É a justificação racional da decisão interpretativa que assegura que a interpretação *não foi arbitrária.*

"Correção", nesse contexto, deve significar a *aceitabilidade racional* da decisão, apoiada pelo discurso jurídico, isto é, pelo caminho de uma fundamentação que se desenrola argumentativamente. E "argumentos" são razões que resgatam, sob condições do discurso, uma pretensão de validade levantada por intermédio de atos de fala constatativos ou regulativos, movendo racionalmente os participantes da argumentação a aceitar como válidas proposições normativas ou descritivas.[1362]

Ainda sobre a *correção* das decisões judiciais, devem ser ressaltados dois aspectos: a) a decisão deve ser corretamente justificada, no sentido de que deve decorrer de uma ordem jurídica formalmente válida; b) contudo, o direito considerado formalmente válido deve ser também racional ou justo. Com efeito, uma decisão baseada em uma lei incorreta ou irracional, mesmo considerada formalmente válida, é falha, porque resta negado o valor da racionalidade ou da justiça[1363]. Por exemplo, se uma pobre vítima da depressão e do desemprego é condenada à prisão pela prática da contravenção penal de vadiagem, a decisão não é correta, ainda que calcada em lei considerada formalmente válida (art. 59 do Dec.-lei 3.688/1941), por ser a lei injusta (contrariar o art. 1.º, III, da CF/1988).[1364]

Há valores éticos, políticos e jurídicos, sob a forma do justo e do injusto, que estão *além das regras de Direito Positivo* (princípios metajurídicos ou uma espécie de "normas das normas") e que conferem legitimidade ao Direito, devendo ser respeitados pelos juízes.[1365]

1361 Cf. Eduardo Cambi e Renê Francisco Hellman. Precedentes e dever de motivação das decisões judiciais no Novo Código de Processo Civil. p. 413-438.

1362 Cf. Jürgen Habermas. *Direito e democracia...* cit., p. 280-281.

1363 Cf. Robert Alexy. *Teoria da argumentação jurídica* cit., p. 322-323.

1364 A Lei 11.983/2009 revogou a contravenção penal de mendigagem (art. 60 do Dec.-lei 3.688/1941), devendo ser o mesmo caminho seguido, seja pelo Legislativo pela edição de nova lei revogadora, seja pelo Judiciário, em juízo de inconstitucionalidade, em relação à vadiagem.

1365 "Para o juiz, 'a escolha entre uma norma válida e outra inválida obedece considerações que se encontram para além das próprias normas': a ética, se se admitir que o direito contém

Ademais, o chamado "direito vivente" resulta não do ordenamento jurídico em si considerado, mas da aplicação das regras gerais e abstratas a casos reais, com particularidades próprias. Os casos evocam valores que requerem que o juiz analise o contexto geral do ordenamento jurídico e, mediante a hermenêutica jurídica, possa obter a norma mais adequada ao caso concreto.

Por isso, pode-se dizer que a norma, em sua completude, deve ser compreendida em dois momentos: o texto e o ato.[1366] O "direito vivente" resulta menos das normas em si consideradas, mas da *argumentação jurídica*, em torno da interpretação de todo o ordenamento jurídico,[1367] necessária à efetivação dos direitos.

A hermenêutica resolve o problema da *racionalidade* da jurisprudência, mediante a inserção contextualizada da *razão* no complexo histórico da tradição.[1368] A racionalidade de uma decisão deve medir-se, em última instância, pelos *standards* dos costumes que ainda não se coagularam em

uma representação da obrigação fundada no respeito pelos outros e pelo seu projeto de vida em comum; a política, se admitir que esta se encontra, em parte, vinculada a formas institucionais preestabelecidas, ordenadas em função de uma comunidade que pretende, ela própria, apagar os traços da violência originária do poder. A partir daí, mesmo de um ponto de vista descritivo, deve admitir-se que o direito contém princípios metajurídicos, situados para além da norma, voltados para uma ideia comum, chegando-se à conclusão de que o sistema institucional repousa também ele numa teoria moral particular: a de que os homens possuem direitos morais contra o Estado. Mas o que significa esse princípio segundo o qual 'os homens possuem direitos morais contra o Estado?' (...) Que existe um estalão de Direito Positivo, sob a forma do justo e do injusto, uma espécie de 'norma das normas', cujo nome se encontra associado a uma ideia, a da superioridade dos 'direitos do homem', como expressão de uma sã concepção de Humanidade, portadora ela própria de direitos pré-políticos" (Cristina Queiroz. *Interpretação constitucional...* cit., p. 85-86).

1366 "A norma só pode ser compreendida em sua plenitude com a observância sincronizada destes dois momentos: o texto e o ato. Dissociados, são corpo sem alma, literatura árida e sem vida. Portanto, para o direito não ser tomado como literatura, referências textuais a uma realidade ideal – o que seria sua própria descaracterização, fazendo do direito o não direito –, entendo que só é direito aquilo que se apreende enquanto ação e reação da sociedade" (Cláudia Derani, op. cit., p. 58).

1367 Nas palavras de Nicola Picardi, "la sentenza del giudice non esaurisce solo in se i suoi effetti; essa si inserisce nel contesto generale dell'ordinamento, realizzando valori di uguaglianza, di coerenza e di continuità dell'ordinamento. Il diritto 'vivente' risulta, pertanto, non tanto dalle norme in sé considerate, quanto dalle argomentazioni giuridiche contenute nelle sentenze delle Corti. Tali argomentazioni diventano, esse, le vere e proprie norme, o comunque, vengono considerate tali" (op. cit., p. 61).

1368 Cf. Jürgen Habermas. *Direito e democracia...* cit., vol. 1, p. 248.

"normas", pelas "sabedorias jurisprudenciais que antecedem a lei".[1369] O apelo à tradição, compreendida como transmissão de valores culturais de geração em geração, é uma tentativa de se buscar uma teoria capaz de legitimar socialmente o exercício da jurisdição. Evidentemente que a tradição é apenas um ponto de partida para a legitimação das decisões judiciais. Há de ser compreendida no contexto do *princípio da inércia*, dentro do qual uma opinião adotada no passado não deve ser abandonada *sem que sobrevenham razões suficientes*. Consequentemente, isso significa que o que existiu ou existe não deve permanecer para sempre, mas um argumento até então aceito não pode ser abandonado sem um motivo justificável que se revele como um argumento *melhor* do que o anterior.[1370]

Na teoria da argumentação jurídica, a *fundamentação* das regras do discurso (teoria do discurso) é uma *teoria processual de correção prática*.[1371] Uma norma será *correta* e, destarte, válida, quando possa ser o resultado de um procedimento, ou seja, de um *discurso prático racional*.[1372]

O ponto comum do discurso jurídico e do discurso prático geral é que as duas formas do discurso se preocupam com a *correção* de afirmações normativas.[1373] O discurso jurídico é um *caso especial* do discurso prático geral, porque a fundamentação jurídica recai sobre as questões práticas, as quais concernem aquilo que está ordenado, proibido e permitido.[1374] Trata-se de um *caso especial*, porque a argumentação jurídica está restringida por uma série de condições restritivas, sintetizadas na sujeição às leis, aos precedentes judiciais, à dogmática jurídica e às limitações impostas pelas regras de ordem processual (*v.g.*, a necessidade de formular pedido, a vedação das provas ilícitas, a coisa julgada[1375] etc.).

Nesse contexto de racionalidade e correção das decisões judiciais, é discutível a validade da juntada de *cartas psicografadas* por médiuns no pro-

[1369] Idem, ibidem.

[1370] Cf. Robert Alexy. *Teoria da argumentação jurídica* cit., p. 140-141.

[1371] Cf. Robert Alexy. *Teoria del discurso y derechos humanos*, p. 66.

[1372] Idem, ibidem.

[1373] Cf. Robert Alexy. *Teoria da argumentação jurídica* cit., p. 26-27.

[1374] Cf. Robert Alexy. *Teoría de los derechos fundamentales*, p. 529-530.

[1375] Segundo Luiz Guilherme Marinoni, a "coisa julgada é uma condição de possibilidade do discurso jurídico enquanto discurso institucional limitado no tempo. Não há sentido em realizar um discurso jurídico sem que a discussão jurídica tenha termo. Na verdade, um discurso jurídico perpetuamente revisável não é discurso jurídico, mas um discurso prático-geral" (*Coisa julgada inconstitucional*, p. 184-185, nota 8).

cesso.[1376] A simples justificativa de negar a prova porque o Estado é laico é insuficiente, pois, se não há uma religião oficial, todas são admitidas. O problema reside na ausência de argumentos lógicos para controlar a *racionalidade discursiva* da prova, o que inviabiliza o exercício das garantias do contraditório e da ampla defesa. A credibilidade das cartas psicografadas deve ser analisada a partir da *autenticidade* e da *veracidade* do documento. A autenticidade pode ser comprovada pela assinatura da pessoa morta, cujo espírito se comunica com o médium. Já a veracidade é mais difícil de provar. Depende da crença de cada pessoa, da idoneidade e da confiabilidade do médium, além de se poder exigir exame grafotécnico para se saber se a letra de quem assina é a do espírito da pessoa morta. A depender exclusivamente da fé, a carta psicografada não pode ser utilizada como meio de prova ou, pelo menos, como único meio de convencimento judicial, porque a convicção precisa ser racionalmente motivada (arts. 93, IX, da CF/1988 e 371 do NCPC). Remanesce, contudo, a possibilidade dela ser utilizada no Tribunal do Júri, baseado no íntimo convencimento dos jurados, os quais não precisam fundamentar o seu convencimento. Não há nada que impeça a leitura de uma carta psicografada em um júri. Afinal, tal prova não é ilícita nem moralmente ilegítima, não podendo por estas razões ser consideradas inadmissíveis (arts. 5.º, LVI, da CF/1988, 157 do CPP e 369 do NCPC). A influência da leitura da carta psicografada sobre os jurados é e será sempre uma incógnita. Vai depender da crença e da experiência pessoal de cada jurado. Para quem acredita na mediunidade, poderá surtir efeito positivo; caso contrário, pode não ter nenhuma eficácia probatória. Nunca se saberá com total exatidão, uma vez que, como salientado, é assegurado ao júri o sigilo das votações (art. 5º., XXXVIII, "b", da CF/1988), o que exime os jurados de motivar suas decisões. Todavia, será possível anular a decisão proferida pelo Conselho de Sentença se ficar evidente que a convicção dos jurados contrariou, manifestamente, a prova dos autos (art. 593, III, *d*, do CPP). Logo, uma condenação baseada, exclusivamente, na carta psicografada e que destoasse do conjunto probatório não poderá produzir efeitos jurídicos válidos.

Com o intuito de regulamentar a matéria no direito processual penal, o Deputado Rodovalho (DEM-DF) apresentou o Projeto de Lei 1.705/2007 (atualmente arquivado), com o intuito de alterar o art. 232 do CPP, para

[1376] Cf. Eduardo Cambi. *Curso de direito probatório*. p. 85-88.

considerar documentos quaisquer escritos, instrumentos ou papéis, públicos ou particulares, *exceto os resultantes de psicografia*. O argumento do Projeto de Lei é a impossibilidade de se aferir que a pessoa que afirma receber um espírito esteja dizendo a verdade. O avanço científico, no qual o direito processual está inserido, eliminou a possibilidade de formar a convicção necessária ao julgamento, com base em aspectos puramente metafísicos, para os quais não há explicações racionais concretas e universais. O *ius puniendi* não pode estar baseado em provas obtidas no mundo sensível, que não podem ser contraditadas no mundo físico. A convicção judicial deve estar fundada em dados da vida real, não devendo estar fundada, meramente, na fé religiosa.

A colisão de direitos fundamentais pode tornar ainda mais complexa a motivação das decisões judiciais, por exigir a harmonização de dois ou mais princípios, para a solução dos casos concretos. Tal questão não passou desapercebida pelo art. 489, § 2.º, do NCPC, ao asseverar que, no "caso de colisão entre normas, o juiz deve justificar o objeto e os critérios gerais da ponderação efetuada, enunciando as razões que autorizam a interferência na norma afastada e as premissas fáticas que fundamentam a conclusão".

5.6.4 Direitos fundamentais e dever de motivação

A teoria do discurso jurídico procura estabelecer critérios de discussão e de julgamento. Porém, não é infalível. Não pode ser concebida com um *algoritmo*[1377] (sequência finita de instruções bem definidas e não ambíguas, executada mecanicamente, em um determinado período de tempo e com uma certa quantidade de esforço) para os juízes, ou um *programa de computador* capaz de fornecer um veredicto aceito por todos, após analisar os fatos relevantes e controvertidos do caso concreto, a melhor interpretação da Constituição e das leis aplicáveis, os precedentes jurisprudenciais e a doutrina especializada.

A teoria do discurso jurídico não é uma *máquina* capaz de produzir *respostas exatas e objetivas* ou de *atribuir pesos definitivos* aos direitos, mas apenas mostra que são possíveis deduzir argumentos racionais sobre os direi-

[1377] Cf. Ronald Dworkin. *O império do direito* cit., p. 490-491.

tos.[1378] Aliás, quando se argumenta, se o faz para alguém; por isso, quem argumenta *dialoga*.[1379] Assim, a argumentação jurídica está condicionada ao *auditório*, ao qual se dirige o diálogo. Logo, a argumentação a que se dirige o diálogo depende da época e do lugar, dos níveis e dos ambientes de compreensão, porque envolve a comunicação e a compreensão da mensagem. Portanto, não se argumenta *em definitivo*, posto que não há soluções infalíveis para problemas práticos.[1380]

O discurso racional, ao incluir a questão da tutela dos direitos fundamentais, torna possível estabelecer critérios objetivos para a aproximação entre o Direito e a moral. Os juízes devem levar a sério a Constituição, não permitindo que os direitos fundamentais se tornem promessas constitucionais não cumpridas. A Constituição não é como uma "lâmpada de Aladin" que permite que todos os nossos desejos sejam transformados, imediatamente, em realidade. Contudo, vinculam os juízes, que devem fundamentar suas decisões em *standards* jurídicos objetivos, sem que, destarte, ajam arbitrariamente[1381] ou possam vir a se colocar no lugar dos legisladores.[1382]

O juiz não possui mandato popular e, ao efetivar direitos fundamentais, ou até ao controlar políticas públicas, deve se preocupar, como se tem rei-

[1378] "En muchos casos la respuesta no es clara. La teoria no es uma máquina que nos permita determinar exacta, objetiva y definitivamente el peso de cada derecho, pero muestra que son posibles los argumentos racionales acerca de los derechos. Y por esto, muestra que la inclusión de derechos fundamentales em el sistema jurídico conduce a una conexión entre Derecho y Moral" (Robert Alexy. Derechos, razonamiento jurídico y discurso racional, p. 42).

[1379] Cf. Luiz Fernando Coelho. *Direito Constitucional*... cit., p. 209.

[1380] Idem, ibidem.

[1381] "Ao reconhecer aos juízes uma alargada margem de discricionariedade, os juristas neoconstitucionalistas se engajam com eles num debate que, por um lado, exige um aperfeiçoamento da cultura jurídica brasileira no sentido de uma maior atenção e respeito aos procedimentos de uma argumentação jurídica racional e, por outro, conclama os magistrados 'à consciência da importância crescente de seu papel nas novas formas de arranjo institucional vigente'" (Antônio Cavalcanti Maia. As transformações dos sistemas jurídicos contemporâneos: apontamentos acerca do neoconstitucionalismo, p. 25).

[1382] "Embora a Constituição não seja uma 'lâmpada de Aladin' que torne imediatamente possível a transformação de nossos ideais em realidade, os juízes devem levar a sério a Constituição quando violações da dignidade da pessoa humana, particularmente violações de direitos humanos fundamentais estiverem em jogo. O que torna possível ao juiz constitucional intervir de um modo objetivo, razoável e controlável no reconhecimento dos direitos fundamentais sociais sem cair na tentação de substituir o legislador? A resposta é que sua decisão deve se fundar em princípios objetivos que não o permitam agir arbitrariamente" (Rodolfo Arango, op. cit., p. 95-96).

terado, com a legitimidade social do exercício da jurisdição. Desse modo, o órgão judicial, especialmente na imposição de políticas públicas, deve avaliar as consequências de sua decisão para o Estado Democrático de Direito, para a ordem pública, para a economia, para o exercício da cidadania e, enfim, para o bem-estar social.

Em outros termos, os problemas jurídicos devem ser abordados levando-se em consideração *os efeitos das soluções propostas*, a curto ou a longo prazo, seja para os indivíduos, seja para o sistema, mediante pesquisas empíricas sobre os custos-benefícios e do critério de racionalidade meios-fins.[1383]

Interpretar é considerar as consequências das soluções alternativas. Cabe aos intérpretes, em primeiro lugar, identificar todos os possíveis significados a serem atribuídos a determinada disposição normativa, em relação aos fatos pertinentes e relevantes demonstrados no processo. Depois, devem antecipar as consequências de todas as interpretações encontradas. Por fim, resta escolher a solução que, como um todo, confira maior efetividade aos valores e princípios constitucionais, especialmente o valor da dignidade da pessoa humana. Nesse sentido, vale destacar o disposto no art. 8º. do NCPC ao determinar que o juiz, na aplicação do ordenamento jurídico, deve promover a dignidade da pessoa humana.

5.6.5 *Provas estatísticas*

Uma crítica que pode ser formulada aos juízes, quando efetivam direitos fundamentais (sociais) ou controlam *lato sensu* políticas públicas, é quanto à *credibilidade das fontes* de informação que usam para decidir.[1384]

Afirma-se que as teorias normativas dos direitos fundamentais são marcadas por uma metodologia *fuzzy*, isto é, caracterizada pela falta de rigor e pela ausência de saber.[1385] A teoria da ciência acusa de *fuzzysmo* as ciências sociais, ao discutirem problemas altamente complexos (como a economia, o ensino, a saúde etc.) em termos vagos, impressionistas e indetermina-

[1383] Cf. Richard A. Posner, op. cit., p. 136-165.

[1384] Cf. Eduardo Cambi. *Curso de direito probatório*. p. 211-226.

[1385] Cf. José Joaquim Gomes Canotilho. O tom e o dom na teoria jurídico-constitucional dos direitos fundamentais, p. 124.

dos.[1386] Assim, os operadores jurídicos, quando debatem os direitos econômicos, sociais e culturais, muitas vezes, não sabem do que estão falando.[1387]

Tornar o discurso menos vago requer a utilização de técnicas processuais adequadas à realização dos direitos fundamentais.[1388] Para que o Estado-juiz possa motivar corretamente a decisão, envolvendo questões complexas, deve dispor das informações e das provas científicas capazes de esclarecer as múltiplas implicações das possíveis decisões envolvendo os direitos econômicos, sociais e culturais.

As informações, para serem confiáveis, dependem, invariavelmente, de provas científicas capazes de trazer, ao cenário jurídico, informações corretas sobre o contexto (*v.g.*, econômico, populacional, territorial etc.) ao qual a decisão vai incidir.

O Código Modelo de Processos Coletivos, atento a este problema, permite que os órgãos judiciais se valham de *provas estatísticas*. O Código Modelo de Processos Coletivos para Ibero-América, no *caput* do art. 12, assevera serem "admissíveis em juízo todos os meios de prova, desde que obtidos por meios lícitos, incluindo a prova estatística ou por amostragem".

Tais provas, ainda que não estejam legalmente regulamentadas no ordenamento jurídico brasileiro, são admissíveis, devendo ser consideradas *provas atípicas*, por força do art. 369 do NCPC. A sua admissibilidade também decorre do direito fundamental à tutela jurisdicional adequada e efetiva (art. 5.º, XXXV, da CF/1988), do qual decorre a necessidade da construção de técnicas processuais capazes de proteger os direitos materiais violados.

Para compreender as provas estatísticas, é preciso, inicialmente, entender que a categoria da *causalidade*, considerada como um *modelo mental* ou como um *modelo cognitivo idealizado* (isto é, como um *esquema psicológico* usado, comumente, para proceder à conexão entre eventos),[1389] é um fator distintivo entre as provas estatísticas e as não estatísticas. Estas se valem da causalidade *direta* e *específica*, enquanto aquelas da causalidade *genérica*.[1390] Está-se, por exemplo, diante da causalidade direta e específica quando se afirma que o comportamento do motorista A, que dirige embriagado e na contramão, provoca prejuízos ao motorista B, ao ter seu veículo abal-

1386 Idem, ibidem.

1387 Idem, ibidem.

1388 Voltaremos ao tema no item 5.7.1 infra.

1389 Cf. Michele Taruffo. Narrazioni processuali cit., p. 99.

1390 Idem, ibidem.

roado. Situação diferente se dá quando se cuida da prova estatística que recai sobre a causalidade genérica. Por exemplo, afirmar que a ingestão de bebidas alcoólicas (F1) aumenta, em certa percentagem de X%, a probabilidade de ocorrência de acidentes de trânsito (F2). Portanto, a causalidade direta e específica apresenta uma *conexão imediata* entre dois eventos (alcoolismo e danos), enquanto a causalidade genérica revela apenas uma *probabilidade estatística*.[1391]

A prova estatística exprime, na forma de *frequência probabilística*, os dados científicos considerados relevantes ou idôneos para revelar a probabilidade da aplicação de um enunciado relativo a fatos específicos que precisam ser provados.[1392]

Interessante notar que o grau de importância da prova estatística não pode ser medido somente sobre o nível de probabilidade da ocorrência de um determinado enunciado fatual. Não deve imperar os modelos (*standards*) probatórios comumente utilizados: o da *prevalência* das provas, no processo civil; e a prova *além da dúvida razoável*, no processo penal. A baixa frequência probabilística não retira a credibilidade de determinados dados e a validade de certas informações para certos contextos. Por exemplo, afirmar que o uso prolongado da nicotina, por cinco anos, gera o percentual (hipotético) de 5%[1393] de se desenvolver câncer de pulmão pode não ensejar, em termos de causalidade direta e específica, argumento suficiente para demonstrar um dano à saúde de um determinado consumidor de cigarros. Entretanto, no contexto das demandas coletivas, afirmar que o uso prolongado da nicotina por 10 anos tem o potencial de causar câncer de pulmão em 5% dos consumidores pode ser uma informação útil em uma ação civil pública, destinada a ampliar o dever de informação dos fabricantes, com o intuito de diminuir o consumo ou de restringir a venda do cigarro em lugares próximos a escolas ou faculdades, a fim de diminuir a dependência química entre os jovens.

[1391] Idem, ibidem.

[1392] Cf. Michele Taruffo. La prova scientifica... cit., p. 1105; Benito V. Frosini. *Le prove statistiche nel processo civile e nel processo penale*; David W. Barnes. *Statistics as proof*.

[1393] A referência numérica – 5% – é, como salientado, meramente hipotética. Não se trata de informação científica. Trata-se de enunciado *fictício* que se presta apenas para fins de distinguir a causalidade genérica da específica e direta.

A utilização das provas estatísticas, contudo, é bastante controversa.[1394] Por exemplo, pode-se afirmar que a probabilidade de uma lâmpada, produzida em condições idênticas a outras, escolhida ao acaso, ser defeituosa é de uma em mil, segundo testes realizados. Tal informação pode ter utilidade restrita em um caso judicial, devido a variados fatores (*v.g.*, condições idênticas, escolha aleatória e testes realizados).[1395] Percebe-se que tudo vai depender da exatidão científica das informações (*v.g.*, estudos estatísticos de grande amostragem ou quando a responsabilidade está comprovada por provas de exatidão reconhecida, como o exame de DNA, nas ações de filiação, ou de impressões digitais, para apurar a autoria de um crime).

Nesse sentido, o STJ considera suficiente para a cobrança dos direitos autorais, pela retransmissão radiofônica em estabelecimentos comerciais (art. 68, § 3.º, da Lei 9.610/1998), a prova da média da ocupação dos apartamentos em um hotel,[1396] a fim de calcular a efetiva utilização da aparelhagem para ouvir música, a ser apurada em liquidação, sendo vedado fixar o montante pela presunção de que todos os apartamentos estivessem ocupados (Súmulas 63[1397] e 261 do STJ[1398]).

O Superior Tribunal de Justiça também se deparou com a utilização de provas estatísticas no REsp. 1.113.804/RS[1399]. Tratava-se de ação de reparação por danos morais, ajuizada pelos familiares de tabagista (desde 1950), em face do fabricante de cigarros, por ocasião de doença bronco pulmonar obstrutiva crônica e de enfisema pulmonar, diagnosticada em 1998, e que causou sua morte por adenocarcionoma pulmonar em 2001. Os herdeiros fundaram a demanda, na suporta informação inadequada prestada pelo fabricante que, durante décadas, incentivou o consumo, mediante propagandas enganosas. Alegaram existir nexo de causalidade entre a morte, decorrente de câncer, e os vícios do produto, que, segundo sustentaram,

1394 Cf. Laurence H. Tribe. Trial by mathematics: precision and ritual in legal process, p. 1329-1393.

1395 Cf. Richard A. Posner, op. cit., p. 284.

1396 Cf. REsp 75427-RJ, 3.ª T., j. 08.04.1997, rel. Min. Eduardo Ribeiro, *DJ* 05.05.1997, p. 17048.

1397 "São devidos direitos autorais pela retransmissão radiofônica de músicas em estabelecimentos comerciais."

1398 "A cobrança de direitos autorais pela retransmissão radiofônica de músicas, em estabelecimentos hoteleiros, deve ser feita conforme a taxa média de utilização do equipamento, apurada em liquidação."

1399 Cf. REsp. 1.113.804/RS, Rel. Min. Luis Felipe Salomão, 4ª T., j. em 27.04.2010, DJe 24.06.2010.

era de conhecimento do fabricante há muitas décadas. O STJ afirmou que o cigarro é um produto de periculosidade inerente (CDC, art. 9º), capaz de gerar risco de causar enfermidades, mas não se classifica como um produto defeituoso (CDC, art. 12, § 1º). O art. 220, § 4º, da Constituição Federal permite a comercialização do cigarro, restringindo-lhe apenas a propaganda. Antes da Constituição não havia legislação restritiva do consumo e da publicidade. Tampouco reconheceu a existência de anterior dever de informação, argumentando que o princípio da boa-fé não possui conteúdo *per se*, devendo ser inserido em um contexto histórico-social. Os usos e os costumes vigentes nas décadas de 1950 a 1980 do século passado não faziam com que se pudesse extrair do princípio da boa-fé o dever jurídico de informação. Ademais, sustentou que a medicina moderna não afirma a causalidade necessária, direta e exclusiva entre o tabaco e o câncer, limitando-se a asseverar o fator de risco entre eles, tal como outros, entre os quais, a alimentação, o álcool e o modo de vida sedentário ou estressante. Disse ser impossível, no caso concreto, determinar quanto o cigarro contribuiu para o falecimento do consumidor. Concluiu, pois, que as provas estatísticas, apesar de reconhecidamente robustas, não eram suficientes para impor a responsabilidade civil da fabricante pela morte do consumidor.

O grande perigo na utilização das provas estatísticas está no uso de dados não justificados, não verificados ou infundados. Quantificações estatísticas ou probabilísticas sem critérios científicos, erradas ou inventadas contribuem para a generalização de comportamentos falsos, bem como para o uso de máximas de comum experiência vagas e danosas (*v.g.*, "a maior parte das pessoas faz assim"), que, encobrindo preconceitos infundados, baseados na raça, gênero, origem, tendência sexual etc., impedem a descoberta da verdade e a promoção da justiça.[1400]

Há de se suspeitar da capacidade judicial de efetivar direitos fundamentais e de formular, controlar ou executar políticas públicas sem, antes, superar o preconceito judicial em relação a determinadas ciências. É preciso contar com a *autocrítica cultural*[1401] do juiz, para que se estabeleça que a ciência deva adentrar ao processo. Muito comum é que o magistrado se valha de uma prova pericial, quando lhe falta conhecimentos médicos, contábeis ou de engenharia; mais difícil é a utilização da prova científica

[1400] Cf. Michele Taruffo. Narrazioni processuali cit., p. 105-106.
[1401] Cf. Michele Taruffo. La prova scientifica... cit., p. 1107.

quando o conhecimento depende de dados estatísticos ou de conhecimentos antropológicos, sociológicos ou mesmo de psicologia ou de pedagogia.

À guisa de ilustração, a Justiça gaúcha, com o intuito de romper com esse preconceito, desenvolveu a técnica do *depoimento sem dano,*[1402] voltado a aperfeiçoar a oitiva de crianças vítimas de violência sexual. Estatísticas demonstram que em 40% dos casos de abuso sexual o culpado é o pai e, em outros 30%, é o padrasto ou o namorado da mãe. O depoimento formal não inibe o medo das crianças de falarem sobre suas intimidades na frente de outras pessoas. Quando o abuso sexual é incestuoso, a vítima não encontra abertura para falar, o que contribui para o descrédito do depoimento e leva à alarmante conclusão de que menos de 10% dos processos de abuso sexual de crianças chegam à condenação no Brasil. O *depoimento sem dano* aperfeiçoa a técnica de oitiva dessas vítimas, mostrando as seguintes vantagens em relação aos depoimentos tradicionais: a) a *vítima chega mais cedo* e fica em uma sala diferente da do agressor, protegida de ameaças, em vez de ter contato com o acusado na entrada da audiência; b) a *sala tem brinquedos,* almofadas e material para desenho e a criança fala com uma psicóloga ou uma assistência social, com quem conversa por meia hora antes da audiência, diferentemente do que normalmente acontece: a vítima é colocada em uma sala de audiência formal, onde a criança conversa com o juiz na frente do agressor, do promotor de justiça e do advogado; no *depoimento sem dano,* o magistrado, o promotor e o advogado acompanham a conversa entre a vítima e a psicóloga ou a assistente social, sem interferir, através de um aparelho de televisão; c) *antes do depoimento,* a técnica pergunta como a criança chama suas partes íntimas e usa esses nomes, fala no seu ritmo e o depoimento fica gravado em vídeo, enquanto no depoimento tradicional, o juiz usa termos adultos, como vagina, pênis e penetração, repetindo tudo que a criança diz, na frente dela, para que o escrivão faça constar dos termos da audiência; d) a *assistente social* fala abertamente sobre detalhes dos abusos, estimulando a criança a dizer também, enquanto no depoimento formal, o magistrado, por não possuir conhecimento técnico necessário, não está preparado para ouvir a vítima, o que muitas vezes acaba por constrangê-la e impede que ela faça as descrições essenciais para a produção da prova; e) a *técnica dá o tempo* para a criança criar coragem e falar, podendo usar, para isto, bonecos e marionetes para ajudá-la na descrição da cena do abuso, ao

[1402] Cf. Ana Aranha. Em defesa das crianças, p. 46-49.

passo que, no depoimento tradicional, a criança não responde às perguntas do juiz e das partes, resultando infrutífera a atividade probatória; f) a *assistente social* explica diversas vezes que a criança não é culpada, argumentando que não é o depoimento dela que vai fazer o adulto ser preso, mas sim o que ele fez, ao contrário do que ocorre normalmente, quando as vítimas se sentem culpadas pelo abuso e pelo que vai acontecer com o agressor. Como juízes, promotores e advogados não estão preparados para quebrar as barreiras que permitiriam à criança falar, o resultado é a impunidade dos crimes sexuais e a total desqualificação da vítima que faz a denúncia, o que faz com que o agressor jogue a culpa na criança, que, além de arcar com a responsabilidade, ainda tem o peso de conviver com o agressor depois da revelação. Em alguns casos, a pressão pode ser tanta que leva às tentativas de suicídio. Utilizando a técnica do *depoimento sem dano*, as Varas Criminais de Porto Alegre têm conseguido o índice de condenação de 59%, seis vezes maior que a média nacional. Por outro lado, deve ser considerado que o depoimento, especialmente da criança vítima de violência sexual, ainda que adotada técnicas processuais para minimizar os danos (psicológicos, emocionais, familiares, sociais etc), deve ser objeto de cautela para evitar o fenômeno das *falsas memórias*, causador de grave violação aos direitos fundamentais do acusado, equívocos na formação da convicção judicial e fonte de injustiças.[1403]

A boa prática desenvolvida pela Justiça Gaúcha abriu caminho para a edição da Lei 13.431/2017, que afirma que, quando se tratar de criança ou adolescente vítima ou testemunha de violência, devem ser observadas as regras especiais para a realização do depoimento, a saber: a oitiva deve ser realizada em local apropriado e acolhedor, com infraestrutura e espaço físico que garantam a privacidade da criança ou do adolescente vítima ou testemunha de violência; a presença de profissionais especializados, que devem esclarecer a criança ou o adolescente sobre a tomada do depoimento especial, informando-lhe os seus direitos e os procedimentos a serem adotados e planejando sua participação, sendo vedada a leitura da denúncia ou de outras peças processuais; é assegurada a livre narrativa sobre a violência, podendo o profissional especializado intervir, quando necessário, utilizando técnicas que permitam a elucidação dos fatos; o depoimento deve ser transmitido em tempo real para a sala de audiência, preservado o sigilo; cabe ao juiz avaliar a pertinência de perguntas complementares a serem realizadas em bloco,

1403 Cf. José Reinaldo de Lima Lopes. Em torno da "reserva do possível", p. 176-177.

que podem ser adaptadas pelo profissional especializado à linguagem de melhor compreensão da criança e do adolescente.

A prova estatística, como procura ressaltar o Código Modelo de Processos Coletivos, pode ser de grande utilidade para a proteção dos direitos na sociedade de massas.

A prova estatística é de grande importância para a tutela dos direitos fundamentais sociais, especialmente a proteção do *mínimo existencial*, porque tais direitos (*v.g.*, à saúde ou à educação) possuem custos que variam conforme a condição pessoal de cada indivíduo ou grupo (*v.g.*, grupos de idade, de etnia, de gênero ou geográficos), requerendo a prestação do serviço um planejamento baseado em estatísticas. Por exemplo, a partir de listas de espera, elaboradas pelo Conselho Tutelar, é possível aferir qual é o número de mães que possuem filhos pequenos e pretendem trabalhar, e qual é a região da cidade que demanda maiores investimentos na construção de creches. A satisfação da pretensão "universal", constante nos direitos à saúde ou à educação, deve sustentar-se nas máximas da experiência comum (art. 375 do NCPC), baseado "no que acontece no mais das vezes".[1404]

Ainda, a prova estatística é de grande utilidade no monitoramento da aplicação do *postulado do desenvolvimento progressivo* dos direitos fundamentais.[1405] A realização de estatísticas é indispensável para medir o sentido e a eficácia da política pública. Por exemplo, para se saber se o Estado cumpre com a obrigação de concretizar, progressivamente, o direito à saúde pública, são necessários dados relativos ao nível de cobertura do sistema sanitário, os índices de mortalidade infantil, de incidência de doenças infectocontagiosas, epidemias etc., bem como a sua comparação com dados relativos à matéria em outros períodos. Tal controle permite saber se as políticas públicas, voltadas à efetivação dos direitos fundamentais sociais, são adequadas, suficientes e capazes de realizar integralmente os direitos previstos na Constituição. Também possibilitam a comparação dos percentuais orçamentários destinados à efetivação dos direitos fundamentais sociais com outros gastos públicos, considerados socialmente menos relevantes.

Além disso, o uso probatório dos dados estatísticos pode ser o ponto de partida para o desenvolvimento de técnicas de distribuição do ônus da prova que promovam o direito fundamental à tutela jurisdicional ade-

[1404] Cf. Eduardo Cambi e Priscila Sutil de Oliveira. Depoimento sem dano e falsas memórias. p. 21-50.

[1405] Sobre tal postulado, verificar o item 5.7.7 infra.

quada, evitando o perecimento de direitos que exigem maior complexidade probatória.

5.6.6 *Teoria da distribuição dinâmica do ônus da prova*

O critério da distribuição da prova, que foi *adotado* no art. 333 do CPC-1973, era *estático* e levava em consideração a *posição das partes*, o *interesse no reconhecimento do fato a ser provado* e a *natureza dos fatos* (constitutivos, impeditivos, modificativos e extintivos). Não se preocupava com as peculiaridades do direito material a ser tutelado nem as circunstâncias do caso concreto.

Assim, quanto à prova a ser exigida, especialmente nas demandas coletivas propostas pelos entes legitimados pelos arts. 5.º da Lei 7.347/1985 e 82 do CDC, na defesa de interesses difusos, coletivos e individuais homogêneos, não se poderia aplicar, subsidiariamente, o art. 333 do CPC de 1973. Este Código de Processo Civil estava pautado na concepção liberal individualista de resolução de controvérsias, o que era incompatível com a *coletivização do processo*, sendo necessário, para haver a aplicação subsidiária do Código de Processo Civil de 1973 ao processo coletivo (arts. 19 da Lei 7.347/1985 e 90 do CDC), que haja *dupla compatibilidade*: a) *formal*: inexistir disposição legal sobre a matéria de direito processual coletivo; b) *material*: a regra do CPC-1973 somente seria aplicável se não ferisse a sistemática protetiva dos direitos coletivos, não causando risco de não tutela dos direitos materiais.[1406]

O art. 333 do CPC-1973 distribuía o ônus da prova, sem levar em consideração o direito fundamental à tutela jurisdicional adequada e efetiva (art. 5.º, XXXV, CF/1988), além de partir da premissa de que ambos os litigantes estariam, formalmente, em paridade de armas e, por isto, tinham iguais condições de produzir a prova. Pensar o direito processual à luz do direito material significa criar técnicas diferenciadas (seguindo o brocardo latino *ubi ius ibi remedium*) para a proteção dos interesses difusos, coletivos e individuais homogêneos, além de buscar técnicas processuais que promovam a isonomia *substancial*[1407] entre os litigantes, evitando que

[1406] Cf. Gregório Assagra de Almeida. *Direito processual coletivo brasileiro. Um novo ramo do direito processual*, p. 583-584.

[1407] A isonomia, em sentido *formal*, decorre da construção do Estado Liberal que se propunha a tratar de modo *impessoal*, sem beneficiar ou prejudicar qualquer indivíduo. Com isto, impedia-se a *hierarquização* entre as pessoas, proibindo vantagens ou privilégios que não fossem repu-

o que tem mais dificuldade de provar, pela sua hipossuficiência, sucumba, ainda que apresente alegações verossimilhantes. Assim, a regra do art. 333 do CPC-1973 era *materialmente incompatível* com a produção da prova nos processos coletivos, porque colocava em risco a efetividade da tutela do direito material coletivo.

Felizmente, o Novo Código de Processo Civil, no art. 373, § 1.º, alterou esse panorama para adotar a teoria da distribuição dinâmica do ônus da prova. Com isso, o NCPC superou o modelo liberal-patrimonialista do Código de Processo Civil de 1973 e harmonizou-se com o *microssistema* do processo coletivo, tornando-se *materialmente compatível* com a produção das provas nos processos que envolvem a promoção de direitos difusos, coletivos e individuais homogêneos.

Além disso, é indispensável verificar se os critérios tradicionais de distribuição do ônus da prova, ainda presentes no art. 373, I e II, do NCPC, devem ser aplicados em relação às ações inibitórias e de remoção do ilícito. Nesse contexto, é necessário, primeiro, distinguir as tutelas ressarcitórias das inibitórias. Estas, ao contrário daquelas, estão sempre dirigidas ao futuro, não se destinam a uma ação repressiva, e não estão voltadas à comprovação de danos. Assim, basta que o autor de uma demanda coletiva inibitória[1408] prove *a prática de um ato contrário ao direito*, não lhe podendo exigir a prova do dano, tampouco que o agente público que deveria ter implementado a política pública constitucional agiu com dolo ou com cul-

blicanamente justificáveis. Já a isonomia, em sentido *material*, está associada à ideia de *justiça distributiva e social*, não bastando equiparar as pessoas na ou perante a lei, sendo indispensável, ainda que minimamente, equipará-las em situações reais e concretas da vida. Sob este último aspecto, afirmou Boaventura de Souza Santos, referindo-se às *tensões da modernidade*, em texto apresentado no Fórum Social Mundial, realizado em Porto Alegre, em 2001: "As pessoas e os grupos sociais têm o direito de ser iguais quando a diferença os inferioriza, e o direito a ser diferentes quando a igualdade as descaracteriza". Cf. Luis Roberto Barroso. Diferentes, mas iguais... cit., p. 12 e 13; Boaventura de Souza Santos. Por uma concepção multicultural de direitos humanos, p. 458; Walter Claudius Rothenburg. Igualdade, p. 346-371.

[1408] São três as modalidades de ação inibitória: a) a destinada a *impedir* a prática do ato contrário ao direito, mesmo quando nenhum ato de igual natureza foi praticado antes; b) a voltada a *impedir* a *repetição* do ato contrário ao direito; c) a orientada a *impedir* a *continuação* do ato contrário ao direito.

pa.[1409] Há, nessas hipóteses, verdadeira limitação do objeto da defesa e da extensão da cognição judicial.[1410]

Com efeito, além do órgão judicial não poder exigir que o autor da demanda coletiva inibitória prove os danos e o elemento subjetivo (dolo ou culpa), é possível a *distribuição dinâmica do ônus da prova*.[1411] Essa teoria é adequada à tutela dos interesses difusos, coletivos e individuais homogêneos, porque incumbe a prova a quem detiver *maior facilidade* (seja pelo seu conhecimento técnico, seja por ter informações específicas) para a sua realização.

Por exemplo, não se pode exigir do Ministério Público, ao ajuizar ação civil pública ambiental, o ônus de provar que empresa exploradora de serviços de telefonia celular gera risco à saúde das pessoas, ao construir estações rádio-base (ERBs) a menos de 300 metros de distância horizontal de áreas de lazer, creches, escolas, postos de saúde, *shopping centers*, museus,

1409 "O dano e a culpa não integram a demanda preventiva, o que significa dizer que não fazem parte da cognição do juiz e que, assim, estão obviamente fora da atividade probatória relacionada à inibitória. Na perspectiva da cognição, afasta-se, para a obtenção da inibitória, qualquer necessidade de demonstração de dano e de culpa" (Luiz Guilherme Marinoni. *Tutela inibitória (individual e coletiva)*, p. 41).

1410 "As ações inibitória e de remoção do ilícito se dirigem contra o ato contrário aos direitos (respectivamente provável e já ocorrido), e assim não têm entre seus pressupostos o dano e o elemento subjetivo relacionado à imputação ressarcitória (culpa ou dolo). De modo que, a não ser nos casos em que se teme um ilícito que se identifica cronologicamente com o dano, o autor não deve e não precisa invocar dano para obter a tutela inibitória. No caso de ação de remoção, existindo regra estabelecendo um ilícito, a invocação da violação da norma é suficiente para permitir a obtenção da tutela jurisdicional. Os problemas das ações inibitória e de remoção, nessas hipóteses, são justamente os dos limites da defesa do réu e da extensão da cognição judicial. Ou seja, o que se pergunta é se, quando basta evidenciar a proibição de uma conduta, há como justificar a impossibilidade do réu discutir o dano e o juiz perguntar sobre ele. Não temos dúvida que sim. Lembre-se que, no caso de direito absoluto, pouco importa o fato danoso, uma vez que o seu titular tem o direito de impedir qualquer ato que lhe seja contrário. O mesmo acontece em relação a normas que, embora relacionadas a direitos individuais, objetivam protegê-los através da vedação de condutas. Mas, o que mais preocupa e importa são as normas que, também por intermédio da proibição de condutas, protegem determinados direitos transindividuais, como o direito do consumidor. Ora, se a norma objetiva dar tutela ao direito, impedindo certa conduta, ela foi editada justamente porque a sua prática pode trazer danos, e por isso deve ser evitada. Assim, ampliar a cognição das ações inibitória e de remoção do ilícito, viabilizando a discussão do dano, é o mesmo que negar a proteção outorgada pela norma jurídica" (Luiz Guilherme Marinoni. A conformação do processo e o controle jurisdicional a partir do dever estatal de proteção do consumidor).

1411 Cf. Eduardo Cambi. *A prova civil. Admissibilidade e relevância*, p. 340-345.

teatros, praças, parques, centros de comunidade, casas de saúde, asilos, hospitais ou similares, ou quando tais estações rádio-base ultrapassem a densidade de potência de 100 uW/cm^2 e localizem-se em zonas e setores urbanos considerados residenciais. Quem explora a atividade econômica, aferindo lucros, deve assumir o ônus da prova. Logo, não pode a ação civil pública ser julgada improcedente, por falta de provas, pela circunstância de não existir um consenso científico quanto aos males que a saúde humana ou o meio ambiente podem sofrer quando em contato prolongado com a radiação ionizante emitida pelas antenas. Portanto, percebe-se que a teoria da distribuição dinâmica do ônus da prova está em consonância com o princípio da precaução que rege o Direito Ambiental. Nesse sentido, deve-se destacar a Declaração sobre Meio Ambiente e Desenvolvimento, resultante da Conferência das Nações Unidas, realizada no Rio de Janeiro, entre os dias 3 a 21.06.1992, cujo princípio 15 prevê: "De modo a proteger o meio ambiente, o princípio da precaução deve ser amplamente observado pelos Estados, de acordo com suas capacidades. Quando houver ameaça de danos sérios ou irreversíveis, a ausência de absoluta certeza científica não deve ser utilizada como razão para postergar medidas eficazes e economicamente viáveis para prevenir a degradação ambiental".[1412]

[1412] No entanto, em sentido contrário ao que foi exposto, o Tribunal de Justiça do Paraná (5.ª Câm. Civ., Ac 20.468, j. 25.03.2008, rel. Des. Leonel Cunha, *DJU* 7.597), *sem considerar a teoria da distribuição dinâmica do ônus da prova*, decidiu: "Direito ambiental. Ação civil pública. Antenas de celular ou estações de rádio-base – ERBs. Risco potencial de dano à saúde. Princípio da precaução. Alegação não demonstrada. Demonstrado, por meio de prova pericial, que a Estação Rádio Base (ERB) atende aos requisitos técnicos e de segurança estabelecidos pela Anatel (Resolução 303), o questionamento do autor acerca da insuficiência das cautelas impostas pela referida resolução não autoriza a proibição do funcionamento da ERB, tampouco impõe a inversão do ônus da prova, haja vista que não cabe à concessionária do serviço de telefonia móvel comprovar a correção dos critérios adotados pela Agência Reguladora". Após o julgamento da causa, a questão jurídica foi regulamentada pela Lei 11.934/09, ao trazer os limites à exposição humana a campos elétricos, magnéticos e eletromagnéticos, associados ao funcionamento de estações transmissoras de radiocomunicação, de terminais de usuário e de sistemas de energia elétrica nas faixas de frequências até 300 GHz (trezentos gigahertz), visando a proteção da saúde e do meio ambiente. O art. 3º desta lei considera, como área crítica, a localizada até 50 (cinquenta) metros de hospitais, clínicas, escolas, creches e asilos. Impõe ao órgão regulador federal de telecomunicações a realização de medição de conformidade, 60 (sessenta) dias após a expedição da respectiva licença de funcionamento, no entorno de estação instalada no solo urbano e localizada em área crítica (art. 12, inc. III).

Com o escopo de se buscar a mais efetiva tutela jurisdicional do direito lesado ou ameaçado de lesão, no Código Modelo de Processos Coletivos do Instituto Iberoamericano de Direito Processual (art. 12, § 1.º, 1.ª parte),[1413] o ônus da prova incumbe à parte que *detiver conhecimentos técnicos ou informações específicas* sobre os fatos, ou *maior facilidade na sua demonstração*, não requerendo qualquer decisão judicial de inversão do ônus da prova. Nesse mesmo sentido, também se orientava o art. 20, IV, do Projeto da Nova Lei de Ação Civil Pública (PLC 4484/2012): "IV – distribuirá a responsabilidade pela produção da prova, levando em conta os conhecimentos técnicos ou informações específicas sobre os fatos detidos pelas partes ou segundo a maior facilidade em sua demonstração".[1414]

A aplicação da teoria da distribuição dinâmica do ônus da prova, contida no art. 373, § 1.º, do NCPC, permite a *facilicitação da prova* para a tutela do bem jurídico sem a prévia apreciação do magistrado (*ope iudicis*) de critérios preestabelecidos de *inversão* do *onus probandi*, como se dá no art. 6.º, VIII, do CDC (verossimilhança da alegação ou hipossuficiência do consumidor).[1415] Porém, cabe ao juiz, além dos casos previstos em lei (como o art. 6º, VIII, CDC), atribuir o ônus da prova de modo diverso, quando diante das pecu-

1413 "O ônus da prova incumbe à parte que detiver conhecimentos técnicos ou informações específica sobre os fatos, ou maior facilidade em sua demonstração."

1414 Infelizmente, a Comissão de Constituição e Justiça da Câmara dos Deputados rejeitou, em 17.03.2010, o Projeto de Nova Lei de Ação Civil Pública. Prevaleceu o argumento do deputado José Carlos Aleluia (DEM/BA), relator do projeto, que votou, no Mérito, pela sua rejeição e arquivamento, com a justificativa de que a sociedade não participou de sua elaboração no Ministério da Justiça.

1415 Não obstante a argumentação supraexposta, o STJ, em ações civis públicas ambientais, tem determinado a inversão do ônus da prova, com fundamento no art. 6.º, VIII, da Lei 8.078/1990 (Código de Defesa do Consumidor), cumulado com o art. 21 da Lei 7.347/1985 (Lei de Ação Civil Pública), conjugado com o princípio da precaução. Neste sentido, conferir: REsp 972.902-RS, 2.ª T., j. 25.08.2009, rel. Min. Eliana Calmon, *DJe* 14.09.2009; REsp 1049822/RS, 1.ª T., j. 23.04.2009, rel. Min. Francisco Falcão, *DJe* 18.05.2009. AgInt no AREsp 779.250/SP, Rel. Ministro Herman Benjamin, Segunda Turma, julgado em 06/12/2016, DJe 19/12/2016; AgInt no AREsp 846.996/RO, Rel. Ministro Raúl Araújo, Quarta Turma, julgado em 04/10/2016, DJe 19/10/2016. Porém, segundo o STJ, a despeito da regra da isenção do pagamento de honorários periciais (art. 18 da Lei 7.347/1985), cabe ao Ministério Público o depósito do adiantamento das custas (verificar, entre outros: REsp 933079-SC, 2.ª T., j. 12.02.2008, rel. Min. Eliana Calmon, *DJe* 24.11.2008). Este último posicionamento merece críticas, na medida em que nega, parcialmente, o princípio da precaução, tornando a efetiva elucidação dos danos ambientais mais difícil, justamente por não dispor o Ministério Público de previsão orçamentária suficiente para se desincumbir dos ônus financeiros da prova pericial.

liaridades da causa houver impossibilidade ou excessiva dificuldade de cumprir o *onus probandi*, com a consequente maior facilidade de obtenção da prova do fato contrário.

Com a técnica da distribuição dinâmica, o juiz deve estar atento às circunstâncias do *caso concreto*. O magistrado é o *gestor da prova*, com *poderes* ainda maiores, pois a inversão do *onus probandi* não se limita às relações de consumo (art. 6.º, VIII, do CDC). Compete ao magistrado verificar, no caso concreto, quem está em melhores condições de produzir a prova e, destarte, distribuir este ônus entre as partes.

O Novo Código de Processo Civil, a exemplo do Código Modelo de Processos Coletivos para Ibero-América, revoluciona o tratamento probatório, porque rompe com a *prévia* e *abstrata* distribuição do ônus da prova, não vinculando o magistrado aos critérios da *posição das partes em juízo* e das *espécies de fatos controvertidos*, preconizada pela técnica contida no art. 333 do CPC-1973. Ao contrário, possibilita que a repartição dos encargos probatórios leve em consideração a *real condição* das partes demonstrar os fatos necessários a tutela do direito material que, diante de suas peculiaridades, pode exigir uma técnica processual diferenciada para adequar a distribuição do ônus da prova à natureza do direito substancial pretendido.

Assim, o NCPC reforça a utilização do *senso comum* e das *máximas da experiência*, ao reconhecer, à luz do direito material discutido, que quem deve provar é quem está em *melhores condições* de demonstrar o fato controvertido, para evitar que uma das partes se mantenha inerte na relação processual, já que a dificuldade da prova a beneficia.[1416]

Portanto, a distribuição do ônus (ou da carga) da prova se dá de forma *dinâmica*, posto que não está atrelada a pressupostos prévios e abstratos rígidos e imutáveis, que, a exemplo do art. 333 do CPC-1973, continha *regras estáticas*. Tal repartição do *onus probandi* deve considerar a dinâmica – fática, axiológica e normativa – presente no caso concreto, a ser explorada pelos operadores jurídicos (intérpretes).

or exemplo, em ação ordinária de cobrança movida por servidor público, com contrato temporário, em face do Município, a prova de fato negativo (não pagamento de décimo terceiro salário, férias anuais remuneradas acrescidas do terço constitucional e de horas extras) incumbe a quem tem

[1416] Cf. Michele Taruffo. Senso comune, esperienza e scienza nel ragionamento del giudice, p. 121-155.

melhores condições de produzi-la, no caso, o ente público, privilegiando-se, dessa forma, a distribuição dinâmica dos ônus da prova.[1417]

Ademais, o art. 373, § 1º, do NCPC não está restrito ao âmbito do procedimento comum, podendo ser aplicado supletivamente aos procedimentos especiais, como à Lei de Alimentos (art. 1.046, § 2º, NCPC), para facilitar a dinamização do ônus da prova quanto às condições econômico-financeiras do devedor de alimentos. Com isso, tal técnica processual pode proteger a pessoa vulnerável, ao não perpetuar a impossibilidade ou a excessiva dificuldade em demonstrar o fato constitutivo de seu direito, quando, no caso concreto, essa prova é mais fácil de ser produzida pela parte contrária. Portanto, o novo Código de Processo Civil, ao possibilitar a dinamização do ônus da prova, para além das relações de consumo (art. 6º, inc. VIII, CDC), concretiza os princípios da boa-fé e da colaboração processuais, para garantir maior igualdade aos litigantes vulneráveis/hipossuficientes. Isso não significa que basta a mera condição de vulnerabilidade ou de hipossuficiência para que o juiz inverta ou amenize o onus probandi, devendo-se respeitar os limites impostos pela lei processual. Assim, a dinamização do ônus da prova não é automática, posto que depende da análise judicial das circunstâncias do caso concreto (ope iudicis), e não deve usada como forma de prejulgamento da causa (prova diabólica reversa); em outras palavras, não se pode impor à parte contrária o ônus da prova quando for para ela impossível ou extremamente difícil desincumbir-se dele (art. 373, § 2º, NCPC). A possibilidade de inversão do ônus da prova na ação de alimentos deve ser aliada a postura ativa do juiz na produção da prova (art. 370/NCPC), já que o magistrado também está vinculado ao princípio da colaboração processual (art. 6º/NCPC) e tem o dever de alterar a ordem de produção dos meios de prova para adequá-los às necessidades do conflito de modo a conferir maior efetividade à tutela do direito (art. 139, inc. VI, NCPC). Porém, cabe ao magistrado potencializar o diálogo processual, por

[1417] Cf. TJ-MG - Apelação Cível AC 10327090362614001 MG (TJ-MG). Data de Publicação: 07/02/2014. Para outros exemplos de aplicação da teoria da distribuição do ônus dinâmico da prova, mesmo antes do Novo Código de Processo Civil, consultar: STJ, REsp 69.309/SC, Rel. Ministro Ruy Rosado de Aguiar, Quarta Turma, DJ 26.8.1996; AgRg no AREsp 216.315/RS, Rel. Ministro Mauro Campbell Marques, Segunda Turma, DJe 6.11.2012; REsp 1.135.543/SP, Rel. Ministra Nancy Andrighi, Terceira Turma, DJe 7.11.2012; REsp 1.084.371/RJ, Rel. Ministra Nancy Andrighi, Terceira Turma, DJe 12.12.2011; REsp 1.189.679/RS, Rel. Ministra Nancy Andrighi, Segunda Seção, DJe 17.12.2010; REsp 619.148/MG, Rel. Ministro Luis Felipe Salomão, Quarta Turma, DJe 1º.6.2010.

meio da observância prévia do contraditório (art. 10/NCPC), no qual está inserido o direito à prova contrária, não podendo aplicar a teoria da dinamização do ônus da prova para surpreender às partes, ainda que a decisão promova a justiça ao caso concreto. Ao se superar a distribuição estática do ônus da prova contida no art. 2º da Lei 5478/68, é possível que o processo seja um instrumento ético em que a igualdade em sentido material (paridade de armas) seja observada, para que a demonstração quanto à possibilidade financeira do alimentante não se torne um encargo exclusivo do alimentado, especialmente nas hipóteses em que a demonstração da renda e do modo de vida do obrigado sejam fatos que podem ser mais facilmente provados por quem se nega ou dificulta a cumprir o dever de prestar alimentos.[1418]

Com efeito, regra do ônus da prova está diretamente relacionada com a formação do convencimento judicial. Ao considerar o direito material em litígio, o juiz pode *atenuar* ou *inverter* o ônus probatório.

Se o juiz, para decidir, deve passar por um *contexto de descoberta*, é necessário que ele saiba não apenas o objeto que deve descobrir, mas também se esse objeto pode *ser totalmente descoberto* e *qual das partes está em reais condições de esclarecê-lo.*[1419] O convencimento judicial somente pode ser pensado *a partir do módulo de convencimento próprio a uma específica situação de direito material*, pois o juiz apenas pode se dizer convencido quando sabe até onde o objeto do seu conhecimento pode ser esclarecido, assim como qual das partes pode elucidá-lo.[1420]

A exigência de convencimento varia conforme a situação de direito material e, destarte, não se pode exigir um convencimento judicial *unitário* para todas as situações concretas.[1421] Por conseguinte, a regra do ônus da prova também não pode ser vista sempre do mesmo modo, sem considerar a dificuldade de convicção própria ao caso concreto.[1422]

[1418] CAMBI, Eduardo; SGARIONI, Clarissa Lopes Alende. Dinamização do ônus da prova quanto à condição econômico-financeira do devedor de alimentos. Revista de direito privado, vol. 81, set./2017, p. 145.

[1419] Cf. Luiz Guilherme Marinoni. Formação da convicção e inversão do ônus da prova segundo as peculiaridades do caso concreto.

[1420] Idem.

[1421] Idem.

[1422] Idem.

Importante diferença entre a técnica contida no art. 6.º, VIII, do CDC e a teoria da distribuição dinâmica da prova é que aquela somente pode ser aplicada se caracterizada, concretamente, a relação de consumo. Por exemplo, o STJ considerou que não deve ser aplicada a inversão do ônus da prova, pelo art. 6.º, VIII, do CDC, quando o cliente não é consumidor final, porque faz o empresário empréstimo bancário para a formação de capital de giro empresarial.[1423]

Assim, a distribuição dinâmica do ônus da prova não precisa ser fundamentada na *aplicação extensiva* do art. 6.º, VIII, do CDC, inicialmente aplicável apenas às relações de consumo[1424], para se poder tutelar direitos coletivos *lato sensu*[1425] ou para proteger qualquer outro direito fundamental de caráter não patrimonial. A facilitação do ônus da prova, como forma de proteção do direito material, pela técnica da teoria da distribuição dinâmica do ônus da prova, encontra respaldo imediato na *dimensão objetiva*[1426] do direito fundamental à tutela jurisdicional adequada e efetiva (art. 5.º, XXXV, da CF/1988). Ademais, como já asseverado, está prevista no art. 373, § 1.º, do NCPC, além de recomendada no art. 12, § 1.º, 1.ª parte, do Código

1423 STJ, REsp 716.386, 4.ª T., j. 20.08.2008, rel. Min. Aldir Passarinho Junior.

1424 Agravo de instrumento. Ação de reparação civil por erro médico. Fundação municipal de saúde. Aplicação das normas no código de defesa do consumidor. Impossibilidade. Serviço prestado por ente público mediante relação jurídico administrativo. Inexistência de relação de consumo. Remuneração puramente tributária. Inversão do ônus da prova. Possibilidade. Responsabilidade objetivo do estado. Teoria do risco administrativo. Inteligência do art. 37, §6º da cf. Teoria da distribuição dinâmica das provas. Art. 373, §1º do ncpc. Recurso conhecido e parcialmente provido" (TJPR - 3ª C.Cível - AI - 1591876-6 - Foz do Iguaçu - Rel.: José Sebastião Fagundes Cunha - Unânime - J. 06.06.2017).

1425 No sentido da interpretação extensiva do art. 6.º, VIII, do CDC, cf.: Ricardo de Barros Leonel. *Manual do processo coletivo*, p. 339-343; STJ, REsp 1.049.822/RS, Rel. Min. Francisco Falcão, Primeira Turma, DJe 18.5.2009; Esclareça-se que o art. 6.º, VIII, do CDC prevê importante técnica de inversão do ônus da prova, a qual poderia, em tese, ser estendida, por intermédio da interpretação sistemática dos arts. 90 do CDC e 21 da Lei 7.347/1985, à proteção dos direitos coletivos *lato sensu*. Neste sentido, também nos posicionamos (*A prova civil*... cit., p. 422-424). No entanto, pela eficácia irradiante do art. 5.º, XXXV, da CF/1988, isto é, pela dimensão objetiva dos direitos fundamentais, as técnicas processuais devem promover o Direito Constitucional à tutela jurisdicional adequada e efetiva. Assim, ainda que o art. 6.º, VIII, do CDC represente importante inovação, as técnicas de facilitação da prova, para a proteção dos direitos materiais, independem de previsão legal específica, não se precisando estender, demasiadamente, os conceitos inseridos no Código de Defesa do Consumidor para atender a outras realidades que lá não foram previstas.

1426 Cf. item 3.3.6 supra.

Modelo de Processos Coletivos para Ibero-América. Também constou do art. 20, IV, do Projeto da Nova Lei de Ação Civil Pública (PLC 4484/2012).

Como o ônus da prova deve estar de acordo com as especificidades do direito material, por força do art. 5º, XXXV, da Constituição Federal/1988, a distribuição dinâmica do ônus da prova não exige expressa *previsão legal*. Lembre-se que no ordenamento processual alemão não há regra semelhante à do art. 371 do NCPC; e mais, a suposição de que a inversão do ônus da prova deva sempre estar prevista em lei remonta ao postulado liberal de que os poderes do juiz, quando não previstos na legislação, ensejariam decisões arbitrárias.[1427]

Com o Novo Código de Processo Civil, que deve ser aplicado subsidiariamente ao *microssistema do processo coletivo*, a teoria da distribuição dinâmica do ônus da prova não pode ser aplicada como uma *regra de julgamento*. O art. 373, § 1.º, do NCPC, ao assegurar que a parte contrária tem de ter a possibilidade de exercer o contraditório, antes de o juiz decidir a causa, permite que se desincumba não apenas do *onus probandi*, mas também do Direito Constitucional à produção da prova. Assim, a decisão judicial não pegará o litigante de surpresa, não podendo vir a alegar *cerceamento de defesa*. Tal técnica processual inibe a anulação da decisão pelos Tribunais, bem como oportuniza a ampla defesa, a fim de a parte que tiver os melhores argumentos saia vencedora.

Contudo, a aplicação da teoria da distribuição dinâmica do ônus da prova ainda pode ser aperfeiçoada pela jurisprudência, para que a inversão do ônus da prova seja *integral*, incluindo os encargos financeiros. Não é razoável que a parte beneficiada pela inversão do ônus da prova tenha de arcar com a antecipação dos honorários do perito. Afinal, a teoria da inversão do ônus da prova é um mecanismo de facilitação da defesa do hipossuficiente jurídico em juízo. Há situações em que, sem a perícia, fica mais difícil compreender o alcance dos direitos fundamentais, e a decisão judicial, mesmo sendo favorável à pretensão do beneficiário da inversão, corre o risco de não tutelar adequadamente o direito pleiteado. Nesse sentido, é acertada a orientação do STJ, adotando o princípio da precaução, de inverter as custas da perícia destinada a apurar danos ambientais, em ação civil pública ajuizada pelo Ministério Público, com fundamento nos

[1427] Cf. Luiz Guilherme Marinoni. Formação da convicção... cit.

arts. 6.º, VIII, do CDC e 18 da Lei 7.347/1985.[1428] Sem perícia, em certos casos, é impossível precisar, com um mínimo de exatidão técnica, a extensão dos direitos violados, sendo insuficiente aplicar a técnica da inversão do ônus da prova como *mera* regra de julgamento. Por outro lado, exigir que o autor da ação e beneficiário da teoria da distribuição dinâmica das provas tenha de antecipar as custas da perícia é muitas vezes fator de prolongamento dos processos judiciais, que se arrastam com destino incerto e, com o passar dos anos, retiram a credibilidade do demandante, mas também do Poder Judiciário, sendo favorável, única e exclusivamente, àqueles que violam direitos fundamentais.

Embora o NCPC não tenha resolvido a questão do financiamento da prova para as ações coletivas, em relação aos beneficiários da justiça gratuita, procurou facilitar a produção da prova pericial, no art. 95, § 1.º, afirmando que seu custeio deve ser feito com recursos alocados no orçamento do ente público e realizada por servidor do Poder Judiciário ou do órgão público conveniado ou, se a perícia for realizada por particular, será paga com recursos alocados no orçamento da União, do Estado ou do Distrito Federal , sendo o valor fixado em tabela do tribunal respectivo ou, em caso de omissão, do Conselho Nacional de Justiça.

Por fim, há de ser enfrentada a utilização da teoria da distribuição dinâmica do ônus da prova, em face do direito ao silêncio do requerido que, por força da exegese do art. 5.º, LXIII, da CF/1988,[1429] não pode ser forçado a produzir prova contra si mesmo (privilégio contra a autoincriminação: *nemo tenetur se detegere*). A questão merece temperamentos no direito pro-

[1428] Cf. REsp 1049822/RS, 1.ª T., j. 23.04.2009, rel. Min. Francisco Falcão, *DJe* 18.05.2009. Verificar, ainda, dentre outros: REsp 1235467/RS, Rel. Ministro Herman Benjamin, Segunda Turma, julgado em 20/08/2013, DJe 17/11/2016; AgInt no AREsp 846.996/RO, Rel. Ministro Raúl Araújo, Quarta Turma, julgado em 04/10/2016, DJe 19/10/2016.

[1429] Cf. STF, HC 80.949-RJ, 1.ª T., j. 30.10.2001, rel. Min. Sepúlveda da Pertence, *DJU* 14.12.2001. Cf. Sergio Fernando Moro, Colheita compulsória de material biológico para exame genético em casos criminais, p. 279-317. Interessante salientar que a Presidente do STJ, Min. Laurita Vaz, em julho de 2017, no HC 407.627, negou liminar requerida em favor de homem que alegava ser inconstitucional a regra contida no art. 9º-A à Lei de Execuções Penais (Lei 7.210/84) obriga o fornecimento de material genético para registro em banco de dados do poder público. O STJ afirmou que, apesar da garantia constitucional da não autoincriminação (CF, art. 5º, inc. LXIII), a legislação brasileira admite a coleta de material genético como forma de identificação criminal, seja durante as investigações, para apurar a autoria do delito, seja quando o réu já tiver sido condenado pela prática de determinados crimes, tais como: dolosos com violência de natureza grave contra pessoa ou hediondos.

cessual civil. O art. 77, I, do NCPC, ao traçar o dever das partes e de todos aqueles que de qualquer forma participam do processo de expor os fatos em juízo conforme a verdade, não obriga a produção da prova em favor da parte contrária. Seria autoritário exigir que o advogado sacrificasse o interesse de seu cliente em benefício da busca da justiça, ou da obtenção da verdade real, da mesma forma que se consagraria modelo processual totalitário ao se impor à parte o dever de afirmar tudo que conhece, ou apresentar os meios de prova que lhe são prejudiciais ou, ainda, renunciar a aproveitar-se dos erros do adversário, uma vez que os contendores não estão interessados na verdade, mas em ganhar.[1430]

Exigir que as partes e os advogados tenham que dizer a verdade é um tema complexo.[1431] De um lado, pode-se afirmar que não há violação à ética profissional dos advogados, quando eles omitem, voluntariamente, ou distorcem os fatos relevantes, pois tal comportamento é legítimo e justificado, com o intuito de vencer a causa. Por outro lado, pode-se afirmar que o advogado está submetido às regras morais, pelas quais todas as pessoas devem dizer a verdade. Porém, não parece razoável e soa até romântico dizer que o advogado deve dizer *toda* a verdade. Isso não significa que não deve haver limitações éticas ao trabalho do advogado. Não seria admissível que pudesse valer-se de declarações ou de documentos que sabem serem falsos, deturpando a existência dos fatos objeto da prova. Por exemplo, a *rule* 11(b) do *Federal Rules of Civil Procedure* norte-americano determina que o advogado deve ser diligente ao verificar os conhecimentos, as informações e os conceitos passados pelo seu cliente, formando seu convencimento segundo um exame razoável das circunstâncias, das alegações e das demais afirmações, bem como ser ético ao litigar (*v.g.*, não defendendo causas com o intuito de protelar o cumprimento dos direitos, contra direitos expressos e de argumentação contrária não razoável ou sem que haja suporte probatório mínimo).[1432] Com efeito, essa regra não chega a impor ao advogado

1430 Cf. Leonardo Greco, op. cit., p. 32-33.

1431 Cf. Michele Taruffo. Narrazioni processuali cit., p. 90-91.

1432 "(b) Representations to the Court. By presenting to the court a pleading, written motion, or other paper – whether by signing, filing, submitting, or later advocating it – an attorney or unrepresented party certifies that to the best of the person's knowledge, information, and belief, formed after an inquiry reasonable under the circumstances: (1) it is not being presented for any improper purpose, such as to harass, cause unnecessary delay, or needlessly increase the cost of litigation; (2) the claims, defenses, and other legal contentions are warranted by existing law or by a nonfrivolous argument for extending, modifying, or

o dever de dizer a verdade, mas sugere que deva atuar de boa-fé, podendo ser sancionado pela Corte se não observar tal contexto amplo de ética profissional, como determina a *rule* 11(c) do mesmo *Federal Rules of Civil Litigation*.[1433] Por outro lado, a *rule* 22.1 do *Civil Procedure Rules* inglês parece impor, na forma do *duty of candor*, o dever do advogado de fazer afirmações verdadeiras, devendo a parte e seu defensor jurarem que fazem declarações verdadeiras,[1434] sob pena de serem condenados por *contempt of court*, na hipótese desse juramento ser falso. A solução intermediária é a mais

reversing existing law or for establishing new law; (3) the factual contentions have evidentiary support or, if specifically so identified, will likely have evidentiary support after a reasonable opportunity for further investigation or discovery; and (4) the denials of factual contentions are warranted on the evidence or, if specifically so identified, are reasonably based on belief or a lack of information."

1433 "c) Sanctions. (1) In General. If, after notice and a reasonable opportunity to respond, the court determines that Rule 11(b) has been violated, the court may impose an appropriate sanction on any attorney, law firm, or party that violated the rule or is responsible for the violation. Absent exceptional circumstances, a law firm must be held jointly responsible for a violation committed by its partner, associate, or employee. (2) Motion for Sanctions. A motion for sanctions must be made separately from any other motion and must describe the specific conduct that allegedly violates Rule 11(b). The motion must be served under Rule 5, but it must not be filed or be presented to the court if the challenged paper, claim, defense, contention, or denial is withdrawn or appropriately corrected within 21 days after service or within another time the court sets. If warranted, the court may award to the prevailing party the reasonable expenses, including attorney's fees, incurred for the motion. (3) On the Court's Initiative. On its own, the court may order an attorney, law firm, or party to show cause why conduct specifically described in the order has not violated Rule 11(b). (4) Nature of a Sanction. A sanction imposed under this rule must be limited to what suffices to deter repetition of the conduct or comparable conduct by others similarly situated. The sanction may include nonmonetary directives; an order to pay a penalty into court; or, if imposed on motion and warranted for effective deterrence, an order directing payment to the movant of part or all of the reasonable attorney's fees and other expenses directly resulting from the violation. (5) Limitations on Monetary Sanctions. The court must not impose a monetary sanction: (A) against a represented party for violating Rule 11(b)(2); or (B) on its own, unless it issued the show-cause order under Rule 11(c)(3) before voluntary dismissal or settlement of the claims made by or against the party that is, or whose attorneys are, to be sanctioned. (6) Requirements for an Order. An order imposing a sanction must describe the sanctioned conduct and explain the basis for the sanction."

1434 "Documents to be verified by a statement of truth 22.1(1) The following documents must be verified by a statement of truth – (a) a statement of case; (b) a response complying with an order under rule 18.1 to provide further information; (c) a witness statement; (d) an acknowledgement of service in a claim begun by way of the Part 8 procedure; (e) a certificate stating the reasons for bringing a possession claim or a landlord and tenant claim in the High

adequada. Não se pode exigir que o advogado diga toda a verdade, a ponto de prejudicar o seu cliente, contribuindo com argumentos e provas favoráveis à parte contrária. Mas a ética profissional determina que a defesa se dê nos limites do ordenamento jurídico, sendo exigível que a sua atuação se circunscreva a padrões morais razoáveis e às limitações legais, não sendo tolerável a destruição de provas, deturpar ou manipular, ardilosamente, os fatos, ou ainda coagir ou subornar testemunhas, uma vez que o processo, como conquista civilizatória de promoção da justiça, não pode admitir que os fins (obtenção da vitória) justifiquem os meios.

No Brasil, o art. 33, *caput*, da Lei 8.906/1994 (EOAB) prevê que o advogado deve cumprir, rigorosamente, os deveres previstos no Código de Ética e Disciplina. Este, por sua vez, ao traçar as regras deontológicas fundamentais, disciplina, no art. 6.º, ser defeso ao advogado expor os fatos em juízo, falseando, deliberadamente, a verdade ou estribando-se na má-fé. Logo, não se obriga a dizer a verdade, mas não se tolera a litigância de má-fé. O art. 80 do NCPC considera litigância de má-fé, dentre outras condutas, o comportamento daquele que *altera a verdade dos fatos* (inc. II).

O NCPC evoluiu nas sanções do litigante de má-fé, a fim de inibir a prática de alteração da verdade dos fatos. O art. 18 do CPC-1973 se limitava à aplicação de multa não excedente a um por cento sobre o valor da causa, o que tornava – em grande parte das situações – inócua a sanção, mais as perdas e danos, também limitadas a até vinte por cento do valor da causa, além do pagamento de honorários advocatícios e das despesas processuais. Pelo art. 81, *caput*, do NCPC, o juiz, de ofício ou a requerimento, condenará o litigante de má-fé a pagar multa, superior a um por cento e inferior a dez por cento do valor corrigido da causa, além de indenizar a parte contrária pelos prejuízos sofridos e arcar com os honorários advocatícios e todas as despesas processuais efetuadas. Se o valor da causa for irrisório ou inestimável, a multa pode ser fixada em até 10 (dez) vezes o salário mínimo (art. 81, § 2.º, NCPC).

Portanto, o processo não pode ser reduzido a um *jogo de espertezas*, em que as partes e seus advogados podem tudo, sendo o órgão judicial um mero mediador passivo de conflitos. Caso contrário, o processo perderia o seu caráter publicístico, transformando-se o juiz em mero *fantoche* das par-

Court in accordance with rules 55.3(2) and 56.2(2); (f) a certificate of service; and (g) any other document where a rule or practice direction requires (...)."

tes, o que retiraria a confiança da sociedade na justiça, na medida em que a colocaria a serviço da dissimulação e da fraude.[1435] A busca impessoal da verdade, pelo órgão judicial (art. 370 do NCPC), permite que o Judiciário exerça seu papel de guardião da Constituição, não se limitando o processo a um *jogo de sofismas e de artimanhas*, pois, se as limitações do conhecimento humano impedem o completo acesso à verdade dos fatos, esses obstáculos não implicam concluir que a verdade não deva ser perseguida ou que se possam considerar justas as decisões baseadas em fatos inteiramente dissociados da realidade da vida ou para legitimar qualquer reconstrução dos fatos juridicamente relevantes.[1436] O juiz não pode ser *mero espectador do drama processual*, mas assegurar concretamente os direitos dos cidadãos, os quais não podem ficar entregues à sua própria sorte e risco. O magistrado não se pode contentar com uma *igualdade puramente formal*, entre os litigantes, tendo o dever de, ao dirigir o processo, assegurar às partes igualdade de tratamento e prevenir ou reprimir qualquer ato contrário à dignidade da justiça (art. 139, I e III, do NCPC). Infelizmente, em razão da não efetivação dos direitos básicos dos cidadãos e pelas deficientes condições de vida existentes em nosso país (a começar pela ausência de educação eficiente), a maior parte das pessoas não consegue dirigir sozinha o seu próprio destino, exigindo a necessária proteção do Estado-juiz.

A boa-fé deve nortear a relação entre o juiz e as partes, impondo o dever recíproco de atuar dentro de parâmetros éticos indispensáveis à resolução racional e pacífica dos conflitos. Por isto, o princípio da colaboração, no processo civil, contido no art. 5º do NCPC, não deve encontrar obstáculo intransponível no Direito Constitucional ao silêncio. A colaboração processual se justifica quando, a exemplo do art. 404, III, do NCPC, a produção da prova não redunda em desonra à parte ou a terceiro, bem como a seus parentes consanguíneos ou afins até o terceiro grau, ou lhes representar perigo de ação penal.

Ademais, ainda que se afirme, em nome da liberdade, que a parte contrária não pode ser coagida a colaborar com o Poder Judiciário na descoberta da verdade, é possível desenvolver técnicas de *distribuição dinâmica* ou mesmo de inversão do ônus da prova. Tais técnicas visam facilitar a proteção do direito material da parte que, tendo apresentado alegações verossi-

[1435] Cf. Leonardo Greco, op. cit., p. 46.
[1436] Idem, p. 46-47.

milhantes, de acordo com as máximas da comum experiência (art. 375 do NCPC),[1437] tenham maior dificuldade na produção da prova do que a parte contrária. Nesse sentido, é emblemática a Súmula 301 do STJ, pela qual, em ação investigatória, a recusa do suposto pai a submeter-se ao exame de DNA induz presunção *juris tantum* de paternidade.[1438] Assegura, pois, o direito ao silêncio do demandado, mas não permite que desse silêncio ele possa vir a se beneficiar, já que isso determinaria a perda da ação pelo demandante, impossibilitado de produzir a prova do fato constitutivo.

Não se pode exigir de alguém provar além do que esteja ao seu alcance demonstrar, porque isso gera um *ônus probatório diabólico*, ou seja, a extrema dificuldade de provar impede a realização dos direitos materiais. Como o processo é mero instrumento para a realização dos direitos materiais, haverá negação ao direito fundamental à tutela jurisdicional adequada (art. 5.º, XXXV, da CF/1988) se, pela não formulação de técnicas processuais, não existirem mecanismos de *facilitação da prova*.

As técnicas de inversão do ônus da prova não se limitam ao art. 6.º, VIII, do CDC. O desequilíbrio entre as partes não é uma exclusividade do direito do consumidor. As desigualdades tampouco precisam ser econômicas ou financeiras. Para fins de inversão do *onus probandi*, dentro da teoria da distribuição dinâmica do ônus da prova, basta que uma das partes tenha melhores condições de provar os fatos juridicamente relevantes e pertinentes que o adversário.

Os dados estatísticos podem ser importante critério objetivo para a implementação de técnicas de inversão do ônus probatório. Por exemplo,

[1437] As máximas da experiência comuns decorrem de *generalizações*, do emprego do *senso comum* e daquilo que ocorre normalmente. Contudo, não devem ser invocadas quando contradizerem o conhecimento científico, contrariarem a prova específica constante dos autos, forem contraditórias com outras máximas da experiência, quando não tenham relação direta com os fatos envolvidos na resolução do caso concreto ou, de modo geral, não estejam ancoradas nos melhores conhecimentos disponíveis na cultura social. Cf. Michele Taruffo. Senso comune... cit., p. 121-156. Logo, devem ser evitadas as generalizações infundadas, produto de preconceitos ou estereótipos, baseados na raça, gênero, origem, tendência sexual etc., que não correspondam à realidade concreta. Por exemplo, "mulher honesta", "marido infiel", "policial corrupto", "terrorista islâmico", "contrabandista sul-americano", "ladrão negro" etc. Cf. Michele Taruffo. Narrazioni processuali cit., p. 103.

[1438] Tal orientação jurisprudencial foi incorporada ao art. 2.º-A da Lei 8.560/1992, que asseverou se tratar de *presunção iuris tantum* ("a ser apreciada em conjunto com o contexto probatório").

mulher que afirma estar sendo discriminada no ambiente de trabalho, porque ganha menos que o colega homem, no desempenho da mesma atividade laboral. Argumenta que dados estatísticos, apurados por reconhecida entidade científica, ilustram, hipoteticamente, que as mulheres ganham 20% menos que os homens no exercício da mesma função. Tais dados estatísticos não servem como prova da existência da afirmação alegada. Contudo, poderiam ser levados em consideração, pelo juiz, para inverter o ônus da prova, servindo como presunção judicial relativa da existência da discriminação, até que o empregador se desincumba do ônus da prova contrária.

A aplicação da técnica da distribuição dinâmica do ônus da prova, pelo art. 373, § 1.º, do NCPC, depende de decisão judicial rigorosamente motivada (art. 93, IX, da CF/1988)– que justifique os motivos de fato e de direito (lei autorizadora ou as peculiaridades da causa relacionadas à impossibilidade ou à excessiva dificuldade de cumprir o ônus de provar definido pelo art. 373, *caput*, do NCPC, ou, ainda, a maior facilidade de obtenção da prova do fato contrário). A decisão deve acontecer por ocasião do saneamento do processo (art. 357, III, NCPC), jamais na sentença. Isso para que nenhuma das partes seja surpreendida e não reste prejudicado o exercício das garantias constitucionais do devido processo legal, do contraditório e da ampla defesa, as quais incluem o direito à produção da prova contrária. Além disso, o art. 373, § 2.º, do NCPC, exige que a aplicação da teoria da distribuição dinâmica do ônus da prova não gere situação que a desincumbência do encargo seja impossível ou excessivamente difícil.

Portanto, os direitos fundamentais, especialmente os de caráter social (art. 6.º da CF/1988), não podem ficar desprotegidos, merecendo pela aplicação do art. 373, § 1.º, do NCPC, a verificação judicial das circunstâncias do caso concreto, a fim de se evitar que a distribuição tradicional do ônus da prova (art. 373, *caput*, do NCPC) gere um ônus tão rigoroso ao demandante que torne impossível a tutela dos direitos materiais.

5.7 Reserva do possível e mínimo existencial

5.7.1 Processo e cidadania

A previsão de catálogos de direitos fundamentais nas Constituições teria apenas sentido simbólico se não pudesse ser efetivada, na prática, para melhorar a vida das pessoas, especialmente as mais necessitadas.[1439] A constitucionalização meramente simbólica gera discrepância entre o texto e a realidade constitucionais, promovendo a desconfiança em relação ao Estado, o que conduz ao descrédito do direito como sistema de regulação de condutas, porque o povo se sente iludido e os atores políticos se tornam "cínicos".[1440]

Em termos operacionais e processuais, as declarações de direitos humanos e sociais, assimiladas pelas Constituições nacionais, dependem da regulamentação dos organismos estatais, a quem incumbe condicionar o exercício de suas funções voltadas à implementação desses direitos.[1441]

A ausência de comprometimento do Poder Público com a efetivação dos direitos fundamentais inviabiliza as transformações sociais. Não tendo o Executivo e o Legislativo atuado, adequadamente, para a proteção desses direitos, a Constituição Federal, no art. 5.º, XXXV, assegura o acesso ao Poder Judiciário para, subsidiariamente, fazer valer os direitos constitucionais.

Por isso, além da previsão formal de direitos fundamentais, é indispensável desenvolver meios processuais que permitam que o Estado-juiz assegure, efetivamente, a tutela dos direitos. Para tanto, é preciso desenvolver, por intermédio da atuação de todas as instituições que integram o sistema de justiça, com ênfase na adequação da jurisdição constitucional e das técnicas processuais, o sentido *republicano* da *política*, para que a cidadania seja norteada pelo valor da solidariedade (realização do bem comum), concebido como *contexto vital ético* da sobrevivência da *pólis*.[1442] A *solidaridade* é uma fonte de *integração social* e a *política republicana* uma

[1439] Segundo Marcelo Neves, "a constitucionalização simbólica importa que os princípios de inclusão do Estado de bem-estar, previstos abstratamente no texto constitucional, não se concretizam de forma suficientemente relevante para a massa dos subintegrados" (op. cit., p. 123).

[1440] Cf. Marcelo Neves, op. cit., p. 123-124.

[1441] Cf. José Eduardo Faria. *Direitos humanos, direitos sociais e justiça*, p. 94-98.

[1442] Jürgen Habermas apela a um conceito republicano de política para definir o que considera cidadania: "O conceito republicano da 'política' não se refere aos direitos de cidadãos privados à vida, à liberdade, e à propriedade, garantidos pelo Estado, porém, em primeira linha, à prática de autodeterminação de cidadãos orientados pelo bem comum, que se compreendem como membros livres e iguais de uma comunidade cooperadora que a si mesmo se administra. Direito e lei são secundários em relação ao contexto vital ético de uma *polis* na qual a virtude da participação ativa pode desenvolver-se e estabilizar-se nos negócios públicos. O homem só pode realizar o *telos* de sua espécie nesta prática de cidadania" (*Direito e democracia*... cit., vol. 1, p. 332).

forma de reflexão de um contexto vital ético, ou seja, um meio para que os membros da comunidade – cidadãos – tomem consciência de sua dependência recíproca.[1443]

No Estado Democrático de Direito, a Constituição é soberana. Nenhum dos Poderes da República pode se colocar acima dela. Nenhum órgão do Estado está imune à força normativa da Constituição e ao império das leis. A inércia do Poder Público ao aplicar e tornar efetiva a Lei Fundamental exige a atuação segura do Poder Judiciário, cujo dever é fazer respeitar a Constituição e as Leis.

Quando o Judiciário deixa de preservar a intangibilidade da Constituição, fica comprometida a *integridade* do sistema político, a *estabilidade* do ordenamento jurídico, a *proteção* dos direitos fundamentais, a *segurança* das relações jurídicas e a *legitimidade* das instituições da República.[1444]

Aliás, atores políticos preferem, muitas vezes, que o Judiciário seja instância decisória de certas questões políticas, em relação às quais não há um acordo moral razoável na sociedade (*v.g.*, a abertura dos arquivos da ditadura militar, as uniões homoafetivas, aborto etc.). Tais questões são, estrategicamente, repassadas ao Poder Judiciário, pois seus integrantes não têm de assumir os custos políticos.[1445]

O Judiciário tem a função de preservar e fazer respeitar os valores consagrados no ordenamento jurídico, especialmente os previstos na Constituição. Isso é indispensável para que se viabilizem os direitos reconhecidos aos cidadãos, especialmente a tutela do *direito ao governo honesto*, prerrogativa insuprimível da cidadania, pela qual todos podemos exigir que o Estado seja dirigido por administradores íntegros, legisladores probos e juízes incorruptíveis.[1446]

A necessidade institucional de práticas de *protagonismo judiciário*,[1447] voltadas ao cumprimento da autoridade da Constituição, devem ser aliadas às técnicas processuais capazes de realizar o direito fundamental à tutela jurisdicional adequada, célere e efetiva. Com isso, quer-se ressaltar o *escopo político* do processo que, ao permitir a *participação* dos cidadãos na

[1443] Cf. Jürgen Habermas. *Direito e democracia*... cit., vol. 1, p. 333.

[1444] Cf. Celso de Mello. Op. Cit. p. 9.

[1445] Cf. Luis Roberto Barroso. Constituição, democracia e supremacia judicial: direito e política no Brasil contemporâneo, p. 6.

[1446] Cf. Celso de Mello. Op. Cit. p. 17.

[1447] Cf. item 4.3.7 supra.

discussão das questões públicas, revela-se importante mecanismo republicano de promoção democrática. Afinal, o exercício da cidadania está diretamente ligado ao controle do poder público por intermédio de mecanismos seguros, independentes e efetivos, vale dizer, de "não dominação", de participação.[1448]

Não se pode olvidar que a Constituição não deve ser compreendida como um conjunto fechado e estático de normas jurídicas, mas como um *processo público aberto e evolutivo*. A *Constituição viva* depende de processos interpretativos em que se devem inserir todos os órgãos estatais, as entidades privadas e os cidadãos. A interpretação constitucional, como processo público, aberto e evolutivo, depende da maior comunicação entre o Estado e a sociedade. Cabe, destarte, ao ordenamento jurídico não apenas assegurar a interpretação aberta da Constituição, mas promover a opinião pública, estabelecendo canais de comunicação entre governantes e governados.

As técnicas processuais devem evoluir para possibilitar que os cidadãos, individualmente ou de forma organizada, possam influenciar nas decisões políticas e jurídicas que interferem na vida social.

Nesse sentido, destacam-se as ações coletivas. Por intermédio da via ou do conduto das ações coletivas, a jurisdição se torna um local que *acolhe a participação* (*v.g.*, pela ação popular permite-se que o povo participe do poder, apontando os desvios na gestão pública),[1449] o que viabiliza a realização de uma prestação estatal imprescindível aos direitos fundamentais.[1450] As ações coletivas conferem um *plus* à função jurisdicional, porque permitem não somente que o Judiciário tutele direitos coletivos, mas também que a jurisdição tome o seu lugar na *efetivação da democracia*, que necessita

[1448] Conforme Cristina Queiroz, "a cidadania não consiste unicamente em proteger uma esfera de liberdade face ao Estado. Pelo contrário, a cidadania encontra-se hoje inextrincavelmente ligada ao controle do poder público. Esse controle deve ser garantido através de mecanismos de participação, segurança e independência (isto é, "não dominação") e não por simples barreiras erguidas contra o poder do Estado (*walls against the State*)" (*Direitos fundamentais sociais...* cit., p. 29).

[1449] "O constitucionalismo contemporâneo confere à cidadania um novo sentido. Ele quer o exercício consciente dessa cidadania, que se traduz na obrigação de o cidadão fiscalizar, cada vez mais, o Estado. O cidadão é o grande fiscal do poder público, mesmo porque este existe em razão dele e para satisfazer as necessidades. Acontece que essa fiscalização se exerce mediante a ação do Poder Judiciário, vale dizer, mediante medidas judiciais" (Carlos Mário da Silva Velloso. O Poder Judiciário como poder político no Brasil do século XXI, p. 13-14).

[1450] Cf. Luiz Guilherme Marinoni. *Teoria geral do processo* cit., p. 111.

de técnicas de participação "direta" para poder construir uma sociedade mais justa.[1451] Com o processo judicial que se instaura, a partir das ações coletivas, o centro de decisões politicamente relevantes, no Estado Democrático de Direito contemporâneo, sofre um sensível deslocamento do Legislativo e do Executivo para o Judiciário, na medida em que tais ações se tornam instrumentos privilegiados da *participação política* e do *exercício permanente da cidadania*, voltados à *transformação social emancipatória*.[1452]

Também é importante a figura do *amicus curiae*, que é um terceiro que não se torna parte, mas intervém no decorrer do processo, para discutir problemas jurídicos que interessam não apenas aos litigantes, mas a toda a sociedade ou a grupos, classes ou estratos sociais, sendo fator de maior legitimação das decisões judiciais.[1453] Há diversas formas de intervenção do *amicus curiae* no Brasil: a) art. 31 da Lei 6.385/1976, na Comissão de Valores Mobiliários; b) art. 89 da Lei 8.884/1994, no Conselho de Administrativo de Defesa Econômica; c) art. 7.º, § 2.º, da Lei 9.868/1999, na ação direta de inconstitucionalidade; d) art. 14, § 7.º, da Lei 10.259/2001, no pedido de uniformização de jurisprudência nos Juizados Especiais Federais; e) art. 138 do NCPC que possibilita que o juiz ou o relator, considerando a relevância da matéria, a especificidade do tema objeto da demanda ou a repercussão social da controvérsia, de ofício ou a requerimento das partes ou de quem pretenda manifestar-se, solicitar ou admitir a participação de pessoa natural ou jurídica, órgão ou entidade especializada, com representatividade adequada, no prazo de 15 (quinze) dias de sua intimação; f) no art. 1.035, § 4.º, do NCPC, na análise da repercussão geral para o recurso extraordinário; g) no art. 1.038, I, do NCPC, no julgamento de recursos especiais selecionados; h) no art. 3.º, § 2.º, da Lei 11.417/2006, para a edição, a revisão ou o cancelamento de súmulas vinculantes.[1454]

Na ação direta de inconstitucionalidade, por exemplo, permite-se que cheguem ao STF percepções diversas – daquelas emanadas do autor da ação, do Advogado Geral da União,[1455] que tem a incumbência de proce-

[1451] Idem, ibidem.

[1452] Cf. Willis Santiago Guerra Filho. Por uma teoria fundamental da Constituição: enfoque fenomenológico, p. 22-23.

[1453] STF, ADIn 2.130-MC, j. 20.12.2000, rel. Min. Celso de Mello, *DJ* 02.02.2001.

[1454] Cf. Cassio Scarpinella Bueno. Amicus curiae *no processo civil brasileiro: um terceiro enigmático*.

[1455] Quando já houver entendimento do STF, no sentido da inconstitucionalidade do dispositivo impugnado, tem-se dispensado o Advogado-Geral da União de proceder à defesa do

der à defesa do dispositivo impugnado, do Procurador-Geral da República e dos Ministros – da questão a ser decidida. O STF tem estendido a participação do *amicus curiae*, por analogia, aos processos de arguição de preceito fundamental,[1456] além de possibilitar a apresentação de memoriais e também o direito de sustentar oralmente as suas razões.[1457]

Entidades da sociedade civil organizada, ainda, podem participar nos processos que pedem a edição, a revisão ou o cancelamento de súmulas vinculantes. Além dos legitimados do art. 3.º da Lei 11.417/2006, o relator pode admitir a manifestação de terceiros na questão, nos termos do Regimento Interno do STF (art. 3.º, § 2.º).[1458] A participação pode partir da publicação de editais das Propostas de Súmula Vinculante, no Diário de Justiça Eletrônico (*DJe*) e no link "Proposta de Súmula Vinculante", disponível no ícone "Jurisprudência", no *site* do STF. Depois de vinte dias da publicação desses editais, os interessados terão cinco dias para se manifestar perante o Tribunal. Por exemplo, no início de março de 2009, a questão da gratuidade de medicamentos para pessoas carentes, objeto da Proposta de Súmula Vinculante 4, já contava com duas sugestões: uma para editar enunciado sobre a responsabilidade solidária dos Estados e do Distrito

mesmo dispositivo. Cf. STF, ADIn 2.687-PA, Tribunal Pleno, j. 20.03.2003, rel. Min. Nelson Jobim, *DJU* 06.06.2003; ADIn 1.616-PE, Tribunal Pleno, j. 28.04.2003, rel. Maurício Correa, *DJU* 13.06.2003, p. 11; ADIn 2.101-MS, Tribunal Pleno, j. 18.04.2001, rel. Min. Maurício Correa, *DJU* 05.10.2001, p. 39.

1456 Cf. STF, ADPF 54, decisão liminar, j. 01.07.2004, rel. Min. Marco Aurélio, *DJU* 02.08.2004.

1457 Cf. STF, ADIn 1.104-DF, rel. Min. Gilmar Mendes, *DJU* 29.10.2003; ADIn 2.540-RJ, rel. Min. Celso de Mello, *DJU* 08.08.2002.

1458 "Art. 3.º São legitimados a propor a edição, a revisão ou o cancelamento de enunciado de súmula vinculante: I – o Presidente da República; II – a Mesa do Senado Federal; III – a Mesa da Câmara dos Deputados; IV – o Procurador-Geral da República; V – o Conselho Federal da Ordem dos Advogados do Brasil; VI – o Defensor Público-Geral da União; VII – partido político com representação no Congresso Nacional; VIII – confederação sindical ou entidade de classe de âmbito nacional; IX – a Mesa de Assembleia Legislativa ou da Câmara Legislativa do Distrito Federal; X – o Governador de Estado ou do Distrito Federal; XI – os Tribunais Superiores, os Tribunais de Justiça de Estados ou do Distrito Federal e Territórios, os Tribunais Regionais Federais, os Tribunais Regionais do Trabalho, os Tribunais Regionais Eleitorais e os Tribunais Militares. § 1.º O Município poderá propor, incidentalmente ao curso de processo em que seja parte, a edição, a revisão ou o cancelamento de enunciado de súmula vinculante, o que não autoriza a suspensão do processo. § 2.º No procedimento de edição, revisão ou cancelamento de enunciado da súmula vinculante, o relator poderá admitir, por decisão irrecorrível, a manifestação de terceiros na questão, nos termos do Regimento Interno do Supremo Tribunal Federal."

Federal em fornecer medicamentos e tratamento médico; outra para permitir o bloqueio de verbas públicas para o fornecimento de remédios e de tratamentos para as pessoas que não pudessem arcar com seu custo.[1459]

A figura do *amicus curiae* é corolário do escopo político da jurisdição. Decorre do pluralismo jurídico e é desdobramento do Estado Democrático de Direito. É manifestação de *cidadania processual*, porque permite a participação de segmentos diferentes da sociedade na formação da decisão judicial. Independentemente de legislação expressa, deve ser estendida para todo e qualquer processo individual ou coletivo, em que, para a proteção de interesses de caráter social relevante, o Judiciário deve resolver questões jurídicas que envolvem problemas complexos.[1460] Isso dará maior legitimidade à atuação jurisdicional, permitindo a construção de precedentes sólidos voltados à construção de uma sociedade mais justa, livre e solidária (art. 3.º, I, da CF/1988). Pretende-se, assim, fomentar o diálogo entre a ciência e o Direito, possibilitando condições de transformação social, ao institucionalizar mecanismos que permitam, de um lado, aos cidadãos conhecimentos mais profundos das questões técnico-científicas e, de outro, aos técnicos e cientistas se aproximarem das aspirações dos cidadãos e das condições socioeconômicas e culturais. Com esse *interconhecimento*, é mais fácil construir critérios mais amplos e seguros, capazes de avaliar os riscos e as incertezas, envolvidos em qualquer decisão técnica.[1461]

De lege ferenda, o Min. Athos Gusmão Carneiro chegou a sugerir a adição de uma Seção V ao Capítulo VI do Código de Processo Civil de 1973, destinado à intervenção de terceiros, denominado *Outras formas de intervenção*, com a seguinte redação: "Art. 80-A. Os legitimados para as ações coletivas poderão intervir em causas pendentes, facultando-se-lhes juntar documentos, requer provas e arrazoar e, se for o caso, recorrer, desde que a intervenção se justifique para a defesa de interesse de ordem pública e que favoreça uma das partes no processo".[1462] Por sua vez, o Projeto de Lei

[1459] Disponível em: [http://www.stf.jus.br/portal/cms/verNoticiaDetalhe.asp?idConteudo=104123]. Acesso em 06.03.2009.

[1460] Cf. José Miguel Garcia Medina e Teresa Arruda Alvim Wambier. *Processo civil moderno. Parte geral e processo de conhecimento*, p. 83; Eduardo Cambi e Kleber Ricardo Damasceno. *Amicus curiae* e o processo coletivo: uma proposta democrática. p. 13-46.

[1461] Cf. Boaventura de Souza Santos, Maria Paula G. Menezes e João Arriscado Nunes. Conhecimento e transformação social: por uma ecologia de saberes, p. 46.

[1462] Cf. Athos Gusmão Carneiro. Intervenção de terceiros no CPC, *de lege ferenda*, p. 132-133.

4484/2012, de Nova Lei Ação Civil Pública, contemplava a figura do *amicus curiae*, da seguinte forma: "Art. 7.º É vedada a intervenção de terceiros nas ações coletivas, ressalvada a possibilidade de qualquer legitimado coletivo habilitar-se como assistente litisconsorcial em qualquer dos polos da demanda. § 1.º A apreciação do pedido de assistência far-se-á em autos apartados, sem suspensão do feito, salvo quando implicar deslocamento de competência, recebendo o interveniente o processo no estado em que se encontre. § 2.º O juiz rejeitará liminarmente o pedido de habilitação como assistente do membro do grupo, na ação em defesa de interesses ou direitos individuais homogêneos, quando o interessado não demonstrar, de plano, razões de fato ou de direito que assegurem utilidade à tutela coletiva e justifiquem a sua intervenção, podendo o juiz limitar o número de assistentes, quando este comprometer o bom andamento e a duração razoável do processo. § 3.º As pretensões individuais, na fase de conhecimento do processo coletivo, somente poderão ser discutidas e decididas de modo coletivo, facultando-se o agrupamento em subclasses ou grupos".

Ademais, deve-se destacar a regulamentação e a utilização de *audiências públicas*, como meio de participação e influência direta nas decisões judiciais. A propósito, importante salientar as sucessivas audiências públicas, realizadas pelo STF, para debater, por exemplo, a interrupção da gravidez de fetos sem cérebro, anomalia conhecida como anencefalia, com o intuito de julgar a Arguição de Descumprimento de Preceito Fundamental (ADPF) 54; as relativas ao uso de células-tronco em pesquisas científicas, autorizado pelo art. 5.º da Lei de Biossegurança (Lei 11.105/2005), por ocasião do julgamento da Ação Direta de Inconstitucionalidade (ADIn) 3.510; ainda, aquelas voltadas a discutir a possibilidade de o Brasil importar pneus usados provenientes de países não integrantes do Mercosul, a fim de proceder-se ao julgamento da Arguição de Descumprimento de Preceito Fundamental (ADPF) 101; e, também, para debater regras do Sistema Único de Saúde, relativas ao julgamentos dos Agravos Regimentais nas Suspensões de Liminar 47 e 64, das Suspensões de Tutela Antecipada 36, 185, 211 e 278, e das Suspensões de Segurança 2.361, 2.944, 3.345 e 3.355, envolvendo temas como a responsabilidade dos entes da federação em matéria de direito à saúde; a obrigação do Estado de fornecer prestação de saúde prescrita por médico não pertencente ao quadro do SUS ou sem que o pedido tenha sido feito previamente à Administração Pública; a obrigação do Estado de custear prestações de saúde não abrangidas pelas políticas públicas existentes; a obrigação do Estado de disponibilizar medicamentos ou tratamentos experimentais não registrados na Anvisa ou não aconselhados pelos Protocolos Clínicos do SUS; a obrigação do Estado de fornecer medicamento não licitado e não previsto nas listas do SUS e as fraudes no Sistema Único de Saúde.

As audiências públicas têm alcance mais amplo, podendo servir para a discussão de critérios para que o Judiciário decida questões científicas complexas e socialmente relevantes, mas também devem ser utilizadas, pelos entes legitimados, antes da propositura das ações coletivas.

Assim, cabe ao Ministério Público, na medida da defesa dos interesses sociais indisponíveis a serem tutelados, promover audiências públicas (*v.g.*, a constatação de cobertura manifestamente parcial de algum fato ou assunto público, por qualquer meio de comunicação, que venha a distorcer ou omitir pontos de vistas relevantes à formação da opinião pública, pode ensejar, preliminarmente a edição de uma regulamentação administrativa, a elaboração de um compromisso de ajustamento de conduta ou ao ajuizamento de ação civil pública voltada à defesa do *direito coletivo ou difuso de resposta*, audiência pública, com os segmentos sociais e técnicos envolvidos, para se verificar de que modo as informações estavam sendo deturpadas; ainda, aquelas destinadas a discutir questões ambientais localizadas, como o melhor lugar para o funcionamento de aterro sanitário, coleta seletiva de resíduos sólidos e compostagem). O art. 27, parágrafo único, IV, da Lei 8.625/1993 (Lei Orgânica Nacional do Ministério Público) afirma que cabe ao Ministério Público, no exercício de suas atribuições, promover audiências públicas. Também, o art. 22 da Res. 87, de 03.08.2006, do Ministério Público Federal, recomenda a realização de audiências públicas para defender a obediência, pelo poder público ou pelos serviços de relevância pública e social, dos direitos e garantias constitucionais. Devem ser precedidas de editais de convocação, a que se dará publicidade, e de convites, nos quais devem constar a data, o local, o objetivo, a disciplina e a agenda da audiência. Ao final da audiência, deve ser lavrada ata, a que se dará publicidade. Tal perspectiva, evidentemente, deve ser salientada, no contexto do novo papel adquirido pelo Ministério Público, no processo civil, especialmente após a Lei de Ação Civil Pública e especialmente depois da Constituição de 1988, deixando de ser *mero fiscal da lei* para ser verdadeiro *indutor de políticas públicas*. O Conselho Nacional do Ministério Público (CNMP), pela Resolução 82/2014, regulamentou os procedimentos das audiências públicas, tendo asseverado, por exemplo, no art. 1º., §

1.º: "As audiências públicas serão realizadas na forma de reuniões organizadas, abertas a qualquer cidadão, para discussão de situações das quais decorra ou possa decorrer lesão a interesses difusos, coletivos e individuais homogêneos, e terão por finalidade coletar, junto à sociedade e ao Poder Público, elementos que embasem a decisão do órgão do Ministério Público quanto à matéria objeto da convocação".

Ainda, os Projetos de Nova Lei de Ação Civil Pública (tanto o PLC 5139/2009 quanto o PLC 4484/2012), também contemplavam, de modo amplo, a audiência pública, no art. 22, que preceituava: "Em qualquer tempo e grau do procedimento, o juiz ou tribunal poderá submeter a questão objeto da ação coletiva a audiências públicas, ouvindo especialistas no assunto e membros da sociedade, de modo a garantir a mais ampla participação social possível e a adequada cognição judicial".

Com efeito, a maior participação da sociedade em instrumentos como o do *amicus curiae* e em audiências públicas é capaz de promover o maior e mais aberto debate público sobre assuntos polêmicos de interesse social. Permite a participação de vários entes políticos e sociais que poderiam trazer contribuições não apenas jurídicas, mas principalmente técnicas (*v.g.*, dados, cálculos, estatísticas, argumentos etc.), além de experiências reais, que contribuiriam para a promoção da tutela dos direitos fundamentais. Além disso, possibilita a promoção de ações coletivas adequadas, evitando a promoção de demandas baseadas na opinião pessoal do ente legitimado (p. ex., de promotores de justiça ou de procuradores da República) sem um mínimo de consenso social. Ao fim, também são inibidas decisões judiciais equivocadas que, por ausência de conhecimento suficiente, distorcem a realidade social ou deixam de aplicar a melhor solução técnica possível, em prejuízo da efetiva proteção dos direitos fundamentais.

Os institutos da audiência pública e do *amicus curiae*, mesmo sem previsão legal ampla, podem ser extraídos do direito fundamental à tutela jurisdicional adequada e efetiva, prevista no art. 5.º, XXXV, da CF/1988. O desenvolvimento de técnica processual capaz de proteger os direitos materiais se insere nos direitos à organização e procedimentos, os quais pertencem à categoria dos direitos a ações estatais positivas (direitos a prestações em sentido amplo).[1463] Portanto, toda vez que tais institutos se

[1463] "Los derechos a procedimientos judiciales y administrativos son esencialmente derechos a una 'protección juridica efectiva'. Condición de una efectiva protección jurídica es que

mostrarem adequados, para promover a democracia participativa, devem ser deferidos, no caso concreto, ainda que se trate de processos para os quais não exista previsão legislativa adequada (*v.g.*, o deferimento de *amicus curiae* em ações coletivas que recaiam sobre direitos difusos). Assim, seria possível que em ações coletivas que versam sobre questões jurídicas complexas e de alta repercussão social (*v.g.*, estabelecimento de cotas em universidades públicas) entidades da sociedade pudessem participar do processo, colaborando com informações, dados estatísticos, pareceres técnicos e experiências anteriores, para a mais exata compreensão dos direitos difusos em colisão e, consequentemente, para a melhor qualidade da prestação judicial.

Ainda outro exemplo, *de lege ferenda*, é o estímulo promovido pelo Código Modelo de Processos Coletivos para Ibero-América (art. 3.º, I) pela ampliação da legitimação ativa das ações coletivas para qualquer pessoa física que pretenda defender os interesses ou direitos difusos de que seja titular um grupo, categoria ou classe de pessoas ligadas por circunstâncias de fato. Isso, por si só, não assegura a maior participação popular. Caso contrário, tal efeito teria sido conseguido pelo art. 5.º, LXXIII, da CF/1988, ao ampliar o alcance da ação popular. Porém, na prática judiciária, diminuta é a sua utilização. Na tentativa de incentivar a participação popular, o art. 16, § 3.º, do Anteprojeto de Código Brasileiro de Processo Coletivo, redigido sob a coordenação de Ada Pellegrini Grinover, dispunha, ainda, que se o legitimado fosse pessoa física, sindicato ou associação, o juiz poderia fixar gratificação financeira quando sua atuação tivesse sido relevante na condução e no êxito da ação coletiva.

Portanto, a democracia exige *deliberações comuns* e, por isso, pressupõe a existência de *espaços públicos abertos* que permitam que pessoas e grupos possam discutir questões jurídicas socialmente relevantes. Promover o diálogo não é acirrar disputas, mas incentivar a obtenção de argumentos racionais que possam conduzir aos *consensos necessários* à efetivação das resoluções que melhor atendam os interesses comunitários e individuais de cada cidadão.[1464]

el resultado del procedimiento garantice los derechos materiales del respectivo titular de derechos" (Robert Alexy. *Teoría de los derechos fundamentales* cit., p. 472).

1464 "Afirma-se, hoje, que a democracia pressupõe a existência de um espaço público aberto, em que as pessoas e grupos possam discutir sobre os temas polêmicos, prontas ao diálogo, reconhecendo-se reciprocamente como seres livres e iguais. A democracia exige deliberação

No entanto, os mecanismos de democracia participativa devem caminhar juntos com os de democracia representativa. A descrença da população na política e nos políticos não deve levar à substituição da democracia representativa pela participativa. Os Parlamentos são importantes *espaços públicos institucionais* para a expressão das vontades da maioria e da minoria. A democracia participativa não é a *panaceia* para todos os males do regime democrático. A democracia *plebiscitária* pode ser uma pseudodemocracia, quando a opinião pública é manipulada por líderes carismáticos, como ocorreu, diversas vezes, na Alemanha nazista ou mais recentemente na Venezuela chavista. Logo, a pretexto de promover a maior participação, tais meios de democracia participativa poderiam ser usados para eliminar espaços institucionais consolidados para a livre manifestação dos interesses da minoria. A convivência de instrumentos de democracia representativa e participativa contribui para o aperfeiçoamento do regime democrático, aumentando os canais públicos de diálogo entre os poderes públicos e sociais.[1465]

Porém, o Direito é apenas um dos múltiplos componentes culturais. O aperfeiçoamento das técnicas processuais constitui apenas uma parcela do incremento da participação popular. A verdadeira promoção da cidadania exige que os direitos fundamentais sociais sejam efetivados, porque são *decisões políticas fundamentais* contidas na Constituição, *compromissos constitutivos* do Estado para com a sociedade.[1466] Afinal, o acesso à justiça não é o único pressuposto de acesso ao Direito. Este depende da satisfação de

pública, e o seu objetivo não é – ou pelo menos não é exclusivamente – o de solucionar divergências contando votos. Pressupõe, ao contrário, que no processo deliberativo as pessoas manifestem-se buscando o entendimento e não a derrota do adversário. Pretende-se que, no espaço público, os cidadãos orientem-se pela busca do bem comum, e não pela defesa incondicional dos seus interesses pessoais ou de grupo. Almeja-se, enfim, que no debate franco de ideias inerente a este processo, as pessoas eventualmente revejam suas posições originais, convencidas pelas razões invocadas pelo outro. Em suma, a democracia deve ser mais diálogo do que disputa; mais comunicação que embate" (Daniel Sarmento. *Direitos fundamentais e relações privadas* cit., p. 307).

[1465] Cf. Daniel Sarmento. *Direitos fundamentais...* cit., p. 308.

[1466] "Os direitos fundamentais sociais constituem 'compromissos constitutivos' (*constitutive commitments*) dos cidadãos expressos em 'decisões políticas fundamentais' na Constituição, que não é apenas a Constituição do Estado, mas a Constituição do Estado *e* da Sociedade, numa palavra, a 'ordem fundamental' de uma 'comunidade jurídica' 'bem ordenada'" (Cristina Queiroz. *Direitos fundamentais sociais...* cit., p. 213).

pressupostos extrajurídicos, ligados ao acesso universal à educação e à saúde básicas, a uma renda familiar digna etc.[1467]

A concretização de direitos econômicos, sociais e culturais envolve problemas complexos que vão muito além da teoria e da dogmática jurídicas, inserindo-se no contexto da *epistemologia da complexidade*.[1468] Por exemplo, as decisões judiciais sobre a concessão de medicamentos, tratamentos no exterior ou instalação de Unidades de Terapia Intensiva (UTIs) abrangem a elaboração de políticas públicas, econômicas e sociais, estabelecidas por governos e gestores da saúde, bem como a análise das possibilidades orçamentárias. No extremo da complexidade, sem o auxílio de conhecimentos multidisciplinares e o auxílio da técnica processual (*v.g.*, provas científicas, audiências públicas, *amicus curiae* etc.), corre-se o risco de cair no "fuzzismo" ou na metodologia *fuzzy*, termo em inglês que é atribuído a coisas "vagas", "indistintas" e "indeterminadas". Em outros termos, pode-se cair no vazio de opiniões e decisões jurídicas dadas por operadores jurídicos sobre temas que desconhecem ou não dominam (*v.g.*, saberia um juiz quanto custam, anualmente, os medicamentos necessários para a recuperação de um paciente soropositivo?).[1469]

Portanto, a problemática da concretização dos direitos fundamentais sociais se desloca para as teorias da argumentação, envolvendo juízos de ponderação e técnicas processuais adequadas para resolver as complexas relações entre princípios e diretrizes políticas.

[1467] Cf. Leonardo Greco, op. cit., p. 44.

[1468] Sobre a epistemologia da complexidade, conferir o item 2.1 supra.

[1469] "Como todos sabem, *fuzzy* significa em inglês 'coisas vagas', 'indistintas', indeterminadas. Por vezes, o estilo 'fuzzysta' aponta para o sentido do indivíduo. Ligeiramente embriagado. A nosso ver, paira sobre a dogmática e sobre a teoria jurídica dos direitos econômicos, sociais e culturais a carga metodológica da 'vagueza', 'indeterminação'e 'impressionismo' que a teoria da ciência vem aplicando, em termos caricaturais, sob a designação de 'fuzzysmo' ou 'metodologia *fuzzy*'. Em abono da verdade, este peso retórico é hoje comum a quase todas as ciências sociais. Em toda a sua radicalidade, a censura de 'fuzzysmo', lançada aos juristas, significa basicamente que eles não sabem do que estão a falar, quando abordam os complexos problemas dos direitos econômicos, sociais e culturais. (...) Ao insistirmos nos novos direitos sociais de minorias populacionais, como, por exemplo, dos indivíduos soropositivos (isto é, doentes com SIDA), saberemos que cada indivíduo gasta nos dois últimos anos terminais da doença alguma coisa como doze milhões de escudos por ano, o equivalente a um apartamento de duas assoalhadas?" (José Joaquim Gomes Canotilho. Metodologia "fuzzy"... cit., p. 99-100). Verificar, ainda: Federico Puppo. Per un possibile confronto fra logica *fuzzy* e teoria dell'argomentazione, p. 221-272.

5.7.2 *Os custos da realização dos direitos*

Incentivar práticas de *protagonismo judiciário* é somente uma parte da complexa questão da proteção, pelo Poder Judiciário, dos valores consagrados no ordenamento jurídico e da efetivação dos direitos fundamentais. Não basta, contudo, ter apenas vontade de efetivar a Constituição e de transformar a realidade. Tão importante quanto as boas intenções é a possibilidade de o direito vir a ser concretizado, em razão dos custos que gera ao Poder Público e a toda a sociedade. Cabe, pois, discutir quando e em que medida os limites financeiros podem justificar a não realização dos direitos fundamentais sociais.

No início da década de setenta do século XX, dois juspublicistas alemães alertaram para o problema incontrolável de que os direitos sociais custam muito dinheiro:[1470] a) Peter Häberle formulou a ideia da "reserva das caixas financeiras" para explicar que os direitos econômicos, sociais e culturais estão sob reserva das capacidades financeiras do Estado, se e na medida em que constituem prestações financiadas pelos cofres públicos; b) W. Martens, por sua vez, escreveu que os direitos públicos subjetivos somente são passíveis de serem garantidos no âmbito do possível e do adequado.

O tema preocupa, na medida em que cresce o número de demandas e de condenações judiciais obrigando o Estado a concretizar direitos, nos mais variados setores (saúde, educação, meio ambiente, segurança pública etc.), exigindo a aplicação dos escassos recursos públicos.[1471] Assim, não basta dizer que o Estado tem responsabilidade na efetivação de direitos fundamentais, sendo imprescindível discutir como decisões judiciais podem vir a serem cumpridas, os seus impactos nos orçamentos públicos e a necessidade de melhor e maior planejamento e transparência nos gastos do governo.

Ao analisar o sentido da "reserva do possível", José Joaquim Gomes Canotilho sustenta que a realização dos direitos econômicos, sociais e culturais se caracteriza:[1472] a) pela *gradualidade* da realização; b) pela

[1470] Cf. José Joaquim Gomes Canotilho. Metodologia "fuzzy"... cit., p. 106-107.

[1471] Cf. Fernando Moutinho Ramalho Bittencourt e Luis Otavio Barroso da Graça. Decisões judiciais e orçamento público no Brasil: aproximação empírica a uma relação emergente, p. 217-264.

[1472] Cf. José Joaquim Gomes Canotilho. Metodologia "fuzzy"... cit., p. 107.

dependência financeira relativamente ao orçamento do Estado; c) pela tendencial *liberdade de conformação do legislador* quanto às políticas de realização desses direitos; d) pela *insusceptibilidade de controle jurisdicional* dos programas político-legislativos, exceto quando se manifestam em clara contradição com as normas constitucionais ou transportem dimensões materialmente desrazoáveis.

Enfim, a expressão *reserva do possível* procura identificar o fenômeno econômico da limitação dos recursos disponíveis diante das necessidades sempre infinitas a serem supridas na implementação dos direitos. Saber quando incide ou não é questão de difícil solução que demanda uma análise mais profunda.

De início, a *reserva do possível* não pode ser uma cláusula restritiva de direitos *prima facie*. Não deve importar na absoluta ineficácia ou na não aplicabilidade de um direito fundamental. Deve ser analisada à luz da garantia do devido processo legal em sentido substancial para expressar a necessidade de *ponderação* entre direitos fundamentais.[1473] Como não existe uma proteção jusfundamental *definitiva*, os direitos fundamentais devem ser ponderados em uma *estrutura argumentativa racional*, onde devem ser levados em consideração os argumentos pró e contra.

Assim, pode-se afirmar que a reserva do possível é um *limite jurídico-fático* dos direitos fundamentais, mas também uma *garantia da máxima eficácia e efetividade* destes direitos, para que se possa assegurar, na hipótese de colisão de direitos, recursos necessários à implementação do *mínimo existencial* ou para salvaguardar o núcleo essencial dos direitos fundamentais em conflito.[1474]

Não se ignora que a efetivação dos direitos sociais tem custos, não podendo nenhum controle judicial de políticas públicas ser prudente sem analisar os aspectos financeiros que a decisão pode causar. A *dinamização* dos direitos sociais passa por uma "desintroversão" do esquema jurídico da relação prestacional.[1475] Em outras palavras, a relação prestacional tem sido escondida no *dever unilateral de socialidade* do Estado, mas quem paga não é o Estado, e sim os cidadãos que contribuem (i.e., os contribuintes

[1473] Cf. Robert Alexy. *Teoría de los derechos fundamentales* cit., p. 498; Paulo Gilberto Cogo Leivas. *Teoria dos direitos fundamentais sociais*, p. 99.

[1474] Cf. Ingo Wolfgang Sarlet. Os direitos sociais... cit., p. 238.

[1475] Cf. José Joaquim Gomes Canotilho. Metodologia "fuzzy"... cit., p. 102.

ou os "pagadores de prestações"), os quais querem saber por que pagam e quem são os beneficiários das prestações.[1476]

A legitimação do exercício do poder judicial, bem como a sua própria respeitabilidade, passam por um criterioso exame da sistemática orçamentária.

5.7.3 Aspectos orçamentários

No âmbito orçamentário, é fundamental que o Estado demonstre a *origem* das receitas (oriundas de seu patrimônio, de imposições fiscais e de empréstimos) e o *destino* das despesas e investimentos.[1477] Para tanto, a Constituição estabeleceu três leis orçamentárias: a Lei do Plano Plurianual, a de Diretrizes Orçamentárias e a Orçamentária Anual.[1478]

Lei de iniciativa do Poder Executivo deve estabelecer o Plano Plurianual (art. 165, I, da CF/1988) que dispõe, de forma regionalizada, as diretrizes, os objetivos e as metas da Administração Pública Federal para as despesas de capital e outras delas decorrentes, além das relativas a programas de duração continuada. O projeto de lei deve ser encaminhado ao Congresso Nacional até quatro meses antes do final do primeiro exercício financeiro do mandato presidencial, tendo a duração de quatro anos, terminando ao final do primeiro ano do mandato subsequente (art. 35, § 2.º, I, do ADCT).

Todos os programas (nacionais, regionais e setoriais) e a Lei de Diretrizes Orçamentárias devem estar de acordo com o Plano Plurianual (arts. 165, § 4.º, e 166, § 4.º, da CF/1988). Assim, nem o legislador nem, muito menos, o administrador possuem ampla liberdade para incluir nesse sistema orçamentário o que bem quiserem. As emendas ao projeto de lei do orçamento anual ou aos projetos que o modifiquem somente poderão ser aprovadas se forem compatíveis com o Plano Plurianual (art. 166, § 3.º, I, da CF/1988).

Todo ano o Executivo deve enviar ao Congresso Nacional projeto de outra lei orçamentária, a Lei de Diretrizes Orçamentárias (art. 165, II, da CF/1988), cuja função é indicar as metas e as prioridades da administração pública federal, incluindo as despesas de capital para o exercício financeiro subsequente; orientar a elaboração da lei orçamentária anual; dispor sobre

[1476] Idem, ibidem.

[1477] Cf. Fernando Facury Scaff. Reserva do possível... cit., p. 220.

[1478] Cf. Fernando Facury Scaff. Sentenças aditivas, direitos sociais e reserva do possível, p. 154-156.

as alterações na legislação tributária e estabelecer a política das agências financeiras de fomento (art. 165, § 2.º, da CF/1988). A referida lei deve ser encaminhada, ao Congresso Nacional, até 15 de abril, e discutida e votada até o final de junho.

Já a Lei Orçamentária Anual tem como função a gestão financeira e administrativa do país (art. 165, III, da CF/1988), compreendendo: a) o *orçamento fiscal*, referente aos poderes da União, seus fundos, órgãos e entidades da administração direta e indireta, inclusive fundações instituídas e mantidas pelo poder público; b) o *orçamento de investimento das empresas* que a União, direta ou indiretamente, detenha a maioria do capital social com direito a voto; c) o *orçamento da seguridade social*, que abrange todas as entidades e os órgãos a ela vinculados, da administração direta ou indireta, além dos fundos e fundações instituídos e mantidos pelo poder público. O projeto de lei orçamentária anual deve demonstrar, de modo regionalizado, o impacto sobre as receitas e despesas, bem como os fundos e as fundações instituídos e mantidos pelo poder público (art. 165, § 5.º, da CF/1988). Tal projeto deve ser encaminhado, pelo Executivo ao Legislativo, até 31 de agosto e devolvido para sanção até 31 de dezembro de cada ano.

Ainda, são vedados, dentre outras práticas (art. 167, I a VI, da CF/1988): o início de programas ou projetos não incluídos na Lei Orçamentária Anual; a realização de despesas ou a assunção de obrigações diretas que excedam os créditos orçamentários ou adicionais; a realização de operações de créditos que excedam o montante das despesas de capital, admitidas exceções; a transposição, o remanejamento ou a transferência de recursos de uma categoria de programação para outra ou de um órgão para outro, sem prévia autorização legislativa.

Além disto, há *limitações formais e materiais*, previstas na Constituição, para o uso dos recursos públicos.

Em relação às *receitas*, o legislador não pode retirar recursos da sociedade sem respeitar *princípios* como o da reserva legal tributária, da anterioridade e o da irretroatividade.[1479]

Já, em relação às *despesas*, os gastos públicos estão limitados formalmente pelos princípios da *não afetação*, pelo qual a Constituição impede que o legislador gaste como bem quiser, estabelecendo *vinculações* entre as despesas e as receitas (art. 167, IV, da CF/1988). Por exemplo: limitações

1479 Cf. Fernando Facury Scaff. Reserva do possível... cit., p. 220.

com pessoal (art. 169 da CF/1988); com educação (art. 212 da CF/1988 – mínimo: União: 18%; Estados, Distrito Federal e Municípios: 25%, das receitas resultantes de impostos),[1480] além do art. 212, § 5.º, da CF/1988 (com redação dada pela EC 53/2006), o qual determina que o ensino fundamental público terá como adicional de financiamento a contribuição social do salário-educação, recolhida, pelas empresas, na forma da lei; com saúde (art. 198, §§ 2.º e 3.º, da CF/1988; ainda, especificamente em relação à saúde, os arts. 198, § 2.º, da CF/1988 e 77 do ADCT fixam os limites de gastos de cada ente federativo); e seguridade social (art. 195 da CF/1988, cujo objetivo é assegurar, nos termos dos arts. 194 e 195, direitos relativos à saúde, à educação e à assistência social).

Atente-se que há outros instrumentos jurídicos que asseguram, mesmo no plano material, a efetivação de direitos fundamentais sociais. Por exemplo, o princípio da garantia de padrão de qualidade na educação, previsto no artigo 206, inc. VII, da CF e regulamentado na Lei nº 13.005/2014 (estratégias 20.6 a 20.8). Tal princípio permite a concretização do *Custo Aluno Qualidade*, para fins de atendimento dos artigos 212, § 3º, da CF e 3º, inc. IX, da Lei nº 9.394/96, a partir de padrões mínimos de qualidade atrela-

[1480] A Constituição Brasileira de 1934 foi precursora na vinculação de percentuais mínimos para a educação (arts. 156 e 157). Porém, tais percentuais foram assegurados apenas formalmente, pois, se tivessem sido devidamente observados, o país, mais de sete décadas depois, não teria tão acentuado *deficit* educacional, *in verbis*: "Art 156. A União e os Municípios aplicarão nunca menos de dez por cento, e os Estados e o Distrito Federal nunca menos de vinte por cento, da renda resultante dos impostos na manutenção e no desenvolvimento dos sistemas educativos. Parágrafo único. Para a realização do ensino nas zonas rurais, a União reservará no mínimo, vinte por cento das cotas destinadas à educação no respectivo orçamento anual. Art 157. A União, os Estados e o Distrito Federal reservarão uma parte dos seus patrimônios territoriais para a formação dos respectivos fundos de educação. § 1.º As sobras das dotações orçamentárias acrescidas das doações, percentagens sobre o produto de vendas de terras públicas, taxas especiais e outros recursos financeiros, constituirão, na União, nos Estados e nos Municípios, esses fundos especiais, que serão aplicados exclusivamente em obras educativas, determinadas em lei. § 2.º Parte dos mesmos fundos se aplicará em auxílios a alunos necessitados, mediante fornecimento gratuito de material escolar, bolsas de estudo, assistência alimentar, dentária e médica, e para vilegiaturas". A referida Constituição também clamava pela responsabilidade social das empresas, as quais também tinham o dever de erradicar o analfabetismo, como está ressaltado no seu art. 149, *in verbis*: "Toda empresa industrial ou agrícola, fora dos centros escolares, e onde trabalharem mais de cinquenta pessoas, perfazendo estas e os seus filhos, pelo menos, dez analfabetos, será obrigada a lhes proporcionar ensino primário gratuito".

dos a indicadores de gasto educacional minimamente capazes de refletir a correlação finalística entre gasto e qualidade de ensino[1481].

Ocorre que os *desvios orçamentários* acontecem na própria elaboração do orçamento. A iniciativa da lei orçamentária é do Poder Executivo (art. 165, III, da CF/1988).[1482] O projeto de lei é enviado, pelo Presidente da República, ao Congresso Nacional (art. 84, XXIII, da CF/1988), onde é submetido à apreciação da Comissão Mista de Senadores e Deputados, a qual emite um parecer para a decisão no Plenário das duas Casas (art. 166, § 2.º, da CF/1988). As emendas no orçamento devem estar relacionadas com correção de erros ou omissões, bem como com dispositivos do projeto de lei (art. 166, § 3.º, III, da CF/1988). Porém, o Presidente da República, para ter apoio parlamentar, acaba liberando emendas parlamentares *incabíveis*, deslocando para o Congresso Nacional os *lobbies* (p. ex., de empreiteiras) que exercem influência muito maior sobre a classe política do que a dos técnicos do Executivo.[1483]

Na execução orçamentária, ocorrem outros importantes desvios. Por exemplo, na ADIn 2.925, discutiu-se se os recursos arrecadados pela União, sob a rubrica da CIDE-Petróleo, poderiam ser utilizados para outros fins que não aqueles previstos no art. 177, II, da CF/1988 (ou seja: *a* – no pagamento de subsídios a preços ou transporte de álcool combustível, gás natural e seus derivados e derivados de petróleo; *b* – no financiamento de projetos ambientais relacionados à indústria do petróleo e do gás; *c* – no financiamento de programas de infraestrutura de transportes). Acontece que no final do ano de 2002 nem todos os recursos arrecadados pelo CIDE foram gastos, o que ensejou o debate se a Lei Orçamentária Anual para 2003 poderia remanejar tais recursos para que fossem gastos em outras finalidades que não aquelas previstas na Constituição. Ao interpretar o art 177, § 4.º, II, da CF/1988, o STF decidiu que o governo não pode gastar o produto da CIDE fora das hipóteses constitucionais.[1484]

[1481] Pinto, Élida Graziane. Financiamento dos direitos à saúde e à educação. Uma perspectiva constitucional Belo Horizonte: Fórum, 2015. p. 34.

[1482] Contudo, há, no Brasil, importantes experiências voltadas à ampliação da democracia municipal e do orçamento participativo que merecem ser ampliadas para possibilitar o maior exercício da cidadania.

[1483] Cf. Kiyoshi Harada. Desvios orçamentários, p. 19.

[1484] "A Constituição estabelece a destinação da arrecadação da CIDE. Estamos de acordo em que a destinação dessa contribuição não pode ser desviada porque não há como escapar do comando constitucional – art. 177, § 4.º, II. Mas o que ouvi dos debates e das manifestações

5.7.4 Direito fundamental à liberdade e mínimo existencial

O direito *geral* de liberdade não se restringe às liberdades *negativas*. Estas são apenas uma condição necessária, mas não suficiente, para o desenvolvimento da *dignidade humana*.

O direito fundamental à liberdade vai além da proteção contra ações negativas. Protege situações e posições jurídicas do titular do direito fundamental, as quais recaem não somente sobre o "fazer" ou "não fazer", mas também sobre o "ser" fático e jurídico.[1485]

A ideia de *liberdade igual* estrutura o princípio democrático, na medida em que:[1486] a) as pessoas nascem livres e iguais em direitos; b) a liberdade e a igualdade começam pela garantia dos direitos de liberdade, dentre os quais os direitos fundamentais da pessoa humana (direito à vida, direito à integridade física e pessoal, direito ao desenvolvimento da personalidade e direito à família); c) a liberdade igual depende da progressiva radiação da igualdade real ou substancial entre as pessoas.

A propósito, o art. 9.º, 2, da Constituição Espanholaa prescreve: "Corresponde a los poderes públicos promover las condiciones para que la libertad y la igualdad del individuo y los grupos en que se integra sean reales y efectivas; remover los obstáculos que impidan o dificulten su plenitud y facilitar la participación de todos los ciudadanos en la vida política, economica, cultural y social".

A justiça social é produto da combinação entre os valores da liberdade e da igualdade: liberdade sem igualdade não conduz à construção de uma sociedade democrática e pluralista, mas sim oligárquica, onde alguns são livres e muitos não o são (ou seja, onde os ricos estão proibidos de comer e os pobres de mendigar ou de dormir debaixo das pontes); igualdade sem liberdade não leva à democracia, mas sim ao despotismo e à opressão de quem detém o poder.[1487] Nesse sentido, o art. 3.º, *j*, da Carta da Organiza-

dos advogados é que o desvio está ocorrendo. (...) Evidentemente que não estou mandando o Governo gastar. A realização de despesas depende de políticas públicas. O que digo é que o Governo não pode gastar o produto da arrecadação da CIDE fora do que estabelece a Constituição Federal – art. 177, § 4.º, II" (STF, ADIn 2.925-DF, Tribunal Pleno, j. 19.12.2003, rel. Min. Marco Aurélio, *DJU* 04.03.2005, p. 10).

1485 Cf. Robert Alexy. *Teoría de los derechos fundamentales* cit., p. 333-334.

1486 Cf. José Joaquim Gomes Canotilho. *Bypass* social e o núcleo essencial de prestações sociais, p. 252.

1487 Cf. Antonio E. Perez Luño, op. cit., p. 215.

ção dos Estados Americanos (1948) assevera que a "justiça e a segurança sociais são as bases de uma paz duradoura".[1488]

Com efeito, a democracia somente é um processo justo de participação política se existir uma justiça distributiva dos bens sociais.[1489] Não há como igualar as possibilidades de participar do governo da *polis* sem a prévia erradicação da fome, da miséria, da ignorância, do analfabetismo e da exclusão.[1490]

Por exemplo, o retrato da fome e da miséria mundiais é alarmante.[1491] Segundo relatório divulgado pela Organização das Nações Unidas para a Alimentação e a Agricultura (FAO), no ano 2000, a situação de carência nutricional das populações mais pobres é dramática, pois, se não houver medidas urgentes, em 20 anos, haverá em todo o mundo cerca de um bilhão de crianças e adolescentes, com menos de 14 anos, sofrendo de desnutrição. No final da primeira década do século XXI, por volta de duzentos milhões de crianças possuem *raquitismo*, causado por deficiência nutricional. Ainda, conforme dados da FAO divulgados em 2014 estima-se que um total de 805 milhões de pessoas no mundo, uma em cada nove, sofrem de fome crônica. Calcula-se que a maior parte da população desnutrida vive em países em desenvolvimento. Na África Subsaariana mais de um em cada quatro pessoas tem fome crônica. A Ásia abria o maior número de famintos – 526 milhões de pessoas.

Por isso, a democracia, a sociabilidade e a juridicidade pressupõem a existência de base jusfundamental que começa nos direitos fundamentais da pessoa e termina nos direitos sociais.[1492]

O principal argumento a favor dos direitos fundamentais sociais é a realização da liberdade, entendida sob dois aspectos: a) a *liberdade jurídica* sem a *liberdade fática* ou *real* (vale dizer, sem a possibilidade fática de escolher o que é permitido) carece de todo valor;[1493] b) a *liberdade fática* de um

[1488] Cf. Christian Stark. Direitos sociais em tratados internacionais, Constituições e leis, p. 279.

[1489] O art. 3.º, 2, da Constituição Italiana afirma: "É dever da República afastar obstáculos de natureza econômica e social, que restringem efetivamente a liberdade e a igualdade dos cidadãos e impedem o pleno desenvolvimento da personalidade humana e a participação eficaz de todos os trabalhadores na formação política e social do país".

[1490] Cf. José Joaquim Gomes Canotilho. *Bypass* social... cit., p. 252.

[1491] Cf. Fábio Konder Comparato. *Afirmação histórica*... cit., p. 354-355.

[1492] Cf. José Joaquim Gomes Canotilho. *Bypass* social... cit., p. 252.

[1493] Robert Alexy, citando Lorenz von Stein e o Tribunal Constitucional Federal alemão, ilustra: "La libertad es sólo real cuando se poseen las condiciones de la misma, los bienes

grande número de titulares de direitos fundamentais depende, essencialmente, de *atividades estatais*.[1494]

A liberdade jurídica se converte em liberdade real, quando as pessoas conseguem desfrutar dos bens sociais materiais básicos para viverem dignamente. Nesse sentido, a liberdade não é apenas a ausência de interferência ou de coação externa, mas principalmente a *ausência de dependência*, que permite que a pessoa seja capaz de se *autogovernar*, criando as condições mínimas para o seu desenvolvimento pessoal e social. Sem isso, a pessoa não tem condições de viver dignamente ou de ser considerada um cidadão livre.

A liberdade jurídica mostra-se sem sentido quando não pode ser exercida na realidade.[1495] São os direitos fundamentais sociais que garantem a liberdade fática, a começar pela promoção do "mínimo de existência material", como medida de proteção estatal básica.

Assim, para que a liberdade real de uma parcela da população seja alcançada é indispensável o desenvolvimento de *políticas públicas* (isto é, ações e programas de ação governamental) voltadas à realização dos direitos fundamentais sociais. Nessa política de efetivação dos direitos fundamentais sociais, há de se incluir a linguagem dos *deveres*, porque direitos fundamentais como a educação e a saúde básicas não são apenas "concessões" do legislador, mas *deveres positivos* (ou deveres de *proteção*, ou de *ação*).[1496] Decorrem de *imperativos constitucionais*, constituindo uma *parte fundamental do contrato social*.[1497] Para serem implementados, dependem de gastos e, como os recursos são limitados, é preciso saber como gastar o dinheiro público.

A Assembleia Geral das Nações Unidas, na Resolução de 04.12.1986, afirmou que "todos os direitos humanos e as liberdades fundamentais são indivisíveis e interdependentes, devendo-se, a fim de promover o desenvolvimento, dar igual atenção e considerar como urgente a implementa-

materiales y espirituales en tanto presupuestos de la autodeterminación' o cuando el Tribunal Constitucional Federal expressa: 'el derecho de liberdad no tendría valor alguno sin los pressupuestos fácticos para poder hacer uso de él'" (*Teoría de los derechos fundamentales* cit., p. 486-487).

1494 Cf. Robert Alexy. *Teoría de los derechos fundamentales* cit. p. 487.

1495 Cf. Cristina Queiroz. *Direitos fundamentais sociais...* cit., p. 49-50.

1496 Idem, p. 82-3.

1497 Cf. Cass R. Sustein. *The second Bill of Rights. FDR's Unfinished Revolution and why we need it more than ever*, p. 192.

ção, promoção e proteção dos direitos civis, políticos, econômicos, sociais e culturais". Também reconheceu, nos arts. 2.º e 3.º, que "os Estados têm o direito e o dever de formular políticas apropriadas para o desenvolvimento nacional, com o objetivo de aumentar constantemente o bem-estar de toda a população e de todos os indivíduos, na base de sua participação ativa, livre e consciente no desenvolvimento e na justa distribuição dos benefícios dele resultantes". Isso implica o dever de todos os Estados de *eliminar os obstáculos ao desenvolvimento*, assegurando "a igualdade de oportunidades, para todos, no acesso aos recursos básicos, à educação, aos serviços de saúde, à alimentação, à habitação, ao emprego e a uma justa distribuição de renda" (art. 8.º).[1498]

Como se verificou no item anterior, a matéria dos gastos públicos não constitui um tema *integralmente* reservado à *deliberação política*, estando muitas das escolhas (*v.g.*, educação e saúde) marcadas por opções constitucionais já definidas.

Uma vez que os recursos públicos são limitados, devem ser aplicados, prioritariamente, na concretização de condições mínimas de tutela da dignidade da pessoa humana (*mínimo existencial*).[1499] Procura-se, destarte, uma *otimização* nos gastos públicos, voltada à aplicação prioritária na efetivação de direitos fundamentais sociais, sem os quais as pessoas não teriam condições mínimas de sobreviver com dignidade (*maximização do mínimo existencial*).

Por isso, os direitos fundamentais sociais, diferentemente dos direitos de liberdade negativos, os quais estão baseados na igualdade formal, são direitos a níveis mínimos de desenvolvimento, voltados a reduzir as desigualdades materiais.[1500] A função de impulso e a natureza dirigente do princípio da igualdade faz com que as leis e as políticas públicas, voltadas à efetivação dos direitos fundamentais sociais, sirvam como meios de aperfeiçoamento

1498 Cf. Fábio Konder Comparato. *Afirmação histórica*... cit., p. 281-282.

1499 "A meta central das Constituições modernas, e da Carta de 1988 em particular, pode ser resumida (...) na promoção do bem-estar do homem, cujo ponto de partida está em assegurar as condições da própria dignidade, que inclui, além da proteção dos direitos individuais, condições materiais mínimas de existência. Ao apurar os elementos fundamentais dessa dignidade (o mínimo existencial) estar-se-ão estabelecendo exatamente os alvos prioritários dos gastos públicos. Apenas depois de atingi-los é que se poderá discutir, relativamente aos recursos remanescentes, em que outros projetos se deverá investir. O mínimo existencial, como se vê, associado ao estabelecimento de prioridades orçamentárias, é capaz de conviver produtivamente com a reserva do possível" (Ana Paula de Barcellos. *A eficácia jurídica dos princípios constitucionais. O princípio da dignidade da pessoa humana*, p. 246).

1500 Cf. Luigi Ferrajoli. I diritti fondamentali... cit., p. 154.

da isonomia, em sentido substancial, pela eliminação de desigualdades fáticas.[1501] Logo, a satisfação dos direitos sociais é sempre uma *questão de grau.*[1502]

É certo que, quando se refere às condições mínimas, não se está ignorando que a *dignidade humana* é um conceito de difícil compreensão que somente pode ser concretizado mediante a implementação de suas diversas dimensões, dentre as quais: a) as *físicas*: nas quais estão compreendidas as necessidades de alimentação, de moradia, de assistência à saúde etc.; b) as *espírito-culturais*: em que são necessários investimentos em educação, lazer, artes etc.

De igual modo, quando se opta pela concretização do *mínimo existencial,* não se está abrindo mão de parcela dos direitos fundamentais sociais, mas apenas encontrando um modo pelo qual os direitos fundamentais possam se realizar *na maior medida possível.* Dentro das limitações orçamentárias, o Estado deve *priorizar* os gastos públicos na concretização daqueles direitos que permitem gerar as *condições gerais mínimas* para a emancipação da pessoa humana, porque esta é a premissa *mais favorável* à realização dos direitos fundamentais em *países de modernidade tardia* como o Brasil. Os demais direitos devem ser buscados no exercício democrático da *cidadania reivindicatória* e da *prática orçamentária.*[1503]

5.7.5 Conceito de mínimo existencial

[1501] Cf. José Joaquim Gomes Canotilho. *Constituição dirigente...* cit., p. 383.

[1502] Cf. Luigi Ferrajoli. I diritti fondamentali... cit., p. 154.

[1503] Ricardo Lobo Torres sustenta que a afirmação dos direitos sociais implica a *maximização do mínimo existencial* e, consequentemente, a *minimização de outros direitos sociais*: "A saída dos direitos sociais tem sido, nas últimas décadas: a) *redução de sua jusfundamentalidade ao mínimo existencial,* que representa a quantidade mínima de direitos sociais abaixo da qual o homem não tem condições para sobreviver com dignidade; b) a otimização da parte que sobreexcede os mínimos sociais na via das políticas públicas, do orçamento e do exercício da cidadania. O equilíbrio entre os dois aspectos – de liberdade e de justiça – passa pela *maximização do mínimo existencial e pela minimização dos direitos sociais em sua extensão, mas não na sua profundidade*" (A jusfundamentalidade dos direitos sociais, p. 108). Ricardo Lobo Torres afirma, ainda, que os "direitos sociais máximos devem ser obtidos na via do exercício da cidadania reinvidicatória e da prática orçamentária, a partir do processo democrático" (idem, p. 124). José Joaquim Gomes Canotilho também se posiciona pela *graduabilidade* da proteção dos direitos sociais, criticando a sua *optimização direta* e *imediata,* cuja posição foi "rapidamente ultrapassada pela chamada 'crise do Estado Social' e pelo triunfo esmagador do globalismo neoliberal" (*Bypass* social..., cit., p. 245).

O art. 11, primeira parte, do Pacto Internacional de Direitos Econômicos, Sociais e Culturais traça alguns balizamentos para definir o conceito de mínimo existencial, ao dispor que os "Estados-membros do presente Pacto reconhecem o direito de toda pessoa a um nível de vida adequado para si próprio e sua família, inclusive à alimentação, vestimenta e moradia adequadas, assim como a uma melhoria contínua de suas condições de vida".

O ordenamento jurídico nacional, embora também possua parâmetros objetivos, não define, de modo exato, o que deve compor o *mínimo existencial*, resultando o preenchimento de tal conceito da hermenêutica jurídica.

De início, deve-se partir de critérios sugeridos pelo *utilitarismo negativo* para se chegar ao conceito e ao conteúdo do mínimo existencial. Explica-se. O utilitarismo busca a igualdade de tratamento aos seres humanos, atribuindo igual importância aos ganhos e às perdas de utilidades de todos, sem exceção. Assim, o princípio fundamental do igualitarismo é *dar peso igual aos interesses iguais de todas as pessoas.*[1504] Com efeito, o utilitarismo leva em consideração a igualdade em determinado ato, não as suas consequências. Por exemplo, se um pai presenteia cada um de seus dois filhos com uma bola idêntica, sob o ponto de vista do ato, foi plenamente satisfeito o conceito de igualdade.[1505] Contudo, se um dos filhos fica feliz com o presente e o outro não, não se conseguiu promover a igualdade no plano das consequências (deixar feliz cada um dos filhos).[1506] Com efeito, o critério de igualdade de felicidade[1507] é um dos critérios mais inseguros de igualdade fática.[1508]

A noção de direitos fundamentais sociais mínimos deve fugir ao modelo *utilitarista positivo*, posto que é *impossível universalizar* o conceito de felicidade, que é *altamente subjetivo*. As qualidades de vida das pessoas são muito diferentes para que seja possível reduzi-las a um denominador comum (*v.g.*, certamente quase todos pretendem ser saudáveis, livres, abastados e bem

[1504] Cf. Amartya Sen. *A ideia de justiça*. p. 326-327.

[1505] Cf. Robert Alexy. *Teoría de los derechos fundamentales* cit., p. 405.

[1506] Idem, ibidem.

[1507] A preocupação com a busca da felicidade encontra contornos jurídicos na Declaração de Independência dos Estados Unidos, redigida por Thomas Jefferson: "Sustentamos que estas verdades são evidentes, que todos os homens foram criados iguais, que foram dotados por seu Criador de certos Direitos inalienáveis, e entre eles estão a Vida, a Liberdade, a Busca da Felicidade".

[1508] Cf. Robert Alexy. *Teoría de los derechos fundamentales* cit., p. 405-406.

sucedidos, mas há muitas pessoas saudáveis, livres, ricas e bem sucedidas que não são felizes).

Porém, é eticamente defensável buscar, pelo *utilitarismo negativo*, um conceito de direito que seja capaz de criar *condições mínimas para prevenir a infelicidade do maior número possível de pessoas* e *na maior medida possível*.[1509]

O conceito de *mínimo existencial* deve ser buscado no núcleo dos valores constitucionais da dignidade da pessoa humana e da solidariedade, na cláusula do Estado Social e no princípio da igualdade.

A *pessoa* não é apenas um agente da liberdade, mas resultado de uma confluência de fatores, especialmente de condições materiais mínimas, necessárias para que possa atingir o seu *máximo potencial*. O discurso da efetivação dos direitos fundamentais e da busca de uma democracia realmente efetiva encontra no conceito de *mínimo existencial* um dos argumentos mais importantes para a promoção da dignidade da pessoa humana.[1510]

A concretização do conteúdo do valor jurídico da dignidade humana depende do contexto da situação concreta, da conduta estatal e do comportamento de cada pessoa humana.[1511] Tal valor jurídico *não possui uma pretensão de validade indeterminada*, não sendo tarefa dos direitos fundamentais assegurar a dignidade, mas as *condições existenciais mínimas necessárias para a sua realização*.

[1509] Cf. Arthur Kaufmann. *Filosofia do direito*, p. 258-263.

[1510] Rodolfo Arango cita o caso das "crianças de rua", julgado em 19.11.1999, pela Corte Interamericana de Direitos Humanos, destacando o voto dos juízes Antônio Augusto Cançado Trindade e de Alirio Abreu Burelli: "Uma pessoa que em sua infância vive, como em muitos países da América Latina, na *Degradação da Miséria*, sem nem mesmo as condições mínimas de criar seu projeto de vida, experimenta um estado de sofrimento que equivale a uma morte espiritual; a morte física que se segue àquela, em tais circunstâncias, é o ponto culminante da destruição total do ser humano. (...) O direito à vida implica não apenas a obrigação negativa de não privar ninguém a vida de modo arbitrário, mas também a obrigação positiva de adotar todas as medidas necessárias para assegurar que os direitos fundamentais não sejam violados. (...) A privação arbitrária da vida não é limitada, portanto, ao ato ilícito do homicídio; ela se estende igualmente à privação do direito à vida com dignidade". Rodolfo Arango, então, conclui: "A vida humana não é apenas subsistência. Ela é uma existência que se dignifica em situações onde um indivíduo pode atingir o seu máximo potencial. A plena realização dessa ideia é o objetivo de uma visão enriquecida dos direitos fundamentais, mas também de uma democracia realmente efetiva" (op. cit., p. 101).

[1511] Cf. Ingo Wolfgang Sarlet. As dimensões da dignidade da pessoa humana: construindo uma compreensão jurídico-constitucional necessária e possível, p. 28.

É importante destacar, todavia, que a dignidade humana tem uma estrutura distinta dos outros direitos fundamentais.[1512] Nos direitos fundamentais normais, uma *intromissão* não significa uma *lesão*; a *intromissão* se converte em uma *lesão, quando não justificada*. No entanto, a dignidade humana carece dessa estrutura intromissão/lesão. Toda intromissão na dignidade humana significa lesão. Por isso, nesse sentido, a dignidade humana tem um caráter de regra.[1513]

De qualquer modo, pode-se afirmar que o núcleo elementar do valor dignidade da pessoa humana é composto do *mínimo existencial*, expressão que identifica o conjunto de bens materiais e imateriais, além das utilidades básicas, indispensáveis ao desenvolvimento autônomo[1514] e digno da pessoa humana,[1515] bem como do reconhecimento recíproco dos indivíduos em uma sociedade.

O *mínimo existencial* não é um conceito eminentemente individual (particular), sendo possível afirmar que, sem um *padrão mínimo de bem estar*, as pessoas não podem exercer, na sociedade, seu papel de cidadãos, tampouco se colocar na posição de igualdade com os demais cidadãos.[1516]

Como foi alertado no início deste tópico, não há no direito nacional parâmetros exatos para dizer o que seja mínimo existencial. Isso não impede a sua conceituação, somente a transfere para a teoria da argumentação, lugar fértil para as opiniões doutrinárias e jurisprudenciais. À guisa de ilustração, Luigi Ferrajoli inclui naquilo que denomina de *mínimo vital* os direitos sociais à saúde, à educação, à subsistência e à previdên-

1512 Cf. Robert Alexy. Entrevista con Manuel Atienza cit., p. 678.

1513 Idem, ibidem.

1514 Nas palavras de Robert Alexy, "derechos son medios necesarios para poder actuar autónomamente. Por esse camino pueden fundamentarse derechos a la protección por el Estado y derechos sociales fundamentales, como, por ejemplo, el derecho a un mínimo existencial" (*Teoría del discurso y derechos humanos* cit., p. 112).

1515 Cf. Luis Roberto Barroso. Fundamentos teóricos... cit., p. 31.

1516 Na definição de Ingo Wolfgang Sarlet, "tem-se por dignidade da pessoa humana a qualidade intrínseca e distintiva reconhecida a cada ser humano que o faz merecedor do mesmo respeito e consideração por parte do Estado e da comunidade, implicando, neste sentido, um complexo de direitos e deveres fundamentais que assegurem a pessoa tanto contra todo e qualquer ato de cunho degradante e desumano, como venham a lhe garantir condições mínimas para uma vida saudável, além de propiciar e promover sua participação ativa e corresponsável nos destinos da própria existência e da vida em comunhão com os demais seres humanos" (As dimensões da dignidade da pessoa humana... cit., p. 37).

cia.[1517] Já Ana Paula de Barcellos concebe o mínimo existencial com quatro elementos: três materiais e um formal (educação fundamental, saúde básica, assistência aos desamparados e acesso à justiça).[1518] Ainda, Ingo Wolfgang Sarlet inclui na problemática da conceitualização do mínimo existencial os direitos ao salário mínimo, à assistência social, à educação e à previdência social.[1519]

Por sua vez, o Tribunal Constitucional Federal, na Alemanha, concedeu proteção ao mínimo existencial em relação: a) a pretensões de segurança social (*Fürsorge/Sozialhilfe*), com fundamento nos arts. 1.º/1 e 2.º/2 da Lei Fundamental, bem como no disposto no art. 2.º/2, em conjugação com o princípio do Estado Social (art. 20.º/1); b) a pretensões no âmbito do ensino privado, como forma complementar ao ensino público superior, na hipótese de oferta insuficiente deste (BVerfGE 75, 40, 62 ss.); c) a pretensões dos docentes universitários a uma garantia mínima a instrumentos de apoio e a condições adequadas à realização prática do ensino e da pesquisa (BVerfGE 35, 79, 115). A Suprema Corte norte-americana, especialmente nos anos 60 e 70 do século XX, interpretando as cláusulas da *equal protection* e do *due process of law*, declarou que o Estado não poderia discriminar os pobres, tendo o *dever afirmativo* (*affirmative duty*) de ofertá-los recursos para o exercício dos direitos ao voto e ao acesso ao Judiciário, chegando a assegurar um *direito a um mínimo de garantias sociais* (*right to a minimum welfare guarantees*).[1520] Ainda, o Tribunal Constitucional português aplicou a garantia do mínimo existencial em relação à impenhorabilidade do "rendimento mínimo garantido" (Ac. TC 62/2002), para a proteção de "rendimento social de inserção" (Ac. TC 509/2002) e para a "revogação do regime de crédito bonificado para habitação" (Ac. TC 590/2004).[1521]

De todo modo, o Estado deve garantir um conjunto mínimo de bens e de serviços essenciais (*v.g.*, saúde básica, educação fundamental e assistência social e jurídica aos pobres), além de uma renda mínima (*v.g.*, salário mínimo) capazes de assegurar o *bem estar social*. Aliás, o Estado de Direito

[1517] Cf. Luigi Ferrajoli. I fondamenti... cit., p. 333.

[1518] Cf. Ana Paula de Barcellos. *A eficácia jurídica...* cit., p. 258.

[1519] Idem, p. 287 e ss.

[1520] Cf. Cristina Queiroz. *O princípio da não reversibilidade dos direitos fundamentais sociais. Princípios dogmáticos e prática jurisprudencial*, p. 93-94.

[1521] Cf. Cristina Queiroz. *Direitos fundamentais sociais...* cit., p. 22-23.

somente pode ser considerado *social* quando assegura a participação da sociedade no *processo produtivo e de resultados*.[1522]

Esclareça-se que o mínimo existencial, assim considerado, compreende um conjunto amplo de atividades voltadas à promoção da dignidade individual e social. Atente-se, à guisa de exemplo, que, apenas por *serviços assistenciais*, entendem-se, por força do art. 23 da Lei 8.742/1993, as atividades continuadas que visem à melhoria de vida da população e cujas ações, voltadas para as necessidades básicas, observem os objetivos, princípios e diretrizes estabelecidas nesta lei. São *objetivos* da assistência social (art. 2.º): I – a proteção à família, à maternidade, à infância, à adolescência e à velhice; II – o amparo às crianças e adolescentes carentes; III – a promoção da integração ao mercado de trabalho; IV – a habilitação e reabilitação das pessoas com deficiência e a promoção de sua integração à vida comunitária; V – a garantia de um salário mínimo de benefício mensal à pessoa com deficiência e ao idoso que comprovem não possuir meios de prover a própria manutenção ou de tê-la provida por sua família. A Lei 8.742/1993 também assevera, no art. 2.º, parágrafo único, que a assistência social realiza-se de forma integrada às políticas setoriais, visando ao enfrentamento da pobreza, à garantia dos *mínimos sociais*, ao provimento de condições para atender a contingências sociais e à universalização dos direitos sociais. Já os *princípios* da assistência social são (art. 4.º): I – a supremacia do atendimento às necessidades sociais sobre as exigências de rentabilidade econômica; II – a universalização dos direitos sociais, a fim de tornar o destinatário da ação assistencial alcançável pelas demais políticas públicas; III – o respeito à dignidade do cidadão, à sua autonomia e ao seu direito a benefícios e serviços de qualidade, bem como à convivência familiar e comunitária, vedando-se qualquer comprovação vexatória de necessidade; IV – a igualdade de direitos no acesso ao atendimento, sem discriminação de qualquer natureza, garantindo-se equivalência às populações urbanas e rurais; V – a divulgação ampla dos benefícios, serviços, programas e projetos assistenciais, bem como dos recursos oferecidos pelo Poder Público e dos critérios para sua concessão. Por fim, são *diretrizes* da assistência social (art. 5.º): I – a descentralização político-administrativa para os Estados, o Distrito Federal e os Municípios, e comando único das ações em cada esfera de governo; II –

[1522] Cf. Cláudia Derani, op. cit., p. 66.

a participação da população, por meio de organizações representativas, na formulação das políticas e no controle das ações em todos os níveis; III – a primazia da responsabilidade do Estado na condução da política de assistência social em cada esfera de governo.

Para a realização do amplo conceito de mínimo existencial, é indispensável verificar os aspectos financeiros. A sua concretização depende da análise da *capacidade financeira do Estado* e *da eleição de prioridades concretas a serem enfrentadas.*

Na eleição das prioridades, a tentativa de conceituar "mínimo existencial" deve considerar os sujeitos destinatários da tutela jurídica. E, sob esse prisma, construir outra *escala de prioridades.* Por exemplo, o art. 227 da CF/1988, ao afirmar que crianças e adolescentes são seres vulneráveis no grupo familiar e social, assegurou, com *absoluta prioridade,* um conjunto de direitos fundamentais, mencionando, expressamente, o direito à vida, à saúde, à alimentação, à educação, ao lazer, à profissionalização, à cultura, à dignidade, ao respeito, à liberdade e à convivência familiar e comunitária, além de colocá-los a salvo de toda forma de negligência, discriminação, exploração, violência, crueldade e opressão.

Logo, o conteúdo da garantia do mínimo existencial há de ser percebido na *vivência* individual e social. Deve ser desenvolvido, *progressivamente,* em uma perspectiva *aberta* e *casuística,* sempre voltada à proteção da pessoa e sua respectiva dignidade. A garantia desse *standard mínimo* se destina a evitar a perda total da função dos direitos fundamentais, de modo que seu conteúdo seja *esvaziado* e, portanto, destituído de sentido.[1523]

No entanto, pela própria indefinição do *mínimo existencial,* no contexto individual e social, jamais poderá o Judiciário negar-se a julgar determinada demanda, alegando falta de interesse processual (ausência de condição da ação). Caso contrário, restaria rechaçado o próprio caráter aberto e casuístico inerente ao conceito de mínimo existencial.

A existência de um direito fundamental ao mínimo existencial possui *autonomia* em relação à previsão de direitos fundamentais sociais, o que permite, inclusive, que tais direitos sejam interpretados à luz do mínimo existencial.[1524] Ademais, mesmo que não se reconheça *a priori* um direito

[1523] Cf. Cristina Queiroz. *O princípio da não reversibilidade...* cit., p. 93.

[1524] Cf. Ingo Wolgang Sarlet e Mariana Filchtiner Figueiredo. Reserva do possível, mínimo existencial e direito à saúde: algumas aproximações, p. 25.

fundamental social como direito subjetivo[1525] (isto é, como não integrante do mínimo existencial), a preservação do *mínimo de existência condigna* deve ser sempre qualificada como *direito subjetivo* e merece ser assegurada, nos mesmos termos que os direitos fundamentais de defesa.

Atente-se que a expressão "existência" significa o *ser em concreto* (*dasein*), ou seja, o *próprio viver*.[1526] Por isso, a garantia de um mínimo de existência condigna (*freedom from desperate conditions*) não se refere, tão somente, à mera sobrevivência fisiológica e psíquica, mas também ao livre desenvolvimento da personalidade e à inclusão na sociedade.[1527] Portanto, o valor da dignidade da pessoa humana não se resume à acepção negativa de não intromissão na esfera individual e íntima das pessoas, possuindo caráter positivo, vale dizer, relativo ao homem ou a mulher enquanto pessoa e cidadão, dotados de idêntica dignidade social, como membros de uma comunidade social bem ordenada.[1528] Consequentemente, ao se tutelar a dignidade da pessoa humana (art. 1.º, III, da CF/1988) também está se concretizando o valor constitucional da solidariedade, contribuindo para a construção de uma sociedade mais livre, justa e solidária (art. 3.º, I, da CF/1988).

O direito fundamental ao mínimo existencial, como já salientado, exige tratamento similar às regras jurídicas, sendo que o seu *conteúdo mínimo* há de ser buscado, na própria Constituição, independentemente de processo de ponderação.[1529] Isso porque o direito fundamental ao *mínimo existencial*

1525 Cf. item 5.7.10 abaixo.

1526 Cf. José Carlos Vieira de Andrade. O "direito ao mínimo de existência condigna" como direito fundamental a prestações estaduais positivas – Uma decisão singular do Tribunal Constitucional. Anotações ao acórdão do Tribunal Constitucional 509/02, p. 29.

1527 Idem, ibidem.

1528 Cf. Cristina Queiroz. *O princípio da não reversibilidade...* cit., p. 95-96.

1529 Conforme Cristina Queiroz, "mesmo que não se reconheça o direito fundamental social como direito subjectivo, a preservação do 'mínimo de existência condigna' é sempre qualificada de 'direito subjetivo', acabando assim por vir garantida nos mesmos termos dos direitos fundamentais de defesa. Essa 'posição mínima definitiva', não sendo juridicamente delimitável em abstracto, acaba por resultar essencialmente protegida através de uma 'regra' como 'mandato definitivo'. O que significa, à luz da 'teoria dos princípios', que a firma da sua aplicação não é a 'ponderação', mas a 'subsunção'. O 'conteúdo mínimo' do direito é 'fixado' independentemente de um processo de ponderação. Esse conteúdo retira-se do enunciado linguístico da norma ou da vontade do legislador constituinte" (*Direitos fundamentais sociais...* cit., p. 150-151).

não depende de expressa previsão constitucional para ser reconhecido, posto que decorre da proteção da dignidade da pessoa humana.[1530]

Enfim, o *mínimo existencial* representa o *núcleo intangível* dos direitos fundamentais. A não observância do *mínimo existencial* acarreta ofensa à dignidade da pessoa humana, não se podendo dele abrir mão, sob pena de reduzir as pessoas a meros *meios* (e não fins) dos direitos. Desse modo, o valor da dignidade humana, ao mesmo tempo, limita os direitos fundamentais (para que, em um caso concreto, se dê a maior efetivação de um princípio em colisão com outro) e inibe restrições excessivas, mediante a previsão de um conteúdo inatingível, a ser conceituado como *mínimo existencial.*[1531] Qualifica-se, destarte, como princípio de defesa das condições mínimas de existência e de direito à obtenção de prestações públicas para assegurar a efetivação das condições materiais de *existência condigna*, tendo a mesma densidade jurídico-subjetiva dos direitos de defesa.[1532]

Entretanto, ao se tentar buscar os contornos conceituais do mínimo existencial no valor da dignidade da pessoa humana, não se deve perder de vista que a dignidade humana não pode ser pensada como um *valor absoluto*, porque o Direito Positivo jamais seria capaz de prever fórmulas capazes e isentas de dúvidas quanto à riqueza complexa dos valores da pessoa.[1533]

Quando se refere ao *mínimo existencial*, o que está em causa é a determinação, em uma certa sociedade concreta e em momento histórico delimitado, de quais são as *condições mínimas* que devem ser asseguradas pelo Estado para uma existência digna.

Em conclusão, o *conteúdo* do direito fundamental ao mínimo existencial possui caráter variável, relativo e particular, devendo ser interpretado como um conceito flexível, por versar sobre *problemas quantitativos* (*v.g.*, quantos meios de subsistência, quanta instrução, saúde, segurança ou assistência judiciária, quanto trabalho, que moradia?). Não merece ser rigidamente delimitado, mas, ao contrário, deve desenvolver-se em uma perspectiva aberta e casuística.

Assim sendo, o conteúdo mínimo dos vários direitos fundamentais individuais, voltados ao livre desenvolvimento da personalidade, e sociais (edu-

[1530] Cf. Ingo Wolgang Sarlet e Mariana Filchtiner Figueiredo. Reserva do possível... cit., p. 24.

[1531] Cf. Willis Santiago Guerra Filho. Por uma teoria fundamental da Constituição... cit., p. 15.

[1532] Cf. José Joaquim Gomes Canotilho. *Direito Constitucional e teoria da Constituição* cit., p. 343.

[1533] Cf. José Carlos Vieira de Andrade. O "direito ao mínimo de existência condigna"... cit., p. 29.

cação, saúde, assistência social e judiciária), depende do tempo e do lugar, bem como da estrutura e do nível econômico e financeiro da sociedade.[1534]

5.7.6 *Mínimo existencial versus reserva do possível*

Tão relevante quanto pontuar se este ou aquele direito fundamental é prioritário, para definir o mínimo existencial e proceder ao controle judicial de políticas públicas, é indispensável *testar* o *mínimo existencial* em relação à cláusula da *reserva do possível.*

A reserva do possível não é elemento integrante (nuclear) dos direitos fundamentais, constituindo ora um limitador fático-jurídico, ora um critério para resolver conflitos entre direitos fundamentais e, destarte, salvaguardar o direito ao mínimo existencial.[1535]

Abrange, pelo menos, uma *dimensão tríplice*:[1536] a) a da disponibilidade (fática) dos recursos necessários à efetivação dos direitos fundamentais; b) a da disponibilidade jurídica desses recursos, envolvendo questões como a distribuição, no sistema constitucional federativo, das receitas e competências legislativas, administrativas, tributárias e orçamentárias; c) a do eventual titular de um direito a prestações sociais, a exigir juízos de razoabilidade e de proporcionalidade, para resolver os conflitos entre direitos e, dessa forma, permitir ou não que recursos sejam disponibilizados para assegurar a pretensão individual (exigibilidade).

Como ponto de partida, para a formulação do raciocínio jurídico, tome-se o exemplo da efetivação do direito fundamental à educação básica, em que não deve haver discussão sobre a sua primordial importância.[1537] Não

1534 Idem, ibidem.

1535 Cf. Ingo Wolgang Sarlet e Mariana Filchtiner Figueiredo. Reserva do possível... cit., p. 30

1536 Idem, ibidem.

1537 Rodolfo Arango bem identifica a realização do direito fundamental à educação como inerente ao Estado Constitucional e Democrático: "Nós poderíamos ser questionados se o fato de permitir que crianças fiquem nas ruas pedindo esmolas para ajudar seus pais a garantir a sobrevivência de suas famílias viola o direito fundamental à educação e demais direitos fundamentais destas crianças. Negar que exista uma violação neste caso é abandonar qualquer possibilidade de um futuro digno, pacífico e próspero para a nossa sociedade. A consequência da recusa de agir e a exclusão de milhões de pessoas do bem-estar e da cultura são contrárias ao Estado constitucional e democrático" (op. cit., p. 96). Ainda, o STJ, no REsp 212.961-MG, já teve oportunidade de destacar a importância do direito fundamental (social) à educação: "é a própria Constituição Federal que insere a educação no rol dos direitos sociais. Em verdade,

há exercício de liberdade nem funcionamento efetivo da democracia sem um sólido substrato educativo e cultural. O progresso político, econômico e social exige, como requisito indispensável, a difusão da cultura e, junto com ela, a liberdade de conhecer e a capacidade para julgar.[1538]

O art. 13, 1, do Pacto Internacional de Direitos Econômicos, Sociais e Culturais afirma que os Estados-Partes reconhecem o direito de todas as pessoas à educação; que ela visa o pleno desenvolvimento da pessoa humana e da sua dignidade, fortalecendo o respeito pelos direitos humanos e liberdades fundamentais, devendo capacitar todas as pessoas a participar, efetivamente, de uma sociedade livre, favorecendo a compreensão, a tolerância e a amizade entre todas as nações. O art. 13, 2, do referido Pacto enfatiza que a educação primária deverá ser obrigatória e acessível, além de gratuita a todos.[1539] O Comitê de Direitos Econômicos, Sociais e Culturais, criado pela Organização das Nações Unidas (ONU), em 1985, para acompanhar a aplicação do Pacto Internacional de Direitos Econômicos, Sociais e Culturais, assinalou, em 08.12.1999, em Comentários Gerais, ser o direito à educação um direito humano em si mesmo, como também um direito para a realização de outros direitos humanos, porque veículo primário para que as pessoas econômica e socialmente marginalizadas possam combater a pobreza e obter os meios para participar, plenamente, de suas comunidades.[1540]

O subdesenvolvimento, nos países mais pobres, é marcado pela ausência de garantias universais e eficazes para o pleno desenvolvimento individual

educação é o primeiro dos direitos sociais, não apenas na enumeração constitucional, como na ordem natural das coisas. Com efeito, onde há educação, existe saúde, saúde gera trabalho, trabalho pede lazer e assim por diante. Em recente pronunciamento, notável economista não vacilou em dizer: 'houvesse apenas um real em caixa, eu não vacilaria em destiná-lo à educação'" (STJ, 1.ª T., j. 15.08.2000, rel. Min. Humberto Gomes de Barros, *DJU* 18.09.2000). Verificar, ainda: Maria Teresa Uile Gomes. *Direito humano à educação e políticas públicas.*

1538 Cf. Antonio E. Perez Luño, op. cit., p. 197.

1539 Apesar de não se usar essa terminologia no direito pátrio, o mencionado Pacto Internacional faz uma escala progressiva de prioridades, para tutelar o direito fundamental à educação, a começar pela referida educação primária. Depois, menciona que a educação secundária, em suas diferentes formas, incluindo o ensino técnico-profissional, deve ser generalizada e tornar-se acessível a todos, por todos os meios apropriados, em particular, pela implantação progressiva do ensino gratuito. O ensino superior deve tornar-se igualmente acessível a todos, com base na capacidade de cada um, por todos os meios apropriados, em particular, pela implantação progressiva do ensino gratuito. Por fim, faz referência à previsão de um sistema adequado de bolsas de estudo e a programas de aperfeiçoamento do corpo docente.

1540 Disponível em: [http://www.unhchr.ch/tbs/doc.nsf]. Acesso em 18.08.2008.

e comunitário. Quanto menor é o horizonte cultural dessas populações, mais distantes ficam dos *aspectos qualitativos* do mundo, refletidos na educação, na arte e na cultura.[1541]

No contexto emancipatório decorrente do Pacto Internacional de Direitos Econômicos, Sociais e Culturais, o art. 25, *caput*, da Lei 8.742/1993 afirma que "os projetos de enfrentamento da pobreza compreendem a instituição de investimento econômico-social nos grupos populares, buscando subsidiar, financeira e tecnicamente, iniciativas que lhes garantam meios, capacidade produtiva e de gestão para melhoria das condições gerais de subsistência, elevação do padrão da qualidade de vida, a preservação do meio ambiente e sua organização social".

Por sua vez, o art. 208, I e IV, da CF/1988, a partir das redações dadas pelas ECs 53/2006 e 49/2009, dispõe ser dever do Estado assegurar o ensino fundamental, obrigatório e gratuito dos 04 (quatro) aos 17 (dezessete) anos de idade, assegurada inclusive sua oferta gratuita para todos os que a ela que não tiveram acesso na idade própria, bem como a educação infantil, em creche e pré-escola, às crianças até cinco anos de idade.[1542] O art. 208, § 1.º, da CF/1988 afirma, de modo peremptório, que o "acesso ao ensino obrigatório e gratuito é Direito Público subjetivo". Logo, a não oferta de ensino fundamental ou a sua oferta irregular autorizaria a imediata intervenção do Poder Judiciário.

Para admitir tal conclusão como verdadeira, a reserva do possível não pode ser considerada um *limite absoluto*, tampouco pode servir como um *cômodo fundamento* para negar a realização dos direitos fundamentais. A reserva do possível é apenas um dos argumentos que devem ser analisados pelo juiz no momento em que formula a sua decisão, buscando compatibilizar a *necessária realização* da Constituição com a devida *responsabilidade estatal*.[1543]

A reserva do possível, quando considerada como uma *limitação fática* (*v.g.*, alegação de inexistência de recursos) à implementação dos direitos fundamentais, exige que o Poder Público assuma o *ônus da prova*. Não basta dizer que não possui recursos, pela simples razão de que, pelo art. 373, II, do

1541 Cf. Antonio E. Perez Luño, op. cit., p. 198.

1542 A Lei 11.700, de 16.06.2008, acrescentou o inc. X ao art. 4.º da Lei 9.394, de 20.12.1996, impondo o dever do Estado em assegurar "vaga na escola de educação infantil ou ensino fundamental mais próxima de sua residência a toda criança a partir do dia em que completar quatro anos de idade".

1543 Cf. Américo Bedê Freire Junior, op. cit., p. 79.

NCPC, quem alega fato impeditivo da existência de um direito deve prová-lo, sob pena de a alegação ser considerada vazia e destituída de credibilidade.

Cabe ao Poder Público demonstrar, especificamente, que há *exaustão orçamentária*, comprovando que inexistem recursos suficientes para que a Administração possa cumprir determinadas decisões judiciais.[1544]

Na prática, é comum que o Poder Público se recuse a obedecer liminares, determinando a efetivação de direitos fundamentais, sob o argumento da ausência de recursos. Os Tribunais Superiores, contudo, atentos à proteção dos direitos fundamentais sociais, não têm acatado tal argumentação, quando se revela destituída de comprovação e meramente retórica.[1545] Duas decisões servem para ilustrar essa perspectiva.

[1544] Cf. Eros Roberto Grau. Despesa pública. Conflito existente entre princípios e eficácia das regras jurídicas. O princípio da sujeição da Administração às decisões do Poder Judiciário e o princípio da legalidade da despesa pública, p. 144; Emerson Garcia. Princípio da separação dos poderes... cit., p. 80.

[1545] "Administrativo – Controle judicial de políticas públicas – Possibilidade em casos excepcionais – Direito à saúde – Fornecimento de medicamentos – Manifesta necessidade – Obrigação do Poder Público – Ausência de violação do princípio da separação dos poderes – Não oponibilidade da reserva do possível ao mínimo existencial. 1. Não podem os direitos sociais ficar condicionados à boa vontade do Administrador, sendo de fundamental importância que o Judiciário atue como órgão controlador da atividade administrativa. Seria uma distorção pensar que o princípio da separação dos poderes, originalmente concebido com o escopo de garantia dos direitos fundamentais, pudesse ser utilizado justamente como óbice à realização dos direitos sociais, igualmente fundamentais. 2. Tratando-se de direito fundamental, incluso no conceito de mínimo existencial, inexistirá empecilho jurídico para que o Judiciário estabeleça a inclusão de determinada política pública nos planos orçamentários do ente político, mormente quando não houver comprovação objetiva da incapacidade econômico-financeira da pessoa estatal. 3. *In casu*, não há empecilho jurídico para que a ação, que visa a assegurar o fornecimento de medicamentos, seja dirigida contra o município, tendo em vista a consolidada jurisprudência desta Corte, no sentido de que 'o funcionamento do Sistema Único de Saúde (SUS) é de responsabilidade solidária da União, Estados-membros e Municípios, de modo que qualquer dessas entidades têm legitimidade *ad causam* para figurar no polo passivo de demanda que objetiva a garantia do acesso à medicação para pessoas desprovidas de recursos financeiros' (REsp 771.537/RJ, 2.ª T., rel. Min. Eliana Calmon, *DJ* 03.10.2005). Agravo regimental improvido" (AgRg no REsp 1136549/RS, 2.ª T., j. 08.06.2010, rel. Min. Humberto Martins, *DJe* 21.06.2010). Verificar, ainda, dentre outras, decisões do STF que determinam a implementação de políticas públicas pelo Poder Judiciário sem ofensa ao princípio da separação dos poderes: RE 808193 AgR, Relator(a): Min. Roberto Barroso, Primeira Turma, julgado em 19/05/2017, Acórdão Eletrônico DJe-115 Divulg 31-05-2017 Public 01-06-2017; RE 958246 AgR, Relator(a): Min. Celso de Mello, Segunda Turma, julgado em 02/06/2017, Acórdão Eletrônico DJe-133 Divulg 19-06-2017 Public 20-06-2017; ARE 955846

A primeira, do STJ,[1546] manteve liminar que determinou que o município de Lagoa Vermelha, no Rio Grande do Sul, tenha que custear cirurgia de redução de estômago para moradora da cidade com obesidade mórbida. A suspensão de liminar e de sentença, contra o Poder Público, deve ser concedida, excepcionalmente, quando demonstrada grave lesão à ordem, à saúde, à segurança e à economia públicas (arts. 15 da Lei 12.016/2009, 4.º da Lei 8.437/1992 e 1.º da Lei 9.494/1997). No caso concreto, a liminar foi mantida, para que o ente federativo realizasse a cirurgia no prazo de 30 dias ou depositasse o valor de R$ 13.600,00, porque o município não demonstrou, de forma inequívoca, prejuízo à ordem ou à saúde públicas, especialmente porque o custeio urgente da cirurgia envolvia uma única pessoa e não tem o potencial de causar danos concretos aos bens jurídicos protegidos pela Lei 8.437/1992.

A segunda decisão, do STF,[1547] manteve liminar, em ação civil pública, que determinava a transferência de todos os pacientes dos 61 municípios que compõem a macrorregião de Sobral (CE), necessitados de atendimento em Unidades de Tratamento Intensivo (UTIs), para hospitais públicos ou particulares que dispusessem de tais unidades, além da instalação e funcionamento de 10 leitos de UTIs adultas, 10 leitos de UTIs neonatais e 10 leitos de UTIs pediátricas. A liminar foi mantida sob os seguintes argumentos: a) a aplicação imediata do direito fundamental à saúde (art. 196 da CF/1988);[1548] b) ser o direito à saúde indispensável à realização da dignidade da pessoa humana, compor o "mínimo existencial" e, por isto, não poder deixar de ser objeto de apreciação judicial; c) o art. 196 da CF/1988

AgR, Relator(a): Min. Gilmar Mendes, Segunda Turma, julgado em 26/05/2017, Processo Eletrônico DJe-119 Divulg 06-06-2017 Public 07-06-2017.

[1546] Cf. SLS 957, j. 13.10.2008, rel. Min. Cesar Asfor Rocha.

[1547] Cf. Suspensão de Liminar 228-7-CE, j. 14.10.2008, rel. Min. Gilmar Mendes.

[1548] O art. 12 do Pacto Internacional sobre Direitos Econômicos, Sociais e Culturais também serve de importante referencial normativo sobre o tema, apontando: "1. Os Estados-Signatários no presente Pacto reconhecem o direito de toda a pessoa gozar das melhores condições possíveis de saúde física e mental; 2. A fim de assegurar a plena efectividade deste direito, os Estados-Signatários no presente Pacto deverão adotar, entre outras, as medidas necessárias para: a) a redução do número de natimortos e da mortalidade infantil e o são desenvolvimento das crianças; b) o melhoramento em todos os aspectos da higiene do trabalho e do meio ambiente; c) a prevenção e o tratamento das doenças epidêmicas, endêmicas, profissionais e outras, e lutar contra as mesmas; d) a criação de condições que assegurem a todos a assistência médica e serviços médicos em caso de doença".

não é uma norma programática, incapaz de produzir efeitos, apenas indicando diretrizes a serem observadas pelo poder público, mas capaz de gerar *Direito Público subjetivo*, impondo ao Estado o dever de desenvolver políticas públicas que visem à redução de doenças, à promoção, à proteção e à recuperação da saúde, e cujo descumprimento legitima a atuação do Poder Judiciário;[1549] d) o Judiciário, ao deferir uma prestação de saúde, incluída entre as políticas sociais e econômicas, formuladas pelo Sistema Único de Saúde (Portaria MS/GM 1.101, de 13.06.2002), não está criando política pública, mas apenas determinando o seu cumprimento;[1550] e, caso a prestação de saúde pleiteada não esteja abrangida pelas políticas do SUS, deve o Judiciário verificar se a não prestação decorre de omissão legislativa ou administrativa; e) a suspensão da liminar causaria graves e irreparáveis danos à saúde e à vida da população abrangida pela macrorregião de Sobral (CE). Vale ainda ressaltar, quanto à proteção ao direito fundamental à saúde, que devem ser assegurados, nas instituições de saúde

[1549] "O Direito Público subjetivo à saúde representa prerrogativa jurídica indisponível assegurada à generalidade das pessoas pela própria Constituição da República (art. 196). Traduz bem jurídico constitucionalmente tutelado, por cuja integridade deve velar, de maneira responsável, o Poder Público, a quem incumbe formular – e implementar – políticas sociais e econômicas idôneas que visem a garantir, aos cidadãos, o acesso universal e igualitário à assistência farmacêutica e médico-hospitalar. O direito à saúde – além de qualificar-se como direito fundamental que assiste a todas as pessoas – representa consequência constitucional indissociável do direito à vida. O Poder Público, qualquer que seja a esfera institucional de sua atuação no plano da organização federativa brasileira, não pode mostrar-se indiferente ao problema da saúde da população, sob pena de incidir, ainda que por censurável omissão, em grave comportamento inconstitucional. A interpretação da norma programática não pode transformá-la em promessa constitucional inconsequente. O caráter programático da regra inscrita no art. 196 da Carta Política – que tem por destinatários todos os entes políticos que compõem, no plano institucional, a organização federativa do Estado brasileiro – não pode converter-se em promessa constitucional inconsequente, sob pena de o Poder Público, fraudando justas expectativas nele depositadas pela coletividade, substituir, de maneira ilegítima, o cumprimento de seu impostergável dever, por um gesto irresponsável de infidelidade governamental ao que determina a própria Lei Fundamental do Estado" (STF, RE-AgRg 393175-RS, 2.ª T., j. 12.12.2006, rel. Min. Celso de Mello, *DJU* 02.02.2007, p. 140).

[1550] Na macrorregião de Sobral (CE), apesar do alto índice de dengue e de número preocupante de óbitos, havia apenas nove leitos de UTI. O item 3.5 da Portaria MS/GM 1.101/2002 recomenda quantidade mínima de leitos hospitalares da seguinte forma: a) leitos hospitalares totais: dois e meio a três leitos pra cada 1.000 habitantes; b) leitos de UTI: 4% a 10% do total de leitos hospitalares; c) leitos de unidades de recuperação (pós-cirúrgicos): em média, dois a três leitos por sala cirúrgica; d) leitos para pré-parto: no mínimo dois leitos por sala de parto.

públicas e privadas, padrões adequados de eficiência e de qualidade.[1551] A progressiva especialização dos padrões de qualidade (incluindo a gestão, a regulação, o procedimento e o controle) circunscrevem, material e positivamente, os *direitos dos doentes* (direito à autonomia e à informação, liberdade de escolha, direito à equidade no acesso, direito a tratamento em prazo clinicamente razoável com gestão racional e eficiente ajuste das listas de espera, direito à participação democrática dos doentes ou associações de doentes na definição de períodos de espera clinicamente aceitáveis, direito a atendimento em UTIs etc.).[1552] Portanto, a otimização do direito fundamental à saúde não decorre da mera consagração no texto constitucional, mas da *good governance* dos recursos públicos e privados afetados ao sistema de saúde.[1553]

A reserva do possível não se confunde com a impossibilidade empírica *tout court*, mas com a *impossibilidade técnica* (*v.g.*, quando se pretende a distribuição gratuita de um remédio, ainda em fase experimental, que não é produzido em escala industrial e, por isso, não pode ser assegurado a todas as pessoas) ou com a *escassez* (*v.g.*, verifica-se quando existe o medicamento ou o tratamento, já testados e comercializados, mas de elevado custo, de modo a não se poder garantir o acesso universal e igualitário, previsto no art. 196, *caput*, da CF/1988).[1554]

Por outro lado, não deve o juiz julgar improcedente a demanda, afirmando que o autor da ação coletiva não demonstrou suficientemente suas alegações (art. 373, I, do NCPC), exigindo do demandante demonstrar que o Estado não vem aplicando corretamente o dinheiro público. Nas ações coletivas, não deve predominar parâmetros individuais e privatísticos, tal

[1551] Cf. José Joaquim Gomes Canotilho. *Bypass* social... cit., p. 249.

[1552] Idem, p. 249 e 264-265.

[1553] Idem, p. 249.

[1554] Cf. José Reinaldo de Lima Lopes, op. cit., p. 181.

como os que existiam no Código de Processo Civil de 1973,[1555] cuja aplicação subsidiária exigia as devidas cautelas.[1556]

Mesmo antes do advento do Novo Código de Processo Civil, a fim de concretizar o direito fundamental à tutela jurisdicional adequada e efetiva (art. 5.º, XXXV, da CF/1988), para a proteção dos interesses transindividuais, o órgão judicial deveria utilizar técnicas de facilitação da proteção desses direitos.

Com a Lei 13.105/2015 (NCPC), o magistrado pode inverter o ônus da prova, quando o Poder Público (demandado) dispuser de maiores conhecimentos técnicos, informações específicas (sobre o orçamento) ou maior facilidade de comprovação, fazendo aplicar a *teoria da distribuição dinâmica do ônus da prova*, presente no art. 373, § 1.º, do NCPC.[1557] A teoria da distribuição dinâmica do ônus da prova, como já ressaltado no item 5.6.6 supra, é uma técnica processual voltada à concretização do direito fundamental à tutela jurisdicional adequada (art. 5.º, XXXV, da CF/1988). A exemplo do que ocorre no direito do consumidor (art. 6.º, VIII, do CDC), há relações jurídicas em que as partes não estão em paridade de condições para produzir a prova. Caso fosse aplicada a regra tradicional da distribuição do ônus da prova (art. 373, *caput*, do NCPC), isso poderia impedir a proteção adequada ao direito material, ao acarretar um ônus excessivo ao titular desse direito. Sendo mais fácil para o demandado produzir a prova, a realização desse direito não pode ser deixada de lado, pela ausência de técnicas processuais adequadas para a promoção do princípio da isonomia entre os litigantes. Verifica-se, pois, que a aplicação de tal técnica somente se justifica quando é mais fácil para a parte contrária produzir a prova. A teoria da distribuição dinâmica da prova é um desdobramento da *dimensão objetiva* do

[1555] Na Exposição de Motivos do Projeto de Nova Lei de Ação Civil Pública, enviada pelo Ministério da Justiça à Presidência da República, em abril de 2009, o Min. Tarso Genro justificou a necessidade de aperfeiçoamento legislativo, argumentando com a superação do modelo liberal individualista do Código de Processo Civil de 1973: "O Código de Processo Civil, de 1973, balizador da disciplina processual civil, mas ainda fundado na concepção do liberalismo individualista, não responde neste novo estágio de evolução jurídico-científica ao alto grau de complexidade e especialização exigidos para disciplinar os direitos coletivos, difusos e individuais homogêneos". Infelizmente, o Projeto de Lei 5139/2009 não prosperou na Câmara dos Deputados.

[1556] A crítica à aplicação subsidiária do Código de Processo Civil de 1973 ao direito processual coletivo comum é corretamente formulada por Gregório Assagra de Almeida (*Direito processual coletivo*... cit., p. 583-584).

[1557] Cf. Eduardo Cambi. *A prova civil*... cit., p. 340-345.

direito fundamental à tutela jurisdicional adequada. Não depende, pois, de lei específica para a tutela dos direitos transindividuais e individuais homogêneos, em razão da possibilidade de aplicação subsidiária do NCPC (arts. 90 do Código de Defesa do Consumidor e 21 da Lei 7.347/85)[1558] e já vem sendo assimilada pela doutrina[1559] e pela jurisprudência.

Ainda com o intuito de facilitar a proteção dos direitos transindividuais, poderá o juiz, mesmo sem requerimento das partes, valendo-se dos seus poderes instrutórios (art. 370 do NCPC),[1560] determinar que a produção da prova científica (técnica) seja realizada por entidade pública ou privada especializada na matéria, condenando-se o Estado ao pagamento das despesas, se não houver recursos disponíveis no Fundo de Direitos Difu-

[1558] Apesar disso, regras específicas para o processo coletivo são bem-vindas, porque reforçam a necessidade de melhor distribuição do ônus da prova para a tutela dos direitos difusos, coletivos e individuais homogêneos. Vale destacar as alterações sugeridas pelo Projeto de Nova Lei de Ação Civil Pública, enviado pelo Ministério da Justiça ao Presidente da República, em abril de 2009. No art. 20, IV a VIII, o Projeto afirmava que o juiz, não obtida a conciliação ou não sendo possível outro meio de solução de conflito, fundamentadamente: "IV – distribuirá a responsabilidade pela produção da prova, levando em conta os conhecimentos técnicos ou informações específicas sobre os fatos detidos pelas partes ou segundo a maior facilidade em sua demonstração; V – poderá ainda distribuir essa responsabilidade segundo os critérios previamente ajustados pelas partes, desde que esse acordo não torne excessivamente difícil a defesa do direito de uma delas; VI – poderá, a todo momento, rever o critério de distribuição da responsabilidade da produção da prova, diante de fatos novos, observado o contraditório e a ampla defesa; VII – esclarecerá as partes sobre a distribuição do ônus da prova; e VIII – poderá determinar de ofício a produção de provas, observado o contraditório".

[1559] Cf. Eduardo Cambi. *Curso de direito probatório*. p. 226-243.

[1560] Cf. Cândido Rangel Dinamarco. *Instituições de direito processual civil*, vol. 3, p. 55.

sos e Individuais Homogêneos,[1561] com base na Súmula 232 do STJ.[1562] No entanto, o que parece mais correto, até porque na maior parte dos casos a Fazenda Pública não faz parte do processo, é, ao determinar a inversão do ônus da prova, pela aplicação da teoria da distribuição dinâmica da prova, exigir que a parte contra quem se deferiu a inversão do *onus probandi* arque com as despesas da perícia, sob pena de restarem incontroversos os fatos alegados pela parte contrária. Nesse sentido, deve ser destacado precedente firmando pelo STJ, no REsp 104.982-2, no qual, em ação civil pública por danos ambientais, movida pelo Ministério Público do Rio Grande do Sul, foi determinada a inversão do ônus da prova, sob o argumento de que quem assume o risco de dano ambiental tem o dever de repará-lo, suportando o encargo de que a sua conduta não foi lesiva. Tratava-se de ação coletiva ajuizada em face da América Latina Logística do Brasil S.A. (All), em razão de prejuízos causados por funcionários da empresa que teriam ateado fogo na vegetação para a limpeza das margens de linhas férreas, sendo que o incêndio teria se alastrado por 40 hectares. Além daquele que assume o risco da atividade ter de arcar com o ônus da prova, considerou o ministro relator que a inversão do ônus da prova seria viável, no caso em exame, em razão da responsabilidade objetiva por danos ambientais, da

[1561] A propósito, já prevê o art. 12, § 1.º, do Código Modelo de Direito Processual Coletivo para Ibero-América: "O ônus da prova incumbe à parte que detiver conhecimentos técnicos ou informações específicas sobre os fatos, ou maior facilidade em sua demonstração. Não obstante, se por razões de ordem pública ou técnica, o ônus da prova não puder ser cumprido, o juiz determinará o que for necessário para suprir a deficiência e obter elementos probatórios indispensáveis para a sentença de Mérito, podendo requisitar perícias à entidade pública cujo objeto estiver ligado à matéria em debate, condenando o demandado sucumbente ao reembolso. Se assim mesmo a prova não puder ser obtida, o juiz poderá ordenar a sua realização, a cargo do Fundo de Direitos Difusos e Individuais Homogêneos". Do mesmo modo, caminha o Anteprojeto de Código Brasileiro de Processos Coletivos, no art. 11, §§ 1.º, 4.º e 5.º: "§ 1.º Sem prejuízo do disposto no art. 333 do Código de Processo Civil, o ônus da prova incumbe à parte que detiver conhecimentos técnicos ou informações específicas sobre os fatos, ou maior facilidade em sua demonstração. (...) § 4.º O juiz poderá determinar de ofício a produção de provas, observado o contraditório. § 5.º Para a realização de prova técnica, o juiz poderá solicitar a elaboração de laudos ou relatórios a órgãos, fundações ou universidades públicas especializadas na matéria". O Anteprojeto, ainda, ao tratar no art. 27, *caput*, do Fundo dos Direitos Difusos e Coletivos, afirma que os recursos serão destinados, dentre outros fins, ao de *antecipar os custos das perícias necessárias à defesa dos direitos ou interesses difusos, coletivos e individuais homogêneos*.

[1562] Segundo dispõe a Súmula 232 do STJ: "A Fazenda Pública, quando parte no processo, fica sujeita à exigência do depósito prévio dos honorários do perito".

previsão contida no art. 6.º, VIII, do CDC se estender às ações coletivas e com fundamento nos princípios da precaução e da internalização dos riscos. Desse modo, não prevaleceu a tese de que o Estado deve sempre antecipar o pagamento das despesas periciais (consagrado na Súmula 232 do STJ), tampouco a distinção entre inversão do ônus da prova (que implica a demonstração de um fato) e inversão do ônus financeiro (adiantamento das despesas decorrentes da realização de atos processuais). Com efeito, embora não tenha ficado expresso na decisão, pode-se concluir que o STJ aplicou a teoria da distribuição dinâmica do ônus da prova, determinando que a inversão do ônus da prova, em ação coletiva, com base na maior capacidade de uma das partes trazer aos processos elementos que permitam a formação do convencimento judicial, bem como que tal inversão resulta na alteração da responsabilidade pelos seus custos, exceto quando a parte estiver isenta de tal pagamento, como ocorre nos casos de assistência judiciária gratuita (art. 98/NCPC) ou com a associação civil autora e o Ministério Público (art. 18 da Lei 7.347/1985).[1563]

Portanto, é inconcebível que o processo coletivo fique paralisado, por período indeterminado, pela ausência da realização da prova científica ou que tal prova não seja realizada, em detrimento da proteção dos interesses difusos, coletivos ou individuais homogêneos.

Ademais, cabe à parte interessada alegar e ao juiz verificar se o governante vinculou as despesas e as receitas conforme dispõe a Constituição (*v.g.*, art. 167, IV, da CF/1988, antes da alteração prevista nesse dispositivo pela Emenda Constitucional nª 94/2016, limitações com pessoal: art. 169 da CF/1988; despesas com educação: art. 212 da CF/1988 – mínimo: União: 18%; Estados, Distrito Federal e Municípios: 25% das receitas resultantes de impostos; despesas com saúde: art. 198, §§ 2.º e 3.º, da CF/1988, além de

[1563] "Ação civil pública. Dano ambiental. Agravo de instrumento. Prova pericial. Inversão do ônus. Adiantamento pelo demandado. Descabimento. Precedentes. I. Em autos de ação civil pública ajuizada pelo Ministério Público Estadual visando apurar dano ambiental, foram deferidos a perícia e o pedido de inversão do ônus e das custas respectivas, tendo a parte interposto agravo de instrumento contra tal decisão. II. Aquele que cria ou assume o risco de danos ambientais tem o dever de reparar os danos causados e, em tal contexto, transfere-se a ele todo o encargo de provar que sua conduta não foi lesiva. III. Cabível, na hipótese, a inversão do ônus da prova que, em verdade, se dá em prol da sociedade, que detém o direito de ver reparada ou compensada a eventual prática lesiva ao meio ambiente – art. 6.º, VIII, do CDC c/c o art. 18 da Lei 7.347/1985. IV. Recurso improvido" (STJ, REsp 1049822/RS, 1.ª T., j. 23.04.2009, rel. Min. Francisco Falcão, *DJe* 18.05.2009).

o art. 212, § 5.º, da CF/1988 determinar que o ensino fundamental público terá como adicional de financiamento a contribuição social do salário-educação, recolhida pelas empresas na forma da lei; e despesas com seguridade social: art. 195 da CF/1988, cujo objetivo é assegurar, nos termos dos arts. 194 e 195, direitos relativos à saúde, à educação e à assistência social).

No exemplo acima referido, referente à proteção do direito à educação básica, a ausência de previsão orçamentária implicaria o descumprimento do art. 212 da CF/1988, que estipula a necessidade de gastos mínimos com a educação. Contudo, nessa hipótese, a falta de previsão orçamentária não pode ser um óbice à aplicação imediata dos direitos fundamentais (art. 5.º, § 1.º, da CF/1988). Os direitos que compõem o mínimo existencial são tão importantes que a sua outorga não pode ficar sujeita à vontade (discricionariedade) da maioria parlamentar ou da Administração Pública.[1564] Desse modo, a ausência de previsão da despesa, nas leis orçamentárias, bem como a inexistência de políticas públicas não impede a efetivação judicial do mínimo existencial.[1565]

[1564] Ao interpretar o art. 5.º, LXXIV, da CF/1988, que assegura a assistência judiciária integral e gratuita, o STF, ao determinar o pagamento pelo Estado de exames de DNA a beneficiários da assistência judiciária gratuita, decidiu: "Assistência judiciária e honorários de perito. Considerando que a assistência judiciária integral e gratuita prestada pelo Estado compreende os honorários de advogados e peritos (Lei 1.060/1950, art. 3.º: 'A assistência judiciária compreende as seguintes isenções: (...) V – dos honorários de advogado e peritos'), a Turma manteve acórdão do Tribunal de Justiça do Estado do Mato Grosso do Sul que obrigara o mesmo Estado ao pagamento dos honorários periciais em exame de DNA decorrente de ação de investigação de paternidade de beneficiário da justiça gratuita. Afastou-se, na espécie, a alegada violação do art. 100 da CF – em que se sustentava a ausência de previsão orçamentária para a referida despesa –, o qual não pode configurar óbice à eficácia plena do inc. LXXIV do art. 5.º, norma autoaplicável, que garante aos necessitados amplo acesso à Justiça (art. 5.º, LXXIV: 'o Estado prestará assistência jurídica integral e gratuita aos que comprovarem insuficiência de recursos')" (RE 224.775-MS, j. 11.06.2002, rel. Min. Ellen Gracie, *Informativo STF* 272, 19.06.2002).

[1565] Ricardo Lobo Torres distingue a aplicação da reserva do possível para tutelar o mínimo existencial, afirmando que a "proteção positiva do mínimo existencial não se encontra sob a reserva do possível, pois a sua fruição não depende do orçamento nem de políticas públicas, ao contrário do que acontece com os direitos sociais. Em outras palavras, o Judiciário pode determinar a entrega das prestações positivas, eis que tais direitos fundamentais não se encontram sob a discricionariedade da Administração ou do Legislativo, mas se compreendem nas garantias institucionais da liberdade, na estrutura dos serviços públicos essenciais e na organização de estabelecimentos públicos (hospitais, clínicas, escolas primárias etc.)" (O mínimo existencial, os direitos sociais e os desafios de natureza orçamentária, p. 81-82).

Além disso, poderia ficar comprovado que, embora os gastos mínimos fossem utilizados, houvesse descompasso entre a lei orçamentária e os valores que integram a dignidade da pessoa humana. Por exemplo, em ação civil pública, poderia ficar comprovado que o Município, mesmo aplicando o mínimo exigido pela Constituição em educação básica, ainda tenha grave *deficit* de vagas no ensino fundamental. Porém, a demanda não está estritamente atrelada à aplicação dos percentuais, repita-se, *mínimos*, exigidos constitucionalmente. Ficando demonstrada, no orçamento, a previsão de gastos que contrariem o mínimo existencial, como a manutenção de times de futebol,[1566] a realização de despesas desproporcionais com publicidade governamental e comunicação social ou, ainda, o gasto abusivo do dinheiro público com "eventos culturais" (como a contratação de músicos, para a promoção de "festas" pagas com o dinheiro público),[1567] em detrimento da promoção de políticas públicas indispensáveis à concretização de direitos básicos dos cidadãos, o juiz não pode impedir que se gaste em lazer ou em publicidade, mas pode determinar que o Município, primeiramente, satisfaça as necessidades prioritárias da população (*v.g.*, construção mais escolas, com fundamento no disposto no art. 208, I, da CF/1988).[1568]

Opções orçamentárias podem ser invalidadas pelo Poder Judiciário para permitir a concretização dos direitos fundamentais sociais ou, ao menos, do mínimo existencial.[1569] Deve o Judiciário sopesar os distintos atos materiais que podem ser praticados pelo Executivo, quando, diante

[1566] Na comarca de Joinville-SC, foi movida ação civil pública, pelo Ministério Público Estadual, para a construção de 2.948 vagas de ensino fundamental na rede pública de ensino, tendo sido comprovado que o Município gastava para manter o time de futebol local na Terceira Divisão do Campeonato Brasileiro, em detrimento de oferecer número adequado de vagas no ensino fundamental. O confronto entre os direitos fundamentais ao lazer e à educação foi resolvido em favor desta, com fundamentos nos arts. 3.º, 205 e 211, § 2.º, da CF/1988, art. 60 do ADCT, além do art. 54, I, do ECA. Cf. Lênio Luiz Streck. *Verdade e consenso*... cit., p. 103-104.

[1567] Por exemplo, o Ministério Público do Estado do Rio de Janeiro ajuizou ação civil pública, por improbidade administrativa, em face de autoridades municipais da cidade de Campos dos Goytacazes, por terem gasto excessivamente em "eventos culturais". A Prefeitura realizou mais de 150 (cento e cinquenta) eventos musicais, em menos de dois anos, perfazendo, em média, três *shows* por final de semana. Alegou-se que os gastos milionários, realizados em "prol da cultura", não se repetiam em outras áreas de obrigatória atuação do Poder Público. Cf. Ana Paula de Barcellos. Constitucionalização... cit., p. 132 e nota 132.

[1568] Cf. Américo Bedê Freire Junior, op. cit., p. 68.

[1569] Cf. Fábio Konder Comparato. *Afirmação histórica*... cit., p. 341-342.

das circunstâncias fáticas e jurídicas inerentes ao caso concreto, restar demonstrado que a opção do administrador é *manifestamente inconstitucional.* Há de ficar comprovado que foi preterido o valor da dignidade humana para se implementar outras alternativas incapazes de promover a tutela do mínimo existencial.[1570]

Em síntese, primeiro, há de disponibilizar recursos para atingir o mínimo existencial. Somente depois disso é válido discutir como serão investidos os recursos remanescentes.[1571] Caso contrário, ter-se-ia que admitir que a mera representação popular legitimaria a aplicação inconstitucional dos recursos públicos, em prejuízo da própria sociedade, contrariando a própria noção de Estado Democrático de Direitos.[1572]

Assim, mediante a ponderação dos valores ou dos princípios jurídicos em confronto, o Judiciário pode determinar, com base nos arts. 5.º, XXXV, da CF/1988 (i.e., o direito à tutela jurisdicional efetiva do qual emerge o direito ao meio executivo adequado ao caso concreto) e 536, § 1.º, do CPC (i.e., cláusula geral executiva consagradora do direito ao meio

[1570] "Ao sopesar os distintos atos materiais passíveis de serem praticados, deve o Executivo realizar a análise dos valores envolvidos e identificar aqueles que, à luz das circunstâncias fáticas e jurídicas, possuam peso maior. Tal operação, que redundará numa opção essencialmente política, em vigor, será insindicável. No entanto, demonstrando-se que valores essenciais à dignidade humana foram preteridos por outros de peso nitidamente inferior, a opção se mostrará destoante da Constituição e, *ipso iure*, inválida (*v.g.*, não se legitima a opção pela contínua alteração de cores de uma escola em detrimento do pagamento de professores ou da aquisição de alimentos para os alunos carentes)" (Emerson Garcia. Princípio da separação dos poderes... cit., p. 62).

[1571] "A meta central das Constituições modernas, e da Carta de 1988 em particular, pode ser resumida, como já exposto, na promoção do bem-estar do homem, cujo ponto de partida está em assegurar as condições de sua própria dignidade, que inclui, além da proteção dos direitos individuais, condições mínimas de existência. Ao apurar os elementos fundamentais dessa dignidade (o mínimo existencial), estar-se-ão estabelecendo exatamente os alvos prioritários dos gastos públicos. Apenas depois de atingi-los é que se poderá discutir, relativamente aos recursos remanescentes, em que outros projetos se deverá investir. O mínimo existencial, como se vê, associado ao estabelecimento de prioridades orçamentárias, é capaz de conviver produtivamente com a reserva do possível" (STF, ADPC 45-MC-DF, j. 29.04.2004, rel. Min. Celso de Mello, *DJU* 04.05.2004).

[1572] Nesse sentido, salienta Jean Carlos Dias: "admitir que políticas não equitativas estejam fora do controle judicial significa, na prática, permitir a apropriação dos recursos sociais pelos grupos que chegaram ao poder, legitimando, assim, um sistema de exploração sucessiva atrelada ao processo eleitoral, incompatível com uma sociedade bem organizada" (*O controle judicial...* cit., p. 162).

executivo adequado),[1573] o *remanejamento* dos gastos públicos para tornar possível a efetivação do direito fundamental social. Por exemplo, a fim de ser respeitado o direito à educação básica, o órgão judicial pode impor o remanejamento das despesas públicas destinadas às propagandas oficiais, especialmente quando verifique que tais gastos são desproporcionais em relação à realização de políticas públicas indispensáveis à realização do mínimo existencial. Com mais razão, justificará tal remanejamento após constatar que as despesas com publicidade governamental e comunicação social não tenham caráter educativo, informativo ou de orientação social, bem como quando constam nomes, símbolos ou imagens que caracterizam promoção pessoal de autoridades ou de servidores públicos (contrariando o disposto no art. 37, § 1.º, da CF/1988).[1574] Porém, o remanejamento dos gastos públicos, bem como a abertura de créditos adicionais, cabe aos poderes políticos (Executivo e Legislativo), não ao Judiciário, que apenas reconhece a proteção do mínimo existencial e determina que os demais poderes pratiquem os atos orçamentários cabíveis.[1575] O Judiciário, com base no 536, § 1.º, do NCPC, que permite a construção de modelo adequado à natureza da *tutela específica pretendida*, determinará que o Poder Público, primeiro, inclua a verba necessária ao adimplemento da obrigação e, depois, determinará que tal montante seja aplicado na implementação da política pública.[1576]

A exacerbação da judicialização das políticas públicas, para a tutela do mínimo existencial, também tem levado ao Judiciário a conceder o sequestro de recursos públicos.[1577] Exemplos: a) o STF estendeu a aplicação do art. 100, § 2.º, da CF/1988, destinado ao sequestro previsto somente para o caso de ser preterido, na execução contra a Fazenda Pública, o direito de

[1573] Cf. Luiz Guilherme Marinoni. Controle do poder executivo do juiz, p. 58-61.

[1574] Cf. Odoné Serrano Júnior. Colisões entre direitos fundamentais: resolução mediante emprego das técnicas hemenêuticas da ponderação, da concordância prática e da hierarquização axiológica, de acordo com o critério da proporcionalidade, p. 188. Em sentido contrário, sustenta Eduardo Appio que não se admite decisão judicial, em ação civil pública, que determine a anulação para despesa de Publicidade. O Judiciário poderia, apenas, determinar ao Poder Executivo a remessa de projeto de abertura de suplementação orçamentária ao Congresso Nacional, sob pena de aplicação de multa diária em favor do fundo previsto no art. 13 da Lei 7.347/1985. Cf. *Controle judicial das políticas públicas no Brasil* cit., p. 181.

[1575] Cf. Ricardo Lobo Torres. O mínimo existencial... cit., p. 83.

[1576] Cf. Ada Pellegrini Grinover. O controle de políticas públicas pelo Poder Judiciário, p. 20.

[1577] Cf. Ricardo Lobo Torres. O mínimo existencial... cit., p. 84-85.

preferência, para admitir, excepcionalmente, a aplicação do sequestro[1578] para hipótese de não pagamento de precatório para pessoa em situação crítica, acometida de grave moléstia, mesmo não tendo sido preterida[1579]; b) No RMS 28.085, a 2.ª Turma do STJ (rel. Min. Herman Benjamin) considerou que o Estado de Goiás não tinha interesse em ajuizar ação mandamental contra decisão do Presidente do Tribunal de Justiça goiano, que determinou o pagamento preferencial de precatório para uma pessoa idosa de 89 anos e portadora de doença crônica. O Estado não teria interesse processual, pois a decisão não causaria nenhum impacto nas contas públicas, porque os precatórios são pagos com recursos específicos já disponibilizados ao Poder Judiciário, não havendo determinação judicial para reforço de dotação orçamentária nem para sequestro de verba pública. Não se discutiu, no caso examinado, sobre se a quebra da ordem cronológica

[1578] Admite-se o *sequestro*: a) quando preterido o direito de preferência (art. 100, § 2.º, da CF/1988); b) após o vencimento do prazo de 10 anos, sem o pagamento dos precatórios (art. 78, § 4.º, do ADCT); c) verificada omissão da Fazenda Pública, a partir do oitavo ano do prazo de 10 anos, quanto à inclusão de verba no orçamento, prevista no art. 100, § 1.º, da CF/1988, em relação aos créditos do art. 78, § 4.º, do ADCT; d) não pagamento das obrigações, definidas como de pequeno valor (art. 100, § 3.º, da CF/1988), após 60 dias da entrega da requisição à autoridade devedora (art. 17, § 2.º, da Lei 10.259/2001).

[1579] STF, AgRg na Rcl 3.034-2-PB, j. 21.09.2006, rel. Min. Sepúlveda Pertence, voto vista do Min. rel. Eros Grau. Disponível em: [http://www.stf.gov.br/imprensa/pdf/rcl3034.pdf]. Acesso em 24.10.2008. Nas palavras do Min. Eros Grau: "(...) 2. O sequestro foi deferido em razão da doença grave e incurável da agravante, não de quebra da ordem cronológica de pagamentos. A decisão impugnada determina o sequestro de bens do Estado da Paraíba, para quitação de precatório resultante de ação de cobrança movida pela agravante em desfavor do Estado-membro, tendo por fundamento as condições críticas de saúde da agravante e a 'notícia de que o TRT-22.ª Região já deferiu pleito nas mesmas circunstâncias' (fl. 100). 3. Em oportunidade anterior afirmei serem três, e apenas três, as situações nas quais a EC 30/2000 admite o sequestro: (...). 4. O Supremo entende, de modo uniforme, que cabe o sequestro unicamente se houve preterição ao direito de preferência, o que não se verificou no caso destes autos. (...). 5. Daí porque, até para ser coerente com o que tenho reiteradamente afirmado neste Plenário, eu haveria de votar no sentido de dar provimento ao agravo. Ocorre, no entanto, que a situação de fato de que nestes autos se cuida consubstancia exceção, e, como observa Carl Schmit, as normas só valem para as situações normais. A normalidade da situação que pressupõem é um elemento básico do seu 'valer' (...). 6. Estado de exceção é uma zona de indiferença entre o caos e o estado de normalidade, uma zona de indiferença capturada pela norma. De sorte que não é a exceção que se subtrai à norma, mas ela que, suspendendo-se, dá lugar à exceção. A esta Corte, sempre que necessário, incumbe decidir regulando também essas situações de exceção. Ao fazê-lo, não se afasta do ordenamento, eis que aplica a norma à exceção desaplicando-a, isto é, retirando-a da exceção"

foi acertada ou não. Afinal, se houve algum prejuízo, foi para os credores preteridos, em razão da preferência dada ao idoso, cabendo a eles, e não ao Estado, ajuizarem ações judiciais, caso se sentissem prejudicados.[1580] De igual modo, o STJ determinou, em pedido anterior à Emenda Constitucional 62/2009, o sequestro de rendas públicas por motivos humanitários a credor acometido de Osteíte Deformante da doença de Paget, com fundamento nos arts. 1º e 8º do Novo Código de Processo Civil, sob o argumento de que deve o julgador orientar-se pelos valores sociais e humanitários que a inspiram, evitando proferir decisões que afrontem o senso comum de justiça, de equidade ou de razoabilidade[1581]; c) o STJ possibilitou o bloqueio de contas públicas para assegurar o custeio de tratamento médico ou para o fornecimento de medicamentos indispensáveis à efetivação dos direitos à vida e à saúde.[1582] A escolha do melhor meio executivo exige do juiz a aplicação do *postulado da proporcionalidade* (adequação, exigibilidade e proporcionalidade em sentido estrito).[1583]

De qualquer modo, a aplicação dessas técnicas processuais somente se justifica quando verificada a omissão inconstitucional e desde que sejam criteriosamente motivadas. As decisões políticas, impugnadas judicialmente, devem ser, evidentemente, incompatíveis com a Constituição. Porém, nem sempre é fácil demonstrar que a opção política é inconstitucional, devendo o Judiciário considerar inválidas as políticas manifestamente ineficientes (isto é, integrantes da zona de certeza negativa),[1584] corroborar as induvidosamente eficientes (ou inseridas na zona de certeza positiva), bem como examinar, cautelosamente, as dúvidas quanto à efi-

[1580] Disponível em: [http://www.stj.gov.br/portal_stj/publicacao/engine.wsp?tmp.area=398&tmp.texto=91774]. Acesso em 29.04.2009

[1581] Cf. AgRg no RMS 31.059/SP, Rel. Ministro Napoleão Nunes Maia Filho, Primeira Turma, julgado em 01/03/2016, DJe 11/03/2016

[1582] Cf. STJ, REsp 784.241-RS, j. 08.04.2008, rel. Min. Eliana Calmon, *DJe* 23.04.2008. A Constituição Federal (art. 100, § 3.º) excepciona o regime dos precatórios, tão somente, para os pagamentos de obrigações definidas em lei como de pequeno valor que a Fazenda Federal, Estadual, Distrital ou Municipal deva fazer em virtude de *sentença judicial transitada em julgado*. Para tanto, deve haver a previsão de um fundo financeiro, na Lei Orçamentária Anual, a fim de amparar tais gastos. Todavia, esse sistema possui limitações, porque o fundo decorre de planejamento financeiro realizado por estimativa da realização de gastos de um ano para o outro. Se houver erro de estimativa, com o acréscimo de sentenças condenatórias transitadas em julgado, o fundo se esgota e se faz necessária a suplementação de verbas.

[1583] Verificar item 5.7.13 infra.

[1584] Consultar o item 3.3.9 supra.

ciência/deficiência daquelas que integram a zona cinzenta ou de incerteza. Além disso, deve restar demonstrada a precariedade dos serviços públicos indispensáveis para a promoção do mínimo existencial.

5.7.7 Vetores hermenêuticos para invalidar decisões políticas inconstitucionais

Os direitos humanos fundamentais estão no centro do ordenamento jurídico. A Declaração dos Direitos do Homem e do Cidadão, da Organização das Nações Unidas (ONU), de 1948, e os tratados internacionais que o seguiram,[1585] bem como a Constituição Federal de 1988 elevaram a *dignidade humana* a valor central do sistema jurídico.

Já no art. 1.º da Declaração Universal dos Direitos Humanos está disposto: "Todas as pessoas nascem livres e iguais em *dignidade* e direitos. São dotadas de razão e consciência e devem agir em relação umas às outras com espírito de fraternidade".

Os diplomas normativos que reproduziram a Declaração Universal dos Direitos Humanos representam uma resposta ética ao processo de *despersonalização* dos seres humanos, promovidas pelos regimes totalitários na primeira metade do século XX. Os campos de concentração reduziam as pessoas a animais, submetendo-as a fome, a dor e a exaustão como forma de reduzir, completamente, a sua dignidade.[1586] A *ética dos direitos humanos* está orientada pelo respeito à igualdade de cada um dos seres humanos, cujas potencialidades devem ser resguardadas, a fim de que se desenvolvam

[1585] Por exemplo, o art. 11.1 da Convenção Americana dos Direitos Humanos (Pacto de São José da Costa Rica) também disciplina: "1. Toda pessoa tem direito ao respeito da sua honra e ao reconhecimento de sua dignidade".

[1586] "Antes de serem instituições penais ou fábricas de cadáveres, o *Gulag* soviético e o *Lager* nazista foram gigantescas máquinas de despersonalização de seres humanos. Ao dar entrada num campo de concentração nazista, o prisioneiro não perdia apenas a liberdade e a comunicação com o mundo exterior. Não era, tão só, despojado de todos os seus haveres: as roupas, os objetos pessoais, os cabelos, as próteses dentárias. Ele era, sobretudo, esvaziado do seu próprio ser, da sua personalidade, com substituição altamente simbólica do nome por um número, frequentemente gravado no corpo, como se fora a marca de propriedade de um gado. O prisioneiro já não se reconhecia como ser humano dotado de razão e sentimentos: todas as suas energias concentravam-se na luta contra a fome, a dor e a exaustão. E nesse esforço puramente animal, tudo era permitido: o furto da comida dos outros prisioneiros, a delação, a prostituição, a bajulação sórdida, o pisoteamento dos mais fracos" (Fábio Konder Comparato. *Afirmação histórica...* cit., p. 23-24).

de forma livre, autônoma e plena. Com efeito, tal ética está assentada tanto na afirmação da dignidade quanto na prevenção do sofrimento humano.[1587]

A existência de direitos essenciais da pessoa humana está fundada em um *consenso universal*. Não é mais problema de natureza filosófica ou teórica. Contudo, é um tema impregnado de *significação política*.[1588]

Os direitos humanos fundamentais se encontram revestidos de caráter ideal e imutável, devendo ser postos em prática. Somente adquirem significação real quando são concretizados no processo de construção social da realidade. Assim, o grande desafio da *sociedade democrática* (de governantes e governados) é a instituição de *meios* destinados à maior proteção desses direitos.

A questão jurídica mais importante passa a ser extrair das proclamações constitucionais e das declarações internacionais de direitos, a sua *máxima eficácia*, a fim de possibilitar o acesso das pessoas e dos grupos sociais a sistemas institucionalizados de proteção aos direitos fundamentais da pessoa humana.[1589]

O Judiciário tem papel relevante na concretização desses direitos, devendo a jurisdição constitucional servir como *instrumento garantístico* do Estado Democrático de Direito.

A fiscalização judicial das promessas constitucionais e das constantes em tratados internacionais de direitos humanos, subscritos pelo Brasil e ainda não cumpridos, depende da eleição de *critérios interpretativos*. Eles são necessários à verificação da constitucionalidade das decisões ou das omissões políticas que possam vir a obstacularizar a implementação dos meios indispensáveis à máxima efetivação dos direitos humanos fundamentais.

Havendo mais de um modo de interpretar a Constituição, deve-se optar por aquele que melhor concretize o *valor* da dignidade da pessoa humana.[1590] Assim, se uma regra jurídica puder ser interpretada de mais de

[1587] Cf. Flávia Piovesan. Igualdade, diferença e direitos humanos: perspectiva global e regional, p. 295.

[1588] Cf. Celso de Mello. Op. Cit., p. 21.

[1589] Idem, ibidem.

[1590] "A dignidade da pessoa humana (...) constitui um valor que atrai a realização dos direitos fundamentais do homem, em todas as suas dimensões, e, como a democracia é o único regime político capaz de propiciar a efetividade desses direitos, o que significa dignificar o homem, é ela que se revela como o seu valor supremo, o valor que a dimensiona e humaniza. Por conseguinte, a interpretação constitucional não tem outra missão senão a de prestigiá-la, com o que se estará dando primazia a todos os direitos fundamentais do homem. Nessa

uma forma, deve-se escolher aquela que esteja *em maior conformidade* com a dignidade humana, excluindo, por outro lado, exegeses que contrariem ou não acolham integralmente tal valor jurídico.

A dignidade humana é a *premissa antropológica* do Estado Constitucional e o *conceito chave de Direito Constitucional*. Não pode haver Estado e, muito menos, Estado de Direito Constitucional sem se fazer referência à pessoa humana, porque a pessoa é um fim em si mesmo, não um meio para se conseguir um fim, devendo o Estado estar a seu serviço, não o inverso.[1591]

A dignidade humana serve de *motor* do desenvolvimento e do aperfeiçoamento da ordem jurídica, além de *impulso* tanto para o legislador quanto para os órgãos judiciais na interpretação e na aplicação dos direitos fundamentais.[1592] É um *standard* geral para a interpretação dos outros direitos e, também, um postulado que deve reger e orientar a atividade normativa e jurisprudencial. Trata-se, enfim, do *epicentro axiológico* do ordenamento jurídico, o valor mais relevante da Constituição, condicionando a interpretação e a aplicação de todo o direito vigente, além de balizar as relações entre Estados e cidadãos, e entre sujeitos privados.[1593]

Por exemplo, o Conselho de Estado francês, interpretando o conceito jurídico indeterminado de *ordem pública*, à luz do valor da dignidade da

perspectiva, não terá cabimento a crítica que certa corrente faz à jurisprudência dos valores no sentido de que ela propicia a atuação subjetiva do juiz. Ora, no que tange à proteção dos direitos fundamentais não há que ter limites. A força expansiva dos direitos fundamentais impõe o dever de interpretar a normatividade vigente no sentido mais favorável à sua efetividade. Esse princípio de efetividade se impõe até mesmo no caso de colidência entre direitos, pois um deles há de ser aplicado, e é a mesma concepção interpretativa que oferece a solução por meio da técnica da ponderação dos direitos, para saber qual deve prevalecer no caso concreto. Uma interpretação da Constituição que fortaleça a democracia há de ser aquela que reconheça a primazia dos valores e princípios constitucionais, especialmente os valores da dignidade da pessoa humana, da cidadania, dos direitos humanos em geral e que, a partir desses pressupostos, não titubeie em constitucionalizar novos direitos" (José Afonso da Silva. Interpretação da Constituição cit., p. 3).

[1591] A Corte Constitucional da Colômbia ressaltou o valor da dignidade humana, na Sentença C-037, de 1996: "El artículo 1.º de la Constitución consagra 'el respeto a la dignidad humana' como uno de los fundamentos de nuestro Estado Social de Derecho. Y no es esse un concepto vano, sino al revés, lleno de contenido ético y político. Porque el reconocimiento de la dignidad humana implica la concepción de la persona como un fin em sí misma y no como un medio para un fin. En outras palabras, como un ser que no es manipulable, ni utilizable en vista de un fin, así se juzgue este muy plausible. El Estado está a su servicio y no a la inversa".

[1592] Cf. Cristina Queiroz. *Direitos fundamentais sociais*... cit., p. 156.

[1593] Cf. Daniel Sarmento. *Direitos fundamentais e relações privadas* cit., p. 85-86.

pessoa humana, proibiu, na cidade de Morsang-sur-Orge, na Riviera francesa, que uma boate promovesse concurso de lançamento de anão.[1594] Consagrava-se vencedor o cliente que arremessasse o anão, a partir do palco da discoteca, mais longe. A Prefeitura, exercendo seu poder de polícia, fundado na "ordem pública", interditou o local. O dono do estabelecimento e o anão, inconformados, impugnaram o ato administrativo. Porém, o Conselho de Estado manteve o ato, sob o fundamento de que o valor da dignidade humana condiciona a interpretação do conceito jurídico indeterminado de "ordem pública".

No Brasil, o STF restringiu o direito fundamental à liberdade de expressão, para considerar crime de racismo a edição e a publicação de obras com conteúdo antissemita, tendo como norte o princípio hermenêutico da *prevalência* da dignidade humana.[1595]

Por dignidade humana, há de se compreender a *existência condigna*, não recaindo a esfera de proteção apenas sobre a mera sobrevivência fisiológica e psíquica da pessoa humana, mas também o livre desenvolvimento da sua personalidade e a sua inclusão na sociedade.[1596] Desse modo, o valor da dignidade humana não possui apenas acepção negativa (de não intromissão na esfera individual e íntima das pessoas), mas também positiva (relativa ao indivíduo enquanto "pessoa" e "cidadão", dotado de idêntica *dignidade social* e elemento participativo de uma comunidade *bem ordenada*).[1597]

Importante instrumento, voltado para a fiscalização judicial da realização das promessas constitucionais, é o Pacto Internacional dos Direitos Econômicos, Sociais e Culturais, de que o Brasil é signatário, o qual, no art. 2.º-1,

[1594] Idem, p. 127-128.

[1595] "13. Liberdade de expressão. Garantia constitucional que não se tem como absoluta. Limites morais e jurídicos. O direito à livre expressão não pode abrigar, em sua abrangência, manifestações de conteúdo imoral que implicam ilicitude penal. 14. As liberdades públicas não são incondicionais, por isso devem ser exercidas de maneira harmônica, observados os limites definidos na própria Constituição Federal (art. 5.º, § 2.º, primeira parte, da CF/1988) O preceito fundamental de liberdade de expressão não consagra o 'direito à incitação ao racismo', dado que um direito individual não pode constituir-se em salvaguarda de condutas ilícitas, como sucede com os delitos contra a honra. Prevalência dos princípios da dignidade da pessoa humana e da igualdade jurídica" (HC 82.424-RS, Tribunal Pleno, j. 17.09.2003, rel. Min. Maurício Corrêa, DJ 19.03.2004, p. 17).

[1596] Cf. José Carlos Vieira Andrade. O "direito ao mínimo de existência condigna"... cit., p. 29.

[1597] Cf. Cristina Queiroz. *Direitos fundamentais sociais...* cit., p. 114; Luís Roberto Barroso. *A dignidade da pessoa humana no Direito Constitucional contemporâneo*. p. 72.

dispõe que o Estado-Parte se compromete a utilizar o *máximo de seus recursos disponíveis* para assegurar, progressivamente, o pleno exercício dos direitos sociais.[1598] Com efeito, a *progressiva implementação* dos direitos fundamentais sociais depende do sério comprometimento do Estado com o planejamento dos recursos públicos e com a delimitação das prioridades a serem realizadas.[1599] Ademais, os Princípios de Limburgo sobre a implementação do Pacto Internacional dos Direitos Econômicos, Sociais e Culturais preveem, nos princípios 25 e 26, que os Estados-Partes estão obrigados a assegurar a satisfação de, pelo menos, *níveis essenciais* de cada um dos direitos e o *máximo de recursos disponíveis* se refere tanto aos recursos próprios quanto àqueles obtidos pela assistência ou cooperação internacionais.[1600]

Outros *standards* a serem considerados são o art. 26 da Convenção Americana dos Direitos Humanos (Pacto de São José da Costa Rica), de que o Brasil também é signatário, o qual prevê a necessidade de *desenvolvimento progressivo* dos Estados-Partes,[1601] e o art. 1.º do Pacto Internacional dos Direitos Civis e Políticos, o qual assegura o *direito à autodeterminação*.[1602-1603]

[1598] "Cada Estado-parte no presente pacto compromete-se a adotar medidas, tanto por esforço próprio como pela assistência e cooperação internacionais, principalmente nos planos econômico e técnico, até o máximo de seus recursos disponíveis, que visem a assegurar, progressivamente, por todos os meios apropriados, o pleno exercício dos direitos reconhecidos neste Pacto, incluindo, em particular, a adoção de medidas legislativas."

[1599] Cf. Alessandra Gotti Bontempo. *Direitos sociais. Eficácia e acionabilidaded à luz da Constituição de 1988*, p. 205.

[1600] Idem, p. 209 e 221.

[1601] "Os Estados-partes comprometem-se a adotar providências, tanto no âmbito interno como mediante cooperação internacional, especialmente econômica e técnica, a fim de conseguir progressivamente a plena efetividade dos direitos que decorrem das normas econômicas, sociais e sobre educação, ciência e cultura, constantes da Carta da Organização dos Estados Americanos, reformada pelo Protocolo de Buenos Aires, na medida dos recursos disponíveis, por via legislativa ou por meios apropriados."

[1602] "Art. 1.º 1. Todos os povos têm direito à autodeterminação. Em virtude desse direito, determinam livremente seu estatuto político e asseguram livremente seu desenvolvimento econômico, social e cultural. 2. Para a consecução de seus objetivos, todos os povos podem dispor livremente de suas riquezas e seus recursos naturais, sem prejuízo das obrigações decorrentes da cooperação econômica internacional, baseada no princípio do proveito mútuo e do Direito Internacional. *Em caso algum poderá um povo ser privado de seus próprios meios de subsistência*. (...)"

[1603] Segundo Luigi Ferrajoli, no plano internacional, o direito à autonomia possui duas dimensões: a) a "autonomia interna": compreende o direito dos povos de decidir livremente, conforme dispõe seu ordenamento jurídico, a fim de que o Estado promova a unificação

O postulado do *progressivo desenvolvimento* é um instrumento útil para o controle da efetividade dos direitos fundamentais, por intermédio das políticas públicas.[1604] Contudo, é necessário desenvolver técnicas de monitoramento capazes de medir o sentido e a eficácia da política pública (*v.g.*, o emprego de indicadores de ações e de resultados, o estabelecimento de padrões, parâmetros e de medidas, a realização de estatísticas etc.). É necessário avaliar as ações estatais e seus resultados a curto, médio e longo prazos. Por exemplo, para se saber se o Estado cumpre com a obrigação de concretizar, progressivamente, o direito à saúde pública, são necessários dados relativos ao nível de cobertura do sistema sanitário, os índices de mortalidade infantil, de incidência de doenças infectocontagiosas, epidemias etc., bem como a sua comparação com dados relativos à matéria em outros períodos. Não basta, pois, assentar o princípio da progressividade da efetivação dos direitos fundamentais, sendo indispensável a existência e a análise de indicadores para avaliar a eficácia das políticas públicas. O desafio, especialmente para o Ministério Público e para as organizações da sociedade civil, é monitorar as políticas públicas existentes, pelo acesso às informações e dados necessários para buscar a promoção dos direitos fundamentais, exigindo a reformulação das políticas inadequadas e insuficientes, bem como a formulação e execução de outras que melhor possam realizar a Constituição. Tal controle também pode ser realizado mediante a comparação dos percentuais orçamentários destinados à efetivação dos direitos fundamentais sociais com outros gastos públicos, considerados socialmente menos relevantes.

De todo modo, na interpretação dos direitos fundamentais, deve prevalecer o vetor hermenêutico da *dignidade da pessoa humana*, que constitui valor fundamental da República Federativa do Brasil (art. 1.º, III, da CF/1988). Do mesmo modo, na exegese dos direitos humanos, deve ser dada prioridade ao vetor hermenêutico *pro homine*, a ser deduzido do art. 4.º, II, da CF/1988, o qual afirma que a República Federativa do Brasil é

nacional e a pacificação interna; b) a "autodeterminação externa", que é o direito dos povos ao desenvolvimento e à livre disponibilidade de suas próprias riquezas e recursos (Cf. I fondamenti... cit., p. 335).

[1604] Cf. Christian Courtis. Los derechos sociales en perspectiva: La cara jurídica de La política social, p. 202-205.

regida, nas suas relações internacionais, pelo princípio da *prevalência* dos direitos humanos.[1605]

A partir da construção desses *standards* humanistas, pode-se retirar as seguintes diretrizes: a) diante de uma norma singular, há de prevalecer a interpretação que dê maior extensão aos direitos humanos fundamentais, resultando na proteção integral do ser humano, ou maior limitação às restrições ao seu exercício (isto é, toda limitação aos direitos humanos fundamentais deve se cingir ao estritamente necessário para, em uma sociedade democrática, proteger os direitos humanos fundamentais de outras pessoas, para garantir a segurança de todos ou para cumprir as justas demandas do bem comum);[1606] b) na dúvida sobre qual das normas deva ser aplicada (conflito aparente de normas), deve ser escolhida aquela – internacional ou doméstica – que assegure, de forma mais ampla, o gozo dos direitos humanos fundamentais (mais favorável ao ser humano) ou que admita as menores restrições ao seu exercício;[1607] c) na aplicação do postulado da proporcionalidade, para a resolução da colisão entre princípios, deve prevalecer a solução que melhor concretize os valores humanitários (dignidade da pessoa humana); d) na exegese e na aplicação concreta de regras que contemplam conceitos jurídicos indeterminados e cláusulas gerais, a dimensão objetiva dos direitos fundamentais, ao consagrar *standards* axiológicos indispensáveis à sobrevivência do Estado Democrático de Direito, deve permitir que se escolha a solução que melhor realize os

[1605] Sobre a devida interpretação do art. 4.º, II, o STF, ao referir-se à extradição e o respeito as direitos humanos, decidiu: "A essencialidade da cooperação internacional na repressão penal aos delitos comuns não exonera o Estado brasileiro – e, em particular, o STF – de velar pelo respeito aos direitos fundamentais do súdito estrangeiro que venha a sofrer, em nosso País, processo extradicional instaurado por iniciativa de qualquer Estado estrangeiro. O fato de o estrangeiro ostentar a condição jurídica de extraditando não basta para reduzi-lo a um estado de submissão incompatível com a essencial dignidade que lhe é inerente como pessoa humana e que lhe confere a titularidade de direitos fundamentais inalienáveis, dentre os quais avulta, por sua insuperável importância, a garantia do *due process of law*. Em tema de direito extradicional, o STF não pode e nem deve revelar indiferença diante de transgressões ao regime das garantias processuais fundamentais. É que o Estado brasileiro – que deve obediência irrestrita à própria Constituição que lhe rege a vida institucional – assumiu, nos termos desse mesmo estatuto político, o gravíssimo dever de sempre conferir prevalência aos direitos humanos (art. 4.º, II)" (Ext 633/CH, Tribunal Pleno, j. 28.08.1996, rel. Min. Celso de Mello, *DJU* 06.04.2001, p. 88).

[1606] Cf. Hernán Alejandro Olano García, op. cit., p. 199-200.

[1607] Cf. Luiz Flávio Gomes. Direitos humanos e regra interpretativa *pro homine*, p. 200-202.

direitos humanos fundamentais, com o escopo último de promover, no mais alto grau possível, a dignidade da pessoa humana, ainda que a regra de natureza geral tenha que prevalecer sobre a de natureza especial (*v.g.*, os arts. 13-15 da Lei nº 9.807/99, ao tratarem da colaboração premiada, podem ser aplicados a quaisquer crimes, mesmo que culposos, desde que preenchidos os requisitos legais, ressalvada a legislação específica, bem como a Lei nº 12.950/2013 pode ser considerada norma geral de regulamentação do instituto quanto aos aspectos procedimentais).; e) a efetivação dos direitos fundamentais sociais depende de políticas públicas capazes de aplicar, adequadamente, todos os recursos públicos disponíveis para a maior promoção dos valores essenciais dos seres humanos, contribuindo para o exercício da cidadania, para o aperfeiçoamento da democracia, para a diminuição das desigualdades e para a concretização da justiça social.

Esses cânones interpretativos devem ser extraídos dos arts. 5.º, § 2.º, da CF/1988,[1608] 29 da Convenção Americana dos Direitos Humanos[1609] e 5.º do Pacto Internacional dos Direitos Civis e Políticos.[1610]

O vetor interpretativo *pro homine* vem encontrando espaço fecundo na jurisprudência do STF, como já aconteceu, por exemplo, com a exegese das regras do art. 5.º, LXVII, da CF/1988 e com toda a legislação infraconstitucional ligada a esse dispositivo, no caso da prisão civil do depositário infiel, por serem contrárias ao que está previsto nos arts. 7.º, 7, da Conven-

[1608] "Os direitos e garantias expressos nesta Constituição não excluem outros decorrentes do regime e dos princípios por ela adotados, ou dos tratados internacionais em que a República Federativa do Brasil seja parte."

[1609] "Normas de interpretação. Nenhuma disposição desta Convenção pode ser interpretada no sentido de: a) permitir a qualquer dos Estados-Partes, grupo ou pessoa, suprimir o gozo e o exercício dos direitos e liberdades reconhecidos na Convenção ou limitá-los em maior medida do que a nela prevista; b) limitar o gozo e exercício de qualquer direito ou liberdade que possam ser reconhecidos de acordo com as leis de qualquer dos Estados-Partes ou de acordo com outra convenção em que seja parte um dos referidos Estados; c) excluir outros direitos e garantias que são inerentes ao ser humano ou que decorrem da forma democrática representativa do governo; e d) excluir ou limitar o efeito que possam produzir a Declaração Americana dos Direitos e Deveres do Homem e outros atos internacionais da mesma natureza."

[1610] "Art. 5.º A. Nenhuma disposição do presente pacto poderá ser interpretada no sentido de reconhecer a um Estado, grupo ou indivíduo qualquer direito de dedicar-se a quaisquer atividades ou de praticar quaisquer atos que tenham por objetivo destruir os direitos ou liberdades reconhecidos ou vigentes em qualquer Estado-parte no presente Pacto em virtude de leis, convenções, regulamentos, costumes, sob pretexto de que o presente Pacto não os reconheça ou os reconheça em menor grau."

ção Americana dos Direitos Humanos[1611] e 11 do Pacto Internacional dos Direitos Civis e Políticos.[1612] Tem entendido o STF que o art. 5.º, LXVII, da CF/1988 é norma de *eficácia restringível*, que o Pacto de São José da Costa Rica (ratificado, pelo Brasil, pelo Dec. 678, de 06.11.1992) prevalece como *norma supralegal*, por força do art. 5.º, § 2.º, da CF/1988, capaz de afastar regras ordinárias, contidas na legislação brasileira, que possibilitavam a prisão civil por dívida. Contudo, o referido Pacto de São José da Costa Rica não pode ser considerado norma constitucional, ao menos até que seja cumprido o procedimento do art. 5.º, § 3.º, da CF/1988.[1613]

O vetor hermenêutico *pro homine* também tem sido aplicado para assegurar a garantia ao duplo grau de jurisdição (art. 8.º, 2, *h*, da Convenção Americana dos Direitos Humanos[1614] e art. 14, 5 do Pacto Internacional de Direitos Civis e Políticos[1615]), em detrimento do antigo art. 594 (revogado pela Lei 11.719/2008)[1616] e do ainda atual (mas não recepcionado)

[1611] "Art. 7.º Direito à liberdade pessoal. (...) 2. Ninguém pode ser privado de sua liberdade física, salvo pelas causas e nas condições previamente fixadas pelas Constituições políticas dos Estados-partes ou leis de acordo com elas promulgados."

[1612] "Ninguém poderá ser preso apenas por não poder cumprir com uma obrigação contratual."

[1613] Cf. HC 94.013 (1.ª T., j. 10.02.2009, rel. Min. Carlos Britto, *DJe* 48, div. 12.03.2009), RE 466.343-SP (rel. Min. Cezar Peluso, início do julgamento em 22.11.2006) e HC 90.172-SP (2.ª T., j. 05.06.2007, rel. Min. Gilmar Mendes, *DJU* 17.08.2007, p. 91).

[1614] "Art. 8.º – Garantias judiciais. (...). 2. Toda pessoa acusada de um delito tem direito a que se presuma sua inocência, enquanto não for legalmente comprovada sua culpa. Durante o processo, toda pessoa tem direito, em plena igualdade, às seguintes garantias mínimas: (...) h) direito a recorrer da sentença a juiz ou tribunal superior."

[1615] "5. Toda pessoa declarada culpada por um delito terá o direito de recorrer da sentença condenatória e da pena a uma instância superior, em conformidade com a lei."

[1616] "(...) Independe do recolhimento à prisão o regular processamento de recurso de apelação do condenado. II. O decreto de prisão preventiva, porém, pode subsistir enquanto perdurarem os motivos que justificaram a sua decretação. III. A garantia do devido processo legal engloba o direito ao duplo grau de jurisdição, sobrepondo-se à exigência prevista no art. 594 do CPP. IV. O acesso à instância recursal superior consubstancia direito que se encontra incorporado ao sistema pátrio de direitos e garantias fundamentais. V. Ainda que não se empreste dignidade constitucional ao duplo grau de jurisdição, trata-se de garantia prevista na Convenção Interamericana de Direitos Humanos, cuja ratificação pelo Brasil deu-se em 1992, data posterior à promulgação Código de Processo Penal. VI. A incorporação posterior ao ordenamento brasileiro de regra prevista em tratado internacional tem o condão de modificar a legislação ordinária que lhe é anterior. (...)" (HC 88.420-PR, 1.ª T., j. 17.04.2007, rel. Min. Ricardo Levandowski, *DJU* 08.06.2007, p. 37).

595, todos do CPP.[1617] Entende-se que o recolhimento à prisão, quando não há decisão condenatória transitada em julgado, determinada por lei, sem necessidade de fundamentação, viola os postulados da presunção de inocência, da dignidade humana e da proporcionalidade.[1618] Apesar disso, considera-se que a prisão preventiva, prevista no art. 312 do CPP, pode ser concedida a qualquer tempo, não devendo prescindir de fundamentação suficiente e idônea.

Pode-se acrescentar, ainda, que as decisões do Poder Público que se omitem em aplicar dinheiro público na efetivação de direitos fundamentais sociais, optando pela realização de outros fins constitucionalmente menos relevantes, criam sérios obstáculos à proteção do *mínimo existencial*. Nesse sentido, ferem o princípio constitucional da *eficiência* da Administração Pública (art. 37, *caput*, da CF/1988). Tal princípio se insere na problemática de como promover direitos fundamentais em uma perspectiva econômica e financeira. Os recursos orçamentários, obtidos por meio de tributação, são escassos e as necessidades humanas, a serem satisfeitas pelo Estado, ilimitadas. Logo, o emprego dos recursos públicos deve ser feito de modo mais eficiente possível, a fim de que o maior número de necessidades pessoais possa ser satisfeita. Com efeito, *eficiência* significa aptidão para obter o máximo ou o melhor resultado com o mínimo de recursos. Questões como a noção de rendimento, produtividade e adequação à função colocam-se

[1617] "(...) 2. A previsão de pressuposto recursal relacionado à exigência da prisão do condenado para poder apelar (art. 594 do CPP), na atualidade, se revela violadora dos princípios constitucionais do devido processo legal, do contraditório e da ampla defesa (art. 5.º, LIV e LV, da CF/1988), eis que somente se admite a prisão cautelar quando houver a presença dos pressupostos e condições da prisão preventiva (art. 312 do CPP). 3. O mesmo raciocínio é válido na leitura interpretativa do art. 595 do CPP, eis que se reconhecida a inconstitucionalidade da exigência de recolhimento do condenado à prisão para poder apelar, também o será a norma que repute a fuga como causa para a deserção da apelação anteriormente interposta. A fuga, assim, seria um pressuposto negativo de admissibilidade do recurso. 4. Não há mais legitimidade na restrição à interposição de apelação criminal consistente na obrigatoriedade do recolhimento à prisão em razão de sentença condenatória e na deserção na eventualidade de fuga do condenado após a interposição da apelação. (...)" (STF, HC 91.945-SP, 2.ª T., j. 24.06.2008, rel. Min. Ellen Gracie, *DJe* 152, div. 14.08.2008); "(...) 2. O art. 595 do CPP institui pressuposto recursal draconiano, que viola o devido processo legal, a ampla defesa, a proporcionalidade e a igualdade de tratamento entre as partes no processo (...)" (STF, HC 84.469-DF, 2.ª T., j. 15.04.2008, rel. Min. Joaquim Barbosa, *DJe* 83, div. 08.05.2008).

[1618] Cf. Gilmar Mendes. Acesso à Justiça e a garantia dos direitos fundamentais dos acusados, dos internos e dos egressos do sistema penitenciário brasileiro.

para que, na busca pelo ótimo, sejam evitados desperdícios na utilização de recursos. Afinal, o desperdício de recursos, em um contexto de escassez, promove injustiças, especialmente para as pessoas que potencialmente mais necessitam da prestação estatal.[1619] Enfim, pelo princípio constitucional da eficiência, o administrador público é compelido a adotar os critérios legais e éticos necessários para a melhor utilização possível dos recursos públicos, de modo a evitar desperdícios e assegurar resultados que promovam ao máximo o desenvolvimento humano e social.[1620]

Portanto, compete ao Poder Judiciário invalidar decisões políticas incapazes de concretizar o valor jurídico da dignidade da pessoa humana, considerado em seu aspecto positivo e social, notadamente quando restar demonstrado que tais escolhas não asseguraram a proteção do *mínimo existencial*. O Estado Democrático de Direito não é capaz de promover justiça social sem a eficiente formulação e execução de políticas públicas, voltadas à realização dos direitos fundamentais sociais. Assim sendo, cabe ao Judiciário examinar as razões de conveniência e de oportunidade da Administração Pública quando as escolhas produzidas pelo administrador público não são as mais adequadas para a concretização da Constituição.[1621]

5.7.8 Políticas públicas minimamente eficientes: direito às informações adequadas e conhecimento multidisciplinar

Nem sempre é fácil ao intérprete afirmar se a política pública adotada pela autoridade pública é *minimamente eficiente*. A possibilidade de controle político e jurídico das escolhas do Estado, em matéria de políticas públicas, depende do *acesso às informações* adequadas sobre receitas e despesas públicas. Todos os cidadãos têm de saber quanto dinheiro o Estado tem e como ele está sendo gasto, salvo excepcionalmente, quando isso for constitucionalmente justificado (*v.g.*, gastos em segurança pública).[1622] Escândalos envolvendo o uso abusivo de cartões corporativos por Ministros de Estado e o pagamento de passagens aéreas para familiares de parlamentares via-

[1619] Cf. Luciano Benetti Timm. Qual a maneira mais eficiente de prover direitos fundamentais: uma perspectiva de direito e economia?, p. 56-58 e 65.

[1620] Cf. Alexandre de Moraes. O princípio da eficiência e a evolução do controle jurisdicional dos atos administrativos discricionários, p. 426-427.

[1621] Verificar o item 4.3.6 supra.

[1622] Cf. Ana Paula de Barcellos. Neoconstitucionalismo... cit., p. 26-27.

jarem para o exterior, por exemplo, evidenciam a necessidade de se exigir maior transparência e racionalidade na aplicação dos recursos públicos.

O direito de acesso à informação pública é uma garantia social, que permite que os cidadãos participem nas esferas políticas e públicas. Todo cidadão tem o direito de saber como o governo emprega o dinheiro público.[1623] Para que a sociedade possa melhor fiscalizar os gastos do Poder Público e para que, eventualmente, isso possa ser discutido judicialmente, é imprescindível assegurar o *direito fundamental de acesso às informações sobre as receitas e despesas públicas*.

A Constituição Federal, no art. 37, prevê que a Administração Pública está sujeita à *publicidade*, princípio que está colocado ao lado dos da legalidade, impessoalidade, moralidade e eficiência.

O princípio da publicidade impõe o dever da Administração Pública ser transparente para que os administrados tenham pleno conhecimento sobre o que, como e de que forma agem os administradores.

A ampliação da transparência é fundamental para aumentar a legitimação democrática, pois, infelizmente, o Estado brasileiro é percebido por parcela significativa da opinião pública como corrompido.

O cumprimento do dever de transparência contribui para a melhor articulação e organização da Administração Pública. Também aumenta a *accontability* (prestação de contas) e, com isso, enaltece o caráter público do Estado, que deve estar voltado para assegurar os direitos dos cidadãos, que são consumidores de serviços públicos.

Esclareça-se que a noção de *accontability* política pode abranger duas dimensões: a) a *answerability*, consistente no dever das autoridades públicas informarem e explicarem o que estão fazendo; b) o enforcement, que é a capacidade dos agentes fiscalizadores (*v.g.*, Ministério Público, Tribunais de Contas e Controladorias) de responsabilizarem os detentores do poder por comportamentos ilegais ou imorais.[1624]

Quanto maior é a transparência na Administração Pública, menor é o potencial de corrupção. Aliás, uma das características dos regimes políticos fechados é a distribuição sigilosa e autocrática de recursos públicos e de privilégios.

[1623] Cf. Christian Courtis, op. cit., p. 198.

[1624] SCHEEDLER, Andreas. Por um conceito de *accountability*. In: *Para entender a democracia*. Coord. Larry Diamond. Curitiba: Instituto Atuação, 2017. p. 363.

Portanto, o princípio constitucional da publicidade e o dever de transparência da Administração Pública servem para concretizar a República como forma de governo. Asseguram o direito fundamental do cidadão de ver o Estado administrado republicanamente.

A superação da *cultura do sigilo* para a *cultura do acesso às informações* é indispensável para que os cidadãos sejam mais conscientes de seus deveres e de seus direitos, para a produção de uma sociedade mais bem informada e para assegurar maior eficiência da Administração Pública em todas as esferas.

O compromisso brasileiro com a busca por transparência, participação social, *accontability* e a prevenção e o combate à corrupção percorreu longo caminho histórico.

A informação é um direito humano, reconhecido por importantes organismos da comunidade internacional.

Está previsto na Declaração Universal dos Direitos Humanos: *"Todo ser humano tem direito à liberdade de opinião e de expressão; este direito inclui a liberdade de, sem interferência, ter opiniões e de procurar, receber e transmitir informações e ideias por quaisquer meios e independentemente de fronteiras"* (art. 19).

A Convenção das Nações Unidas contra a Corrupção estabelece, nos arts. 10 e 13: *"Cada Estado-parte deverá (...) tomar as medidas necessárias para aumentar a transparência em sua administração pública (...) procedimentos ou regulamentos que permitam aos membros do público em geral obter (...) informações sobre a organização, funcionamento e processos decisórios de sua administração pública (...)".*

A Declaração Interamericana de Princípios de Liberdade de Expressão também afirma: *"O acesso à informação mantida pelo Estado constitui um direito fundamental de todo indivíduo. Os Estados têm obrigações de garantir o pleno exercício desse direito"* (item 4).

Além disso, o Pacto Internacional dos Direitos Civis e Políticos assevera: *"Toda pessoa terá direito à liberdade de expressão; esse direito incluirá a liberdade de procurar, receber e difundir informações e ideias de qualquer natureza (...)"* (art. 19).

No Brasil, o art. 5º, XXXIII, da CF/88 expressa, entre os direitos fundamentais, que *"todos têm direito a receber dos órgãos públicos informações de seu interesse particular, ou de interesse coletivo ou geral, que serão prestadas no prazo da lei, sob pena de responsabilidade, ressalvadas aquelas cujo sigilo seja imprescindível à segurança da sociedade e do Estado".*

O art. 37, § 3º, inc. II, da CF/88 também afirma que *"a lei disciplinará as formas de participação do usuário na administração pública direta e indireta, regu-*

lando especificamente (...) II – o acesso dos usuários a registros administrativos e a informações sobre atos de governo, observado o disposto no art. 5º, X e XXXIII".

Além disso, o art. 216, § 2º, da CF/1988 atribui *"à administração pública, na forma da lei, a gestão da documentação governamental e as providências para franquear sua consulta a quantos dela necessitem".*

Os artigos 5º, XXXIII, 37, § 3º, II, e 216, § 2º, da CF/1988 foram regulamentados pela Lei 12.257/2012, que ficou conhecida como Lei de Acesso à Informação.

O princípio da publicidade e o dever de transparência impõe que a Administração Pública assegure o direito de acesso à informação pública de forma ampla: tanto por iniciativa própria e de forma espontânea, ou independentemente de solicitação (*transparência ativa*), quanto pela divulgação das informações sob demanda em atendimento às solicitações da sociedade (*transparência passiva*).

A Lei 12.527/2012 (Lei de Acesso às Informações) regulamenta a transparência ativa e passiva.

Na Lei de Acesso às Informações, a transparência ativa deve ser assegurada de diferentes formas: i) pela disseminação de informações em local de fácil acesso, por todos os meios e instrumentos legítimos de que dispuserem, sendo obrigatória a divulgação em *sítios oficiais da rede mundial de computadores* (art. 8º); ii) pela criação de *serviços de informação ao cidadão* (art. 9º, inc. I); iii) pela realização de audiências ou consultas públicas, incentivo à participação popular ou a outras formas de divulgação (art. 9º, inc. II).

A Lei Complementar nº 101/2000 (Lei de Responsabilidade Fiscal), alterada pela Lei Complementar nº 131/2009, exigiu que os entes federativos disponibilizassem, por meio eletrônico e em tempo real, informações pormenorizadas sobre sua execução orçamentária e financeira (art. 48, inc. II). São os chamados *portais da transparência*. Neles, os entes federativos (União, Estados, Distrito Federal e Municípios) devem (art. 48-A da Lei de Responsabilidade Fiscal) disponibilizar o acesso às informações referentes: a) às *despesas*: todos os atos praticados pelas unidades gestoras no decorrer da execução da despesa, no momento de sua realização, com a disponibilização mínima dos dados referentes ao número do correspondente processo, ao bem fornecido ou aos serviços prestados, à pessoa física ou jurídica beneficiária do pagamento e, quando for o caso, ao procedimento licitatório realizado; b) às *receitas*: o lançamento e o recebimento de toda a receita das unidades gestoras, inclusive referente a recursos extraordinários.

A Lei de Acesso às Informações, por sua vez, se destina a *todos os órgãos e entidades públicas dos três Poderes* (Executivo, Legislativo e Judiciário), *de todos os níveis de governo* (federal, estadual, distrital e municipal), *aos Tribunais de Contas, Ministério Público, autarquias, fundações públicas, empresas públicas, sociedades de economia mista* e demais *entidades controladas*, direta ou indiretamente, pela União, Estado, Distrito Federal e Municípios (art. 1º da Lei 12.527/2011).

Também estão sujeitas a Lei de Acesso às Informações as *entidades privadas, sem fins lucrativos, que recebam recursos públicos para a realização de ações de interesse público*, diretamente do orçamento ou por meio de subvenções sociais, contrato de gestão, termo de parceria, convênios, acordo, ajuste e outros instrumentos similares, as quais devem divulgar informações sobre os recursos recebidos e sua destinação (art. 2º da Lei 12.527/2011).

É dever de todos esses órgãos e entidades públicas e privadas, independentemente de requerimentos, informar, no mínimo, em sítios da rede mundial de computadores (internet) [art. 8º, § 1º, da Lei 12.527/2011]: a) o registro das competências e estrutura organizacional, endereços e telefones das respectivas unidades e horários de atendimento ao público; b) os registros de quaisquer repasses ou transferências de recursos financeiros; c) o registro de despesas; d) as informações sobre procedimentos licitatórios, inclusive os respectivos editais e resultados, bem como todos os contratos celebrados; e) os dados gerais para o acompanhamento de programas, ações, projetos e obras de órgãos e entidades; f) as respostas a perguntas mais frequentes da sociedade.

Os sítios oficiais da rede mundial de computadores (internet) devem ter como *requisitos mínimos* (art. 8º, § 3º, Lei 12.527/2011): i) conter *ferramenta de pesquisa de conteúdo* que permita o acesso à informação de forma objetiva, transparente, clara e em linguagem de fácil compreensão; ii) possibilitar a *gravação de relatórios* em diversos formatos eletrônicos, inclusive abertos e não proprietários, tais como planilhas e textos, de modo a facilitar a análise das informações; iii) possibilitar o acesso automático por sistemas externos em *formatos abertos*, estruturados e legíveis por máquina; iv) divulgar em detalhes os formatos utilizados para estruturação da informação; v) garantir a *autenticidade* e a *integridade* das informações disponíveis para acesso; vi) manter *atualizadas* as informações disponíveis para acesso; vii) indicar local e instruções que permitam ao interessado comunicar-se, *por via eletrônica ou telefônica*, com o órgão ou entidade detentora do sítio; viii) adotar as medidas necessárias para garantir a *acessibilidade* de conteúdo para pessoas com deficiência (o Estatuto da Pessoa com Deficiência, Lei Federal nº 13.146/2015, trata do acesso à informação e à comunicação nos artigos 63 a 73).

Entretanto, para que a informação seja disponível a todos, o Brasil precisa ampliar o direito de acesso à internet. Embora a proporção de domicílios brasileiros com computador tenha passado de 25%, em 2008, para 49% em 2013, conforme dados da Pesquisa Nacional de Amostra de Domicílios (Pnad), do IBGE, 24,2 milhões de lares com renda de até 2 salários mínimos não estão conectados à rede mundial de computadores. Além disso, 7,5 milhões de lares na área rural também não têm acesso à internet.

Para garantir o efetivo cumprimento da Lei de Acesso às Informações, o país ainda depende de elevar os investimentos para assegurar a inclusão digital, bem como melhorar os níveis de qualidade de conectividade à rede.

Todos os órgãos e entidades do Poder Público devem prever a criação de um Serviço de Informações ao Cidadão (art. 9º, inc. I, Lei 12.527/2011), em local com condições apropriadas para: a) atender e orientar o público quanto ao acesso a informações; b) informar sobre a tramitação de documentos nas suas respectivas unidades; c) protocolizar documentos e requerimentos de acesso a informações.

O incentivo à participação popular é uma preocupação constante da legislação brasileira. Trata-se de um propósito destinado a efetivação da democracia participativa, para que a população possa compreender e fiscalizar as ações da Administração Pública. Está presente, por exemplo, no Estatuto da Cidade (Lei nº 10.257/2001) que garante a *gestão democrática da cidade* por meio de debates, audiências e consultas públicas (art. 43, inc. II). Esse Estatuto também assegura a *gestão orçamentária participativa* que inclui a realização de debates, audiências e consultas públicas sobre as propostas do plano pluriannual, da lei de diretrizes orçamentárias e do orçamento anual, como condição obrigatória para sua aprovação pela Câmara Municipal (art. 44). Ainda, na elaboração do *plano diretor* das cidades e na fiscalização de sua implementação, devem ser realizadas audiências públicas e debates com a participação da população e de associações representativas dos vários segmentos da comunidade.

O fortalecimento da articulação dos mecanismos e das instâncias de diálogo e da atuação conjunta entre a Administração Pública Federal e a sociedade civil foi um dos propósitos da *Política Nacional de Participação Social*, instituída pelo Decreto nº 8.243/2014, que, dentre suas diretrizes, prevê o direito à informação, à transparência e ao controle social nas ações públicas, com uso de linguagem simples e objetiva, consideradas as características e o idioma da população a que se dirige (art. 3º, inc. IV).

A informação produzida, organizada, guardada e gerenciada pelo Estado, em nome da sociedade, é um *bem público.*

É direito fundamental do cidadão ter acesso às informações públicas. Por outro lado, é dever do Estado prestar as informações, mediante procedimentos objetivos e rápidos, de forma transparente, clara e em linguagem de fácil compreensão (art. 5º da Lei 12.527/2011). É o que se denomina de *transparência passiva.*

O pedido de acesso às informações deve ser identificado, mas a identificação do requerente não pode conter exigências que inviabilizem a solicitação, além de não se poder exigir que o cidadão apresente os motivos da solicitação de informações de interesse público (art. 10, §§ 1º e 3º, da Lei 12.527/2011).

O órgão ou a entidade pública deve autorizar ou conceder o acesso *imediato* à informação disponível (art. 11, *caput*, da Lei nº 12.527/2011).

Se a informação não estiver disponível, deve, no prazo máximo de 20 dias, prorrogável por mais 10 dias, efetuar a resposta, justificar as razões para a recusa do acesso pretendido ou comunicar que não possui a informação. Neste último caso deve, se possível, indicar qual o órgão ou a entidade que a detém ou, ainda, remeter o requerimento a esse órgão ou entidade, comunicando o interessado da remessa de seu pedido de informação (art. 11, § 1º, da Lei nº 12.527/2011).

O serviço de busca e fornecimento de informações é *gratuito*, salvo o pagamento de fotocópias de documentos (art. 12 da Lei 12.527/2011).

Está isento do pagamento das fotocópias aquele cuja situação econômica não permita fazê-lo sem prejuízo do sustento próprio ou da família (art. 12, par. ún., da Lei 12.527/2011).

Ademais, o art. 165, § 3.º, da CF/1988 afirma que o Poder Executivo publicará, até trinta dias após o encerramento de cada bimestre, *relatório resumido da execução orçamentária*. Porém, o controle dos gastos públicos é complexo e não é acessível.

Isso ocorre porque:[1625] a) no campo das receitas públicas: diversos orçamentos não distinguem a arrecadação prevista por tributos, não discriminam as receitas por espécies tributárias e os parâmetros objetivos de controle (*v.g.*, para se saber o quanto foi gasto em saúde ou em educação) devem ser calculados com base em receitas oriundas de tributos específicos, cujas informações nem sempre são acessíveis; b) no campo das despesas: muitos orçamentos preveem apenas uma verba geral para despesas, sem discriminação, ou uma listagem genérica de temas, sem ser possível identificar, minimamente, quais as políticas públicas que deseja implementar; c) no campo da execução orçamentária, nem sempre há relatórios de execução e, quando existem, as despesas são associadas a rubricas bastante amplas (*v.g.*, como "encargos especiais") sem saber, exatamente, o quanto foi gasto em educação, saúde, remuneração dos servidores, verbas de representação ou publicidade.

Para facilitar a transparência na gestão fiscal, o art. 48 da LC 101/2000 (Lei de Responsabilidade Fiscal) exige a ampla divulgação, inclusive em meios eletrônicos de acesso ao público, de todos os instrumentos da gestão fiscal: os planos, os orçamentos e as leis de diretrizes orçamentárias; as prestações de contas e o respectivo parecer prévio; o Relatório Resumido da Execução Orçamentária e o Relatório de Gestão Fiscal; as versões simplificadas desses documentos. Essa transparência deve ser realizada: a) pelo incentivo à participação popular e realização de audiências públicas, durante os processos de elaboração e discussão dos planos, lei de diretrizes orçamentárias e orçamentos; b) pela liberação ao pleno conhecimento e acompanhamento da sociedade, em tempo real, de informações pormenorizadas sobre a execução orçamentária e financeira, em meios eletrônicos de acesso público; c) pela adoção de sistema integrado de administração financeira e controle, que atenda a padrão mínimo de qualidade estabelecido pelo Poder Executivo da União.

Ainda, na fase de execução do orçamento, com apoio no art. 5.º, III, da LC 101/2000 (Lei de Responsabilidade Fiscal), vem acontecendo o *contingenciamento de despesas*, aplicando-se um corte linear de 10%, 20% ou mais sobre todas as dotações orçamentárias (*v.g.*, verbas destinadas ao pagamento de precatórios judiciais, à conservação e à manutenção de rodovias,

[1625] Cf. Ana Paula de Barcellos. Neoconstitucionalismo... cit., p. 24-27.

com o dinheiro da CIDE etc.), para a oportuna utilização, em evidente violação ao princípio da fixação das despesas.[1626]

Porém, quanto a este último aspecto, é preciso acrescentar que o art. 9.º da Lei de Responsabilidade Fiscal[1627] prevê que as *políticas públicas constitucionais vinculadas*, isto é, aquelas cujas despesas são obrigatórias (*v.g.*, nas áreas de saúde e de educação) não podem ser afetadas pela adoção de medidas de *corte no orçamento*, não estando sujeitas ao *contingenciamento de recursos*, ainda que a estimativa da arrecadação se mostre incorreta.[1628] Como foi salientado no item 4.1.5 supra, o não investimento dos recursos mínimos, reservados pela Constituição (como ocorre na saúde e educação, nos arts. 198, § 2.º, e 212 da CF/1988), impõe o controle judicial, a fim de que sejam executadas as *políticas públicas vinculadas*.

Nesse sentido, o TJPR, com fundamento no art. 198, § 2.º, II, da CF/1988, deu provimento à apelação do Ministério Público para que o Estado do Paraná complementasse a aplicação de recursos devidos para a área da saúde, nos anos de 2000 a 2002, até que fosse atingido o mínimo de 12% de sua arrecadação.[1629] A decisão decorreu de ação civil pública, ajuizada pelo Ministério Público em face do Estado do Paraná, no ano de 2003, depois de verificar a não aplicação, em ações e serviços de saúde, dos percentuais mínimos constitucionalmente exigidos. Na época da propositura da ação, foi requerido o depósito ao Fundo Estadual de Saúde de R$ 676,2 milhões, cujo montante deveria ser acrescido de juros e correção monetária. A diferença foi constatada a partir de dados extraídos do Sistema de Informações sobre Orçamentos Públicos em Saúde e de pareceres técnicos provenientes do Departamento Nacional de Auditoria do SUS (Denasus), do Tribunal de Contas do Estado e de auditoria do próprio Ministério

[1626] Cf. Kiyoshi Harada. Desvios orçamentários cit., p. 19.

[1627] "Se verificado, ao final de um bimestre, que a realização da receita poderá não comportar o cumprimento das metas de resultado primário ou nominal estabelecida no Anexo de Metas Fiscais, os Poderes e o Ministério Público promoverão, por ato próprio e nos montantes necessários, nos trinta dias subsequentes, limitação de empenho e movimentação financeira, segundo os critérios fixados pela lei de diretrizes orçamentárias."

[1628] Cf. Eduardo Appio. *Controle judicial*... cit., p. 178.

[1629] Cf. TJPR, AC 0567006-8, 5.ª Câm. Civ., Foro Central da Região Metropolitana de Curitiba, j. 01.09.2009, rel. Des. Rosene Arão de Cristo Pereira.

Público. Com efeito, o valor apurado, em 2003, corresponderia à diferença entre os recursos exigidos e os efetivamente investidos na área da saúde.[1630]

No entanto, a fiscalização social e institucional da execução do orçamento exige amplo conhecimento da aplicação dos recursos públicos. Ocorre que o controle desses gastos não é acessível, porque, no caso da União, os bancos de dados registram as despesas do Executivo de forma individualizada – dos quais o Siafi é o seu principal –, mas o seu acesso é restrito a deputados e senadores (Lei 11.086, de 31.12.2004). Porém, a partir da LC 131/2009, que introduziu o art. 48-A na Lei de Responsabilidade Fiscal (LC 101/2001), as informações devem estar disponíveis, na rede mundial de computadores, em tempo real, para qualquer pessoa física ou jurídica, que tem o direito de acessar: a) quanto à despesa: todos os atos praticados pelas unidades gestoras no decorrer da execução da despesa, no momento de sua realização, com a disponibilização mínima dos dados referentes ao número do correspondente processo, ao bem fornecido ou ao serviço prestado, à pessoa física ou jurídica beneficiária do pagamento e, quando for o caso, ao procedimento licitatório realizado; b) quanto à receita: o lançamento e o recebimento de toda a receita das unidades gestoras, inclusive referente a recursos extraordinários. Entretanto, a LC 131 foi publicada em 28.05.2009, estabelecendo os seguintes prazos para o fornecimento das informações contidas no referido art. 48-A, contados a partir da entrada em vigor dessa nova lei: a) um ano para a União, os Estados, o Distrito Federal e os Municípios com mais de 100.000 habitantes; b) dois anos para os Municípios que tenham entre 50.000 e 100.000 habitantes; c) quatro anos para os Municípios que tenham até 50.000 habitantes.

Apesar de todos esses prazos terem se esgotados, grande parte dos 5.570 municípios do Brasil ainda não cumpre satisfatoriamente nem a Lei de Acesso à Informação nem a Lei de Responsabilidade Fiscal. Dados divulgados pela Controladoria Geral da União, em 2013, apontavam que apenas 24% dos Municípios com mais de 100.000 habitantes haviam regulamentado a Lei de Acesso à Informação.[1631]

Também deve ser salientado que a Lei de Acesso à Informação foi amplamente questionada, por órgãos vinculados à promoção de interes-

1630 Disponível em: [http://www.mp.pr.gov.br/modules/noticias/makepdf.php?storyid=414]. Acesso em 21.10.2009.

1631 "Disponível em: [http://www.acessoainformacao.gov.br/central-de-conteudo/publicacoes/relatorio-2-anos-lai-web.pdf]. Acesso em 02.05.2015.

ses de servidores públicos, que buscaram o Poder Judiciário para impedir a divulgação de seus nomes e de seus vencimentos no portal da transparência. Entretanto, o Plenário do Supremo Tribunal Federal julgou, em 23 de abril de 2015, o Recurso Especial 65.777 e, por unanimidade de votos, declararam constitucional a veiculação da remuneração (bem como de gratificações e demais benefícios) de servidores na *internet*. O precedente pôde ser aplicado a 334 (trezentos e trinta e quatro) processos pendentes de julgamento no STF desde 2011.

Além disso, vale ressaltar que a Lei Complementar nº 141/2012 regulamentou o §3º do artigo 198 da Constituição Federal para implementar instrumentos de controle e bom gerenciamento da saúde pública.[1632] Essa lei tornou mais transparente os gastos, especialmente quanto ao cumprimento dos limites mínimos a serem aplicados pelo Poder Público em saúde. A divulgação desses dados deve ser feita por meio eletrônico, mediante o Sistema de Informações sobre Orçamentos Públicos em Saúde (SIOPS). A prestação de contas envolve a demonstração do cumprimento dos percentuais mínimos exigidos pela própria Lei Complementar n. 141/2012, com a elaboração de relatório de gestão do SUS e sua respectiva aprovação pelo Conselho de Saúde[1633].

O SIOPS, desde que devidamente alimentado pelos entes federativos, permite ao cidadão, sem empecilhos como senhas e assinatura digital, acessar o sistema e obter dados sobre as receitas e as despesas com a saúde. É possível verificar se os Municípios cumprem o percentual de 15% em ações e serviços públicos da saúde e se os Estados, com o de 12%.

Trata-se de um mecanismo de participação da comunidade na gestão do SUS, que está em sintonia com a Lei nº 12.527/2011 (Lei de Acesso às Informações). Aliás, para que se possam avaliar as escolhas do governo na formulação de políticas públicas e monitorar a aplicação dos recursos, é indispensável conhecer quanto dinheiro o Estado tem e onde se está gastando as verbas públicas. Assim, o acesso à informação sobre as receitas e despesas públicas garante a participação da sociedade no controle das gestões das esferas políticas.

A Lei Complementar nº 141/2012 prevê, no artigo 39, a obrigatoriedade da alimentação do SIOPS pelos gestores de saúde. A Portaria nº 53, de 16

[1632] Cf. Eduardo Cambi e Daniele Bohrz Boff. Efetividade do direito à saúde pública no Brasil. p. 130-134.

[1633] Cf. Lenir Santos. *SUS e a Lei Complementar 141 comentada*. p. 145-146.

de Janeiro de 2013, editada pelo Ministério da Saúde, estabelece diretrizes para o efetivo funcionamento desse sistema, fixando prazo para o registro e homologação das informações.

As receitas totais e as despesas com ações e serviços de saúde púbica têm de ser transmitidas e homologadas até trinta dias após o encerramento de cada bimestre. Caso o gestor do SUS não homologue os dados até 30 dias após o encerramento do último bimestre do exercício financeiro, presume-se descumprido o limite constitucional.

Quando as informações constantes no SIOPS demonstrarem que não ocorreu a aplicação do limite mínimo constitucional na área da saúde no exercício anterior, a União promoverá o direcionamento das transferências constitucionais previstas no inciso II do *caput* do artigo 158, e alíneas 'a' e 'b' do inciso I e o inciso II do *caput* do artigo 159 da Constituição Federal para a conta vinculada ao Fundo de Saúde do ente federativo beneficiário. Porém, haverá a suspensão dessa transferência se o ente federativo não comprovar no SIOPS, em 12 meses contados do depósito da primeira parcela na conta do Fundo, a aplicação efetiva do montante que deixou de ser utilizado na saúde no exercício anterior, ou, ainda, quando não ocorrer a declaração e a homologação das informações no SIOPS após 30 dias[1634] da notificação automática pelo sistema aos gestores (art. 26 da Lei Complementar nº 141/2012).

As transferências voluntárias, que são aquelas que decorrem da cooperação, auxílio ou assistência financeira de um ente federativo para o outro, também ficarão suspensas no caso do descumprimento da aplicação do limite constitucional, e na ausência de declaração e homologação das informações no SIOPS após 30 dias da notificação.

Todavia, vale destacar que a penalidade de suspensão somente ocorre quando não forem homologados no prazo os dados atinentes ao 6º bimestre, e não de cada bimestre em que tenha havido eventual omissão do Poder Público[1635].

[1634] O Decreto nº 8.201/2014 alterou o prazo de notificação automática prevista no art. 16 do Decreto nº 7.827/2012 para o ano de 2014, de 30 para 120 dias, assim, se o ente não homologar os dados relativos ao 6º bimestre de 2013 até 30/05/2014, sofrerão a suspensão das transferências constitucionais. Nada foi alterado quanto ao prazo para fins de bloqueio das transferências voluntárias.

[1635] BRASIL. Ministério da Saúde. Portal da saúde. Entenda a medida preliminar. 12 mar. 2014a. Disponível em: <http://portalsaude.saude.gov.br/administrator/index.php?option=com_con

Acresce-se que a Constituição Federal não veda a retenção ou qualquer restrição ao repasse de recursos públicos, pela União, aos Estados, Distrito Federal e Municípios, na hipótese de descumprimento do artigo 198, § 2º, incisos II e III, da Constituição Federal. Contudo, o Supremo Tribunal Federal tem decidido que, ainda que o ente federativo não tenha aplicado o percentual mínimo de 12% da receita de impostos em ações e serviços de saúde, e esteja no cadastro de inadimplentes, deve ser liberado o repasse de verbas federais ou determinado o afastamento de restrições impostas à celebração de operações de crédito em geral ou à obtenção de garantias. Isso desde que tais obstáculos comprometam, de modo grave e/ou irreversível, a continuidade da execução de políticas públicas ou a prestação de serviços essenciais à coletividade[1636].

Em consulta para verificar se os Estados e Municípios vêm cumprindo com a obrigação de divulgar suas ações, é possível constatar que o número de Estados que não transmitem as informações é elevado, conforme tabela abaixo extraída do *site* do Ministério da Saúde[1637] que se refere ao 4º Bimestre do ano de 2014:

Código	Estado
12	Acre
27	Alagoas
16	Amapá
13	Amazonas
29	Bahia
23	Ceará
53	Distrito Federal
32	Espírito Santo

tent&view=article&layout=edit&id=10266>. Acesso em: 19 ago. 2014.

1636 AC 3389 MC-Ref, Relator(a): Min. Celso de Mello, Tribunal Pleno, julgado em 01/08/2013, Processo Eletrônico DJe-169 Divulg 28-08-2013 Public 29-08-2013; AC 2090 MC-REF, Relator(a): Min. Carmén Lúcia, Tribunal Pleno, julgado em 02/02/2009, DJe-043 Divulg 05-03-2009 Public 06-03-2009 Ement Vol-02351-01 PP-00043.

1637 BRASIL. Ministério da Saúde. Portal da saúde. Estados que não Transmitiram dados. Ago. 2014b. Disponível em: <http://siops.datasus.gov.br/consufnaotransm.php>. Acesso em: 13 out. 2014

21	Maranhão
51	Mato Grosso
50	Mato Grosso do Sul
31	Minas Gerais
15	Pará
25	Paraíba
41	Paraná
26	Pernambuco
22	Piauí
33	Rio de Janeiro
24	Rio Grande do Norte
42	Santa Catarina
35	São Paulo
28	Sergipe
17	Tocantins

Quantidade de Estados que não Transmitiram	23
Quantidade de Estados Existentes	27

Por exemplo, no Estado do Paraná, dos 399 municípios, 303 não tinham enviados os dados quanto ao 4º Bimestre de 2014[1638].

Infelizmente, a cultura da transparência pouco avançou, conforme os dados do 5º Bimestre de 2017, onde apenas 07 (sete) das 27 (vinte e sete) unidades federativas transmitiram seus dados:

Código	Estado
12	Acre
16	Amapá
13	Amazonas

[1638] BRASIL. Ministério da Saúde. Portal da saúde. Municípios que não Transmitiram dados. Ago. 2014b. Disponível em: <http://siops.datasus.gov.br/munntransm.php >. Acesso em: 13 out. 2014

29	Bahia	
53	Distrito Federal	
21	Maranhão	
51	Mato Grosso	
50	Mato Grosso do Sul	
31	Minas Gerais	
15	Pará	
25	Paraíba	
26	Pernambuco	
22	Piauí	
33	Rio de Janeiro	
24	Rio Grande do Norte	
11	Rondônia	
42	Santa Catarina	
35	São Paulo	
28	Sergipe	
17	Tocantins	
Quantidade de Estados que não Transmitiram		20
Quantidade de Estados Existentes		27

Além disso, a Lei Complementar nº 141/2012 estabelece formas e momentos de prestação de contas para os gestores municipais do SUS, os quais devem enviar, ao Conselho de Saúde, relatórios anuais de gestão (RAG, até 30 de março) e quadrimestrais (RQGs), para posterior avaliação e emissão de parecer conclusivo, bem como ao Poder Legislativo, mediante apresentação desses relatórios em três audiências públicas, com ampla e prévia divulgação.

Porém, gestões municipais do SUS não vêm cumprindo o que estabelece a Lei Complementar nº 141/2012, deixando de conferir extensa e prévia publicidade sobre esses atos públicos, sem efetivo conhecimento nem participação dos cidadãos sobre a administração do sistema de saúde local.

Ademais, a Lei Complementar nº 141/2012 exige que esses relatórios apresentem não apenas o montante de recursos financeiros aplicados e a oferta e produção dos serviços públicos locais, mas também a repercussão deles nos indicadores de saúde da população, e, ainda, as auditorias concluídas e em andamento. No entanto, com frequência, os gestores municipais do SUS apresentem RAGs e RQGs limitados a números, em listas e tabelas, de difícil (senão impossível) compreensão, sem o cotejo com os indicadores de saúde do período, nem, tampouco, com as metas previstas no plano municipal de saúde. Não raro Conselhos de Saúde acabam por aprovar esses relatórios insuficientes, inadequados e tendentes à perpetuação das falhas e deficiências da gestão local do SUS.

Nesses casos, é devida a intervenção do Ministério Público[1639], que deve instaurar inquérito civil e, no mínimo, expedir recomendações administrativas para provocar a elaboração (e complementação, se necessário for), dos relatórios de gestão, para que contenham, no mínimo, todas as informações exigidas pelo artigo 36 da Lei Complementar Federal nº 141/2012.

Assim, verifica-se que, embora já se tenha lei dispondo sobre a obrigatoriedade da prestação de contas e da publicidade dos atos de gestão administrativa, muitos entes federativos insistem em descumpri-la, o que dificulta o controle social sobre os recursos aplicados na saúde pública, incentiva a corrupção e prejudica a maior eficiência do SUS.

Também é dever da sociedade exigir que os governantes cumpram, rigorosamente, o artigo 39 da Lei Complementar n. 141/2012 e a Portaria n. 53, de 16 de janeiro de 2013. O reiterado descumprimento do direito fundamental à informação pública também deve ensejar a atuação do Ministério Público, que pode responsabilizar o gestor público, inclusive, por ato de improbidade administrativa, com fundamento no artigo 11 da Lei 8.429/92.

De igual modo, com fundamento no mesmo dispositivo legal (art. 11 da Lei 8.429/92), caracteriza ato de improbidade administrativa a conduta dolosa dos gestores públicos que não aplicam os percentuais mínimos em saúde[1640] ou em educação pública.

Quanto a transparência dos recursos da educação pública (arts. 211, CF e 74 da Lei 9.394/96), existe o Sistema de Informações sobre Orçamentos Públicos em Educação (SIOPE), regulamentado pela Portaria do Ministério da Educação n. 844, de 08/07/2008. Tal sistema eletrônico é

[1639] Nesse sentido, é a orientação do Centro de Apoio Operacional das Promotorias de Proteção à Saúde Pública do Ministério Público do Estado do Paraná no Ofício Circular, nº 1, de 15 de janeiro de 2015.

[1640] STJ, AgRg nos EDcl no AREsp 58.172/ES, Rel. Ministro Herman Benjamin, Segunda Turma, julgado em 14/08/2012, DJe 27/08/2012; TJES, Classe: Apelação, 2050013115, Relator: Ronaldo Gonçalves de Sousa, Órgão julgador: Terceira Câmara Cível , Data de Julgamento: 27/11/2012, Data da Publicação no Diário: 14/12/2012;TJ/SP, Apelação 41276620098260615, 3ª Câmara de Direito Público, relator: Ronaldo Alves de Andrade – j. 14.01.2014.

operacionalizado pelo Fundo Nacional de Desenvolvimento da Educação (FNDE), instituído para a coleta, processamento, disseminação e acesso público às informações referentes aos orçamentos de educação da União, dos Estados, do Distrito Federal e dos Municípios. O SIOPE serve para calcular a aplicação da receita vinculada à manutenção e ao desenvolvimento do ensino de cada ente federativo e, portanto, levar ao conhecimento da sociedade o quanto se investe, efetivamente, em educação. Com isso, são fortalecidos os mecanismos de controle social dos gastos na manutenção e no desenvolvimento do ensino. Dessa forma, o SIOPE assegura maior transparência dos investimentos públicos e, destarte, possibilita a melhoria da qualidade dos serviços prestados à sociedade. O SIOPE, ainda, permite a geração de indicadores para subsidiar a definição e a implementação de políticas de financiamento orientadas para promover a inclusão social, a igualdade de oportunidades, a equidade e a efetividade do ensino público.

Com efeito, o Poder Público deve ser cumprir o direito fundamental à informação para que se consiga ter *transparência* quanto às opções públicas, inclusive as contidas no orçamento, e a sua execução. O orçamento representa o *momento máximo da cidadania*, onde as escolhas são feitas e, depois, devem ser fiscalizadas. Entretanto, há séria desconfiança quanto ao orçamento público brasileiro, porque, como asseverado, os recursos são vinculados aos mais diversos fins. Isso não apenas demonstra a incapacidade política de dar aos recursos as finalidades públicas,[1641] mas também revela a falta de um mínimo de organização necessária do Estado, além de dar margem à corrupção. As escolhas estatais devem ser as mais claras e transparentes possíveis, a fim de que se possa verificar se são justificáveis (*v.g.*, porque determinado remédio não está contido na lista de medicamentos do Sistema Único de Saúde ou qual é o impacto financeiro na compra emergencial de remédios, para atender a decisões judiciais que concedam tutela antecipada, em situações urgentes; se as verbas públicas destinadas à

[1641] "É preciso conquistar o orçamento, torná-lo, de fato e de direito, o que ele deveria ser: o momento máximo da cidadania, em que as escolhas públicas são feitas e controladas. A experiência brasileira, contudo, é antiorçamentária, não apenas pela hipertrofia do Executivo, mas pela desconfiança quanto ao orçamento. Nossa realidade é a de progressiva vinculação de recursos para os mais variados fins. Certa vez li numa justificativa de proposta de mudança constitucional do então deputado Gustavo Krause que a vinculação de receitas era como que uma confissão antecipada da incapacidade política de dar ao orçamento finalidades públicas que ele deveria ter" (Gustavo Amaral e Danielle Melo. Há direitos acima dos orçamentos?, p. 108).

realização de uma unidade básica de saúde foram devidamente aplicadas), até para que os cidadãos, os órgão de controle (como as Controladorias Internas, os Tribunais de Contas e o Ministério Público), e o próprio Judiciário tenha condições objetivas de melhor fiscalizar as políticas públicas e, destarte, buscar a efetivação dos direitos fundamentais, resguardando, ao menos, o *mínimo existencial*.

Sem informações adequadas, pelo descumprimento reiterado das leis que asseguram o direito fundamental à saúde pública, o protagonismo judicial na efetivação dos direitos fundamentais sociais e no controle de políticas públicas pelo Poder Judiciário deve ser ainda mais cauteloso. Aliás, preocupado com a progressiva judicialização de questões envolvendo a saúde, o Conselho Nacional de Justiça criou, em 2010, o Fórum Nacional do Judiciário para monitorar o número elevado e a ampla diversidade dos litígios, bem como o forte impacto das decisões judiciais sobre os orçamentos públicos.

Nos dias 14 e 15 de maio de 2014, o CNJ realizou a I Jornada Nacional da Saúde com a aprovação de 45 enunciados sobre a interpretação do Direito à Saúde. Em relação à saúde pública, vale destacar doze enunciados: i) *"Concedidas medidas judiciais de prestação continuativa, em medida liminar ou definitiva, é necessária a renovação periódica do relatório médico, no prazo legal ou naquele fixado pelo julgador como razoável, considerada a natureza da enfermidade, de acordo com a legislação sanitária, sob pena de perda de eficácia da medida"* (Enunciado nº 2); ii) *"Recomenda-se ao autor da ação, a busca preliminar sobre disponibilidade do atendimento, evitando-se a judicialização desnecessária"* (Enunciado nº 3); iii)*"Os Protocolos Clínicos e Diretrizes Terapêuticas (PCDT) são elementos organizadores da prestação farmacêutica, e não limitadores. Assim, no caso concreto, quando todas as alternativas terapêuticas previstas no respectivo PCDT já tiverem sido esgotadas ou forem inviáveis ao quadro clínico do paciente usuário do SUS, pelo princípio do art. 198, III, da CF, pode ser determinado judicialmente o fornecimento, pelo Sistema Único de Saúde, do fármaco não protocolizado"*(Enunciado nº 4); iv) *"Deve-se evitar o processamento, pelos juizados, dos processos nos quais se requer medicamentos não registrados pela Anvisa, off label e experimentais, ou ainda internação compulsória, quando, pela complexidade do assunto, o respectivo julgamento depender de dilação probatória incompatível com o rito do juizado"*(Enunciado nº 5); v) *"A determinação judicial de fornecimento de fármacos deve evitar os medicamentos ainda não registrados na Anvisa, ou em fase experimental, ressalvadas as exceções expressamente previstas em lei"*(Enunciado nº 6); vi) *"Nas condenações judiciais sobre ações e serviços de saúde devem ser observadas, quando possível, as regras administrativas de repartição de competência entre os gestores"*(Enunciado nº 8); vii) *"Nos casos em que o pedido em ação judicial seja de medicamento, produto ou procedimento já previsto nas listas oficiais do SUS ou em Protocolos Clínicos e Diretrizes Terapêuticas (PDCT), recomenda-se que seja determinada pelo Poder Judiciário a inclusão do demandante em serviço ou programa já existentes no Sistema Único de Saúde (SUS), para fins de acompanhamento e controle clínico"*(Enunciado nº 11); viii) *"A inefetividade do tratamento oferecido pelo SUS, no caso concreto, deve ser demonstrada por relatório médico que a indique e descreva as normas éticas, sanitárias, farmacológicas (princípio ativo segundo a Denominação Comum Brasileira) e que estabeleça o diagnóstico da doença (Classificação Internacional de Doenças), tratamento e periodicidade, medicamentos, doses e fazendo referência ainda sobre a situação do registro na Anvisa (Agência Nacional de Vigilância Sanitária)"*(Enunciado nº 12); ix)*"Nas ações de saúde, que pleiteiam do poder público o fornecimento de medicamentos, produtos ou tratamentos, recomenda-se, sempre que possível, a prévia oitiva do gestor do Sistema Único de Saúde (SUS), com vistas a, inclusive, identificar solicitação prévia do requerente à Administração, competência do ente federado e alternativas terapêuticas"*(Enunciado nº 13); x) *"Não comprovada a inefetividade ou impropriedade dos medicamentos e tratamentos fornecidos pela rede pública de saúde, deve ser indeferido o pedido não constante das políticas públicas do Sistema Único de Saúde"*(Enunciado nº 14); xi)*"As prescrições médicas devem consignar o tratamento necessário ou o medicamento indicado, contendo a sua Denominação Comum Brasileira (DCB) ou, na sua falta, a Denominação Comum Internacional (DCI), o seu princípio ativo, seguido, quando pertinente, do nome de referência da substância, posologia, modo de administração e período de tempo do tratamento e, em caso de prescrição diversa daquela expressamente informada por seu fabricante, a justificativa técnica"*(Enunciado nº 15); xii) *"Nas demandas que visam acesso a ações e serviços da saúde diferenciada daquelas oferecidas pelo Sistema Único de Saúde, o autor deve apresentar prova da evidência científica, a inexistência, inefetividade ou impropriedade dos procedimentos ou medicamentos constantes dos protocolos clínicos do SUS"*(Enunciado nº 16).

De qualquer modo, a eficiência na aplicação dos recursos públicos depende da implementação de critérios sociais. A Constituição Federal, no art. 193, prevê que a ordem social tem como base o primado do trabalho e, como objetivo, o bem-estar e a justiça sociais. Porém, esta regra jurídica não prevê mecanismos de avaliação, tampouco de fiscalização e, ao final, de responsabilização dos governantes que não atingem os objetivos constitucionais da ordem social. Por isso, é interessante ressaltar a Proposta de Emenda Constitucional 29/2003 que prevê novos instrumentos de realização dos direitos fundamentais sociais, sugerindo, para o art. 193, a seguinte redação: "A ordem social tem como base o primado do trabalho e, como objetivo, o bem-estar e a justiça sociais, a serem avaliados por meio de indicadores de responsabilidade social, nos termos da lei complementar". Assim, preocupa-se com o estabelecimento de novos critérios para financiamento das despesas públicas de caráter social. Trata-se de um avanço em relação à Lei de Responsabilidade Fiscal, centrada na adoção de parâmetros econômicos e financeiros para a realização das despesas públicas. A eficiência na gestão do dinheiro público deve ir além desses critérios, dispondo mais objetivamente sobre as metas de superação das desigualdades econômicas e sociais. Deve incluir parâmetros adequados para melhorar a vida e o poder aquisitivo das pessoas, especialmente aquelas situadas abaixo da linha de pobreza (que, no Brasil, representam cerca de 30% do total da população). Portanto, ao lado da Lei de Responsabilidade Fiscal, é urgente a criação de uma Lei de Responsabilidade Social, com a previsão de indicadores sociais que possibilitem mensurar o alcance das metas destinadas à melhoria do bem-estar da população e da justiça social. Tal legislação, de alcance nacional, traria melhor eficiência, transparência e responsabilidade na gestão da programação e aplicação do dinheiro público, caso viesse a contemplar mecanismos inovadores como a implementação de Metas Macrossociais e um Índice Nacional de Responsabilidade Social. Isto possibilitaria a melhor utilização dos recursos públicos, além de facilitar a obtenção de novos financiamentos, junto às instituições financeiras internacionais de fomento, tornando mais eficiente a gestão pública, que estaria norteada não apenas pela diminuição do déficit público, mas por indicadores sociais que, a exemplo do Índice de Desenvolvimento Humano (IDH), serviriam para a mais adequada elaboração, execução e controle das políticas públicas.

Além disso, a não publicação dos relatórios de execução orçamentária fere o princípio republicano. A falta da devida publicidade (art. 37, *caput*, da CF/1988) impede o exercício da cidadania e dificulta o controle eficaz dos órgãos administrativos de fiscalização. Torna mais difícil o acompanhamento da execução orçamentária pela sociedade civil organizada e suas instituições (sejam os órgãos de controle seja a própria imprensa).[1642] Dá ampla margem aos desvios de finalidades, à corrupção e ao uso ineficiente do dinheiro público.

Por exemplo, no episódio envolvendo o mau uso de cartões coorporativos por ministros de Estado, em 2008, ficou evidenciada que a fiscalização dos gastos públicos não pode ser restringida ao Congresso Nacional. Afinal, a experiência brasileira tem demonstrado que mesmo as Comissões Parlamentares de Inquérito não conseguem, sem a constante pressão da sociedade, fazer prevalecer o princípio republicano, sucumbindo aos interesses governistas e eleitoreiros contrários à transparência na atuação do Poder Público.

A *gestão orçamentária participativa*, como asseverado, é um direito do cidadão previsto no Estatuto da Cidade (Lei 10.257/2011, art. 44). A realização de debates, audiências e consultas públicas sobre as propostas orçamentárias e do orçamento anual é *condição obrigatória* para a aprovação do orçamento pela Câmara Municipal.

É importante acrescentar que, além das formas tradicionais de orçamentos participativos, é preciso fomentar a ampliação da participação social pelas redes sociais. Nesse sentido, o art. 2°, X, do Decreto n° 8.243, de 23/05/2014, que instituiu a Política Nacional de Participação Social e o Sistema Nacional de Participação Social prevê o *ambiente virtual de participação social* como mecanismo de interação social que utiliza tecnologias de informação e de comunicação, em especial a *internet*, para promover o diálogo entre a administração pública federal e a sociedade civil. O Estado do Rio Grande do Sul desenvolve, desde 2005, o *orçamento participativo digital*, por meio do qual a população pode opinar sobre os gastos públicos *on line*. O uso da *internet* fortalece a democracia participativa na medida em que aumenta o número de pessoas que discutem e deliberam sobre as melhores escolhas orçamentárias, mas também sobre a gestão dos recur-

[1642] As instituições exercem um papel importante no suprimento das diferenças que impedem o exercício da igualdade de direitos e a promoção da justiça social. Neste sentido, John Rawls afirma que, "a fim de se aplicar a noção de justiça procedimental para as partes distributivas, é necessário construir e administrar imparcialmente um sistema justo de instituições" (*Uma teoria da justiça*, p. 93). Sob este aspecto, a existência de uma imprensa livre e independente exerce um relevante papel de informar a opinião pública, contribuindo para o exercício da liberdade de pensamento e de opinião, para o pluralismo político, para o desenvolvimento do regime democrático e o controle da atuação do poder público.

sos públicos. Com isso, amplia-se a transparência e a qualidade da prestação das contas. Entretanto, como uma parcela significativa da população brasileira não tem acesso à *internet*, não se pode eliminar as formas tradicionais de participação na elaboração e no controle do orçamento público.

A fiscalização do orçamento pelos cidadãos e pela sociedade civil organizada está regulamentada nas leis orçamentárias. A Lei de Diretrizes Orçamentárias da União (Lei 13.080/2015, art. 120, par. ún.), por exemplo, prevê que os cidadãos e as entidades sem fins lucrativos, desde que credenciados, podem ser habilitados para consulta aos sistemas e cadastros (como o Sistema de Informações Contábeis e Fiscais do Setor Público Brasileiro – SINCONFI – e o Sistema Integrado de Administração Financeira - SIAFI, dentre outros), respeitado o sigilo fiscal do contribuinte. No entanto, a mais ampla proteção do direito humano-fundamental à informação pública reclama acesso do cidadão e de entidades da sociedade civil organizada sem a necessidade de senhas especiais, ressalvado o direito de receber informações cujo sigilo for imprescindível à segurança da sociedade e do Estado (art. 5º, inc. XXXIII, CF).

Ademais, o Conselho de Gestão Fiscal, destinado ao acompanhamento e a avaliação da política e da operacionalidade da gestão fiscal – previsto no art. 67 da Lei de Responsabilidade Fiscal (Lei Complementar 101/2000) – precisa ser, urgentemente, criado e regulamentado, com a ampla participação de entidades técnicas representativas da sociedade civil.

É necessário reforçar o controle público não estatal, porque a fiscalização estatal não é suficiente para detectar falhas na aplicação dos recursos públicos e porque a experiência nas cidades em que há maior participação social no controle orçamentário mais eficiente é a qualidade dos gastos públicos. O controle social é a *terceira via* entre o controle administrativo-burocrático e o controle judicial.[1643]

Por outro lado, quando os governados não são bem informados, a democracia torna-se uma farsa. Um povo que pretende se autogovernar deve se armar do poder do conhecimento.[1644] Sem informação não há

[1643] Cf. Leonardo Avritzer e Fernando Filgueiras. Corrupção e controles democráticos no Brasil. Disponível em: [http://www.ipea.gov.br/portal/images/stories/PDFs/TDs_Ipea_Cepal/tdcepal_032.pdf.]. Acesso em 10 de maio de 2015.

[1644] "Um governo popular sem informação popular nem meios de obtê-la é apenas um prólogo de uma farsa ou de uma tragédia, ou, talvez, ambos. O conhecimento sempre governará a ignorância: e um povo que pretende ser seu próprio governo deve armar-se do poder que

liberdade de expressão e tampouco condições de exercício da cidadania.[1645] Por isso, o direito à informação não deve ser entendido somente como uma liberdade pública, que impõe ao Estado não apenas obstar o pleno exercício da informação (*v.g.*, muito criticada foi a posição do governo chinês, durante as Olimpíadas de Pequim, de censurar o livre acesso à Internet), mas também de realizar *ações positivas* para que esse direito fundamental seja realizado na maior medida possível, dentro das condições fáticas e jurídicas existentes.[1646]

Além disso, para se identificar se a política adotada pela autoridade pública é minimamente eficiente, será indispensável o *conhecimento multidisciplinar* a ser obtido especialmente mediante a prova científica (relatórios ou laudos periciais).[1647]

Assim, não caberá ao Judiciário substituir a avaliação política da autoridade competente. Deve atuar, apenas, quando caracterizadas as hipóteses de *ineficiência comprovada* por critérios técnico-científicos.[1648] Em outros termos, deve intervir quando os meios escolhidos pelo Poder Público são manifestamente ineficientes ou juridicamente inválidos para realizar os fins constitucionais, notadamente se demonstrado que as opções políticas dos governantes não realizam adequadamente a garantia do *mínimo existencial*.

5.7.9 Controle judicial do orçamento público

Não é suficiente afirmar que o direito a governos honestos é uma prerrogativa da cidadania. Também não adianta repetir que o Judiciário deve efetivar direitos fundamentais sociais e controlar políticas públicas, sem o estabelecimento de parâmetros racionais e razoáveis de fiscalização. Para conseguir atingir esses objetivos, é indispensável que o Poder Judiciário tenha meios de fazer cumprir suas decisões, sob pena de se comprome-

o conhecimento oferece" (Carta de James Madison a W. T. Barry, 04.08.1822). Cf. Ronald Dworkin. *Uma questão de princípio* cit., p. 87.

[1645] Cf. Ronald Dworkin. *Uma questão de princípio* cit., p. 87.

[1646] Virgílio Afonso da Silva faz clara distinção (*A constitucionalização do direito. Os direitos fundamentais nas relações entre particulares*, p. 78).

[1647] Para tornar possível este desiderato, como já foi salientado, o Anteprojeto de Código de Processo Civil coletivo prevê, no art. 11, §§ 4.º e 5.º, que o juiz poderá solicitar, inclusive de ofício, a elaboração de laudos ou relatórios a órgãos, fundações ou universidades públicas especializados na matéria.

[1648] Cf. Ana Paula de Barcellos. Neoconstitucionalismo... cit., p. 24.

ter a sua autoridade, abrindo enorme margem de destruição do Estado Democrático de Direito.

Assim sendo, a ação ou a omissão da Administração no cumprimento das previsões constitucionais relativas ao orçamento enseja, como consequência, *comportamento inconstitucional* a ser controlado pelo Poder Judiciário.[1649]

Além das limitações formais, os gastos públicos estão sujeitos a limites *materiais*, isto é, o uso dos recursos públicos deve se dar de modo a permitir que os objetivos traçados no art. 3.º da CF/1988 sejam alcançados. O orçamento não é um fim em si mesmo, mas apenas um meio para a concretização dos fins constitucionais. Afirmar que os governantes, ao elaborarem o orçamento, não estão vinculados à realização prioritária de determinados princípios constitucionais é um enorme *erro de perspectiva*, pois não são os meios que devem determinar os fins mas, ao contrário, eleitos os fins na Constituição, há de se buscar os meios para a sua realização.[1650] A *reserva*

1649 "Desrespeito à Constituição – Modalidades de comportamentos inconstitucionais do Poder Público. O desrespeito à Constituição tanto pode ocorrer mediante ação estatal quanto mediante inércia governamental. A situação de inconstitucionalidade pode derivar de um comportamento ativo do Poder Público, que age ou edita normas em desacordo com o que dispõe a Constituição, ofendendo-lhe, assim, os preceitos e os princípios que nela se acham consignados. Essa conduta estatal, que importa em um *facere* (atuação positiva), gera a inconstitucionalidade por ação. Se o Estado deixar de adotar as medidas necessárias à realização concreta dos preceitos da Constituição, em ordem a torná-los efetivos, operantes e exequíveis, abstendo-se, em consequência, de cumprir o dever de prestação que a Constituição lhe impôs, incidirá em violação negativa do texto constitucional. Desse *non facere* ou *non praestare*, resultará a inconstitucionalidade por omissão, que pode ser total, quando é nenhuma a providência adotada, ou parcial, quando é insuficiente a medida efetivada pelo Poder Público. (...). A omissão do Estado, que deixa de cumprir, em maior ou em menor extensão, a imposição ditada pelo texto constitucional qualifica-se como comportamento revestido da maior gravidade político-jurídica, eis que, mediante inércia, o Poder Público também desrespeita a Constituição, também ofende direitos que nela se fundam e também impede, por ausência de medidas concretizadoras, a própria aplicabilidade dos postulados e princípios da Lei Fundamental" (STF, Tribunal Pleno, rel. Min. Celso de Mello, *RTJ* 185/794-796).

1650 "A antiga imputação de que o orçamento deve ser um campo de decisão exclusiva dos poderes públicos desconsidera que a peça orçamentária é meio para que se realizem as tarefas do Estado. Para consecução dos fins deve se dar os meios. Evidentemente que ao Executivo cabe aferir a extensão dos meios, que são sempre limitados perante o número enorme de demandas públicas. Mas inserir na Constituição e nas leis fins e objetivos e entender que os meios pertencem, de modo absoluto, ao Governo e que têm interesses peculiares, nem sempre consentâneos com o interesse público é dizer, por outras palavras, que a Constituição é uma mera declaração de princípios, e que quem governa poderá atuar livremente, eis que senhor absoluto dos meios, ou, por outras palavras, os fins (constitucionalmente eleitos) subordinam-se

do governante não se traduz em liberdade absoluta. Consequentemente, os gastos públicos devem ser, prioritariamente, realizados de modo a permitir a concretização dos direitos fundamentais sociais, os quais são voltados a possibilitar que as pessoas possam exercer sua *liberdade jurídica* obtendo condições de exercer a sua *liberdade real*.[1651]

Evidenciado que o dinheiro público está sendo utilizado indevidamente, frustrando a realização do *mínimo existencial*, o Judiciário poderá efetivar o direito fundamental violado.

Para tanto, pode, intervindo na execução do orçamento público, afastar o princípio da legalidade das despesas públicas. Esse princípio não se sobrepõe ao princípio da sujeição da Administração às decisões do Poder Judiciário (art. 5.º, XXXV, da CF/1988), ao qual, por ser um *princípio orgânico da Constituição*, deve ser atribuído um peso maior, salvo se restar demonstrada a *exaustão orçamentária*.[1652] Nessa hipótese, deverá o Judiciário determinar,

à vontade do senhor dos meios, e não o contrário. A se defender que a função do governo tem a decisão absoluta do orçamento inverte-se a questão em um formidável erro de perspectiva: os meios passam a determinar os fins a que servem, ou que os fins devem adequar-se aos meios e não o contrário: dada a eleição dos fins, deve-se adequar os meios disponíveis. Parece-me ser a velha ideologia da reserva do governante (anteriormente o monarca) de uma 'liberdade de ação absoluta', mesmo para as pessoas políticas quase sem poder de conformação, e com predominância de competências administrativas como a Estadual e a Municipal" (Osvaldo Luiz Palu. *Controle dos atos de governo pela jurisdição*, p. 345-346, nota 99).

[1651] Cf. Fernando Facury Scaff. Reserva do possível, mínimo existencial e direitos humanos, p. 221.

[1652] O princípio da sujeição da Administração às decisões do Poder Judiciário deve prevalecer sobre o princípio da legalidade da despesa pública, salvo se demonstrada por aquela a exaustão orçamentária. Nas palavras de Eros Roberto Grau: "(...) não tenho dúvida quanto ao prevalecimento do princípio da sujeição da Administração às decisões do Poder Judiciário em relação ao princípio da legalidade da despesa pública. O primeiro consubstancia *princípio jurídico fundamental*; configura, embora não expressamente enunciado em nenhuma norma positiva, um 'princípio orgânico da Constituição' – *tragendes Organisationsprinzip des Grundgesetzes*. Não obstante tomando o vocábulo 'axioma' sob reservas, o princípio da sujeição da Administração às decisões do Poder Judiciário consubstancia um *axioma de Direito Público*. Assim, ao princípio da sujeição da Administração às decisões do Poder Judiciário, quando em confronto com o princípio da legalidade da despesa pública, há de ser atribuído peso maior – e isso há de ocorrer sistematicamente, quando esse confronto se estabeleça (não visualizo situação nenhuma em que o inverso pudesse ocorrer) – do que o revestido por este último. O acatamento ao princípio da legalidade da despesa pública mediante o sacrifício da sujeição da Administração às decisões do Poder Judiciário resultaria inteiramente insustentável". Posteriormente, Eros Roberto Grau faz a ressalva "em situação que (...) refiro como de *exaustão da capacidade orçamentária*, deverá a Administração, demonstrada e comprovada essa exaustão (...) *não cumprir as decisões do Poder Judiciário*" (Despesa pública... cit., p. 143 e 148).

com base no art. 536, § 1.º, do NCPC, a obrigação de fazer, consistente no remanejamento do dinheiro público, suficiente para a realização da política pública. Caso não haja recursos disponíveis (exaustão orçamentária), não sendo possível a concretização imediata do direito fundamental, deverá obrigar o Poder Público a incluir, na próxima proposta orçamentária, o montante necessário à implementação da política pública.[1653]

Consequentemente, considerar, por exemplo, que o direito fundamental à educação básica compõe o *mínimo existencial*, já que o art. 205 da CF/1988 afirma que ele visa o *pleno desenvolvimento da pessoa*,[1654] implica a *alocação de recursos indispensáveis* para a sua concretização. Não havendo recursos disponíveis, o Judiciário poderá determinar o *contingenciamento* ou o *remanejamento* de verbas, visando a tornar efetivos os direitos que ainda não o são.[1655] Ou, demonstrada a exaustão orçamentária, poderá obrigar o ente público a incluir, na próxima lei orçamentária, recursos suficientes para atender ao direito fundamental violado.

Nesse sentido, deve ser salientado, por exemplo, a efetivação dos direitos da criança e do adolescente, que depende do correto e eficiente funcionamento de Conselhos Tutelares (*v.g.*, fiscalizar entidades de atendimento à criança e adolescentes em situação de risco – art. 95). Pelo art. 134, parágrafo único, com a redação dada pela Lei nº 12.696/2012, do Estatuto da Criança e do Adolescente, a lei orçamentária municipal e da do Distrito Federal devem constar a previsão dos recursos necessários ao funcionamento do Conselho Tutelar e à remuneração e formação continuada dos conselheiros tutelares. No Município de Ribeirão do Pinhal, no interior do Paraná, o Conselho Tutelar não conseguia desempenhar suas funções pela ausência de estrutura básica. Por isso, o Ministério Público ingressou com ação civil pública e o Tribunal de Justiça do Estado do Paraná determinou o imediato fornecimento de veículo da frota oficial do Município para atender ao Conselho, além de motorista habilitado, ordenando, ainda, a inclusão, na próxima lei orçamentária municipal, de recursos necessá-

[1653] Cf. Ada Pellegrini Grinover. O controle de políticas públicas... cit., p. 20.

[1654] "Art. 205. A educação, direito de todos e dever do Estado e da família, será promovida e incentivada com a colaboração da sociedade, visando ao pleno desenvolvimento da pessoa, seu preparo para o exercício da cidadania e sua qualificação para o trabalho."

[1655] Cf. Emerson Garcia. O direito à educação e suas perspectivas de efetividade, p. 196-197.

rios à aquisição de um veículo novo e à contratação definitiva de motorista habilitado em favor do referido Conselho Tutelar.[1656]

Com o intuito de preservar a autoridade de suas decisões e dar efetividade ao direito fundamental protegido, o Poder Judiciário poderá determinar a realização dos gastos públicos, apesar da *inexistência de previsão orçamentária específica*, com a imposição de meios de coerção indireta. Pode fixar prazos razoáveis para o cumprimento da decisão judicial, sob pena de multa diária a ser paga pelo próprio Administrador Público responsável pelo ordenamento das despesas (arts. 536, § 1.º, e 77, III, todos do NCPC). Atente-se que a multa fixada não deve ser aplicada em face do ente federativo, mas contra o administrador público responsável por ordenar as despesas. Caso contrário, estar-se-ia punindo duplamente a coletividade, que deixaria de ter aplicado os recursos públicos de forma constitucionalmente adequada e, ainda, teria que pagar, com outros recursos públicos, pela má gestão do governante. Se o gestor dos recursos públicos pretende evitar responsabilidades pelo mau uso do dinheiro público, deve buscar a participação popular, desde a formulação das políticas públicas (envolvendo os respectivos Conselhos Municipais, Estaduais e Nacionais de Saúde, Educação, Assistência Social etc., que contêm a necessária participação da sociedade civil organizada) à elaboração das leis orçamentárias, e principalmente dar a mais ampla publicidade possível (inclusive na internet e não apenas em diários oficiais ou em jornais de restrita circulação) da prestação dos gastos públicos.

[1656] "Apelação cível. Ação civil pública. Obrigação de fazer. Pretensão de obrigar o Município ao fornecimento imediato de veículo, com motorista, ao Conselho Tutelar da Criança e do Adolescente, e a inclusão no orçamento do Município de verba suficiente para tanto. Sentença de 1.º grau que extingue o processo por ausência superveniente de interesse, diante do fornecimento, pelo juízo, de veículo apreendido em crime. Apelo. Veículo fornecido com chassi adulterado. Procedimento irregular que não tem o condão de obstacularizar a demanda. Necessidade de fornecimento de veículo oficial, com motorista habilitado. Demanda subsistente. Anulação da sentença que se impõe. Art. 515, § 3.º, do CPC. Aplicabilidade à espécie. Matéria de direito. Procedência da demanda. Dever do Município em prover o Conselho Tutelar de recursos mínimos para a realização de suas funções constitucionais. Imposição direta e expressa do ECA a impor inclusive previsão de verba orçamentária para tanto. Art. 134 do referido estatuto. *Fumus boni juris* e *periculum in mora* presentes. Concessão de tutela antecipada recursal que se mostra acertada. Recurso provido. Sentença anulada. Tutela antecipada recursal que se mostra acertada. Recurso provido. Sentença anulada. Tutela antecipada recursal concedida. Procedência da demanda" (TJPR, ApCiv 517.801-8, 5.ª Câm. Civ., j. 13.01.2009, rel. Juiz Rogério Ribas, *DJ* 09.02.2009).

A reserva do possível, por sua vez, não pode ser utilizada como desculpa deliberada do poder público para não realização dos direitos fundamentais sociais, porque tal limitação não pode ser obstáculo à efetivação das *necessidades humanas básicas*.[1657]

Nesse sentido, o STF já decidiu que a cláusula da reserva do possível – ressalvada a ocorrência de *justo motivo objetivamente auferível* – não pode ser invocada pelo Estado, quando se trata da efetivação de direitos fundamentais que possam ser enquadrados dentro do *mínimo existencial*.[1658] Assim, em

[1657] Segundo Cláudia Maria da Costa Gonçalves, "limitações de recursos não podem justificar que o Estado deixe de prestar serviços básicos de saúde aos que não podem pagar, ou que deixe ao relento, expostas à desnutrição, pessoas que perambulem pela rua; que não garanta acesso à Justiça, à previdência social, ao ensino fundamental; que não fomente programas de assistência à maternidade, à infância, aos adolescentes, aos idosos e às pessoas com deficiências. A esse respeito não pode transigir. No que tange às necessidades humanas básicas, por conseguinte, a reserva do possível é muito mais garantia de dignidade do que escusas dos poderes públicos. Em suma, somente acima do paradigma das necessidades básicas cabe ao Legislativo, Executivo e à sociedade civil definirem a reserva do possível" (op. cit., p. 199).

[1658] "Não deixo de conferir, no entanto, assentadas tais premissas, significativo relevo ao tema pertinente à 'reserva do possível' (...) notadamente em sede de efetivação e implementação (sempre onerosas) dos direitos de segunda geração (direitos econômicos, sociais e culturais), cujo adimplemento, pelo Poder Público, impõe e exige, deste, prestações estatais positivas concretizadoras de tais prerrogativas individuais e/ou coletivas. É que a realização dos direitos econômicos, sociais e culturais – além de caracterizar-se pela gradualidade de seu processo de concretização – depende, em grande medida, de um inescapável vínculo financeiro subordinado às possibilidades orçamentárias do Estado, de tal modo que, comprovada, objetivamente, a incapacidade econômico-financeira da pessoa estatal, desta não se poderá razoavelmente exigir, considerada a limitação material referida, a imediata efetivação do comando fundado no texto da Carta Política. Não se mostrará lícito, no entanto, ao Poder Público, em tal hipótese – mediante indevida manipulação de sua atividade financeira e/ou político-administrativa – criar obstáculo artificial que revele o ilegítimo, arbitrário e censurável propósito de fraudar, de frustrar e de inviabilizar o estabelecimento e a preservação, em favor da pessoa e dos cidadãos, de condições materiais mínimas de existência. Cumpre advertir, desse modo, que a cláusula da 'reserva do possível' – ressalvada a ocorrência de justo motivo objetivamente aferível – não pode ser invocada, pelo Estado, com a finalidade de exonerar-se do cumprimento de suas obrigações constitucionais, notadamente quando, dessa conduta governamental negativa, puder resultar nulificação ou, até mesmo, aniquilação de direitos constitucionais impregnados de um sentido de essencial fundamentalidade' (STF, ADPC 45-MC-DF, j. 29.04.2004, rel. Min. Celso de Mello, *DJU* 04.05.2004). Verificar ainda, dentre outros: STF, ADIn 2.010-MC, Tribunal Pleno, j. 30.09.1999, rel. Min. Celso de Mello, *DJU* 12.04.2002, p. 51; STF, RE 410.715/SP, 2.ª T., j. 22.11.2005, rel. Min. Celso de Mello, *DJU* 03.02.2006, p. 76. RE 592581, Relator(a): Min. Ricardo Lewandowski, Tribunal Pleno, julgado em 13/08/2015, Acórdão Eletrônico Repercussão Geral - Mérito DJe-018 Divulg

termos práticos, caso se pretendesse a efetivação do direito fundamental (social) à educação básica, poderia-se concluir que, enquanto a meta concreta prevista no art. 208, I, da CF/1988 não fosse alcançada, outras políticas públicas *não prioritárias* (*v.g.*, gastos desproporcionais em publicidade ou na promoção de "eventos culturais"), do ponto de vista constitucional, teriam que aguardar.[1659]

O *mínimo existencial* deve ser assegurado *independentemente de reserva orçamentária*, porque goza de garantias institucionais, exibindo tanto *status negativus* (o que impede a incidência generalizada de tributos sobre os direitos sociais mínimos) quanto de *status positivus* (o que implica a entrega de prestações estatais positivas a quem se encontra abaixo de certo nível de pobreza).[1660] Essas preocupações ganham maior importância em países de modernidade tardia, como o Brasil, onde grande parcela da população vive em situação de extrema pobreza (segundo dados do Ministério do Desenvolvimento Social e Combate à Fome, em 2013, 14,1 milhões de famílias, ou seja, mais de 50 milhões de pessoas foram atendidas pelo Bolsa Família, para quem foram pagos R$ 20,5 bilhões).

Aliás, no Brasil, o *não-ter* renda suficiente para sobreviver é um problema social que precisa ser erradicado com políticas de transferência direta de renda tal como o programa do Governo Federal denominado de Bolsa-Família (Lei n° 10.836/04).[1661] Em que pese a necessidade urgente dessas ações, elas não são capazes de, por si só, possibilitar a inclusão social, porque o problema dos excluídos não está exclusivamente na ausência de renda[1662]. A amplidão e a diversidade das necessidades humanas impedem que a pequena e transitória ajuda financeira dê conta de alcançá-las plenamente.

29-01-2016 Public 01-02-2016; TJPR - 7ª C.Cível - RN - 1569024-5 - Cascavel - Rel.: Cláudio de Andrade - Unânime - J. 19.05.2017; TJPR - 5ª C.Cível - AC - 1656793-2 - Paranacity - Rel.: Leonel Cunha - Unânime - J. 02.05.2017.

1659 Cf. Ana Paula de Barcellos. Neoconstitucionalismo... cit., p. 21-22.

1660 Cf. Ricardo Lobo Torres. A jusfundamentalidade... cit., p. 108.

1661 Cf. Eduardo Cambi e Jairo Néia Lima. Constitucionalismo inclusivo... p. 24-26.

1662 Hilary Silver afirma que o desafio da inclusão social é diferente daquele enfrentado pelas políticas sociais de combate à pobreza: *"As causas socioculturais da exclusão - inclusive a baixa auto-estima, o estigma, a discriminação e a negação da cidadania – estão frequentemente tão enraizadas nas relações sociais informais e nas práticas culturais quanto nas instituições oficiais. Essas dimensões não-econômicas da exclusão têm recebido muito menos atenção tanto dos pesquisadores quanto dos formuladores de políticas que podem fazer algo a esse respeito"* (Políticas dos países europeus para promover a inclusão social. p. 137-138).

O maior problema das populações pobres não é a fome, mas a falta de cidadania que os impede de se tornarem sujeitos da própria história, inclusive de ver que a fome é imposta[1663]; aliás, conforme Pedro Demo, *"mais drástico do que não ter mínimos materiais para sobreviver é não ser nada na vida"*[1664].

A discussão em torno dos mecanismos de inclusão social não podem se voltar exclusivamente às condições materiais. É claro que sem elas não há vida digna e sem vida digna não há o que incluir. Porém, o debate não se encerra aí, sob pena de se formar um grande contingente populacional que apenas sobrevive sem perspectivas de participação no destino da própria vida, circunstância que, infelizmente, afeta grande parte da população brasileira. Trata-se, portanto, muito mais de um problema de *não-ser* do que *não-ter.*

Com efeito, no Brasil, o enfoque da exclusão social deve ir além do resgate da cidadania perdida, pois esta não chegou a ser conquistada pela maior parte do povo, bem como deve ultrapassar os limites da carência material. As pessoas não podem receber somente uma assistência à sobrevivência, mas precisam ser estimuladas e reconhecidas em sua riqueza interior como forma de acionar suas potencialidades[1665]. O ser humano é riqueza em potência que não pode ser menosprezada.

A lógica da restrição ao *ser* é uma das formas mais graves de exclusão, ao aniquilar os fundamentos democráticos do Estado brasileiro e menosprezar a dignidade da pessoa humana. A exclusão social transforma o indivíduo em *objeto de marginalização*, o que é acentuado pelo capitalismo, na medida em que os pobres ou não participam do mercado de consumo (são *consumidores falhos*) ou não consomem na proporção que o mercado deseja (são os *maus consumidores*) [1666]. Ademais, mesmo sob a ótica do consumo, é preciso atentar para a sua perspectiva humanista,

[1663] Cf. Pedro Demo. *Charme da Exclusão Social.* p. 05.

[1664] Cf. Pedro Demo. *Pobreza política: a pobreza mais intensa da pobreza brasileira.* p. 26.

[1665] *"Cabe lembrar que o ideal maior das pessoas ainda é emancipação, não assistência, exceto nos casos onde a auto-sustentação é impraticável ou não recomendável"* (Pedro Demo. *Charme da exclusão social.* p. 106).

[1666] *"Reclassificados como baixas colaterais do consumismo, os pobres são agora, e pela primeira vez na história registrada, pura e simplesmente um aborrecimento e uma amolação. (...) Nada têm a oferecer em troca das despesas dos contribuintes. Dinheiro transferido para eles é mau investimento, que dificilmente será recompensado, muito menos trará lucros. Formam um buraco negro que suga qualquer coisa que se aproxime e não devolve nada, a não ser problemas e premonições vagas, porém sombrias"* (Zygmunt Bauman. *Vida para consumo: a transformação das pessoas em mercadoria.* p. 160). Verificar, ainda:

pois o consumidor não é um mero personagem do mercado econômico, mas um sujeito de direitos, em sua integralidade[1667], e, portanto, também deve estar inserido na dimensão política e social, para que possa partilhar seus sonhos, bem como transformá-los, junto com o maior número possível de cidadãos, em realidade.

Somente é possível enfrentar de modo efetivo a exclusão social a partir do momento em que se identificam os processos que levam à exclusão social. Em países de desenvolvimento tardio, como o Brasil, o desafio inclusivo é complexo e abrange, além das camadas que não conquistaram sequer condições mínimas de dignidade, setores da população que não mais passam fome, mas são massa de manobra na sustentação de privilégios que faz a riqueza do outro, sem dela participar, incapazes de se constituírem como sujeitos da própria história[1668]. Diante dessa negação de cidadania, é preciso repensar o direito e potencializá-lo para melhor combater a exclusão social.

Nesse contexto, o controle judicial do orçamento público não se destina a suprimir o exercício da cidadania nem usurpar competências do Poder Executivo, colocando-se, tão somente, como técnica de fiscalização constitucional destinada a possibilitar a concretização do *mínimo existencial*, na hipótese da efetivação do direito fundamental ser judicializada. A finalidade do controle é *específica* e se destina, exclusivamente, a suprir as omissões consideradas inconstitucionais que possam impedir a tutela dos direitos fundamentais sociais (garantir o *mínimo existencial*) e, consequentemente, frustrar os objetivos essenciais do Estado Democrático de Direito.

5.7.10 Universalização das políticas públicas, conteúdo dos direitos fundamentais sociais e argumentação jurídica

Não há dúvidas de que a possibilidade de a sociedade discutir o orçamento público, inclusive judicialmente, é uma prerrogativa da cidadania. Con-

Bernard Rodrigues Netto. O consumidor para além de seu conceito jurídico. Contribuições da filosofia, sociologia e antropologia. p. 102-103.

[1667] Cf. Bernard Rodrigues Netto. Op. Cit. p. 120.

[1668] A História deve ser compreendida como possibilidade, não como determinismo; por isso, deve ser ressaltado o papel da subjetividade na História, como a capacidade de comparar, de analisar, de avaliar, de decidir, de romper... o que salienta a importância da Ética e da Política. Cfr. Paulo Freire. *Pedagogia da autonomia. Saberes necessários à prática educativa*. p. 145.

tudo, na interpretação restritiva da cláusula da reserva do possível, deve ser colocado o problema da *universalização das políticas públicas*.

A *pretensão de universalidade* é uma exigência da argumentação jurídica. *Argumentação universal* é aquela aceita, de forma geral, dentro da sociedade e do sistema jurídico no qual ela está inserida, sendo racionalmente compreensível por todos.[1669] Assim, os intérpretes jurídicos, especialmente os juízes, não podem valer-se de argumentos que somente façam sentido para um grupo, e não para a totalidade das pessoas.[1670]

Nessa dimensão, admitir o controle judicial das políticas públicas para a concretização de direitos fundamentais sociais significa conceder a todos aqueles que estão em situações idênticas os mesmos recursos necessários para a implementação de seu direito (público) subjetivo. Por isso, não pode o Estado escolher quem são os destinatários das políticas públicas, na medida em que devem ter uma abrangência geral. O art. 196 da CF/1988, por exemplo, assegura que a saúde é direito de todos e dever do Estado, garantido mediante políticas sociais e econômicas que visem à redução do risco de doença e de outros agravos, e ao *acesso universal e igualitário* às ações e serviços para sua promoção, proteção e recuperação.[1671] Do mesmo modo, o art. 208, I e II, da CF/1988 garante a educação básica obrigatória e gratuita dos 4 (quatro) aos 17 (dezessete) anos de idade, assegurada inclu-

[1669] Cf. Ana Paula de Barcellos. *Ponderação, racionalidade e atividade jurisdicional*, p. 126.

[1670] Cf. Idem, p. 126-127. Chaïm Perelman e Lucie Olbrechts-Tyteca, ao explicarem o conceito de *auditório universal*, criticam a argumentação não dirigida ao convencimento de todos: "Toda argumentação que visa somente a um auditório particular oferece um inconveniente, o de que o orador, precisamente na medida em que se adapta ao modo de ver de seus ouvintes, arrisca-se a apoiar-se em teses que são estranhas, ou mesmo francamente opostas, ao que admitem outras pessoas que não aquelas a que, naquele momento, ele se dirige. Esse perigo fica aparente quando se trata de um auditório heterogêneo, que o autor deve decompor para as necessidades de sua argumentação. Isso porque esse auditório, tal como uma assembleia parlamentar, deverá reagrupar-se em um todo para tomar uma decisão, e nada mais fácil, para o adversário, do que voltar contra o seu predecessor imprudente todos os argumentos por ele usados com relação às diversas partes do auditório, seja opondo-os uns aos outros para motrar a incompatibilidade deles, seja apresentando-os àqueles a quem eram destinados. Daí a fraqueza relativa dos argumentos que só são aceitos por auditórios particulares e o valor conferido às opiniões que desfrutam uma aprovação unânime, especialmente da parte de pessoas ou grupos que se entendem em muito poucas coisas" (*Teoria da argumentação. A nova retórica*, p. 34-5).

[1671] Cf. STF, RE-AgR 393.175-RS, 2.ª T., j. 12.12.2006, rel. Min. Celso de Mello, *DJe* 02.02.2007, p. 140.

sive sua oferta gratuita para todos os que a ele não tiveram acesso na idade própria, além da progressiva universalização do ensino médio gratuito.

Caso contrário, não houvesse a preocupação com a *universalização das políticas públicas*, restaria violado o *princípio da isonomia*,[1672] porque não se estaria assegurando a igualdade de oportunidades aos cidadãos, e, consequentemente, a própria justiça. Logo, se as normas devem valer para todos, perderiam a sua força vinculante se deixassem de trazer *soluções universais* para alcançar a realização dos objetivos comuns, como assegurar condições materiais de uma existência digna para todos. Porém, o Poder Judiciário, ao determinar o fornecimento de um serviço de saúde (*v.g.*, internação hospitalar, cirurgia, medicamentos etc.) precisa verificar se o Sistema Único de Saúde possui condições de arcar com as despesas de todos os outros cidadãos que se encontrem em situação idêntica.[1673]

O titular de um direito fundamental social não poderá exigir determinada pretensão que não esteja de acordo com uma correta apreciação dos *pressupostos fáticos*, além da correção da análise dos pressupostos jurídicos, isto é, tem de estar em consonância com os regulamentos e as diretrizes aplicáveis.[1674] Com efeito, ainda que se admita que os direitos fundamentais sociais possam expressar *posições jurídicas* constitucionalmente garantidas, é certo que o seu *conteúdo*, como direitos a prestações, não são formulados

[1672] O STF, analisando a Res. 283/1991 do extinto INAMPS se pronunciou sobre o princípio da igualdade em relação às políticas públicas de saúde: "Direito à saúde. Art. 196 da CF/1988. Acórdão recorrido que permitiu a internação hospitalar na modalidade de 'diferença de classe', em razão das condições pessoais do doente, que necessitava de quarto privativo. Pagamento por ele da diferença de custo. Res. 283/1991 do extinto INAMPS. O art. 196 da CF/1988 estabelece como dever do Estado a prestação de assistência à saúde e garante o acesso universal e igualitário do cidadão aos serviços e ações para sua promoção, proteção e recuperação. O direito à saúde, como está assegurado na Carta, não deve sofrer embaraços impostos por autoridades administrativas, no sentido de reduzi-lo ou de dificultar o acesso a ele. O acórdão recorrido, ao afastar a limitação da citada Res. 283/1991 do INAMPS, que veda a complementariedade a qualquer título, atentou para o objetivo maior do próprio Estado, ou seja, o de assistência à saúde. Refoge ao âmbito do apelo excepcional o exame da legalidade da citada resolução. Inocorrência de quebra da isonomia: não se estabeleceu tratamento desigual entre pessoas numa mesma situação, mas apenas facultou-se atendimento diferenciado em situação diferenciada, sem ampliar direito previsto na Carta e sem nenhum ônus extra para o sistema público. Recurso não conhecido" (RE 226.835-RS, 1.ª T., j. 14.12.1999, rel. Min. Ilmar Galvão, *DJU* 10.03.2000, p. 21).

[1673] Cf. STF, Suspensão de Liminar 228-7-CE, j. 14.10.2008, rel. Min. Gilmar Mendes.

[1674] Cf. Cristina Queiroz. *Direitos fundamentais sociais*... cit., p. 85.

a priori, dependendo do contexto em que são concretizados, dos meios disponíveis, da riqueza acumulada; em suma, do *estado da economia.*[1675]

O Direito exerce um *papel instrumental*, situando-se entre a moral e a política. Deve servir para a solução imparcial dos conflitos, mas também perseguir *escopos coletivos* para pôr em prática programas políticos.[1676]

Entretanto, afirmar que o Judiciário deve analisar a universalidade das políticas públicas e que, *a priori*, a pretensão individual ou o conteúdo do direito fundamental social está sujeito aos recursos disponíveis não retira a complexidade das questões que envolvem a efetivação dos direitos fundamentais sociais. Afinal, a efetivação desses direitos também pode dizer respeito não a todos os indivíduos do mesmo modo, mas exclusivamente àqueles que estejam em uma situação fática de desvantagem. Nesse caso, a tutela dos direitos fundamentais sociais exige a proteção na forma não de uma "igualdade", entendida como "universalidade", mas uma "igualdade de oportunidades". Tal assertiva faz enorme sentido em países como o Brasil, marcados por uma sociedade desigual, com grandes desproporções de riquezas entre as camadas sociais. Assegurar a *gratuidade* para toda e qualquer pessoa com padrões ótimos de atendimento, na rede pública de saúde, seria não apenas utópico, mas também injusto, porque seria um modo de negar direitos aos mais pobres, mantendo os preocupantes níveis de desigualdade e injustiça sociais.[1677]

A propósito, vale ressaltar o art. 64 da Constituição Portuguesa: "Todos têm direito à proteção da saúde e o dever de a defender e promover. 2. O direito à proteção da saúde é realizado: a) Através de um serviço nacional de saúde universal e geral e, tendo em conta as condições econômicas e sociais dos cidadãos, tendencialmente gratuito (...)". A Lei 9.908/1993 do Estado do Rio Grande do Sul, por sua vez, prevê a necessidade de *prévia*

[1675] Idem, p. 139.

[1676] "Mientras que las normas morales son fines em si, las normas jurídicas son también medios para objetivos políticos. Pues no solo sirven, como ocurre en el caso de la moral, para la solución imparcial de los conflictos de acción, sino también para la puesta en práctica de programas políticos. Los objetivos colectivos y las medidas políticas que los traducen a la práctica deben su fuerza vinculante a su forma jurídica. En este aspecto, el derecho se sitúa entre la polícita y la moral; y correspondientemente, como ha mostrado Dworkin, en el discurso jurídico los argumentos relativos a interpretación de las leyes, en el caso de aplicación de éstas, se unen tanto con argumentos relativos a objetivos políticos, como con argumentos relativos a justificaciones morales" (Jürgen Habermas. Como es possible la legitimidad... cit., p. 42).

[1677] Cf. Ingo Wolgang Sarlet e Mariana Filchtiner Figueiredo. Reserva do possível... cit., p. 45.

comprovação da carência de recursos econômicos como pressuposto da prestação estatal de fornecimento de medicamentos excepcionais.

Desse modo, afigura-se razoável, com o intuito de concretizar o princípio da isonomia, exigir que, havendo dúvida se o pretendente ao recebimento de medicamento ou de tratamento a ser fornecido pelo poder público possui condições econômicas suficientes para custeá-lo, é adequado e necessário que o responsável pelo fornecimento busque saber quem pretende o benefício e, em casos duvidosos, seja o mesmo submetido a avaliação por assistentes sociais, com o intuito de não comprometer a *reserva do possível.*

Para se harmonizar o princípio da universalidade com o da subsidiariedade, em determinadas circunstâncias, é razoável impor até mesmo a cobrança de taxas, proporcionais e adequadas às reais condições do usuário, na esfera do sistema público de saúde.[1678] Com efeito, há de se colocar, diante da *reserva do possível,* a questão de se saber o que uma pessoa concreta e determinada pode exigir, razoavelmente, da sociedade.

Essa conclusão não pode causar espanto, porque decorre da avaliação racional da prestação dos serviços públicos em países de graves contrastes sociais como o Brasil. A leitura solidária dos direitos fundamentais, norteada pelo horizonte constitucional da construção de uma sociedade mais justa, pela erradicação da pobreza e da marginalização, além da redução das desigualdades sociais (art. 3.º, I e III, da CF/1988), exige critérios para a definição dos direitos a prestações positivas por parte do Estado. Se é impossível atender a todos, de modo igual e com a mesma qualidade, pode se exigir a comprovação da carência de recursos econômicos para que a prestação estatal possa ser exigida.

Aliás, isso fica evidente, por exemplo, na assistência judiciária pública e gratuita. Não é possível, nem seria razoável, que o Estado garantisse a todos os cidadãos os serviços da defensoria pública ou o pagamento de honorários advocatícios para profissionais indicados para atuar na defesa dos interesses de qualquer pessoa. Por isso, o art. 5.º, LXXIV, da CF/1988 enfatiza que o Estado prestará assistência jurídica, integral e gratuita, *aos que comprovarem insuficiência de recursos.* Nesse sentido, o art. 134 da CF/1988 e o art. 1.º da LC 132/2009, ao disciplinar as atividades da Defensoria Pública da União, do Distrito Federal e dos Territórios, afirmam que se trata de instituição

[1678] Cf. Ingo Wolfgang Sarlet. Os direitos sociais como direitos fundamentais... cit., p. 248.

permanente, essencial à função jurisdicional do Estado, e lhe incumbe a orientação jurídica, a promoção dos direitos humanos e a defesa, em todos os graus, judicial e extrajudicial, dos direitos individuais e coletivos, de forma integral e gratuita, aos *necessitados*, assim considerados na forma do inc. LXXIV do art. 5.º da CF/1988. O Novo Código de Processo Civil também ressalta essa missão da Defensoria Pública, ao prever no artigo 185, que cabe a ela exercer a orientação jurídica, a promoção dos direitos humanos e a defesa dos direitos individuais e coletivos dos necessitados, em todos os graus, de forma integral e gratuita.

O conceito de *"necessitado"* estava previsto no artigo 2º, par. ún., da Lei 1.060/1950, que versa sobre a concessão de assistência judiciária aos necessitados, e considera que *"necessitado, para fins legais, todo aquele cuja situação econômica não permita pagar as custas do processo e os honorários de advogado, sem prejuízo do próprio sustento ou da família"*. O artigo 2º da Lei 1.060/1950 foi revogado pelo artigo 1.072, inc. III, do NCPC. Porém, o artigo 98, *caput*, do Novo Código de Processo Civil adotou um conceito similar, embora mais abrangente, à regra revogada, ao afirmar que a *"pessoa natural ou jurídica, brasileira ou estrangeira, com insuficiência de recursos para pagar as custas, as despesas processuais e os honorários advocatícios tem direito à gratuidade da justiça, na forma da lei"*. Aliás, o NCPC nem precisava adicionar a expressão "na forma da lei", já que revogou boa parte da Lei 1.060/1950 e incluiu nos artigos 98 a 102 regras sobre a gratuidade da justiça.

É certo que a assistência judiciária gratuita somente se perfaz após a apreciação do pedido pelo Judiciário e, uma vez concedida, estende-se a todas as instâncias e a todos os atos do processo, não sendo necessária a renovação do pedido ou a comprovação de que a parte recorrente é beneficiária da gratuidade da justiça[1679]. Demonstrado que o litigante não se encontra em estado de miserabilidade, no momento em que pleiteia o benefício ou que pretende gozá-lo, desde que as circunstâncias objetivas sejam efetivamente comprovadas (*v.g.*, o requerente possui emprego fixo, com salário razoável, fontes de renda, relativo acervo patrimonial etc., ou que a pessoa jurídica requerente tem condições de arcar com as despesas do processo)[1680], poderá ser condenado ao pagamento de até o décuplo

[1679] STJ, AgRg no AREsp 605.712/SP, Rel. Ministro João Otávio de Noronha, Terceira Turma, julgado em 16/04/2015, DJe 23/04/2015).

[1680] Cf. STJ, AgInt no AREsp 1053469/RS, Rel. Ministro Raúl Araújo, Quarta Turma, julgado em 01/06/2017, DJe 14/06/2017.

das custas. Aliás, o artigo 4º, § 1º, da Lei nº 1.060/50 afirmava que quem se dizia necessitado, mas estava de má-fé, deveria pagar até o décuplo das custas judiciais. Tal artigo foi revogado pelo artigo 1.072, inc. III, do NCPC. Entretanto, a regra do pagamento do décuplo do valor das despesas processuais, em caso de má-fé, a título de multa, a ser revertida em favor da Fazenda Pública estadual ou federal e ser inscrita em dívida ativa foi mantida no artigo 100, par. ún., do Novo Código de Processo Civil. Além do pagamento dessa multa, o litigante de má-fé, de ofício ou a requerimento, poderá ser condenado ao pagamento de indenização em favor da parte contrária pelo prejuízo que esta tiver sofrido, bem como arcar com os honorários advocatícios e com todas as despesas que efetuou (art. 81/NCPC).

Portanto, caso não houvesse critérios e limites razoáveis de atendimento público, na oferta de serviços gratuitos, seria ainda mais difícil a implementação dos direitos fundamentais sociais, além de ampliar demasiadamente os gastos públicos, até se chegar à *ingovernabilidade*. Embora seja imprescindível aumentar a eficiência da gestão dos gastos públicos e combater duramente à corrupção, que desvia recursos destinados à promoção de políticas essenciais, assegurar a *gratuidade para todos os níveis socioeconômicos* em igualdade de condições, sem privilegiar os mais vulneráveis, esbarra na própria razão de ser da inclusão dos direitos sociais no texto constitucional, voltada à emancipação dos seres humanos.[1681]

Portanto, a concretização dos direitos fundamentais, em países de modernidade tardia, deve prestigiar as prestações fáticas para as populações mais carentes. Não se pode desconsiderar a realidade social e econômica do País. A tutela do direito fundamental ao *mínimo existencial* também há de considerar as circunstâncias concretas de cada pessoa. Em outros termos, todos têm direito à proteção do mínimo existencial, mas há pessoas que, por possuírem recursos financeiros próprios, não dependem de que o Estado lhes assegure patamares mínimos de existência e dignidade.

Isso também fica evidente quando se pensa na proteção do direito fundamental social à saúde. O fornecimento gratuito de remédios e tratamentos básicos deve ser privilegiado, por exemplo, em detrimento da imposição de cirurgias plásticas de natureza meramente estética e, no limite, a rea-

[1681] Nesse mesmo sentido, José Joaquim Gomes Canotilho critica a gratuidade de todos os graus de ensino, sustentando que o direito de acesso a todos os graus de ensino não se confunde com a imposição constitucional de políticas públicas consagradoras da gratuidade do ensino para todas as pessoas. Cf. *Constituição dirigente...* cit., p. XX.

lização de cirurgias mais caras ou o fornecimento de medicamentos de custo mais elevado deve considerar o valor constitucional da *solidariedade* (art. 3.º, I, da CF/1988), a fim de que sejam selecionados somente aqueles que não dispõem de condições econômicas para custear o produto ou o serviço fora da rede pública.[1682]

O valor da solidariedade impõe a *responsabilidade* de todos pelas carências ou necessidades de qualquer indivíduo ou grupo social, porque o seu fundamento ético se encontra na ideia de *justiça social*, compreendida como a necessária compensação de bens e vantagens entre as classes sociais, com a socialização dos riscos normais da existência humana.[1683] Desse modo, seria contrariar o princípio da isonomia, em sentido material, e promover injustiças sociais se admitir que alguém, mesmo possuindo plano de saúde privado que cobre determinado procedimento médico, se beneficiasse da prestação estatal, em detrimento daquele que depende exclusivamente do Estado.

Com efeito, universalizar políticas públicas, para assegurar direitos fundamentais, não significa que a prestação estatal deve ser a mesma para todas as pessoas *indistintamente*.[1684] Contudo, a ideia de gratuidade das ações e serviços de saúde é preservada pelo art. 43 da Lei 8.080/1990 ("A gratuidade das ações e serviços de saúde fica preservada nos serviços públicos

[1682] Segundo Fábio Konder Comparato, "é indispensável que o sistema de saúde como um todo, sobretudo em países subdesenvolvidos ou profundamente inigualitários, seja organizado e supervisionado pelo Estado, e que os equipamentos públicos – hospitais, centros de pesquisa e laboratórios – sejam utilizados, prioritariamente, no atendimento de pessoas carentes" (*Afirmação histórica*... cit., p. 357).

[1683] Cf. Fábio Konder Comparato. *Afirmação histórica*... cit., p. 65.

[1684] "A racionalidade da exigência da prestação estatal em face da realidade social e econômica do país exige a definição da sua imprescindibilidade para a concretização do desejo instituído do direito fundamental. Tal imprescindibilidade, ao definir o mínimo imprescindível ou essencial, também aponta para o núcleo essencial do direito fundamental. Pretende-se dizer, com isso, que, se o cidadão tem direito à saúde – por exemplo –, o dever estatal não deve abranger uma cirurgia plástica de natureza estética. Porém, não há dúvida de que, em um país que tem dificuldade para concretizar os direitos fundamentais, as prestações fáticas devem privilegiar as populações mais carentes e não os financeiramente avantajados. Contudo, diante da natural facilidade de acesso à justiça dos mais ricos e dos obstáculos que inviabilizam a busca do Poder Judiciário pelos mais pobres, tem ocorrido exatamente o inverso, isto é, o uso do processo judicial, a partir da afirmação de direitos fundamentais, para a obtenção de prestações que, ao exigirem despesas do Estado, acabam lhe impedindo o atendimento das camadas mais carentes" (Luiz Guilherme Marinoni. *Teoria geral do processo* cit., p. 445).

contratados, ressalvando-se as cláusulas dos contratos ou convênios estabelecidos com as entidades privadas"). No entanto, a leitura desta regra jurídica à luz do direito fundamental ao mínimo existencial impõe a adoção do *critério da subsidiariedade*, vale dizer, somente se justifica a prestação estatal na hipótese de se verificar a inviabilidade da obtenção direta do produto ou do serviço pelo beneficiário em potencial.[1685] Por isso, não há violação do princípio constitucional da igualdade à submissão prévia do pretenso beneficiário à entrevista, por equipe multidisciplinar, composta especialmente por profissionais da área da assistência social, para, então, fornecer ou não o medicamento, o tratamento ou a cirurgia pleiteada.

Outra situação complexa, quanto à definição do conteúdo do direito fundamental social à saúde, diz respeito àquelas situações em que o Judiciário se depara com soluções ainda provisórias. Nesse sentido, é de se perguntar se, na concretização do direito fundamental à saúde, devido ao seu caráter amplo (art. 198 da CF/1988), pode ser exigível judicialmente que o Estado realize cirurgias ou forneça remédios *experimentais*, cujos resultados ainda dependem do avanço da ciência e da tecnologia.

O problema passa a ser *dramático* quando a hipótese envolve um *sério risco de vida* ao paciente, mas o Estado não tem disponibilidade financeira para formular políticas públicas universais, devido ao alto custo do tratamento. Se aplicássemos os princípios da prevenção e da precaução do direito ambiental, poder-se-ia concluir que há de prevalecer o postulado do *in dubio pro* saúde. Em outras palavras, havendo a *mínima chance* de tratar o paciente, caberia ao Estado fornecer o medicamento. É necessário adicionar que o protocolo do SUS não acompanha a *evolução científica* no tratamento das doenças, além de transferir aos *prestadores de serviços* os custos financeiros do atendimento, o que compromete a qualidade de vida, a sobrevida global e a cura dos pacientes.

Apesar disso, o Plenário do Supremo Tribunal Federal, em 17 de março de 2010, indeferiu nove recursos interpostos pelo Poder Público contra decisões judiciais que determinaram ao Sistema Único de Saúde (SUS) o fornecimento de remédios de alto custo ou tratamentos não oferecidos pelo sistema a pacientes de doenças graves que recorreram ao Poder Judiciário. Na ocasião foram julgadas as Suspensões de Tutela (STA) 175, 211 e 278, as Suspensões de Segurança 3724, 2944, 2361, 3345 e 3335, além da Suspen-

[1685] Cf. Emerson Garcia. Princípio da separação dos poderes... cit., p. 66.

são de Liminar (SL) 47. O relator Min. Gilmar Mendes, todavia, ponderou que, após a realização de audiência pública realizada pelo STF em abril de 2009, constatou a necessidade de redimensionar a questão da judicialização do direito à saúde no Brasil. Isso porque a maioria dos casos não decorre de uma absoluta omissão de políticas públicas voltadas à produção do direito à saúde, mas de determinações judiciais voltadas ao cumprimento de políticas já estabelecidas. O STF decidiu que cada caso deve ser decidido sob critérios de necessidade. Afinal, obrigar o SUS a financiar toda e qualquer prestação de saúde existente causaria grave lesão à ordem administrativa e levaria ao comprometimento da rede pública, vindo a prejudicar ainda mais o atendimento médico da parcela da população mais necessitada.

Na esteira do entendimento firmado pelo STF, pode-se concluir que deve haver a revisão periódica dos protocolos existentes e mesmo a elaboração de novos protocolos, mas também é preciso ter cautela redobrada em relação aos novos tratamentos ainda não incorporados pelo SUS.

Logo, apesar dos protocolos clínicos e as diretrizes terapêuticas do SUS poderem ser objeto de controle judicial, é necessária a observância de critérios antes da concessão judicial de remédios e de tratamentos considerados *experimentais*. Não obstante se esteja diante de um *hard case* (caso difícil), é possível prever certas cautelas, tais como:[1686] a) exigir que os médicos, antes de prescreverem tratamentos e remédios, não previstos nos Protocolos Clínicos e Diretrizes Terapêuticas do Ministério da Saúde, *esgotem* as possibilidades ali previstas; b) em sendo as respostas tradicionais insuficientes, é necessário que os médicos fundamentem, tecnicamente, as razões da sua ineficácia, mencionando a eventual utilização anterior, pelo usuário, do tratamento ou do remédio, sem a resposta adequada; c) ainda, é prudente que apresentem *estudos científicos eticamente isentos* e comprobatórios dessa eficácia (*v.g.*, revistas indexadas e com conselho editorial); d) por fim, como medida eticamente recomendável, pode-se exigir que eles expliquem *possíveis vínculos*, formais ou informais, com o laboratório fabricante do fármaco.

É certo que a proteção ao direito fundamental à saúde deve acompanhar a evolução da medicina. Não pode ficar estagnado na disciplina prévia das políticas ou das normas elaboradas pelos órgãos legislativos ou adminis-

[1686] Cf. Recomendação Administrativa 12/2006 do Centro de Apoio da Saúde Pública do Ministério Público do Estado do Paraná.

trativos da saúde. A tutela do direito fundamental social à saúde, previsto no art. 196 da CF/1988, há de considerar as novas descobertas, os novos exames, prognósticos, tratamentos, medicamentos, procedimentos cirúrgicos, além das novas doenças ou mesmo do retorno daquelas que haviam sido consideradas erradicadas. Em contrapartida, o contínuo progresso da tecnologia médica, aliado ao aumento da sobrevida da população, tem sido responsável, nos últimos anos, pelo aumento exponencial de custos com a saúde, em detrimento da elevação dos recursos disponíveis para atender ao crescimento da demanda.[1687] Nesse contexto complexo, cabe ao Judiciário verificar se a não prestação do atendimento à saúde decorre de omissão legislativa ou administrativa, considerada inconstitucional, buscando critérios razoáveis na concretização do direito fundamental social.[1688]

Não são decisões fáceis, porque envolvem políticas públicas, econômicas e sociais, bem como a análise das possibilidades orçamentárias. O elevado custo de determinados medicamentos e de certos tratamentos também é questão que não fica alheia à apreciação judicial. Nesse diapasão, têm sur-

[1687] Segundo Gustavo Amaral e Danielle Melo, mencionando estudos de Aaron e Schwartz, "os gastos médicos dos Estados Unidos, em valores atualizados para 1982, cresceram de US$ 503 *per capita* em 1950 para US$ 776 em 1965 (último ano antes da implantação dos sistemas *medicare* e *medicaid*) e para US$ 1,365 em 1982, ou o equivalente a 10% do PIB dos Estados Unidos. Segundo projeções atuariais, o custo do seguro hospitalar sobre o *medicare*, 2,97% do benefício social básico em 1982, mais que dobrará em 2005, para 6,29%, e quase quadruplicará em 2035, para mais de 11%. Em levantamento feito quatro anos após, os gastos dos Estados Unidos com saúde já haviam chegado a preços médios bem superiores aos índices de inflação. Os gastos do programa para doentes renais crônicos aumentaram de US$ 229 milhões em 1972 para US$ 2 bilhões em 1983, ao passo que o número de pessoas atendidas aumentou de onze mil para setenta e três mil no mesmo período, num acréscimo de custo por paciente de 31,60%" (Há direitos acima dos orçamentos? cit., p. 99). A respeito do aumento do orçamento público no Brasil para atender ao cumprimento de decisões judiciais, de modo amplo, está salientado no texto de Fernando Moutinho Ramalho Bittencourt e de Luis Otavio Barros da Graça (op. cit., p. 217-264).

[1688] Nesse sentido, é a orientação do STF: "Este Tribunal entende que reconhecer a legitimidade do Poder Judiciário para determinar a concretização de políticas públicas constitucionalmente previstas, quando houver omissão da administração pública, não configura violação do princípio da separação dos poderes, haja vista não se tratar de ingerência ilegítima de um poder na esfera de outro" (RE 820910 AgR, Relator(a): Min. Ricardo Lewandowski, Segunda Turma, julgado em 26/08/2014, Processo Eletrônico DJe-171 Divulg 03-09-2014 Public 04-09-2014). Conferir, ainda, dentre outros precedents: ARE 745745 AgR, Relator(a): Min. Celso de Mello, Segunda Turma, julgado em 02/12/2014, Processo Eletrônico DJe-250 Divulg 18-12-2014 Public 19-12-2014.

gido polêmicas judiciais em torno da concessão de liminares para que o Estado custeie tratamento, ainda experimental, no exterior. Por exemplo, custeamento de tratamento, nos Estados Unidos, para criança portadora de doença genética chamada Distrofia Muscular de Duchenne, ao custo de US$ 163.000,00.[1689]

A propósito, o custeamento de tratamento de saúde no exterior é tema controvertido na jurisprudência do STJ, podendo ser mencionadas quatro diferentes interpretações para o problema: a) a negativa de tal custeio, considerando legítima a Portaria 763, de 07.04.1994, do Ministério da Saúde, sob o argumento de que tratamentos alternativos (isto é, sem comprovação científica) não devem ser pagos pelo Estado;[1690] b) há decisão, todavia, concedendo a tutela específica e obrigando o Estado a custear despesas de tratamento de saúde no exterior, ainda de caráter alternativo;[1691] c) há pre-

1689 Cf. STF, Pet 1.246-1 ou AgRgPet 1246-1-SC, rel. Min. Celso de Mello. Verificar, ainda: Gustavo Amaral. *Direito, escassez e escolha – Em busca de critérios jurídicos para lidar com a escassez de recursos e as decisões trágicas*, p. 27-28.

1690 Vale mencionar, neste sentido, dois precedentes do STJ: a) "Administrativo. Serviço de saúde. Tratamento no exterior. Retinose pigmentar. 1. Parecer técnico do Conselho Brasileiro de Oftalmologia desaconselha o *tratamento* da 'retinose pigmentar' no Centro Internacional de Retinoses Pigmentária em Cuba, o que levou o Ministro da Saúde a baixar a Portaria 763, proibindo o financiamento do *tratamento* no *exterior* pelo SUS. 2. Legalidade da proibição, pautada em critérios técnicos e científicos. 3. A Medicina social não pode desperdiçar recursos com *tratamentos* alternativos, sem constatação quanto ao sucesso nos resultados. 4. Mandado de segurança denegado" (MS 8.895-DF, 1.ª Seção, j. 22.10.2003, rel. Min. Eliana Calmon, *DJU* 07.06.2004, p. 151); b) "Administrativo. Tratamento de saúde no exterior. Legitimidade da Portaria 763, de 07.04.1994. 1. A Primeira Seção desta Corte, no MS 8.895/DF, julgado em 22.10.2003, considerou legítima a Portaria 763/1994, do Ministério da Saúde, que vedou o financiamento de *tratamento* médico no *exterior* pelo SUS. 2. Recurso especial a que se nega provimento" (REsp 616.460-DF, 1.ª T., j. 15.02.2005, rel. Min. Teori Albino Zavascki, *DJU* 21.03.2005, p. 243).

1691 "Recurso especial. Tratamento de doença no exterior. Retinose pigmentar. Cegueira. Cuba. Recomendação dos médicos brasileiros. Direito fundamental à saúde. Dever do Estado. O Sistema Único de Saúde pressupõe a integralidade da assistência, de forma individual ou coletiva, para atender cada caso em todos os níveis de complexidade, razão pela qual, comprovada a necessidade do *tratamento* no *exterior* para que seja evitada a cegueira completa do paciente, deverão ser fornecidos os recursos para tal empresa. Não se pode conceber que a simples existência de Portaria, suspendendo os auxílios financeiros para *tratamento* no *exterior*, tenha a virtude de retirar a eficácia das regras constitucionais sobre o direito fundamental à vida e à saúde. 'O ser humano é a única razão do Estado. O Estado está conformado para servi-lo, como instrumento por ele criado com tal finalidade. Nenhuma construção artificial, todavia, pode prevalecer sobre os seus inalienáveis direitos e liberdades, posto que o Estado

cedente reconhecendo que o risco de vida do paciente, a indicação médica e o esgotamento dos meios no Brasil permitem que o tratamento no exterior seja custeado pelo Estado, para se tutelar os direitos fundamentais à vida e à saúde;[1692] d) por fim, há decisão determinando que o Estado compre aparelho no exterior, para poder tratar doença grave, não podendo o Estado alegar ausência de recursos orçamentários.[1693]

Ao se tentar buscar a melhor solução, deve-se observar o problema por seus vários ângulos. De um lado, coloca-se o princípio da prioridade abso-

é um meio de realização do ser humano e não um fim em si mesmo' (Ives Gandra da Silva Martins, in Caderno de direito natural – Lei positiva e lei natural, n. 1, 1. ed., Centro de Estudos Jurídicos do Pará, 1985, p. 27). Recurso especial provido" (REsp 353.147-DF, 2.ª T., j. 15.10.2002, rel. Min. Franciulli Netto, *DJU* 18.08.2003, p. 187).

[1692] "Administrativo. Tratamento médico no exterior. Transplante de medula óssea. Indicação médica. Urgência. Risco de vida. Esgotamento dos meios disponíveis no país. Solicitação de auxílio financeiro. Gastos particulares. Ressarcimento das despesas pelo Estado. Cabimento. Peculiaridades do caso. Art. 45 da Lei 3.807/1960; art. 6.º da Lei 6.439/1977; arts. 58, § 2.º, e 60 do Dec. 89.312/1984. Ausência de violação à lei federal. Recurso especial não conhecido. 1. Pretender que o fato de não ter havido autorização do órgão público exima o Estado da responsabilidade de indenizar equivaleria a sempre permitir, diante de atitude omissiva da Administração, a escusa. 2. A regra da exigência de prévia autorização é excepcionada quando por razão de força maior. Inteligência do art. 60 do Dec. 89.312/1984. 3. Não se admite que Regulamentos possam sustar, por completo, todo e qualquer tipo de custeio desses tratamentos excepcionais e urgentes, porquanto implicaria simplesmente negativa do direito fundamental à saúde e à vida, consagrados na atual Constituição Federal, nos seus arts. 5.º, *caput*, 6.º, e 196, e na anterior, no art. 150, sentenciando o paciente à morte. 4. Recurso especial não conhecido" (STJ, REsp 338.373-PR, 2.ª T., j. 10.09.2002, rel. Min. Laurita Vaz, *DJU* 24.03.2003, p. 194). O Dec. 89.312/1984 foi revogado pelo Dec. 3.048/1999.

[1693] "Administrativo. Mandado de segurança. Doença congênita grave. Mielomeningocele infantil. Necessidade de tratamento por meio de aparelho terapêutico não fabricado no País. Dever do Estado. Direito fundamental à vida e à saúde. 1. O direito à saúde, expressamente tutelado pela Carta de 1988, veio se integrar ao conjunto de normas e prerrogativas constitucionais que, com o *status* de direitos e garantias fundamentais, tem por fim assegurar o pleno funcionamento do Estado democrático de direito, pautado na mais moderna concepção de cidadania. 2. Não se pode generalizar a aplicação da norma que veda ao Estado a concessão de auxílio financeiro para tratamento fora do País, a ponto de abandonar, à sua própria sorte, aqueles que, comprovadamente, não podem obter, dentro de nossas fronteiras, tratamento que garanta condições mínimas de sobrevivência digna. 3. Não havendo no País equipamento terapêutico apropriado ao tratamento da enfermidade, justifica-se que o Estado disponibilize recursos para a sua aquisição no exterior, não podendo servir de óbice às pretensões do doente, necessitado, argumentos fundados em questões burocráticas, de cunho orçamentário" (STJ, MS 8.740-DF, 1.ª Seção, j. 26.02.2003, rel. Min. João Otávio de Noronha, *DJU* 09.02.2004, p. 127).

luta, assegurado no art. 227, *caput*, da CF/1988[1694], o qual garante o direito à vida e à saúde à criança e ao adolescente,[1695] e, de outro, a *escassez de recursos* (reserva do possível). A primeira posição implicaria a imposição da universalização do tratamento, uma vez que a política pública deve tratar igualmente todos aqueles sujeitos à mesma enfermidade. Contudo, é razoável perguntar: tem o Estado condições financeiras de tratar todos os portadores desta doença? A determinação judicial impondo o custeio universal destes tratamentos poderia comprometer programas de saúde básica?

Nessa perspectiva, a reserva do possível mostra a tensão entre o indivíduo e a sociedade, isto é, o que o indivíduo pode razoavelmente exigir da sociedade. Como não existe uma *hierarquia* de direitos fundamentais e um escalonamento das disposições constitucionais comprometeria o princípio da *unidade* da Constituição,[1696] a reserva do possível não tem

1694 Por sua vez, o art. 2º da Lei 13.257/2016 (Marco Legal da Primeira Infância) reafirma que a "prioridade absoluta em assegurar os direitos da criança, do adolescente e do jovem, nos termos do art. 227 da Constituição Federal e do art. 4º da Lei no 8.069, de 13 de julho de 1990, implica o dever do Estado de estabelecer políticas, planos, programas e serviços para a primeira infância que atendam às especificidades dessa faixa etária, visando a garantir seu desenvolvimento integral".

1695 Neste sentido, é elogiável a IN 36/2009 e a Res. 14/2009 do Tribunal de Contas do Estado do Paraná, que dispõem sobre a adoção de mecanismos na elaboração e execução orçamentária da Administração Municipal, para atendimento do princípio da absoluta prioridade à criança e ao adolescente (art. 227 da CF/1988).

1696 Sobre o princípio da unidade da Constituição, vale destacar o seguinte julgado do STF "Precatório. Pagamento parcelado. ADCT, art. 33. Natureza jurídica das normas integrantes do ADCT. Relações entre o ADCT e as disposições permanentes da Constituição. Antinomia aparente. A questão da coerência do ordenamento positivo. Recurso extraordinário conhecido e provido. Os postulados que informam a teoria do ordenamento jurídico e que lhe dão o necessário substrato doutrinário assentam-se na premissa fundamental de que o sistema de Direito Positivo, além de caracterizar uma unidade institucional, constitui um complexo de normas que devem manter entre si um vínculo de essencial coerência. O Ato das Disposições Transitórias, promulgado em 1988 pelo legislador constituinte, qualifica-se, juridicamente, como um estatuto de índole constitucional. A estrutura normativa que nele se acha consubstanciada ostenta, em consequência, a rigidez peculiar às regras inscritas no texto básico da Lei Fundamental da República. Disso decorre o reconhecimento de que inexistem, entre as normas inscritas no ADCT e os preceitos constantes da Carta Política, quaisquer desníveis ou desigualdades quanto à intensidade de sua eficácia ou à prevalência de sua autoridade. Situam-se, ambos, no mais elevado grau de positividade jurídica, impondo-se, no plano do ordenamento estatal, enquanto categorias normativas subordinantes, a observância compulsória de todos, especialmente dos órgãos que integram o aparelho de Estado. Inexiste qualquer relação de antinomia real ou insuperável entre a norma inscrita no art. 33

como consequência a ineficácia de um direito fundamental, podendo simplesmente exigir a necessidade de ponderação de um direito individual perante a coletividade.[1697]

Pela ponderação, vai-se ao encontro da solução para a colisão entre dois ou mais princípios jurídicos. Porém, não há, *a priori*, uma relação absoluta de precedência entre os princípios. Tais relações se estabelecem sob as condições do caso concreto ou de um conjunto determinado de casos. Caso contrário, se já houvesse uma predefinição absoluta de qual princípio deveria prevalecer, não haveria ponderação, mas mera *sobreposição* ou triunfo de um princípio sobre o outro.[1698]

Além disso, todos os direitos fundamentais são, por sua própria natureza, limitados. Não há direitos fundamentais absolutos. São dotados por imanente *reserva geral de ponderação*[1699] porque, independentemente da forma e da força constitucionais que lhe são atribuídas, podem ter de ceder diante da maior força ou peso que apresentar, no caso concreto, os direitos, os bens, os princípios ou os interesses em sentido contrário.[1700]

Assim sendo, toda e qualquer pessoa tem *direito fundamental a um processo* a fim de trazer as razões favoráveis e desfavoráveis à proteção de seu direito. Saber a extensão da reserva do possível, enfim, demanda ponderação e, consequentemente, *argumentação jurídica*.

do ADCT e os postulados da isonomia, da justa indenização, do direito adquirido e do pagamento mediante precatórios, consagrados pelas disposições permanentes da Constituição da Republica, eis que todas essas clausulas normativas, inclusive aquelas de índole transitória, ostentam grau idêntico de eficácia e de autoridade jurídicas. O preceito consubstanciado no art. 33 do ADCT – somente inaplicável aos créditos de natureza alimentar – compreende todos os precatórios judiciais pendentes de pagamento em 05.10.1988, inclusive aqueles relativos a valores decorrentes de desapropriações efetivadas pelo Poder Público" (RE 160.486-SP, 1.ª T., j. 11.10.1994, rel. Min. Celso de Mello, *DJU* 09.06.1995, p. 17246).

[1697] Robert Alexy ensina que "la 'reserva de lo posible, en el sentido de aquello que el individuo puede razonablemente exigir de la sociedad', no tiene como consecuencia la ineficacia del derecho. Esta cláusula expressa simplemente la necesidad de ponderación de este derecho. (...) la ponderación no conduce a un derecho definitivo de cada indivíduo a ser admitido en el estúdio de su elección pero, en todo caso, a un derecho definitivo a un procedimiento de selección que le otorga una oportunidad suficiente, lo que indica una conexíon entre los derechos fundamentales sociales y los derechos a procedimiento" (*Teoría de los derechos fundamentales* cit., p. 498).

[1698] Cf. Cristina Queiroz. *Direitos fundamentais sociais*... cit., p. 185.

[1699] Verificar o item 5.7.11 abaixo.

[1700] Cf. Jorge Reis Novais. *Direitos fundamentais*... cit., p. 49-50.

Na argumentação jurídica, ressalta-se o postulado normativo aplicativo da proporcionalidade, devendo a tensão indivíduo-sociedade ser marcada pela consideração de critérios como o da *universalidade do tratamento* (os recursos públicos devem atingir o maior número de beneficiários possíveis), das *maiores necessidades* (de um tratamento em relação a outro ou mesmo de maior alocação de recursos em determinados serviços públicos)[1701] e da *maior eficácia* (o recurso deve ser destinado às pessoas com melhores chances de obter sucesso em seu tratamento).[1702]

À guisa de ilustração, pode-se mencionar as seguintes hipóteses:[1703] a) não se deve compelir o Estado a fornecer ou a custear medicamentos ou tratamentos experimentais, quando se verifique a inexistência de estudos científicos minimamente seguros, pois, em alguns casos, o beneficiário estaria servindo de *cobaia*, o que violaria a sua própria dignidade humana; b) não seria razoável condenar o Estado a cumprir *obrigação genérica*, isto é, a fornecer ou a custear todo e qualquer medicamento ou tratamento criado ou descoberto cientificamente; c) há de se constar, minimamente, se o novo medicamento ou tratamento é mais eficiente, seguro e barato que os remédios e terapias já conhecidas (*v.g.*, não seria razoável determinar a compra de determinada "marca" de medicamento, se existe outra opção similar, tão segura e eficiente quanto, mas de menor custo econômico ou mesmo existente no próprio sistema público de saúde – por exemplo, o fornecimento de medicamentos "genéricos", desde que tão seguros e eficientes quanto os remédios de "marca"; ou, ainda, evitar exames ou cirurgias desnecessárias, e até prejudiciais à própria saúde da pessoa, quando

1701 O STF já determinou a obrigação do Estado em fornecer medicamentos, com fundamento na carência dos pacientes: "Constitucional. Administrativo. Medicamentos. Fornecimento a pacientes carentes. Obrigação do Estado. I. Paciente carente de recursos indispensáveis à aquisição dos medicamentos de que necessita: obrigação do Estado em fornecê-los. Precedentes. II. Agravo não provido" (AgIn-AgRg 486.816-RJ, 2.ª T., j. 12.04.2005, rel. Min. Carlos Velloso, *DJU* 06.05.2005, p. 28).

1702 A propósito, o art. 2.º da Lei 8.080/1990 prevê: "A saúde é um direito fundamental do ser humano, devendo o Estado prover as condições indispensáveis ao seu pleno exercício. § 1.º O dever do Estado de garantir a saúde consiste na formulação e execução de políticas econômicas e sociais que visem à redução de riscos de doenças e de outros agravos e no estabelecimento de condições que assegurem acesso universal e igualitário às ações e aos serviços para a sua promoção, proteção e recuperação. (...)". Cf. ainda: Paulo Gilberto Cogo Leivas, op. cit., p. 105-107.

1703 Cf. Ingo Wolgang Sarlet e Mariana Filchtiner Figueiredo, Reserva do possível... cit., p. 47.

podem, sempre com igual ou maior eficiência e segurança, serem substituídas por outras formas de diagnóstico e de tratamento); d) na medida do possível, optar pelo fornecimento de medicamentos e de tratamentos já previamente elencados nas listas do sistema único de saúde, quando capazes de dar resposta segura e eficiente para a proteção ao direito fundamental à saúde.

Portanto, o custo do tratamento ou do medicamento pode não tornar impossível exigi-lo, inclusive judicialmente, mas ser a exigência ser considerada indesejável. Isso porque os *estados de escassez* resultam das escolhas prioritárias realizadas (*v.g.*, investimento em determinada política em detrimento de outras), as quais permitem que o dinheiro seja investido em certas áreas e não em outras.[1704]

Por outro lado, há *casos urgentes*, onde o risco de vida é iminente, a exigir providências imediatas e efetivas. Contudo, mesmo nesses casos, há de se tomar o cuidado de verificar qual é o custo do medicamento ou do tratamento de onde saíram os recursos, bem como o seu impacto no sistema único de saúde e, ainda, como podem ser prestados sem causar lesão ao patrimônio público (*v.g.*, evitando compras fraudulentas, sem nenhum critério seletivo, para privilegiar determinados laboratórios, hospitais, médicos ou vendedores de produtos ou serviços). Evidentemente que, para tanto, também são indispensáveis estudos e informações precisas para que o protagonismo judiciário, a pretexto de promover a justiça, não se volte contra a própria sociedade, na medida em que pode encontrar a solução para um problema, mas criar outros tantos maiores que aquele que se pretendia resolver.[1705]

Com efeito, a legitimidade da decisão judicial depende da *coerência* dos critérios utilizados pelo julgador e, portanto, a *ponderação* dos argumentos se insere em um *procedimento racional*.

[1704] Cf. José Reinaldo de Lima Lopes, op. cit., p. 182.

[1705] Reclamando da ausência de transparência estatal, salientam Gustavo Amaral e Danielle Melo: "(...) parece impressionante que mesmo após anos de ativismo judicial quanto a medicamentos não sejam conhecidos estudos que apontem de onde vieram os recursos para a compra. Será que os remédios fornecidos por força de decisão judicial foram obtidos graciosamente pelo Estado? Será que foram adquiridos por compra emergencial? Será que os preços obtidos foram os melhores? Não tendo havido aquisição gratuita, de onde vieram os recursos? De outros setores? De redução de gastos com propaganda? Ou será que vieram da não execução de prioridades no próprio sistema de saúde (...)?" (Há direitos acima dos orçamentos? cit., p. 104-105).

O conceito de coerência deve ser distinguido do de consistência. Uma teoria é consistente se não mostra nenhuma contradição lógica.[1706] O conceito de coerência inclui o de consistência como lado negativo da coerência. O aspecto positivo da coerência diz respeito às conexões positivas, revelada pela *fundamentação*: quanto melhor é a estrutura da fundamentação de uma classe de declarações, tanto mais coerente é essa classe de declarações.

Uma fundamentação jurídica que nem sequer implicitamente esteja relacionada a um sistema é uma fundamentação *ad hoc*.[1707] Ao não satisfazer os postulados da universalidade e da generalidade, não satisfaz as exigências elementares de justiça. A justiça exige que a fundamentação jurídica se refira a um sistema tão coerente quanto possível. Ao lado disto, o sistema jurídico tem uma série de outros efeitos que devem ser avaliados, positivamente, sob o ponto de vista da racionalidade prática: a formação do sistema – explorada como dogmática jurídica – permite reunir, examinar e evoluir as visões de várias gerações, servindo, simultaneamente, à estabilidade e ao progresso.

A fundamentação exige, de um lado, o desenvolvimento de raciocínio tão coerente quanto possível e, de outro, pede um processo de argumentação tão racional quanto possível, voltado à formação de um consenso racional.[1708]

Na fundamentação das regras do discurso jurídico, uma norma somente pode encontrar *consentimento universal* quando as consequências de sua observância geral, para a satisfação dos interesses de cada um, podem ser aceitas por todos.[1709] O direito é um *universo simbólico*, um mundo de signos e significados, cujo funcionamento e efetividade dependem do *senso cívico*. A realização dos direitos requer um consenso entorno dos valores que lhe dão suporte (*v.g.*, de modo simples e didático, quando alguém vê uma fila e coloca-se ao seu final, é porque entende e compartilha do sentido normativo).[1710] Esse *senso cívico* não pode ser imposto pelo próprio direito, de cima para baixo, sendo produto de um processo político e cultural, o qual começa pela percepção do outro como igual.[1711]

1706 Cf. Robert Alexy. *Constitucionalismo discursivo*, p. 118-119.

1707 Idem, p. 129.

1708 Idem, p. 130.

1709 Cf. Robert Alexy. *Teoría del discurso y derechos humanos* cit., p. 68-69.

1710 Cf. Luigi Ferrajoli. I fondamenti... cit., p. 342.

1711 Idem, ibidem.

O argumento do *consenso*, segundo Robert Alexy, é um complemento necessário do argumento da *autonomia*, porque permite introduzir a questão da *universalidade*, na forma de *imparcialidade* e de *igualdade*.[1712] O critério teórico-discursivo da *imparcialidade* critica a possibilidade de se alcançar um *consenso hipotético*, porque realizado por pessoas reais em condições ideais. Dessa maneira, a afirmação dos direitos fundamentais não pode ser justificada em um discurso ideal, no qual, a pretexto de se concretizar a liberdade, a igualdade e a racionalidade, não teriam cabimento argumentos que conduzissem a uma distribuição desigual desses direitos.[1713]

O resultado da aplicação jurídica implica uma ação no mundo, onde se mesclam o ideal e o real. O consenso não é suficiente para promover a igualdade, porque não basta a distribuição igualitária dos bens. Além do consenso, é preciso buscar a *autonomia*. Em um exemplo: não basta assegurar o direito ao voto para todos (distribuição igualitária dos bens) para conseguir a autonomia política das classes mais baixas, se elas não estão adequadamente preparadas para o exercício desse direito político. O exercício dos direitos políticos fundamentais, com suficiente igualdade de oportunidades, pressupõe o cumprimento de outros direitos fundamentais e humanos não políticos (*v.g.*, o direito à vida, ao mínimo existencial e a um certo nível de educação).[1714] Não garantido o conjunto básico de direitos fundamentais, os cidadãos não têm assegurados a autonomia e a liberdade indispensáveis para avaliar, refletir e participar, conscientemente, do processo democrático e do diálogo no espaço público.[1715]

O direito fundamental à *liberdade total* não se restringe à proteção de *liberdades negativas*. Inclui a exigência de satisfação de condições materiais mínimas necessárias para que as pessoas formem sua convicção para o exercício responsável de sua participação na comunidade política.[1716]

1712 Cf. Robert Alexy. *Teoría del discurso y derechos humanos* cit., p. 116-117.

1713 Idem, p. 117-118.

1714 Segundo Adela Cortina, "o exercício dos direitos civis e políticos resulta sumamente difícil sem a proteção dos direitos sociais, porque mal poderá exercer sua liberdade civil e sua autonomia política quem carece de recursos materiais básicos para fazê-los. Os direitos humanos são, como dissemos, interdependentes" (Derechos humanos y discurso político, p. 51). Cfr, ainda, Robert Alexy. *Teoría del discurso y derechos humanos* cit., p. 130, e Eduardo Appio. *Controle judicial...* cit., p. 190-191.

1715 Cf. Ana Paula de Barcellos. Constitucionalização... cit., p. 119-120.

1716 "Sin libertad frente a la intervencíon de sujetos jurídicos de igual jerarquía (liberdad negativa en la relación entre iguales), sin las competencias jurídicas para participar en la

É indispensável que o direito considere as pessoas *concretas*, servindo de *máscara protetora* capaz de assegurar condições delas se desenvolverem livremente.[1717] Portanto, conclui Robert Alexy: "Quien está interessado en la corrección y legitimidad, tiene que estar interessado también en democracia e igualmente tendrá que estarlo en derechos fundamentales y derechos humanos".[1718]

De igual modo, salienta John Rawls, ao afirmar que abaixo de certo *nível de bem-estar material e social* (em que pode se incluir a fome, o desemprego, a carência de treinamento e educação, além da falta de assistência médica e social), as pessoas não podem participar na sociedade como *cidadãos* e, muito menos, como cidadãos iguais.[1719]

Retornando ao exemplo supramencionado, a efetivação do tratamento de saúde ou da concessão de um remédio ou de um tratamento pode, em síntese, encontrar duas formas de argumentação antagônicas.

De um lado, pode-se sustentar que o direito fundamental à saúde deve ser tutelado, não se podendo negá-lo sob os argumentos da falta de prévia dotação orçamentária ou da ausência de recursos financeiros, aliadas à ausência de previsão do medicamento na lista padronizada do Ministério da Saúde ou de não ser a técnica reconhecida oficialmente. São argumentos que, ponderados no caso concreto, deveriam ceder espaço à tutela do direito fundamental à saúde. Contudo, seria indispensável que ficasse provada a possibilidade, ainda que remota, de eficácia do tratamento pos-

formación de la voluntad colectiva (libertad negativa democrática), sin un cierto grado de ausencia de situaciones económicas deficitarias (libertad negativa social) y también sin acciones de participación en la comunidad política, realizadas sobre la base de la convicción y la responsabilidad (libertad positiva democrática), no puede haber niguna situación total de liberdad" (Robert Alexy. *Teoría de los derechos fundamentales* cit., p. 367-368).

[1717] A *autonomia* da pessoa é pressuposto para assegurar a sua liberdade, pois, como explica Jürgen Habermas, recorrendo à figura da *máscara protetora* de Hannah Arendt, "o *status* da pessoa de direito protege a esfera no interior da qual uma pessoa concreta, responsável moralmente, e que conduz a sua vida de modo ético, pode desenvolver-se livremente. A redução da pessoa de direito a um portador de direitos subjetivos, dotado de liberdade de arbítrio, só adquire um sentido moral e ético na medida em que a garantia jurídica de liberdades subjetivas garante uma esfera para uma conduta de vida consciente e autônoma. O direito se apresenta como uma 'máscara protetora' (H. Arendt) para a pessoa individuada na história e que deseja viver de modo consciente e autônomo" (*Direito e democracia*... cit., vol. 1, p. 148, nota 36).

[1718] Cf. Robert Alexy. *Teoría del discurso y derechos humanos* cit., p. 130.

[1719] Cf. John Rawls. *O liberalismo político* cit., p. 213.

tulado e a ausência de tratamento menos oneroso igualmente eficaz.[1720] Afinal, em sendo o direito à saúde corolário do direito à vida – isto é, do direito a uma vida *digna*[1721] –, a não concessão do remédio ou a não determinação do tratamento implicaria a *imposição sumária* da *pena de morte*, sem crime e sem processo[1722] (para além do que dispõe o art. 5.º, XLVII, *a*, da

[1720] Cf. Odoné Serrano Júnior. Colisões entre direitos fundamentais... cit., p. 187. Em sentido contrário, decidiu o TJMG: "(...) não se pode reconhecer, em sede de mandado de segurança, direito líquido e certo oponível contra o ente municipal, a fim de determiná-lo a custear, por prazo indeterminado, aplicações da vacina antitumoral denominada 'HybriCell', de alto custo e ainda em fase experimental, que é supostamente destinada à estabilização nos casos de melanoma, mormente em se considerando as reais limitações orçamentárias municipais e a sistemática de atendimento aos cidadãos definida em programa nacional de saúde, estabelecido segundo possibilidades, prioridades e essencialidades em contexto comunitário" (Proc. 1.072.05.232550-4/001(1), 1.ª T. Civ., j. 26.09.2006, rel. Des. Armando Freire).

[1721] O Comitê de Direitos Econômicos, Sociais e Culturais, da ONU, afirmou, em 11.08.2000, em Comentários Gerais, ser o direito à saúde abrangente de outros fatores socieconômicos (como a alimentação, a moradia, o acesso à água potável, o saneamento básico e ao meio ambiente saudável), criando condições para o exercício de uma vida saudável. Destarte, traça parâmetros internacionais de respeito ao direito à saúde: a) *disponibilidade*: serviços públicos e programas de saúde devem ser disponibilizados em quantidade suficiente; b) *acessabilidade*: física, econômica e de informações, devendo-se atender a todos, especialmente os grupos mais vulneráveis, sem discriminação; c) *aceitabilidade*: serviços públicos e programas de saúde devem respeitar a ética médica e ser culturalmente apropriados a questões de gênero e geracionais; d) *qualidade*: serviços públicos e programas de saúde devem ser científica e medicamente apropriados e de boa qualidade. Disponível em: [http://www.unhchr.ch/tbs/doc.nsf]. Acesso em 18.08.2008. Cf. Alessandra Gotti Bontempo. *Direitos sociais*... cit., p. 79-80.

[1722] "Por mais que os poderes públicos, como destinatários precípuos de um direito à saúde, venham a opor – além da clássica alegação de que o direito à saúde (a exemplo dos direitos sociais prestacionais em geral) foi positivado como norma de eficácia limitada – os habituais argumentos da ausência de recursos e da incompetência dos órgãos judiciários para decidirem sobre a alocação e a destinação de recursos públicos, não nos parece que esta solução possa prevalecer, ainda mais nas hipóteses em que está em jogo a preservação do bem maior da vida humana. Não nos esqueçamos de que a mesma Constituição que consagrou o direito à vida – uma vedação praticamente absoluta (salvo em caso de guerra regularmente declarada) no sentido da aplicação da pena de morte (art. 5.º, XLVII, *a*). Cumpre relembrar, mais uma vez, que a denegação dos serviços essenciais de saúde acaba – como sói acontecer – por se equiparar à aplicação de uma pena de morte, sem crime, sem qualquer processo e, na maioria das vezes, sem possibilidade de defesa, isto sem falar na virtual ausência de responsabilidade dos algozes, abrigados pelo anonimato dos poderes públicos. O que se pretende realçar, por ora, é que, principalmente no caso do direito à saúde, o reconhecimento de um direito originário a prestações, no sentido de um direito subjetivo individual a prestações materiais (ainda que limitadas ao estritamente necessário para a proteção da vida digna), diretamente deduzido da Constituição, constitui exigência inarredável de qualquer Estado (social ou

CF/1988), ou a condenação a viver com graves sequelas (cegueira, deficiência mental etc.).[1723] Além disso, o art. 12, I, do Pacto Internacional de Direitos Econômicos, Sociais e Culturais, de 1966 – ratificado e incorporado pelo Brasil pelo Decreto Legislativo 226, de 12.12.1991, e pelo Dec. 591, de 06.07.1991 –, assegura o direito de toda pessoa a desfrutar do *mais elevado nível possível de saúde física e mental*.[1724]

Por outro lado, é possível argumentar que mesmo o direito à vida digna e a consequente tutela do direito à saúde estão condicionados à *capacidade orçamentária* do Estado. A proteção individual do direito subjetivo à saúde não pode estar desvinculada do dever coletivo do Estado de prover o direito à saúde da universalidade dos cidadãos, a partir da gestão dos recursos públicos existentes. Consequentemente, a aquisição de um medicamento de alto custo ou a realização de tratamentos não convencionais, inclusive no exterior, implicará a redesignação de verbas alocadas para atender às necessidades básicas da universalidade dos cidadãos, fazendo com que, para se salvar a vida (saúde) de poucos, suprima-se a vida (saúde) de muitos.[1725] Ademais, considerada legítima a solução anterior (de que o Estado deve custear todo e qualquer medicamento ou tratamento), todos aqueles que se encontram em situação semelhante deveriam receber a mesma tutela jurisdicional. Tal extensão traria decisões judiciais que dificilmente seriam aceitas, racionalmente, pela maior parte dos membros da comunidade jurídica,[1726] sabendo-se que os seus custos deverão ser arcados por todos, em prejuízo de políticas públicas necessárias para a viabilização dos interesses da maioria.

Estar-se-ia ferindo o acesso universal e igualitário ao direito à saúde (art. 196, *caput*, da CF/1988), na medida em que não se pode assegurar para todos, indistintamente, o custeamento de medicamentos e tratamentos caros, sem prejudicar a realização de outros programas governamentais

não) que inclua nos seus valores essenciais a humanidade e a justiça" (Ingo Wolfgang Sarlet. *A eficácia dos direitos fundamentais* cit., p. 298-299).

1723 Cf. Odoné Serrano Júnior. Colisões entre direitos fundamentais... cit., p. 187.

1724 "Os Estados-partes do presente Pacto reconhecem o direito de toda pessoa de desfrutar o mais elevado nível possível de saúde física e mental."

1725 Cf. Eduardo Appio. *Controle judicial*... cit., p. 187.

1726 "En la decisión de un caso difícil se debe tratar de alcanzar una solución tal y una justificación tal que la mayoría de los miembros racionalmente pensantes de la comunidad jurídica pueda aceptar esa solución y esa justificación" (Aulis Aarnio, La tesis de la única respuesta correcta y el princípio regulativo del razonamiento jurídico, p. 37). Verificar, ainda: Ana Paula de Barcellos. *Ponderação... cit.*, p. 130-131.

necessários à proteção da saúde da maioria (*estado de escassez*). Far-se-ia com que a decisão judicial estivesse baseada em razões de *caridade*, não de *justiça*, o que, em última análise, seria apenas transferir a fila de atendimento da Administração Pública para o Poder Judiciário, na certeza da impossibilidade de se distribuir, universal e simultaneamente, os bens e os serviços a todos igualmente.[1727]

Com efeito, a reserva do possível não deve ser concebida como um obstáculo intransponível à efetivação dos direitos fundamentais. Deve ser conceituada como postulado capaz de otimizar a eficácia e a efetividade desses direitos,[1728] para que o Estado promova, da melhor maneira e de modo progressivo, a máxima realização dos direitos fundamentais, servindo para harmonizar os conflitos jurídicos e, principalmente, assegurar a realização do mínimo existencial ao maior número de pessoas realmente necessitadas.

De qualquer forma, a solução do impasse trazido pelas *decisões dramáticas* não pode ser predeterminada. Depende sempre da avaliação do caso concreto. Por envolver *hard cases*, a decisão vai exigir a utilização dos postulados da razoabilidade, da ponderação e da concordância prática.

5.7.11 Técnica da ponderação

[1727] Segundo José Reinaldo de Lima Lopes, a "distribuição igualitária é fundamental. Não se pode pedir e não se deve dar a uma pessoa em particular algo que se sabe de antemão que não pode ser dado a todos os que se encontram na mesma situação. Se for dado, trata-se de uma concessão segundo a caridade, não segundo a justiça, e nossos tribunais são de justiça e direito, não tribunais de caridade. (...) Engana-se quem acha que o Judiciário deve dar a um cidadão aquilo que este não conseguiu da Administração porque ela não teria como dar a mesma coisa a todos. Se o Judiciário concedesse a um em particular, estaria certamente violando o direito de todos os outros, pois atenderia com recursos públicos apenas os que conseguissem chegar a ele. Com o tempo, transferir-se-ia para os tribunais a fila de atendimento. E ao fim do dia ele seria, da mesma forma que a Administração, obrigado a fechar as portas. Isso porque essa maneira ingênua de pensar levaria aos tribunais a multidão dos famintos e necessitados que seriam servidos por vez de chegada, mas em um critério de distribuição universal e simultânea. O Judiciário não estaria aplicando a regra, não estaria tratando a todos igualmente, não estaria valorizando igualmente a vida de cada cidadão, mas apostando (de forma lotérica, portanto) que alguns não chegariam à justiça e que esses não lhe importam, que esses não devem ser levados em consideração" (op. cit., p. 191-192).

[1728] Cf. Ingo Wolfgang Sarlet. Os direitos sociais como direitos fundamentais... cit., p. 250.

A técnica da ponderação foi desenvolvida, na Alemanha, a partir da decisão do caso *Lüth*, em 1958. Erich Lüth, em uma conferência entre produtores e distribuidores de filmes para cinema, convocou o público alemão, os donos de casas de cinema e os produtores de filme a boicotarem os filmes produzidos, após 1945, por Veit Harlan, pois ele fora o diretor nazista de maior destaque.[1729] Lüth se referia, especialmente, ao filme *Jud Suss*, considerado o líder da propaganda nazista antisemita. O Tribunal Distrital de Hamburgo decidiu que Lüth deveria deixar de promover qualquer boicote ao novo filme de Harlan, *Amante Imortal* (*Unsterbliche Geliebte*). O Tribunal de Hamburgo fundamentou sua decisão no art. 826 do Código Civil alemão, proibindo o incitamento ao boicote. Lüth apresentou queixa constitucional contra esta decisão e a Corte Constitucional Federal alemã considerou que a incitação a tais filmes estava protegida *prima facie* pela liberdade de expressão garantida no art. 5.º da Lei Fundamental de Bonn. A Corte Constitucional procedeu a um balanceamento entre a liberdade de expressão e o disposto no art. 826 do Código Civil, pelo qual "aquele que, de forma contrária aos bons costumes, causa prejuízo a outrem, fica obrigado a indenizá-lo". Apesar de considerar que Lüth não poderia evitar o soerguimento de Harlan, como grande diretor de cinema, o qual teria passado por um processo de "desnazificação", e não havia sido condenado criminalmente por nenhum crime de guerra, entendeu a Corte Constitucional que Lüth tinha razão e que o art. 826 do Código Civil alemão deveria ser interpretado no sentido de dar prioridade ao princípio da liberdade de expressão, em detrimento de considerações constitucionais colidentes.

Do caso Lüth, surgiram três grandes ideias que serviram para moldar, fundamentalmente, o Direito Constitucional alemão:[1730] a) a garantia constitucional de direitos individuais não é apenas uma garantia dos clássicos direitos *defensivos* do cidadão contra o Estado, isto é, os direitos constitucionais incorporam uma *ordem objetiva de valores ou princípios* que se aplicam muito além da relação entre o cidadão e o Estado, estendendo-se a todas as áreas do direito; b) em razão da aplicabilidade ampla da Lei Fundamental, os direitos fundamentais exercem *efeito irradiante* sobre todo o sistema jurídico, tornando-se *onipresentes* (*unbiquitous*); c) em decorrência de sua estrutura, valores e princípios tendem a colidir; a colisão de princípios somente

[1729] Cf. Robert Alexy. Direitos fundamentais, balanceamento... cit., p. 132-133.
[1730] Idem, p. 133-134.

pode ser resolvida pelo *balanceamento*, que não é um risco para os direitos, mas um *meio necessário* para emprestar-lhes proteção, representando, ainda, não uma alternativa à argumentação, mas uma *forma indispensável* do discurso prático racional.[1731]

Deve ser acrescido que todos os direitos fundamentais podem sofrer limitações. Não há direitos fundamentais absolutos. Dependendo das circunstâncias concretas e dos bens jurídicos em colisão, podem ter que ceder. Todos são, por sua própria natureza, limitados. São dotados por imanente *reserva geral de ponderação*:[1732] independentemente da forma e da força constitucionais que lhe são atribuídas, podem ter de ceder diante da maior força ou peso que apresentarem, no caso concreto, os direitos, os bens, os princípios ou os interesses de sentido contrário.

Na técnica da ponderação, conforme técnica sugerida por Ana Paula de Barcellos, o intérprete deve percorrer três etapas distintas:[1733] a) identificação dos enunciados normativos, aparentemente, em conflito e o seu agrupamento, visando à solução do caso concreto; b) análise das circunstâncias concretas do caso e suas repercussões sobre os enunciados normativos encontrados na fase anterior; c) momento da decisão, onde três cuidados metodológicos devem ser observados: c1) o compromisso com a universalização dos argumentos empregados; c2) encontrar a solução que imponha a menor quantidade de restrição à maior parte dos elementos normativos em discussão (concordância prática); c3) quando a decisão envolve direitos fundamentais, não pode suprimir o *núcleo essencial*, construído a partir de parâmetros doutrinários e jurisprudenciais dos direitos em questão.

Os riscos e as insuficiências desse método são, contudo, inevitáveis. Logo, os riscos de subjetivismo, decisionismo e intuicionismo que ameaçam estruturalmente essa metodologia devem ser acompanhados, internamente, pelo rigor de racionalização e objetivação dos procedimentos judiciais de ponderação, e, externamente, pela construção de parâmetros materiais de conformidade.[1734]

No plano interno, as decisões judiciais devem estar baseadas em fundamentações que apliquem, de forma coerente e consistente, as regras, princípios e valores do ordenamento jurídico, mas que também sejam sus-

[1731] Idem, p. 131.

[1732] Cf. Jorge Reis Novais. *Direitos fundamentais*... cit., p. 49-50.

[1733] Cf. Ana Paula de Barcellos. *Ponderação*... cit., p. 92-145 e 300-302.

[1734] Cf. Jorge Reis Novais. *Direitos fundamentais*... cit., p. 61-62.

cetíveis de generalização e extensão a todas as situações que contenham as mesmas ou análogas circunstâncias fáticas. Com isso, incrementa-se a previsibilidade e a igualdade na aplicação do direito e são reduzidas as margens de subjetivismos. Todavia, para tanto, as decisões judiciais devem, previamente, observar o devido processo racional que permita que as partes envolvidas tenham todas as chances de convencer o juiz de que tenham razão, trazendo aos autos os argumentos necessários para influenciar a decisão judicial.

Por outro lado, no plano externo, a jurisdição constitucional, ao resolver a colisão de direitos fundamentais, deve observar, nos juízos de ponderação, limites inerentes ao Estado Democrático de Direito, como os princípios da igualdade, da proibição de excesso ou da proteção da confiança, tendo como vetor hermenêutico essencial a dignidade humana, da qual devem emanar todos os princípios interpretativos.

5.7.12 Postulado da concordância prática

O postulado da ponderação, conforme se depreende do exemplo citado no item 5.7.10 (custeamento de tratamento alternativo no exterior) e no anterior (caso Lüth), é *vazio de conteúdo*. Assim, é incapaz de responder qual o *peso* que deve ser atribuído a cada *argumento*, porque alguns deles devem merecer maior peso que os outros, ou, ainda, qual solução há de prevalecer sobre a outra.[1735]

Ainda que se tome como ponto de partida o critério da universalização das políticas públicas, não se pode concluir que os direitos individuais devam ser sempre restringidos em razão dos bens coletivos, ou vice-versa.[1736] Não há prioridade absoluta *prima facie* de uns sobre os outros.

Aliás, a afirmação da existência de um direito sem limites não existe em um sistema jurídico real, pois as pessoas não estão sozinhas no mundo não podendo atuar em nenhuma parte sem limitações, ou, em outros termos, tudo vale somente dentro de certos limites.[1737]

Se sempre predominassem os direitos individuais, não estaria correto, por exemplo, falar em função social da propriedade (arts. 5.º, XXIII, 170,

1735 Cf. Ana Paula de Barcellos. *Ponderação*... cit., p. 1-3.

1736 Cf. Robert Alexy. Tres escritos... cit., p. 132-135.

1737 Cf. José Joaquim Gomes Canotilho. Dogmática de direitos fundamentais e direito privado, p. 205.

III, 182, § 2.º, e 186, todos da CF/1988, e 1.228, § 1.º, do CC/2002) ou dos contratos (art. 421 do CC/2002), tampouco no exercício abusivo de direitos (art. 187 do CC/2002). Por conseguinte, o direito de propriedade não poderia ser limitado por regras de Direito Ambiental,[1738] nem a atividade de uma empresa restringida por direitos dos consumidores, tampouco justificável seria o "rodízio" de automóveis, nas grandes cidades, porque violaria o direito à locomoção,[1739] ou, ainda, que, em nome das liberdades de manifestação ou de reunião (art. 5.º, IV, XVI e XVII, da CF/1988), alguém ou um grupo de pessoas obstruísse o trânsito em rodovias.

Em contrapartida, não se pode afirmar, categoricamente, a existência do princípio da supremacia do interesse público sobre o particular. A colisão entre princípios não pode ser resolvida *ex ante*, abstratamente, dependendo das circunstâncias dos casos concretos, a construir uma *hierarquia móvel* entre os princípios colidentes. A percepção correta das colisões principiológicas permite descrever *relações concretas de prevalência relativa*, evitando relações abstratas de prevalência absoluta.[1740] Aliás, há de se ressaltar a *dutibilidade constitucional*, isto é, a Constituição deve compatibilizar a unidade e a integração do sistema jurídico com as suas bases pluralistas.[1741] Isso faz com que valores e princípios não possam assumir caráter absoluto. Em assim sendo, a eventual prevalência do interesse coletivo não está no *argumento majoritário*, porque os direitos fundamentais são direitos reconhecidos contra a maioria, mas no resultado de uma ponderação desenvolvida no caso concreto à luz dos parâmetros constitucionais em conflito,

[1738] Importante salientar que a responsabilidade pelo dano ambiental é *objetiva* (arts. 14, § 1.º, da Lei 6.981/1982 e 927, parágrafo único, do CC/2002) e a obrigação de reparação é *propter rem*. Assim, todos os proprietários rurais, mesmo os adquirentes, ainda que não tenham sido responsáveis diretos pelos danos, são responsáveis pela instituição das áreas de reservas legais de, no mínimo, 20% de cada propriedade, em prol do interesse coletivo. Cf. STJ, REsp 745.363-PR, 1.ª T., j. 20.09.2007, rel. Min. Luiz Fux, *DJU* 18.10.2007, p. 270.

[1739] Nesse sentido, vale mencionar julgado do TJSP: "Operação rodízio. Pretensão de reconhecer a inconstitucionalidade da Lei 9.690/1997, que instituiu o sistema. Inadmissibilidade. Ofensas ao direito de propriedade, de locomoção e isonomia não caracterizadas. Infração contra legislação ambiental e não contra a de trânsito. Recurso desprovido" (Ap. 1662735500, 6.ª Câm. Dir. Púb., j. 21.02.2005, rel. Hamid Charaf Bdine Júnior).

[1740] Cf. Humberto Ávila. Repensando o "princípio da supremacia..." cit., p. 10.

[1741] Cf. Gustavo Zagrebelsky. *El derecho dúctil* cit., p. 14.

desde que se atribua ao bem jurídico coletivo relevância superior, que justifique a restrição limitada dos direitos individuais.[1742]

A construção de um método lógico-formal que propusesse um *formalismo* ou um *positivismo dos princípios* representaria um enorme retrocesso, porque implicaria a negação do caráter aberto e pluralista dos princípios.[1743] O conteúdo de princípios ou de valores (como a dignidade humana, a justiça, a solidariedade, a igualdade, a liberdade, a democracia etc.) depende do contexto cultural em que se inserem. Caso houvesse uma espécie de *tabelamento dos princípios*, determinando-se previamente quais seriam superiores e quais inferiores, em hipóteses de conflito, chegaria-se à *tirania dos valores*, causando enorme risco à sobrevivência do Estado Democrático de Direito. Para que se permita a coexistência de princípios e valores, é indispensável que não exista um método formal-hierarquizado, com o qual poderiam se converter em inimigos entre si. Em sistemas constitucionais pluralistas, princípios e valores devem ser permanentemente vigiados, para que, não assumindo caráter absoluto, não percam o caráter democrático, impondo-nos a tirania.[1744]

A convivência coletiva depende da conjugação de vários valores e princípios. Já que a eleição de princípios absolutos tornaria impossível essa convivência, exige-se a aplicação do postulado da *concordância prática* para a obtenção de soluções que promovam o desenvolvimento conjunto da Constituição. Com isso, pretende-se não só reconhecer os direitos dos indivíduos, mas também da sociedade; valorar as capacidades materiais e espirituais dos indivíduos, sem deixar de proteger os bens coletivos diante da força destruidora dos poderes privados; minimizar o rigor na aplicação da lei com a piedade das consequências mais rígidas; compatibilizar a responsabilidade individual pela própria existência e a intervenção coletiva

[1742] Cf. Jorge Reis Novais. *Direitos fundamentais...* cit., p. 33.

[1743] Cf. Gustavo Zagrebelsky. *El derecho dúctil* cit., p. 124.

[1744] "Para que la coexistencia de los princípios y valores sea posible es necesario que pierdan su carácter absoluto, esto es, la condición que eventualmente permitiría construir un sistema formal cerrado a partir de uno solo de ellos. Concebidos en términos absolutos, los princípios se convertirían rápidamente en enemigos entre si. Al final, uno se erigiria en soberano sobre todos los demás y solo perseguiria desarrollos consecuentes con él. Pero en las Constituciones pluralistas no cabe que esto sea así. Los princípios y los valores deben ser controlados para evitar que, adquirendo carácter absoluto, se conviertan em tiranos" (Gustavo Zagrebelsky. *El derecho dúctil* cit., p. 125).

para o apoio aos mais fracos etc.[1745] A compreensão do direito por princípios não absolutos, ou pela rejeição de um sistema composto exclusivamente por regras, em que não se pudesse verificar o peso e a importância de cada princípio diante das circunstâncias de os casos concretos, é indispensável ao contínuo reequilíbrio social, tendo a maior parte das jurisdições constitucionais desenvolvidas concebido o conteúdo da Constituição como *declarações de valores*.[1746]

Consequentemente, como asseverado, é equivocado sustentar que os direitos coletivos devem sempre se sobrepor aos direitos individuais. Tal assertiva representaria um modo de legitimar os regimes totalitários.

Nem sempre o bem comum está acima dos interesses individuais. Em nosso ordenamento jurídico, há várias situações em que o legislador, corretamente, não sobrepôs os interesses coletivos sobre os individuais. É o que ocorre quando, por exemplo, de um mesmo evento danoso (*v.g.*, poluição de um rio) surgem prejuízos coletivos e individuais, determinando o art. 99 do CDC que, no concurso de créditos, deve se dar preferência ao pagamento de créditos individuais.[1747] Outro exemplo envolve a liberdade de expressão ou de imprensa, que não pode suprimir o direito ao bom nome e à reputação, cometendo crime aquele que divulga, total ou parcialmente, sem autorização devida, o nome, o ato ou o documento de procedimento policial, administrativo ou judicial, relativo a adolescente que pratica ato infracional (art. 247 do ECA). Isso, porque, ainda que a informação seja verídica e exista interesse público na sua divulgação, não pode suprimir os direitos individuais do adolescente infrator.

A propósito, o conflito entre o direito de informação e os direitos da intimidade e da privacidade depende da análise do interesse público contido na informação. Três casos concretos ilustram essa problemática.

Primeiro caso: há abuso da liberdade de informação quando a imprensa divulga o nome completo desse adolescente ou, do mesmo modo, da vítima de um crime contra os costumes. Tais informações são desnecessárias para atender ao interesse público em esclarecer a população sobre a ocorrência de fatos criminosos verídicos. Comprometem direitos fundamentais individuais, como o direito do adolescente infrator à condição peculiar de pessoa

[1745] Idem, p. 16-17.

[1746] Idem, p. 126.

[1747] Cf. Luiz Rodrigues Wambier e Teresa Arruda Alvim Wambier. Anotações sobre a liquidação e a execução de sentenças coletivas, p. 263-280.

em desenvolvimento (quando da aplicação de medida privativa de liberdade; art. 227, § 3.º, V, da CF/1988) ou o direito à honra e à intimidade da vítima, cuja violação pode ensejar compensação por danos morais (art. 5.º, X, da CF/1988). O STJ julgou ação de indenização por dano moral pela divulgação, em noticiário de rádio, em outubro de 1998, do nome completo e do bairro onde residia a vítima de crime de estupro. Considerou que há limites entre o legítimo e o abusivo exercício da liberdade de informação. O direito da imprensa de informar não se sobrepõe nem elimina quaisquer outras garantias individuais, entre as quais se destacam a honra e a intimidade.[1748] Afirmou que, no caso dos autos, o Grupo G. C. tinha legítimo interesse na divulgação do crime contra os costumes, para que todos tenham conhecimento do fato e adotem as precauções necessárias. Porém, a conduta do órgão da imprensa não residiu na simples divulgação de um fato verídico, criminoso, e de interesse público. Foi muito além, ao mencionar o nome da autora e o bairro onde morava. Dessa forma, feriu a sua intimidade e a sua honra. Caso tivesse sido veiculada a notícia, sem identificação da vítima, estaria atendido, adequadamente, o exercício da liberdade de expressão. Concluiu ter havido abuso da liberdade de informação, ao se divulgar, desnecessariamente, o nome da vítima do crime sexual.[1749] Com

[1748] De modo diverso, Luiz Guilherme Marinoni, embora reconheça que os princípios não podem ser hierarquizados, afirma que pode haver, entre eles, uma relação de prioridade *prima facie*. Advoga que os direitos de liberdade e de igualdade preferem, em princípio, os demais direitos fundamentais. Por isto, haveria, em favor do direito de liberdade de expressão, em colisão com o direito à honra, uma carga argumentativa implícita favorável. Logo, seria necessária uma argumentação mais forte para sustentar a violação do direito à honra; ou seja, capaz de demonstrar que o direito de liberdade – privilegiado pela ordem de prioridade *prima facie* – não deveria prevalecer. Cf. *Teoria geral do processo* cit., p. 124-125.

[1749] "(...) A liberdade de informação deve estar atenta ao dever de veracidade, pois a falsidade dos dados Divulgados manipula em vez de formar a opinião pública, bem como ao interesse público, pois nem toda informação verdadeira é relevante para o convívio em sociedade. A vítima de crime contra o costume tem o direito de não perpetuar seu sofrimento. Se opta por não oferecer a queixa e tampouco a representação que a lei lhe faculta, evidentemente não há interesse social na apuração dos fatos e tampouco na exposição pública de seu nome. Se o crime contra o costume se encontra sujeito à ação penal pública, se a vítima ofereceu a queixa ou a representação, não por isso deixará de passar pelos constrangimentos da apuração dos fatos, do sofrer contínuo. Não se pode presumir tampouco que, por tais motivos, se torne conveniente a exposição pública de seu sofrer, para além dos autos do inquérito ou do processo criminal. Não há qualquer interesse público no conhecimento da identidade da vítima do crime de estupro, havendo aí abuso da liberdade de informação (...)" (STJ, REsp 896.635-MT, 3.ª T., j. 26.02.2008, rel. Nancy Andrighi, *DJe* 10.03.2008).

efeito, os recorrentes foram condenados a compensá-la pelos danos morais no valor de R$ 40.000,00.[1750]

Segundo caso: considerou o STJ que a vida pública, mesmo de um político, não pode deixá-lo vulnerável a qualquer ofensa, não perdendo a proteção contra a sua honra e imagem, quando indevidamente violadas (art. 5.º, X, da CF/1988). No caso concreto, o político, durante Comissão Parlamentar de Inquérito, foi acusado de ter mantido relacionamento extraconjugal e engravidado uma adolescente, fato este explorado pela mídia, o que teria lhe trazido desgastes a sua imagem, sendo a imputação de paternidade depois desmentida mediante exame de DNA e em ação declaratória transitada em julgado. O Tribunal de Justiça de São Paulo confirmou a sentença, que havia julgado improcedente a ação de reparação de danos morais, sob o fundamento que o autor era político de grande expressão, o que restringia a sua esfera privada, e a grande exposição na imprensa faria com que a falsa imputação de paternidade perdesse o potencial lesivo a sua honra ofendida. Contrariamente, entendeu o STJ que a redução do âmbito de proteção aos direitos de personalidade dos políticos é aceitável, mesmo que a informação tenha conteúdo familiar, já que isso pode dizer algo sobre o *caráter do homem público,* havendo interesse público na informação, pois permitiria a formação de juízo crítico, por parte dos eleitores, quanto aos atributos morais daquele que se candidata a cargo eletivo.[1751]

[1750] No mesmo sentido, saliente-se o Enunciado 278, emitido na IV Jornada de Direito Civil, promovida pelo Centro de Estudos Judiciários do Conselho da Justiça Federal, no período de 25 a 27.11.2006: "A Publicidade que venha a Divulgar, sem autorização, qualidades inerentes a determinada pessoa, ainda que sem mencionar seu nome, mas sendo capaz de identificá-la, constitui violação a direito da personalidade". Em sentido contrário, nos Estados Unidos, a tendência da Suprema Corte é atribuir um peso muito superior à liberdade de expressão do que o direito à privacidade, tendo decidido que a imprensa tem o direito de Divulgar o nome das vítimas de estupro (Landmark Communications Inc. vs. Virginia – 435 U.S. 829 – 1978) e de expor, ao público, o conteúdo de conversas telefônicas particulares, gravadas ilicitamente, sem autorização judicial (Barinicki vs. Vopper – 121 S. Ct. 1753 – 2001). Cf. Daniel Sarmento. Liberdade de expressão... cit., p. 4, nota 8.

[1751] A conclusão do STJ está correta, pois, para que a privacidade de um político, de um governante ou de qualquer outra pessoa famosa seja invadida, é indispensável saber se a informação a ser veiculada possui relevância pública. Tal questão foi analisada por Contardo Calligaris, após jornais italianos e espanhóis Divulgarem encontros do Primeiro Ministro italiano, Silvio Berlusconi, com mulheres de programa. Os periódicos Publicaram trechos de gravações telefônicas entre o premiê e uma prostituta, que teria elogiado sua performance sexual, gravado a conversa e mandado para a imprensa, para se vingar de promessa não cum-

Salientou, contudo, que na hipótese não se discutia danos morais decorrentes da invasão de privacidade do político, com a divulgação de aspectos íntimos verdadeiros de sua vida. Acrescentou não haver pertinência em discutir o abrandamento do campo de proteção à intimidade do político, por ter sido veiculada alegação comprovadamente falsa, não devendo as figuras públicas suportar, com ônus de seu próprio sucesso, a divulgação de dados íntimos mentirosos.[1752]

Terceiro caso: a divulgação de vídeo, gravado por um *paparazzo*, em *websites*, com cenas eróticas envolvendo atriz famosa e seu namorado, em uma praia espanhola. No caso concreto, os demandantes ajuizaram ação inibitória, com pedido de tutela antecipada, para que os *websites* parassem de divulgar as imagens. Alegaram, com base nos arts. 5.º, X, e 220, § 1.º, da CF/1988, além dos arts. 12 e 21 do CC/2002, violação aos direitos de per-

prida. Também foram Publicadas fotos de Berlusconi, em sua vila na Sardenha, com topless feminino e nudez feminina. Então, Contardo Calligaris compara a conduta de Berlusconi com a do Presidente do Irã, Mahmud Ahmadinejad, e com o Governador do Estado de Nova Iorque, Eliot Spitzer, para obter a mesma conclusão do STJ: "Berlusconi organiza festinha com prostituta, e eu com isso? Avisem-me se a coisa afetar sua capacidade de governar. A invasão da privacidade de um governante se justifica quando ela demonstra sua hipocrisia pública. Se Ahmadinejad, em sua iminente visita ao Brasil, for flagrado numa boate gay, isso me interessaria porque ele é líder de um país que pune a homossexualidade com a morte. Quando se descobriu que Eliot Spitzer, governador do Estado de Nova York, era cliente de uma rede de prostituição, o escândalo foi relevante porque Spitzer, quando era promotor, tinha sido um ferrenho perseguidor das prostitutas e de seus clientes. Mas Berlusconi nunca pretendeu ser 'um santo'" (Em defesa de Berlusconi, p. E12).

1752 "(...) A redução do âmbito de proteção aos direitos de personalidade, no caso dos políticos, pode em tese ser aceitável quando a informação, ainda que de conteúdo familiar, diga algo sobre o caráter do homem público, pois existe interesse relevante na Divulgação de dados que permitam a formação de juízo crítico, por parte dos eleitores, sobre os atributos morais daquele que se candidata a cargo eletivo. Porém, nesta hipótese, não se está a discutir eventuais danos morais decorrentes da suposta invasão de privacidade do político a partir da Publicação de reportagens sobre aspectos íntimos verdadeiros de sua vida, quando, então, teria integral pertinência a discussão relativa ao suposto abrandamento do campo de proteção à intimidade daquele. O objeto da ação é, ao contrário, a pretensão de condenação por danos morais em vista de uma alegação comprovadamente falsa, ou seja, de uma mentira perpetrada pelo réu, consubstanciada na atribuição errônea de paternidade – erro esse comprovado em ação declaratória já transitada em julgado. Nesse contexto, não é possível aceitar-se a aplicação da tese segundo a qual as figuras públicas devem suportar, como ônus de seu próprio sucesso, a Divulgação de dados íntimos, já que o ponto central da controvérsia reside na falsidade das acusações e não na relação destas com o direito à intimidade do autor. (...)" (STJ, REsp 1.025.047-SP, 3.ª T., j. 26.06.2008, rel. Min. Nancy Andrighi, *DJe* 05.08.2008).

sonalidade (intimidade, privacidade e imagem), captadas em lugar público (praia), mas sem o seu consentimento. A tutela antecipada foi indeferida, sob o fundamento de que não haveria ato ilícito na captação de imagens de banhistas que se beijam e trocam carícias em público, circunstância que exclui as ofensas aos direitos da intimidade, privacidade e imagem. Porém, o Tribunal de Justiça de São Paulo[1753] deu provimento ao agravo de instrumento, para reformar a decisão interlocutória. Considerou que a divulgação das imagens não tinha conteúdo ou serventia socialmente justificáveis, que satisfaziam apenas a curiosidade mórbida, não havendo motivo público que justificasse a continuidade do acesso. O direito à imagem não é absoluto, devendo ceder ao interesse público preponderante (*v.g.*, a pessoa não pode se opor a que sua imagem-retrato seja excluída de um cenário público, quando fotografada participando de um evento público, de uma festa popular, de um jogo esportivo etc.). Ademais, alguns segredos podem ser contados, e não filmados, com discrição necessária, em obras biográficas. A circunstância de os demandantes terem protagonizado cenas picantes, em lugar público, ainda que verídicas, não lhes retira o direito de preservar valores morais, impedindo que milhares de internautas assistam ao vídeo, porque isso constrange e perturba a vida dos envolvidos. Ademais, na dúvida se deve preponderar o direito à imagem ou à informação, deve tutelar-se o primeiro, já que, se for lesado, não pode mais ser recomposto na forma específica, diferentemente do direito à informação, que pode ser exercido posteriormente, mesmo que a notícia não tenha mais o mesmo impacto. Negar a tutela antecipada seria premiar a atuação dos *paparazzi*, conhecidos pelo modo agressivo que atuam para a captação e imagens, não pedindo o consentimento das pessoas retratadas, legalizando o sensacionalismo e os escândalos propagados pelos meios de comunicação, sem licença dos envolvidos. Desse modo, concluiu que não havia interesse público na divulgação das imagens. Portanto, o TJSP concedeu, por maioria de votos, a tutela antecipada para proibir que os *websites* divulgassem as imagens, sob pena de aplicação de multa diária, no valor de R$ 250.000,00, em caso de desobediência. O voto vencido, contudo, observou que os direitos à intimidade ou à privacidade dependem da *conduta das partes*.[1754] Se pessoas públicas protagonizam cenas de sen-

[1753] AgIn 472.738-4, 4.ª Câm. Dir. Priv., j. 29.09.2006, rel. Des. Ênio Santarelli Zuliani.

[1754] Nesse sentido, vale ressaltar, ainda, o REsp 595.600-SC (4.ª T., j. 18.03.2004, rel. Min. Cesar Asfor Rocha, *DJU* 13.09.2004, p. 259): tratava-se de ação por danos materiais e morais,

sualidade explícita, em local público e badalado, não podem se dar ao desfrute de aparecer nesses lugares expondo abertamente sua sensualidade sem ter consciência plena de que estão sendo olhados, gravados e fotografados, mesmo porque ninguém ignora que qualquer celular pode gravar um filme, de vários minutos, com razoável qualidade.

Esses três casos demonstram a dificuldade de ponderação entre o direito (público) à informação e os direitos (individuais) à intimidade e a vida privada, devendo-se estabelecer critérios objetivos, como a notoriedade da pessoa retratada e dos fatos abordados, a sua veracidade ou não, o caráter (informativo, especulativo, sensacionalista etc.) da informação veiculada, a sua exploração (comercial, elucidativa etc.), os quais precisam ser sopesados, dentre as possibilidades fáticas e jurídicas, presentes no caso concreto.[1755]

A complexidade na relação entre direitos individuais e coletivos torna-se ainda maior com as redes sociais, cuja exposição, por ser mais ampla, pode gerar consequências mais gravosas. O Código Penal, de 1940, é aplicado, com algumas adaptações, aos *cibercrimes*. Nele estão descritos crimes como estelionato, contra a honra e furto qualificado, além de outros trazidos pela Lei Carolina Dickmann (Lei nº 12.737/2012). Crimes cibernéticos contra crianças e adolescentes são também previstos nos artigos 241-A a 241-E, da Lei nº 8.069/90 (Estatuto da Criança e do Adolescente), visando coibir a

ajuizada por mulher, que teve sua fotografia, de *topless*, Publicada em um jornal, tirada em local público (praia), durante momento de lazer: "Se a demandante expõe sua imagem em cenário público, não é ilícita ou indevida sua reprodução pela imprensa, uma vez que a proteção à privacidade encontra limite na própria exposição realizada".

1755 Buscando traçar critérios objetivos, especialmente para interpretar o art. 20, *caput*, do CC/2002 ("Salvo se autorizadas, ou se necessárias à administração da justiça ou à manutenção da ordem pública, a Divulgação de escritos, a transmissão da palavra, ou a Publicação, a exposição ou a utilização da imagem de uma pessoa poderão ser proibidas, a seu requerimento e sem prejuízo da indenização que couber, se lhe atingirem a honra, a boa fama ou a respeitabilidade, ou se se destinarem a fins comerciais"), deve ser ressaltado o Enunciado 279, emitido na IV Jornada de Direito Civil, promovida pelo Centro de Estudos Judiciários do Conselho da Justiça Federal, no período de 25 a 27.10.2006: "A proteção à imagem deve ser ponderada com outros interesses constitucionalmente tutelados, especialmente em face do direito de amplo acesso à informação e da liberdade de imprensa. Em caso de colisão, levar-se-á em conta a notoriedade do retratado e dos fatos abordados, bem como a veracidade destes e, ainda, as características da utilização (comercial, informativa, biográfica), privilegiando-se medidas que não restrinjam a Divulgação de informações". Verificar, ainda: Luiz Edson Fachin. STJ e liberdade de expressão: desafios e possibilidades no século XXI. p. 228-236.

prática da "pedofilia". Na forma da lei, a posse de uma única fotografia, vídeo ou outra forma de registro que contenha cena de sexo explícito ou pornográfica envolvendo criança ou adolescente já configura crime, assim como também configura crime a simulação a participação de criança ou adolescente em cena de sexo explícito ou pornográfica por meio de adulteração, montagem ou modificação de fotografia, vídeo ou qualquer outra forma de representação visual, dentre outras condutas previstas em lei. A depender da conduta, pode-se estar diante de um crime de repercussão internacional, e não apenas a Polícia Federal, mas também a Interpol podem ser acionadas para atuar em sua repressão. No âmbito civil, a Lei 12.965/2014, conhecida como Marco Civil da Internet, estabelece, no art. 21, que os provedores de conexão à internet, após a notificação do interessado ou de seu representante legal, tem o dever de proibir a divulgação de imagens, vídeos ou outros materiais contendo cenas de nudez ou de atos sexuais de caráter privado, sob pena de serem responsabilizados pela violação da intimidade decorrente da divulgação sem autorização dos participantes.

Ademais, a informação por mais verídica e relevante que seja não pode expor, a pessoa, permanentemente, a situações negativas, vexatórias ou humilhantes, sob pena de reparação dos danos causados[1756] 4. Gera dano moral indenizável a publicação de notícia sabidamente falsa, amplamente divulgada, a qual expôs a vida íntima e particular dos envolvidos[1757], quando caracterizado o abuso do direito de informar, isto é, quando a matéria veiculada revelar-se totalmente infundada, carreada de conteúdo trapaceiro, sem o menor respaldo ético e moral, com finalidade de publicação meramente especulativa e de ganho fácil ou propalar ameaças contra diversas pessoas, denotando irresponsabilidade dos meios de comunicação que, em busca de maior audiência ou de angariar maiores lucros, sabedores da falsidade ou, ao menos, sem a diligência imprescindível para a questão, autorizaram a transmissão da reportagem, ultrapassando qualquer limite razoável do direito de se comunicar[1758]

[1756] "2. A liberdade de imprensa - embora amplamente assegurada e com proibição de controle prévio - acarreta responsabilidade a posteriori pelo eventual excesso e não compreende a Divulgação de especulação falsa, cuja verossimilhança, no caso, sequer se procurou apurar.

[1757] STJ, REsp 1582069/RJ, Rel. Ministro Marco Buzzi, Rel. p/ Acórdão Ministra Maria Isabel Gallotti, Quarta Turma, julgado em 16/02/2017, DJe 29/03/2017.

[1758] STJ, REsp 1473393/SP, Rel. Ministro Luis Felipe Salomão, Quarta Turma, julgado em 04/10/2016, DJe 23/11/2016.

Ainda, nesse contexto, ganha relevo o *direito ao esquecimento*. O Supremo Tribunal Federal, em dezembro de 2014, reconheceu repercussão geral ao Recurso Extraordinário com Agravo (ARE) 833.248.[1759] O recurso foi interposto por familiares da vítima de um homicídio de grande repercussão, ocorrido nos anos de 1950, no Rio de Janeiro. A origem do processo foi a veiculação do caso, em 2004, pelo programa "Linha Direta Justiça", da TV Globo. Os irmãos da vítima afirmaram que, quando o crime ocorreu em 1958, os fatos foram amplamente divulgados pela imprensa, acarretando "feridas psicológicas" na família, agravados pela notoriedade do delito. Com o passar dos anos, o crime caiu no esquecimento, mas com a veiculação do Programa pela TV Globo, o nome e a imagem da vítima, bem como de alguns de seus familiares, foram, sem nenhuma autorização, explorados "sem pudor ou ética". Por isso, os recorrentes pediram que a emissora fosse desautorizada a utilizar a imagem, nome e história pessoal da vítima, além de ser condenada a pagar indenização por danos morais. A Globo, em sua defesa, argumentou que o programa era um documentário, baseado em fotos históricas e de domínio público, composto de imagens de arquivo e de material jornalístico da época. A 47ª Vara Cível do Rio de Janeiro julgou o pedido improcedente, sob o fundamento de que o programa televisivo não lesou a honra ou a imagem da vítima ou de qualquer outro membro de sua família, tendo a sentença sido confirmada pelo Tribunal de Justiça do Rio de Janeiro e, posteriormente, confirmada pelo Superior Tribunal de Justiça. No ARE 833.248, os irmãos da vítima argumentam que a proteção da dignidade humana, sob o aspecto do direito ao esquecimento na esfera cível, ainda não foi objeto de apreciação pelo STF, embora o instituto esteja regulamentado nos arts. 93 a 95 do CP, que impede que os antecedentes criminais sejam trazidos à tona após certo tempo, para que se possa assegurar a ressocialização do autor do delito. Com efeito, o julgamento pode assegurar o direito ao esquecimento, como atributo indissociável da proteção da dignidade da pessoa humana, frente aos órgãos de mídia e de imprensa, bem como fazer com que o direito fundamental à liberdade de expressão não se sobreponha às garantias individuais.

Em síntese, a questão jurídica colocada é que não é correto sempre sobrepor os interesses individuais aos coletivos, ou vice-versa. Isso porque

[1759] Disponível em: [http:www. http://www.stf.jus.br/portal/cms/verNoticiaDetalhe.asp?idConteudo=282657]. Acesso em 03.05.2015.

o direito do indivíduo também está fundado em um enunciado normativo geral, o qual consagra determinada posição jurídica não apenas para o benefício de um indivíduo em particular, mas favorável a todos os que estejam em situação equivalente.[1760]

Não há rígida separação entre o Direito Público e o privado. Institutos jurídicos podem ter a prevalência, *quantitativa*, de interesses individuais sobre coletivos, e vice-versa. A supremacia absoluta do individual sobre o coletivo conduziria à *anarquia* e impediria a vida em sociedade. O contrário, a absoluta superioridade do coletivo sobre o individual, asfixiaria a liberdade, aniquilaria o antropocentrismo e levaria ao *totalitarismo*.[1761] Como salientado no item 5.7.7, acima, na colisão entre interesses individuais e coletivos, há de se operar uma cautelosa ponderação, preservando ao máximo o conteúdo de cada interesse, tendo como diretriz hermenêutica o valor da dignidade humana, que é o principal vetor substancial para resolver conflitos no Estado Democrático de Direito.[1762]

Como também já foi salientado no item anterior, se não há uma *valoração prévia absoluta*, não se permite a *hierarquização* rígida dos princípios ou dos valores constitucionais.

Os direitos fundamentais ou os princípios, por serem *mandamentos de optimização*, ao contrário das regras, não se excluem mutuamente. Devem ser harmonizados na resolução do problema apresentado no caso concreto (postulado da *concordância prática*), a fim de se encontrar a solução que melhor compatibilize os preceitos divergentes ou que consiga atribuir *maior unidade à Constituição*.[1763] Aliás, qualquer interpretação deve

[1760] Cf. Ana Paula de Barcellos. *Ponderação...* cit., p. 113.

[1761] "Se é verdade que a pessoa humana, a que se refere a Constituição Brasileira, não é o indivíduo burguês, mas um ser social e enraizado, não é menos certo que esta pessoa não se reduz a uma parte no todo social. Cada pessoa é um fim em si mesmo, e em cada homem ou mulher, pulsa toda a Humanidade! Por isso, as pessoas são titulares de direitos inalienáveis, que podem ser exercidos inclusive contra os interesses da sociedade. Num sistema constitucional antropocêntrico, fundado na dignidade da pessoa humana, não parece legítimo resolver possíveis tensões entre a liberdade existencial da pessoa e os interesses da coletividade sempre em favor dos segundos" (Daniel Sarmento. *Direitos fundamentais e relações privadas* cit., p. 178).

[1762] Cf. Daniel Sarmento. *Direitos fundamentais e relações privadas* cit., p. 94-95.

[1763] Cf. José Carlos Vieira de Andrade. *Os direitos fundamentais...* cit., p. 221-222. Do mesmo modo, afirma Jürgen Habermas, "no conflito entre princípios, não se faz necessária uma decisão do tipo 'tudo ou nada'. É certo que um determinado princípio goza de primazia, porém não a ponto de anular a validade dos princípios *que cedem o lugar*. Um princípio passa à frente do outro, conforme o caso a ser decidido. No desenrolar dos casos, estabelece-se entre os

ser orientada pelo postulado da *unidade constitucional*, na medida em que nenhum princípio ou regra jurídica pode ser compreendido de forma isolada, devendo-se considerar seu sentido dentro do conjunto de normas correlacionadas e coordenadas entre si. Caso contrário, jamais se poderia concretizar o princípio da máxima efetividade das normas constitucionais.

No entanto, o postulado da *concordância prática* também *não* funciona como um *regulador automático* da solução dos conflitos, porque:[1764] a) sua aceitação não implica a *supressão do conteúdo essencial* de nenhum dos direitos fundamentais em oposição, onde há uma *unidade de sentido* assegurada por *cláusula pétrea* (art. 60, § 4.º, IV, da CF/1988); b) não prevê a *realização ótima* ou *matemática* de cada um dos direitos fundamentais em colisão, constituindo apenas um *método* ou um *processo de legitimação* das soluções, impondo a *ponderação* de todos os valores constitucionais aplicáveis, a fim de que a Constituição seja preservada na *maior medida possível.*

A *máxima realização* da Constituição depende de como o conteúdo e a função específica dos direitos são afetados no caso concreto, uma vez que, à medida que se vai *comprimir* cada um dos direitos, pode ser diferente, dependendo do modo como se apresentam e das alternativas possíveis de solução dos conflitos.[1765]

Pelo postulado da concordância prática, que também pode ser denominado de *compensação menos gravosa*, pretende-se a coordenação dos bens jurídicos constitucionalmente protegidos, sem que haja o sacrifício de um pelo outro. Para tanto, deve-se respeitar o *núcleo essencial* de cada um dos bens em conflito, a fim de que a limitação não suprima nenhum deles, fazendo com que a limitação recíproca observe critérios de razoabilidade e de proporcionalidade.

Em conclusão, o postulado da concordância prática, por se consubstanciar em mera estrutura formal, despida de critérios substanciais, executa-se pelos postulados da *razoabilidade* e da *proporcionalidade* na distribuição dos custos do conflito.[1766]

princípios uma ordem transitiva, sem que isso arranhe a sua validade" (*Direito e democracia...* cit., vol. 1, p. 259).

1764 Cf. José Carlos Vieira de Andrade. *Os direitos fundamentais...* cit., p. 222; Humberto Ávila. *Teoria dos princípios...* cit., p. 145.

1765 Cf. José Carlos Vieira de Andrade. *Os direitos fundamentais...* cit., p. 223.

1766 Idem, ibidem.

5.7.13 Proporcionalidade e razoabilidade

A técnica de ponderação ou de balanceamento é apenas uma parte do postulado – mais abrangente – da proporcionalidade.[1767]

As noções da proporcionalidade e da razoabilidade foram construídas ao longo da experiência constitucional alemã e norte-americana.[1768]

No Brasil, tais postulados encontram fundamento no art. 5.º, LIV, da CF/1988, que prevê a garantia do devido processo legal em sentido substancial (*substantive due process of law*), sendo muitas vezes tratados como sinônimos.[1769]

Na legislação infraconstitucional, surgem cada vez mais regras jurídicas tratando dos postulados da proporcionalidade e da razoabilidade. Por exemplo, a Lei 9.784/1999, que regulamenta o processo administrativo no âmbito da Administração Pública Federal, assevera, no art. 2º, que a Administração Pública obedecerá, entre outros, aos princípios da razoabilidade e da proporcionalidade. Mais recentemente, o art. 8º do NCPC afirma que, ao aplicar o ordenamento jurídico, o juiz observará a proporcionalidade e a razoabilidade. Em relação ao dever de motivação das decisões, o art. 489, § 2.º, do NCPC determina que, no caso de colisão entre normas, o juiz deve justificar o objeto e os critérios gerais da *ponderação* efetuada, enunciando as razões que autorizam a interferência na norma afastada e as premissas fáticas que fundamentam a conclusão.

Embora os postulados da razoabilidade e da proporcionalidade tenham origem constitucional comum no art. 5.º, LIV, da CF/1988, ambos podem ser diferenciados em razão de sua origem e estrutura.[1770]

[1767] Cf. Robert Alexy. Direitos fundamentais, balanceamento... cit., p. 135.

[1768] Cf. Francisco Clementino de San Tiago Dantas. Igualdade perante a lei e *due process of law*, p. 46; Raquel Denise Stumm. *Princípio da proporcionalidade no Direito Constitucional brasileiro*, p. 147. Adotando tal posição, saliente-se, dentre outros o seguinte julgado: STF, ADIn 1231-DF, Tribunal Pleno, j. 15.12.2005, rel. Min. Carlos Velloso, *DJU* 28.04.2006, p. 4. Com posição crítica, sustentando que não se pode confundir o devido processo substantivo – porque incorpora ultrapassadas doutrinas de direito natural e concede à jurisdição critérios metajurídicos e discricionários de controle dos atos administrativos e legislativos – com os testes de razoabilidade utilizados pela Suprema Corte. Cf. Roberto Del Claro. Devido processo substancial?, p. 192-213.

[1769] Cf. Luís Roberto Barroso. *Interpretação e aplicação da Constituição*, p. 207-209; Willis Santiago Guerra Filho. Por uma teoria fundamental da Constituição... cit., p. 13.

[1770] Cf. Luís Virgílio Afonso da Silva. O proporcional e o razoável cit., p. 27-31.

Quanto à origem, o postulado da razoabilidade surgiu da experiência jurídica norte-americana, amparada na garantia constitucional do devido processo legal em sentido substancial. Já o postulado da proporcionalidade decorre da experiência jurisprudencial do Tribunal Constitucional alemão.

Quanto à estrutura, a razoabilidade depende da análise entre o *meio* empregado pelo legislador e os *fins* visados (razoabilidade interna), além da *legitimidade* dos fins (razoabilidade externa). A proporcionalidade, por sua vez, possui estrutura racionalmente definida, constituída pelo exame de três elementos independentes (adequação, necessidade e proporcionalidade em sentido estrito). Por isso, a razoabilidade impõe uma *condição material para aplicação individual da justiça*, dependendo da observância das situações pessoais e individuais antes da determinação das consequências normativas, enquanto a proporcionalidade consiste em uma *estrutura formal* (de conteúdo neutro) de relação meio-fim.[1771]

Em síntese, é possível afirmar que o postulado da proporcionalidade é mais amplo que o da razoabilidade, já que aquele não visa apenas impedir o arbítrio (conteúdo negativo), não bastando saber qual a medida seja razoável, mas a proporção (limitação) a ser conferida a cada interesse ou direito em conflito.[1772]

De qualquer modo, a garantia do devido processo legal em sentido substancial visa combater a *onipotência do Estado*, impondo limites à atuação dos Poderes Públicos. Evita-se, destarte, que os governantes exerçam poderes contrários às esferas institucionais de proteção dos governados, prevista na Constituição (*v.g.*, art. 1.º, II e III e parágrafo único, da CF/1988) e nas demais leis que tutelam os direitos fundamentais.

O postulado da razoabilidade pode ser elaborado mediante a interpretação do princípio da isonomia (art. 5.º, *caput* e § 1.º, da CF/1988), servindo de importante limite substancial para o controle da constitucionalidade das leis.[1773] De modo genérico, o princípio da igualdade pode ser concebido para tratar os casos iguais do mesmo modo, e os casos diferentes de maneira diversa. O problema, contudo, é decidir quais são os casos iguais e quais são os diferentes; ou melhor, quais distinções são justificáveis e quais são discriminatórias. Por consequência, as diferenciações ou classificações, realizadas pelo legislador, para não serem consideradas dis-

1771 Cf. Humberto Ávila. A distinção entre princípios e regras... cit., p. 30.

1772 Cf. Willis Santiago Guerra Filho. *Processo constitucional e direitos fundamentais*, p. 66-67.

1773 Cf. Riccardo Guastini, op. cit., p. 47-48.

criminatórias, devem ser *razoáveis*. Logo, para se distinguir, deve haver *razões*, isto é, *bons* argumentos ou justificações. Uma distinção é razoável, quando adequadamente justificada. E, para decidir se um argumento é bom, é indispensável fazer *juízos de valor*. Assim, o postulado da razoabilidade constitui relevante instrumento para que a jurisdição constitucional fiscalize as decisões do legislador.

Em contrapartida, o postulado da proporcionalidade possui *significado normativo autônomo*, não precisando ser deduzida ou induzida a partir de algum texto normativo, porque, antes, resulta da estrutura lógico-normativa do próprio ordenamento jurídico.[1774]

O postulado da proporcionalidade também pode ser entendido como instrumento de controle contra abusos cometidos pelo poder público (*proibição de excesso*), bem como mecanismo contra a *omissão* ou *ação insuficiente* dos poderes estatais (*proibição de insuficiência*).[1775] Importa, pois, considerar cada um dos três elementos do postulado da proporcionalidade: a) da *conformidade* ou *adequação de meios*; b) o da *exigibilidade* ou da *necessidade*; c) o da *proporcionalidade em sentido estrito*.[1776]

Trata-se de elementos autônomos e devem ser aplicados *subsidiariamente*:[1777] a análise da necessidade somente ocorrerá caso superado o exame da adequação; a da proporcionalidade em sentido estrito apenas acontecerá se o problema já não tiver sido solucionado com os juízos da adequação e da necessidade.

Inicialmente, há de se levar em consideração os elementos da adequação e da necessidade. O sacrifício de um dos direitos fundamentais deve ser *adequado* e *necessário*.

Pelo elemento da *conformidade* ou da *adequação dos meios*, o intérprete deve indagar: *o meio promove ou, ao menos, contribui para a realização do fim?* Há de se investigar e provar que o ato do Poder Público ou do particu-

[1774] Cf. Humberto Ávila. A distinção entre princípios e regras... cit., p. 4.
[1775] Cf. Luís Virgílio Afonso da Silva. O proporcional e o razoável cit., p. 26-27.
[1776] Cf. José Joaquim Gomes Canotilho. *Direito Constitucional* cit., p. 382-383.
[1777] Cf. Luís Virgílio Afonso da Silva. O proporcional e o razoável cit., p. 34.

lar[1778] é *apto para* e *conforme* os fins justificativos à sua adoção.[1779] Trata-se da relação de adequação *medida-fim*, o qual tem especial aplicação quando se questiona o poder discricionário do administrador ou a liberdade de conformação do legislador. A adequação *exclui* a adoção de meios que obstruam a realização de, pelo menos, um princípio sem promover qualquer benefício ou finalidade para os quais eles foram adotados.[1780]

Robert Alexy cita o exemplo da colisão entre os princípios da liberdade profissional (P1) e o da proteção do consumidor (P2):[1781] um cabeleireiro colocou, sem permissão, uma máquina de venda automática, para vender cigarros, em seu estabelecimento. As autoridades administrativas impuseram-lhe uma multa, pelo descumprimento de determinada lei que exigia que o comerciante, para ter a máquina em seu estabelecimento, deveria obter uma permissão, somente concedida àquele que demonstrassem a "necessária *expertise*" comercial, obtida por meio de um curso profissionalizante ou de um exame especial. O Tribunal Constitucional Federal considerou a lei inconstitucional, por violar a liberdade profissional, além de afirmar que a prova de competência comercial no caso de exploração de uma máquina

[1778] Verificar item 1.4 supra. Explicando a possibilidade de entes particulares violarem direitos fundamentais, José Carlos Vieira de Andrade afirma: "trata-se apenas de assegurar, quando e na medida em que isso se justifique, uma proteção mais intensa aos particulares vulneráveis nas relações com privados poderosos – garantia que corresponde, afinal, às preocupações evidenciadas pelas teorias moderadas do dever de proteção –, sem deixar de ter em conta a circunstância de essas entidades privadas poderosas também serem titulares de direitos fundamentais, embora, na maior parte dos casos, lembre-se uma vez mais, se trate de pessoas colectivas que, afinal, gozam apenas desses direitos parcialmente e por analogia" (Os direitos, liberdades e garantias no âmbito das relações entre particulares, p. 287-288). O jurista português exemplifica sua afirmativa com decisão do Tribunal Constitucional Alemão, que julgou inválida a fiança prestada por uma operária de 21 anos, que ganhava 1.150 marcos por mês, para garantir a dívida elevada de seu pai (100.000 marcos), sendo, pois, desproporcional, porque importava a sua asfixia para toda a vida e, portanto, comprometeria o seu direito ao livre desenvolvimento da personalidade (limitaria a sua autodeterminação) – (idem, p. 288, nota 52).

[1779] Cf. José Joaquim Gomes Canotilho. *Direito Constitucional* cit., p. 383.

[1780] Na explicação de Robert Alexy: "Se um meio M, adotado para promover o princípio P1, não é adequado a essa finalidade, mas obstrui a realização de P2, então não haverá custos para P1 ou P2 se M for omitido, mas haverá custos para P2 se M for adotado. Então, P1 e P2, quando considerados conjuntamente, proíbem o uso de M. Isto demonstra que o princípio da adequabilidade não é nada mais do que uma expressão da ideia do optimal de Pareto: uma posição pode ser melhorada sem ser em detrimento de outra" (Direitos fundamentais, balanceamento... cit., p. 136).

[1781] Cf. Robert Alexy. *Teoria dos direitos fundamentais* cit., p. 588-589.

automática para vender cigarros não é adequada para proteger o consumidor contra prejuízos à sua saúde ou contra prejuízos econômicos. Em outros termos, se adotada a *exigência de demonstração de competência comercial,* não se promove o princípio da proteção do consumidor e, ao mesmo tempo, se impede a realização do princípio da liberdade profissional. Considerados os princípios conjuntamente, não se recomenda a adoção da medida. A máxima da adequação não determina tudo que deve ser imposto, apontando *critério negativo,* uma vez que elimina *meios não adequados,* ajustando-se à ideia de Constituição-moldura.[1782]

Pela *exigibilidade* ou *necessidade,* o intérprete deve perguntar: *não há outro meio alternativo menos gravoso e igualmente eficaz para se chegar ao mesmo resultado?* O cidadão tem *direito à menor desvantagem possível.* Exige-se a prova de que, para a obtenção de determinados fins, não era possível adotar outro meio menos oneroso.[1783]

Havendo dois meios, igualmente adequados, de promover o princípio P1, deve ser escolhido aquele que interfira menos intensamente no princípio P2.[1784] Se há um meio menos intensamente interferente e que seja igualmente adequado, pode-se melhorar a posição de alguém sem qualquer custo para os outros.[1785] Nas palavras de Humberto Ávila, é "desnecessário amputar a perna para solucionar o rompimento de menisco".[1786] Por exemplo, Portaria do Ministério da Juventude, Família e Saúde alemão proibia a comercialização de doces que, apesar de serem feitos de flocos de arroz, continham pó de chocolate, com o intuito de proteger os consumidores contra compras equivocadas.[1787] O Tribunal Constitucional Federal considerou adequada a proibição da comercialização do produto, mas declarou a portaria inconstitucional, pois bastava a identificação do rótulo do produto, meio menos evasivo, para a proteção do consumidor.

A aplicabilidade do elemento da necessidade pressupõe, contudo, que não haja um terceiro princípio ou finalidade, P3, que seja *negativamente* afetado pela adoção dos meios, intensivamente, menos interferentes em

[1782] Idem, p. 590.

[1783] Cf. José Joaquim Gomes Canotilho. *Direito Constitucional* cit., p. 383.

[1784] Cf. Robert Alexy. Direitos fundamentais, balanceamento... cit., p. 136.

[1785] Idem, ibidem.

[1786] Cf. Humberto Ávila. Repensando o "princípio da supremacia..." cit., p. 16.

[1787] Cf. Robert Alexy. *Teoria dos direitos fundamentais* cit., p. 590-591.

P2.[1788] Surgindo esse arranjo de coisas, o caso não pode ser decidido por considerações relativas ao *optimal* ou *eficiência de Pareto*: em razão da existência de um meio que intervém menos, e é igualmente adequado, uma posição pode ser melhorada sem que outra seja piorada, ou sem que isso ocorra às custas da outra posição;[1789] quando os custos forem inevitáveis, o balanceamento se torna necessário.[1790] Com efeito, a ideia de Pareto diz respeito à *idoneidade* do meio e serve como um critério predominantemente negativo: excluir, dentre um conjunto de meios, aqueles não considerados idôneos, com o intuito de evitar *sacrifícios desnecessários* para os direitos fundamentais.[1791]

A diferença entre a análise da adequação e a necessidade é que, enquanto o exame daquele elemento é *absoluto*, este é imprescindivelmente *comparativo*.[1792]

O elemento da *exigibilidade* ou da *necessidade* é, pois, *relativo*, sendo possível indicar alguns critérios para dar-lhe uma maior *operacionalidade*

[1788] Cf. Robert Alexy. Direitos fundamentais, balanceamento... cit., p. 136.

[1789] Cf. Robert Alexy. *Teoria dos direitos fundamentais* cit., p. 589 e 591. Luís Virgílio Afonso da Silva explica a *fórmula de otimização*, desenvolvida por Vilfredo Pareto, e, por isso, conhecida como *eficiência de Pareto*, da seguinte forma: "Um ato estatal que limita um direito fundamental é somente necessário caso a realização do objetivo perseguido não possa ser promovida, com a mesma intensidade, por meio de outro ato que limite, em menor medida, o direito fundamental atingido. Suponha-se que, para promover o objetivo O, o Estado adote a medida M, que limita o direito fundamental D. Se houver uma medida M2 que, tanto quanto M1, seja adequada a promover com igual eficiência o objetivo O, mas limite o direito fundamental D com menor intensidade, então a medida M1, utilizada pelo Estado, não é necessária" (O proporcional e o razoável cit., p. 38 e nota 56).

[1790] Cf. Robert Alexy. Direitos fundamentais, balanceamento... cit., p. 136.

[1791] "Recorrendo à ideia de Pareto, Alexy afirma que uma posição pode ser melhorada sem que a outra piore. Neste sentido, não se pode optimizar sem colocar a pergunta implícita no subprincípio da 'idoneidade'. Este subprincípio ostenta a mais o *status* de critério negativo. Serve, ainda, para demonstrar não a idoneidade dos meios, a sua aptidão para atingir o fim visado, mas a aptidão de decidir face a um conjunto de meios quais os que devem ser selecionados como não idôneos e, como tal, excluídos do procedimento de ponderação. Um critério, segundo Alexy, que não fixa tudo, unicamente exclui algo: os meios não idôneos. (...) Ao legislador não lhe está categoricamente prescrito adotar o meio mais benigno. Unicamente se afiram que se o legislador quiser prosseguir o fim por si escolhido só o poderá fazer se adoptar o meio mais benigno, ou meio igualmente benigno, ou um meio um pouco mais benigno. Ou seja, não se trata de uma optimização face a um ponto máximo, mas simplesmente da proibição de sacrifícios desnecessários para os direitos fundamentais" (Cristina Queiroz. *Direitos fundamentais sociais*... cit., p. 167-168).

[1792] Cf. Luís Virgílio Afonso da Silva. O proporcional e o razoável cit., p. 38.

prática:[1793] a) a *necessidade material*: o meio deve ser o mais "poupado" possível quanto à limitação dos direitos fundamentais; b) a *exigibilidade espacial*: aponta para a necessidade de limitar o âmbito de intervenção; c) a *exigibilidade temporal*: pressupõe a rigorosa delimitação no tempo da medida coativa do poder público ou particular; d) a *exigibilidade pessoal* significa que a medida deve se limitar à pessoa ou às pessoas cujos interesses devem ser sacrificados. Não se deve levar em consideração critérios de *necessidade absoluta*, mas de necessidade *relativa*, ou seja, se poderia ser utilizado outro meio igualmente eficaz e menos desvantajoso para os cidadãos.[1794]

Os dois primeiros elementos – da adequação e da necessidade – analisam as possibilidades *fáticas* de cada um dos direitos fundamentais,[1795] dizendo respeito ao que é *fática* ou *factualmente* possível.[1796] Em outras palavras, não superadas essas duas perguntas, não há verdadeiro conflito entre direitos fundamentais.[1797]

Respondidas afirmativamente tais perguntas, ou quando se tem verdadeiramente um conflito entre princípios, passa-se para o terceiro e último questionamento, o da *proporcionalidade em sentido estrito*, em que se deve perguntar: *as vantagens trazidas pela promoção do fim justificam as desvantagens provocadas pela adoção do meio? O grau de importância da realização do fim justifica o grau de restrição causada aos direitos fundamentais?*[1798] É pela aplicação do elemento da proporcionalidade em sentido estrito que verdadeiramente se resolve a colisão entre princípios diversos.

O postulado da proporcionalidade em sentido estrito visa à maior realização dos direitos fundamentais no quadro das *possibilidades jurídicas*. Ao estabelecer que "quanto maior for o grau de não satisfação ou de afetação de um dos princípios, maior será a importância da satisfação do outro", busca a *justa medida* ou a *relação de adequação* entre o sacrifício imposto pela

1793 Cf. José Joaquim Gomes Canotilho. *Direito Constitucional* cit., p. 383.

1794 Idem, ibidem.

1795 Cf. Rodrigo Meyer Bornholdt. *Métodos para resolução do conflito entre direitos fundamentais*, p. 168.

1796 Cf. Robert Alexy. Direitos fundamentais, balanceamento... cit., p. 136; *Teoria dos direitos fundamentais* cit., p. 588.

1797 Conforme José Carlos Vieira de Andrade, "exige-se que o sacrifício de cada um dos valores constitucionais seja necessário e adequado à salvaguarda dos outros. Se o não for, não se trata sequer de um verdadeiro conflito" (*Os direitos fundamentais*... cit., p. 223).

1798 Cf. Humberto Ávila. *Teoria dos princípios*... cit., p. 161-162 e 173; Odoné Serrano Júnior. Colisões entre direitos fundamentais... cit., p. 190.

restrição e o benefício por ela perseguido, para a *melhor optimização* em relação aos princípios que jogam em sentido contrário.[1799]

Logo, nesta última fase, há de ser escolhida a solução que, conforme o *peso* no caso concreto (isto é, segundo a *intensidade* e a *extensão* com que se dá à compreensão concreta do direito fundamental), comprima o *menos possível* cada um dos direitos fundamentais contrapostos.[1800] Em outros termos, o exame da proporcionalidade em sentido estrito consiste em um sopesamento entre a *intensidade* da *restrição* ao direito fundamental atingido e a *importância* da realização do direito fundamental colidente e que justifica a adoção da medida restritiva.[1801]

A proporcionalidade em sentido estrito, como elemento da ponderação, pode ser analisada como uma condição *negativa* (o meio e o fim não podem ficar em uma relação de *desproporção*)[1802] e *positiva* (os interesses, em contraposição, devem ser de tal forma ponderados de modo a atribuir a *máxima realização* a cada um deles).[1803]

Como se afirmou, é pelo terceiro elemento da proporcionalidade em sentido estrito que as *possibilidades jurídicas* relativas à otimização dos princípios são resolvidas.[1804] A proporcionalidade em sentido estrito, também compreendida como a *lei do sopesamento*, está dividida em três passos:[1805] 1) avalia-se o grau de não satisfação ou de afetação de um dos princípios; 2) examina-se a satisfação do princípio colidente; 3) deve-se considerar se a

1799 Cf. Cristina Queiroz. *Direitos fundamentais sociais...* cit., p. 169.

1800 Cf. José Carlos Vieira de Andrade. *Os direitos fundamentais...* cit., p. 223. Nas palavras de Robert Alexy, o elemento da proporcionalidade em sentido estrito estabelece a seguinte regra: "quanto maior o grau de não satisfação ou de detrimento de um princípio, maior a importância de se satisfazer o outro" (Direitos fundamentais, balanceamento... cit., p. 136).

1801 Cf. Luís Virgílio Afonso da Silva. O proporcional e o razoável cit., p. 40.

1802 O meio é proporcional se, em relação ao fim perseguido, não restringir, excessivamente, os direitos envolvidos, como se depreende da frase de Jellinek: "É desproporcional matar um pardal com um tiro de canhão". Neste sentido, o STF (Rp 1077, *RTJ* 112:34-67) considerou inconstitucional a criação de taxa judiciária, fixada em percentual fixo, pois, em alguns casos, seria tão alta que impossibilitaria o exercício do direito fundamental à obtenção da prestação jurisdicional, além de não ser, razoavelmente, equivalente ao custo real do serviço. Cf. Humberto Ávila. Repensando o "princípio da supremacia..." cit., p. 16.

1803 Idem, p. 15.

1804 Cf. Robert Alexy. Direitos fundamentais, balanceamento... cit., p. 136; *Teoria dos direitos fundamentais* cit., p. 593.

1805 Cf. Robert Alexy. *Teoria dos direitos fundamentais* cit., p. 594.

importância da satisfação do princípio colidente justifica a afetação ou a não satisfação do outro princípio.

Vale mencionar o seguinte exemplo hipotético, para bem compreender o exame da proporcionalidade em sentido estrito: se, para combater a disseminação da Aids, o Estado obrigasse todas as pessoas a fazer o teste para detectar infecção por HIV e, ainda, determinasse que todos os infectados tivessem que ficar isolados.[1806] Nessa hipótese, poderia se afirmar: a) o meio (obrigatoriedade do exame e do isolamento) é *adequado*, para a promoção do fim (combate à Aids); b) a medida é *necessária*, porque, ainda que se cogite outras formas de controlar a enfermidade, nenhuma delas teria a mesma eficácia das medidas escolhidas (obrigatoriedade do exame e do isolamento); c) porém, após ponderação racional, não se pode concluir que tais medidas superam a análise da proporcionalidade em sentido estrito, uma vez que a tutela ao direito fundamental à saúde pública (art. 6.º da CF/1988) não pode ter um nível maior de proteção que a liberdade e a dignidade humana (arts. 5.º e 1.º, III, da CF/1988).[1807]

Também, à guisa de ilustração, vale mencionar caso concreto, envolvendo o problema do cumprimento dos precatórios judiciais, no qual foi aplicada a regra da proporcionalidade. O não pagamento dos precatórios, relativos a créditos de natureza alimentícia, à luz do postulado da proporcionalidade, pode ensejar intervenção federal nos Estados-membros (art. 34, VI, da CF/1988)? O STF, na Intervenção Federal 164-SP, enfrentou a questão, podendo-se ressaltar do voto do Min. Gilmar Mendes:[1808] a) ser duvidosa a *adequação* da medida de intervenção, porque o interventor não poderia ignorar as limitações fáticas e normativas a que está sujeito o Estado (*v.g.*, as políticas públicas vinculativas: arts. 198, § 2.º, e 212 da

[1806] Cf. Luís Virgílio Afonso da Silva. O proporcional e o razoável cit., p. 40-41.

[1807] "Para que uma medida seja reprovada no teste da proporcionalidade em sentido estrito, não é necessário que ela implique a não realização de um direito fundamental. Também não é necessário que a medida atinja o chamado *núcleo essencial* de algum direito fundamental. Para que ela seja considerada desproporcional em sentido estrito, basta que os motivos que fundamentam a adoção da medida tenham *peso* suficiente para justificar a restrição ao direito fundamental atingido. É possível, por exemplo, que essa restrição seja pequena, bem distante de implicar a não realização de algum direito ou de atingir o seu núcleo essencial. Se a importância da realização do direito fundamental, no qual a limitação se baseia, não for suficiente para justificá-la, será ela desproporcional" (Luís Virgílio Afonso da Silva. O proporcional e o razoável cit., p. 41).

[1808] Cf. IF 164-SP, Tribunal Pleno, j. 13.12.2003, rel. Min. Gilmar Mendes, *DJU* 14.11.2003, p. 14.

CF/1988), não se devendo esquecer as demais obrigações do Estado (de idêntica ou de maior hierarquia, como a manutenção dos serviços públicos essenciais de educação e saúde), sendo inegável que as disponibilidades financeiras não seriam muito diferentes daquelas que poderiam ser utilizadas pelo governador; b) a Administração estadual, sob o comando de um governador democraticamente eleito, desde que esteja atuando com boa-fé e inequívoco propósito de superar o quadro de inadimplência, é medida *menos gravosa* que a ruptura na condução administrativa do Estado; c) ao analisar a *proporcionalidade em sentido estrito*, ponderou-se a existência de proporção entre o *objetivo a ser perseguido* (isto é, o adimplemento de obrigações de natureza alimentícia) e o *ônus imposto ao atingido* (no caso, não somente o Estado, mas também a própria sociedade), concluindo que, mesmo sendo certa a especial relevância atribuída pelo constituinte aos créditos de natureza alimentícia, outros bens jurídicos constitucionais seriam sacrificados se fosse determinado o pagamento imediato daqueles créditos. Portanto, sob esse último aspecto, o STF considerou dois princípios constitucionais em confronto: de um lado, a proteção constitucional às decisões judiciais e, reflexamente, a posição subjetiva dos titulares do direito à preferência do pagamento dos créditos de natureza alimentícia; de outro, o princípio da autonomia dos Estados e, indiretamente, a prerrogativa de não ver prejudicada a continuidade de serviços públicos essenciais, como educação e saúde. Concluiu pela *precedência condicionada* do princípio da autonomia dos Estados, afirmando: enquanto o Estado-membro se mantenha diligente, na solução do cumprimento integral dos precatórios judiciais, a intervenção federal não se impõe. Caso contrário, a conduta será considerada ilegítima e o descumprimento da decisão judicial não encontrará amparo na Constituição.

Independentemente do acerto, ou não, da referida decisão,[1809] mencionada para fins meramente exemplificativos, a técnica da ponderação e a

[1809] A necessidade do Poder Público comprovar a chamada *exaustão orçamentária* foi analisada no item 5.7.6 supra. Corroborando o entendimento de que o cumprimento de precatórios judiciais não se sobrepõe à demonstração da inexistência de recursos indispensáveis para assegurar o princípio da continuidade dos serviços públicos, escreveu Eros Roberto Grau: "demonstrada ao Poder Judiciário a excepcionalidade expressa na inexistência de disponibilidade de caixa suficiente para o pagamento integral dos precatórios – e quero deixar bem claro que a existência de disponibilidades para tanto apenas poderá ser computada após a reserva dos recursos financeiros indispensáveis a assegurar a continuidade dos serviços públicos – demonstrada essa excepcionalidade, dizia, o pagamento insuficiente das quantias por

aplicação do postulado da proporcionalidade, como se afirmou, *não é perfeita* nem capaz de encontrar *soluções infalíveis*. Isso porque não é possível a *tarifação prévia* dos conteúdos a serem preenchidos em cada uma das etapas, os quais dependerão das possibilidades fáticas e jurídicas constantes no caso concreto e, portanto, da *argumentação jurídica*.

Não fosse assim seria necessário criar uma teoria material dos direitos materiais que fosse capaz de conter uma *relação concreta de prioridades* para todo o caso concreto, ou seja, prever uma regra de decisão para todos os conflitos entre direitos fundamentais. Essa hipótese seria impossível, porque jamais se conseguiria confeccionar uma lista completa de todas as soluções e, ainda que isto fosse possível, tal rol seria objeto de *intermináveis discussões*, porque não encontraria aprovação geral.[1810]

Mais importante que uma lista rígida de soluções de conflito, é o controle racional da argumentação *iusfundamental*, decorrente do dever constitucional de fundamentar, racionalmente, qual decisão há de prevalecer no caso concreto. Tal questão foi assimilada, expressamente, pelo Novo Código de Processo Civil no art. 489, § 1.º. Com efeito, o resultado da ponderação em sentido estrito depende da argumentação jurídica e será sempre a obtenção de um *peso relativo* de um princípio sobre o outro.

No processo argumentativo, há, pois, de se considerar a natureza do direito fundamental atingido, o peso da intervenção e da ameaça, a possibilidade do titular de exercer uma defesa autoeficiente e o peso de interesses e direitos fundamentais contrapostos.[1811] Logo, esses critérios, à semelhança dos princípios, são abertos a uma graduação e ponderação. Não são critérios que admitem soluções do tipo "sim/não" ou, mesmo, "ou/ou", exigindo sempre *proposições comparatísticas*, com a seguinte estrutura, desenvolvida por Claus-Wilhelm Canaris: "quanto mais e quanto mais forte, tanto mais"; "quanto maior o nível do direito fundamental afetado, quanto mais severa a intervenção que se ameaça, quanto mais intenso o perigo, quanto menores as possibilidades do seu titular para uma eficiente autoproteção, e quanto

ele determinadas não ensejará o sequestro; no caso, aliás, não haverá mesmo recursos financeiros que possam ser sequestrados sem violência ao princípio da continuidade dos serviços públicos" (A Emenda Constitucional 30/2000: pagamento de precatórios judiciais, p. 98).

[1810] Cf. Robert Alexy. *Teoría de los derechos fundamentales* cit., p. 552.

[1811] Cf. Claus-Wilhelm Canaris. *Direitos fundamentais e direito privado* cit., p. 114.

menores os interesses contrapostos, tanto mais será de reconhecer um dever jurídico-constitucional de proteção".[1812]

No entanto, a teoria do discurso jurídico pode ser criticada, na medida em que está assentada na capacidade *sobre-humana* do juiz. Pressupõe que ele seja altamente qualificado, seja por seu conhecimento, seja por suas virtudes pessoais, a representar os cidadãos e a garantir a integridade da comunidade jurídica.[1813] Um juiz com tais capacidades intelectuais poderia ser comparado a Hércules, possuidor de forças físicas extraordinárias. O "juiz Hércules", na definição de Ronald Dworkin, seria um juiz filósofo, um jurista de capacidade, paciência e sagacidade sobre-humanas.[1814] A capacidade argumentativa sobre-humana do "juiz Hércules" demonstra dois componentes de um *saber ideal*: ele conhece todos os princípios e objetivos válidos que são necessários para justificação e, ao mesmo tempo, tem uma visão completa dos elementos do direito e de como eles se encontram ligados por intermédio de fios argumentativos.[1815] Entretanto, os juízes são pessoas como as outras (seres humanos de carne e osso), não tendo *acesso privilegiado à verdade*.

Daí a importância da garantia constitucional do contraditório vincular os juízes, a ponto do art. 10 do NCPC afirmar que, ainda que se trate de matéria sobre o qual deva decidir de ofício (portanto, mesmo que se cuide de questões estritamente de direito, como é a da colisão entre princípios jurídicos). A busca da melhor decisão judicial, em casos complexos depende da aplicação racional dos princípios jurídicos a exigir de um contraditório forte, que envolva um diálogo profícuo entre as partes e o juiz.

1812 Idem, ibidem.
1813 Cf. Jürgen Habermas. *Direito e democracia...* cit., vol. 1, p. 277.
1814 Cf. Ronald Dworkin. *Levando os direitos a sério* cit., p. 165. Explica Cristina Queiroz que "cria Dworkin um superjuiz, Hércules, que constrói um esquema de princípios, abstratos e concretos, que fornecem uma justificação coerente e racional para todos os precedentes judiciais. Hércules parte do pressuposto de que existe 'imanente' no sistema uma 'resposta correta' (*right answer*) para todos os problemas, e descobri-la-á tomando em consideração o corpo global das matérias jurídicas relevantes (*authoritative*) – a dimensão de justiça, a *fairness*, a garantia procedimental do *due process*, etc. –, compensando com esta a indeterminabilidade do direito. Uma solução que pressupõe, como interrogação jurídica prévia, a vinculação do juiz (e do ordenamento) a princípios éticos de justiça, reconhecimento que constitui justamente o ponto de partida para uma 'nova' teoria – construtivista – da interpretação em Direito Constitucional" (Cristina Queiroz. *Interpretação constitucional...* cit., p. 87).
1815 Cf. Jürgen Habermas. *Direito e democracia...* cit., vol. 1, p. 263.

Para tanto, deve ser assegurada às partes todas as chances de influenciar na construção judicial, pois o juízo de ponderação não pode prescindir de uma *cuidadosa topografia do conflito,*[1816] a ser alcançada pela dinâmica do processo cooperativo (art. 6º/NCPC) e pelo contraditório pleno, que rejeita a concepção de que o magistrado tem *acesso privilegiado à verdade* e, portanto, supera a ultrapassada tradição processual contida nos aforismas jurídicos do *iura novit curia* e do *narra mihi factum dabo tibi ius.*

Não há dúvida de que quanto maior é a força normativa atribuída aos princípios e quanto mais abstrata é a técnica legislativa em que se preveem cláusulas gerais, conceitos jurídicos vagos e indeterminados, mais complexa se torna a atividade judicial. Os princípios, diferentemente das regras, não descrevem, minuciosamente, as condutas que lhe são aplicáveis (veja-se, por exemplo, o princípio da proteção integral das crianças e adolescentes, contido nos arts. 227, *caput,* da CF/1988[1817] e 3.º da Lei 8.069/1990),[1818] abrindo ampla margem judicial na aplicação da norma. Cláusulas gerais, conceitos vagos e indeterminados fazem com que o legislador delegue para o juiz a incumbência de dizê-los, diante das circunstâncias do caso concreto.

Atento a essa questão, o Novo Código de Processo Civil, no art. 489, § 1.º, II, considera não fundamentada qualquer decisão judicial, seja ela interlocutória, sentença ou acórdão, que empregar conceitos jurídicos indeterminados, sem explicar o motivo concreto de sua incidência no caso.

Quanto à estrutura, as cláusulas gerais são completas, pois possuem tanto programa quanto âmbito normativos.[1819] O que é incompleta é a *densidade* do texto normativo. Os dados linguísticos, contidos vagamente no texto normativo (como "bons costumes" ou "boa-fé") tornam maiores

[1816] Cf. Mauro Sérgio Rocha. Aplicação direta de princípios constitucionais: justificação das decisões judicias. p. 287-322.

[1817] "Art. 227. É dever da família, da sociedade e do Estado assegurar à criança e ao adolescente, com absoluta prioridade, o direito à vida, à saúde, à alimentação, à educação, ao lazer, à profissionalização, à cultura, à dignidade, ao respeito, à liberdade e à convivência familiar e comunitária, além de colocá-los a salvo de toda forma de negligência, discriminação, exploração, violência, crueldade e opressão."

[1818] "Art. 3.º A criança e o adolescente gozam de todos os direitos fundamentais inerentes à pessoa humana, sem prejuízo da proteção integral de que trata esta Lei, assegurando-se-lhes, por lei ou por outros meios, todas as oportunidades e facilidades, a fim de lhes facultar o desenvolvimento físico, mental, moral, espiritual e social, em condições de liberdade e de dignidade."

[1819] Cf. Friedrich Müller, op. cit., vol. 1, p. 269-270.

as exigências do processo de concretização da norma. Isso, contudo, não libera os juízes para interpretá-las de modo a criar, livremente, direitos nos casos concretos. As cláusulas gerais indicam princípios éticos, convenções sociais, práticas usuais e noções semelhantes passíveis de concretização e de controle em certo grau. Devem, pois, merecer criteriosa fundamentação, na forma do art. 489, § 1.º, II, do NCPC, não estando a serviço do arbítrio e da irresponsabilidade judiciais.

As cláusulas gerais permitem a ligação entre os direitos fundamentais, acolhidos constitucionalmente, e os direitos infraconstitucionais. São exemplos de cláusulas gerais: bons costumes (*v.g.*, arts. 13, 122, 187, 1.336, IV, 1.638, III, do CC/2002), boa-fé (*v.g.*, arts. 113, 128, 164, 187, 422, 1.242, 1.243, 1.561 do CC/2002; 4.º, III, e 51, IV, do CDC), interesse público (*v.g.*, arts. 1.278 do CC/2002; arts. 178, III, 182, *caput*, 189, I, 447, § 2º, I, e 947, § 2º, NCPC), interesse social (*v.g.*, arts. 1.228, § 3.º, do CC/2002, e 1.º do CDC), preço vil (art. 891, *caput*, e 903, § 2º, NCPC), injúria grave (*v.g.*, arts. 1.573, III, 1.962, II, e 1.963, II, do CC/2002), função social (*v.g.*, arts. 421 e 2.035, parágrafo único, do CC/2002), ato obsceno (art. 233 do CP),[1820] analfabeto (art. 14, § 4.º, da CF/1988) etc.

A propósito do disposto no art. 14, § 4.º, da CF/1988, com o escopo de melhor exemplificar, o ordenamento jurídico não dispõe de um conceito de "analfabeto" para fins de inelegibilidade. Trata-se de conceito que deve ser interpretado pelo juiz, com base nas máximas da comum experiência (art. 375 do NCPC). Sabe-se que a noção de analfabetismo mudou nas últimas décadas. Em 1958, a Unesco definia como analfabeto um indivíduo que não consegue ler ou escrever algo simples. Vinte anos depois, passou a

[1820] Interessante ressaltar o seguinte julgado, no qual foi trancada ação penal, considerando que os gestos de simulação de masturbação e exibição de nádegas, após o recebimento de vaias, ao término de peça teatral, não constitui crime, devendo ser interpretados como inseridos no direito fundamental à liberdade de expressão: "2. Simulação de masturbação e exibição das nádegas, após o término de peça teatral, em reação a vaias do público. 3. Discussão sobre a caracterização da ofensa ao pudor público. Não se pode olvidar o contexto em se verificou o ato incriminado. O exame objetivo do caso concreto demonstra que a discussão está integralmente inserida no contexto da liberdade de expressão, ainda que inadequada e deseducada. 4. A sociedade moderna dispõe de mecanismos próprios e adequados, como a própria crítica, para esse tipo de situação, dispensando-se o enquadramento penal. 5. Empate na decisão. Deferimento da ordem para trancar a ação penal. Ressalva dos votos dos Min. Carlos Velloso e Ellen Gracie, que defendiam que a questão não pode ser resolvida na via estreita do *habeas corpus*" (STF, HC 83.996-RJ, j. 17.08.2004, rel. Min. Gilmar Mendes, *DJU* 26.08.2005, p. 65).

adotar o conceito de *analfabeto funcional*, isto é, aquela pessoa que, mesmo sabendo ler escrever frases simples, não possui as habilidades necessárias para satisfazer as demandas do seu dia a dia e se desenvolver pessoal e profissionalmente. Logo, pode não bastar a prova documental de que alguém, que pretende ser candidato, completou o ensino fundamental. É inaceitável que representante popular não saiba, no mínimo, ler e escrever. Por isso, diante da informação de que o pretenso candidato é analfabeto, o TSE considera válida a realização de testes para averiguar se ele pode ser elegível.[1821] Para o Instituto Brasileiro de Geografia e Estatística (IBGE), considerada analfabeta a pessoa que não sabe ler e escrever um bilhete simples no idioma que conhece, no Brasil, a taxa de analfabetismo das pessoas acimas de 15 anos corresponde a 8,3%, da população, o que abrange 13 milhões de analfabetos, conforme dados da Pesquisa Nacional por Amostra de Domicílios (PNAD – 2014).

Com efeito, cláusulas gerais são aberturas, presentes na legislação, para a penetração dos valores constitucionais. Contudo, a previsão de conceitos abertos, a serem preenchidos pelos aplicadores do direito nos casos concretos, não autoriza decisões fundamentadas em valores morais extra ou suprajurídicos. Os valores devem ser buscados no sistema axiológico consagrado constitucionalmente, sob pena de se negar o vínculo entre direitos constitucionais (fundamentais) e direitos infraconstitucionais, por intermédio da técnica legislativa das cláusulas gerais. Enfim, são *open-ended provisions*, previstas na Constituição, que possibilitam valorações de "razoabilidade", "adequação", "proporcionalidade" e "tolerabilidade", bem

[1821] Nesse sentido, vale salientar os seguintes julgados: a) "Alfabetização. Não há ilegalidade em procurar o juiz averiguar se quem pretende registro como candidato atende a esse requisito de elegibilidade, mediante a realização de teste, dispensado se trazida prova suficiente" (Ac 13.000, de 12.09.1996, rel. Min. Eduardo Ribeiro); b) "Inelegibilidade. Analfabetismo. 1. Teste. Não é ilegal nem ilegítima a realização de teste pelo juiz, com o intuito de verificar, a propósito, as condições do candidato. Precedentes do TSE. 2. Cabe ao Tribunal, ao julgamento do recurso oposto à sentença, apreciar livremente a prova existente nos autos (...)" (Ac. 13.379, de 24.09.1996, rel. Min. Nilson Naves); c) "Inelegibilidade. Analfabetismo. Não se convencendo o juiz, com base nos elementos dos autos, de que o pretendente a registro de candidatura atende ao requisito constitucional de ser alfabetizado, possível a realização de teste. O não comparecimento a esse conduzirá a que a decisão seja tomada tendo em vista as demais provas. Verificar se foram bem avaliadas não é tema do especial" (Ac 13.898, de 28.09.1996, rel. Min. Eduardo Ribeiro).

como servem de "contrapeso de bens" no caso concreto, traçando um *modo de coordenação* entre os princípios e as regras jurídicas.[1822]

Consequentemente, a atividade do órgão judicial se torna mais complexa, uma vez que, independentemente do conteúdo – explícito ou implícito da norma – ou da técnica legislativa utilizada, o magistrado tem o dever de motivar o seu posicionamento (art. 93, IX, da CF/1988).[1823] Tais dificuldades não lhe eximem de fundamentar, adequadamente, as suas decisões, o que parece óbvio, embora não possa ser esquecido, como fazia o art. 12 do Anteprojeto de Código Brasileiro de Processos Coletivos,[1824] que "todas as decisões deverão ser especificamente fundamentadas, especialmente quanto aos conceitos jurídicos indeterminados". O Novo Código de Processo Civil assimilou esse posicionamento ao afirmar, no art. 489, § 1.º, inc. II, que qualquer decisão judicial não se considera fundamentada e, portanto, deve ser considerada nula, se empregar conceitos jurídicos indeterminados, sem explicar o motivo concreto de sua incidência no caso. Tudo isso para evitar motivações *fictícias* que apliquem conceitos vagos ou indeterminados, bem como cláusulas gerais, sem qualquer verificação com as circunstâncias do caso concreto.

De qualquer modo, por maiores que sejam as complexidades da motivação exigida dos Juízes-Hércules, isso não deve abalar a teoria do discurso jurídico, porque, como asseverado, não se busca a construção de soluções definitivas e infalíveis. A argumentação jurídica se contenta com a *formulação de critérios racionais de decisão*, indispensáveis ao controle do exercício do poder jurisdicional, a fim de evitar o arbítrio judicial.

5.7.14 A fórmula do peso de Robert Alexy

A questão mais complexa da aplicação do postulado da proporcionalidade ou da técnica da ponderação dos direitos fundamentais, ou dos princípios em colisão, é a *definição do peso* que se deve atribuir a cada elemento normativo em conflito.

1822 Cf. Cristina Queiroz. *Interpretação constitucional*... cit., p. 30.

1823 Cf. Teresa Arruda Alvim Wambier. *Recurso especial*... cit., p. 99-240; Ruy Alves Henriques Filho. *Direitos fundamentais e processo*, p. 219-264.

1824 O texto se refere à versão de janeiro de 2007, que foi encaminhada ao Ministério da Justiça pela Prof. Ada Pellegrini Grinover.

Marcelo Lima Guerra, na tentativa de dimensionar a complexa *fórmula do peso de Alexy,*[1825] afirma que, no confronto entre dois princípios (ou direitos fundamentais),[1826] há de se levar em consideração: a) o *peso abstrato* dos valores em conflito: qual a relevância, independentemente de qualquer situação concreta, que os valores ou princípios em conflito têm; b) a *interferência* que a realização de um causa no outro e vice-versa (ou o que a omissão em realizar um causa no outro); c) quais as *evidências empíricas* (provas) disponíveis para fundamentar tais interferências.[1827]

Logo, a fórmula (matemática) do peso de Alexy teria a seguinte configuração:

$$Wij = \frac{Wi.Ii.Ri}{Wj.Ij.Rj}$$

Nesta fórmula, "Wij" é o peso relativo do princípio Pi sobre o Pj; "Wi" e "Wj" são os pesos abstratos de Pi e Pj; "Ii" é o grau de interferência que a conduta C, voltada a realizar o princípio Pj, causa no princípio Pi; "Ij" é o grau de interferência que a omissão da conduta C, voltada à realização do princípio Pi, causa no princípio Pj; "Ri" são as evidências sobre a interferência em Pi e o peso abstrato de Pj, e "Rj", as evidências sobre a interferência em Pi e o peso abstrato de Pi.

Além disso, é necessário estabelecer *graus de interferência* (leve, moderado e sério), colocando pesos para cada um destes graus: 1, 2 e 4.

Por exemplo, o conflito envolvendo o princípio do juiz natural e o da efetividade processual, quando é requerido a um juiz, absolutamente incompetente, a concessão de tutela de urgência.[1828] Primeiro, considera-se que

[1825] Cf. Marcelo Lima Guerra. A proporcionalidade em sentido estrito e a "fórmula do peso" de Robert Alexy, p. 61; Robert Alexy. A fórmula do peso, p. 131-154.

[1826] Aliás, esclarece que o confronto entre dois princípios é uma *situação ideal*, pois, em condições normais, os conflitos são muito mais complexos, porque envolvem mais do que dois princípios. Cf. Marcelo Lima Guerra. A proporcionalidade... cit., p. 64.

[1827] De maneira um pouco diversa, mas com objetivos semelhantes, Robert Alexy sintetiza o elemento da proporcionalidade em *sentido estrito*, dividindo-o em três etapas ou os estágios: a) o estabelecimento do grau de *não satisfação* ou de *detrimento* do primeiro princípio; b) a verificação da importância de satisfazer o *princípio concorrente*; c) a tarefa de responder a questão de saber se a importância de se satisfazer, ou não, o princípio concorrente justifica o detrimento ou a não satisfação do primeiro. Cf. Direitos fundamentais, balanceamento... cit., p. 136.

[1828] Cf. Marcelo Lima Guerra. A proporcionalidade... cit., p. 65-66.

o peso abstrato de ambos os princípios é igual, uma vez que os dois são princípios constitucionais e, portanto, têm igual grandeza, devendo ser atribuída a eles a grandeza *sério* (isto é, 4). Depois, pode-se afirmar que o grau de interferência causada no princípio do juiz natural pela concessão da medida é apenas *moderada* (ou seja, 2), porque, concedida a medida, o juiz incompetente poderá remeter os autos ao juiz competente, restaurando (ao menos em parte) o princípio do juiz natural, enquanto a interferência causada no princípio da efetividade processual pela não concessão da tutela de urgência é *séria* (vale dizer, 4), pois, nesta hipótese (o da não concessão), o princípio da efetividade restaria inteira e irreversivelmente esvaziado ou prejudicado (se, obviamente, o requerente tiver o direito que afirma ter). Por fim, pode-se considerar que as evidências são igualmente sérias (4), para ambas as afirmações.

Em conclusão, aplicando-se a fórmula supracitada, configurada por Marcelo Lima Guerra, ao caso concreto, mencionado no exemplo acima, pode-se concluir que, em razão do maior grau de interferência (4 x 2), deve-se atribuir ao princípio da efetividade peso maior que ao do juiz natural.

$$Wij = \frac{Wi(4).Ii(2).Ri(4)}{Wj(4).Ij(4).Rj(4)} = 0{,}5$$

Outro exemplo, construído a partir de caso concreto,[1829] referente à realização de exumação de cadáver para realizar exame de DNA. Depois do falecimento de empresário, em 2001, a viúva abriu processo de inventário dos bens deixados pelo marido. Logo em seguida, o sobrinho, alegando ter recebido carta de sua mãe de que ela teria tido um caso com o cunhado (o empresário falecido) e ele seria seu pai, ajuizou ação de investigação de paternidade, cumulada com negatória de filiação e petição de herança, requerendo a exumação do corpo de seu suposto pai para a realização da prova pericial. Não obstante o STJ não tenha aplicado, explicitamente, o postulado da proporcionalidade, poderia se cogitar: a) o meio (exumação) é *adequado* à promoção do fim (descoberta da paternidade); b) a medida é *necessária*, pois, não obstante se possa pensar em outras alternativas para declarar a paternidade (*v.g.*, usar amostras de DNA de outros filhos do empresário), nenhuma delas teria a mesma eficácia da exumação (medida

[1829] Cf. STJ, MC 14.062 e 6.037; REsp 14.062 e 765.476.

escolhida), porque os outros filhos do falecido não seriam obrigados a se submeter ao exame e, ainda que concordassem, a prova não seria definitiva, já que poderia haver a possibilidade deles não serem filhos biológicos do empresário; c) por fim, passa-se à aplicação da fórmula do peso, tratando-se do conflito entre o direito ao estado de filiação e o da tutela do corpo morto: c.1) o peso abstrato de ambos, embora passível de discussão, pode ser equiparado, porque vinculados à proteção da dignidade humana e, portanto, podem ser atribuído a grandeza de *sério* (isto é, 4): o primeiro é um direito inerente à personalidade do demandante e o segundo, embora não seja um direito da personalidade (que cessa com a morte) e mesmo com conotação e natureza de direito de propriedade, é um direito familiar, voltado à proteção do corpo após a morte, no sentido de dar-lhe um destino em que se mantenha a sua dignidade;[1830] c.2) depois, pode-se afirmar que o grau de interferência causada no direito à tutela do corpo morto, pela exumação do cadáver, é apenas *moderada* (ou seja, 2), porque a realização da prova pericial, autorizada judicialmente e acompanhada pela família do morto, que tem direito a nomeação de assistentes técnicos, resguarda, ao menos parcialmente, o direito familiar; por outro lado, a interferência causada ao direito ao estado de filiação, pela não realização da prova ou pela proteção do direito a tutela do corpo morto, é *séria* (vale dizer, 4), visto que a não exumação prejudicaria a realização da prova científica e a descoberta da verdade *processualmente adequada*, além de poder culminar, diante das provas constantes dos autos, na improcedência da demanda;[1831] c.3) por último, poder-se-ia, para fins meramente argumentativos (isto é, independentemente da análise mais aprofundada do caso concreto), afirmar que são igualmente sérias (4), para ambas as afirmações. Portanto, após se aplicar a fórmula do peso de Robert Alexy, pode-se concluir que, em razão do maior grau de interferência (4 x 2), deve-se atribuir ao direito ao estado de filiação peso maior que ao direito a tutela do corpo morto.

[1830] Cf. Elimar Szaniawski. *Direitos da personalidade e sua tutela*, p. 503.

[1831] "O direito à prova justifica e admite, até, a realização da exumação do cadáver de alguém, desde que haja prévia autorização por autoridade competente, não vindo a se constituir em atentado ao direito ao cadáver, pois aquela (...) é legitimada pelo direito à prova. (...) Todos os atos de exumação, exames, desenhos, fotografias e identificação do cadáver são legitimados pela lei processual, cujo fundamento se encontra no direito à prova, não se constituindo em atentados à personalidade humana por não possuir mais o morto personalidade, nem se constituírem em atos atentatórios contra a memória do morto nem no seu desrespeito" (Elimar Szaniawski, op. cit., p. 506).

A partir desses exemplos, pode-se formular a *regra da desproporcionalidade*, segundo a qual *uma interferência em um Direito Constitucional é desproporcional, se não for justificada pelo fato de que a omissão dessa interferência daria lugar a uma interferência em outro princípio (ou no mesmo princípio em relação a outras pessoas ou em outros aspectos), desde que essa última seja, pelo menos, tão intensa quanto a primeira.*[1832] Em outros termos, *quanto maior for o grau de não realização ou de restrição de um princípio, maior terá que ser a importância da realização do princípio que com ele colide.*[1833]

Essa *regra da desproporcionalidade* cria uma relação entre juízos sobre *graus de intensidade* (ou *razões* para o julgamento sobre a proporcionalidade) e juízos *sobre proporcionalidade*, os quais levantam, como todos os juízos, uma *pretensão à correção*, a qual está apoiada sobre os *graus de intensidade*, enquanto *razões.*[1834] Portanto, a técnica de ponderação ou de balanceamento, inerente ao postulado da proporcionalidade, não afasta o intérprete dos padrões racionais, não implica valorações arbitrárias ou irrefletidas, tampouco impõe motivações eminentemente políticas, porque não retira ninguém do terreno da *justificação* e da *correção.*[1835]

Robert Alexy, com o intuito de exemplificar, menciona o conflito clássico entre a liberdade de expressão e os direitos da personalidade, no seguinte caso concreto: uma revista satírica de grande difusão, a *Titanic*, descreveu um oficial da reserva paraplégico, que havia desempenhado suas responsabilidades com sucesso, tendo sido chamado à ativa novamente, em uma determinada edição, como "assassino nato" (*a born murderer*) e, em uma edição posterior, como "aleijado" (*a criple*). O Tribunal Superior Regional de Recursos de Düsseldorf decidiu contra a *Titanic*, em uma ação proposta pelo oficial, condenando a revista a indenizar os danos, no montante de DM 12.000. A *Titanic* ajuizou uma queixa constitucional. A Corte Federal

1832 Cf. Robert Alexy. Direitos fundamentais, balanceamento... cit., p. 139.

1833 Cf. Robert Alexy. *Teoria dos direitos fundamentais* cit., p. 593. Tal regra de sopesamento, contudo, não deve ser aplicada na colisão entre direitos fundamentais nas relações privadas. No conflito entre direitos de dois cidadãos, deve prevalecer outro critério, como o sugerido por Daniel Sarmento: *quanto maior for a desigualdade fática entre as partes na relação entre particulares, tanto menor será a proteção que deverá ser dada à autonomia privada.* Em sentido contrário, em situação de igualdade entre as partes, maior é a autonomia privada para a restrição de direitos. Cf. *Direitos fundamentais e relações privadas* cit., p. 303. Verificar, ainda: Virgílio Afonso da Silva. *A constitucionalização do direito...* cit., p. 154-155 e 158.

1834 Cf. Robert Alexy. Direitos fundamentais, balanceamento... cit., p. 139.

1835 Idem, ibidem.

realizou um "balanceamento específico para o caso" (*case-specific balancing*) entre a liberdade de expressão dos associados à revista (art. 5.º (1) (1) da Lei Fundamental) e o direito geral à personalidade do oficial (art. 2.º (1) em conexão com o art. 1.º (1) da Lei Fundamental). A Corte determinou a *intensidade de interferência* entre eles, colocando um em relação ao outro. O juízo sobre danos à personalidade foi representado como uma interferência *duradoura* ou *séria* na liberdade de expressão, sob o argumento de que assegurar indenização pelos prejuízos causados poderia afetar a disposição futura dos que produziam a revista de desenvolverem seu trabalho da forma como até então haviam feito. A descrição "assassino nato" (*born murderer*) foi então colocada no contexto da sátira publicada pela *Titanic*. Nesta, várias pessoas haviam sido descritas como tendo um apelido e foi este contexto que permitiu que o Tribunal concluísse que a interferência, no direito à personalidade, era apenas *moderada*. Logo, a interferência na liberdade de expressão foi considerada *desproporcional* e, com isso, reformou a decisão tomada pelo Tribunal Superior Regional de Recursos de Düsseldorf. Por outro lado, a Corte Constitucional Federal entendeu que, ao chamar o oficial de "aleijado", houve um *sério* dano ao direito de personalidade do paraplégico, uma vez que descrever um ser humano, severamente incapacitado, como um "aleijado" é, usualmente, considerado como algo humilhante e que expressa falta de respeito. Concluiu, pois, sob este aspecto, não ter havido qualquer vício no balanceamento, em detrimento da liberdade de expressão.[1836]

A ponderação ou a denominada *lei do sopesamento* não é pacífica, sendo bastante criticada por autores como Habermas,[1837] para quem sua adoção seria uma *ameaça à certeza dos direitos*, porque *faltam critérios racionais* para o sopesamento. Critica-se a substituição de *juízos deônticos* ("o que deve ser"), baseados nos códigos binários lícito/ilícito ou válido/inválido, essenciais ao direito, por *juízos axiológicos* ("o que é bom"), já que os *valores* são flexíveis, concorrem por preferências, não impondo deveres inequívocos e incondicionais aos seus destinatários.

No mencionado caso *Titanic*, argumenta Robert Alexy, rebatendo as críticas de Jürgen Habermas de que a ponderação de valores ocorre ou arbitrariamente ou irrefletidamente, que os supostos subjacentes aos juí-

[1836] Idem, p. 137-139.

[1837] Cf. Robert Alexy. *Teoria dos direitos fundamentais* cit., p. 594; Virgílio Afonso da Silva. *A constitucionalização do direito...* cit., p. 84.

zos sobre a intensidade da interferência na liberdade de expressão e no direito à personalidade não são arbitrários.[1838] A Corte Constitucional trata a interferência na liberdade de expressão como séria, porque os juízos sobre indenização de danos poderiam alterar o comportamento futuro dos editores da revista, a ponto de funcionar como uma censura aos meios de imprensa.[1839] Trata-se de um argumento, que não é ruim, embora seja discutível se denominar alguém de "assassino nato" efetivamente representa apenas uma interferência leve ou moderada. De qualquer modo, a Corte apresentou suas razões. Por outro lado, o Tribunal considerou que descrever um paraplégico como "aleijado" configurava uma interferência *intensa* na liberdade de imprensa, sob o fundamento de que era humilhante e desrespeitosa.[1840] Também se trata de um argumento e, segundo Alexy, um bom argumento.[1841] Portanto, não se pode dizer que o sopesamento foi arbitrário, bem como que os graus de intensidade, apresentados pela Corte Constitucional, se deram de forma irrefletida. Os padrões seguem uma linha de precedentes, os quais remontam as decisões que seguiram ao caso *Lüth*, mas tais precedentes não foram os únicos critérios para a decisão, a qual se preocupou com a *correção* dos argumentos.[1842] Consequentemente, somente se poderia afirmar que os graus de intensidade foram aplicados de forma irrefletida caso sua aplicação ocorresse fora do limites impostos pela *teoria da argumentação jurídica*, pois os argumentos são a *expressão pública da reflexão*.[1843]

Porém, a fórmula do peso, como já asseverado, está longe de assegurar uma plena objetividade nas decisões sobre os princípios em conflito, mesmo porque o preenchimento de cada um de seus conteúdos depende da argumentação jurídica. Tem a deficiência de operar em condições ideais e ser mais adequada ao confronto de apenas dois princípios. Tais circunstâncias fogem a grande parte de situações, nas quais mais de dois princípios estão em colisão. Essa fórmula, ainda, tem *alcance reduzido*, porque não é capaz de determinar qual é o princípio que deve ser aplicado quando se tem uma *situação de empate* (resultado igual a um).

[1838] Cf. Robert Alexy. Direitos fundamentais, balanceamento... cit., p. 140.
[1839] Idem, ibidem.
[1840] Idem, ibidem.
[1841] Idem, ibidem.
[1842] Idem, ibidem.
[1843] Idem, ibidem.

Para situações de empate, Robert Alexy sugere a adoção de critérios formais para a solução da controvérsia. Por exemplo, em 1994, o Tribunal Constitucional Federal teve que decidir se a criminalização da fabricação, da comercialização, da disseminação e da aquisição de produtos derivados de *cannabis* era compatível com a liberdade geral de ação (art. 2.º, § 1.º, da Constituição alemã) e com a liberdade pessoal (art. 2.º, § 2.º, 2, da mesma Constituição). Indagou-se se a liberação da *cannabis* ou a criminalização geral, como meios menos gravosos, poderiam ou não afastar os perigos decorrentes do comércio ilegal. O Tribunal reconheceu não haver conhecimentos científicos para escolher qual o meio menos gravoso, fazendo prevalecer a decisão legislativa quanto à criminalização, considerando que o legislador teria a prerrogativa de avaliação e de escolha entre os diversos meios potencialmente adequados para alcançar um objetivo geral.[1844] Com efeito, considerou-se válida a decisão do legislador não em razão de seu conteúdo (porque é materialmente boa), mas porque se fundamenta no princípio formal de sua competência democrática e da separação dos poderes.[1845] Nessas situações, se está no âmbito da discricionariedade estrutural do legislador, impondo-se a valoração política. Os princípios materiais de direitos fundamentais não se sobreporiam à competência decisória do legislador, democraticamente legitimado, para sopesar, sendo que, para Alexy, qualquer outra solução seria insustentável, pois romperia a relação entre direitos fundamentais e democracia.[1846]

Contudo, mesmo em situações-limite, especialmente para fins de controle das omissões inconstitucionais, devem ser buscados outros critérios para o desempate. No item 5.7.7 supra, sugere-se que a dignidade humana, entendida como valor jurídico fundamental, expressa o *caráter preferencial* de bens que devem ser considerados, especialmente em países de modernidade tardia, colocando-se como vetor hermenêutico, de conteúdo material, para a resolução dos conflitos jurídicos. Por exemplo, havendo colisão entre o direito fundamental social (*v.g.*, à educação ou à saúde básica) e o princípio da legalidade da despesa pública, é possível argumentar, inicialmente, que o peso abstrato do primeiro é maior que o segundo, ainda que ambos sejam constitucionais, com fundamento no valor da dignidade da pessoa humana. Na solução de conflitos entre direitos fundamentais ou na colisão de prin-

1844 Cf. Robert Alexy. *Teoria dos direitos fundamentais* cit., p. 591.

1845 Cf. Virgílio Afonso da Silva. *A constitucionalização do direito...* cit., p. 149.

1846 Cf. Robert Alexy. *Teoria dos direitos fundamentais* cit., p. 621-622.

cípios, assume grande importância operacional o valor da *dignidade da pessoa humana*.[1847] Por isso, pode-se afirmar que a dignidade da pessoa humana está na *base de* todos *os direitos constitucionalmente consagrados*.[1848] Em outras palavras, pode-se sustentar que o valor da dignidade da pessoa humana funciona como um *vetor-mor* da hermenêutica jurídica,[1849] podendo-se argumentar que, na dúvida entre a proteção de dois direitos fundamentais contrapostos, deve ser preservado aquele que *melhor atenda à dignidade da pessoa humana*.[1850]

Nos casos de *empates argumentativos*, caracterizados pelas situações em que há razões igualmente boas a favor ou contra uma ou outra solução, a prioridade *prima facie* da dignidade da pessoa humana é uma forma constitucionalmente correta de buscar a *unidade da Constituição*.[1851] A prioridade *prima facie* serve para criar uma estruturação argumentativa baseada em princípios, embora não se destine a estabelecer uma *ordem axiológica rígida* que conduza sempre a *um único resultado*. Assim, é possível construir

[1847] Antes mesmo de aparecer na Constituição Federal de 1988 como um alicerce do Estado Democrático de Direito, constou do Preâmbulo da Declaração Universal dos Direitos Humanos, aprovada pela Organização das Nações Unidas em 1948, que assim inicia: "Considerando que o reconhecimento da *dignidade* inerente a todos os membros da família humana e de seus direitos iguais e inalienáveis é o fundamento da liberdade, da justiça e da paz no mundo; considerando que o desprezo e o desrespeito pelos direitos do homem resultaram em atos bárbaros que ultrajaram a consciência da Humanidade e que o advento de um mundo em que os homens gozem da liberdade de palavra, de crença e da liberdade de viverem a salvo do temor e da necessidade foi proclamado como a mais alta aspiração do homem comum (...)".

[1848] Cf. José Carlos Vieira de Andrade. *Os direitos fundamentais...* cit., p. 102. O STJ já reconheceu que "a dignidade da pessoa humana, um dos fundamentos do Estado Democrático de Direito, ilumina a interpretação da lei ordinária" (HC 9.892-RJ, 6.ª T., j. 16.12.1999, rel. Min. Fontes de Alencar, *DJU* 26.03.2001, p. 473).

[1849] Cf. item 5.7.7 supra.

[1850] Conforme Juarez Freitas, "urge que a exegese promova e concretize o princípio jurídico da dignidade da pessoa, sendo como é um dos pilares supremos do nosso ordenamento, apto a funcionar como vetor-mor da compreensão superior de todos os ramos do Direito. Mais que *in dubio pro libertate*, princípio valioso nas relações do cidadão perante o Poder Público, faz-se irretorquível o mandamento humanizante segundo o qual em favor da dignidade, não deve haver dúvida" (O intérprete e o poder de dar vida à Constituição, p. 71). Ainda, no plano da jurisprudência, vale salientar as palavras do Des. Accácio Cambi: "(...) é correto dizer que, na dúvida entre a proteção de dois direitos fundamentais contrapostos, deve ser preservado aquele que mais atenda ao princípio da dignidade da pessoa humana" (TJPR, ApCiv 124.094-6, 7.ª Câm. Civ., j. 09.09.2002, Ac 504, *DJPR* 23.09.2002, p. 6213).

[1851] A propósito da prioridade *prima facie* do princípio da liberdade jurídica ou da aplicação da máxima *in dubio pro libertate*, pelo Tribunal Constituicional Federal alemão, conferir: Robert Alexy. *Teoria de los derechos fundamentales* cit., p. 549-550.

o seguinte cânone hermenêutico: na interpretação dos direitos humanos ou dos direitos fundamentais, deve prevalecer o princípio hermenêutico *pro homine.*[1852] Portanto, há de se dar um peso abstrato maior à tutela do direito fundamental social (*v.g.*, à educação ou à saúde básicas), em detrimento do princípio da legalidade da despesa pública.[1853]

Ademais, pode-se afirmar que o grau de interferência causado no princípio da legalidade da despesa pública pela efetivação direito fundamental social (*v.g.*, à educação ou a saúde básica) é apenas *leve*, porque é possível o *remanejamento* das verbas orçamentárias; além do que, em países em desenvolvimento como o Brasil, deve-se assegurar, prioritariamente, o *mínimo existencial*; tanto é que o art. 9.º da Lei de Responsabilidade Fiscal prevê que os gastos em *políticas públicas constitucionais vinculadas* (*v.g.*, nas áreas de saúde e de educação) são obrigatórias, não se sujeitando ao *contingenciamento* de recursos.

Por outro lado, a interferência causada no direito social, pela não concessão da medida judicial em razão da preservação do princípio da legalidade pública, salvo quando demonstrada a *exaustão orçamentária*, é séria, porque, nesta hipótese, não resta protegido o *mínimo existencial*. Nesse contexto, a não proteção do direito fundamental social envolvido poderia implicar, no limite, a morte ou gerar sequelas graves para as pessoas não atendidas, ou, ainda, prejuízos irreparáveis ao direito ao desenvolvimento pessoal (*v.g.*, criança que, por anos, fica fora da escola, por ausência de vagas suficientes, terá sério prejuízo na sua autodeterminação pessoal).

Ainda, para evitar empates, é possível ampliar os níveis da escala, abandonando o modelo triádico (leve, moderado e sério), para outro com nove níveis: intervenções seríssimas, moderadamente sérias e levemente sérias; intervenções moderadas quase sérias, moderadamente propriamente ditas e moderadas tendendo para o leve; e intervenções leves quase moderadas, moderadamente leves e levíssimas.[1854] Esses refinamentos, contudo, tornam o método argumentativo muito mais complexo. No caso *Titanic*, foi possível verificar como a adoção do modelo triádico pode resolver as possibilidades jurídicas. Porém, o refinamento da escala poderia trazer mais problemas de aplicação, pois se, para fins argumentativos, nem sempre é

[1852] Cf. Christian Courtis, op. cit., p. 193-194; Luiz Flávio Gomes. Direitos humanos... cit., p. 200-202.

[1853] Verificar item 5.7.9 supra.

[1854] Cf. Robert Alexy. *Teoria dos direitos fundamentais* cit., p. 609.

fácil distinguir o que é intervenção "moderada" de "séria", mais difícil seria distinguir as intervenções "seríssimas" das "moderadamente sérias".[1855] Com efeito, a criação das escalas, racionalmente, permitiria que o método fosse, matematicamente, aplicado, mas, de outro lado, o tornaria tão complexo que impediria a sua utilização.

De qualquer forma, a *lei do sopesamento* tem a *virtude* de demonstrar a impossibilidade de se fazer uma *rígida hierarquia* entre os valores constitucionais, indicando uma *estrutura argumentativa* capaz de colocar em discussão a preponderância de um princípio sobre o outro quando, em uma determinada situação concreta, eles entram em conflito. Direitos fundamentais são *comandos de otimização*, que se aplicam dentro das possibilidades fáticas e jurídicas presentes em cada caso concreto. A interpretação e a aplicação dos direitos fundamentais envolvem *aberturas* que somente podem ser preenchidos concretamente.

A teoria dos princípios, defendida por Robert Alexy, não sustenta que o sopesamento é um procedimento que deve conduzir, em todo e qualquer caso, a um resultado único e inequívoco.[1856] Tal tese radical é abandonada em favor de posição moderada, segundo a qual, apesar do sopesamento não poder sempre determinar um resultado de forma racional, é suficiente para justificar-se, a partir do conjunto dos casos concretos, como método a ser adotado. Portanto, a colisão entre princípios não encontra, abstratamente, na Constituição, uma única resposta correta.

Os conflitos reais, envolvendo direitos fundamentais, impedem a construção de um método infalível que exclua impasses estruturais. Haverá sempre certa margem de *discricionariedade de sopesamento* para o Legislativo e para o Judiciário. Trata-se de discricionariedade epistêmica, resultante da incerteza quanto à cognição das premissas fáticas ou normativas para se afirmar o que é obrigatório, proibido ou facultado em virtude dos direitos fundamentais.[1857] Pode-se afirmar que, na interpretação e na aplicação jurídicas, há zonas de certeza positiva (sabe-se o que é, com certeza), certeza negativa (sabe-se o que não é com certeza) e de penumbra (há incerteza quanto à possibilidade fática ou jurídica).

Logo, não é incompatível a teoria dos princípios com o conceito de *Constituição-moldura*, permitindo que tanto o legislador quanto o julgador

[1855] Idem, p. 610.

[1856] Idem, p. 594.

[1857] Idem, p. 612 e 620-621.

participem do processo de concretização dos direitos fundamentais[1858]. No entanto, para que os direitos fundamentais sejam levados a sério, tal discricionariedade cognitiva normativa não é ampla e irrestrita, somente existindo para os casos incertos, especialmente quando não há *critérios definidos de sopesamento*.[1859] Se fosse possível aos juízes ignorar a legislação ordinária para aplicar, exclusivamente, à Constituição, abrir-se-ia uma margem muito ampla de liberdade incapaz de evitar a negação da segurança jurídica.[1860]

O juiz pode se afastar das escolhas do legislador infraconstitucional, por considerá-lo que a opção contraria a Constituição, mas terá o *ônus da argumentação*, pela simples razão de que todas as normas jurídicas gozam

[1858] "Os direitos fundamentais não são um objeto passível de ser dividido de uma forma tão refinada que exclua impasses estruturais – ou seja, impasses reais no sopesamento –, de forma a torná-los praticamente sem importância. Nesse caso, então, de fato existe uma discricionariedade para sopesar, uma discricionariedade estrutural tanto do Legislativo quanto do Judiciário" (Robert Alexy. *Teoria dos direitos fundamentais* cit., p. 611). Igualmente, sustenta Virgílio Afonso da Silva, "se a teoria dos princípios não defende que para todos os problemas envolvendo direitos há uma única resposta correta e, mais do que isso, que não é possível encontrar as respostas a todos esses problemas nela consagrados deixam 'espaços abertos', que serão preenchidos, em primeira linha, pelo legislador, mas, em muitos casos, pelos particulares nas suas relações entre si, é possível, sem grandes problemas, sustentar a compatibilidade da ideia de direitos fundamentais como princípios e, consequentemente, como mandamentos de otimização com o conceito de constituição como moldura" (*A constitucionalização do direito...* cit., p. 122).

[1859] "Se em todos os casos fosse facultado ao legislador decidir, como juiz em causa própria, aquilo que os direitos fundamentais obrigam, proíbem ou facultam em relação a si mesmo, não seria possível falar em uma vinculação real – ou seja, controlável – aos direitos fundamentais. Os direitos fundamentais não teriam nenhuma normatividade jurídica que pudesse ser levada a sério. Uma faculdade assim extensa, que equivaleria a uma discricionariedade normativa ilimitada, está fora de discussão. Uma discricionariedade cognitiva só deve ser levada em consideração em casos de incerteza. (...) Uma discricionariedade normativa só pode existir – se é que pode – nos casos de incerteza normativa. Os casos mais importantes de incerteza normativa no âmbito dos direitos fundamentais são os casos de incerteza quanto ao sopesamento" (Robert Alexy. *Teoria dos direitos fundamentais* cit., p. 620-621).

[1860] "Na maior parte dos casos, há várias soluções possíveis dentro da moldura estabelecida pela Constituição, e cabe em princípio ao legislador optar por uma delas, sendo esta opção vinculativa para o juiz. Se o Judiciário pretendesse resolver os conflitos privados valendo-se apenas da Constituição, e fazendo *tabula rasa* da legislação ordinária, ele agiria de forma incompatível com a proteção da segurança jurídica" (Daniel Sarmento. *Direitos fundamentais e relações privadas* cit., p. 223).

de *presunção de constitucionalidade*, devendo demonstrar que a solução legislativa não tutela adequada e eficazmente direitos fundamentais.[1861]

Como bem assinalou Gustavo Zagrevelsky, a concepção do direito "por princípios" não constitui uma *ameaça à certeza dos direitos*, porque *tem os pés na terra e não tem a cabeça nas nuvens*: a terra é tanto o ponto de partida, para o desenvolvimento do ordenamento jurídico, quanto o de chegada.[1862] Os princípios se preocupam em conformar a realidade conforme os valores que a ela conferem. Logo, as *consequências práticas* do direito não estão fora da sua aplicação, como pretendia o positivismo jurídico, sendo seu elemento qualitativo. Isso não implica concluir que os fatos devem ter prioridade sobre as normas, mas em sustentar posição de harmonização entre esses dois momentos indissociáveis de aplicação do direito. Também possibilita fazer com que o direito se volte à realidade, devendo operar, em cada caso concreto, segundo o valor que os princípios a ela assinalam, fazendo com que a validade da norma não se limite ao que dispõe o texto legislativo. Mostra, destarte, que não basta considerar o "direito dos livros", mas levar em conta o "direito em ação" (ou, em outros termos, que o direito "vivente" não é, exclusivamente, aquele que está escrito nas leis); rejeita apenas a "validez lógica", reclamando por uma "validez prática".[1863] Portanto, sendo a Constituição constituída de princípios e contendo os princípios conceitos (como humanidade, dignidade, igualdade, liberdade etc.) que se modificam no tempo, a Constituição é "viva", porque aberta a evolução da cultura jurídica.[1864]

Por fim e no limite, pode-se retornar ao *problema do regresso ao infinito*, posto que, como se asseverou,[1865] fundamentar é uma atividade que pode ser desenvolvida *indefinidamente*; ou seja, todo argumento pode ser questionado, abrindo-se uma série ilimitada de argumentos. Em conclusão, tão ou mais importante do que precisar qual foi a "escolha" ou a "opção" valorativa determinante para a decisão (seja do legislador, seja dos juízes), é preocupar-se com os seus *efeitos sociais*.

5.7.15 Alcance da reserva do possível em países de modernidade tardia

[1861] Cf. Daniel Sarmento *Direitos fundamentais e relações privadas* cit., p. 224 e 241.

[1862] Cf. Gustavo Zagrebelsky. *El derecho dúctil* cit., p. 122.

[1863] Idem, ibidem.

[1864] Cf. Gustavo Zagrebelsky. Jueces constitucionales cit., p. 98.

[1865] Cf. item 5.7.2 supra.

Qualquer decisão que resolva o complexo caso de colisão entre o direito fundamental social e o princípio da despesa pública deve ser *motivada*.

Assim, convencido o órgão judicial da não efetivação do direito fundamental social, a decisão pode basear-se na ausência da possibilidade de universalização das políticas públicas (insuficiência de recursos), bem como na correção dos critérios que levaram o Poder Público a preferir alocar recursos para determinada política pública, em detrimento de outras.

Porém, a cláusula da reserva do possível somente pode ser invocada para possibilitar que o Estado se exonere de suas obrigações constitucionais, quando devidamente demonstrada a ocorrência de *justo motivo objetivamente aferível*.[1866]

A cláusula da *reserva do possível* merece uma leitura peculiar em países de modernidade tardia, como é o caso brasileiro. Deve servir de mecanismo de mitigação do *ativismo judicial irresponsável*, sem se transformar em obstáculo jurídico à realização dos direitos fundamentais sociais. Não seria razoável uma decisão judicial que determinasse à construção de milhões de casas populares *imediatamente*, tendo como base a implementação do direito fundamental à moradia, previsto no art. 6.º da CF/1988. Tal decisão teria um impacto orçamentário extraordinário que poderia comprometer a realização de outras políticas públicas tão ou mais importantes para a efetivação dos direitos sociais.

As decisões judiciais, ao determinarem a realização de políticas públicas, devem ser *factíveis* e *razoáveis*, para não caírem no vazio, tornando-se frágeis, estando condenadas à cassação ou à inexecução, prejudicando a sua própria autoridade. Os juízes não podem tudo, embora possam muito.[1867] Têm enorme responsabilidade de atuar na alteração das desigualdades e na promoção da justiça social. Para isso, devem garantir a *complexidade estrutural* do direito no Estado Constitucional, vale dizer, assegurar a necessária e dúctil coexistência entre leis, direitos e justiça, sem se tornarem "Senhores do Direito", como pretenderam ser os legisladores, na origem

[1866] Cf. Paulo Gilberto Cogo Leivas, op. cit., p. 120.

[1867] "Os juízes não podem tudo, nem devem poder. Mas podem muito, e devem exercer esse poder em favor da grandiosa e inesgotável utopia de construção da felicidade de cada um e de todos" (Flavio Dino de Castro e Costa. A função realizadora do Poder Judiciário e as políticas públicas no Brasil, p. 172).

do Estado Liberal, por ser papel incompatível com o Estado Democrático de Direito.[1868]

Portanto, cabe ao Judiciário primar pela tutela do *mínimo existencial*, acolhendo pretensões relacionadas à execução de políticas públicas *específicas, socialmente necessárias* e *constitucionalmente exigidas*.[1869]

5.7.16 Legitimação e criatividade judiciais

A busca por maior legitimação social do exercício do Poder Judiciário encontra enorme margem de criatividade.

Nos *casos urgentes* (como a liberação de remédio indispensável à tutela do direito à saúde, que é um corolário do direito à vida digna), inclusive quando o Judiciário defere um liminar ou uma tutela antecipada, são cabíveis, para a implementação da decisão judicial, inclusive, o *bloqueio* e o *sequestro* de dinheiro público (arts. 297, par. ún., e 536, § 1.º, do NCPC).[1870]

Cumpre mencionar que a tutela antecipada se efetiva mediante execução provisória (art. 520 do NCPC). A execução da multa diária (*astreintes*) não depende do trânsito em julgado da sentença final condenatória. A decisão interlocutória que fixa multa diária, pelo descumprimento de obrigação de fazer, não fazer ou entregar coisa certa, é título hábil para execução definitiva A função da multa diária é compelir o devedor a cumprir a obrigação, reconhecida judicialmente, devendo incidir a partir da

[1868] "Hoy, ciertamente, los jueces tienen una gran responsabilidad en la vida del derecho, desconocida en los ordenamientos del Estado de derecho legislativo. Pero los jueces no son los señores Del derecho em el mismo sentido en que lo era el legislador en el pasado siglo. Son más exactamente los garantes de la complejidad estrctural del derecho en el Estado constitucional, es decir, los garantes de la necesaria y dúctil coexistencia entre ley, derechos y justicia. Es más, podríamos afirmar como conclusión que entre Estado constitucional y cualquier 'señor del derecho' hay una radical incompatibilidad. El derecho no es un objeto propriedad de uno, sino que debe ser objeto del cuidado de todos" (Gustavo Zagrebelsky. *El derecho dúctil* cit., p. 153).

[1869] Conferir o texto de Leonardo Augusto Gonçalves (O Ministério Público e a tutela dos direitos sociais, p. 10), onde faz referência às ideias de Flávio Dino.

[1870] Verificar o item 5.7.6 supra. Cfr., dentre outros: STJ, REsp 900.458-RS, 1.ª T., j. 26.06.2007, rel. Min. Teori Albino Zavascki, *DJU* 13.08.2007, p. 338; EREsp 770.956-RS, 1.ª S., j. 28.06.2006, rel. Min. José Delgado, *DJU* 28.06.2006, p. 224; REsp 851.760-RS, 1.ª T., j. 22.08.2006, rel. Min. Teori Albino Zavascki, *DJU* 11.09.2006, p. 238; REsp 820.674, 2.ª T., j. 18.05.2006, rel. Min. Eliana Calmon, *DJU* 14.06.2006, p. 210.

ciência do obrigado e da sua recalcitrância[1871], como ora reconhece o art. 515, I, do NCPC ao considerar título executivo judicial as decisões proferidas no processo civil que reconheçam a exigibilidade de obrigação de pagar quantia, de fazer, de não fazer ou de entregar coisa.

Não havendo tempo hábil para a realização do direito fundamental (*v.g.*, para a construção de escolas), é possível, nas hipóteses previstas na Constituição e nas leis, transferir os recursos para a iniciativa privada, como ocorre na situação prevista no art. 213, § 1.º, da CF/1988. Este dispositivo constitucional torna possível, após verificada a falta de vagas e de cursos regulares na rede pública na localidade da residência do educando, a concessão de *bolsas de estudos* para o ensino básico. A ausência de lei regulamentadora, contudo, não pode ser um obstáculo à promoção do valor jurídico da dignidade da pessoa humana, e tampouco para a proteção do direito fundamental à educação. Assim, é preferível restringir o princípio da legalidade e da separação de poderes que deixar uma pessoa, por tempo indeterminado, fora da escola. A expressão "na forma da lei", contida no art. 213, § 1.º, da CF/1988, não vincula o Judiciário, pois a omissão legislativa e a ausência do oferecimento de vagas pelo Executivo configuram comportamentos inconstitucionais. Nessas hipóteses, não deve o Judiciário deixar de proteger o direito fundamental em razão da ausência da lei.[1872] A concessão de bolsas de estudos, todavia, não exime, como dispõe a parte final do art. 213, § 1.º, da CF/1988, o dever de o poder público investir, prioritariamente, na expansão de sua rede na localidade.[1873]

[1871] Cf. STJ, REsp 1098028/SP, 1.ª T., j. 09.02.2010, rel. Min. Luiz Fux, *DJe* 02.03.2010.

[1872] Verificar item 4.3.8 supra. Cf. Ana Paula de Barcellos. *Ponderação...* cit., p. 126-127, 272; Cláudia Maria da Costa Gonçalves, op. cit., p. 228.

[1873] Tal orientação guarda relação com o posicionamento do STF na efetivação do direito à educação: "Descumprimento de políticas públicas definidas em sede constitucional: hipótese legitimadora de intervenção jurisdicional. - O Poder Público - quando se abstém de cumprir, total ou parcialmente, o dever de implementar políticas públicas definidas no próprio texto constitucional - transgride, com esse comportamento negativo, a própria integridade da Lei Fundamental, estimulando, no âmbito do Estado, o preocupante fenômeno da erosão da consciência constitucional. Precedentes: ADI 1.484/DF, Rel. Min. Celso de Mello, *v.g.*. - A inércia estatal em adimplir as imposições constitucionais traduz inaceitável gesto de desprezo pela autoridade da Constituição e configura, por isso mesmo, comportamento que deve ser evitado. É que nada se revela mais nocivo, perigoso e ilegítimo do que elaborar uma Constituição, sem a vontade de fazê-la cumprir integralmente, ou, então, de apenas executá-la com o propósito subalterno de torná-la aplicável somente nos pontos que se mostrarem ajustados à conveniência e aos desígnios dos governantes, em detrimento dos interesses maiores dos cidadãos. - A intervenção do Poder Judiciário, em tema de implementação de políticas governamentais previstas e determinadas no texto constitucional, notadamente na área da educação infantil (RTJ 199/1219-1220), objetiva neutralizar os efeitos lesivos e perversos, que, provocados pela omissão estatal, nada mais traduzem senão inaceitável insulto a direitos básicos que a própria Constituição da República assegura à generalidade das pessoas. Precedentes. A CONTROVÉRSIA PERTINENTE À "RESERVA DO POSSÍVEL" E A INTANGIBILIDADE DO MÍNIMO EXISTENCIAL: A QUESTÃO DAS "ESCOLHAS TRÁGICAS". - A destinação de recursos públicos, sempre tão dramaticamente escassos, faz instaurar situações de conflito, quer com a execução de políticas públicas definidas no texto constitucional, quer, também, com a própria implementação de direitos sociais assegurados pela Constituição da República, daí resultando contextos de antagonismo que impõem, ao Estado, o encargo de superá-los mediante opções por determinados valores, em detrimento de outros igualmente relevantes, compelindo, o Poder Público, em face dessa relação dilemática, causada pela insuficiência de disponibilidade financeira e orçamentária, a proceder a verdadeiras "escolhas trágicas", em decisão governamental cujo parâmetro, fundado na dignidade da pessoa humana, deverá ter em perspectiva a intangibilidade do mínimo existencial, em ordem a conferir real efetividade às normas programáticas positivadas na própria Lei Fundamental. Magistério da doutrina. - A cláusula da reserva do possível - que não pode ser invocada, pelo Poder Público, com o propósito de fraudar, de frustrar e de inviabilizar a implementação de políticas públicas definidas na própria Constituição - encontra insuperável limitação na garantia constitucional do mínimo existencial, que representa, no contexto de nosso ordenamento positivo, emanação direta do postulado da essencial dignidade da pessoa humana. Doutrina. Precedentes. - A noção de "mínimo existencial", que resulta, por implicitude, de determinados preceitos constitucionais (CF, art. 1º, III, e art. 3º, III), compreende um complexo de prerrogativas cuja concretização revela-se capaz de garantir condições adequadas de existência digna, em ordem a assegurar, à pessoa, acesso efetivo ao direito geral de liberdade e, também, a prestações positivas originárias do Estado, viabilizadoras da plena fruição de direitos sociais básicos, tais como o direito à educação, o direito à proteção integral da criança e do adolescente, o direito à saúde, o direito à assistência social, o direito à moradia, o direito à alimentação e o direito à segurança. Declaração Universal dos Direitos da Pessoa Humana, de 1948 (Artigo XXV). A proibição do retrocesso social como obstáculo constitucional à frustração e ao inadimplemento, pelo poder público, de direitos prestacionais. - O princípio da proibição do retrocesso impede, em tema de direitos fundamentais de caráter social, que sejam desconstituídas as conquistas já alcançadas pelo cidadão ou pela formação social em que ele vive. - A cláusula que veda o retrocesso em matéria de direitos a prestações positivas do Estado (como o direito à educação, o direito à saúde ou o direito à segurança pública, *v.g.*) traduz, no processo de efetivação desses direitos fundamentais individuais ou coletivos, obstáculo a que os níveis de concretização de tais prerrogativas, uma vez atingidos, venham a ser ulteriormente reduzidos ou suprimidos pelo Estado. Doutrina. Em consequência desse princípio, o Estado, após haver reconhecido os direitos prestacionais, assume o dever não só de torná-los efetivos, mas, também, se obriga, sob pena de transgressão ao texto constitucional, a preservá-los, abstendo-se de frustrar - mediante supressão total ou parcial - os direitos sociais já concretizados. Legitimidade jurídica da imposição, ao poder público, das "astreintes

Em casos *não urgentes*, é prudente que o órgão judicial tenha preocupação redobrada com os impactos, especialmente financeiros, da decisão na atuação do Estado. Para evitar a não execução da decisão, pode fixar *prazos flexíveis* e *compatíveis com a elaboração orçamentária*. Por exemplo, no REsp 493.811-SP,[1874] após a verificação do descumprimento de resolução do Conselho Municipal dos Direitos da Criança e do Adolescente, que demonstrava a ausência de política pública de atendimento às crianças e adolescentes com problemas de uso de entorpecentes, o Judiciário concedeu a *tutela específica* (art. 536, § 1.º, do NCPC) para determinar que o Executivo Municipal incluísse, na próxima lei orçamentária anual, verba destinada à realização da política pública, como se depreende da ementa do julgado: "(...) Tutela específica para que seja incluída verba no próximo orçamento, a fim de atender a propostas políticas certas e determinadas". Tais decisões, ditas *progressivas*, são bastante racionais, porque evitam a lógica do tudo ou nada (ou se acolhe o pedido para satisfazer, imediatamente, a pretensão ou se o rejeita em razão da sua impossibilidade econômica). São capazes de superar a escassez provisória de recursos, além de ampliarem o grau de legitimidade da decisão judicial, pois, em vez de o Judiciário impor a política pública, apenas exigirá que o Poder Público responsável pela sua formulação apresente um novo programa, com prazos, investimentos e mudanças adequadas à efetivação do direito fundamental.[1875]

". - Inexiste obstáculo jurídico-processual à utilização, contra entidades de Direito Público, da multa cominatória prevista no § 5º do art. 461 do CPC. A "astreinte" - que se reveste de função coercitiva - tem por finalidade específica compelir, legitimamente, o devedor, mesmo que se cuide do Poder Público, a cumprir o preceito, tal como definido no ato sentencial. Doutrina. Jurisprudência"(ARE 639337 AgR, Relator(a): Min. Celso de Mello, Segunda Turma, julgado em 23/08/2011, DJe-177 Divulg 14-09-2011 Public 15-09-2011 Ement Vol-02587-01 PP-00125). Verificar, ainda, dentre outras: STF, ARE 1010267 AgR, Relator(a): Min. Ricardo Lewandowski, Segunda Turma, julgado em 31/03/2017, Processo Eletrônico DJe-074 Divulg 10-04-2017 Public 11-04-2017.

1874 Cf. STJ, 2.ª T., j. 11.11.2003, rel. Min. Eliana Calmon, *DJU* 15.03.2004, p. 236.

1875 Conforme José Reinaldo de Lima Lopes, "a impossibilidade econômica – isto é, a escassez – pode ser transitória ou temporária. Muitas vezes a impossibilidade econômica existe porque não houve previsão orçamentária no ano em curso, mas podem bem haver no ano seguinte. Neste caso é perfeitamente possível dizer que é impossível aqui e agora conceder certa pretensão, mas será perfeitamente possível concedê-la no futuro próximo e imediato. Para tais casos, seria aceitável que a decisão consistisse em exigir um novo programa, com prazos, investimentos e mudanças que se adequem à política" (op. cit., p. 189-190).

Caso os prazos, para a inclusão na legislação orçamentária, não sejam observados, sem prejuízo das responsabilidades administrativas, civis e penais, é possível fixar *multa diária* para o seu descumprimento (arts. 297, par. ún., e 536, § 1.º, do NCPC), cuja aplicação deve recair não sobre o Poder Público, mas sobre o ordenador das despesas responsável pelo descumprimento da decisão judicial (art. 77, IV e § 2.º, do NCPC), revertendo-se a multa ao fundo previsto no art. 13 da Lei 7.347/1985.

O art. 536, § 1.º, do NCPC é uma cláusula geral executiva, decorrente do direito fundamental à tutela jurisdicional efetiva (art. 5.º, XXXV, da CF/1988),[1876] a fim de proteger o direito ao meio executivo adequado ao caso concreto.

A opção pelo melhor meio executivo, a fim de se evitar decisões arbitrárias, exige do juiz a aplicação do *postulado da proporcionalidade* (adequação, exigibilidade e proporcionalidade em sentido estrito):[1877] a) *adequação*: a ação material não pode infringir o ordenamento jurídico, para proporcionar a tutela; b) *necessidade*: é a capacidade de realizar, na esfera fática, a tutela do direito: o meio deve ser idôneo e, ao mesmo tempo, causar a menor restrição possível; c) *proporcionalidade em sentido estrito*: nos dois primeiros passos, preocupa-se com a possibilidade da restrição; já quanto ao último aspecto, busca-se concluir se a própria restrição é justificável, isto é, se o direito do demandado, diante do caso concreto, pode ser restringido.

Portanto, verifica-se que a jurisdição constitucional não é impotente diante das demais funções estatais (Executivo ou Legislativo), possuindo plenos poderes para a concretização dos direitos fundamentais.

O Judiciário, primando pela legitimação do exercício da jurisdição, pode usar diversas técnicas para determinar o cumprimento de suas decisões (desde a formulação de prazos até, em caráter excepcional, a própria formulação da política pública), sendo certo que o direito fundamental não

[1876] A Corte Europeia dos Direitos Humanos também vem reconhecendo, a partir da exegese do art. 6.º, 1, da Convenção Europeia dos Direitos do Homem e do Cidadão, o direito a uma eficaz tutela executiva. Cf. Nicolò Trocker. Dal giusto processo all'efettività dei rimedi: l'"azione" nell'elaborazione della Corte europeia dei diritti dell'uomo, Parte Seconda, p. 443-450.

[1877] Verificar o item 5.7.13 supra. Cf. Luiz Guilherme Marinoni. Controle do poder executivo do juiz cit., p. 66-67.

pode ser violado pela omissão ou pela ação inconstitucional dos governantes (legisladores ou administradores).[1878]

5.7.17 Consequências jurídicas do controle judicial das políticas públicas e outras formas de combater a corrupção para melhor efetivar os direitos fundamentais sociais

O Poder Judiciário, ao realizar o controle de políticas públicas, pode ensejar três grupos de consequências jurídicas: a punição; a ineficácia do ato que viola as regras ou os princípios constitucionais; ou, ainda, a possibilidade de, substitutivamente, o agente público competente produzir, coativamente, o que foi determinado pela Constituição.[1879]

Além disso, a não efetivação do *mínimo existencial* (*v.g.*, o não investimento mínimo em educação) acarreta a responsabilidade pessoal da autoridade competente (*v.g.*, art. 208, § 2.º, da CF/1988), enseja crime de responsabilidade (art. 85, III, da CF/1988 c/c o art. 7.º, n. 9, da Lei 1.079/1950), além de possibilitar a aplicação das sanções decorrentes da *improbidade administrativa* (art. 37, § 4.º, da CF/1988 e Lei 8.429/1992) e mesmo a *intervenção federal* da União nos Estados e dos Estados nos Municípios, a fim de que o preceito constitucional seja obedecido (arts. 34, VII, *e*, e 35, III, da CF/1988).[1880]

A Lei 8.429/1992 é aplicável aos agentes públicos que, por ação ou omissão, violem os deveres de honestidade, imparcialidade, legalidade, lealdade e tais condutas: a) causem enriquecimento ilícito (art. 9.º); b) ocasionem prejuízos ao erário público (art. 10); c) violem os princípios da Administração Pública (art. 11), infringindo deveres de honestidade, imparcialidade, legalidade, e lealdade às instituições, e notadamente retardar ou deixar de praticar, indevidamente, ato de ofício (inc. II). O não atendimento de ordem judicial, determinando a inclusão, no orçamento, ou o remanejamento de verba necessária à implementação da política pública

[1878] Nesse sentido, Robert Alexy afirma que "en modo alguno un tribunal constitucional es impotente frente a un legislador inoperante. El espectro de sus posibilidades procesales--constitucionales se extiende, desde la mera constatación de uma violación de la Constitución, a través de la fijación de um plazo dentro del cual debe llevarse a cabo una legislación acorde con la Constitución, hasta la formulación judicial directa de lo ordenado por la Constitución" (*Teoria de los derechos fundamentales* cit., p. 496-497).

[1879] Cf. Ana Paula de Barcellos. Neoconstitucionalismo... cit., p. 28.

[1880] Idem, p. 28-29.

fere o princípio da separação dos poderes (art. 2.º da CF/1988), deixando de praticar ato de ofício.[1881]

Devido à gravidade das sanções e restrições impostas (arts. 37, § 4.º, da CF/1988 e 12, III, da Lei 8.429/1992), a caracterização da *improbidade administrativa*, mais do que a prática de ato meramente irregular ou ilegal, decorre da falta de *boa-fé* do administrador. O agente público, no exercício de suas funções, não pode aproveitar os poderes ou facilidades delas decorrentes, em proveito pessoal ou de outrem a quem queira favorecer.[1882] Entretanto, a caracterização da conduta ímproba, resultante da violação dos princípios constitucionais da administração (art. 11 da Lei 8.429/1992), deve levar em consideração *critérios objetivos de correção administrativa*, ou seja, considerar o princípio da boa-fé em sentido objetivo, o qual impõe deveres de honestidade, imparcialidade e lealdade. Logo, a avaliação da conduta independe da descoberta da *intenção* (subjetiva) do agente público, bastando examinar se o seu comportamento, no caso concreto, observou um *parâmetro geral de atuação*, pelo qual qualquer *bom administrador público* agiria, de maneira *normal* e *razoável*, diante daquela situação analisada. Há de se explorar, pois, a exemplo do que estampa o art. 187 do Código Civil, a noção de boa-fé em seu sentido *ético-objetivo*, não se restringindo a sua eficácia (e, consequentemente, a exegese do art. 11 da Lei 8.429/1992), ao plano da *consciência moral-individual* do agente público demandado.[1883] Bus-

[1881] Cf. Ada Pellegrini Grinover. O controle de políticas públicas... cit., p. 21.

[1882] Cf. José Afonso da Silva. *Curso de Direito Constitucional positivo*, 24. ed., p. 669.

[1883] Sobre este aspecto, a orientação jurisprudencial do STJ, a fim de extrair a máxima efetividade constitucional do art. 11 da Lei 8.429/1992 (interpretação conforme o art. 37, § 4.º da CF/1988), precisa evoluir, como se depreende dos seguintes julgados: a) "A má-fé, consoante cediço, é premissa do ato ilegal e ímprobo e a ilegalidade só adquire *status* de improbidade quando a conduta antijurídica fere os princípios constitucionais da Administração Pública *coajuvados pela má-intenção do administrador*" (REsp 807.551-MG, 1.ª T., j. 25.09.2007, rel. Min. Luiz Fux, *DJU* 05.11.2007, p. 226); b) "(...) 3. Os atos de improbidade só são punidos a título de dolo, indagando-se da boa ou má-fé do agente, nas hipóteses dos arts. 9.º e 11 da Lei 8.429/1992. 4. Embora mereçam acirradas críticas da doutrina, os atos de improbidade do art. 10, como está no próprio *caput*, são também punidos a título de culpa, mas deve estar presente na configuração do tipo a prova inequívoca do prejuízo ao erário" (REsp 842.428-ES, 2.ª T., j. 24.04.2007, rel. Min. Eliana Calmon, *DJU* 21.05.2007, p. 560). Mais recentemente, firmou-se a jurisprudência de que a comprovação do ato de improbidade administrativa, pelo art. 11 da Lei 8.429/92, não exige a ocorrência de prejuízo ao Poder Público: "A jurisprudência do STJ, quanto ao resultado do ato, firmou-se no sentido de que se configura ato de improbidade a lesão a princípios administrativos, o que, como regra geral, independe da ocorrência de dano

car saber a intenção do agente público dificulta, sobremaneira, o desincumbimento do ônus da prova, torna duvidosa a prática dos atos de improbidade administrativa, favorece os agentes públicos desonestos, parciais e desleais, promove a corrupção, estimula a impunidade e o descrédito das instituições (*v.g.*, Ministério Público, Poder Judiciário, Polícia etc.) que combatem a imoralidade administrativa, passando para a opinião pública que elas não conseguem coibir os abusos praticados pelos governantes, e, principalmente, causa prejuízo ao interesse público, à tutela dos direitos fundamentais e à realização do Estado Democrático de Direito.

De igual modo, a intervenção estadual e federal são *medidas extremas*. O Estado poderá intervir nos Municípios quando o Tribunal de Justiça der provimento a representação para prover a execução de lei, de ordem ou de decisão judicial (art. 35, IV, da CF/1988). Já a União poderá intervir nos Estados ou no Distrito Federal para prover a execução de ordem ou de decisão judicial (art. 34, VI, da CF/1988). Porém, a intervenção estadual ou federal, por serem excepcionais, dependem da aplicação do *postulado da proporcionalidade*. O descumprimento *voluntário* e *intencional* de decisão transitada em julgado acarreta a intervenção. A atitude do Poder Público deve ser considerada dolosa e deliberada com a finalidade de não pagamento. Logo, o não cumprimento da decisão judicial pode ser justificado pela comprovação da *exaustão orçamentária*, isto é, pela insuficiência de recursos financeiros necessários aos investimentos necessários. Há de ficar demonstrado que o cumprimento da decisão judicial poderia, no quadro das múltiplas obrigações de idêntica hierarquia, comprometer a eficácia de outras normas constitucionais (*v.g.*, a continuidade da prestação de servi-

ou lesão ao Erário. Precedente: REsp 1.320.315/DF, Rel. Ministra Eliana Calmon, Segunda Turma, DJe de 20.11.2013" (AgRg no AREsp 592.206/SC, Rel. Ministro Herman Benjamin, Segunda Turma, julgado em 17/03/2015, DJe 06/04/2015). O STJ também tem afirmado que para a caracterização do ato de improbidade administrativo, previsto no art. 11 da Lei 8.429/92, basta o dolo genérico: "O STJ tem compreensão no sentido de que "o elemento subjetivo, necessário à configuração de improbidade administrativa censurada nos termos do art. 11 da Lei 8.429/1992, é o dolo genérico de realizar conduta que atente contra os princípios da Administração Pública, não se exigindo a presença de dolo específico" (REsp 951.389/SC, Rel. Ministro Herman Benjamin, Primeira Seção, DJe 4/5/2011)" (REsp 1275469/SP, Rel. Ministro Napoleão Nunes Maia Filho, Rel. p/ Acórdão Ministro Sérgio Kukina, Primeira Turma, julgado em 12/02/2015, DJe 09/03/2015).

ços públicos considerados indispensáveis).[1884] Essa orientação do STF tem sido aplicada ao descumprimento, pelo Estado, do pagamento de precatórios judiciais (art. 34, VI, da CF/1988). Com efeito, deve ter alcance diminuído quando o assunto é a efetivação das políticas públicas indispensáveis à efetivação de direitos fundamentais sociais, conforme dispõe expressamente o art. 34, VII, *e*, da CF/1988, ao afirmar o cabimento de intervenção federal para assegurar a aplicação do mínimo exigido da receita resultante de impostos estaduais, compreendida a proveniente de transferências, na manutenção e desenvolvimento do ensino e nas ações e serviços de saúde pública. Nesses temas e naqueles subsumíveis ao *mínimo existencial*,[1885] a cláusula da reserva do possível possui alcance menor. Assim, a decisão judicial deve ser *razoável* e explicitar, dentro da técnica de ponderação e pela aplicação do postulado da proporcionalidade, as razões pelas quais os aspectos financeiros não podem ser obstáculo à realização do *mínimo existencial*. De todo modo, como sugerido no tópico anterior,[1886] diante do caso concreto, podem surgir espaços para a criatividade judicial, a evitar o descrédito das decisões a serem impostas à Administração pelo Judiciário, como a fixação de *prazos flexíveis* e *compatíveis com a elaboração orçamentária*.

Porém, tal postura não deve dar margens a condutas abusivas por parte dos governantes. O exercício do direito de defesa, com manifesto intuito protelatório, pelo Estado inimigo, posterga indevidamente o exercício dos direitos fundamentais, viola o princípio da boa-fé e caracteriza *abuso do direito processual*. Nessas hipóteses, basta a comprovação objetiva da improbidade processual (isto é, da *utilização do processo como instrumento de retardamento da solução jurisdicional*), nos moldes gerais da regra contida nos arts. 5º do NCPC e 187 do CC/2002, para, independentemente de culpa ou dolo, restar configurada a litigância de má-fé, que deve ser exemplarmente punida, nos termos da legislação processual (*v.g.*, arts. 77 e 774 do NCPC).[1887]

1884 Cf. STF, IF-AgRg 506-SP, Tribunal Pleno, j. 05.05.2004, rel. Min. Maurício Corrêa, *DJU* 25.06.2004, p. 4; IF 164-SP, Tribunal Pleno, j. 13.12.2003, rel. Min. Gilmar Mendes, *DJU* 14.11.2003, p. 14.

1885 Verificar o item 5.7.6 supra.

1886 Consultar o item 5.7.17 supra.

1887 À guisa de ilustração, vale sublinhar julgado do STF: "Multa de exercício abusivo do direito de recorrer. O abuso do direito de recorrer – por qualificar-se como prática incompatível com o postulado ético-jurídico da lealdade processual – constitui ato de litigância maliciosa repelido pelo ordenamento positivo, especialmente nos casos em que a parte interpõe recurso com

Além disso, o agente público pode ser punido na esfera penal. Os agentes políticos estão sujeitos aos crimes de responsabilidade. Por exemplo, pelo art. 1.º, XIV, do Dec.-lei 201/1967, o Prefeito Municipal responde criminalmente se se negar à execução da lei federal, estadual ou municipal, ou deixar de cumprir *ordem judicial*, sem dar o motivo da recusa ou da impossibilidade, por escrito, à autoridade competente.[1888] Entretanto, o sistema legislativo precisa ser aperfeiçoado, pois os atos praticados pelo Presidente do Tribunal, quanto ao processamento e ao pagamento dos precatórios, são de natureza administrativa, isto é, não judicial, tornando atípica a conduta descrita no art. 1.º, XIV, do Dec.-lei 201/1967.[1889] Isto, portanto, torna frágil a responsabilização criminal desses agentes políticos e enfraquece

intuito evidentemente protelatório, hipótese em que se legitima a imposição de multa. A multa a que se refere o art. 557, § 2.º, do CPC possui função inibitória, pois visa a impedir o exercício abusivo do direito de recorrer e a obstar a indevida utilização do processo como instrumento de retardamento da solução jurisdicional do conflito de interesses. Precedentes" (STF, RE-AgRg 393.175-RS, 2.ª T., j. 12.12.2006, rel. Min. Celso de Mello, *DJe* 02.02.2007, p. 140).

[1888] "Penal e processo penal. Agravo regimental no recurso especial. Crime de responsabilidade de prefeito por desobediência à ordem judicial. Art. 1.º, XIV, do Dec.-lei 201/1967. (...) Tipicidade da conduta. Agravo improvido. (...) 2. Configura ordem judicial a determinação de Juiz do Trabalho dirigida a prefeito para que procedesse, de imediato, ao bloqueio do saldo pecuniário devido à empresa reclamada nos autos de reclamação trabalhista, bem como a colocação do crédito à disposição daquela Justiça Especializada. 3. Tipicidade da conduta reconhecida" (STJ, AgRg no REsp 679499-AM, 5.ª T., j. 03.04.2008, rel. Min. Arnaldo Esteves de Lima, *DJe* 09.06.2008).

[1889] Neste sentido, vale mencionar o posicionamento dos Tribunais Superiores: a) "(...) 2. Na linha da firme jurisprudência desta Corte, os atos praticados por Presidentes de Tribunais no tocante ao processamento e pagamento de precatório judicial têm natureza administrativa, não jurisdicional. 3. A expressão 'ordem judicial', referida no inc. XIV do art. 1.º do Dec.-lei 201/1967, não deve ser interpretada *lato sensu*, isto é, como qualquer ordem dada por Magistrado, mas, sem dúvida, como uma ordem decorrente, necessariamente, da atividade jurisdicional do Magistrado, vinculada a sua competência constitucional de atuar como julgador. 4. Cuidando os autos de eventual descumprimento de ordem emanada de atividade administrativa do Presidente do Tribunal de Justiça de São Paulo, relativa ao pagamento de precatório judicial, não está tipificado o crime definido no art. 1.º, XIV, segunda parte, do Dec.-lei 201/1967" (STF, Inq 2605, Tribunal Pleno, j. 20.02.2008, rel. Min. Menezes Direito, *DJe* 74, div. 24.04.2008); b) "A requisição que decorre da obrigação contida no art. 100, §§ 1.º e 2.º, da CF/1988 constitui decisão de natureza administrativa e, portanto, insuscetível de atender à elementar do tipo previsto no art. 1.º, XIV, segunda parte, do Dec.-lei 201/1967. Exigência do princípio da reserva legal (art. 5.º, XXXIX, da CF/1988 e art. 1.º do CP)" (STJ, HC 34.812/MG, 6.ª T., j. 18.11.2004, rel. Min. Paulo Medina, *DJ* 28.02.2005, p. 371).

o cumprimento das decisões judiciais que impõem a obrigação de pagar quantia em dinheiro.

Na ausência de regra específica, os Prefeitos, juntamente com os demais servidores públicos, podem responder pelo crime de prevaricação quando o delito é praticado para satisfazer interesse ou sentimento pessoal (art. 319 do CP), ou até por crime de desobediência (art. 330 do CP).[1890]

5.8. Estratégia nacional de prevenção e de redução de litígios

Houve, após a Constituição Federal de 1988, uma explosão de litigiosidade.[1891] O amplo acesso à justiça, a princípio identificado com o acesso ao Poder Judiciário,[1892] trouxe uma *excessiva judicialização* de demandas que revelam a ineficiência do sistema judiciário para tutelar os direitos dos cidadãos. Fato que, paradoxalmente, acarretou uma grave ofensa ao próprio acesso à justiça. A demasiada quantidade de processos em trâmite obriga os magistrados a proferirem decisões padronizadas, em uma verdadeira *linha de montagem judiciária*. O compromisso com o caso concreto fica prejudicado diante dessa jurisdição *pasteurizada*; além de se estimular o arbítrio judicial, ante a deficiência ou falta de fundamentação das decisões.[1893]

O Relatório Justiça em Números, divulgado pelo Conselho Nacional de Justiça, em outubro de 2013, revelou que, no final de 2012, tramitavam na Justiça brasileira 92,2 milhões de processos. Este número representa um crescimento de 10,6%, em relação ao volume de processos existentes no ano de 2008.

[1890] A questão é polêmica, havendo julgados que afirmam que somente particulares, não funcionários públicos, podem cometer desobediência, por se tratar de crime contra a Administração Pública (*v.g.*, STJ, RHC 9.189-SP, 6.ª T., j. 14.03.2000, rel. Min. Vicente Leal, *DJ* 03.04.2000). No entanto, há também orientação jurisprudencial segundo a qual o funcionário público, ao descumprir ordem judicial, comete crime de desobediência, sob pena de a determinação restar desprovida de eficácia (*v.g.*, STJ, REsp 556814-RS, 5.ª T., j. 07.11.2006, rel. Min. Arnaldo Esteves de Lima, *DJ* 27.11.2006, p. 307; STJ, HC 30.390-AL, 5.ª T., j. 03.02.2004, rel. Min. José Arnaldo da Fonseca, *DJU* 25.02.2004, p. 200).

[1891] Cf. Eduardo Cambi e Fabricio Fracaroli Pereira. Estratégia nacional de prevenção e de redução de litígios. p. 445-454.

[1892] *"Por acesso à Justiça vinha-se entendendo, até recentemente, o acesso aos tribunais"* (José Renato Nalini. Novas perspectivas no acesso à justiça. *Revista CEJ*, vol. 1 n. 3 set./dez. 1997. Disponível em http: http://www2.cjf.jus.br/ojs2/index.php/revcej/article/viewArticle/114/157. Acesso em 18 de junho de 2014).

[1893] Cf. Ovídio A. Baptista da Silva. Da função à estrutura. p. 14.

Ademais, a taxa de congestionamento – que mede o percentual de ações em tramitação que não foram baixados durante o ano – é de 69,9%, isto é, de cada 100 processos somente 30 foram resolvidos durante o período.

Logo, os números demonstram que o volume de demandas aumenta todos os anos e o Judiciário não consegue liquidar nem mesmo o número de processos que ingressaram durante o ano, em razão da elevada procura pela Justiça.[1894]

Diante disso, pode-se concluir que não basta apenas discutir os contornos do protagonismo e da autocontenção judiciários, quando se percebe a ineficiência do sistema judicial para resolver os conflitos. Não existe uma fórmula de validade universal que resolva integralmente o problema. Há a necessidade de se combinar estratégias e táticas, para se chegar a maior efetividade do sistema judicial.[1895]

É, pois, indispensável pensar em estratégias nacionais de prevenção e de redução de litígios. Conforme dados do CNJ, por exemplo, o Instituto Nacional do Seguro Social (INSS) é o maior litigante nacional, correspondendo a 22,3% das demandas dos 100 maiores litigantes nacionais, seguido pela Caixa Econômica Federal, com 8,5%, e pela Fazenda Nacional, com 7,4%.

Sem uma política específica, voltada aos entes públicos, aos bancos, as companhias telefônicas e as empresas de planos de seguro, que são os maiores litigantes nacionais, não será possível tornar a justiça brasileira mais eficiente. Aliás, a justiça brasileira vive uma situação paradoxal: está inchada por setores que demandam em excesso, sendo receptiva a certo tipo de demandas, mas está pouco atenta aos pleitos da cidadania, na medida em que ainda é desconhecida e inacessível a grande parte dos brasileiros.[1896]

Interessante notar que o Novo Código de Processo Civil, apesar de seus importantes avanços, vai precisar de uma atuação firme do Judiciário e ser

[1894] http://www.cnj.jus.br/noticias/cnj/26625-numero-de-processos-em-tramite-no-judiciario-cresce-10-em-quatro-anos. Acesso em 05.06.2014.

[1895] *"A verdade é que simplesmente não existe fórmula de validade universal para resolver por inteiro a equação. Temos de combinar estratégias e táticas, pondo de lado o receio de permanecermos incoerentes se, para enfermidades de diferente diagnóstico, experimentarmos remédios também diferenciados. O simplismo das palavras de ordem, já indesejável na política, revela-se aqui funesto"* (José Carlos Barbosa Moreira. O futuro da Justiça: alguns mitos. p. 23).

[1896] Cf. Maria Tereza Aina Sadek. Democratização do acesso à justiça. *Diálogos sobre Justiça*, nº 1, janeiro/abril 2014, Centro de Estudos sobre o Sistema de Justiça/Secretaria de Reforma do Judiciário, p. 35.

complementado por uma legislação mais eficiente e, principalmente, pelo desenvolvimento de práticas administrativas estratégicas para combater, com o vigor necessário, os *litigantes habituais*.[1897] São eles que se beneficiam da justiça para impedir ou retardar o cumprimento dos direitos, lucrando com a lentidão da prestação jurisdicional. Por exemplo, em 2012, somente na Justiça Estadual, havia 22 milhões de processos de execução fiscal pendentes para julgamento, sendo que a sua taxa de congestionamento, naquele ano, de 89,2%[1898]. Tal procedimento precisa ser urgentemente revisto, pois, na Justiça Federal, o tempo médio de sua duração é superior a oito anos, sendo seus resultados pífios, considerando que, por exemplo, a dívida ativa da União era, em 2010, de cerca de R$ 168 bilhões, sendo que, naquele ano, foi arrecadado apenas 0,68% deste montante.[1899]

Para minimizar tais problemas, a Advocacia Geral da União, com fundamento no II Pacto Republicano de Estado por um Sistema de Justiça mais Acessível, Ágil e Efetivo e no Acordo de Cooperação Técnica 052/2009/CNJ, vem desenvolvendo um Programa de Redução de Litígios. Isto para conferir aos advogados da União maior autonomia para deixar de recorrer de decisões favoráveis à União e mesmo desistir de recursos interpostos, para *desafogar* o Poder Judiciário e, desta forma, assegurar melhor acesso à justiça e qualidade na prestação judiciária.[1900]

Aliás, o Relatório da Justiça em Números, do CNJ, de 2013, revela que, em 2012, a despesa com o Poder Judiciário cresceu 7,2%, chegando a R$ 57,2 bilhões[1901]. Isto equivale a 1,3% do produto interno bruto (PIB) e a 3,2% de tudo aquilo que foi gasto por todos os entes federativos durante aquele ano. Aumentar os gastos com o sistema judiciário para dar conta da enorme quantidade de processos não é, pois, a melhor estratégia, pois os recursos públicos devem ser priorizados na efetivação de políticas públicas indispensáveis à proteção dos direitos fundamentais sociais.

[1897] Cf. Mauro Cappelletti e Bryant Garth. *Acesso à justiça*. p. 25.

[1898] http://www.cnj.jus.br/noticias/cnj/26627:despesa-do-judiciario-cresce-72-mas-cai-parcela-gasta-com-pessoal. Acesso em 05.06.2014.

[1899] http://www.cnj.jus.br/atos-administrativos/13612:processo-de-execucao-fiscal-custa-em-media-r-43-mil. Acesso em 05.06.2014.

[1900] Cf. Paulo Henrique Kuhn. Programa de redução de litígios da Procuradoria-Geral da União. p. 323-330.

[1901] http://www.cnj.jus.br/noticias/cnj/26627:despesa-do-judiciario-cresce-72-mas-cai-parcela-gasta-com-pessoal. Acesso em 05.06.2014.

Assim, a exemplo da Estratégia Nacional de Combate à Corrupção e à Lavagem de Dinheiro (ENCCLA), organizada pela Secretaria Nacional de Justiça, do Ministério da Justiça, que reúne, desde 2004, diversos atores (como os Conselhos Nacionais de Justiça e do Ministério Público, Tribunal de Contas da União, Controladoria Geral da União, Advocacia Geral da União, Receita Federal, Banco Central, entre outros) para buscar soluções para diminuir a corrupção sistêmica no Brasil, é indispensável a constituição de uma Estratégia Nacional de Redução de Litígios.

A ideia deve ser aperfeiçoada pela Secretaria de Reforma do Judiciário, no âmbito do Ministério da Justiça, para reunir entidades capazes de repensar o sistema judicial brasileiro.

A partir da década de setenta do século passado, com o desenvolvimento do Projeto Florença, coordenado por Mauro Cappelletti, foi empregado grande esforço para ampliar o acesso à justiça. Passados quase cinquenta anos, é necessário criar, para os litigantes habituais, mecanismos de restrição ao sistema de justiça, para que o Judiciário possa atuar de forma mais racional e eficiente, para democratizar o acesso à justiça e melhor atender as demandas da cidadania.

Dentre as técnicas que devem merecer tratamento prioritário estão as voltadas à tutela coletiva, à vinculação dos precedentes, as que possibilitem a resolução dos litígios sem a atuação do Poder Judiciário e a resolução de demandas repetitivas.

Quanto à tutela coletiva, é importante ressaltar o Projeto de Lei nº 4484/2012, que disciplina a ação civil pública, infelizmente arquivado no início de 2015, dentre outras estratégias, estimulava que o demandado, a qualquer tempo, pudesse apresentar proposta de prevenção e reparação de danos a interesses difusos, coletivos ou individuais homogêneos, consistente em programa extrajudicial (art. 57). Tal programa poderia ser proposto no curso de ação coletiva ou ainda que quando não houvesse processo em andamento e compreender diversas modalidades de métodos alternativos de resolução de conflitos (tais como a mediação, a arbitragem e a avaliação neutra de terceiro de confiança das partes). Também, no artigo 64, deste Projeto de Lei, havia a previsão da criação de juízos e órgãos especializados, para o processamento e julgamento de ações coletivas em primeira e segunda instância.

Sobre a vinculação aos precedentes, é indispensável que o Supremo Tribunal Federal priorize o julgamento das repercussões gerais das questões constitucionais (art. 102, § 3º, CF e Lei 11.418/2006), para evitar que inúmeros pleitos fiquem sobrestados por tempo não razoável. Estima-se, por dados levantados até meados de 2014, que há cerca de 750 assuntos que precisam ser resolvidos pelo STF, cuja repercussão geral já foi reconhecida, mas os julgamentos ainda não foram devidamente priorizados. De qualquer modo, o instituto da repercussão geral é um avanço na medida em que faz chegar ao STF menos processos, permitindo que uma mesma questão relevante seja decidida e aplicada aos demais casos idênticos. Para ilustrar, o STF recebia antes do instituto da repercussão geral cerca de 50 mil recursos extraordinários (em 2007, foram 49.708), tendo este número baixado para 3.805 em 2013[1902]. O mesmo sistema pode ser estendido ao Superior Tribunal de Justiça se aprovada a Proposta de Emenda Constitucional nº 209/2012.[1903]

De qualquer modo, em 2014, ingressaram no STF 79.973 demandas, o que é um número bastante elevado para uma Corte Suprema. Para baixar esse volume, é necessário repensar as competências do STF. Um dos tópicos que deve ser considerado é a diminuição do rol de agentes com foro por prerrogativa de função, pois tal Tribunal não consegue apreciar e decidir, de maneira adequada, esses casos. Por exemplo, a demora para processar e julgar a ação penal 470, do Mensalão, gerou maior taxa de congestionamento do STF, em 2013, em comparação com dados colhidos desde 1997.[1904]

Felizmente, em 28 de maio de 2014, o Plenário do STF resolveu alterar seu Regimento Interno para que as ações penais ajuizadas em face de acusados com prerrogativa de foro, bem como as ações e mandados de segurança contra atos do Conselho Nacional de Justiça e do Conselho Nacional do Ministério Público, fossem julgadas pelas duas Turmas do Tribunal. Com isso, o Plenário fica mais livre para julgar outras ações. Durante as discussões, o Ministro Marco Aurélio disse ter 140 processos, de sua relatoria, prontos para ser levado ao julgamento pelo Plenário do STF, mas que aguardavam dia para serem colocados em pauta.[1905]

1902 http://www.meritissimos.org.br/stf/index.php. Acesso em 06.06.2014.

1903 Cf. Eduardo Cambi e Aline Regina das Neves. Repercussão Geral e PEC 209/2012. *Revista de processo*, vol. 220, jun./2013, p. 183 e seg.

1904 http://www.stf.jus.br/portal/cms/verTexto.asp?servico=estatistica&pagina=pesquisaClasse. Acesso em 06.06.2014.

1905 http://www.brasil247.com/pt/247/brasilia247/141602/Depois-do-mensal%C3%A3o--STF-n%C3%A3o-transmitir%C3%A1-mais-a%C3%A7%C3%B5es-de-pol%C3%ADticos.

Além disso, como o papel das Cortes Supremas não é a de produzir provas e analisar questões de fato, sendo destinadas a interpretar a Constituição e a definir teses jurídicas para orientar os demais tribunais e juízes do país, o Min. Luís Roberto Barroso já sugeriu alteração na Constituição Federal para que as autoridades que hoje têm foro por prerrogativa de função fossem ser processadas e julgadas por uma vara federal de primeiro grau, em Brasília. O juiz titular seria escolhido pelo STF, para um mandato improrrogável de quatro anos. Das decisões dessa vara especializada caberia recurso ordinário diretamente para o STF ou para o STJ, conforme a autoridade.[1906]

Quanto à mediação entre particulares como meio alternativo de solução de controvérsias e sobre a composição de conflitos no âmbito da Administração Pública, deve ser salientado o Projeto de Lei 7.169/2014, que estimula entes públicos a resolverem suas controvérsias jurídicas sem levar a questão ao Poder Judiciário.

Também são importantes as mudanças promovidas, em 2015, na Lei de Arbitragem (Lei nº 9.307/1996) para possibilitar que a Administração Pública direta e indireta possa utilizar desse meio alternativo de solução de controvérsias para dirimir conflitos relativos a direitos patrimoniais disponíveis (art. 1º, § 1º).

Outrossim, é importante pensar em técnicas processuais que evitem a judicialização de conflitos, a exemplo dos procedimentos probatórios extrajudiciais, que podem ser inspirados na *discovery* pré-processual norte americana. Tal técnica tem inspirado a reforma de outros sistema processuais, como o francês, o alemão e o italiano. Por meio dela, evita-se a *judicialização compulsiva* dos litígios, sem prévia avaliação das reais condições de sucesso ou fracasso, o que deve aumentar a responsabilidade de advogados e de instituições na solução das controvérsias antes do ingresso em juízo. Nesse sentido, deve ser destacada a proposta discutida pelo Grupo de Pesquisas "Observatório das Reformas Processuais", voltada à Reforma do Direito Probatório, no processo civil brasileiro, coordenada pelo Professor Leonardo Greco, na Faculdade de Direito da Universidade do Estado do Rio de Janeiro.

Em moldes semelhantes também poderia ser pensada a criação de um Observatório da Justiça Brasileira, com a participação das Universidades,

htm. Acesso em 06.06.2014.

[1906] http://www.conjur.com.br/2014-abr-02/luis-roberto-barroso-foro-privilegiado-restrito--autoridades. Acesso em 06.06.2014.

a exemplo do que ocorre em Portugal, onde existe o Observatório Permanente da Justiça Portuguesa. Esse Observatório corresponde a uma instituição social que conta com representantes do Governo Federal, com agentes do direito, bem como com pesquisadores e representantes de movimentos sociais, para, além de outras tarefas, acompanhar e analisar o desempenho das instituições que integram o sistema da justiça nacional.[1907] Tem por objetivo potencializar a produção acadêmica e científica para que seus estudos e sugestões orientem as avaliações sobre o sistema de justiça, as reformas normativas e as políticas de gestão; acompanhar e analisar o desempenho das instituições que integram o sistema de justiça brasileiro e sugerir novas formas e instrumentos alternativos de resolução dos conflitos; e monitorar e avaliar os resultados das reformas normativas.

Sobre a resolução de demandas repetitivas[1908], é importante aprofundar os estudos da *Musterverfahren*, existente no Direito Alemão, para a aprovação do incidente de resolução de demandas repetitivas, que está previsto nos artigos 976 a 987 do Novo Código de Processo Civil. Tal incidente pode ser instaurado nas hipóteses em que houver discussão judicial sobre matérias com potencial de gerar relevante multiplicação de processos fundados em idêntica questão de direito; ou, com potencial de causar profunda insegurança jurídica devido ao risco de decisões conflitantes. Com isso, o STJ ou o STF podem suspender todos os processos em curso no território nacional, desde que envolvam matérias idênticas, sob o argumento de preservação da segurança jurídica. Uma vez fixada a tese, obrigatoriamente ela será aplicada aos casos análogos, podendo a parte manejar reclamação caso isso não ocorra.

[1907] Cf. Benedito Cerezzo Pereira Filho e Daniela Marques de Moraes. O Observatório da Justiça Brasileira como possível instituição de controle democrático do poder judiciário. p. 412-429.

[1908] Verificar, entre outros: Arthur Mendes Lobo. Reflexões sobre o incidente de resolução de demandas repetitivas. *Revista de processo*, vol. 185, jul./2010, p. 233 e seg.; Aluisio Gonçalves de Castro Mendes. RODRIGUES, Roberto De Aragão Ribeiro. Reflexões sobre o incidente de resolução de demandas repetitivas previsto no Projeto de Novo Código de Processo Civil. *Revista de processo*, vol. 211, set./2012, p. 191 e seg.; Leonardo Carneiro da Cunha Cunha. Anotações sobre o incidente de resolução de demandas repetitivas previsto no Projeto de Novo Código de Processo Civil. *Revista de processo*, vol. 193, mar../2011, p. 255 e seg.; AMARAL, Guilherme Rizzo. Efetividade, segurança, massificação e a proposta de um 'incidente de resolução de demandas repetitivas. *Revista de processo*, n. 196, ano 36, jun/2011; CABRAL, Antonio do Passo. A escolha da causa-piloto nos incidentes de resolução de processos repetitivos. *Revista de Processo*, n. 231, ano 39, mai/2014; GONÇALVES, Marcelo Barbi. O incidente de resolução de demandas repetitivas e a magistratura deleitada. *Revista de Processo*, n. 222, ano 38, ago/2013.

Portanto, caso aprovado o incidente de resolução de demandas repetitivas pode contribuir, junto com outras medidas, para racionalizar o julgamento de número expressivo de ações que envolvem conflitos massificados, diminuindo o número de processos que tramitam perante o Judiciário brasileiro.

A atuação jurisdicional necessita de uma posição de equilíbrio, entre atitudes que se podem denominar de ativistas, bem como nos casos de autocontenção (*self-restraint*) judicial, para atender aos limites e fins constitucionais.

O direito contemporâneo é acometido por complexidade e pluralismo. Não suporta mais concepções que anteriormente eram suficientes. Paradigmas são e devem ser quebrados em prol de modelos que suportem as características atuais da sociedade.

As demandas pela concretização de direitos fundamentais são cada vez maiores. Se as instâncias políticas primordialmente responsáveis pela concretização desses direitos não o fazem, sobrecarrega-se a instância jurisdicional com demandas relativas às omissões dos demais Poderes, já que, por determinação constitucional, o Judiciário não pode abster-se de apreciar qualquer lesão ou ameaça a direito (art. 5º, XXXV, CF/88).

Diante da falta de efetividade dos direitos fundamentais sociais, o Judiciário é constantemente demandado. Porém, se, a pretexto de realizar justiça, o magistrado extrapola os limites constitucionais e passa decidir a partir de concepções pessoais acerca do justo ou, ainda, à sombra de suas convicções políticas, cai-se no perigoso pântano dos *decisionismos* ou *voluntarismos* que, em última análise, retiram a legitimidade da jurisdição constitucional, e criam sério risco ao Estado Democrático de Direito.

O protagonismo judiciário não é, em si mesmo, prejudicial e, quando mitigado pelo princípio da subsidiariedade, desde que para reconhecer omissões inconstitucionais, deve ser adotado. Entretanto, a postura mais efetiva do Judiciário não é a fórmula mágica capaz de resolver todos os problemas no reconhecimento e na concretização dos direitos fundamentais sociais. Entre a postura ativista e a da autocontenção, o Judiciário deve caminhar, juntamente com os demais Poderes, em direção à realização dos objetivos do Estado Democrático de Direito que se instaurou.

É preciso buscar uma alternativa na encruzilhada entre o princípio da separação dos poderes e as "teorias da última palavra".[1909] Saber se a

[1909] Cf. Conrado Hubner Mendes. Direitos fundamentais, separação de poderes e deliberação. p. 14-18.

última palavra, em conflitos envolvendo direitos fundamentais, deve ser dos Parlamentos ou das Cortes apenas agrava dos ideais políticos, igualmente importantes: a democracia e o constitucionalismo. Deve ser pela interação de caráter deliberativo entre os poderes ou pelas contribuições complementares entre eles que se tem maiores possibilidades de, a longo prazo, produzir melhores resultados na efetivação dos direitos fundamentais. Assim, é preciso superar a concepção da "última palavra", para não colocar fim ao debate, uma vez que o desafio da democracia é maximizar a capacidade da democracia de levar a sério os direitos fundamentais, pelo potencial epistêmico da deliberação inter-institucional, sem desconsiderar a necessidade de decisões estáveis, ainda que provisórias.

Por outro lado, também é preciso pensar nas razões que culminaram com a expansão da jurisdição constitucional. Dentre elas, a crise na representação e na legitimação políticas. Tal situação, infelizmente, não pode ser superada pela atuação jurisdicional, exigindo a realização de reformas políticas para que exista maior equilíbrio entre os Poderes[1910].

Portanto, o protagonismo judiciário deve ser pautado pelo princípio da subsidiariedade e existir, tão-somente, em casos justificados, quando houver caracterizada omissão inconstitucional. Por isso, mesmo que exercido de forma responsável, não pode ser a panaceia para a efetivação dos direitos constitucionais. Isto porque o sistema judicial é caro, lento e ineficiente.

[1910] Nesse sentido, afirma Leonardo Avritzer, *"o Congresso Nacional precisa reassumir suas prerrogativas no que diz respeito à organização da expressão da soberania popular. Para isso, é necessário organizar uma reforma política que restabeleça a credibilidade dos parlamentares e do sistema de representação em sua relação com os atores da sociedade civil. O Poder Legislativo não pode continuar deslegitimado da forma como se encontra no país, sob o risco de afetar o equilíbrio entre os poderes. Ao mesmo tempo, independentemente da deslegitimação em curso do Poder Legislativo, o Poder Judiciário tampouco pode assumir o papel de legislador, como tem feito sistematicamente em um conjunto de decisões, como a recente legalização da união homoafetiva. Por mais que concordemos com a decisão do Supremo nessa questão, era fundamental que ela tivesse sua origem no Poder Legislativo. Assim, é possível afirmar que o Brasil avançou enormemente no que diz respeito ao aumento das prerrogativas do Poder Judiciário e que a tradição de revisão constitucional, o assim chamado 'controle concentrado de constitucionalidade', está definitivamente instituída no país. Todavia, ainda não alcançamos o equilíbrio desejável devido ao enfraquecimento das prerrogativas do Poder Legislativo no país. O alcance de um equilíbrio desejável requer a recuperação das prerrogativas de soberania pelo Congresso Nacional, que, no entanto, só conseguirá fazê-lo se for capaz de se autorreformar sem o que o Poder Judiciário interfira naquilo que são os seus poderes administrativos e legislativos próprios, que decorrem da tradição de um governo misto"* (Judicialização da política e equilíbrio de poderes no Brasil. p. 219-220).

Se nas últimas décadas o Brasil tem experimentado uma crescente explosão de litigiosidade, para aperfeiçoar o sistema judicial, é indispensável, tanto quanto reformas processuais, constituir, nos moldes do modelo bem sucedido da Estratégia Nacional de Combate à Corrupção e à Lavagem de Dinheiro (ENCCLA), um *fórum permanente*, que reúna diversas entidades (Judiciário, Ministério Público, Advocacia Pública e Privada, Conselhos Nacionais de Justiça e do Ministério Público, Secretaria de Reforma do Judiciário, bancos, Instituto de Previdência Social, empresas de telefonia, agências reguladoras, universidades, representantes de movimentos sociais[1911], dentre outros) para diagnosticar, monitorar e executar políticas criativas e eficientes para aperfeiçoar o sistema brasileiro de justiça. Isso possibilitará pensar melhor as estratégias nacionais de prevenção e de redução de litígios, a fim de planejar e aprimorar, com mais eficiência, a democratização do acesso à justiça e promover a cidadania plena.

[1911] À guisa de ilustração, o Decreto nº 8.243, de 23 de maio de 2014, institui a política nacional de participação social, para articular os mecanismos e as instâncias democráticas de diálogo e atuação conjunta entre a Administração Pública federal e a sociedade civil, prevendo no artigo 6º nove instâncias e mecanismos de participação social, sem prejuízo da criação e do reconhecimento de outras formas de diálogo. Outro mecanismo importante são as audiências públicas, para deliberar sobre questões jurídicas complexas, seja antes da propositura de uma ação (coletiva) [conforme a Resolução nº 82/2012 do CNMP, baseada nos artigos 27, inc. IV, da Lei 8.623/93 e 6º, inc. XIV, da Lei Complementar nº 73/93] seja durante o seu transcurso. Tal assunto merece, contudo, melhor regulamentação. Por enquanto, encontra-se prevista, no procedimento da ação direta de inconstitucionalidade e da ação declaratória de constitucionalidade (art. 9º, § 1º, da Lei 9.868/99), da arguição de descumprimento de preceito fundamental (art. 6º, § 1º, da Lei 9.882/99) e nos artigos 13, inc. XVII, e 21, inc. XVII, do Regimento Interno do Supremo Tribunal Federal. O tema deve ser regulamentado no processo coletivo, podendo-se mencionar, como exemplo, a proposta contida no artigo 22 do Projeto de Lei nº 4484/2012 (apesar do seu arquivamento, por falta de deliberação, em 2015), que disciplina a ação civil pública, *in verbis*: *"Em qualquer tempo e grau do procedimento, o juiz ou tribunal poderá submeter a questão objeto da ação a audiências públicas, ouvindo especialistas no assunto e membros da sociedade, de modo a garantir a mais ampla participação social possível e a adequada cognição judicial"*. De igual modo, o artigo 90-J, do Projeto de Lei do Senado nº 282, de 2012, que pretende aperfeiçoar o Código de Defesa do Consumidor, inclusive asseverando a participação de *amicus curiae*, assevera: *"O juiz ou o tribunal, em qualquer instância, poderá submeter a questão objeto da ação coletiva a audiências públicas, ouvindo especialistas e membros da sociedade, de modo a garantir a adequada cognição judicial, em qualquer tempo e grau de jurisdição. Parágrafo único. O juiz ou tribunal poderá admitir a intervenção, escrita ou oral, de amicus curiae"*. O NCPC, por sua vez, regulamentou e ampliou a figura do *amicus curiae* no art. 138.

5.9. Métodos de solução consensual de conflitos no Novo Código de Processo Civil e na legislação específica

O NCPC, atendendo à excessiva judicialização de demandas e da morosidade da prestação jurisdicional, estimula, no artigo 3º, § 3º, a conciliação, a mediação e outros métodos de solução consensual de conflitos.

Com isso, o Novo Código inova em relação ao CPC/73, pois estabelece, no artigo 334, a possibilidade de realização de audiência de conciliação ou de mediação antes da resposta do réu. Este é citado apenas para participar dessa audiência. E, tão-somente, se restarem frustrados os mecanismos de autocomposição, é que começará a correr prazo para o réu contestar.

O NCPC aposta em *meios alternativos* de resolução de controvérsias, por considerá-los mais adequados, rápidos, baratos e eficientes. Tais meios evitam a imposição de uma decisão pelo Estado-juiz, o que favorece o bom-senso das partes e contribui para a pacificação social.

Ademais, o artigo 174 do NCPC estimula a criação de câmaras de mediação e de conciliação, pelos entes federativos, para dirimir conflitos envolvendo órgãos e entidades da administração pública, avaliar a admissibilidade de pedidos de resolução de conflitos, por meio de conciliação, no âmbito da administração pública e promover, quando couber, a celebração de termo de ajustamento de conduta. No mesmo sentido, o artigo 32 da Lei nº 13.140/2015 permite a possibilidade dos entes federativos criarem câmaras de prevenção e resolução administrativa de conflitos, no âmbito dos órgãos da Advocacia Pública, com competência para: a) dirimir conflitos entre órgãos e entidades da administração pública; b) avaliar a admissibilidade dos pedidos de resolução de conflitos, por meio de composição, no caso de controvérsia entre particular e pessoa jurídica de Direito Público; c) promover, quando couber, a celebração de termo de ajustamento de conduta; d) avaliar conflitos que envolvam o equilíbrio econômico-financeiro de contratos celebrados pela administração com particulares. De forma pioneira, a Advocacia Geral da União instituiu a Câmara de Conciliação e Arbitragem da Administração Federal (CCAF), em funcionamento desde o ano de 2007, que com o passar do tempo admitiu a participação de Estados, do Distrito Federal e dos Municípios. A competência da CCAF está disciplinada no artigo 18, do Anexo I, do Decreto nº 7.392/2010, que prevê, dentre as suas atribuições: I - avaliar a admissibilidade dos pedidos de resolução de conflitos, por meio de conciliação, no âmbito da Advocacia-Geral da União; II - requisitar aos órgãos e entidades da Administração Pública Federal informações para subsidiar sua atuação; III - dirimir, por meio de conciliação, as controvérsias entre órgãos e entidades da Administração Pública Federal, bem como entre esses e a Administração Pública dos Estados, do Distrito Federal, e dos Municípios; IV - buscar a solução de conflitos judicializados, nos casos remetidos pelos Ministros dos Tribunais Superiores e demais membros do Judiciário, ou por proposta dos órgãos de direção superior que atuam no contencioso judicial; V - promover, quando couber, a celebração de Termo de Ajustamento de Conduta nos casos submetidos a procedimento conciliatório; VI - propor, quando couber, ao Consultor-Geral da União o arbitramento das controvérsias não solucionadas por conciliação; e VII - orientar e supervisionar as atividades conciliatórias no âmbito das Consultorias Jurídicas nos Estados. Também, o artigo 11, inc. III, da Lei nº 11.079/2004, que institui normas gerais para licitação e contratação de parceria público-privada no âmbito da administração pública, estabelece, no artigo 11, inc. III, a possibilidade de o instrumento convocatório prever o emprego dos mecanismos privados de resolução de disputas, a ser realizada no Brasil e em língua portuguesa, para dirimir conflitos decorrentes ou relacionados ao contrato. A Lei nº 9.307/97, com a redação dada pela Lei nº 13.129/2015, afirma que a administração pública pode utilizar da arbitragem para dirimir conflitos relativos a direitos patrimoniais disponíveis. Além disso, o artigo 33, par. ún., da Lei nº 13.140/2015 permite que a Advocacia Pública da União, dos Estados, do Distrito Federal e dos Municípios, onde houver, instaurem, de ofício ou mediante provocação, procedimento de *mediação coletiva* de conflitos relacionados à prestação de serviços públicos. A Lei nº 13.140/2015, ainda, disciplina a resolução de conflitos envolvendo, especificamente, a Administração Pública Federal Direta, suas Autarquias e Fundações, os quais podem ser objeto de *transação por adesão*, com fundamento em autorização do Advogado-Geral da União, com base na jurisprudência pacífica do Supremo Tribunal Federal ou de tribunais superiores; ou em parecer do Advogado-Geral da União, aprovado pelo Presidente da República (art. 35). É interessante observar que tal resolução administrativa possui efeitos gerais e deve ser aplicada aos casos idênticos, tempestivamente habilitados mediante pedido de adesão, ainda que solucione apenas parte da controvérsia. A transação por adesão implica, ainda, renúncia do interessado ao direito sobre o qual se fundamenta a ação ou o recurso, eventualmente pendente, de natureza administrativa ou judicial, quanto aos pontos compreendidos pelo objeto da resolução administrativa. Nos termos do artigo 36 da Lei nº 13.140/2015, os conflitos que envolvam controvérsia jurídica entre órgãos ou entidades de Direito Público que integram a administração pública federal devem ser submetidos à composição extrajudicial do conflito, observados os procedimentos previstos em ato do Advogado-Geral da União. Se a resolução da controvérsia implicar o reconhecimento da existência de créditos da União, de suas autarquias e fundações em face de pessoas jurídicas de Direito Público federais, a Advocacia-Geral da União poderá solicitar ao Ministério do Planejamento, Orçamento e Gestão a adequação orçamentária para quitação das dívidas reconhecidas como legítimas. Por outro lado, a composição extrajudicial do conflito não afasta a apuração de responsabilidade do agente público que deu causa à dívida, sempre que se verificar que sua ação ou omissão constitui, em tese, infração disciplinar. Ainda, se a matéria objeto do litígio estiver sendo discutida em ação de improbidade administrativa ou sobre ela haja decisão do Tribunal de Contas da União, a conciliação depende da anuência expressa do juiz da causa ou do Ministro Relator, desde que não viole o artigo 17, § 1º, da Lei nº 8.249/92 (*v.g.*, estando prescrita a ação de impropriedade administrativa e sendo imprescritíveis os danos ao patrimônio público – art. 37, § 6º, CF – admite-se conciliação para estipular *formas, modos e prazos* para viabilizar o ressarcimento dos prejuízos). Também os Estados, o Distrito Federal e os Municípios, bem como as suas autarquias e fundações públicas, e as empresas públicas e sociedades de economia mista federais, podem submeter seus litígios com órgãos ou entidades da administração pública federal à Advocacia-Geral da União para haver a composição extrajudicial do conflito (art. 37 da Lei nº 13.140/2015). Além disso, a propositura de ação judicial, em que figurem concomitantemente nos polos ativo e passivo órgãos ou entidades de Direito Público que integrem a administração pública federal, deve ser previamente autorizada pelo Advogado-Geral da União (art. 37 da Lei nº 13.140/2015), com o intuito de priorizar a autocomposição pelo Poder Público.

Aliás, essa Lei nº 13.140/2015, ao regulamentar a mediação entre particulares como meio alternativo de solução de controvérsias e sobre a composição de conflitos no âmbito da Administração Pública, é um importante marco regulatório para promover a cultura de métodos adequados de solução de conflitos e, a um só tempo, ampliar os instrumentos de pacificação social e conferir maior racionalidade à jurisdição estatal. Nesse sentido, é preciso destacar também os esforços desenvolvidos pela Escola Nacional de Mediação e Conciliação e pelo Centro de Estudos sobre o Sistema de Justiça, da Secretaria de Reforma do Judiciário, do Ministério da Justiça, com a elaboração de cursos e manuais específicos para advogados, defensores públicos, membros do Ministério Público.

É importante também ressaltar que o papel de todos os sujeitos processuais na promoção da cultura da paz, na prevenção e na redução dos litígios, bem como no aperfeiçoamento da tutela dos direitos.

O artigo 33 do Estatuto da Advocacia (Lei nº 8.906/94) obriga o advogado a cumprir, rigorosamente, com os deveres consignados no Código de Ética e Disciplina. Este Código prevê, no artigo 2º, par. ún., inc. II, ser dever do advogado estimular a conciliação entre os litigantes, prevenindo, sempre que possível, a instauração de litígios. O advogado exerce um papel relevante na assessoria jurídica dos litigantes, no cumprimento das normas jurídicas e na resolução adequada dos conflitos. Tanto na conciliação quanto na mediação é função dos advogados: a) exigir o cumprimento das regras e dos princípios da autocomposição, fazendo respeitar a imparcialidade, a isonomia entre as partes, a oralidade, a informalidade, a autonomia da vontade dos litigantes, a confidencialidade e a boa-fé (art. 166/NCPC); b) identificar as situações que causam e fundamentam o litígio entre as partes, sem personalizar o conflito, porque tal forma de compreendê-lo acirra as disputas internas e inviabiliza os meios de autocomposição, os quais não seguem a lógica do *ganhar ou perder*, mas se baseiam predominantemente na colaboração e na cooperação entre as partes, na tentativa de encontrar soluções consensuais e que possam trazer benefícios para ambos os litigantes; c) sistematizar os interesses de ambas as partes e salientar os argumentos para favorecer a posição de seu cliente, mas sempre com enfoque na harmonização do conflito e na obtenção de ganhos mútuos, procurando evitar o tecnicismo jurídico e o apego exagerado às formas, sem prejuízo de estabelecer os limites jurídicos a serem considerados, inclusive para impedir nulidades; d) evitar análises subjetivas, buscando critérios objetivos para a formulação de proposições ou para examinar as propostas trazidas pela outra parte e/ou pelo conciliador/mediador; e) usar a criatividade para a elaboração de soluções consensuais, equilibradas e satisfatórias entre as partes; f) explicar ao cliente as vantagens dos métodos autocompositivos para a melhor e mais rápida resolução do conflito;

g) tratar com urbanidade e saber ouvir com respeito as propostas formuladas pela parte contrária ou pelo conciliador/mediador, promovendo o diálogo e evitando intervenções inoportunas, atitudes adversariais e comportamentos beligerantes[1912]. Quando o advogado, como assessor de seu cliente, contribui com dados técnicos e jurídicos, mas também mantém conduta voltada à construção da melhor solução consensual para o litígio, evitam-se surpresas e aumenta a exequibilidade dos acordos, o que contribui com a efetivação da tutela jurisdicional célere e efetiva, o descongestionamento do Poder Judiciário e, principalmente, com a maior satisfação dos usuários do sistema judicial, ao promover a justiça e a paz social. O NCPC, ainda, estimula a solução extrajudicial das controvérsias, ao afirmar que o instrumento de transação referendado pelos advogados dos transatores é título executivo extrajudicial (art. 784, inc. IV, NCPC).

Por sua vez, o artigo 4º, inc. II, Lei Complementar nº 80/1994 (com a redação da Lei Complementar nº 132/2009), que organiza a Defensoria Pública da União, do Distrito Federal e dos Territórios e prescreve normas gerais para sua organização nos Estados, afirma que uma das funções institucionais da Defensoria Pública é a de promover, *prioritariamente*, a *solução extrajudicial* dos litígios, visando à composição entre as pessoas em conflito de interesses, por meio de mediação, conciliação, arbitragem e demais técnicas de composição e administração de conflitos. Tal regra está em consonância com o artigo 134, *caput*, da Constituição Federal, com a redação atribuída pela Emenda Constitucional nº 80/2014, que define a Defensoria Pública como instituição permanente, essencial à função jurisdicional do Estado, incumbindo-lhe, como expressão e instrumento do regime democrático, fundamentalmente, a orientação jurídica, a promoção dos direitos humanos e a defesa, em todos os graus, judicial e extrajudicial, dos direitos individuais e coletivos, de forma integral e gratuita, aos necessitados, na forma do inciso LXXIV do art. 5º da CF. Portanto, o Defensor Público – desde que presente a defesa de interesses de pessoas hipossuficientes, nos termos do artigo 98 do NCPC (já que o art. 2º, par. ún., da Lei nº 1.060/50, foi revogado pelo art. 1.072, inc. III, do NCPC) – deve evitar, sempre que possível, a solução judicial dos conflitos, primando pela adoção dos métodos alternativos de solução de controvérsias. A judicialização de demandas pela

1912 ORLANDO, Fabíola. *Relevantes contribuições do advogado para a mediação. In: Manual de mediação de conflitos para advogados*. Coord. Igor Lima Goettenauer. Brasília: Ministério da Justiça, 2014. p. 82-86

Defensoria Pública deve ser a *última alternativa* para a solução dos conflitos. Para estimular a atuação extrajudicial da Defensoria Pública, o artigo 784, inc. IV, do NCPC afirma que o instrumento de transação referendado pela Defensoria Pública é título executivo extrajudicial, sem prejuízo da elaboração de termos de ajustamento de conduta que, igualmente, possui eficácia de título executivo extrajudicial (art. 784, inc. XII, NCPC). O incentivo aos meios de autocomposição dos litígios, pela Defensoria Pública, entre os grupos sociais marginalizados, contribui para a promoção da cidadania, aumenta o grau de satisfação dos usuários do sistema de justiça, serve para prevenir conflitos e auxilia na superação do paradigma da excessiva litigiosidade com o estímulo à cultura da paz. Além disso, os meios alternativos de solução de controvérsias permitem a resolução dos conflitos massificados e o aperfeiçoamento de políticas públicas. Nesse sentido, é preciso ressaltar duas experiências da Defensoria Pública da União (DPU): i) o Comitê Interinstitucional de Resolução Administrativa de Demandas da Saúde (CIRADS) no Rio Grande do Norte (RN): resultado de Acordo de Cooperação Técnica, celebrado entre a Procuradoria da União no RN, a DPU/RN, a Procuradoria Geral do Estado do Rio Grande do Norte (PGE/RN), a Secretaria Estadual de Saúde do RN e a Secretaria Municipal de Saúde de Natal/RN, além da Defensoria Pública do Estado do RN, permite a solução administrativa de conflitos da saúde, nas hipóteses em que os tratamentos de saúde (*v.g.*, fornecimento de medicamentos, insumos, materiais e serviços de saúde) estejam previstos no Sistema Único de Saúde (SUS), mas não tenham sido prestados, ou quando o médico tenha indicado tratamento não oferecido pelo SUS, mas também se destina à apresentação de propostas para o aperfeiçoamento do SUS; ii) as Câmaras de Conciliação Previdenciária: decorrente de acordo entre a DPU e o Instituto Nacional de Seguro Social (INSS), possibilita que os dois órgãos, antes da propositura de qualquer ação judicial, possam resolver administrativamente eventuais conflitos envolvendo à aplicação do Direito Previdenciário[1913].

Já o Conselho Nacional do Ministério Público (CNMP) editou a Resolução nº 118, de 1º de dezembro de 2014 para estabelecer a Política Nacional de Incentivo à Autocomposição, voltada à implementação e à adoção de mecanismos como a negociação, a mediação, a conciliação, o pro-

[1913] CAVALCANTI, Ricardo Russell Brandão. Uso dos meios alternativos de solução de conflitos pela Defensoria Pública. In: *Manual de mediação para a Defensoria Pública*. Org. Igor Lima Goettenauer de Oliveira. Brasília: Fundação Universidade de Brasília, 2014. p. 121-122

cesso restaurativo e as convenções processuais. A negociação é recomendada ao Ministério Público para as controvérsias ou os conflitos em que a instituição possa atuar como parte ou representante adequado e legitimado coletivo universal na defesa de direitos e de interesses da sociedade (art. 129, inc. III, CF), bem como para a formulação de convênios, redes de trabalho e parcerias entre entes públicos e privados ou entre ramos, unidades e no interior do próprio Ministério Público (art. 8º da Res. 118/2014-CNMP). O Ministério Público deve usar a mediação para, de forma imparcial, promover o empoderamento dos envolvidos e criar ambiente propício para aproximar as partes divergentes a juntas prevenirem ou resolverem, de forma direta e voluntária, controvérsias ou conflitos judicializados ou ainda não judicializados (arts. 9º e 10 da Res. 118/2014-CNMP). A atuação do Ministério Público por meio da *conciliação* é indicada quando a instituição atua como fiscal da ordem jurídica (art. 178/NCPC) e nas que sejam necessárias à sua intervenção, quando deve propor soluções para a resolução das controvérsias ou dos conflitos (arts. 10 e 11 da Res. 118/2014-CNMP). Nos *processos restaurativos*, o Ministério Público deve atuar como um facilitador qualificado entre infratores, vítimas e quaisquer outras pessoas ou setores (público ou privado) da comunidade afetada, para auxiliar na formulação de um *plano restaurativo humanizado* para a reparação ou minoração de danos, a reintegração do infrator na comunidade e a pacificação social (arts.13 e 14 da Res. 118/2014-CNMP). Ainda, os membros do Ministério Público podem formular *convenções processuais* (prévias ou incidentais) – isto é, em qualquer fase da investigação (inclusive como cláusulas de termo de ajustamento de conduta) ou durante o processo judicial - visando constituir, modificar ou extinguir situações jurídicas processuais, para adaptar ou flexibilizar o procedimento com a finalidade de permitir a adequada e efetiva tutela jurisdicional aos direitos materiais defendidos pela instituição, bem como para restaurar o convívio social e a efetiva pacificação dos relacionamentos entre as partes envolvidas (arts. 15 a 17 da Res. 118/2014-CNMP). Tais convenções processuais, como se enquadram na categoria dos negócios jurídicos, para serem válidas, dependem do expresso consentimento da parte contrária e devem ser circunscritas pelos limites impostos à exegese dos artigos 190 e 191 do NCPC (*v.g.*, não são admissíveis convenções processuais para modificar regra de competência absoluta ou quando a parte, em manifesta situação de vulnerabilidade, estiver sem assistência técnico-jurídica). O artigo 784, inc. IV, do NCPC, com o escopo de ressaltar a atuação extrajudicial, estabelece que o instrumento de *transação* referendado pelo Ministério Público é título executivo extrajudicial. Porém, a transação é um negócio jurídico bilateral que pressupõe a disponibilidade do direito em causa e, por isso, recai sobre direitos patrimoniais de caráter privado (arts. 840-841/CC). Nos litígios envolvendo direitos indisponíveis, notadamente no âmbito da tutela dos direitos coletivos, difusos e individuais homogêneos, os métodos de autocomposição podem favorecer a celebração de termos de ajustamento de conduta (arts. 21 da Lei nº 8.069/90, 113 do Código de Defesa do Consumidor, 5º, § 6º, da Lei nº 7.347/85 e 79-A, §§1o ao 8o, da Lei nº 9.605/98) e Resolução 179/2017 do CNMP ou a elaboração de recomendações administrativas (arts. 6º, inciso XX, da Lei Complementar nº 75/93 e 27, inc. I e par. ún., inc. IV, da Lei nº 8.625/93 - Lei Orgânica Nacional do MP), o que, além de prevenir ou resolver os conflitos, também propicia o aperfeiçoamento de políticas públicas indispensáveis à efetivação de direitos fundamentais sociais.

Além disso, no âmbito criminal, também é possível a realização de acordos pelo Ministério Público. Nesse sentido, além da transação penal prevista no art. 76 da Lei 9.099/95, vale destacar a Resolução 181/2017 do Conselho Nacional do Ministério Público (CNMP), que, ao disciplinar a instauração e tramitação do procedimento investigatório criminal a cargo do Ministério Público, passou a permitir a celebração de acordo de não-persecução penal, para crimes de menor gravidade. Tal acordo confere maior racionalidade ao sistema penal, porque possibilita que o Ministério Público e Poder Judiciário possam dar maior atenção e celeridade ao processamento e julgamento dos crimes mais graves, uma vez que os delitos de menor gravidade podem ser resolvidos mediante a Justiça Negociada. Adota-se, assim, o princípio da oportunidade regrada, mas o Ministério Público somente pode celebrar o acordo, quando cumpridas determinadas condições. Pelo art. 18 da Resolução 181/2017, são requisitos para a celebração desse acordo quando, cominada pena mínima inferior a 4 (quatro) anos e o crime não for cometido com violência ou grave ameaça a pessoa, o investigado tiver confessado formal e circunstanciadamente a sua prática. O acordo de não-persecução penal brasileiro foi influenciado pela experiência alemã, onde, a partir de práticas informais do Ministério Público e sem previsão legal, a Suprema Corte alemã reconheceu a constitucionalidade dos acordos. Aliás, a constitucionalidade do art. 18 da Resolução 181/2017 do CNMP está assentada, nos seguintes fundamentos[1914]; i) o STF reconhece que as resoluções do Conselho Nacional de Justiça – argumento que também se aplica ao Conselho Nacional do Ministério Público – possuem caráter normativo primário, podendo expedir atos regulamentares no exercício de suas atribuições administrativas[1915] ii) a Resolução 181/2017 busca concretizar os princípios constitucionais da eficiência (art. 37, caput, CF), da proporcionalidade (art. 5º, inc. LIV, CF), da celeridade (art. 5º, inc. LXXVIII, CF) e do sistema penal acusatório (art. 129, incs. I, VI e VI. CF); iii) a autorização para a celebração do acordo não consubstancia norma de direito processual e, portanto, não invade a competência legislativa da União (art. 22, inc. I, CF), mas versa sobre questões prévias ao processo penal e externas ao exercício da jurisdição, que guarda semelhanças com a transação penal dos Juizados Especiais Criminais, que é uma mera fase administrativa (a exemplo do procedimento investigatório criminal a cargo do Ministério Público), onde não há sequer acusado, porque o processo jurisdicional não foi iniciado; v) o STF já reconheceu a constitucionalidade de atos normativos em condições semelhantes, a exemplo da regulamentação, pelo CNJ (Resolução 213/2015), de prazos e condições para a apresentação de presos na audiência de custódia[1916] Entretanto, em 12 de Dezembro de 2017, o CNMP alterou a redação da Resolução nº 181 para

[1914] LEITE, Rodrigo Ferreira Cabral. O acordo de não-persecução penal criado pela nova Resolução do CNMP. Revista Consultor Jurídico, 18 de setembro de 2017. http://www.conjur.com.br/2017-set-18/rodrigo-cabral-acordo-nao-persecucao-penal-criado-cnmp. Acesso em 23 de set. de 2017.

[1915] STF, MS 27621, Relator(a): Min. Carmén Lúcia, Relator(a) p/ Acórdão: Min. Ricardo Lewandowski, Tribunal Pleno, julgado em 07/12/2011, Acórdão Eletrônico DJe-092 Divulg 10-05-2012 Public 11-05-2012.

[1916] STF, ADPF 347 MC, Relator(a): Min. Marco Aurélio, Tribunal Pleno, julgado em 09/09/2015, Processo Eletrônico DJe-031 Divulg 18-02-2016 Public 19-02-2016.]; vi) a Resolução 45/110, da Organização das Nações Unidas (ONU), conhecida como regras de Tóquio, adotada em 14 de dezembro de 1990, admite a Justiça Negociada, dentre outros, nos itens 2.5 ("Tentar-se-á tratar o caso dos delinquentes no âmbito da comunidade e evitando tanto quanto possível o recurso a um processo formal ou aos tribunais, em conformidade com as garantias jurídicas e com o princípio do Estado de Direito") e 3.4 ("As medidas não privativas de liberdade que impliquem uma obrigação para o delinquente e que sejam aplicadas antes do processo formal ou do julgamento, ou em lugar destes, requerem o consentimento do delinquente"). Apesar desses argumentos, a constitucionalidade da Resolução 181 de 2017 está sendo questionada, pela Ordem dos Advogados Brasileiros e pela Associação de Magistrados Brasileiros, no STF.

que tais acordos fossem submetidos previamente ao controle judicial. Também estabeleceu que o defensor examine, mesmo sem procuração, autos de procedimento de investigação criminal concluída ou em andamento, ainda que conclusos ao presidente, podendo copiar peças e tomar apontamentos, em meio físico ou digital. E em, nos casos em que for decretado o sigilo total ou parcial das investigações, o advogado deverá apresentar procuração.

A conciliação e a mediação integram a Política Judiciária Nacional de tratamento dos conflitos de interesses, desenvolvida pelo Conselho Nacional de Justiça (CNJ) e voltada a assegurar a todos o direito à solução dos conflitos por meios adequados à sua natureza e peculiaridade. Tanto a conciliação quanto a mediação são considerados instrumentos efetivos de pacificação social, prevenção e resolução de litígios, além de técnicas de redução da excessiva judicialização dos conflitos de interesses e de redução da quantidade de recursos e execuções de sentenças. Tal Política Judiciária Nacional foi regulamentada pelo Conselho Nacional de Justiça na Resolução nº 125, de 29 de novembro de 2010, e vem sendo incentivada em campanhas como a da Semana Nacional de Conciliação, na qual processos que tenham a possibilidade de acordo são selecionados pelos Tribunais, que intimam as partes envolvidas no conflito, ou são incluídos a pedido dos cidadãos ou de instituições, como empresas e órgãos públicos, quando identificam demandas padronizadas e repetitivas. Ademais, o CNJ editou a Resolução nº 225/2016, que dispõe sobre a Política Nacional de Justiça Restaurativa, no âmbito do Poder Judiciário, por considerar que a garantia constitucional de acesso à justiça deve ir além da vertente formal perante os órgãos judiciários, implicando o acesso a soluções efetivas de conflitos por intermédio de uma ordem jurídica justa, em que os meios consensuais e voluntários constituem formas mais adequadas de alcançar a pacificação da disputa.

O NCPC incentiva a execução de programas, instituídos pelo Poder Judiciário, para promover a autocomposição, prevendo a suspensão dos prazos processuais e incumbindo os Tribunais de especificar, com antecedência, a duração dos trabalhos (art. 221, par. ún., NCPC).

Além disso, o NCPC (art. 175) não exclui outras formas de conciliação e de mediação extrajudiciais, vinculadas a órgãos institucionais ou realizadas por intermédio de profissionais independentes, que poderão ser regulamentadas por lei específica. Ao admitir inclusive outras formas de conciliação e de mediação extrajudiciais, o NCPC aproxima-se do modelo português que prevê, no artigo 209ª.2, os *julgados de paz*. A atuação dos julgados de paz é vocacionada a permitir a participação cívica dos interessados e estimular a justa composição dos litígios por acordos das partes (art. 2º, item 1, da Lei nº 78/2001).

Ademais, o artigo 174 do NCPC incentiva a criação de câmaras de mediação e de conciliação, pelos entes federativos, para dirimir conflitos envolvendo órgãos e entidades da administração pública, avaliar a admissibilidade de pedidos de resolução de conflitos, por meio de conciliação, no âmbito da administração pública e promover, quando couber, a celebração de termo de ajustamento de conduta. Nesse sentido, o artigo 11, inc. III, da Lei nº 11.079/2004, que institui normas gerais para licitação e contratação de parceria público-privada no âmbito da administração pública, já estabelecia, no artigo 11, inc. III, a possibilidade de o instrumento convocatório prever o emprego dos mecanismos privados de resolução de disputas, a ser realizada no Brasil e em língua portuguesa, para dirimir conflitos decorrentes ou relacionados ao contrato.

Por fim, uma tema polêmico é a compatibilidade entre os meios consensuais de solução de conflitos, sobretudo mediante a utilização do instituto da transação, caracterizado pela extinção de obrigações por meio de "concessões mútuas" (CC, art. 840), e o campo da proteção ao patrimônio público, submetido ao regime jurídico-administrativo e sujeito ao princípio da indisponibilidade do interesse público[1917] Pelo art. 17, § 1o, da Lei 8.429/92: "*É vedada a transação, acordo ou conciliação nas ações de que trata o caput*". Ademais, a jurisprudência tradicional restringiu a transação às hipóteses que tratem de direito disponível e alienável, características inerentes aos direitos patrimoniais de caráter privado[1918] Entretanto, o princípio da indisponibilidade do interesse público tem sido relativizado por diversas legislações posteriores à Lei 8.429/92, a saber: i) o art. 76 da Lei 9.099/95 prevê hipótese de direitos indisponíveis que admitem transação, ao permitir que o Ministério Público, nos crimes de ação penal pública incondicionada ou condicionada (quando houver a representação), desde

[1917] Cf. Cláudio Smirne Diniz e Eduardo Cambi. Possibilidades de solução extrajudicial de conflitos na área da proteção ao patrimônio público e da tutela da improbidade administrativa. Tese apresentada no Seminário Estadual do Ministério Público do Paraná, realizado nos dias 22 e 23 de junho de 2017. https://sites.google.com/mppr.mp.br/seminarioestadualdeteses. Acesso em 20 de julho de 2017.

[1918] STJ. REsp 1198424/PR, Rel. Ministro Mauro Campbell Marques, Segunda Turma, julgado em 12/04/2012, DJe 18/04/2012.

que não seja caso de arquivamento e que não estejam presentes os óbices previstos no § 2º do art. 76, proponha a aplicação imediata de pena restritiva de direitos ou multa para as infrações penais de menor potencial ofensivo (art. 61 da Lei 9.099/95, com a redação da Lei 11.313/2006); ii) o parágrafo único do art. 10 da Lei 10.259/2001, que regula os Juizados Especiais Federais, autoriza os "representantes judiciais da União, autarquias, fundações e empresas públicas federais" a conciliar, transigir ou desistir nos processos de competência do Juizados Especiais Federais; iii) a Lei 9.469/97 (com a redação dada pela Lei 11.941/09) concedeu poder ao Advogado-Geral da União e aos dirigentes máximos das empresas públicas federais para autorizarem a realização de acordos ou transações em juízo, ou, ainda, o não ajuizamento de ações, dependendo do valor a ser cobrado; iv) a Lei 12.846/2013, a qual dispõe sobre a responsabilização administrativa e civil de pessoas jurídicas pela prática de atos contra a administração pública, nacional ou estrangeira, permite a celebração de acordo de leniência com as pessoas jurídicas que colaborem efetivamente com as investigações e o processo administrativo, resultando na identificação dos demais envolvidos na infração, quando couber, assim como na obtenção célere de informações e documentos que comprovem o ilícito sob apuração; v) a Lei 13.129/2015, autorizou a administração – direta e indireta – a utilizar-se da arbitragem "para dirimir conflitos relativos a direitos patrimoniais disponíveis" (art. 1º, § 1º); vi) a Lei 13.140/2015 admite a mediação como meio de solução de controvérsias entre particulares e a autocomposição de conflitos no âmbito da Administração Pública: "Pode ser objeto de mediação o conflito que verse sobre direitos disponíveis ou sobre direitos indisponíveis que admitam transação" (art. 3o), destacando-se que o "consenso das partes envolvendo direitos indisponíveis, mas transigíveis, deve ser homologado em juízo, exigida a oitiva do Ministério Público" (art. 3o, § 3o). Nessa linha de raciocínio, apesar da indisponibilidade do conjunto de bens e direitos que integram o patrimônio público, deve-se concluir que, por critérios de razoabilidade, proporcionalidade e eficiência, a transação é admissível, nas hipóteses em que tal medida revele-se mais vantajosa à coletividade, sabendo-se que a aplicação da lei deve atender aos fins sociais a que ela se dirige e às exigências do bem comum (Lei de Introdução às Normas do Direito Brasileiro, art. 5º). Naturalmente, por ocasião da transação em matéria de improbidade administrativa, deve ser convencionada, para além do reconhecimento da prática do ilícito, a aplicação de uma ou mais sanções do art. 12 da Lei 8.429/92; e, ainda, naturalmente, a recomposição do dano.

A propósito, a Resolução nº 179/2017 do Conselho Nacional do Ministério Público afirma, no art. 1º, § 2º, ser "cabível o compromisso de ajustamento de conduta nas hipóteses configuradoras de improbidade administrativa, sem prejuízo do ressarcimento ao erário e da aplicação de uma ou algumas das sanções previstas em lei, de acordo com a conduta ou ato praticado".

Aliás, a Lei da Mediação (Lei 13.140/2015) faz menção à composição extrajudicial dos conflitos, estendendo-a aos casos de improbidade administrativa, hipótese em que a conciliação "*dependerá da anuência expressa do juiz da causa ou do Ministro Relator*" (art. 36, § 4º)[1919]. Com isso, ainda que verse sobre situações mais restritas, a Lei da Mediação passa a admitir transação em matéria de improbidade administrativa. Por outro lado, é possível sustentar que a regra contida no § 1o do art. 17 da Lei de Improbidade Administrativa precisa ser interpretada em conformidade com a Constituição (Lei 9.868/1999, art. 28, par. ún.), para evitar que se impeça a transação, em situações excepcionais, justificadas e previamente submetidas aos órgãos de controle do Ministério Público (Conselho Superior do Ministério Público dos Estados e Câmaras de Coordenação e Revisão, nos ramos que compõem o Ministério Público da União) para que, assim, a referida previsão seja compatibilizada com o princípio constitucional da eficiência no âmbito administrativo (art. 37, *caput*, introduzido pela Emenda Constitucional n.º 19/1998) e a garantia constitucional da duração razoável do processo (art. 5o, inc. LXXVIII, trazido pela Emenda Constitucional n.º 45/2004), que não existiam, quando da promulgação referida Lei de Improbidade. Tal exegese é reforçada pela orientação do Conselho Superior do Ministério Público de São Paulo, exposta no arquivamento do Inquérito Civil n.º 14.0555.0000113/2014-9, da Promotoria de Justiça de Osasco, ao admitir a aplicação dos "*acordos de colaboração*" aos atos de improbidade administrativa[1920]. No mesmo sentido, o art. 2o, inc. II, da Resolução nº

[1919] Cf. Cláudio Smirne Diniz e Eduardo Cambi. Op. Cit.

[1920] (...) o fundamento para a aplicabilidade do "acordo de colaboração" aos atos de improbidade administrativa é a obtenção de maior eficiência nas investigações, para própria repressão dos atos de improbidade e tutela do erário, como forma de melhor satisfação do interesse público. E, para tanto, admite-se até mesmo a relativização/mitigação do princípio da obrigatoriedade, haja vista que o interesse público e eficiência serão melhor atingidos com o "ato de colabo-

01, de 15.05.2017, do Conselho Superior do Ministério Público do Estado do Paraná, prevê a celebração do acordo de leniência, visando "constituir meio de obtenção de provas, em qualquer ato de improbidade administrativa (Lei 8.429/1992) ou qualquer ato praticado contra a Administração Pública (Lei 12.846/2013), desde que o beneficiado pela composição colabore efetivamente com as investigações e o processo, quando for o caso".

De qualquer modo, o art. 17 da Lei 8.429/1992, embora traga regras especiais, notadamente quanto à fase inicial do processo (art. 17, § 7º), não é incompatível com as regras procedimentais previstas na Lei 7.347/1985, nem, tampouco, regulamentou inteiramente o procedimento aplicável aos atos de improbidade administrativa[1921]

Perceba-se, contudo, que o termo de ajustamento de conduta possui natureza de negócio jurídico bilateral e solene, mas não se confunde com a transação, pois o órgão público *não transaciona* com a parte contrária, mas apenas impõe, mediante critérios pré-estabelecidos (como prazo, forma e cominações), a observância das determinações legais que são aceitas, voluntariamente, pelo causador do ato ilícito e/ou do dano[1922]. Dessa forma, o termo de ajustamento de conduta não possui natureza jurídica de transação, sendo ato administrativo negocial. Não fosse assim, o legitimado extraordinário para a propositura de ações coletivas (Lei 7.347/85, arts. 5o e 21; Lei 8.078/90, arts. 82 e 90; CPC, art. 18) não poderia negociar, já que estaria impedido pela indisponibilidade do direito material subjacente.

ração"; de que a "natureza jurídica 'negocial' está bem preservada. O Ministério Público, na hipótese de 'acordo de colaboração', possui interesse de agir mas assume compromisso de não exercer sua pretensão, 'para melhor atenção ao interesse público e eficiência (princípios previstos constitucionalmente). Além disso, na hipótese de descumprimento do 'acordo de colaboração', a consequência é a propositura de ação civil de improbidade contra o colaborador"

1921 Cf. Cláudio Smirne Diniz e Eduardo Cambi. Op. Cit.]. Assim sendo, mesmo a Lei 8.429/1992 sendo posterior a Lei 7.347/1985, e ainda que aquela Lei não tenha regra explícita no sentido de que esta legislação se aplica subsidiariamente, outra conclusão não é possível senão a interpretação conforme a Constituição. Ora, se o art. 129, inc. III, da CF afirma que cabe ao Ministério Público promover a ação civil pública para a proteção do patrimônio público, estranho seria concluir que tal ação, regulamentada pela Lei 7.347/1985, não é a mesma que deva ser ajuizada para a responsabilização judicial pela prática de atos de improbidade administrativa, justamente quando o escopo da Lei 8.429/1992 é a proteção do patrimônio público. Portanto, essa interpretação sistemática permite a aplicação do art. 5o, § 6º, da Lei de Ação Civil Pública, que dispõe sobre o compromisso de ajustamento de conduta, à Lei de Improbidade Administrativa.

1922 Idem. Ibidem.

Por outro lado, verifica-se haver situações em que a vedação da transação contraria a efetividade da punição e da reparação dos danos. Exemplo disso se dá na colaboração premiada, prática em que o agente ministerial efetivamente transaciona com o investigado[1923] que pode ser beneficiado com o perdão judicial, a redução em até 2/3 (dois terços) da pena privativa de liberdade ou sua substituição por restritiva de direito, quando efetiva e voluntariamente contribui com a investigação e com o processo criminal, caso da sua colaboração decorra um ou mais dos seguintes resultados: identificação dos demais co-autores e partícipes da organização criminosa e das infrações penais por eles praticadas; a revelação da estrutura hierárquica e da divisão de tarefas da organização criminosa; a prevenção de infrações penais decorrentes das atividades da organização criminosa; a recuperação total ou parcial do produto ou do proveito das infrações penais praticadas pela organização criminosa e/ou a localização de eventual vítima com a sua integridade física preservada (Lei 12.850/2013, art. 4o). É certo que colaboração premiada tem se revelado eficiente mecanismo de investigação criminal e que pode ser adotada, por igual fundamento, no campo da improbidade administrativa, na perspectiva de que se há autorização legal para o mais (responsabilidade penal), haveria permissivo para o menos (responsabilidade por improbidade administrativa)[1924].

Outra hipótese de celebração de termo de ajustamento de conduta na improbidade administrativa existe em circunstâncias em que a reparação imediata do dano e o pagamento de multa mostram-se mais atraentes que a espera do curso de processo judicial, sujeito a longos anos de tramitação[1925].

[1923] Quanto a homologação de acordo de colaboração premiada, o STF fixou entendimento no sentido de reconhecer a atribuição do relator para, monocraticamente, homologar acordos de colaboração premiada, oportunidade na qual se limita ao juízo de regularidade, legalidade e voluntariedade da avença. Reafirmou, também, a competência colegiada do STF para avaliar, em decisão final de Mérito, o cumprimento dos termos, bem como a eficácia do acordo. No ato de homologação da colaboração premiada, não cabe ao magistrado, de forma antecipada e extemporânea, tecer juízo de valor sobre o conteúdo das cláusulas avençadas, exceto nos casos de flagrante ofensa ao ordenamento jurídico vigente (STF. Pet 7.074. Rel. Min. Edson Fachin. j. 29.06.2017).

[1924] Aquele que colabora de maneira importante com a investigação deve ter a pena diminuída, atenuada, ou até mesmo ser aplicado o perdão judicial, de acordo com a participação no ato de improbidade administrativa" (TJPR. Agravo de Instrumento nº 1.557.374-9. Rel. Des. Nilson Mizuta. J. 29.11.2016).

[1925] Cf. Cláudio Smirne Diniz e Eduardo Cambi. Op. Cit.]. Nessas situações, o Ministério Público não renuncia ou dispõe do direito transacionado e, havendo descumprimento do

Com isso, há possibilidade de celebração de transação, envolvendo a prática de atos de improbidade administrativa, em circunstâncias excepcionais, desde que rigorosamente fundamentadas, sempre sujeitas ao criterioso e prévio controle dos órgãos colegiados, nas hipóteses em que restar demonstrado que a disposição quanto a certas sanções venha a se revelar mais consentânea com a proteção do bem jurídico tutelado[1926].

De forma sistemática, em relação à solução extrajudicial de conflitos na área da proteção ao patrimônio público, pode-se sustentar, a partir de tese desenvolvida em conjunto com Cláudio Smirne Diniz[1927], que: i) em situações de meras irregularidades, que sequer configurem a prática de ato de improbidade administrativa, permite-se a celebração do termo de ajustamento de conduta, pois não se estaria a dispor de quaisquer das sanções da Lei 8.429/1992, mesmo porque não aplicáveis à hipótese; ii) em outros casos, embora caracterizado o ato de improbidade administrativa, quando se verificar que a conduta praticada mostra-se de pequena monta, é possível a celebração do termo de ajustamento de conduta, pois a solução do ilícito não se daria por meio de transação, mas pela fixação de sanções ao responsável pelo ato, levando-se em consideração os postulados da proporcionalidade, da razoabilidade e da eficiência; iii) em circunstâncias excepcionais, desde que rigorosamente motivadas, sempre sujeitas ao criterioso e prévio controle dos órgãos colegiados, há possibilidade de transação, nas hipóteses em que restar demonstrado que a disposição quanto a certas sanções venha a se revelar mais consentânea com a proteção do bem jurídico tutelado.

acordo, o investigado perderá os benefícios pactuados, haverá o vencimento antecipado das parcelas não pagas e serão executados tanto o montante integral da multa, descontando-se as frações eventualmente já pagas, quanto os valores pertinentes aos danos e ao enriquecimento ilícito, bem como deve ser instaurado ou retomado o procedimento referente aos atos e fatos incluídos no acordo, ou ajuizada ação civil pública, conforme o caso, sem prejuízo de utilização das informações prestadas e dos documentos fornecidos pelo responsável pelo descumprimento da transação.

1926 Idem. Ibidem.

1927 Idem. Ibidem.

5.10. Ministério Público Social[1928] e proteção dos direitos fundamentais sociais

A fim de se proteger judicialmente políticas públicas *socialmente relevantes*, é imprescindível salientar o papel do Ministério Público.[1929]

O art. 127, *caput*, da CF/1988 incumbiu o Ministério Público da defesa dos interesses sociais e individuais indisponíveis. Assim, a partir da Constituição Federal de 1988, é imperioso reconhecer que o papel do Ministério Público contemporâneo deixou de ser o de um mero acusador (arts. 100 do CP e 24 do CPP) ou de um simples fiscal da lei (art. 178 do NCPC), para assumir outras funções tão ou mais relevantes, transformando-se em *agente político, produtor social* e *fomentador-efetivador de políticas públicas*.

Cabe-lhe, além de buscar o efetivo cumprimento das políticas públicas, também atuar na própria formulação das mesmas. Por intermédio do inquérito civil, especialmente pelos mecanismos dos compromissos de ajustamento de conduta, das recomendações e das audiências públicas, antes de promover a judicialização das políticas públicas, o Ministério Público deve mobilizar os agentes públicos e a sociedade civil organizada.

Todavia, a maior responsabilidade do Ministério Público não é formular a política pública, mas agregar as forças estatais e sociais na efetivação dos direitos fundamentais. A atuação do Ministério Público se legitima como verdadeiro *canal de comunicação* entre a sociedade e o Estado.

Aliás, foi sancionada a Lei 13.140/2015 que regulamenta a mediação entre particulares como meio alternativo de solução de controvérsias e

[1928] A expressão Ministério Público Social foi criada por Roberto Lyra, em texto de 1952: "Idealizo a transformação do Ministério Público em Ministério Social. Um Ministério Social em ação, ação mesmo, com fins e também meios próprios contra não só as ilegalidades mas, principalmente, contra as injustiças. Os privilégios, os pesos e medidas desiguais são inconstitucionais. Assim, o Ministério Público evoluiria para assumir a responsabilidade daquilo que é mais significativo na ordem jurídica - a paz social pela justiça social, tarefa máxima da democracia na atual conjuntura da humanidade. O Ministério Público Social procurará dar a cada um o que é seu, mas, sobretudo, acudir a quem nada tem de seu, a quem quer, mas não pode, viver honestamente, a quem, apesar de tudo, não prejudique ninguém. O Procurador-Geral será mesmo geral e tornará prática e total a expressão mais profunda de nossa nomenclatura funcional - promotor de justiça. Um Ministério Público Social promoverá a justiça social, cuidará dela e não só de uma justiça pública, estatal, oficial. A ordem jurídica seria adaptada aos dramas contemporâneos. A primazia nos benefícios pertenceria aos mais necessitados. A tranquilidade de consciência do Ministério Público depende de avanço que ele mesmo executará".

[1929] Cf. Eduardo Cambi e Leonardo Augusto Gonçalves. Ministério Público Social. p. 209-231.

sobre a composição de conflitos no âmbito da Administração Pública. A nova legislação incentiva a realização de mediação, judicial e extrajudicial, por intermédio de terceiro imparcial, sem poder decisório, que, escolhido ou aceito pelas partes, auxilia e estimula a identificação ou o desenvolvimento de soluções consensuais para a controvérsia (art. 1º, par. ún.). Permite, expressamente, que a mediação recaia sobre conflitos atinentes a direitos disponíveis ou sobre direitos indisponíveis que admitam transação.

Assim, a Lei 13.140/2015 impulsiona a autocomposição de conflitos no âmbito da Administração Pública. Logo, a União, os Estados, o Distrito Federal e os Municípios podem criar câmaras de prevenção e resolução administrativa de conflitos, no âmbito dos órgãos da Advocacia Pública, onde houver, para: dirimir conflitos entre órgãos e entidades da administração pública; avaliar a admissibilidade de pedidos de resolução de conflitos, por meio de composição, na hipótese de controvérsia entre particular e pessoa jurídica de Direito Público (incluindo os conflitos que envolvam o equilíbrio econômico-financeiro de contratos administrativos); promover, quando couber, a celebração de termo de ajustamento de conduta (art. 32). Porém, não se admite a criação de câmaras de prevenção e de resolução administrativa de conflitos, salvo para dirimir conflitos entre órgãos e entidades da administração pública, quando a controvérsia jurídica for relativa a tributos administrados pela Secretaria da Receita Federal do Brasil ou a créditos inscritos em dívida ativa da União (art. 38, inc. II).

As Advocacias Públicas, de cada ente federativo, onde houver, também podem instaurar, de ofício ou mediante provocação, procedimento administrativo de mediação coletiva de conflitos relacionados à prestação de serviços públicos (art. 33, par. ún.). A instauração de procedimento administrativo para a resolução consensual de conflito no âmbito da administração pública suspende a prescrição (art. 34).

Havendo consenso entre as partes, o acordo será reduzido a termo e constituirá título executivo extrajudicial (art. 32, § 3º, Lei 13.140/2015).

Além disso, as controvérsias jurídicas que envolvam a administração pública federal direta, suas autarquias e fundações poderão ser objeto de *transação por adesão*, com fundamento em autorização do Advogado-Geral da União, com base em jurisprudência pacífica do Supremo Tribunal Federal ou de tribunais superiores, ou de parecer do Advogado-Geral da União, aprovado pelo Presidente da República (art. 35 da Lei 13.140/2015).

Os requisitos e as condições da transação por adesão devem ser definidos por resolução administrativa própria, sendo importante instrumento para aplicação em casos idênticos, ainda que voltados a solucionar apenas parte da controvérsia, o que permite a prevenção ou a redução da judicialização dessas questões jurídicas pelo Poder Público. Afinal, a adesão implica a renúncia do interessado ao direito sobre o qual se fundamenta a ação ou o recurso, eventualmente pendentes, de natureza administrativa ou judicial, em relação aos pontos compreendidos pelo objeto da resolução administrativa (art. 35, § 4º da Lei 13.140/2015). Ademais, se o interessado for parte em processo judicial inaugurado por ação coletiva, a renúncia ao direito sobre o qual se fundamenta a ação deve ser expressa, mediante petição dirigida ao juiz da causa (art. 35, § 5º da Lei 13.140/2015).

Ainda, se a resolução da controvérsia implicar o reconhecimento da existência de créditos da União, de suas autarquias e fundações em face de pessoas jurídicas de Direito Público federais, a Advocacia-Geral da União poderá solicitar ao Ministério do Planejamento, Orçamento e Gestão a adequação orçamentária para quitação das dívidas reconhecidas como legítimas (art. 36, § 2º, da Lei 13.140/2015). A submissão do conflito à composição extrajudicial, pela Advocacia-Geral da União, implica renúncia do direito de recorrer ao Conselho Administrativo de Recursos Fiscais (art. 38, inc. III, letra "a", da Lei 13.140/2015). Contudo, a redução ou o cancelamento de crédito depende da manifestação conjunta do Advogado-Geral da União e do Ministro de Estado da Fazenda (art. 38, inc. III, letra "b", da Lei 13.140/2015). A composição extrajudicial do conflito não afasta a responsabilidade do agente público que deu causa à dívida, quando sua ação ou omissão constitui, em tese, infração disciplinar (art. 36, § 2º, da Lei 13.140/2015).

Se a matéria objeto do litígio estiver sendo discutida em ação de improbidade administrativa ou sobre ela haja decisão do Tribunal de Contas da União, a resolução da controvérsia pela autocomposição depende da anuência expressa do juiz da causa ou do Ministro Relator (art. 36, § 2º, da Lei 13.140/2015). Aqui, não se pode olvidar a regra do artigo 17, § 1º, da Lei 8.429/92 que não admite a transação, acordo ou conciliação nas ações civis públicas de improbidade administrativa, ressalvada a hipótese em que o ato de improbidade administrativa estiver prescrito e subsistir a reparação de danos ao erário público que, por ser imprescritível (exegese do art. 37, § 5º, CF), sem prejuízo do montante necessário à recomposição do patrimônio público, pode ser objeto de autocomposição. Deve ser acrescido que, nas ações civis públicas de improbidade administrativa, antes da anuência expressa do juiz, é indispensável, sob pena de nulidade da decisão judicial, a obrigatória intervenção do Ministério Público, ainda que não seja parte no processo (art. 17, § 4º, da Lei 8.429/92).

Os Estados, o Distrito Federal e os Municípios, suas autarquias e fundações, bem como às empresas públicas e as sociedades de economia mista federais podem submeter seus litígios com órgãos ou entidades da administração pública federal à Advocacia-Geral da União, para fins de composição extrajudicial (art. 37 da Lei 13.140/2015). Todavia, tal faculdade não se aplica às empresas púbicas, sociedades de economia mista e suas subsidiárias que explorem atividade econômica de produção ou comercialização de bens ou de prestação de serviços em regime de concorrência (art. 38, inc. II).

Por último, a Lei 13.140/2015 deve ser aplicada, no que couber, às outras formas consensuais de resolução de conflitos, tais como mediações comunitárias e escolares, e àquelas levadas a efeito nas serventias extrajudiciais, desde que no âmbito de suas competências (art. 42).

Portanto, a fixação da Lei 13.140/2015 como marco regulatório é importante para promover a cultura de métodos adequados de solução de conflitos e, a um só tempo, ampliar os instrumentos de pacificação social e conferir maior racionalidade à jurisdição estatal1839. Nesse sentido, é preciso destacar também os esforços desenvolvidos pela Escola Nacional de Mediação e Conciliação e pelo Centro de Estudos sobre o Sistema de Justiça, da Secretaria de Reforma do Judiciário, do Ministério da Justiça, que além de elaborarem cursos e manuais específicos para advogados, defensores públicos, membros do Ministério Público e Defensores Públicos, passam a ter a responsabilidade da criação de banco de dados sobre boas práticas em mediação, bem como a incumbência de manter relação de mediadores e de instituições de mediação (art. 41 da Lei 13.140/2015).

Assim, cabe ao Ministério Público agir, preferencialmente, de forma preventiva, com os Conselhos Municipais, Estaduais e Nacional de Educação, Saúde,[1930] Assistência Social, Meio Ambiente, entre outros.

[1930] A Lei Orgânica do SUS (Lei nº 8.080/90) prevê o Conselho Nacional de Saúde e as Conferências como órgãos de gestão do sistema, enquanto que a Lei nº 8.142/90 define as respectivas atribuições destes órgãos, que deverão ser instituídos no âmbito federal, estadual e municipal.

Por exemplo, compete ao Ministério Público atuar junto aos Conselhos Municipais, Estaduais e Nacional de Educação para a elaboração, a fiscalização e a execução de políticas educacionais eficientes, bem como para exigir de todos os entes federativos a existência e a adequação dos planos de educação, além de verificar se eles aplicam os recursos mínimos exigidos pela Constituição Federal (art. 212) na manutenção e desenvolvimento do ensino (isto é, para a União, nunca menos de 18%, e, para os Estados, o Distrito Federal e os Municípios, no mínimo, 25% da receita resultante de impostos).

Atente-se que a Emenda Constitucional nº 95/2016 limita gastos públicos, instituindo um novo regime fiscal, que vigorará por 20 (vinte) exercícios financeiros, o que atinge diretamente a aplicação de recursos financeiros à educação, colocando em risco as metas e estratégias do Plano Nacional de Educação – PNE (Lei 13.005/2014), em especial a implementação da progressividade do custeio de que trata o art. 214, inc. VI, da Constituição Federal e da meta 20 do PNE (aplicação de 10% do produto interno bruto em recursos públicos para a educação).[1931]

De igual modo, a Emenda Constitucional n. 86 de 2015 já havia alterado o orçamento na saúde, tendo causado drástica redução do seu financiamento. Em razão disso, a Procuradoria-Geral da República ajuizou a Ação Direta de Inconstitucionalidade n. 5595, argumentando que a referida Emenda Constitucional viola os direitos à vida e à saúde, bem como os princípios da vedação do retrocesso social e da proporcionalidade, assim como o dever de progressividade de concretização dos direitos sociais, assumido pelo Brasil em tratados internacionais.

Em um período de acentuada crise econômica, agravada pela irresponsabilidade fiscal, corrupção e má aplicação de recursos públicos (v.g., renúncias tributárias, gastos elevados em publicidade governamental, even-

A criação e o efetivo funcionamento dos Conselhos Estaduais e Municipais de Saúde não são meras faculdades, mas sim deveres impostos pela Constituição Federal e pelas Leis nº 8.80/90 e nº 8.142, sob pena de os recursos municipais serem administrados pelo respectivo Estado e dos estaduais, pela União.

[1931] PINTO, Élida Graziane; MORAES, Bianca Mota de; CARNAÚBA, Maria Cecília Pontes; CAMBI, Eduardo; CORDEIRO, Maria Cristina Manella; DICK, Maria Elmira Evangelina do Amaral; SILVA, Paulo Silvestre Avelar; SÁ, Simone Disconsi. Reserva do possível e o risco de estagnação do Plano Nacional de Educação em tempos de crise fiscal. In: Tendências em direitos fundamentais. Possibilidades de atuação do Ministério Público. vol. 1. Brasília: CNMP, 2016. p. 9-24.

tos com a contratação de artistas caros financiados com dinheiro público etc.), não raro, o governo não consegue aplicar o mínimo constitucional em educação (a União precisa alocar 18% de sua receita líquida, enquanto os Estados e Municípios devem destinar 25% da receita resultante de impostos, compreendida a proveniente de transferências, na manutenção e desenvolvimento do ensino; art. 212, CF). Além disso, o art. 60 do Ato das Disposições Constitucionais Transitórias – ADCT também prevê o dever de aplicação dos recursos no Fundo de Manutenção e Desenvolvimento da Educação Básica e de Valorização dos Profissionais da Educação – FUNDEB. A Lei 11.494, de 20 de junho de 2007, regulamentou o FUNDEB, delimitando o seu regime jurídico quanto à composição financeira, à distribuição, à transferência e à gestão dos seus recursos, bem como quanto ao seu acompanhamento, controle social, comprovação e fiscalização.

O dever constitucional de aplicação dos recursos governamentais na manutenção e desenvolvimento do ensino foi regulamentado nos arts. 68 a 77 da Lei de Diretrizes e Bases da Educação Nacional – LDB (Lei nº 9.394/96). Ademais, o dever de gasto mínimo com educação precisa ser interpretado em conjunto com o art. 212, § 3º, da CF, com a redação dada pela Emenda Constitucional nº 59/2009, pelo qual a distribuição dos recursos públicos assegurará prioridade ao atendimento das necessidades do ensino obrigatório, no que se refere a universalização, garantia de padrão de qualidade e equidade, nos termos do plano nacional de educação, nos termos do Plano Nacional de Educação (PNE), previsto no art. 214 da CF. Deve ser acrescido que a Lei Federal nº 13.005/2014 estabeleceu o Plano Nacional de Educação, para o período de 2014 a 2024, regulamentando os arts. 206, 208, 212 e 214 da Constituição Federal, com 20 (vinte) metas e 254 (duzentos e cinquenta e quatro) estratégias a serem observadas por pelos gestores de todos os entes federativos, sob pena de caracterização de não-oferecimento ou oferta irregular do ensino obrigatório pelo Poder Público, com a consequente responsabilidade da autoridade competente (art. 208, § 2o, CF). Ainda, o descumprimento do art. 212 da CF, do art. 60 do ADCT, da Lei nº 9.394/96, da Lei nº 11.494/2007 e da Lei nº 13.005/2014 pode caracterizar a prática de ato de improbidade administrativa, ensejar a rejeição de contas anuais do governo e a intervenção federal (arts. 34, inc. VII, “e”, 35, inc. III, 36, inc. III, CF), bem como dar causa à suspensão das transferências voluntárias (art. 25, inc. IV, § 1o, “b”, da Lei Complementar nº 101/2000 – Lei de Responsabilidade Fiscal).

Para reforçar a atuação proativa do Ministério Público na fiscalização das políticas públicas, o Conselho Nacional do Ministério Público editou a Recomendação nº 44, de 27 de setembro de 2016, do CNMP, que dispõe sobre a atuação do Ministério Público no controle do dever de gasto mínimo em educação. O art. 3o desta Recomendação estabelece que os membros do Ministério Público, com atribuições para atuação na Educação, na Infância e Juventude e no Patrimônio Público, devem realizar ações coordenadas para evitar e reprimir quaisquer desvios e retrocessos quantitativos ou qualitativos no piso de custeio do direito à educação, acompanhando sua execução orçamentário-financeira e a respectiva prestação de contas, por meio da avaliação dos instrumentos de gestão e de planejamento setorial na educação (Plano Plurianual - PPA, Lei de Diretrizes Orçamentárias - LDO, Lei Orçamentária Anual - LOA, Planos Nacional, Estadual e Municipal de Educação), dentre outros. Com o mesmo objetivo, o CNMP aprovou, em 13 de dezembro de 2016, a Recomendação nº 48, publicada em 01 de fevereiro de 2017, para sugerir parâmetros para a atuação do Ministério Público no controle do dever de gasto mínimo em saúde. Atente-se que, em 31 de agosto de 2017, o ministro Ricardo Lewandowski, do Supremo Tribunal Federal (STF), deferiu liminar na Ação Direta de Inconstitucionalidade (ADI) 5595, ajuizada pelo Procurador-Geral da República, para suspender a eficácia dos artigos 2º e 3º da Emenda Constitucional (EC) 86/2015 (Emenda do Orçamento Impositivo), que tratam da área de saúde. Ao deferir a liminar, o ministro Lewandowski destacou que o orçamento público deve obedecer aos imperativos de tutela que amparam os direitos fundamentais.[1932]

[1932] "O direito à saúde, em sua dimensão de direito subjetivo público e, portanto, prerrogativa indisponível do cidadão, reclama prestações positivas do Estado que não podem ser negadas mediante omissão abusiva, tampouco podem sofrer risco de descontinuidade nas ações e serviços públicos que lhe dão consecução, com a frustração do seu custeio constitucionalmente adequado". Cfr.http://www.stf.jus.br/portal/cms/verNoticiaDetalhe.asp?idConteudo=354339 . Acesso em 04 de setembro de 2017.

Nesse contexto, o Ministério Público deve fomentar os mecanismos de participação social e buscar mecanismos de ação resolutiva, baseados no diálogo e na formação do consenso.[1933]

Um Ministério Público *resolutivo* não depende nem está vinculado apenas à atuação do Poder Judiciário. Tal Ministério Público é ativo na construção de uma sociedade livre, justa e solidária, e, portanto, supera a sua perspectiva de mero parecerista (*custos legis*) do processo civil, para assumir seu papel de agente político de transformação social. Aliás, como uma forma de racionalizar a atuação do Ministério Público, como órgão interveniente no processo civil, o Conselho Nacional do Ministério Público editou a Recomendação nº 16, de 28 de abril de 2010 com o objetivo de potencializar a defesa eficiente dos interesses sociais, em especial os relacionados com a hipossuficiência, a probidade administrativa, a proteção do patrimônio público e social, a qualidade dos serviços públicos e de relevância pública, a infância e a juventude, as pessoas com deficiência, os idosos, os consumidores e o meio ambiente. Afinal, o número de membros do Ministério Público no Brasil é muito pequeno – são 10.515, no Ministério Público dos Estados; 807, no Ministério Público Federal; 734, no Ministério Público do Trabalho[1934] - para atender todo o contingente populacional brasileiro (estimado, em julho de 2014, em 202,7 milhões de habitantes). Por isso, é preciso compatibilizar, com a vinculação de planejamentos e ações estratégicos, a independência funcional dos membros do Ministério Público com as justas expectativas da sociedade na defesa dos direitos fundamentais.

Aliás, no 7º Congresso de Gestão do Ministério Público, promovido pelo CNMP, realizado entre os dias 21 e 23 de setembro de 2016, foi editada a "Carta de Brasília", com Diretrizes aos membros do Ministério Público (item 2), valendo destacar: a) Adoção, pelos membros da Instituição, como agentes políticos, de postura proativa que valorize e priorize atuações preventivas, com antecipação de situações de crise, exigindo-se, para tanto: i) clareza sobre o desenvolvimento das disputas que se travam na sociedade em torno dos objetos de intervenção do Ministério Público; ii) capacidade de articulação política, sobretudo no que tange à formação de alianças e identificação dos campos conflituosos; iii) autoridade para

[1933] Cf. Eduardo Cambi e Giovana Zaninelli. Direito fundamental à educação, exclusão social e cidadania. p. 29-54.

[1934] Disponível em: http://www.acessoajustica.gov.br/pub/centraisDeConteudo/monitoramentoIndicadores.faces. Acesso em 05 de fevereiro de 2015.

mediar demandas sociais (capacidade para o exercício de liderança a partir da força do melhor argumento em defesa da sociedade); iv) capacidade de diálogo e de consenso; v) senso de oportunidade para o desencadeamento das intervenções que levem em consideração as situações de lesão ou de ameaças aos direitos fundamentais; b) Adoção de postura resolutiva amparada no compromisso com ganhos de efetividade na atuação institucional, exigindo-se, para tanto: i) atuação atrelada à proteção e à efetivação dos direitos e das garantias fundamentais; ii) realização de pesquisas e investigações exaustivas sobre os fatos, em suas múltiplas dimensões e em sede procedimental, como base para a intervenção qualificada; iii) uso de mecanismos e instrumentos adequados às peculiaridades de cada situação que demande o exercício das atribuições constitucionais pelo Ministério Público; iv) escolha correta dos ambientes de negociação que facilitem a participação social e a construção da melhor decisão para a sociedade; v) construção de consenso emancipador que valorize os direitos e as garantias constitucionais fundamentais; vi) utilização racional do mecanismo da judicialização nos casos em que a via não seja obrigatória e indispensável, devendo o membro do MP analisar se realmente a judicialização é o caminho mais adequado e eficiente para o caso; c) Priorização da atuação preventiva, de modo a atuar programaticamente para combater ilícitos que possam gerar situações de lesão ou de ameaça aos direitos fundamentais afetos à atuação do Ministério Público, priorizando, para tanto, medidas extrajurisdicionais e judiciais que sejam efetivas e eficientes para evitar essa prática.

Além disso, a Recomendação nº 54, de 28 de março de 2017, do Conselho Nacional do Ministério Público (CNMP), dispõe sobre a Política Nacional de Fomento à Atuação Resolutiva do Ministério Público brasileiro. Vale destacar o § 2o do art. 1o desta Recomendação que orienta no sentido da preferência, sempre que possível e observadas as peculiaridades do caso concreto, da resolução extrajudicial do conflito, controvérsia ou situação de lesão ou ameaça, especialmente quando essa via se mostrar capaz de viabilizar uma solução mais célere, econômica, implementável e capaz de satisfazer adequadamente as legítimas expectativas dos titulares dos direitos envolvidos, contribuindo para diminuir a litigiosidade.

Por exemplo, o Governador do Estado do Paraná, no final de 2016, propôs emendas à Lei de Diretrizes Orçamentárias do Estado do Paraná, suspendendo o reajuste dos servidores públicos estaduais previstos para janeiro de 2017 [Cf. Eduardo Cambi e Marcos Vargas Fogaça. Ministério Público Resolutivo: o modelo contemporâneo de atuação institucional. *Revista dos Tribunais*, vol. 982, agosto/2017, p. 107-134.]. Em razão disso, alunos e professores ocuparam diversas escolas públicas do Estado do Paraná, a fim de protestar contra as aludidas iniciativas[1935]. Com a invasão de estabelecimentos de ensino e a greve dos professores, diversos direitos constitucionais entraram em conflito, como o direito à livre manifestação de pensamento, o direito de greve, o direito de associação, o direito à integridade física e moral dos envolvidos, além do direito à educação e o princípio da gestão democrática do ensino. Ciente da situação que se instaurou, de pronto, o Ministério Público do Estado do Paraná emitiu um Ofício Circular acerca da ocupação das escolas por alunos adolescentes (Ofício n. 569/2016), estabelecendo cautelas a serem tomadas e determinando a utilização de mecanismos de diálogo, negociação e acompanhamento, com a finalidade de minimizar os efeitos negativos das invasões e da greve[1936]. Posteriormente, o Ministério Público do Paraná emitiu Nota acerca das ocupações das escolas públicas estaduais[1937]. Diante dessa conturbada situação que se encontrava a educação no Estado do Paraná, encontrava-se o Ministério Público do Paraná em meio a dois lados que se opunham e deveria encontrar medidas para ajudar a resolver o problema e enfrentar a questão. Em essência, de um lado a luta pela qualidade do ensino e devida remuneração dos professores, e, de outro, a situação financeira do Estado e a contraproducente paralisação da educa-

[1935] e acordo com o Movimento Ocupa Paraná, a ocupação atingiu 836 escolas. OCUPA PARANÁ. Disponível em: <http://ocupaparana.org/>. Acesso em: 08 fev. 2017.

[1936] MINISTÉRIO PÚBLICO DO ESTADO DO PARANÁ. Ofício Circular – Ocupação das escolas por alunos adolescentes. Disponível em: <http://www.crianca.mppr.mp.br/modules/noticias/article.php?storyid=1610&tit= OFICIO-CIRCULAR-Ocupacao-das-escolas-por--alunos-adolescentes>. Acesso em: 08 fev. 2017.

[1937] "2. *O Ministério Público do Estado do Paraná permanecerá, incessantemente, pautando-se pelo respeito mútuo, buscando a* ***mediação*** *para a composição dos interesses em conflito e a superação dos impasses existentes. Quer-se, com isso, para além da pacificação social, o retorno ao regular funcionamento do sistema educacional, bem como* ***a identificação e implementação das reivindicações que se mostrem pertinentes*** *apresentadas nas diversas regiões do Estado,* ***ainda que se faça necessária a propositura de demandas judiciais,*** *pelo próprio Ministério Público, no exercício das tutelas coletivas, conforme expressa previsão constitucional (CF, art. 129, III);*" MINISTÉRIO PÚBLICO DO ESTADO DO PARANÁ. Procuradoria-Geral de Justiça. Nota do Ministério Público do Paraná acerca das ocupações das escolas públicas estaduais. Disponível em: <http://www.crianca.mppr.mp.br/modules/noticias/article.php?storyid=1630>. Acesso em: 01 fev. 2017. (grifo nosso).

ção pública. Em uma perspectiva de um Ministério Público Demandista, poderia o Ministério Público, prontamente, ajuizar uma ação judicial, buscando a retomada das aulas ou visando à garantia do reajuste dos servidores públicos. No entanto, tal opção não resolveria o problema, que seria apenas transferido ao Poder Judiciário, o qual tomaria uma decisão, sem a garantia de uma ampla participação da comunidade na resolução do conflito. Como visto, o Ministério Público do Paraná, enquanto instituição voltada à mediação dos conflitos sociais, teve uma atuação de vanguarda, sob a perspectiva de um modelo de Ministério Público Resolutivo, buscando uma solução negociada para a composição do conflito e, com isso, evitando a judicialização do problema. No entanto, importa destacar que uma manifestação genérica da instituição nesse sentido não seria suficiente, caso a atuação de cada membro da instituição envolvido na garantia do direito à educação pública não fosse proativa, indo até cada escola ocupada, buscando estabelecer contato com cada grupo reivindicante, a fim de conhecer a realidade local e identificar as reivindicações e a pertinência delas, diante da pulverização do movimento por todo o Estado.

O Ministério Público atua como articulador e fiscal da implementação de políticas públicas, ao lado dos demais sujeitos políticos coletivos, na luta para assegurar a democratização das relações sociais e a concretização dos direitos fundamentais. Usa os meios extraprocessuais – como as notícias de fato (cfr. Resolução n. 174 de 2017 do CNMP), os do inquérito civil (cfr. Resolução n. 23 de 2007 do CNMP), das audiências públicas (cfr. Resolução n. 82 de 2012 do CNMP, alterada pela Resolução 159 de 2017 do CNMP), das recomendações administrativas e dos termos de ajustamento de conduta (cfr. art. 5o., par. 6o., da Lei 7.347 de 1985 e Resolução n. 179 de 2017 do CNMP) – para ampliar os espaços democráticos de participação social e priorizar a solução direta das questões que lhes são postas pela sociedade.

Para o Ministério Público resolutivo, o Judiciário torna-se um espaço excepcional de atuação e o ajuizamento de ações civis públicas ocorre de forma residual e subsidiária, útil apenas quando todas as demais possibilidades de solução negociada tiverem se esgotado.[1938]

[1938] Cf. Marcelo Pedroso Goulart. *Elementos para uma teoria geral do Ministério Público.* p. 201-204.

Afinal, cumprir o direito fundamental à educação, nos termos do artigo 208 da Constituição Federal, não é mera discricionariedade da administração pública. Assim, caso a vaga na creche não seja disponibilizada na rede pública de ensino, para que o direito à educação não pereça, pode o Município ser compelido a fornecer a vaga em uma instituição privada custeada pelo Estado. Ademais, não basta assegurar a vaga na escola, pois também deve haver preocupação com o transporte escolar, o material didático e de pesquisa, o preparo e a remuneração dos professores, a merenda escolar, o turno integral etc. Para que o educando frequente escolas de qualidade, é necessário planejamento, com a previsão de objetivos, metas e indicadores. Justamente para evitar distorções e priorizar investimentos públicos, o artigo 8º da Lei 13.005/2014, que trata do Plano Nacional de Educação, obriga os Estados, o Distrito Federal e os Municípios a elaborar seus Planos de Educação ou adequarem os planos já aprovados em lei, com as diretrizes, metas e estratégias previstas no PNE, no prazo máximo de 1 (um) ano. Seja para cumprir a meta de universalizar, até 2016, a educação infantil na pré-escola para as crianças de 4 e 5 anos de idade, seja para ampliar a oferta de educação infantil em creches de forma a atender, no mínimo, 50% das crianças de até 3 anos até o final da vigência do PNE, é indispensável que o Ministério Público exija dos gestores públicos a elaboração ou a adequação dos Planos de Educação de Estados, Distrito Federal e Municípios à Lei 13.005/2014. Por isso, deve o Ministério Público priorizar os meios extrajudiciais de efetivação desse direito fundamental à educação, com a elaboração de recomendações administrativas e termos de ajustamento de conduta. Não havendo o cumprimento de recomendações ou de vontade para a celebração destes termos, caberá aos promotores de justiça ajuizar ações civis públicas (cfr. art. 129, inc. III, CF e Lei nº 7.347/85), inclusive para a responsabilização dos gestores por ato de improbidade administrativa (art. 11 da Lei 8.429/92).

Havendo a necessidade da judicialização da demanda, para a tutela do direito fundamental, a pretensão judicial adquire força, quando há prévia participação dos Conselhos Sociais na formulação e na fiscalização dos programas, projetos e ações governamentais.

Na defesa dos direitos fundamentais sociais, o Ministério Público deve ser *tradutor do sentimento social*, ao atuar de forma conjunta com a sociedade civil (cidadãos, coletivos, movimentos sociais institucionalizados ou não) e com os conselhos e comissões de políticas públicas, ao participar das conferências (municipais ou regionais, distritais, estaduais e nacionais) sobre temas específicos e de interesse público, ao promover consultas e audiências públicas (na forma da Resolução 82/2014-CNMP , alterada pela Resolução nº 159/2017), bem como ao utilizar tecnologias de comunicação e de participação, em especial a *internet*, para promover o diálogo entre os integrantes da sociedade civil e os agentes públicos.

Também são importantes iniciativas como pesquisas de opinião pública e os Encontros Nacionais do Ministério Público e os Movimentos Sociais promovidos, todos os anos, desde 2013, pela Comissão de Acompanhamento do Ministério Público na Defesa dos Direitos Fundamentais do Conselho Nacional do Ministério Público (CNMP). Destes encontros, são produzidos Relatórios que servem para nortear a atuação do Ministério Público brasileiro na promoção dos direitos fundamentais.[1939] Além disso, serve de estímulo à organização do Ministério Público nacional a existência de um banco nacional de projetos,[1940] coordenado pelo CNMP, além de um prêmio anual para valorizar as boas práticas.

Também merece destaque as ações realizadas pelo Grupo Nacional de Direitos Humanos (CNDH), coordenado pelo Conselho Nacional de Procuradores-Gerais (CNPG), do Ministério Público dos Estados e da União, que possui diversos grupos temáticos para discutir e aperfeiçoar a atuação da instituição na defesa dos direitos humanos-fundamentais.

Com efeito, o Ministério Público, ao buscar a efetivação de políticas públicas, deve conhecer melhor a realidade e se aproximar da comunidade, dialogando com os principais interessados nas mudanças sociais, e, de modo particular, fomentar parcerias com os respectivos conselhos nacionais, estaduais e municipais (da cidade, de saúde, educação, meio ambiente, criança e adolescente, assistência social, idosos etc.), para melhor atender a justa expectativa da sociedade na atuação mais eficiente da instituição e, inclusive, evitar atuações baseadas apenas nas opiniões pessoais de seus membros. Com isso, a ação ministerial se torna mais democrática e transparente. Fomenta-se, destarte, um processo dialógico destinado a construir decisões consensuais e a captar os melhores argumentos interesubjetivamente possíveis.

[1939] Cf. Disponível em: http://www.cnmp.gov.br/portal/noticia/7090-cnmp-divulga-relatorio-do-2-encontro-mp-e-movimentos-sociais. Acesso em 05 de maio de 2015.

[1940] Cf. Disponível em: http://bancodeprojetos.cnmp.gov.br/consulta.seam. Acesso em 05 de maio de 2015.

Isso faz com que a legitimidade do Ministério Público não seja meramente formal (art. 127, *caput*, da CF/1988), passando a ser *socialmente* aceita. Enfim, permite o uso rawlsiano da *razão pública*, com a construção de critérios e motivações jurídicas, concebidas de modo objetivo e racional, na medida em que são compartilhados após serem compartilhadas outras concepções, experiências e mundividências que integram o *pluralismo razoável*, próprio das sociedades abertas e democráticas.[1941]

Nesse sentido, é paradigmática a decisão do STJ, no REsp 493.811-SP,[1942] no qual o Ministério Público buscava, em ação civil pública, a implementação de Resolução do Conselho Municipal da Criança e do Adolescente, na qual se diagnosticava a insuficiência no atendimento às crianças e adolescentes dependentes de drogas, tendo o STJ salientado a legitimação social do Ministério Público, ao exigir a proteção não da mera opinião pessoal do agente ministerial, mas a *execução de política específica, a qual se tornou obrigatória por meio de resolução do Conselho Municipal dos Direitos da Criança e do Adolescente.*

Assim, cabe aos Conselhos Gestores, com o apoio do Ministério Público e com a mobilização da sociedade civil, deliberar sobre os programas e ações a serem observados, fazendo incluir proposta orçamentária para a execução das políticas públicas.[1943] Por exemplo, no âmbito municipal, a Lei 10.257/2001 assegura a gestão democrática da cidade e impõe como condição obrigatória para a aprovação das leis orçamentárias a prévia realização de debates, audiências e consultas públicas (art. 44).

É fundamental que os Conselhos de Políticas Públicas, junto com o Ministério Público, mobilizem a população para participarem dessas discussões, inclusive pelas redes sociais. E, após a elaboração das leis orçamentárias, compete a tais conselhos acompanhar a execução e a avaliação das políticas públicas, buscando o Ministério Público, quando o poder público é omisso na efetivação dos direitos fundamentais.

O Ministério Público deve apurar a situação do descumprimento das políticas públicas para, a partir da fiscalização da gestão orçamentária, traçar a estratégia de concretização dos direitos violados. Para tanto, como já asseverado, dispõe de poderes investigatórios (arts. 5.º, § 6.º, e 8.º da Lei 7.347/1985; art. 6.º, VII e XX, da LC 75/1993; arts. 25-27 e 80 da Lei

[1941] Cf. Jorge Reis Novais. *Direitos fundamentais...* cit., p. 59.

[1942] Cf. 2.ª T., j. 11.11.2003, rel. Min. Eliana Calmon, *DJU* 15.03.2004, p. 236.

[1943] Verificar o item 4.1.4 supra.

8.625/1993 e Res. CNMP 23/2007), com a possibilidade de instauração de inquérito civil ou de procedimento administrativo preliminar.

Constatando a inércia do poder público, é possível editar recomendações (para que o administrador público incorpore em seu planejamento as linhas de atuação adequadas à realização dos direitos fundamentais), elaborar termo de ajustamento de conduta (no qual podem ser estabelecidas as condições temporais e orçamentárias destinadas à consecução das ações e dos programas pertinentes à execução das políticas públicas) ou ajuizar ações coletivas para a implementação judicial dos direitos fundamentais e das políticas públicas.[1944]

É de suma importância a atuação preventiva do Ministério Público. Com isso, situações que chegam até o gabinete do agente ministerial, por intermédio do exercício individual da cidadania ou pela manifestação institucional (*v.g.*, dos Conselhos Tutelares, de organizações não governamentais, do poder legislativo, do Tribunal de Contas etc.) não deixam de ser canalizadas para os órgãos responsáveis para a elaboração das políticas públicas e posterior inclusão da proposta orçamentária.

A atuação preventiva do Ministério Público deve estar voltada à maximização dos resultados e na eficiência de políticas públicas capazes de minimizar a negação de direitos fundamentais sociais. Por exemplo, a questão da evasão escolar, em vez de ser apenas tratada apenas como casos individuais que chegam ao conhecimento do agente ministerial, pode merecer soluções mais eficazes. Melhor que ajuizar medidas de proteção, pedidos de providência ou até mesmo pretender resolver a questão com discursos retóricos no gabinete, o problema deve ser compreendido como uma *deficiência* do serviço público ou mesmo da *omissão* de políticas públicas adequadas ao combate da evasão escolar. Podem ser levantadas causas que vão muito além da presunção de que a criança ou o adolescente não está indo para a escola porque não quer ou porque a família não lhe protege, como a ausência de transporte escolar, a falta de professores, de profissionais habilitados, capacitados e valorizados, de materiais de apoio adequados, a precariedade das instalações, a ausência de conteúdos programáticos pertinentes à realidade local etc. Tais causas podem e devem ser devidamente apuradas, em inquérito civil ou procedimento administrativo preliminar,

[1944] Cf. Leonardo Augusto Gonçalves. Direitos fundamentais sociais e controle jurisdicional das políticas públicas, p. 165-174.

e encaminhadas aos Conselhos Municipais da Educação e da Criança e do Adolescente, para formular políticas públicas, deliberar sobre os programas e as ações necessários, além de influenciar na proposta orçamentária para a execução das políticas públicas. O mesmo raciocínio se aplica à violação de outros direitos fundamentais sociais.

O Ministério Público Social é aquele que não se contenta em ouvir compassivo e inerte o relato do indignado e perplexo cidadão. Não é uma mera "válvula de escape" de ressentimentos e críticas sociais. A eficiência da atuação do Ministério Público está diretamente ligada à máxima realização dos direitos fundamentais sociais e das promessas não cumpridas da Constituição Federal.

Frustrada a atuação preventiva dos Conselhos Gestores e do próprio Ministério Público, restará aberto o caminho da *judicialização das políticas públicas*. Nesse caso, o Ministério Público evitará demandas inconsistentes ou sem maior respaldo comunitário e institucional. Assim, o Ministério Público pode, de modo mais eficiente, desempenhar a sua missão constitucional (na defesa da ordem jurídica, do regime democrático e dos interesses sociais e individuais indisponíveis: art. 127, *caput*, da CF/1988), aumentar a sua legitimidade social e contribuir melhor com a mais ampla efetivação judicial das políticas públicas, elevando os níveis de concretização dos direitos fundamentais e possibilitando a maior realização da justiça social.[1945]

[1945] Nas palavras de Gilberto Giacóia, o "Ministério Público que queremos e estamos edificando, pois, com férrea determinação e invulgar coragem, não é um Ministério Público acomodado à sombra das estruturas dominantes, acovardado, dócil e complacente com os poderosos, e intransigente e implacável somente com os fracos e débeis. Não é um Ministério Público burocrático, distante, insensível, fechado e recolhido em gabinetes refrigerados. Mas é um Ministério Público vibrante, desbravador, destemido, valente, valoroso, sensível aos movimentos, anseios e necessidades da Nação brasileira. É um Ministério Público que caminha lado a lado com o cidadão pacato e honesto, misturado a nossa gente, auscultando os seus anseios, na busca incessante de Justiça Social. É um Ministério Público inflamado de uma ira santa, de uma rebeldia cívica, de uma cólera ética, contra todas as formas de opressão e de injustiça, contra a corrupção e a improbidade, contra os desmandos administrativos, contra a exclusão e a indigência. Um implacável protetor dos valores mais caros da sociedade brasileira" (Ministério Público Vocacional, p. 283).

5.11. Exclusão social, cidadania, combate à corrupção e efetividade dos direitos fundamentais sociais

5.11.1. Os fascismos *e a exclusão social*

O *fascismo social*, conforme definição criada por Boaventura de Souza Santos, não é um regime político (como o dos anos 30 e 40 do século XX), mas um regime social e civilizacional, voltado à promoção do capitalismo.[1946]

Há três formas de *sociabilidade fascista*[1947]: i) o *apartheid social*: marcada pela segregação social dos excluídos, por meio de uma cartografia urbana, dividida em zonas selvagens e civilizadas; o Estado age, nas zonas civilizadas, como promotor da democracia, ainda que muitas vezes ineficaz ou não confiável; já, nas zonas selvagens, atua como predador, ainda que com aparente respeito ao Direito; ii) a *usurpação de prerrogativas estatais* (de coerção e de regulação sociais) por poderosos atores paraestatais que neutralizam ou suplementam o controle social produzido pelo Estado; essa forma é marcada por duas vertentes principais: o *fascismo contratual* (que ocorre nas situações em que, devido a diferença do poder entre as partes do contrato, a mais vulnerabilizada, por não ter alternativas se submete às condições impostas pela parte mais poderosa, com maior agravante nas hipóteses de privatização de serviços públicos) e o *territorial* (os atores sociais, com forte capital patrimonial, retiram do Estado o controle do território onde atuam ou o neutralizam, cooptando ou violentando instituições estatais e exercendo a regulação social sobre os habitantes sem a participação destes e contra os seus interesses); iii) a *manipulação discricionária da insegurança* de pessoas e grupos sociais vulnerabilizados, pela precariedade do trabalho, falta de estruturação do sistema público de saúde, pelas deficiências na educação pública, dentre outros, o que produz elevado grau de ansiedade quanto ao presente e ao futuro.

Nesse contexto, três características servem para a identificação do fenômeno da exclusão social[1948]: i) *segregação territorial*: bairros afastados, populares, sem infraestrutura e serviços do Estado; ii) a *opressão* por grupos

[1946] Cf. Eduardo Cambi e Hwidger Lourenço Ferreira. Exclusão social e cidadania: participação social e educação como empoderamento do cidadão e fortalecimento da democracia. p. 209-213.

[1947] Cf. Boaventura Souza Santos. Os Fascismos sociais. p. 2.

[1948] Idem. Ibidem.

políticos e econômicos, nas relações de trabalho, consumo ou da cooptação de poderes estatais por tais grupos, impossíveis de serem enfrentadas em face da disparidade de armas, com aceitação de condições contratuais adversas por ausência de outras opções; iii) a *manipulação da insegurança*, tornando o horizonte de expectativa pequeno e inseguro.

O diagnóstico de Boaventura Souza Santos, ao apontar causas da exclusão social, evidencia um distanciamento, físico, econômico e social entre o povo e a classe dirigente. Além disso, releva que o conceito de exclusão social é amplo e atinge uma série de fragilidades não apenas econômicas, mas também de oportunidades de trabalho, culturais, educacionais e de saúde.

Como um fenômeno amplo, a exclusão social se caracteriza por diversos aspectos, que podem ser sintetizados[1949]: a) *econômicos*: marcada pela carência e pela privação de recursos, resultante da escassez económica e que se manifesta pelas más condições de vida, baixos níveis de instrução e qualificação profissional, emprego precário e atividade da economia no domínio da economia informal; b) *sociais*: situa-se no domínio dos laços sociais e está ligado à privação, que, na maior parte das vezes, se manifesta com o isolamento, baixa auto-suficiência e falta de autonomia pessoal; c) *culturais*: que se expressa em práticas como o racismo e a xenofobia, e atingem certas minorias étnica-cultural; d) *patológicos*: manifesta-se a nível psicológico ou mental, além de comportamentos auto-destrutivos, como os relacionados com a toxicodependência, o alcoolismo, a prostituição, entre outros.

Com efeito, exclusão significa alijamento, intencional ou não, de algo, deixar de fazer parte de um todo, de um grupo.

Entretanto, não se pode esquecer que a pobreza não está ligada apenas às questões econômicas, mas também as políticas.

Não obstante a necessidade de profundas reformas no sistema político, a descrença generalizada na política contribui para o enfraquecimento da participação social e prejudica o desenvolvimento democrático. A produção cultural brasileira, como se demonstra a seguir, revela o descontentamento com a representação política:

Porém, a desesperança na política, disseminada culturalmente, não pode conduzir à exclusão do debate político, o que fragilizaria a constru-

[1949] Cf. Alfredo Bruto da Costa. *Um olhar sobre a pobreza: vulnerabilidade e exclusão social no Portugal contemporâneo.*

ção da cidadania ativa, aumentaria a alienação e a dominação populares, aumentando a opressão dos mais vulneráveis[1950].

5.11.2. Cidadania ativa e solidária

Na interpretação liberal, o *status* de cidadão era determinado a partir dos *direitos negativos* que ele possuía em relação ao Estado e aos outros cidadãos. Na interpretação republicana, o *status* de cidadão não se restringe às liberdades negativas, exigindo a proteção das liberdades positivas, pelas quais não se procura proteger a liberdade em relação à coação externa. Quer-se garantir os meios e os recursos necessários à determinação de seus próprios *planos de vida* (de seu *autogoverno* ou, inclusive, da sua *autorrealização pessoal*),[1951] além da sua *participação em uma prática comum.*

Os direitos fundamentais não se reduzem às *liberdades públicas.*[1952] Este termo se refere, tão somente, aos direitos tradicionais, de caráter individual, e tem como finalidade prioritária garantir as esferas de autonomia subjetiva. A expressão *direitos fundamentais* é mais ampla e compreende, além das liberdades tradicionais, novos direitos, de caráter econômico, social e cultural.

A interpretação liberal do conceito de cidadania se justifica no ordenamento jurídico pelo fato de se permitir *constatar no caso concreto quais direitos competem a cada indivíduo.* A visão republicana, por sua vez, considera que

1950 *"Por mais democráticos que sejam seus sentimentos e suas intenções, atingida uma certa elevação de posto, vêem a sociedade da mesma forma que um professor vê seus alunos, e entre o professor e os alunos não há igualdade. De um lado, há o sentimento de superioridade, inevitavelmente provocado pela posição de superioridade que decorre da superioridade do professor, exercite ele o poder legislativo ou executivo. Quem fala de poder político fala de dominação. Quando existe dominação, uma grande parcela da sociedade é dominada e os que são dominados geralmente detestam os que dominam, enquanto estes não têm outra escolha, a não ser subjugar e oprimir aqueles que dominam. (...) É verdade que, em dia de eleição, mesmo a burguesia mais orgulhosa, se tiver ambição política, deve curvar-se diante de sua Majestade, a Soberania Popular. Mas, terminada a eleição, o povo volta ao trabalho, e a burguesia, a seus lucrativos negócios e às intrigas políticas. Não se encontram e não se reconhecem mais. Como se pode esperar que o povo, oprimido pelo trabalho e ignorante da maioria dos problemas, supervisione as ações de seus representantes? Na realidade, o controle exercido pelos eleitores aos seus representantes eleitos é pura ficção, já que no sistema representativo, o controle popular é apenas uma garantia da liberdade do povo, é evidente que tal liberdade não é mais do que ficção"* (WOODCOCK, George. A Ilusão do Sufrágio Universal (Mikhail Bakunin). In: *Os Grandes escritos anarquistas.* Porto Alegre: L&PM, 1986. p. 98-100)

1951 Cf. Cristina Queiroz. *Direitos fundamentais sociais...* cit., p. 20.

1952 Cf. Antonio E. Perez Luño. *Los derechos fundamentales*, p. 51.

esses direitos subjetivos resultam de uma *ordem jurídica objetiva*, a qual não somente garante a integridade de uma convivência autônoma, com iguais direitos, mas também se assenta no respeito mútuo.[1953]

O *republicanismo* se funda na consideração de direitos e de deveres em *relações recíprocas de reconhecimento.*[1954] Assim, o indivíduo deixa de ser visto como um sujeito isolado, portador de direitos, negativos ou defensivos, para ser compreendido como um *ser socialmente situado*, porque inserido em uma comunidade, na qual constrói e desenvolve a sua personalidade.[1955] Logo, o republicanismo procura valorizar tanto a integridade do indivíduo e de suas liberdades subjetivas, quanto a da sociedade na qual os particulares podem reconhecer-se, ao mesmo tempo, como indivíduos e como membros.[1956]

Os cidadãos são *atores políticos autônomos* de uma comunidade de pessoas livres e iguais. A existência do Estado não se justifica pela proteção de direitos subjetivos iguais, mas pela garantia de um *processo inclusivo de formação de opinião* e *de vontade.*

Há, contudo, que se considerar que, nas sociedades de massa, houve uma mudança estrutural na *esfera pública.* Ao contrário da democracia ateniense, em que o cidadão[1957] teria direito de ir até a *ágora* para tentar influenciar as deliberações públicas, nos dias atuais não basta ter voz e uma boa ideia para ser ouvido.[1958] Assegurar, por exemplo, que alguém caminhe, por uma via pública, com uma faixa de protesto ao governo seria apenas uma forma débil de tutelar a democracia, pela via da liberdade de expressão. Ao contrário, cabe às leis assegurar *posições jurídicas* ativas mais eficientes para promover a maior participação dos cidadãos na gestão da coisa (*res*) *pública.*[1959]

A *opinião pública* resulta, cada vez menos, do debate entre cidadãos bem informados, sendo definida pelos veículos de comunicações de massa, onde, geralmente, o cidadão participativo cede lugar para o consumidor apático,

[1953] Cf. Jürgen Habermas. *Direito e democracia...* cit., vol. I, p. 335-336.

[1954] Idem, p. 336.

[1955] Cf. Cristina Queiroz. *Direitos fundamentais sociais...* cit., p. 18.

[1956] Cf. Jürgen Habermas. *Direito e democracia...* cit., vol. I, p. 336.

[1957] Todavia, o conceito de cidadão grego era mais restrito que o moderno, excluindo completamente as mulheres, os escravos e os estrangeiros.

[1958] Cf. Daniel Sarmento. Liberdade de expressão, pluralismo e o papel promocional do Estado, p. 22.

[1959] Cf. Cristina Queiroz. *Direitos fundamentais sociais...* cit., p. 147.

espectador das novelas, de filmes estrangeiros e dos noticiários.[1960] Apesar de a Constituição vedar a existência de monopólios ou oligopólios entre os meios de comunicação social (art. 220, § 5.º, da CF/1988), os canais abertos de televisão são restritos e se concentram, hegemonicamente, na rede Globo,[1961] sem mencionar que os principais proprietários de emissoras de rádio e de televisão locais também são donos dos jornais de maior circulação das respectivas regiões do País.[1962] Não há espaço para se promover o pluralismo de ideias e os debates sociais, quando os meios de comunicação social estão tão concentrados, devendo pautar sua programação pela *lógica do mercado*. Isso evita ou minimiza o espaço para as informações e para os questionamentos que, não obstante sejam socialmente relevantes, contrariam os interesses dos anunciantes e dos patrocinadores, ligados aos grandes grupos econômicos e, por isso, voltados à manutenção do *status quo*. Assim, a população é tratada, quase que exclusivamente, como mera consumidora, não como cidadã, sendo menos interessante para as elites discutir os problemas socioeconômicos do que usar os meios de comunicação para ampliar as margens de lucro, de preferência sem quaisquer questionamentos que possam vir a ameaçar seus poderes. Os meios de comunicação de massa, assim estruturados, funcionam como eficiente *mecanismo de controle social*, alienando, mais do que informando, evitando o debate mais intenso, para impor, a partir das estratégias de *marketing*, as ideias mais conservadoras. A maioria das pessoas e dos grupos sociais não consegue influenciar, diretamente, a formação da opinião pública. Afinal, o trabalho de um dia inteiro de distribuição de panfletos, no centro de uma cidade, não se compara a

1960 Cf. Daniel Sarmento. Liberdade de expressão... cit., p. 22.

1961 Conforme os dados consolidados da audiência nacional, baseados no Ibope, em abril de 2014, a Globo possui uma audiência média de 13,1 pontos, nas 24 horas do dia, o que representa mais do dobro de pontos das duas outras maiores emissoras (6,6 da Record e 5,5 do SBT).

1962 Segundo Fábio Konder Comparato, constitui "uma aberração que os grandes conglomerados do setor de comunicação de massa invoquem esse direito fundamental à liberdade de expressão, para estabelecer um verdadeiro oligopólio nos mercados, de forma a exercer, com segurança, isto é, sem controle social ou popular, uma influência dominante sobre a opinião pública. Se, na atual sociedade de massas, a verdadeira liberdade de expressão só pode exercer-se através dos órgãos de comunicação social, é incongruente que estes continuem a ser explorados como bens de propriedade particular ou estatal, em proveito exclusivo de seus donos" (*Afirmação histórica*... cit., p. 316).

trinta segundos de anúncio publicitário, em rede nacional, nas principais emissoras de televisão.[1963]

Por isso, a promoção da cidadania passa pela democratização dos meios de comunicação de massa, a fim de que a programação observe o disposto no art. 221 da CF/1988, promovendo o debate público e estimulando o senso crítico dos cidadãos.[1964] O direito fundamental à liberdade de expressão, como *instrumento emancipatório*, para ser devidamente respeitado, depende do acesso a informações e a pontos de vistas diversificados sobre temas de interesse geral. Com efeito, deve o Estado estimular o pluralismo, a partir da ampliação das *mídias públicas* (*v.g.*, como ocorre com a TV Justiça), o maior *acesso público à internet*, a ampliação dos *direitos de antena*[1965] *e de resposta*, para que cidadãos e entidades sociais possam promover a defesa dos interesses públicos,[1966] a *desburocratização das rádios comunitárias* e a criação de *agência reguladora*,[1967] com a participação de variados setores da sociedade, capaz de zelar pela qualidade democrática da programação, sem promover qualquer espécie de censura política, ideológica e artística.

[1963] Cf. Owen Fiss, op. cit., p. 118.

[1964] O STF, na Arguição de Preceito Fundamental (ADPF) 130, declarou não recepcionado pela Constituição Federal de 1988 a Lei Federal 5.250/1967 (Lei de Imprensa), por contrariar especialmente o art. 221, § 1.º, da CF/1988. Asseverou o relator, Min. Ayres Britto, que "a imprensa livre contribuiria para a realização dos mais elevados princípios constitucionais, como o da soberania e da cidadania, e que, pelo seu reconhecido condão de vitalizar por muitos modos a Constituição, manteria com a democracia a mais arraigada relação de mútua dependência ou retroalimentação. Por ser visualizada como verdadeira 'irmã siamesa' da democracia, a imprensa passaria a desfrutar de uma liberdade de atuação ainda maior que a liberdade de pensamento e de expressão dos indivíduos em si mesmos considerados, até porque essas duas categorias de liberdade individual também seriam tanto mais intensamente usufruídas quanto veiculadas pela própria imprensa" (Cf. *Informativo* 541-STF, mar.-abr. 2009).

[1965] O art. 40, alínea 1, da Constituição Portuguesa, de 1976, regulamenta o *direito de antena*, prevendo: "Os partidos políticos e as organizações sindicais, profissionais e representativas das actividades económicas, bem como outras organizações sociais de âmbito nacional, têm direito, de acordo com a sua relevância e representatividade e segundo critérios objectivos a definir por lei, a tempos de antena no serviço público de rádio e de televisão". Do mesmo modo, o art. 20, alínea 3, da Constituição Espanholaa, de 1978, dispõe: "3. La Ley regulará la organización y el control parlamentario de los medios de comunicación social dependientes del Estado o de cualquier ente público y garantizará el acceso a dichos medios de los grupos sociales y políticos significativos, respetando el pluralismo de la sociedad y de las diversas lenguas de España".

[1966] Cf. Fábio Konder Comparato. *Afirmação histórica*... cit., p. 316-317.

[1967] Cf. Daniel Sarmento. Liberdade de expressão... cit., p. 36-38.

É preciso acrescentar que a compreensão do conceito de cidadania depende da articulação de quatro categorias: a) a dos *meios-cidadãos*: para quem os direitos existem, mas as pessoas não os conhecem; b) a *cidadania passiva*: as pessoas conhecem os direitos, mas não lutam pelo seu cumprimento, esperando que "alguém", quando não o próprio Estado, lhes realize os direitos; c) a *cidadania ativa*: onde se incluem aqueles que conhecem os direitos e os exigem, mediante a participação em movimentos organizados da sociedade civil (como o envolvimento em associações civis, sindicatos e partidos políticos), mas buscam a efetivação desses direitos para melhorar as suas necessidades e aumentar a sua capacidade de consumo (sob esse aspecto, houve importante transformações, nas últimas décadas, quanto ao foco das lutas das classes trabalhadoras, antes voltadas para a superação revolucionária da ordem capitalista, seguindo-se o modelo marxista, e, mais recentemente, passaram a ser lutas setoriais por maiores conquistas corporativas);[1968] d) por fim, a *cidadania ativa solidária*: onde estão aqueles que lutam pela realização do bem comum, da melhoria das condições sociais, que se sensibilizam com a justiça social.

Infelizmente, nas duas primeiras categorias, está a grande maioria das pessoas.[1969] O direito deve ser uma atitude interpretativa e contestadora, dirigida à política em sentido amplo.[1970] Requer a participação de todos os cidadãos responsáveis, a fim de que os princípios se coloquem acima da prática para que o *bem comum* seja realizado. Os conceitos de *bem comum* e de *interesse público* não se confundem. *Bem comum* é a *composição harmônica* entre os bens de cada um e de todos.[1971]

[1968] Cf. Marcelo Neves. *A constituição simbólica*. p. 120-121.

[1969] A respeito do povo brasileiro, escreve Lya Luft: "Somos uns eternos queixosos: a mulher é implicante, a sogra uma bruxa, o marido um chato, a professora um porre, o filho um tormento, o patrão um explorador. Ao mesmo tempo, quase nada fazemos para mudar as coisas. Ficamos resignados, de mau humor, negativos e atraindo coisas negativas. Todo mundo queixoso, mas dando de ombros: 'No Brasil é assim mesmo'. Estaremos realmente convencidos de que as coisas ruins são 'mentira de branco', como tem afirmado, ridícula e perigosamente, mais de uma autoridade? Se for assim, é hora de começar a ter vergonha de ser brasileiro. Vergonha de ser esse rebanho iludido e bobo que acredita em contos da carochinha, corre atrás de miragens e pensa que é feliz ou que não tem direito a reinvindicar nada melhorzinho" (A espera por algo mais digno, p. 24).

[1970] Cf. Ronald Dworkin. *O império do direito* cit., p. 492.

[1971] Cf. Humberto Ávila. Repensando o "princípio da supremacia do interesse público sobre o particular", p. 3.

O *construtivismo jurídico*[1972] expressa atitudes fraternas, porque evidencia a existência de uma comunidade, apesar da sua composição por inúmeras pessoas com seus projetos, interesses e convicções individuais. O direito pode revelar, para além dos catálogos de regras ou princípios, bem como da lista de autoridades com poderes sobre parte de nossas vidas, o que queremos ser e qual sociedade pretendemos ter.[1973]

O desenvolvimento da cidadania ativa e solidária vai além da indispensável atuação do Estado na formulação de políticas públicas e na implementação de direitos sociais. Para a efetiva realização desses direitos, é preciso combater a falta de *socialidade*, instaurando uma *nova subsidiariedade social*, mediante a cumplicidade entre entes públicos e as instituições da sociedade civil. Tal perspectiva poderia dar novo sentido ao discurso dos direitos fundamentais sociais, diminuindo a burocracia estatal para melhor reestruturar os serviços voltados às prestações sociais.[1974]

A ampliação da cidadania é importante fator de redução das desigualdades sociais. A emancipação dos brasileiros, especialmente os mais vulneráveis, é prejudicada pela existência de uma relação de dependência entre eles, "excluídos"/"marginalizados", e os privilegiados. Com efeito, a cidadania plena exige a concretização das normas constitucionais referentes aos direitos fundamentais. Enquanto os direitos fundamentais não se efetivam, fortalece o significado dos favores e do clientelismo.[1975]

A transformação social também depende que os cidadãos exerçam papéis ativos e solidários, devendo ser educados para o exercício da cidadania, para poderem melhor entender seus deveres e direitos, bem como poderem fiscalizar os atos dos governantes para que possam atuar de acordo com à realização dos interesses comuns de todos.

5.11.3. Política cidadã

Não se pode demonizar a política, que surgiu na Grécia, como forma de organização coletiva na *pólis*. O termo não se reduz à Administração Pública; é mais amplo e deve abranger à atividade dos cidadãos que se ocu-

[1972] Cf. item 3.3.7 supra.

[1973] Cf. Ronald Dworkin. *O império do direito* cit., p. 492.

[1974] Cf. José Joaquim Gomes Canotilho. Metodologia "fuzzy" e "camaleões normativos" na problemática actual dos direitos econômicos, sociais e culturais, p. 112-113.

[1975] Cf. Marcelo Neves. *Entre Têmis e o Leviatã...*, p. 247.

pam dos assuntos públicos, mas também o poder de organização, mobilização e transformação da sociedade[1976].

A política pode e deve ser exercida por todos, não apenas por aqueles que o povo escolhe para representá-los, concedendo-lhe um mandato político. A política é a busca pela felicidade e pelo bem comum[1977]. Deve estar presente toda vez que um grupo de pessoas precisa tomar decisões, seja em uma reunião de condomínio, seja para definir grandes questões nacionais.

A satisfação dos interesses depende da mobilização dos cidadãos que podem lutar pelo respeito aos direitos fundamentais, contra a impunidade e à corrupção, pela transparência e eficiência nos gastos públicos, mas também pela melhor gestão da escola, do condomínio, do sindicato ou da associação a que pertencem[1978].

Nos Estados Democráticos de Direito, é papel da sociedade civil - enquanto entidade intermediária entre a esfera privada e o Estado - monitorar e restringir o exercício do poder, a fim de consolidar a cultura democrática e minimizar os efeitos da corrupção. Afinal, sem o controle social, por meio de uma imprensa livre e inquisitiva e sem grupos civis para exigir reformas institucionais, ampliam-se as margens para a prática da corrupção.[1979]

Assim, a política não é exercida somente pelo voto, mas também pela participação em audiências públicas, pelo envolvimento em grêmios estudantis, pela cooperação em associações e sindicatos, pelo acompanhamento das atividades dos parlamentares e dos governantes, pelo acesso aos portais da transparência, pela participação em conselhos de direitos etc[1980].

Para o exercício da *política cidadã*, as pessoas precisam compreender o papel e o trabalho dos órgãos públicos, conhecer os instrumentos democráticos de participação e buscar interagir com os demais atores sociais (famí-

1976 CAMBI, Eduardo (Org.). *Guia do cidadão*. Curitiba: Ministério Público do Paraná, Secretaria de Estado da Educação e Assembleia Legislativa do Paraná, 2014. p. 23. Também disponível em: http://www.mppr.mp.br/arquivos/File/imprensa/GeracaoAtitude/Guia_do_Cidadao_finalMPPR.pdf.

1977 Idem. p. 24.

1978 Idem. Ibidem.

1979 Larry. Em direção à consolidação democrática. In: *Para entender a democracia*. Coord. Larry Diamond. Curitiba: Instituto Atuação, 2017. p. 244.

1980 Idem. Ibidem.

lia, escola, empresas, sindicatos, associações, clubes de serviços, imprensa, entre outros)[1981].

De qualquer modo, a crise na representação política, marcada pela dissociação entre os anseios dos cidadãos e a atuação da classe dirigente, e a reduzida participação democrática afeta os mais vulneráveis[1982]. As classes, com maior poder aquisitivo, podem assimilar melhor os efeitos de decisões políticas desastradas na economia ou na sociedade. Aqueles em condição social adversa ficam excluídos, sendo colocados à margem do desenvolvimento econômico[1983].

A representação política não se destina a resolver os problemas da maior parte da população[1984]. No Brasil, há excessiva valorização do Poder Executivo, o que reforça a tradição ibérica do patrimonialismo. O papel dos legisladores se reduz a de meros intermediários de favores pessoais perante o Executivo. O leitor vota no deputado em troca de promessas de favores pessoais; o deputado apoia o governo em troca de cargos e verbas para distribuir entre seus eleitores. Cria-se uma *esquizofrenia política*: em que os eleitores desprezam os políticos, mas continuam votando nele na esperança de benefícios pessoais.

Quando se troca o voto pelo recebimento de favores pessoais, promove-se o processo de *privatização da política*[1985]. A política democrática deixa de ser o caminho para atender os interesses comuns da sociedade, no pre-

[1981] Idem. Ibidem.

[1982] *"A exclusão oficial do indivíduo, não reconhecido como membro de pleno direito do grupo social em que desenvolve sua existência, modela sorrateiramente seu perfil opressivo nesse modelo adoçado de participação limitada. Seus efeitos são igualmente devastadores do ponto de vista da desejada realização do ideal democrático. Ocorre que, pela tomada de consciência do papel subalterno, que na hora da verdade desempenham as minorias no desenho da ação social, repercute essa modalidade de exclusão em um acanhamento da personalidade individual, que fica inerte frente aos desígnios da mais ou menos benevolente, atitude paternalista que possa exercitar o grupo dominante"* (Clovis Gorczvski e Nuria Belloso Martin. *A necessária revisão do conceito de cidadania: movimentos sociais e novos protagonistas na esfera pública democrática*. p. 10).

[1983] Para a Secretaria de Assuntos Econômicos do Governo Federal, a "nova classe média" é composta pelos brasileiros que totalizam, mensalmente, vencimentos entre R$ 1.064,00 e R$ 4.561,00. Todavia, a percepção de que R$ 1.064,00 mensais é suficiente para assegurar o mínimo existencial, a depender do contexto onde se vive, como as grandes metrópoles, é uma mera ficção. Dados disponíveis em http://www.sae.gov.br/novaclassemedia/?page_id=58. Acesso em 06 de abril de 2015.

[1984] Cf. José Murilo de Carvalho. *Cidadania no Brasil. O longo caminho*. p. 223-224.

[1985] Cf. Cristovam Buarque. A privatização da política. p. 02.

sente e no futuro, passando a servir para a satisfação de objetivos individuais, sem grandes preocupações com o conjunto da sociedade ou com o seu futuro[1986]. A *privatização da política* conduz o eleitor a votar e o cidadão a agir pelo seu interesse pessoal, sem pensar no país, o que impede a criação das bases sociais indispensáveis para promover as reformas que o Brasil precisa para o seu desenvolvimento humano, político, ético e social.

Logo, não basta reprimir a corrupção política; é preciso educar para o exercício da cidadania[1987]. Construir, pela educação, cidadãos responsáveis por condutas éticas e sociais é indispensável para promover os valores positivos, tornar as pessoas menos egoístas, mais integradas e participantes do processo político-democrático; enfim, verdadeiras coautoras da construção de um país melhor e mais justo para todos.

5.11.4. Corrupção e educação

Apesar do Brasil ser a oitava maior economia do mundo, apresenta elevados índices de corrupção.[1988] Estima-se que até R$ 130 bilhões de reais sejam desviados todos os anos com a corrupção. Pesquisa realizada pela Federação das Indústrias do Estado de São Paulo afirma que o custo médio da corrupção no Brasil representa 1,38% a 2,3% do Produto Interno Bruto (PIB), o que representa cerca de R$ 41,5 bilhões a R$ 69,1 bilhões. Entre 1990 e 2008, o PIB *per capta* no Brasil foi de U$ 7.954[1989]. Porém, caso o Bra-

[1986] Há diversas formas de *privatização da política*. Pode ocorrer quando políticos se elegem e se apropriam de recursos públicos. Também acontece quando as políticas são benéficas para determinadas pessoas ou grupos sociais, mas não exige deles a sua contrapartida na construção de um país melhor. Cristovam Buarque (Idem. Ibidem) exemplifica com programas como o PROUNI, o Ciência Sem Fronteiras e o Bolsa Família, que beneficiam pessoas ou grupos sociais, mas que, se fossem exigidos destes beneficiados contrapartidas sociais, poderiam melhor contribuir com o desenvolvimento nacional. É o que também ocorre com a política de redução das tarifas de energia elétrica, sem ganhos de produtividade para o setor. O governo financia as perdas das empresas, criando gastos públicos para atender benefícios privados (fenômeno da *Publicização dos custos para atender a privatização dos benefícios*). Esses financiamentos precisam ser pagos com dinheiro público, o que representa sacrifício de outras prioridades, endividamento ou aumento da inflação.

[1987] Cf. Eduardo Cambi e Fábio Guaragni (Coord). *Lei anticorrupção. Comentários à Lei 12.846/2013*. p. 34.

[1988] Cf. Eduardo Cambi *et ali*. *Lei anticorrupção*. p. 13-15.

[1989] file:///C:/Users/eascambi/Downloads/custo-economico-da-corrupcao-final.pdf. Acesso em 07 de abril de 2014.

sil estivesse entre os países menos corruptos do mundo, esse valor poderia subir para U$ 9.184, o que significaria um aumento de 15,5%, no período, ou o equivalente a 1,36% ao ano.

Com o dinheiro desviado pela corrupção, o Brasil poderia proporcionar um desenvolvimento extraordinário. A mesma pesquisa da FIESP exemplifica[1990]: a) Educação: o número de matriculados na rede pública de ensino fundamental subiria de 34,5 milhões para 51 milhões de alunos, o que representaria um aumento de 47%, uma vez que mais de 16 milhões de jovens e crianças seriam incluídos; b) Saúde: o número de leitos para internação nos hospitais públicos que atendem ao Sistema Único de Saúde poderia crescer 89%, permitindo que 327.012 leitos fossem construídos; c) Habitação: 2.940.371 famílias poderiam ser atendidas, elevando as metas do PAC (de 3.960.000) em 74,3%; d) Saneamento: o serviço poderia crescer 103,8%, para acrescentar mais 23.347.547 casas com esgotos, o que diminuiria os riscos de saúde da população e a mortalidade infantil; e) Infraestrutura: poderiam ser construídas mais 13.230 Km de estradas de ferro, para o escoamento da produção, melhorando o sistema ferroviário em 525%, ou serem construídos 277 novos aeroportos, o que representaria um crescimento de 1383%, ou mais 172 novos portos, o que representaria um incremento de 1537%.

A corrupção é inversamente proporcional ao exercício da cidadania.[1991] Quanto maior é a cidadania, menor é a corrupção. Por isso, deve-se apostar no empoderamento do cidadão e no aperfeiçoamento dos controles sociais[1992].

Na perspectiva dos direitos civis, José Murilo de Carvalho divide os cidadãos em três classes[1993]: i) os de primeira classe: os que estão acima da lei, que sempre conseguem defender seus interesses pelo poder do dinheiro e do prestígio social: são invariavelmente brancos, recebem mais de 20 salários mínimos, bem vestidos e com formação universitária; representam 8% da população brasileira; para eles, as leis não existem ou podem

1990 Idem.

1991 Cf. Eduardo Cambi *et ali*. *Lei anticorrupção*. p. 31-38.

1992 *"Sem os direitos civis, sobretudo a liberdade de opinião e organização, os direitos políticos, sobretudo o voto, podem existir formalmente mas ficam esvaziados de conteúdo e servem antes para justificar governos do que para representar cidadãos"* (José Murilo de Carvalho. *Cidadania no Brasil. O longo caminho*. p. 10).

1993 Idem. p. 216-217.

ser dobradas; ii) os de segunda classe: que nem sempre têm noção exata de seus direitos e quando a têm carecem de meios necessários – como acesso aos órgãos e autoridades competentes, bem como de recursos para custear as demandas judiciais – para fazer valer seus direitos; ganham entre 2 e 20 salários mínimos, representando 63% da população brasileira; para eles, há os Códigos Civil e Penal, mas são aplicados de maneira parcial e incerta; iii) os de terceira classe: que é a população marginal das grandes cidades, trabalhadores urbanos e rurais sem carteira assinada, posseiros, empregadas domésticas, biscateiros, camelos, menores abandonados, mendigos; são geralmente pardos ou negros, analfabetos ou com educação fundamental incompleta; possuem renda de até dois salários mínimos e representam 23% da população nacional; eles ignoram seus direitos civis ou têm eles sistematicamente desrespeitados pelos outros cidadãos, pelo governo e pela polícia; não se sentem protegidos pela sociedade e pelas leis; temem o contato com os agentes da lei, pois a sua experiência demonstra que quase sempre isto resulta em prejuízo próprio; muitos optam por desafiar a lei; para eles vale apenas o Código Penal.

É necessário, pois, reagir contra a causa de todas as desigualdades que é a ausência de uma educação pública de qualidade.[1994] Sem educação não há igualdade nem democracia. Tampouco é possível combater a corrupção, compreendida seja na escolha de políticos mais honestos para governar, seja na construção - a longo prazo - de uma cultura individual pautada em princípios éticos.

Aliás, pesquisas de opinião revelam que a maioria dos brasileiros consente ou até mesmo suporta os políticos que pregam o "rouba, mas faz".[1995] Conforme estudo realizado em 2002, 53% dos eleitores, sem educação básica, disseram que poderiam votar em políticos que "roubam, mas fazem". Dentre aqueles que possuem educação básica, 46% votariam nes-

1994 *"Reaja contra todas as desigualdades; mas, sobretudo, contra a mãe de todas elas: a educação desigual. Veja com horror a cara do futuro do país retratada nas decrépitas escolas de hoje. Veja e reaja. Seja um educacionista: no lugar de quer um país rico para só então fazer a boa escola para todos, queira a boa escola para todos como o caminho de fazer o país rico. Lute para que os filhos dos trabalhadores estudem nas mesmas escolas dos filhos dos patrões. E cada um evolua conforme seu talento, vocação e persistência – não pela sorte lotérica da genética ou da renda dos pais. Lute pelo direito democrático de funcionamento das escolas privadas, e para que um dia elas se tornem desnecessárias, graças à qualidade de toda escola pública"* (Cristovam Buarque. *Reaja*. p. 13).

1995 Cf. Carlos Pereira, Lucio R Rennó e David J. Samuels. Corruption, campaign finance and reelection. p. 81.

ses políticos. Tais percentuais diminuem para 38%, dentre aqueles que têm o ensino médio, e 25%, dentre os que têm formação universitária. Muitos dos eleitores deixam de punir políticos que "roubam, mas fazem", desde que eles cumpram suas promessas de satisfazer os interesses pessoais dos votantes. Resultado disto é que grande parte dos políticos não se preocupam com acusações de corrupção, seja porque significativa parcela do eleitorado não pune o *"rouba, mas faz"*, seja porque poucos políticos são, efetivamente, investigados e processados, além de um número, ainda mais reduzido, vierem a ser finalmente punidos. Logo, conforme apurado por Carlos Pereira, Lucio R. Rennó e David J. Samuels, 61% dos Deputados Federais envolvidos em escândalos de corrupção concorrem à reeleição, contra 75% de Deputados Federais, não implicados em escândalos, que tentam se reeleger.[1996] Contudo, os implicados em escândalos de corrupção necessitam gastar mais dinheiro em suas campanhas eleitorais, exigindo maior proximidade com os financiadores privados, o que realimenta, ainda mais, o *ciclo da corrupção*. De qualquer modo, os autores da pesquisa apuraram que 42% dos políticos, envolvidos em escândalos de corrupção, mesmos assim, conseguiram se reeleger.[1997]

O comportamento dos eleitores, e dos cidadãos de um modo geral, pode contribuir significativamente para o *ciclo da corrupção*. Por exemplo, quando se troca o voto pelo recebimento de favores pessoais, promove-se o processo de *privatização da política*[1998]. A política democrática deixa de ser o caminho para atender os interesses comuns da sociedade, no presente e no futuro, passando a servir para a satisfação de objetivos individuais, sem grandes preocupações com o conjunto da sociedade ou com o seu futuro[1999]. A *privatização da política* conduz o eleitor a votar e o cida-

1996 Idem, p. 87.

1997 Idem, p. 91.

1998 Cf. Cristovam Buarque. A privatização da política. p. 02.

1999 Há diversas formas de *privatização da política*. Pode ocorrer quando políticos se elegem e se apropriam de recursos públicos. Também acontece quando as políticas são benéficas para determinadas pessoas ou grupos sociais, mas não exige deles a sua contrapartida na construção de um país melhor. Cristovam Buarque (Idem. Ibidem) exemplifica com programas como o PROUNI, o Ciência Sem Fronteiras e o Bolsa Família, que beneficiam pessoas ou grupos sociais, mas que, se fossem exigidos destes beneficiados contrapartidas sociais, poderiam melhor contribuir com o desenvolvimento nacional. É o que também ocorre com a política de redução das tarifas de energia elétrica, sem ganhos de produtividade para o setor. O governo financia as perdas das empresas, criando gastos públicos para atender benefícios privados (fe-

dão a agir pelo seu interesse pessoal, sem pensar no país, o que impede a criação das bases sociais indispensáveis para promover as reformas que o Brasil precisa para o seu desenvolvimento humano, político, ético e social.

Dessa forma, não basta reprimir a corrupção; é preciso educar para o exercício da cidadania. Construir, pela educação, cidadãos responsáveis por condutas éticas e sociais é condição essencial para promover os valores positivos, tornar as pessoas menos egoístas, mais integradas e participantes do processo político-democrático; enfim, verdadeiras coautoras da construção de um país melhor e mais justo para todos.

Nesse sentido, por exemplo, o Movimento Paraná Sem Corrupção, organizado pelo Ministério Público do Paraná (www.paranasemcorrupcao.org.br), se apresenta como um espaço de articulação entre o Estado e a comunidade. Em 2013, a campanha de educação para o exercício dos deveres e direitos fundamentais atingiu quase um terço de Municípios do Paraná, tendo sido visitadas 150 (cento e cinquenta) escolas e atingidos mais de 42.500 (quarenta e dois mil e quinhentos) alunos paranaenses[2000].

Em 2014, foi lançado o Programa Geração Atitude que elaborou o Guia do Cidadão, capacitou professores e promotores de justiça e disseminou conhecimentos jurídicos mínimos necessários para o exercício da cidadania.

nômeno da *Publicização dos custos para atender a privatização dos benefícios*). Esses financiamentos precisam ser pagos com dinheiro público, o que representa sacrifício de outras prioridades, endividamento ou aumento da inflação.

2000 Outro projeto bastante interessante é o do ensino da educação fiscal. Aliás, a segunda proposta mais bem votada na 1ª Conferência Nacional sobre Transparência e Controle Social (CONSOCIAL) concluiu: *"Criar e implantar lei que modifique a Lei de Diretrizes e Bases da Educação Nacional estabelecendo a obrigatoriedade do ensino de educação fiscal abordando os temas: controle social, receitas e despesas da gestão pública, direitos do cidadão e controle da gestão pública, políticas sociais e públicas, transparência, enfrentamento da corrupção, ética, senso crítico, formação do cidadão e gestão participativa das políticas públicas, acesso a dados públicos, direitos humanos, Direito Constitucional brasileiro, orçamento público, funções do Estado, direitos e deveres, voto consciente, respeito ao patrimônio público e atuação nos conselhos. Dessa forma, a lei alterará as diretrizes nacionais para a educação básica bem como integrará as matrizes curriculares dos cursos de nível superior priorizando os cursos de formação de professores e pedagogia. A lei deverá orientar editoras à produção de material didático sobre o referido tema e incluir a temática em concursos públicos e exames de admissão de estudantes para as Universidades, devendo veicular também um portal sobre esse tema em cooperação com a Secretaria da Fazenda, a Receita Federal do Brasil, CGU e demais controladorias no site do MEC e promover cursos gratuitos para os diversos segmentos da sociedade, bem como para os atores da comunidade escolar, em específico, garantindo a paridade"*.

Entre 2014 e 2016, a iniciativa já mobilizou 52.623 jovens das escolas da rede pública do estado, em ações desenvolvidas por 110 promotores de Justiça do MPPR junto às escolas em suas comarcas, bem como distribuiu mais de 3.000 Guias do Cidadão. Em 2015, por sugestão de aluna do ensino médio, Ingrid Ribeiro Serafim de Souza, de 16 anos, orientada pelo Professor Márcio Rogério Penachio, do Colégio Itacelina Bittencourt, do Município de Cianorte-PR, que participaram de uma das etapas do programa - a Caravana da Cidadania, destinada a despertar no público jovem ideias para, na forma de projeto de lei, mudar a realidade do Estado - o Geração Atitude foi transformado em política pública estadual, com edição de lei que o torna atividade obrigatória no ensino médio estadual (Lei nº 849/2015). Em 2017, o Projeto Geração Atitude - A mudança começa em você foi agraciado com o Prêmio CNMP, ficando em 2º lugar na categoria Redução da Corrupção.

Em âmbito nacional, vale destacar o Projeto João Cidadão, lançado pelo Conselho Nacional do Ministério Público, em 2015, com o intuito de promover a educação para o exercício da cidadania. Inicialmente, houve uma campanha nas redes sociais, depois a divulgação de uma cartilha e de um portal sobre direitos humanos (que podem ser acessados pelo endereço www.cnmp.mp.br/joaocidadao), tendo os diversos ramos e unidades do Ministério Público brasileiro desenvolvido outras iniciativas a partir do ano de 2016. Neste ano, o Projeto João Cidadão ganhou o prêmio nacional de Direitos Humanos, maior honraria concedida pelo governo brasileiro, na categoria Educação para os Direitos Humanos. No Paraná, a cartilha foi transformada em 2017 em peça de teatro, a partir de parcerias coordenadas pelo Ministério Público do Paraná, e levada gratuitamente à população. Em setembro de 2017, o Conselho Nacional do Ministério Público lançou a Campanha "Todos Juntos Contra Corrupção", abrindo edital para consolidar propostas de prevenção à corrupção, fomentando a integridade social e a educação para a cidadania.

Em âmbito nacional, vale destacar o Projeto João Cidadão, lançado pelo Conselho Nacional do Ministério Público, em 2015, com o intuito de promover a educação para o exercício da cidadania. Inicialmente, houve uma campanha nas redes sociais, depois a divulgação de uma cartilha e de um portal sobre direitos humanos (que podem ser acessados pelo endereço www.cnmp.mp.br/joaocidadao), tendo os diversos ramos e unidades do Ministério Público brasileiro desenvolvido outras iniciativas a partir do ano de 2016. Neste ano, o Projeto João Cidadão ganhou o prêmio nacional de Direitos Humanos, maior honraria concedida pelo governo brasileiro, na categoria Educação para os Direitos Humanos. No Paraná, a cartilha foi transformada em 2017 em peça de teatro, a partir de parcerias coordenadas pelo Ministério Público do Paraná, e levada gratuitamente à população. Em setembro de 2017, o Conselho Nacional do Ministério Público lançou a Campanha "Todos Juntos Contra Corrupção", abrindo edital para consolidar propostas de prevenção à corrupção, fomentando a integridade social e a educação para a cidadania.

Tais esforços mostram que é possível, com atitudes simples, afastar a descrença generalizada e fazer com que todos possam agir contra a corrupção. Sem o fortalecimento das formas de colaboração entre o Estado e a sociedade civil, não acontecerão as reformas institucionais necessárias à construção de sistemas de integridade republicanas. A redução da corrupção sistêmica é, pois, a garantia do nosso desenvolvimento econômico e social.

Entretanto, em um mundo globalizado, em que as informações circulam rapidamente, é preciso também repensar o papel da escola na formação do cidadão.

Albert Einsten alertava que *"não basta ensinar ao homem uma especialidade. Porque se tornará assim uma máquina utilizável, mas não uma personalidade. É necessário que adquira um sentimento, um senso prático daquilo que vale a pena ser empreendido, daquilo que é belo, do que é moralmente correto. A não ser assim, ele se assemelhará, com seus conhecimentos profissionais, mais a um cão ensinado do que a uma criatura harmoniosamente desenvolvida. Deve aprender a compreender as motivações dos homens, suas quimeras e suas angústias para determinar com exatidão seu lugar exato em relação a seus próximos e à comunidade"*[2001].

[2001] Cf. *Como vejo o mundo*. P.16. Outro projeto bastante interessante é o do ensino da educação fiscal. Aliás, a segunda proposta mais bem votada na 1ª Conferência Nacional sobre Transparência e Controle Social (CONSOCIAL) concluiu: *"Criar e implantar lei que modifique a Lei de Diretrizes e Bases da Educação Nacional estabelecendo a obrigatoriedade do ensino de educação fiscal abordando os temas: controle social, receitas e despesas da gestão pública, direitos do cidadão e controle da gestão pública, políticas sociais e públicas, transparência, enfrentamento da corrupção, ética, senso crítico, formação do cidadão e gestão participativa das políticas públicas, acesso a dados públicos, direitos humanos, Direito Constitucional brasileiro, orçamento público, funções do Estado, direitos e deveres, voto consciente, respeito ao patrimônio público e atuação nos conselhos. Dessa forma, a lei alterará as diretrizes nacionais para a educação básica bem como integrará as matrizes curriculares dos cursos de nível superior priorizando os cursos de formação de professores e pedagogia. A lei deverá orientar editoras*

Sem educação para o exercício da cidadania o futuro do Brasil continuará condenado pela corrupção. É pela falta de conhecimento ou de exercício efetivo dos deveres e dos direitos fundamentais que a apatia se generaliza, a democracia é enfraquecida, os controles sociais ficam diluídos e o modelo social brasileiro se mantém caracterizado pelo patrimonialismo, pelo individualismo, pela desigualdade e pela injustiça.

No Brasil, é necessário que a compreensão dos direitos humanos-fundamentais integre os currículos escolares. A Organização das Nações Unidas, em 2005, estabeleceu o Plano Mundial de Educação em Direitos Humanos, no qual enfatizou a Declaração e Programa de Ação de Viena, cuja parte I, parágrafo 33, estabelece que a "*Conferência Mundial de Direitos Humanos reitera o dever dos Estados... de promover a educação de modo que o respeito aos direitos humanos e às liberdades fundamentais seja fortalecido [e que] seja integrado às políticas educativas nos planos nacional e internacional*".

A propósito, o Decreto n. 7.037, de 21 de dezembro de 2009, ao instituir o Programa Nacional de Direitos Humanos estabelece que "*alcançar o desenvolvimento com Direitos Humanos é capacitar as pessoas e as comunidades a exercerem a cidadania, com direitos e responsabilidades. É incorporar, nos projetos, a própria população brasileira, por meio de participação ativa nas decisões que afetam diretamente suas vidas. É assegurar a transparência dos grandes projetos de desenvolvimento econômico e mecanismos de compensação para a garantia dos Direitos Humanos das populações diretamente atingidas*". Também prevê que os "*objetivos estratégicos direcionados à promoção da cidadania plena preconizam a universalidade, indivisibilidade e interdependência dos Direitos Humanos, condições para sua efetivação integral e igualitária. O acesso aos direitos de registro civil, alimentação adequada, terra e moradia, trabalho decente, participação política, cultura, lazer, esporte e saúde, deve considerar a pessoa humana em suas múltiplas dimensões de ator social e sujeito de cidadania*".

Já o Plenário da Assembleia Geral das Nações Unidas adotou, em 19 de Dezembro de 2011, a Declaração das Nações Unidas sobre a Educação e Formação em Direitos Humanos, ao editar a Resolução 66/137. Tal Declaração reafirma o apelo lançado, em 1993, pela Conferência Mundial

à produção de material didático sobre o referido tema e incluir a temática em concursos públicos e exames de admissão de estudantes para as Universidades, devendo veicular também um portal sobre esse tema em cooperação com a Secretaria da Fazenda, a Receita Federal do Brasil, CGU e demais controladorias no site do MEC e promover cursos gratuitos para os diversos segmentos da sociedade, bem como para os atores da comunidade escolar, em específico, garantindo a paridade".

sobre Direitos Humanos, realizada em Viena, para que todos os Estados e instituições incluam os direitos humanos, o direito humanitário, a democracia e o princípio do Estado de Direito no *curriculum* de todos os estabelecimentos de ensino.

A Resolução nº 1, de 30 de Maio de 2012, do Conselho Nacional de Educação versa sobre as Diretrizes Nacionais para a Educação em Direitos Humanos. No seu art. 7º, recomenda que a inserção de conhecimentos concernentes à Educação em Direitos Humanos na organização dos currículos da Educação Básica e da Educação Superior pode ocorrer das seguintes formas: a) pela *transversalidade*, por meio de temas relacionados aos Direitos Humanos e tratados interdisciplinarmente; b) como um *conteúdo específico* de uma das disciplinas já existentes no currículo escolar; c) de *maneira mista*, ou seja, combinando transversalidade e disciplinariedade.

A participação popular por si só não basta. O que falta para o povo é educação e conhecimento específico a respeito de assuntos que envolvem deveres e direitos. Não se pode ignorar que o artigo 205 da Constituição Federal afirma que a educação, direito de todos e dever do Estado e da família, visa o pleno desenvolvimento da pessoa, *seu preparo para o exercício da cidadania* e sua qualificação para o trabalho.[2002]

O desconhecimento do ordenamento jurídico impede a compreensão e a percepção dos direitos e dos deveres fundamentais. A multiplicidade de leis e a linguagem jurídica, não raras vezes, são empecilhos para o exercício da cidadania. Tal fenômeno é chamado de opacidade do direito e varia conforme as características de formação histórica das sociedades e de acordo com condições concretas, sociais e pessoais de cada indivíduo ou conjunto de pessoas[2003].

PARÁGRAFO: Uma população leiga e alienada é incapaz de fundamentar os motivos os quais conduzem à insatisfação e também não sabe discernir o que é certo do que é errado. Por isso, uma população desprovida de conhecimentos básicos necessários consegue apenas propagar ideias alheias, as quais nem sempre são capazes de traduzir aquilo que realmente necessitam. Tal situação dificulta, de forma concreta, o exercício dos deveres e dos direitos fundamentais, bem como o efetivo acesso à justiça.

2002 Eduardo Cambi e Giovana Zaninelli. Educação para a cidadania e judicialização da política. *Revista Juris Plenum*, vol. 74, março/2017, p. 90-91.

2003 Cf. Carlos Maria Cárcova. *A opacidade do direito*. São Paulo: LTr, 1998. p. 16.

Educar para o exercício da cidadania inclui a aproximação da teoria com a prática. As escolas precisam ser espaços democráticos, para poderem discutir as questões de interesse coletivo e agirem para melhorar a sociedade. Para adquirir um comportamento cívico ativo, os alunos precisam do desenvolvimento de competências (conhecimentos, habilidades e atitudes), que os possibilitem a participação na vida pública (*learning by doing*). A vivência da democracia deve começar na própria escola, a partir da escolha de representantes de turma, do incentivo à formação de grêmios estudantis e de diretórios acadêmicos, da participação direta em conselhos escolares ou na eleição dos órgãos de direção. A escola também deve ajudar os alunos a experimentar comportamentos cívicos responsáveis nas atividades extraescolares, com o envolvimento de professores, de educadores, de familiares e da comunidade.

Formar cidadãos vai além do ensino do conjunto de valores inerentes a uma comunidade democrática.[2004] O processo de aprendizagem deve estar fundado na participação ativa – pelo diálogo, o debate, a tomada de decisões em conjunto – para que a resolução dos problemas da vida em comunidade possa contribuir para a criação de hábitos e virtudes cívicas. Os ideais democráticos devem ser postos em prática para que os valores éticos se fixem na base cultural da sociedade.

A *socialização política* é um processo de aprendizado acumulativo que, intensificado na infância e na juventude, permite assimilar códigos amplos de normas e crenças que se transmitem de geração em geração. A escola pode não apenas reproduzir a ordem social vigente (marcada pelo individualismo, pelo consumismo, pela separação de classes sociais e pela apatia do cidadão), mas, principalmente, contribuir para melhorar a sociedade, orientando a transição ética e axiológica entre o passado e o futuro.

Para tanto, é necessário capacitar melhor os professores, mas também dar-lhes o reconhecimento financeiro e social necessários para a formação de crianças, jovens e adultos. Ademais, é importante a adoção de estratégias integradas que permitam a repensar as políticas de educação com a comunicação dos sistemas político, econômico e social.

Entretanto, educação para a cidadania, voltada para a promoção da democracia e da coesão social, não termina na escola. Também deve envol-

[2004] Cf. Denise Vaillant. Educación, socialización y formação de valores cívicos. p. 14.

ver os meios de comunicação de massas,[2005] a educação familiar, o setor produtivo e os órgãos públicos. Isso porque a cidadania plena e ativa depende da capacidade de apreender durante toda a vida, para ter atitudes voltadas à concretização permanente dos valores éticos.

Sociedades organizadas para o bem comum e para a obtenção de benefícios de longo prazo dependem de comportamentos éticos, em que as pessoas possam confiar uma nas outras[2006]. Por outro lado, sociedades voltadas para resultados imediatos e de curto prazo estão baseadas em comportamentos predatórios. Quando há ética e cooperação, há maior respeito às leis, com um mínimo de coerção; é possível a divisão do trabalho, projetos de longa duração e menos ansiedade na vida cotidiana. Em contrapartida, nas sociedades predatórias, a lei é respeitada pela intimidação da força bruta e sempre que possível é burlada.

Porém, não basta qualquer educação para resolver os graves problemas de desigualdade social no Brasil. Para que a ética da cooperação prevaleça sobre os comportamentos predatórios, os meios devem estar disponíveis para todos, a fim de que as normas sociais possam ser aceitas e valorizadas. Simon Swartzman exemplifica[2007]: um jovem nascido e criado em uma favela do Rio de Janeiro pode saber que, se ele estudar e trabalhar honestamente, que é o comportamento moral que se espera dos jovens, ele pode ter uma vida mais longa e melhor, do que a que teria caso se envolvesse com atividades criminosas, como a venda de drogas. No entanto, se a escola aonde ele estuda é de péssima qualidade, se ele nunca foi estimulado à leitura e ao estudo, e se os trabalhos que ele pode conseguir são precários, cansativos e que pagam mal, as chances que ele acabe por escolher o

[2005] Nos regimes democráticos, a imprensa e a opinião pública têm a função essencial de explicitar o que é de interesse geral da sociedade, para buscar colocar limites nas tendências de arbítrio que são frequentes no exercício do poder. Cf. Simon Schwartzman. Coesão social, democracia e corrupção. p. 09.

[2006] Simon Swartzman argumenta com a *teoria dos jogos*, trazendo o famoso *dilema dos prisioneiros*: duas pessoas são acusadas de um mesmo crime. Se uma confessar e a outra não, a primeira recebe uma pena leve e a segunda, uma pena mais severa. Se os dois confessarem, ambos serão igualmente punidos. Mas se ninguém confessar, os dois podem ser absolvidos. Isto significa, independente do Mérito da questão, que o melhor para os dois é um confiar no outro. O que está em jogo não é a moral individual, mas a ética da confiança e da cooperação. Idem. Pág. 22 e 23.

[2007] Idem. Ibidem.

crime são maiores, pois lhe falta o acesso aos meios necessários para cumprir com as normas sociais.

É certo que as pessoas mais bem educadas possuem melhores condições de entender o contexto onde estão inseridas, buscar alternativas de trabalho e estilos de vida, e planejarem-se a longo prazo[2008]. Contudo, o desenvolvimento da educação de qualidade é um processo complexo e permanente que, para produzir resultados efetivos, depende de recursos, mas também da associação de outras transformações sociais e culturais.

5.11.5. Repressão da corrupção sistêmica no Brasil para a melhor efetivação dos direitos fundamentais sociais

A corrupção atrasa o desenvolvimento econômico e social. Restringe a vontade soberana do povo. Apropria a coisa pública para a realização de interesses privados. Gera promiscuidade entre os poderes político e econômico. Ressalta privilégios e desigualdades. Destrói a cidadania. Enfraquece a democracia. [2009]

A corrupção no Brasil é sistêmica porque está enraizada na formação oligárquica do Estado patrimonialista. Para romper o conformismo histórico, o país precisa investir na construção de instituições e de culturas republicanas.

O Brasil precisa enfrentar o paradoxo de ser a oitiva maior economia do mundo, mas ainda possuir baixos índices de desenvolvimento humano. Justiça social não convive com impunidade. São os recursos públicos, pagos pelos contribuintes, que, desviados pelos esquemas de corrupção, faltam para a ampliação dos investimentos em saúde, educação, segurança e infraestrutura. Além disso, a oportunidade da corrupção se transforma em mais corrupção, quando há impunidade.

Afirma-se que o Brasil é o país da impunidade. Tal assertiva é apenas parcialmente verdadeira. Pune-se, com bastante intensidade, determinados crimes, em especial contra o patrimônio e de tráfico de drogas, cujos agentes são geralmente pessoas pobres. Por outro lado, quase não se punem os crimes elitizados, que desviam valores muito superiores, praticados por organizações criminosas com ramificações no Estado e nos setores produtivos.

[2008] Idem. p. 32.

[2009] Cf. Eduardo Cambi. A corrupção que atrasa o país. Jornal *Gazeta do Povo*, Curitiba, 06.12.2013, p. 02.

O Brasil possui a terceira maior população carcerária do mundo, atrás apenas dos Estados Unidos e da China. O país possuía no início de 2014 com 715,6 mil presos. Tais números foram apresentados pelo Conselho Nacional de Justiça que incluiu no cálculo os 148 mil detentos em prisão domiciliar.[2010]

Pelos dados do InfoPen de 2013 do Ministério da Justiça, 69% dos presos cometeram crimes contra o patrimônio (furto, roubo, extorsão, receptação e estelionato) ou tráfico de drogas.

A maior parte dos presos é constituída por homens (mais de 90%), entre 18 e 24 anos (29,5%. Logo depois vem aqueles com idade entre 25 a 19% (25,3%), seguidos pelo grupo de homens entre 30 e 34 anos (cerca de 19,1%).

No universo de 548 mil presos, contabilizados pelo InfoPen em 2013, no final de 2013, apenas 722 estavam presos pelo crime de corrupção, o que equivale a 0,1% do total de presos do Brasil. Estavam presos no país, por crimes contra a Administração Pública, somente 2.703 pessoas.

Tal número contrasta com os mais de 38 mil presos por furto, delito contra o patrimônio praticado sem violência ou grave ameaça.

Com efeito, os crimes contra a Administração Pública são aqueles crimes elitizados, que, geralmente, abrangem uma camada da população mais escolarizada, com maior poder econômico e político. Por isso, podem ser enquadrados naqueles crimes denominados do *colarinho branco*. Tais crimes, por desviarem milhões de reais dos cofres públicos, são extremamente graves, na medida em que retiram a possibilidade da proteção dos direitos fundamentais sociais (art. 6º/CF), diminuindo os recursos necessários para investir em políticas públicas indispensáveis ao desenvolvimento nacional.

Vários fatores contribuem para a impunidade dos graves crimes contra a Administração Pública no Brasil.

Uma primeira grande causa de impunidade desses delitos é a aumentar a eficiência dos sistemas policial e judicial.

O Estado brasileiro concentra a maior parte dos recursos em segurança pública para combater crimes contra o patrimônio particular. Há poucos profissionais treinados e habilitados para reprimir crimes contra a Administração Pública.

A polícia brasileira está vinculada ao Poder Executivo. A instituição não possui autonomia funcional, administrativa e financeira. Tampouco

[2010] Disponível em: [http: //s.conjur.com.br/dl/censo-carcerario.pdf]. Acesso em 07.05.2015.

seus membros possuem as mesmas garantias dos integrantes do Poder Judiciário e do Ministério Público. Além disso, é urgente a necessidade de reestruturação da investigação dos crimes graves contra a Administração Pública. O art. 129, I, da CF/88 incluiu, entre as funções institucionais do Ministério Público, a promoção privativa da ação penal pública. O inquérito policial se destina a colher elementos probatórios para que o Ministério Público possa avaliar se é caso de promover a acusação ou pedir, em juízo, o arquivamento. Logo, nas hipóteses de investigações de crimes contra a Administração Pública, é preciso pensar em melhores formas de integração entre a polícia judiciária e o Ministério Público, seja para que se institucionalizem os grupos de atuação especial seja para que, ao menos nessas hipóteses mais sensíveis de desvios de recursos públicos, a investigação possa ser conduzida diretamente pelo membro do Ministério Público com ascendência direta – não apenas com poder de requisição ou mero controle externo – da polícia judiciária, sempre com a possibilidade de fiscalização judicial, para que sejam respeitadas os direitos e as garantias individuais.

No atual sistema penal, a corrupção, entendida em sentido amplo, é um *crime de baixo risco*. Como são delitos, praticados, normalmente por réus primários, quando esses crimes conseguem ser descobertos, provados e os acusados condenados, as penas ficam próximas ao mínimo legal. Muitas vezes, em razão das penas serem baixas, os processos não geram condenações, em razão da prescrição. Por isso, os graves crimes contra a administração pública – como peculato (art. 312 e § 1º/CP), inserção de dados falsos em sistemas de informações (art. 313-A/CP), concussão (art. 316/CP), excesso de exação qualificada pela apropriação (art. 316, § 2º/CP), corrupção passiva (art. 317/CP) e corrupção ativa (art. 333/CP) – quando a vantagem foi igual ou superior a 100 (cem) salários mínimos, devem ser considerados crimes hediondos. Com isso, tais delitos seriam insuscetíveis de indulto ou fiança (art. 2º, I e II, da Lei º 8.072/90), a pena deveria ser cumprida, inicialmente, no regime fechado (art. 2º, § 1º, da Lei nº 8.072/90) e a progressão de regime se daria após o cumprimento de 2/5 (dois quintos) da pena, se o apenado fosse primário, e 3/5 (três quintos), se reincidente (art. 2º, § 2º, da Lei nº 8.072/90).[2011]

[2011] Essa linha de raciocínio é retirada das propostas do Ministério Público Federal para combater à corrupção. Disponível em: [http: //http://www.combateacorrupcao.mpf.mp.br/10-medidas]. Acesso em 07.05.2015.

Além disso, é importante que sejam elevadas as penas desses crimes graves contra a Administração Pública, com uma dosimetria na aplicação das sanções que variasse conforme o prejuízo ou o benefício auferido. A existência de penas maiores, além de serem proporcionais à lesão ao bem jurídico (já que a corrupção impede que crianças e adolescentes frequentem escolas de qualidade, retira recursos do Sistema Único de Saúde, de investimentos em infraestrutura indispensáveis ao desenvolvimento brasileiro etc), impedem que a prescrição ocorre em um curto lapso de tempo, o que aumenta o prazo para a investigação e o processamento do delito sem que ele prescreva.

Outro fator que contribui para a impunidade dos graves crimes contra a Administração Pública é o sistema recursal brasileiro. O direito processual penal brasileiro não prevê sanções ao abuso do direito de recorrer nem aos recursos manifestamente protelatórios. Tais recursos, além de sobrecarregarem indevidamente o Poder Judiciário, dificultam o trânsito em julgado.

Sem coisa julgada, o Brasil tem maior dificuldade para conseguir repatriar o dinheiro obtido com os crimes e enviado para o exterior. Em 10 (dez) anos de funcionamento do Departamento de Recuperação de Ativos e Cooperação Jurídica Internacional (DRCI), ligado à Secretaria Nacional de Justiça (SNJ) do Ministério da Justiça, cerca de R$ 35 (trinta e cinco) milhões desviados do país, em decorrência da prática de crimes como corrupção e lavagem de dinheiro, foram repatriados.[2012] Em decorrência da delação premiada, com a concordância do investigado em autorizar a transferência do dinheiro que está em seu nome em contas do exterior, a Operação Lava Jato, que investiga o escândalo de corrupção na Petrobrás, conseguiu o retorno de R$ 4 biliões, valores bem superiores aos obtidos pelo DRCI em mais de 10 (dez) anos de funcionamento.[2013]

Outro fator que gera grande impunidade é a falta de especialização de Turmas, Câmaras e Varas Especializadas nos julgamentos dos crimes graves contra a Administração Pública, bem como de ações relativas a atos de improbidade administrativa e a lei anticorrupção (Lei nº 12.846/2013). Sem a devida especialização, as ações judiciais que versam sobre corrupção se misturam com outras milhares de demandas, não recebendo tratamento

[2012] Disponível em: [http://www.justica.gov.br/noticias/em-dez-anos-drci-ja-recuperou-r-35--milhoes-desviados-do-pais]. Acesso em 07.05.2015.

[2013] Disponível em: [http:// www.gazetadopovo.com.br/vida-publica/o-caminho-da-conta-de--criminosos-para-os-cofres-publicos-deqmac31wfsweezqdvxmxoa51]. Acesso em 07.05.2015.

prioritário. Tais casos, normalmente, exigem mais tempo na produção da prova e maior esforço intelectivo no julgamento. Entretanto, quando não há órgãos judicias especializados, acabam sendo relegados a um segundo plano, porque o sistema não diferencia casos repetitivos de casos complexos. Os juízes precisam administrar um gigantesco estoque de processos e sua produtividade não leva em consideração a complexidade das decisões que têm de proferir.

Prova da morosidade nas tramitações das ações penais relacionadas a crimes contra a Administração Pública e de improbidade administrativa foi o estabelecimento da meta 18, em novembro de 2012, pelo Conselho Nacional de Justiça (CNJ), para que as Justiças Estadual, Federal e Militar, além do Superior Tribunal de Justiça identificasse e julgasse tais ações, distribuídas até 31/12/2011, até 31/12/2013. Apesar dos esforços do CNJ, das 43.773 ações identificadas, que haviam sido distribuídas até 31/12/2011, somente 10.653 foram julgadas em 2012 e outras 9.864, em 2013.

Ademais, é indispensável repensar os foros por prerrogativa de função. Conforme dados de agosto de 2013, 224 (duzentos e vinte e quatro) dos 513 (quinhentos e treze) Deputados Federais e Senadores, respondiam 542 (quinhentos e quarenta e dois) inquéritos e ações penais no Supremo Tribunal Federal[2014]. Porém, a grande maioria dos casos penais prescreve sem dar tempo para o STF julgá-los. Isso contribui, gravemente, com a impunidade e ratifica a ideia de que os detentores do poder político, quando cometem crimes, raramente são responsabilizados. É certo que os Tribunais não possuem estrutura para processarem tais delitos com a devida celeridade. Para dar mais eficiência ao sistema judiciário, tramitam no Congresso Nacional as Propostas de Emenda Constitucional 470/2005 e 142/2012, visando extinguir ou reduzir apenas para as hipóteses de crimes de responsabilidade (que só podem ser praticados por agentes políticos) o foro por prerrogativa de função nos crimes comuns.

Ainda em relação à improbidade administrativa, é necessário repensar a orientação do Superior Tribunal de Justiça segundo a qual os particulares, embora se sujeitem às sanções da Lei nº 8.429/92 (art. 3º: *"As disposições desta lei são aplicáveis, no que couber, àquele que, mesmo não sendo agente público, induza ou concorra para a prática do ato de improbidade ou dele se beneficie*

2014 Cf. Eduardo Militão, Rodolfo Torres e Edson Sardinha. Um congresso na mira do Supremo. p. 8-27.

sob qualquer forma direta ou indireta"), não têm legitimidade para responder pela ação sem que haja a participação de um agente público no pólo passivo da demanda.[2015] Os atos de improbidade administrativa podem ser praticados por particulares, ainda que não estejam no exercício da função estatal, sob qualquer forma de investidura ou vínculo. Afinal, o artigo 2º da Lei 8.429/92 adota o *conceito alargado* de agente público. O particular que se beneficia do produto do ilícito, ainda que não tenha concorrido ou contribuído para que agente público praticasse o ato de improbidade administrativa, deve estar sujeito às sanções da Lei 8.429/92, desde que compatíveis com as suas condições pessoais (estaria afastada, por exemplo, a perda da função pública). É, pois, desnecessária a formação de litisconsorte passivo entre o particular com outro agente público. Nesse sentido, já decidiu o STJ, em relação a "funcionário fantasma" (particular), condenado pela prática de ato de improbidade administrativa na forma de enriquecimento ilícito (art. 9º, *caput*, Lei 8.429/92), por ter auferido remuneração dos cofres públicos sem ter trabalhado, ainda que não tenha havido no pólo passivo litisconsórcio com outro agente público.[2016]

Um ponto positivo na repressão da corrupção no Brasil foi a edição da Lei 12.846/2013, também conhecida como Lei Anticorrupção Empresarial. Foi originária do Projeto de Lei 6.826/2010, gestado pela Controladoria Geral da União (CGU) e encaminhado pela Chefia do Poder Executivo Federal para a Câmara dos Deputados em 18 de fevereiro de 2010. O projeto tramitava, lentamente, na Câmara até surgirem manifestações populares, em todo o país, em junho de 2013, em meio à realização da Copa das Confederações, para protestar contra a decisão do governo federal de gastar milhões de reais para fazer estádios caríssimos com a finalidade de abrigar a Copa do Mundo de Futebol, organizada pela Federação Internacional de Futebol (FIFA). Em resposta aos protestos, o Governo Federal, rapidamente, agilizou a tramitação do Projeto de Lei 6.826/2010.Tanto é que a Comissão de Constituição e Justiça e de Cidadania aprovou o projeto em 11 de junho de 2013. Em pouco menos de um mês, em 04 de junho de 2013, o Senado também deliberou pela aprovação da lei.

2015 STJ. REsp 1282445/DF, Rel. Ministro Napoleão Nunes Maia Filho, Primeira Turma, julgado em 24/04/2014, DJe 21/10/2014; REsp 1181300/PA, Rel. Ministro Castro Meira, Segunda Turma, julgado em 14/09/2010, DJe 24/09/2010.

2016 STJ. REsp 1434985/DF, Rel. Ministro Napoleão Nunes Maia Filho, Rel. p/ Acórdão Ministro Sérgio Kukina, Primeira Turma, julgado em 06/05/2014, DJe 28/08/2014.

A Lei nº 12.486/2013 parte da premissa de que não se combate à corrupção sem punir, severamente, os corruptores. Por isso, a lei prevê a responsabilização civil e administrativa objetiva das pessoas jurídicas que praticam atos lesivos à Administração Pública, nacional e estrangeira. Prevê sanções administrativas, com a previsão de multas que podem chegar até R$ 60 milhões e a publicação extraordinária da decisão condenatória (art. 6º, I e II). Também afirma que as pessoas jurídicas podem ser punidas, judicialmente, com o perdimento de bens, direitos ou valores que representem vantagem ou proveito direta ou indiretamente obtidos da infração, suspensão ou interdição parcial das atividades, dissolução compulsória e proibição de receber incentivos, subsídios, subvenções, doações ou empréstimos de órgãos ou entidades públicas e de instituições financeiras ou controladas pelo poder público, pelo prazo mínimo de 1 (um) e máximo de 5 (cinco) anos (art. 19).

O escopo da Lei nº 12.846/2013 é combater duramente os corruptores. Nesse sentido, é importante salientar que o artigo 30 da Lei 12.846/2013 estabeleceu um *microssistema de combate à corrupção* ao integrar – sem revogar ou excluir – as possibilidades de aplicação concorrentes das sanções previstas em outras leis, para a prática de atos de improbidade administrativa (Lei 8.429/92) e atos ilícitos, regulamentados na Lei 8.666/93 e em outras normas de licitações e contratos da administração pública, inclusive quanto ao Regime Diferenciado de Contratações Públicas, instituído pela Lei 12.462/2011.

A Lei Anticorrupção está em sinônima com as normativas internacionais assumidas pelo Brasil. A Convenção das Nações Unidas contra a Corrupção foi assinada na cidade de Mérida, no México, em 15 de dezembro de 2003. O seu artigo 12.1. prevê que *"os Estados Partes devem adotar medidas para prevenir a corrupção e melhorar as normas contábeis e de auditoria no setor privado, assim como prever sanções civis, administrativas e penais eficazes"*. Tal Convenção entrou em vigor internacional em 14 de dezembro de 2005. O Brasil foi o 41º país do mundo a aderir a Convenção. O Congresso Nacional aprovou o texto da Convenção das Nações Unidas contra a Corrupção, por meio do Decreto Legislativo nº 348, de 18 de maio de 2005. O Governo brasileiro ratificou a citada Convenção em 15 de junho de 2005 e a promulgou, em 31 de janeiro de 2006, pelo Decreto n. 5.687. Antes da Convenção da ONU, o Brasil já havia assinado a Convenção contra a Corrupção da Organização dos Estados Americanos (OEA). Ela foi firmada em Caracas, Colômbia, em

29 de março de 1996 e aprovada pelo Decreto Legislativo n. 152, de 25 de junho de 2002, e promulgada por meio do Decreto Presidencial nº 4.410, de 7 de outubro de 2002. Dentre os propósitos desta Convenção, estabelecidos no Artigo II.1 "*estão promover e fortalecer o desenvolvimento, por cada um dos Estados Partes, dos mecanismos necessários para prevenir, detectar, punir e erradicar a corrupção*". Importante salientar, ainda, a Convenção sobre o Combate da Corrupção de Funcionários Públicos Estrangeiros em Transações Comerciais Internacionais (Convenção da OCDE). Essa Convenção determinou que, em todos os Estados signatários, fosse criminalizado o oferecimento, a promessa ou a doação de vantagem pecuniária ou de outra natureza indevida a um funcionário público estrangeiro, direta ou indiretamente, no intuito de que, por meio de ação ou omissão no desempenho de suas funções oficiais, esse funcionário realizasse ou dificultasse transações ou obtenha outras vantagens ilícitas na condução de negócios internacionais. Também estabeleceu, expressamente, responsabilidades de pessoas jurídicas pela corrupção de funcionário público estrangeiro e a necessidade de sanções não-penais dissuasivas nos casos em que ordenamento jurídico do país não admitir a sanção penal das pessoas jurídicas. No Brasil, a Convenção foi ratificada em 15 de junho de 2000 e promulgada pelo Decreto Presidencial n. 3.678, de 30 de novembro de 2000.

Portanto, não se pode retirar a Lei 12.846/2013 de seu contexto histórico e normativo, para se compreender que tal lei deve ser interpretada e aplicada com rigor no combate a todas as práticas contrárias ao respeito e à proteção do patrimônio público.

A Lei Anticorrupção ainda precisa ser objeto de interpretação judicial. Entretanto, não pode o Judiciário minimizar o alcance desse importante instrumento de combate à corrupção no Brasil. Por exemplo, os programas de integridade, regulamentados no âmbito do Governo Federal pelo Decreto nº 8.420/2015 (arts. 41 e 42), por melhores que sejam elaborados e por mais eficientes que sejam, não se prestam a absolver a empresas do pagamento das multas. Isso porque o art. 7º da Lei nº 12.846/2013 insere tais programas de integridade no âmbito dos critérios de aplicação das sanções. Logo, o máximo que tais programas podem fazer é servir de causa redutora da sanção, mas jamais para absolver a pessoa jurídica que praticou atos lesivos contra à administração pública nacional ou estrangeira.

Outro ponto interessante é a possibilidade de aplicação da Lei Anticorrupção (art. 1º, par. ún.) aos partidos políticos que são modalidades de associações *lato sensu*, uma vez que se organizam sem fins lucrativos, conforme a regra contida no art. 55 do Código Civil.[2017] Desse modo, poderia ser possível punir o partido político que indicasse seu filiado ou simpatizante para ocupar cargo em comissão de chefia na Administração Pública e, por meio deste cargo público, recebesse doações para campanhas eleitorais de empresas que estariam sendo beneficiadas em licitações e contratos fraudulentos.

A Operação Lava Jato evidenciou diversas fragilidades na legislação brasileira em relação aos partidos políticos. Daí a necessidade de buscar a alteração da Lei 9.096/95, para buscar a responsabilidade objetiva dos partidos políticos, nos âmbitos administrativo, civil e eleitoral, que manterem ou movimentarem qualquer tipo de recurso ou valor paralelamente à contabilidade exigida pela legislação eleitoral; que ocultarem ou dissimularem a natureza, origem, localização, disposição, movimentação ou propriedade de bens, direitos ou valores provenientes, direta ou indiretamente, de infração penal, de fontes de recursos vedadas pela legislação eleitoral ou que não tenham sido contabilizados na forma exigida pela legislação; que utilizem, para fins eleitorais, bens, direitos ou valores provenientes de infração penal, de fontes de recursos vedadas pela legislação eleitoral ou que não tenham sido contabilizados na forma exigida pela legislação.[2018] Além disso, faz-se necessária a tipificação da prática do caixa 2, devendo ser acrescentado à Lei 9.504/97 novos tipos penais para punir tanto a conduta de manter, movimentar ou utilizar qualquer recurso ou valor paralelamente à contabilidade exigida quanto ocultar ou dissimular, para fins eleitorais, a natureza, origem, localização, disposição, movimentação ou propriedade de bens, direitos ou valores provenientes, direta ou indiretamente, de infração penal, de fonte de recursos vedadas pela legislação eleitoral ou que não tenham sido contabilizados na forma exigida pela legislação.

Ainda, dentre as medidas necessárias para aperfeiçoar a legislação, com o intuito de diminuir a corrupção e aumentar a efetividade dos direi-

[2017] Cf. Eduardo Cambi e Fábio Guaragni. *Comentários à Lei Anticorrupção.* p. 56.

[2018] Nesse sentido, é uma das propostas do Ministério Público Federal para combater à corrupção. Disponível em: [http: //http://www.combateacorrupcao.mpf.mp.br/10-medidas]. Acesso em 07.05.2015.

tos fundamentais, deve ser mencionada a ação civil pública de extinção de domínio.[2019]

Para tanto, é preciso de uma lei específica para regulamentar a regra contida no art. 5º, XLV, da CF/88.

A ausência de uma legislação brasileira específica para o perdimento de bens, na esfera civil, contraria a Convenção das Nações Unidas contra a Corrupção[2020], também conhecida como Convenção de Mérida, a qual parte da premissa que o enriquecimento ilícito é particularmente nocivo às instituições democráticas, às economias nacionais e ao Estado de Direito.

Para a maior eficácia na prevenção, detecção e dissuasão das transferências internacionais de ativos adquiridos ilicitamente, a Convenção de Mérida estabeleceu compromissos para a cooperação internacional e fortalecimento do ordenamento jurídico interno.

De maneira particular, o seu artigo 54, "c" afirma que os Estados signatários devem considerar a possibilidade de adoção das medidas para confiscar bens relacionados às práticas criminosas sem que envolva uma pena, "*nos casos nos quais o criminoso não possa ser indicado por motivo de falecimento, fuga ou ausência, ou em outros casos apropriados*".

Assim, a aceitação de mecanismos de confisco dissociados da persecução criminal e da aplicação da pena, como ocorre no projeto de lei em análise, atendem aos compromissos assumidos pelo Brasil em tratados e convenções internacionais.

Por meio de ação civil pública de extinção de domínio, busca-se atacar de maneira célere e eficaz o produto do crime, enfraquecer financeiramente as organizações criminosas e reparar os prejuízos causados à ordem financeira e aos interesses difusos afetados por essas ações criminosas.

Outra vantagem da ação civil pública por extinção de domínio é a possibilidade dela ser ajuizada em face do titular do bem, mas, caso este não seja localizado, a interposição pode se dar em face do detentor, possuidor

2019 Verificar, entre outros: André Prado de Vasconcelos. *Extinção civil do domínio. Perdimento de bens.* Belo Horizonte Del Rey, 2010; José Robalinho Cavalcanti. Recuperação de ativos vinculados ao crime fora do processo penal: a ação civil de extinção do domínio. In: *Direito e processo penal na Justiça Federal: Doutrina e Jurisprudência.* Coord. Eugênio Pacelli de Oliveira. São Paulo: Atlas, 2011.

2020 O Decreto nº 5.687, de 31 de janeiro de 2006, promulgou a Convenção das Nações Unidas contra a Corrupção, adotada pela Assembleia-Geral das Nações Unidas em 31 de outubro de 2003 e assinada pelo Brasil em 9 de dezembro de 2003. Tal Convenção entrou em vigor: 14 de dezembro de 2005.

ou administrador; e, ainda, na ausência destes, em caso de réu incerto, dá-se a nomeação de curador especial. Também pode recair, subsidiariamente, sobre bens, direitos ou valores equivalentes do réu. Ademais, tem o mérito, em relação ao processo penal, de estar voltado à extinção do domínio, sendo eficaz ainda que o autor do ato ilícito tenha falecido ou a pretensão punitiva esteja prescrita.

Tudo isso sem prejudicar os legítimos direitos de terceiros, que comprovadamente tenham agido de boa fé e desconheciam a origem ilícita dos bens atacados pela ação.

A regulamentação do perdimento civil de bens tornará mais efetiva a repressão à criminalidade organizada e à corrupção, aproximando a legislação brasileira da experiência bem sucedida de outros países – como Estados Unidos, Alemanha, Itália, Colômbia, México e Peru –, no enfrentamento ao crime organizado.

Tal organização vem violando o patrimônio público, mediante o desvio dos recursos necessários à implementação das políticas públicas indispensáveis à concretização dos direitos fundamentais sociais. Os recursos públicos indispensáveis para a efetivação dessas políticas públicas exige a rigorosa punição dos corruptos, mas especialmente pela retirada ou pela diminuição do poder econômico das organizações criminosas, com a consequência de reduzir os efeitos perversos da criminalidade e da corrupção para a sociedade brasileira.

Deve ser acrescentada a necessidade de modernização da Lei nº 8.429/92. A Lei Anticorrupção (Lei nº 12.846/2013), ao reconhecer que a corrupção é uma prática difícil de ser punida, porque muitas vezes as investigações dependem de informações confidenciais, disciplinou, nos artigos 16 e 17, o denominado *acordo de leniência*. Trata-se de importante mecanismo de apuração de atos lesivos ao patrimônio público, que confere benefícios – isenção da publicação extraordinária da decisão condenatória (art. 6º, II)e da proibição de receber incentivos, subsídios, subvenções, doações ou empréstimos do Poder Público (art. 19, IV), bem como a redução de até 2/3 do valor da multa aplicável às pessoas jurídicas responsáveis pela prática desses atos, que colaborarem efetivamente com as investigações e o processo administrativo. Os benefícios, contudo, somente podem ser concedidos se da colaboração resultar a identificação dos demais envolvidos na infração, quando couber, e a obtenção célere de informações e documentos que comprovem o ilícito sob apuração. Poderá ser beneficiada, contudo, somente a pessoa jurídica que for a primeira a se manifestar sobre seu interesse em cooperar para a apuração do ato ilícito; se houver a cessação completa no seu envolvimento na infração investigada, a partir da data do acordo; que a pessoa jurídica admita a sua participação no ilícito e coopere plena e permanentemente com as investigações e o processo administrativo; ainda, que ela assuma a obrigação de reparar integralmente o dano causado. Entretanto, a Lei 12.846/2013 conferiu legitimidade apenas à autoridade máxima de cada órgão ou entidade pública para celebrar os acordos de leniência.

Não há razão jurídica para deixar de prever, na Lei Anticorrupção e na Lei de Improbidade Administrativa, mecanismos de colaboração premiada para auxiliar o Ministério Público na investigação das práticas lesivas ao patrimônio público.[2021]

Aliás, o acordo de leniência se assemelha aos propósitos da delação premiada e busca facilitar a produção da prova, incentivando a pessoa jurídica que colabore efetivamente com a apuração do ato ilícito.

A colaboração processual encontra previsão, na esfera criminal, em diversos dispositivos da legislação vigente. A Lei 9.807/99, que regulamenta a proteção aos réus colaboradores, permite que o juiz conceda o perdão judicial e a consequente extinção da punibilidade ao acusado que, sendo primário, tenha colaborado efetiva e voluntariamente com a investigação e o processo criminal. Além dessas condições é necessário que a colaboração do acusado resulte na identificação dos demais coautores ou partícipes da ação criminosa, na localização da vítima com a sua integridade física preservada, ou na recuperação total ou parcial do produto do crime. Na Lei de Crimes contra o Sistema Financeiro Nacional, Lei nº 7492/86, e na Lei de Crimes contra a Ordem Tributária, Lei nº 8137/90, nos crimes cometidos em quadrilha ou coautoria, o coautor ou partícipe que revelar à autoridade policial ou judicial, por meio de confissão espontânea, a totalidade da trama delituosa terá a sua pena reduzida de 1 (um) a 2/3 (dois terços). Esta redução da pena também esta prevista na Lei de Crimes Hediondos, Lei 8072; contudo, é necessário que a denúncia seja formulada pelo participante ou associado de quadrilha ou bando e que possibilite seu desmantelamento. Além dos exemplos citados, a delação premiada também está presente na Lei 9613/98 (Crimes de

[2021] Cf. Eduardo Cambi. A atuação do Ministério Público no combate à corrupção na Lei 12.846/2013. p. 32-35.

Lavagem de Dinheiro) e na Lei 11.343/2006 (Lei de Drogas). Ademais, na recente Lei 12.850/2013, que define a organização criminosa, a colaboração premiada foi regulamentada nos artigos 4º a 7º.

Atente-se que a colaboração processual é *meio de obtenção de provas* (não meio de prova): procura incentivar membro de organização criminosa a revelar pessoas e fatos com ela relacionados mediante a promessa estatal de vantagens penais (art. 4º, *caput* e § 5º) ou processuais penais (art. 4º, § 4º).

Diferentemente da delação ou da colaboração premiadas, o acordo de leniência não exige, em nenhum momento, a participação do Poder Judiciário, podendo ser celebrado entre a autoridade máxima de cada órgão ou entidade e a pessoa jurídica responsável pelos atos previstos na Lei 12.846/2013. No entanto, caso a proposta de acordo de leniência seja rejeitada, não se imputará o reconhecimento da prática do ato (art. 16, par. 7).

As autoridades competentes, como condição para a sua celebração, devem manter atualizadas as informações acerca dos acordos de leniência, no Cadastro Nacional de Empresas Punidas (CNEP), salvo se vier a causar prejuízo às investigações e ao processo administrativo, e registrar o seu descumprimento, inclusive para que se impeça que a pessoa jurídica seja beneficiada de novo acordo no prazo de três anos (art. 22, par. 3º e 4º).

O Ministério Público não participa da celebração dos acordos de leniência. Entretanto, os membros do Ministério Público, com atribuições na defesa civil e criminal do patrimônio público, devem ter acesso aos termos do acordo - ainda que sigilosos - para que possam desenvolver investigações, em conjunto ou em paralelo com os órgãos da administração (arts. 129, incs. VI e VIII, CF, art. 26, inc. I, "c", da Lei 8.625/93 e 8º, inc. II, da Lei Complementar 75/93) [2022].

[2022] *"(...) 4. O poder de investigação do Estado é dirigido a coibir atividades afrontosas à ordem jurídica e a garantia do sigilo bancário não se estende às atividades ilícitas. A ordem jurídica confere explicitamente poderes amplos de investigação ao Ministério Público - art. 129, incisos VI, VIII, da Constituição Federal, e art. 8º, incisos II e IV, e § 2º, da Lei Complementar nº 75/1993. 5. Não cabe ao Banco do Brasil negar, ao Ministério Público, informações sobre nomes de beneficiários de empréstimos concedidos pela instituição, com recursos subsidiados pelo erário federal, sob invocação do sigilo bancário, em se tratando de requisição de informações e documentos para instruir procedimento administrativo instaurado em defesa do patrimônio público. Princípio da Publicidade, ut art. 37 da Constituição. 6. No caso concreto, os empréstimos concedidos eram verdadeiros financiamentos públicos, porquanto o Banco do Brasil os realizou na condição de executor da política creditícia e financeira do Governo Federal, que deliberou sobre sua concessão e ainda se comprometeu a proceder à equalização da taxa de juros, sob a forma de subvenção econômica ao setor produtivo, de acordo com a Lei nº 8.427/1992. 7. Mandado de segurança*

O acesso a tais informações também permitirá verificar a legalidade, a moralidade e a efetividade dos acordos de leniência celebrados, inclusive para constatar eventualmente a omissão das autoridades competentes para promover a responsabilização administrativa, nos termos do artigo 20 da Lei 12.846/2013. Neste caso, o Ministério Público deverá ajuizar ação civil pública para a integral responsabilização objetiva das pessoas jurídicas infratoras.

Acresce-se que os acordos de leniência em desacordo com o ordenamento jurídico poderão ser objeto de ação civil pública, promovida pelo Ministério Público, com o intuito de sua anulação pelo Poder Judiciário.

O Ministério Público também deverá apurar a responsabilidade penal, civil e administrativa das autoridades competentes que, tendo conhecimento das infrações previstas na Lei 12.846/2013, não adotarem as providências para a apuração dos fatos (art. 27 da Lei Anticorrupção), não aplicarem com rigor as sanções administrativas previstas ou se utilizarem indevidamente dos mecanismos de investigação dispostos na lei. Para tanto, qualquer pessoa poderá e o servidor público deverá provocar a iniciativa do Ministério Público, ministrando-lhe informações sobre fatos que constituam objeto da ação civil e indicando-lhe os elementos de convicção (art. 6º da Lei 7.347/85).

Evidentemente que o Ministério Público, de ofício, poderá instaurar o inquérito civil (art. 8º da Lei 7.347/85 e art. 2º, inc. I, e par. 1º da Resolução 23/2007 do Conselho Nacional do Ministério Público - CNMP) ou, se já tiver elementos de convicção (*v.g.*, com cópia do processo administrativo que serviu para a imposição de sanções às pessoas jurídicas pela prática de atos previstos no art. 5º da Lei 12.846/2013), ajuizar ação civil pública, mesmo sem prévio inquérito civil. Tal inquérito serve, tão-somente, para a colheita de elementos informativos, não havendo, destarte, a obrigatoriedade da sua instauração para o ajuizamento de ação civil pública nem, tampouco, a indispensabilidade de reprodução integral dos elementos colhidos no inquérito civil na ação civil pública[2023].

indeferido" (MS 21729, Relator(a): Min. Marco Aurélio, Relator(a) p/ Acórdão: Min. Néri da Silveira, Tribunal Pleno, julgado em 05/10/1995, DJ 19-10-2001 PP-00033 Ement Vol-02048-01 PP-00067 RTJ Vol-00179 PP-00225).

[2023] *"PROCESSO CIVIL - AÇÃO CIVIL PÚBLICA - INQUÉRITO ADMINISTRATIVO - OMISSÕES E CONTRADIÇÕES ARGÜIDAS EM EMBARGOS DE DECLARAÇÃO: MULTA (ART. 18) 1. O inquérito civil é procedimento administrativo facultativo, inquisitorial e auto-executório, o que*

Ademais, o conhecimento pelo Ministério Público por manifestação anônima também deve ensejar a instauração de inquérito civil ou de procedimento investigatório criminal, se houver informações sobre o fato e seu provável autor, bem como a qualificação mínima que permita a sua identificação e localização (art. 2º, inc. II, e par. 2º, da Resolução 23/2007 do CNMP e art. 1º da Resolução 181/2017 do CNMP.[2024].

De todo modo, para fins de aperfeiçoar a investigação dos atos lesivos ao patrimônio público, não se vê justificativa plausível, ainda mais pode se valer das delações premiadas no processo criminal, para não se estender mecanismos de colaboração premiada – tal como o acordo de leniência – ao Ministério Público. Portanto, tanto a Lei Anticorrupção quanto a Lei de Improbidade Administrativa devem ser alteradas para permitir que o Ministério Público celebre acordo de leniência e possa contar com mecanismos de colaboração premiada para investigar e buscar a responsabilidade administrativa e civil de corruptos e corruptores.

Outro tema importante em relação ao aperfeiçoamento das investigações de esquemas de corrupção é a necessidade de regulamentação do artigo 5º, inc. XIV, da Constituição Federal para preservar o sigilo da fonte de informação. Pelo artigo 450 do NCPC, ao arrolar a testemunha, a parte deve informar, na medida do possível, o nome, a profissão, o estado civil, a idade, o número da inscrição no Cadastro de Pessoas Físicas, o número de registro de identidade e o endereço completo da residência ou do local de trabalho. O NCPC nem a legislação especial preveem a figura do *informante confidencial.*[2025] Na investigação relacionada à prática de atos de corrupção, quando a medida for essencial à obtenção de dados ou à incolumidade do

desobriga o Ministério Público de instaurá-lo se dispõe dos elementos necessários à propositura da ação. 2. Como medida antecipativa com objetivo de angariar elementos que dêem sustentação à ação civil pública, pode o Ministério Público dispor de todos os elementos arrecadados no inquérito civil, ou de parte deles, quando assim entender pertinente. (...)" (REsp 448.023/SP, Rel. Ministra Eliana Calmon, Segunda Turma, julgado em 20/05/2003, DJ 09/06/2003, p. 218).

[2024] Essa também tem sido a orientação do Supremo Tribunal Federal que, em relação à persecução penal, tem decidido: *"O Supremo Tribunal Federal assentou ser possível a deflagração da persecução penal pela chamada denúncia anônima, desde que esta seja seguida de diligências realizadas para averiguar os fatos nela noticiados antes da instauração do inquérito policial. Precedente"* (HC 108147, Relator(a): Min. Carmén Lúcia, Segunda Turma, julgado em 11/12/2012, Processo Eletrônico DJe-022 Divulg 31-01-2013 Public 01-02-2013).

[2025] Conferir: http://www.combateacorrupcao.mpf.mp.br/10-medidas Acesso em 22 de maio de 2015.

noticiante ou por outra razão de relevante interesse público, o informante confidencial seria uma forma de possibilitar, ao Ministério Público, informações essenciais para melhor investigar atos de corrupção que, quase sempre, são de difícil apuração e, normalmente, ficam impunes, salvo quando alguém que tem conhecimento desses esquemas de violação do patrimônio público revela a sua existência. Entretanto, o informante confidencial deve ser um ponto auxiliar de investigação, não podendo a condenação estar baseada apenas nesse depoimento prestado. Sendo o conhecimento da identidade do informante confidencial essencial ao caso concreto, o Ministério Público pode optar, com o consentimento do informante, em revelar a sua identidade ou perder o valor probatório do depoimento prestado, ressalvada a validade das demais provas produzidas no processo. Ademais, comprovada a falsidade dolosa da imputação feita pelo informante confidencial, a sua identidade deve ser revelada para possibilitar a responsabilização pelos crimes de denunciação caluniosa ou de falso testemunho, sem prejuízo das sanções civis.

6. Generalização dos Direitos Fundamentais

A Constituição Brasileira, em grande medida, pode ser considerada um *latifúndio improdutivo*, em razão da não efetivação das promessas de modernidade contidas em seu texto. A falta de concretização do texto constitucional está associada a sua função *simbólica*, sendo a Constituição invocada, pelos governantes, como *álibi*, sob o argumento retórico de que o texto é "meramente programático", para transferir a sua implementação para um futuro remoto e incerto.[2026]

É mais fácil atribuir a responsabilidade dos problemas sociais e políticos à Constituição, propondo-se programas de governo voltados a sua reforma. Contudo, emendas constitucionais são aprovadas e promulgadas, mas as estruturas sociais e as relações de poder permanecem inalteradas.[2027]

A redução da Constituição ao plano meramente simbólico gera a frustração das expectativas inerentes ao *contrato social* (em sentido hermenêutico). Por exemplo, no Brasil, a Constituição elenca como objetivo fundamental (art. 3.º) a erradicação da pobreza, enquanto cerca de trinta milhões de pessoas vivem na miséria absoluta.[2028]

Evidentemente que a Constituição e as leis não resolvem, imediatamente, os problemas da sociedade. Para a realização do Estado Democrático de Direito, não basta a *formalidade* do Direito. A dimensão textual é

[2026] Cf. Marcelo Neves. *A constitucionalização simbólica*, p. 186.

[2027] Idem, p. 186-187.

[2028] Cf. Lênio Luiz Streck. La jurisdicción constitucional y lãs posibilidades de concretización de los derechos fundamentales-sociales, p. 12, 16 e 17.

necessária, mas deve ser associada com a efetivação das *condições sociais* e *institucionais* inerentes ao respeito às leis e à Constituição.[2029]

A constitucionalização dos direitos fundamentais, especialmente os sociais, não pode ser reduzida a *simples declarações retóricas* ou limitada a *vagos programas políticos juridicamente irrelevantes.*[2030] A Constituição e as leis não resolvem, por si sós, os problemas sociais, mas a sua solução também está associada à deficiente concretização normativa dos textos constitucionais e leis.

Logo, a Constituição Brasileira de 1988 deve ser compreendida como um *suporte de esperança*, assumindo caráter de um *conceito político de luta* e, especialmente, o *oposto de uma ordem política de opressão.* [2031]

O *projeto da modernidade* ainda não se consumou e depende da *crença* no constitucionalismo[2032] e do que dele melhor se possa extrair como técnicas processuais de efetivação dos direitos fundamentais (neoprocessualismo). Consequentemente, importa na rejeição da Constituição *meramente procedimental* que, apenas estabelecendo as regras do processo político, deixe de fazer opções por valores ideologicamente engajados,[2033] bem como o *formalismo processual.*

[2029] Cf. Cláudia Derani. Direitos fundamentais e democracia, p. 58.

[2030] Cf. Luigi Ferrajoli. Diritti fondamentali, p. 27.

[2031] Cf. Marcelo Neves. *Transcosntitucionalismo.* p. 5.

[2032] "A crença na Constituição e no constitucionalismo não deixa de ser uma espécie de fé: exige que se acredite em coisas que não são direta e imediatamente apreendidas pelos sentidos. Como nas religiões semíticas – judaísmo, cristianismo e islamismo –, tem seu marco zero, seus profetas e acena com o paraíso: vida civilizada, justiça e talvez até felicidade. Como se percebe, o projeto de modernidade não se consumou. Por isso não pode ceder passagem. Não no Direito Constitucional. A pós-modernidade, na porção em que apreendida pelo pensamento neoliberal, é descrente do constitucionalismo em geral, e o vê como um entrave ao desmonte do Estado social. Nesses tempos de tantas variações esotéricas, se lhe fosse dada a escolha, provavelmente substituiria a Constituição por um mapa astral" (Luís Roberto Barroso. Fundamentos teóricos e filosóficos do novo Direito Constitucional brasileiro: pós-modernidade, teoria crítica e pós-positivismo, p. 12).

[2033] Cf. Luís Roberto Barroso. Fundamentos teóricos... cit., p. 12, nota 13. Contudo, como adverte o próprio Luís Roberto Barroso, a construção de uma nova realidade nacional vai além do Direito Constitucional: "O Direito Constitucional, como o direito em geral, tem possibilidades e limites. A correção de vicissitudes crônicas da vida nacional, como a ideologia da desigualdade e corrupção institucional, depende antes da superação histórica e política dos ciclos de atraso, do que de normas jurídicas. O aprofundamento democrático no Brasil está subordinado ao resgate de valores éticos, ao exercício da cidadania e a um projeto generoso e inclusivo de país" (idem, p. 37).

Afinal, não é qualquer decisão estatal que se impõe socialmente. No âmbito processual, é uma conquista civilizatória exigir que o julgamento seja precedido de um processo que respeite as garantias constitucionais. A defesa do *garantismo*, todavia, não pode se tornar um valor em si mesmo, para que não se caia no culto excessivo das garantias, o que levaria a prevalência de regras processuais sobre a tutela do direito material e, no limite, acabaria por tornar o processo incapaz de conduzir a julgamentos justos.[2034]

Ademais, na busca de critérios materiais de promoção da justiça constitucional, deve ser ressaltada a incapacidade do Estado e do Direito em gerir as políticas públicas. Tal situação se mostra perversa, em países de baixo desenvolvimento, porque não promove a *integração social*, só aumentando o sistema de *classes sociais*. Os cidadãos mais pobres acabam por usufruir de serviços públicos de péssima qualidade, enquanto os que ocupam as classes mais altas da sociedade não se valem dos serviços sociais, fechando-se em *feudos privados*,[2035] onde a polícia é substituída pela vigilância contratada, a escola pública pela privada, o sistema de saúde, por planos de assistência médica, o crédito estatal pelo privado e até a justiça pública pela privada (*neoprivatismo*).

A institucionalização de direitos fundamentais e do Estado de bem-estar social é imprescindível para o êxito do direito em sua função de congruente generalização das expectativas normativas na sociedade moderna.[2036] Nas relações de *subintegração* e de *sobreintegração* político-jurídica, a Constituição não se desenvolve como horizonte normativo-jurídico do sistema político, porque:[2037] a) para os "sobrecidadãos" (ou os "donos do poder"), as disposições constitucionais são usadas, abusadas ou desrespeitadas, conforme os interesses políticos concretos; b) para os "subcidadãos", a Constituição representa, antes, um conjunto de restrições e controles sociais, não estrutura constitutiva de direitos fundamentais.

2034 "(...) c'è stata un'epoca, ai primordi, in cui si aveva soltanto il giudizio. Le conquiste della civiltà ci hanno portato a ritenere che non ci può essere giudizio senza processo e, quindi, senza prova acquista nel processo attraverso strumenti ogni giorno di più razionali e rispettosi delle esigenze della difesa. Nel farlo non dobbiamo, però, cadere nell'eccesso opposto e avallare che, per un culto eccessivo, si finisca con l'avere una prevalenza del processo sul giudizio o addirittura un processo incapace di pervenire al giudizio" (Giovanni Verde. Prove nuove, p. 52).

2035 Cf. Rafael Peteffi da Silva. Sistema, códigos privados e a feudalização do direito, p. 168.

2036 Cf. Marcelo Neves, op. cit., p. 160.

2037 Idem, p. 175.

A falta de um projeto abrangente reduz as liberdades públicas a um privilégio de poucos, excluindo e oprimindo milhões de pessoas relegadas à mera subsistência.[2038]

A existência de um Estado verdadeiramente Democrático de Direito resulta da *generalização* dos direitos fundamentais.[2039] Um Estado que apenas assegura os direitos daqueles que já possuem condições mínimas de existência consagra a *desigualdade*. Perde a sua capacidade de *integrar* os membros de uma sociedade e passa a exercer um papel de mero *perpetuador de injustiças*.

O conteúdo dos direitos humanos fundamentais aponta para a inserção da pessoa em um ambiente natural, social, político e cultural suficientemente adequados para não somente promover a sua vida, entendida como mera sobrevivência no tempo, mas também assegurar um patamar mínimo indispensável à realização da dignidade da condição humana.[2040]

Portanto, a realização do *mínimo existencial*, permitindo a participação generalizada na *produção* e na *distribuição* da riqueza da sociedade, é *condição essencial* da existência do Estado Democrático de Direito[2041] e da realização da *justiça social*.[2042]

[2038] Nas palavras de Luis Roberto Barroso, "somente a cegueira da insensibilidade social poderia deixar de reconhecer que a falta de um projeto generoso e abrangente de país reduz as liberdades públicas a um privilégio de poucos, com o difuso despojamento das maiorias, oprimidas por circunstâncias de subsistência" (Eficácia e efetividade do direito à liberdade, p. 98).

[2039] Cf. Cláudia Derani, op. cit., p. 67-69.

[2040] Cf. Jean Carlos Dias. *O controle judicial de políticas públicas*, p. 117.

[2041] Segundo Ronald Dworkin, nenhuma sociedade é democrática se a sua *distribuição de renda* é muito desigual, lembrando a frase de Wiston Churchill: *a democracia significa que uma batida na porta logo cedo é do leiteiro*. Cf. *Uma questão de princípio*, p. 83.

[2042] O conceito de *justiça social* está associado à capacidade que uma sociedade tem de aperfeiçoar as suas instituições e estar sempre *vigilante* sobre os efeitos – positivos e negativos – que tais mudanças podem causar. Segundo Neil MacCormick, *justiça social* "es un concepto que se ha desarrollado a través de la crítica inmanente a las instituciones heredadas y a luz del cual hemos buscado enmendarlas y modificarlas" (Orden espontáneo e império de la ley: algunos problemas, p. 327).

7. A obtenção de respostas corretas/adequadas à Constituição e a necessidade de superação dos casuísmos judiciários

A expansão da jurisdição constitucional e a fixação dos precedentes judiciais, em razão da força normativa dos princípios, própria do neopositivismo contemporâneo, deve se submeter à hermenêutica crítica, para inibir os *casuísmos judiciários*, causados por interpretações tendenciosas[2043] e ponderações desmedidas[2044].

A aplicação dos *princípios* jurídicos não pode gerar a falsa noção de que eles devem prevalecer a qualquer custo, mas se submeterem a critérios

[2043] "*(...) a mobilidade e a abrangência dos princípios constitucionais não excluem que os conflitos externos sejam reproduzidos internamente, de tal maneira que, com um mesmo princípio, frequentemente, podem ser fundamentadas decisões antagônicas. A isso se relaciona o perigo do abuso de princípios, que decorre da probabilidade de que, em certos contextos, eles sirvam retoricamente para encobrir manipulações que bloqueiam autoconsistência constitucional da respectiva ordem jurídica*" (NEVES, Marcelo. *Entre Hidra e Hercules: princípios e regras constitucionais como diferença paradoxal do sistema jurídico.* São Paulo: Editora WMF Martins Fontes, 2013 p. 129). Em seguida, Marcelo Neves afirma que a "*inflação de argumentos principialistas implica a perda da importância dos princípios constitucionais como critério de solução de casos*" (Idem p. 135).

[2044] "*(...) uma 'ponderação sem limites' do ponto de vista da jurisdição constitucional tem efeitos devastadores para a relação de autonomia e condicionamento recíproco entre política e direito no Estado constitucional. Ela leva, a mesmo tempo, a uma judicialização da política e a uma politização do judiciário*" (NEVES, Marcelo. Idem. p. 194).

racionais para solucionar os casos concretos, inclusive para resolver colisões entre direitos fundamentais[2045].

Quando os juízes aplicam os princípios de acordo com a sua consciência, para legitimar decisões pragmáticas, o Direito não é levado a sério.

Na fixação de precedentes judiciais, a fundamentação não produz efeitos apenas entre as partes e no caso concreto, mas serve para nortear todas as situações fáticas semelhantes ocorridas na sociedade que envolvam a mesma questão jurídica. Consequentemente, a decisão judicial construída no *presente* serve de guia para o julgamento *futuro* de casos similares. Da mesma forma que o homem ao caminhar com uma lanterna em uma noite escura ilumina a sua frente, os precedentes judiciais conduzem e vinculam as decisões judiciais sucessivas[2046].

Atente-se, contudo, que a *força dos precedentes* não decorre apenas das Cortes Superiores. Afinal, o que estabelece que uma decisão serve ou não de precedente, não é o precedente em si, mas a decisão do segundo juiz ou órgão judicial de seguir ou não o precedente. A força dos precedentes se fundamenta na *analogia* entre o caso decidido pela Corte Superior e o que está colocado para julgamento pelo juiz ou pelas Cortes de correção. Se o fato a ser decido é semelhante ao que foi julgado pela Corte Superior, o juiz deverá julgar da mesma maneira.

Porém, os órgãos judiciais que integram as instâncias ordinárias podem afirmar que os fatos, objeto do julgamento, são diferentes daqueles analisados pela Corte Superior para fixar os precedentes. Cabe fazer a *distinção*, sem descuidar que raramente um caso concreto é absolutamente igual ao outro; o importante é que as *circunstâncias fáticas gerais* sejam semelhantes, ainda que possam haver aspectos secundários diferentes. São tais semelhanças e diferenças que integram o exame do *distinguishing*, tarefa hermenêutica imprescindível para determinar a observância dos precedentes judiciais.

[2045] "*As normas que impõem o uso dos critérios da adequação e da necessidade, normas que exigem a racionalidade pragmática de meios e fins em relação à aplicação dos direitos fundamentais, podem ser vistas claramente como regras. Ela serve imediatamente à solução da controvérsia, apresentando-se como razão definitiva para que se decida se a medida de restrição a direitos fundamentais é adequada e necessária ao fim que dispõe a realizar.* (...) É claro que, se a medida foi desproporcional em sentido estrito, impõe-se a declaração da respectiva inconstitucionalidade" (NEVES, Marcelo. Idem. p. 110/111).

[2046] CARNELUTTI, Francisco. *A arte do Direito: seis meditações sobre o Direito*. Bahia: Livraria Progresso editora, 1957. p. 77/78.

Logo, pela técnica do *distinguishing*, realiza-se a distinção entre um caso e outro[2047], normalmente entre o caso em julgamento e o precedente invocado por uma das partes para abonar ou rejeitar uma tese sustentada no bojo do processo[2048]. Da constatação de que fatos diferentes merecem julgamentos diversos, evidencia-se a necessidade do exame cauteloso dos fatos e fundamentos relevantes pelo julgador.

Para fazer as distinções (*distinguishing*), o intérprete deve se valer do *raciocínio analógico*, entre os fatos juridicamente relevantes do precedente e do caso presente, para identificar as semelhanças e as diferenças. Não se exige a identidade absoluta entre eles, até porque isso tornaria impossível a adoção do sistema de precedentes judiciais. O que importa é que os fatos decisivos para que a decisão anterior fosse proferida sejam juridicamente relevantes para o julgamento do caso sucessivo. Por outro lado, quando do processo argumentativo, chega-se a conclusão que os fatos substanciais do procedente são diferentes do caso seguinte, a *ratio decidendi* do precedente não vincula o julgador do processo em julgamento.

Ao distinguir os fatos contemplados no precedente e os que são objeto de julgamento, os juízes podem se deparar com a situação de *vazio normativo*, ocasião em que estão autorizados a criar a regra da decisão. Os magistrados também podem se colocar diante do problema da *superação do precedente*. Nesta situação, eles têm o ônus argumentativo de demonstrar que há uma nova concepção geral acerca do Direito ou, excepcionalmente, que houve equívoco na formação do precedente, que teria sido baseado em um erro na compreensão ou na interpretação da questão de direito.

Porém, a *imprecisão semântica* das normas jurídicas não deve comprometer a concretude e a força do Direito[2049], nem conduzir a ponderações

[2047] DUXBURY, Neil. *The nature and authority of precedent*. Cambridge: Cambridge University Press, 2008. p. 113.

[2048] MANCUSO, Rodolfo de Camargo. *Divergência jurisprudencial e súmula vinculante*. 5ª ed. São Paulo: RT, 2013.p. 29.

[2049] *"(...) o argumento da imprecisão comete um erro adicional. Supõe que se o legislador aprova uma lei, o efeito dessa lei sobre o Direito é determinado exclusivamente pelo significado abstrato das palavras que usou, de modo que se as palavras são imprecisas, deve decorrer daí que o impacto da lei sobre o Direito deve, de alguma maneira, ser indeterminado. Mas essa suposição está claramente errada, pois os critérios de um jurista para estabelecer o impacto de uma lei sobre o Direito podem incluir cânones de interpretação ou explicação legal que determinam que força se deve considerar que uma palavra imprecisa tem numa ocasião particular, ou, pelo menos, fazer sua força depender de questões adicionais, que, em princípio, tem uma resposta certa. Estes critério podem referir-se a questões de intenção ou a outros fatos psicológi-*

judiciais sem limites que, a pretexto de aplicar a Constituição ou as leis federais, comprometem a autonomia e o condicionamento recíproco entre o Direito e a Política. A aplicação política desmedida da Constituição ou das leis federais pelo Poder Judiciário, que é quem deve assegurar a correta interpretação do direito, é ainda mais grave, porque representa o *desvirtuamento* da função judicial[2050].

A construção de uma identidade constitucional e a consistência judicial são pressupostos para se assegurar o direito fundamental à obtenção de respostas corretas/adequadas à Constituição.

Para tanto, é preciso diferenciar a interpretação da aplicação de uma regra e/ou de um princípio, bem como não misturar o Direito com a Moral. Conforme Lênio Streck, o *"direito não ignora a moral, pois os conteúdos de seus princípios dependem dessa informação. Todavia, quando o direito é aplicado, não podemos olvidar dos princípios, tampouco aceitar que eles sejam qualquer moral"*[2051].

A confusão e a não diferenciação entre Direito e Moral ou entre regras e princípios acarreta a arbitrariedade na atribuição de sentidos. Isso alimenta o casuísmo judiciário, despreza a democracia, enfraquece a coerência e a unidade do Direito, além de inibir a vinculação dos precedentes judiciais.

A resposta correta/adequada à Constituição evita decisões *ad hoc*, isto é, que a jurisdição constitucional se deslegitime ao dar margem ao fenômeno da *jurisprudência lotérica*[2052] pelo qual as mesmas regras ou princípios são aplicados de maneiras diferentes para casos similares, com prejuízo à coerência jurídica e a integridade do Direito. Situações análogas devem ser decididas de forma igual para não causarem surpresas nem gerarem mais imprevisibilidade, instabilidade e descontinuidade às relações jurídicas.

A liberdade interpretativa proporcionada pela Constituição Federal de 1988, formada por regras e princípios com conceitos vagos (até para proporcionar a permanente evolução do Direito frente à dinâmica das rela-

cos". (DWORKIN, Ronald. *Uma questão de princípio*. Tradução Luis Carlos Borges. São Paulo: Martins Fontes. 2000. p. 189.).

2050 *"(...) a ofensa à Constituição por parte do Poder Judiciário sempre é mais grave do que qualquer outra desferida por qualquer dos outros Poderes, porque é ao Judiciário que cabe a sua guarda"* (STRECK, Lênio Luiz. *Compreender Direito I: desvelando as obviedades do discurso jurídico*. São Paulo: Editora Revista dos Tribunais. 2013. p. 164).

2051 STRECK, Lênio Luiz. *Lições de crítica hermenêutica do Direito*. Porto Alegre: Livraria do Advogado Editora, 2014. p. 65.

2052 CAMBI, Eduardo. Jurisprudência lotérica. Cit. p. 108-126.

ções sociais), é um importante fator a ser considerado quando se examina a expansão da jurisdição no Brasil.

O ativismo judiciário gera a hipertrofia das funções dos Tribunais Superiores e desarmonização da separação dos poderes, o que torna os precedentes judiciais uma fonte ilegítima de judicialização da política.

Para que se assegure o direito fundamental à obtenção de respostas corretas/adequadas à Constituição, é necessária uma nova compreensão do problema da *unidade* do Direito Brasileiro, para que se evitem casuísmos judiciários, pautados na ampliação do subjetivismo/voluntarismo das decisões judiciais, que é resultado do uso desvirtuado da ponderação e dos princípios jurídicos.

A fixação dos precedentes judiciais e a sua observância nos casos sucessivos exige rigorosa motivação e atento estudo das semelhanças e das diferenças entre as questões fáticas e jurídicas que culminaram na deliberação da decisão-paradigma. Não basta reproduzir o conteúdo das ementas sem um profundo exame da íntegra da decisão-paradigma. Localizar os fundamentos determinantes (*ratio decidendi*) e descartar os fundamentos periféricos do precedente (*obiter dictum*) é tarefa argumentativa complexa que exigirá a reformulação tanto da doutrina quanto da jurisprudência brasileiras.

A construção de um efetivo sistema de precedentes no Brasil deve ser acompanhada de paulatina mudança na cultura jurídica. Irá produzir impacto direto na atuação profissional de advogados, membros do Ministério Público e dos magistrados, os quais devem argumentar a partir das razões de ser desses precedentes[2053]. Por isso, tal forma de raciocinar deve alterar, profundamente, o ensino jurídico e os instrumentos de seleção profissionais.

Com efeito, estudar e distinguir a *ratio decidendi* das *obiter dictum* é tarefa fundamental seja para a elaboração seja para a observância dos precedentes judiciais. Não basta, pois, conhecer e reproduzir a *jurisprudência majoritária*. É preciso aprofundar a cognição das questões fáticas e jurídicas que determinaram a formação do precedente, para que a pretendida efetivação da isonomia e a segurança jurídicas buscadas pela Constituição Federal e pelo NCPC sejam alcançadas.

[2053] *"(...) a interpretação de um precedente, para que dele se extraia a holding ou a ratio decidendi, é uma tarefa tão (ou mais!) complexa do que interpretar a lei"* (WAMBIER, Teresa Arruda Alvim. Precedentes e evolução do direito. Cit. p. 52).

Não haverá um verdadeiro e efetivo sistema de precedentes obrigatórios no Brasil se o dever de motivação das decisões, presente no artigo 489, par. 1º, incs. V e VI, do NCPC, não for levado, rigorosamente, a sério.

O sucesso do sistema de precedentes no Brasil deve ocorrer de cima para baixo, a partir da vinculação das Cortes Superiores aos seus próprios precedentes. Não se pode admitir mudanças repentinas, injustificadas, casuísticas ou mesmo arbitrárias dessas Cortes. Paralelamente a isso, é preciso repensar a função dos recursos especial e extraordinário, para que as Cortes Superiores, no Brasil, deixem de julgar milhares de processos por ano, para poderem se dedicar a função precípua de fixação de precedentes judiciais e, portanto, de governo da orientação jurídica a ser seguida pelo Judiciário brasileiro.

Sem isso, corre-se sério risco do sistema de precedentes, ressaltado pelo Novo Código de Processo Civil, ser a reprodução da fraca eficácia de persuasão da *jurisprudência majoritária*, que, devido as constantes alterações pelas próprias Cortes Superiores e a não observância devida pelas demais instâncias judiciais, não traz a segurança jurídica necessária para vincular o julgamento dos casos sucessivos (*caos da jurisprudência*). Como consequência, não se promove a desejada racionalização, igualdade de tratamento, previsibilidade, estabilidade e unidade ao Direito Brasileiro.

REFERÊNCIAS BIBLIOGRAFICAS

AARNIO, Aulis. La tesis de la única respuesta correcta y el princípio regulativo del razonamiento jurídico. *Revista Doxa*. vol. 8. 1990.

ABBOUD, Georges. *Jurisdição constitucional e direitos fundamentais*. São Paulo: RT, 2011.

ABRAMOVICH, Victor; COURTIS, Christian. *Los derechos sociales como derechos exigibles*. Madri: Editorial Trotta, 2002.

ABRACHES, Sérgio Henrique Hudson de. Presidencialismo de coalizão: o dilema institucional brasileiro. *Dados - Revista de Ciências Sociais*, vol. 31, n 1, 1988.

ALEXY, Robert. Colisão de direitos fundamentais e realização de direitos fundamentais no Estado de direito democrático. Trad. Luís Afonso Heck. *Revista de Direito Administrativo*. vol. 217. Rio de Janeiro: Renovar.

_______. *Concetto e validità del diritto*. Trad. Fabio Fiore. Turim: Giulio Einaudi Editore, 1997.

_______. Derechos, razonamiento jurídico y discurso racional. *Isonomía: Revista de Teoria y Filosofia del Derecho*, 1994.

_______. Direitos fundamentais, balanceamento e racionalidade. Trad. Menelick de Carvalho Netto. *Ratio Juris*. vol. 16. n. 2. jun. 2003.

_______. Direitos fundamentais no Estado constitucional democrático, para a relação entre direitos do homem, direitos fundamentais, democracia e jurisdição. Trad. Luís Afonso Heck. *Revista de Direito Administrativo*. vol. 217. Rio de Janeiro: Renovar,1999.

_______. Entrevista con Manuel Atienza. *Revista Doxa (Cuadernos de Filosofia del Derecho – Universidad de Alicante)*. n. 24 . 2001.

_______. Sistema jurídico, princípios jurídicos y razón práctica. *Revista Doxa*. vol. 5. 1988.

_______. *Teoría del discurso y derechos humanos*. Trad. Luis Villar Borda. Bogotá: Universidad Externado de Colombia, 1995.

_______. *Teoría de los derechos fundamentales*. Madri: Centro de Estudios Constitucionales, 1997.

_______. *Teoria da argumentação jurídica*. Trad. Zilda Hutchinson Schild Silva. São Paulo: Landy, 2001.

_______. *Tres escritos sobre los derechos fundamentales y la teoria de los princípios*. Trad. Carlos

Bernal Pulido. Bogotá: Universidade Externado de Colombia, 2003.

_______. *Teoria dos direitos fundamentais*. Trad. Virgílio Afonso da Silva. São Paulo: Malheiros, 2008.

_______. A fórmula do peso. In: *Constitucionalismo discursivo*. 2. ed. Trad. de Luís Afonso Heck. Porto Alegre: Livraria do Advogado Editora, 2008.

ALMEIDA, Gregório Assagra de. *Codificação do direito processual coletivo brasileiro*. Belo Horizonte: Del Rey, 2007.

_______. *Direito processual coletivo brasileiro. Um novo ramo do direito processual*. São Paulo: Saraiva, 2003.

_______. *Manual das ações constitucionais*. Belo Horizonte: Del Rey, 2007.

ALMEIDA, Maria Christina de. Ensinando direito com arte: o estudo de casos no direito civil contemporâneo. In: FACHIN, Luiz Edson *et al.* (orgs.). *Diálogos sobre direito civil. Construindo a racionalidade contemporânea*. Rio de Janeiro: Renovar, 2002.

ALMEIDA JÚNIOR, João Mendes de. O ensino do direito. *Revista de Direito Público*. vol. 20. Rio de Janeiro: Renovar, abr.-jun. 1972.

ALVES, Rubem. *Conversas sobre política*. Campinas: Verus, 2010.

ALVIM NETTO, José Manoel de Arruda. Súmula e súmula vinculante. In: MEDINA, José Miguel Garcia *et al.* (coords.). *Os poderes do juiz e o controle das decisões judiciais. Estudos em homenagem à Professora Teresa Arruda Alvim Wambier*. São Paulo: Ed. RT, 2008.

ALVIM, Teresa Arruda. Anotações sobre a liquidação e a execução de sentenças coletivas. In: GRINOVER, Ada Pellegrini; MENDES, Aluisio Gonçalves de Castro; WATANABE, Kazuo (coords.). *Direito processual coletivo e anteprojeto de Código Brasileiro de Processos Coletivos*. São Paulo: Ed. RT, 2007.

_______; _______; MEDINA, José Miguel Garcia. *Breves comentários à nova sistemática processual civil*. São Paulo: Ed. RT, 2007. vol. 3.

ALVIM, Teresa Arruda Alvim. Estabilidade e adaptabilidade como objetivos do direito – *Civil law* e *common law*. *Revista de Processo*. vol. 172. São Paulo: Ed. RT, jun. 2009.

______. Limites à chamada "discricionariedade" judicial. *Revista da Associação dos Magistrados do Paraná*. vol. 50. jan.-dez. 1991.

______. *Nulidades do processo e da sentença*. 6. ed. São Paulo: Ed. RT, 2007.

______. *Omissão judicial e embargos de declaração*. São Paulo: Ed. RT, 2005.

______. Questões de fato, conceito vago e a sua controlabilidade através de recurso especial. *Aspectos polêmicos e atuais do recurso especial e do recurso extraordinário*. São Paulo: Ed. RT, 1997.

______. *Recurso especial, recurso extraordinário e ação rescisória*. 2. ed. São Paulo: Ed. RT, 2008.

______. Precedentes e evolução do direito. In: *Direito jurisprudencial*. Coord. Teresa Arruda Alvim Wambier. São Paulo: RT, 2012.

AMARAL, Guilherme Rizzo. Efetividade, segurança, massificação e a proposta de um 'incidente de resolução de demandas repetitivas. *Revista de processo*, n. 196, ano 36, jun/2011.

AMARAL, Gustavo. *Direito, escassez e escolha – Em busca de critérios jurídicos para lidar com a escassez de recursos e as decisões trágicas*. Rio de Janeiro: Renovar, 2001.

______; MELO, Danielle. Há direitos acima dos orçamentos? In: SARLET, Ingo Wolfgang; TIMM, Luciano Beneti (orgs.). *Direitos fundamentais: orçamento e "reserva do possível"*. Porto Alegre: Livraria do Advogado, 2008.

ANDRADE, José Carlos Vieira de. *Os direitos fundamentais na Constituição Portuguesa de 1976*. Coimbra: Almedina Editora, 1987.

______. Os direitos, liberdades e garantias no âmbito das relações entre particulares. In: SARLET, Ingo Wolfgang (org.). *Constituição, direitos fundamentais e direito privado*. Porto Alegre: Livraria do Advogado, 2003.

______. O "direito ao mínimo de existência condigna" como direito fundamental a prestações estaduais positivas – Uma decisão singular do Tribunal Constitucional. Anotações ao acórdão do Tribunal Constitucional 509/02. *Jurisprudência constitucional*. n. 1. jan.-mar. 2004.

APPIO, Eduardo. *Controle judicial das políticas públicas no Brasil*. Curitiba: Juruá, 2005.

______. *Interpretação conforme a Constituição*. Curitiba: Juruá, 2002.

ARANGO, Rodolfo. Direitos fundamentais sociais, justiça constitucional e democracia. In: MELLO, Cláudio Ari (coord.). *Os desafios dos direitos sociais. Revista do Ministério Público do Rio Grande do Sul*. n. 56. set.-dez. 2005.

ARANHA, Ana. Em defesa das crianças. *Revista Época*. n. 503. 07.01.2008.

ASCENSÃO, José de Oliveira. *O direito. Introdução e teoria geral. Uma perspectiva luso-brasileira*. 11. ed. Coimbra: Almedina Editora, 2003.

ATIENZA, Manuel *As razões do direito. Teorias da argumentação jurídica*. Trad. Maria Cristina Guimarães Cupertino. São Paulo: Landy Editora, 2000.

ÁVILA, Humberto. A distinção entre princípios e regras e a redefinição do dever de proporcionalidade. *Revista Diálogo Jurídico*. n. 4. jul. 2001.

______. Repensando o "princípio da supremacia do interesse público sobre o particular". *Revista Diálogo Jurídico*. n. 7. out. 2001.

______. *Teoria dos princípios. Da definição à aplicação dos princípios jurídicos*. 9. ed. São Paulo: Malheiros, 2009.

______. *Segurança jurídica. Entre permanência, mudança e realização no Direito Tributário*. 2ª ed. rev. atual. e ampl. São Paulo: Malheiros, 2012.

AVRITZER, Leonardo. Judicialização da política e equilíbrio de poderes no Brasil. In: *Dimensões políticas da justiça*. Rio de Janeiro: Civilização brasileira, 2013.

FILGUEIRAS, Fernando. Corrupção e controles democráticos no Brasil. Disponível em: [http://www.ipea.gov.br/portal/images/stories/PDFs/TDs_Ipea_Cepal/tdcepal_032.pdf.]. Acesso em 10 de maio de 2015.

AZEVEDO, Plauto Faraco de. *Justiça distributiva e aplicação do direito*. Porto Alegre: Fabris, 1983.

BARCELLOS, Ana Paula de. *A eficácia jurídica dos princípios constitucionais. O princípio da dignidade da pessoa humana* Rio de Janeiro: Renovar, 2002.

______. Constitucionalização de políticas públicas em matéria de direitos fundamentais: o controle político-social e o controle jurídico no espaço democrático. In: SARLET, Ingo Wolfgang (org.). *Direitos fundamentais: orçamento e "reserva do possível"*. Porto Alegre: Livraria do Advogado, 2008.

______. *Ponderação, racionalidade e atividade jurisdicional*. Rio de Janeiro: Renovar, 2005.

______. Neoconstitucionalismo, direitos fundamentais e controle das políticas públicas. *Revista Diálogo Jurídico*. vol. 15. jan.-mar. 2007.

BARCELONA, Pietro. *El individualismo proprietário*. Madri: Trotta, 1996.

BARNES, David W. *Statistics as proof.* Boston e Toronto: Little, Brown and Company, 1983.

BARROSO, Luis Roberto. Diferentes, mas iguais: o reconhecimento jurídico das relações homoafetivas no Brasil. *Revista Diálogo Jurídico.* n. 16. mai.-ago. 2007.

______. Eficácia e efetividade do direito à liberdade. *Arquivos de direitos humanos.* vol. 2. Rio de Janeiro: Renovar, 2000.

______. Fundamentos teóricos e filosóficos do novo Direito Constitucional brasileiro (Pós-modernidade, teoria crítica e pós-positivismo). *Revista de direito administrativo.* vol. 225. Rio de Janeiro: Renovar, jul.-set. 2001; *Temas de Direito Constitucional.* Rio de Janeiro: Renovar, 2003. t. II.

______. *Interpretação e aplicação da Constituição.* 2. ed. São Paulo: Saraiva, 1998.

______. Neoconstitucionalismo e constitucionalização do Direito. O triunfo tardio do Direito Constitucional no Brasil. *Jus Navigandi.* Teresina. ano. 9. n. 851. 01.11.2005. Disponível em: [http://jus2.uol.com.br/doutrina/texto.asp?id= 7547]. Acesso em: 13.06. 2008.

______. *O Direito Constitucional e a efetividade de suas normas: limites e possibilidades da Constituição Brasileira.* 4. ed. Rio de Janeiro: Renovar, 2000; 5. ed., 2001.

______. *Temas de Direito Constitucional.* 2. ed. Rio de Janeiro: Renovar, 2005. t. III.

______. Constituição, democracia e supremacia judicial: direito e política no Brasil contemporâneo. *Revista Jurídica da Presidência.* vol. 12. n. 96. p. 06. fev.-maio/2010. Disponível em: [www4.planalto.gov.br/revistajuridica/copy_of_vol-11-n-95- out-2009-jan-2010/menu-vertical/artigos-ed-nb0-96/artigos.2010-06-09. 1628631230/]. Acesso em: 11.04.2011.

______. Judicialização, ativismo judiciário e legitimidade democrática. Disponível em: [www.oab.org.br/oabeditora/users/revista/1235066670174218181901.pdf]. Acesso em: 11.04.2011.

______. *A dignidade da pessoa humana no Direito Constitucional contemporâneo. A construção de um conceito jurídico à luz da jurisprudência mundial.* Belo Horizonte: Fórum, 2013.

BAUMAN, Zygmunt. *Modernidade líquida.* Trad. de Plínio Dentzien. Rio de Janeiro: Zahar, 2001.

______. *Vida para consumo: a transformação das pessoas em mercadoria.* Rio de Janeiro: Jorge Zahar Ed., 2008.

______. *Capitalismo parasitário.* Trad. de Eliana Aguilar. Rio de Janeiro: Zahar, 2010.

BENTHAM, Jeremy. *Tratado de las pruebas judiciales.* vol. 1. Trad. de Manuel Ossorio Florit. Buenos Aires: Ediciones Jurídicas Europa-América, 1971.

______. *Tratado de las pruebas judiciales.* vol. 2. Trad. de Manuel Ossorio Florit. Buenos Aires: Ediciones Jurídicas Europa-América, 1971.

BENETI, Sidnei Agostinho. *Da conduta do juiz.* 2. ed. São Paulo: Malheiros, 2000.

BERCLAZ, Márcio Soares. *A dimensão político-jurídica dos Conselhos Sociais no Brasil.* Rio de Janeiro: Lumen Juris, 2013.

BINENBOJM, Gustavo. *Uma teoria do direito administrativo: direitos fundamentais, democracia e constitucionalização.* Rio de Janeiro: Renovar, 2006.

BITTAR, Eduardo Carlos Bianca. *O direito na pós-modernidade.* Rio de Janeiro: Forense Universitária, 2005.

BITTENCOURT, Fernando Moutinho Ramalho; GRAÇA, Luis Otavio Barroso da. Decisões judiciais e orçamento público no Brasil: aproximação empírica a uma relação emergente. In: SARLET, Ingo Wolfgang; TIMM, Luciano Benetti (orgs.). *Direitos fundamentais, orçamento e "reserva do possível"*. Porto Alegre: Livraria do Advogado, 2008.

BOBBIO, Norberto. *A era dos direitos*. Rio de Janeiro: Campus, 1992.

______. *Dicionário de política*. 12. ed. Brasília: Ed. Universidade de Brasília, 1999. vol. 1.

BOFF, Leonardo. *A águia e a galinha: uma metáfora da condição humana*. 21. ed. Petrópolis: Vozes, 1998.

BONAVIDES, Paulo. *Curso de Direito Constitucional*. 8. ed. São Paulo: Malheiros, 1999; 11. ed., 2001.

______. *Do estado liberal ao estado social*. 6. ed. rev. e ampl. São Paulo: Malheiros, 1996.

______. Emenda à Constituição por iniciativa popular. *Interesse público*. vol. 43. mai.-jun. 2007.

______. O direito à paz como direito fundamental da quinta geração. *Interesse Público*. vol. 40. nov.-dez. 2006.

BONTEMPO, Alessandra Gotti. *Direitos sociais. Eficácia e acionabilidade à luz da Constituição de 1988*. Curitiba: Juruá, 2008.

BORNHOLDT, Rodrigo Meyer. *Métodos para resolução do conflito entre direitos fundamentais*. São Paulo: Ed. RT, 2005.

BOTELHO, Marcos César. *A legitimidade da jurisdição constitucional no pensamento de Jürgen Habermas*. São Paulo: Saraiva, 2010.

BRAGA, Maria do Socorro S.; PIMENTEL JR, Jairo T. Pires. Os partidos políticos brasileiros realmente não importam?. *Revista Opinião Pública [online]*. Campinas, vol. 17, n.º 2. Nov. 20011. p. 271-303. Disponível em *Opinião Publica* [online]. 2011, vol. 17, nº. 2.

BRUTO DA COSTA, Alfredo. *Um olhar sobre a pobreza: vulnerabilidade e exclusão social no Portugal contemporâneo*. Gradiva Publicações, 2008. Disponível em http://www4.fe.uc.pt/fontes/trabalhos/2009026.pdf. Acesso em 10 de fevereiro de 2015.

BRUM, Nilo de Barros de. *Requisitos retóricos da sentença penal*. São Paulo: Ed. RT, 1980.

BUCCI, Maria Paula Dallari. *Direito administrativo e políticas públicas*. São Paulo: Saraiva, 2002.

BUARQUE, Cristovam. *Reaja*. Rio de Janeiro: Garamond, 2012.

______. *O erro do sucesso: a civilização desorientada e a busca de um novo humanismo*. Rio de Janeiro: Garamond, 2014.

______. Custo da bagunça. *Jornal O Globo*, de 12 de julho de 2014.

______. A privatização da política. *Jornal O Globo*, Rio de Janeiro, 22/03/2014.

BUENO, Cassio Scarpinella. Amicus curiae *no processo civil brasileiro: um terceiro enigmático*. 2. ed. São Paulo: Saraiva, 2008.

BULOS, Uadi Lammêgo. *Constituição Federal anotada*. 9ª ed. São Paulo: Saraiva, 2009.

BUSTAMANTE, Thomas da Rosa. *Teoria do precedente judicial: a justificação e a aplicação de regras jurisprudenciais*. São Paulo: Noeses, 2012.

CABRAL, Antonio do Passo. A escolha da causa-piloto nos incidentes de resolução de processos repetitivos. *Revista de Processo*, n. 231, ano 39, mai/2014.

CALAMANDREI, Piero. *Processo e democrazia*. Padova: Cedam, 1954.

______. *Eles, os juízes vistos por um advogado*. Trad. Eduardo Brandão. São Paulo: Martins Fontes, 1995.

CALLIGARIS, Contardo. Em defesa de Berlusconi. *Folha de São Paulo*, 30.07.2007, Caderno

Ilustrada.

Camargo, Luiz Henrique Volpe. A força dos precedentes no moderno processo civil brasileiro. In: *Direito jurisprudencial*. Coordenação de Teresa Arruda Alvim Wambier. São Paulo: RT, 2012.

Eduardo Cambi e Emmanuela Magro Denora. Lei Maria da Penha: tutela diferenciada dos direitos das mulheres em situação de violência doméstica e familiar. *Revista brasileira de ciências criminais*, vol. 133, jul. 2017, p. 219-255.

Eduardo Cambi e Marcos Vargas Fogaça. Ministério Público Resolutivo: o modelo contemporâneo de atuação institucional. *Revista dos Tribunais*, vol. 982, agosto/2017, p. 107-134.

Cambi, Eduardo; Sgarioni, Clarissa Lopes Alende. Dinamização do ônus da prova quanto à condição econômico-financeira do devedor de alimentos. *Revista de direito privado, vol.* 81, set./2017.

Cambi, Eduardo. *A prova civil. Admissibilidade e relevância*. São Paulo: Ed. RT, 2006.

______. Constituição Européia: notas introdutórias. In: *Constituição, justiça e sociedade*. Florianópolis: OAB/SC Editora, 2006. vol. 1.

______. *Direito Constitucional à prova no processo civil*. São Paulo: Ed. RT, 2001.

______. Julgamento *prima facie* (imediato) pela técnica do art. 285-A do CPC. *Revista dos Tribunais*. vol. 854. dez. 2006.

______. *Jurisdição no processo civil. Compreensão crítica*. Curitiba: Juruá, 2002.

______. Jurisprudência lotérica. *Revista dos Tribunais*. vol. 786. São Paulo: abr. 2001.

______. Neoconstitucionalismo e neoprocessualismo. In: Fux, Luiz; Nery Junior, Nelson; Wambier, Teresa Arruda Alvim (coords.). *Processo e Constituição. Estudos em homenagem ao Professor José Carlos Barbosa Moreira*. São Paulo: Ed. RT, 2006.

______. O caráter universal do direito moderno e os desafios fundamentais impostos pelo biodireito. In: Giacoia, Gilberto *et al.* (coords.). *Biodireito e dignidade da pessoa humana. Diálogo entre a ciência e o Direito*. Curitiba: Juruá, 2006.

______. Preenchimento judicial de lacuna jurídica: a hipótese de alteração do registro civil de crianças e de adolescentes para a inclusão do sobrenome (patronímico) dos pais de criação (socioafetivos) independentemente de adoção. In: Wambier, Teresa Arruda Alvim *et al.* (coords.). *Direito civil e processo. Estudos em homenagem ao Professor Arruda Alvim*. São Paulo: Ed. RT, 2007.

______. Revisando o princípio da separação dos poderes para tutelar os direitos fundamentais sociais. In: Cambi, Eduardo *et al.* (coords.). *Direitos fundamentais revisitados*. Curitiba: Juruá, 2008.

______. Verdade processual objetivável. *Revista de Processo*. vol. 96. São Paulo: Ed. RT,out.-dez. 1999.

______; Brito, Jaime Domingues. Súmulas vinculantes. *Revista de processo*. vol. 168. São Paulo: Ed. RT,fev. 2009.

______; Gonalkves, Leonardo Augusto. Ministério Público Social. *Revista de processo*, vol. 177. São Paulo: Ed. RT, nov., 2009.

______; Lima, Jairo Néia. Direito fundamental à inclusão social (e sua eficácia nas relações entre particulares). *Revista de direito privado*, vol. 44, out./2010.

______; Damasceno, Kleber Ricardo. *Amicus curiae* e o processo coletivo: uma proposta democrática. *Revista de processo*. vol. 192. São Paulo: Ed. RT, fev. 2011.

______; HOFFMANN, Eduardo. Caráter probatório da conduta (processual) das partes. *Revista de processo*. vol. 201. São Paulo: Ed. RT, nov. 2011.

______; NEVES, Aline Regina das. Repercussão geral e PEC 209/2012. *Revista de processo*, vol. 220, jun./2013.

______. A corrupção que atrasa o país. Jornal *Gazeta do Povo*, Curitiba, 06.12.2013.

______; MATTOS, Diogo Castro de. As influências políticas do financiamento privado nas campanhas eleitorais. *Revista dos tribunais*, vol. 945, julho/2014.

______; ZANINELLI, Giovana. Direito fundamental à educação, exclusão social e cidadania. Direito fundamental à inclusão social (e sua eficácia nas relações entre particulares). *Revista de direito privado*, vol. 59, jul.-set. /2014.

______. Processo constitucional e democracia. In: *Direito Constitucional brasileiro*. Vol. 2. Coord. Clèmerson Merlin Clève. São Paulo: RT, 2014.

______; LIMA, Jairo Néia. Constitucionalismo inclusivo: o reconhecimento do direito fundamental à inclusão social. *Revista de direito privado*, vol. 60, out./2014.

______; PEREIRA, Fabricio Fracaroli. Estratégia nacional de prevenção e de redução de litígios. *Revista de processo*. vol. 237. São Paulo: Ed. RT, nov. 2014.

______. *Curso de direito probatório*. Curitiba: Juruá, 2014.

______; OLVIEIRA, Priscila Sutil de. Depoimento sem dano e falsas memórias. *Revista de processo*, vol. 235, set. /2014.

______; MARGRAF, Alencar Frederico. Verdade real e narrativismo processual. *Revista dos tribunais*, vol. 948, out./2014.

______. *Guia do cidadão*. Org. Eduardo Cambi. Curitiba: Ministério Público do Paraná, Secretaria de Estado da Educação e Assembleia Legislativa do Paraná, 2014.

______; OLIVEIRA, Priscila Sutil de. Crise da democracia representativa e revitalização dos partidos políticos no Brasil. *Revista dos tribunais*, vol. 949, nov./2014.

______. *Lei anticorrupção. Comentários à Lei 12.846/2013*. Coord. de Eduardo Cambi e Fábio André Guaragni. São Paulo: Almedina, 2014.

______. BOLZANI, Henrique. O poder investigatório do Ministério Público. *Revista jurídica do Ministério Público do Paraná*, vol. 1, dez./2014.

______. ANTUNES, Taís Caroline Pinto Teixeira. A proibição de retrocesso como salvaguarda da atuação do Ministério Público. In: *Ministério Público: prevenção, modelos de atuação e a tutela dos direitos fundamentais*. Coord. Renato de Lima Castro e Fábio André Guaragni. Belo Horizonte: Del Rey, 2014.

______. A atuação do Ministério Público no combate à corrupção na Lei 12.846/2013. *Revista do Conselho Nacional do Ministério Público*, nº 4, 2014.

______; HELLMAN, Renê Francisco. Jurisimprudência – A independência do juiz ante os precedentes judiciais como obstáculo à igualdade e à segurança jurídicas. *Revista de processo*, vol. 231, maio/2015.

______; HELLMAN, Renê Francisco. Precedentes e dever de motivação das decisões judiciais no Novo Código de Processo Civil. *Revista de processo*, vol. 241, mar./2015.

______; BOFF, Victor Eduardo Bertoldi. Controle preventivo de constitucionalidade sob a óptica das minorias parlamentares. *Revista dos tribunais*, vol. 952, fev./2015.

______; BOFF, Daniele Bohrz. Efetividade do direito à saúde pública no Brasil. *Revista dos tribunais*, vol. 954, abril/2015.

_____. Princípio da independência funcional e planejamento estratégico do Ministério Públcio. *Revista dos tribunais*, vol. 955, maio/2015.

CAMBI, Eduardo; ALMEIDA, Vinícius Gonçalves. Segurança jurídica e isonomia como vetores argumentativos para a aplicação dos precedentes. *Revista de processo, vol.* 260, out./2016.

CAMBI, Eduardo; MARGRAF, Alencar Frederico. Casuísmos judiciários e precedentes judiciais. *Revista de processo*, vol. 248, out./2015.

______; HWIDGER, Lourenço Ferreira. Exclusão social e cidadania: participação social e educação como empoderamento do cidadão e fortalecimento da democracia. *Revista judiciária do Paraná*, vol. 9, maio/2015.

CAMBI, Eduardo; HAAS, Adriane; SCHMITZ, Nicole. Uniformização da jurisprudência e precedentes judiciais. R*evista dos tribunais*, vol. 978, abr./2017.

CAMPILONGO, Celso Fernandes. *Política, sistema jurídico e decisão judicial*. São Paulo: Max Limonad, 2002.

CANARIS, Claus-Wilhelm. *Pensamento sistemático e conceito de sistema na ciência do direito*. Trad. Antônio Mendes Cordeiro. Lisboa: Fundação Calouste Gulbenkian, 1989.

______. *Direitos fundamentais e direito privado*. Trad. Ingo Wolfgang Sarlet e Paulo Mota Pinto. Coimbra: Almedina Editora, 2006.

CANOTILHO, José Joaquim Gomes. A "principialização" da jurisprudência através da Constituição. *Revista de processo*. vol. 98. São Paulo: Ed. RT, abr.-jun. 2000.

CANOTILHO, José Joaquim Gomes; BRANDÃO, Nuno. Colaboração premiada: reflexões críticas sobre os acordos fundantes da Operação Lava Jato. *Revista brasileira de ciências criminais*, vol. 133, jul. 2017.

______. *Bypass* social e o núcleo essencial de prestações sociais. In: *Estudos sobre Direitos Fundamentais*. São Paulo: Ed. RT, 2008.

______. *Constituição dirigente e vinculação do legislador. Contributo para a compreensão das normas constitucionais programáticas*. 2. ed. Coimbra: Coimbra Editora, 2001.

______. *Direito Constitucional*. 6. ed, Coimbra: Almedina Editora, 1993.

______. *Direito Constitucional e teoria da Constituição*. 2. ed. Coimbra: Almedina Editora, 1998; 7. ed., 2003.

______. Dogmática de direitos fundamentais e direito privado. In: *Estudos sobre Direitos Fundamentais*. São Paulo: Ed. RT, 2008.

______; MOREIRA, Vital. *Constituição da República Portuguesa Anotada*. Vol. 1. 1ª ed. São Paulo: Revista dos Tribunais, 2007.

______. Metodologia "fuzzy" e "camaleões normativos" na problemática actual dos direitos econômicos, sociais e culturais. In: *Estudos sobre Direitos Fundamentais*. São Paulo: Ed. RT, 2008.

______. O tom e o dom na teoria jurídico-constitucional dos direitos fundamentais. In: *Estudos sobre Direitos Fundamentais*. São Paulo: Ed. RT, 2008.

______. Tribunal constitucional, jurisprudências e políticas públicas. Disponível em: [www.tribunalconstitucional.pt/tc/textos030102.html]. Acesso em: 11.09.2007.

______. Tomemos a sério os direitos econômicos, sociais e culturais. In: *Estudos sobre direitos fundamentais*. São Paulo: Ed. RT, 2008.

_______; MOREIRA, Vital. *Constituição da República Portuguesa anotada*. São Paulo: RT, 2007.

vol. 1.

CAPOGRASSI, Giuseppe. Giudizio processo scienza verità. *Rivista di dirittto processuale*, 1950.

CAPPELLETTI, Mauro. *La oralidad y las pruebas en el proceso civil*. Trad. Santiago Sentis Melendo. Buenos Aires: Ediciones Juridicas Europa-America, 1972.

______; GRANT, Bryant. *Acesso à justiça*. Tradução de Ellen Grace Northfleet. Porto Alegre: Sergio Aantonio Fabris Editor, 1988.

______. *Juízes legisladores?* Porto Alegre: Fabris, 1993.

CARBONELL, Miguel. *Neoconstitucionalismo(s)*. 2. ed. Madri: Trotta Editorial, 2005.

______. *Teoria de neoconstitucionalismo. Ensayos escogidos*. Madri: Trotta Editorial, 2007.

CÁRCOVA, Carlos Maria. *La opacidad del derecho*. Madri: Editorial Trotta, 1998.

CARNEIRO, Athos Gusmão. Intervenção de terceiros no CPC, *de lege ferenda*. *Revista de Processo*. vol. 159. São Paulo: Ed. RT, mai. 2008.

CARNELUTTI, Francesco. *Sistema di diritto processuale civile*. Padova: Cedam, 1936. vol. 1.

______. *La prova civile. Parte generale. Il concetto giuridico della prova*. Milão: Giuffrè, 1992.

______. *Arte do direito*. Trad. de Ricardo Rodrigues Gama. Campinas: Bookseller, 2003.

______. *A arte do Direito: seis meditações sobre o Direito*. Bahia: Livraria Progresso editora, 1957.

CARVALHO, José Murilo de. *Cidadania no Brasil. O longo caminho*. 16ª ed. Rio de Janeiro: Civilização Brasileira, 2013.

CAVALCANTI, José Robalinho. Recuperação de ativos vinculados ao crime fora do processo penal: a ação civil de extinção do domínio. In: *Direito e processo penal na Justiça Federal: Doutrina e Jurisprudência*. Coord. Eugênio Pacelli de Oliveira. São Paulo: Atlas, 2011.

CAVALCANTI, Ricardo Russell Brandão. Uso dos meios alternativos de solução de conflitos pela Defensoria Pública. In: *Manual de mediação para a Defensoria Pública*. Org. Igor Lima Goettenauer de Oliveira. Brasília: Fundação Universidade de Brasília, 2014.

CHAUI, Marilena. *Convite à filosofia* 9ª ed. São Paulo: Ática, 1997.

CHIOVENDA, Giuseppe. *Instituições de direito processual civil*. São Paulo: Saraiva, 1943. vol. 2.

CHUEIRI, Vera Karam de. Constituição radical: uma ideia e uma prática. Revista da Faculdade de Direito UFPR, n. 58, 2013.

CINTRA, Antonio Carlos de Araújo; GRINOVER, Ada Pellegrini; DINAMARCO, Cândido Rangel. *Teoria geral do processo*. 13. ed. São Paulo: Malheiros, 1997.

CLÈVE, Clèmerson Merlin. *A fiscalização abstrata da constitucionalidade das leis no Direito Brasileiro*. 2. ed. São Paulo: Ed. RT, 2000.

COELHO, Luiz Fernando. *Direito Constitucional e filosofia da Constituição*. Curitiba: Juruá, 2008.

______. *Uma teoria crítica do Direito. Estudo em homenagem a Luiz Legaz y Lacambra*. Curitiba: Bonijuris, 1993.

______. *Helênia & Devília. Civilização e barbárie na saga dos direitos humanos*. Curitiba: Bonijuris, 2014.

COMANDUCCI, Paolo. Formas de (neo) constitucionalismo: un análisis metateórico. Disponível em: [www.cervantesvirtual.com/servlet/SirveObras/90250622101470717765679/isonomia16/isonomia16_06.pdf]. Acesso em: 18.05.2009.

COMOGLIO, Luigi Paolo. *Le prove civile*. Turim: UTET, 1998.

______; CARNEVALE, Valentina. Il ruolo della giurisprudenza e i metodi di uniformazione del diritto in Italia. *Rivista di diritto processuale*, 2004.

______; FERRI, Corrado; TARUFFO, Michele. *Lezioni sul processo civile*. 4. ed. Bolonha: Il Mulino, 2007. vol. 1.

COMPARATO, Fábio Konder. *Afirmação histórica dos direitos humanos*. 6. ed. São Paulo: Saraiva, 2008.

______. *Ética, direito, moral e religião no mundo moderno*. São Paulo: Companhia das Letras, 2006.

CORTINA, Adela. Derechos humanos y discurso político. In: GONZÁLEZ, Graciano (org.). *Derechos humanos: la condición humana en la sociedad tecnológica*. Madri: Tecnos, 1999.

COSTA, Flavio Dino de Castro e. A função realizadora do Poder Judiciário e as políticas públicas no Brasil. In: MONTESSO, Cláudio José et alli. *Direitos sociais na Constituição de 1988*. São Paulo: LTR, 2008.

COUTINHO, Jacinto Nelson de Miranda. O papel da jurisdição constitucional na realização do Estado Social. Conferência proferida no IV Simpósio Nacional de Direito Constitucional, Curitiba, 16.10.2002.

COURTIS, Christian. Los derechos sociales en perspectiva: la cara jurídica de la política social. In: CARBONELL, Miguel (coord.). *Teoria de neoconstitucionalismo. Ensayos escogidos*. Madri: Trotta Editorial, 2007.

CUNHA, Leonardo Carneiro da Cunha. Anotações sobre o incidente de resolução de demandas repetitivas previsto no Projeto de Novo Código de Processo Civil. *Revista de processo*, vol. 193, mar../2011.

DANTAS, Francisco Clementino de San Tiago. Igualdade perante a lei e *due process of law*. In: *Problemas de Direito Positivo. Estudos e pareceres*. Rio de Janeiro: Forense, 1953.

DEL CLARO, Roberto. Devido processo substancial? In: MARINONI, Luiz Guilherme (coord.). *Estudos de direito processual civil. Homenagem ao Professor Egas Dirceu Moniz de Aragão*. São Paulo: Ed. RT, 2005.

DELGADO, José Augusto. Efeitos da coisa julgada e os princípios constitucionais. In: NASCIMENTO, Carlos Valder do (coord.). *Coisa julgada inconstitucional*. Rio de Janeiro: América Jurídica, 2002.

DEMO, Pedro. *Charme da Exclusão Social*. 2ª ed. Campinas: Autores associados, 2002.

______. Direitos humanos e educação. Pobreza política como desafio central. http://www.dhnet.org.br/educar/textos/demo_direitos_humanos_e_educacao.pdf. p. 02-03. Acesso em 30.09.2014.

______. *Pobreza política: a pobreza mais intensa da pobreza brasileira*. Campinas: Armazém do Ipê (Autores Associados), 2006.

DENTI, Vittorio. *La giustizia civile. Lezione introduttive*. Bolonha: Il Mulino, 1989.

DERANI, Cláudia. Direitos fundamentais e democracia. *Arquivos de direitos humanos*, vol. 1, 1999.

DIAS, Jean Carlos. Há uma resposta certa em casos difíceis? Elementos para análise dos direitos humanos em juízo. *Saber. Revista do Centro Universitário do Pará*. vol. 6. 2007.

______. *O controle judicial de políticas públicas*. São Paulo: Método, 2007.

DÍAZ, Adrián Rentería. Discrizionalità del giudice o risposta correta? *Revista de Processo*. vol. 83. São Paulo: Ed. RT.

DIDIER JR., Fredie. Eficácia do novo CPC antes do término do período de vacância da lei. *Revista de Processo*, São Paulo, RT, 2014, n. 236. Disponível em: http://www.frediedidier.

com.br/artigos/eficacia-do-novo-cpc-antes-do-termino-do-periodo-de-vacancia-da-lei/. Acessado em: 13/09/2015.

DINAMARCO, Cândido Rangel. *A instrumentalidade do processo.* 3. ed. São Paulo: Malheiros, 1996.

______. *Instituições de direito processual civil.* 3. ed. São Paulo: Malheiros, 2003. vol. 3.

______. Nasce um novo processo civil. In: TEIXEIRA, Sálvio de Figueiredo (coord.). *Reforma do Código de Processo Civil.* São Paulo: Saraiva, 1996.

______. *Nova era do processo civil.* 2. ed. São Paulo: Malheiros, 2007.

______. Relativizar a coisa julgada material. *Revista de Processo.* vol. 109. São Paulo: Ed. RT, jan.-mar. 2003.

DINAMARCO, Pedro da Silva. *Ação civil pública.* São Paulo: Saraiva, 2001.

Cláudio Smirne Diniz e Eduardo Cambi. Possibilidades de solução extrajudicial de conflitos na área da proteção ao patrimônio público e da tutela da improbidade administrativa. Tese apresentada no Seminário Estadual do Ministério Público do Paraná realizado nos dias 22 e 23 de junho de 2017. https://sites.google.com/mppr.mp.br/seminarioestadualdeteses. Acesso em 20 de julho de 2017.

DUXBURY, Neil. *The nature and authority of precedent.* Cambridge: Cambridge University Press, 2008.

DWORKIN, Ronald. *Law's empire.* Londres: The Fontana Press, 1991.

______. *Levando os direitos a sério.* Trad. Nelson Boeira. São Paulo: Martins Fontes, 2002.

______. *O império do direito.* 2. ed. Trad. Jefferson Luiz Camargo. São Paulo: Martins Fontes, 2007.

______. *Uma questão de princípio.* 2. ed. Trad. Luís Carlos Borges. São Paulo: Martins Fontes, 2005.

EINSTEIN, Albert. *Como vejo o mundo.* 11ª ed. Rio de Janeiro: Nova Fronteira, 1981.

ELY, John Hart. *Democracy and distrust.* Cambridge: Harvard University Press, 1980.

______. *Democracia e desconfiança: uma teoria do controle judicial de constitucionalidade.* Trad. de Juliana Lemos. São Paulo: Martins Fontes, 2010.

ENGISCH, Karl. *Introdução ao pensamento jurídico.* 6. ed. Trad. J. Baptista Machado. Lisboa: Fundação Calouste Gulbenkian, 1983.

ERUNDINA, Luiza. É indispensável ampliar a democracia representativa. Entrevista com a Deputada Federal Luiza Erundina (PSB) realizada no dia 21 de agosto de 2009 – *Revista Estudos Avançados [online].* Vol 23, n.º 67, agosto 2009.

FACHIN, Luiz Edson. *Direitos de família. Elementos críticos à luz do novo Código Civil brasileiro.* Rio de Janeiro: Renovar, 2003.

______. Fundamentos, limites e transmissibilidade: anotações para uma leitura crítica, construtiva e de índole constitucional da disciplina dos direitos da personalidade no Código Civil brasileiro. In: GIACOIA, Gilberto *et al.* (coords.). *Biodireito e dignidade da pessoa humana.* Curitiba: Juruá, 2006.

______. STJ e liberdade de expressão: desafios e possibilidades no século XXI. In: *O direito nos Tribunais Superiores: com ênfase no Novo Código de Processo Civil.* Coord. J. S. Fagundes Cunha. Curitiba: Bonijuris, 2015.

______. *Direito civil: sentidos, transformações e fim.* Rio de Janeiro: Renovar, 2015.

FARALLI, Carla. *A filosofia contemporânea do direito. Temas e desafios.* Trad. Candice Premaror

Gullo. São Paulo: Martins Fontes, 2006.

______. La certezza del diritto nell'età della decodificazione. Disponível em: [www.cirsfid.unibo.it/murst40-97/40-97/SezioneII/ParteIII/3.3/Faralli_new.doc]. Acesso em: 19.12.2007.

FARIA, José Eduardo. *Direitos humanos, direitos sociais e justiça*. São Paulo: Malheiros, 1994.

______. *O direito na economia globalizada*. São Paulo: Malheiros, 1999.

FAZZALARI, Elio. L'esperienza del processo nella cultura contemporanea. *Rivista di diritto processuale*, 1965.

FERRAJOLI, Luigi. *Derecho y razón. Teoría del garantismo penal*. 5. ed. Madri: Editorial Trotta, 2001.

______. *Direito e razão: teoria do garantismo penal*. 2. ed. Trad. Ana Paula Zomer *et al*. São Paulo: Ed. RT, 2006.

______. Diritti fondamentali. In: VITALE, Ermanno (coord.). *Diritti fondamentali. Un dibatito teorico*. 2. ed. Roma-Bari: Laterza, 2002.

______. I diritti fondamentali nella teoria del diritto. In: VITALE, Ermanno (coord.). *Diritti fondamentali. Un dibatito teorico*. 2. ed. Roma-Bari: Laterza, 2002.

______. I fondamenti dei diritti fondamentali. In: VITALE, Ermanno (coord.). *Diritti fondamentali. Un dibatito teorico*. 2. ed. Roma-Bari: Laterza, 2002.

______. Juspositivismo crítico y democracia constitucional. Trad. Lorenzo Córdova e Pedro Salazar. *Isonomia*. vol. 16. abr. 2002.

______. *Democracia y garantismo*. 2ª ed. Madri: Trotta, 2010.

FERRARI, Regina Macedo Nery. *Normas constitucionais programáticas. Normatividade, operatividade e efetividade*. São Paulo: Ed. RT, 2001.

FERRAZ JÚNIOR, Tércio Sampaio. *Direito Constitucional*. Barueri: Manole, 2007.

FIGUEIREDO, Argelina Chelbub. LIMONGI, Fernando. *Executivo e Legislativo na nova ordem constitucional*. 2ª ed. Rio de Janeiro: Editora FGV, 2001.

FIGUEROA, Alfonso García. La incidencia de la derrotabilidad de los principios iusfundamentales sobre el concepto de derecho. *Diritto e questionni pubbliche*, n. 3, 2003.

FISS, Owen. Por qué el Estado? In: CARBONELL, Miguel (coord.). *Teoria de neoconstitucionalismo. Ensayos escogidos*. Madri: Trotta Editorial, 2007.

FRANCO, Alberto Silva. Anencefalia. Breves considerações médicas, biomédicas, jurídicas e jurídico-penais. In: *RT Informa*. n. 36. mar.-abr. 2005.

FREIRE, Paulo. *Pedagogia da autonomia. Saberes necessários à prática educativa*. 34ª ed. São Paulo: Paz e Terra, 1996.

FREIRE JUNIOR, Américo Bedê. *Controle judicial de políticas públicas*. São Paulo: Ed. RT, 2005.

FREITAS, Juarez. *Discricionariedade administrativa e direito fundamental à boa administração pública*. São Paulo: Malheiros, 2007.

______. O intérprete e o poder de dar vida à Constituição. *Revista da Faculdade de Direito da UFPR*. vol. 23. Curitiba: 2000.

FROSINI, Benito V. *Le prove statistiche nel processo civile e nel processo penale*. Milão: Giuffrè, 2002.

FUKUYAMA, Francis. *O fim da história e o último homem*. São Paulo: Rocco, 1992.

GALGANO, Francesco. Il legittimo e Il giusto. *Rivista trimestrale di diritto e procedura civile*, mar./2009.

GARCIA, Emerson. O direito à educação e suas perspectivas de efetividade. In: MELLO, Cláudio Ari (coord.). *Os desafios dos direitos sociais. Revista do Ministério Público do Rio Grande do Sul*. n. 56. set.-dez. 2005.

______. Princípio da separação dos poderes: os órgãos jurisdicionais e a concreção dos direitos sociais. *De Jure – Revista Jurídica do Ministério Público do Estado de Minas Gerais*. vol. 10. jan.-jun. 2008.

GARCIA, Hernán Alejandro Olano. *Interpretación y neoconstitucionalismo*. Cidade do México: Porrúa, 2006.

GIACÓIA, Gilberto. Ministério Público Vocacional. *Revista Justitia*, Ministério Público de São Paulo/Associação Paulista do Ministério Público. n. 197. jul.-dez. 2007.

GODOY, Arnaldo Sampaio de Moraes. *Direito nos Estados Unidos*. Barueri: Manole, 2004.

______. Notas introdutórias para uma tentativa de análise econômica da Constituição Brasileira. In: CAMBI, Eduardo *et al.* (orgs.). *Constituição, justiça e sociedade*. Florianópolis: OAB/SC Editora, 2006.

______. *O pós-modernismo jurídico*. Porto Alegre: Fabris, 2005.

______. O realismo jurídico norte-americano, a tese de Charles Beard e a experiência constitucional internacional contemporânea. *Jus Navigandi*, Teresina, ano 12, n. 1629, 17 dez. 2007. Disponível em: [http://jus2.uol.com.br/doutrina/texto.asp?id=10771]. Acesso em: 02.01.2008.

GOMES, Luiz Flávio. Conflito entre a Constituição Brasileira e os tratados de direitos humanos. *Jus Navigandi*, Teresina, ano 12, n. 1734, 31 mar. 2008. Disponível em: [http://jus2.uol.com.br/doutrina/texto.asp?id=11100]. Acesso em: 01.04.2008.

______. Depositário infiel. TST confirma prisão extinta no século V antes de Cristo. *Jus Navigandi*, Teresina, ano 12, n. 1752, 18.04.2008. Disponível em: [http://jus2.uol.com.br/doutrina/texto.asp?id=11173]. Acesso em: 21.04.2008.

______. Direitos humanos e regra interpretativa *pro homine*. *Revista Jurídica Argumenta (Revista do Programa de Mestrado em Direito da FUNDINOPI)*. n. 7. 2007.

______. Prisão civil do depositário infiel: impossibilidade. *Jus Navigandi*, Teresina, ano 12, n. 1748, 14 abr. 2008. Disponível em: [http://jus2.uol.com.br/doutrina/texto.asp?id=11148]. Acesso em: 15.04.2008.

______. Teoria constitucionalista do delito. *Jus Navigandi*, Teresina, a. 10, n. 950, 8 fev. 2006. Disponível em: [http://jus2.uol.com.br/doutrina/texto.asp?id=7931]. Acesso em: 12.05.2008.

______. Valor constitucional dos tratados de direitos humanos. *Jus Navigandi*, Teresina, ano 12, n. 1724, 21 mar. 2008. Disponível em: [http://jus2.uol.com.br/doutrina/texto.asp?id=11076]. Acesso em: 23.03.2008.

GOMES, Maria Teresa Uile. *Direito humano à educação e políticas públicas*. Curitiba: Juruá, 2009.

GOMES JÚNIOR, Luiz Manoel. *Curso de direito processual civil coletivo*. 2. ed. São Paulo: SRS Editora, 2008.

GONÇALVES, Cláudia Maria da Costa. *Direitos fundamentais sociais. Releitura de uma Constituição dirigente*. Curitiba Juruá, 2007.

GONÇALVES, Leonardo Augusto. O Ministério Público e a tutela dos direitos sociais. Disponível em: [www.mp.sp.gov.br/portal/page/portal/page_cidadania/Acao_Civis/acp_

is_iniciais/Art_MP_TutelaDirSociais_%20Leonardo_PJOurinhos.doc]. Acesso em: 18.02.2008.

______. *Direitos fundamentais sociais e controle jurisdicional das políticas públicas.* Dissertação (Mestrado). Programa de Mestrado em Ciência Jurídica da Universidade Estadual do Norte do Paraná, 2009.

______. *Direitos sociais: cidadania, política e justiça. Controle jurisdicional das políticas públicas: possibilidades e limites.* Rio de Janeiro: Sinergia, 2013.

GONZÁLEZ, José Calvo. La verdade de la verdade judicial (Construcción y regímen narrativo). *Verdad (Narración) Justicia.* Universidad de Málaga, 1998.

______. Modelo narrativo del juicio de hecho: inventio y ratiocinatio. *In*: *Horizontes de la filosofia del derecho. Libro en homenaje al Professor Luis Garcia San Miguel.* Madrid: Universidad de Alcalá de Henares, 2002. t. II.

______. La controvérsia fáctica. Contribuición al estudio de la *questio facti* desde un enfoque narrativista del Derecho. Conferência apresentada nas *XXI Jornadas de la Asociación Argentina de Filosofia del Derecho,* 04-06.10.2007.

______. *Direito curvo.* Tradução de André Karam Trindade, Luis Rosenfield e Dino del Pino. Porto Alegre: Livraria do Advogado, 2013.

GONÇALVES, Marcelo Barbi. O incidente de resolução de demandas repetitivas e a magistratura deleitada. *Revista de Processo,* n. 222, ano 38, ago/2013.

GORCZVSKI, Clovis; MARTIN, Nuria Belloso. *A necessária revisão do conceito de cidadania: movimentos sociais e novos protagonistas na esfera pública democrática.* Santa Cruz do Sul: EDUNISC, 2011.

GOULART, Marcelo Pedroso. *Elementos para uma teoria geral do Ministério Público.* Belo Horizonte: Arraes Editores, 2013.

GRAU, Eros Roberto. A Emenda Constitucional 30/2000: pagamento de precatórios judiciais. *Revista de direito administrativo.* vol. 229. 2002.

______. *A ordem econômica na Constituição de 1988.* 7. ed. São Paulo: Malheiros, 2002.

______. Despesa pública – Conflito existente entre princípios e eficácia das regras jurídicas – O princípio da sujeição da Administração às decisões do Poder Judiciário e o princípio da legalidade da despesa pública. *Revista trimestral de Direito Público.* vol. 2. 1993.

______. *La doble desestructuración y la interpretación del derecho.* Trad. Barbara Rosenberg. Barcelona: Bosch, 1998.

GRECO, Leonardo. Publicismo e privatismo no processo civil. *Revista de Processo.* vol. 164. São Paulo: Ed. RT, out. 2008.

GRINOVER, Ada Pellegrini. O controle de políticas públicas pelo Poder Judiciário. *Revista de Processo.* vol. 164. São Paulo: Ed. RT, out. 2008.

______; FERNANDES, Antonio Scarance; GOMES FILHO, Antonio Magalhães. *As nulidades em processo penal.* 6. ed. São Paulo: Ed. RT, 1997.

GUASTINI, Riccardo. *Estudios de teoría constitucional.* Trad. Miguel Carbonell. Cidade do México: Fontamara, 2007.

______. *Teoría e ideología de la inerpretación constitucional.* Madri: Trotta, 2010.

GUERRA, Marcelo Lima. A proporcionalidade em sentido estrito e a "fórmula do peso" de Robert Alexy. *Revista de Processo.* vol. 141. São Paulo: Ed. RT, nov. 2006.

______. Notas sobre o dever constitucional de fundamentar as decisões judiciais. In: WAMBIER, Teresa Arruda Alvim *et al.* *Processo e Constituição. Estudos em homenagem ao Professor José Carlos Barbosa Moreira*. São Paulo: Ed. RT, 2006.

GUERRA FILHO, Willis Santiago. Por uma teoria fundamental da Constituição: enfoque fenomenológico. Disponível em: [http://sisnet.aduaneiras.com.br/lex/doutrinas/arquivos/131006.d.pdf]. Acesso em: 05.05.2009.

______. *Processo constitucional e direitos fundamentais*. São Paulo: Celso Bastos, 1999.

GÜNTHER, Klaus. *Teoria da argumentação no direito e na moral: justificação e aplicação*. Trad. Cláudio Molz. São Paulo: Landy Editora, 2004.

______. Un concepto normativo de coherencia para una teoría de la argumentación jurídica. Trad. Juan Carlos Velasco Arroyo. *Doxa*, vol. 17-18, 1995.

HAAS, Adriane Haas; CAMBI, Eduardo; SCHMITZ, Nicole. Princípio da colaboração processual no Novo CPC. No prelo.

HÄBERLE, Peter. *Hermenêutica constitucional. A sociedade aberta dos intérpretes da Constituição. contribuição para a interpretação pluralista e procedimental da Constituição*. Trad. Gilmar Ferreira Mendes. Porto Alegre: Fabris, 1997.

HABERMAS, Jürgen. *A constelação pós-nacional*. Trad. Márcio Silgman-Silva. São Paulo: Littera-Mundi, 2001.

______. Cómo es posible la legitimidad por via de legalidad? Trad. Manuel Jiménez Redondo. *Doxa*, vol. 5 . 1988.

______. *Direito e democracia: entre facticidade e validade*. Rio de Janeiro: Tempo Brasileiro, 1997. vols. 1 e 2.

HARADA, Kiyoshi. Desvios orçamentários. *Revista Bonijuris*. vol. 530. jan. 2008.

______. Tratados que versam sobre direitos humanos. *Jus Navigandi*, Teresina. ano 12. n. 1749. 15.04.2008. Disponível em: [http://jus2.uol.com.br/dou trina/texto.asp?id=11161]. Acesso em: 15.04.2008.

HELLER, Agnes; FEHÉR, Ferenc. *A condição política pós-moderna*. Trad. Marcos Santarrita. Rio de Janeiro: Civilização Brasileira, 1998.

HENRIQUES FILHO, Ruy Alves. *Direitos fundamentais e processo*. Rio de Janeiro: Renovar, 2008.

HESSE, Konrad. *Elementos de Direito Constitucional da República Federal da Alemanha*. Tradução de Luís Afonso Heck. Porto Alegre: Sergio Antonio Fabris, 1998.

IRTI, Natalino. *L'età della decodificazione*. Milão: Giuffrè, 1999.

JALES, Lúcia. *Neoprocessualismo: reflexos neoconstitucionais*. João Pessoa: Idea, 2012.

JUSTEN FILHO, Marçal. *Curso de direito administrativo*. São Paulo: Saraiva, 2005.

KAUFMANN, Arthur. *Filosofia do direito*. Trad. António Ulisses Cortês. Lisboa: Calouste Gulbenkian, 2004.

KELSEN, Hans. *Teoria pura do direito*. 4. ed. Trad. João Baptista Machado. Coimbra: Arménio Amado Editor, 1979.

KNIJNIK, Danilo. *A prova nos juízos cível, penal e tributário*. Rio de Janeiro: Forense, 2007.

KRELL, Andreas J. *Direitos sociais e controle judicial no Brasil e na Alemanha*. Porto Alegre: Fabris, 2002.

______. A recepção das teorias alemãs sobre "conceitos jurídicos indeterminados" e o controle da discricionariedade no Brasil. *Interesse jurídico*. vol. 23. jan.-fev.2004.

KUHN, Paulo Henrique. Programa de redução de litígios da Procuradoria-Geral da União.

In: *O direito nos Tribunais Superiores: com ênfase no Novo Direito Processual Civil. Homenagem ao Ministro Sérgio Luiz Kukina.* Coord. J. S. Fagundes Cunha. Curitiba: Bonijuris, 2015.

La China, Sergio. Giusto processo, laboriosa utopia. *Rivista di diritto processuale,* 2005.

Larenz, Karl. *Metodologia da ciência do direito.* 2. ed. Lisboa: Calouste Gulbenkian, 1983.

Lazaro, Rafael de; Pires, Hugo. Estado de coisas inconstitucional: um dilema judiciário da contemporaneidade. *Revista de direito constitucional e internacional,* vol. 100, março/abril 2017.

Leal, Rogério Gesta. O controle jurisdicional de políticas públicas no Brasil: possibilidades materiais. In: Sarlet, Ingo Wolfgang (org.). *Jurisdição e direitos fundamentais.* Porto Alegre: Livraria do Advogado Editora, 2005. vol. 1. t. I.

Leite, Rodrigo Ferreira Cabral. O acordo de não-persecução penal criado pela nova Resolução do CNMP. *Revista Consultor Jurídico,* 18 de setembro de 2017. http://www.conjur.com.br/2017-set-18/rodrigo-cabral-acordo-nao-persecucao-penal-criado-cnmp. Acesso em 23 de set. de 2017.

Leivas, Paulo Gilberto Cogo. *Teoria dos direitos fundamentais sociais.* Porto Alegre: Livraria do Advogado, 2006.

Leonel, Ricardo de Barros. *Manual do processo coletivo.* São Paulo: Ed. RT, 2002.

Lérias, Reinéro Antônio. Ética, moral, ciência e direitos humanos. *Revista Argumenta do Programa de Mestrado em Direitos da FUNDINOPI.* vol. 7. Jacarezinho: 2008.

Liebman, Enrico Tullio. *Manual de direito processual civil.* Rio de Janeiro: Forense, 1985. vol. 1.

______. *Manuale di diritto processuale civile.* 3. ed. Milão: Giuffrè, 1974. vol. 2.

Lima, Ernaldo Melo de. Tabela do SUS: dilema continua e situação se torna lamentável. *Informativo da Sociedade Brasileira de Oncologia Clínica – SBOC.* ano 4. n. 18.

Lobo, Arthur Mendes. Reflexões sobre o incidente de resolução de demandas repetitivas. *Revista de processo,* vol. 185, jul./2010.

Lôbo, Paulo Luiz Netto. Direito do Estado federado ante a globalização econômica. *Jus Navigandi,* Teresina. ano 5. n. 51. out. 2001. Disponível em: [http://jus2.uol.com.br/doutrina/texto.asp?id=2243]. Acesso em: 09.03.2009.

______. Entidades familiares constitucionalizadas: para além do *numerus clausus. Jus Navigandi,* Teresina, ano. 6. n. 53. jan. 2002. Disponível em: [http://jus2.uol.com.br/doutrina/texto.asp?id=2552]. Acesso em: 13.07.2008.

Lopes, José Reinaldo de Lima. Em torno da "reserva do possível". In: Sarlet, Ingo Wolfgang; Timm, Luciano Benetti (orgs.). *Direitos fundamentais: orçamento e "reserva do possível".* Porto Alegre: Livraria do Advogado, 2008.

Lorenzetti, Ricardo Luis. *Teoria da decisão judicial. Fundamentos de direito.* Trad. Bruno Miragem. São Paulo: Ed. RT, 2009.

Lucon, Paulo Henrique dos Santos. Devido processo legal substancial. In: Didier Jr., Fredie (org.). *Leituras complementares de processo civil.* 6. ed. Salvador: Jus Podium, 2008.

Luft, Lya. A espera por algo mais digno. *Revista Veja,* 10.10.2007.

Luhmann, Niklas. *Legitimação pelo procedimento.* Trad. Maria Conceição Côrte-Real. Brasília: Editora Universidade de Brasília, 1980.

______. *Sociología política.* Trad. de Iván Ortega Rodríguez. Madri: Trotta, 2014.

Luño, Antonio E. Perez. *Los derechos fundamentales.* 9. ed. Madri: Tecnos, 2007.

Madaleno, Rolf. A coisa julgada na investigação de paternidade. In: Leite, Eduardo de

Oliveira (coord.). *Grandes temas da atualidade*. Rio de Janeiro: Forense, 2000.

Maia, Antônio Cavalcanti. As transformações dos sistemas jurídicos contemporâneos: apontamentos acerca do neoconstitucionalismo. *Revista Diálogo Jurídico*. n. 16. mai.-ago. 2007.

______. Direitos humanos e a teoria do discurso e da democracia. *Arquivos de direitos humanos*. vol. 2.

MacCormick, Neil. *Argumentação jurídica e teoria do direito*. Trad. Waldéa Barcellos. São Paulo: Martins Fontes, 2006.

______. Orden espontáneo e império de la ley: algunos problemas. Trad. Francisco Laporta. *Doxa*, vol. 6. 1989.

______. *Instituciones del derecho*. Trad. de Fernando Atria e Samuel Tschorne. Madri: Marcial Pons, 2011.

Macêdo, Lucas Buril de. *Precedentes judiciais e o direito processual civil*. Salvador: Jus Podivm, 2015.

Mancuso, Rodolfo de Camargo. *Divergência jurisprudencial e súmula vinculante*. 3. ed. São Paulo: Ed. RT, 2007.

______. *Jurisdição coletiva e coisa julgada: teoria geral das ações coletivas*. 2. ed. São Paulo: Ed. RT, 2007.

______. *Sistema brasileiro de precedentes*. Natureza, eficácia e operacionalidade. São Paulo: RT, 2015.

Marinoni, Luiz Guilherme. A conformação do processo e o controle jurisdicional a partir do dever estatal de proteção do consumidor. *Jus Navigandi*. Teresina. ano 10. n. 1147. 22.08. 2006. Disponível em: [http://jus2.uol.com.br/doutrina/texto.asp?id=8835]. Acesso em: 07.03.2008.

______. O direito à tutela jurisdicional efetiva na perspectiva da teoria dos direitos fundamentais. *Jus Navigandi*, Teresina. ano 8. n. 378. 20.07.2004. Disponível em: [http://jus2.uol.com.br/doutrina/texto asp?id=5281]. Acesso em: 20 out. 2009.

______. Aproximação crítica entre as jurisprudências de *civil law* e de *common law* e a necessidade de respeito aos precedentes no Brasil. *Revista de Processo*. vol. 172. São Paulo: Ed. RT, jun. 2009.

______. *Coisa julgada inconstitucional*. São Paulo: Ed. RT, 2008.

______. Controle do poder executivo do juiz. *Revista de Processo*. vol. 127. São Paulo: Ed. RT, set. 2005.

______. Formação da convicção e inversão do ônus da prova segundo as peculiaridades do caso concreto. Disponível em: [http://www.tex.pro.br/wwwrooot/ 00/060711formacao_marinoni.php]. Acesso em: 07.03. 2008.

______. Prova, convicção e justificativa diante da tutela antecipatória. *Jus Navigandi*, Teresina, ano 10. n. 1182. 26.09.2006. Disponível em: [http://jus2.uol.com.br/doutrina/texto.asp?id=8847]. Acesso em: 13.03. 2008.

______. *Técnica processual e tutela dos direitos*. São Paulo: Ed. RT, 2004.

______. *Teoria geral do processo*. São Paulo: Ed. RT, 2006.

______. *Tutela inibitória (individual e coletiva)*. São Paulo: Ed. RT, 1998.

______; Arenhart, Sérgio Cruz. *Execução*. São Paulo: Ed. RT, 2007. *Curso de processo civil*, vol. 3.

______; ______. *Processo de conhecimento.* 7. ed. São Paulo: Ed. RT, 2008. *Curso de processo civil*, vol. 2.

______; MITIDIERO, Daniel. *Repercussão geral no Recurso Extraordinário.* São Paulo: Ed. RT, 2007.

______. *Precedentes obrigatórios.* São Paulo: Ed. RT, 2010.

______. *O STJ enquanto Corte de Precedentes. Recompreensão do Sistema Processual da Corte Suprema.* São Paulo: RT, 2013.

______. Do controle da insuficiência de tutela normativa aos direitos fundamentais processuais. In: *O Direito nos Tribunais Superiores: com ênfase no novo direito processual civil.* Coord. J. S. Fagundes Cunha. Curitiba: Bonijuris, 2015.

MARINONI, Luiz Guilherme. Eficácia vinculante - a ênfase à *ratio decidendi* e à força obrigatória dos precedentes. *Revista de processo*, vol. 184, jun. 2010.

MARTINS, Ives Gandra da Silva. Poder Legislativo e Poder Judiciário? *Juris Plenum.* vol. 1. jan. 2005.

Martins-COSTA, Judith. *A boa-fé no direito privado: sistema e tópica no direito obrigacional.* São Paulo: RT, 1999.

MARTINS NETO, João dos Passos. *Direitos fundamentais. Conceito, função e tipos.* São Paulo: Ed. RT, 2003.

MAZZILLI, Hugo Nigro. *A defesa dos interesses difusos em juízo: meio ambiente, consumidor e outros interesses difusos e coletivos.* 19. ed. São Paulo: Saraiva, 2006.

MEDINA, José Miguel Garcia; WAMBIER, Teresa Arruda Alvim. Sobre o novo art. 543-C do CPC: sobrestamento de recursos especiais "com fundamento em idêntica questão de direito". *Revista de Processo.* vol. 159. São Paulo: Ed. RT, mai. 2008.

______; ______. *Recursos e ações autônomas de impugnação.* São Paulo: Ed. RT, 2008. *Processo civil moderno*, vol. 2.

______; ______. *Parte geral e processo de conhecimento.* São Paulo: Ed. RT, 2009. *Processo civil moderno*, vol. 1.

MELENDO, Santiago Sentís. *La prueba - Los grandes temas del derecho probatorio.* Buenos Aires: Ediciones Juridicas Europa-America, 1978.

MELLO, Celso de. Discurso proferido, em 23.04.2008, na solenidade de posse do Min. Gilmar Mendes na presidência do STF. Disponível em: [www.stf.gov.br]. Acesso em: 23.04.2008.

MELLO, Celso Antônio Bandeira de. "Relatividade" da competência discricionária. *Revista Diálogo Jurídico.* vol. 3. jun. 2001.

______. A democracia e as dificuldades contemporâneas. *Revista Diálogo Jurídico.* n. 4. jul. 2001.

MELLO, Cláudio Ari. Os direitos fundamentais e a teoria discursiva do direito. *Revista de Direito Administrativo.* vol. 224. abr.-jun. 2001.

MENDES, Aluisio Gonçalves de Castro. RODRIGUES, Roberto De Aragão Ribeiro. Reflexões sobre o incidente de resolução de demandas repetitivas previsto no Projeto de Novo Código de Processo Civil. *Revista de processo*, vol. 211, set./2012.

MENDES, Conrado Hübner. Direitos fundamentais, separação de poderes e deliberação. Tese apresentada no Departamento de Ciência Política da Faculdade de Filosofia, Letras e Ciências Humanas da Universidade de São Paulo. São Paulo, 2008.

MENDES, Gilmar Ferreira. Acesso à justiça e a garantia dos direitos fundamentais dos acusados, dos internos e dos egressos do sistema penitenciário brasileiro. *Jus Navigandi*, Teresina. ano 13. n. 2.067. 27.02.2009.

______. *Direitos fundamentais e controle de constitucionalidade. Estudos de Direito Constitucional.* 3. ed. São Paulo: Saraiva, 2006.

______. Os direitos fundamentais e seus múltiplos significados na ordem constitucional. *Revista Diálogo Jurídico*. n. 10. jan. 2002.

______. Proteção judicial dos direitos fundamentais. In: LEITE, George Salomão; SARLET, Ingo Wolfgang (orgs.). *Direitos fundamentais e Estado Constitucional. Estudos em homenagem a J. J. Gomes Canotilho*. São Paulo: Ed. RT, 2009.

MENDES, Gilmar Ferreira. Interpretação constitucional e "pensamento de possibilidades". *Revista jurídica do Ministério Público do Paraná*, vol. 3, dez./2015, p. 142-148.

MENDES, Marcos. A lei de inelegibilidade e a redução da corrupção. Disponível em: [www.senado.gov.br/conleg/textos_discussao/texto26-marcos%20mendes.pdf]. Acesso em: 23.06.2009.

MENDES JÚNIOR, Frederico Mendes. *Valoração da prova*. Dissertação (Mestrado). Curso de Mestrado em Direito Processual e Cidadania da Universidade Paranaense (UNIPAR), 2009.

MICHELI, Gian Antonio. *Curso de derecho procesal civil. El proceso contencioso de cognicion*. Vol. II. Trad. Santiago Sentís Melendo. Buenos Aires: Ediciones Juridicas Europa-America, 1970.

MICHELMAN, Frank I. A Constituição, os direitos sociais e a justificativa política liberal. In: LEITE, George Salomão; SARLET, Ingo Wolfgang (orgs.). *Direitos fundamentais e Estado Constitucional. Estudos em homenagem a J. J. Gomes Canotilho*. São Paulo: Ed. RT, 2009.

MILITÃO, Eduardo; TORRES, Rodolfo; SARDINHA, Edson. Um congresso na mira do Supremo. *In*: *Revista Congresso em foco*, agosto/setembro de 2013, ano 2, número 7.

MIRANDA, Francisco Cavalcanti Pontes. *Comentários ao Código de Processo Civil*. 4. ed. rev. e atualizada por Sérgio Bermudes. Rio de Janeiro, Forense, 1995. vol. 1.

MITIDIERO, Daniel. *Elementos para uma teoria contemporânea do processo civil brasileiro*. Porto Alegre: Livraria do Advogado, 2005.

______. *Colaboração no processo civil. Pressupostos sociais, lógicos e éticos*. São Paulo: Ed. RT, 2009.

______. *Cortes superiores e cortes supremas: do controle à interpretação da jurisprudência ao precedente*. São Paulo: Editora Revista dos Tribunais, 2013.

MITIDIERO, Daniel. *Colaboração no Processo Civil: Pressupostos sociais, lógicos e éticos*. 3ª ed. São Paulo: RT, 2015.

MONTELEONE, Girolano. Alle origini del principio del libero convincimento del giudice. *Rivista di diritto processuale*, n. 1. jan.-fev. 2008.

MONTESQUIEU, Charles-Louis de Secondat, Barão de. *Do espírito das leis*. São Paulo: Ed. Abril, 1973.

MORAES, Alexandre de. *Direito Constitucional*. 10. ed. São Paulo: Atlas, 2001.

______. O princípio da eficiência e a evolução do controle jurisdicional dos atos administrativos discricionários. In: LEITE, George Salomão; SARLET, Ingo Wolfgang (orgs.).

Direitos fundamentais e Estado Constitucional. Estudos em homenagem a J. J. Gomes Canotilho. São Paulo: Ed. RT, 2009.

MOREIRA, José Carlos Barbosa. Duelo e processo. *Revista de Processo*. vol. 112. São Paulo: Ed. RT., out./2003.

______. O neoprivatismo no processo civil. *Revista de Processo*. vol. 122. São Paulo: Ed. RT, abr. 2005.

______. O poder da Suprema Corte norte-americana e suas limitações. In: MEDINA, José Miguel Garcia *et al.* (coords.). *Os poderes do juiz e o controle das decisões judiciais. Estudos em homenagem à Professora Teresa Arruda Alvim Wambier*. São Paulo: Ed. RT, 2008.

______. O futuro da Justiça: alguns mitos. *Revista jurídica*, vol. 49, n. 282, 2001.

MOREIRA, Vital. Princípio da maioria e princípio da constitucionalidade: legitimidade e limites da justiça constitucional. [www.tribunalconstitucional.pt/tc/textos030102.html]. Acesso em: 11.09.2007.

MORELLO, Augusto Mario. Proceso y realidad. *Revista de Processo*. vol. 56. São Paulo: Ed. RT.

MORIN, Edgar. *A ciência com consciência*. 6. ed. Rio de Janeiro: Bertrand, 2002.

______. Epistemologia da complexidade. In: SCHNITMAN, Dora Fried (coord.). *Novos paradigmas, cultura e subjetividade*. Porto Alegre: Artes Médicas, 1996.

______. Por uma globalização plural. *Folha de São Paulo*. Folha Mundo. 31.03.2002.

MORO, Sérgio Fernando. Colheita compulsória de material biológico para exame genético em casos criminais. In: GIACÓIA, Gilberto *et al.* (coords.). *Biodireito e dignidade da pessoa humana. Diálogo entre a ciência e o Direito*. Curitiba: Juruá, 2006.

______. *Jurisdição constitucional e democracia*. São Paulo: Ed. RT, 2004.

MÜLLER, Friedrich. *Teoria estruturante do direito*. Trad. Peter Naumann e Eurides Avance de Souza. São Paulo: Ed. RT, 2008. vol. 1.

NALINI, José Renato. *O juiz e o acesso à justiça*. 2. ed. São Paulo: Ed. RT, 2000.

______. Novas perspectivas no acesso à justiça. *Revista CEJ*, vol. 1 n. 3 set./dez. 1997. Disponível em http: http://www2.cjf.jus.br/ojs2/index.php/revcej/article/viewArticle/114/157. Acesso em 18 de junho de 2014.

NERY JÚNIOR, Nelson. Anotações sobre mutação constitucional – Alteração da Constituição sem modificação de texto, decisionismo e *Verfassungstaat*. In: LEITE, George Salomão; SARLET, Ingo Wolfgang (orgs.). *Direitos fundamentais e Estado Constitucional. Estudos em homenagem a J. J. Gomes Canotilho*. São Paulo: Ed. RT, 2009.

NEVES, Antonio Castanheira. *Questão-de-facto-Questão-de-direito ou O problema metodológico da juridicidade (Ensaio de uma reposição crítica)*. Vol. I. Coimbra: Almedina, 1967.

NEVES, Marcelo. *Entre Têmis e o Leviatã: uma relação difícil*. São Paulo: Martins Fontes, 2006.

______. *A constitucionalização simbólica*. São Paulo: Martins Fontes, 2007.

______. *Entre Hidra e Hércules. Princípios e regras constitucionais*. São Paulo: Martins Fontes, 2013.

______. *Transconstitucionalismo*. São Paulo: Martins Fontes, 2013.

NOBLET, Albert. *A democracia inglesa*. Coimbra: Coimbra editora, 1963.

NOVAIS, Jorge Reis. *Direitos fundamentais. Trunfos contra a maioria*. Coimbra: Coimbra Editora, 2006.

NUNES, Edison. *Fragmentação de interesses e morosidade no parlamento brasileiro (O papel do Congresso Nacional no presidencialismo de coalizão)*. Organizado por José Álvaro Moisés.

Rio de Janeiro: Konrad-Adenauer-Stifung, 2011.

OLIVEIRA, Carlos Alberto Álvaro de. *Do formalismo no processo civil*. 2. ed. São Paulo: Saraiva, 2003.

______. Livre apreciação da prova: aspectos atuais. Disponível em: [www.abdpc.org.br]. Acesso em: 24.09.2009.

______. Os direitos fundamentais à efetividade e à segurança em perspectiva dinâmica. *Revista de Processo*. vol. 155. São Paulo: Ed. RT, jan. 2008.

ORLANDO, Fabíola. *Relevantes contribuições do advogado para a mediação. In: Manual de mediação de conflitos para advogados*. Coord. Igor Lima Goettenauer. Brasília: Ministério da Justiça, 2014.

OTEIZA, Eduardo. El problema de la uniformidad de la jurisprudencia en América Latina. *Revista de Processo*. vol. 136. São Paulo: Ed. RT, jun. 2006.

OST, François. Júpter, Hércules, Hermes: tres modelos de juez. *Revista Doxa (Cuadernos de Filosofia del Derecho – Universidad de Alicante)*. n. 14 (1993). Trad. Isabel Lifante Vidal.

PAIVA, Denise; BRAGA, Maria do Socorro S.; PIMENTEL JR, Jairo T. Pires. Eleitorado e partidos políticos no Brasil. *Revista Opinião Pública [online]*. Campinas, vol. 13, n.º 2. Nov. 2007.

PALÁCIO, Lino. *Derecho procesal civil*. Buenos Aires: Abeledo-Perrot, 1975. t. I.

PALU, Osvaldo Luiz. *Controle dos atos de governo pela jurisdição*. São Paulo: Ed. RT, 2004.

PAPA FRANCISCO. *Exortação apostólica Evangelii Gaudium. A alegria do evangelho*. São Paulo: Paulinas, 2014.

PENTEADO, Luciano de Camargo; BOLOTTI, Isabele Maria Lopes. *Venire contra factum proprium*: uma análise comparativa da utilização da figura pela jurisprudência brasileira e italiana. *Revista de direito privado*, vol. 61, jan.-mar./2015.

PEREIRA, Caio Mário da Silva. Código Napoleão. *Revista de Direito Civil*. vol. 51.

PEREIRA, Carlos; RENNÓ, Lucio R.; SAMUELS, David J. Corruption, campaign finance and reelection. In: *Corruption and democracy in Brazil. The struggle for accontability*. Coord. Timothy J. Power e Matthew M. Taylor. Indiana: University of Notre Dame Press, 2011.

PEREIRA FILHO, Benedito Cerezzo; MORAES, Daniela Marques de. O Observatório da Justiça Brasileira como possível instituição de controle democrático do poder judiciário. *Anais do XIX Congresso Nacional do CONPEDI*. Florianópolis-SC: Fundação Boiteux, 2010.

PERELMAN, Chaïm; OLBRECHTS-TYTECA, Lucie. *Teoria da argumentação. A nova retórica*. Trad. Maria Ermantina de Almeida Prado Galvão. São Paulo: Martins Fontes, 2005.

______; ______. *The new rhetoric. A treatise on argumentation*. Notre Dame: University of Notre Dame Press, 1971.

PICARDI, Nicola. La vocazione del nostro tempo per la giurisdizione. *Rivista trimestrale di diritto e procedura civile*, 2004.

PINTO, Cabral; SILVA, Luzia Marques da. *Os limites do poder constituinte e a legitimidade material da Constituição*. Coimbra: Coimbra Editora, 1994.

PINTO, Élida Graziane. *Financiamento dos direitos à saúde e à educação. Uma perspectiva constitucional* Belo Horizonte: Fórum, 2015.

PINTO, Élida Graziane; MORAES, Bianca Mota de; CARNAÚBA, Maria Cecília Pontes; CAMBI, Eduardo; CORDEIRO, Maria Cristina Manella; DICK, Maria Elmira Evangelina do Amaral; SILVA, Paulo Silvestre Avelar; SÁ, Simone Disconsi. Reserva do possível e o risco de estagnação do Plano Nacional de Educação em tempos de crise fiscal. In: *Tendências em direitos fundamentais. Possibilidades de atuação do Ministério Público*. vol. 1. Brasília: CNMP, 2016.

PIOVESAN, Flávia. Igualdade, diferença e direitos humanos: perspectiva global e regional. In: LEITE, George Salomão; SARLET, Ingo Wolfgang (orgs.). *Direitos fundamentais e Estado Constitucional. Estudos em homenagem a J. J. Gomes Canotilho*. São Paulo: Ed. RT, 2009.

______. *Proteção judicial contra omissões legislativas: ação direta de inconstitucionalidade por omissão e mandado de injunção*. 2. ed. São Paulo: Ed. RT, 2003.

PISARELLO, Geraldo. Globalización, constitucionalismo y derechos. In: CARBONELL, Miguel (coord.). *Teoría de neoconstitucionalismo. Ensayos escogidos*. Madri: Trotta Editorial, 2007.

______. *Los derechos sociales y sus garantias. Elementos para uma reconstrucción*. Madri: Editorial Trotta, 2007.

PORTO, Sérgio Gilberto. *Common law, civil law* e precedente judicial. In: MARINONI, Luiz Guilherme (coord.). *Estudos de direito processual civil. Homenagem ao professor Egas Dirceu Moniz de Aragão*. São Paulo: Ed. RT, 2005.

POSNER, Richard A. *Problemas de filosofia do direito*. Trad. Jefferson Luiz Camargo. São Paulo: Martins Fontes, 2007.

PUPPO, Federico. Per un possibile confronto fra logica *fuzzy* e teoria dell'argomentazione. *Rivista internazionale di filosofia del diritto*. n. 2. 2006.

QUEIROZ, Cristina. *Direitos fundamentais sociais. Funções, âmbito, conteúdo, questões interpretativas e problemas de justiciabilidade*. Coimbra: Coimbra Editora, 2006.

______. *Interpretação constitucional e poder judicial. Sobre a epistemologia da construção constitucional*. Coimbra: Coimbra Editora, 2000.

______. *O princípio da não reversibilidade dos direitos fundamentais sociais. Princípios dogmáticos e prática jurisprudencial*. Coimbra: Coimbra Editora, 2006.

RADBRUCH, Gustav. *Filosofia do Direito*. Tradução de L. Cabral de Moncada. Coimbra: Antonio Amado, 1979.

RAMOS, João Gualberto Garcez. *Curso de processo penal norte-americano*. São Paulo: Ed. RT, 2006.

RAWLS, John. *O liberalismo político*. 2. ed. Trad. Dinah de Abreu Azevedo. São Paulo: Ática, 2000.

______. *Uma teoria da justiça*. São Paulo: Martins Fontes, 2000.

RE, Edward D. Stare decisis. Trad. Ellen Gracie Northfleet. *Revista Forense*. vol. 327. jul.--set. 1990.

REALE, Miguel. *Lições preliminares de direito*. 7. ed. São Paulo, Saraiva, 1980; 21. ed., 1994.

______. *Verdade e conjetura*. 3. ed. Rio de Janeiro: Nova Fronteira, 2001.

REIS, Márlon. *O gigante acordado: manifestações, ficha limpa e reforma política*. Rio de Janeiro: LeYa, 2013.

______. *O nobre deputado. Relato chocante (e verdadeiro) de como nasce, cresce e se perpetua um corrupto na política brasileira*. Rio de Janeiro: LeYa, 2014.

RENNÓ, Lúcio; CABELLO, Andrea. As bases do Lulismo: a volta do personalismo, realinhamento ideológico ou não alinhamento? *Revista Brasileira de Ciências Sociais*. Vol. 25.

n.º 74. Out. 2010.

ROCHA, Mauro Sérgio. Aplicação direta de princípios constitucionais: justificação das decisões judicias. In: *O direito nos Tribunais Superiores: com ênfase no Novo Direito Processual Civil. Homenagem ao Ministro Sérgio Luiz Kukina*. Coord. J. S. Fagundes Cunha. Curitiba: Bonijuris, 2015.

RODRIGUES NETTO, Bernard. O consumidor para além de seu conceito jurídico. Contribuições da filosofia, sociologia e antropologia. *Revista de direito do consumidor*, vol. 84, out.-dez./2012.

ROSA, Alexandre Morais da. *Decisão penal: a* bricolage *de significantes*. Rio de Janeiro: Lumen Juris, 2006.

ROTHENBURG, Walter Claudius Igualdade. In: LEITE, George Salomão; SARLET, Ingo Wolfgang (orgs.). *Direitos fundamentais e Estado Constitucional. Estudos em homenagem a J. J. Gomes Canotilho*. São Paulo: Ed. RT, 2009.

ROXIN, Claus. *Estudos de direito penal*. Trad. Leonardo Greco. Rio de Janeiro: Renovar, 2006.

SADEK, Maria Tereza Aina. Democratização do acesso à justiça. *Diálogos sobre Justiça*, nº 1 janeiro/abril 2014, Centro de Estudos sobre o Sistema de Justiça/Secretaria de Reforma do Judiciário.

SALOMÃO, Luis Felipe. *O marco regulatório para a mediação no Brasil*. In: *Diálogos sobre Justiça*, nº 3, set./dez. 2014. Brasília: Centro de Estudos sobre o Sistema de Justiça, 2014.

SANÉ, Pierre. Pobreza, a próxima fronteira na luta pelos direitos humanos. In: *Pobreza e desigualdade no Brasil: traçando caminhos para a inclusão social*. Org. Marlova Jovchelovitch; Noleto e Jorge Wertehin. Brasília: UNESCO, 2003.

SANCHÍS, Luis Prieto. *El constitucionalismo de los derechos. Ensayos de filosofía jurídica*. Madri: Trotta, 2013.

SANTOS, Boaventura de Souza. *A crítica da razão indolente: contra o desperdício da experiência*. São Paulo: Cortez, 2001.

______. *Introdução a uma ciência pós-moderna*. 4. ed. Rio de Janeiro: Graal, 1989.

______. Os Fascismos sociais. *Folha de São Paulo*. Opinião. São Paulo, domingo, 6 de setembro de 1998.

______. Por uma concepção multicultural de direitos humanos. In: *Reconhecer para libertar. Os caminhos do cosmopolitismo multicultural*. Rio de Janeiro: Civilização Brasileira, 2003.

______. *Reconhecer para libertar: os caminhos do cosmopolitismo multicultural*. São Paulo: Difel, 2003.

______; MARQUES, Maria Manuel Leitão; PEDROSO, João. Os tribunais nas sociedades contemporâneas. Disponível em: [www.anpocs.org.br/portal/publicacoes/rbcs_00_30/rbcs30_07.htm]. Acesso em: 08.06.2009.

______; MENEZES, Maria Paula G.; NUNES, João Arriscado. Conhecimento e transformação social: por uma ecologia de saberes. *Hiléia – Revista de Direito Ambiental da Amazônia*. vol. 6. jan.-jul. 2006.

______. *Se Deus fosse um ativista em direitos humanos*. São Paulo: Cortez, 2013.

SANTOS, Gustavo Ferreira. Neoconstitucionalismo e democracia. *Revista de Informação Legislativa*. vol. 43. n. 172. out.-dez. 2006.

SANTOS, Lenir. *SUS e a Lei Complementar 141 comentada*. 3ª ed. Campinas: Saberes, 2012.

SARLET, Ingo Wolfgang. *A eficácia dos direitos fundamentais*. Porto Alegre: Livraria do Advogado, 1998; 2. ed., 2001.

______. As dimensões da dignidade da pessoa humana: construindo uma compreensão jurídico-constitucional necessária e possível. In: SARLET, Ingo Wolfgang (org.). *Dimensões da dignidade. Ensaios de Filosofia do Direito e Direito Constitucional.* Porto Alegre: Livraria do Advogado, 2005.

______. Os direitos sociais como direitos fundamentais: seu conteúdo, eficácia e efetividade no atual marco jurídico-constitucional brasileiro. In: SARLET, George Salomão; SARLET, Ingo Wolfgang (coords.). *Direitos fundamentais e Estado Constitucional. Estudos em homenagem a J. J. Gomes Canotilho.* São Paulo: Ed. RT, 2009.

______; FIGUEIREDO, Mariana Filchtiner. Reserva do possível, mínimo existencial e direito à saúde: algumas aproximações. In: SARLET, Ingo Wolfgang; TIMM, Luciano Benetti (orgs.). *Direitos fundamentais: orçamento e "reserva do possível"*. Porto Alegre: Livraria do Advogado, 2008.

______; MARINONI, Luiz Guilherme; MITIDIERO, Daniel. *Curso de Direito Constitucional.* São Paulo: RT, 2012.

SARMENTO, Daniel. A dimensão objetiva dos direitos fundamentais: fragmentos de uma teoria. *Arquivos de direitos humanos.* vol. 4. 2002.

______. *Direitos fundamentais e relações privadas.* Rio de Janeiro: Lumen Iuris, 2004; 2. ed., 2008.

______. Liberdade de expressão, pluralismo e o papel promocional do Estado. *Revista de diálogo jurídico.* n. 16. mai.-ago. 2007.

______. O neoconstitucionalismo no Brasil: riscos e possibilidades. In: LEITE, George Salomão; SARLET, Ingo Wolfgang (orgs.). *Direitos fundamentais e Estado Constitucional. Estudos em homenagem a J. J. Gomes Canotilho.* São Paulo: Ed. RT, 2009.

______. O crucifixo nos Tribunais e a Laicidade do Estado. [Disponível em: www.prpe.mpf.mp.br/index.php/.../file/RE_%20**DanielSarmento**2.pdf]. Acesso em 04.05.2015.

SCAFF, Fernando Facury. Reserva do possível, mínimo existencial e direitos humanos. *Interesse público.* vol. 32.

______. Sentenças aditivas, direitos sociais e reserva do possível. In: SARLET, Ingo Wolfgang; TIMM, Luciano Benetti (orgs.). *Direitos fundamentais: orçamento e "reserva do possível"*. Porto Alegre: Livraria do Advogado, 2008.

SCHEEDLER, Andreas. Por um conceito de *accountability*. In: *Para entender a democracia.* Coord. Larry Diamond. Curitiba: Instituto Atuação, 2017.

SCHMIDT, Andrei Zenkner. Violência simbólica e precedentes jurisprudenciais. *Boletim do IBCCRIM.* n. 146. jan. 2005.

SCHWARTZ, Bernard. *Direito Constitucional americano.* Rio de Janeiro: Forense, 1966.

SCHWARTZMAN, Simon. Coesão social, democracia e corrupção. São Paulo/Santiago de Chile: iFHC/CIEPLAN, 2008.

SEN, Amartya. *A ideia de justiça.* Trad. de Denise Bottmann e Ricardo Doninelli Mendes. São Paulo: Companhia das Letras, 2011.

SERRANO JÚNIOR, Odoné. Colisões entre direitos fundamentais: resolução mediante emprego das técnicas hermenêuticas da ponderação, da concordância prática e da hierarquização axiológica, de acordo com o critério da proporcionalidade. *Revista Jurídica Argumenta.* vol. 7. 2007.

______. *Introdução à contemporânea teoria dos direitos fundamentais*. Curitiba: Juruá, 2011.

Siches, Luis Recaséns. *Experiencia jurídica, naturaleza de la cosa y lógica "razonable"*. Cidade do México: UNAM, 1971.

Silva, José Afonso da. *Curso de Direito Constitucional positivo*. 20. ed. São Paulo: Malheiros, 2002; 24. ed. 2005.

______. Interpretação da Constituição. Disponível em: [www.tcm.sp.gov.br/legislacao/dou trina/30a03_06_05/jose_afonso1.htm]. Acesso em: 16.10.2008.

Silva, Ovídio A. Baptista da. A jurisdição romana e a jurisdição moderna. *Revista jurídica*. vol. 355. mai.-2007.

______. *Curso de processo civil*. 3. ed. Porto Alegre: Fabris, 1996. vol. 1.

______. Da função à estrutura. *Revista de Processo*. vol. 158. São Paulo: Ed. RT, abr. 2008.

______. Fundamentação das sentenças como garantia constitucional. In: Abreu, Pedro Manoel; Oliveira, Pedro Miranda (coords.). *Direito e processo. Estudos em homenagem ao Desembargador Umberto Ungaretti*. Florianópolis: Conceito Editorial, 2007.

Silva, Rafael Peteffi da. Sistema, códigos privados e a feudalização do direito. In: Cambi, Eduardo *et al.* (org.). *Constituição, justiça e sociedade*. OAB/SC Editora, 2006.

Silva, Virgílio Afonso da. *A constitucionalização do direito. Os direitos fundamentais nas relações entre particulares*. São Paulo: Malheiros, 2008.

______. O proporcional e o razoável. ano 91. n. 798. p. 23-50. São Paulo: Ed. RT, abr. 2002.

Silver, Hilary. Políticas dos países europeus para promover a inclusão social. In: *Inclusão social e desenvolvimento econômico na América Latina*. Org. Mayra Buvinic, Jacqueline Mazza e Ruthane Deutsch. Tradução de Hilda Maria L. P. Coelho. Rio de Janeiro: Elsevier: Washington: BID, 2004.

Solís, David Ordónez. Juízes, derecho y política. Los poderes del juez en uma sociedad democrática. Navarra: Aranzadi, 2004.

Stark, Christian. Direitos sociais em tratados internacionais, Constituições e leis. Trad. Gustavo Fossati e de Fabiana Okchstein Kelbert. In: Leite, Gustavo Salomão; Sarlet, Ingo Wolfgang (orgs.). *Direitos fundamentais e Estado Constitucional. Estudos em homenagem a J. J. Gomes Canotilho*. São Paulo: Ed. RT, 2009.

Streck, Lênio Luiz. A inefetividade dos direitos sociais e a necessidade da construção de uma teoria da Constituição dirigente adequada a países de modernidade tardia. *Revista da Academia Brasileira de Direito Constitucional*. vol. 2. out. 2002.

______. *Compreender Direito I: desvelando as obviedades do discurso jurídico*. São Paulo: Editora Revista dos Tribunais. 2013.

______. *Hermenêutica jurídica e(m) crise: uma exploração hermenêutica da construção do direito*. 5. ed. Porto Alegre: Livraria do Advogado, 2004.

______. La jurisdicción constitucional y las posibilidades de concretización de los derechos fundamentales-sociales. Disponível em: [www.leniostreck.com.br/index.php?option=comdocman&task=docview&gid=58&Itemid=29]. Acesso em: 05.12.2007.

______. *Lições de crítica hermenêutica do Direito*. Porto Alegre: Livraria do Advogado Editora, 2014.

______. O direito de obter respostas constitucionalmente adequadas em tempos de crise do direito: a necessária concretização dos direitos humanos. Disponível em: http://periodicos.ufpa.br/index.php/hendu/article/viewFile/374/601. Acesso em 09 de junho de 2015.

______. Uma abordagem hermenêutica acerca do triângulo dialético de Canotilho ou de como ainda é válida a tese da Constituição dirigente (adequada a países de modernidade tardia). In: Leite, George Salomão; Sarlet, Ingo Wolfgang (orgs.). *Direitos fundamentais e Estado Constitucional. Estudos em homenagem a J. J. Gomes Canotilho*. São Paulo: Ed. RT, 2009.

______. *Verdade e consenso. Constituição, hermenêutica e teorias discursivas*. Porto Alegre: Lumen Iuris, 2006.

______. *O que é isto – decido conforme minha consciência?* Porto Alegre: Livraria do Advogado, 2010.

______. A "bolha especulativa dos princípios" ("panprincipiologismo) e a (inexorável) fragilização da autonomia do direito. In: *Anais do II Congresso Internacional. Homenagem ao Prof. Dr. Ovídio Araújo Baptista da Silva. Jurisdição, Constituição & Democracia. Direito Fundamental ao Processo Constitucional na América Latina: Entre o Neoliberalismo e a Democratização*. Orgs. Jânia Maria Lopes Saldanha e Ângela Araújo da Silveira Espínola. Casa Leria: São Leopoldo, 2010.

______. *Jurisdição constitucional e decisão jurídica*. 3ª ed. São Paulo: RT, 2013.

Stumm, Raquel Denise. *Princípio da proporcionalidade no Direito Constitucional brasileiro*. Porto Alegre: Livraria do Advogado, 1995.

Szaniawiski, Elimar. *Direitos da personalidade e sua tutela*. 2. ed. São Paulo: Ed. RT, 2005.

Sudatti, Ariani Bueno. *Raciocínio jurídico e nova retórica*. São Paulo: Quartier Latin, 2003.

Sustein, Cass R. *The partial Constitucion*. 2. ed. Cambridge: Harvard University Press, 1994.

______. *The second Bill of Rights. FDR'S Unfinished Revolution and why we need it more than ever*. Nova Iorque, 2004.

Talamini, Eduardo. Argüição de preceito fundamental: função e estrutura. In: Wambier, Teresa Arruda Alvim *et al.* (coords.). *Processo e Constituição. Estudos em homenagem ao Professor José Carlos Barbosa Moreira*. São Paulo: Ed. RT, 2006.

Taruffo, Michele. Aspetti fondamentali del processo civile di *civil* e di *common law*. *Revista da Faculdade de Direito da UFPR*. vol. 36. Curitiba: 2001.

______. *Cinco lecciones mexicanas: memoria del taller de drecho processual*. Cidade do México: Escuela Judicial Electoral, 2003.

______. Considerazioni su prova e motivazione. Conferência realizada em 21.06.2007, na cidade de Madri, Espanha.

______. *Involvement and detachment in the presentation of evidence*. In: Kevelson, Roberta (coord.). *The eyes of justice: seventh round table on law and semiotics*. Nova Iorque: P. Pang, 1993.

______, Funzione della prova: la funzione dimonstrativa. *Sul confine. Scritti sulla giustizia civile*. Bolonha: Il Mulino, 2002.

______. Il controllo di razionalità della decisione fra logica, retorica e dialettica. Disponível em: [www.stutidocelentano.it]. Acesso em: 30.05.2008.

______. La motivazione della sentenza. In: Marinoni, Luiz Guilherme (coord.). *Estudos de direito processual civil. Homenagem ao Professor Egas Dirceu Moniz de Aragão*. São Paulo: Ed. RT, 2005.

______. *La motivazione della sentenza civile*. Padova: Cedam, 1975.

______. La prova scientífica nel processo civile. *Rivista trimestrale di diritto e procedura civile*, vol. 60 (II Serie), 2005.

______. Narrazioni processuali. *Revista de Processo*. vol. 155. São Paulo: Ed. RT,jan. 2008.

______. Precedente jurisprudência. Tradução de Arruda Alvim, Teresa Arruda Alvim Wambier e André Luis Monteiro. *Revista de processo*, vol. 199, set./2011.

______. Precedente e giurisprudenza. *Revista Trimestrale de Diritto e Procedura Civile*, Milano. ano 61. n. 3 (sett. 2007).

______. Senso comune, esperienza e scienza nel ragionamento del giudice. *Sui confini. Scritti sulla giustizia civile*. Bolonha: Il Mulino, 2002.

______. Il fato e l'interpretazione. *Revista de Processo*, vol. 227, jan. 2014.

TESSLER, Luciane. O papel do Judiciário na concretização dos direitos fundamentais. In: MARINONI, Luiz Guilherme (coord.). *Estudos de direito processual civil. Homenagem ao Professor Egas Dirceu Moniz de Aragão*. São Paulo: Ed. RT, 2005.

______. *Tutelas jurisdicionais do meio ambiente. Tutela inibitória, tutela de remoção do ilícito, tutela do ressarcimento na forma específica*. São Paulo: Ed. RT, 2004.

TIMM, Luciano Benetti. Qual a maneira mais eficiente de prover direitos fundamentais: uma perspectiva de direito e economia? In: SARLET, Ingo Wolfgang; TIMM, Luciano Benetti (orgs.). *Direitos fundamentais: orçamento e "reserva do possível"*. Porto Alegre: Livraria do Advogado, 2008.

TORRES, Ricardo Lobo. A jusfundamentalidade dos direitos sociais. *Arquivos de direitos humanos*. vol. 1. 1999.

______. O mínimo existencial, os direitos sociais e os desafios de natureza orçamentária. In: SARLET, Ingo Wolfgang; TIMM, Luciano Benetti (orgs.). *Direitos fundamentais: orçamento e "reserva do possível"*. Porto Alegre: Livraria do Advogado, 2008.

TRIBE, Laurence H. Trial by mathematics: precision and ritual in legal process. *Harvard Law Review*. vol. 84. abr. 1971.

TROCKER, Nicolò. Dal giusto processo all'efettività dei rimedi: l' "azione" nell'elaborazione della Corte europeia dei diritti dell'uomo. Parte Prima. *Rivista trimestrale di diritto e procedura civile*, mar. 2007; Parte Seconda. jun. 2007.

TUSHNET, Mark. *Taking the Constitution away from the Courts*. Princeton: Princeton University Press, 1999.

TWINING, William. *Rethinking evidence. Exploratory essays*. 2. ed. Nova Iorque: Cambridge University Press, 2006.

VAILLANT, Denise. Educación, socialización y formação de valores cívicos. São Paulo/Santiago de Chile: iFHC/CIEPLAN, 2008.

VASCONCELOS, André Prado de. *Extinção civil do domínio. Perdimento de bens*. Belo Horizonte: Del Rey, 2010.

VELLOSO, Carlos Mário da Silva. O Poder Judiciário como poder político no Brasil do século XXI. *Revista jurídica*. vol. 283. mai. 2001.

VERDE, Giovanni. Prove nuove. *Rivista di diritto processuale*, jan.-mar. 2006.

WATANABE, Kazuo. *Da cognição no processo civil*. São Paulo: Ed. RT, 1987.

ZAFFARONI, Eugenio Raúl; PIERANGELI, José Henrique. *Manual de direito penal. Parte geral*. São Paulo: Ed. RT, 1997.

ZAGREBELSKY, Gustavo. *El derecho dúctil*. 8. ed. Trad. Marina Gascón. Madri: Editorial

Trotta, 2008.

______. *Il diritto mite. Legge, diritti, giustizia.* Turim: Einaudi, 1992 e1995.

______. Jueces constitucionales. In: CARBONELL, Miguel (coord.). *Teoría de neoconstitucionalismo. Ensayos escogidos.* Madri: Trotta Editorial, 2007.

______. A lei, o direito e a Constituição. Trad. António Rocha. Disponível em: [www.tribunalcons titucional.pt]. Acesso em: 30.11.2007.

______. *La ley y su justicia. Tres capítulos de justicia constitucional.* Trad. de Adela Mora Cañada e Manuel Martínez Neira. Madri: Trotta, 2014.

ZONINSEIN, Jonas. O caso econômico para combater a exclusão racial e étnica. In: *Inclusão social e desenvolvimento econômico na América Latina.* Org. Mayra Buvinic, Jacqueline Mazza e Ruthane Deutsch. Tradução de Hilda Maria L. P. Coelho. Rio de Janeiro: Elsevier: Washington: BID, 2004.

ZUCKERMAN, Adrian A. S. Justice in crisis: comparative dimensions of civil procedure. In: *Civil justice in crisis.* Oxford: Ed. Zuckerman, 1999.

Índice